日本人のすがたと暮らし

明治・大正・昭和前期の身装

著◉大丸弘　高橋晴子

三元社

日本人のすがたと暮らし

明治・大正・昭和前期の身装

序文

本書は、明治維新から大正・昭和、第二次世界大戦終結までの、日本人のすがたと暮らしの実態を再現したものです。それぞれのエピソードは日本人の「身装」――「身体」と「装い」にまつわる当時の新聞・雑誌記事や投書、広告などの同時代資料がもとになっています。

一〇のテーマ、二四五件の項目で構成されていますが、読者のみなさんは、項目のなかに、皮膚害虫や排泄の問題、あるいはチャンバラと男のイメージ、などを見いだして驚かれるかもしれません。なお読み進んでいただけば、日本近代文明史のなかの、蔭の部分や、かなりきわどい部分にまでスポットが当てられているのに気づかれると思います。

もともとわが国の古いことばでは、「装い」とは身につけるものだけを指してはいませんでした。個人の装いはある大きな空間の設営の一部分であり、あるいはその空間との対応関係にあるもの、と考えられてきました。すなわち、ひとがじぶんの身体の自覚をもち、その自覚の上で環境に対応しようとする営みが装いです。生まれて間もない乳児の手指の動きにもその芽生えがはじまる人間の装いのあり方に、私たちが「身装」というやや耳なれない表現を用いてすでに半世紀近くが経ちましたが、それは私たちが、装いという行為や心遣いを通して、からだと環境の対応のあり様を、とりわけ重く見ようとする基本的な姿勢からです。

本書は「装い」を考えるために、まずその時代のひとびとのおかれた環境の細部に目を向けます。日々の生活のしがらみの重さと、装うための、この肉体の切実さからはじめようとします。それは文化人類学の一領域としての人間論であって、人間とはなにかという不変のテーマを、いつも変わらずに追い求めている一環だからです。第二次世界大戦後のある時期、「服装」の歴史とは「ファッション」の歴史だ、などという迷妄が支配的だったこともありますが、本書は、それと比べればもうすこし、私たちの日常の想いに添ったものであるはずです。

一項目は平均二頁程度で完結した読みやすい形式になっています。ご興味のある項目を選んで読んでいただくことも可能です。

本書を通して、近代の日本人がどのような想いで衣生活を営んできたのか、そのすがたと暮らしぶり、当時のひとびとの心情に、すこしでも寄り添っていただくことができれば、望外の喜びです。

目次

アクセサリー

素材と装い

装いの周辺

和・洋服の比較論

　明治開化期の西洋服装の受容も、港湾の築造、鉄道や電信の敷設、軍事や行政体制の整備とおなじように、必要にせまられて先進欧米諸国にひたすら追随する、という部分が先行し、突出していた。

　だからそういう先行部分、皇居や赤坂霞ヶ関周辺の、公や官という字のつくひとびとの洋装化が一段落すると、さしあたっての必要をもたない多くの日本人の洋装化のテンポはにぶくなり、衣文化の二重性の時代が半世紀近くもつづく。その半世紀のあいだ、洋装がいいか和装がいいかという議論がくりかえされた。この議論はもちろん日本人の衣服改良、あるいは改良服の議論の前提となる。

＊　＊　＊

　衣の問題にかぎらず、異なった地域、文化のなかの特定の風俗現象を比較するとき、比較するひとが、それぞれの地域の風俗を正しく理解しているかどうかは疑わしい。文化のテーマのなかでも、言語や宗教とちがって、衣習慣はとりわけ流動的なものだ。また身分やＴＰＯによる差異も大きい。当然、比較のしかたのまちがっている議論が多かった。

　一八八〇年代（ほぼ明治一〇年代）まで盛んになされた、洋服は羅紗を必要とするから、羊毛の生産が困難な日本では莫大な国費の流出がある、という議論もそのひとつ。むしろ日常に洋服が浸透しはじめてから指摘された、わが国の気候が西洋と比べて寒いから、洋服は夏のあいだだけのもの、という議論もそのひとつだ。

　また、西洋服を和服の常識からあまりに固定的に考えて、スタイルのヴァラエティ、とりわけそのファッションに理解の乏しかったことも大きい。

　一八八〇年代から九〇年代にかけて（明治二〇年前後）の初期の比較論者は、夜会で出逢う西洋女性のドレスの、ひろい胸あきや、とりわけコルセットを非難した。コルセットによる腰の緊縛は日本女性の幅広の帯よりも有害だとして、中国女性の纏足《てんそく》と同様のものとしている。これはいうまでもなく、批判する日本人の多くが、鹿鳴館式フルドレスの西洋女性しか知らないためだった。鹿鳴館時代（一八八〇年代後半）は、欧米におけるバッスル・ドレス（bustle dress）の流行期にあたる。

　一九〇〇年代（ほぼ明治三〇年代）に入るとウエストはゆるめの方向に向かい、やがてポワレのアンチ・ウエストを経たのち、一九二〇年代（大正末〜昭和初め）の筒型ドレスの時代になって、西洋服攻撃の大きな根拠が消滅した。しかしもちろん一八八〇年代でも、欧米女性のだれもが、日常的に胸や肩を露わに、胴を蜂のように締めつけていたわけではない。それよりも豊かな胸郭と、比較的くびれた胴は、白い皮膚、窪んだ眼窩同様、コーカシア種族の人種的特徴なのだから、この辺をもうすこし考えたらよかったかもしれない。

　また、コルセットでの極端な緊縛は一九世紀欧米社会の、いわば階級的流行であり、わが国がそれを学ぼうとしていたまさにその時期は、そうした階級的流行に対する欧米人自身による反省や攻撃――アンチ・ウエスト運動――のもっとも盛んな時期だった、という知識までを、当時の日本人に求めることは無理だったろうが。

　日本人にとって西洋服装のもうひとつの難点は、それが体型にしたがった複雑な立体的構造であるために、家庭での製作がむずかしい、ということだった。これは一九二〇年代（大正末〜昭和初め）、街で和服の男を見かけることが少なくなり、女性にもチラホラ洋装が眼につくようになったころ、わが国にも将来はきっと洋服の時代が来るから、もう和裁のお稽古はほどほどにして、これからは洋裁を身につけるべきだ、という提案につながる。この時代までの日本人は、家の者の着るものは原則として母や妻の手作り、という習慣を守っていた。そのため初期の裁縫書のなかには、男子のジャケットの作り方までを紹介しているものがある。この問題を解決したのは結局、安くて良質な既製服の普及と、むかしと比べて日本も、日本人ひとりひとりも豊かになった、という経済的条件だろう。

西洋服の構造が複雑、ということの関連でいえば、単純で変わりようのない和服に比べ、全体のシルエットの点でも部分的にもヴァリエーションの豊かな西洋服は、着る目的に応じての種類が多く、また流行による変化もはげしく、不経済だ、という攻撃があった。着る目的に応じてそれぞれに適した服がたくさん要る、という点はある程度まで事実だろうが、日露戦争、あるいは欧州戦争以後の、中流かそれ以上の生活をしている女性にかぎっていえば、こういうときに着る、あんなときに着ようと考えて、箪笥のなかに睡っている和服の数は、けっして少なくはなかったのだ。

一方、和服に対する批判のいちばん大きいものは、裾が乱れやすい、ということだった。打ち合わせ式の衣服が打ち合わせ部分で開きやすいのは当然だ。日本人は男女ともそういうタイプの衣服を、一〇〇〇年以上不自由もなく着続けてきた。それが急に気になりだしたのは、前垂れも巻かない階級の女性に、じぶんの足で歩いて外出する機会がふえた、ということだろう。とくに裾の乱れを問題とした女性の多くは、教育者か、そうでなくても名流婦人といわれるような階級のひとだった。

批判の第二は女の帯だった。帯は打ち合わせの衣服を身体に固定する目的のものだが、だんだんと幅広くなり、地質も分厚く、結び様も技巧的になったため、ほんらいの目的を半ば失った。装飾化した大きくて重い帯は、自由な動作の妨げになり、コルセットのように苦しく、生理的にも悪い影響を生む、と。

もっとも、帯が健康に良くなく、活発な動作を妨げるという批判に対しては、それは締めようが悪いので、慣れたひとであれば帯はすこしも苦しくないし、事実、あの帯で牛屋の女中のような激しい労働をしているひとも、芸者のように踊りを踊るひともある、という反論があった。

ある種の瘢痕や入れ墨、また纏足のように、できればのがれたいと、当人自身が思うような習俗もあるが、一九世紀後半の欧米におけるコルセットのように、手厳しい、筋の通った批判にもかかわらず、すこしでもほっそりしたウエストをと、苦痛を厭わなかったのは女性自身だったし、小柄でひ弱な日本女性にとっての帯も同様だったようだ。

日常化した習慣については、それにすでに慣れているひと、とりわけ幼いときから擦りこまれているひとと、そうでない批判者との距離は大きい。生まれたときからきものを着なれたひとにとって、裾の乱れや帯の重さなどは気にもならないだろう。

それよりも、その時代のひとびとの眼にも、夜会での欧米人の堂々とした優雅さと比べて、洋装したときの日本の紳士淑女の、立ち居振舞いにも不慣れな、哀れな貧弱さが、情けなく映らなかったはずがない。西洋風に着飾って、芥川龍之介の「舞踏会」に登場する明子のような例外はきっといたにちがいないが、むしろジョルジュ・ビゴーの描いた、猿のような外見の日本紳士たちを想像する方が事実に近いだろう。心あるひと――恥を知るひとはむしろ〝きものに逃げ込んだ〟のだ。

男については眼をつぶるとして、せめて日本の女は、着なれた和服を捨てるべきではないという信念のようなものは、帯や裾の乱れの議論や、改良服の工夫などとはレベルの違うところで受けつがれていった。

一八八八年（明治二一年）一一月の都新聞の論説は、和服と洋服の利害をさまざまな観点から論じた最後に、要するに和服の似合うひとは和服を着るべく洋服の似合うひとは洋服を着るべく、ひとびとの好きに任せておけばよいが、「どちらかとお尋ねがあれば記者ひとりの判断ではまずまず和服の方に団扇を挙げざるを得ざるなり」（日本女服論（承前）」都新聞 1888/11/23: 1）と、正直なところを言っている。おそらくこれが、この時代と、そのあとかなり長いあいだの、和服を見なれた日本人の正直な結論だったろう。

西洋人・白人羨望

明治維新の開国とその後の近代化が、直接には欧米諸国の働きかけと、西洋文明への追随という基本的方向をもっていた以上、日本人が欧米人を師と仰ぎ、なにかにつけて彼らを畏れ敬う態度をもっていたことはやむをえない。明治初期の欧米人と日本人とは、すくなくとも改革と進歩にかかわる部分では、先生と生徒の関係だった。西洋人は思慮深く、賢い、という日本人の先入観は案外長くつづく。一九二三年（大正一二年）の関東大震災のときに、たまたま沼津付近を走行中の急行列車が激震のため停車を余儀なくされた。この列車が名古屋に到着したのを報じた地方新聞の記事に次のようなくだりがある。「その汽車には西洋人が一人二人乗っていたが、さすがに西洋人だけあって日本人の如く狼狽せず、比較的平静でありました」（北陸タイムズ 1923/9/2 号外）。

これよりすこし前、神奈川県国府津の海岸で投身自殺した外国人とみられる男性があった。じつはこれは名古屋出身の日本人だったのだが、新聞の表現によると「生来皮膚の色白く気高き容貌を幸いに」髪を染め英人に扮して行商をしていた（都新聞 1916/5/7: 5）。

このような西洋人観は、一九三七年（昭和一二年）という時代になってまで、「洋装というどこか知的な要素をもった外形に対して、着ている人の顔がそれほど知的でない場合は、非常な見劣りがする」（「洋装に教えられること」『新装』1937/3）といった見方があった。

＊　＊　＊

江戸時代の末、はじめて欧米人を見たころの民衆は、見なれない彼らの風貌をものめずらしく思うと同時に、むしろいくぶんか嫌悪感を持ってもいたかもしれない。それは唐人お吉の物語にもあらわれている。とくにいやがられたのは彼らの毛深さだった。毛唐人――毛唐、という蔑称のおこりはそれに由来する。

さいしょは彼らが獣肉を食べることも嫌悪のひとつの理由で、毛唐は穢れているということの論拠になった。横浜の近郊には早い時期に屠殺場が作られ、その内部の様子がなにかまがまがしいことのように噂され、怖れられた。肉食は開化のわが国に早いピッチで普及したのだからそれもごく短い期間に過ぎなかったが、毛深い大男にさらに肉食者の異臭を嗅ぎとるひとたちもあった。一八六九年（明治二年）にエディンバラ公が皇居に天皇を表敬訪問したとき、二重橋において禊《みそ》ぎの祓いをおこなっている。アメリカの代理公使はこの事件を「purification of Prince of Edinburgh」と表現して本国に報告した。若い公子はたぶんおもしろがっていただろう。

ときが経過して一八八二年（明治一五年）の読売新聞は、東京尾張町の靴職が、数年来雇っていたオランダ人職人が気に入り、三女の婿にした、という報道のなかで、「赤髭だの碧眼《あおめだま》だの無闇に悪く云えど、馴染んで見れば日本人でも外国人でも人情に変わりは無いと（……）」と説明している。その翌年の『団団珍聞』には、アラビヤ馬と日本馬の交配の例を引き、日本人は進んで西洋人と結婚し「間児《あいのこ》」を生むがよい、という主張まで現れている。

異類混合主義を博《ひろ》く人類に及ぼし、黄面人も成丈《なるた》け赤髭客と交媾し、我が卑弱怯懦《きょうだ》なる稟賦《ひんぷ》に彼が勇進取為の気性を調合したる間児《あいのこ》繁殖して、一の間児国を現出する程に至っては、其の功益あに壮且つ偉ならずや（……）。（「あいのこ（和洋混血児）の待望」『団団珍聞』1883/3/31）。

外国人との結婚、養子縁組は、すでに一八七三年（明治六年）三月という早い時期に、太政官布告を以て認められていた。

唐人お吉の時代からほぼこの時代までが、お雇い外国人のもっとも多かったときだったが、実際に欧米人を見る機会は少なく、東京都心の大きな商店で外国人が、とくに女の外国人が買い物したりすると、人だかりがするほどだった。まだ内地雑居以前だったから、外国人の居住は居留地内にかぎられていた。居留地以外は一定範囲内での遊歩や、届出をしての旅行や寺社の見学が許される、という窮屈な状態で、横浜や、東京の一部地域以外に生活している民衆が、異人さんを見る機会は本当に少なかったろう。一八九六年（明治二九年）一二月の調査では、日本在住の外国人の総数が約九二〇〇人になるが、「中国人総数四五三三人、イギリス人総数一九七八人、アメリカ人総数一〇二五人。以下ドイツ、フランス、ロシア人等欧米人全体で四六六一人」（「日本在住の外国人」国民新聞 1899/5/14: 5）とあり、欧米人では、イギリス人とアメリカ人が約三〇〇〇人を占めている。

欧米人のからだに関して、最初もっとも盛んに指摘されたのは彼我の体格の差だろう。遣米使節がニューヨークで撮影した記念写真を見ても、日本の武士たちと米国官吏たちの、身長の差の大きいのにおどろく。幕末の浮世絵のなかには、ひとまわり小さい紅毛人水兵たちに向かって、大男の力士が米俵を手玉にとっている図がある。しかし明治三三年の幕の内力士の平均身長が一六九・八センチ（時事新報 1900/1/14: 6）だったことを考えれば、これはむしろ日本人絵師の虚勢であったことになる。

治外法権が撤廃され、内地雑居の実施されたのは一八九九年（明治三二年）七月一二日。それに先立つ日本側のさまざまな不安のなかに、日本人も大いに肉食をして、内地雑居までには欧米人に立ち向かえるような体格になっておく必要がある、という主張もあって、東京神田には肉食推進の組織が作られた（絵入朝野新聞 1886/10/15: 2）。

二〇世紀に入るころの日本人も、生きた外国人に接する機会は、明治初期と比べてそれほどふえたとは考えられない。外国人のイメージについての情報は、写真製版の発達によって豊富に提供されるようになった、新聞、雑誌の掲載写真、それ以上に映画だったろう。

おそらく映画で見る白人の女性の美しさは、美人画家のだれかれも素直に認めている。〝舶来臭さ〟を毛嫌いしていた伊東深水《しんすい》は、七三《しちさん》髪や耳隠しの当世風の髪を生唾が出るほど嫌いと言いながら、しかし「あの蝋のように美しい肉体を所有している西洋婦人なら格別」と言った（「夏の婦人美」『東日マガジン』1922/6/25）。また深水の師、鏑木清方《かぶらききよかた》もこんなことを言っている。「現在で私が一番美しい印象を婦人からうけるのは、映画、ことに西洋物の映画に見える美人からであります。（……）西洋物の映画に出てくる婦人に、美の陶酔を味わうことがよくあります」（「外国映画の美人」『婦人世界』1923/5）。知られているように、比較的若い時代の谷崎潤一郎の作品には、率直な白人羨望があって、バタ臭い、「混血児《あいのこ》風」の顔立ち、赤っぽい頭髪への賛美が、いろいろなところに現れる。実際、震災前彼が住んでいた横浜には、当然のことながらそういう子どもが多くいて、その子たちが、横浜から引っ越していった先の学校でいじめられている、という母親からの訴えもあった。

白人羨望は第二次世界大戦期にはもちろん、少なくとも表面上は消滅したにちがいない。一九四一年（昭和一六年）以後は、ごくわずかのドイツ映画以外スクリーンで外国女性のすがたを見る機会もなくなった。どう見ても東洋人としか見えない、しかし日本人としてはかなり赤毛の娘が、戦時中の街頭で、「どうしてお国に帰らないの?」と尋ねられたという話があるくらい、白人の男女をじっさいに見る機会を日本人はもたなかった。

　それが敗戦と同時に一変した。堰を切ったように外国映画、ファッション雑誌、そして男女の占領軍兵士をはじめとする、大量といってもいい白人種のイメージが、かつての開化のときとは比較にならないくらい、日本人の深い劣等感の前に立ちはだかったのだ。

廃刀令と士族

　明治の新聞小説では、登場した人物の風貌を簡単に表現する便法として、何々風、というい方をすることが多い。そのなかで士族風、というい方がよく使われるのは、大体一八八〇年代（ほぼ明治一〇年代）までのことだ。遊び人風とか、商人風とか、一見紳士体の、とかいう表現は、その後も相変わらず使われている。商人風とあれば、つづけて縞のきものに小倉の帯、前垂れがけで云々、というような説明のつくことがあるが、士族風という人物にはそれがまずない。おそらく、士族風とは着ているもの、身につけているものなにかにではなく、その物腰に、ある特色があったのだろう。

＊＊＊

　御一新後の東京の町を行くひとのすがたで、江戸時代の人間とのはっきりした違いは、男の髷と武士の帯刀のなくなったことだ。人妻の眉剃り鉄漿《かね》も同様だが、これは頭の上に載せる丁髷《ちょんまげ》や大小の刀ほどにはめだたないのと、消滅にはもうすこし時間がかかった。丁髷は明治一〇年代になっても執着しているひとがまだいたようだが、帯刀については、一八七六年（明治九年）三月二八日、今後、大礼服着用者、軍人、警察官吏等制規ある服を着用した者以外の帯刀を禁ず。違反のものはその刀を取り上げること、という太政官府令第三八号によって禁止された。じつは江戸の町ではこの廃刀令以前にも、刀をさしている人間はごく少なくなっていた。一八七二年（明治五年）頃のある観察では、一〇〇人に一人ぐらいと言っている。もともと江戸そだちの旗本や御家人の若侍などは、刀を重たがってなるべく細身の、飾りのような刀を好んでいた。五年前の一八七一年（明治四年）八月には、太政官布告第三九九号で、散髪、脱刀が勝手、とされたが、その翌年の東京のはやり唄に、〝二本さしたるお方を見れば　医師に神主相撲取〟と歌われる状態になっていて、「士は悉《ことごと》く脱刀し昨日の風習地を払う如くなる文明進歩の光景を知るに足る」（東京日日新聞 1872/5/10: 1）とある。開化当初の五年たらずのあいだに、丁髷と帯刀とはさきを争うように消えていった。

　しかし一方では、帯刀に対するつよい執着もあった。なにかにつけて開化の風の吹くのが遅れた地方武士のなかに、そういう気風がつよかったのは当然で、廃刀令後も地方の旧藩士の家では、外出する息子に、お触れが出た以上それに逆らうのは憚《はばか》りがあるが、男が外に出るにはそれに代わるものが必要だと言って、ふところに隠すようにと、九寸五分の短刀をそっとわたす母親もいたそうだ。

　見た目、という点からも、長年両刀をたばさんで歩くすがたを見なれた目には、丸腰は間がぬけて見えたにちがいない。明治も三〇年頃になっての老士族の回顧談に、「今日は見馴れて左ほど見にくしとは思わざれども、羽織袴は封建時代双刀又は脇差を帯したるときの服装なり、一本も差さずして羽織袴にて歩く様は、往事の座頭の年礼の如し、あまり感心したる風にはあらず」（朝日新聞 1899/8/8: 3）とある。

　腰が明《あ》く、といういい方もあった。廃刀令とおなじ年に初演された歌舞伎の《実録先代萩》のなかに、

「侍分にて使者に参るに、腰が明いて見苦しい、是れを汝に遣はすぞ（と刀を差出す）」というセリフがあるのは、作者の河竹黙阿弥《かわたけもくあみ》に、いくぶんか廃刀令への意識があっただろうか。

しかし見た目の問題ではなく、男が武器ももたずに敷居をまたぐことに対する不安は、杖のなかに刀身を隠して携帯する仕込杖をはやらせた。西南戦争のあとになっても、短気なもと侍の、仕込杖のすっぱ抜きの事件が、べつにわけもなく昔どおり一本さして歩いて、刀を没収される事件とならんで、新聞の三面記事としていくつか残っている。

『半七捕物帳』の「湯屋の二階」のなかで、怪しい男の左足首が右より太いことを流してたしかめて、男がほんものの侍だと、半七が判断するところがある。大小二本の刀は、重いものになるとあわせて一〇キロ以上になる。足首が太くなるだけでなく、長時間これを片方の腰にさしているためには、腰の構えも必要だ。そればかりでなく、細身の刀を喜ぶようなにやけ侍とちがって、相応に撃剣の稽古をつんだ武士であると、竹刀、木刀、真剣など打ち物をもっての修練と、不意にどこから打ちこまれても対処できる油断のない身構えが、ふだんのなにげない物腰にもあらわれないはずがない。士族風、といわれるらしさのいちばん元になるのは、その点だったろう。

＊　＊　＊

江戸時代の武士は役職をもっていたにしても、概していえば閑だった。時代小説にあるような、抜刀を迫られるような事件など滅多になかったはずだから、主人や、じぶんより身分の貴い者に仕えて、なにごともきめられた枠から踏みださないことをなにより心がけた。僧侶を除けばもっとも教養ある階級であり、幼いときから躾は厳しかった。よく西洋の騎士と比較されるが、ランスロットやドン・キホーテといちばん違う点は、武士たちが古典的教養と、体制維持のための、ビジネスマン的常識を要求されていたことだろう。新渡戸稲造の『武士道』には、そのような穏健な社会人としての、ある望ましい人間像がえがかれている。

躾としては、じぶんのことはできるだけじぶんでする、それはものを粗末にしないのと同様、ほんらいは戦陣の場での心得だったろう。武士、というより軍人としての自覚を死ぬまでもち続けていた森鷗外は、朝、顔を洗って口をゆすぎ、歯を磨くのに茶碗一杯の水でぜんぶ用がたりる、と書いている。侍はじぶんの手で髪を結い、お城から帰っての着替えはじぶんでし、羽織もじぶんの手でたたんだ。じぶんの家でもあぐらをかくことはなかったし、畳に寝そべるようなことはしない。着るものや、食べるものに好みをいうことはなかった。戦前は乃木大将の母という逸話が、よく子どもたちに聞かせられた。幼い希典《まれすけ》がおかずの好き嫌いでも言おうものなら、翌日からずっとそのおかずを食べさせられたとか――。

明治初年の旧武士階級、つまり士族の人数は、範囲の区切り方にもよるが、明治九年の段階で一八九万五〇〇〇人あまり、人口全体のほぼ五・五％だった（「明治九年の戸籍調べ」『東京経済雑誌』1876/7/22）。

戸籍から士族平民の称号を除くべしという主張も早くから見られ、時代が一九二〇年代（大正末〜昭和初め）に入るころには、いわゆる大正デモクラシーの波もあってか、その法案が議会に提出された。士族たちのじぶんたちの身分への誇りはつよかったから、これに対しては全国約二五万の士族が立ち上がり、「士族の称号は軍人が手柄によって与えられる恩給や勲章とおなじである」として、提出議員の横田千之助のもとには、昔忘れぬ腕で一刀両断に切り捨てる、というたぐいの脅迫状まで、数千通の抗議が殺到したそうだ（都新聞 1923/3/27: 10）。

生活水準の向上

近代八〇年、衣生活の変化のもっとも大きな理由のひとつは、日本人が経済的に豊かになったためであることは疑いない。

個々人の豊かさの基盤には、日本の国全体が豊かになったことがあるが、国の豊かさを機械的に国民ひとりひとりの豊かさとして表現する方法に、粗国民生産（一般には国民総生産といわれる）GNPを人口で割った、ひとりあたりのGNPを比較する方法がある。よく利用されているイギリスの経済学者アンガス・マディソンの試算では、日本の一八七〇年（明治三年）は七三七であるのに対し、一九四〇年（昭和一五年）は二八七四であり、三・八九倍になっている。七三七というような数字はドル換算したものだが、ここでは単なる指数とみなしておけばよい。

GNPとはちがう視点としては、粗国民支出を市場価格で見た一橋大学大川一司グループの研究によると、実質価格で一九四〇年は一八八五年の五・九五倍になる。

可処分所得が大きくなれば、ほかの費目とともに衣生活も質が向上し、ヴァラエティ豊かになる。それは当然のことだが、ただしひとつには衣料費の独自性という問題があるはずだし、もうひとつは八〇年というスパンのなかでの推移の様相もおさえておかなければならないだろう。

GNPとともに重要な指標であるPC（個人消費支出）は、巨視的にはGNPと平行的なグラフ線をえがく。このふたつの数値の近代八〇年における大きな山は二回あった。一回目は一九一〇年代（ほぼ大正前半期）の第一次世界大戦期であり、二回目は第二次世界大戦へと向かっていく一九三〇年代（昭和前半期）だ。ただしこの二回目の上昇期はGNPの大きな高まりに比べると、PCの方は控え目で、二〇年代末の世界恐慌による不況からの回復という程度ともいえる。

消費支出の具体的内容についても、食料、衣服、住居といった大まかな枠のデータがある。一九一〇年代の消費ブームに際して、一番反応が早く、大きな伸びを見せたのが衣料支出だった。それは一九三〇年代の場合も変わらない。また二〇年代末の不況に際しても衣料費食費の落ち込みは大きく、当然のことながら住居費は好不況にはあまりかかわりのない線をえがいている。月給が上がってまず欲しいものは、〝わたしはパラソル買いたいワ、ぼくは帽子と洋服だ〟（林伊佐緒作詞作曲《もしも月給が上がったら》1937）ということになるのだろう。

衣生活の推移にこの二つの消費景気の山を重ね合わせてみると、第一回は関東大震災前の贅沢の加速した時期であるとともに、とくに都会地において、子どもの洋服化がいちじるしく進行した時期だった。また一九三〇年代後半（昭和一〇年代前半）の第二回の山は、職業婦人を中心に、これも都会での女性の洋装が定着していった時期と重なる。

個人消費支出中での項目別の割合には興味ある事実が示されている。一八七四～八八年（明治七～二一年）を最初期とし、一九三一～四〇年（昭和六～一五年）を最終期として、消費支出総額のなかに占める食料費の割合（エンゲル係数）は、最初期の六五・七％から最終期の四九・五％に減っている。これに対して衣料費は七・八％から一二・九％へと約六五％上昇している。食料費、交際費、光熱費以外の項目は上昇しているが、衣料費の上昇幅は、交通・通信費、住居費、教養・娯楽・教育費、保健衛生費を下回っている。交通・通信費が〇・三％から四・二％へと極端にふえているのは、急激な工業化、都市化のため、と分析されているが、江戸時代には大衆は歩く以外の交通手段をもたなかったのだ。

消費支出総額中に占める衣料費の比率の伸びが案外低い数字なの

は、江戸時代から明治にかけての衣服の価格が高かったということが大きな理由だろう。衣料費の場合、うえに示した六五％という上昇比率は当年価格による比較であって、もし物価上昇を考慮して実質価格での割合を比較すると、最初期は三％、最終期は一二％へと、四倍の急上昇を示している。これは衣料品の価格指数の上昇が、全体の価格指数の上昇を下回っていたことの結果だ。

明治時代でも、きものや帯は通貨並みの財産であって、また事実換金もしやすかった。急に金の要り用があったとき、よそ行きの二、三枚も抱えて質屋に走ることは、かなりの暮らしをしているひとにも経験があったようだ。空き巣でも強盗でも狙うのは箪笥や行李の衣類だったし、追剥ぎの被害も多かった。明治時代の新聞を見ると、寒中に行倒れたひとが、丸裸に剥がれて翌朝凍え死んで発見されたとか、猿回しが賊に出逢い、猿だけは勘弁してくれと頼んだところ猿の着ていたちゃんちゃんこを剥ぎ取っていった、という話がある。

それに対して一九三一～四〇年という期間は、安い既製服の普及など、「戦前の軽工業を中心とした工業化が消費構造の面に投影された一つの重要な帰結だといわねばならない」（篠原三代平『長期経済統計――推計と分析』「第一章 個人消費支出の変動（一八七四～一九四〇）」, 1967）と、衣服はもう財産とはいえない時代になっていた。

衣料品の価格

近代一〇〇年の衣料品価格の推移を考えるとき、忘れてはならないひとつの前提がある。それはこの時代の前半期には、都市生活者であっても大部分のひとたちは、現代のような完全な消費者ではなく、衣服生産のかなりの部分をじぶんたちが担ってもいた、という事実だ。東京の山の手に住む地方出の旧士族のなかには、機織りから糸紡ぎまでを、女の業として明治の半ばまでし続けている家が少なくなかった。女子教育者のなかには、女子教育の科目中に裁縫だけでなく、機織りもふくめるべきだという考えを持っているひとが、明治の後半にもいた。

機織りはさておき衣服の製作となると、これは家々の女の仕事であることに、二〇世紀と時代があらたまっても、おそらくだれも疑いをもっていなかった。広い世の中には生まれつき不器用な女性もあるし、また女手のない家もある。ごく上等な晴れ着には商売人の手に任せたいものもあるだろう。しかし明治初頭でいえば、東京の一〇〇万を超す人口に供給する完成品の衣料は、おそらく九割までは商品流通の対象外だったとみてよい。残りの一割は古着市場の商品で、既製品が皆無ではなかったが、コンマ以下の比率だったはず。

そのため江戸時代にひきつづき明治期にも、新品の衣服の価格というものは記録の上にまったくといっていいほど出てこない。古着の値段はものの状態次第でピンからキリまでだし、相場の変動も大きい。よく出てくるのは盗品に対する警察の評価額だが、これも古着の価格同様、あまり手を通していないものと、すじ切れや何度も縫返しの痕のあるものとではまるで評価がちがう。もし新品の羽織やきものの商品としての評価額をいうのなら、反物の価格に仕立て代を加えたもの、襟や裾回し、ものによっては中綿や、その他細々したものも忘れずに加えたものがそれに当たるだろうが、ともあれ、それはあくまで仕立てを外に出した場合のことで、少なくとも一九一〇年代頃（ほぼ大正前半期）までは例外的だった。

一九〇〇年代（明治三〇年代中期）に入ると、大きな呉服店が競って商品カタログを刊行しはじめた。そのなかには各種衣服のお仕立て上がり価格表もみえているので、その例をここに示す。

御衣裳仕立上り見積表　白木屋
御召縮緬小袖　二〇～一六円
小紋縮緬羽織　一三～一五円
男性片前背広三ツ揃　三〇～二〇円
ワイシャツ　並　二円五〇銭～一円八〇銭
出来合物類
インバネス　一二円～八円五〇銭
東コート　九～一〇円
カシミヤ袴　四円五〇銭～二円五〇銭
女児服　七円五〇銭～三円五〇銭
木綿縮シャツ　上下一組　四円五〇銭～二円二〇銭
（『家庭のしるべ』1904/6）

明治三〇年代というと、小学校教員の初任給が一二円前後、一般家庭の住み込みの女中さんの給料が二円前後だった。こうした三越や白木屋の、仕立て上がりの羽織や袴の値段が、その時代の衣類価格の標準になるとは考えられない。

衣服の製作と管理がほとんど家庭内での作業だったということは、妻も娘も、ときには年老いた母も、無職という肩書きとはすこしちがっていたともいえる。現代でも専業主婦は無職とはいえないという主張がある。家事も育児も、それを外部に頼めばたいそうな値段になるから、というのがその根拠だ。日本では夏冬の気候の差が大きいことや、衣料素材や衣服の構造の関係もあって、家族の着るものの手入れや作り替えのための手数が、世界の他の文化圏と比較してもとりわけかかった。嫁入りの必須の条件のひとつは裁縫技術だったし、家族の人数が多ければ、女中の手も借りなければとてもみんなの着るものの世話はできなかった。ということは、一九一〇年代（ほぼ大正前半期）ぐらいまでの衣料費には、家族のなかの女たちの労賃や、女中の給金の一部も加算しなければ不合理ということになる。

一九一〇年代以前、以後、という線がひとつのメルクマールになる理由は、このころから出来合品――既製衣料品の家庭内への浸透がめだつようになり、加えて女中を雇うことがむずかしくなりはじめたという、これらが次の時代へのひとつの転換点となったためだ。

じつはこれとよく似た転換点は、明治のはじめにもあった。それは官庁をはじめとする勤め人たちが、洋服の日常に入ったときだった。もちろんそれは国民のなかの一握りの男性だけだったし、その男たちのほとんどすべては家に帰れば和服に着替えたのだが、それでも夫の登城の紋附羽織袴を自らの手で縫い上げていた妻たちは、いくぶんか肩の荷が軽くなったにちがいない。もちろんその代わりその洋服はほとんど注文品の商品だったから、妻たちの労力は、こんどは衣料支出という家計上の負担になり代わった。馬車に乗って参内する顕官の大礼服はもちろん、警察官の制服も階級によっては官給でなかった時期があり、ずいぶんみすぼらしいかっこうの警官がいて問題視されたこともある。商品としての衣服は、わが国ではこうして洋服の浸透と歩調を合わせた。夫の背広も妻の手で、という果敢な裁縫教育者もあるにはあったけれど――。

一九一〇年代とそれ以後の衣料支出での大きな課題は、和服と洋服とどっちが経済的か、という問題だった。こんなことが議論のテーブルに上がるようになったこと自体、洋服が中産階級のひとびとの日常生活にもある程度浸透し、したがって理解もされはじめた、ということだろう。商品としての衣料は、勤めに出る男性たちと男女学生服に次いで、子ども服、とりわけ女児服に及んできた。自分で着るのは恥ずかしいハイカラな洋服を幼い女の子に着せて愉しむことからはじまり、やがて子どもは洋服以外着せない、という親が都会では珍しくなくなってくる。

衣料の自家生産能力がだんだんに落ちていったのは一九二〇、三〇年代（大正後期～昭和戦前期）だったが、それがにわかに甦ったのが四〇年代（昭和一五年以後）、そして第二次世界大戦後のしばらくの期間だった。物不足は古い衣料の更生の工夫を生み、また多くの既製品の消えた穴を、腕に覚えのある女たちが健気《けなげ》に補ったのだった。

教育制度の整備

明治新政府による教育に関する施策は、一八七二年（明治五年）の学制（太政官布告第二一四号、ここで学制ということばは、この布告を指す狭い意味に用いられている）の公布にはじまる。しかしこれは混乱していた当時のわが国では時期尚早だったようで、ほとんど実効性のないまま、一八七九年（明治一二年）の教育令に引き継がれて廃止された。学制、教育令、翌一八八〇年（明治一三年）の改正教育令への変転が、教育の近代化への志向と、それに抵抗する天皇側近の儒学者との葛藤を反映していることはよく知られている。

天皇の侍講《じこう》である儒学者元田《もとだ》永孚《ながざね》は、欧米流の思潮に対抗するため、一八七九年（明治一二年）に「教学大旨」を天皇の意志として公表した。これはのちの教育勅語につながるもので、仁義忠孝という儒教道徳が、わが国の教育と学問の根源である、と説いている。

忠孝が教育と学問の根源という考え方は、その後日本が近代的な国家へと発展してゆく過程で、日本的富国強兵思想の支えとなる。

制度上の教育はべつにして、民衆のレベルで、日本人がもともと読み書きに熱心なひとたちであったらしいことは、いろいろなデータから判断されている。教育水準比較の手がかりとされる識字率においては、江戸時代から、日本人が高い数値をもっていたことが推測されている。男は四九～五四、女は一九～二〇それぞれ％。江戸であると一〇人のうち七、八人は読み書きができた、など。これは同時代のイギリスやフランスの民衆よりも高い数値かもしれない。とりわけ江戸のような商業都市の場合、商人はいうまでもないことだが、手業の職人であっても読み書きがまるでできないとなると、仕事の上で不便が生じる。またこれも仕事のうちに入るのだが、芸者や遊女たちでさえ、たいていはじぶんの手で客に呼び出しの長い手紙を書いていることも、おどろきにあたいする。

しかし単に字が読めることと、教育の可能性とは別だ。江戸の民衆の識字とは、仮名書きの貸本や、苦労して高札の四角い文字を読める程度までで、武士階級を除けば、それから先へ進む可能性をほとんどもっていなかった。鎖国という制度が、知識や情報においても、外に向かって閉ざされていたことは、いうまでもない。その閉鎖、あるいは閉塞は、ある境界から外、あるいは上に向かう視野にとっても、おなじことだった。だから江戸時代的な知識は、四書をぜんぶ諳んじているとかいう、分量で計量されるような、物知り以上のものにはなりにくかった。

江戸幕府は民衆のあいだに普及していた寺子屋に対しては、側面から、消極的支援をする程度だった。民衆が読み書きや、かんたんな計算のできることは、為政者にとってもつごうがよい。明治新政府がとりいれようとした欧米なみの教育制度とは、それとは根本的にちがうものだ。それは人間の知的可能性を最大限にのばそうという意図のものだ。仁義忠孝が根源などという、思考や探求になんらかの縛りをかけたり、終着点めいた命題をあらかじめ決めておくようなことは、それだけで学問とは矛盾する。もっとも一八八〇年代（ほぼ明治一〇年代）に政府の中心にいた、伊藤博文をはじめとするリーダーたちは、もうすこし実利的だったはずだから、そこまでは学問研究を自由には考えていなかったろう。

　ともあれ欧米に倣った学校制度が発足した。教育令公布から約一五年を経た一八九三年（明治二六年）に、学齢児童数一〇〇人中、就学者は五〇人強、うち女子は一五人強、という文部省訓令第八号のデータがあり、状況は遅々としていた。そのため女子の授業内容を実生活の必要に近づけることが図られ、裁縫が加えられた。

　一九〇七年（明治四〇年）に、義務教育の年限が尋常小学校六年、高等小学校三年と改正されるまで、尋常三〜四年、高等二〜四年と幅をもたせてあった。これも子どもをそれほど学校に上げたがらない家庭に、配慮したためだろう。

　子どもを学校に上げるということが、当たり前になった段階でも、十いくつにもなった女の子が、家のことや家事の修行もせずに、日々袴をはいて学校通いをする、ということに慣れるには、もうすこし時間がかかった。女学生への偏見、とりわけ役にもたたないことを教え込まれているという批判と、彼女たちの素行に対する、その時代らしい悪口が多かった。一八九九年（明治三二年）の全国高等女学校校長会議において、ときの文部大臣菊池大麓が、女子教育の目的は、あくまでも女性が結婚して、良妻賢母になることに適せしめるのを目的とする、といっているのも、娘を学校にやることを躊躇する気分がまだ濃厚だった、その時代の視点で理解する必要があるだろう。

「東京女子師範学校生徒授業之図」
松斎吟光（安達吟光）画、松村春輔編『貞操節義　明治烈婦伝』
武田伝右衛門刊、1881（明治14）年

　生活に直接役だちそうな知識や技能を身につける、ということのほかに、学ぶことは、じぶんの頭でものを考えることや、知ること自体を追い求める歓びを教えてくれる。知識の奥深さを感じて、そのなかにもっと踏み入りたいと思うひともあれば、身の廻りのものごとになんの疑問ももたないひともある。あたらしい学校制度は、その人その人の要望や能力に応じられるような、段階的な構造をもっていた。

　就学人口がふえるとともに、ひとびとのあいだにあたらしい身分格差も生まれてきた。それは教育の格差だ。芸者相手のお座敷遊びでさえ、むかしはそんなことは気にもならなかったのに、女たちがあまりに無智で、無教養なことが、永井荷風のようなインテリには我慢できなくなってくる。

階級／身分

事故や犯罪にかかわる人物の識別のためには、むかしもいまも警察が詳細な調書をつくる。写真の利用が不十分だった明治時代には、顔つきや着ているものの注記がかなり念入りだった。髪の刈り様から鼻の高低までを書きつけた上で、士族風とか、御店者《おたなもの》風とか、一見権妻《ごんさい》（妾）風、とかいう括り方をしていることが多い。そのことは新聞の社会面の、水死人や行き倒れの記事にも共通する。

士族風は一八九〇年代（ほぼ明治二〇年代）に入るとほとんど見られなくなる。八〇年代、九〇年代を通じて頻繁に出てくるのは、官員風、商人風、職人風だが、ただし官員風はさすがに犯罪がらみの記事は少ない。

仙台平の袴を着けて黒縮緬の羽織を服し時計の鎖を胸に輝かし頭に黒の高帽を戴きステッキを携え官員然たる人が（……）。（大坂日報 1878/1/23）

官員にも勅任官奏任官のような馬車を乗り回す身分から、腰弁の雇いまであるのだが、西洋風服装の導入は明治政府の意向に規制された彼らによって開かれたので、上下とも通勤はすべて洋服すがた、以前は毛唐人の目印だった鼻下の立派な髭は、いまでは彼らに奪われ、山高帽にステッキ、胸に懐中時計の金の鎖を輝かす――というのが明治一〇、二〇年代頃のおえらい官員様のモデルだった。

そのひとが他人の目にどう見えるか、何に見えるか、という基準の第一は職業、ないし職種だろう。明治時代にはそれをもふくめて、身分ということばを用いていたようだ。

男性は官員、書生、商人、職人という区分がほとんどで、ほかには鳶、車夫、百姓、土方、時代がすこし下がると職工、学生がふえる。町人風といういい方があるのは明治のごく初めだけ。より具体的に、三百代言《さんびゃくだいげん》（資格をもたない弁護士）風、金貸し風、相場師風、医者か宗匠風、などもみられるが、周旋人、坊主、按摩などはタイプというよりも、その商売人そのものだろう。

職種以外で出てくるのは、隠居風、若旦那風、破落戸《ごろつき》風、遊び人風、なかで多いのは紳士風で、しばしば〝一見紳士風〟といった、揶揄的ニュアンスのある例がよくある。

年齢二五、六歳にて、黒七子紋付の羽織に南部織りの衣類を着し、黒山高帽子に白縮緬の兵児帯を締め、金鍍金の時計を光らせ、一見紳士体の装いなれど（……）。（読売新聞 1898/2/10:4）

じつは官名詐称の詐欺漢であった、という報道。七子織をはじめ、身につけているのはその時代のりゅうとしたもの。

＊　＊　＊

女性については近代の前半では、娘か人妻か、いい方はさまざまだが素人か商売女かの区別がほとんどすべてで、権妻風がときおりでてくる。

江戸時代には、山の手の大身の旗本の妻だけが奥様とよばれた。小身の御家人の妻女は御新造様、町家ではどんな富裕な家でもみんなお上《かみ》さんだった。それが明治になって、官吏の妻女をみんな奥様と呼ぶようになった。「其の徴候の著しく目立って来たのは明治一五、六年（一八八二、八三年）頃から、小紋お召の流行は恰も此の成金奥様連を風靡した」（『婦人之友』1922/9）と、この時代を回顧して内田魯庵が言っている。下町好みの縞に対して、小紋は屋敷風の気分のもの。

職業婦人がふえてきた一九〇〇年（明治三三年）以後になると、当然具体的に、女教員風とか、看護婦風とか、女工風とかいう記事が現れるようになるが、社会面記事ではともかく、小説作品のなかでは、職業をもつ女性はマイナスイメージでえがかれている例が多い。

＊　＊　＊

一九一〇年代（ほぼ大正前半期）以後の婦人雑誌の時代に入るころから、その婦人雑誌の記事には、よい着こなし、賢い衣生活の要点のひとつとして、身分をわきまえることの必要さをうたっているものが多い。そこでいわれる身分というものがなにを指すのかは、必ずしもはっきりしていないが、たいていは家計のスケールをさしているらしい。またときにはその家庭の、社会的地位というものも意味しているらしい。社会的地位、あるいは職業と支出能力とは関係があるわけだから、昭和に入ってからの婦人雑誌の付録などではずっと具体的になって、たとえば夫が学校の教員や研究者の場合は、本の購入費が大きな負担になる一方で、こういう仕事の男性はあまり身なりを気にしないから、衣料費はある程度削ることができる、などと助言している。

身分不相応、ということはなにも着ることにかぎらないが、目立つのはやはり着て出るものだろう。夫の職業や社会的地位から考えると、着ているものにいつもすこし金がかかりすぎていはしないかと、定評のある奥さんがいる——。だれもがわかるようなよいものは確かに高価になる。じぶんのセンスからいえばこっちの方がいいのはわかっていても、この三倍の値段のセーターを手に入れるためには、他のなにかを削らなければならない。今のじぶんにとって、それを着なければ舞台がつとまらないわけではない——という思慮が、明治大正期の助言者の口にした、身分相応、ということばの今風な解釈になるだろう。

もちろん、女訓書の著者たちのあたまのなかには、もっとずっと厄介な身分観念のしがらみがあったに違いない。そのひとたちの多くは、士農工商の身分制度のもとでか、その気分がまだ色濃かった時代に育っているのだ。

時代はすでに大正に入っていた一九一六年（大正五年）の新聞紙上で、東京女子高等師範の校長の立場にある人物が、女性の袴についてこんなことを言っているのにはおどろく。

> 自分は以前から女学生に袴を穿かせるには反対の論者で有った、女の袴と云うものは、元来が貴族的のもので有って、百姓の娘などが、学校へ行くからと云って、特に袴を買い求めて穿くなどは、チト不似合いの観が無かろう乎、華族や富豪の娘なら、袴でも洋服でも結構の様に思われるが、華族の娘と云った処で、決して真の華族とは申されない、華族の子で華族になり得るのは、嗣子一人のみで、他は皆平民の家を継いだり、平民の妻とならなくてはならぬ。（中川謙二郎談「思出る儘（上）」報知新聞 1916/12/14: 1）

彼ら〝識者〟たちが二言目に口にしたのは、この頃は着ているものや髪型で、身分の区別がつかなくなってしまった、という当惑ないし嘆きだった。

> 大阪へ参って感心しましたのは、髪に上下の区別がチャンと立っていることで、これは東京では滅茶滅茶ですが、京阪のお方は、奥様は丸髷、嬢様は高髷（島田）、下女は白丈長の島田といった様に髪でもってチャンと身分がわかっています。（……）近頃はどうもお嬢さまと芸者とおなじ髪で、下女と女学生と間違ったりする風も見えますが、何だってそんな真似をなさるのでしょう。（千歳米坡「女の髪」大阪毎日新聞 1906/2/28: 7）

わが国でのさいしょの近代的戸籍は一八七二年（明治五年）のいわゆる壬申《じんしん》戸籍。ここでは華族の外に、士族、平民が区別されている。華族には具体的な特権があったが、旧士族については、戸籍にそう記載されているというだけのことだった。それでもいくつかの法令や内規のなかで平民と士族を別扱いにしている事例が認められる。たとえば一八七一年（明治四年）四月の各地の売女の取締りのなかで、とくに旧士族の子女の娼妓営業については、「士族ハ旧来ノ関係モアレバ尤ニ体面ヲ保タシムベキ必要ナキニアラズ」と注意を添えたり、一八七六年（明治九年）七月の警視庁達では、違式詿違罪《いしきかいい》を犯して罰金を納める力のないものは懲治監に収容するのだが、士族については自宅謹慎とする、としたり、一八八三年（明治一六年）に大審院が、出訴者の服装について、士族は羽織袴、平民は羽織か袴、ただし洋服は勝手次第、といった差別など。

一八七六年（明治九年）の廃刀令によって、見た目での士族の目印がなくなるころには、そういった法的な別扱いも少なくなるのだが、やがてそれまで士族に対して与えられていた、閏刑《じゅんけい》という一種の特典が廃されたのを以て、士族と平民の間の法的な差別はほぼ完全に消滅した。

新政府樹立のころは官吏侮辱罪という法律まであったが、これはまもなく廃された。また一八八八年（明治二一年）に東京府庁は、それまで民間企業や個人に対する召喚状を、なんの誰、と呼びすてだったものを、だれだれ殿と記すことに改めている（都新聞 1888/11/18: 1）。

一方では自由民権のやかましい時代でもあったのだ。

華族

明治新政府の打ち出した四民平等のたてまえは、華族という特権階級を温存することで不十分のものとなった。ひとつかみといってもよい華族の存在などは、庶民にとってはなんの関係もないともいえたが、そのひとつかみの華族が、小説のなかなどへはけっこう頻繁に登場するのをみると、そういうひとたちが存在しているという事実は、小さくない意味をもっていたにちがいない。

一八八四年（明治一七年）の華族令公布により、わが国も欧州諸国の制度を見ならって、公、侯、伯、子、男の五爵位が定められた。一九〇〇年（明治三三年）現在では、公爵一一人、侯爵三三人、伯爵八九人、子爵三六三人、男爵二二〇人の合計七二六人。爵位は原則として世襲だが、爵位をもっているのはその家の当主だけだから、当主以外の血族は一定の礼遇をうけるだけになる。血族をふくめた華族の人数はおなじ時期、ほぼ四六〇〇人だった。

イギリスのように爵位が所領と結びついていて、伯爵とは伯爵領の所有者ということであると、ひとりの人間がいくつかの爵位を兼ねるといったことも多く、有爵者はすべて地方に広い領地をもつ資産家であるのに対して、明治華族は基本的には、一家の主人ひとりのもつ称号だけの地位だ。

しかし華族の多くは旧大名のように、もともと特権階級として一般人民とは比較にならない家産を所有していたのだから、よく口の端に上る貧乏華族というのは例外だ。一八七三年（明治六年）の東京日日新聞の記事によるなら、その時点で四三二人の有爵者ひとりの平均月収が七四七円、これは勅任一等官より多い、とある（東京日日新聞 1873/11/9: 1）。勅任一等官といえば各省大臣がこれにあたる。

それでも政府は華族の資産を守るため、彼らの所有する金禄公債をもって一八七七年（明治一〇年）に第十五国立銀行を、四年後の一八八一年（明治一四年）には日本鉄道会社を設立、そのほか北海道開拓に関するプロジェクトなどいくつかの国営事業への出資をもとめ、それによって、華族たちは相当の収入が保証されることになった。一口にいって華族さんとは、育ちがよくて、生活の苦労などなにひとつ知らないひとびと、というのが庶民の受けとり方だった。

華族にはおおきくわけて、旧藩主とそれに準ずる高禄の武家などの大名華族、旧公卿家の公家華族、それと維新とそれ以後に国家に勲功のあった者に授けられた勲功華族とがある。明治からは当然、軍人など勲功華族の数だけがふえてゆく。もともと身分というあいまいな根拠の上に誇りをもっている華族さまには、その華族内部での上下意識がかなり強かったらしい（「華族会館（鹿鳴館）の存廃」東京日日新聞 1886/1/17: 5）。したがって大倉（喜八郎）男爵だとか、軍人あがりのお仲間は新華族とよんで、いくぶんの違和感ももっていたようだ。

＊＊＊

育ちの良さ、というのはなにも華族だけの特権ではないが、産湯のなかからなに不自由ない環境で、きつい雨風にも遭うことなく、よい躾をうけてのんびり育ったお姫様若様が、あけっぴろげで穏やかなお人柄であろうことは、容易に想像できる。

維新の元勲のひとり伊藤博文が、たぶん朝鮮総督時代の晩年に下関の料亭で風呂に入った。世話をした料亭の女将が、あのお方はお生まれはそう高いご身分ではないらしい、とひとに語ったそうだ。それは伊藤が浴室に入るとき、手拭で前を隠していたからだという。皇族方をはじめ大勢の貴顕を迎えた経験をもつ、女将の感想だが、それと対比されるのは、太宰治の『斜陽』の冒頭に出てくるお母さまだろう。私の母親であるたぶん五〇がらみの女性は、庭の傍らの萩のしげみの奥で、しゃがみもせず、おしっこをしていた。それが、「私などにはとても真似られない、しんから可愛らしい感じがあった」。

主人公の弟が言う、「爵位があるから貴族だというわけにはいかないんだぜ。爵位がなくても、天爵というものを持っている立派な貴族の人もあるし、おれたちのように爵位だけは持っていても、貴族どころか、賎民に近いものもいる（……）おれたちの一族でも、ほんものの貴族は、まあ、ママくらいのものだろう。あれは、ほんものだよ。かなわねえところがある」。

大正も末の一九二三年、華族さんの子弟について東京日日新聞はこんな観察をしている。

現在東京在住の華族の子どもは約一四〇〇名である。（……）日常少なくとも十余名の召使にかしずかれている公侯爵級の子女は一頭地を抜いて悠然たるものがあり、純真な心の持ち主であるという。総じて華族の子女は競争心を欠き、身体精神両面において劣等児がかなり多い。（……）（華族と一般の子どもの体格を比較して）華族の子弟がいかに背だけひょろ高く胸部の狭い優姿《やさがた》にできているかが窺われ、呼吸器病の多いこともわかる。また彼らが性に目覚めるのは平民の子どもより約二年早いのを見過ごすわけにいかない。これは確かにたくさんの侍女や召使いの感化によると思われる。（「華族の坊ちゃん」東京日日新聞 1923/7/11: 11）

志賀直哉の初期の中編『速夫の妹』は、志賀の小・中学校時代の遊び友達の家族、子爵家のひとびとの日常が、なにげない筆で、しかしよくとらえられている。後年作者は『創作余談』のなかで、だいぶ潤色している、と書いているが、同時に作者が懐かしんでいるように、骨格は事実に添った追憶とみてよい。

速夫のまだ九歳ほどの妹の、女中に対するきついもののいい方、逆に兄の友だちに対する気どったもののいい方「召し上がれ」「（兄が）直ぐいらしてよ」、また女中の「速様は今、お召替えですから直ぐにいらっしゃいます」などは、いかにもこの時代の東京の上流家庭を思わせる。それ以上に印象的なのは、一二、三歳の速夫のかっこうだ。

自分が羨ましくてならなかったのは米国の大学で運動の時に被るとか云う、軽そうな、洒落た鳥打帽子だ。赤地に黄の筋が四、五本巻いてある。その赤も少し海老茶がかったいい色で、品は今思えばこはくと云うようなものかも知れぬ、何しろ光沢《つや》があって、華美《はで》だからひどく自分の心を惹いた（……）。（志賀直哉『速夫の妹』1910）

　この帽子を烏打とよんだのは主人公の知識だから、当時はまだわが国でほとんど知られていなかった野球帽だったかもしれない。速夫の兄は一八、九で新橋芸者を囲い、心配した両親の計らいでアメリカ留学させられた。父親の急死で学業半ばで戻ってきたが、あちらの土産も多かったのだろう。しかし芸者に入れ込んだ息子を外国留学にとばすというのも、そうだれでもできることではない。

　時間は遡るが、主人公が初めて見たときの、六歳の速夫の妹の学校通いのすがたは、眼の大きいまるまると太った子で、西洋人の子がかぶるような大きな帽子をかぶって、ボタンで止める小さな半靴をはいていた。

　時代は作者が八歳の一八九一年（明治二四年）頃、小学校へ通う少女にこんな洋服を着た子がほかにいただろうか。一〇年も後の『東京風俗志』のなかの、松本洗耳の描いたごく近くの番町小学校に通う子どもたちをみれば、両親、とりわけこの時代、府知事だった父親が、いかに時代を先取りするタイプの人物だったかがうかがわれる。

　小説では浅香家となっているが、モデルは高崎家で、父親の高崎五六は鹿児島出身、一八八六年から一八九〇年（明治一九～二三年）まで東京府知事、八九年、九〇年は東京市長も兼ね、勲功華族の男爵だった。

1900年（明治33年）頃の小学生の装い（「公立麹町区番町学校」）
松本洗耳画、平出鏗二郎『東京風俗志』（上巻）、
富山房、1899-1902（明治32-35）年

　もちろん華族だから進取的というわけではない。ただ、一九二〇年代（大正末～昭和初め）の、少年少女たちを中心としたわが国の洋装化が、なによりも欧州大戦後の、生活のゆとりを基盤としていたことを思いだすべきだろう。華族たちの生活のゆとりは、見栄えのいい若様の女遊びや、古器物の愛玩にとどまらず、あまりものに囚われない好奇心のうごくまま、盛んな外国旅行や子弟の遊学にも情熱が注がれたのだ。ただし彼らの外国での豊富な見聞は、大学勤めの学者のような、生活や名利の必要には無関係だったから、彼らが得たもの、身についたもの、持ち帰ったものは、彼らの言行や身辺にとどまり、また、奥ぶかい屋敷の外へも出る機会がとぼしかったのだ。

　浅香家は芝山内に洋風の知事官舎があり、知事を辞めたあとはその近くの増上寺の、もと学寮だったというところに移った。当時、麻布三

河台に住んでいた志賀の家からは、飯倉、六本木を経て、子どもの足だと一五分くらいはかかるかもしれない。このあたりはいわゆるお屋敷町で、華族さんの住まいも多かった。

江戸川乱歩の少年探偵団シリーズには、怪人二十面相が目をつける相手に、よくこの麻布辺のお屋敷町というのが出てくる。高い石塀に囲まれた古風な洋館のなかには、日常の常識とはちがう、ふしぎな世界が潜んでいるようだった。

女性の地位

近世は日本史のなかでも、女性の地位がもっとも低く、権利の奪われていた時代といわれる。それが開化の時代になったとたん、なんの抵抗らしいものもなく、いままで閉ざされていたさまざまな扉が女性に向かって開かれた。

たとえば、多くの密教寺院では女人結界が解かれ、女性の入山が許された。結界とは、修行の障害となるおそれのあるものを近づけない、境界をいう。代表的なのは紀州高野山の金剛峯寺だったが、密教寺院は七〇寺以上が、寺域に女性を立入らせなかった。

一方、神社は血の穢れを忌むため、女性は月のうち数日は社の鳥居をくぐることができなかった。これは本人にしかわからないが、女性はそれを初潮のときから教えこまれていた。土地によっては、その数日は家の神棚に近づかないとか、煮炊き、つまり火を憚《はばか》る、という習慣もあった。しかしそれも明治から大正とかわるころには、そんなことを覚えているひとも稀になっていた。

回向院の大相撲が女性を見物させなかったのも、土俵がひとつの神域と考えられているためだ。だから相撲見物が一八七二年（明治五年）に女性に開放されたあとも、しばらくのあいだは、神事のある初日だけは入場が許されなかった。

女性が富士山に登れなかったのもおなじ理由にちがいない。やはり一八七二年（明治五年）、吉田口からの女人参詣が許された。

近世の女性の地位について、いやむしろ女性は護られ、だいじにされていたのだ、という見方がある。その時代の女性たちは、近代以降のように男性と競争的な場に立つことは決してなかったから、女性は女性だけのいわば結界のなかにいた。その〝分〟を守っていさえすれば、それなりの満足した生活を送ることができた、と。

女性に男性とおなじ権利を与えて、差別をしない、という欧米風の考え方は、とりわけ教育の分野でめざましい結果を生んでゆく。しかし同時に、女は女であって、そのことを忘れてはならない、という主張も根強い。この主張は表現としてはあたり前のことのようだが、たいていの場合、女性についての後むきの思い込みがふくまれている。

後むきの思い込みをもっとも端的に表現することばは、〝良妻賢母〟だろう。ことば自体をとりあげれば、よい妻、賢い母になんの悪い点もない。ただしそれはこのことばが、〝良夫賢父〟とセットになっていることが条件になる。そうでなければこの教訓は、一方にだけむけられた拘束、いわゆる畜犬の倫理になってしまう。近代においても教育理念のなかに、家庭や家族にかかわる、男性の側に与えられるべき目標や義務はなにひとつなかった。忠義や孝行と同様、日本の道徳訓に共通して、弱い立場の側にだけ義務を負わす、新渡戸稲造のことばを借りれば、それは片手落ちの道徳だ。

女性の教育は進展したが、文部省が繰り返したのは、「貞淑ノ徳ヲ養イ」（高等女学校規定、一八九五年）であり、「婦徳ノ涵養」（全国女子青年団に対する訓令、一九二六年）であり、良妻賢母だった。それは一方でもちろん富国強兵を支える強い男、とのセットだったことは言うまでもない。もっともそれは政府だけの考え方ではなかった。女性がなんらかの意味で男性と対等になることには、世間一般にある種の反感があったと考えられる。職業婦人に対する見方にもそれが反映している。

女性が女らしくなくなっては困る、という不安のあらわれのひとつは、最初のうちの小学校、女学校での体操授業だった。女の子に体操などさせたら、からだがギスギスしてしまって、せっかく六つのときから仕込んだ花柳流が台無しになる、といった苦情で、学校をやめさせる下町の親があったそうだ。それかあらぬか、一部の女学校の体操の時間は、表情体操といって、ほとんど日本舞踊の振付けといってよいようなものだった。

一方でごく少数ではあったが、そういう世間一般の尺度からみれば桁外れの女性も、この時代は許容している。開化後間もない時期から、身は女性であっても裁ち縫いやお稽古事には興味を示さず、学問の道に熱中する娘の存在が、ときおり新聞で紹介されている（「東京本湊町の（……）」東京絵入新聞 1876/6/7:1）。

一八八〇年に設立された東京女子師範附属高等女学校（創立時は女子師範予科）は、そうした好学の女性のために道を開いた、さいしょの中等教育機関だ。その後女学校は公立私立ともに順調に発展する。ただし政府の女学校に対する態度は、ふたつの点でつねに一貫していた。そのひとつは、おなじ中等教育であっても、男子中学校に比べ学力の低いことを許容し、また裁縫など家事教育と、作法など女としての躾を重んじる教科設定だ。〝女はマメでバカがいい〟は、文部省公認ということになる。

女性の人権無視の最大のものは、公娼制度だったろう。公娼制度はわが国だけのものではなく、現代社会における、前近代的な人権蔑視と、差別の残りかすというほかかない。それを認める体制側の言い分はきまっている。良家の子女の貞操を守るためと、性病の蔓延を防ぐため、のふたつだ。とりわけわが国は、性に対しては放恣で、寛大な文化があった。廓《くるわ》での女と男の、微に入り細を穿ったとりなりが舞台でも寄席でも描写されて客を喜ばせ、女性たちの悲惨さが吉原情緒などという厚化粧によって美化された。そして男たちの人間性の一部分に、娼婦と接触の経験をもたないような男は、一人前ではないと考えるような無神経さを育ててきた。

「公娼廃止建議案の賛成議員が沢山出た。おそらく、女といえば女房以外知らぬ紳士ばかりだろう」（東京日日新聞 1923/12/15夕:1）などという揶揄が、大新聞の記者によって書かれる時代だった。

男と女

一八七二年（明治五年）の東京横浜間の鉄道開通に備えて公布された〈鉄道略則〉の第八条では、婦人のための車両への男子の立ち入りを禁じている。もしこれが実現していたとすると、さいしょの婦人専用車ということになる。婦人専用車両については今日でも賛否の意見が分かれる。体力の点では、男性に比べて女性が劣ることは事実だから、弱い者を保護するのは当然のこと、とみる見方と、これはむしろ一種の差別につながるのではないか、という異論がある。〈鉄道略則〉の場合、欧米の先例に倣ったにすぎないのだろうが、この時代の男たちの、一般に女を見る眼がどうだったかを理解しておく必要がある。

江戸時代の習慣を受けて、明治大正期もまた、身分にかかわらず男と女が交際する場はかぎられていた。肉親や使用人をのぞけば、男と女がことばを交わす機会さえ少なかった。落語に、若い男女が路地で立話をしているので、癪にさわって水をぶっかけてやったら、兄妹で引っ越しの相談をしていた――という枕がある。じっさいに兄妹でも、若い男女が並んで外を歩くのはおたがいに嫌がったものだ。

若い男がさいしょに接触する女性は、たいていは安い娼婦だった。そこでは男はお客さんだったし、敬意や憧れを感じさせるような女性は稀だったろう。むしろ男たちは、そこである種の女性蔑視をからだで覚えて、大人になることが多い。

　この時代、若い女性が道路工事中の道端などを歩こうものなら、耳を塞ぎたいような、卑猥なからかいを浴びせられるのがふつうだった。その無遠慮で具体的な雑言によって、娘はけっこう一種の性教育を受けたかもしれないと言うひともあるくらいだ。

　男と女のあいだにはできるだけ距離をおかなければいけない、というのが常識だった。

　一八八三年（明治一六年）に、それまで男女混用だった新橋停車場の待合室に、一等室にかぎってではあるが、女性のための別室が設けられた。一八八八年（明治二一年）には、上野の帝国図書館に、婦人のための閲覧室ができた。映画館はとりわけなかが暗いということから、一九一七年（大正六年）に公布された〈活動写真興行取締規則〉のなかで、上映フィルムを甲種、乙種の二種に分け、一五、六歳以下の者に観覧を許さない甲種フィルムを上映する映画館では、男子席と女子席を区別すること、同伴で入場の者は混合席に入る、と規定した。この規定が取り消されて男女席の区分が撤廃されたのは、二〇年後の一九三七年（昭和一二年）のこと。

　一八七九年（明治一二年）に公布された教育令では、体罰の禁止、授業料の徴収は便宜に任す、等々の規定のほかに、小学校からの男女別学を示し、一八九七年（明治三〇年）の文部省訓令でも、尋常高等小学校での、学級、教室、学校における男女区分を、くりかえし指示している。京都府では一八八四年（明治一七年）一月に学務部長から、「公立小学校生徒の男女雑居は往々教育上に弊害あるを以て之を区別し席を異にせざるを得ず」との通達があり、これが実行されたが、上京区のある小学校では、女生徒の教場の椅子机を撤去し、畳を敷いてすわらせた、という（大阪朝日新聞 1884/2/6: 2）。

　一方で、機会均等を求め、それをじぶんの努力でかちとっていった女性たちも多い。一九二二年（大正一一年）には、松山市出身の兵頭精子が、三等飛行士試験に合格、日本最初の女性パイロットになった。一九二八年（昭和三年）には、アムステルダムのオリンピック大会女子陸上八〇〇メートルで、人見絹枝が銀メダルを獲得した。一九三三年（昭和八年）には、小野甲子が、女性で初めての講道館初段となる。

　趣味や運動の世界では、女性に対する世間の目も比較的寛容だったかもしれない。女らしい趣味という、編物やフランス刺繍といった範囲の外へふみだした、写真や登山、テニス、乗馬といった世界も、女性の前にひらけていた。自転車人気にのって一九〇〇年（明治三三年）に発足した、女性サイクリストによる女子嗜輪会や、女子自転車倶楽部のような。それらはみんな女性たちに、頻繁な外出と、幅広い交際の機会だけでなく、姿態と生き方のあたらしいポーズを与えたはずだ。

　フランスで画家として成功した藤田嗣治は、日本滞在中の一九三四年（昭和九年）に、自分はフランスの女がいちばん好きだと告白し、「日本の女はまだ因循であるか、幼稚であるか、どっちかである。一人前の大人としては人間が貧弱すぎる」とつけ加えた（藤田嗣治「アトリエ漫語」報知新聞 1934/3/23: 5）。ひたすら可愛らしさに頼ろうとし、幼稚で世間知らずなことを羞じもしなかった日本女性が、女性としての、いままで知らなかったじぶんの魅力に目覚めはじめるのは、これからのことだ。

　こんな華やかなこととはべつに、教育の分野での機会均等も、遅々とはしていたが確実に進んでいった。一九〇三年（明治三六年）には専門学校令によって、女子専門学校が認められ、女性の高等教育の道がひらけた。こえて一九一五年（大正四年）には新大学令によって、大学への女子の入学、女子大学の設立、および大学院をもつ女子大学に、学位授与権を与えることがきまる。女子大学の設置は結局第二次世界大戦以後になるが、一九二〇年（大正九年）には帝大に、文科にかぎって女子の聴講生が認められ、この年三二名が赤門をくぐる。私立大学では同年に日本大学、翌年には早稲田大学、同志社大学等が女子学生を受けいれている。

一方政治の世界では、婦人参政権運動は行く手の道はるか、という状況だった。夫（主人）と妻と、一家にふたつの意見があることは、一家和合の妨げになる、というのが反対の大きな理由だった。じつはその、明治民法に支えられた家制度そのものが、女性の自立と権利を抑圧する元凶だったのだが。

明治民法はたとえば不貞行為について、夫はその対象外としている。その理由は、家名の保持にとって、実子をもつことはほかの何にも優先するためだ。本妻以外の女性と関係をもつことも、ときには必要悪として是認しなければならない。天皇家の皇統が絶えなかったのもそのことによるのだ、とまで主張された。男系尊重の論理は、経済力と体力のほかに、男性優位の社会を支えた、もうひとつの根拠になっていた。

キリスト教

〝無智な大衆〟が、理由もなく毛嫌いしたり、怖れていたのが、近代一〇〇年の後半では赤――共産党だとすると、前半ではキリスト教だったろう。しかしキリスト教が日本の社会にある種の影響力をもっていたのは、むしろ明治時代だった。

一八七三年（明治六年）の六月に、列国の圧力により新政府は、「従来高札面ノ儀ハ一般熟知ノ事ニ付向後取除可申事」という布令によって、切支丹禁制の高札を撤廃した。けれどもすでに横浜など開港地では、多くの宣教師が活動を開始していた。

彼らがさいしょに手をつけたのは当然ながら語学塾だった。中国での伝道の経験をもつ医療伝道師ヘボン（James Curtis Hepburn）夫妻は、繁昌していた故郷の病院を閉じて一八五九年（安政六年）来日、横浜居留地でおもに外科、眼科の医療活動とともに、英語教育を通じて伝道に従事した。ヘボン塾からは高橋是清、林董《ただす》、三井物産創設者の益田孝などが育っている。ヘボンは明治学院の設立にも力をつくし、その第一回卒業生のなかには島崎藤村がいる。横浜のフェリス女学院もヘボン塾のながれをひくもの。

フェリス女学院の卒業生で『小公子』の名訳で知られる若松賤子《しずこ》は、夫の巖本善治らとともに明治女学校で教鞭をとった。明治女学校は一八八五年（明治一八年）の創立、巖本は教頭、二代目校長をつとめ、歴代の教員講師のなかには、島崎藤村、津田梅子、植村正久、音楽の幸田延子がいる。巖本はまた『女学雑誌』を刊行、その発言、主張は一八九〇年代（ほぼ明治二〇年代）の思潮に少なからぬ影響をもった。彼はプロテスタントの信者だったが、宗教的倫理の日常生活での実現を意図し、ミッションスクールとは一線を画していた。

一八七一年（明治四年）創立の熊本洋学校、一八七五年（明治八年）創立の札幌農学校は、いずれも公立学校だったから宗教教育はありえなかったが、前者には、退役軍人ではっきりと宣教を目的に来日を決意したリロイ・ランシング・ジェーンズ（Leroy Lansing Janes）、後者には、マサチューセッツ農科大学長ウィリアム・スミス・クラーク（William Smith Clark）が赴任、どちらも多くの学生たちに、大きな人格的、宗教的影響を与えた。ジェインズの帰国で廃校になった熊本洋学校の生徒たちは、いわゆる熊本バンドを結成して信仰を誓いあい、大挙して京都の同志社に移った。そのなかにはのち民友社を創立した思想家、徳富猪一郎（蘇峰）もふくまれる。札幌のクラークの膝元からは、新渡戸稲造、内村鑑三らが育った。

一方、明確にキリスト教の旗を揚げて出発したミッションスクールの数も多い。明治学院、青山学院、大阪の梅花女学校、西宮の関西学院、京都の平安女学校、神戸の神戸女学院、横浜のフェリス女学院など、本国のミッションボードの資金によって運営される学校が、いずれも明治期中期までに創設されている。

ミッションスクールは宗派の違い、本国ミッションボードの資金力や考え方によって性格は一様でないが、概していえば校風は自由で明るく、制服などには無関心な学校が多いのは、とくにプロテスタントでは、アメリカのミッションが主であるためだろう。一方で外国人の女性教師には、生徒の歩き方や、外套への手の通し方まで、手をだして世話をやくひとも少なくなかった。カーテンの趣味やベッドメーキングなど、多くは耳学問に終わったとはいえ、授業とは関係のないアメリカンスタイル・オブ・ライフのはなしは、少女たちの真っ白なあたまには新鮮だったはずだ。在学中は教会に通い、なかには洗礼まで受け、しかし結婚後は聖書にさわることもなくなってしまう女性が多いにはちがいないが、外套を片袖から通すというような躾は、一生身についていただろう。第二次世界大戦中でさえ、また一九五〇、六〇年代になっても、横浜では明治生まれのフェリス出の婦人といえば、どことなく違うように見られていた。また当然語学教育には熱心で、口の中に指をさし込んで発音を矯正したりする。こういった点を買って、娘をいやいやながらでもミッションスクールに通わせる親もあったらしい。

一八九〇年代（ほぼ明治二〇年代）の東京では、ミッションスクールの女学生や、熱心に教会に通う娘にはひとつのしるしがあったという。それは一八八〇年代末（明治三〇年頃）に大流行して、そのあと不人気になった、マーガレットとか英吉利《イギリス》巻などというバタ臭い名の束髪を、相変わらず結い続けている娘が多かったことだ。ただしそのすがたは下町には少なかった。束髪もハイカラも耶蘇も、江戸っ児の気っ風には馴染みにくかったらしい。

しかしその下町で、キリスト教の活動がひとびとに衝撃を与えたのは、救世軍による廃娼運動だった。矢島楫子らによる日本基督教婦人矯風会の結成は一八八六年（明治一九年）に遡る。矯風会の主たる目標は、平和、純潔、禁酒の三点だ。しかしこのどれもが、明治の日本は容易に受けいれられるような時代ではなかった。一九〇四年（明治三七年）の日露戦争に、一高に在職していた内村鑑三は戦争反対を唱えて、退職に追い込まれる。また酒の害とか、純潔などということばは、日本人の辞書には存在しなかったといってもいいだろう。大新聞の紙面でもだいたいは冗談ダネ扱いだった。

矯風会は公娼廃止、一夫一婦制、海外醜業婦の救済といったことに関して政府に建白書を提出するなどの活動をしたが、救世軍はさらに積極的に、直接吉原などの遊廓に出向いて、女たちに自由廃業をよびかけ、また廓《くるわ》を抜けだした女たちの受けいれの場をつくるなどした。廓の営業者や、雇われたならず者に暴行を受けるようなこともあった。

暮れの街頭社会鍋と、その浄財による炊きだし、貧民窟訪問などの活動は、根強かった耶蘇嫌いの庶民感情を薄れさせてゆくひとつのきっかけにはなったはずだが、しかしまた、賀川豊彦の『死線を越えて』や、その後の労働運動などとともに、〝主義者〟の疑いという、もうひとつの偏見と結びつく可能性もあった。

一九一〇年代以後（ほぼ大正期〜）のキリスト教は、羽仁もと子の『婦人之友』活動にみられるように、中産階級の平和な日々の営みのために祈りを捧げる、より教養的な方向に舵をとった、ともいえる。

舶来

舶来品とは外国から輸入した物品をさすが、現代の日常語としてはほぼ死語になっている。鎖国だった江戸時代のわが国は、当然自給自足だった。もっともだいじな生産物の米も何年かおきの地域的な凶作をべつとすれば十分の収量があり、明治の初めは輸出品の一部でさえあった。その時代のわが国にとって外国からの輸入品とはすべて、それまで通りの日常生活からみればなくてもすむようなもの――贅沢品だった、といってよい。

おそらくどんな時代、どんな国にとっても、遠くの国からもたらされた品物はめずらしく、貴重で、ときにはふしぎなものなのだろう。ヨーロッパ人にとっては新世界アメリカの野菜や嗜好品が、アメリカ人にとってはロンドンやパリのファッションが、こよない夢をもたらした。それは江戸と上方のあいだでもいえた。ただし、それが単に夢をはぐくむ贅沢品でなく、また贅沢品であったとしても、それ以上の実効的な価値をもつもの――南アメリカの大量の銀のような――であることもある。

＊＊＊

幕末明治のわが国への舶来品の多くは、文明開化にとってなくてはならない道具、という大きな価値をもった贅沢品だった。舶来嫌いのひとは多かったし、その程度も現れ方もさまざまだったが、いくら外国人のもたらしたものを嫌っても、いまどき弓や刀で戦いができるとはだれにも思えなかったのだから、そこに心の葛藤があった。昭和という時代になってさえ洋服嫌いの老人はいて、ことに洋装の女性を眼の仇にするひとはけっこうあったらしい（「婦人の洋装を廃せ」報知新聞 1939/3/17: 2;「洋装婦人の精神」朝日新聞 1942/3/31: 2）。アイロン髪やパーマネントウエーブ反対も、その実生活上の有効性を無視しての、感情的な外国嫌いが大きな理由だったから、もうすこし醒めたあたまをもっている行政は、第二次世界大戦期の軍部でさえ、女性の洋装はもちろんのこと、アイロン髪も、パーマネントも、それを禁じようという意図などもったことはなかった。

舶来品は一般に、それを生産する国でも上質の品だった。それはひとつには手数と費用をかけて輸入しようというものに、あんまり安物は割にあわないためだ。時計でもカメラでも石鹸でも香水でもネクタイでも、日本ではとても真似のできない、精巧で、また魅力的なデザインの商品が多かった。舶来の商品は金のかかる美人の女房のようなものだった。

＊＊＊

一方、江戸時代以来の日本人に負わせられただいじな美徳のひとつは、質素倹約だった。ずっと後の時代になっても、戦時中の〝欲しがりません勝つまでは〟を経て、一九六〇年代の高度成長期や、七〇、八〇年代の消費革命の時代になって価値観が転換するまでは、とにかく贅沢は悪いことだったのだ。

舶来品の輸入制限を唱えていた郵便報知新聞の一八七九年（明治一二年）の記事を見ると、愛知県春日井郡の四二の村は先ごろより一致して「倹約示談」をとり決め、西洋風俗、唐物を排斥することにしているとある（「四十二箇村倹約示談の箇条」郵便報知新聞 1879/9/18: 2）。また岐阜県の大垣でも、有志が「金鉄」という結社をつくり、社員は舶来品を一切用いず、輸入を減じ、国産を奨励する誓いをたてた（郵便報知新聞 1879/12/17: 2）とある。明治一〇年代は比較的農村の豊かな時期だったので、都会以外にも舶来のめずらしい品物――おそらくはせいぜい洋傘とか、ケット（毛布）とか、時計程度のもの――が入りこんだのだろう。古い美徳である倹約のさしあたりの標的が舶来の品々になり、感情的な外国人嫌いがそれを煽ったにちがいない。

輸入を減じ国産の使用を奨励す

る、という命題は金鉄社のモットーであるだけでなく、この時代の心ある日本人の抱いていた念願であり、懸念でもあった。輸入超過のために多くの金銀が外国に流れてゆく、という懸念だ。当時の日本人のなかには、山吹色した大判小判や、千両箱が、蒸気船につみこまれて外国に持ちさられてゆくといった、具体的なイメージをもつひともあったようだ。

　金の海外流失は事実だったが、それは輸入超過のためというよりも外債の利子支払いのためだった。一九一二年（明治四五年）一月二四日の衆議院予算委員会で、大蔵大臣山本達郎はつぎのようなことを述べている。

　わが国の貿易外収入は年間せいぜい三〇〇〇万円であるのに対して、外国に支払う公私債券の利子は九五〇〇万円に達する。差引して日本の金が年々七、八〇〇〇万は国外に出てゆく。これは貿易の収支がほぼ平均とみてのはなしだ。したがって一方では輸出を奨励するとともに、外国からの輸入を防ぐため、お互い心してできるだけ外国のものを使用せぬという方針をとらなければならない。（都新聞 1912/3/25:5）

　ここでも舶来品は悪、という観念が強調されている。しかし幸いにもまもなくはじまった欧州大戦は、国家経済のうえのこうした懸念をかなり減殺するのに役だった。

　開化後のしばらくのあいだの主要な輸入品は、羅紗、サージ、モスリン、金巾《かなきん》などの布帛《ふはく》類をふくめた工業製品だった。なかでも羅紗のように、その品質の点で舶来の栄光を長く保ちつづけた商品もある。しかしそのほかの多くは、やがてわが国のめざましい工業化のために輸入品目から消えてゆく。モスリンの輸入も一九一五年（大正四年）をさいごにして終わった。羅紗類についてさえ、一九三一年（昭和六年）に商工省は『舶来品より優良なる国産品』を公刊して、英国製と遜色ない国産の洋服地と推奨している。

写真の真実

　偶然のことにはちがいないが、わが国の文明開化と欧米における写真技術とは、ほとんど時期をおなじくして歩みはじめ、発展している。幕末から明治初頭にかけてのわが国の貴重な映像記録を残してくれたフェリーチェ・ベアトにしても、写真の始祖として名前の残っているルイ・ダゲールやナダールたちと、ほぼ同時代のひとなのだ。欧米人にとっても、写真そのものがまだものめずらしかった。

　それに加えて、日本を旅行すると道端で湯浴みしている女性を見ることができるというような大衆の好奇心を、あるいは猟奇心を誘うような、クック旅行社などの巧みな宣伝もあって、極東のふしぎな世界に対する興味がかきたてられていたようだ。ベアトのような職業写真家ではなくても、荷物持ちの従者のひとりも連れて歩くような当時のツーリストのなかには、かなりの数のアマチュアカメラマンのあったことが想像される。

　また、一八九六年（明治二九年）というような時期になってさえ、東京横浜の写真館を相手にして、日本の風景、風俗の写真三〇〇万点を収集したいという打診が、わざわざ来日したボストンの書籍商からあったこともある（「本邦写真三百万枚の注文」報知新聞 1896/4/17:5）。ともあれそうした一種の日本ブームのおかげで、維新前後の日本人の生活を題材にした大量の写真が残されたことは幸いなことだ。

＊　＊　＊

　日本人もまた写真の利点には着目し、早い時期から積極的に利用している。すでに一八七二年（明治五年）一一月には、囚人中凶悪の者についてはその顔写真を撮影しておいて、万一逃亡の際に備えるという監獄則がつくられた（太政官符第三七八号）。

日本での写真の普及には、個人としての明治天皇の影響力もあったかもしれない。明治天皇は自身が写真を撮られることは嫌ったといわれるが（「写真を厭わせ給いし先帝陛下」朝日新聞 1912/9/14: 6）、西南戦争が終わってまもないころに、上級官僚三〇〇〇人の写真を提出させている。その写真は色紙か短冊に貼り、それに写真の主の手で詩歌を書かせるということをしている。さらに一八八二年（明治一五年）には、その夫人の写真も提出させるというので、印刷局はいまその撮影設備の準備中、という記録が残っている。

＊　＊　＊

風景でも人物でも対象を眼で見たままに写しとれる、というので〝写真〟と名づけたのはきわめて妥当な命名だった。脱疽のため手足を失った名女形三代目沢村田之助のさいごの舞台は、一八七二年（明治五年）村山座の《国性爺姿写真鏡》で、ここでも写真はありのまま、という意味に使われている。

ありのままが写る、ということはその理屈がわからないひとびとには、写しとられる、あるいは魂を吸いとられる、という恐怖につながったようだ。もちろんそれとおなじ恐怖は肖像画にもあったから、――たとえばオスカー・ワイルドの『ドリアン・グレイの肖像』（1890）のような――写真だけのことではないが、肖像画とくらべて写真はより庶民的だったために、迷信も草の根的になる。

「奠都五十年記念写真（其十二）我国に於ける最初の写真店　全楽堂／相影楼」
下岡蓮杖撮影、『写真通信』、1917（大正6）年5月

三人並んで写真に撮られると真ん中のひとがいちばん先に死ぬ、というのなどはもっとも子どもらしい。女性が手をなるべく写されないようにつとめているのも、単に手が大きく写るから、というのではないなにかの思いこみがあったようだ。一八七三年（明治六年）、明治天皇の伊勢参拝の際、内宮大廟の撮影にも大きな悶着があったという。伝えるところによると、写真撮影は大神宮に対して不敬であるのみならず、もし写真にひとが写ればそのひとの寿命を縮める、というのが神官一同の反対の理由だった（読売新聞 1896/1/24: 3）。

また、ときには人間の目には見えないものでも、写真の乾版なりフィルムには写る、という理屈があって、その結果のひとつがいわゆる心霊写真だ。写そうとした対象以外の

ものが二重写しに写っている、というのは、自動巻きとりシステムが開発されていない時代にはきわめてありふれたミスだから、心霊写真のたぐいはある程度まで自然発生的なものだったろう。しかしやがて作為的なものが生まれ、信じやすいひとたちを相手にした詐欺商売の道具となる。

心霊写真とほぼ並行して話題になったのが念写だ。光を通さない容器のなかに、感光材料、その時代だとたいていは乾版をいれ、超能力者が外部からその乾版に文字や図形を感光させる、というのが念写だった。ことの真偽はいまどちらでもよいが、人間の目に見えないものまで感じとる力をもつ写真——正確には感光剤——の能力に対する驚きが、こんな副産物を生んだといえるだろう。

それでは写真はそんなに真実を伝えるものだろうか。この疑問は写真史のはじめから存在した。たしかにそんな高級な疑問は、人生の節目節目に写真館で記念撮影をすることをあたらしい習俗のようにしてしまった大衆や、写真のリアリズムの前に絶望し、それまでの絵筆の修業を放棄して写真師に転じた、たくさんの二流三流画家たちには縁がない。しかし写真の普及を追いかけるように活動写真の時代に入り、初期の幼稚なＳＦや忍術映画が大量に制作されだすと、写真の真実に関しては次のようなあたりまえの納得がなりたった。つまり、写真とは、被写体のある瞬間のコピーであり、被写体になった対象物の真実とは関係がない、ということだ。

とはいえ大衆は写真の真実さを疑うことはない。明治期に来日した西洋人画家中で対比的な画風だったのが、フランス人のジョルジュ・ビゴーと、イタリア人エドアルド・キヨッソーネだった。日本人を下品な猿のように描きつづけた、シニカルなジャーナリストであるビゴーに対し、破格の高給で政府の役職にいたキヨッソーネの方は、依頼された高官たちの顔を理想化し、その地位にふさわしいりっぱな風貌に描いた。西郷隆盛も明治天皇も、キヨッソーネの〝作品〟が複製され、大衆は、それを写真だと思いこみ、写真だからそれがそのひとのほんとうの顔だと信じこんだ。

絵画から写真へ

新聞のニュース記事に、それまでの木版画に代わって写真が掲載されだしたのは日露戦争（一九〇四〜〇五年、明治三七〜三八年）からだった。雑誌ではすでに一八九〇年代（ほぼ明治二〇年代）から写真がすこしずつ利用されていて、一八九五年（明治二八年）一二月号の『文芸倶楽部』は閨秀小説号と銘うち、執筆女流作家の顔写真を扉とした。なかでは田澤稲舟《いなぶね》がいちばんの美人と評判される。どんな事件にもひとにも写真を求めようとするマスコミの習性にも煽られて、顔の美醜など仕事の価値となんの関係もないはずの職種のひとでさえもが、じぶんの顔にコンプレックスをもつような時代になった。

一九一〇年代（ほぼ大正前半期）に入ると、山本松谷の東京絵図の根づよい人気に支えられていた『風俗画報』にも、写真時代の影が忍びよってくる。街並みや風俗の紹介が、それまでの彩色木版画から、不鮮明な白黒写真に変わる。絵と比較しての写真のつまらなさは、無愛想な白黒であるというだけでなく、物語性の欠如だったろう。絵画、とりわけ風俗画の物語性とは、画面のなかの嘘の部分といってよいのだが、画家の記憶と想像から生まれる虚構が、絵に見入る愉しさなのだ。一八九〇年代（ほぼ明治二〇年代）の『風俗画報』のなかには、たとえば一八九五年（明治二八年）の八四号「征清図絵第五編」のように、何枚かの写真をわざわざ模写した絵画さえあった。けれども時代は、絵

「新案の四面写真」
『婦人世界』、
1913（大正2）年1月

描きの想像によって美しく加工された世界ではなく、事実そのものの方によりつよい関心をもつようになっていた。

『風俗画報』の廃刊は一九一六年（大正五年）、その一〇年前から博文館の『写真画報』が刊行されていて、一九一三年（大正二年）には『歴史写真』が、一九二三年（大正一二年）には、『アサヒグラフ』、『国際写真情報』が創刊した。

写真への執着は新聞小説の挿絵にまで及んだ。一九〇四年（明治三七年）の大阪毎日新聞は、菊池幽芳作の連載小説「妙な男」の挿絵に替えて、毎回、道頓堀朝日座の役者によって演出されたシーンの写真を掲載した。しかしこの試みは費用がかかりすぎるといったこともあって、長続きしなかった。

＊　＊　＊

この時期、一九〇〇～一〇年代（ほぼ明治三〇年代～大正中期）に人気のあったのが芸者を写した絵葉書だ。きっかけは日露戦争中、戦地に送られた慰問絵葉書だったといわれている。芸者の写真はそれまでも雑誌の口絵などにはよく使われていた。大きな呉服店が顧客に配っているPR誌には、モデルとして芸者以外に適当な女性がいなかった。しかし『太陽』のような総合雑誌だけでなく、『文芸倶楽部』、『新小説』、『文芸界』といった文芸雑誌にさえ、なんの意味でか評判芸者の写真が扉を飾っている。それが絵葉書となると、雑誌の粗末な紙質とは格段にちがうから、たくさんのマニアが現れるのもむりはない。

現在にまで、明治の芸者の風貌を伝えているのは、ほとんどすべてがこの絵葉書だ。著名な絵葉書店の主人は絵葉書美人の代表、萬龍についてこんなことを言っている。

一番評判の良かったのはなんといっても、一八、九頃の萬龍です。萬龍の名は外国にまでひろがり、ことにアメリカなどでは日本美人を代表した名物女で、日本から来る美人絵葉書とさえ云えばどれでも萬龍、といったくらいで、今でも盛んに輸出されております。世間では萬龍の鼻を大きな不格好なもののように噂しているようですが、それはまるで反対で、萬龍の鼻は実に鼻筋の通った好い鼻です。あれほど鼻筋の通った小高い鼻は写真にすると、どうも大きくみえすぎるので、そこが私共の最も苦心を要するところです。（長島咲太郎「美人絵葉書になるまで」『婦人公論』1919/4）

長島はまた、絵葉書写真のコツをつぎのように解説する。あまり愛嬌のありすぎるのはいけない、わかるかわからないくらいの嬌態《しな》をつくって、慎ましやかに取り澄ましているのが好い、眼なども一般に黒く澄んでいるのがよく、泣いているような、媚びているような、また夢見ているような、潤んだ目はダメ。着物は荒い縞が禁物、模様のある派手なのが好まれる、顔はいずれかというと丸顔は下品に見えてよくなく、瓜実顔という面長な顔がよい、概して中高が一番よく写真に撮れる、化粧は厚化粧より濃淡のある方がよく、京都式の厚紅は禁物――。

　これはあくまでも芸者絵葉書としての売れ筋を、一業者の経験から語っているにすぎないが、一般に写真写りの善し悪し、ということがいわれるようになり、着付けにも化粧にもそのための心遣いが必要になった。とりわけ一九五〇年代（昭和三〇年代前半）まではポートレート写真はほぼ白黒だったから、化粧にもきものの柄の取り合わせにも、そのためのとくべつな工夫があった。それが映画となれば生やさしい配慮ではなくなる。たとえば一九三六年（昭和一一年）製作のMGM映画《巨星ジーグフェルド》は記念碑的なレビュー映画の大作だが、しかしカラー時代前夜のモノクロームだったのだから、演出家の苦労は思いやられる。

　その映画では、劇映画のトリック撮影は映画の紀元の時点から常識だった。写真の場合も、商業写真であれば修正は必須のこととしてその技術が習得された。しかし報道写真においての演出に関しては、あの写真は真実を伝えるのだろうか、という疑問がつねに再燃していた。

　モダンガール華やかなりし一九三〇年（昭和五年）頃、初夏の銀座街頭スナップとして、二人連れのモダンな洋装女性が紹介された。日本中のひとが、それがいまの東京であり、銀座なのだとあこがれた。しかし実はその一瞬のスナップを撮るために、カメラマンは三日間尾張町の角で立ち尽くし、結局その写真をとったのは市内のべつの場所だったという。しかし、カメラマンは、そういうモダンガールのいちばん多く見かけるのが銀座か丸の内辺である、という経験的〝事実〟は知っていた。たまたまその三日間は運が悪かったのであり、その偶然によって、東京で生活している人間ならだれでも知っている事実は変えられない。つまりカメラマンは、写真では捉えられなかった真実の方を選んだことになる。

　しかしまた〝やらせ〟写真のなかには、読者の満足におもねるようなねつ造もありうるし、もっと根の深い意図をもつ例も、私たちは写真の歴史のなかで学んでいる。

居住スタイル

　開化以来の服装改良論者に対して、その時期尚早を説くひとたちのいう根拠に、改良はまず住居が先、という指摘があった。第一に、靴をぬいで畳の上にすわる習慣、第二に、木造家屋の冬の暖房の不完全さ、これらが西洋風にならないかぎり、衣服だけを変えることはむり、というのだった。

　そのこととはべつに、居住スタイルの西洋化の、もうひとつの方向があった。それは住居内でのプライヴァシーの確保だ。

　第二次世界大戦以前の家政書では、日本人の住まいは日本人の伝統的な、うつくしい家族制度にもとづくもの、と強調された。「父母を家庭の中心とし、最上の主権者となし、兄弟、子姪、夫妻は、皆これに向かって無限の尊敬を払い、且つ無限の服従を表す。財産は共通にして、その分配消費は家長の特権に属す」（山方香峰『日常生活――衣食住』1907）等々という記述のなかには、家族同士のあいだに隠しごとがあったり、家族のひとりが、家長のふみこめない世界をもったりすることは、理解されにくいだろう。

　より現実的には、江戸時代からひきつがれた都市の庶民の生活のなかで、たとえば九尺二間の、四畳半か六畳一間ぎりの裏長屋の暮らしに、じぶんだけの空間などありようがない。近世末期の江戸と京阪の風俗事情のわかる『守貞謾稿《もりさだまんこう》』が標準的としている構造では、出入りは一間幅の勝手口だけで、その狭い土間の隅が流しと竈《みずがめ》の置場所になる。井戸と便所は共用。明治になってからのさいしょの改良は内便所が一般化したことと、井戸の釣瓶がポンプ式になったことだ。一九〇七年（明治四〇年）には、警視庁は長屋の構造制限を出して、劣悪な住環境の改善を図っている。

しかし長屋であってもなくても、六畳一間や、六畳と三畳の家に三、四人の家族が暮らすことは、昭和になってからでもめずらしいことではなかった。女性たちはきものを肩に掛けたまま、下着をするりと脱ぎ替えることが巧みだった。こういう家のなかで唯一、プライヴァシーを守るための道具は、たいていの貧乏所帯にはあった小屏風だ。

＊　＊　＊

明治大正期の庶民の住まい方のなかで、記憶されているもののひとつは下宿だろう。もちろん学生たちを主とした地方からの上京者が多かったが、家をもつことの面倒な、ひとり者の月給とりもけっこういたようだ。下宿は、〈宿屋営業取締規則〉（一八八九年一〇月の警察令第一六、一七号が最初）の対象になっているように、結局、長期滞在の安旅館だったから、三度の食事はもちろん、掃除や片づけ、ふとんの上げさげ、頼めば着ているものの洗濯や使いもしてくれる。

明治末期の時点では、東京には本郷神田牛込を中心に、一五〇〇軒あまりの下宿屋が存在していた（「宿屋下宿屋木賃宿」都新聞 1909/6/22:1）。

一九一〇年代（ほぼ大正初期）までは、地方からのひとであってもなくても、職業人になって親の家を出るとなると、部屋借りをするか、小さな家でも一軒借りることになる。自炊も洗濯も買い物も、現代と比べると手数のかかる時代だった。一九一五年（大正四年）八月の『婦人画報』に、結婚した夫が「お前に見せるのも恥ずかしい」と言うのでなにかと思うと、二つの行李に猿股をはじめ、ながいあいだの汚れものが一杯つまっていた、という新所帯の思い出ばなしが掲載されている。二階借りをしていた独身の夫は、洗濯が面倒で汚れ物を半年ごとに郷里へ送っていたという。この時代のひとは下着でもそう頻繁に替える習慣がなかった。勤め人のワイシャツでも一週間に一度は替えるようにという、家政書の忠告があるくらいで、袖口や襟の汚れを気にするひとは少なかったようだ。

下宿は女中さんがなんでもやってくれるかわり、なににつけても金が出るし、洗面も入浴も便所も共同、安い下宿は銭湯に行かなければならなかった。

一九二〇年代（大正末〜昭和初頭）は、大都市生活者の住生活にあたらしい風の吹き出した時期だ。横浜や神戸の山の手に残るような、日本人には住みにくい居留地風建築ではなく、和風の構造に洋式生活に適した材料を使うとか、洋風のなかに畳の部屋を設けるとか、衣服では失敗したさまざまな折衷が、住居では抵抗なく受けいれられていった。ガラスをたくさん使った明るい台所、ベランダ、ピアノのある洋間、鍵のかかる子ども部屋、そして窓ごとのカーテンが、とりわけ郊外生活者の夢をふくらませた。アメリカ屋など、住宅建設にあたらしいヴィジョンをもつ業者と、京浜地区では一九二六年（昭和元年）開業の東急電鉄、関西では一九一〇年代の箕面有馬電気鉄道に代表される、私鉄各社の郊外新興住宅地開発の発展が、これをおしすすめた。

とりわけ白いカーテンレースは、少女たちの愛らしい洋服の飾りや、女性の下着のトリミングとして使われるようになった各種のレースとともに、素朴なエキゾチシズムをさそったのかもしれない。

今まで日本座敷が衣更えしたとき、障子に代わるものは、すだれでした、葭戸でありました。其れが今年からはカーテンが一般の家庭で用いられる様になって参りました。（「日本座敷にカーテンの流行」『技芸』1924/7）

大都市に住む中産階級でも、中から上の階級がこうした郊外文化住宅を志向したのに対して、もうすこしつましい生活のなかにいるひとびとに夢をあたえたのは、一九三〇年代（昭和戦前期）のアパートだったろう。

木造賃貸アパートであると、すでに二階建てもあった長屋との区別がむずかしいが、一九一〇年代後半（ほぼ大正中頃）からそれらしいものがポツポツと建設され、関東大震災後から一九三〇年代にかけてがそのピークとみられる。一九二五年（大正一四年）にはじまるコンクリート造りの同潤会アパートはなにかと例にあげられるが、これは優等生的なモデルで、戦前を通じてのアパートの標準とはかけ離れている。

一九三二年（昭和七年）現在で、東京市内に二五〇棟、一般の貸家は空室だらけだというのに、アパートはどこもいっぱいだという（「激増するアパート（……）」都新聞 1932/4/11: 7）。それが七年あとの一九三九年（昭和一四年）には二九六一棟を突破し、室数は六万をこえている（朝日新聞 1939/11/24: 4）。この数字は警視庁によるが、対象が一三室以上のアパートにかぎっているので、それ以下のアパートを入れると九万室になると記事は推測している。

アパートはたしかに狭いけれども、「気苦労のない鍵の生活　散歩も風呂もお揃いで　簡易と明朗への近代相」と題し、「簡易な生活だから女中も要らぬ、新夫婦は水入らずに、といっては言葉が古いけれども、妨害されることなく、ほがらかにスイートホームを楽しむのである」（報知新聞 1931/5/18: 5）。その上、むだな支出も少ないため、アパート生活者は貯金額が多く、生活は堅実、という調査もある（朝日新聞 1936/5/7: 6）。

とりわけ、アパートの存在が支えたのは、独身の職業婦人だったようだ。一九三三年（昭和八年）に彼女たちを対象にした調査では、六三％がアパートを希望している。もっとも彼女たちの希望には、食堂、浴室、娯楽室等、近代的設備の付属が入っているが（都新聞 1933/10/4: 2）。

一九三〇、四〇年代（昭和戦前期〜戦後にかけて）の木造二階建て賃貸アパートは木賃アパートとよばれ、戦後になると文化というようになるが、これは地域によってもちがうらしい。アパート住まいというと、それまでの借家住まいの人間からは、羨ましがられる面と、ちょっと見下げられる面とがあったようだ。アパートに住むひとには独身者が多いが、そうでなければ新婚者で、何年かたって月給も上がり、子育てとなるとアパート住まいにはおさらばする、というパターンがふつうだったのが、おなじ集合住宅でも、現代のマンションとちがう点といえる。

木造アパートの標準的構造のイメージは、入口を入ると土間になっていて、ここで履き物を上履きにはき替えるので、かたわらに大きな下駄箱がある。正面か、ごく近くに二階へ上がる大きな階段があり、一、二階とも中央にひろい通り抜けの廊下があって、そのどこかに共用の便所と台所がある。正面階段のほかに、階下の洗濯場や浴室に降りるための小階段がもうひとつある。ただし浴室をもたないアパートの方が多いのは、その時代は町に銭湯がたくさんあり、せまくて暗い内湯より、銭湯の方に人気があったため。

アパート内での悶着といえば、たいていは共用部分——洗濯場や干し場の使い方、いつも便所を汚すのはだれだ、といったことだった。たいていは各戸一室ぎりだったから、夏はとてもドアを閉めきってはいられず、なかが丸見えでもだんだん気にしないようになり、亭主たちのいない昼時など、下着姿の女房たちが廊下ごしにおしゃべりをしていたり、二階まで上がってくる商人とふざけているのを、苦々しく思うひともいたろう。

プライヴァシーということばはまだ知られていなかった。大きな旅館でさえ、隣室との境は唐紙ひとつの場合があった。アパートにかぎらず、下宿屋でも、部屋の入口にカーテンをひくという習慣がまだ一般的ではなかった。むしろ部屋のなかがいつも丸見えのひとの方が、好感をもたれたのかもしれない。しかし実際問題としては、いつも特定のだれかが洗濯場を長時間占領しているとか、となりの年寄りの大声の謡がうるさい、といった不満のほかに、いつもひとの目を気にしていなければならないという、自分でも気づかないストレスも、この時代のアパート住まいにはあったろう。

畳からイスへ

明治の日本人が生活の洋風化をつよく印象づけられたものに、洋服を着た人間とならんで、いろいろなところに入りこんでくる、机とイスがあっただろう。もともと洋風化はお上の、つまり政府の音頭とりとはだれもが思っていた。だから洋服を着ているひとは軍人やお巡りさん、それから官員さんだったし、高い机とイスのあるところは役場や警察、郵便局に銀行、それから学校というような公的施設で、堅い、窮屈な場所だった。

一八八〇年（明治一三年）の郵便報知新聞に、千葉県葛飾郡のある役場では、「例の倚子テーブルなどは用いず、従前の机にて畳の上で事務を扱い、戸長始め吏員一同人民を親切に取り扱い、すこしも権威がましき風なく（……）」（「千葉県葛飾郡辺の戸長役場」郵便報知新聞 1880/9/25: 3）という報告がある。明治の初めには、畳にすわって執務していた田舎の郵便局や銀行の事例はほかにも知られている。しかしそれは机やイスの整備が間にあわなかったような場合で、葛飾の事例にはその時代のひとの感じていたらしい、いわばイスと机の権威、という認識が読みとれるようだ。

畳生活ではイスはいらないし、庶民の家庭では机さえなくてすんだ。江戸時代の寺子屋では、子どもたちの手習い算盤のために天神机という、粗末な坐り机を用意しているのがふつうだった。はなたれ小僧の多くにとっては、机といえばそれ以外の経験はなかったろう。一八八九年（明治二二年）に東京府の学務課が府下の私立小学校に発した諭達のなかに、教場は畳を廃し板敷きに改めること、従来生徒の使用していた天神机と称するものを廃して腰掛けに改めること、の二条がふくまれていた。公教育の整備が遅れていたため、明治中期まで東京でもたくさんの私立小学校があって、特色があるといえばある、けっこう古風な授業をしていたのだ。

ともあれ立机をつかい、長時間イスに腰掛ける習慣は、六年かそれ以上の教育の場において、日本人すべてのからだに浸みこんでゆく。それにならって家庭で子どもに机を買い与える場合も、立机をえらぶ親が出てくる。もっとも明治期の下宿屋の様子を撮影した写真や、小説の挿絵を見ると、立机にイスは例外的のようだ。下宿に家具はついていないから、立机を使うにはイスという余計な出費が要る。だいいち狭い部屋に立机とイスは図体が大きすぎるし、引越しにもやっかいだ。こういった点は子どもに机を買ってやる場合もおなじだったろう。

家で机の前にすわる必要のある仕事をもっているひとたちも、長いあいだ、明かり障子に向かって大きな坐り机をすえていることが多かったようだ。立机にイスでは腰から下が冷える、という理由をいうひともいた。家で着流しの和服に着替える習慣のあった時代、またその時代の家屋内の暖房では、それももっともだろう。

家で机にすわる必要のあるひとたちも、家を一歩出ればそこは立机とイスの世界だから、坐り机の不便さも知ってはいた。たとえば蔵書がふえて本箱に一杯になっても、すわっていたのでは上の方には手がとどかない。坐り机は机自体の収容力が小さいし、なにより立ったりすわったりが億劫だ。

机とイスについてのこうした問題は、結局は一九一〇年代（明治四〇年前後～大正にかけて）以後の日本人の、生活ぜんたいの向上が解決していった。九尺二間の棟割長屋に庶民の大部分が住んでいたような環境はもう時代劇映画のなかだけになった。住居の絶対面積がひろがるとともに、イスのあしが畳を傷めないように絨毯などの敷物をしいたり、一部屋だけを板敷きの洋間にしたり、庭にむいた縁側の幅を広くしてベランダ風にし、そこに籐椅子をおく、といった住み方が好まれるようになった。一九二二年（大正一一年）に大阪で開かれた住宅改良博覧会では、明るく働きやすい台所、家族の団らんを重んじる居間、個室の重視、とならんで、イス式生活を住宅改良の主要命題としている。この時代、新住宅の設計施工で成長した建設業者アメリカ屋の主人は、こんなことを言っている。

縁端に置かれた籐製の椅子
斎藤五百枝画、
懸賞当選小説「霊の扉」挿絵、
『報知新聞』
1925（大正14）年2月3日

さしずめ起こる問題は洋風か和風かと云うことですが、一般的傾向は畳より倚子の方が喜ばれてきたようです。（……）私共では是非、四畳半か六畳の畳敷きの部屋を設けることをお薦めしています。これは今までの洋風の家で忘れられていたひとつで、病気、お産、または泊まり客があるといった特殊の場合にあてるための部屋です。（「住みよい新住宅」都新聞 1921/11/10: 9）

アメリカ屋の顧客によって、その時代の日本の新住宅ぜんたいの傾向を云々することはできないにしろ、これはまるで一九六〇年代（昭和三五年〜）以降のマンションの標準的プランにちかい。また八年後の大阪朝日新聞にも、日本の旧来の建築様式をまったく捨てて腰掛け化を選択するひとの多いのを遺憾とする、という論説が見られる。論者は「旧来の建築様式は腰掛化に不適当なものとされておりますが、決してそんなはずのものではありません（……）」と言い、家庭のイス化の現実それ自体は、動かしようのないものとして肯定している（「家庭の腰掛化」大阪朝日新聞 1928/5/18: 10）。

女性が膝から下を見せる機会が多くなったことによって、園遊会模様などという大柄の総模様の好まれたことを指摘するひともある。それに対しては、「倚子ばやりから、裾の方にばかり華やかさをもった時代は過ぎ（……）」と言って、そんな傾向は一時的のものにすぎなかったと突き放している見方もある（報知新聞 1923/2/2 夕: 9）。

そんな問題よりはるかに大きな意味をもっていたのが、膝を折ってうずくまる生活から解き放たれた、とりわけ女性の肉体と生活の変化だろう。畳に振袖を八の字にひろげて大きな蝶のようにすわる娘、畳についた三つ指の上に重たげな高島田がかぶさる、古風で、淑やかな座礼、そうしたものへの愛着がまだまだ根づよかった時代だったが、その一方ではもう一九三〇年代（昭和五年〜）といえば、膝を曲げてはものの五分と辛抱できないあしの持ち主や、ソファにふかぶかと沈んで、大胆に組んだ膝を相手の鼻先に突きだすような娘が、めずらしくはない時代に入ってもいた。

照明

明治の東京の町は暗かった。とりわけ一八九〇年頃（明治二〇年頃）までがそうだった。これは当時麹町に住んで銀座の新聞社に通っていた岡本綺堂も、回顧談のなかでくりかえし言っている。夜、町全体が明るかったのは、吉原遊廓ぐらいのものだった。

一八七四年（明治七年）の暮れ一二月に、銀座通りにはじめてガス燈の街灯ができる。「惜しむらくは灯火力弱く光うすし、およそ横浜街灯の半分の光焔なるべし」といわれたが。

その後それほど間をおかずに、日本各地に街灯が設置されはじめる。大阪市の場合、一八七七年（明治一〇年）までに市内に設置された街灯の数は一五五五基に達している。ただしこれは石油燈。こののち約半世紀のあいだ、灯火としての石油とガスと後発の電気とは、費用と手間と危険性の点でせりあいがつづく。街灯、軒灯に関するかぎりは、一九一〇年代初め（明治四〇年代）までは石油ランプが圧倒していた（朝日新聞 1908/12/9: 6）。これはなによりも、ガスや電気はガス管なり電灯線なりをひくための、設備費が大きいためだ。とりわけ家の門口を照らす軒灯はそうだったろう。

個人の家で、ガス灯に似た硝子の容器にランプを入れた軒灯を出すようになったのは、一八八〇年（明治一三年）頃という。世間では一般に外へ出すものはなんでもガス灯とよんでいたらしい。夕方、この街灯や軒灯のランプに火を入れて回る人夫を点灯夫といい、その日本点灯会社のできたのが一八八二年（明治一五年）。一九〇八年（明治四一年）頃で、東京全市で約一〇万の軒灯がついていた。ようやく東京の闇もうすれはじめたとはいえ、街灯のあるような商業地域とちがい、住宅地域では道も悪かったから、月のない晩などはぬかるみを避けるのも一苦労だった。時代が飛んで住宅地のそこここにも電灯の街灯がつくようになった昭和に入るが、しかしまもなく灯火管制の時代が近づく。

電気燈が公衆の前に紹介されたのがその一八八二年（明治一五年）のことで、銀座二丁目でアメリカ人技師の手で点灯され、その明るさは道往くひとをおどろかせ、錦絵にまでなる。しかし電気燈は危険視され、一八九一年（明治二三年）一月の国会議事堂焼失も電気燈のせいと攻撃されて、電気是非論がもりあがっている。

室内の照明は、前代のおもに菜種油を用いた行燈《あんどん》が、開化の時代に入るとわりあい早いピッチで石油洋灯（ランプ）に代わる。それは費用も手間もそれほどちがわず、明るさが比較にならなかったためだ。蝋燭はもちろんどこの家にもあったが、油にくらべてすこし値段が高いので、ふつうは提灯とか手燭とかにしか使われなかった。

ともあれひとびとにとって行燈とのつきあいは長かったから、ランプが入ってきても、いきなり行燈が捨て去られることはなかったようだ。

　ランプ消して　行燈ともすや
　　遠蛙　　子規

という句でわかるように、就寝後は行燈につけ替える習慣がしばらくつづく。行燈の火影はやわらかく、ランプにくらべて危険も少ないと考えられた。ランプもまた当初は危険なものとされ、点火を誤り大やけどした女性や、石油が発火して兵舎が焼けた事件なども報道されている。読書用にはランプの光はつよすぎて眼膜に刺激ありともいい、佐田介石の有名な『ランプ亡国論』もある。

けれどもすこし広い座敷だと、部屋のどこかに一基だけおかれた行燈の光で、部屋の隅々まで読書できるほどの明るさはえられない。志賀直哉の『赤西蠣太』中に、蠣太が同輩から、昨夜もまた行燈と勝負でしたか、とからかわれるくだりがある。定石本を片手にひとり勝負をするのに、将棋盤の向こう側に行燈をおくからだ。八畳くらいの部屋の真ん中に行燈をおいても、灯心が一本だけでは、灯から遠い部屋の隅には影がのこる。微かな炎の揺らぎで、その影が生きているようにも感じられる。江戸時代の怪談は、こういう環境から生まれていた。

天井からつるして部屋全体を明るくする電気燈やランプとちがい、部屋の隅に置かれた行燈は、仄あかるい一方光線だった。そのために厚塗りの白化粧が冴えた。女性のゆったりした立居にしたがって、絹ものの光沢がなめらかに映え、金糸銀糸もしっとりと輝いた。平面的な完全照明の下では、銀糸は灰色に、金糸は黄色くみえるだけだ。

日清戦争（一八九四〜九五年、明治二七〜二八年）後の半七の家にはもう定額の電灯がひいてあって、それは東京でも早いほうだと説明されている。一八九〇年代から明治末にかけての電気燈の普及は急速で、大正元年の一九一二年に九六万灯、一〇年後には二〇〇万を超え、東京市内のほぼ全戸に電気がともった。もうランプを引き寄せて読書する、という時代ではなくなったが、逆に明るすぎることへの違和感も、さいしょのうちはあったようだ。就寝中も行燈をつけて寝る習慣のあった家では、明るすぎるといって、電灯に風呂敷をかぶせたりした。この時代は定額契約が多く、部屋ごとにきめられた燭光数の電球がついていた。

明るすぎるという時代の電灯照明の実地調査では、一畳につき都会地で平均三燭、農村部では二燭だった（「電灯の標準光度」国民新聞 1924/7/15: 2）

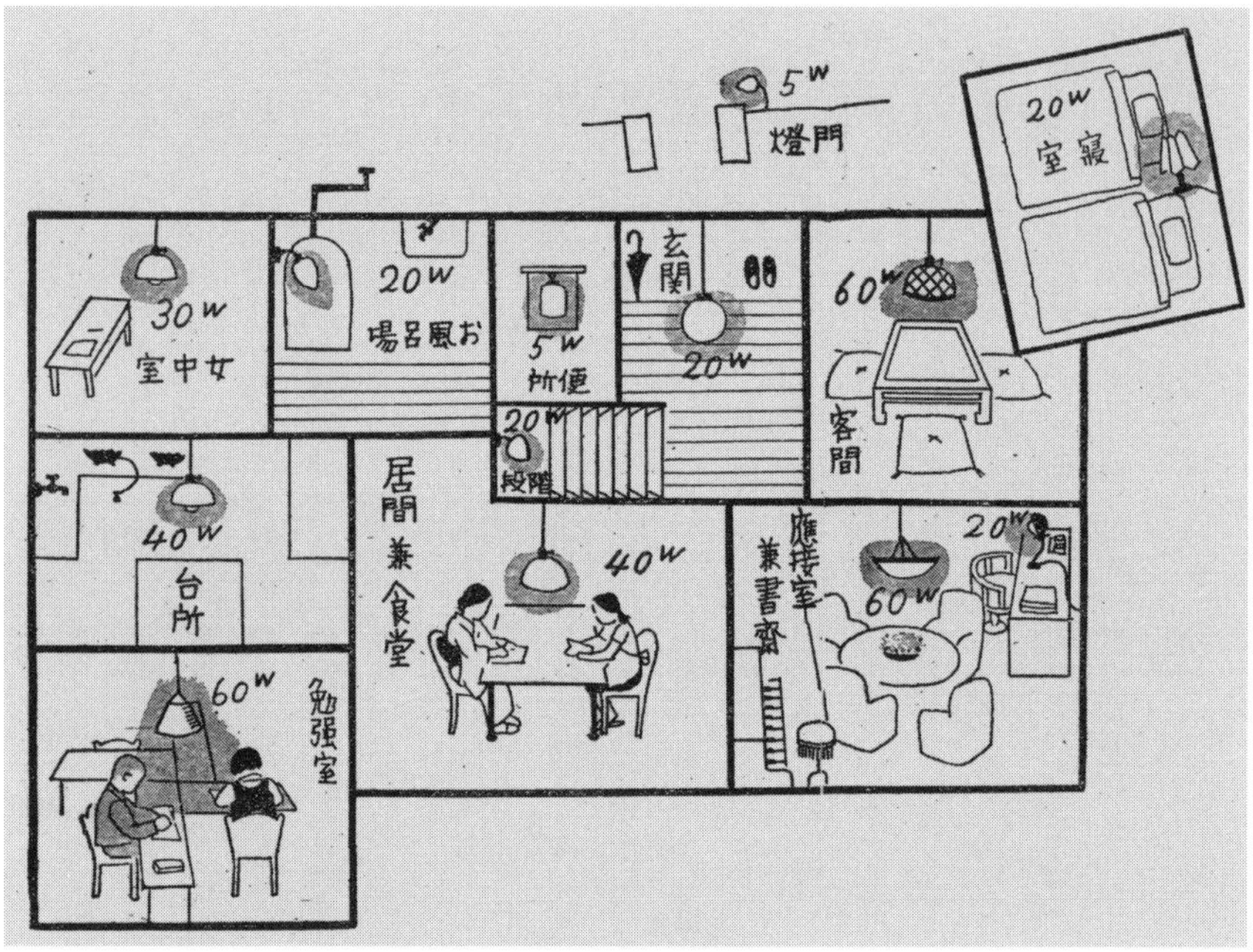

「中流家庭照明の標準　最も無駄のない能率的な照明を」
『婦人之友』、1939（昭和14）年10月

この時期になると雑誌や新聞の流行欄などに、夜の室内の明るい時代の、きものの選び方に関する記事がめだつようになる。電灯に映えるこれこれの地質や染め方、柄ゆき、金糸銀糸の使い方など、なかには夜会縮緬などというズバリの名をもつ製品も現れた。

これから大きな呉服屋は、夜の部屋というのを作っておかなければなるまいと提案する新聞もあった。それはひとつの暗室で、電気をたくさんひいて、その電気の明かりのなかで夜着る服を見定めるようにしなければならない、と（読売新聞 1908/2/15: 5）。

化粧も同様だった。「電気燈の点いて居る処へ行くには、少し紅みをさした化粧《つくり》にして置かねば顔が青みがかって見えますが、瓦斯や洋燈の灯りならば、白く塗ってあっても、よろしうございます。昼夜で区別しますと、夜は少し濃いくらいで、丁度好いので（……）」とは、九代目團十郎の意見（『衣裳界』1906/9）。

上水道

水道の普及が家庭にもたらす福音は大きい。歴史的にみても、集落の成立にはなによりも飲料としての水源確保が欠かせなかった。古代都市にもりっぱな上下水道の敷設されていた例は多い。しかし現代の日常生活はもっと贅沢だから、水については、どこの家でも蛇口をひねると水が出て、好きなだけ使える、というのが目標になる。そういう意味では、わが国の大都市で、少なくともその大部分の市域で水の憂いがなくなったのは、だいたい一九三〇年代に入ってから（昭和五年〜）のことだった。

＊　＊　＊

上水道敷設以前に家庭に必要な水は、ふつうには井戸が利用された。地下の水源に達している深い井戸を掘抜き井戸というが、崖下の自然の湧き水や、掘抜き井戸の水は概して水質がよく、冬は暖かく夏は冷蔵庫代わりになるほど冷たい。そのためそういった良質の水を確保している家では、水道が通ったあとでも、目的によってはそれを使いつづける。しかしそんないい水に恵まれていたひとは少なく、井戸の多くは水質に不安があった。飲み水には水漉しの布を通した水を用いる家庭も多かった。その白い布は、数日で赤茶色に染まるのだ。だから水道がひけるまでは、大きな桶に清冽な川水を満たして売りにくる、江戸時代からつづいている水屋の厄介になっている地域が、東京や大阪のような大都市には残っていた。

新政府が水道の布設を急いだのは、直接には一八八〇年代から九〇年代（ほぼ明治一〇年代〜二〇年代）にかけての、コレラの蔓延のためだ。江戸、東京にはもともと郊外からの上水道がひかれていた。その神田上水、玉川上水は維新後もりっぱに機能していた。井戸のかたちはとっていても、江戸っ児が〝玉川上水の水で産湯をつかった〟といばるように、遠く西多摩郡で玉川上水路にひきこまれ、木製の樋を通ってくるこの上水の水を汲み上げていたのだ。しかし水質に関しては、「其の源流に於いてこそ清冽透明なれ、下流即ち築地芝京橋最寄りに至っては、其の不潔云うべからざる者あり（……）」（大阪毎日新聞 1893/8/13: 1）という、大阪人からのキビシイ指摘もある。

上水の通っているのは、江戸時代の市域のぜんぶではない。玉川上水は、四谷、赤坂、麹町、麻布、芝、日本橋、京橋、牛込のぜんぶまたは一部、神田上水は、小石川、本郷、神田、日本橋、京橋、牛込のぜんぶまたは一部に敷設、と記録にある。とりわけ拡大してゆく周辺市街地の水確保は、コレラ問題とは関係なく、避けられない課題だった。

東京の近代的水道が整備されたのは一八九九年（明治三二年）一月だ。このとき、淀橋浄水場から市中心部への給水が開始された。当時の西多摩村羽村から約四四キロの水路を通って淀橋にひきこまれた水は、浄化されたのち市内に給水される。淀橋が選ばれたのはこの場所が海抜四〇メートル強、東京市内ではもっとも高い場所であるため。

とはいうものの、親管から各家庭の台所まで水道管をひく費用は自分もちだったからその負担は小さくない。東京市はそのため市内一五〇〇カ所に共同水栓を敷設した。共同水栓一箇を三五軒の家庭が利用する、という計算だ。

外国人の多く住んでいる横浜市が、人口に比例して規模は小さいが、時期的にははるかに早く、わが国さいしょの近代水道として給水を開始したのは一八八七年（明治二〇年）のこと。丹沢山塊に近い津久井郡三沢村で、相模川の流れを蒸気ポンプを用いて山腹の沈殿池まで汲み上げ、一九カ所のトンネルを経由して市内野毛山の貯水場に送るという大工事で、莫大な経費は一時国庫の立て替えだった。こちらもはじめのうちは共用水栓利用の地域が広く、とりわけ貧困者の多く住んでいる地域では、太平洋戦争間近まで、共同水栓で洗濯や、米をといだりしているひとがいた。

　共同水栓の設置場所をめぐっては、どこでも不満や悶着があった。だれにも便利な場所、というので人通りの多い街角に置かれたため、そこで洗濯などはとてもできなくなったり、逆に人目も気にせず、そこで素っ裸になって身体を拭いている労働者などがあって、巡査に追いはらわれたりした。

　大阪については、つぎのような記述が最近の資料（加来良行「大阪市営水道の拡張と接続町村」『近代大阪の地域と社会変動』2009）にみられる。

　大阪府営水道の通水開始は一八九五年（明治二八年）と早かったが、つねに問題となったのは隣接市町村への給水問題だった。一八八七年（明治二〇年）の府営水道事業計画では、大阪市および接続町村の六一万人に給水を見込んだのだが、予想を上回る市、および隣接市町村の人口増加のため、一八九八年（明治三一年）から上水配達制度というものが生まれた。これは市内居住者および船舶のために計三一カ所の給水所を設け、しかし隣接市町村居住者も希望によっては利用できる、という制度だった。しかしまもなく給水能力が追いつかなくなり、市内配水を優先することになった。そのあと一九一四年（大正三年）に竣工した柴島《くにじま》浄水池を中心とした第二次水道拡張事業でも、市内一五〇万の居住者が対象だったため、周辺町村住民から嘆願が出された。曰く、この辺りは大半が細民であるため、売られている濾過水を購入することなどできず、悪質の井戸水や河の水を、飲用にまで用いている、など。しかし大阪市はこれを拒否している。大阪が柴島浄水池を拡張し、隣接町村住民七二％をふくむ、最大三一〇万人への給水可能な、第三次拡張事業を竣工させたのは、一九三二年（昭和七年）のことになる。

　一九〇四年（明治三七年）の新聞には、近頃女中を解雇する家庭がふえていて、その理由は、戦時中であること、物価が騰貴しているなど経済的理由のほか、家庭に水道がひけて便利になったことがあげられる、という記事がでている（朝日新聞1904/5/23: 5）。水道のおかげで良質の水が飲めることよりも、主婦たちにとっての実感としては、外の井戸からの水汲みから解放された喜びの方が大きかったにちがいない。だから共用水栓の期間は、水汲みの負担という点ではポンプ井戸となんのちがいもない、女たちにとってみれば水道以前、ということになる。井戸に蓋をして、それまでの釣瓶の代わりにポンプで水を汲みあげることは、明治末から大正前半にかけての一九一〇年代以後かなり急速に普及している。これにはコレラ予防をふくめた、衛生観念の向上ということもはたらいていたのだろう。

　各戸給水がはじまり、蛇口をひねれば水のでる生活になって、洗濯をためすぎでなく、流しすすぎができるようになり、洗面も手洗いも洗

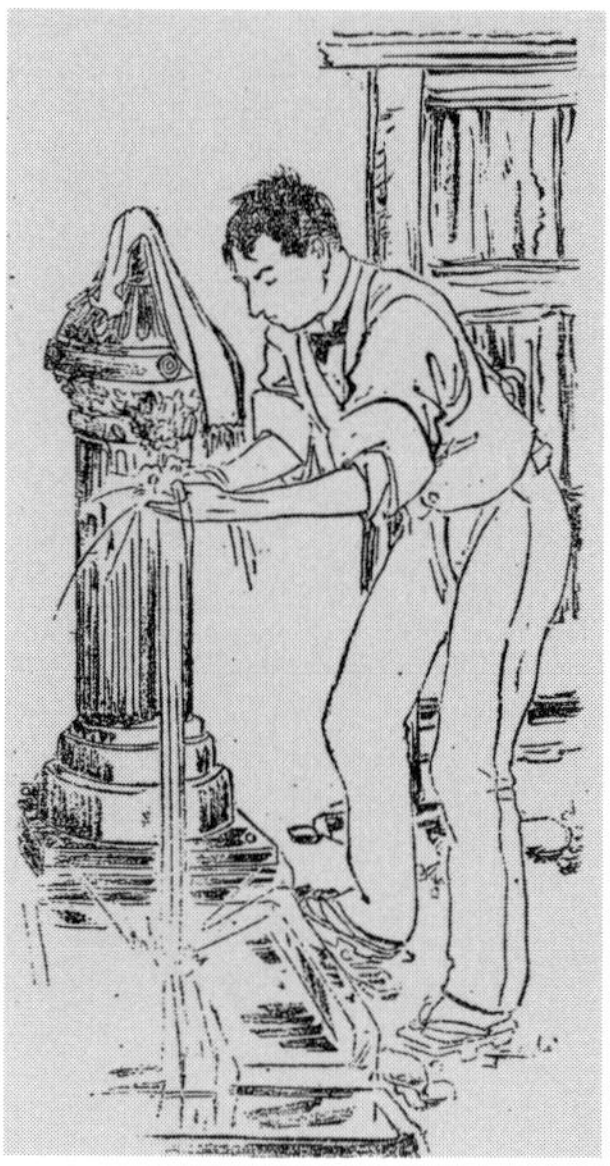

1900年代の共同水栓

「桂姫」挿絵、『都新聞』
1905（明治38）年6月20日

「下闇」挿絵、『東京朝日新聞』
1901（明治34）年1月25日

面器など不用になった。しかしもちろん水をむだにつかうことを戒め、洗面器を使用しつづけるひともあった。

また一九一〇年（明治四三年）の新聞は、五、六人以上の家族がいる場合、家で風呂をたてる方が経済ということで、据風呂を購入するひとがふえている、と報じている（朝日新聞 1910/4/1:5）。そのため客の減った銭湯が、入浴料の値上げを考えていると。

暖房

過去一世紀のあいだに、とりわけ大都市の気温が上昇していることは、すでによく知られている。近年は暖冬というのが平均気温のようになっている。

一八七六年（明治九年）一月一三日に、東京市でマイナス九・二度を記録した（理科年表、以下おなじ）。六大都市中では京都市の一八九一年（明治二四年）一月一六日のマイナス一一・九度が最低。ただし最低気温がすべて一九世紀、というわけではない。

東京では一八八三年（明治一六年）二月七日から翌日にかけては四〇年来という豪雪で、浅いところで五〇センチ、風の吹きだまるところでは、五、六尺（約一七〇センチ）に達した。夜に入ると銀座は人通りまったくなく、翌八日は馬車、鉄道馬車すべて休止、新富座も休業した、と。巡査の市内巡行にさいしては、草鞋《わらじ》でも差し支えない旨、通達があった。

大阪は雪の少ないところだが一九〇七年（明治四〇年）二月一日に二五年来という大雪が降った。このとき市中にたくさんの雪だるまがつくられ、そのでき栄えが番付になって風俗画報に掲載された。東の横綱は北区新門筋につくられたもので一丈八尺三寸（五・五四メートル）あり、ほかに一丈を超えるものが一八体あった。

＊　＊　＊

暖房は農村部では全国的に囲炉裏が使われたが、都市部では火鉢がふつうだった。火鉢は陶器製、木製、金属製といろいろあり、家庭では陶器でできた円形のものが多かった。陶器は火鉢ぜんたいが温かくなり、小さいものだと抱くようにして暖をとることができる。小形のものにあまり炭をいれると、底の部分が熱くなりすぎて、畳の色が変わったりする失敗があった。また陶器製の火鉢のすこし大きめのものには、たいてい平らな縁があって、煙管《きせる》などをチョイと置いておくのに便利だった。長火鉢のあるのは、もう昭和に入ったころには、東京でも下町とか、年寄りのいる家に多かったろう。

火鉢には炭を使う。炭は火鉢のなかでも着火できるが、ふつうは七輪で、消炭と細い粗朶《そだ》を使って火をおこす。火がおこると、十能に入れて火鉢までもってくる。都市ガスが家庭に普及するまでは、煮炊きは七輪でするのがふつうだった。七輪には練炭や豆炭を使い、とくに練炭は一個で、一日の煮炊きがぜんぶできるから重宝だった。

七輪と火鉢を兼ねたような練炭火鉢というものもあった。冬の朝は、竈《かまど》に火をつけるのといっしょに、七輪で練炭に火をつけ、裾の方が赤く着火した練炭を練炭火鉢にうつす。練炭は火つきがわるいので、物わかりのわるいひとは、〝練炭〟というあだ名をもらった。その代わり炭とちがって、火加減を調節していれば、一日部屋のなかを暖めてくれたうえ、晩の支度にも役だった。練炭はしかし臭うのが難点だった。練炭を車のなかに持ちこんで、練炭自殺というのも一時流行った。

しかし貧乏所帯の暖房の主役は炬燵だったかもしれない。狭い家ではどこへでも簡単に持っていける置炬燵がふつうだったが、家族の人数がふえてきたり、すこしゆとりができた家では、掘炬燵をつくった。畳半畳よりすこし小さいぐらいに床《ゆか》を切りさげて、その底に三〇センチ四方くらいの火床《ひどこ》をつくる。火床のまわりは板敷きで、ここに足をおく。結果的に一種の腰掛生活になるので、若いひとはよろこんだし、年寄りにも気に入られ、一九三〇年代以後（昭和五年〜）急速に普及した。どてらを着て掘炬燵に入って、すきな講談本でも前においてうつらうつらしているのは、第二次世界大戦まえの、老人の至福のときだったかもしれない。猫が掘炬燵のなかに長いこと入っていて、フラフラになることもあったという。

ストーブは洋風の建築か、壁にチャンと排気口を作った洋間でなければ置けなかったので、寒冷地以外では、たいていのひとは学校や病院、公共建築物のなかで見るだけだった。

＊　＊　＊

一九三八年（昭和一三年）の冬をまえにして、一一月九日の朝日新聞に「衛生上から見た室内温度」という記事が出た。このころはまだ、衛生ということばを健康の意味にも使っていた。それによると、住居は一八〜二〇度、寝室は一二〜一五度、軽労働は一六〜一八度、外出服着用の場合、停車場、寺院一〇〜一五度等となっていて、ほぼ現代並みだ。しかし戦争が深みに入ってきた一九四〇年（昭和一五年）一一月一二日、東京日日新聞の「冬の理想的室内温度」では、「だいたいふつうの家庭では、摂氏一三度か一四度で、冬はこの辺のところに室温を保つことが理想とされています。しかし局所暖房では、一六、七度までは家庭でも上げてさしつかえないようです」となっている。この記事の見出しには、「皮膚の抵抗力で　木炭の節約」とあった。

わが国で寒さを凌ぐ方法の第一は、皮膚の抵抗力で、第二は我慢、だったかもしれない。

戦争以前に盛んに勧められたのは、冷水摩擦と、乾布摩擦だった。夏のあいだからそれで皮膚を鍛えておけば、冬になっても風邪もひかず、衣服一、二枚は省いて過ごせる、という。一年中パンツ一枚で過ごす村長さんというのが紹介されたりした。

日本の在来的暖房は、暖める道具がなんであるかを問わず、その道具自体と、その周囲だけを暖める。だからその道具から離れれば寒いし、道具のおいてない部屋は言うまでもない。欧米の寒冷地のように室内、もしくは屋内ぜんたいを、一年

せいぜい10度前後の居間では、防寒のかっこうは普通

「怪談闇乃梅」挿絵、『大阪毎日新聞』1891（明治24）年1月1日

中ほぼおなじ温度にしておこう、というのとはちがう。一九二〇年代（大正末～昭和初め）でも日本人は冬になれば衣類を厚く着込んで、家のなかでもある程度防寒のかっこうをしていた。だから外出するときも大仰な外套など着る必要がなかったようだ。

環境悪臭

終戦後まもない時期に日本ロケに訪れたアメリカの女優が、帰国するときの挨拶のなかで、日本の街にはいやな匂いのするところがある、というアメリカ人がいますが、私はそうは思いません、という意味のことを言った。彼女は美しい顔に愛想のいい笑顔を浮かべて、好意のつもりで言ったのだが、聞いた多くの日本人はおどろいた。やがてそれが、その時代まだ日本の家庭がほとんどそうだった、汲取式便所と関係があることを知って、苦笑し、コンプレックスを感じた。

一九六〇年代（ほぼ昭和三〇年代後半）までの日本では、東京横浜の近郊農家では、ほとんどが人糞主体の肥料を使っていた。キャベツや大根の育っているのどかな畑のところどころに、柵もない野壺《のつぼ》が、腐敗した人糞を一杯たたえていた。都会の子どもたちは、郊外遠足で畑のなかの小道をたどりながら〝田舎の香水〟と言って笑った。しかし外国人、とりわけ敏感な嗅覚をもった女性などは、都市部の住宅地帯を歩いても、もちろん比較にならない微弱さではあったが、おなじ種類の匂いを感じとったらしい。

関東大震災以前の日本では、一般住宅の水洗便所はゼロに近かった。東京の場合、公共汚水処理場である三河島浄水場が建設され、運転を開始したのが一九二二年（大正一一年）のことで、それ以前はごく一部の高級住宅が、各戸ごとの私設浄化槽で処理していたのだ。せっかく水洗便所をつくりながら費用のかかるのに音をあげて、汲取式に作り替えたというはなしも伝えられている。東京が本腰をいれて水洗化にふみだしたのは一九三六年（昭和一一年）、東京オリンピックを四年後にひかえての緊急の措置だった。東京府は〈市街地建築物法〉の施行細目の実施にともない、都心の一部区域内では、家屋の新築の場合、水洗便所でなければ建築認可をあたえないこととし、すでにある汲取便所も、五年以内に改造することを命じた。しかしこの措置も、翌年から始まった日中戦争、それにつづく日米英戦争のために停滞してしまった。

一九三五年（昭和一〇年）一〇月の国勢調査では、東京市の世帯数は一二八万七六二〇、各戸にひとつの便所があるとすると、この数字とほぼ同数の糞尿の溜まりがあることになる。道路も広く、建物も大きいビジネス、商業地域はべつとして、二部屋三部屋くらいの小住宅の密集した地区、とりわけ低湿な地域では、一種の〝街の匂い〟がすることはやむをえなかったろう。

一九世紀も末頃（ほぼ明治中期）には、街角の共同便所の臭気や不潔さが問題になっている。掃除がゆきとどかないため、汚くて足もふみこめないとか、馬車に乗っていても、橋際の便所の臭気がたまらない、といった苦情が多い（「東京市中の共同便所」読売新聞 1903/8/22: 6;「不潔な煉瓦建ての便所」朝日新聞 1903/12/14: 5）。

便所に溜められた糞尿自体のほかに、糞尿の汲取作業も問題だった。大都会でもバキュームカーが導入されたのは第二次世界大戦後のことだ。高さ六、七〇センチの肥桶《こえたご》をたくさん積んだ牛車が、都大路をのろのろと進んだ。そればかりではなく、汲みとった糞尿を一時蓄えておく大溜というものまで、住宅に接近して設けられていた。維新後まもない一八七一年（明治四年）につぎのような東京府布達が、村々正副戸長宛に出ている。

下掃除の者がこれまでは白昼人

跡の繁き路上を蓋もない糞桶を運んでいるのは一般のことで、諸人も怪しまないが、その実は甚だ不潔のことで、就中府下は皇居もあるところで、百事の風習が自ずから四方に関係するのであるから、右様不潔のことは相改め申すべく、自今以後は屹度糞桶の蓋を製し臭気の洩れざる様に心を付け（……）。

村々戸長宛、となっているように、近郊農村にとっては、都会から排出される糞尿はなくてはならないものだった。

糞尿を排泄するのは人間だけではない。一八八〇～一九〇〇年代にわたって（明治中・後期）、東京の、それも目貫の地区での悩みのひとつは、馬車、馬力、それに鉄道馬車の馬の落とす糞尿だった。馬の場合、糞は比較的掃除がかんたんなのだが、小便には悩まされる。一八八三年（明治一六年）、三年前に開通した鉄道馬車の往来のため、銀座通りの、とくに日本橋周辺の馬の継立場では、馬の小便のため悪臭たえがたく、近隣の住民は会社と交渉したものの埒があかず、結局その筋に願い出た、という事件があった。馬の排泄物の悪臭については、それ以前にも、繁華街の商店、とりわけ飲食店が、馬の大小便の悪臭がはなはだしく、そのために客足が遠のいているという苦情を提出している。

ひとの行きかう路上を肥桶《こえたご》が通る（「日本市街の名物」）
「日本風俗」挿絵、『時事新報』1900（明治33）年6月3日

都市悪臭はもちろん人や動物の排泄物だけが原因ではないし、また東京、日本だけの問題ではない。また臭気には特定の地域にかぎられているものが多く、ある季節、天気、時間帯にとくに意識される種類の匂いもあり、また単純に悪臭と言いきれないような、街の匂いもある。太平洋戦争以前の八〇年についていえば、住民を悩ました悪臭のひとつは、夏のあいだのドブからのものだったらしい。生ゴミをふくむ家庭ゴミを、無造作にドブに放り込むひとも少なくなかった。大震災直前の一九二二年（大正一一年）八月一〇日の朝日新聞に、「臭い東京」という投書が掲載された。投書者はこの暑さに外堀から立ちのぼる臭気と、その水を道路に散水しているひとの無神経さへの怒りをあらわし、外堀を大きなドブ、と罵っている。じっさい、上水道にくらべて、下水道の整備ははるかにおくれていた。下町、あるいは庶民の町といえば、ドブとどぶ板がひとつのシ

ンボルだった。

白いコンクリート製のゴミ溜が、市街地のあちこちに設置されて、野積みの掃溜が一応なくなったのがいつか、はっきりしないが、大震災（一九二三年、大正一二年）以後のことだろう。

公衆浴場／銭湯

公衆浴場のある国、都市は少なくないが、それが江戸時代の日本ほど発達した例はほかにないだろう。開化以後約一〇〇年のわが国は、それを受けついでいる。

江戸時代は町屋で内風呂をもつことが禁止されていたわけではないが、少なかった。大きな商家で内湯のある家でも、奉公人は大戸を下ろしたあと、かわるがわる近くの銭湯に行った。湯屋が髪結床と並んで庶民の社交場だったことは、式亭三馬の浮世風呂をみてもよくわかる。江戸では銭湯を湯屋という。湯へへえってくる、などと言った。

東京の銭湯は、一八八〇年代末（ほぼ明治一〇年代後半）までに大きく変わる。浴場は地方行政の管轄下にあるので、東京府令、あるいは警視庁令のかたちでつぎつぎと禁令が発せられた。行政の意図の第一は火災予防、第二は衛生、第三は風俗を糺《ただ》す、外国人に見られても恥じるところのないように、ということだ。はやくも一八七二年（明治五年）には、男女入り込みの湯を、春画や、裸体で歩くことといっしょに禁じている。一八七九年（明治一二年）の〈湯屋取締規則〉ではより具体的に、「第六条　浴場ハ必ズ男女ノ区域ヲ設ケ混同スルヲ禁ズ　第七条　浴場並二階内等　外面ヨリ見エザル様　簾其他ノモノヲ以テ必ズ目隠シヲ用イ　出入口ヲ明ケ置クベカラズ」（〈湯屋取締規則〉1879/10）と指示されている。

江戸時代の日本人は、男も女も、おたがいに裸をあまり気にしていないらしい。ごく寒いとき以外ほとんど裸商売、というような連中もいたし、長屋暮らしの男たちは、暑ければ家のなかでも、裸同然のかっこうをしていた。しかし銭湯での男女混浴の習慣は欧米人には興味があったらしく、当時、アメリカの旅行社の日本案内のなかにまで、それが紹介されている。欧米人にも恥ずかしくない文明化を推進していた国は、躍起になってそれに眼を光らせていた。開化のはじめの時期はなにかと過剰になったから、一八八五年（明治一八年）の警視庁布達では、七歳以上の男女の混浴を禁じている。その後一九〇〇年（明治三三年）になって、一二歳以上の男女と、緩和された。その後は現在まで変わっていない。

江戸時代の湯屋の構造のひとつ、石榴《ざくろ》口がなくなったのも一八八〇年代（ほぼ明治一〇年代）だし、二階の営業が禁じられたのもだいたいその時期、明治一〇年代の終わり頃らしい。男湯の二階には女がいて、湯上がりの客を菓子や茶でもてなす。下の板の間できものを着て帰っても悪いわけではないが、桜湯の一杯がのどに快いのと、女が顔なじみになっていれば、見栄もあるのだろう。風紀上おもしろくないようなことはないにしても、客は無用の出費をすることになる。二階の禁止にしても、石榴口の消滅にしても、銭湯は身体を洗って温まりに来る場所、という即物的な建前になったことになる。

江戸っ児の入浴好きと、しかも熱い湯好きとはこれも欧米人の関心をひいた。あまり熱すぎる湯――四四度以上の湯につかることはむしろ健康に害がある、という指摘をする外国人医師もあった（「冷浴と温浴」日新真事誌 1872/5/15: 1）。厳冬の夜などは、湯屋から家に帰るまでのあいだに身体が冷えないよう――下げている手拭が、棒のように凍ってしまうこともめずらしくなかったから――茹で蛸のようになって湯屋を出る必要がある。それが癖になって、というのもひとつの理由だったろう。

その江戸っ児の生き残りのなかには、あさ目がさめれば、起きぬけに手拭を下げて湯屋に駆けつけ、手も入れられないような熱い湯につかりにくる連中が多く、その時分の銭湯が戸を開けるのは、夜明けから間のない時刻だった。それで暖簾を下ろすのがだいたい一一時頃。それに比べれば明治から昭和戦前にかけての銭湯は、営業時間短縮の歴史、という側面をもっている。とはいえ江戸っ児の生き残りの多い東京下町では、太平洋戦争間際まで日の出の時刻からの朝湯を頑なに守った。下町七区の東京市浴場協調会が、午前九時、ないし一〇時の営業開始、夜一二時の終業をとり決めたのは、一九三七年（昭和一二年）のことだ。早朝から、というより、長時間の営業が、燃料高騰のためむずかしくなったのがおもな理由だったが、朝湯に来る客の数が、日中事変勃発の影響で激減しているという理由もあった（「東京下町七区」朝日新聞 1937/11/9: 10; 11/10: 3)。

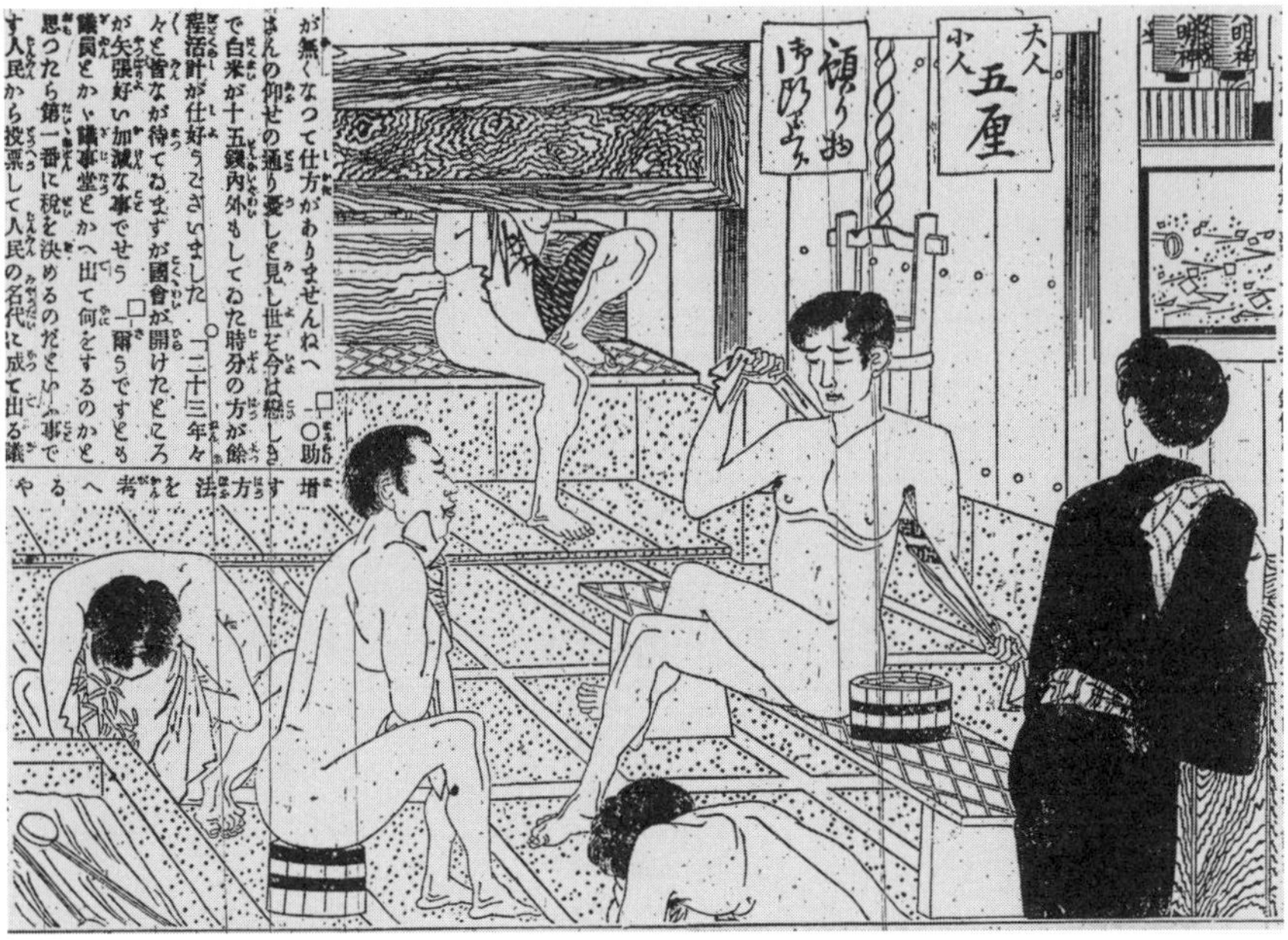

中央に小さな石榴《ざくろ》口が見える

「士族の商業」挿絵、『大阪朝日新聞』1887（明治20）年10月7日

しかし考えてみれば、都市人口にサラリーマンの比率が増え、あさ家を出てよる帰宅するパターンが標準化すれば、休みの日以外、朝湯の習慣を守ることは無理になる。事実、昭和時代になると、朝湯風景といえば、がらんとした浴場で、背中にお灸の痕のある年寄りが何人か、あぶない足取りでタイルの床を歩いている、というのがふつうだったのだ。

戦時統制が進むにつれ、燃料の不足、あるいは節約から、浴場の開業は正午に、さらに二時、三時、それ以後、というふうになり、終業時間は変わらないから、営業時間が短縮されてゆく。それはもちろん東京だけのことではなかった。戦時下では自家営業者も徴用に駆りだされて通勤者になっていたので、夕食後の短時間にお客が集中し、芋をあらう、という比喩が比喩とはいえない状態になった。燃料不足が深刻になると、浴場の輪番制休業もはじまって混雑に輪をかけた。湯船の濁った湯を見て、掛け湯だけで帰ってゆく神経質な奥さんもいた。脱衣場で虱《しらみ》をうつされるのも珍しい話ではなかった。この状態でいちばん悲鳴を上げたのは、乳飲み子を連れた母親だった。そのため地域によっては、母子入浴の時間というのを、開業後の一、二時間設定している。

衣服の手入れ

　日本の婦人は家庭に於いて、家人の衣服の始末をいたしますが、これは家事中最も大切なことの一つでありまして、これがために日本の家庭経済上どれほど、都合がよいか知れないのであります。冬になれば夏のものを、夏が来れば冬物の始末をするため、洗濯したり仕立て直したり、前身が傷まぬうちに後身と取替え、袖口が切れぬうちに袖付と振替え、姉のものを妹に譲るというように、いろいろの工夫をして、主人の衣服から子どものものまで、その季節に後れないように、それぞれ準備をいたしますことは、誠に手数のかかる煩わしいことのようで御座いますが、一家の経済、大きくしては国家の経済は、どれほどでありましょうか。

　日本の婦人が年頃になって、容易に結婚することが出来て、楽しい家庭に子供を育て得るということは、一つにはこの経済から生まれる賜であります。若し日本の婦人に、衣服の始末が出来なかったならば、中流社会の男子が妻を迎えることは、到底出来ないことになります。従って婦人も未婚者が多くなって、独立して男子と競争するより外はありませんが、そうなっては婦人は実に、悲惨なものでありまして、この上の不幸はないのであります。（「衣服の始末が出来なかったならば」『婦人画報』1914/7）

　これは大正三年に書かれた文章だ。若い娘たちを主な読者としていたこの雑誌は、妻が家族の着るものすべてをじぶんの手でつくり、かつその手入れや繰廻しにもあたらないかぎり、結婚して家計を維持することはとてもむりだと断定する。つづく「西洋の婦人は或意味に於いては不幸」という項では、家庭で繕い以上のことはしない西洋では、中流の男性の収入では、妻に多額の持参金でもないかぎり、結婚して子どもの教育まではとてもできはしない。そこで男も女もどうしても独身が多くなる、と結論している。

　じっさいにはこの時代、女の手は主婦ひとりとはかぎらなかったから、ぜんぶが主婦の肩にかかるときまってはいなかったが、第二次世界大戦後、むかしをふり返って老人たちが、ほんとうに家族の着るものの世話はたいへんだったと、だれもが口をそろえる。

　いったい日常の衣服の世話にどれほどの手間と時間を要するかを、詳細に調べたひとがある。家族構成、そのひとの手際の差は大きいだろうが、ここに引用したのは、主婦の自分一人の外出についてだ。

　外出前　火熨斗《ひのし》掛け　火起こし五分、上着　一〇分、下着　八分、長襦袢　七分、羽織　一分

　帰宅後　揮発油での襟拭い　約一分、乾燥　三分、畳む　約五分、箪笥にしまう　二分

「火のし」
石崎篁園『衣服の調整』（家庭百科全書 第27編）、博文館、1910（明治43）年

付属品片付け　ハンカチーフ紙入れなど　三分、あと片付け　三分（計約四八分）
数回の外出で裾切れが生ずるので裾直しをしなければならない
裾廻り解き　五分、仕立上げ二一〇分、火起こし　五分、火熨掛け　一〇分（計三時間五〇分）（三宅やす子「衣服のために費やす時間と手数」『婦人之友』1913/6）

きものは、ホコリを払って吊しておくだけ、というわけにはいかない。衣服のいちばんの手入れは洗濯だが、絹ものが水に弱いためと、和服の構造上、きものを洗うことはめったにない。汚れやすい肌襦袢でもおなじだった。「脂染み汗染みのある肌襦袢を着て、上に立派なものを重ねている女学生やお国出の奥さんがいくらもあるが、屈んだ時にこの衿が見えると、忽ちムーッと暑さを感じる」（「夏の身嗜み」『文芸倶楽部』1905/8）といった、意地の悪い目もあった。

そのため汚さない心がけも大切だったし、汗染みやハネ、小さな汚れはその部分だけの処置、しみ抜きなどが必要なことが多い。ぬいだきものをたたむ前に、ひろげて、とりわけ裾や襟、袖口などにはじゅうぶん目を通す。当時の実用書には、いろいろな種類のしみをとるための、一体そんなものがいつも身近にあるのかと疑われるような薬品や、木の実やふしぎなものを使っての、しみ抜きの秘法が、なん頁も埋めていることがある。

毎日着るものなら衣桁《いこう》か衣紋《えもん》竹にかけておけばよいが、しばらく箪笥に入れておく場合はたたみ方にも心遣いが必要だ。毛織物とちがって木綿や絹ものは、折目がつよくつくと、そこが弱くなって折ぎれする。襟には汗や垢がつきやすいが、毎日揮発油などで拭いていたら生地がたまったものではない。そういうときは霧を吹いておけばたいていの汗は消えるし、汚れはぬるま湯でやわらかく拭きとっておく。折ぎれを避けるには、着ていないきものでも毎月一回くらいはとりだして、たたみ直すのがよい。きものは縫い目にそって折りまげるところはきまっているが、たたみ直すときは折目を心もちずらすようにする。紋のあるものにはその部分に紙をあて、また襟紙をあてることもある。箪笥そのほかの収納家具へのしまい方にも、さまざまな注意が必要だった。

しまったきものは年に一、二回の虫干しをする。もっともこれは箪笥ひと棹と行李二つ三つくらいの庶民には、とりわけ必要なことでもなかったが。

継ぎ、繕いも、女の欠かせない仕事だった。ひと口に継ぎといっても、鍵裂きとほかの破れでは縫い方がちがうし、木綿ものと絹ものとでもちがう。破れているのは恥ずかしいが、ていねいに継ぎのあたっているのはちっとも恥ずかしくない、とは教えられるものの、現実には上等なきものに、丹念にほどこされている継ぎは、哀れに感じることがあるだろう。子どものきものの場合はそんなこともないし、とくに戦争末期の世相のなかでは、継ぎだらけの学生服を、自慢し合うような風潮もあったくらいだ。

ふだんばきの足袋継ぎはなかなか力仕事だったが、洋服の時代になってから大変になったのは靴下の繕いだった。いわゆる洋品の部類に入る靴下は、一九一〇年代（ほぼ大正前半期）以後になっても上等なものにはまだ輸入品が多かった。二〇年代（大正後期／昭和初期）には都会の小学生の多くは、運動靴で通学するようになる。靴下継ぎは母親や女中さんの、日課のような夜なべ仕事になった。一九二〇年（大正九年）頃には東京に、靴下の底の部分だけをそっくり取り替える業者が現れている（「靴下のそこを取換える店」『生活改善処世経済家庭百科全書』1920）。

繰廻し／更生

国語辞典を見ると、繰廻しとはやりくりすること、とあり、主として金銭に関することともある。それではやりくりとはなにかというと、なんとか間に合わせる、ということだそうだ。家庭で主婦たちのする繰廻しもたしかにやりくりにはちがいないだろうが、それほどむりな間に合わせ、というよりも、工夫して、べつの目的のものとして生かす、という意味で、戦時下にできた更生ということばは適切だ。このことばでは、間に合わせとか、やりくりということばのもつ、どちらかといえばマイナスイメージが、かなりぬぐい去られている。

＊　＊　＊

衣服には着る場合と着るひと、そして衣服の種類のちがいがある。貧乏人が冬のあいだ着た綿入れの綿を抜いて春先に着、その裏を剥がして夏の単衣にする、というのは、構造に手を加えて、着る場合を変えたことになる。方法としてはこれとおなじに、裏地をファスナーでとりつけ、はがれるように仕立てたジャケットは、今では少しもめずらしくない。

ある奥さんは雑誌の取材に対してこう言っている。

私は御召の寿命を八年として、さいしょの三年は晴れ着、つぎの三年は買物着、つぎの二年は応接着として、後は未だ丈夫で御座いますから、召し使いなどの羽織にして遣わします。（「衣服の苦心」『婦人画報』1912/9）

着る場合、つまり目的を何回か変え、さいごにかたちに手を加えて服種が変わり、あわせて着るひとが変わったということは、目的が変わったことになる。

また、大人物を子ども物に縫直すとか、袖口の傷んだ主人の背広の袖を切り落として、老人のチョッキにするとか、こういった仕立直し、とりわけまったく別の衣服への変更は、一般性が少ないから、主婦の頭の冴えと、ときには度胸が必要かもしれない。もっとも、一般性が少ないとはいうものの、そんなに変わった衣生活をしているひともいないので、一九三〇年代以後（昭和戦前期）の『主婦之友』や『婦人倶楽部』には、なるほど役にたつとか、ずいぶん思いきったナ、というような、主婦や専門家によるアイディアの紹介が溢れている。

繰廻しのもっとも基本的な仕事は、衣服の部分的な付替えだろう。衣服には傷む部分と傷まない部分とがある。とくに和服は、かたちが単純で全体がほぼ直線的に裁断されているので、付け替えの可能性が大きい。

単衣袷綿入など裏返したり、洗濯したり、度々縫直した末には、大概裾の方及び膝の処が先に損ずるのでありますから、これを羽織に直しますと、一時《いっとき》はまたきれいに着用されます。（喜多見佐喜子『裁縫指南』1907）

羽織の損じ易いところは衿と袖口であります。其の内もっとも損じますのは袖口でありますから、一度は奥口にして縫直しますが、もう両方が損じてきますと袖に用いられなくなりますから、衿と取替えるのであります。衿布は真中が傷みやすくて端の方は損じないものでありますし、袖布は袖口になる端の方が損じて真中が痛みませぬから、袖の損じたところを切り捨て、山継《やまはぎ》をして衿にいたし、衿布を二つに切りて両袖とするのであります。これも余りひどく損じては役にたちませぬけれども、少々損じた位は丁寧に補綴して切替えますときは、一時《いっとき》はきれいに着用することが出来ます。（同前）

傷んだ袖口布や裾回しを、シャツのボタンでもつける程度の気持で、子どもを寝かしつけながら、その枕元で付け替えてしまうような腕をもつ隠れた達人も、妻たちのなかにはいたのだろう。

そんな達人たちにとっても、「洋服の古いのは仕方の無いもの、と云うことになっていた。そして二束三文で古着屋へ売払ったり、紙屑屋の手に渡したりするのが誰しもの風習であった」（長田秋生『一家の経済』1915）。けれどもこの時代あたりから、まるで畳のように、洋服の裏返し、という方法がとられるようになった。それは古洋服を解いて、擦れたり色の褪せたりした部分は捨て、各パーツをうまく組み合わせて、まったくちがった型の服に仕立て直す、という方法だった。もちろん家庭にミシンのあることが条件だったろう。ときには毛織物専門の染物屋にもっていって、丸色揚げしなければならないこともあった。染め賃は一円から二、三円、ということだから、スーツが安ものでもだいたい二、三〇円したので、主婦と、そして夫も、納得したのかもしれない。

繰廻し、というよりむしろ廃物利用なのだが、婦人画報のような雑誌でさえ、物不足になってくれば、不用になった古ワイシャツの、再利用の方法を種々紹介している。カラーやカフスは夏襦袢の襟になるほか、指貫や玩具箱に、また全体を使って子どものエプロンや、二枚合わせて羽織の裏にするほか、子どもの靴底にも、包帯にもなると。

かたちのあるものは軽々しく捨ててはならない、という教えを守っているひとがまだ世盛りだった。戦争と欠乏の時代の到来が、そのあとそれほど時が経っていなかったのは、幸せだったかもしれない。

更生、ということばはすでに、昭和のはじめの、「古着の再生の勧め」といった新聞記事のなかに現れている。「（古いメリヤスシャツを）巧く利用なさって、新しい更生法をかんがえるのも、必要なことであり、且つなかなか趣味のあるものです」（都新聞 1931/11/27: 9）。しかしもちろんこのことばが重みをもって生活にかかわってきたのは、一九四〇年代（昭和一五年〜）の戦時体制のなかだった。「女学生のセーラー服を卒業してからの家庭服に更生」、「縮みの着物を、時局向きの簡単服に更生」などの工夫が紹介され、とりわけ家庭の箪笥長持のなかに睡っている和服をなんとか生かそう、つまり防空服装として更生させよう、というはたらきかけが各方面でやかましかった。

戦争も末期の一九四三年（昭和一八年）になると、売る商品もなくなった大デパートのフロアは、中古品売買所と物物交換所、そして「更生承り所」に変貌した。新聞はこう報じている——更生にもちこまれるものの八割が、防空服、国民服への改造で、とても需要に応じきれないため、簡単なものは家庭でやってくれるよう、音《ね》を上げている状態であると（朝日新聞 1944/1/28: 3）。

洗濯

明治の初め、欧米からの輸入品のなかには相当量の洗濯石鹸があった。洗濯の近代史の上でこのことを第一のステップとすると、第二のステップは一八八〇年代末（明治二〇年頃）から横浜、長崎、函館、大阪などの主として開港都市ではじまり、一九〇〇年代初め（明治三〇年代半ば頃）の東京におよぶ上水道敷設、第三は一九五〇年代後半以後（昭和三〇年頃〜）の家庭電気洗濯機の普及となる。

洗濯石鹸については、一八七七年（明治一〇年）になってはじめて、化粧石鹸の輸入金額が、洗濯石鹸のそれを上回った（『大日本外国貿易四十六年対照表』）。石鹸自体、それほど複雑な製造設備を必要とするものではないので、粗悪な製品であればすぐにわが国でも製造がはじまっている。まずさいしょに洗濯石鹸の生産が伸びたのは、良質の、皮膚を刺激しないような化粧石鹸に手がとどくまでには、もうすこし時間がかかった、ということだろう。

それまでの洗剤は主として灰汁《あく》だった。質が悪いとはいえ灰汁と石鹸とでは汚れ落ちが違うから、石鹸へのきりかえは割合スムーズだったようだ。しかしこの時代の洗濯石鹸は水に溶けにくかったらしく、けずってじゅうぶん水に溶かしてから使うとか、ひと晩、洗い物と石鹸を水につけておく、とかの工夫を勧めている家政書もある。洗い方としては、洗いものを板の上にひろげて、竹のささらか毛ブラシで、ゴシゴシやるのがふつうだった。その後どこの家庭でもふつうのものとなった洗濯板は、一八九三年（明治二六年）六月に民友社の『家庭雑誌』のなかで、「近来盛んに用いらるる洗濯器」として紹介されている。ただしこれも日本人の発明ではなく、欧米で使用されていたものの真似。

落ちのよい洗剤を使ったとしても、手洗いはけっこう体力を必要とする。そのうえ汚れ落ちの悪い洗剤相手の力仕事が、この時代の洗濯だった。洗濯はふつう大盥を使った。井戸端の時代も各家庭に水道がひかれるようになった時代も、その点はあまり変わらなかったろう。盥を前にして、女性はしゃがんで、この力仕事をした。膝と膝をほんのすこし離すことも恥じたその時代の女性が、洗濯のときばかりは、あられもないかっこうをすることについては、ずいぶん批判があった。

その姿勢の不衛生的なるのみならず、不美術的なることは、屡々《るる》外国人をして嘔吐せしめます。（婦女新聞1907/4/22:8）

日本人はしゃがんでなにかをすることに慣れていて、欧米のように立って洗濯したり、アイロンかけをしたりすることには違和感があったらしい。川辺でしゃがんで洗濯する習慣は外国にもあるが、前の開く衣服がなく、スカートのヴォリュームがあるために気にならない、ということもある。せめて椅子に腰掛けて洗えという忠告もあったが、盥の高さの具合もあってこれはむずかしかった。各家庭に水道がひかれると、当時は多くの家庭では、水道の蛇口は台所の流し一カ所だけだったから、立ち流しの家なら洗濯もその流しを利用することになり、しゃがみ洗濯の問題は一応解決する。しかしもちろん、台所の流しを洗濯場にすることを嫌うひとも多かった。

女性にとって洗濯の辛さのひとつは、冬季の水の冷たさだった。水道の水は井戸水にくらべてひとしお冷たい。湯を使った方が汚れもおちやすいといって、洗うときだけ薬罐の湯をさしたりすると、それが気に入らない年寄りがいたりした。この時代、女性の手のひび、あかぎれ、しもやけはあたり前だった。

冷たい水に手を入れずにすむ洗濯法――ハンドルのついた撹拌式の国産洗濯器の宣伝は一九二〇年代（大正末〜昭和初め）からある。もちろんこれは欧米で先行したものの真似だが、昭和初年にどの程度

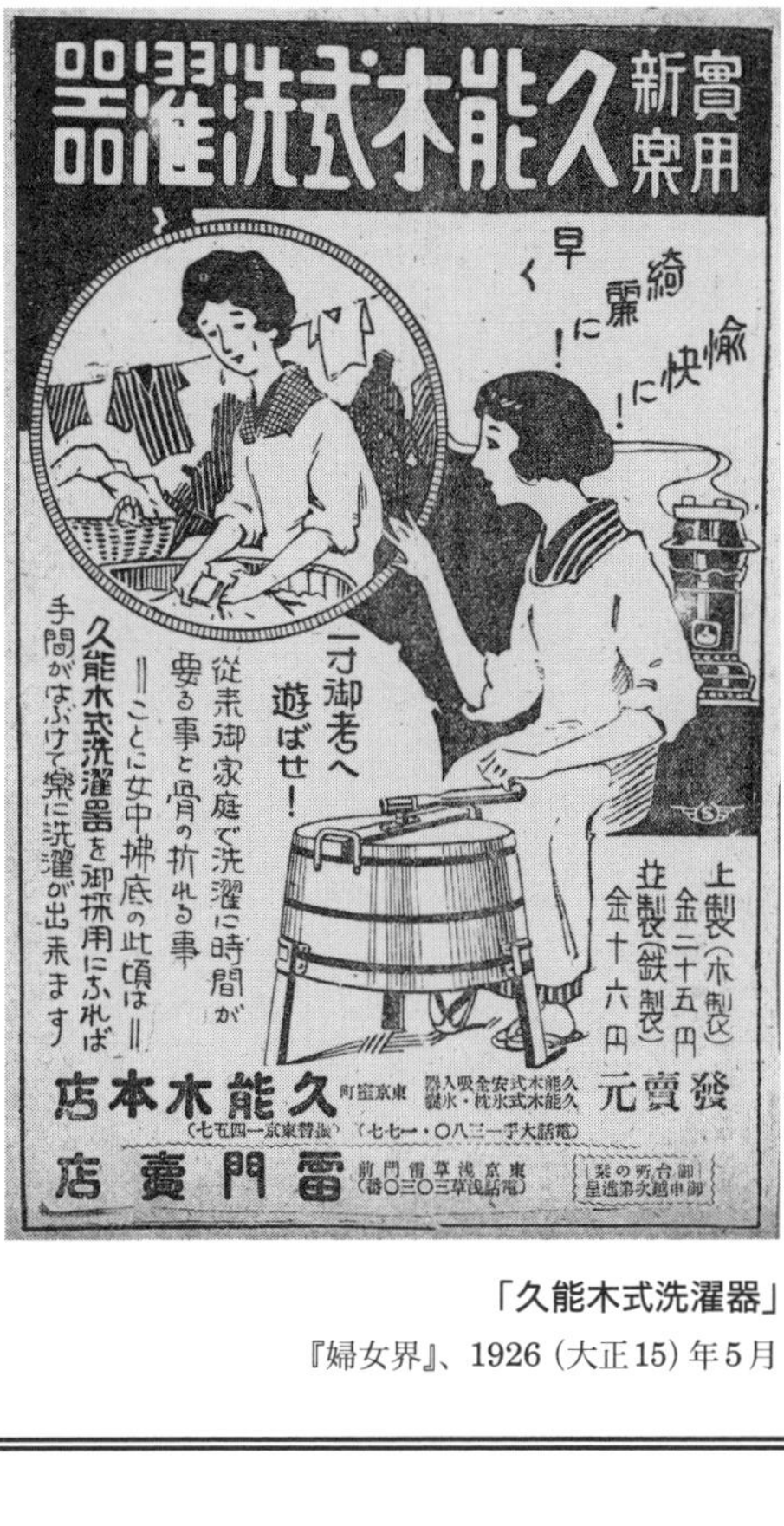

「久能木式洗濯器」
『婦女界』、1926（大正15）年5月

普及していたかを知るのはむずかしい。一九三八年（昭和一三年）の婦人雑誌に「冬の自動洗濯法」という記事があり、過ホウ酸ソーダを用いるドイツ式の洗濯が紹介されている。「これは従来のお洗濯のように揉んだり擦ったりする必要がないので、欧米では自動洗濯法と呼ばれ、非常に流行しています」（『婦人画報』1938/1）とある。この短い記事に添えられているカットは、絞り器もついている手回し洗濯器だ。一部の家庭では以前からの盥洗濯と併用していたのだろう。一九三〇年代（昭和戦前期）になると電気洗濯器の宣伝もはじまるのだが、その本格的普及には大戦を越えてあと四半世紀が必要だった。

　時代が二〇世紀に入るころまでの日本人は、現代と比べると汗や垢のついたものを身につけていただろう。欧米のひとたちは、日本人がよく入浴してからだをサッパリさせるのを好んでいるのに、下着は洗わずにまた着込むのを見て、だから入浴するわりに日本人は異臭がするなどと言っている。とはいえ水に恵まれた日本人は、水の不自由な地方の多い中国人などに比べれば入浴や洗濯の頻度は多く、その点は欧米人も認めている。

　しかしひとつには、絹ものを好んで身につけてきた日本人は、衣服はできるだけ洗わずに、その代わり汚さないための工夫をしてきた。襟や袖口に別布をかけるのもそのひとつ。また汚れる箇所は汚れのめだたないような工夫もした。その掛襟や、下着や、きものの裏、夜具の襟などに、濃い色を使うのもそのひとつ。白い下着は近代のしるしになる。

　開化の時代になると衛生上の観点からこういう工夫にも批判がむけられて、できるだけ衣類の、とくにシャツ類の洗濯の頻度をますよう勧められた。下着については冬は少なくとも週一回、夏は週に二回は着替えたほうがいい、など。それでもけっこう紳士風のひとが、垢染みたカフスやカラーをつけている、という描写が小説などによくみえている。

　洗濯の頻度が低かったのは、和服の構造にもよる。和服で丸洗いできるのは木綿の浴衣くらいで、大抵のものは解き洗いが必要だった。だから和服のミシン縫いが推奨されたとき、ミシンで縫ったきものは解くのがたいへん、という抵抗があったりした。ことに綿入きものとなると、これを洗濯するのは大ごとだったから、貧乏人の綿入きものといえば、多かれ少なかれ垢染みているのはあたり前だった。

　その点は蒲団も同様だ。一九二〇年代（大正末〜昭和初め）に、それまではおもにマントとして愛用されていた毛布が、寝具として普及しはじめた。直接には綿繊維の暴騰のためだったが、「蒲団と違い日光消毒も簡単、洗濯も無造作にできる。したがって各階級を通じて受けがよく、寄宿舎に入れる学生や、女工宿舎などで使用することが多くなった」と（「毛布の普及」報知新聞 1920/2/19 夕: 7）。

家庭縫製

　時代が明治とかわっても、役所勤めなどの主人をもつごく一部の家庭を除けば、着るもののほとんどすべては家の女たちの手仕事で縫いあげられた。この習慣は地方ではもちろん、きものを日常的に着ているかぎり、大都会でも第二次世界大戦以前には一般的にみられた。よほど不器用だったり、針を持つのが嫌いな女、ひとり者の男などは、柳原その他に軒をつらねている古着屋の客になるか、だれかひとに頼む。看板をあげている仕立屋ばかりでなく、安い手間賃で気軽に頼め、ほころびの繕いや、襟の付け替えや、ついでにすすぎ洗いまでしてくれるような内職の女は、下町の裏店にはずいぶんいたようだ。井戸端のお上さんたちは、羽織ならおらくさんに頼むのがいいよ、などという情報をもっていた。若くして亭主を亡くした女でも、白羽二重を赤糸で縫って糸目を見せないという技倆で、りっぱに子どもを育てあげたという、『路傍の石』（山本有三、朝日新聞および『主婦之友』1937～1940）の母親のような例は、それほどめずらしくはなかった。

女性の裁ち縫いの技術は、さいしょは母親から、見よう見まねで学ぶのがふつうだったろう。したがってデザインや技法上の発展はとぼしく、かりに個人的工夫があったとしてもそれがひろがってゆく可能性は小さい。和裁技術ではずいぶん後の時代になっても、教えられたやり方の尊重、むしろ固執の傾向があり、スタイルの固定のひとつの理由になった。母親から女の業として仕込まれた、むしろしつけられたということが、裁縫教育、さらには和装そのものにも、あるニュアンスを与えたともいえる。

都会の女子は、何等か他の専門職業に暇無き人を除く外、家人の衣服を裁縫する程の、余力の無かるべき道理は無い。日本の衣服は、西洋の衣裳のように、決して、仕立屋に依頼する必要は無いのである。如何となれば、其の裁縫の容易なると同時に、又これを解き更うることが頻繁であらなければならぬ。であるから、むしろ銘々に裁縫する方が便宜で且つ経済である。（下田歌子『女子の技芸』1905）

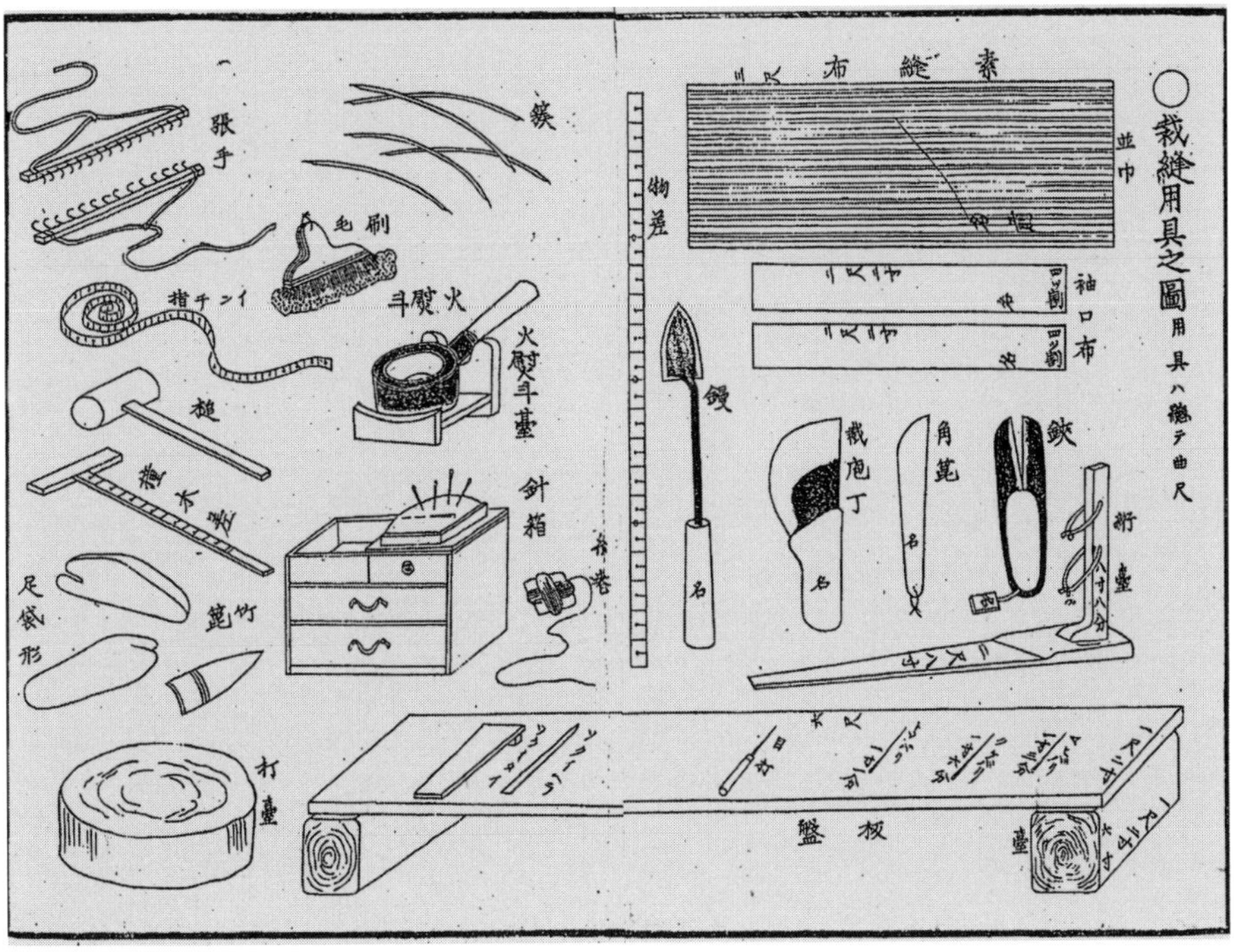

「裁縫用具之図」

朴沢三代治編『小学中等科裁縫教授書』楽善堂、1884（明治17）年

時代がすでに大正に入った一九一六年の女性雑誌のなかにさえ、家の者の裁縫を外に出すことの不経済さが強調されている。ある学者が、自分の妻は一日裁縫ばかりしている、外に出したらよいだろうと言っても、一向そうしようという気を起こさないので困る、とこぼしたのに対して、傍らにいた数学の先生が、「君の家族は七人ではないか、一人の人間が、冬何枚の着物を着るかというに、先ず羽織、上着、下着、長襦袢、襦袢の五枚は少なくとも着なければならぬ、それへ帯と袴を加えたら七枚になるが、それは別としても五枚の着物を上中下の三通りとしても、一人に一五枚無ければならぬ、それが七人と見て一〇五枚になる、冬だけで一〇五枚、それを袷から、夏物（……）夏物は着がえに数がいる（……）を数えたら何百枚

という数になる。それを一つ一つ仕立屋に出してみたまえ、一枚三〇銭平均としても非常な高額じゃないか、コートの如き一枚二円もするものもあるに至っては、決して容易ならぬことだ、君の奥さんはえらいよ」と指摘し、学者さんも納得したとある（「仕立ものを他へ出す善悪」『婦人界』1916/3）。

仕立物を外に出さない習慣は、東京より京阪の家庭につよいといわれた。それは上方の女性の身上《しんしょう》もちのよさからだという。

仕立屋に仕立てさせると、恰好をよくするために強い鏝をかけるから、反物が傷んで、後のために悪い、それに、余った布を横取りされることがある、というのが仕立屋を嫌う原因なのです、そして恰好が悪くとも手縫いに満足して、角々へは裏から別の布片《きれ》を当てたり、変な裁ち方をしたりして、専ら反物の傷まないことを考える。これも東京風に考えればケチですが、上方婦人の物持ちのいい片影です。（「婦人と社会——仕立屋嫌い」読売新聞 1918/2/15 婦人付録：4）

＊　＊　＊

男女の洋風下着類は開化のあとの早い時期から、和裁の一部として教えられていた。とりわけミシンが普及しはじめると、夫や子どもたちの下着は、ミシンの修練のためのよい材料にもなったろう。下着や子ども物は、見てくれや流行をそれほど気にしないですむものだけに、妻や母親の大胆なアイディアの生かせる余地もあった。一九一〇年代から三〇年代にかけての時期（大正～昭和初期）、子ども服の急速な発展には、家庭ミシンの普及と、『主婦之友』、『婦人倶楽部』、『婦人之友』などの実用記事が、たよりになる環境をつくっていたにちがいない。

家庭裁縫のなかにスーツまでもふくめようとする意図は、開化の当初からあり、その後も裁縫書のなかにおりおり現れている。小林紫軒の『和洋裁縫のおけいこ』(1907)では、片前背広の上着の裁ち方中で、弛み、延び、という表現で、テーラリング・テクニック（tailoring technic）の鍵であるシュリンキング（shrinking）とストレッチング（stretching）の説明までこころみている。おなじ洋服といっても、ブラウスとジャケットの仕立ての技術のちがいもわからない素人の主婦たちに、かなり高いレベルの目標を設定しているようだ。昭和に入った一九二八年（昭和三年）、ある裁縫教育者のつぎのような提案がいかに現実的でなかったかは、今日すでに答えが出ている。

一般の家庭の人達も洋服は洋服屋から買わねばならぬように思惟し、且つ洋服は和服に比較して甚だしく高価であると考え違いして居るのですが、洋服は決して高価なものではなく和服などよりも遥かに低廉につくものです。その上自分で簡単に縫うことさえ出来るのです。ミシンがなければならぬと思うのは間違いで、結構手縫いで出来るものです。二週間も熱心にやりさえすれば、男の学生服その他さえ覚えられますし、男の背広服もそう難しいものではありません。（「洋服は御自分で作るのが得です」都新聞 1928/8/14：5）

＊　＊　＊

一心に動かす指の先から形のあるものができてくる、ものづくりには代えがたい愉しさがあるだろうが、家のものみんなの着るものの責任をもつとなると、大変さの方が重く肩にのしかかる。おなじものづくりでも、染物や毛糸編には、工夫という遊びの要素が大きいため、若い世代のひとたちの人気がひろがっていった。もちろん家族の着るものを縫いあげるのにも工夫の余地はいくらもあるし、またなければならないのだが、絞りや臈纈染め、フランス刺繍、またハイカラなセーターを編むのに比べると、遊び心はすくないといわざるをえない。

都会地にかぎっていえば、家族の着るものがほとんど洋服になった一九三〇年代（昭和五年～）は、長いあいだ裁縫で鍛えた女性たちの指先は、こうした趣味の手芸のなかでも、とりわけいつどこでもできて、実用性も高い編物にむかった。冬といえば綿入きもので丸くなっていた子どもたちは、母親の手編みの、『主婦之友』や『婦人倶楽部』の付録のデザインの、ハイカラなセーターを着て飛んで回る、昭和の子どもになった。

その一方で、安い値段で出回るようになった既製洋服類、とくに婦人子ども服を漁るために、女性たちは喜々としてデパート通いをしたのもこの時代だ。

> お子様方のお召しになる洋服を最も経済的にお求めになるためには、既製品を上手にお求めになることです。注文服は（……）どうしても七割くらいはお高くなります。（……）よくお子様方のお洋服をお母様方の手で新しくお仕立てになりますが、これもあまり経済的ではありません。例えば五つくらいのお子様のお洋服は五円くらいで既製服でありますが、これをお宅でお仕立てになるとして、（……）四円、乃至四円五〇銭位かかってしまいます。これでは忙しい時間を割いて、わざわざおつくりになっても大したことはありません。（「既製子供服」読売新聞 1934/3/13: 9）

ミシン

わが国の開国以前に、欧米ではすでに各種のソーイング・マシーン（sewing machine）はかなり普及していたから、ミシンの伝来は早かった。幕末の浮世絵にも、ミシンをかける外国婦人のすがたがあることはよく知られているし、明治元年の中外新聞には、日本人業者による「西洋新式縫物機械」の教授と、それを使っての仕立物引受の広告が出ている。

けれどもその時期のミシンは、両に換算して八〇両という記録が残っているように、気やすく手に入れられるような商品ではなかった。そののち一八七〇年代後半（明治一〇年代初め）の洋服ブームを経て、一八八五年（明治一八年）になると、主な洋服裁縫業者および職工は東京だけで一五〇余名にのぼった（「衣服改良の企画」『東京経済雑誌』1885/10/17）。ミシンを扱う何人かの仲買人の名も残っているので、明治期を通じてかなりの数量が輸入されたにちがいないが、ミシンは洋服製造業者の営業用機器であり、専門業者以外の購入や利用がひろがるのは、ようやく二〇世紀に入ってからのことだったようだ。

それ以前の一八九〇年代（ほぼ明治二〇年代）であると、裁縫書の著者たちにしても、ミシンについては実際的な経験を、あまりもっていなかったのではないかと考えられる。西洋服系の衣服でさいしょに裁縫書にとりあげられたのは、シャツや洋風の股引、帽子などで、これは開化後のごく早い時期からだった。まだ洋裁和裁という区別の観念もなく、襦袢や股引の解説の延長で、当然すべて手縫いを前提としている。

裁縫書ではないが一八九四年（明治二七年）に刊行されたある家事実用書の裁縫の部では、さいごの「洋風裁縫の心得」のあとに「ミシン器械」が四行だけ添えられ、「洋服を縫うにはミシン器械を以てす、而《しこう》して其ミシンには輪縫と本縫の二通りあり（……）其委《くわ》しき事は何れ其道の人就きて之を習うべきなり」と逃げている（伊東洋二郎『絵入日用家事要法』1894）。

一九〇五年（明治三八年）に刊行された、その時代の信頼できる裁縫書のひとつ、岡本政子の『和洋裁縫全書』でも、つぎのように言っている。

> 本書載する所の洋服裁縫は、僅かに一小部分に過ぎず、大人用の洋服の如きは例え型に依りて、これを裁ち得るとするも、悉《ことごと》くミシン縫にして、（……）家庭にありて之を備うるは、現今の状態に於いては、誠に

稀にして、絶無と云うも不可なきが如くなれば、其の要を見ざるを以てなり。（岡本政子『和洋裁縫全書』1905）

そのようなミシンの理解だったから、かなりの誤解もあった。この時代の欠かせない流行リポーターである金子春夢は、一八九四年（明治二七年）の『家庭雑誌』の「手芸案内」のなかで、出来合のシャツについて、「縫いもミシンを用いあるからに、其体裁の好きに似ず、ややもすればバラバラとほどけて、また弥縫《びほう》すべからざるに至ることあり（……）」（「ミシンの欠点」『家庭雑誌』1894/12/10）、とくさしている。

バラバラほどけるというのは論外としても、頻繁な縫い直しの習慣をもつわが国のような衣習慣であると、むしろ糸をほどきにくい――引き抜きにくいのは都合がわるい。そのために一九〇〇年代に入ったころから、その点の工夫もある何種類かの和裁用ミシンが考案されているが、あまりよい結果はなかったらしい。

＊　＊　＊

一九〇〇年代（明治三〇年代後半）以降の、ミシン裁縫の普及に力のあったのは、シンガーミシン企業の営業努力だったろう。シンガーの社史によると、日本上陸一九〇〇年（明治三三年）ということになっている。東京支店長として米国から帰国した夫に協力して、女高師出身の秦利舞子《りんこ》は有楽町にシンガー裁縫女学院を創設し、洋裁教育とミシンの宣伝普及につとめた。月賦販売の口火をきったり、個人の家庭に無料で貸しだしたうえ講師まで送ったりと、あの手この手の販売拡大が図られた。

しかしミシンはまだ逆風の時代で、裁縫女学院に対して、またなぜか秦利舞子自身に対しての悪意ある陰口もあった。おなじものを縫うのに、縫い針の値段は一厘（一銭の十分の一）、ミシンは安いものでもその何千倍もする。そういうことへの素朴な抵抗だったのだろうか。

ミシン縫はほどけやすいと言いながら、経済の観点からは、『家庭雑誌』はべつの号のなかで、下着類の出来合物を買うより、ミシンを使って自家製すれば、男の子がふたりの家庭なら、一年間には一〇円ちかくが得になるという試算をだしている（「ミシンと経済」『家庭雑誌』1892/12/15）。しかしこの時代、家族の下着類をみんな出来合で買う家庭は少なかったし、ミシンの価格を五円から、としているのにも疑問がある。一九〇九年（明治四二年）の時点では、ミシン一台の価格は六〇円以上（『家庭之友』1909/6）であり、関東大震災（一九二三年、大正一二年）当時になると、高級品は一四〇円以上もしている。

一九一〇年代後半（ほぼ大正前半）に入るころには、ミシンについての反感や誤解もうすれ、嫁入り道具として一台のミシンを加えるような時代になってきた。関東大震災前、ある新聞には、買ったきり使っていないミシンが、推定で東京市内の上中流家庭に五、六万台、と報じている（「内職でミシンの既製服」読売新聞 1922/4/20: 4）。

「臨時入学生徒募集　シンガーミシン裁縫女学院／金を産み出す機械　シンガーミシン」
『文芸倶楽部』、1908（明治41）年3月

震災以後になると、従来の手縫いと比べて、ミシンが現代の衣生活にもつ重要な意味がようやく広く認識されてきたらしく、初等教育のなかでさえこれをとりいれようという動きがはじまっている（「小学校女生徒にミシンを教える」時事新報 1924/4/13: 6;「経済的な夏の子供服」東京日日新聞 1924/7/21: 5)。

またシンガー裁縫院だけでなく、文化裁縫女学校など、そのころつぎつぎに生まれていた洋裁学校を、マスコミが「ミシン裁縫学校」とよんで紹介しているのはおもしろい（「増えて行くミシンの学校」国民新聞 1925/1/22: 6)。

嫁入り道具にもってきたミシンで、赤ちゃんの着るものを縫ってみるような使い方でなく、ミシン一台を月賦で購入し、一年も経たないうちに一日にシャツなら一、二枚も縫える腕になる女性もあった。一九一七年（大正六年）に、『婦人雑誌』に「最も文明的な家庭内職」という短文を投稿した女性は、やがて私の腕一本で一二〇円のミシンが一台買える、と誇らしげに言っている。ミシン内職はこの時代、けっこう人気のある家庭婦人の仕事だったようだ。

じつは、一九一〇年代（明治末）以後、ミシンがいちばん唸りをたてていたのは、大都会の場末の、あまり健康的とはいえない家々のなかからだろう。一九一九年（大正八年）に刊行された『有利なる家庭の副業——都市商工』はつぎのように言う。

輸出品の関係上、もっとも低廉なる原価を維持するには、どうしても従来の家内工業を基とし、低廉なる工賃によって、製品の数を殖やすという手段に出ねばならぬ（……）。（高落松男『有利なる家庭の副業——都市商工』1919）

本文のなかではくりかえし、家内工業とそれに付随する内職、といっている。われわれはごく自然に、現在の東南アジアの低価格衣料を連想せずにはいられない。一九一〇年代から三〇年代（大正〜昭和戦前期）にかけて、東京横浜大阪などの大都市周辺部には、メリヤスシャツ、ズボン下類を主とする、低賃金のミシン裁縫工業地帯が存在した。踏板に脚がとどきさえすれば、ときには踏板に仕掛けをして、小学校五、六年の少女までがミシン裁縫の内職にかりだされていた。本縫用のシンガーミシンで、ほとんど直線縫いのスピードだけを競うメリヤス衣料のほか、各種の帽子、下駄の鼻緒、袋物、蝙蝠傘、等々が、そんなふうにして生産されていた。

裁縫教育

裁ち縫いは女の仕事であり、嫁にゆくにも、器量と健康のつぎくらいには重んじられたから、好き嫌いと器用不器用はべつとして、ふだん着るものをじぶんの手で仕立てられないような娘は、明治時代にはまずいなかった。

裁ち縫いの手ほどきはもちろん母親の役目だ。その時代の裁縫書には、針仕事の手ほどきとして、幼い女の子に解きものをさせることを勧めている。きものを洗濯するためには、糸をぬき、反物のかたちに戻すのが原則だから、教材はいくらでもある。いちばんやさしい女ものの襦袢からはじめさせると、まず襟裏を解いて襟を外し、つぎに裾、両袖を解き、両脇をはなし、背筋から袖口、袖下人形を解けばおわり。

糸をぬくには、切れないように注意ぶかく引かなければならない。ぬきとった糸はどんな短いものでも、再利用するために巻いておく。これは注意ぶかさと、節約の心を養うためにだいじなこととされた。きものをふるって、見えなくなった一本の糸をさがさせるようなこともあった。ラジオもなかった明治時代には、針仕事はたまに鋏の鳴る音がするくらいで、じつに静かないとなみだった。だから母親のぽつりぽつりしゃべる語りかけが、おそらく一生ぬけないような、少女の記憶への擦りこみになったはずだ。一般に針仕事は、娘の躾と結びつけて考えられていた。明治時代の裁縫書には、裁ち縫いの指導と、女の道の教訓や、処世の智恵などとが入り交じっているものがある。裁縫教育とはそういうものと信じられていたのだろう。

かたちのあるものを縫う前に、運針の稽古があった。男の子の仕立屋の修業では、すごい量の雑巾刺しをさせられる。この雑巾は荒物屋で売物にするから材料はいくらでもある。運針の早さとあわせて、職人としての手首の鍛錬も目的だった。

ふつうの女の子にそこまでの必要はないが、ほころびの綴り方にも知っておかねばならないことはある。木綿ものと絹ものとはちがうし、また破れ方や場所によっての、繕いようの工夫がある。そんな根気仕事でも、少女たちのなかには興味をもってする子もいる。そんな子がお手玉やお人形作りなどが許されると、子守をしていても、友だちとかくれんぼうをしていても、赤い小ぎれを離さないような子が出てくる。

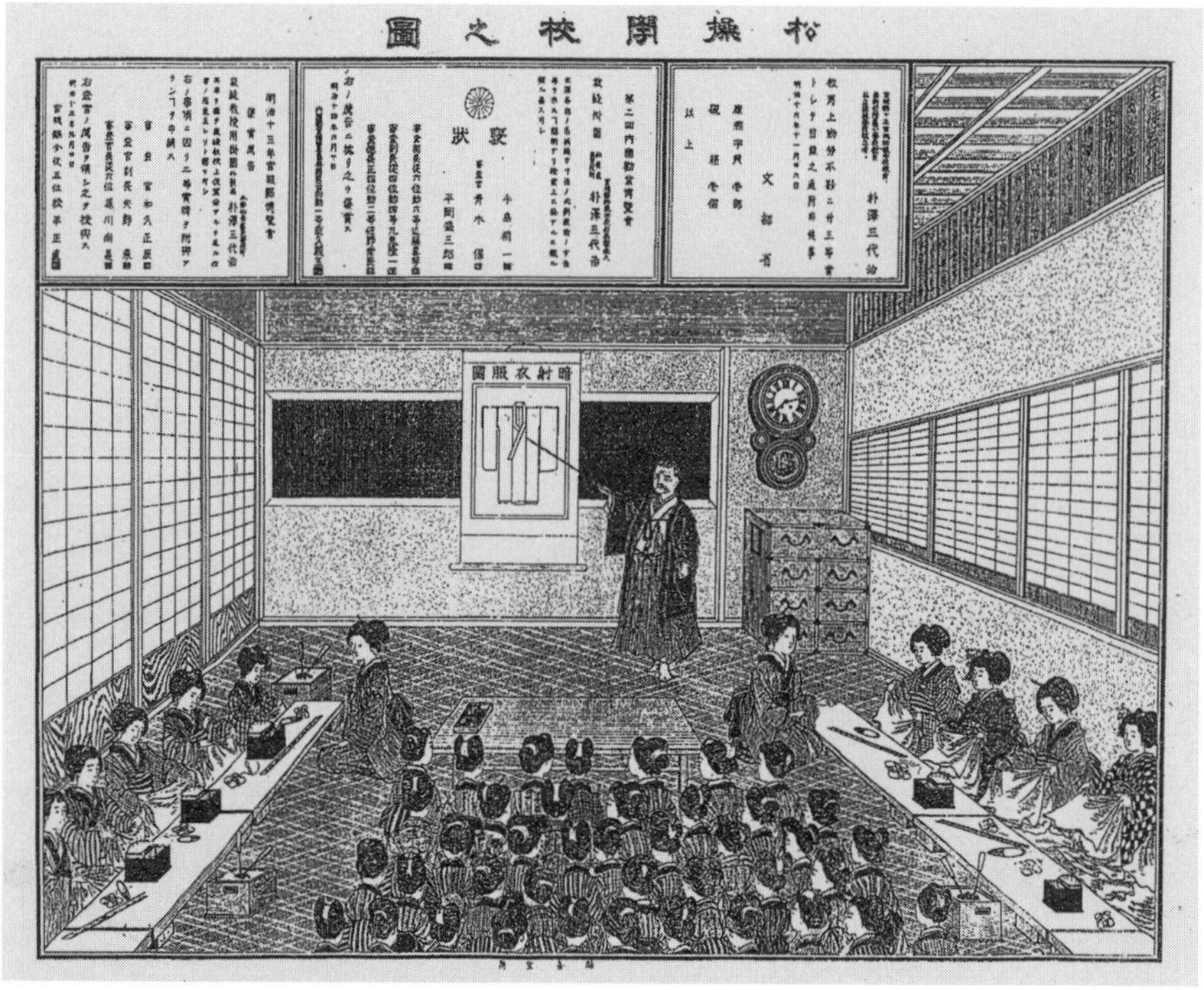

裁縫の全体授業（「松操学校之図」）
朴沢三代治編『小学中等科裁縫教授書』楽善堂、1884（明治17）年

すこし大きくなった娘たちのためには、都会では前時代以来のお稽古所が繁昌していた。仕立屋も、すこし手の上がった娘たちの修業に利用されていた。東京では若い子のお稽古場と、呉服屋の下請け仕事を兼ねた仕立屋がたくさんあったようだ。日本橋周辺、立花町、人形町あたりの呉服屋は質ながれの反物などをひきとって、そういう師匠のところへ出す。絹ものが多いので、腕の確かな師匠でないと間にあわない。こういう師匠のところで修業がてら働いている子は、一九〇〇年代（明治の末頃）、木綿もので月一〇円くらい、絹ものだと一七円くらいの収入にはなったという。こういうルートで縫いあげられた出来合のきものや羽織を仕立物とよんで、呉服屋の商品の一部になっていた（『家庭雑誌』博文館、1910/3）。

＊　＊　＊

一九一〇年（明治四三年）前後で、女学校を卒業する娘は全国で約一万一五〇〇人だった。明治大正期の日本の女たちの裁縫教育を考えるうえで、女学校出の裁縫教育の比重をあまり大きくみるのはいくぶん問題がある。

　学校での裁縫教育は、衣服、あるいは服装教育の一部であるはずだが、近代教育の発足以後かなり長いあいだ、衣に関する教育は即、裁ち縫いの手技教育でありつづけた。

　家政全体から家族の衣生活を考えるという観点は、一八九〇年（明治二三年）頃から現れる。おそらくこれも欧米の家政書の影響によるものだろう。ただしその場合も、衣服と裁縫と別になっているのがふつうだった。一九〇八年（明治四一年）に、その当時の大日本家政学会が編纂した『実用百科大全』では、第一章の「衣食住」のなかに「衣服」の項があり、その小項目は、保温、材料、通気、素質と染料、洗濯となっている。つづく第二章は「育児」、第三章が「裁縫」。

　女学校における近現代の裁縫教育は、三つの基本的課題をかかえることになる。

　第一は、和裁本位から出発した授業科目に、洋裁をどう受けいれるか。

　第二は既製服時代に、裁縫技術が必要かどうか。

　第三に、学校教育法の時間的制約から、専門課程を修了しても、技術レベルが低いこと。

　第一の課題は、一九二〇年代（大正末～昭和初め）以後、洋装が子ども服や婦人服に普及しはじめたころから切実になってきた。すでに一九二四年（大正一三年）に、ある婦人雑誌の座談会で、作家でジャーナリストの三宅やす子は、こんな発言をしている。

　理想を言えば女学校でも和服裁縫を全廃してしまいたい。和服の縫えない、洋服の縫える女が沢山になれば、すぐ服装は改良されます。そして和服は仕立てさせても和服の仕立賃は僅かなものですから、そして、和服裁縫など学校で習わなくてもだれにも教われます。（「職業婦人の服装問題の批判」『婦女界』1924/5）

　これに対して、女学校長でこの時代の著名な教育評論家でもあった宮田修は、そんなことをすれば大多数の裁縫の先生の仕事がなくなる、と反対した。洋服時代に入った一九二〇、三〇年代（大正～昭和戦前期）の時点での和裁授業不要論、こえて既製服時代に入った第二次世界大戦後の裁縫授業不要論、その議論の当否はべつとして、膨大な数の裁縫教員のための職場擁護という理由も無視はできなかった。

　すでに明治の初めの裁縫教本には、シャツなどわずかながら外来服種の製作はふくまれていた。その後数十年のブランクをおいて、第一次世界大戦後にさまざまな条件から大衆的な洋装が、子ども服を手はじめにして入りこんできたとき、わずかながら、洋裁コースを置く学校もないではなかったが、一般に学校裁縫はこの風潮に冷淡で、授業内容はうしろむきだった。あいかわらず、もう過去のものである襲ねや綿入などを宿題にして、保護者を呆れさせる、というふうだった（「時代錯誤な御召の綿入の重ね」読売新聞 1921/10/10）。大正デモクラシーの立役者といわれる吉野作造は、畑違いながら、当今の裁縫教授はあまりにも実生活とかけはなれていると嘆いている。

　そんな時代のひとつの希望は、洋裁学校の誕生だった。一九二三年（大正一二年）、並木伊三郎、遠藤政次郎による文化裁縫女学校が、一九二六年（大正一五年）にはアメリカで修業した杉野芳子によるドレスメーカー女学院が設立される。小さな洋裁教室は開国当初からいくらもあったが、それらとはレベルのちがう、洋装時代への大きな展望をもったこれらの学校は、モダン時代の若い女性のあこがれになった。

収納／管理

　脱いだものをその辺に放っておくのでなければ、長押《なげし》の釘にでもひっかけておく。これがいちばんかんたんな、収納とはいえないが、管理の仕方だ。だから安普請の貸家の長押には、やたらに釘や釘穴があったものだ。釘や木ねじよりマシになったのが、種類豊富なフックだ。

長押や柱にフックをとりつけてハンガーをかける、あるいはフックつきの板を壁に固定するという、現代ではありふれた方法は、洋服や帽子、手提げ類の普及した一八九〇年代（ほぼ明治二〇年代）以降のことと考えられる。鳥打帽のような安直なかぶりものを、いちいち奥の戸棚にしまっておきもしないだろうから。鳥打帽がさいしょに流行したのは、一九〇〇年頃（明治三〇年代半ば）だった。商家の出入口近くや、奉公人の寝起きする部屋の入り口近くには、かぶりものだけでなく、出るときの提げものや首巻きのたぐいをひっかけておく、鍵釘やフックのたぐいがなければ不便なはずだ。

それ以前、幕末から明治初めの貧乏屋にかならず見られたのは、長押から二本の紐で下げられている、細い竹の棒だ。これがもっともかんたんな衣桁《いこう》だった。脱いだ半纏をチョッと袖畳みしてひっかけておくのも、湯のあとで濡れ手拭をかけておくのも、これだったろう。そうでなければまた長押の釘が役にたつ。裏長屋住まいに押入はなく、箪笥のあるはずもなかったから、六畳か四畳半くらいの部屋の隅に畳んである煎餅布団にのせた、わずかな着がえの入った行李以外、収納するスペースはなかった。

そのため長押の上にはかならずといっていいくらい、棚を吊った。引越しのとき手伝いの友だちが、器用に棚を吊ってくれたのはいいが、すぐ落ちてしまったのであとで文句を言ったら、なにかものを乗せやしなかったかと言ったという、聞き飽きた落語の枕がある。

もうすこし上の生活であると、ぬいだきものに一時風を通すためにも、衣紋《えもん》竿（衣紋竹）が使われた。衣紋竿は今日の和服用のハンガーと、そう大きなちがいはない。赤穂義士のひとり赤垣源蔵が、ひそかに別れを言いに訪れた叔父があいにく不在だったため、衣紋竿に吊された叔父のきものにむかって「徳利の別れ」をする、という場面が義士伝の講釈にある。和服用の衣紋竿は、洋服のハンガーとくらべるとかたちは単純だが寸法はずっと大きいので、伸び縮みのきくもの、二つ折りのものが工夫されている。

折りたたみ式の漆塗りの衣桁は、江戸中期以後は廃れたように書いている本もあるが、新聞挿絵中の古い家の室内にはいくらでもみとめられる。きものや帯を引っ掛けておくだけなら、たいていの家にはあった小屏風でもよいが、虫干しのときには衣桁は大いに役にたつ。

＊　＊　＊

江戸時代の庶民は、多くは行李が唯一の収納具だった。それにくらべると明治大正期には中下流の家庭でも、もっている衣類の数もふえ、押入にはいくつかの行李や葛籠《つづら》、ときには茶箱があり、出し入れの多い衣服のための箪笥を、ひとつももたない家は少なかったろう。旧時代の代表的な嫁入り道具だった長持は大仰すぎて廃れ、それに代わったのが茶箱だった。葉茶屋で譲ってもらったりする茶箱は、内側が薄いアルミ張りになっているので、防湿については安ものの桐の箪笥より確かだった。

葛籠は行李とほとんどおなじ素材を使っているが、隅々を丈夫な布で補強し、黒い漆掛けをしているので、ずっと頑丈で、それだけに重く古風な感じだった。だからよりだいじな物をしまっておいたらしく、舌切り雀がお爺さんにくれた宝物は、行李でなく葛籠に入っていた。明治大正期の苦学生が下宿を渡りあるくときは、たいていは本の包みと、紐を十字にかけた、柳行李ひとつをさげていたものだ。

箪笥には種類が多い。嫁入り道具の標準とされた長持二棹、箪笥三棹、などの箪笥は、四隅や要所要所に黒い金具のついた古風な箪笥。しかしもっと庶民的なタイプは、のちに和箪笥といわれるようになった、釣取手、いわゆる鐶《かん》のほかは金具をつかっていない、塗りのないもの。桐製がふつうで、間口三尺程度、奥行き一尺四寸、これは畳んだきものの幅。高さは抽斗部分は四尺（一二〇センチ）まで。これはそのころの女性の標準的な身長による。

一九〇〇年代以後（ほぼ明治三〇年代〜）、箪笥にはいくつかのイノベーションがあった。大型の箪笥は重ねになっているのがふつうだが、その上段を観音開きにして、なかを抽斗でなくスライド式の棚にしたものが現れた。これを改良箪笥といい、あるいはこれを洋箪笥とよんでいたひともあるようだ。衣服は重ねておくと、長いあいだには下になった物にはいやな皺がついたり、ふくらんでいるべきところがぺしゃんこになったりする。きもの一、二枚分の高さしかないスライド式の棚は、その点で大きな進歩だ。ほぼ全体を開き戸にして、なかの衣服はハンガーに吊すようにした、洋風の洋服箪笥はそのあとになる。

日本人の住まいそのものが大きくなる以上に、家具がふえた。せまい畳の部屋に、白っぽい和箪笥と、ニス塗の洋服箪笥の並んでいるのが、一九三〇、四〇年代の都市家庭のありふれた情景だった。一九三〇年代末（昭和一四、五年）のある調査では、都市では半分以上の家庭がもう吊下げ式の洋服箪笥を持っていた。もっとも、箪笥の右半分だけが洋服掛で、左半分は本箱、といった構造のものもかなりあったようだ。その時代の一般的な洋服所有数は、その程度のものだった。

衣服を洋服箪笥に収納するにも、壁に吊すにもハンガーが必要だ。とりわけテーラード・スーツを長期間吊しておく場合は、ハンガーのかたちが死命を決する。しかしハンガーのかたちについての考慮は、長いあいだなおざりにされていた。その理由はなによりも、洋服業界には、長期間保存という必要がなかったせいだろう。

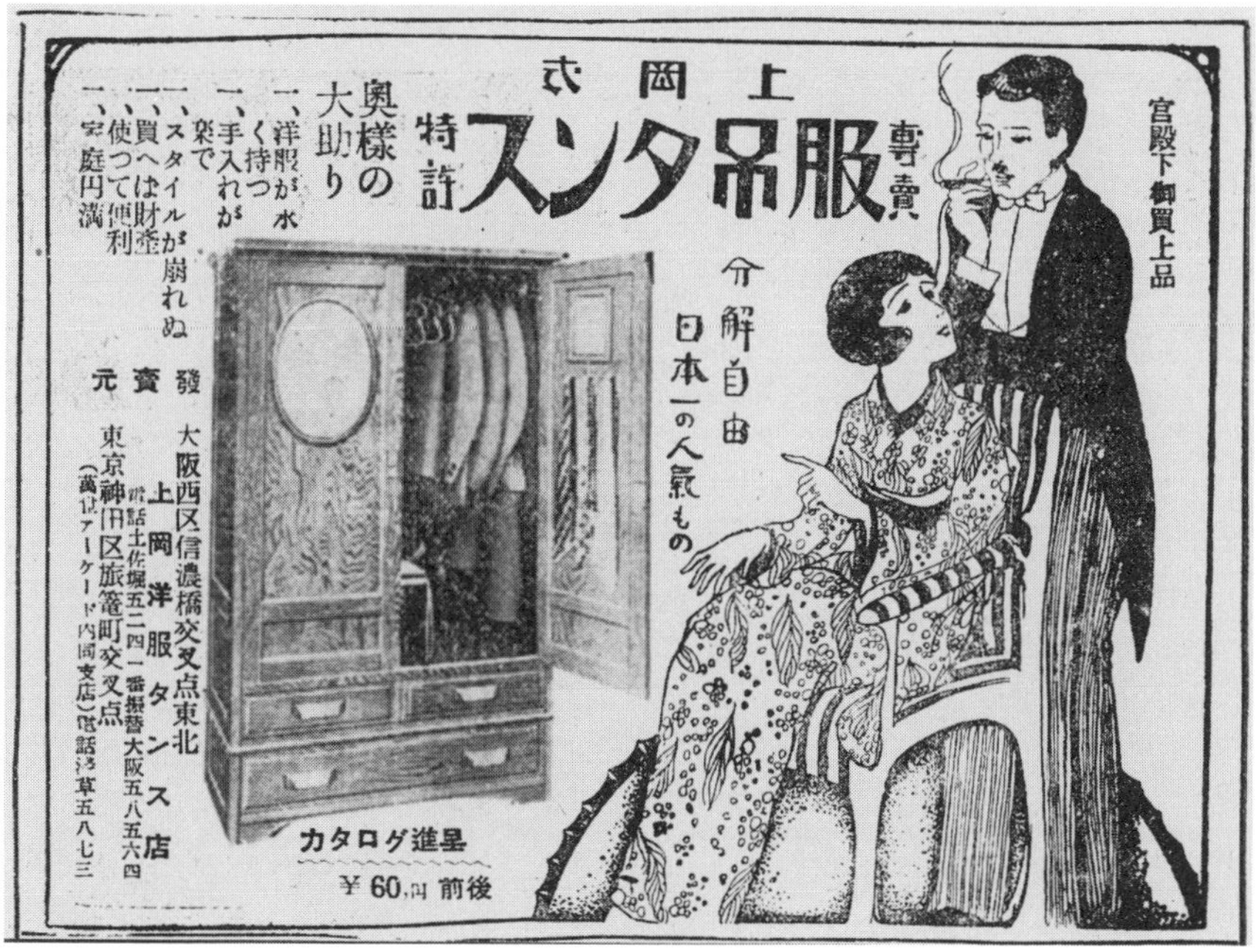

「上岡式服吊タンス　分解自由　日本一の人気もの」
『婦女界』、1926（大正15）年5月

身体

作法／エチケット

作法とかマナーとかいうものは、人間関係を円滑にし、社会生活に無用のトラブルを避けるための最低のルールと理解してよいだろう。それだけに、人間と社会についての認識がちがえば、マナーは当然変わってくる。徳川三〇〇年の太平の世は、マナーに矛盾が生じるような世の中の変化も乏しかった。だからいわゆる礼法家というようなひとが、礼法なり作法なりは不変のように思いこんでいたのも無理はない。

明治時代の礼法家の考えていたのは、日本の伝統的な作法はそれはそれでじゅうぶん学ばなければならないが、あわせて西洋の儀礼を知っておく必要があるという、単純な和洋使いわけ論だった。それはちょうど和服と洋服のTPOでの使いわけと変わらない。その日本礼法には社交というジャンルがなかった。これはシンボリックなことだ。

社交とは、紳士淑女が対等の立場で食事し、舞踏し、会話し、文通し、交際することでなりたつ。そのための基本的なルールを、社交界に入ってゆく若い男女は覚えこまなければならない。そのルールが、そのひとの立ち居振る舞いに自然にあらわれることによって、人は優しさと、自尊心と、美しさとを身につけるだろう。

一八八八年（明治二一年）に東京府知事から、各区の区長を通じて公私立学校に通達された学校生徒の敬礼式がある。

（第一）敬礼は上下の別を明らかにし秩序を正すものなれば決して之を乱すべからず衷心実に恭敬の意を尽くすべし

（第二）尊重に対するときは直立して姿勢を正し手を前に垂れ眼を敬礼すべき人に注ぎ体の上部を少しく前に傾くべし

敬礼式の細目はなお（三）以下もつづくが、わが国の礼法は、要するに上下関係を確認する儀礼であって、弱いものが強いものに屈服するサインの変形といえる。日本の礼法とは叩頭《こうとう》の礼式、つまりお辞儀の仕方、といわれるのも無理はない。

欧米の宮廷儀礼（courtesy）は、一七、一八世紀のルイ王朝の宮廷でほぼできあがったものを、ナポレオン時代に形式整備したものが基本とされる。皇帝や王族、大統領といったトップにたいする特別の敬意はあっても、そのトップもふくめて、閉鎖的な特権的空間を、快い、豊かなものにしようとする相互努力が社交といってよい。ウイットのきいた会話、優美な身のこなし、それにふさわしいトップモード、それが社交界の華にはもとめられる。わが国にタキシード（dinner-jacket）がほとんど受けいれられなかったのも、この服装が紳士服のなかではとりわけ、ファッショナブルな性格のものだったためだ。

一八八〇年代半ば（明治二〇年代の終わり頃）、国会開設が一〇年以内に迫った政府の、苦肉の策といえたいわゆる鹿鳴館時代は、それと並行するように洋風化へのつよい反動の時期でもあった。ふつう一八九〇年代を反動期というが、それは短期間熱病のように流行した、束髪や洋装の飽きられたことがめだつのであって、欧化への抵抗はその前から、むしろ鹿鳴館時代さなかの方が実質的といえた。反動の推進役となっていたのは、天皇侍講という立場にいた儒者の元田永孚《もとだながざね》だったが、その手先のように活動したのは、正流小笠原流宗家小笠原清務《きよまね》だった。

室町時代以来、武術指南の家柄だった小笠原家は、この時代正流と庶流に、その正流はまた家元と宗家に分かれるという状態だった。しかし清務が新政府の諮問に応えていわばブレーンの立場にたたされたため、こののち小笠原流といえばわが国の礼法を代表することとなり、分岐の各流派が、あるいは素性の

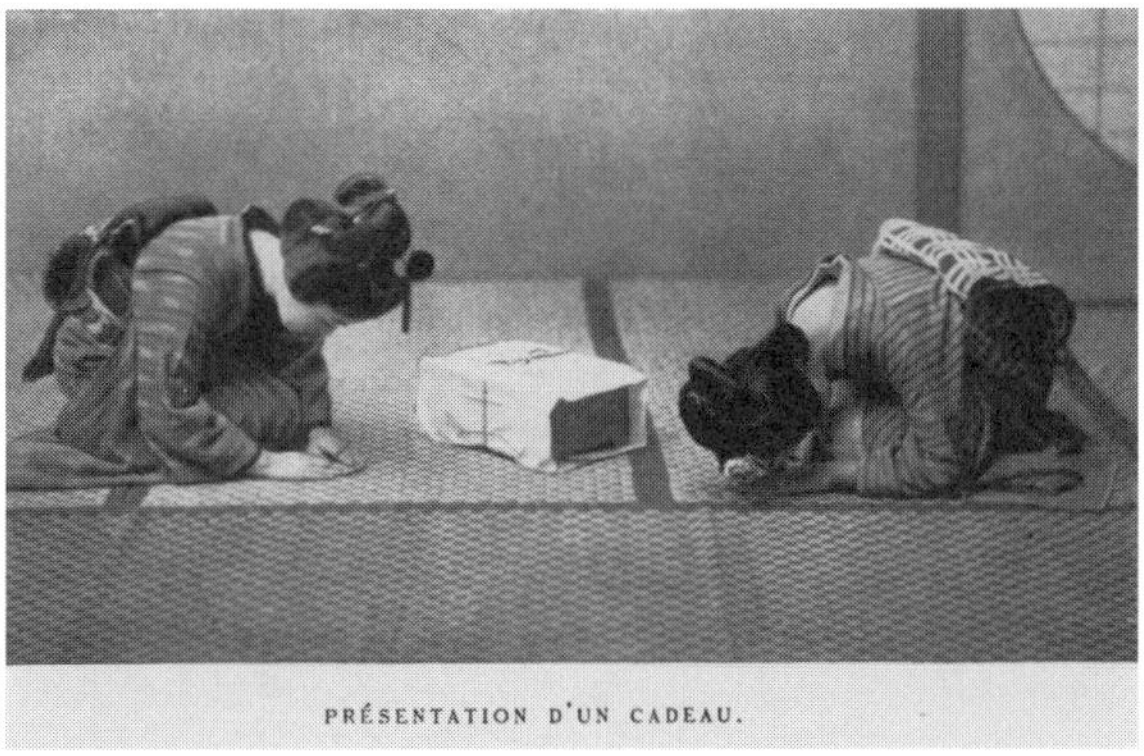

土産ものを間にしてお近づきのあいさつ
（「PRÉSENTATION D'UN CADEAU」）
フェリシャン・シャレー撮影、『Le Japon illustré』、1915年頃

はっきりしない自称小笠原流礼法者までが、全国を〝巡業〟して善男善女の指導に任じた。こうした教えというものは、得てして末流になるほど硬化する。そして教えたひとよりも、教わった優等生の頭の方によく染みこんでいて、覚えこんだことを頑なに守ろうとする。

しかし世の中はいやでも変わってゆく。小学生の段階から、政府は、忠孝、節婦等の美徳への服従を体得させるための修身教育に熱心だったが、小笠原流礼法が座礼を基本としているにもかかわらず、子どもたちは立ち机と椅子で教育されているのだ。そのため女学校などには、ただ一室だけ畳敷の作法室を設けなければならなかった。やがて作法の時間がなくなったとき、この陰気な部屋は華やかな着付教室に変わった。

また、女性が長上にものを聞くときなどは、畳につく手の先は、後ろ向きにしなければならないと教えられてきた。一九〇〇年頃の新聞挿絵のなかでも、そんな手のつき方をしている女性がいくらも見られるが、畳に手をついてお辞儀する機会がなくなるにつれ、おそらくはあまりの不自然さのために、たいていの作法書からその教えは消えている。

上下関係、あるいは強者と弱者の力関係を確認する儀礼である礼法、あるいは作法では、もっとも弱い立場にあるものが、もっとも礼儀正しいひとであらねばならない。だから男尊女卑の社会における作法とは、とりわけ女性が心して学ぶべきことであった。羞恥という、弱さを外にあらわす一種の媚態が女性のいちばんの魅力とされたのも、女は弱いもの、という前提にだれも疑問をもたなかった時代のはなしだ。

身体観／性

身体と性についての認識という点では、明治のわが国はまだ、江戸時代なみの民度＝文化水準にあったと考えた方がいい。

かりに一九〇〇年（明治三三年）という時点を考えても、半数以上のひとは学制公布以前に生まれていて、当然あたらしい時代の学校教育はうけていない。新聞の雑報（三面記事）や続きものは幅広い読者層をもっていたが、そのひとたちの多くは、ふりがながたよりの読者だったろう。その時代の新聞はすべて総ルビだった。

＊　＊　＊

一八八九年（明治二二年）、『新小説』創刊号に載った、山田美妙《びみょう》作「蝴蝶」の挿絵が物議をかもした。同年、内務大臣が、裸体婦人画を禁止するという意志を示している（『以良都女』32, 1889/11）。内田魯庵《ろあん》はその渡辺省亭《せいてい》の絵を、まずい絵だとくりかえし言っているが、同時代の新聞雑誌の挿絵の水準からいえば出来のわるい絵ではなく、官女の身体の半分は裸身で、身分にふさわしく上

品に描かれている。

女性の裸の絵、といえば、この時代のひとのあたまにすぐ連想されるのは、あぶな絵といわれた春画のたぐいだったろう。春画は一八七二年（明治五年）の違式詿違条例《いしきかいい》もふくめて、開港の直後からくりかえし禁止の対象になっていた。外国船の乗組員たちは日本に上陸すると、吉原で泊まり、春画をお土産に買って帰るのが、おきまりのコースのようになっていたらしい。だから明治になっても、日本画家のいい内職として、春画はあいかわらず生産されていた。当局が神経質になるのにはそういう事情があった。

新政府が条約改正を目標に、国と国民を文明のレベルにひきあげようと躍起になっているのに対して、貧しい民衆は赤毛の異人さんからうまい汁を吸おうと、ときには恥も外聞も捨てていた。幕末以降おびただしい数の日本風俗写真が外国人の手で撮影され、アメリカではひとつの人気マーケットができていたようだが、そのなかには相当量のヌード写真がふくまれている。一八九〇年（明治二三年）の朝日新聞には、横浜花咲町の銘酒屋で女性が裸踊りをして、外国人に写真を撮らせている現場を押さえられたという記事がある。日本女性、あるいは芸者が外国人のお座敷で裸踊りをする、という新聞記事はほかにもあるし、踊りではないが、『半七捕物帳』の「蟹のお角」にも裸写真がでてくるから、そうめずらしいことでもなかったのだろう。

教育をうける機会もなかった民衆の一部には、現代の日本人がもっている最低の社会性にも遠く及ばない、前時代的な下賎さと無智とが残っていたかもしれない。女と見れば性の対象としてしか見ようとしない、一人でいる女を見ればからかうか、卑猥なことばを投げかけるものと心得ている、そういう連中も、展覧会という、いままではなかったロハの見世物に、どっと押しかけたのだ。一九一〇年代頃（明治末）までの文展など絵画展は、くりかえし開催された博覧会とおなじように、天下の遊民を集めてごったがえした。混雑にまぎれて、裸体画や裸体像に下品ないたずらをする人間は絶えなかった。監視する側の神経は休まらなかったろう。いたずらされる可能性のある作品はべつの方法で公開をという提案が、非常識とはいえない。

＊＊＊

アメリカの日本案内のなかには、日本女性の屋外での行水の紹介がある。洗濯用の大盥はどこの家にもあったから、暑いときはこれを使ってザッと汗を流せば銭湯代がうく。そんなつましいことを考えるような所帯には、もちろん人目が完全にさえぎれるような、家のなかの場所などあるわけがない。隣からチラチラ見えるような物陰で、お上さんと子どもは汗を流した。もともと夏は亜熱帯といってよい日本に住んだわれわれの祖先は、それほどひとに裸を見られることを気にしなかった。銭湯の混浴がなかなかやまなかったのも、女性が裸を男性に見られることに無頓着、というのもひとつの理由だろう。地方の温泉などでは、女性が平気で男湯に入ってくる風習がずっとつづく。車中で胸をはだけ、赤ん坊に乳をやる母親は太平洋戦争後も見られた。

一九一〇年（明治四三年）に東海道線のなかで、中流以上であるに相違ない一八、九歳くらいの若い母親が、人前も気にせず赤ん坊のおむつをとりかえ、胸をひらいて乳を与えていた。たまたま近くに外国人の夫婦が乗りあわせていたため、観察していた記者は、「二人の西洋人は、始終顔を顰《しか》めておりましたが、如何に贔屓目にも、これは醜態と言わぬ訳には参らぬ（……）」（「汽車中の母親」時事新報 1910/12/8: 10）と憤慨している。この母親が日本人としてもたしなみのない女性であることは否定できない。ただし、おむつをとりかえることと、乳房を見せることとは違うレベルのはなしかもしれない。女性が乳房を隠すのは、ヨーロッパ人の奇習、という見方もあるからだ。

これとほぼおなじ時期の一九〇〇年代（ほぼ明治三〇年代）に、

女学生の定期身体検査の際、生徒を素裸にする必要があるか、という疑問が各地で生じた。関連する報告のなかには、中国地方のある女学校で、ひとりの生徒が紛失した五円札を探すため、学年全員を全裸にしたという事件がまじっている（「生徒裸体検査事件」東京二六新報 1904/4/21: 3）。

これと関連して思い出されることの第一は、明治時代、わずかの商品の紛失のため、嫌疑をかけられた女性が裸にされた事件が何回か起こっていること。第二は、一部の印刷局や、現金を扱う職場——バスの乗務などで、勤務後、裸体検査がおこなわれた問題だ。検査自体は女性の上役がおこなうが、男性上司がかならずそれを監督した。

裸や、からだ自体に対するおおらかな無頓着さはたしかにあった。しかしそれがデリカシーの乏しさに、さらには人権に対する無頓着さにも及んでいたと言わざるをえない。

体格／体型

体格、体型についての意見はたいていは比較の問題だから、日本人がじぶんたちの体格について比較する相手のいなかった江戸時代には、ほとんど言及がない。近世初期の屏風絵などを見ると、南蛮人はたしかに丈高くすらりとした体型に描いてある。しかし文字資料では、南蛮人がそれほど大男揃いだともいっていない。もともとスペイン人ポルトガル人は西洋人としては小柄なせいもあるだろうし、またある説では、戦国時代までの日本人はかなり大柄で、その後三〇〇年の太平のあいだに縮んだのだ、という。

幕末に来日した欧米人の見た日本女性は、よく引用されるイギリス人イザベラ・バードの書いているように、「小柄で、醜くしなびて、がに股で、猫背で、胸は凹み、貧相」（『日本紀行』1880）に見えたらしい。上陸した横浜の町で見かける女性たちの着ているものが、黒っぽい藍色以外にないということも、外国人の眼にはわびしげにうつったようだ。

欧米人にくらべて貧弱な肉体、ということは、近代の日本人の大きなトラウマだったかもしれない。女性についてみれば、優しく、従順で、子どものように可愛らしい、という美点は、病弱で、非力で、短命、ということの裏表だ。日本人の体位をもっと向上させなければいけない、というのは、富国強兵の方向をめざす行政にとっての至上命題だったが、とりわけ女性に関しては重い課題だった。

＊　＊　＊

近代前期の日本人の成人の体格については、いろいろな参考データがある。一八八五年（明治一八年）に明治生命保険会社が、契約者男子（一九〜六〇歳）二四九九名に対しておこなった調査では、平均身長一五七センチ、体重五一・九キロ（「生命保険契約者の体格」時事新報 1885/9/19: 2）。また一〇年後の調査によると、成人男子約二万人の平均身長が一五七・六センチ、体重五二・七キロ、女性は一四六センチ、四六・一キロだった（「体格調査」国民新聞 1895/5/16: 4）。

からだを大きく成長させるためには肉食をしなければいけないとか、子どものうちから牛乳など乳製品をたくさん摂る必要がある、などの食生活面、すわる習慣を廃して椅子生活にするなどの居住スタイル面、運動を盛んにするなどの方面、いろいろな工夫と、とりわけ学校生活における実践の結果、まず身長に関してはさいしょに成果が現れだす。

すでに一九〇〇年代半ば（ほぼ明治三〇年代）には、「年頃の娘の、一体に身長の伸びてきたことが、著しく人の眼につく。背の高い若い娘が、背の低い年とった母親と並んで道を歩くのを見て、我等は微笑を禁じ得ない（……）背の高い、骨格の逞しい、血色のよいいまの娘は、もはや昔の箱入り娘にはならない（…

…」（「体格のよい娘」読売新聞 1914/4/25: 5）という観察が現れる。

文部省発表累年比較表によると、一九〇〇年（明治三三年）以降、男子の身長にさほど変化がないにもかかわらず、女子の身長が高くなり、この傾向は人口五万以上の都市部にいちじるしいという。一八歳の女子の場合、一九〇〇年（明治三三年）は一四七・〇センチだったものが、一九三〇年（昭和五年）には一五一・二センチにかわっている。

一九二二年（大正一一年）の朝日新聞は、「日本の女性はだんだん体格がよくなり、血色も美しくなってきた」として御茶ノ水付属高女のつぎの統計を紹介している。日清戦争当時、一八九四年（明治二七年）の計測では、一七歳の生徒の身長平均が一四九センチであるのに対して、二七年後の昨年（一九二一年、大正一〇年）の計測では、一五三センチとなっている。そしてその主な理由は、「三〇年前の御茶ノ水の生徒の、振袖にお太鼓結びで、しなしなしたダンスが唯一の体操だった頃と比べれば、全体として女性の運動ぶりが男性のように活発になったことは事実（……）」と説明している（朝日新聞 1922/4/28: 7）。

東北帝国大学に招聘されたアメリカのある人類学者は、日本の青年の身長の伸びは他国には見られないいちじるしいもので、今後もこの傾向は持続するであろうと述べている（「日本青年の身長の伸び」東京日日新聞 1928/6/14: 6）。

男子の場合、体格のよいのは農村青年、ついで学生で、これは近年の運動熱と関係があるだろう、下町の職工青年は相変わらず不良、という（朝日新聞 1917/6/29: 5）。

＊　＊　＊

からだの大きさもさることながら、一九一〇年代を過ぎるころから、洋服に似合う体型という、つぎの目標が浮上する。日本人にかぎらず、アジア系の女性たちは豊かな胸も、張った腰も、長い脚も、美人の条件とは考えていなかった。自分の体型についての身の上相談でも、大きな胸を恥じる若い女性が、一九二〇年代（大正末〜昭和初め）くらいまではふつうだった。晒布をきつく胸に巻いて、胸の膨らんでいるのを隠そうとする娘さんが多かった。

腰や臀部についても同様だった。柳腰、といういい方はだれでも知っている。美人の形容に「お尻なんぞは小さくて、有るかないかわからない、おおかた昔ここらにお尻があったかと云うくらいなもので（……）」（三遊亭圓朝『後開榛名梅香』）というのはかなり大げさだが。反対に、一九一〇、二〇年代には、「始終洋服を着ていますと、臀部が大きくなって、立矢の字に（帯を）結んだ時などは、実に不格好です（……）」（桜田節弥子「生活改善展覧会の批評」『婦人世界』1920/2）といわれた。

かつては、女性のあしへの関心があったとすれば、足首より先の、かかとや指のもつ色気だった。芸者の粋な素足というのはそれだったし、谷崎潤一郎の『富美子の足』（1919）もそうだった。それに対して二〇年代以降の洋装では、足ぜんたいのかたちと、バランスが問われる。「外国の街でも日本人はすぐ分かる、後ろから見て、脚が曲がっているから」という定評があったそうだ。それが一九三四年（昭和九年）になると、松竹社長の城戸四郎のこんな発言がある。

楽劇部の生徒の脚が最近ぐんぐんよくなって行く、足首の太かった女が足首の肉が次第に上に盛り上がってゆくように、ほっそりと引き締まってゆく、実にいい脚を、みんなが持つようになった。（東京日日新聞 1934/8/16: 8）

あるいはまたこんな観察もある。

和服が美しいと言い、幾ら好きでも、此の頃の女の子は、体格が承知しなくなっている。肩が張って、胸幅腰回りが発達して、第一動作が全然変わって来ているので、だんだん和服の似合わない女性が多くなってくる。（水木洋子「女性美と洋装」『新装——きもの随筆』1938）

運動／体育

運動のための運動をするという習慣を、江戸時代の日本人は、お正月の羽根つき遊びぐらいしか知らなかった。いやそれは開化の時代になっても、ほとんどの大人たちには未体験のことだった。しいて言えば、川や海に近いところに住んでいるひとたちは、夏になると泳ぎを楽しむことはあったろう。江戸の人間でも、船頭などは泳ぎの稽古はしただろう。ただしそれは武士の、武術のひとつとしての水練と同様で、運動のための運動とはすこしちがうかもしれない。

＊　＊　＊

運動をもっとも広い意味でとらえると、近代の運動は小学校の授業としての体操ではじまった。体操の時間は、その時代のひとにはものめずらしかったらしく、いろいろなスケッチが残っている。やがて学校運動会の様子が新聞で報道される。一八八七年（明治二〇年）四月の第一回の帝大の運動会は、東京市民の行事のように賑わったらしい。「赤チャマがんばれ、白チャマがんばれ」の華族女学校の運動会は、一八九四年（明治二七年）に始まる。

学校体育で問題とされたことのひとつは、女の子に体操させることの可否だった。一八九三年（明治二六年）に刊行された『絵入　文明のふみ』という本には、男女の小学生が体操をしている挿絵が載せてある。男の子は洋服で、それものちのボーイスカウトのようなスタイルで、先生に倣って鉄亜鈴を握った両手をさしあげている。一方女生徒は、靴と袴はいいとして、きものはだれも長い袂、それにたすきを十字に綾なし、髪はお下げもあり日本髪もあり、このかっこうでできる体操といえば、お遊戯風のものにならざるをえない。

女生徒向けの体操としては、日本女子大学校の表情体操がよく知られている。指導した白井規矩郎《きくろう》によると、音楽に合わせ、女らしく曲線的に身体を動かす一種の舞踊であるらしい。表情体操という名称は、眼を多く使うことからのネーミングのようだ。だから小学生には向いていないし、あまり覚えん方がよろしかろう（白井規矩郎「女子の体操」『婦人画報』1905/7）と、著者自身が言っているのはおかしい。

そんなあやぶみや模索にはおかまいなく、少女たちもスポーツの魅力を早くから理解していた。女学生たちに、いちばん人気のあったのはテニスだ。「テニスは殆ど如何なる女学校にも行われぬ所はないくらいで、女学生が無味乾燥なる学校生活に唯一の慰安を与えているのは、この遊戯である」（「女学生の体育」読売新聞 1907/4/12: 3）とまで言われている。

＊　＊　＊

テニスもそのひとつだったが、たくさんのスポーツが横浜を経由してわが国にもたらされた。横浜の居

「女子大学で評判の表情体操
二十一日五年振りの運動会で行ふ」
『東京朝日新聞』1920（大正9）年11月17日

留地に住むとりわけイギリス人たちは、家が建つと、そのつぎにはテニスコートをつくったという。そしてそのつぎにはゴルフ場をつくりたかったのだろうが、狭い横浜の山の手ではむりだったため、さいしょのゴルフコースは一九〇三年（明治三六年）、神戸の六甲山に四コースがつくられた。

日本人にスポーツの魅力を教えたのは在住外国人ばかりではない。横浜港に寄港するとりわけアメリカ軍艦の乗組員たちは、しばしば一高、慶應、早稲田など、日本の学校にベースボールの挑戦をしている。たいていはいい勝負で、つぎの日の新聞に詳報された。野球の伝来には諸説あるが、アマチュアといえ、本場のメジャーリーグも見ている連中のマナーからは、学ぶところが多かったにちがいない。

変わった例としては、アイススケートの伝来は、一八八二年（明治一五年）、東京在住のこれもイギリス人が、麹町区代官町あたりの、皇居のお堀の利用を申し出たのにはじまる、という説がある（「皇居お堀でのスケート」東京日日新聞 1882/12/16: 4）。

＊　＊　＊

運動が健康の保持や、体位向上のため、という理由はさいしょのうち理解されにくかった。剣術や柔術を教える町道場は、少なくなったとはいえまだ残っていたから、武術修業との混同もあったかもしれない。『風俗画報』の編集者である山下重民は、そのころけっこう多かった野球排斥論者のひとりだった。彼は学校体育として撃剣を推奨し、「野球の技はいかに上達するも、白兵戦になんの効果あらむ」（「学校生徒運動の本旨」『風俗画報』1911/10/5）と見当ちがいなことを書いている。

もうすこし広い視野の持ち主であった、講道館柔道の創始者嘉納治五郎の運動・体育観は、多少ちがっていた。彼は柔道を、人間性陶冶のよき方法と考えていた。剣術などの伝統的武術も、開化の時代となっては、殺傷の技術として世の中に受けいれられなくなったので、だいたいは嘉納の考え方に追随した。そのためややアナクロニズムの精神主義に足をとられて、戦時中をのぞけば学校体育からは煙たがられ、近代スポーツのすすむ方向にも乗りおくれがちだ。

山下重民ほど露骨ないい方をしなくても、運動・体育を心身鍛磨のためのものとして、富国強兵の基本と見るひとたちがいた。当然その中心は軍部だった。日清戦争に向かって陸軍の整備が進んでいた一八八〇年代以後、一八八九年（明治二二年）には中学校や小学校高等科の生徒を対象として、普通体操と併せて兵式体操を課するようになっている。

日露戦争後の一九〇九年（明治四二年）には、陸軍は文部省に対して、中学の体操を根本的に改めるよう要求している。海軍では大学スポーツに近い競技も若い兵たちによっておこなわれていたが、陸軍は概して、相撲以外のスポーツには関心を示さなかった。

一九二〇年代以後（昭和初め〜）、アムステルダム、ロサンゼルスとつづくオリンピックでの日本選手の活躍や、相撲、野球の人気のおかげで、スポーツは映画を追いあげるように、大衆の関心を集めた。一九二八年（昭和三年）には、ラジオ体操の江木アナウンサーの、元気な声が流れはじめた。

社交ダンス—上流階級の時代

日本のフロア・ダンスの夜明けが鹿鳴館の舞踏会であることは、だれでも知っている。ただしそれは開化とともに入ってきた西洋の社交ダンスのことで、日本の舞踊だったらもちろん今さらではないし、じっさいこんな投書もあった。「近頃、猫も杓子もダンスというものを始めだして、女学校なぞも何処でもやる様子だがなんという醜態だ。それよりか日本の舞踏の方が手も動かすからよほど優美で且つ運動になる」（「ダンスの流行」読売新聞 1904/1/16: 6)。日本の踊りは手も動かす、という着眼はおもしろい。

＊＊＊

舞踏会だけでなく、一八八〇年代後半（明治一〇～二〇年代初め）の、その短い時期におこった多くのものが、欧化主義者たちの前のめりの姿勢に、つきうごかされての現象だった。有志のサークルや私的な教習所だけでなく、女子師範学校ではその時期、教科として一週一時間ダンスのレッスンがあった。ある貴族は、社会改良のひとつの方法として、大学の学生と高等女学校の生徒とをうち混ぜて舞踏会を開けば、おのずから教育ある男女の交際を円滑にするだろう、という説を唱えている。

そんなふうにして覚えこんだダンスだったが、五年十年経つうちには、大部分の女性にはうろ覚え以上ではなくなっていたろう。鹿鳴館はまもなく政府の手を離れて華族会館として利用されたあと、所有者は転々としている。

舞踏会そのものは、ひとつの外交儀礼としても、天長節その他の公的祝賀会にはたいてい催されていた。そういう場に臨む華族の奥方や、外交官夫人のなかには、むかしとった杵柄と、みごとなダンスを披露するひともあったようだ。たとえば一九〇九年（明治四二年）の東宮御成婚記念大夜会の様子は、つぎのように報道されている。

東伏見宮妃殿下と英国大使、伊国大使と鍋島候夫人、戸田式部長官と英大使夫人等、蝶の如く花の如く舞いつつある間に、斎藤海相夫人は露国大使の手を引きて現れ、万里の小路式部官は露国大使夫人とともに躍り出し、大山大将夫人戸田伯夫人蘭国公使夫人伊東中将夫人等は末松子爵周布知事市来式部官等と携え現れ、入れ替わり立ち替わり躍り狂いて、一一時過ぐる頃未だ興尽きざるも舞踏会を閉じ、一同立食の饗応を受けて退出せり（読売新聞 1909/5/1: 3)

貴婦人のなかに大山大将捨松夫人のような、鹿鳴館の花形の名が見える。ただしこの夜会のようなことは例外で、舞踏会といえば、「舞踏は例によって外国人の独占だった」（「外相主催天長節の夜会」東京日日新聞 1898/11/5: 3）というのが実情だったようだ。

この翌年、帝国ホテルは舞踏場を新築する。帝国ホテルは鹿鳴館の隣という場所だったから、鹿鳴館の舞踏会が、しばらくときをおいてひきつがれたかのような感慨をもったひともあったろう。帝国ホテルはこののち、土曜日ごとにダンスパーティーを開くのを例とした。一九二三年（大正一二年）、フランク・ロイド・ライトによる改築後は、孔雀の間が舞踏場となる。

舞踏が不得手、ということのほか、洋風のドレスアップの不慣れさも、相変わらずのようだった。ホワイトタイであるべきなのにブラックタイ、というような失態はあいかわらず男性の方だったが、そのなかにいくぶんか、欧米、とりわけすでに世界的潮流であったアメリカンスタイルの方向と、日本人のリゴリズム（厳格主義）とのバッティングという場面もあったかもしれない。帝国ホテルは土曜の舞踏会のシーズンチケットをしかるべきひとに発送していて、それを受けとった外務省のある高官がモーニングで行ったところ、支配人に入場を拒絶された、といったことがあった。

＊＊＊

燕尾服着用を要求する舞踏会とはべつに、一八九〇年代末（明治二〇年代末～三〇年代初め）には、いわば民間の、市中でのダンス愛好のニュースが現れるようになる。冒頭に引用した投書によると、その流行はかなりめだっていたらしい。ただしこの方は、投書のなかで「なんという醜態」とまでいわれているように、さいしょから反発や、猜疑心で見られてもいるようだった。

一九〇七年（明治四〇年）に、大阪市内の女学校教員をメンバーとする舞踏会が大阪ホテルで催された。これに対し風俗壊乱の媒介だからと、絶対禁止説も出て、女教員のなかには進退伺いを提出したひともあった。しかし女教員たちの中心メンバーは体育会の会員で、従来の遊戯に代わる、学校体育の一部としてとりいれることを意図していたのだ。

社交ダンスとはちがうが、おなじころ東京女子大学などでは、表情体操と名づけた一種のダンスの普及につとめていた。

若い女性、というより少女たちのお遊戯に近いダンスも、点々とその記録を拾うことができる。一八九九年（明治三二年）一月七日の読売新聞に、「麹町区富士見小学校では、内地雑居の準備として、女生徒に舞踏をやらせる、魂消《たまげ》た」という投書がある。また一九〇八年（明治四一年）の四月二九日の二六新聞は、「近頃東京の小学生のあいだで、円舞の一種である四分の四拍子のポルカが流行」とある。

こうして見ると、醜態だとか、魂消たというひとのいたことも、それはそれで事実として、ダンスということばがかなり包括的に使われているなかで、若いひとたちのあいだでは遊戯や体操と区別のつかないような、適当に自己流の、西洋風のステップや振りつけがだんだんと身についていったと考えられる。中村武羅夫の新聞小説「緑の春」（国民新聞 1924/8～）では、箱根宮ノ下の旅館で、若者たちが、いい加減なステップのダンスに興じて、それを“馬鹿ダンス”と自称している。

正式なステップを教える、まじめな社交ダンスの教習所ももちろんあった。長年サンフランシスコでダンス教師の経験をもつ池内徳子が、東京京橋でダンス教習所を開いたのは一九二二年（大正一一年）だった。運動に関心のある医師の家族が、かなり多くレッスンをうけたという。

社交ダンス——市民たちの時代

一九一〇年代（ほぼ大正前期）に入ってからの社交ダンスの流行には波があったが、関東大震災（一九二三年、大正一二年）以後は、よかれあしかれ、一般市民たちのあいだに定着したといっていい段階に入っていた。

わが国の欧米風社交ダンスはもともと上流階級のものだった。したがって夏の軽井沢や、上高地、逗子や葉山などの避暑地の高級ホテルで、華族さんの息子や令嬢などを中心に踊られていた。わが国でも華族を中心にした社交界といえるような交際社会はあったし、とくに外交儀礼的な夜会には、訓練された踊り手のいることがのぞましかったから、海外生活の長い元外交官夫人などがたのまれて、いわゆるデビュッタント以前の娘さんに個人的なレッスンをすることはあった。

しかし欧米のような、公式の儀礼プロトコールから化粧、優雅な身のこなし、衣裳、魅力的な会話の方法までを専門に教えるようなコースはなく、それに近い教育は、女子学習院がになっていた、と考えていいだろう。

偶然的なことだったが、第一次世界大戦中から戦後にかけて、革命をのがれて一時的にもせよ、わが国に安住の場所を求めてきた相当な数のロシア人がいた。一九一四、一五年（大正三、四年）に、横浜市郊外の花月園に、花月園ダンスホールが開業する。この教師のなかにも数人のロシア人バレリーナ、たとえばエリノワ・パブロバなどがいたし、横浜市内や湘南地区で、小さなレッスン場をひらくひともあった。すこし時代はあとになるが、谷崎潤一郎の小説『蓼食う虫』（1929）のなかには、圧倒的な肉体をもつ西洋人女性の、つよい香水の香りにも幻惑されてステップの手ほどきを受ける、貧弱な日本の男のイメージが描かれている。ロシア人の先生は一般にきびしい教え方だったようだ。一九二〇年代（大正末~昭和初め）に入ってアメリカからあたらしいステップが入ってきても、ロシア人の先生はそれを嫌うひとが多かった。関東大震災後には、たいていのロシア人は焼け野が原の横浜東京に見切りをつけて去ってしまい、残されたロシア人は、アメリカに行く船賃もない、羅紗売りの老人だけになる。

大戦後（一九二〇年~）のダンスホールは、アメリカ生まれのチャールストンやフォックス・トロット、タップ・ダンスを教えるところが繁盛した。それまでの優雅なワルツのステップとはさまがわりの、ジャズのテンポにのったスピーディなダンスが、世間にあたえるダンスの印象をよくしたとは考えられない。

欧米では父親が幼い娘に、基本的なステップを教えてやる、というケースが多いらしい。

アンドレ・クラヴォーの《パパと踊ろうよ》も、その可愛らしい情景を想像させてくれる。そしてその娘がやがて、不器用なボーイフレンドにステップの手ほどきをする、という順番になる。

＊　＊　＊

わが国の場合、異性のからだにふれるどころか、かつては近づくことさえ避ける風習があった。親しい間柄でも、抱きあうという習慣はない。握手さえしばしば誤解のもととなった（「握手の咎め」朝日新聞 1902/9/12: 5;「日米握手事件」朝日新聞 1910/10/4: 5）。それは肉親のあいだでも同様だ。このような文化が、ダンスをすんなりと受けいれるうえでの、ひとつの障害になっていたはずだ。一九二〇、三〇年代、帝国ホテルの孔雀の間などでくりひろげられている日本人のダンスをいま写真で見ると、とりわけ男性のぎこちなさが眼につく。女性のからだを抱くということを、俺は好きでやっているわけではないのだと言い訳しながらの、まるで受難の行為のようにさえ見える。ただし、避暑地での若い男女のダンスは、それとはちがっていたろう。

この時期にダンスが浸透したのは、とりわけ東京の学生たちのあいだといわれる。金のない学生は赤化し、金回りのいい学生は父親の車を乗りまわし、横浜のホテルニューグランドや箱根まであしを伸ばしてダンスをする。

一九二六年（大正一五年）の第五十一議会に、ダンスを禁止せよという議案が提出された。それに対し、ダンスを禁止すれば、金回りのいい学生までも危険思想に走らせはしないか、という異論があった。根本は若者の現状不満だ、というのだ（「形式に走る風」東京日日新聞 1926/3/28: 3）。

アメリカのダンスだけを禁止せよ、という意見もあった。これは同時代のモボ、モガ、膝小僧まで見せた断髪ガールへの大人の敵意が、チャールストンにも及んだのだ。

ダンスはよいが、ダンスホールは不健全だ、という意見もつよかった。『婦人画報』のような令嬢雑誌に載った、あるダンス教師の意見はつぎのようだ。

いわゆるダンスホールとして営業している場所には、苟《いやしく》もレディーたるものは絶対に出入なさらないように、（ダンスは）かならず家庭内で家族親戚、友人間でなさることをご注意申上げたいと思います。（河野元彦「誤解され易い社交ダンスに就て」『婦人画報』1926/10）

＊　＊　＊

このころのガイドブックによると、東京の場合、ダンスホールの入場料は五〇銭、ダンス代は昼が一回一〇銭、ただし夜はジャズがあるので二〇銭というのは理由がわからない。「二〇歳前後の若いダンサーたちは、毎日午後の二時から夜の一一時まで、汗と香水と煙草の渦巻きのなかで、男の胸に抱かれて踊りつづけねばならぬ（……）」。ダンサーの取り分は四割だから、一晩五円かせげれば上々、という（今和次郎『新版大東京案内』1929）。

一九二八年（昭和三年）一一月には〈舞踏場取締規則〉、いわゆるダンスホール取締令が公布、施行された。この法律はむしろ、ダンスホールの健全運営を促すような内容のものだった。しかし地方によっては、ダンスホールを規制しようとする動きもあった。たとえば大阪府、京都府は条例によって、管轄域内のダンスホールに許可を与えなかった。そのため大阪のモダンボーイ、モダンガールたちは、神戸や西ノ宮、芦屋方面に流れ、阪神間モダニズム文化のきっかけのひとつを生んだ。

一九三二年（昭和七年）六月、東京の実業家の令嬢山口某と、国華ダンスホールの教師松井某との銚子心中事件ということがあった。ダンスを母親や身内のものから、見よう見まねで自然に身につける、という機会のない日本女性の多くは、ダンス教習所でさいしょの手ほどきをうける。とかく〝先生〟に弱い傾向のあったその時代の女性が、見ばえのわるいはずのないダンス教師に、無抵抗になる危険はたしかにあった。この事件は結果が心中であったため、当局も直接には介入の理由がなかったが、この事件のあとダンス教師と上流階級夫人とのスキャンダルが露見する、ということもあって、教習所や、ダンス教師への規制が強まってゆく。一九三三年（昭和八年）一〇月にはダンス教習所へのあたらしい規制が公布され、そのなかでは、男の生徒には男の教師、女の生徒には女の教師、と規定されている（「ダンス教習所」報知新聞 1933/9/5 タ:2)。

このあと、ダンスホールを舞台にした、いわゆる不良外人問題がおこる。もはや特権階級だけのものではないとはいわれながら、一九三〇年代のダンスには、まだまだ有閑階級好みのバタ臭さ、もどこか匂っていた。

姿勢／動作

開国後まだいくらも経っていない一八七二年（明治五年）、日本人の腰の屈まった姿勢の悪さの原因として、下駄、畳の生活、帯、の三つを指摘した外国人があるという（「日本人の姿勢」新聞雑誌 60, 1872/9）。

しかし武士たちは概してよい姿勢だった。刀をさして道を歩く侍が、背中を丸くしているのはちょっと考えにくい。撃剣の稽古では、背筋を伸ばすことをきびしく注意される。そういう訓練をうけている武士は、日常どんなときでも、身体をまっすぐ伸ばしている構えが身についていた。

それに対して、商人や職人、また農民たちは、背中をまっすぐ伸ばすことを必要としなかった。新聞雑誌は衣服や住居を原因としてあげているが、それとあわせて、商人という生業、職人という生業、また農業労働のすがたも考えておく必要がありそうだ。江戸時代の民衆の姿勢には、彼らのなりわいと己れの身分の自覚、その自覚が、日常的に彼らの身に染みていたのだと。

また、鳩山春子は、日本女性の前屈みの習慣は、ひとつには恐怖心からくるもの、と指摘した。人前に出ると身体をすくませて逡巡する、これはかつて、父母や夫に対して敬うということのみを教えて、愛というものが欠落していたことの結果だ、女性はしおしおとしていなければいけない、物腰を低くしていなければいけない、という想いが、前屈みの姿勢を生んだ（「日本婦人の前屈みの習慣」時事新報 1910/3/11:7）と。屈み女に反り男、ということわざもあった。猫背、海老腰、といわれる日本人の姿勢の悪さと、おどおどした態度は、なにかにつけて自信をもてない立場にあった女性の方に、より顕著だったようだ。

とはいえ、日本人の前屈み癖のいちばん大きな原因が、長時間畳にすわる習慣という、物理的条件であったのは確かだろう。注意しておく必要のあるのは、床にお尻や腿をつけてすわる坐式生活の場合、庶民の多くは作業にも飲食にも、机のような台を前に置くことは、案外少なかったという事実だ。近代がはじまったころの日本人の感覚では、畳はフロアというより、もしくはフロアであると同時に、それ自体がものを置く場所でもあった。百人一首の取り札も双六も、畳の上にひろげて華やいだ。

＊　＊　＊

女性は針仕事に長い時間をとられる。その作業はおもに、畳にひろげられた薄い裁板《たちいた》の上だった。一九〇八年（明治四一年）にその時代の学校裁縫のリーダーだった谷田部順子は、日本女性の姿勢の悪い原因のひとつが、この裁縫の方法にあるとして、「近来心ある学校ではこの弊を防ぐために高い裁板を用いて居ますから、何れ遠からず一般に行われることと思います」と書いている。しかし学校ではふつう立ち机を使うから、問題はない。

女性にとって、針仕事以上に体力的な大きな負担だったのは、屈み洗濯だ。一九一〇年代（ほぼ大正前半期）は大都会の都市部にはほとんど水道がひかれていた。けれどもそれは水汲みがなくなっただけで、主婦がするにせよ女中がするにせよ、洗濯は大盥と洗濯板を使っての力仕事だった。医師はしゃがんでする洗濯は、骨盤が充血するため、妊娠初期の女性は流産のおそれがある、ある種の婦人病の前歴のあるひとは再発のおそれがある、痔の病気になる、秘結（便秘）を起こしやすい、と警告し、盥をなにかの台の上に置くことを勧めている。

アイロンかけも家庭の女の力仕事だった。勤め人の家庭では、夫にアイロンのかかった真っ白いワイシャツを着せることは、主婦の甲斐性だった。現代にくらべると洗濯屋の数は少なく、料金も高かったから、たいていの家ではワイシャツのアイロンかけは家でした。これも机かなにか台の上でかけるように医師は忠告したが、たいていの家では畳の上にアロン台を置いて、体重をかけてアイロンかけをする。

坐式居住様式では、なにかをするのにすわった姿勢、あるいはすこしだけ腰を浮かすような姿勢ですすることにひとは慣れていた。ちょっと離れたところにあるものを取るのに、這っていって母に叱られる娘がいた。前に屈むことが自然で、後にもたれるのは慣れていなかった。座椅子もあったが普及したのは第二次世界大戦後のことで、電車では履き物を脱いでシートに上がり、窓の方にむかって正座するひとが多かった。

一九二〇年代（大正末〜昭和初め）に入る頃には、歪められた自分の体型に対する不満から、外科的方法で脊柱湾曲を直し、洋服にむいた、すらりとした体型をとりもどそうとする女性も現れるようになった（「流行の整形手術」都新聞 1923/3/8：9）。

＊　＊　＊

歩くときの極端な内股も、日本女性の特色だ。一九二八年（昭和三年）にシカゴのデザイナー、ブラウンなるひとが銀座を歩く日本女性を見て、ラバーボールを股のあいだに挟んで、これを落とすまいという

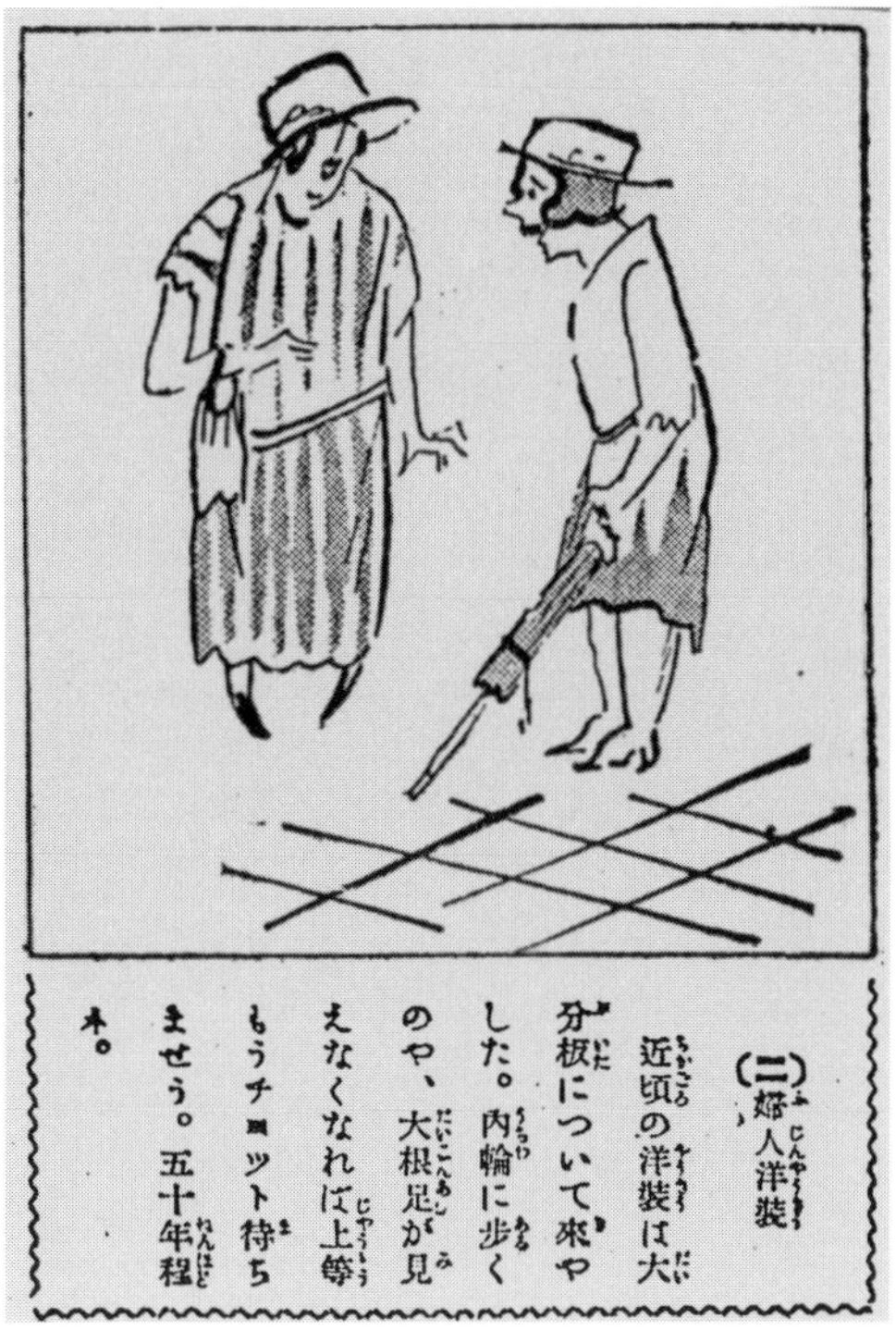

「婦人洋装」
『婦人倶楽部』、1925（大正14）年8月

かっこうで歩いているよう、と笑ったそうだ。事実、女は股のあいだに薄紙を一枚挟んで、それを落とさないように歩かなければいけないと教える娘の親がいた。

　内股に歩くという意識が過剰になってか、褄先が交差している女性もある。そのため不安定なヨチヨチ歩きになりやすい。逆に豪傑風に褄先を八の字に開く立ち方がある。日本の芸能ではこれを兵隊足とよんで嫌う。軍隊では硬い革靴のかかとを強く打ちつけるのが、規律への服従のサインになる。能舞台で見ることができる、足を平行に並べて運ぶ摺り足は、歌舞伎にも受けつがれた。柔道で教える、もっとも安定した、しかもとっさの動きもしやすい自然本体は、足と足を心持ち離し、爪先を心持ち外にひらく。電車の座席で、脚を大股開きにして、靴の先を四五度くらいも外に向けている若者を見ることがある。単純には傍若無人というべきだろうが、足先の開き方ひとつにも、そのひとに擦りこまれている文化と負っている生活の事情の影がある。

すわり方

　膝頭を揃え、足の甲を床につける正座、あるいは端座というすわり方は、日本以外の国ではイスラム圏で見られる。イスラム教の信者は礼拝のさい、膝頭を揃えて床につけているが、足の甲は床につけず、指で支えていることもあるようだ。彼らが男女ともこのすわり方をするのは、日に六回のメッカに向かっての礼拝のときだけだから、膝を揃えるという行為には、謹みの気持ちがあるものと考えられる。

　脚をひらいているよりも、膝を寄せる方が謹みの気持ちであるのは、すわるときだけではない。〝気をつけ！〟と〝休め！〟の違いだ。この気をつけの姿勢でそのまま床にすわれば、正座のかたちになる。足の指を立てる立てないはべつとして。

　正座とはちがうが、神社や仏寺での拝礼も、膝を揃えて地についてするのがふつうだった。お墓参りに、墓石の前にひとがうずくまって手をあわせている新聞小説挿絵は、だいたい一九〇〇年（明治三三年）以前のものと見てよい。

＊　＊　＊

　すわり方を考えるとき注意する必要があるのは、楽さ、という点については、慣れとか訓練とかが非常に大きいということだ。あぐらは安座だから楽、と考えるのは現代人で、正座に慣れた時代のひとたちは、あぐらでは上半身がぐらぐらして腰が疲れるという。だいいち、躾のよいひとはあぐらをかけなかったものだ。むりにあぐらをかくと、うしろに倒れてしまったり、腿の筋肉がこぶらがえりを起こしたりする。

　立ち上がるのも、あぐらからよりも正座からの方がスムーズで、剣法の居合いでは、正座からサッと片膝を立てると同時に刀を抜く。あぐらではそうはいかない。

　膝を揃えてすわっていた女性が立ち上がるとき、また、すわるときの、滑らかな腰の動きと裾さばきは美しいものだった。もっとも料理屋の女中さんなどは、立ち居が激しく、しかもたいていは畳につき膝をするため、きものの膝がすぐ抜けた。

　武士たちが長時間の正座の習慣を身につけたのは、子どものときからの、読書や手習いの稽古とも関係あるだろう。懸筆で字を書くためには、あぐらでは机との距離が空きすぎ、またからだが不安定になる。なにかの理由で正座ができないときは、むしろ机の下に足をなげだして字を書いた。文字どおり端然とした武士の正座すがたは、教養人のイメージとしても、明治大正に受けつがれていったものと思われる。明治生まれの、屋敷風の躾を受けたひとびとは、楽々と長時間の正座をしている。筋肉そのものが、正座むきに鍛えられているのとあわせて、膝や足の位置をいろいろに変える——足と足の間に尻を落とす割座にしたり、といった工夫も身についていた。

＊　＊　＊

その一方で、小学校から立ち机で教育を受け、ビジネスの場でも公共の場でも一日中、立式の環境ですごすひとがふえてきた。日本の中流住宅への洋家具導入の先頭をきったのは、子どもの勉強机だったのではないだろうか。朝夕の食事にだけ、ちゃぶ台の前で膝を折らなければならない子どもたちは、横すわりという妥協策をとって、お行儀が悪いと叱られる。しかし横すわりができるのは、からだの柔らかい子どもと女性だけなのだ。昭和戦前から戦後にかけて、先生のお宅におじゃましたものの、床を背にして端座する老先生と、膝の苦痛のため先生のことばも耳に入らない若者、という図がどこにでもあった。正座の苦痛を救うための工夫もあり、板垣退助は座布団を二つ折りにして尻の下に敷く安座法を発明、自由党の会合で宣伝している（「板垣退助伯による座り方案」国民新聞 1899/11/30: 1）。この種の道具の利用は現在まで続いている。

正座の害については、何人かの医師の警告があった。正座は猫背の原因という主張もあった。食卓を囲んで、お父さんはあぐら、お母さんは正座、娘と子どもはいくら注意しても横すわり、という乱脈の解決は椅子にするよりしかたがない。

日本住宅への洋家具の入り方に、はっきりした段階を見出すことはできない。背景のひとつには、女性の洋装の増加も考えられる。スカートは正座するには窮屈だったし、一九二〇年代（大正末〜昭和初め）以降は丈が短くなって、向かい合う相手の鼻先に膝小僧が突きだされた。

時代は下がるが、洋装で畳の部屋を訪問する心得ということで、こんなQ&Aがある。

〈問〉洋服で訪問して、日本のお座敷に通された時、とても困るのですが、膝を崩して坐ったりしてはいけないでしょうか。

〈答〉構わないと思います。きちんと固くなって坐ったりしては却って可笑しいと思いますが、しかし、その膝の崩し方に、やはり心得があってほしいと思います。だらしなく横座りに足を投げ出すことなど無論禁物。やさしく、少し腰を落とすような形で工夫してみてください。（「洋装でお座敷」『スタイル』1939/5）

じつは洋服と和座敷については、はるか以前に、ズボンで正座することの不都合さが紳士たちを悩ませていた。ただし関東大震災までの男性は、家に帰ればほとんどが和服に着替えたので、これは主としてひとの家を訪れたおりの問題だった。来客にむかってどうか膝をお崩しください、とすすめるのが主人側の心得だった。まず応接間が洋家具になったのも、この辺の配慮があったためだろう。ただし椅子と洋風テーブルの部屋をどこの家庭でももつようになったのは、第二次世界大戦後のことだ。

その関東大震災は居住スタイルを変える絶好の機会だった。復興とともに、椅子化の先鞭を切ったのは飲食店だったようだ。震災の年の暮れ、都新聞には「椅子万能時代の新銀座の装い」という見出しで、「定食屋、鳥料理、天ぷら、牛鍋屋、どこを向いても腰掛になった」と報じている（都新聞 1923/12/17: 7）。

居住スタイルの変化に対する抗議がなかったわけではない。作家の青柳有美《ゆうび》は「座居は良風俗」と題してつぎのように述べた。椅子に腰をかけるすがたは、男女の風俗を壊乱する媒介になる、なぜなら、畳にすわっているのとちがって動きやすく、脚を出すとか手をさしのべるとかいうことが自由なため、不作法に流れがちで、自然、男女間の礼儀を乱し、善良の風俗を害するようになる、と。とりわけ彼はソファに注目し、若い男女が膝を折らずに腰をかけ、相並んで倚居することの危険を警告している。「男女七歳にしてソーファを同うせず」と。一九二〇年代以降の新聞小説挿絵をみるかぎり、大きな安楽椅子やソファにもたれての女性たちの演技は、まさに青柳の予見を実現した。

清潔／衛生／健康

健康、医療に関することばは、西洋医学伝来以前には、その概念自体がなかったものも多く、当時のひとにとっては耳新しかったろう。衛生、消毒、健康、栄（営）養、滋養、といったことばのなかには、中国の古いことばをそのまま使っているもの、意味をいくぶん変えて用いているもの、新しくつくられたことばと、さまざまだ。

＊　＊　＊

日本の近代はコレラによって明けた、といえそうなくらい、幕末から一八八〇年代（明治一〇年代）にかけての、コレラの波状的な流行はすさまじかった。ただそのおかげでひとびとは、伝染だの、バチルス（bazillus, 黴菌）だの、予防だの、避病院だのという、近代生活にとって必要な知識も身につけることができた。もっともそういうひとのなかに、避病院へ入れられれば殺されると怖れるひとや、おまじないや祈祷にすがることをやめようとしないひとも少なくはなかったが。一八八〇、九〇年代は、民間ではまだ、民間薬と並んで漢方療法がかなりの勢力をもっていた。ただ漢方には、防疫や消毒のための、はっきりした方策がなかった。そのことと、日常の健康管理についての、人体生理の上からの論理的な説明ができなかったため、教育の場や、また家庭からも次第に疎んじられた。一九〇〇年（明治三三年）を過ぎる頃には、健康維持や日常の衛生に関して、家庭管理や主婦の百科といった通俗実用書に書かれている内容は、基本的にはすでに現代の常識と違うところはない。

家庭での、また個人として心がけるべき、あたらしい徳目のひとつが衛生的であること、つまり清潔だった。もっともことがらとしては、日本人が知らなかったわけではない。アメリカの新聞で日本婦人が「米国人の見所から云えば美人なりとはいうべからざれども、其の常に頭髪を大切にして、身体の清潔を貴ぶは、米国人の及ばざる処なり」と紹介されたという（「日本婦人の清潔」時事新報 1886/3/23: 2）。とりわけアメリカ人は、日本人よりもう少し前から接触してきた中国人と比較するため、日本人を清潔な国民と見る傾向があった。中国は日本のように水に恵まれた土地は少ないから、水をふんだんに使える、そして風呂好きな日本とはちがう文化をもっている。しかしその中国人は日本人をさして、便所と同居する民族と言い、またアメリカ人は、日本人が入浴することには熱心だが、着ているもの、とりわけ下着の洗濯をめったにしないため、異臭のするひとが多い、と言っている。

明治時代は細菌をバチルスといった。バチルスの怖れ、という警戒心でみると、それまでなんとも思わなかった習慣に、たくさんの危険のあることがわかってきた。ひとつの風雅のようにさえみられた厠《かわや》の外の手水《ちょうず》鉢、酒の席での献酬、湯屋の貸し手拭、シーツも襟掛けもなかった夜具、気にしだすとあれもこれもとなって、女学校でそういう勉強をしてくる娘と、母親や年寄りとのあいだに衝突がおこる。擦り傷には袂糞《たもとくそ》（袂の底にたまるごみ）をつけると早く血が止まる、と信じている年寄りもいた。

＊　＊　＊

一八八五年（明治一八年）九月のコレラ流行期に、内務省は流行地域から他の地域への、古着およびボロの輸送を禁止した。これは当然の処置だったが、ひとびとの古着に対する警戒心が、このあたりから生まれてきた。それまで、大衆の手近な衣料といえば第一に古着だった。東京市内には江戸時代以来のものもふくめて、何カ所も古着市があった。それが一九二〇年代（大正末〜昭和初め）あたりを境にして、だんだんと既製服街に変貌してゆく。大衆が古着からはなれた理由のひとつは、だれが着たかわからないものへの不安だった。その時代のひとにとって、とりわけ結核のバチルスは大きな恐怖だった。その後しばらくして、古着はすべて消毒が義務づけられる（「大審院の新判例」東京日日新聞1922/8/8: 9）。

営業としてもっとも衛生法規のやかましかったのは、飲食店以上に、公衆浴場、理髪業、結髪業だった。戦前は保健所というものがなかったためもあり、これらの業種の監督官庁は警察署だった。そのため女の職業だった結髪業者、つまり髪結いさんなどはずいぶんびくびくして商売していたが、その髪結いさんや、小僧あがりの床屋さんの、さいしょのうちの不衛生さは相当のものだったらしい。

衛生問題は都市インフラの段階に関係して変化する。水道敷設以前は井戸の水質保全が大きな課題だった。井戸はたいていは共同使用だったので、不注意や、なかには無神経から水を汚す住民がいる。井戸の周りの木枠、つまり井戸側に、洗いかけの洗濯物をうっかりのせて、それが井戸のなかに落ちることがままあった。そうなると近所総出の井戸替え、という大ごとになった。

＊　＊　＊

井戸や共同水栓がなくなり、下水もすべて暗渠になった戦後、そして多くの家庭が小さいながら浴室をもてるようになった一九六〇年代（昭和三五年〜四四年）以後、衛生のほとんどは個々の家庭内の、そして個人の問題になった。

衛生と健康は当然のこととして医学の進歩、いくぶんかは学説の変化にも関係する。もっともはっきりしている変化のひとつは、紫外線への対応だ。戦前は紫外線をいっぱい浴びて健康になろう、という考えが主流だった。肥満についても喫煙についても、戦前ははるかに寛大だった。太っていてお達者そう、と見られたのは、その時代、痩せた結核患者が多かった対比もあるだろう。おんぶは幼児の発育にわるい影響を残す、という医家と、そんなことはない、という医家がいた。女性が下穿きをはく習慣をつけると、風邪をひきやすくなるといって反対する医者もいた。

「婦人衛生の糧＝人体消毒薬
ヨシマン　リゾホルム」
『主婦之友』、1925（大正14）年4月

病人と薬

明治と世の中がかわって、東京には銀行や裁判所とおなじような煉瓦造りの病院が建てられた。しかし庶民の多くはそういった威圧的な外観の病院はおろか、町の開業医の門を叩くことも稀だったろう。以前とおなじように、たいていの体調の悪さは、〝我慢〟でやりすごした。俺は医者にかかったことなど一度もねえ、と自慢する年寄りもけっこういたらしい。そういう老人には疝気《せんき》もちがよくいた。疝気というのがどんな疾患であるのかはっきりしないが、下腹部から睾丸にかけ

て痺れるような痛みのあるものらしい。『半七捕物帳』の「半鐘の怪」のなかにも、この病をもつ年老いた番太郎が出てくる。この老人もまた、ただ温石で腹を温めるだけでなんとかしのごうとしていた。とうとう我慢ができなくなっても、医者への薬礼を惜しんで、まずは買い薬でまにあわせようとする。子どもが熱をだしたり腹くだしをしたりすれば、買いおきの薬が役にたった。

　置き薬としては富山の薬がよく知られている。越中富山の反魂香《はんごんこう》ほど有名でない、また価格も安い売薬商人はほかにもたくさんいる。大きな箪笥のようなものをになってくる定斎屋《じょうさいや》も、日清戦争後のお一二《いちに》の薬売りもそうだった。また越後の毒消し売りもそのひとつ。いずれも特色のあるかっこうをし、お一二の薬売りのように軍服めいたものを着て、まだめずらしかった手風琴をならして、すぐおぼえてしまえるような歌をうたって、子どもたちにつきまとわれるような行商もあった。縁日や盛り場の香具師《やし》のなかにも、結局はなにかの薬を売りつけるものが多い。

　この種の置き薬は、医師の診断にもとづいて処方されるものではないから、たいていはその効用が、よくいえば幅広い。なかには有名な六神丸《ろくしんがん》や朝鮮人参のように、なんの病気にもよく効く、というものがあるかと思えば、落語の「野晒し」に出てくる反魂香のように、死んだ人間をよびもどす、というものまである。

　いわゆる民間薬としては、明治時代生まれのひとならたいていは知っている薬効植物も多い。下痢腹にゲンノショウコとか、毒下しにドクダミ、おできに弁慶草、のたぐいだ。江戸時代以来あい変わらず刊行されつづけている、民間百科全書である大雑書類には、この種の生活の知恵がつまっている。しかしもちろん、そんな書物をもっているひとばかりではないから、そういうとき役にたつのは経験豊富な年寄りの記憶、ということになる。

　政府は漢方医をしりぞけ、積極的に西洋医学を受けいれようという努力のなかで、民間薬に対しては早くからきびしい姿勢をとっていた。すでに一八七〇年（明治三年）に〈売薬取締規則〉が公布され、その後も医薬品に対する各種の規制が重ねられてゆく。ただ、行商に頼っている民間薬の多くは、薬効もないが害もない、といういわゆる〝無効無害主義〟の点から、明治時代は放置されていた。規制が強まったのは一九一四年（大正三年）の売薬法施行以後になる。

＊　＊　＊

　いろいろな記録やまた小説類を読んでも、明治大正期の病人は、床についてからいけなくなってしまうまでの日時が短いように感じられる。医者にも診せず、とくに女性の場合などは、病気を隠している時間が長かったのではないだろうか。明治初め頃の病人がどんなふうだったかを想像させる、三遊亭圓朝のつぎのような描写がある。

　病間へ通って見ると、木綿の薄っぺらな五布《いつの》布団が二つに折って敷いて有ります上に、勘蔵は横になり、枕に坐布団をぐるぐる巻いて、胴中から独楽の紐で縛って、括り枕の代わりにして、寝衣《ねまき》の単物にぼろ袷を重ね、三尺帯を締めまして、すこし頭痛がすることもあると見えて鉢巻もしては居るが、禿頭で時々辷《すべ》っては輪の形で抜けますから手で嵌めて置きます（……）。（『真景累ヶ淵』）

　累《かさね》の怪談の世界は幕末だが、新聞挿絵では明治末まで、貧乏人の病の情景はここに述べられているのとすこしの変わりもない。

　幅の広い五布布団はふつうは同衾用だ。西洋では夫婦がダブルベッドに寝る習慣がめだつが、日本では兄弟同士が一つ布団に寝かされたり、年寄りと子どもがいっしょの布団に寝ることが多かった。明治期の家訓書には、老人と幼い子を同衾させるのはよくない、という注意がみえる。老人の呼吸器系の病気の感染を警戒してのことだ。しかし病人がでれば、余分な布団がない場合、五布布団を二つ折りにして厚めにするのだろう。敷布が一般化するのは一九〇〇年（明治三三年）以後のことで、地方や貧乏所帯ではさらに遅れただろうから、明治時代は病人であってもなくても、布団皮に直接からだをすりつけて寝たのだ。

枕の代わりに座布団を丸めているのは、病人にふつうの小さな括り枕では、頭の当たりが堅すぎるためだろうか。新聞小説にはよく病人がでてきて、挿絵に描かれている病人には、いくつかの常套的表現がある。そのひとつが、直径で三〇センチぐらいはありそうな大きな枕を抱えて、腹ばいになっていることだ。ほとんどすべての病人が、腹ばいのすがたで描かれている理由はわからない。腹ばいであると、手をかけ、あごをのせてもたれるのに、枕が大きいことは都合がいいのかもしれないが——。家庭にあんな、小さな米俵のような枕のあるわけがないので、座布団を丸めて役だてているなら納得がゆく。鉢巻は頭痛を抑えるために江戸時代からおこなわれ、歌舞伎の舞台では病人を示すために記号化している。結び目は耳の前辺りがふつう。お殿様などのする紫の病鉢巻は、一種の優雅さのあるものだ。

大きな括り枕を抱えた病人

伊東洋二郎『通俗経済　絵入日用家事要法』静観堂、1889（明治22）年

病気／医療

四百四病といわれた病のなかで、近代一〇〇年の前半期に、身装にかかわりのふかい病気といえば、疱瘡、梅毒《かさ》、肺結核の三つだったかもしれない。とりわけ梅毒と肺結核とは、ひとびとを苦しめた。

＊＊＊

明治維新は病気という点から言えば、コレラで明けた、と言えるほど、幕末から約三〇年ほどのあいだの、コレラの反復的流行はすさまじかった。海外からのその種の病原菌に免疫をもたなかった日本人は、ひきつづき赤痢、チブス、ペストなどの侵入にもおびやかされた。ヨーロッパの中世から一七世紀あたりまでのあのペストの恐ろしさを歴史知識として知っているわれわれは、鼠の買い上げや、はだしの禁止程度の施策でよくすんだものと、ふしぎにさえ思うが。

疱瘡についてはすでに幕末に、一部では牛痘を用いた種痘が試みられている。その時期に日本を訪問した軍医ポンペによると、日本人の三人に一人は顔にあばたがあった、という。行政の努力による種痘がゆきわたったのは開化以後のことだから、明治初年に生まれたひとたちのなかには、二〇世紀に入ってからもあばたの残った顔が見られている。一八七四年（明治七年）の布達〈種痘規則〉では、一般の医師の外にとくに専門の種痘医というものをもうけ、「当分ハ此一術ニ習熟セルモノヲ検シ免許状与ヘ」るというような応急措置までして、種痘の徹底をはかった。そのおかげでアジア諸国のなかでも、わが国はとくに早い時期に疱瘡はほぼ根絶された。人類のさいごの天然痘患者は、一九七七年に発病した二三歳のソマリア人とされる。

性病の概念にふくまれる病気の範囲はひろく、近年はC型、B型肝炎やエイズなどに関心が集まっているが、近代前期では梅毒が代表的。江戸時代には多くの男が、結婚前に廓《くるわ》で〝洗礼〟をうけることを当然のように思っていたことから、うぬぼれと瘡っけのない人間はいない、といわれるくらい、性病は蔓延していたと考えられている。開化後も、廓や芸者は性病のおもな感染源だった。

行政は公娼制度の維持の理由を、性病の拡大を防ぎ、壮丁男子の健康を保持して、国家の富強を危うくしないためとした。そのため廃娼運動には批判的で、一方早い時期から公認の遊廓の娼婦たちに定期的な検黴《けんばい》をおこなった。しかし検黴の対象になる公娼は、実際に売春行為をしているもののごく一部にすぎなかった。一九一〇年（明治四三年）に梅毒の特効薬であるサルバルサン六〇六号が開発され話題になったが、ヒ素製剤であるため毒性がつよく、ペニシリンが開発された現在では使用されていない。

花魁《おいらん》道中がなくなったあとも、月一回の検黴日には花魁は着飾って、吉原であると廓内の北詰めにあった吉原病院まで〝道中〟する。それを見物しにゆく閑人も多かった。お女郎のでてくる小説には、今日は検査の日だからと、約束を断る場面もみられる。一八八一年（明治一四年）からは、梅毒は口中からも伝染するというので、検査に咽喉もふくめるということになった。これに対し府内五カ所の貸座敷中、なぜか吉原だけは女郎たちがいやがって、ご猶予を願い出ている（読売新聞 1881/7/3: 3）。男女の接触中、口と口の接触は呂の字といった。だいたい娼婦は呂の字はなかなかさせないものだという。

結核は、第二次世界大戦前には国民病とまでいわれていた。一九一二年（大正元年）の統計年鑑「現住人口死亡原因別表」によると、死亡原因のうち肺結核は一万人につき一五・七％で、下痢および腸炎の一九・四％につづき第二位だ。この時代の病名は現代とはかなり観点がちがうから、下痢および腸炎というのは、今ならもっとべつの病名に区分されるだろう。また正岡子規が結核性カリエスで死んだように、結核性疾患は肺にかぎらないので、結核菌による死亡の比率はもっとあがるはずだ。

結核は不治の病と考えられ、また伝染力がつよく嫌われた病気だった。家族にひとり肺病で寝ているものがいると聞くと、なんだかその家自体が不気味で、気やすく訪問するのがはばかられた。〇〇ちゃんのうちに遊びに行くと母親が機嫌を悪くする、といったこともあった。その一方で〝肺病美人〟というのもあった。太ればよくなったと考えられたくらい、結核患者は痩せているのがふつうで、家に籠っているため色白で、微熱があるために頬や眼の周りに紅みがある。若い娘の場合などはとりわけ、命がもう永くないということもあって、儚げで、ロマンティックな存在に感じられた。それは徳富蘆花の『不如帰』(1899)のヒロイン浪子の影響もあったかもしれない。またサナトリウムのイメージとも結びついているかもしれない。

スイス、ダヴォスの高原療養所を舞台にした、トーマス・マンの『魔の山』の翻訳が紹介されたのは一九三〇年代（昭和五年〜）だが、これはややハイブロウ過ぎるとしても、正木不如丘《まさきふじょきゅう》による信州八ヶ岳山麓の富士見高原療養所、そこで病を養った堀辰雄、藤沢恒夫、竹久夢二、といったひとびとの名前を知っているひとは多かったろう。

＊＊＊

医療はいつも貧困とうらはらの関係にある。その日ぐらしのひとびとに医者代薬代をはらう余裕はない。黒澤明の映画《赤ひげ》で知られる小石川療養所のように、施療は江戸時代にもあったが、福祉としてではなく、一般国民にもっと安心して医療を受けさせようとする方策が、一九一一年（明治四四年）九月に発足した実費診療と、一九二二年（大正一一年）四月に成立した健康保険法だ。

社団法人の実費診療所は全国に十数カ所設けられ、慈善を受けるをいさぎよしとしない、中産階級の下、のひとびとを対象とした。一方、一九二七年（昭和二年）給付を開始した健康保険は、生産力維持のために労働者の健康を守る、という目的から、いまとちがって給付対象は労働者本人だけで、家族には及んでいない。

障害のあるひと

精神をふくめた身体の障害の問題は、社会がそれをどうとらえるか、という点から出発する。どんな社会であっても、障害に対する驚きやおそれにつづいて、憐れみの感情はある。障害そのものをとり除くための工夫や援助と、障害をもつひとの生活支援とは別々の道筋で発展したが、ときにはいっしょになることもあった。

明治新政府も発足まもない一八七四年（明治七年）一二月に、太政官より〈恤救《きゅうじゅつ》規則〉を公布した。その対象を極貧、重病、老衰とならんで廃疾とし、ひとり暮らしで、このなかのふたつ以上を併せもつ者、としている。条文中で独身者ということばがくり返されているのは、この時代、どんな理由であろうと生活困難者は、家族が面倒をみるべきもの、という原則があったためだ。そのため行政の福祉政策は、貧困家族のほかは、もっぱら身寄りのない孤児にむけられていた。

一方で政府は、先進諸国における福祉関係の諸施策にも眼をふさいでいるわけにはいかなかった。すでに福沢諭吉は『西洋事情』(1866)のなかでヨーロッパにおける障害者施設を紹介している。一八八〇年（明治一三年）前後からその時代のいい方での「盲、聾、唖児童」に対する教育がはじまる。ともあれこれにつづく「劣等児・成績不良児童」にせよ、施策のすべては児童教育に関するものだった。

第二次世界大戦以前の障害者への生活支援は、方面（民生）委員らの眼のとどく範囲での、もっぱら生活困窮者一般の救済のなかでおこなわれた。その方面委員も法制度化されたのは一九三六年（昭和一一年）一一月のこと。障害のあるひと、あるいは障害そのものへの行政の態度は、戦後にくらべるときわめて冷たかった。もっともそれは国民全体の態度がそうだったから、と言えなくはない。

かたわな子ができたのは親の責任だと、あるいは母親になにかの落ち度でもあったかのように思われる。よい子を生んでお手柄だったとほめられることの裏返しの冷たい眼が、周囲にあったかもしれない。それにはいくぶんは仏教の、因果応報の考え方の影響があるだろう。貧しいひとも身体の不自由なひとも、むかしはコミュニティ全体で温か

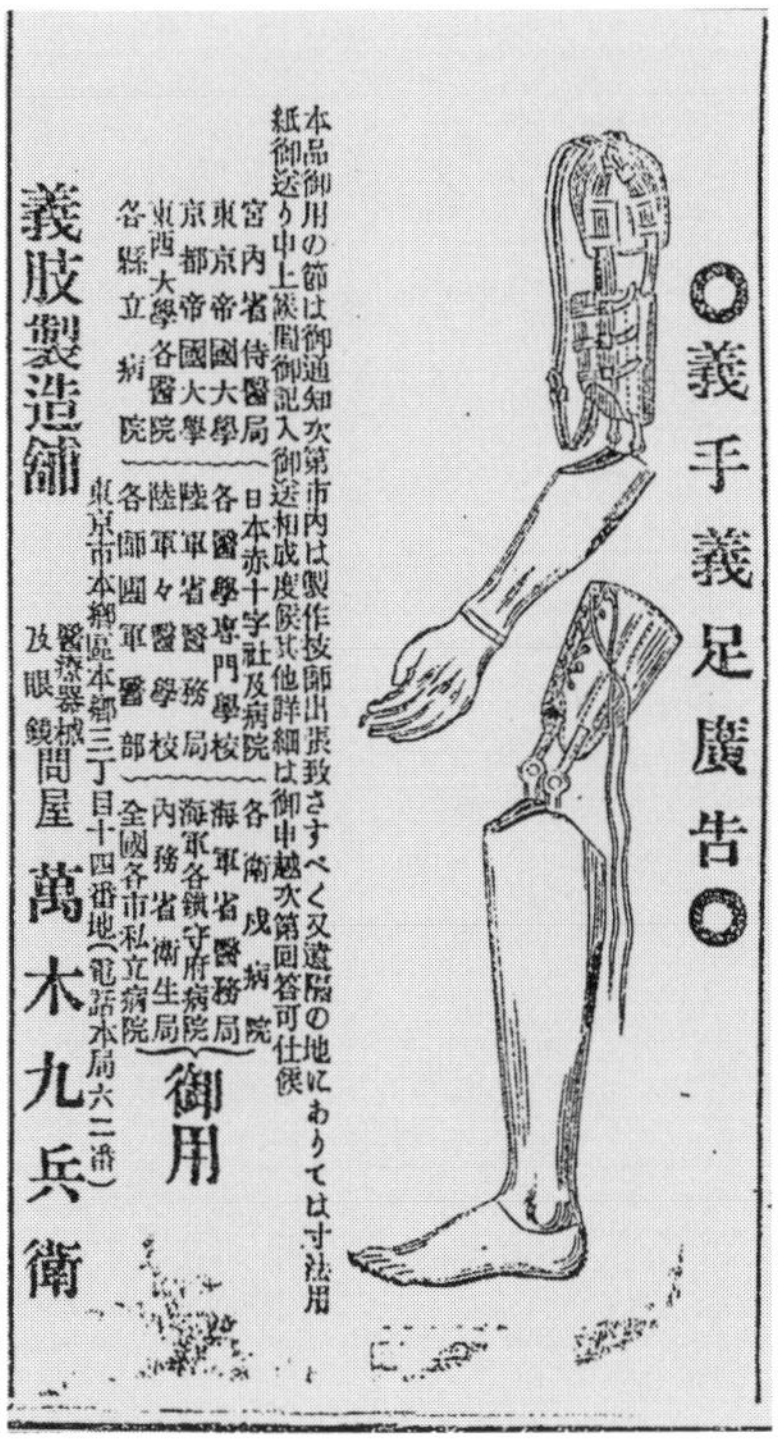

「義手義足広告」
『東京朝日新聞』1902（明治35）年10月17日

く見守ってやったものだ、などというひともあるが、それは現実を知らないもはなはだしい。

　明治初年、高名な法学者の加藤弘之は、大日本婦人衛生会の発会式でおこなった講演でつぎのようなことを言っている。


　西洋には不具、病持ちの数が日本より多いときく。これは奇怪なる如くなれど、すこし考えれば不思議はない。西洋は医術衛生が進歩しているために不具病持ちの人も死なせることがないが、日本ではそうした人の多くを死に至らしめる。（郵便報知新聞 1887/11/25: 2）

　これはひとつの事実だろう。ふつうでない肉体や精神をもつひとが身辺にそれほど多くなかったために、そういうひとを疎外する感情は逆につよかったのではないだろうか。

　そのひとつのあらわれとも考えるのだが、弱い立場のひと、ハンディのあるひとをさしていう戦前までのいい方の無神経さに、今日の私たちはおどろく。それが犯罪がらみの場合であればなおさらだった。

　一九一一年（明治四四年）秋に、東京巣鴨の精神病院の、快方にむかっている女性患者二一名が、医師看護婦付添で近所の飛鳥山へ遠足をした。これを報じた日本新聞は、「女狂人遠足会」という見出しをつけた。一九一二年（大正元年）春、東京四谷の往来で通行の婦女に怪しい所業をしようとした男が逮捕された。それを報じた都新聞の見出しには「白痴《ばか》で色情狂《いろきちがい》」とある。一九一七年（大正六年）八月、孤児や貧困家庭の児童を収容している育児院の夏季旅行に、朝日新聞は「貧児の避暑旅行」という見出しをつけた。一九三二年（昭和七年）に肢体障害者の多く出るアメリカ映画《Freaks》が輸入され封切られた。わが国でのタイトルは《フリークス怪物団》だった。同年一二月五日の報知新聞はこの映画に関連して、「映画《怪物団》ではないが東京では三〇〇人に一人の不具児」としてつぎのように書いている。


　手なし足なし（……）、いも虫のような身体の男等々、まるで怪物のようなグロテスクな形相の数々に顔を背ける思いをされた人が少なくないと思います。だがあれにも劣らず畸形不具者が我が日本にはざらにあるのだからたまりません。文明国としてじつに不名誉な話です。


　そんななかで、金馬の落語「金明竹」に出てくるような、畳に打ち水をするようなことはあっても、商品の出し入れくらいならなんとか役にたつ店員、農作業のなかの一番単純な労働や、陶芸家の土こねを任せられているとか、ときに困らされることはあっても、その表裏のない人柄によって、じぶんの居場所をもっていた障害者のすがたがうかぶ。

　『近代職業読本』（1935）の著者はそのなかで「身体部位から見た職業適否表」を示している。たとえば眼については下の表のような提案をして、ハンディのあるひとでも、〝やればできる〟努力値をかなり大きく見込んでいる。

　このような提案や、また関係するひとびとの努力があったとしても、地域が障害者をつねに受けいれてきた、あるいはそういう姿勢だけでももっていた、とは考えにくい。障

	極度に必要	極度に不必要	必要なれども必ずしも勝れたるを要せず
視力	写真師	あんま職	新聞売子
弁色	検査師	調律師	運搬人
光覚	測量技師	音曲師	小使
記憶	美術家	モデル	火夫

身体部位から見た職業適否表（『近代職業読本』1935 より）

害者施設や医療施設建設への住民の反対は現代だけのことではもちろんなかった。一九一八年（大正七年）には東京府下に市が建設した結核療養所に、村民が放火するという事件も起こっている。

皮膚害虫

過去にも、ひとに危害を加える動物は、日本の大部分の地域には生息していなかった。

蚤《のみ》や虱《しらみ》、蚊くらいの小虫に苦しめられていた日本人は幸せだ。

「蚤虱　馬の尿する　枕もと」という芭蕉の句を例にするまでもなく、江戸時代の紀行文や膝栗毛のたぐいを読むと、着替えの一、二枚を振分にして旅するような連中の泊まる宿では、どこでも蚤には苦しめられたらしい。

拡大鏡で見ると、蚤はいかにも跳躍力のありそうな長い脚をもち、スマートなかっこうをしている。西洋には蚤のサーカスもあり、シャリアピンの歌う蚤の唄もあって、憎まれ者ながらどこか陽性だ。昭和一桁かそれ以前生まれのひとには、戦時中ひどく蚤がふえた記憶があるだろう。多くのひとは、戦災前後の疎開ぐらし当時に、はじめて蚤にお目にかかっている。しかし明治大正昭和を通じて、『暮らしの智恵』といった婦人雑誌の付録などには、よく蚤避けの工夫などが出ていたものだ。戦前のいちばんよい時代の新聞の家庭欄にさえ、「蚤の対策――蚤が出て仕方がない、どうにかならないものだろうかという方は、もうすでに遅いといわれても仕方がありません、発生時に防止策を講じておかないで、今頃騒いでみてももう詮方ありません（……）」などという冷たい記事がみえる（「蚤の対策」都新聞 1935/6/28: 11）。

虱は蚤にくらべると、なにかにつけて陰性だ。蚤とちがって、虱はひとのからだに住みつく。ふつうの虱は衣服に、ケジラミは頭の毛のなかに。正確には頭髪のなかの虱はアタマジラミ、陰毛のなかにいるのがケジラミ、というらしいが。虱は衣服のたいていは縫目にいる。身体を這っている、などということはない。著述家の徳川夢声はこれをふしぎがって、あれでどうやって血を吸うのだろう、首を上にねじ曲げるのかしらん？などと随筆に書いていた。衣服のなかに住んでいるのだから、衣服を熱湯処理すれば全滅する。しかしそんなことをしなくても、洗濯を頻繁にすればいなくなる。戦中戦後に学童の集団疎開で虱が大発生したのは有名だが、入浴しても下着を取り替えないことが多かった。その、子どもが脱ぎ捨てた下着の虱を、女の先生が丹念につかまえていたもの。

「軍旅必携悪虫殺退剤　のみとり粉」
『大阪朝日新聞』1904（明治37）年6月14日

だから戦争前から、虱は貧乏と結びついていた。虱は貧乏人に、蚤は金持ちにつく、などと言った。蚤がかならず金持ちにつくわけはないが、人混みでは肩から肩へ飛ぶくらいは蚤の跳躍力なら容易だから、たまに蚤が見つかったからといって、それほど恥じいることはない。それに対して三船敏郎演ずる椿三十郎が、いつもからだをもそもそしているように、めったに洗濯などしたことのない素浪人のきものは、虱と、虱の卵の巣だったろう。

頭髪の毛虱は、貧しい家の女の子のしるしのようなものだったらしい。一九二二年（大正一一年）に、東京市学務課では三人の学校衛生婦という職員を任命し、私立の特殊小学校一一校を巡回させることにした。トラホーム、皮膚病、痔瘻《ろう》の罹患者が多かったが、女の子の八割までが毛虱をもっていた（「虱攻めの特殊小学校女生徒」都新聞 1922/12/4: 4）。四年のちの一般小学校の調査では、やはり女児の毛虱が非常に多く、三、四年生の場合、一〇〇〇人中二〇三人に達した（「児童のトラホーム罹患率」東京日日新聞 1926/6/7: 5）とのこと。

「シラミ石鹸」
『多和田商報』、1931（昭和6）年10月

なお、東京市郊外の、労働者居住地域から通学する児童の多いある小学校では、三〇〇円の費用をかけて洗濯場を新設、通学児童の、めったに洗わない汗臭いきものを洗濯してやることになった。乾くまで着せておくための古着も各方面から集めた。これまでも女教師は月一回、児童のきものの虱とりをうけもってきた（「生徒の着物を洗濯する小学校」読売新聞 1926/6/24: 7）とのこと。

一九三〇年（昭和五年）になってからも東京深川のある小学校で、女生徒のなかに髪の毛が汚れて臭く、毛虱のいる子が多いので、担任の先生がその不衛生さを説いて、断髪にするよう父兄を説得した。たまたま断髪のモガ華やかな時期、江戸っ児の本場という土地柄でハイカラ嫌いの親が多かったが、結局四年女子六〇名中四〇名は、数日中にオカッパになったという（「毛ジラミと断髪」朝日新聞 1930/6/12 夕: 2）。

南京虫はその名のとおり舶来の害虫といわれる。状況的には横浜の中国人街がその中継地である可能性が高い。一八七九年（明治一二年）の初夏、東京日日新聞に「横浜市内ではまた例の南京虫が発生し（……）」と報じられているのが古い例で、この時点ですでに南京虫という名がかたまっていたことがわかる。南京虫は咬まれたときのその痛がゆさが蚤、虱の比ではなく、また駆除も困難だった。中国人街に近い横浜警察署と居留地警察署は、「近来南京虫が夥しく生じ、撲滅不能の状態になっていたが、幸いこの度新築の署に移転することになった」（「南京虫の大量発生」時事新報 1884/7/19: 2）とある。南京虫が警察署を攻め滅ぼしたとはおどろく。

翌々年には東京にも発生し、特定の地域にではあるが短期間にひろがっている。下層生活者の生態レポート『貧天地饑寒窟探検記』にはつぎのようにある。

蚤虱にはべつに異臭なきも南京虫にいたりてはその臭きこというべからず、これをもてこれを知るという。（……）ひとたびこれに刺さるれば日を重ねて癒えず、それこれに中《あた》る者は一種の瘡《かさ》となりて膿を発し数十日を経ざれば治せず、この虫家に生ずればその家を焼かざれば消滅せずという（……）。（大我居士『貧天地饑寒窟探検記』1893）

一九〇八年（明治四一年）の東京の市ヶ谷監獄からの報告によれば、本年は監房内における南京虫の発生は頗る激烈で、刑事被告人にとっては鎖に繋がれて働く以上の苦痛となっている。ある在監人は「昔は随分残酷な拷問をやったそうですが、南京虫攻めはむしろそれ以上の苦痛で、毎晩此奴に襲撃されては大抵の強情者も白状してしまうでしょう」（「南京虫の拷問」読売新聞 1908/7/11: 3）と。

イエダニとよばれる蜘蛛科の皮膚害虫は南京虫よりももっとあたらしく、一九二六年（大正一五年）頃に確認されている。前三種にくらべても特別小さく、肉眼で見たことのあるひとは少ないかもしれない。それだけに皮膚のごく柔らかい部分を狙って刺す。陰部などが多いから、エロダニなどと嫌がられた。ひろがったのが丁度エログロナンセンスの時代だった。ほかの皮膚害虫同様、戦時中に多くなった。掻くと疥癬状になる疥癬虫というダニの一種であり、もちろん伝染する（「疥癬の流行」朝日新聞 1944/1/27: 2）。ダニだけは皮膚害虫のなかで唯一、現在も健在。

入浴

日本人の入浴好きは明治初年に来日した欧米人にも知られている。しかし日本の夏の蒸し暑さを知れば、とくに日本人が清潔好きだから、という理由ばかりでないことも理解したろう。あわせて欧米人、とくに医師たちは、日本人の入る湯が熱すぎることも警告している。おなじころ外国旅行した日本人は逆に、西洋の湯はまるでひなた水のようだと、口を揃えて不平を言っている。またシャワーのことは夕立風呂とよんでいて、わが国では水道の普及後もあまり利用されなかった。

日本人、というより江戸っ児の熱湯好きは、湯屋から家に帰るまでのあいだに身体が冷えないように、との配慮がそもそもの理由だったにちがいない。江戸時代から明治にかけて銭湯はほとんどどこの町内にもあり、少なくとも八百八町という町数より多かったが、それでも冬の夜などは、家に帰るまでに、下げている手拭が棒のように凍ってしまうことがある。日本人は湯に入るとき、温まることをまず心がけた。ひとによっては茹で蛸のように。母親は幼い子に、肩までちゃんと浸かりなさいよ、と注意した。さすがに女湯は男湯ほど熱くなかったらしく、男湯が熱すぎて入れないため女湯の方に入ろうとした男が、三助と殴りあいになったという新聞記事がある。一八八一年（明治一四年）頃はまだ、場末の浴場では混浴の禁制がルーズだった（読売新聞 1881/8/9: 2）。

＊　＊　＊

江戸時代も、また東京になっても、よほど大人数の商家でもなければ、内風呂をもっている家はごく少なかった。芸者のあがるような料亭にはかならず内風呂があり、座敷に通る前にひと風呂浴びることが多い。この習慣は第二次世界大戦の近い時代ほど決まりごとのようになっているようだ。客のふところを確かめるため、という穿った見方もある。ふところというのはかならずしも財布の重みばかりではない。下着になにを重ねているかで、その客の金の遣いっぷりのおおよその見当はつく。一八八一年（明治一四年）八月一六日の読売新聞では、浅草の料理屋では客と芸者、あるいはその家の女中を、いっしょに風呂に入らせているので、近日取締りがあると報じられている。

明治から昭和戦前までの内風呂は据風呂といい、たいていは大きな小判型の木の桶を据え、横に釜をとりつけて火を焚いた。薪を焚く風呂では釜の部分に煙突がついているので、鉄砲風呂ともいうらしいが、あまりひろがっていたいい方ではない。都会では戦争までにガス釜に換わっていた家が多い。ガス釜のいちばんいい点は、風呂に入っているひとが温度を調節できることだ。薪の場合は焚き口がたいていは風呂場の外になっていて、薪をくべながら窓ごしに湯加減をきく。そのためもあってたいていはガラス窓があり、風呂に浸かりながら柿の木の枝ぶりや、夕暮れの空の一番星を眺めたりする。お客に行ってお風呂に入ると、湯加減をきいた女中さんが、お背中を流しましょう、と入ってきたりする。

風呂場から柿の木が眺められるということは、内風呂をもつ家は郊外の住宅が多かったから。新興の郊外住宅地ははじめのうち家数もそう多くなかったので、銭湯も少なく、あってもバスに乗っていかなければならないようなこともある。銭湯が遠いために近所の三、四軒の家が共同出資である家に自家据風呂をつくる、ということもあったらしい。ときには、湯銭が値上がりになったための対抗手段でもあった。しかし火災予防や衛生面で問題があるというので警視庁で調査中、という記事がある（「自家据風呂の取締」報知新聞 1900/2/11:3）。

内風呂は身体を洗うのにも風呂桶のお湯を使うわけで、べつに上がり湯というものもないのがふつうだった。水道がまだひけていなかった時代はとくに、お湯の量をけちったはずだから、ずいぶん汚れたお湯を身体にかけて出なければならなかった。家族だけならいいとしても、みんなの入ったあとに入る女中さんなど使用人にとっては、銭湯の方がずっと清潔だったかもしれない。

内風呂の利点のひとつは、薬湯が好きなように利用できることだ。第二次世界大戦前は、入浴剤はふつう浴剤といっていた。この浴剤のひとつ中将湯で発展したのは東京日本橋の津村順天堂だ。一九三〇年代（昭和戦前期）には街の銭湯でも、押せばお湯の出るカランや、シャワーなどといっしょに、薬湯のやや小さなバスタブを設けることが一般化したが、不特定多数のお客相手では、あまり変わった匂いや効果のあるものを使うわけにはいかない。内風呂であれば、特定の薬効をもつ高価な浴剤は、足腰の弱った老人だけが、また冷え性の主婦だけが、残り湯や、大盥に溶かして腰湯として使うということもできる。

＊　＊　＊

内風呂のないひとの夏の工夫は行水だ。大盥を人目を避けた庭の隅などにすえ、お釜で湧かした熱湯を注いで水でうめる。そんな小さな庭でも下町にはなかなか得られないから、路地の奥の破れ塀のうしろとか、便所の汲み取り口のそばのもの陰とか、かなり危険な場所で強行されることもある。盥のお湯ではすわった子どもでもおへそまでしかない。上がるときはもちろんあたらしい湯で掛湯をするのだが、身体を拭いた方が清潔だったかもしれない。それでも庶民はこの快楽に執着した。

内風呂でなくても、それが行水であっても、さっぱり汗を流したあと糊のきいた木綿の浴衣に着替えて、小さな庭先の縁側で虫の音をきく。それを端居《はしい》といった。いや多くの日本の父親は、はだかの胸や背中を出したまま、大あぐらをかいていたかもしれない。

排泄とその設備

もともとたいていは水の豊かな環境に集落をつくり、しかも解放的な構造の住居に住む日本人は、排泄についてはおおらかだった。厠《かわや》（川屋）ということばもそれを示している。

しかしもちろん現実には、よほどの田舎でもないかぎり中近世の便所は、排泄物を一時的に溜めておく糞溜のしかけと、その場所をできるだけ日常生活の場から遠くする、という家の間取りの工夫とがなされていた。

明治期の家政書には、家のなかの便所の位置として、「縁側の端より折り曲がり、床の間押入の裏手にあたり、人目に触れぬところに置くを適当とす、日を遮り風を防ぐよう、常磐木《ときわぎ》の種類を植こまばさらに宜し」とある。植えこみには香りのつよい金木犀がよくえらばれた。

便所自体の一般的構造としては、臭気をぬくために上下に小窓をつくり、出入口の戸は内外より鍵がかかるようにする。外鍵は掃除口（汲取口）から入る泥棒が少なくなかったため。排泄物を溜める大瓶は下須瓶《げすがめ》というい方があったらしい。ここから臭気が上がらないように、また蝿が入らないように、便器に蓋をすることがひろく推奨されていたが、厄介なためあまり普及していなかったようだ。一九二〇年代（大正末〜昭和初め）になると、ふつうの住宅でも大便所と小便所とを区別することがはじまる。

また用便後の手洗いは、それまでは戸の外に手水鉢《ちょうずばち》があり、手拭きがさがっている、という景色が多かったが、衛生的配慮から溜め水の手水鉢が小さな水道の蛇口にかわり、ひろい家ではさらに、手洗いの小部屋が設けられるようになった。便所をお手洗いとよぶことはそのころからはじまったのかもしれない。手洗いの小部屋は洗面所とよばれてじっさいに朝の洗面や歯磨きはそこでする。洗面所を通って便所へゆく構造の家は、便所の扉と洗面所の扉の二重の障壁があることになる。

便所の臭気をいかにやわらげるかは、溜置――汲取式便所の最大の課題だった。便所の設置位置を遠くにする、小便所を設ける、手洗い・洗面所を設ける、蓋をする、また各種の臭気止め薬剤を用いる、等々の工夫はあっても、水洗化以外に根本的解決の方法はない。水洗化のアイディアは明治以前にも皆無ではなかったが、結局は浄化装置と、下水道の完備という都市インフラの問題に帰着する。東京の三河島に、日本最初の下水処理場ができたのは一九二二年（大正一一年）のことだった。その後各地で下水道と下水処理施設の事業がはじめられ、東京では一九三六年（昭和一一年）に〈市街地建築物法施行細目〉の施行に伴い、私設下水道の告示区域内では、家屋の新築の場合、水洗便所でなければ認可しない、在来の汲取式便所は五年以内の改造を要するということになった。四年後の東京オリンピック開催に備えてのことだ。けれども太平洋戦争でオリンピック開催も水洗便所も夢となり、一般住宅に水洗化が普及するのは、東京のような大都会でも第二次世界大戦以後のことになる。

＊　＊　＊

いまでも地方に残っている旧武家屋敷や、名主屋敷の便所のなかには、便所というより小座敷といってよいような造りのものがある。旧江戸城の伝説の落し甕のように、地下数丈もの深さに甕を埋めるとか、車のついた小函に排便して、いちいち外に引きだして、べつのどこかに捨てるとかいう排泄物処理の工夫もさることながら、畳敷きで花まで生けてある座敷の中央に金隠しがある、という発想の方により興味がわく。これはかつての大名屋敷などはみなそんなものだったのだが、その近代版というべきものも、高級料亭などには存在したようだ。

> 東京の有名な常磐亭という牛鶏肉料理店の厠の中には脇息《きょうそく》がそなえてあるとのこと、又江の島の旅店恵比寿屋の厠は、入口の木連《きづ》れ格子を明けると、真紅総角つき黒縁の衝立が立ってある、すべて厠内は格天井で蛇腹は金箔押しの無地、うえは極彩色の花丸の絵で、柱は悉皆《しっかい》唐戸面がとってある、便所のなかは二枚畳で、傍らに地袋棚、違い棚があって、何れも蝋色塗り筆返しつきで、袋戸は桐の鏡板に胡粉置きあげの菊花が書いてある、そして違い棚の上には、一輪挿しの花入れに香炉などが飾りつけてある（……）（『流行』流行社、1901/5）

こういう贅沢もけっこうだが、そんなことよりも真っ白いタイルのトイレの清潔さで十分、いやその方がずっと快適、と考えるひとはその時代でもいたにちがいない。なかには谷崎潤一郎のように、湿りけのなかに微かに木の匂いのする、古い木造家屋の厠の懐かしさに執着するひともあったようだが。ついでながら谷崎は、真っ白できれいに揃った女性の歯を、洋風トイレのタイルのようだと言って嫌うひとだ。

便所を気持ちよいものにする工夫のなかで、現代人にとって理解できないのは、大戦前の日本人がなぜ、洋風便器のらくさに無関心だったのか、ということだ。和式の、しゃがみ排便は痔疾の原因になるし、とにかく苦しいという点だけでも身体によいことはない。よくされた笑い話に、いけない恋を思い切るには、その女性がお便所でしゃがんでいるポーズを想像するのがいちばん、などと言ったものだ。ひとのすわった便器にお尻をつけるのは気持ちがわるい、というのが洋風便器をきらう大きな理由だったが、こういう潔癖感は洋風便器に慣れた西洋人ももっていないわけではなく、駅のトイレなどでは、便座に靴履きのままあがって滑り落ち、怪我をするひとがよくあるそうだ。

個人住宅の便所以上に問題が多かったのは共用便所だった。明治期を通じて、東京の下町地区は表通りを一歩入ると、総雪隠《そうせっちん》の、つまり便所を共用とした長屋が多く残っていた。一九一〇年（明治四三年）にも東京市が貧民救護の一策として、浅草に公営の長屋を建設しているが、この場合も台所は各戸に設けながら、便所については共用だった（「市設貧民長屋」朝日新聞 1911/9/26: 5）。共用便所のすべてが不潔というのではもちろんないが、ごく少数の不心得者のために、全体のなげやりな気分が生じやすい。ある身分の高い奥様が、都心にお出かけのおり、にわかの腹痛に耐えられず手近の総雪隠を利用した。そのあまりの不潔さのため奥様は神経を痛めて、しばらく寝込んでしまったという話もある。

小便の問題

明治新政府の発したさいしょの軽犯罪法規である、一八七二年（明治五年）の東京府違式詿違条例《いしきかいい》のなかに、「第四九条　市中往来筋ニ於テ便所ニアラザル場所へ小便スル者」という項目がある。

男性の往来での立小便の習慣は、銭湯での男女混浴などとならんで新政府にとってはあたまの痛い問題で、開港地の横浜ではこの条例以前にすでに禁止のお触れが出ている。たしかに市街地で、建物の壁や塀などに向かって放尿することは、欧米では泥酔者でもないかぎりまずありえない。当時の中国でも日本人のこの悪習は嫌われたらしく、一八七三年（明治六年）に清国在留日本人に対して、往来で大小便しないこと、という項目をふくむ太政官布告が発せられている。

人通りの少ない道の塀、電柱の蔭、露地口、とりわけ繁華街や赤提灯の通りを一歩入った板塀などには、小便でペンキが剥げ、変色している部分さえあり、そういう塀には小便無用とか、赤い鳥居の絵が描いてあったりした。一九〇八年（明治四一年）三月一五日の都新聞の第一面に、つぎのような投書が掲載されている。

私は芝区今入町の者ですが、当地近辺には琴平社内に一か所の不潔な便所があるばかりで（……）、それ故私共近所の路次口と申す路次口は、宛《さなが》ら共同便所のようになり、通行の方は平気で入変わり立変わり放尿して参ります、その都度制止は致しますが、いつも後の祭りで何の役にもたちません、金刀比羅様の縁日などは殊に甚だしく、この一〇日の日などには数えておりましたら五〇人近くもありました、一層路次口を閉めろと仰しゃるかしれませんが、路次内に住居している者の通行口ですから左様はまいりません、それですから路次内の臭気と申したらひどいものです（都新聞 1908/3/15: 1）

これに対して記者は、「東京市民は全然礼儀作法を知らない放恣《ほうし》野蛮の人民であります、何という恥ずかしい仕鱈《だらし》ないことで有りましょう」と嘆いている。

第二次世界大戦頃までは、けっこういい身なりをした妻が、夫が物陰で立小便しているのを、少し離れたところに立ちどまって待っている、という光景さえあった。だからまた、男女連れで男が立小便するような場合は、ふたりのあいだには関係があると見て間違いない、という説もあった。もっとも地方へゆけば、女性の立小便もめずらしくはなかったが。

「外国人の見る眼も恥ずかしい」この悪習慣をなくすために、大都会では公衆便所の設置が急がれた。道端に小便壷を置いておくことは江戸時代からあった。また長屋には総雪隠があって、長屋以外の者が使用したからといって、べつに文句は言われない。排泄物が溜まれば、近隣の農家が代価を払って引き取っていったから。

行政による公衆便所の設置はなかなか進まなかった。できたとしても不潔で、汚いものの三幅対として、東京の共同便所、不精者の歯糞、山師の料簡、などという新聞の投書がある。共同便所の周辺や、その壁に向かって放尿する者さえあったということは、共同便所の中の汚さ、臭さを想像させる。

明治前半の東京には何年かの間隔を置いてコレラの流行があり、相当の犠牲者をだした。コレラの伝染は迷信的にまで怖れられ、これが共同便所や裏長屋の総雪隠の改善に役だったことと思われる。しかし共同便所の構造はわりあいいい加減なものが多かった。大阪市内の共同便所についてだが、「便所の構造の不完全なるにより、○○のチラチラ露わるるゆえ、往々通行人が尻目で之を睨んで行くこともあり、其処で小便をやらかす者の赤面すること、私が毎度経験する事実で御座る（……）」という投書があった（「大阪市内の共同便所」大坂日報 1886/7/28: 2）。

昭和に入っている一九三一年（昭和六年）の東京日日新聞に、「女性の声」として、つぎのような投書がある。

男子の方は所かまわずに放尿なさいます。これは年中のことながら、昨今のように寒くなりますとますますはげしく、ちょっと外出しても二、三人は見ます。（……）殊にひどいのは、毎日きれいに掃除しておく門の脇や板塀まで、汚して行く人さえあります。（……）道路に放尿するのを禁じられていることは誰しも知り抜いていることです。女性が自禁出来る如く、男性としてもがまん出来ないことはありません。私は永年支那に住んでいたことがありますが、あの苦力《クーリー》でさえも、道路を汚しているのを見たことはありません。自ら文明国を誇る日本国民としても、実に恥ずべき事でございます。どうぞ男子の方々のご反省をおねがいいたします。（「女性の声」東京日日新聞 1931/12/11: 8）

立小便とは次元の違うことだが、日本女性のトイレに行く頻度の多いことも、早くから知られていた。北里柴三郎医博は外国生活の経験から、日本婦人の不行儀のひとつとして、小用を耐えることができず、一日のうちに幾度も幾度も便所に通うという点を指摘している。外国婦人と入り交じって舞踏会や音楽会に出ても、日本婦人ばかりは途中でこそこそ立って、便所の通路に押し合いをしている。今俄《にわか》に奥さんやお嬢さんにあなたは無暗に小用にいってはいけないと言ったら、あるいは健康を害するようなことがないとも言えないが、外出の前はできるだけ飲み物を控えるなどの心掛けとあわせて、これは幼いときからの習慣、あるいは訓練の有無によるのかもしれないと（「日本婦人の不行儀――小用を耐えられぬ（……）」時事新報 1910/3/16: 9）。

裸体と露出

維新当初、新政府があたまを悩ました問題のひとつは、民衆の行儀の悪さだった。外国人に日本人が未開野蛮の民とみられることを、条約改正のことも念頭において新政府は怖れていた。実際、残された幕末明治初頭の写真を見ると、その時代の肉体労働者に褌《ふんどし》一本の男の多いのに気づく。裸写真には女も少なくないが、女の方は演出写真が多いだろう。もっとも女も、肌を出すことをそれほど気にしていなかったらしい。「昔は女は細帯ひとつで、夏になると褌と襦袢で平気で歩いた。余程よい所の者でなくては帯はきちんとしめては居なかった」（『江戸時代漫録』）。その日暮らしのひとびとの話だが、夏の暑さの一層きびしい大阪の女はもう少し大胆だったようで、『風俗画報』にも紹介された西成郡伝法村の風俗などはよく知られている。一九〇〇年（明治三三年）頃でも、大阪の女性は肌をぬいでひとに接することをなんとも思わない、と言っているひともある（読売新聞 1901/9/9: 3）。

肌を現すことの規制「裸体にて歩行及職業等致す間敷」といった町触、府令、警察令等は、新政府発足当初からくりかえしだされた。これと関連してうるさくいわれたのは、男の立小便と、銭湯での混浴だった。立小便については早くも一八六八年（明治元年）の横浜市中御触に、往来端でひとの見るのもかまわず立小便するのは甚だ不作法であり、「外国人へ対し候ては、別而恥入候儀に付き」このようなことのないようにと、戒められている。しかしこの不作法は第二次世界大戦後までもちこされる。

立小便とくらべれば混浴――男女入りごみの湯の方は、公衆浴場の営業に関するものだったから、取締りは容易だったはずだ。しかしおそらく、従来風の設備を改築する費用の問題から、それほどすんなりと政府の意が通ったわけではなかった。入口だけを女湯男湯に分けたり、湯船のなかに申し訳程度の仕切りをしてみたり、あがり湯の汲み場から女湯の流しが見通せたり、などの違反例がみえるが、薬湯と称して男女を入れ込みにして罰せられた例がある。温泉では病人介護のため、例外が認められていたのだ。

江戸時代の代表的な裸商売は駕籠舁《かごかき》だった。明治になってそれに代わったのが人力車夫だ。人力車夫の着衣については、半天股引を身につけるべきなのに、半股引も着けずに商売する者が多く、たとえば一八八三年（明治一六年）のまだ夏にはなっていない五月、説諭を加えられた車夫が一日だけで二二三人あった、という記録が残っている。

不作法者に対する政府の焦燥感は、取締りの神経質さにもあらわれている。家のなかで裸になって蚤をとっていた女性を、たまたま外から目撃した巡査が、家に踏みこんで拘束し、裸のまま交番に拉致した、という事件などもその例に入る。

行政のこういう意志は思いがけない日本人の風俗にも波及した。各地の滝壺や、お不動さんの水行場での、男女入りごみの水垢離《みずごり》が非難された。五代目尾上菊五郎は、従来の舞台番が、尻をまくり膝をむき出していたのを、不体裁として改めた。

概していえば前代までの日本人は、十分好色ではあったけれど、その一方で、じぶんが裸になることも、ひとの裸にも――それが異性であっても、さほど気にしないよう習慣づけられていた。

女学校での体重検査に、生徒を素裸にした福島県の女学校があった。しかしそれが表面化したのは、ふたりの教諭が強硬に反対したためのようだ（「生徒裸体検査事件」東京二六新報 1904/4/21: 3）。その一方で、つぎのような投書もあった。「日本橋の某小学校で、女生徒の体格検査が始まったので、私の家の娘はいま高等科四年生（一三、四歳）ですが、退学させました（娘の母）」（読売新聞 1899/6/8: 4）。男女混浴がおこなわれなくなっても、男性の三助は女湯のなかを平気で歩きまわっていた。

盗みを疑われた女性が素っ裸にされるということも多い。有名呉服店で万引きを疑われた女性が裸にされたあと、品物がべつのところから発見され、店が告訴されるという事件があった（東京日日新聞 1881/11/14: 4）。岡山県のある高等女学校では、月謝の五円札が紛失したため、三年のある組の全員が素裸にされ、男女数人の教員のチェックを受けた。こうした実例はたいていは明治期のものだが、ずっと時代が下がっても、電車やバスの男女車掌は、終業後に着衣をぜんぶ脱いで身体検査をうける、という規定になっていた。

できるだけ裸で過ごすことが健康の秘訣という校長の信念（「裸の学校」）
『婦人世界』、1915（大正4）年9月

＊　＊　＊

夏になれば亜熱帯といってよい温度になるわが国のひとびとが、夏でもコートを着るような地域のひとびとと、素肌を見せることが同じ意識であったとしたらむしろ不自然だろう。住居がそうであるように、ヨーロッパの衣服は肉体を包み覆うことに努力が注がれ、その結果として逆にあらわすことの意識が強められたのだ。風を入れるために襟を抜いたり、赤ん坊に乳をふくませるためにむき出した胸や肩と、バル・ドレス（ball dress）の胸や肩とは、肉体そのものは同じであっても、その肉体をもつひとの自覚の昂ぶりがまったく違っている。

江戸時代の日本人は、性行為の場合も着衣のままであることが多かったのは、多くの春画からも推測される。それは開化後もそうは変わらなかったふしがあり（「本妻になろうと妊娠出産したふり（……）和歌山県御坊町」報知新聞 1912/1/28 夕：7）、昭和に入っても、長年つれそった女房の太股に大きなアザのあったことに、初老の夫がそれと告げられるまで知らなかった、というようなはなしもある。じぶんの裸を見せることに愛情の証しを示そうとする感情は、わが国では第二次世界大戦のあとになって、映画がもたらした舶来習俗のひとつだったようだ。

一九二〇年代に入る頃には、からだをあらわすことについての欧米的な良識が、ようやく日本人の身についてきたかと思わせるふしもある（「夏の女性の薄着姿に対する警視庁の見方」読売新聞 1925/6/8：7）。皮肉なことに、第一次世界大戦後のフラッパーの時代、欧米では手足をむき出しにしたり、からだの線が丸見えのようなドレスを身につけることがファッションになった。

丸の内のペーブを踏むモガたちの、膝小僧の見えそうなショートスカートからのびた素足や、夜の銀座をそぞろ歩く奥様方の、乳房の膨らみの透けて見えそうな絽の単衣が、どんな文化を背負っているのかはむずかしい問題だ。

寝姿

夜、睡眠をとるときには、昼間とちがうかっこうをするのが、たいていの土地の習慣だ。夜は日中より温度が下がる。その寒さは布団を覆うことで防ぐことができる。昼間でも寒いときには布団を引っかぶっている怠け者もいる。昼間とちがうかっこうをする普通の目的は、からだを拘束せずに、もっと楽になりたいためだ。

そのために夜は上に着ているもの――つまり社会生活にとっては必要な、窮屈なからをぬぐ。だからとくに夜着る衣服というものではなく、拘束のない、やわらかい下着すがたになって寝る、というのがひとつのパターンになる。また、床のなかには日常の汚れをもちこみたくない、という心情のつよいひともある。手水をして口を濯ぐ、ひとによっては寝化粧するという行為も、ひとつの就眠儀式だったのだろう。ところが肉体労働をしている男のなかには、湯から帰ると褌《ふんどし》ひとつで飯を食い、酔えばそのまま布団に転がりこみ、大鼾をかいて寝てしまう、というのがきまりになっている人間もいたようだ。だから布団が汚れて困ると女房が文句を言ったものだ。その女房も寝るときは湯文字に襦袢ひとつ、というのがふつうだったろう。

　床に入るもっとも一般的なかっこうは、男も女も肌着の上に古浴衣か、なにか気に入った単衣ものを寝間着として重ねた。明治時代はフランネルが人気だったので、やわらかいフランネルの単物が寝間着によろこばれたようだ。ネル地の寝間着やパジャマはその後もずっと愛用されつづける。

　とくに寝間着はなく、下着になって寝る、というパターンとしては、きものの下に着ている長襦袢が、布団に横たわるときの姿になる。荷風日記のなかに、下女とふたり暮らしの芸者八重次が、深夜訪ねて来たひとに長襦袢の上に半纏をひっかけて出ていった、とある。半纏がナイトガウンの役をしている（『断腸亭日乗』1926正月初二）。

　ふつう芸者がお泊まりのときは長襦袢だが、堅気の奥様でも旦那様のお好みか、そうしているひとがあるという。戦後首相にもなった某保守政治家の奥様は、三六五日ちがった長襦袢で旦那様をよろこばせた、というはなしは有名だ。

　寝間着のはなしとはちがうが、花街では芸者の古い長襦袢を縫い合わせて、布団の皮にする、ということもした。すべすべした燃えるような紅羽二重に、白粉《おしろい》の香りが浸みこんでいるわけでもないだろうが、あんな気持ちのいいものはなかったと、年老いた旦那衆が述懐している。

＊　＊　＊

　じつのところ、布団に横になるための衣服としては、打ち合わせに帯を巻きつけるというきものの構造は都合のよいものではない。寝相の悪い子どもでなくても、夜のうちに前がはだけてしまう経験はだれにもあるだろう。森鷗外の『心中』に、芸者屋の主人が毎朝、寝坊な芸者たちの布団を捲って起こすのが嫌がられていて、それは主人の下心がわかっているため、というくだりがある。

　そのため、というわけでもないだろうが、すでに一八九七年（明治三〇年）九月の『家庭雑誌』にワンピース風「衛生寝間着」の宣伝が載っている。このころの衛生とは、健康という意味に近かった。

　一九一〇年代にもなると、衛生寝巻などという特別な目的風の名称でなく、西洋寝衣《ねまき》（「簡単な西洋寝衣」『婦人之友』1913/7）とか、ナイトシャツとかの名で、洋服系の寝衣の紹介が多くなる。つぎに示すのは都新聞の一九一七年（大正六年）の記事。

　ハイカラな流行が次第に我々の家庭へ流れ込んでいます。メリヤスの寝衣が流行したのが当今下火になり、沸々とナイトシャツを着る向きが出来て来ました。（……）帯を締める習慣のある我々には何となく頼りない気がします。しかし着心地はなかなかいいものです。ナイトシャツとは活動写真でお馴染みの、西洋人が寝間で着ている着物の事なんです。婦人向きのシャツも襦袢も昨年あたりから毛メリヤスの駱駝色が大分用いられてきました（……）。（「シャツ、カラー」都新聞 1917/9/24・5）

　もちろんこれはあくまでも一部のハイカラ趣味にすぎず、たいていの家庭は、「ふつう大人の寝巻きは、手拭い地の浴衣、ガーゼ晒布製の半袖単衣、絞りの浴衣などで、襟肩を広く開ける」（「夏の寝具と寝巻きの研究」『婦人世界』1918/8）というのが平均的だった。

　子どもや若い夫婦などからひろがっていったナイトシャツというのは、やがてパジャマといわれるようになる。パジャマはほんらいのパンツの意味ではなく、また海浜着としてでもなく、わが国ではだいたいパンツのくみあわさった洋風寝間着の意味で使われ、ひろがったのは一九三〇年代（昭和戦前期）のことと思われる。

大阪の某百貨店で、最近とくに売上高の著しく殖えた、つまり最近素晴らしく寵用されるようになった品目を調査しました。（……）最近著しく売れ出したものに子どもと女性のパジャマがあります。子どもの寝巻きが、軽快で風邪を引かせないようにとパジャマになるのは判りますが、女性の場合は別に洋風の寝室がふえたわけでもないと思うので、これまでの長襦袢やガーゼ浴衣の寝巻きがパジャマになることについて、近代人が寝室風景に対して、より以上に関心をもちだしたことが窺われると云えないでしょうか？（「デパートの窓から覗いた近代世相」大阪朝日新聞 1931/12/22・5）

おなじ年の六月の『婦人画報』でも、「モダン味たっぷりなパジャマの作り方」という記事のなかで、「日本流の寝巻よりピイジャマの方が衛生的でもあり、見た目にも美しく大変よいと思います。ここには美しい国産の友禅メリンスをつかって、一七、八歳の御嬢さんにふさわしいピイジャマをご紹介いたしましょう」と言っている。

浴衣式寝間着の構造的弱点をもたない、という点からもパジャマは若年層や、きものを着つけない男性のなかにひろがっていった。ズボンをはきつけている男性の多くは、家で和服に着替えても、ステテコとよぶ薄地の膝下までのロングパンツをはくひとが多かった。寒いときはそのステテコをはいたまま、布団に入るひとも少なくなかったろう。つまり男性にとっても、パジャマはそれほどの違和感はなかったと思われる。

＊　＊　＊

女性が膝下までのパンツ――ほんらいのパジャマ――をはかず、薄地の裾長のワンピースで床に入る習慣が一種の流行になったのは、第二次世界大戦後のことで、ネグリジェと呼んでいた。女性のパジャマ姿がひどく子どもっぽく感じられるようになったのは、ふしぎなくらいだ。それは下着文化などということばが賑わった時代だった。夜、ベッドに入るときは社会生活のからをぬぎ去り、いちばん楽なかっこうになる、という原則とちがうわけではないが、かたわらに異性がいるとなると、寝すがたもまた対人的な装い――からの一種になる。見た目はちがっても、毎夜ちがう長襦袢を着て床に横たわった奥様と、その心根は変わらない。

“わたしのナイトウエアはシャネルの五番”というハリウッド女優の発言は、白人としてはめずらしいくらい滑らかな肌をもっていたらしい彼女の、やや傲慢なウイットだったのだが。

寝具

寝具は寝道具、また夜具ともいう。おもなものは掛ぶとん（布団、蒲団）、敷ぶとん、まくらの三種で、これはたいていの地域と時代を通してほぼおなじ。外国では床に直接ふとんを敷かないで、厚地のマットとか、木製金属製の寝台とか、オンドルや暖炉の上とか、あるいは逆に風通しのよいハンモック風のものの上とか、ヴァラエティがあるようだが、ぜんたいが温帯域のわが国ではそう変わったスタイルもない。ここではほぼ中緯度の地域――関東、関西を中心に考える。

＊　＊　＊

掛ぶとんについては、現代と明治時代とのあいだには大きなちがいがある。それはいわゆる掻巻《かいまき》のたぐいが、ほとんど完全に消滅したことだ。掻巻は襟と袖とをもっている、衣服のかたちをしたふとんだ。だから袖夜具というい方もある。このかたちの夜具の歴史は古く、平安時代にさかのぼる。江戸時代に掛ぶとんといえばこれをさした。積夜具《つみやぐ》をした場合、一番上に載せた掻巻の黒い襟が三角形に盛りあがって、かたちよく、りっぱにみえる。

夜具のたぐいも地域によってよび方が微妙にちがい、夜着と掻巻を区別して、掻巻は夜着のやや小形のものをさす地域がある。東京地方がそうで、その場合、夜着は綿の入り方もすこし厚めで、袖下に火打ち（燧《ひうち》）という三角の襠《まち》がついている。また、より大形の夜着で、左右の後身頃のあいだにもうひと幅の布が入る、背入夜着というものもあった。しかし夜着、掻巻がだんだん廃れてゆく過程のなかでは、たいていのひとはそんな区別を知らず、掻巻とよんでいた。

掻巻の利点は襟や肩がしっかりとくるまれて、温かいことだ。暖房のなにひとつない明治の日本家屋の冬の夜など、年寄りにはかけがえがなかったろう。祖父といっしょに寝かされる小さな子が、大きな袖のひとつから頭を出していたりする。

掻巻の欠点は、不衛生になりやすいことだ。要するに大形の綿入きものだから、洗濯が容易でない。何年も洗ったことがないのはむしろあたりまえだった。

＊　＊　＊

夜具の近代史のひとつの方向は、より清潔に、というプロセスだ。掻巻はもちろん、掛ぶとんにはふつう黒いビロードの襟がかかっていた。これは毛羽だった表面のビロードは汚れがつきにくい、ということもあるが、それが黒だということは、汚れがわかりにくいということでもあった。旅館の掛ぶとんにも黒襟のかかっているものがあった。森鷗外の『青年』（1910）のなかに、田舎の安宿の夜具の描写がある。

布団は縞がわからないほどよごれている。枕に巻いてある白木綿も、油垢で鼠色に染まっている（おそらく一八八七年（明治二〇年）前後が舞台）。（森鷗外『青年』1910）

からだをくるんで寝るふとんについては神経質なひとも多く、ずっと後の時代でも、避暑旅行に掻巻と敷ぶとん持参、というのが流行した時期があるらしい。もちろんこれは書生や女中を同伴する上中流階級のはなしだが（後藤宙花「流行欄」『新小説』1903/8）。

ふとんを清潔な白い布で覆うことは、病院や、外国式の営業をする

掻巻をかけて眠る子

橋本周延画、「うつし絵」挿絵、『改新新聞』1888（明治21）年2月18日

ホテルなどでは、当然早くからおこなっていた。その心地よさの経験からか、一八九〇年代（ほぼ明治二〇年代）後半には、家事教科書や病人看護の手引き書などで、夜具の清潔、とくに白いカバーの使用が勧められるようになる。

シーツの使用が一般家庭でふつうのことになるのは、一九〇〇年代（ほぼ明治三〇年代）に入ってからのことだろう。一九〇九年の婦人雑誌にこんな通信販売記事がある。「夏期になると、布団の敷布が最も必要になります。清潔な敷布を用いることは衛生上によいばかりではなく、布団も汚れませんから経済上にも好都合です」（『婦人世界』1909/6）。甲、乙、丙三種の敷布の値段は、それぞれ七五銭、五八銭、四〇銭。

もちろんそれ以前にも断片的な使用例はある。都新聞の連載小説「近世実話　五寸釘寅吉」中に、ある裕福な寺に強盗に押し入った主人公の寅吉が、住職が寝床から「這い出でんとするを取って押さえ寝床の敷布《しきぬの》を裂いて手足を縛り、ヤイ金を出さねえか、と脅迫すれば」とあって、その情景の挿絵がある。この作品は一八九九年（明治三二年）前半期の連載で、対象になった事件はほぼ一〇年前とされている。敷布云々までを実話のうちに入れる必要はないにしても、一八九〇年代が、敷布の普及の途上期だったとはいえそうだ。

初期の敷布は現在のように敷ぶとん全体をくるむのではなく、幅の狭い布であたまと裾の部分だけくるみこんだ。だから敷ぶとんの左右がそのまま見えていて、なるほどそれで清潔の目的には合致するし、ふとん柄も楽しめるのだから合理的なのかもしれない。

また、現在の掛ぶとんカバーのもととなるような工夫——ふとんの裏に白木綿をつける、というアイディアも一九〇〇年代（ほぼ明治三〇年代）にははじまっている。ことに襟の部分については、枕の覆い布とともに、簡単に取り外して洗濯できる工夫が婦人雑誌などでも紹介され、各家庭に浸透していったものと考えられる。ホテルや旅館のその種の寝具についても、一九一〇年代（ほぼ明治四〇年代）には、その衛生に関する規則が〈宿屋営業取締規則〉に盛り込まれている。

＊　＊　＊

夜具としての毛布の使用がいつごろはじまったかははっきりしない。毛布自体は早くから普及していたので、個々の家庭では使われていただろう。一九一〇年代（ほぼ大正前半期）にはいろいろなデータが現れだす。欧州大戦末期に綿繊維が高騰したため、これまでの綿の入った木綿のふとんに代わって、比較的安い毛布を使う家庭がふえた。これはとくに、寄宿舎などでは顕著だったが、もちろん軍隊ではもっと早くからそうなっていたはずだ。

明治時代を境にして、寝具のなかで大きく変わったものは枕だろう。それはなによりも髪形が変わったためだ。あたまに髷を結っていた時代は、後髪や鬢《びん》をつぶさないように、後頭部を木製の堅い枕にのせて休んだ。木製の枕を箱枕というが、真ん中がくぼんだ船底枕あるいは高枕というのもあって、おもに女性が用いた。維新とともに男は散髪になり、もう木枕をつかう必要がなくなって、そば殻などの入った括り枕になった。女性が括り枕を使うようになるのはもちろん束髪以後のこと。高枕には上に茶筒のようなかたちの柔らかい小枕がのせてあるから、堅くはないが、慣れないと首が痛い。はじめて洋風のベッドで、羽毛のクッションにあたまを埋めた日本の女性は感激したにちがいない。もっともその転換期に「枕問題」という考証を書いた著述家村井弦齋は、あまり柔らかい枕にかならずしも賛成していないが（『婦人世界』1914/2）。

美容

化粧

化粧の近代八〇年は、あたらしい化粧料の発展と、その利用の内容をたどることによって、ほぼ理解されるのは当然だが、あわせて、化粧する目的をめぐっての、さまざまなたて前と本音、また誤解や偏見の推移をみることも興味ぶかい。

江戸時代の女訓書の、女の身だしなみとしての容粧の教えは、その流れをひく実用書のたぐいのなかでは、明治の末まで大きく変わることはなかった。

婦女の化粧とて其の顔色や頭髪を艶《いろ》どり形づくるは、強《あなが》ち男子の眼を悦ばし且つその意《こころ》を迎うる為のみにあらず　是れ婦女の礼式に係りて深き趣意のあるものゆえ其の心得にて化粧すべし（……）若し婦女にして此の化粧をする事をせねば、何を以て其の天性たる繊弱柔和の姿趣を写出して、以て天恩に対《こた》うるの義務を尽くす事の出来べきものぞ（……）。（伊東洋二郎『絵入日用家事要法』1889）

この本では化粧の章の第一項が、鉄漿《かね》つけの教えになっている。

第一　鉄漿は一日置きにかならず之を附くべし　尤も之を附ける時は朝起きて顔を洗いたらば先ず竈《かまど》の下に火を焚附け湯を沸かし飯を炊き汁を煮立て漬物を出し前腕を揃え父母舅姑夫などの起きるまでの間に手早く済まし置くを可とす

この本の出た明治二二年は、皇后・皇太后が鉄漿、黛《まゆずみ》を廃し、福沢諭吉が『かたは娘』を刊行した明治六年（一八七三年）から、すでに一五年以上経過している。長いあいだつづいた習慣は、そうかんたんには終わらなかったようだ。しかし第六項で著者は、身分や顔姿《かおかたち》年齢に似合うような髪型をえらぶよう勧めているなかで「近年は束髪とて髪の結び方一種風の変わりたるもの世に行わる是にも又唐人形英吉利風まがれ糸上げ巻下げ巻おばこ形などの別ちあれば何れも此の中より似合わしき形を撰び分けて結うべきなり」とあって流行の束髪を勧めているところをみると、一概に頑なな、あたらしいもの嫌いではないらしい。

人妻の化粧はこの本にあるように、家族の起きる前になすべきものとされていた。とりわけ、夫に素顔を見せるのは恥、という考え方もあった。だからもちろん隣の奥さんが心がけのよい女性であれば、その素顔を見る、などという機会はまずなかった。

もっともそれはむかしのはなしで、明治四三年のいまでは、主婦が鏡の前に向かう時間のいちばん長いのは、朝食の後片づけ、掃除などがおわったあと、毎日だいたい二〇分、という調査もある（燕友堂「婦人とたしなみ」『流行』白木屋、1910/1）。

さらに時代がすすんだ大正時代（一九一〇〜二〇年代はじめ）、一日夫が家をあけるサラリーマンの家庭で、子どものいない奥さんは、早い時間のまだすいている銭湯に行き、ゆっくりと化粧をすませてから夕餉の支度にかかる、というパターンもあった。作家の森田たまが兵庫県の西ノ宮あたりに住んでいたとき、夕ぐれどきになると、夫の帰りを待って門口にたたずんでいる妻たちの、夜目にも真っ白にお化粧した顔を見て、廓《くるわ》で客待ちをしている女たちを連想した、などと意地のわるいことを書いている。

この時代の女性はよく寝化粧をした。休む前に白粉《おしろい》をつけておくと、明朝化粧するときに白粉がのりやすい、というのが理由だったが、皮膚のためにはよろしくないという、医師の警告もある。しかし寝化粧は人妻にとっては、枕を並べる夫へのサービスという目的もあったにちがいない。また晩年まで化粧の濃厚さでは人後に落ちなかった宇野千代は、入浴の際の湯化粧をつねとしていることを、くわしく書き残している。

　幕末のことになるが、『半七捕物帳』「薄雲の碁盤」は、器量よしで知られた芸妓が殺されて、その首だけが碁盤に載せられていたため身元がわからなかった、というはなしだ。その女の顔には薄あばたがあった。しかしその器量よしの芸妓にあばたのあったことを、いっしょに寝起きしている朋輩も知らなかった。幕末の江戸芸妓は薄化粧で知られている。それでも素顔をひとに見られたくないため、まだひとの寝ている時間に起きて、念入りに身じまいをしてしまうひとはいるわけだ。

　素顔を見せないことが人前に出るこころがけであるとともに、化粧という行為そのものもひとつの秘事のように考えられていた。それが同性であれ、他人の目のあるところで顔をいじるのは、はしたない。それに明治の末に棒口紅やコンパクトが現れる以前は、化粧を外出先で直すことはむずかしかった。化粧した顔はそのまま一日持って歩かなければならなかったため、一種の面をかぶっているような認識が、当人にもまわりのひとにもあったかもしれない。ちょっとお手洗いで化粧直しをする、という習慣もまだなかった。第一、手軽につかえるようなお手洗いのある、駅も、デパートも、喫茶店もなかった。


　電車の中やその他人混みの場所で、ところ構わずコンパクトをだしてパタパタ顔をはたき、果ては衆目を浴びつつ口紅までも御念入りに塗っている人達をよく見受けます。(……)人の見ない場所でお化粧して、そしてコテコテやっていないように見せてこそ、はじめて婦人の身だしなみとなるのではないかと思います。(平田信子、朝日新聞 1935/6/18:5)

　筆者は、あれでは、こうしなければ私は駄目なのです、と自分の弱点を告白することになる、と言っている。しかしたぶん化粧していた女性は、弱点があるから化粧して、なにがわるいのか、と反論するにちがいない。しかし不美人が化粧して、さも美人であるかのようにふるまうのは、ひとを——たとえば恋人や夫を、あざむくことにはならないのか、という疑問はありうる。

　夫がおとなりの奥さんを、きれいだね、と言ってほめると、お化粧が上手ね、といった返事をする妻が多いのは、化粧の嘘を、女性はチャンと知っているためだろう。

　首を落とされた「薄雲の碁盤」の芸者の気持ちもおなじで、やつして(欠点を隠して)きれいに見せているんじゃなく、あの妓はほんとの器量よしなんだと、言われたかったのだろう。その気持ちは現代でも、眼に立つ傷跡やアザ、大きなシミや、若白髪をもつひとなどには、理解されるはずだ。

　化粧することへの反感のなかには、覆い隠そうとすることの嘘への反発のほか、消費される時間や金、神経が、ほとんどは自己愛にとどまっていることへの軽蔑もある。

　また化粧の呪縛から離れられない女への憐憫のなかには、顔を化粧することと、美しくなることを同一視している錯覚に気づかない愚かしさへの憐れみもある。また、顔や、それにつけくわえるなら十本の手の指、もう十本の足の指だけにしか、きままな自己実現のキャンバスが見いだせない幼さへの、いとおしみがある。

　逆に、化粧しないことへの批判も——芸者仲間で嫌われたあの、素顔自慢という傲慢さや、いい年をして、などと言われることばかり気にしている臆病さを、笑うひともある。

和風濃化粧

　一時的な流行をべつにすれば、日本の女性はつねに、肌の色の白い美しさを、ほかのなににもまして憧れてきた。七難隠す、といわれたとおり。それを実現するために用いるのが白粉《おしろい》だから、白粉はいつも化粧料の主役だった。

肌の美しさを損なうのは色黒だけではない。とりわけ疱瘡は器量さだめといわれ、大正の初め頃までは、白粉で隠せる程度のうす痘痕《あばた》まで入れれば、町なかでザラに見られた。アザ、傷跡などはべつとしても、そばかすや、多すぎるほくろ、しわ、シミ、不健康な顔色の悪さなどは、どれも美しさを損なう。しかし白粉を厚塗りすれば、それらはたいていわからなくなってしまう。白粉を厚塗りした顔は白壁とおなじだから、健康な血色のよさは隠れて、生気のない顔になる。唇や頬そのほかにうっすらと紅をさせば華やかな顔にはなるが、それは健康な素顔のツヤとはちがう。また素人の女性は、ふだんはあまり紅は用いなかったようだ。

眉をおとし、歯を黒く染めて、髪の生えぎわから背中の奥まで白塗りする化粧法が、東京下町の商家のお内儀の、一八八〇年代（ほぼ明治一〇年代）までの標準的な化粧法だった。しかしそれでも、上方女性にくらべればずっと淡粧といわれていた。山の手のお屋敷の奥様方もそうだったが、かつて武家の女性は、家にいるときは町家の女性ほど化粧しなかったというから、その風はつづいていたろう。

東京の素人にて中流以下は殆ど化粧の法を知らぬという如き有様にて、極めて淡泊《あっさり》づくりというのは

一八九七年（明治三〇年）九月の『都の華』の観察だが、その淡泊は、あくまでもその時代の基準だ。ただし、化粧は住む環境のもたらすものであるとともに、そのひと個人の問題でもある。となりあって、似た商売で、暮らしむきも変わらないのに、一方の奥さんは白塗りの厚化粧、もうひとりの奥さんはいつも素顔同様、といったことは、いつの時代でもめずらしくない。

江戸の女の淡粧は、天保改革の贅沢禁止の余波が、幕府のお膝元ではあとあとまで尾をひいたためともいうし、威勢のいい木場職人を相手にする深川芸者が、気っぷのよさに染まっていたのだともいう。髪は油をつけない水髪で、寒の内でも素足、襟をぐっと引き下げて寒風でも〝ああいい気持ち〟と痩せがまんする、そんな妓に厚化粧はそぐわない。

一九一〇年代（大正の前半）頃には、いろいろな点で江戸風はもう過去のものになりかかっていた。そのころ二〇年ぶりに東京に出てきたひとが、東京の女の顔が白くなったのには想像以上でおどろいた、と言っていたそうだ（前田曙山「女の白さと江戸趣味」『風俗画報』1916/1）。

深川芸者に代表されていた淡粧は廃れて、女性はだれもべっとりと白塗りをするようになっていた。日露戦争後、しばらくして欧州大戦に入ったこの時期は、女性の身なりの贅沢さが加速していた。攻撃の的になりながら、そういう贅沢のモデルになっていたのは、さいしょは帝劇の、それから活動写真の女優たちだった。もりあがるような女優髷に結った彼女たちの、ブロマイドのなかの笑顔は、例外なく白壁のように塗られている。

芸者のなかにさえ、むかし風に薄化粧が好き、なかには化粧嫌いとさえいわれる妓がいないではなかった。しかしそんな芸者は、あの妓は肌じまんなのさと、蔭口を言われるのを気にしていた。

＊　＊　＊

白粉については、気にかかるひとつの問題があった。それは白粉の成分である鉛の有害性についてだ。この問題が提起されたのはずいぶん古いことで、一八七八年（明治一一年）に、脱疽というおそろしい病で手足を失って死んだ名女形三代目沢村田之助や、そのあと井上伯爵邸での天覧歌舞伎で発病した、四代目中村福助の事件が、世の中に衝撃をあたえている。しかしそれはあくまでも、大量に白粉を使わなければならない役者のことで、素人の女性には関わりないことと、一時は信じられていたものが、それどころか母親のつける白粉が、乳児の脳膜炎の原因になっている可能性がある、という意見が現れ、問題が再燃した。無鉛白粉の製造、販売は一八九〇年代半ば（ほぼ明治三〇年前後）からお

こなわれだしているが、法的規制はかなり遅れている。

　母親の白粉が乳飲み子に害を与えた理由は、日本女性の白粉の習慣が関係あるにちがいない。この時代はまだ江戸時代の、きものの前をひらき気味に着る着方が残っていた。そのため女によっては、白粉を乳のあたりから、大げさにいえばヘソの近くまで塗るひとがあった。近松門左衛門の『心中宵庚申』(1722)のなかのセリフ、「女の懐には鬼が棲むか蛇が棲むか」といった時代ほどではないにしても。

　日本髪の髱《たぼ》(後髪)がつきでて、抜き襟をしなければならなくなった時代には、首筋から背中の方まで、顔とおなじように白塗りをした。この襟あしが、その時代の男にとってはたまらなく色っぽいものだったらしい。そのため化粧するときは肌ぬぎになって、溶いた白粉を刷毛で背中の方まで塗る。八代目桂文楽がよく演じた落語の「つるつる」では、芸者が鏡台を前に肌ぬぎになって化粧をしているのを、おなじ家に住んでいる幇間《ほうかん》が、「(……)いいお乳ですね、麦饅頭に隠元豆をのせたよう(……)」とからかう場面がある。この時代の女性、とりわけ芸者稼業の場合は、現代ほど、乳をみせることを恥じもしなかったらしい。

　襟白粉が欠かせなかった時代、銭湯の鏡の前は、顔から背中にかけてのお化粧を長々とする女性たちで、わりこむのも大変だった。一八七六年(明治九年)の新聞に、「一体湯屋へ行って白粉をつけるというのは芸妓か茶屋女に限るようだが、この節は立派な表店の娘たちが我も我もと始めましたが、品行の悪いことではありませんか」という記事がある。

　胸や首すじを白くする化粧法は、昭和期(一九二七年〜)に入るころから、若い女性の間からはじまって廃れだす。きものの襟をつめて着る、女学校風の着方が支配的になったことがそのなによりもの理由だろう。それに対しては、近頃の娘は顔ばかり白いが、首すじは真っ黒、という、老通人からの小うるさい呟きがしばらくのあいだつづいた。

洋風肌色化粧

　第二次世界大戦前に日本を訪れた外国人が、日本女性を見て奇異に感じたことのひとつは、お面のように顔を白くぬっている化粧法だった。このぬり方は、一般には一九二〇年代(大正末〜昭和初め)頃までだったが(「春のお化粧」東京日日新聞 1924/12/25: 6)、大戦後でも花嫁さんや、踊りの舞台化粧、花柳界、とくに京都の舞妓さんの化粧法に残っている。舞妓さんもいいが、あの顔だけは気味がわるい、というひとは現代では少なくない。

　有鉛白粉《おしろい》の規制は、一九〇〇年(明治三三年)の〈有害性着色料取締規則〉でも禁止対象からはずれるなど遅々としていた。その理由は、白粉が皮膚から吸収されることはほとんどないこと、無鉛白粉はつきが悪いこと、という事実があったためだ。

　一九〇三年(明治三六年)に警視庁の担当部長はつぎのような見解を公表した。鉛毒はひとの想像するほど甚だしいものではないが、なるべくなら無鉛の白粉を用いて薄化粧するように、また女学生が通学時以外に白粉を使うことも差し支えない、そしてさいごに、「白粉を用いるは間接に身体清潔保持のうえに影響して、衛生に叶うものなり」と。この時点で、東京府下で製造されていた白粉八六種中、まったく無鉛のものは二〇種、と報告されている(「有害白粉と無害白粉」読売新聞 1903/8/30: 3)。有鉛白粉の全面製造停止は何度かあったが、しかし有鉛白粉は、白塗りをぜひ必要とする花街や芸能人のあいだでは、パッチリと呼ばれてその後も相変わらず使われ、第二次世界大戦後の油製ドーラン化粧の出現までつづいた。

一九二〇年代はまだ白塗りの時代ではあったが、当時の新聞にはいつも、和風濃化粧と、洋風薄化粧を比較する宣伝記事がのっている。白粉のつきをよくするための、それまでの蝋や油製の白粉下地に代わって、クリームなど牛脂や乳製品の化粧料が舶来し、やがて日本でも製造されるようになる。舶来化粧品は高価だった。しかしいままで嗅いだことのない香りだけでなく、そのカタカナ名前も、ボトルや紙箱のデザインも、モダンで、夢があった。西洋の化粧品は、日本人の肌にはむかないといわれた時期もあったが、やがて刷毛で固練りの白粉をぬりつける和風化粧は、婚礼の着つけだけに残るようになる。お面をかぶったような白塗りの花嫁さんを見て涙を流す母親のそばで、無遠慮に笑いだす弟のいる時代になっていた。

白塗りの厚化粧を避ける風潮は、女性の教育水準の向上とも関係するようだ。「お化粧がいくぶん薄めになったのは、一般婦人の審美眼の高まったように、嬉しく思われます」と語っている美容師は、やや高いところからものを言っているように聞こえるが（「梅咲く頃のお化粧」都新聞 1920/2/9: 4）、女学校や専門学校出の美容師たち、なかでも女子美術学校を出た日本画家でもある早見君子や、芝山みよか等の発言は、それを欧風といってもよいが、より自然な、生きた人間らしい女性美の方向をめざしていた。

白いお化粧をしない、少なくとも都会の女性は、ちょっとした工夫だけで、むしろ、生きのよい小魚のような、ピンピンした肌の美を、公開することが出来るかと思います。（早見君子「肌の美を誇る白粉抜きのお化粧」『婦人画報』1929/7）

お盆のような白塗りが女の顔と信じられた時代ではなくなり、とりわけ男性とたちまじって働く職場などでは、化粧した顔や白粉臭さは場ちがいに感じられ、あまり賢い人間ともみられなくなった。若い女性の生毛の見えるような素肌が、健康的で、周囲から好感をもたれることも多かったろう。

より現代の女性らしいお化粧の特色は、第一に、肌を白くすることばかりに気を使うのではなく、眼と唇を強調することであり、第二には、自然の皮膚の色やハリを生かすことだった。この第二の目的から、肌色の白粉が製造され、使用される。白粉に紅を混用する化粧法は以前からあったが、多色の白粉が発売されたのは、一九一七年（大正六年）の資生堂「七色粉白粉」がさいしょといわれ、そのあと各社が追随した。欧風化粧のひとつの特徴は、顔を立体的にみせることだ。日本でも鼻を高くみせる化粧法などはあったが、それは白粉のぬりようの工夫にすぎなかった。一九二〇年代以降の肌色練白粉は、やがては花嫁の白塗り化粧にさえ部分的に利用される。

＊　＊　＊

乳製品である外来のクリーム類が使われるようになったのは、一九〇〇年代（ほぼ明治三〇年代）だった。一九〇八年（明治四一年）の東京日日新聞は、前年を日本化粧史におけるメルクマールの年として、洗い粉とマッサージクリームの使用がはじまったことを、特集で紹介した（「東京女風俗」東京日日新聞 1908/6/5: 6）。マッサージクリームは、当時評判になりはじめた美顔術で使用されたものだった。

一九三〇年代（昭和五年～）になると、コールドクリーム、バニシングクリーム、ハイゼニッククリームなどのさまざまの種類のものが、いろいろと魅力的な効能がきによって各社から宣伝、発売されるようになる。そのはじめの時期、一九三〇年（昭和五年）の、東京市内における化粧品の販売額統計によると、クリームの販売額の増加がとくにいちじるしく、その理由は、むかし顔を洗うのに石鹸を使うのが贅沢と思われていたように、クリームにもそういうときがあったが、今はクリームの使用が一般常識になったため、と業界発表は分析している（「化粧品の消費状況」報知新聞 1931/10/8:

9)。直接皮膚の化粧には関係ない薬効クリーム――ホルモン含有とか――や、男性用のクリームまで現れて、化粧品メーカーの宣伝広告は、毎朝新聞をひろげる女性の眼をうばった。

バニシングクリームと粉白粉で、出がけにかんたんに肌を整えられることは、朝の時間のきびしい職業婦人にとって恩恵だった。眼の化粧をするひとはごくわずかだったので、棒口紅一本もっていれば、帰宅まで顔の心配はしないでよかった。棒口紅と、小さなバッグのなかにも入るかわいいコンパクトの普及が、有職女性や学生だけでなく、女性の外出にとってどんなに役だったことだろう。

現代のお化粧――これは化粧水とバニシングクリームを基礎に、その上に粉白粉をはいて仕上げるお化粧の仕方です。（小幡恵津子『整容』1940）

肌の手入れ／美顔術

日本女性の化粧は、顔、襟もとに白粉《おしろい》をぬることが中心だったから、肌そのものの手入れには関心が低かった。江戸時代から何種類かの化粧水は売りだされているが、宣伝ほどの効用があったのか、その成分とともによくわからない。

明治に入ってのちも、何々水とか何々液とかいう化粧水のたぐいが、つねに新聞広告に見られ、かなりの売れゆきがあったらしい。おもに白粉下に使われていたものだろう。

＊　＊　＊

そのころの肌の手入れで忘れることのできないのは、ひび、あかぎれ、霜焼けの手当だ。日中戦争のはじまっている一九三九年（昭和一四年）という時代になっても、新聞の家庭欄にこんな助言がのっている。

寒風にさらされた手のヒビから、知らぬ間に血が出て、着物を汚すことがあります。そういう時には、生大根か唾でぬらした後で、布でしめし取るとキレイになります。大根より唾の方がよく利きますが、もし唾がなければ、含み水をして口中の温度に暖めてからぬらすか、綺麗なものなら直接口にくわえてしめしてもよいのです。（朝日新聞 1939/1/5: 6）

洗濯や食器の洗いあげに湯沸し器のお湯を使えるようになるのは、一九六〇年代（昭和三〇年代後半～四〇年代前半）以後のこと、真冬は指先の切れそうな水道の水に手を浸けて、洗濯が終わるころには手は無感覚になっている。ひびや霜焼けは子どもや若いひとにできやすかったから、冬の花嫁さんの手が真っ赤に膨れていて、白粉のつけようがないと、美容師が嘆くようなこともあった。そんな女性のために、ひび霜焼けの妙薬という黒い膏薬が、水に手を入れる商売のお豆腐屋さんで、蛤の貝がらに入れて売られていた。

＊　＊　＊

美顔術と名づけられたフェイシャル・マッサージの美容法は、日露戦争直後の一九〇五年（明治三八年）頃に、男子理髪とともにはじまっている。蒸しタオルで皮膚を温めたあとマッサージクリームを擦りこみ、指先のマッサージと、カッピングによって汚れを吸収する、というのが基本的な方法だった。もちろん欧米人から学んだ技術だったが、だれからどういうかたちで伝わったのか、業界伝説はいろいろあっても、本当のところははっきりしていない。一般の髪結業者では、あいかわらず白塗り化粧がつづけられていたので、美顔術ということばの評判になったわりには、じっさいに施術する店はごくわずかだった。美顔術の功績のひとつは、クリームの使用を普及させたことだったかもしれない。

開拓者のひとり、遠藤波津子の理容館が美顔術を売りものに銀座に開業したのは一九〇五年（明治三八年）のことという（『遠藤波津子の世界』1985）。美顔術というネーミング自体があまりに率直すぎて、店の敷居をまたぐにはかなりの勇気が必要だったようだ。それから一〇年以上もたった一九一八年（大正七年）に、婦女界社の女性記者が、この時代の第一人者だった北原十三男の東京美容院を取材した。彼女は「あの門を入る私を見て、きっと、あゝあの人も顔のみ綺麗にしたいお仲間！と思われるでしょう」と躊躇している。そして、「これは丁度私達が婦人科のお医者様の門を出入りする時、人から子宮病の患者と思われはすまいかと気遣うのと同じ様なこと」とまで言っている。しかしその一方では、「けれども当今のお若い方々の中には、こんなところへ足繁く出入りする事をひとつの誇と思っていらっしゃる人さえ、ないではないそうです」とも言っている。

このとき婦人記者のうけた、マッサージと電気のカップリングの美顔術の料金が五〇銭、「矢っ張り心配した通り、如何にも御念入りの化粧を致しましたと、一目で知れるような顔になって居りました」（「美顔術をうけたときの思い出」『婦女界』1918/8）。

一九二〇年代（ほぼ大正末）以降になると、一般の髪結いさんでも、お嫁さんの支度には何日か前から店に通ってもらい、式の当日白粉のノリがよいように、肌の下ごしらえをしておく、ということをしはじめる。美顔術の看板はあげていなくても、その下ごしらえとは、クリームをよく指先で擦りこんで、簡単なマッサージをすることだった。やがてこのマッサージに、東京美容院の施術のように一種の電気器具が用いられたり、その器具を持参して出張施術する美容師も現れる。

＊＊＊

肌の手入れのひとつに、むだ毛の処理がある。日本の女性のなかにもわずかながら、口のまわりのうぶ毛が濃くて、めだつひとがある。髪結い——美容業者は剃刀をつかう訓練はしていなかったが、眉毛のそり

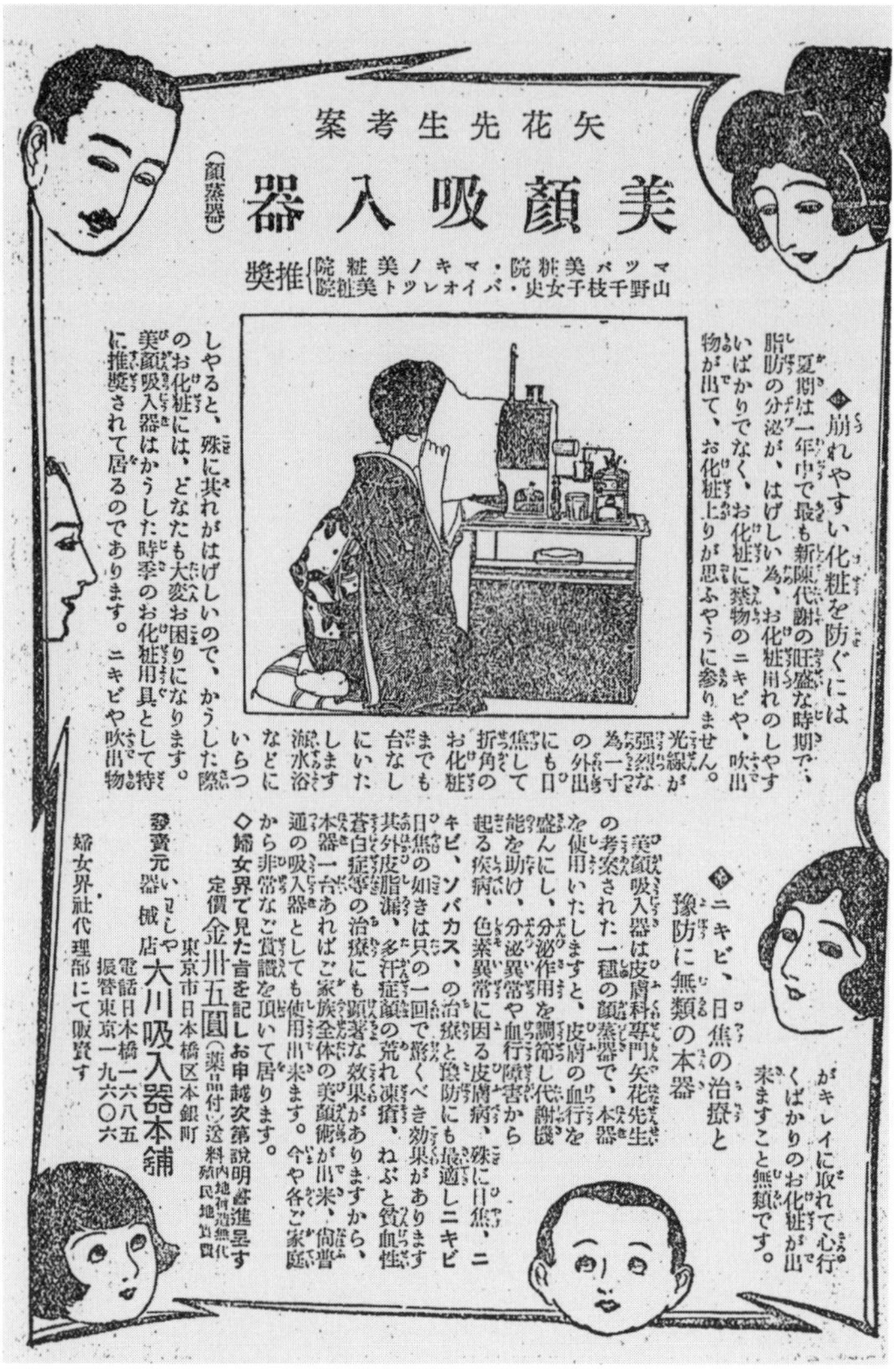

「矢花先生考案　美顔吸入器」
『婦女界』、1927（昭和2）年7月

込みなどの必要から、使い慣れてはいた。しかし剃刀で剃るとうぶ毛はよけい濃くなると信じられていたため、たいていは白粉を濃くぬって隠すようなことをした。

レビューの歌姫たちが、なぜあんなに美しく見えるのかご存じでしょうか。あれは何でもない、彼女らの頬や襟足のむだ毛が、キレイに剃られているためです。どんなにそれがために、スッキリと垢抜けて見えることでしょう。（「女性と顔剃り」読売新聞 1935/11/12: 9）

新聞の家庭欄にこの記事を書いたのは皮膚科の医師で、女性の毛が顔剃りで濃くなるというのはまちがい、と指摘している。

手足のむだ毛に関心が及んでくるのは、一九三〇年代（昭和戦前期）のこと。オキシフルで脱色する方法や、脱毛剤を勧める記事も現れる。もっと厄介なのは脇毛の処理だった。欧米の女性は日常的には脇毛を気にしない。南ヨーロッパの一部地域をのぞけば、袖のない衣服を着るような風土でないためだ。日本の夏は下層民の女でなくても、袖無しを着、腕を捲るのはふつうのことだったが、その場合、脇の下の毛を気にしたような事例があったろうか。開化まもない一八七五年（明治八年）の八月・五日の読売新聞に、汗をかいたとき邪魔だと言って、脇毛を抜いているひとがいるが、一体脇毛はなんの役にたつのだろうか、という投書があった。明治以後の化粧する女のスナップを見ても、脇毛はそのままにしているらしく、またとくにそのことにふれている資料もみあたらない。一八九九年（明治三二年）の中将湯の新聞広告では、医師が大丸髷の女性を上半身裸にして診察している絵が出ているが、その人妻には黒々と脇毛が描いてある。

一九三〇年代に入った頃から、なぜか脇毛への関心がつよくなっている。「日本の婦人は洋装しても、脇毛をそのままにしているのが大半である」というある医師の発言もあったが、一九三〇年（昭和五年）前後には、すでに「エワクレーム」といった脱毛クリームが発売されていた。脇の下を見せるのが刺激的、ということは浅草の舞台などではよく承知されていたらしいが（「脇の下」都新聞 1919/6/5: 5）、脇毛を剃る、あるいは脱毛するはじまりは、おそらく外国映画の影響だろう。

腕を出すからには脇毛はなくしておきたいものです。外国人のそれに比して日本人の脇毛は黒々していますから、その存在性は実に明瞭すぎて困ります。脇毛を無くするには脱毛剤を用います。（メイ・牛山「腕と手のお化粧」『婦人世界』1932/6）

香水

からだや衣服、また身辺に、香りの高い動植物のエッセンスを用いることはどんな文化にもある。その一方で、食物やからだ、環境から出る臭気を消すための工夫もあり、このふたつがまざりあって、そのひと、その家、その街、その文化独特のにおいを生む。

基本的な条件としては、壁で囲んだ密閉型の建築構造は、当然のこと、においがこもりやすい。また動物をおもな食料としている食生活の方が、食べもの自体も、食べるひとにもにおいがあるだろう。その意味では、風通しのよい木造住居のなかで、植物主体の食生活をしてきた日本人は、無臭民族というのに近いかもしれない。農家のなかでそれとわかるにおいは、家畜がいなければ、ふるい木材と、微かな藁のにおいくらいだ。日本のにおいの伝統として、香道をあげるひともある。しかしそんなことに関われたのは、ひとつかみともいえない、わずかのひとたちだけだ。

＊　＊　＊

明治までの日本女性から香ってくるのは、もちろん化粧のにおいだったろうが、なかでいちばんつよいのは髪油のにおいだったはずだ。髪油につかう香料は香水の原料と変わりなく、香水の蒸留水やアルコールの代わりに、各種の油をつかうだけのちがいだ。大相撲の力士のそばによると、なによりも鬢付油がつよくにおう。髪油は男女ともつけるので、男女とも髪を長くのばして髷を結っていた江戸時代のひとびとは、なんのにおいよりも、この鬢付油のにおいに慣れていただろう。

江戸時代の女性があまり香りものを使っていなかったのは、髪油のにおいと紛れてしまうためと思われる。江戸初・中期の、まだ複雑な髪型を油で固めて結っていなかった時期には、衣服に香を焚きしめる女性のすがたが、初期浮世絵の一枚絵になっている。

日露戦争以後、一九〇〇年代後半頃（明治四〇年前後）から、油をほとんどつけない廂髪の束髪が流行した。この時代、夏など混んだ電車のなかで、女性の髪の悪臭はまわりのひとを閉口させたらしい。女性が頻繁に髪の毛を洗うようになるのは、洋髪の時代に入ってからで、それ以前、水道設備も不完全だったため、髪の汚れは丹念に櫛ですいてとるしかなかった。とりわけ関西の女性は、髪を洗うことを嫌ったといわれる。

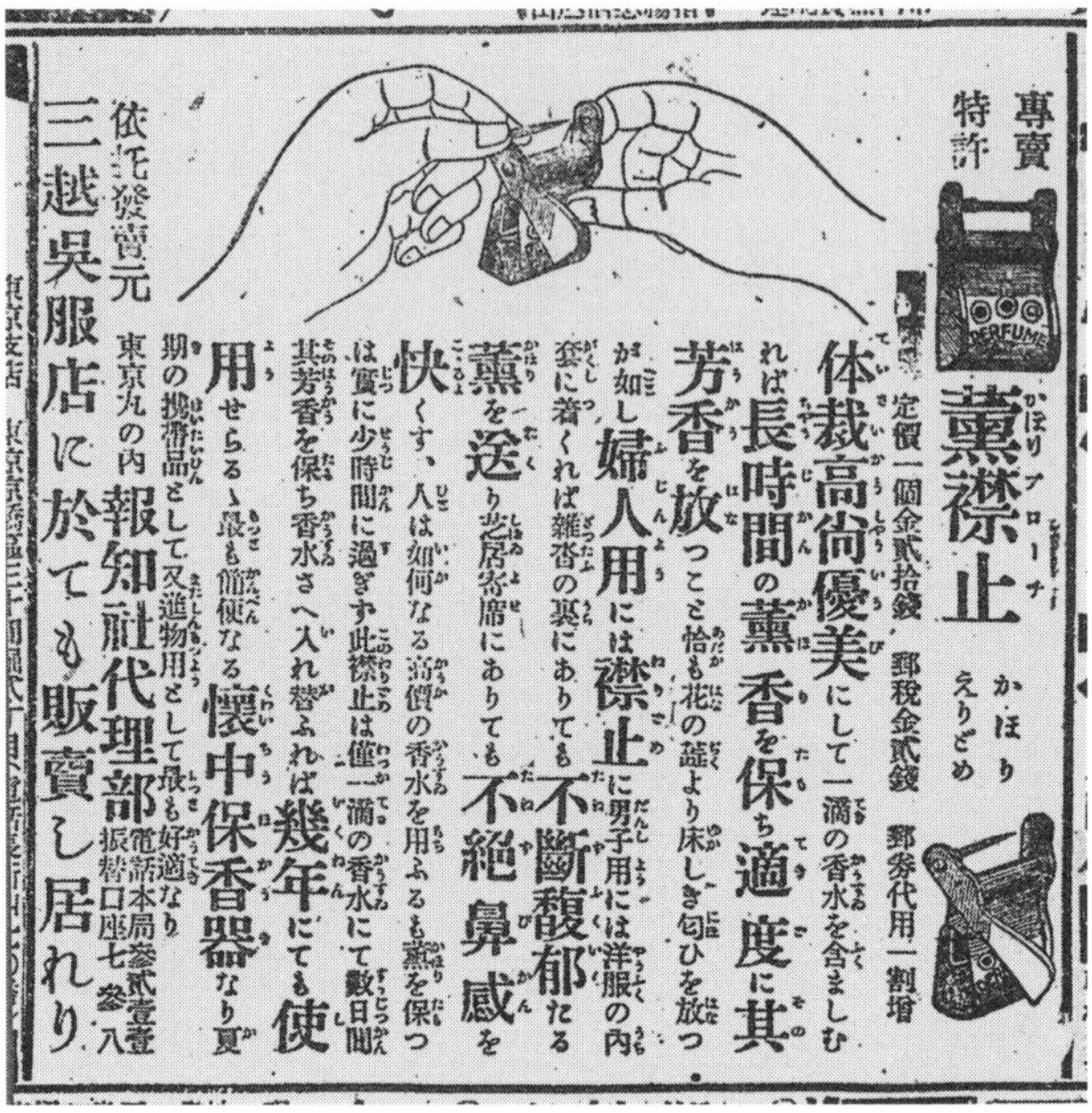

「薫襟止（かほりブローチ）」
『報知新聞』1908（明治41）年6月8日（夕刊）

悪臭をなにか香料で紛らわせようとする方法は、たいていの場合うまくいかない。また、ある女性が使う何種類かの化粧品は、それぞれが香りをもっているため、その相乗効果もかならずしもよい結果をうまない。化粧品メーカーがその点に留意して、無香料の化粧品を製造するようになるのは、かなり後のことだ。一九二〇年代（大正末〜昭和初め）以前の白塗り化粧が全盛だった時代は、化粧した女性のにおいはほぼ白粉《おしろい》のにおいだったはず。〝白粉臭え女を云々〟などというセリフが、舞台でもよくきかれた。

＊＊＊

明治大正の時代に、衣類に香を焚きこめる、というような手間のかかることはさておき、古風な匂い袋を袂に忍ばせるような女性が、どれほどいたろうか。しかしともあれ、第二次世界大戦前までは、東京横浜の小間物屋でも、京都製の何種類かの匂い袋は店頭にあった。匂い袋に使われるのは、丁字、甘松《かんしょう》、茴香《ういきょう》、麝香、白檀、龍脳《りゅうのう》など、伝統的な植物香料が主体で、よしありげな名称によってその配合がきまっている。これらは扇子にも使われるが、だんだんと、嗅いでいるとなんだか気分が滅入るとか、お線香臭い、などと言いだすモダンガールが出てくるようになった。

瓶入りの香水は、海外輸入品のなかでももっとも古い品目のひとつだった。またすでに一八七八年（明治一一年）という早い時期に、それまで舶来品にかぎっていた宮内省お買い上げ香水を、国産に切替える意向がある、という新聞記事もある。しかし家政書などに香水の具体的な紹介記事が現れるのは、それからかなり時代がさがって、二〇世紀に入ってからのことだ。これはやはり、それまでの日本風香料とのバッティングの問題も、大きかったためだろう。だから舶来のあたらしいものに惹かれやすい若い女性や、女学生たちなどの方が、香水のさいしょの重要な需要家だったかもしれない（「女学生の化粧術」読売新聞 1907/4/12: 3)。

香水はしょせん贅沢品だから、日本でも需要の拡大は、日露戦争後、第一次世界大戦中の好景気と並行している。一九一三年（大正二年）七月四日の読売新聞は、一般的に好まれているのはパリのピノオ社製品、通人むきにはウビガン社のもの、としている。また一九一七年（大正六年）の同紙は、資生堂の担当者談として、これまでの日本女性は濃厚な香りを歓迎していたが、最近はスッキリした香りを好むように変わってきている、と報じている。日本女性のこうした嗜好の変化は、長いスパンの調査でも跡づけられるらしく、おなじく資生堂による、最近になってからの総括の結果はつぎのとおり。

いわゆる舶来香水が甘くて重い香りから、五〇年の歳月を経て徐々に軽い爽やかな方向へとシフトしていることがわかる。これらの（舶来）香水には天然香料、とくに天然のフローラル、ムスクやアンバーが比較的多く使われていて、華やかで重厚な香りとなっていた（森下薫「日本の香り文化を振り返って」『日本の化粧文化』（『おいでるみん』特集号、資生堂、2002/12: 193)。

大戦後の香水の愛好者はさらに増加した。香水の取材に密着していた読売新聞は、「売れ行きが伸びて、素人でも敏感に匂いを嗅ぎ分けるようになった。品質がよくて安いのはフランス製」と報じている（「香水愛用の激増」読売新聞 1922/7/26: 4)。

オーデコロンの人気はやや遅れて、一九二〇年代半ば（昭和初め頃）。床《とこ》撒き香水などといわれた。香水の量を使いすぎる傾向のある日本人には、むいていたともいえるだろう。

石鹸

日本での石鹸は、開化後まもない一八七三年（明治六年）に、横浜にさいしょの製造工場が設立されているくらいなので、普及は早かったものとみられる。一八九八年（明治三一年）に都新聞社が石鹸と化粧水の人気投票を企てたとき、同社の調べた範囲で、石鹸、化粧水、白粉《おしろい》、歯磨き等の化粧品を製造している業者が東京市内に五六軒あった。各業者の商品から一種類だけが紹介されているため、ここではたとえば福原資生堂は衛生歯磨となっていて、じっさい石鹸を製造販売している業者の数はわからないが、五〇軒近い製造業者とブランド名があったのだろう。なかには金庫石鹸、戦争石鹸などという奇妙な名をつけているものもある。資生堂のほか花王、ミツワといった耳なれたメーカーも、明治の中頃には存在していた。しかしそのわりには貴重品だったのか、顔を洗うのに石鹸を使うのは贅沢と思われていたらしい。また、これは東京の話ではないが、漱石の『草枕』(1906)で、床屋の主人が、髭剃りに石鹸を使わないのを自慢にしていたりする。

石鹸は簡単にいってしまえば、苛性ソーダと油脂から製造されるが、さいしょのうちは植物油脂として外国から椰子油を輸入していた。それが一八七九年（明治一二年）に伊豆の新島で、椰子油に変わらない効能をもつ黒ダミの実が発見され、製造を試みたところ上質の石鹸が出来たとの記録がある（国産原料の石鹸）東京日日新聞 1879/1/27）。

生活実用品としての石鹸は、化粧石鹸、洗濯石鹸とも、国内の製品でじゅうぶん役にたっていたが、とくに顔や髪を洗うとなると、長い間の習慣や、舶来品崇拝の気持ち、また実際、ふくまれている香料の点で外国製品にはとても及ばない、ということから、米糠など伝統的な洗顔洗髪料の使用は関東大震災以後もかわらず、また高価な舶来石鹸の使用は第二次世界大戦による輸入制限までつづいた。

石鹸以前に洗濯のために使っていたのは、灰汁、いろいろな木の実や皮、石灰、米のとぎ汁などだったが、洗濯石鹸の普及は比較的早かったと考えられる。それは洗濯板の場合同様、近代前半期はまだ水道が各戸に通じてなく、洗濯はだいたい共同だったからだ。洗浄力の十分でなかった時代の洗濯石鹸は、フレーク状に削って、その水に洗濯物を一晩浸けておくことが勧められている。また白いものを洗うには、ソーダを併せて使うことも勧められている。

なお、洗濯石鹸のなかに、マルセル石鹸という種類があった。とりわけ物不足になってきた時代、庶民の間では高級品のイメージで流通していた。これはもちろんかなり昔のサボン・ド・マルセイユ（Savon de Marseille）の名を勝手に利用したもので、それとはべつに関係はない。〝○○マルセル石鹸〟というブランドは戦後もあって、やはり絹ものの洗いなどに使う高品質石鹸であるような謳い文句だった。

粉石鹸が現れるのは合成洗剤の出現後だから、ずっと後のことになる。合成洗剤といういい方は、従来の石鹸自体が、すでに人工物の合成による製品なのだから、適切ではない。石油を原料としたいわゆる合成洗剤はドイツで発明され、日本でも一九三七年（昭和一二年）に市販されるようになった。粉石鹸の普及は、言うまでもなく電気洗濯機の普及と並行しているので、戦後のこと。

＊　＊　＊

石鹸以前に洗顔や入浴で使われていたのは、植物性の洗い粉か、糠袋だった。糠袋は簡単なものだから、裁縫のお稽古でも作られたが、小綺麗な既製のものを糠屋の店頭で売っていた。また表面のザラついている布を、垢擦りと称して、かならず銭湯には持参した。呉絽フクレンという生地はほかの用途以上に、とにかく垢擦りとして重用された。とくに男性は糠袋なんぞは嫌って、手拭や垢擦りでゴシゴシやる方を好んだようだ。三井呉服店の一九〇五年（明治三八年）一〇月の『時好』に、俳人の武田桜桃が書いた「呉羅《ごろ》の今昔」という小品がある。その副題が、「昔は佳人の細腰に纏われ今はおさんの垢摺となる」。彼によれば、「呉羅覆輪」がはじめてオランダから入ってきたのは明治四年。さいしょはその硬さから女帯として珍重されたが、だんだんに下落して、入浴の垢摺りに重宝されるまでになった。しかしそれももう先が見えている——。

石鹸《しゃぼん》さんとは敵同士。あれが流行りだしてからと云うもの、わたしは段々迫《せば》められて、なかにはもう垢摺なんぞを使うのは野蛮だなんて仰るんです（……）。（『時好』1905/10）

女性が顔を洗うのに鶯の糞を使ったことはよく知られている。鶯の糞は加水分解酵素がふくまれているので、皮膚の角質層をはがし、滑らかにする効用はたしかにあるという。しかしょせん小さな鳥の糞のことだから、そう大量には得られない。からだを洗うのには糠袋を使い、オリーブ色をしたほんの少量の糞を、宝物のように顔にぬったのだろう。江戸時代、飼い鳥として鶯が多かったのは、ご隠居さんが、ホーホケキョという鳴き声を聴くのだけが目的だったのではない。もちろん鶯の糞だけに特殊な効用があったわけではなく、近い種類の小鳥にはいくぶん効力は落ちても、同じような効用はあったはずだ。じっさい、薬種屋で鶯の糞として売っている袋入りの粉末は、ほとんどが鶯の従姉妹ぐらいの鳥の糞だったらしい。

＊　＊　＊

一九三七年（昭和一二年）の贅沢品輸入制限・禁止措置以後、舶来の石鹸などはとうに手に入らなくなったばかりでなく、やがて油脂類の不足から、国内の石鹸の製造が縮小されはじめる。この時代から戦後五、六年にわたる期間、ほかのあらゆる物資同様、乏しい配給に頼るしかない大多数の庶民にとって、石鹸は食料とおなじくらいの貴重品になった。そこで出回りはじめたのが、かたちも無細工なノー・ブランド石鹸だった。牛小屋のようなバラックで製造されているのかもしれないこの種の石鹸には、洗濯石鹸が多かった。いくらこすっても、揉んでも、泡の出てこない石鹸。そしていたずらに油臭さだけが布や手に残ってしまう無香料石鹸との生活に慣れたあと、石鹸のにおいを思いださせてくれたのは、戦後まず、アメリカの進駐軍だった。

進駐軍がもたらした化粧石鹸は、たぶん兵士用の安い石鹸ではあったのだろうが、もう忘れていた石鹸のにおいを思いださせてくれた。訪れることを許された少数の日本人にとっては、兵士たちの居住しているカマボコ兵舎の内部のにおいが、まさにそれだった。

化粧石鹸の使い方で、日本人と、欧米人とのちがいは、彼らは身体を石鹸で洗ったあと、泡を拭きとる程度で、石鹸の残り香を身体に残すひとが多いが、日本人は、洗濯のすすぎのように丹念にお湯をかけて、石鹸の香りも残さないようにする。

眼の周り

江戸時代とくらべて、女性の化粧の近代とはなにかといえば、その答えはあきらかだ。それは白塗り化粧から、眼と口を強調する化粧への転換だ。眼の機能はものを見ることで、口の機能は飲食のほか、ものを言うことだ。観察し、発言する道具の強調が近代化粧の特色だとすれば、近代女性の生き方を考えるうえで、それはとても示唆的だ。

＊　＊　＊

化粧の近代のさいしょのできごとは、眉剃り、お歯黒の停止だった。眉剃りは歴史的には作り眉の一種だ。江戸時代、作り眉をしていたのは堂上人と芝居の役者だった。早くも一八六八年（明治元年）に、男子の鉄漿《かね》（お歯黒）、作り眉については所存に任すという法令が出ている。皇后・皇太后が鉄漿、黛《まゆずみ》を廃し、お歯黒と眉剃りの身体加工を批判した福沢諭吉が『かたは娘』を刊行したのが一八七二年（明治五年）。一旦ゆきわたった風習が変わるのには時間がかかる。あたらしく眉を剃り、歯を染めるひとこそ稀になったといえ、江戸時代生まれの老女たちのなかには、時代が大正とかわるころになっても、まだ細々とその習慣を続けているひとがあったようだ。眉を剃ると顔がやさしくなる、というふうにいわれていた。

欧米人に接するようになった日本人は、彼らの髪の茶色い（紅い）こと、鼻の高いこと、からだの毛深いこと、などに眼を見はった。また彼らを描いた錦絵や挿絵を見ると、眼が多く二重瞼に表現されている。モンゴロイド系人種には一重瞼のひとが多い。二重瞼の欧米人は表情が豊かに感ぜられ、そういうひとを見なれていると、一重瞼の東洋人の顔は表情がよみとりにくく、不気味に感ぜられるときがある。

引目鉤鼻の時代から、浮世絵の狐目美人まで、わが国ではどちらかといえば細い眼の方が好まれたらしい。それが一九〇〇年（明治三三年）を過ぎるころから、パッチリ見開いた目にひとの好みが移ってくる。

好かれた、というのとはちがうが、一九一〇年代（ほぼ大正前半期）に話題になった、いわゆる〝新しい女〟の外貌はつぎのようになっている。

一寸電車に乗り合わして、目玉の大きな、髪の毛の赤茶けた、無造作のようで何処かツンと乙に気取って、いやに澄ましている女がいると、「オイ、新しい女だよ」と、パナマの連中が囁く。(「赤裸々の新しい女」『大正公論』1913/7)

この時代のトップ美容家だった北原十三男はつぎのように言っている。

西洋人の目を真似た、ぱっちりした眼が好まれる。眉毛と上瞼の間に青い絵の具を塗る。(北原十三男「顔に似合う化粧」『婦人世界』1915/5)

西洋人のような二重瞼へのあこがれは、盛んに輸入されたアメリカ映画の、美しい女優たちの豊かな表情にも影響されたのだろう。一九二〇年代(大正末~昭和初め)には、高名な眼科医の内田孝蔵は、「二重瞼でなければ完全な眼とは云えない、聖母マリアはじめ西洋人はたいてい二重瞼だ」(「二重瞼にする注射療法」国民新聞 1924/7/11: 6)と言い、注射や簡単な外科的方法によって、一重瞼を二重にすることを勧めている。

「一分間で魅惑的な美しい眼となる　眼のアイロン」
『主婦之友』、1930(昭和5)年11月

江戸時代から女の眉はやや太めの新月形がよいとされ、それを地蔵眉とよんでいる。人妻が眉をもっていなかった時代には、芸者や、芸者あがりの遊芸の師匠などの眉の濃さはめだったにちがいない。歌舞伎の女役では地蔵眉のほか、もうすこし優しげな柳の葉型や月輪、一文字、里娘などがあり、紅と油墨を用いて引く。

ハリウッド映画の影響が、日本女性の化粧法にはっきりと現れるようになったのは、関東大震災後だ。クララ・ボウ風とか、ディートリッヒ風とかいって、だいたいほっそりした描き眉が、眼窩の上に引かれた(「この頃はやる眉の引き方」『資生堂月報』1925/12)。ディズニーアニメの動物でわかるように、表情を表すために眉毛は決定的な役割をもつ。じぶんをどんな人間に見せたいかの願望は、眉毛の引き方ひとつで示される。もちろん一部の女性にすぎなかったが、描き眉とつけ睫毛は、西洋人くさいお化粧反対の声がおこった一九三〇年代末(昭和一〇年代前半)まではつづけられた。眼を強調するためのアイラインもおなじころにはじめられている。

近頃はキネマの影響でしょうか、若い人で目の縁を隈取りしていらっしゃる方が多い様ですが、あれは大変下品で、醜いものです。マツゲにブラックメリーをつけますと目がはっきり美しく見え(……)。(「夏のお化粧」読売新聞 1929/7/26: 3)

外国では一般に眼の大きいのが賞美されるので、中年からはよく眼の縁に黒く墨をつけます(村田美都子「仏蘭西婦人の身嗜みとは?」『婦人画報』1925/3)

欧米人の顔だちが日本人とちがって彫りが深いのは、鼻の高さ以上に、眼窩のくぼみのせいだ。日本人にも眼窩の深いひと――窪眼《くぼめ》はいるが、猿眼とか石垣の蛍などといわれて、べつに美人の相とも思われていない。欧米人の左右の眼は深く落ち込んでいるので、鼻梁によってはっきり隔てられ、かぶさった額の先の眉毛が眼に迫って見える。日本では眼と眉毛の近い人相をむしろ卑しいとした。そのため窪眼の女性は、まぶたに濃く白粉《おしろい》をぬって強調したりした。西洋人風に見せるためには、逆にまぶたに影をつけなければならない。

わが国でシャドウの化粧がいつはじまったかははっきりしないが、もちろんこれもハリウッド映画のまねだろう。一九三一年（昭和六年）に、美容家のメイ・牛山が、「アイシャドウは此頃よく売れると、化粧品店では申して居ります。なる程、散歩にも、夜の集まりにも、マブタを塗っている人達を多く見かけますが、そう上手に用いている方ばかりでもないようです（……）」（「はやりはじめたアイシャドウ」読売新聞 1931/7/1: 9）と書いている。

欧米ではアイシャドウは夜用の化粧法とされてきた。眼の周囲にクマの出ることは疲労感を示し、生き生きした朝や昼間の表情とはちがった、もの憂げな気分を表す。だからアイシャドウは昼間の化粧に使うべきではない、という忠告が長いことなされた。いかにも物欲しそうで、玄人じみている、などと。しかしとりわけ眼窩の平坦な日本人にこそ、眼を引きたてるのに必要な化粧法、という早見君子の意見が傾聴に値する（「アイシャドウ使用の可否」『すがた』1935/3）。

またおなじ時期に、つぎのようなハイレベルの意見もあった。

毛皮の美しさは埋もれ覆われた中から匂って来るような女性美にあるのです（……）。毛皮を配されることによってかもし出される素晴らしい陰影美を忘れてはいけません、この場合のお化粧にはぜひともシャドウ（陰影）に念を入れてください。（報知新聞 1935/12/12: 6）

歯／唇

開化当時、遠くの国から訪れたひとびとに、チャーミングといわれた日本の女性だが、彼女たちの口元はかなり汚く見えたらしい。そのひとつが涅歯《でっし》（お歯黒）の習慣だ。

お歯黒は眉剃りとともに結婚した女性のしるしとされた。眉を剃り歯を染めた人妻は、おとなしやかに、また慎ましやかにみえた。この習慣はいろいろなかたちで批判の対象になったが、法的に禁じられたことはなかったから、急速に衰えはしたものの、とかく古風なものを正当なものと信じている老婦人や、日々の習慣になんの疑問も反省ももたない下層社会では、かなり後まで見ることができた。

一九〇一年（明治三四年）の『風俗画報』二三〇号以降に、涅歯に関するキャンペーンめいた連続記事があった。その冒頭に黒畠堂主人なる人物の、お歯黒への哀惜の念が、ずいぶん難しい表現で述べられている。

昔は婦女の婚嫁するや、鐵漿《かね》を歯牙に塗布して貞操を表証せしもの、今は徒に洋風に僻して皓歯《こうし》を尚び、此良風上中の社会に於いては罕《まれ》にだに見る事能わざるに至り（……）古俗の美風を忍ぶ実に遺憾の極みと謂うべし。（黒畠堂主人「涅歯に就ての質問」『風俗画報』1901/5）

涅歯はひとつの民族的習慣として納得されたろうが、それとはべつに、日本人の歯並びの悪さについてはかなり後々まで指摘されている。外国人はよく、日本婦人の歯の汚いことを非難する、どんなに化粧を凝らしても、歯が汚くては台無しだ（「歯の手入れ」東京日日新聞 1926/5/20: 6）。

＊＊＊

江戸時代の歯科治療といえば、だいたいは痛む歯を抜くことだけだった。あとは痛み止めの消炎剤と、お呪いのたぐいしかなかった。今日の歯ブラシにあたる房楊枝も用いられていたし、房州砂とよばれる歯磨き粉もあるにはあったが、食後の一杯のお茶で、口中の食べかすを胃のなかへ流しこむだけのひとが多かったろう。いつも房楊枝を使っている人間を、道楽者のようにそしっている川柳があるくらいだ。

開化後まもないわが国には外国人歯科医が何人か訪れていて、やがてそこで修行した日本人も開業するようになり、多くの日本人が恩恵をこうむっている。近代前半期の歯科診療の特色は、金の入歯かもしれない。一八八五年（明治一八年）に、静岡に隠棲の前将軍慶喜公が、純金の義歯二本を入れ、その価が四〇〇円だったと報じられた。このとき太政大臣の月俸が八〇〇円だった。笑うとキラリと金歯が光る、そんなおしゃれが嫌われだしたのは一九二〇年代（大正末～昭和初め）に入ってからのことらしい。

日本の婦人が垢抜けないのは、（……）歯の美醜ということを念頭に置かないのも大きな原因でしょう。（……）今、悪い例を挙げると、みそっ歯、乱杭歯、出っ歯、金色燦然たる唐獅子のような何れも興醒めさせられるものです。殊に金歯は、昔は一、二本前に光ると愛嬌があると宣伝された時代があり、わざわざ健康な歯を削ってまで被せたものでした。しかし現代ではあまりに自然に反くものとして、（……）未開人の間に残って弊風となっています。（国民新聞 1927/11/8：5）

関東大震災（一九二三年、大正一二年）を過ぎたころから、新聞の家庭欄でも、歯列矯正の勧めがめだつようになる（「容易に出来る歯並みの矯正」東京日日新聞 1925/3/6：5）。歯並みが悪いのは、いかなる美人であっても台無しであると、歯と容貌の関係についての関心が高まってくる。

「クリーンハミガキ」
『大阪毎日新聞』1906（明治39）年3月3日

わるい歯並びを乱杭歯といった。八重歯というのは小さな歯が重なって生えて、すこし突き出しているのをいい、俗に女の八重歯は可愛いもの、ともいっていた。志賀直哉の「暗夜行路」（～1937）のなかにも、ある娘が「笑ふ時八重歯の見えるのが妙に誘惑的」というくだりがあり、同世代の谷崎潤一郎は、エッセイ「陰翳礼賛」（1933）のなかで、歯並びのよすぎるのは洋式トイレのタイルの壁を見るようだ、などと書いている。

歯列矯正の対象になるのは、歯並びのわるさだけでなく出っ歯（上顎前突）というものもある。フランス人画家ジョルジュ・ビゴーの描いた明治の日本人は、たいていはこの顔になっていて、日本人を猿なみに見ていたらしい彼の視線がわかる。大戦後の現代では、日本人にこういう容貌のひとはそれほど多くない。だれもが歯列矯正をうけたとも思えないので、形質人類学上のなにかがあったのだろうか。

＊＊＊

出っ歯と関連するが、むきだした歯ぐきの、色のわるいのは見よいものではない。明治大正の女訓書などにはそんな言及はないが、昭和も一〇年近くになると、それを問題とする美容家がでてくる。ひとつには、日本の若いひとのあいだに、キスの習慣がひろがったためかもしれない。その美容家はこんなことを書いているが、ほんとうだろうか。

歯茎の色のよくないひとは、一週間に二度位、歯を磨くとき歯ブラシに棒紅をつけて、歯茎を軽くこするようにします。棒紅の色素が歯茎に浸みて、歯茎の色が見違えるほど美しくなります。そしてまた紅には歯を白くする作用もありますから、これは一挙両得であります。（篠沢愛子『すがた』1934/8）

女性の唇については、江戸時代から小さいほどよいものとされた。

女の口の大きはずいぶん醜きものなるが、其の大きき女が唇一杯に紅をつくれば、まるで鬼のようになりて怖ろしきものなり。（「流行の化粧品」『新小説』1902/8）

いわゆるおちょぼ口に見えるための化粧の工夫は、白粉《おしろい》を唇にまで塗りこんで、紅を真ん中にほんの少しつける、という方法だ。

壁のような白塗りの顔に、こんな紅のつけ方は不自然に感じられる時代がきて、一九二〇年代（大正末～昭和初め）くらいになると一般にはあまり見られなくなる。このころの女性は、白粉をぬることほどには、口紅をつけることに固執しなかった。つけるとすれば、下唇だけに薄くぬる程度が多かった。口紅は祝いもの、などといわれ、お目出たごとには必ずつけるもの、とされていた。だから逆に不幸の装いには、紅は用いないものとされ、それを片化粧とよんだ。まだ学校に行っている娘が、お祝いごとの訪問に口紅をつけていないと、片化粧になるからと母親が叱ったりした。

唇ぜんたいに濃い紅をぬる化粧は、関東大震災後のことで、さいしょの評判は悪かった。

口紅は近頃活動の影響とでも申しましょうか、唇全体を毒々しいまでに紅くしておいでになる方は、頬紅の真っ赤な方よりも多いようにお見受けします（……）、お顔全体の品位というものが全く失われ、口そのものといたしましても大きく見えて、誠にみっともない感じがいたします。（山本久栄『婦人世界』1928/6）

山本は『美容全集』（1927）の著者で、業界をリードする立場の美容師のひとり。この時代なにかにつけて映画の影響といわれたが、直接にはそうであっても、同時代の欧米の流行情報は、こうした口紅のつけ方が、彼の地では当たり前のことと報じている。山本は翌年の新聞には、耳隠しには艶っぽい濃いめの口紅がよい、とも書いている。

一九三一年（昭和六年）一二月二二日の大阪朝日新聞、「デパートの窓から覗いた近代世相」によると、大阪の某百貨店で、最近とくに売上高のいちじるしくふえた商品として、パジャマ、ズロース、乳バンド、口紅が上がっていて、口紅をひとびとが盛んにつけだしたのは、女給風俗の一般化のせいと分析している。しかしもうすこし視野をひろげ、女性の外出の機会が多くなったこと、職業女性の増加、そして多色の棒口紅の普及とも、むすびつけられないだろうか。

めんどうなことを言わず、女性の口もとは、低い鼻といっしょに隠してしまった方が賢いのだという冷酷な意見が、〝目病み男に風邪女〟というセリフを生んだようだ。

頭髪

髪の毛をどんな長さに切るか、どんなかたちにまとめるか、というスタイリングの問題以前に、毛それ自体についても、考えるべきことは多い。

日本人の髪は直毛で、いくぶんかカールしているひとはかなりいるが、縮毛のひとはごくまれだ。色は純粋に近い黒から、ややチョコレート色がかった黒まである。毛それ自体の問題というと、髪にウエーブをつけたり、縮らせたりすることがひとつ、色を染めることがひとつ、汚れをとる、つまり洗髪に関することがひとつ、の三点だろう。

＊＊＊

髪にウエーブをつけることは、一九二〇年代（大正後半）以前の日本では考えられないことだった。洋髪、つまり髪に熱アイロンでウエーブをつける技術は、一九二二年（大正一一年）頃から入ってくるが、その普及は早かった。もちろん反対や抵抗はあったが。髪にウエーブをつけることも、洋服とおなじように、女の子からはじまっているらしい（「ハイカラなおかっぱ」都新聞 1922/10/19: 9）。

まっすぐでない髪の毛は癖っ毛といって、赤毛とおなじように嫌われたものだ。鹿鳴館の華だった大山巌夫人捨松の縮れ毛は有名。

一九二〇年代（大正後半）といえば、もうアメリカ映画が日本人の感性のなかに入りこんでいた。画面は白黒だったが、白っぽくてふわふわした、欧米女性の髪の美しさも、それなりに受けいれていたものと考えられる。美容界のリーダー格の人物のひとりだった山本久栄は、一九二七年（昭和二年）につぎのように言っている。

ふさふさと水の滴る黒髪と云うのが、日本婦人の誇りでありましたが、近頃では断髪や、洋髪が全盛になりましたので、赤毛や、くせ毛も恥ずかしくないようになりました。（山本久栄「結髪の巻」『美容全集』1927: 150）

一九二五年（大正一四年）にすでに、金髪らしく染めているひともときどき見かける、という新聞記事もあるが、第二次世界大戦以前には、髪の毛を黒以外の色に染める、あるいは脱色するのは、日常的にはごくまれだったと考えられる。ただし、腕や足のむだ毛を目だたなくするための脱色は、一九三〇年代（昭和戦前期）にはかなりなされていたようだ。

カラー映画どころか、新聞や雑誌の写真のほとんどが白黒だった時代には、欧米人の赤毛、とりわけ金髪などは、実際に見た経験のある日本人はほとんどいなかった。そのため戦時中に街で、赤っぽい毛の、すこし色白の日本女性が、「どうしてお国に帰らないんですか」と尋ねられたりしたという。

＊＊＊

髪の汚れは、赤土の空っ風の吹く東京ではとりわけひどかった。関西の女性があまり髪を洗わないといわれるのは、いくぶんかはこの風土の条件があるにちがいない。

各戸に水道がひかれていなかった時代は、洗髪は女性にとって大仕事だった。多くて三間くらいの座敷、あとは二畳くらいの台所に、便所と玄関、という庶民の家では、洗髪は銭湯でするしかなかった。そのため銭湯の女湯には、洗髪のための特別の洗い桶が置いてあり、それを使って髪を洗うひとは洗髪料をべつに支払った。

洗髪の回数は、一九二〇年代（大正後半）になると、夏には週に二、三回、という勧めがあるまで頻度がふえているが（トタニ美粧院「夏の髪の手入れ」報知新聞 1925/6/6: 8）、明治時代では、多くの女性は夏でもせいぜい月に一、二回という程度だったらしい。

一八九〇年代（ほぼ明治二〇年代）の銀座の鉄道馬車の情景を想いだして、生方敏郎は、「お祭りでもあって混雑すると、婦人の髪から発する臭気がとても堪らなかった（……）油で固めた髪を長く洗わないと見えて、臭い人が多かった」（「明治時代の学生生活」『明治大正見聞史』1926と言っている。それでも東京人はまだマシの方だったろう。徳田秋声の一九一〇年の作品『足跡』では、葬式のため田舎から出てきた女の髪を結う東京の髪結いのすがたを、

「髪結は油でごちごちした田舎の人の髪を、気味わるそうにほどいて梳きはじめた」とえがいている。

　地方に出張営業する機会の多かったある美容師は、いつ洗髪したかを尋ねても、思いだせないくらい以前に洗ったきりの髪が多く、「従っておぐしあげをする時、私たちの苦しさは知る人ぞ知る、なのであります」（石井邦子・道玄坂美容院『資生堂月報』1925/7）と言っている。だれもが日本髪を結っていた時代は、髪油を多用するために、その油のにおいが勝っていたろう。それが油をあまり使うことのない束髪の時代になると、頭皮から出る脂垢と汚れのにおいが主になる。

　束髪が臭い理由のひとつは、たいていが商売人の手にかからず、じぶんで結ってしまうためだ。本職の髪結は、髪を結う前にかならず癖直しをした。弟子のいる場合は癖直しは弟子の仕事で、弟子入りしてまのない女の子は、この段階でさんざん鍛えられた。癖直しは手の入らないような熱湯に布を浸し、髪の汚れを頭皮までじゅうぶん拭きとって、梳き櫛を使って念入りに髪を梳くのだ。癖直しとはいうものの、髪についた癖そのものは、熱アイロンでやるほどに取れるものではない。むしろ熱いお湯で髪の汚れを拭きとるのが主目的だった。この快さのため、髪を上げる腕にすこしくらい不満があっても、癖直しが上手で、念入りにしてくれる髪結いさんがよろこばれた。

　髪を洗うための洗剤としては、古くから、卵、あるいは布海苔《ふのり》とうどん粉、というくみあわせが定着していて、石鹸の質が低かった関東大震災（一九二三年、大正一二年）以前には、ほかのものはまず顧みられなかった。一九二二年（大正一一年）九月一四日の東京日日新聞「奥様大学」欄に、「頭の地や髪を傷めないようにするには、やはり洗髪専用の石鹸を使わねばなりません。和製ではまだ上等の洗髪石鹸がありません。日本に来ている舶来ものですと（……）」と、銀座のある薬局で売っているアメリカ製の洗髪料を勧めているのが、布海苔とうどん粉からの離陸の早い例。

　一九三〇年代（昭和五年〜）に入ると、布海苔、うどん粉、卵は、蒸れたり、臭気を発するおそれがあるとして、シャンプーの利用を勧めるようになる（「初秋の化粧」朝日新聞 1931/9/3: 10）。

　一方男子についても、一週間に一度くらいの洗髪が勧められている（「フケが出る男子の頭の手入れ」読売新聞 1925/10/21: 7）。

かつら／かもじ

　近代の結髪業に通用したことばとしては、鬘《かつら》とは、他人の毛を植えたかぶりものをいい、一方、髢《かもじ》というのは、髪の〝か〟の字を使った女房ことばで、ほんらいは髪そのものを指すのだが、この時代では入れ毛のことになっている。しかしカツラに、〝仮髪〟という字を当てているひともあり、業界以外での使われ方はいろいろだったようだ。英語でのウィッグ（wig）、ファルス・ヘア（false hair）に、入れ毛、かぶりものの区別はないらしい。

　カツラは、もともとは舞台の扮装用に使う小道具の一種だった。役がきまるとその役にむいた髪型を、鬘屋と床山とが協力して、実際にそれをかぶる役者の頭の上で工夫しながら製作する。〝衣裳の我慢はできるが鬘の我慢はできない〟といわれるように、個人差の大きい頭へ堅い金属の、いわばタガを嵌めるのだから、おなじ役でもひとが変わるごとにあたらしく製作しなければならない。

　歌舞伎の床山、鴨治虎尾はつぎのように説明する。

　鬘の台金を造る、それに毛をつけて、すっぽりの青黛とか月代《さかやき》をそえ、時には仕掛物の火傷とか菊石《あばた》などを整えるのが鬘屋の仕事で、これを結いあげて、開演中、俳優に対する鬘の取り扱いから、保管手入れなど一切の仕事をするのが床山の仕事。（鴨治虎尾「歌舞伎床山芸談」1983）

カモジは、毛の少ないひと、部分的に禿げたひとなどが、入れ毛とか、足し毛とか、附け髪とかいって重宝してきた。

島田に根かもじ、蝶々に横毛、鬢《びん》にびんみの、髱《たぼ》につとみの、前髪に前髪立てやら前髪みのなど、弁慶も及ばぬほどの諸々の道具を頭に乗っけるので、「かもじ屋」さんが喰ってゆける。（大阪朝日新聞経済部編『商売うらおもて』1926）

一九一一年（明治四四年）の時事新報上に「附髷の今昔」という連載記事を書いた鬘屋の言うところでは、一八七九年（明治一二年）にこのひとが商売をはじめたころには、東京でも附髪づくりのひとがめずらしく、このひとも鬘屋に通いつめて基本的な技術を習い覚えた。開業早々から注文に追われつづけ、まもなく同業者がふえてきた、という。このひとの方法は頭の地に似せた色の羽二重に人毛を植え、それを禿げた部分などにゴム糊で接着する。ということは、とりわけ、大きな禿のあるひとに向いていることになる（時事新報 1911/12/16: 10〜）。

この時事新報の記事と対応するように、一八八〇年（明治一三年）の読売新聞には、つぎのような雑報記事がある。

此節、女の附髪が大流行にて（……）意気にも人柄にもお好み次第に出来、又都合の能《よ》いというは寝るときそっくり外して寒い夜などには頭から（布団を）ひっ被って寝ても毀《こわ》れる気遣いもなく（……）夫婦喧嘩で引きずり倒されでもする時はスポンと外して逃げ出すにも便利（……）。（読売新聞 1880/11/7: 4）

髪の毛の豊かさを自慢にし、大きな髷を結っていた日本髪時代の女性は、髪の毛の薄くなることをなにより悲しんだ。年寄りの髷というと、若いひとにくらべてとにかく小さく結っているのが特色だが、それはそうせざるを得ない、という理由もあったろう。また、年輩の女性は、たいていは頭のてっぺんに大きな禿をもっていた。これは日本髪が根をきつく引っ張るので、長いあいだに毛根が痛むためという。

禿隠しにせよ、また少ない毛を補うにせよ、髱は日本髪の時代が束髪

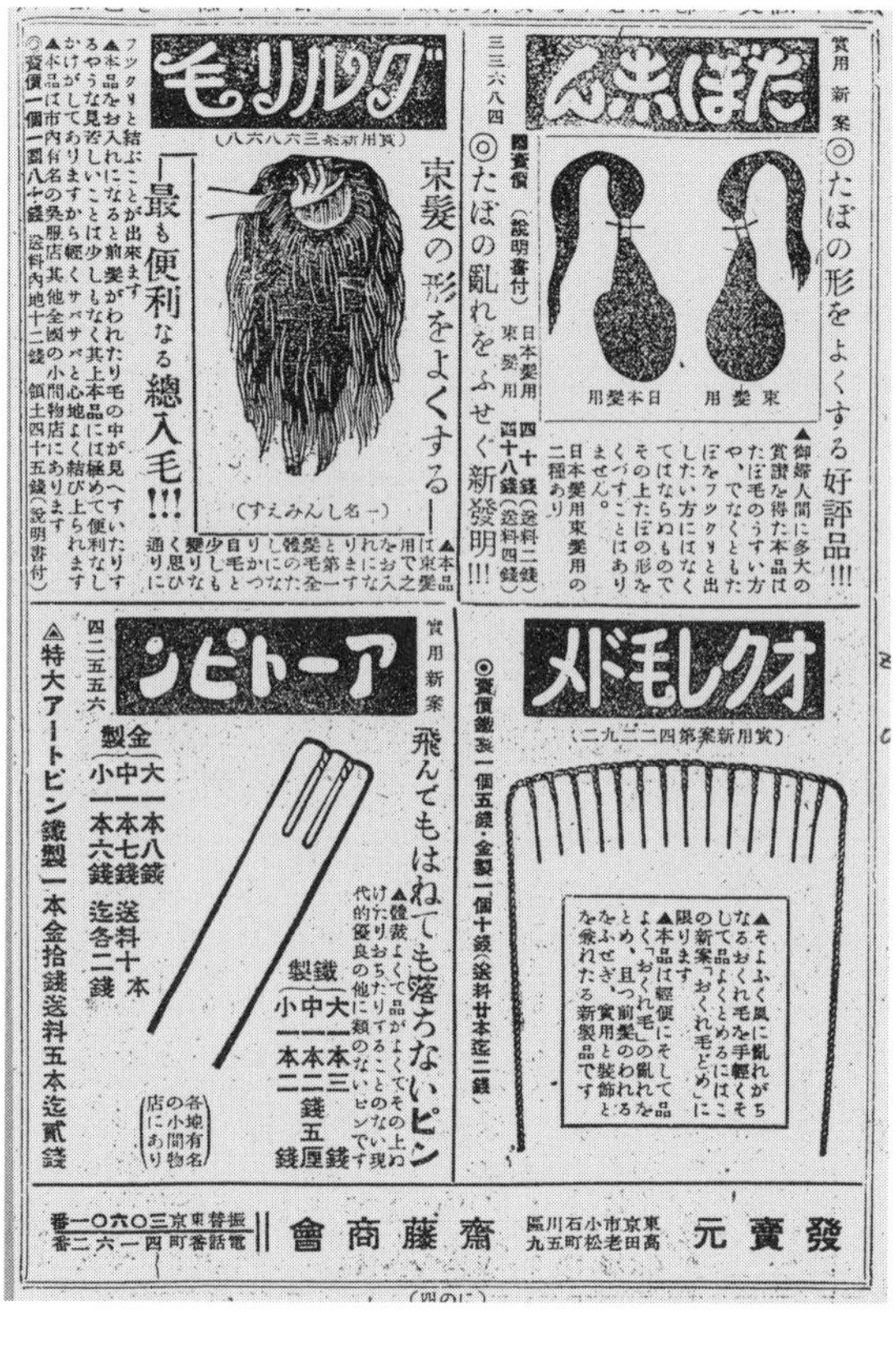

「たぼ志ん／グルリ毛／オクレ毛ドメ／アートピン」
『婦女界』、1919（大正8）年10月

の時代に変わっても、重宝して使われつづけていた。一九〇五年（明治三八年）の『風俗画報』には、大阪市中に〝かもじかのこのいけあらい〟と呼んで歩く商売人がいて、ほかに女持ちの煙草入れとか、襦袢の襟（半襟）、羽織の紐など、脂汚れしたものを専門に洗う洗濯屋のことを報じている。この記事はつづけて、東京にはこのような営業人はなく、たいていは自家にて洗うのがふつうで、外に出すなら髢は髢屋、と書いている。水道の引けた時代になっても蛇口は台所の一カ所だけ、お湯が出るわけではなかったから、脂汚れの物は洗いにくかった。また髢は大きいものになるとけっこうひとの髪ぐらいの量になるから、洗っていても干してあっても、子どもなどはうす気味わるがった。

髢も鬘の毛も原料は人毛以外にはない。ふつうは抜毛を集めて利用するのだが、いろいろな理由から——出家のために髪を下ろすとか——一時に大量の毛がでることもある。西南の役のあと、薩摩の兵士がおおぜい討死し、きっと髪を下ろす夫人が多いだろうと、鹿児島県でその毛髪を買いまくって、巨利を博した大阪商人がいたそうだ。

ひとの髪の毛は案外丈夫なものらしく、本願寺の御修理などというと、用材の巨木の引綱には、信者の女性たちが髪を下ろしてそれを役立てた。眉唾だが、初期の海軍艦の繋留綱にも、髪の毛が編み込まれたといわれる。

大きな日本髪に較べて束髪の軽快さがよろこばれたのは、一八九〇年代末（明治三〇年代はじめ）までだった。いわゆる廂髪の時代に入ると、廂、の部分だけでなく、束髪は全体にふくらみだす。大きくするためのいちばん素朴な方法は〝あんこ〟を入れることだった。あんこには比較的軽い縮れ毛の入れ毛、赭熊《しゃぐま》を使う。ほんらいは熊の毛だというが、ふつうの毛を加工したものだろう。おかげで巨大な廂髪も、見た目ほど重くはないが、汗に蒸れて、しかもめったに洗わず、あまり油をつけない束髪のにおいは、お嬢さんに近づこうとするハイカラ紳士を辟易させたらしい。

日本髪の衰退とともに、髢の需要は急速に少なくなり、一九三〇年代（昭和五年〜）になると町中で髢屋の看板を見ることもまれになった。ただし、洋髪に髢が不必要、というわけではない。

洋髪の特点は、見るからに軽やかな（……）所にあるのですから、なるべくならば、すき毛、かもじ等はあまり使いたくないと思いますが、しかし特別に前が薄くて困るとか、鬢の毛がすくなくて困るとか云う方々には必要なもので、近来誠に重宝なかもじが、色々出来てまいりました（……）。（大場静子「かもじの選び方と入毛の仕方——洋髪かもじの種類と用い方」『婦人倶楽部』1928/6）

筆者はここで、三ツ形かもじ、みの毛、チェーン、を紹介している。

髢屋に代わって伸び上がってきたといえるのが、鬘屋だった。鬘はレンタルもあって、花嫁さんは貸衣装屋や美容院から借りたが、いちばんの需要家だった芸者などは、じぶんの頭に合わせたものをいくつも持つようになった。「朝のベーブのボブ姿が、夕べには粋な文金高島田——断髪、薄毛、若禿、御安心なさい　世は鬘時代か」（時事新報 1935/1/11: 6）というスイッチが、遊客や、時には夫の仇心を刺激したのかもしれない。もっともそれは、一方でまだ日本人が、日本髪の魅力を記憶していた、わずかな期間だけのことだったが。

化粧品

日本近代の化粧品は、白粉《おしろい》の鉛害の問題で明けた。何人かの歌舞伎役者がその犠牲になったと噂された。ようやく一九〇〇年（明治三三年）

になって、〈有害性着色料取締規則〉が公布され、その第一条、第四条において、水銀、鉛など着色料の製造、使用を禁じている。

ところが附則第一一条には、「鉛白ハ当分ノ内第四条ノ規定ニ拘ハラズ化粧品トシテ使用スルコトヲ得」となっていて、有鉛白粉は禁止の除外となった。この措置への批判に対して当局は、有鉛白粉は一般女性の常識的な使い方であれば、それほどの害はなく、化粧品の現状では、つきのよい有鉛白粉の全面的禁止は無理である、と説明した。

一九〇三年（明治三六年）時点での警視庁のテストでは、東京府下で製造販売している白粉八六種中、多少の鉛分をふくむものが六六種、また二〇種はまったく鉛分をふくんでいなかったという（「有害白粉と無害白粉」読売新聞 1903/8/30:3）。

白粉の害がそれほど話題になったのは、その時代には、顔ばかりでなく、胸元から首筋、ときとしては肩口から貝殻骨のあたりまで、大肌ぬぎになって白粉をぬるひともめずらしくなかったし、白壁のように厚塗りの女性が多かったのもひとつの理由だろう。女学生風の着つけや束髪のせいで、とくに若い女性が首筋の化粧にあまり気をつかわなくなると、「真っ黒な首筋」と小うるさく言いたてる男があったし、化粧っけのない娘を見ると、フン新しい女かと、白い眼で見られることもあった。

一九〇〇年代から一九一〇年代にかけて、つまり明治末から大正にかけて、従来の和風濃い化粧と洋風薄化粧の対比が盛んにとり沙汰された。白ければよい、という考え方に対して、生きた肌の色を重んじる方向だ。

＊　＊　＊

一九一六年（大正五年）に、〈売薬部外品営業取締規則〉が公布された。化粧品もこの部外品中にふくまれ、製造販売には届出が必要になる。上にあげた一九〇三年の警視庁によるテストでも、東京府内だけでも八六種類の白粉が製造販売されているのにはおどろく。しかし実態は、それとは比較にならないくらい大量の、なかにはかなり怪しげなものまでをもふくめて自家製の化粧品が存在し、ときには狭い範囲で流通していたかもしれない。

というのも、一八八〇、九〇年代（明治一〇、二〇年代）の家庭向け実用書のなかには、歯痛、下痢、秘結（便秘）、頭痛など、さまざまな症状のための応急薬の作り方とならんで、家庭での化粧料の作り方のくわしい手引きが、大きく頁を埋めているものが少なくない。この時代は髪洗いにはふつう、うどん粉と布海苔《ふのり》を使い、この方法は第二次世界大戦以前には完全には捨てられていなかったし、からだを洗うには石鹸でなく糠袋を、上等な洗顔料としては鶯の糞を常用している女性もまだ多かった。一九一〇年（明治四三年）刊の『国民百科全書』（尚文館）の「化粧法」の項でさえ、「妄りに石鹸を使用するものよりは、寧ろ米糠の方安全にして有効なり」と言っている。一九一四年（大正三年）一月に、『婦人世界』が三五名の名流婦人に対しておこなった、洗顔になにを用いるかという質問への複数回答では、石鹸一五人、洗い粉一四人、糠一二人、その他が三人、という結果になっている。カタカナ名前のあたらしい化粧料がたくさん現れはしたが、多くの女性たちは化粧品と化粧の方法について、まだ手さぐりの状態だった。

化粧水という名の化粧料は古くからある。明治時代も一八七八年（明治一一年）に発売してヒット商品となった平尾賛平商店の「小町水」をはじめとして、何々水という名称の商品は数多い。その多くはアストリンゼント効果をもつものだったかもしれない。それに対して動物の脂肪を摂らなかった日本人は、肌に脂のようにベトつくものをぬる習慣もなかった。

一九〇八年（明治四一年）の東京日日新聞は、前年の明治四〇年は日本化粧史において特筆すべき年であり、それは従来の洗粉に代わって、マッサージクリームが使われはじめたことによる、と書いている

（「東京女風俗」東京日日新聞 1908/6/5: 6）。この記事では、これは山の手の女学生からはじまった、とあるが、日露戦争後のこの時期は、銀座の東京理容館の美顔術が評判になりはじめたときだ。美顔術とは要するに、クリームを塗布してのフェイシャル・マッサージ法だから、クリームの普及が美顔術をきっかけにしたことはまちがいない。

二〇年あまりを経た一九三一年（昭和六年）、東京小間物化粧品卸商同業組合の発表による、東京市内における前年の化粧品販売額では、舶来品が多く使われる香水と石鹸以外の化粧品は、すべて売れゆきが伸びているなかでも、クリームの伸びはめだつ。その理由は、「丁度一昔前、顔を洗うのに石鹸を使うのは贅沢だと思われていたのが、今はそんな考えを持つ人がなくなったように、クリームの使用も次第に一般の常識になって来たためでしょう」（「化粧品の消費状況」報知新聞 1931/10/8: 9）と分析している。

クリームと一口にいっても種類はいろいろあるが、この時代需要の多かったのは、化粧落とし、洗顔、皮膚の保護など、多用途に使われたコールドクリームだった。わずかだったが一九三〇年代（昭和戦前期）には、脱毛クリームや、男性の髭剃クリームも使われはじめている。

＊　＊　＊

目的としてあたらしいものではないが、使用法の大きくかわったのが口紅だろう。江戸時代の女性は、口をできるだけ小さくみせようとしたため、いくぶん異様な唇の化粧になっている。

明治時代に入ってもその習慣はつづき、口紅はおもに儀礼的に使われるもの、と考えられていたようだ（「小間物店主の談話」都新聞 1918/1/31: 3）。その儀礼にさえ口紅をぬらない女性がいたようで、やかましくいえば口紅にかぎらず、紅を使わない化粧は片化粧といって、よくないこととされた。

口紅を多くの女性が用いるようになった背景には、たしかに棒口紅の普及があるにちがいない。舶来品の使用に次いで、国産のリップスティックが一九一〇年代末（ほぼ大正前半）に発売され、その手軽さから利用がひろがりはじめたのは、職業女性をはじめ女性の外出の機会がふえる一方、外国映画の輸入が多くなっていたためだろう。白黒映画であっても、白人女優の眉毛と目と、そして唇の強調は、日本人の目には異常と感じられるほど、つよく焼きついたようだ（「生き生きした唇の美」時事新報 1925/4/30: 5;「唇と目の強調」『婦人画報』1925/3）。

美容整形

開化後間もない一八六九年（明治二年）四月一日の六号新聞に、つぎのような記事が掲載された。

信州のひとが強盗のために鼻柱を切り落とされて治療の方法がなかったが、二月中旬東京の大病院にてイギリス人医師ウリース・シードルの手術を受けもとの顔に戻った。その方法は、左右の眼の下の皮膚と、額の皮膚とを切り取り、三方より鼻を補ったとのこと、実にめずらしき手練というべきである。ウリースは手術に当たってはクロロホルムという痺れ薬をかがせ前後を忘れさせるという。

おそらくわが国でおこなわれた形成外科手術の、もっとも早い事例のひとつだろう。形成外科は、戦争による人体の欠損を補うことがおもな目的として発達した。医学史ではとりわけ、第一次世界大戦の塹壕戦によるおびただしい顔面損傷が、復元技術の発達をうながしたとされる。この信州人の負傷はそれよりほぼ半世紀前だったが、有能な医師に出会えたことはしあわせだった。また施術にあたってクロロホルム麻酔をほどこしていることも、注目される。クロロホルムは欧米でも、使用がはじまってまだ間のない

「藤波芙蓉先生創製　隆鼻整形器」
『婦人画報』、1924（大正13）年7月

時期だった。明治初年の外国人医師による形成手術は、ものめずらしさのためか、ほかにも紹介された例がある。日本人医師による同様な手術も、明治時代を通じておこなわれていたにちがいないが、話題になりはじめるのは、ずっとのちになってからのことだ。

＊＊＊

一九〇八年（明治四一年）八月の『風俗画報』は、「隆鼻術の応用は最近の流行のひとつであろう」（雑纂隆鼻術の項：37）と言っている。事実、おなじ年の都新聞の相談欄に、つぎのような相談が採用された。

私事生得鼻の形悪しく如何にせばやと思って居ります所へ此頃各新聞紙上に美形隆鼻術をやる病院の広告が出ましたので早速その手術を受けたいと思うのですが、夫れは顔や手足の肉を取って施術するのでしょうか、又毒にはならないでしょうか（……）。（「隆鼻術について」都新聞 1908/4/16: 4）

この疑問に対する回答として、鼻を隆起させるのは固形ゼラチンの注射による。施術家の技倆次第で鼻は高くなるが、障害の有無については目下実験中、と。同様の相談が数件あったとのことで、施術医院の新聞広告も確認されているから、隆鼻術がこのころけっこうおこなわれはじめていたことは推測される。

一九一八年（大正七年）に出た女性向き実用書『家庭読本（衛生の巻）』では、美容整形とはちがうが、「鼻の病気と容貌の美醜」という章で、鼻茸、萎縮性鼻炎、腺様増殖症など、鼻梁の変形をきたす病気についてくわしい説明をしている。「此の病気により容貌の変化した者は、成長しても元通りになることはなく、一生醜い容貌で暮らさねばなりませぬ。ですから幼少のとき早く治してしまうことが最も必要です」と言い、「親の無慈悲のため一生醜貌で」とまで読者に迫っている。人気女優の松井須磨子が俳優養成学校を受験したとき、鼻が低すぎると言われたため、パラフィン注入の隆鼻術をして合格したことも、そのころ話題になった。

容貌の美醜にとくに関わるのは、鼻のほかは、眼と、歯だろう。眼については日本人の場合、特別な変形をのぞけば、一重瞼を二重にするための施術がほとんどだった。瞼の一重と二重は美醜というより好みの問題だが、アジア系人種にくらべて、コーカサス系人種は二重が多い。近代のわが国の価値基準のひとつは、西洋風に、ということだから、第二次世界大戦前から二重瞼に整形するひとは多かった。二重瞼の眼は一重瞼にくらべて表情が豊かになる。豊か、というのが適切でなければ、つよい、あるいはややしつこい眼差しになる。西洋人のまなざしはじつは瞼以上に、眼窩の深さがかかわっている。眼がくぼんでいるために眼の周囲に影ができ、眼の縁が濃くみえる。だから西洋人くさい顔にするためには、アジア人は眼のまわりの化粧に技巧が必要になる。そんな末梢技巧でなく、西洋人のように眼窩をくぼめてしまう外科的

方法——じっさいは額をつきだす——がされるようになったのは最近のことだ。

丸ビル内に診療所をもっていた内田孝蔵医師は、戦前における眼の形成手術のプロパガンディストとして功績があった。一重瞼、眼瞼下垂など眼の形成手術はたいていは短時間ですむので、一九三〇年代（昭和戦前期）の丸ビル美人や映画女優さんには、銀座の買いものついでのように、内田博士のお世話になったひとが多いらしい。

歯ならびをよくして噛みあわせを改善する歯列矯正が、だいたいアメリカの技術を導入して日本でおこなわれるようになったのは一九三〇年代（昭和五年〜）らしい。現在では、人間の容貌の生理学的な方面からの専門家というと、ほぼ歯科医になっているようだ。最近は歯列矯正のしかけも、ちょっと見ではわからないくらい工夫されてきた。そのためむかしのような極端な出っ歯のひとはめずらしくなった。戦前の方法がどんなに大げさなものだったかは、テリー・ギリアムの映画《未来世紀ブラジル》や、ティム・バートンの映画《チャーリーとチョコレート工場》を見るとわかる。もちろんやや誇張されてはいるが。出っ歯というのは、一種の性格と結びつけられもした。あの覗き魔の出歯亀もそうで、謂われなき差別、というほかない。

美容的な形成手術の盛んになったのは洋装の普及と関係あるという。一九二三年（大正一二年）の読売新聞は、結婚前に容姿を矯正しようと、整形外科医の門を叩く若い女性がふえている（「嫁入り前の容姿矯正——婦人の整形外科手術が大流行」読売新聞 1923/3/12: 4）と報じている。その多くは日本人に多い脊椎湾曲の矯正が目的だが、なかには膝から下の肉を削り取って、スンナリさせてください、などと注文するモダンガールがいるとのこと。帝大整形外科外来の担当医は、「これは日本婦人の自覚と見てよいが、ひとつには洋装のもたらした産物であろう」と語っている。

乳房の整形もおなじように洋装の普及の結果だろう。外国では大きすぎて醜い乳房を小さくするのを目的とすることが多いのだが、わが国の女性は乳房を豊かにすることのほうがふつうらしい。脊椎湾曲矯正とはちがって健康とは無関係なだけに、わが国ではおくれて、一九三〇年代（昭和五年〜）に入ってからおこなわれるようになったようだ（「乳房の美容整形」読売新聞 1934/4/8: 9）。

手とあし

肩から指先全体を手といい、肩から手首までを腕、肩から肘までを二の腕という。二の腕を医学用語では上膊《じょうはく》、あるいは上膊部といい、軍隊や、体育ではそうよんでいた。

股関節から全体を足といい、膝から上を腿、あるいは太ももといい、医学用語では大腿部。股という字は、もも、にも、またにも使っていてはなはだ不都合だ。漢字が使いたいなら、または股関節の股、ももは大腿部の腿の字を使うべきだ。

膝から足首までをすねという。はぎという言い方もあるが、古いいい方で、いまはふくらはぎ以外はあまり使わない。すねの前方、骨のある側を向こうずねといって、ぶつけると非常に痛いので弁慶の泣きどころなどという。ほんらいはこの骨、脛骨のことをすねという。その後側、やわらかい部分がふくらはぎでマッサージの急所らしい。

足首から指までには、日常的な名称はないようだ。ただし狭義のあしはこの部分で、とくに文字で書く場合には、この部分を足とかき、股関節から足首までを脚、と区別する。だから足の甲とか、足の裏とかいっても、すねや膝とまちがうことはない。脚衣というのはゲートルやレギンス、脛当ての類で、履き物ではない。

足首の突起した骨がくるぶし、そのほか足には、ゆび、甲、かかと、足の裏、土踏まず、といった名どころがある。

くび、手首、足首はからだの三カ所、くびというい方をする部分で、つかみやすいし、ものを固定もしやすい。くびには襟やカラー、手首はカフスで固定するが、足首には今はそういうものがなくなった。かつては足袋のトップが足首まであって、紐でしっかり縛っていたのだが、だんだんと浅くなり、コハゼ掛けに変わった。明治初期の足袋にはまだ紐のついたものや、深いものが残っていたが。

くびと手首足首とは発達的には関係があるともいう。くびのほっそりした女性は華奢で、むかし風にいえば蒲柳の質、あしもほっそりしているという。男であまり首の細いのは弱々しく、逆に猪首というのはあまりスマートではない。ショートスカートの女性があしの美しさを気にするのは当然だが、あしが美しい線を描くのは、足首からせいぜい膝上一〇センチくらいまでで、それより上の太もも部分が入ると、街頭では迫力の方が勝ってしまう。若い女性のふくらはぎはだれでも豊かなので、あしの美しさは足首のほっそりしていることが条件だろうが、畳生活時代の日本女性にはそれが案外得がたかったらしい。

＊　＊　＊

畳のうえの正座はあしの発育にはのぞましくないということは、はやい時代から言われていた。けれども畳を擦るようなきものの裾に何層にもつつまれているあいだは、女性のあしの発育にも魅力にも、世の中のひとはほとんど無関心だったろう。明治の末になって、このごろの娘が母より大きくなったのは、学校で椅子腰掛を用いているためだろう、といった新聞記事が現れるようになる（「母より大きい娘」時事新報 1910/5/18:9）。

女性のあしが注目を浴びるようになったのは、街に洋装の若い女性がめだちはじめ、たまたまその時期が欧米のフラッパーの流行と合致した、一九二〇年代の半ば（昭和の初め頃）になる。

この春の婦人洋服は、スカートがずっと短くなってしかも襞がなく、胴から下へまっすぐに竹ずっぽうのようになって、膝が出るかと思われる位、その短いスカートの下から肌の色とおなじような或いは肌の色を誇張したような色の絹靴下の美しい脚を見せるのが専ら流行である。（「春の婦人服は裾が短く膝が出る（……）」読売新聞 1925/4/14:7）

西洋では婦人が段々とスカートをまくり上げて、脚を出すようになっています。日本でも洋服を着る婦人は立派に足を出しています。今に、いい脚だな！と通る人を驚嘆させるほどの美しい脚が、銀座をうんと歩くに違いありません。（……）歩くということは、長い間日本婦人の知らなかったことであります。日本の婦人は長い間、脚はお尻の座布団とばかり思っていたのであります。

（三須裕「足はどうしたら美しくなるか」『婦

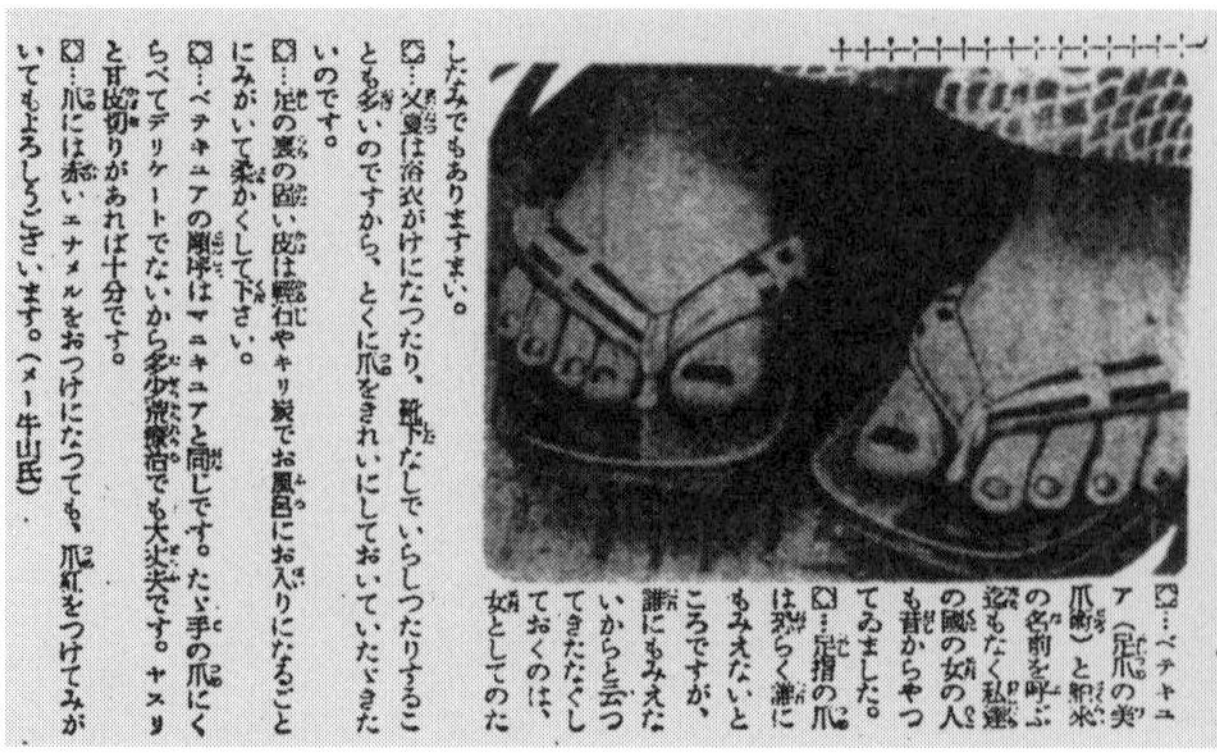

夏はことさら足の爪を 美しくしませう

◇…ペデキュア（足爪の美爪術）と紹介の名前を呼ぶ必要もなく私達の國の女の人も昔からやってゐました。
◇…足指の爪は恐らく誰にもみえないところですが、誰にもみえないからと云ってきたなくしておくのは、女としてのたしなみでもありますまい。
◇…又夏は浴衣がけになったり、靴下なしでいらしったりすることも多いのですから、とくに爪をきれいにしておいていただきたいのです。
◇…足の裏の固い皮は軽石やヤスリ袋でお風呂にお入りになることにみがいて柔かくして下さい。
◇…ペデキュアの順序はマニキュアと同じです。たゞ手の爪にくらべてデリケートでないから多少荒療治でも大丈夫です。ヤスリと甘皮切りがあれば十分です。
◇…爪には赤いエナメルをおつけになっても、爪紅をつけてみがいてもよろしうございます。（メー牛山氏）

「夏はことさら足の爪を美しくしませう」
『読売新聞（東京版）』
1933（昭和8）年6月19日

人世界』1927/12）

一九三一年（昭和六年）には、あしのプロとはいえ、そのあしに保険をかけるダンサーが、関西からはじまっている。

椅子生活とスポーティーな日常習慣があしのかっこうのわるさをなくしたとはいっても、胴長短足のアジア人的体型はそうかんたんには変わらない。

これからの美人はあしで評価される。理想の比率は首から下の三分の二の長さ（報知新聞 1937/12/9: 4）とあるが、結局この悲願は、身につけるものぜんたいのバランス、とりわけ靴の工夫に待つしかない。あしの健康、むしろ全身的な健康問題として警鐘が鳴らされるハイヒールも、アジア人にはまたべつの思慮が必要になっている。

＊　＊　＊

手や足の指の爪をきれいにする習慣は、日本でも古くからあった。明治の家政書をみると、「手足の爪はたびたび心付けてとり、後を木賊《とくさ》にてこすり、紅をさすべし」などと出ている。紅は爪紅《つまべこ》といった。一八八八年（明治二一年）一〇月一五日号の女学生雑誌『以良都女《いらつめ》』は、若い女性のあいだでは薄紅インクをつかって、上手に染めているひとがたくさんいる、と報じている。

一九〇七年（明治四〇年）に大阪の十合呉服店の発行するカタログ誌が、「爪磨きの珍商売」というタイトルで、西洋風のマニキュアを施している女性を紹介している。東京築地のあるホテルで、三、四年以前から外国人相手に営業していると。珍商売といっているくらいだから、美容・化粧品業界でも知るひとは少なかったのだろう。おなじ年の業界誌にも、欧米でのマニキュアリングの状況を、装爪、ということばを使って紹介している。

そのあと一九一〇年代（ほぼ大正前半期）を通じてマニキュアは、おもに花柳界の女性などを対象にしてゆっくりと普及していったらしい（「流行のマネキア」東京日日新聞 1912/11/1: 7）。

婦人雑誌などに、マニキュアの紹介記事が盛んに現れはじめるのは、関東大震災（一九二三年、大正一二年）のすこし前くらいの時期だった。しかし婦人雑誌のそうした記事が、じっさいに美爪術の流行とどう関係するかがはっきりしない。美容院でマニキュアの営業をしていた店はあまり知られておらず、マニキュアは二、三の小さな器具や薬品さえあれば、家庭でもむずかしいことではなかったから。それはマニキュアのさいしょの紹介者のひとり、山野千枝子がアメリカの旅から寄せた「素人にも出来る美爪術」（『婦女界』1921/9）によってもたしかだろう。この時代のマニキュアは爪のかたちを整え、半透明な美しさに磨くことが中心だった。足の爪の手入れ――ペディキュアの勧めも、一九三〇年代初め（昭和初期）には現れている（「夏はことさら足の爪を美しくしましょう」読売新聞 1933/6/19: 9）。

マニキュアの営業はむしろ、高級理髪店での男性客むけの方がよく知られていて、そういう店では

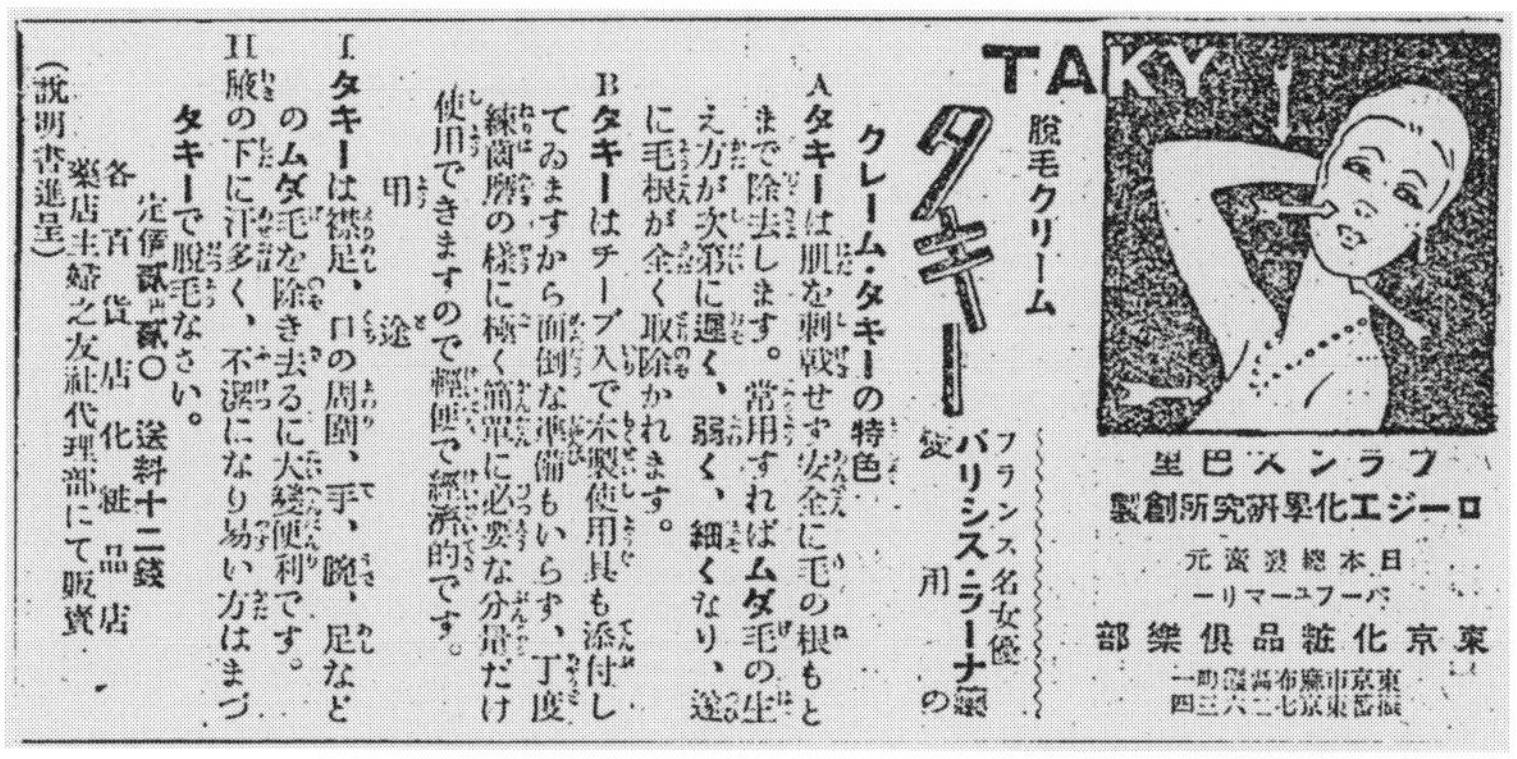

「脱毛クリーム　タキー」
『主婦之友』、1926（大正15）年8月

マニキュアガールなるものが雇われていた（「マニキュアガール」都新聞1932/2/5: 9）。これはダンスの流行とも関係しているにちがいない。

＊　＊　＊

爪のきれい汚いはその当人がいちばん気になるもので、夫でもまったく気づかないひとは多いだろう。

手の美しさという点で一九三〇年前後（昭和五年前後）にとりあげられはじめたのは、脇毛の処理だった。脇毛の処理に熱心なのはアメリカ人で、多くはアメリカで修業した美容師がもたらしたもののひとつが、脱毛クリームだった（メイ・牛山「腕と手のお化粧」『婦人世界』1932/6）。

一九三〇年代とそれ以後（昭和五年以後）は、大都市中心ではあったが街を行く洋装の女性が年毎にふえた。しかも洋装のとくに多いのが夏だということで、腕を出して歩く女性が――むしろ女性のむきだしの白い腕が、初夏の都会のあたらしい景観のひとつになった、とさえ言えるだろう。

腕のかたちは、ある程度太いか細いかというくらいで、あしほどに優劣がはっきりしないし、爪のおしゃれほど自己愛的でもないから、若い娘たちは無邪気に、大胆にむきだした。もちろんそれに対して、美容家はだまってはいなかったが。

夏の街には袂が少なくなり、俄然腕逞しき洋装の婦人が氾濫してきます。ところが袂で覆っていた腕を、急に露出させるようになって、今まで構わなかった腕の手入れが当然必要になってきます（……）。（「腕の美容第一課」都新聞1935/6/18: 9）

両腕を露出して颯爽と歩くのも夏の喜び、しかし、変に薄ぎたないカサカサしたお手々ではいやになります。お顔と平行して腕のお手入れが必要なシーズンです。（「夏・裸身輝くとき　腕の魅力はこうして保て！」東京日日新聞1937/5/26: 14）

床屋／理髪店

開化の時代になっても女の髪型は変わらなかったが、男の方は斬髪になったため、床屋の仕事の内容がすっかり変わった。一八九八年（明治三一年）八月七日、一四日の二回にわたって時事新報は、「理髪の沿革」という読物を掲載した。それによるとあたらしい理髪の技術は、横浜はじめ開港した五つの港の髪結いが、異国船の来るごとにつてを求めて、一挺の剃刀をたずさえてその船に出入りし、乗組の西洋人の顔を剃って存外の儲けをした。その連中がやがて、乗船していた理髪師等から、西洋風の鋏の使いようを習い覚えたもの、としている。

美容家の芝山みよかの父親芝山兼太郎もそのなかのひとりか、二代目だろう。彼が西洋人から習得した熱アイロンの技術が、やがて女性の美容にも応用されて、洋髪普及の先駆けとなったという。もっともある技術の創始とか、器具のさいしょの使用とかは、仮に本人がそう信じていたとしても、事実は不確かなことが多い。『東京風俗志』（1899-1902）でも、斬髪床はだれがさいしょ、など断定しているが、とりわけ明治初年についてはたいていのことは霧の中だし、さいしょのひとりがだれ、などということは、多くの場合どうでもよいことだ。

＊　＊　＊

男の髪を結う髪結いは、明治に入ってからは当然すぐになくなり、歌舞伎の《髪結新三《しんざ》》で記憶されるくらいになった。女の髪をあつかう髪結いさんといういい方は一九三〇年代（昭和戦前期）までは残っていた。男の髪の方は理髪という漢語でか、散髪屋、もしくは以前どおり床屋とよばれて、今日までつづいている。散髪は古いことばだが、ほんらいの意味はやや異なる。おそらく斬髪と紛れたのだろう。関東では床屋さんというほうがふつうだ。

明治初年の床屋は見よう見まね

で覚えた半素人が多かったから、その技術はひどいものだったらしく、いろいろな珍談がのこっている。開港場では、洋服屋や靴屋とおなじように清国人の理髪業者が幅をきかせていた。清国人床屋は耳垢とりが巧みで、その気持ちよさは病みつきになるほど。また頼めば、眼脂《めやに》とりまでしてくれた。しかしそのどちらも、一九〇六年（明治三九年）に警視庁令で禁じられた。耳ほりは日本人の床屋さんのなかに、お得意さん相手にその後もずっと内緒で続けている店があった。

耳垢とり、眼瞼内の掃除などが禁止された理由は、病毒伝染の虞れあり、ということだった。一八九〇年代（ほぼ明治二〇年代）以後になると、理髪業者も徒弟修業を経て一人前になるのがふつうになり、剃刀の腕の方はたしかだったろうが、衛生面に無頓着な店がかなり多かったようだ。床屋の出てくるそのころの小説などでも、タオルの汚いこと、顔を濡らす水はいつ換えたものかわからない、親方が臭い息を吐きかける、などの描写によくお目にかかる。一九二〇年代頃（ほぼ大正末）までの理髪業は、衛生改善との戦いだった、と言ってよいくらいだ。

東京府はもちろん、全国に率先して理髪業者の衛生面向上に努力している。さいしょの〈理髪営業取締規則〉（警視庁令一〇号）の公布は一九〇一年（明治三四年）三月だった。それ以前の多くの理髪業者は、鋏、剃刀、櫛などを、どの客にも共用していた。東京の牛込警察署長は管区内の理髪業者を集めて、その点につきこんこん説諭したところ、これを受けて牛込の理髪業者は、他区に率先して器具類の熱湯・石炭酸消毒を実施することになった。しかも料金は一銭も上げないで。翌年一月、警視庁は理髪業者組合の責任者を招集し、店内の消毒の励行を訓示した。三月には、麹町警察署管内の理髪業者五〇余名をよんで、署長および技手より消毒法についての指導をおこなった。こうした断片的情報は当時の新聞から拾えたものだけだ。警視庁は理髪業取締専務巡査まで置いて、取締りの厳重励行を期したが、結局、衛生環境の向上は不十分な段階にとどまった。それは要するに業者の無智と、経済的負担の重すぎることが妨げになっていた、と（「理髪業者衛生励行新取締法が発布される」朝日新聞 1915/2/4: 5）。

小僧上がりの親方のなかには、小

明治初期の散髪屋さん

歌川国松画、「昼夜帯好染色」挿絵、『絵入朝野新聞』1886（明治19）年10月15日

学校も満足に出ていないひともいたろうから、業者の無智、という点はまちがいとも言えまい。しかし理髪業者の側にも言い分はある。一九一二年（大正元年）一二月に東京本郷のある理髪店主は、〈理髪営業取締規則〉の改正にむけて、結核予防に関する項目の追加を請願しようとした。その店主によれば、理髪業者一〇人のうち九人は肺結核で死亡する。これは仕事柄お客の顔のそばで呼吸するから、お客と理髪人とはおたがいに結核に感染しやすい。また、床屋の床《ゆか》はたいてい土間であるため、客はやたらに痰唾を吐き散らす（「肺結核と理髪業者」東京日日新聞 1912/12/23: 3）と。

衛生的な環境をつくるための費用は小さくなかった。江戸時代の床屋——男髪結いは、いわゆる鬢盥《びんだらい》ひとつ提げて結い歩くことができた。明治以後でも女髪結いは、外結いでも店結いでも、小風呂敷ひとつに入るくらいの道具でことたりた。それに対してあたらしい理髪業は、まず外結いができなくなった。小さくても店をもつとなると、まず必要なのは大鏡で、三尺×四尺くらいのものが二枚は必要。つぎは椅子。「倚子は散髪床の看板ともいうべくして若し之なき時は通常の結髪床と見誤まれ客人に素通りさるるの常なり」とは、「理髪の沿革」（時事新報 1898/8/7: 9）での一八七三、七四年（明治六、七年）頃の理髪店の描写。理髪店の椅子がその後、歯科診療の椅子同様、独自の機能をもつものに発達したことは、だれも知っている。

理髪店になくてはならないものが洗髪設備だ。公共水道の引けたのは、東京大阪のような大都市でも一九〇〇年代（ほぼ明治末）以後だったから、それまでは、大きな樽に水を張って高いところにすえる、一時期の水洗便所のような設備をもつ店もあった。

店内の設備ではないが、店頭に赤青だんだらのサインポールを出すこともごく初期からの習慣。

一九〇四年（明治三七年）一月増刊の『文芸界』に、極上等の理髪店といって、つぎのような描写がある。

すっかり西洋造りのペンキ塗り、入口には硝子入か何かの西洋戸があって、それを開けると上履きがあろうというのだ。これをつっかけて入ると綺麗な板の間、テーブルに花瓶などよろしく（……）仕事場は二階の広間、待合室には新聞雑誌類が幾種か備えてあって、（……）煎茶若しくは珈琲がすぐ客の前へ出る、かける布も一遍々々取替える、香水も上等なのを振掛ける、其処で髪を刈って五〇銭は黙って取られる（……）。（丁々子「理髪店」『文芸界』1904/1 増刊）

髪結い／美容院

髪結いときくと、歌舞伎好きのひとだったら《髪結新三《しんざ》》を思い浮かべるかもしれない。江戸時代の髪結業者には男も女もいたが、男で、お客の家へ出かけていって仕事をする、出髪結《でがみゆ》いのかたちが多かった。そのころはたいていのひとは髪はじぶんで結っていたから、商売人に髪を結わせるような女性は、商人でもかなりの身代の家にかぎり、そういう家の女はめったなことでは家から出なかったのだ。

明治になると、女性の髪を結う男性の髪結いというのはいなくなって、髪結いという商売は女性に独占された。女髪結いはやはり客の家を訪れて仕事をする出髪結い、あるいは外結いというのがふつうだったが、だんだんと名の売れた商売人が出てきて、そういうひとは看板を出して客の来るのを待つかたちになる。

店の看板はたいてい〝おぐしあげ〟で、その下に小さく名前を書いてあるのもある。お客には〝かみいさん〟といわれた。かみいさんといういい方はもちろん、外結いの髪結いにも使われる。〝今日はかみいさ

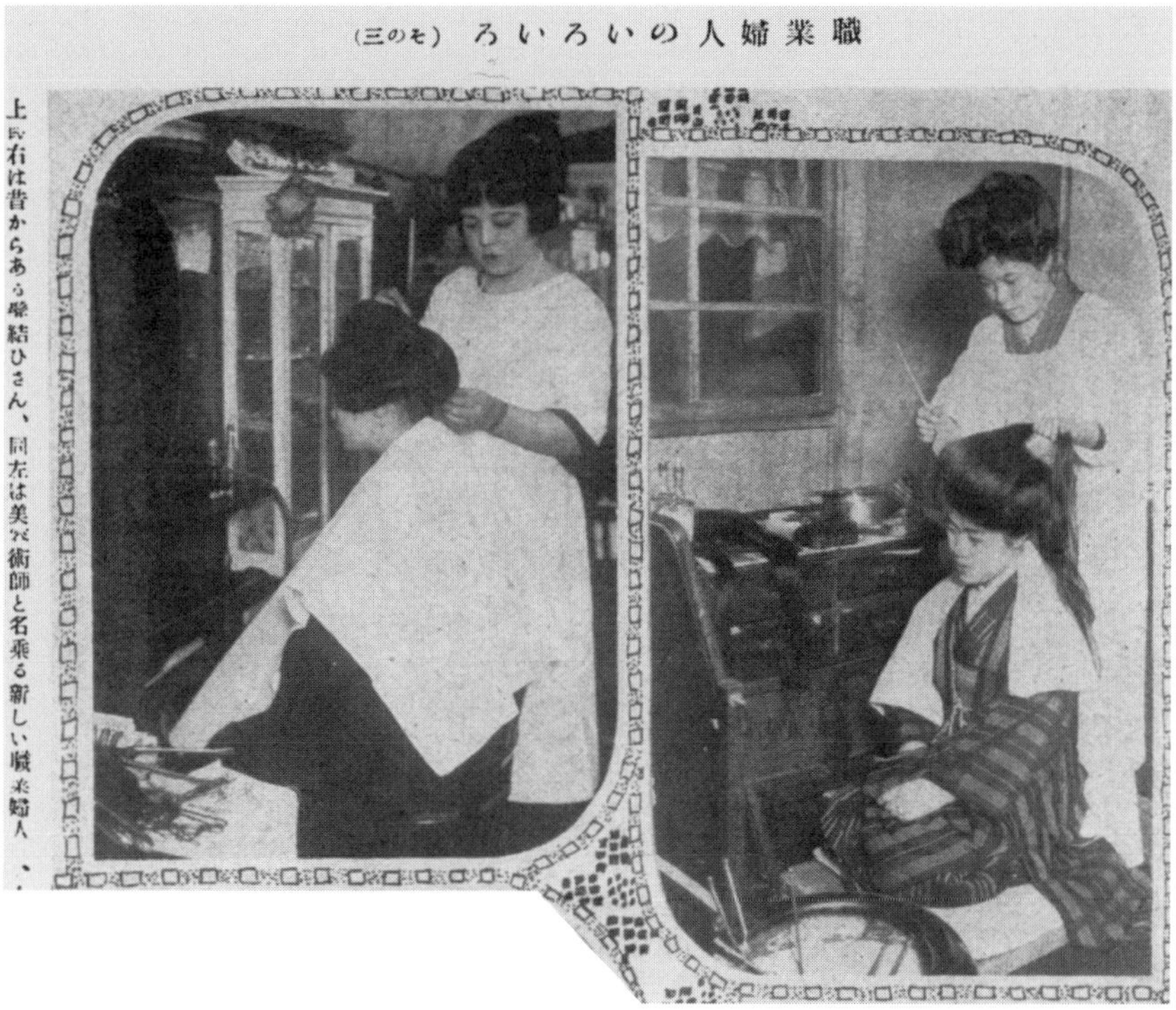

髪結い（右）と美容師（左）（「職業婦人のいろいろ　若草巻と弥生巻」）
『婦女界』、1925（大正14）年3月

んの来る日だよ〃などと。髪結いにしてみると、小さくても店をもって、出歩かないですむ方がいいにきまっている。しかし出不精だったその時分の主婦たちは、来てもらえないんだったら他のひとにする、ということでせっかくのお得意さんを失ってしまうおそれがある。これは髪結いとお客の力関係だった。だから仮に店をもって看板を出しても、何人かのだいじなお得意さんの所だけはまわる、という髪結いが多かった。雑誌に顔写真の出るような名前の売れた髪結いでも、何軒かの華族さんのお宅へは人力車に乗ってでもお伺いしている、というのがふつうだった。

＊　＊　＊

店持ちの髪結いには、外結い専門を下に見る傾向があり、税金逋れだという悪口もあったそうだが、事実は、納税している髪結いはごくわずかだった。一八九六年（明治二九年）に新設された、国税としての営業税は資本金五〇〇円以上、売上高一〇〇〇円以上、従業員二名以上ということだったため、梳き手一人二人くらいの結髪業者は対象にならなかった。また一八八七年（明治二〇年）に導入された最初の所得税は、年間所得が三〇〇円以上の所帯が対象だったから、これも問題外だった。髪結いはだいたい内職とみなされていた。

東京横浜周辺についていえば、関東大震災（一九二三年、大正一二年）あたりまでが、それまでの髪結業者にとっては平穏な時期だったろう。髪結いはすべて年季奉公で一人前になる。年季は一四、五歳から三、四年、礼奉公一年というのがふつうで、不器用な娘はもっとかかる場合もあるが、そんな子は店ももてない。髪型はよく結うものを五、六種類も教われば、あとは見よう見まねとじぶんの工夫で、たいていのものは結えるようになる。髪結いはその時代としてはめずらしく、女が自活できる職業だったから、嫁に貰い手のないような女ばかりがなった、という悪口をよく言われるが、手仕事が好きでなったひとも多い。じぶんがきれいになりたいし、ひともきれいにするのが好き、という想いをもつ娘もあった。だから結果としてはで好みで、なかには身もちのわるい者もいて、髪結いの評判を落とす原因になったのだ。

平穏な時期がつづいたというのは、洋髪を結う女性が日本髪より多くなるまでは、仕事の内容に大きな波瀾がなかったためだ。一九一〇年代、大正とかわるころから、束髪に変化が現れだした。束髪の流行そのものは、お客が減ったというだけのことだった。ところがその束髪のなかに、今まで経験しなかった、アイロンをつかう技術が入ってきた。それが洋髪だ。年輩の髪結いさんはだいたい洋髪をきらった。洋髪の自由な造形性に感覚的についていけなかったし、アイロンが怖い、というひともあったらしい。

髪結店の看板が、おぐしあげ、から、和洋結髪に変わった。それから一〇年ほどして、今度はパーマネントウエーブが入ってきた。都会の髪結店でパーマをしなければ商売にならなくなったのは、だいたい一九三五年（昭和一〇年）前後だ。丸髷や島田の修業できたえた髪結いさんたちは、まったく系統のちがう技術を、ときには自分よりずっと若い先生について、学ばなければならなかった。

大変だったのはそれより、設備のための費用だったろう。それまでは櫛や油の入った小風呂敷ひとつを提げて外結いにも行けた。パーマネントの商売には、化け物のように大きな蛸足のパーマネント器と、大型ドライヤーが要る。それ以上に金のかかるのは洗髪のための水道設備と、ときには天井裏からやり換えなければならなかった電気配線だ。だからパーマネントをはじめると同時に、それまでの入口の格子戸を、一枚ガラスのドアにするなど、店の模様替えをするのがふつうだった。美容院の誕生だ。

美容院ということばは大震災前からもあったが、大都会の風物のようにふえてきたのは一九三〇年代（昭和五年〜）に入ってからだった。和洋結髪が美容院になると、きのうまでのかみいさんは美容師になって、先生とよばれた。それまではお師匠さん（おっしょさん）がふつうだった。先生とよばれたのは他にも理由がある。そのころになるともう、年季奉公で職を身につける娘さんは少なくなり、美容学校出のひとが入ってきた。年季あがりの店主がいやがっても、若い従業員たちは、先生という方がよび慣れていたのだ。

洋髪以後の髪型には、それ以前の髪型とのあいだに、決定的なちがいがひとつある。洋髪以後は、髪型に島田とか銀杏返しとかいう、基本的な定型がなくなり、ひとりひとりのヘアスタイルは自由になった。よいスタイルかどうかは、お客の好みと美容師のセンス、および技術次第だ。

年輩の髪結いさんがついていけなかったのは、組合や資生堂の講習会に通って、アンモニアの講義を聴くことよりも、この点だったようだ。

女性断髪

女性の断髪は一九二〇年代後半（昭和初め）に、いわゆるモダンガールとからんで話題になった。ただし女性が髪を短くすることを広い視野でとらえるなら、それは今さらのことではない。

仏教では戒を受けて仏門に入るとき、その印のひとつとして剃髪する。しかし釈迦の時代のインドにそういう習慣はなかったらしいので、後世にさまざまな実際的理由や、理屈から生まれた習慣だろう。

古い時代のわが国では、男女とも髪はのびるままにし、男性はかんたんに結んでいた。江戸時代中期以後、女性も髪を結びあげるようになり、その結び様が技巧的になって、女性の容粧の中心のようになる。そのため髪を切るには大変な覚悟のいることになって、前非を悔いた女が髷をぶっつり切り落とすとか、反対に妻の不身もちに腹をたてた夫が女の髷を切りとるとかいう雑報記事が、明治時代の新聞にはかなりみうけられる。

もっともそういう場合は、髷の根の、元結いのかかっているあたりをぶっつり切る、のであって、髷以外の部分、前髪や鬢《びん》、髱《たぼ》はそのままだから、馬の尾のような簡単な束ね髪にならじゅうぶんできる。事実、豊かな毛をもっている貧乏人は、こうして髪の毛をかもじ屋に売って、小遣いを稼げたものだ。だから一口に髪を切った、といっても、落語の「大山詣り」の欺された女房たちのように、出家得度した坊さんとおなじ、つるつるの薬罐あたまにしたとはかぎらない。

＊　＊　＊

一八七一年（明治四年）の八月に、散髪、制服、略服、脱刀が勝手、という太政官からの触れが出、翌年二月に重ねて、散髪については勝手たるべきこと、との布令が出た。この時代はまだ新聞などもなかったから、行政の布告なども相変わらず高札にたよっていたので、たいていは噂のようにしてひろまったのだろう。一八七二年（明治五年）の四月になって、つぎのような補足の東京府令が出されている。

散髪ノ儀ハ勝手タルベキ旨先般御布告相成、右ハ専ラ男子ニ限候処近来婦女子ノ中ヘモザンギリ相成候者往々相見エ畢竟御趣意ヲ取違候儀ニ可有之、抑婦人女子衣類ハ素ヨリ男子トハ区別ノ御制度ニ候条婦女子ノ儀ハ従前ノ通リ相心得御趣意ヲ取違不申様可致候

(十四五歳向)　(十二三歳向)　(十歳前後向)　(七八歳向)　(四五歳向)

(イ)　(ロ)　(ハ)　(ニ)　(ホ)

可愛い子供の斷髪（口繪参照）

＝どれがあなたのお子様にお似合ひでせう？＝

マリー・ルキーズ化粧院　マリー・ルキーズ

上《かみ》の圖《づ》を御覧《ごらん》くださいませ。口繪寫眞《くちゑしやしん》で御紹介《ごせうかい》いたしました、可愛《かあい》いお子様《こさま》方《がた》の斷髪《だんぱつ》の側面《そくめん》でございます。

流行型のいろ〳〵

十四五歳《さい》のお孃様《ぢやうさま》で、俗《ぞく》にいふ巾着頭《きんちやくあたま》の方《かた》には、(イ)圖《づ》のやうな斷髪《だんぱつ》が似合《にあ》ひます。(これは口繪寫眞《くちゑしやしん》にはありませんが)かういふ風《ふう》に前髪《まへがみ》をとつて、少《すこ》し膨《ふく》ませ加減《かげん》に結《むす》んで、(一寸鏝《ちよつとこて》をかけてもよろしい)リボンでもかけてあげますと、眞中《まんなか》が持《も》ち上《あが》るので、巾着頭《きんちやくあたま》が苦《く》にならず、可愛《かあい》くなります。生《は》え際《ぎは》のせせこましいお子様《こさま》なども、かうすると、すつきりとして上品《じやうひん》に見《み》えます。

(ロ)圖《づ》は十二三歳向《さいむき》の斷髪《だんぱつ》で、髪《かみ》の毛《け》の多《おほ》いお孃様《ぢやうさま》は、かうなさるとよくお似合《にあ》ひです。前《まへ》を七三に分《わ》けて、そこから耳《みみ》の後《うしろ》まで丸《まる》く分《わ》けてゆき、その毛《け》はバレット(お下《さ》げ止《ど》め)で挾《はさ》んでおき、殘《のこ》りの毛《け》は前《まへ》をやゝ長《なが》く、後《うしろ》へゆくほど短《みじか》く切《き》り上《あ》げてゆきます。そしてバレットで止《と》めない方《はう》の毛《け》に、一寸圖《ちよつとづ》のやうな形《かたち》に鏝《こて》をかけ、毛先《けさき》も鏝《こて》で内側《うちがは》へ丸《まる》みを持《も》たせておきますと、ほんとに可愛《かあい》らしくなります。

一寸滑稽味《ちよつとこつけいみ》のある、おどけたやうなお顔《かほ》のお孃様《ぢやうさま》なら、(ハ)圖《づ》のやうにしてあげると、一層特長《そうとくちやう》が表《あらは》れて可愛《かあい》いものです。この髪形《かみかたち》は、やはり前《まへ》は七三に分《わ》け、頬《ほゝ》のところはやゝ長《なが》めに、後《うしろ》へゆくに隨《したが》つて短《みじか》く切《き》り、(毛《け》の多《おほ》い方《かた》なら後《うしろ》は三段《だん》ぐらゐに段《だん》をつけて切《き》ると、横見《よこみ》が一層涼《そうすゞ》しく見《み》えます。)頬《ほゝ》の毛《け》は、なるべく前《まへ》へ、クルッと半圓《はんゑん》を描《ゑが》くやうに鏝《こて》で形《かたち》をつけます。そして七分《ぶ》の方《はう》の毛《け》を、耳《みゝ》のところで、小なバレットでゞも止《と》めて、額《ひたひ》に被《かぶ》さるのを止《と》めておきますと、生《は》え際《ぎは》の形《かたち》もつきます。ウェーヴをかけるのならば、ごく輕《かる》く、一二段《だん》をあらくかけておきます。これは十歳前後向《さいぜんごむき》の髪形《かみかたち》です。

(ニ)圖《づ》は七八歳向《さいむき》のあどけない斷髪《だんぱつ》です。これは、モデルのお孃様《ぢやうさま》が自然《しぜん》に

（229）　可愛い子供の斷髪

「可愛い子供の断髪」

『主婦之友』、1927（昭和2）年8月

この時代の記録を見ると、かなり大胆なザンギリ女性がいたようで、いつの時代にも進取の気性をもった女性はいるものとみえる。

一九二〇年代（大正末〜昭和初め）の女性断髪は、もともと第一次世界大戦の直後からヨーロッパではじまっている。だからその起源が直接間接に戦争の影響であることはまずたしかだ。わが国にひとつの流行として入ってきたのは、それから六、七年後のこと。それまでのあいだは欧米の流行の様子が紹介されてはいたが、知名人のだれかれが断髪にしている、というニュースがたまに現れる程度だった。

一九二〇、三〇年代の断髪を今日、ときを隔ててみれば、マスコミが話題にしたほどに流行などしてはいなかったようだ。銀座で撮影しようと待ちかまえていたカメラマンが、とうとう一時間、一枚も撮れなかった、という話もあるし、銀座に店をもっていた有名美容師が、断髪のお客は一日ひとりかふたり、とも言っている。そしてその微々たる断髪女性に対する世間の風あたりはつよく、「神から授かった緑の黒髪を切ったりするのはもっての外です」と嫌われた。（大妻コタカ、東京日日新聞 1935/7/18: 6）

髪を切って詫びるとか、みせしめにする、というほどのことでなくても、まだ一般には長い髪だった時代、女性が髪を短く切るというのは、丸髷を銀杏返しに結い変えるのとはちがう、心のなにかがある場合もあるだろう。

ぼくは葉子さんが、あの断髪にした時に、あの人の心の動きというか機微というか、何かそういうものを感じましたよ。（徳田秋声『仮装人物』1938）

＊＊＊

一九二〇年代後半から一九三〇年代にかけて（昭和初め～）の断髪に関して、理解しておくべき二、三の点がある。第一は、一口に断髪といっても、髪の長さは一様ではないことだ。男性の刈り上げとおなじように短く切って、耳のうしろあたりの地肌がみえるような本格的（？）ボブもあるし、一見断髪風に見えて、じつはうまく裾の方でロールアップしている髪型もある。お尻にとどきそうな髪に慣れている女性は、肩にかかる程度の長さに切ることも怖れたので、断髪ということばの基準はマチマチだ。またその名称についても、ボブ・カットが何センチ、ペイジ・ボーイがどのあたりまで、などというきまりなどありはしない。

第二は、断髪にかぎらないが、この種の流行の〝もう廃った〟という意見だ。かつて束髪のときもそうだったし、このあと耳隠しのときもそうだ。戦後のミニスカートでもおなじ意見が新聞などに出た。あたらしい流行が現れると、それをひどく、親の敵のように、神経的に憎むひとびとがいる。しかし自分の感覚が、あたらしいものを受けいれられないと思うのがいやなため、そんなものはちっともあたらしくないのだ、ツタンカーメンの時代にもあったのだ、とか、ちょっとした情報を過大に強調して、もう外国では断髪は古くなっているんだ、とか主張する。この種のひとは、断髪はもと虱《しらみ》避けのために始まったんだといったことをさいごまで言いつづけて、なんとか笑いものにしようと努力していた。

第三は、断髪が和服には似合わない、という考え方だ。似合う似合わないということは、基本的には〝見慣れ〟につきると考えてよい。似合わないという意見は、おもしろいことに、美容師などその畑の専門家がよく口にする。アイロンウエーブは日本人には似合わない、耳隠しは日本人に似合わない等々は、その時代のいちばん権威のある美容家の主張だった。一九二〇年代（大正末～昭和初め）は女性のほとんどがまだ和装の世界だった。その和装に断髪はまったく似合わないから、断髪はダメ、というつよい意見があった。しかしウエーブや耳隠しのときとおなじように、五年も経たないうちに、そんな意見は消えてしまった。昭和五年にかかるころには、つぎのような発言が出はじめている。

長いダン髪の流行は、きものとのいい調和をみせる様になってきました。そして今迄にない新しい美が発見されてきました。（吉行あぐり「新らしく生れた『女の美』」読売新聞 1930/11/11: 9）

丁髷から散髪へ

政権が変わることによって、日常の装いが一変するという例は近代の歴史では少ない。中国における辛亥革命後の弁髪の廃止と、明治維新後の丁髷《ちょんまげ》の廃止とは、その少ない事例のなかに入り、対比させて考えるためのよい材料になっている。

新政府三年目の一八七一年（明治四年）に、散髪、制服、略服、脱刀が勝手、という太政官よりの布令が出た。勝手、ということであり、散髪を強制などしてはいないし、丁髷をなくそうともしていない。新政府は男女の髪に関して、こののちとくに口を出すことはなかった。

時事新報によれば、東京市内で一八七五年（明治八年）頃、丁髷七五%に対し散髪二五%、一八七七年（明治一〇年）頃は、散髪六〇%、一八八一年（明治一四年）頃は散髪八〇%、一八八三年（明治一六年）頃は散髪九〇%、一八八八、八九年（明治二一、二二年）頃には「殆ど丁字髷を見ざるに至れり」という（「理髪の沿革」時事新報 1898/8/7:9）。

幕末、西洋の学問が解禁になると、西洋学を学ぶ者のなかに丁髷を切り落とす者がでたが、幕府は黙許していた。幕府はもともと異装に対してはうるさいのだが、頭髪についてはそれまでも医者は坊主頭か総髪がふつうだったので、面倒を起こしたくなかったのかもしれない。丁髷であるべきなのに敢えて断髪にしたのは、欧米崇拝の念からだという（山口花兄郎『風俗画報』1892/2:38）。一方では洋学を学んでいる身で、武士に見られたいために結髪する若者もいた。『福翁自伝』によると、大阪の緒方塾の塾生の多くは地方の医者の子弟だから、もともとみな坊主頭か総髪だった。それが国を離れて大阪に出てくると、丁髷をつけて刀を差し、武士の風をして喜んでいた、とある。ひとの想いはさまざまだ。

海外の国々を見てきたトップたちや、訪れる外国人と折衝する新政府の当事者たちは、じぶんたちの丁髷を異装と感じるようになり、欧米人に使役されている清国人の長い弁髪と合わせて、短く刈った髪を文明のしるしと考えたのだろう。しかし髪のかたちがどうであっても、不衛生だとか、非礼だとか、公務が非能率になるとか、そういった実際的なマイナスはなにもない。

満州族が明朝を倒して中国を支配したとき、自民族の習慣である弁髪を漢民族に強要し、弁髪か、斬首か、と威嚇した。丁髷か、ザンギリかで、文明開化か因循姑息かの叩けば音がするといわれたが、べつに首を切られる心配はなかった。つねに諸外国の眼を気にしている新政府は、けっこう小うるさいところもあったが、危険ともおもわれず、不衛生でもない風俗に関しては、人民の自主性に任せたのだ。辛亥革命後の中国で、早々に弁髪を切った若者のなかには、守旧派の憎しみを買うのを怖れて、弁髪の鬘《かつら》をつけて外出したりしていた。日本の場合、ザンギリは官員や巡査などの権力者が率先したためそんな怖れはなかったが、民衆レベルでは似たようなこともあった。

一八七六年（明治九年）六月の読売新聞によると、飯倉のある呉服屋で、店の者が散髪になりたいと言いだしたところ、店の商売が唐物屋か舶来仕立屋ならそれもいいが、呉服屋の店の者がザンギリになるとは不似合いではないかと、旦那が妙な理屈を言った。それで店の者が、この節は昔の奉公人とちがって主人が頭の世話まで焼くには及ぶまいと、四人残らずザンギリになったので、怒った主人が四人に暇を出した、と。

翌七七年（明治一〇年）二月二八日のおなじ読売新聞には、日本橋では指折りという店で、店の者ふたりが断りもなしに散髪になったため、主人が怒りだし、散髪は不浄だからこの家には置けない、唐人の真似をする奴は追い出すと言ってゆずらない。この店は新聞売り子が軒下を通ると塩花を撒き、外国人が買いものに来ると、あとで荒神払いを頼んで家を浄める、というふうだそうだ、と。

また、一八七八年（明治一一年）六月新築開業の新富座に、こんなケチをつける投書もあった。「座が立派に出来たにもしろ、なんだ圧制に茶屋男まで散切にさせ、盲縞の着物でなけりャア送り迎をさせねエの、ヤレ何だかだと面倒なことというから窮屈で真っ平ごめん（……）」（読売新聞 1878/7/10: 3）。下町の小粋な男の代表の、茶屋の若い衆――出方までがザンギリ頭ではたまったものか、という不満だ。

なにごとにつけても、古い江戸の風習は下町に多く残り、また商人よりも職人に、とくに世間の風に当たりにくい居職の職人に多く残った。ただしそういった、時代にとり残されがちなひとはだんだんと数も減り、年もとる。頭の毛の薄くなるのはしかたがない。未練髪、などと嘲られた明治二〇年以降（ほぼ一八九〇年～）の丁髷は、だいたいは哀れにちっぽけで、かつての大髻《おおもとどり》の魅力をとどめてはいなかった。

江戸時代、公家以外は額から頭頂までを剃りあげる習慣があり、この部分を月代《さかやき》といい、こういう髪を半髪とよんだ。月代を残したまま髪をあげず、周りにオカッパのように下げたのを、ひとつ竃《べっつい》といった。額の毛を剃らず、頭の毛を伸びるままにするのは総髪といった。たいていはうしろで小さく束ねるが、オールバックのままを撫付髪という。半髪の丁髷からザンギリになるあいだに、ためらいのためか、ひとつ竃や総髪にしていたひとも多かったようだ。ひとつ竃や総髪は、江戸時代には特殊な身分、職業のひとにだけ許されていた髪型だったが。開化後のある期間、お上からの指示のないまま、髪型については百鬼夜行の状態だった。

当節はいろいろな頭があります。（……）マア見悪《にく》い第一が一つ竃、その次がチョン髷、夫れから毬栗、其外にも、髷になる下地が長々と延びて居る人も有りますが、結髪は躯の為にも成りませんから、一同も散切りにしたいものでは有りませんか、皆さん。（読売新聞 1876/4/20: 4）

男性髪型／ひげ

丁髷《ちょんまげ》が散髪に代わって以後の男性の髪型は、現代までとくにめだった変化はない。男性のヘアスタイルがマスコミにとりあげられることはあり、リーゼントスタイルとか、慎太郎刈りとか、マッシュルームカットとかいうことばを耳にしたり、写真で見たりすることはあっても、それは芸能人と、それをアイドル視する連中の世界のことで、大部分のおとなはじぶんのこととは思わなかった。男性の髪型の流行は理髪業と、一部の芸能人のなかにはあったが、男の世界にはほとんど存在しなかった、といってよい。

男はふつうじぶんの髪型というものをもっている。それはじぶんから選ぶというより、また自分に似合うかどうかということではなく、そう決まっていることに近かった。

太平洋戦争が終わるまで、男の子はほとんどバリカンの坊主刈りだった。都会ではごくわずか、坊ちゃん刈りの子がいた。坊ちゃん刈りの子に相撲のつよい子はいない、というような印象があった。小学校の一クラスにひとりぐらいはいただろうか。小学校にあがると同時に、坊ちゃん刈りから坊主刈りに変わる子もいた。

一〇代の男の子のほとんどはまだ坊主刈りだったが、商店の小僧さんなどには、もう髪を伸ばしてチックをつけているのもいる。二〇歳で受ける兵隊検査までは坊主刈り、というひともよくいた。

明治から昭和戦前期までを通じて、男性の髪は丸刈りか、角刈りか、伸ばすか、の三通りしかなかった。丸刈りは三分刈りとか五分刈りとか長さは好みで、前の方を多少長めにするとかの工夫もある。軍人は坊主刈りだったが、三分刈りぐらいの将校はいた。丸刈りと坊主刈りとは別で、坊主刈りというのはお寺の坊さんのように、剃刀でつるつるに剃るあたまだ、というひともある。子どもの丸刈りを、俗に坊主刈りというのではないだろうか。

角刈りは明治時代の流行だった。うしろは丸刈りと変わらないが、前から見ると前と横の毛が長く伸びていて四角く見える。一八九〇年代（ほぼ明治二〇年代）までは、フランス式とかいってけっこうハイカラな髪型だったが、だんだんと品位が落ちて、親仁刈りとかチャン刈りとかいわれるようになる。大場理髪店の大場秀吉は言う「角刈りはうっかりすると下品に見えるあたまです。（……）よほどうまく刈らないと頭が四角く角張ってきて、半天着でなければ似合わないようになります。勇み肌の人などには適しますが（……）」（大場秀吉「男子の頭髪の刈り方と諸注意」『婦女界』1926/4）。

髪を長めに切って前を分けるスタイルは、さいしょはハイカラ髪とかいわれて、商家の店員などに好まれたが、一九〇〇年（明治三三年）頃からは男性のほとんどがこの風になった。生まれつきの毛根の状態に従って、七三、あるいは六四に分けるひとが多かったが、きれいに分けて、いつも櫛目を入れているのは、銀行や大きな会社の勤め人で、そのためかこれをビジネスカットという。真ん中分けをするひとは少なく、大場によるとこれはスポーツカットといい、銀行家などに喜ばれる、といっている。顔立ちの整ったひとでないと似合わないともいう。

オールバックに撫でつけているひとも多かった。そういうひとのなかには、耳の周りや首筋に髪がかかってうるさいからと、ごくたまに、いやいや床屋の敷居をまたぐようなひとがかなりいる。江戸川乱歩の初期短編に出てくる名探偵明智小五郎は、もじゃもじゃの髪の毛を、いつもうるさそうに掻いている、というのが売物だが、それはべつに彼が日本人ばなれした縮髪、というのではなく、めんどうで手入れもしないということだ。

身なりについての関心の男と女の差は大きいが、とりわけ髪についてはそれがいえる。女性が美容院でセットして、それが気に入ってうきうきして帰っても、夫がまったく気づかず、妻をがっかりさせるという風景はめずらしくない。散髪に行くのは、髪の毛が長くなりすぎてうるさいから、というだけの男がいかに多いか。それはつねに理髪業者の嘆きだった。

今の人方はそう申しちゃちとなんですが、百人が九九人迄は職人任せ、唯長く刈れとか、短くすれとか云うだけで、理髪というものは、長い髪を短く刈ればそれでよいもののように思って居られる（……）。

（「第三章　髪の苅り方」『実用問答（男女美容篇）』1907：179）

理髪業者の著わした技術書には、フランス式、アメリカ式のあたらしいヘアスタイルの紹介とともに、しかし、もっとだいじなことは、お客のひとりひとりの個性に合わせること、として、長い顔、丸い顔、鉢の開いた頭、和服の客、洋服の客、というような懇切な説明がある。しかしたいていの男客の考えている〝じぶん〟とは、顔の長い丸いよりも、職業であり、身分であり、気質だった。年季あがりの床屋の親方に、〝いつも不機嫌な顔の、胃弱の大学の先生〟にぴったりな髪型を決めさせるのは、むりな相談だったろう。床屋職人に顔や頭をいじられるのがいやで、子どもが歯医者を嫌うように、散髪を億劫がるお父さんは少なくない。

男性客の要求するじぶんらしくというのは、テレビや舞台のエンタテイナーがぜひ必要としている商品としての個性ではない。むしろ逆に、めだたない、平均的な、あたりまえ風なのだ。中年のホワイトカラーの客であれば、一〇人のうち九人までが着ているダークスーツ並みがまず目標で、まあ欲をいえば、プラスそのひとなりの価値観の小さな添加物、渋さとか、上品さとか、ちょっとだけスマートとかが、チラと出ればそれでじゅうぶん、ということだろう。だからひととめだって違うようなことは、なにより避けなければならない。という意味では、それなりに今風であることもだいじなのだ。

男性理髪に流行がないわけではない（「近頃流行る髪と髭」国民新聞 1915/2/23: 5）。ただし少数の若者客以外、鏡の前の大部分の客は「唯長く刈れとか、短くしろとか云うだけ」の職人任せだ。しかしその客が内心で求めているのは、きのうの流行ではけっしてなく、きのうからはじまった流行の、なにげないスタイルで、それが注文の少ない、職人任せの客の注文ではなかったろうか。

＊＊＊

髭を生やすことも開化の習慣だった。たまたまこの時代、とくにイギリスでは髭を蓄えることがはやっていたため、西洋人一般に対して、〝ひげ〟、とか〝赤ひげ〟という別称がついた（「握手の咎め」朝日新聞 1902/9/12: 5）。その外国人と接触する機会の多い政府高官や、学者などがりっぱな髭をつけるようになる。それが次第に中下級の官吏たちにもひろがり、〝ひげ〟とか、〝なまず〟とかいう渾名がお役人につけられた。髭がもっと一般化したのは、日清戦争（一八九四〜九五年、明治二七〜二八年）後と、日露戦争（一九〇四〜〇五年、明治三七〜三八年）後だといわれるが、軍人を除けば、近代の日本の男性は、それほど髭に執着がなかった。

髭を生やす理由としては、顔にアザや傷があるためとか、外国で子どもと間違われるためとか、顔が貧弱だから、とかいろいろある。もっと精神的には、男を強調するためと、威張るため――その時代風にいえば威儀のためが理由だろう。戦前であると、男を強調することと威張ることは、ひとつことだった。威張る、は現代人がもう忘れかけている感覚だが、森鴎外のような知性人が、カイゼル髭を生やして、どんなときでも軍服を着て胸を張っていたのは理解しにくい。彼の髭は、後ろからでも先っぽが見えたそうだ。

カイゼル髭のように末端が跳ね上がった髭は専用の油をつけてかたちを整える。資生堂にも「プロミネン　住の江　ひげ油」という三個で九〇銭の製品があった。

ひげに用い給えば適当の粘力を生じ随意の形状を保ち且つ在来の品とは異なり洗い去ること容易なり（広告）（白木屋『流行』1908/3）

日本髪の時代

一八八〇年代後半（ほぼ明治一〇年代末）に束髪が結われはじめてから、それ以外の女性の髪を日本髪《にほんがみ》というようになる。だからといって、束髪を西洋髪とよんだわけではない。ヨウガミといういい方も一部ひとはしたらしいが、しかし束髪の種類のなかには、日本の従来の髪型もふくまれているので、これは正しくない。束髪は手軽な束ね髪、であるのに対して、日本髪は結び髪なのであり、結んだ髷《まげ》をもっていることが特色。日本髪の種類とは、その髷の結び様の種類と思ってよい。もちろん束ねると結ぶは、ことばの綾のようなもので、束髪の上げ巻とか英吉利《イギリス》巻とかも、一種の髷といえないことはないのだが。

＊＊＊

近代の日本髪は、基本的には前髪、鬢《びん》、後髪、それに髷、という四つの部分からなりたつ。

前髪は額のすぐ上の髪。もっともめだつ部分で、丸くふくらましているのがふつう。幕末から明治にかけては前髪が極端に小さく、ほとんどないにひとしいひともあった。一八九〇年代（ほぼ明治二〇年代）

以後は髪型ぜんたいが大きくなってゆくが、そのなかでも前髪はとりわけめだつ。前髪を切って、前に下げることは開化期の流行だったようだが、のちに束髪でもされている。しかしどちらもなぜか文字資料ではほとんどとりあげられていない。前髪に簪《かんざし》を挿すのは少女の特色で、ビラビラといった。

　鬢は両耳の横の張り出し。絵や写真で見ると厚ぼったく見えるが、髪の毛の量はごく少なく、レースのように透けているのがふつう。夏にはとりわけそれが涼しげにみえた。一七世紀後半には鯨のひげ製の支えものを使って、燈籠のように張りだした時期もあった。鬢が張っているると髪ぜんたいが大仰な感じになり、江戸後期以後は嫌われた。

　後髪は髱《たぼ》あるいはつと、ともいう。髪の毛の多いひとが、この部分をふくらませて、髷の毛の量を調節したのにはじまる。襟足を覆うため、うしろから見た襟元の魅力のカナメになる。髱がきものの襟を汚さないようにというのが、抜き襟の理由だった。その理屈からいえば、束髪や洋髪で抜き襟をするのはおかしいことになる。髱の大きさと、襟の抜き方の調和に気をつけるよう、注意されたもの。

　前髪、鬢、髱をつくった残りの髪の毛をまとめて、後頭部でむすぶのが髷。この、髷の結び様のヴァラエティが、日本髪の髪型といってよい。髷は日本髪だけでなく束髪にもある。日本髪でも束髪でもいろいろな名称は要するにこの髷の結び様だ。

　女性の結髪は前髪、鬢、髱、そして髷の四部分をもつといっても例外はある。例外というのは、手をかけずに仮にまとめておく、という種類の髪だ。江戸時代の女性はほとんどのひとが髪はじぶんであげた。一日中立ち働かなければならない女性もいたし、髪をあげている時間の惜しいひとも、不器用なひともいたにちがいない。

　髪を洗って乾くまでのあいだ、散らし髪ではあんまりというので、先っぽの方を、背中でゆるく結んでおくのを馬の尾、といった。この馬の尾結びは、散らし髪のつぎともいえる仮のまとめようで、髪型ともいえないが、その髪の先を折り返して、後頭部で櫛や簪をつかって簡単にまとめるまとめ方に、じれった結び、達磨返し、毛だるま、櫛巻などがあった。

　『守貞謾稿《もりさだまんこう》』はじめいくつかの同時代の資料を比較してみても、粗雑な略画の多いせいもあるのだろうが、そのスタイルと名前とはかならずしも一致しない。要するに、どれもがじぶんの手でザッとまとめたにすぎないのだから、名前のつけようもごくいい加減、と考えておく方が事実に近いだろう。

　このなかで櫛巻というのは守貞が、「文化以ノ仮 髻《もとどり》ハ、此櫛巻ヲ専トス」と言い、幕末も御殿女中の仮結びはこの櫛巻だけ、ともいっているくらい、やや形式化しているようでもあるが、じっさいはかなり多様だったにちがいない。

　この種の略髪は日常の髪型としてはほぼ明治初期で終わる。下等社会での風習だから、品の悪いもの、なかにはリファインされて、仇っぽいもの、ということになっている。

　一九〇〇年（明治三三年）以後になると、女性の日本髪は多様さを失ってしまう。一八八〇、九〇年代、明治中期に一〇代の娘さんならだれもが結っていた唐人髷や三ツ輪、蝶々、天神髷も廃れた。芸者たちが結っていた潰し島田や芸子髷もほとんど見られなくなった。概して言うと、もっとも日常的で、〝高尚〟とはいえないようなタイプの髪が消えた。

　『東京風俗志』（1899-1902）の髪型の項のように、五〇種以上の名前が知られ、その髪がじっさいにその時代、市中で結われていたとも考えにくい。ある意味では、髪型は結い手の思いつきや気まぐれから、もっと多様だったともいえるが、なんとも名のつけようのない、いい加減な髪も多かったにちがいない。

消える日本髪

一九〇一年（明治三四年）に刊行された『婦女かがみ——家庭教育』（文廼舎）の「当世髪具の好み」では髪型の名を一〇〇ほど列挙した上で、「右の内今一般に行わるるものは左の如し」として、つぎの一七種類をあげている。島田、丸髷、銀杏返し、勝山、天神、三ツ輪、唐人髷、桃割れ、兵庫髷、おばこ、お盥、達磨返し、割唐子、ふくら雀、稚児髷、櫛巻、束髪。

このなかで天神髷は「粋なる社会の婦人間に流行すれど、下品なるを免れざるもの」とされ、お盥は「意気なる婦人間に行われたる髷形にて、芸妓の廃業者、或いは待合の女将などに用いらる、その様頗る軽薄なり」とされ、割唐子は「古風の髷形にて、踊りの師匠などのおもに結う髪形なり」とされ、おばこは「卑しげなる髷形にてして、きわめて軽薄に見ゆ」とされる（引用は『日本社会事彙』1891～1908）。勝山、兵庫は廓《くるわ》にのみ残っている髪型、達磨返し、櫛巻は洗い髪を仮にまとめたようなかたち。

関東大震災後（一九二三年、大正一二年～）も女性の半数くらいは日本髪を結ってはいたが、ふだんはハイカラとよぶようになった束髪にしていて、正月や、なにかの慶事のときに結うくらいのひとの方が多かった。盛り場などで島田や丸髷の女性が、とくにめだつというほどのことはなかったが、ちょっと姿のいいひとだと、やっぱり日本髪はいいねエと、見返る老婦人がいたりする。

一九二〇年代の末（昭和初頭）になると、既婚女性の丸髷、嫁入り前の娘さんの島田、もうすこし若い娘さんの桃割、結綿、それから奥さんも娘さんも結う銀杏返し、日本髪の種類はこのくらいにかぎられるようになった。一四、五歳の娘さんに長いこと好まれていた唐人髷も、女学校へ通う少女がふえてくるにつれ、みかけることが少なくなった。ひとつには唐人髷が、とくに東京では、雛妓の結う髪のように思われてしまったためもあったらしい。

もう見られなくなってしまった髪型への哀惜を、大震災の直前に、内田魯庵はこう書いている。とくに東京でのことだが、京阪でも大きなちがいはないだろう。

女の子が初めて結う「お煙草盆」、侠《きゃん》な一五、六の娘が結う「男髷」、粋な中年増が結う「おばこ」や「お盥」、お妾さんの「三輪」、後家さんの「茶筅」、こういう髷は丸で見られなくなった。葬式の時に近親の婦人が結う「毛巻き島田」もツイ五、六年前までは下町の町家の葬式では必ず見掛けたもんだが、葬列を廃して棺車を初め自動車で祭場へ送る様になってからは、此の淋しい情味のある髷も最早見られなくなった。（内田魯庵「最近四十年の女の風俗」『婦人画報』1922/9）

結婚前の九条武子（「大谷武子姫（二十歳）」）
『婦人』口絵、1907（明治40）年1月

丸髷は欧米の結婚指輪のような役割をしていた。その印象を「主婦の髪としては、品の好い丸髷がよろしうございます、主婦たるものは、何事につけても威厳を持して身を作らなければなるまいかと存じます」というのにふさわしく、丸髷は非常に大きくなった。けれども、丸髷くらい色っぽい髪はない、と言うひともいて、現代のひとには理解しにくいだろう。島田は第二次世界大戦後も婚礼の花嫁さんで見ることができる。もちろんカツラだが。髷が細めで高く結いあげるので、はでな髪だ。芸者も島田に結うが、髷はずっと低く、うしろに引かれたようになる。その方が粋な感じになるため。

銀杏返しはもともとは娘の髪で、そのため年輩のひとがふつうに結うようになってからは、それを悪く言う老人がいた。うしろから見て銀杏のようにも、また蝶の羽根のようにも見えるので、関西では蝶々といった。若いひとにも年輩のひとにも、上品にも粋にも、髪結いの腕次第で結える便利な髪だった。だから奥様でも娘でもない、料理屋の女中のような職業女性は、この髪以外に結う髪がなかった。家庭の女中さんも、たいていは小さな銀杏返し風に髪を結っていて、それを女中髷、などとよぶものもいた。

一九一〇年代あたり（明治末）までは、女学校に通う娘の多くは廂髪かお下げだったから、お正月にはかわいらしい唐人髷に結って、隣の喧嘩相手の太郎に見せて、ドキドキさせてやれた。

一九二〇年代（大正末〜昭和初め）をすぎると、女学生のなかには小学校のままの、オカッパ頭の子もでてきた。そういう子は、四年生か五年生になるころから、髪をのばしはじめる。髪が長くなって、あの文金高島田に結ってお嫁に行く、という夢に胸をふくらませている、素直な娘さんがまだ多かったろう。

一九三〇年代（昭和戦前期）になると、女学校の卒業後、むしろ髪を短めに削いで、アイロンを当てはじめる娘さんが多くなる。そういう娘さんは、もうふだん日本髪を結うのはむりだった。しかし洋髪洋装の花嫁さんはまだ少なかったので、高島田が結えるようになるまで、結婚を延ばすひともあったそうだ。髪の長さが足りなくても、ビンミノなど髢《かもじ》で補えば結えないことはないが、いいかっこうにはなりにくい。島田の髷を利用することは、さいしょのうちかなり抵抗があったようだ。

一方ですでに一九三〇年に、ある美容師がこんな発言をしている。

この頃のお嬢さんたちの、お化粧や服飾を云い表すことばは、「日本髪が似合わなくなった」という一言で尽きているように思います。衣服をはじめ他のすべての服飾品が、いかにも日本髪と不調和なものである上に、お化粧のしかた、それから表情、動作（……）どこから見ても不似合いなものになってしまいました。（……）又、日本髪を結うために生まれて来たかと思われるほど、よく似合う芸者達も（……）後ろから見ると、なんであんな大きなものをゴテゴテつけているのだろうかと思うだけで、やっぱり美しいとは思われません。（メイ・牛山「お化粧漫談――世の中も変りましたネ」読売新聞 1930/12/27:9）

縦型束髪

束髪という髪型は単純にひとつのものだけをさしているのではなく、またことばについての誤解もある。さいしょにことばの整理をしておいた方がいいだろう。

このことばが最初にひろまったのは一八八五年（明治一八年）、東京の医師渡辺鼎らによる、「束髪ひろめの会」の発足にはじまるキャンペーンだった。医師の渡辺らしく、衛生的目的、ということで勧められた。そのときの束髪には、洋風と和風とがあり、有名になったのは図入りで紹介された上げ巻とか英吉利《イギリス》巻とかいう洋風のスタイルだ。和風の束髪はだれも知っているから、ということで、紹介を省いている。『明治風俗史』（藤沢衛彦、1929）におけるような、束髪即洋髪とする誤解が生じたのはそのためだろう。数年後に出た美容書でもおなじように、和風の束髪は説明するまでもないとして、省略している。

束髪にも種々あれど中にも先ず採るべきは西洋風の上げ巻、下げ巻、伊吉利結び、まがれいとと、日本風のをばこ、くしまき、達磨返し、じれった結び、兵庫結び等なるべし、而して日本風の結び方は人既に知り居るを以てここには只西洋風の分のみに付き結び方を説明すべし。（文廼舎琴路『男女必携容儀之栞』1890）

和風の束髪である櫛巻、おばこ、達磨返し、じれったむすび、兵庫巻、しゃこ、のたぐいはどれも文字通り髪をぐるぐる束ねておく、というだけのものであって、髷を結んではいない。だから髪を結うということばと束ねるということばとは、ほんらい区別があるはずなのだが、しかし日常的にはまぎらわしく使われている。

洋風、日本風とも、この時期の束髪は単純に縦長であり、鬢《びん》をふくらませていない。束髪が前や横にふくらみだすのは、もっとあとのことになる。いわゆる廂髪がその例。束髪ということばもそのスタイルも、廃ることなく第二次世界大戦後までつづいたが、一九一〇年代以後（大正〜）は、ハイカラという名でもよばれるようになった。

一九二〇年（大正九年）頃に、欧風束髪、もしくは洋風束髪とよばれるものが現れる。これは単に饅頭のようだった形に変化を加えたもので、また熱アイロンで髪に癖をつけたりする技巧も加わった。この洋風束髪を略して、洋髪とよぶようになった。

＊　＊　＊

一八八〇年代後半にはじまった束髪は、鹿鳴館の夜会、舞踏会、洋装などとセットで、半強制的に推進された、という一面もある。その直接の範囲は、西洋風の夜会に出席するひとたち、将来出席するかもしれないような女性たちだったはずだ。外国の外交官を交えた夜会で、外国人女性とおなじように広間の華となるためには、外国人と同じようなすがたでなければならない。その想いは、政府高官の一部のひとにとっては切実だった。

しかし渡辺鼎夫妻が中心になった「束髪ひろめの会」の趣旨はもっと生活的だった。第一点は束髪がそれまでの結び髷に対して衛生的、ということ。ただし、この時代の衛生的という意味は現在より幅ひろく、健康的という内容もふくんでいる。束髪は長い髪をただぐるぐると巻いて留めるだけだから、軽く、髪油をつけないので汚れにくい。第二点は束髪がどんな不器用なひとでも、じぶんの手でまとめられ、商売人——髪結いの手をわずらわさずにすむ。櫛笄《こうがい》や簪《かんざし》、根掛などのかざりものや、髪油もいらないから経済的、という。

束髪のそうした実用的な利点にもっとも早く着目したのは、女学校経営者だった。なかでも巖本善治の明治女学校は強力な協力者で、その『女学雑誌』はそれ以後束髪キャンペーンの中心になっている。

衛生的はともかくも、経済的、という点については、当然、髪飾りの業者や髪結いさんたちが恐慌におちいった。小間物屋のなかには廃業を考えたような先走ったひともいたらしい。しかし束髪には束髪向きの髪飾りが必要だったし、髪結いさんの方もけっこう束髪のお客があって、胸をなでおろしたようだ。九月にはもう、東京銀座の小間物屋の、束髪用具の新聞広告が現れている。

たちまちのうちに山の手から下町まで波及し、奥さんからおさんどんまで、極々の年寄りの外はやや老いたるも若きも悉く束髪となって、一時は丸髷も島田も唐人髷も銀杏返しも丸で影を見せなくなった。（内田魯庵「最近三四十年の女の風俗」『婦人画報』1922/9）

＊　＊　＊

束髪のフィーバーはごく短かった。「奥様も、御新造も、令嬢も、娘っ子も、芸妓も、娼妓も、猫も杓子もみなこの風に化した」（「髷の沿革」『衣服と流行』1895: 83）という熱気は、一八八〇年代（ほぼ明治一〇年代）をすぎるころになると嘘のようにさめたらしい。

一八八〇年代以降の、ほぼ明治二〇年代の束髪の不人気の理由を、国粋保存の復活とする意見が多い。じつはもっと単純な、熱しやすく冷めやすい民衆のいつものこと、と見ることもできる。

たしかにこの時代の束髪は、すぐに飽きられやすいくらい単純だったことは事実だろう。高度に技巧的に発達していた日本髪に、全面的にとって代われるような、造形的な幅も豊かさもまだもってはいなかった。

其の頃の渡辺式束髪というのは三つ編みにした髪を引っ詰めにした頭のてっぺんに、支那人が喧嘩をするときのようにクルクルと巻いて針金のピンで留め、なにひとつ飾りのない極めて殺風景なものだった。其の後かがり目に屑珊瑚をつけた網を髷に被せたり、大きな造花の簪を挿したりしたが、之が亦極めていやみな下卑たものだった。（内田魯庵、同前）

衛生的などということは容姿の美にとっては二の次ではないか、という批判が新聞の一面の論評に現れることもあった（「讀賣雑譚　洋風束髪の事」読売新聞 1886/12/14: 1）。

それと同時に、好みを国粋保存にしむけていくような、外国風への敵意や、あたらしいもの嫌いもあったにちがいない。束髪キャンペーンのはじまったころ女高師に在籍していた女性は、こう回顧している。

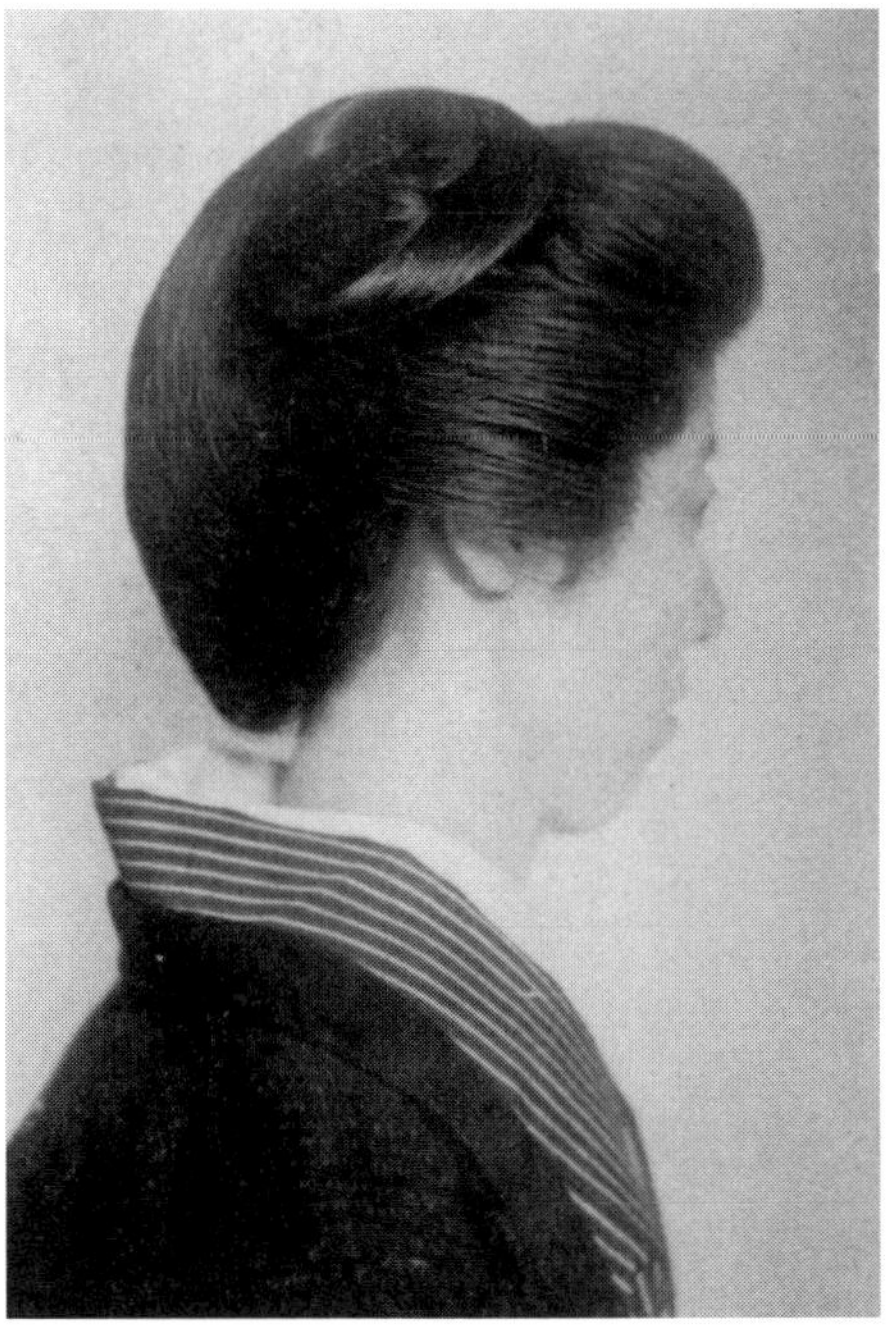

「昭和の夜会巻　縦型束髪」
妹尾やす著、渡辺重松編
『江土屋式秘伝公開結髪大全』江土屋出版部、
1927（昭和2）年

束髪なんぞをする女は、まったく婦徳を欠いている、古来の美風を無視している、女の風上にも置けぬ人間、とこう私共はいわれました、否、罵られました。そして学校内ではよいが、寄宿舎から外へ出るときは、かならす日本髪に結えとさへ命じられました。（塚本ハマ子「断髪流行はよいか悪いか――束髪の回顧」『婦人倶楽部』1927/10）

雌伏の時代の束髪は、上流階級に属する女性たちや、女学校出の山手のお嬢さん、それから女教員など働く女性たちによって、なにかの証しのように守られていた。

一八九〇年代（ほぼ明治二〇年代）から一九〇〇年代初め（明治三〇年代前半）にかけての束髪は、一般に前頭部のふくらみがまし、新聞小説挿絵などで見ると、後頭部を欠いた絶壁形の、西洋梨のようなスタイルが多い。一九〇〇年代初めの、下田歌子式といわれるのがこのスタイルで、ビリケン頭というとすこし口が悪いが。

一九〇〇年代初めの束髪は、概して全体が大きくもりあがる。日露戦争当時に二百三高地といわれたスタイルは頭頂の髷が円錐状に突出した形。それにたいして前髪の部分が高くそびえたスタイルが、下田歌子式といわれるものであるらしい。この時代を代表する才媛であり教育者だった下田歌子が、海外から帰朝してもたらしたものというが、彼女にはもちろんそんな意図はなかったろう。一九〇三年（明治三六年）頃に流行しはじめた花月巻きというのは、この下田式の台の上に一種独特の髷をつくっていたようだが、具体的な資料に乏しい。

またその一方で、一八九〇年代後期（明治二〇年代後半）には、髱《たぼ》（後髪）が下の方に、襟もとにかぶさるように伸びる傾向もあった。つまり、後頭部に小判でも被せたように縦長となり、そのリファインされたスタイルがいわゆる夜会巻ということになる。

S巻や、イギリス巻、マーガレットなどという、縦型束髪初期のなつかしい名前は、束髪が廂髪全盛の時代になっても、まったく消滅してしまうということはなかったようで、新聞小説に登場するお嬢さんなどにも、廂髪と並んでときおり描写されている。

ひさし髪

束髪といえば即ひさし髪（庇髪あるいは廂髪）と思っているひともいるくらい、名前はよく知られている。ここでは束髪の後半期、それまでもっぱら頭頂と背面部だけだった束髪が、水平面にひろがっていった時期を廂髪によって代表させている。

単純にいうとこの時期の束髪は、丸いクッション状のものをかぶっているように見えた。前方に一〇センチ近くも突きだしていたのがいわゆる廂髪で、ただしそういう極端なものが流行した時期はみじかい。横から見たときは水平ではなく、前が上がり、うしろが下がって髱《たぼ》状の部分をもつものが多い。

前期の束髪とのちがいは前から見たとき一層はっきりする。縦型束髪が横へのひろがりを欠いていたのに対し、一九〇〇年代以後（明治末〜大正初め）になると、日本髪の鬢《びん》とおなじように横に張り出し、ぜんたいとして大きくふくらんでいる。

最初のうちこそ人手要らずの軽便なひっつめ髪でしたけれども、いつとはなしに、少しずつ進化して、横の鬢を出すようになり、後の髱を出すようになり、前なぞは廂髪と称して、旧来の前髪に十倍した大きなものを突き出すようになりました。（村井弦斎「束髪と日本髪とはいずれが優れる」『婦人世界』1910/10）

ふくらませるためにはたくさんの梳き毛を入れる。その結果さいしょの束髪会の趣旨とちがってかなり重いものにもなり、たいていは髪結いさんの手にかかるため、経済的ともいえなくなっていた。しかし相変わらずあまり髪油をつけないために、束髪といえば、額や襟元から後れ毛が垂れ下がっているもの、というふうに考えられていたらしい。

後れ毛の二、三本はらりとこぼれたのは艶ですが、ハイカラ（束髪）の毛がお獅子のように、顔にぶら下がっているのは、いいようのない暑苦しさを感じます。（笹川臨風、都新聞 1923/8/6: 6）

＊＊＊

縦型束髪が水平なクッション形束髪に変化したのは、一九〇〇年代前半（ほぼ明治三〇年代）のことだった。いつもそうであるように、流行の発生については諸説がある。

『都の華』一九〇二年（明治三五年）一一月号に、華族女学校からはじまった流行として「それは束髪

大正中期には若いひとだけでなく各世代にもっともひろく結われるようになった、さまざまなスタイルのひさし髪（「大阪婦人会の集い　知事婦人」）
『新家庭』、1917（大正6）年3月

で、額一杯にふっくりと前髪をとったが如くに捲きあげて御結びになる、その方が海老茶のお袴にうつるので是れが女学生の流行になり、髷の頭まで取られる様になって来て、今では花柳社会という側にまで流行して来て（……）」とあるのがおそらく、関連のあるもっとも早い時期の言及だろう。一般には、下田歌子式とか、貞奴風とか、花月巻とかいわれて、いずれも前髪をふくらませる点では共通していて、時期は大体一九〇二、〇三年（明治三五、三六年）頃にはじまった、とされる。すでに一九〇三年（明治三六年）九月に、弥生山人なるひとが朝日新聞のコラムに、全国に行きわたった品、として、エビスビール、胃散、中将湯などといっしょに女の大きい前髪をあげている（朝日新聞 1903/9/14:6）。一九〇四〜〇五年（明治三六〜三七年）の日露戦争が終わるころには、前髪をつきだした束髪の流行は全国的になっていた。一九〇五年（明治三八年）八月の三越呉服店の『時好』には、「何が今世間にはやっていると云って、此の二種ほどあまねく流行しているものはあるまい」と言って、廂髪と海老茶袴をあげ、筆者が数日前九州を旅行した際の印象をつぎのように書いている。「実に驚いたのは、いかなる寒村僻地にも、ひさし髪と海老茶袴を見受けぬ所のないことで、流行もここに至ってはじめて其の目的を達したものというべしだ」。

一八八〇年代（ほぼ明治一〇年代）後半の束髪の受けいれからは、すでに二〇年あまりが経過している。その間、束髪にとって逆風といってもいい時期が長かった。そんななかでも束髪は、都会のあるタイプの文化を形成していた。西洋風を悪しざまにいうひとは、束髪は、耶蘇と女教員と産婆だけだ、と極めつけたが、その時代の新聞小説挿絵を見ると、山の手の良家の、学校教育をうけたお嬢様といえば、きまったように束髪が多い。女学校出であること、職業をもっていること、やや権高な役割の女性、それが一八九〇年代（ほぼ明治二〇年代）縦型束髪のイメージだったといえる。

廂髪の大流行は、一八九〇年代束髪のそういった固定観念をある程度どまで打ちこわした。大正も間近な一九一〇年代になると、束髪は身分や年齢をこえてひろまった。

栄枯盛衰のはげしかった束髪は、去る三七、八年の戦役以来、(……)漸次其の勢力範囲を拡張し、中流以上の厳格なる家庭では、一〇中の八、九束髪に結ぶ状態であるが、数年前までは四月より九月に至る迄は束髪が多く、一〇月より翌年三月までは日本髪が増加したものであったが、近来四季を通じて束髪に結ぶ人々が多くなった。(近藤焦雨『文芸倶楽部』1911/12)

束髪が年齢や身分に関係なく結われるようになった理由のひとつに、見た目がそれほどちがわないまでに、明治末の束髪は日本髪に接近していた、という事実もあげなければならないだろう。写真や絵で見るかぎり、その髪が束髪なのか日本髪なのか区別のしにくいものがめずらしくない。しいていえば、束髪は髷が概して平べったく、側面から見て貧弱といえるくらいだろうか。

今の廂髪は既に束髪の範囲を脱して、却って日本風の髷髪に近づいたものです。鬢もあり髱もあり前髪もあり、もう一層進歩すればほとんど純然たる日本髪となるべきものです。一転、語を下して申せば、今の束髪は日本髪の未製品です。(村井弦斎、同前)

大きくなった束髪には束髪用の重い髢《かもじ》や入れ毛をし、束髪用の二枚櫛、三枚櫛をさし、はでな造花や、宝石や珊瑚のついた束髪簪《かんざし》を挿す。贅沢さの点でも衛生の点でも、かつての「束髪ひろめの会」の時代は遠くなった。けれどもこの丸いクッション状の束髪が——一九一〇年代以後(大正〜)はハイカラというよび方がふつうになる——日本髪と拮抗して、大正・昭和戦前期の女性風俗を生きつづけた。

そのために、なにかというと日本髪と束髪の比較論、優劣論がひとの口の端にのぼっている。

丸髷にはしっかりとした落ち着きがあり、廂髪にはじっとしていないという、活動的気分が現れています。丸髷は円満である、情味がある。家庭の主婦としてお立ちなさる方にはもっとも適当した髷だろうと思います。廂髪は軽快である、活気がある。社会に出て仕事をなさる方には、もっとも適当した結び方だろうと思います。(「丸髷と廂髪」都新聞 1913/2/20: 1)

今度の大家(……)みなキリスト教の信者で、殊に美しい若奥様は、毎日曜日になると、わざわざ綺麗に結ってある丸髷を解き、束髪に結び変えて、日曜学校に教えに行かれる、近頃殊勝なひとである。(白霧郎『淑女画報』1919/7)

束髪が流行するなどという言葉はもう昔になって仕舞って、今日では日本婦人の一つの髪の形となっています。そして東京婦人の髪を束髪と日本髪とに区別したら、屹度束髪の方が多いに違いありません。(「束髪の優位」都新聞 1925/5/5: 9)

七三/女優髷

七三《しちさん》女優髷とつづけていわれることが多いが、一応は、このふたつはべつの概念だ。七三というのは男性の髪型でいうのとおなじで、前の分け方のこと。女性は男性とちがい、この時代まで前髪を分けるという習慣がなかったから、七三でも六四でも、とにかく分け前髪ということが目新しくみられた。

女優髷というのは、そのふたつに分けた髪の一方を、極端に大きくふくらませる髪型をさす、と考えられている。

一九一〇年代の初め、時代が大正とかわったころ、女性の髪型はいわゆる日本髪の各種類と、束髪とがならんで結われていた。東京でいうと下町は日本髪が多く、山の手には束髪が多かった。女学校出の、いい暮らしの奥さんなどには、ふだんはあんこ（毛心）の入った大きな束髪でいて、お正月やなにかの祝いごとのときは丸髷に結い変える、というひとがずいぶんいた。下町の商店のお上さんなどで、ふだんは赤い手柄の丸髷で粋な風情を見せているが、夏のあいだは軽くて涼しい束髪を結っている、というひともいた。一九一〇年（明治四三年）頃の束髪はいわゆる廂髪で、たいていはじぶんの手で結っていたから、形も大きさもマチマチだったろうが、日本髪の丸髷や銀杏返しとおなじように、もうだれの眼にも見なれたものになっていた。見なれたものになっていたばかりでなく、この時期の束髪は、現在あまり写りのよくない写真で見ると、日本髪と区別のしにくいものがあるくらい、日本髪に近づいていた。それは一九〇〇年（明治三三年）以前の縦型束髪にくらべると、日本髪の前髪や鬢《びん》、髱《たぼ》にあたる部分がふくらんでいたためだ。

割れ前髪、あるいは分け前髪は、その点での大きな新風だった。その先頭を切ったひとのなかに帝劇女優の森律子もいた。一九二〇年（大正九年）の読売新聞記者によるインタビューのなかで、一九一三年（大正二年）にフランスを訪れたとき、彼の地の女性たちの自由で軽やかな髪型を見て帰り、それをまねたのが分け前髪である、と言っている。このインタビューに添えられた彼女の写真は、七三というより八二に近いが、分けたあとの髪のまとめ方は、耳隠し風という以上のことはわからず、また一方をとくに大きくふくらますこともしていない。

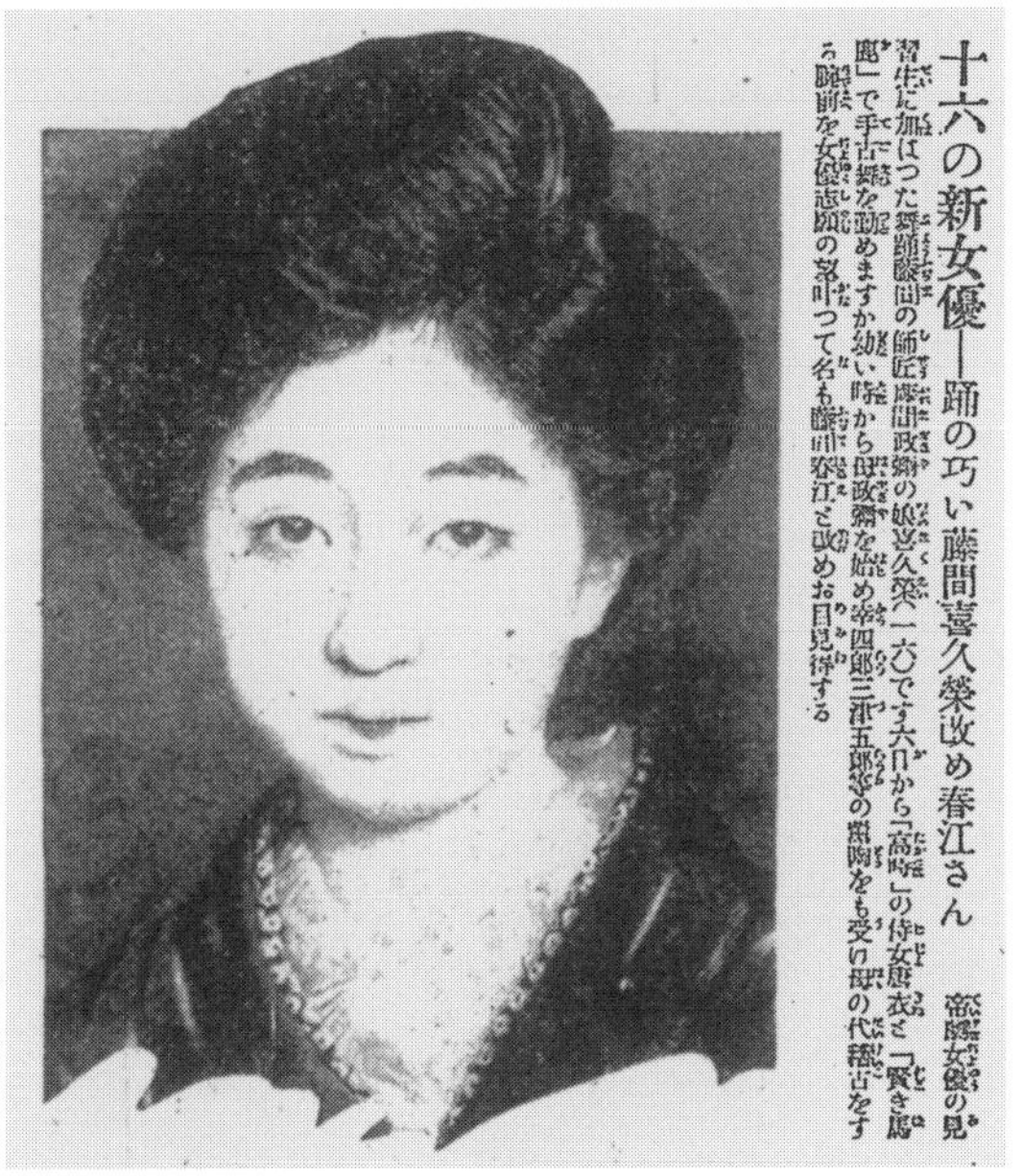

十六の新女優の結った七三《しちさん》女優髷

『時事新報』1924（大正13）年12月1日

一九一三年（大正二年）頃の女優のポートレートを見ると、分けた前髪の一方を、大きくふくらませた髪型にしているひとの眼につくのは事実だ。しかし森律子の思い出のなかに、「前割れの束髪にはいたしましたが、誰でも何となく、ひとが見る様で気がさすと申されて、前を分けられませんでした」と言っているように、女優の率先した新風とは、アンバランスなふくらましかたよりも、アンバランスな前割れ髪だったことがわかる。

一九一〇年代に帝国美髪女学校の講師という、同時代の流行を鳥瞰できる立場にいた森ちえ子は、一九一五年（大正四年）に、束髪の流行の変遷を、「桜巻、さざ波巻き、大正巻、飛行巻、R巻、M巻、女優巻というようなものが流行って参りました」と言ったあと、その女優巻についてこう述べている。

夏は涼しいらしいというのがなにより要求で御座いますから、前髪を二つに割った例の女優髷式のものが若い方には好まれています。これも段々形が変わってきて、真ん中をふうわりと膨らませながら二つに割ったので、昨年あたりのよりはずっと形がよくなって参りました。（森ちえ子「遷り行く流行の髪形」『婦女界』1915/8）

この説明であると、さいしょに分け前髪があり、そのあとふくらませるスタイルが生まれたことになる。しかし左右のバランスについては触れられていない。

その三年後になって、美容家のべつのひとりはこんな発言をしている。

女学生風は昨年来著しいかわりがございませんが、一体に前髪も髱も沢山出さずに低くして、髷が思いきり大きく、平ったく下巻きにしたものでございます。前も女優式に正しく分けず、ざっと分けたのや（……）。（高木きく「春らしい髪の結い方」『婦女界』1918/4）

女優髷のひとつの特色が、分け前髪の左右をアンバランスにふくらませるスタイルであることの可能性が、一応このことばから納得される。

作家の長谷川時雨は、女優髷についてつぎのように言っている。

この奔放な心持は、これまで家庭婦人と言えば、丸髷を連想させたおくさん達を化して、恐ろしい勢いで一躍あの女優髷に赴かせた。女優髷というのは、この一般の呼び名が示す通り、七、八年前（一九一三、一四年）までは（女優でもなくては）結わなかった割前髪の束髪である。その時期に当たっては、女優は軽佻、浮薄な女性の代表視されて、よのつねの婦女子と共に齢されるのを恥じた階級であった。（長谷川時雨「現代より将来を想う」『婦人画報』1921/1）

ここでも長谷川の問題としているのは、分け前髪の点だけだ。

しかし単に分け前髪、というだけであると、一方で〝健全な〟分け前髪の存在していたことも見落としてはならない。

今東京の貴婦人社会に新しい束髪の結い方が盛んに流行してきた。即ち前髪を七分三分に分けて、七分の方を右に寝かし持って行き、其の翠の黒髪で巧みに額の形を取る（……）。（朝日新聞 1913/7/18:7）

夏は前髪にシンを入れないで束髪に結った方が、衛生上からいっても、見た目にも、軽くて涼しいのであります。仏蘭西巻というのが、前髪にシンを入れないで真ん中を分けて結うのでございます（……）。（小夜子「涼しそうな女の扮装」『新婦人』1913/7）

このように並べてみると、森律子や長谷川時雨は触れていないが、女優髷といわれる髪型には、分け前髪以外の要素のあったことは明らかであり、それは左右のふくらまし方以外には考えられない。

松井須磨子は女優髷と呼ばれて居た髪でした。束髪の前髪を七三に分けて、左右ともふっくらとふくらませて髷はふつうの束髪より根を低く結んだのを、女優髷と呼びました。（藤原あき『それいゆ』1951/8秋号）

松井須磨子を園遊会で見たときの藤原は一四、五歳だった。彼女はこの高名な女優の髪の、分けた前髪のふくらみまでを観察したが、左右のバランスまでは言及していないのは残念だ。

長谷川の言い分がそうであるように、女優髷もたいていの風俗の新風がそうであったような、攻撃と悪罵の対象となった。作家の青柳有美《ゆうび》は『女の裏おもて』（1916）という著書のなかで、「女優髷は風俗壊乱」という一章まで設けて、この髪が男女関係を淫靡なものたるに至らしめる、と罵っている。

なお、女優髷以前の一九一一年（明治四四年）頃に、女優結び、女優巻というものがあった。帝劇女優人気に便乗したものだろうが、具体的にはわからない。

耳隠し

耳隠しは関東大震災（一九二三年、大正一二年）のすこし前から流行しはじめ、一九三〇年代（昭和五年〜）に入るころにはもうほとんど廃れていた（「耳を隠さぬ婦人」時事新報1929/6/1: 2）。

一〇年弱という流行期間は、この種のはやりものとしては標準的な長さだろう。耳隠しはその技術的ベースにアイロンウエーブの利用があり、また断髪の普及と並行していた。この二つは単なるヘアスタイルに過ぎない耳隠しなどより、美容史の上ではずっと大きな意味をもっている。

欧米の服装史の上では、耳隠しの流行は欧州大戦後、いわゆるローリング・トゥエンティーズ（狂乱の二〇年代）のギャルソンヌ・スタイルと一致する。わが国は遠い欧州の戦争に思わぬ漁夫の利を占めて大小の成金を生んだ。浮かれた日本人に対する天の裁きが震災だった、などと説くひともあった。もうひとつのおしゃれ、の余裕が中産階級にもできて、洋装や、美容院の誕生にむすびついた。アメリカ帰りや、美術学校出や、カタカナ名前の有名美容師が、新聞の家庭欄であたらしいおしゃれの解説をした。銀座や、震災の年に完成した東京駅前の丸ビルの周辺は、ショートスカートとボブ・ヘアのモダンガールばかりのように、地方に住む若い女性は夢見ていた。

このひとは片耳隠し？

竹久夢二画、「審判」挿絵、『読売新聞』1925（大正14）年10月31日

夜の銀座のそぞろ歩きに、三越や白木の雑踏の中に、現代のあらゆる階級の婦人風俗が窺われます。（…）猫も杓子もの耳隠しの流行には、いささか当てられないでは居られません。（『女性美』1923/3: 35）

この頃では、お若いお嬢様方が殆ど、お耳かくしを遊ばして居られますが、どうしてもお耳をかくされた方が、お若い方々には華やかであり、又似つかわしいものとも存じます。（大場静子「洋髪に就いて——七三のお耳かくし」賀川豊彦編『家庭科学大系』1928）

ヘアスタイルとしての耳隠しは、それまでの普通の方法なら、前頭部の髪を、耳の内側から後方へまとめるのに対して、耳の外側に、髪で耳を覆ってからまとめる。耳隠しには両方の耳を覆う両耳隠しもあるが、デザインとして重要な意味をもっているのは片耳隠しのほうだった。

片耳隠しがヘアスタイルの上で特異さをもっているのは、その左右アンバランスのためだ。もともと人間の顔もからだもほぼ左右対称であるため、身の装いは自然なかたちとしては同様に左右対称であるこ

とが多い。からだにまとう衣服の場合、日本や中国の衣服のような展開衣、あるいは古代地中海のマント式衣服のような場合は、打ち合わせのためや右腕を自由にするために、左右が非対称になることがあるが、頭部については、非対称にする理由がない。そのために片方だけの耳と、頬の一部を覆って毛を下げるのは、片耳の兎を見るのとおなじような、異常さの印象をひとに与える。

　左右アンバランスの髪型としては、じつは耳隠しより一〇年以前に七三分け髪が先行していた。男性の理髪の場合には、オールバックにしないかぎり、たいていのひとが七三なり六四なりのアンバランスな分け方になる。これは毛根が、そういう分け方に適したようになっているためだ。ただしこの毛根によるコントロールは、丸坊主に近い短髪の場合や、逆に女性のような長い髪の場合には、あまり関係がなくなる。髪を長くのばして結んでいた明治以前の日本人には、男女とも髪を分けるという習慣がなく、まして左右アンバランスの分け前髪の正面観の印象は、未経験だったのだ。

　一九一〇年代（大正初年）に七三《しちさん》女優髷が流行しはじめたとき、作家の青柳有美《ゆうび》はこれをまるで憎悪と言ってもいいような口調で攻撃した。

　女優髷は、たとえ髷の名があっても、厳正なる意味における髷ではない。（……）頗るプリミチーブな野蛮時代の束ね方である。（……）直線の多いヒダのないキチンとした衣服を着る女に、プリミチーブな野蛮的な、簡素なモシャモシャした女優髷は断じて釣り合わぬものである。（青柳有美「女優髷は風俗壊乱」『女の裏おもて』1916）

　青柳の言う厳正な意味での髷とは、島田や丸髷、銀杏返しのような、かたちのきまった、お寺や神社の正面観のように左右均整のスタイルをさすものらしい。そしてその論旨を発展させて、整っていない髪のもち主は、「頭を男の胸にぶつけようが、これによって髪の形を壊すという怖れは毛頭無い。この点で女優髷は、女が蔭で不品行を働き、口を拭って何食わぬ顔で済まそうとする」のに適した髪で、男女の道徳を紊乱させる髪だ、と断定している。

　左右アンバランスの顔は、相手に真向かうのではなしに、顔を背けてやや横目で相手を見やる顔にも通じる。流し目でひとを見ることにも、色目をつかうことにも、ひとの顔色を窺うことにも通じる。理知的で率直であるより、情的で、意味ありげだ。

　一〇年前の分け前髪のあたらしさには、単に古いもの、きまりきった習慣との対比があった。男性の整髪との対比から、多少はどこかに、マニッシュな感じがあったのかもしれない。それに対して耳隠しのあたらしさには、女がもっと、大胆に華やいだ気持ちになったように感じられる。妻のタイプによっては、夫が不安を感じるくらい。

　志賀直哉はその時期に、短編「雨蛙」（1923）の末尾で、一夜の不義を犯して帰宅した妻をえがいている。彼女が耳隠しに結っているのは、単にそのときの流行だから、というだけではないようにも感じられる。

洋髪

名前としての洋髪とは、単純にいえば洋風束髪が省略されたいい方だった。資生堂の三須裕はさいしょ欧風束髪とよび、洋風結髪といっていたひともあったが、まもなく世の中は洋髪に統一した。歴史家のうちには明治期、すなわち鹿鳴館時代の束髪を、あるいはそれをふくめて洋髪といっているひともあったが、それは適切ではない。一八八〇、九〇年代（ほぼ明治一〇年代〜二〇年代）当時には、束髪を洋髪とよぶ習慣は一般的ではなかったから。

　洋髪の特色として三須は、ブラシ

の使用、梳き毛を入れず逆毛をたてる、お湯での癖直しをしない、コテを当てる、の四点をあげた。もっとも重要なのは鏝《こて》——アイロンの熱で髪にくせをつける、つまりウエーブをつける技術だった。分け前髪の時代から髪形は概していえば単純な、無技巧の方向にむかっていて、髷も小さめになってゆく。その単純な髪に、モダンな美しさを発揮するのがヘアアイロンを使用したウエーブや、カールや、ロールだった。耳隠しの多くも洋髪だったはず。

耳隠しは欧風の束髪のうちで一番顔をきれいに見せ、前からも横からも丸味をもたせる髪だと思います。（川島のぶ子「顔形を引きたたせる洋髪の結い方」『婦人世界』1926/4: 242-344）

二、三年前までは、耳隠しといえば今のモダンガールにつきもののようにハイカラ視され、それだけ普通の人々の間にはまだまだ異端視されたものでしたが、現在では、洋髪には耳隠しが基礎となって（……）洋髪全盛の時代ですから、自然、耳隠しも重要視せられ、必要視せられるようになってきました。（早見君子「顔の欠点を補う耳隠しの形の研究」『婦人公論』1928/3）

ただしヘアアイロン（鏝）の使用自体は一九二〇年代よりかなり古い。さいしょに使用したのは男子理容の分野であるらしく、横浜の芝山兼太郎はフランス人から直接教えを受けて外国人専門に営業していたという（芝山兼太郎『男女ヘアアイロン全書』1925）。

それまでの束髪なら、じぶんの髪はじぶんで器用に結ってしまう女性が多かったはずだが、アイロンを扱う技術はしろうとではむずかしい。だからウエーブのかかった髪は、商売人の手にかけた証拠になる。熱いアイロンを怖がるお客は多かったが、それは結い手の方もおなじだった。アイロンを怖がる、あるいは嫌う髪結いさんは、〝美容院の時代〟から脱落した。

もっともアイロン自体は高価なものではないし、バッグのなかへ入れて旅行にも持ち歩けた。毎朝勤めの出がけに三面鏡の前で、ちょっと前髪のウエーブをつけ直すような女性もあった。徳田秋声の『仮装人物』のなかでは、ヒロインの葉子がホテルで、トイレットケースのなかからとりだして、火鉢で温めていたアイロンをつかう場面がある。

熱い鏝の端が思わず首に触って、彼女は飛びあがって絶叫したことがあった。（徳田秋声『仮装人物』1938）

美容院では専用のガスバーナーでアイロンを熱したが、未熟な助手などがお客の髪の毛を焦がしてしまう事故は、さいしょのうちよくあったらしい。パーマネントの時代になって、髪がチリチリになったなどと悪口されたが、髪を焦がす危険度はアイロンの方がずっと大きかったのだ。

＊　＊　＊

古い世代の髪結いたちが時代に取り残された理由のひとつには、洋

「上品なフィンガーウエーヴの髪」
『婦女界』、1937（昭和12）年1月

髪が契機となって、ヘアスタイルが〝型〟を失っていったためもあろう。この傾向は一九〇〇年代（ほぼ明治三〇、四〇年代）の束髪の時代にも、すでに認められる。在来型の日本髪は、島田、丸髷、銀杏返し以下、せいぜい一〇種類くらいのきまった髷さえ覚えておけば、あとは土地柄と、ちょっとした流行と、お客の人柄と好みにあわせて、わずかな工夫が加わるだけでよかった。しかし庇髪の時代には、名の売れている美容師が新聞紙上に、なになに巻、というあたらしいアイディアを写真つきで提案するようになった。それが洋髪の時代に入ると、そもそもきまった髪型というものが存在しなくなったとさえ言えた。

三須は一九二八年（昭和三年）の著書のなかで、欧風束髪の約束は、一に、自由な髪型であり、二に、ふわりとした柔らかみ、としている（三須裕『お化粧と髪の結び方』1928）。

七三は単に前髪を七分三分に分けるというだけのことであり、耳隠しは単に耳を隠すというだけのことだ。残りの全体については、お客の注文と、アイロン一本を頼りの、結い手のセンスに委ねられる。

一九三〇年代（昭和五年〜）になると、お正月でもないかぎり、大都会では街で日本髪を見かけることは本当に少なくなった。たいてい和洋結髪と看板に書いてある美容院のお客にとって、和、というのは束髪のことで、ふつうはハイカラとよんだから、はじめてのお客は、洋髪ですかハイカラですか、ときかれた。いつも美容院で髪をしてもらっているのはたぶん半分くらいの女性だったろう。めったに美容院などに行くことのない主婦は、だいたい髪を後頭部でひっつめにまるめていて、なにかよそ行きの、錦紗の訪問着でも着るときにだけ美容院に行く。髪はたいてい長くのびすぎているからすこし切って、洗髪してもらう。

洋髪はなるたけ小ぢんまりして、頭が全体から見て小さい方が、丈をすらりと見せ、姿、恰好もよいからです。そこで、毛の多い方は、そこを鋏ですいて取ると形よく結え、又、結う時も早く結えます。（「洋髪に多すぎる毛」読売新聞 1933/2/20: 9）

それから鏡の前で若いモダンな美容師さんに、どういたしましょうかときかれる。この辺にアイロンをあてて、この辺にカールをつけて、など、『すがた』などの美容雑誌を参考にして、相談しながら、でもちょっとモダンすぎやしないかなどと気遣ったりしながら、自分だけのヘアスタイルをつくる。

大きな鬢《びん》や、仰々しい前髪や髱《たぼ》や髷はもう過去のものになって、どこまでも軽快で、すっきりしたスマートさが求められる時代になっていた。アイロンウエーブのあるなしなどよりも、それが洋髪というものだった（「粋でモダンな髪」国民新聞 1932/2/25: 5）。

パーマネントウエーブ

パーマネントウエーブの情報は一九一〇年代の末（大正期半ば）にはアメリカからもたらされていたが、日本での本格的普及は一九三〇年代後半（昭和一〇年代）からだった。皮肉なことに、パーマネントの排撃がはじまった一九三七、三八年（昭和一二、一三年）頃からが、パーマの全盛期だった。

もちろん日本全国という視野でみれば、普及の様相はもっとさまざまになる。東京の一流美容院ではすでに昭和の初め（ほぼ一九二〇年代末）には、アメリカ製の機械の導入をはじめているのに対し、地方の小都市では、パーマネントといえば戦後の風俗だった。一九三九年（昭和一四年）の座談会で、今和次郎は、「今日これほど若い女性のあいだに魅力をもつパーマネントが、女性が農村にいるかぎりかけることができない。パーマネントをしたいために都会へ出て女中をするひともいる。パーマネントは都市対農村の問題だ」と発言している（「事変下の風俗」朝日新聞 1939/7/1: 6)。

この時代の電気パーマネントウエーブ法はつぎの手順だ。フェルトに発熱剤を浸みこませて髪にのせ、銀紙を巻き、それを金属のプロテクターではさむ。発熱剤はアンモニアと硼砂《ほうしゃ》末と蒸留水を混合したもの。かけ終わると洗髪して大型ドライヤーで乾燥する。だからパーマネントをする美容院には、パーマネント器とドライヤーという、ふたつの大きな電気器具が、お客さんを脅かすようにならぶことになった。

＊　＊　＊

日中戦争のはじまったころ（一九三七年）には、都会の美容院で、看板に和洋結髪とだけ書いてある小さな店へも、パーマしてもらえますかと、お客がとびこんでくるようになった。そしていつのまにか、美容院のことをパーマネント屋とよぶようになった。そんな時期に一方では、〝パーマネントはやめましょう〟という唄を、そのころ流行った《満州娘》の節にあわせてガキ大将が歌っていた。

パーマネントが大流行しはじめたころ、また例によってあたらしいもの嫌いのひとたちの批判、ないし非難があった。医学的立場から、パーマネントは電熱で毛髪の髄質まで殺してしまうのだから不自然、不衛生という意見がめだつ。

新時代の髪！
芯などを入れずに
断然パーマネント・ウエーブ時代

最新流行の髪はしんなど入れず顔にしつくりとあふやうにこぢんまりとまきあげることですが、この傾向に乗つて近頃パーマネント・ウエーブ時代がすらい勢ひではやつてきました。銀座ではメイ牛山、ロッシー上田、麻布市兵衛町のアンナ化粧院主岡鮫アンナの諸氏が断然パーマネント時代だとトップを切りました。このウエーブは一度ゆへば六ケ月位はそのまゝ毎朝クシを熱いお湯につけてちよつとくしけづつたたけで元通りのウエーブに返る。しかも水、湯にぬらしても平気だといふのですから、これからの海水浴、避暑、避暑地でどんなお轉婆をしても髪形は崩れず、また田舎で一流の髪結さんがゐないなどの不便を少しも感じないことになりませう。（写真はアンナさんが新鋭の妙技を揮つてゐる處です）

「新時代の髪！　芯などを入れずに
断然パーマネント・ウエーブ時代」
『報知新聞』1931（昭和6）年6月30日

この時代のオピニオンリーダーのひとりだった吉岡弥生も、「パーマネントは絶対反対です、日本の婦人はパーマネントなどかけないで、まっすぐな黒髪を梳ってきちんとあたまの上に結髪して欲しいと思います」と言った。ところが吉岡はその一方で、「婦人も昔と違って生活が忙しくなり、外に出る機会が多くなったので、時間を尊重する意味からも、一度かければ半年ももつというので、経済的に至便だといわれるので、これには一理あると思います」と言い、またパーマネントが電気を使用することから危険視されている点について、「しかしパーマネントがこれほど一般的に普及したため美容院の設備もよくなり、また美容師も、パーマネントに対する知識も養われ、ようやく電気作用がどういう風に人体に作用するかと言うことも会得でき、危険も少なく一進歩を遂げた感があります」とも言っていて、反対がやや腰砕けの感じだ。吉岡はもともと日本髪には批判的だった。

反対の論拠は多分に感情的で、個人的な好みにすぎないとも言えた。外来のあたらしいものに対する敵意のようなものがあったのは、耳隠しの洋髪流行のとき同様だったが、たまたま日中戦争の拡大期という時代もわるかった。

かつて束髪が入ってきたとき、日本髪の髪結いさんたちが騒ぎたてて、束髪退治などと言ったことがある。洋髪が入ってきたときもそうだった。パーマネントの場合も、電気で丸坊主になった――というような、わるい噂の火元は、パーマを毛嫌いする老髪結いさんの周辺だったかもしれない。しかしこの時代の美容業は、理髪業とともに警察の管轄下にあり、衛生や危険については明治時代のような無自覚なものではなくなっていた。組合主催や、美容機器・材料業者、あるいは資生堂などの企業による講習会、有名美容師による技術指導も頻繁にあった。横浜、神戸などの若い美容師のなかには、大型客船でシアトルへ往復し、そのひと月あまりのあいだ、船内の美容室でアメリカ人美容師の助手になって技術を習得する、という方法をとるひともあった。美容師たちにとってはきびしい、しかし活気ある時代だった。

パーマネントに対する悪口には、丸坊主、のほかに雀の巣、というのがある。電気処理が終わり、ロッドを外したときの毛は、お釈迦さんの螺髪《らほつ》のようにみじかく縮れている。ふつうはまず洗髪し、ローションをつけてていねいにブラシと櫛、指を使って形づけるのだが、このチリチリのかけっ放しの方がよいというお客もあった。髪が落ちないのでうるさくないからと。派手なバンダナでも巻いて、口紅を濃く塗り、くわえ煙草などすると、飲み屋のお姉ちゃんの一丁あがり、というわけだ。ヘアスタイルとしてのパーマネント非難は、だいたいはこの髪型に集中していた。もともとパーマネントウエーブは薬品と熱によって頭髪の性質を変える技術だから、ヘアスタイルには関係ない。しかしこのかけっ放しは、たしかにもっともパーマネント的スタイルだった。

一九四〇年（昭和一五年）頃燃え上がったパーマ是非論議は、吉岡弥生風の感情論をべつにすれば、かけっ放しに代表されるけばけばしい――当時はこれをアメリカ式とかジャズ的とかいった――スタイルが時局にふさわしくない、という一点だけだった。

一方で、吉岡も認めているパーマの生活実用性は否定しようがなかったから、行政や警視庁がパーマネントを禁止することなどありえなかった。

しばしば、粗雑な年表などで、パーマネントが禁止された、と記載されているのは、一九三九年（昭和一四年）六月一九日に開催された、民間団体である国民精神総動員連盟（精動）の生活刷新に関する小委員会の提案だ。その四つの項目中の第三項の（六）服装の簡易化、のなかに（ハ）婦女子のパーマネント・ウエーヴその他浮華なる服装化粧の廃止、とあったことを指しているらしい。これはあくまでもキャンペーンであり、強制力のあるものではない。そういうことがあったとすれば、どこか地方の条例だろう（「国民精神総動員連盟」朝日新聞 1939/6/17: 11）。

それよりも、戦争末期の一九四三年（昭和一八年）に電力不足のため、パーマネント用電力の使用を禁止されたときの方が痛手だった（「東京市ではパーマネント用電力（……）」朝日新聞 1943/10/1: 2）。しかしパーマネント自体が禁止されたわけではなく、男性の欠けた穴を埋めるための女性の職場進出は益々盛んになったから、それにともなってパーマネントの需要はふえる一方だった。

電力を使わないパーマネント――戦後普及したいわゆるコールドパーマは、すでに一九三〇年代末には実用化していて、一九三九年（昭和一四年）四月には、資生堂がゾートスウェービング講習所を開設し、そのキャンペーンをしていた。ゾートスは先駆的コールドパーマネントである（『資生堂社史』1957）。しかし電気パーマにくらべていくぶんかかりが悪い、というのと、料金の点で、普及は足ぶみ状態だった。電力が使えない状態になったとき、当然この方法が再認識されたのだが、しかしもっと手軽なべつの方法が考案された。それはガソリン車に代わって薪自動車が現れたように、電気に代わる木炭パーマが出現した。親指の先ぐらいの炭を数個燃やすことによって、電熱にくらべそう遜色のない熱が得られるのだ。

爆撃によって、大都市中心部の美容院がつぎつぎにすがたを消していた時代でも、木炭パーマをやっているという口コミを頼って、焼け残りの場末の店に、遠くからお客さんが訪ねて来たそうだ。

内巻

一九四〇年（昭和一五年）以後になると、男性たちの多くが戦場にとられたあとを埋めるため、これまでは買いもの以外、家庭の外の社会になんの関心ももたなかった主婦や娘さんも、毎日職場に通う生活に入ったひとが多い。

職業婦人になった女性たちの多くは、オールバックにした髪を後頭部でお団子に丸めて、ネットとピンで留めていた。美容院に行くひとは半分もいなかったが、カットにだけ美容院を利用するひとはずいぶんあった。すでに断髪やパーマネントの時代を経験しているこのころの女性は、みじかい髪の毛には慣れていた。半世紀前であると馬の尾とか、櫛巻にでもしたところを、この時代のかまわない女性はピンとネットで簡単に処理していた。ネットは縦型束髪の時代からあったし、フィンガーウエーブの洋髪や小さな髷には、スズラン留め（ピン）が大量に使われた。

美容院を利用するひとは、たいていはパーマネントをかけ、そのあと月に二、三回、セットに行く。パーマをかけないのは中年かそれ以上のひとで、あんこ（梳き毛）のたくさん入ったハイカラ（束髪）を、十年一日のように結った。こういうお客のなかには、まだ自分の家に髪結いをよんで、結わせたがるひとが残っていた。

パーマは毛を傷めるからといってまだかけない奥さんも少なくなかった。美容師はそんなことは信じていなかったが、お客さんと争うことはせず、そういうひとには今までどおりのアイロンウエーブをして、お客の帰ったあとで、アイロンの方がよっぽど毛を傷めるのにね、と笑っていた。

洋髪の時代になって、あたまに髷をつけるということがほとんどなくなった。せいぜい肩の辺りまでの毛に、どういうふうにウエーブをつけるか、カールやロール（ロール捲き、などといった）をするか、お客ひとりひとりと相談しながら、美容師はアイロンと櫛、ブラシを動かした。

一九三〇年代の後半（昭和一〇年代）になると、洋服の流行がそれまでのほっそりした三角錘シルエットから、肩の張ったミリタリー・ルックの方向にむかった。それとタイアップしたのか、うしろから見て台形になるような髪型が多くなる。下げた髪の首筋のあたりにロール巻をつけるなど、下の方にアクセントをつけるスタイルが好まれた。首筋を半分めぐってぐるりとロール巻をゆらしているスタイルも、若いひとにはよくみかけた。

一九三〇年代の終わり頃（昭和一三、一四年）から、このロール巻を内側に巻くスタイルが流行しはじめた。女学校を出たてのお嬢さんのなかには、首筋のあたりで切りそろえていた髪を、そのまま肩の辺りまで優雅にのばしているひともいたし、先っぽだけにちょっと、軽くパーマをかけるひともいた。切ったままにしておくより勿論おしゃれでもあったが、切りっぱなしは案外手のかかるものだ。内巻、つまり内ロールは、この毛先パーマからほんのすこしの発展だ。

この時代、東京とその周辺で営業

していた美容院経営者は、口をそろえて、昭和一四、五年あたりから終戦後にかけての、内巻の大流行を回顧している。

秋頃からこのロールを逆に内側に巻くリバースロール（ページ型）が可なり多く出て来た。この髪は上品で落ち着きがあり、洋髪の中で中年婦人によく似合う髪として歓迎された。内巻とかソーセージ巻とかお小姓型とかいわれるのは、すべてこのリバースロールのことである。（「慌ただし洋髪の移り変わり」報知新聞1938/12/29:4）

最近の髪型モードには、上へ上へとつみ上げられたいかにもシークなアップ・スタイルと、肩までものびた長めな髪をやわらかくロールして垂らしたダウン・スタイルとの両極端な二つの種類があります。（山本鈴子「こんな髪にはこんな帽子を」『婦人画報』1938/12）

いま一番人気のある髪形内巻（読売新聞1941/5/26:4）

洋装にも和装にも合う三つのヘアスタイル（……）B型が内巻（リバースロール）（パピリオ美容院　近藤みや子「新春の髪形ABC」『婦人の国』1947/1）

内巻は、さいしょのうちはお嬢さん向きのスタイルと受けとられていた。

吃驚させられる中年婦人の内巻
近頃中年婦人に内巻の髪型をよく見かけます。若い人でも和服の時、あまりゆらゆらした内巻はどうかと思いますのに、中年の婦人がこれを真似るというのは如何でしょうか。（……）落着のあるきものと調和しないこと甚だしいのです。（読売新聞1940/12/4:4）

しかし三、四年も経たないうちに、内巻はその、おそらくは単純さが、中年女性にふさわしい落ち着き、と感じられるようになったらしい。パーマネントといえば雀の巣、というふうな固定観念で考える男性や老人がいて、それもパーマ嫌いの火元のひとつになっていた。内巻もパーマネントはかけているのだが、見た目がおとなしやかであることから、いわゆる自粛髪にむいていた。

かけっぱなしや、ぜんたいにもっとつよいカールやロールのほしいひとは、髪を上げてしまい、スカーフやパンダナを頬被りのようにかぶったりした。髪をアップにした、男顔負けの働き手、というのもこの時代の女性のひとつのイメージだ。下げた髪は襟にうるさいから、といっているひともいた。

横文字ぎらいのために電髪《でんぱつ》というい方に代えたり、パーマのお客でいつも混んでいる店では、美容師たちがお客といっしょに笑いながら、生活の現実を知らないパーマネント批判の矛先をかわす、いろいろな工夫をしていた。

一九四〇年（昭和一五年）前後の東京都心のペーブには、輸入ものら

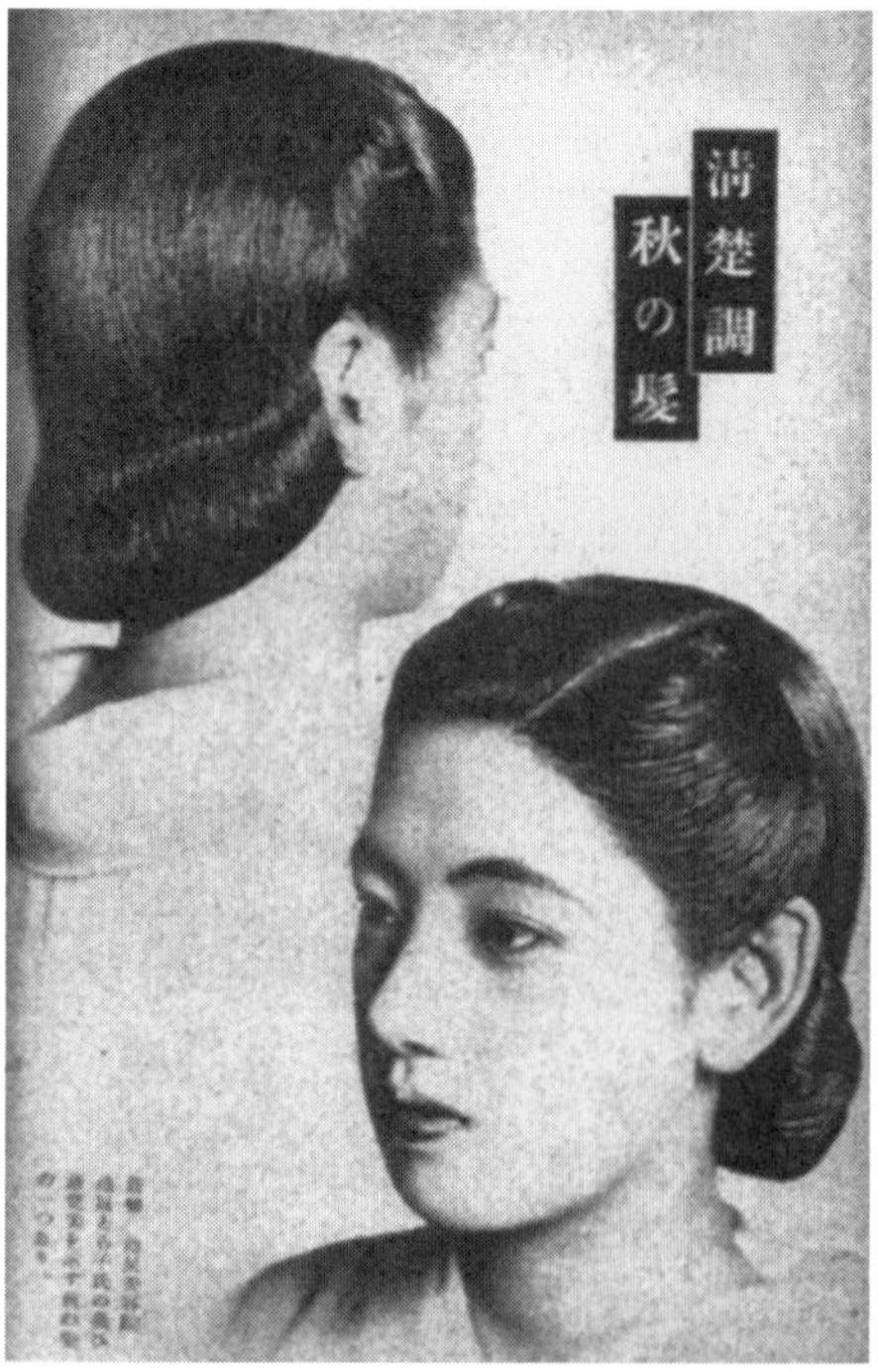

内巻のひとつのタイプ（「清楚調　秋の髪」）
『現代理容大鑑』（『すがた』26号臨時増刊）、1940（昭和25）年

しい帽子を小粋にかぶる女性たちのすがたがまだ見られた。スクエアショルダーの時代にふさわしく、帽子もブリムの思いきって幅広いメリー・ウィドウ・ハット（Merry Widow hat）風のデザインが多い。しかしおなじペーブを、おなじ時代に、ひっ詰め髪にかっぽう着姿の大日本婦人会員たちが、日の丸の小旗を振って行進していたと思うと、風俗の許容度の広さを感ぜずにはいられない。

アクセサリー

明治時代の宝飾品

宝石や貴金属で身を飾ることを、江戸時代のひとは知らなかったとさえいえよう。装飾品のほとんどは女性の髪飾りであり、それとて金銀や宝石類はなく、櫛、笄《こうがい》や、簪《かんざし》に用いられたのは鼈甲、珊瑚だけで、それ以外の材料はまれだった。

開化と同時に西洋の宝石類が入ってきて、富裕階級のひとびとの装いを飾るようになったが、そういう行為自体に、ものめずらしさがあったにちがいない。さいしょにひとびとに受けいれられたのは指輪で、西南戦争のころには、すでに結婚指輪さえ交換されていたのには感心させられる（「指輪の流行」読売新聞 1878/6/18: 3）。

しかし衣服に添う飾り方をするコスチューム・ジュエリーの方は、かなり歩みがおそかった。和服と洋服とではその飾り方がまったくちがうので、外国の装身具はまず洋装の場合に、西洋女性のお手本に忠実に従って用いられたはずだ。一八八〇年代（明治一〇年代末）の鹿鳴館等での夜会は、そのさいしょの良い機会だったろう。

明治一〇年代（ほぼ一八八〇年代）には丸嘉、天賞堂、すこし遅れて服部時計店が、日本橋から尾張町にかけての銀座に開業する。時計商が宝飾もあつかうのは今とおなじだ。一八九四年（明治二七年）には、ニューヨークのティファニー社パリ支店長スポールディングが、天皇への献上品を携えて来日、農商務省を訪れたほか、東京府下の実業家たちを宿泊先の帝国ホテルに招待、日本での販売拡張について懇談している。

日本女性がさいしょに和装用に宝石貴金属類を利用したのは、おそらく帯留だったと考えられる。帯留に金具が用いられるようになったのは、不用になった刀の目貫の転用にはじまる、ということはよく知られている。帯留はめだつものなので流行も激しいが、たとえば一九〇六年（明治三九年）の玉宝堂の製品では、純金、プラチナの金具、その金具は、宝石、真珠を用いて、露芝、竜田川の葡萄、夫婦の雁などが彫れている、という具合。

一八九〇年（明治二三年）五月一〇日発行の、若い女性むけの雑誌『以良都女《いらつめ》』には、新流行の和服の胸飾りとして、ネックレスが紹介されている。

> もとより日本服は西洋婦人礼服のように大きく肌をあらわす風でもなく、従って胸かざりを掛けても更にそれが残らずは現れませんが、さてそれでその前のところは一部分ほのかにあらわれます。（「新流行和服の胸飾」『以良都女』1890/5）

と、ことに重ね着する冬などにはあまり見栄えはないが、その代わりうしろの部分はふつうの紐にしておいてもわからないのだから、安くつく、などとみみっちいことを言っている。結局、この時代和装の場合には、ネックレス、ブレスレットはほとんど用いられなかったようだ。

それに対しておなじ一八九〇年代（ほぼ明治二〇年代）、合わせた襦袢の襟を固定する、つまり補装小物のひとつでもある襟留めのピン――半襟留め――は、一時的ではあったが、かなり広く用いられた。とりわけ襟をぴたりと合わせて着るくせの、女学生によろこばれた。この種の、宝飾品の範疇には入らないか、どっちともいえる実用品も多いはず。それに対して一九〇七年（明治四〇年）には、襟留めのブローチが流行している、というレポートがある（近藤焦雨『文芸倶楽部』1907/12）。ハイカラ好みの流行で、さいしょはもっぱら舶来のブローチを用いていた、というから、半襟留めのピンよりはずっと大きい、洋服の襟や胸につけるようなものだったろう。残念ながら、同時代の写真などからは証拠がえられない。一九〇〇年（明治三三年）頃からめだつようになり、大正に入ってまでも続いたものに金銀の時計鎖がある。この時代、持って歩くのは男女ともすべて懐中時計だった（「貴婦人用時計鎖和服用」都新聞 1906/11/29: 3）。男性は上着の隠しに入れるが、女性はたいてい帯に挟み、若いひとには、その長い鎖を首に掛けているひとが多かった。いまのひとが古い写真を見て、よくネックレスとまちがうのがこれだ。首掛鎖には金、銀、プラチナもあり、鎖のデザインもさまざまだった。女性が懐中時計をもつのは飾りの気持ちの方がつよかったらしく、商品リストでは装身具や貴金属中に分類されている。

婦人は細くて長い金鎖を、襟に回して帯に挟みました。チョイと見るといかにもピカピカして立派のようですけれども、何となく品の悪いもので、極めて幼稚な趣味でした。然るに近来はとんとそんな風が流行しません。（村井弦斎「衣服問題」『婦人世界』1915/4）

複雑な色柄をもつ和服は、そこにコスチューム・ジュエリーとしての宝飾品を添えるのはむずかしく、無用ともいえるだろう。しかし試みがないではなかった。一九〇八年（明治四一年）頃の大新聞に、「宝石自由かざり」という実用新案の広告がしばらくつづいている。これはきもののどこへでも留めることのできる一種のブローチで、渦巻き型の針金をつかった固定の方法が、実用新案なのだった。しかしこのアイディアは結局、あまり成功したとはいえなかったらしい。

またおなじ一九〇八年の『風俗画報』は、「婦人服の模様に宝石を加えることがボツボツ流行しかけてきた」（「宝石の応用」『風俗画報』1908/7）と報じている。しかし筆者は同時に「もともと日本服の色彩は白襟かなにかの外は、中性色もしくは暗色が多いので、用いる宝石の種類色澤によっては、極めて引立ちが悪い」（同前）とも指摘している。

日本女性の宝飾品への嗜好は、日露戦争以後になってようやく本格的になったといえる。欧州大戦のもたらした好景気が、それを支えた。一九一八年（大正七年）、わが国に奢侈税が導入されたのもそういう背景があったためだ。奢侈税の導入を伝えた新聞はつぎのように結んでいる。

現代の奢侈装身具は全く宝石時代とも言うべく、その流行は限りなく拡がってゆく。（「流行る奢侈品中では宝石が第一番」時事新報 1918/9/18: 6）

近代後期の宝飾品

第一次世界大戦が終わりに近づいた一九一〇年代後半（大正の前半）、大蔵省は奢侈税の可能性を検討していた。適用対象の第一と考えられたのが、貴金属宝石類はじめ身辺の装飾品だった。当時、東京銀座天賞堂本店の販売品のなかには、おもいきって宝石をあしらった一八〇〇円の帯留、目方を軽くするため技巧的な透かし彫りをほどこし、プラチナをちりばめた七〇〇円の腕輪——などがあるほか、宝石をあしらった高価な腕時計の多いのが眼につく。腕輪——ブレスレットはふつうはきものの袖に隠れてしまうので、高級腕時計をブレスレットのように扱ったともみられる。ダイヤ一四個約一・五カラットを嵌めた、一二〇〇円の女持ちという商品があるが、日によっては三点ぐらいは出る、という。変わったものとしては、ダイヤの代わりに極小の時計をはめ込んだ、八九〇円の指輪がある（「流行る奢侈品中では宝石が第一番」時事新報 1918/9/18: 6）。もちろんひとつかみの成金たちの金の使い道ではあろうが、日本人がようやく生活の一部に、欧米のハイソサエティ的な、飽満と過剰を実現しはじめたしるしとして記憶される。

装身具のなかでも、基本的には実用性を目的としない宝飾品類は、見た目の美しさを飾る目的なのか、とびぬけた値段の高さが誇りなのかは、身につけるひとの心のなかでも揺れうごくだろう。ともあれ明治の、貧乏性の日本人の場合は、金銀宝石の高価さに、より心をひかれていたようだ。一九二六年（大正一五年）の『婦人倶楽部』に、「指環など何個も重ねたり、両手に嵌めたりするなど下品で品位を損ないます、（……）いいものをひとつ群星のなかの大惑星の如く光らせる方が、どの位見栄えて、人目を聳《そびえ》たしめるか知りません。この方が又どんなにか高尚なやりかたであります」という文章が「装身具の買い方秘訣」（『婦人倶楽部』1926/12: 381）という記事中にあって、筆者の言わんとすることと、筆者自身の宝石礼賛の本音が、かさなりあって伝わってくるのがおもしろい。

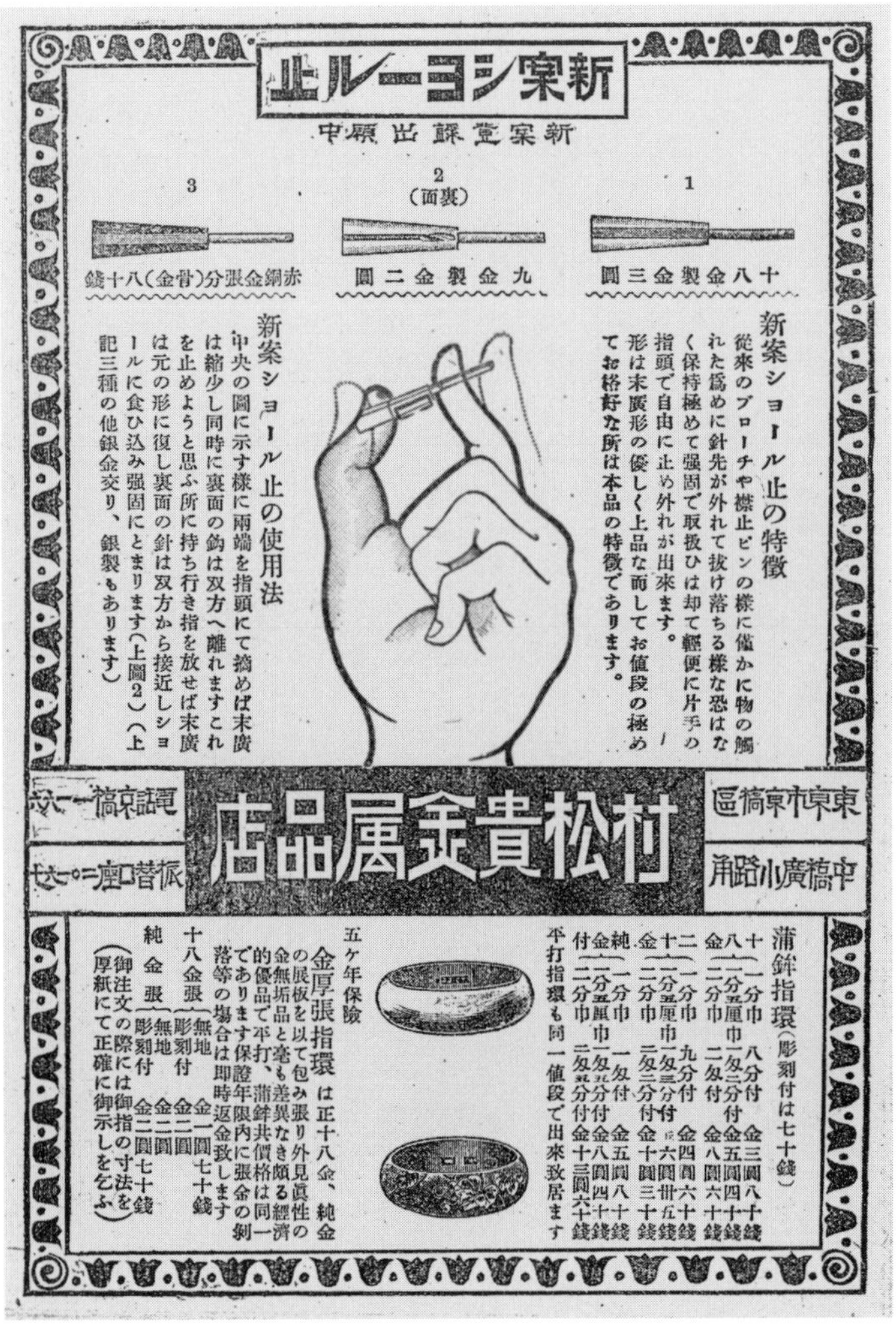

「新案シヨール止（松村貴金属品店）」
『婦人世界』、1914（大正3）年12月

一八九七年（明治三〇年）に連載のはじまった尾崎紅葉の小説「金色夜叉」の冒頭では、新年の歌留多会で、金三〇〇円のダイヤモンドの指輪の光に眼がくらんだお宮さんが、恋人の貫一をすてる。この時代、官吏の初任給である「最下級　六」の年俸が一八〇円弱、住み込みの女中さんは食つきで年二〇円足らずだったのだから、むりもなかったのだろうか。

明治時代ははっきり言って、とにかく〝金〟——カネではなく、キン——が幅をきかした時代だったらしい。眼鏡といえば金縁だった。入れ歯は金にかぎっていて、笑ってそれをキラリと光らすのを得意にするひとがけっこういたそうだ。静岡に隠棲していた一五代様徳川慶喜公爵が一八八五年（明治一八年）に純金の義歯二本を入れ、その値段が四〇〇円、というのが話題になった（「純金の義歯」東京日日新聞 1885/6/14: 6）。ちょうど金色夜叉の愛読されたころは、たいていの令嬢たちの首には懐中時計の長い金鎖が巻かれていた。この時代のひとにはまだ、旧時代の金の大判小判の幻が生きていたのかもしれない。金歯については日中戦争のはじまったころになってようやく、「人に与える印象の点から、自然さを尊重する人には陶材を奨めたい」(「入れ歯の詮議」朝日新聞 1937/2/12: 4)という歯科専門家の意見が現れはじめる。また一九〇〇年(明治三三年)頃からは、ひとびとの好みがようやく金をはなれて白金に移っていった。

＊ ＊ ＊

欧米の宝飾品を日本人が受けいれるについての大きな障害が、洋服と和服の構造のちがいだったことは明らかだ。したがって関東大震災(一九二三年、大正一二年)以後、日本女性のあいだに洋装がひろがりだした時代になって、多くの洋風の宝飾品はようやく欧米風の飾り方で、受けいれられるようになる。

耳飾りや指輪のようなボディ・ジュエリーは着るものとの関係が薄いのだが、耳輪耳飾りは和服の時代にはほとんど受けいれられていない。和服というより大きな鬢《びん》をもつ日本髪では問題にならないし、ほかの宝飾品とちがって耳飾りは耳たぶに穴をあけることが多いので、そういう習慣のなかった日本人には抵抗があったらしい。ベルリンに留学中の木内某は見聞レポートのなかで、「西洋婦人の耳輪を掛くるは亦一種の飾りには相違なかるべけれども、さりとては又野蛮極まれる装飾なり(……)」ときめつけている(「欧州事情 第三 耳環」大阪毎日新聞 1892/9/18: 1)。耳輪は明治時代の日本人にはラシャメン臭い印象があっただろうし、また清国婦人っぽくも思われただろう。日本女性のなかでイヤリングが流行しはじめるのは一九二〇年代後半(昭和初め)の、支那服の流行がひとつのきっかけだったようだ。

和服に受けいれられやすい宝飾品——ボディ・ジュエリーのひとつがブローチだった。留めピンとしての実用性からいえばいろいろな用途が考えられるが、明治期にはふつう襟留めとして、胸の打ち合わせの固定に使われている。しかし打ち合わせを固定すること自体が女学生趣味だったから長続きはしなかった。

きものにも、西洋のデコルテ風に近い胸あきをもつ着方はあったのだが、和装に胸・首飾りはほとんど受けいれられなかった。洋服を着る女性のふえてきた一九三五年(昭和一〇年)以後になると、欧米でのファッションがハイネック主流になったため、結局わが国では戦前ネックレスへの関心は低かった。背が低く、首のみじかい日本女性にネックレスはむずかしい、という見方もあった。

前代につづいて明治から大正にかけても、宝石・貴金属類や珊瑚、鼈甲などのひろく利用された場所のひとつは髪飾りだ。しかし一九二〇年代末(昭和初め)からはじまったシンプルで小ぶりな洋髪には、廂髪時代のような大きな飾櫛や簪《かんざし》のたぐいは似合わなくなっている。むしろそれに代わったのがイヤリング、と見られるかもしれない。

第一次世界大戦以後の欧米社会では、合成宝石がいちじるしい発達を見せたため、高価なほんものを日常身につけるのはむしろ愚かなことになった。たいていはほとんど見分けのつかない合成宝石を用い、ほんものを身につけるのは、なにか特別の機会にかぎられるようになった。ジェイムズ・ハドリー・チェイスの名作『ミス・ブランディッシ蘭』(1938)では、大富豪のひとり娘が、誕生パーティーに有名な首飾りの本物を身につけるという情報が暗黒社会に伝わり、そのために令嬢は誘拐されて、ハードボイルド的な目にあわされることになる。

日本髪の髪飾り

一八八〇年代(明治一〇年代末)の束髪ブームでは、櫛笄《くしこうがい》や髪飾りを扱う小間物業者のなかには、転業まで考えた店があったらしい。しかしもちろん束髪には束髪のための髪飾りがあるし、流行が洋髪に代わってもソバージュの時代になっても、扱う品種が代わるだけで、整髪や化粧のための商品がまったく要らなくなってしまうわけではない。

とはいえ、日本髪と、一九三〇年代（昭和五年〜）以後の洋髪、パーマネントウエーブの時代とでは、女性が髪のケアのために必要とするアイテムは、まったく変わってしまった。髪飾り類についても、束髪はその中間段階だった。

＊＊＊

日本髪は前髪、鬢《びん》、髱《たぼ》、そして大きな髷、という四つの部分をもつのが標準だ。そのなかでも髷は複雑な構造をもっていて、こういった構造物を固定するためにたくさんの元結や補助的な小物を必要とする。その小物類は同時に、飾りの役割ももっている。櫛、笄、簪《かんざし》、根掛け、手柄、丈長、そして結束用の紐にすぎない元結さえ、装飾的に扱われる場所がある。ただし髪飾り類はもの自体が小さいこともあって、とくにそれを目的としたものでないと、写真等の画像ではその有無さえはっきりしないのがふつうだ。ここでは比較的めだちやすいアイテムについてのみとりあげる。

日本髪の代表的な髪飾具は櫛と簪。櫛はほんらい髪の毛を梳《す》いて整える実用目的のもの。前髪の根などに挿す飾櫛と髪を結いあげ、整えるのにつかう櫛とはべつのもの。飾櫛はふつう左右対称の半月形で、流行によって多少かたちにちがいはある。素材や装飾は値段と流行次第。明治期は婚礼用などには無地鼈甲ときまっていて、かたちは一八九〇年代（ほぼ明治二〇年代）はお初形、政子形、一九〇〇年以後（ほぼ三〇年代以後）は半京型の流行、ということになっているが、髪に挿したらほとんど区別はつかないだろう。鼈甲はスッポンに似た、玳瑁《たいまい》という大形の海亀の甲羅で、黄色っぽい半透明に黒い斑《ふ》がある。無地というのは斑のないもの。江戸時代以来、日本人に非常に好まれて、櫛以外にもさまざまの工芸品に使われている。

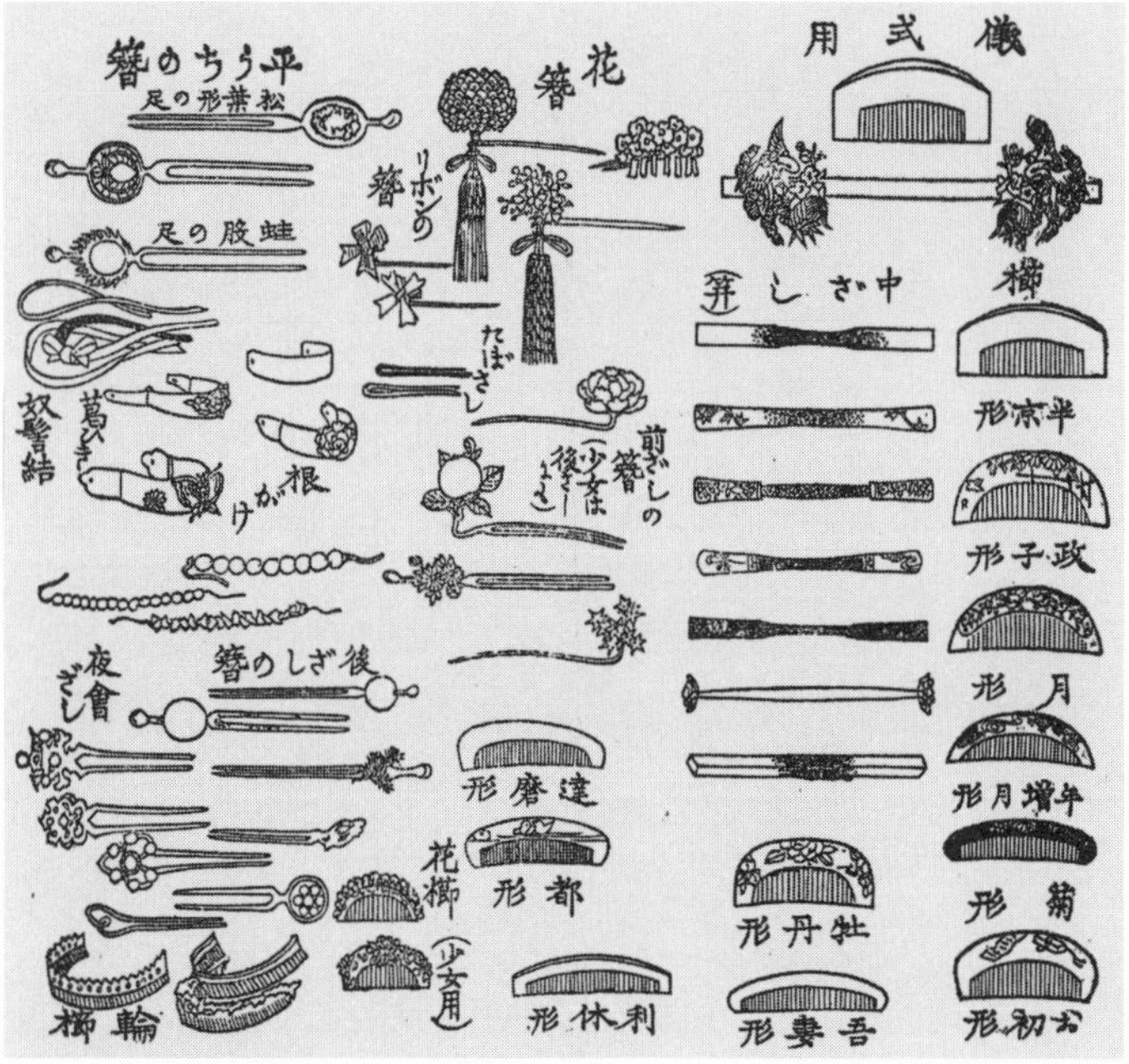

「櫛／笄《こうがい》／簪《かんざし》」

松本洗耳画、平出鏗二郎『東京風俗志』(中巻)、富山房、1899-1902 (明治32-35) 年

実用の櫛は種類が多いが、かたちの変わっているものは大体髪結いの商売用の櫛。そのなかで素人も使う鬢櫛《びんぐし》は、かたちが飾櫛より持ちやすくなっていて、とかし櫛としてもっとも普通で、女性ならたいていは持っていただろう。飾櫛とおなじに前髪の根か、ちょっと鬢にさす。これを洗い髪にさしたりするとガラが悪くなって、横櫛なんとかという姐御じみる。

簪は前髪の横にさす前挿《まえざし》（向挿しともいう）がいちばんめだつ。これは若い女性、というより女の子風だ。花簪が多いが、房のように薄い金属片や小さな鎖のさがっているビラビラの簪もおなじみだ。いまでは祇園の舞妓がよくしている。

お煙草盆から、はじめて蝶々や、付けまげの唐人髷に結えたくらいの女の子は、とりわけ目の前にひらひらする花簪をよろこぶ。あり合わせの材料――ときには鉋屑のようなものまでを――ちょっと工夫して髪にあしらう摘まみ細工の髪飾りが、小さなはやりの波を繰り返している。

羽根をついて遊ぶ少女たちの髪に、摘まみ細工の花かんざしを多く見かけます。これは一昨年あたりからぼつぼつ見かけ始めましたが、今から二〇年前に大流行だったものです。ずっと遡って記憶を辿りますと、江戸の面影がまだ残る明治の初年あたりは、銀のススキの簪をよく挿しましたが、そのほかは大方粗い摘まみ細工でした。明治二三、四年頃にとりわけ多かったのは、鯨髭を薄く削って、牡丹や菊やいろいろに拵えて、銀色の細かい短冊形のひらひらを簾のように飾ったものでした。それ以後二、三年ごとに変遷しました（……）。（「摘まみ細工の復活」読売新聞 1915/1/8: 5）

女房が髷の根などによくさしている玉簪は、先が耳掻きになっていて、耳の穴より、めったに洗わない頭のかゆいのをこれで掻く。玉は珊瑚がこの時代まで好まれ、玉簪といえばピンク色、というのが定番だった。しかし一八九〇年代（ほぼ明治二〇年代）に入ると瑪瑙《めのう》の流行した時期もあった。

日本髪の女性は後すがたのよさを賞美された。とりわけ人妻の結う丸髷は、前から見るとあまり見栄えのしないものだったが、側面から背面にかけては、赤い手柄と、そしてうしろ髱にさした後挿の簪があでやかなものだったらしい。後挿の簪はだいたい銀の平打ちがふつうだった。平打の簪は平らな金属面に模様を刻むが、もともとは武家の女性が家紋を刻んで用いたもののようで、武家の女性にとっては、後挿の平打の簪は身を護るための武器でもある、ということになっていた。玉簪も平打も先が一本のものと、二本に分かれたものとがある。簪は、道を歩いていてすれちがいざまに抜きとられる、という被害に遭いやすかった。人情話の「双蝶々」では、悪党の長吉が表向き米屋に勤めながら、そんな内職で稼いでいる。

簪はもともと髪を束ねるための補助具でもあった。これも落語の世界で、貧乏人の女房は簪の代わりに、割箸を折っぺしょってさしている、と言っている。達磨返しのたぐいの髪でも、髪を巻きつけるなにかの棒は必要だから、そんなこともしたかもしれない。

一口に櫛笄というが、もともとは毛を巻きつける役割をもっていた笄は、言ってみれば一本の棒にすぎない。明治時代になると純粋の飾りとなり、よほど古風な好みのひとか、花魁《おいらん》でもなければ使われなくなっている。花魁道中では、大きな兵庫髷にまるで後光か水雷のように、一〇本以上の笄をさしている。

なお、一九二〇年代から三〇年代にかけて版を重ねた、ある結髪・美容学校のテキストには、『髪飾櫛笄簪懸物類』として四九種類のものをあげている。その多くは、お祭りや舞台のため、あるいは縁起ものや特殊な髪のためで、一般的とはいえないが、ともあれ日本髪が生きていた時代、女たち、とりわけ娘たちは、じぶんの髪の飾りにいろいろな工夫や思いつきを試みて楽しんだようだ。

束髪の髪飾り

一八九〇年代（ほぼ明治二〇年代）の縦型束髪の時代、束髪は毛を束ねてヘアピンやリボンで固定する方法が主だったから、わが国の女性たちにとって、ピンの使用は新鮮に感じられたかもしれない。もっともこの時代、ピンとよばれていた飾り具の実質は、簪《かんざし》にほかならなかった。日本髪用の簪にくらべると、「いかにも質素のもののみなれば、おのずから上流向きには、このほかに物好きの珍品、さては好みの注文もあることならん（……）」と、一九〇五年（明治三八年）五月の『風俗画報』の記者は言っている（「婦人の髪飾り」『風俗画報』1905/5: 29）。

この時代の束髪にはまた造花を飾るのが流行した。一八八〇、九〇年代（ほぼ明治一〇年代～二〇年代）には、おもに在留外国婦人によって各種の手芸が紹介されている。そのなかで造花は、こののち毛糸編物やレース編みほどには、家庭手芸としての発展はなかったが、明治時代には女学校に造花コースが設けられるほどの人気だった。髪に造花を飾るのは、やはり人気だったリボンと同様、若いひと、女学生などの好みで、まがれいと（マーガレット）など、おさげ風の髪には似合っただろう。

束髪用の櫛は廂髪とともにひろがった。廂髪はそれ自体は見栄えのないものなのと、油気のない髪が乱れやすいために、歯の長い西洋櫛を何枚かセットとして用いるのがふつうで、二枚櫛、三枚櫛などといった。贅沢には相変わらず鼈甲が好まれ、東京京橋の大西白牡丹の広告などを見ると、

上等の二枚櫛として新たに当店で工夫致した品は、漆の様な黒鼈甲に十八金の線で種々の花模様を手際に透かし、真珠やオパールの宝玉を所々に入れました物が、御好評を請けて居ります（……）。（「上等な二枚櫛」東京日日新聞 1912/3/19: 4）

などというものもある。だが、廂髪のいわば推進者である女学生向きには、手ごろなお値段のゴム製や、あたらしいセルロイド製のものもあり、もともと束髪は生活的な髪だから、この方が似つかわしかったはずだ。

本郷三丁目の老舗小間物店かねやすが、一九一一年（明治四四年）に都新聞に掲載した、束髪用品の宣伝文がある。かねやすは土地柄、山の手をおもな顧客としている。お世辞もあるだろうが、「皆様のお好みは概ね高等の向きでございます」と前置きしてから、

学校へお通いになるお嬢様を初め皆様共、重にお上げになりまするお髪《ぐし》は、大半束髪でございます。続いて又皆様は、同じ髪飾の品々をお採りになるにいたしましても、なるべく実用を主とした品をと、お選びになる傾きでございます。当店に置きましては、疾くにお客様の御嗜好を計りまして、目下流行の中心をなって居りまする、セルロイド本位の製品を数々ご披露いたします。（都新聞 1911/7/8: 5）

とあって、披露しているおもな商品は、二枚櫛、髱櫛《たぼぐし》、髪針《へあぴん》、髱止《たぼどめ》だ。なお宣伝文のなかで、お上げになるお髪の大半は束髪、とあるのは、土地柄の外に季節が夏という条件を考えれば、かなり割引く必要があるだろう。

一九一〇年代（ほぼ大正前半期）は束髪の転換期であり、七三分けや、梳き毛を大量に入れて高くふくらますなどのスタイルが流行となる。二枚櫛三枚櫛というように、櫛をめだった装飾に使うことはだんだんと廃れ、かねやすの宣伝にあるように、うしろ部分に髱櫛や、髱止を用い、あるいは日本髪の後挿の簪のように、鬢のうしろあたりに一本のピンを挿すのがふつうになる。一九二〇年代から三〇年代初め（大正末～昭和初め）にかけては、髪飾りのさいごといってもよい、束髪ピンの盛りの時期だった。

毛の乱れやすい束髪には、相変わらずたくさんのピンが使われた。それはたいてい針金を曲げただけの実用的な品だったが、そのなかにそれまでの櫛に代わるような、あしの長い装飾ピンが現れた。ある婦人雑誌にはつぎのような紹介がある。

御婦人方の束髪を飾るピンは、油気のないごくハイカラな女学生風の髪にも、また奥様方のふつうの束髪にも、今一般に角ピンが好まれる

ようでございます。（……）それらはたいてい鼈甲製で（……）又お若い方の大きいので並みのものには、セルロイド製のがございます。（……）また束髪に角ピンをお挿しになったならば、その相手に日本髪でいうならば、簪といったようなピンを挿しますが、あれも上等ですと金製です（……）。（「流行の束髪ピン」『婦人界』1922/1）

角形といっても、やや丸みを帯びたものなど多様であり、足が二本とはかぎらず、そうしたものはピン櫛などとよばれた。この角ピンの流行は欧米の流行を追ったもの、といわれるが、欧米ではそのあとスペインピンが流行する。スペインピンは左右均等の扇形で、非常に大きいものだ。ビゼーのオペラ《カルメン》では、カルメンはじめ煙草工場の女たちがこの櫛を後頭部にさしている。カルメンの日本初演は一九三九年（昭和一四年）というだいぶ先のことでもあるが、このやや大仰なピンが、日本で流行したという記録は少ない。

一九三〇年代（昭和五年〜）になって、洋髪やパーマネントの時代に入ると、アイロンや電気の熱で癖づけたスタイルを固定するのは、ネットを除けばローションとピンによるしかなかった。そのピンは名前こそスズラン留めと上等になっていたが、かんたんなバネ仕掛の実用品だった。洋髪ウエーブの時代に入ると、女性はもう、頭になにか飾りものをつけるという、〝女の子っぽい趣味〟からは、成長したのだろうか。戦争がたけなわになった一九四〇年（昭和一五年）には、こんな記事が現れる。

結髪にはぜひ必要とされているピンが、最近は甚だしく不足していますし、（……）なるべくピンを使用しないで纏めておきたいものです。（「ピンの不足を補う結髪」朝日新聞1940/3/13:5）

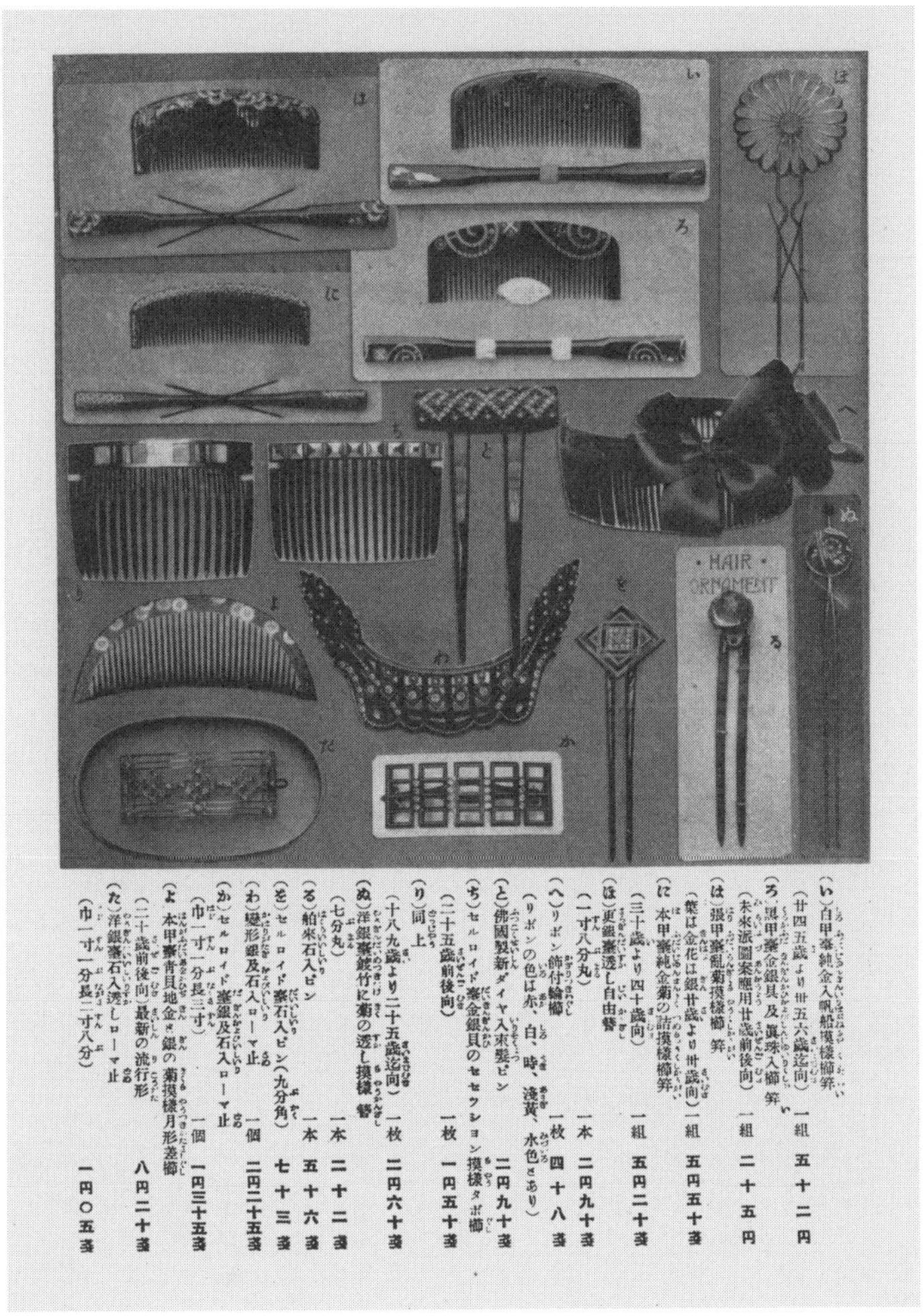

「髪飾り」

『みつこしタイムス』、1914（大正3）年4月

鏡

一八九三年（明治二六年）に出た『男女自宅職業独案内』という本の第九章に「硝子鏡を製する法」という章がある。硝子板と、おなじ大きさの錫箔一枚を用意し、錫箔に水銀を注ぎ、しばらくして再びこれに水銀を注ぎかけ、この親和物を平らに置いた硝子の上に敷きひろげる、ただしこの際最初に余った水銀と、生じたその他の酸化物をもすべて掃き去るを要す、かくてのち若干量のおもしを数日間載せておけば、「混和物が硝子に固着して充分なる鏡となるを得べし」と、本文はもうすこし詳しいが、だいたいこんなことだ。

　はたしてこれで実用的な鏡ができたのだろうか。このころはまだ家庭で機を織り、味噌や保存食品を作るのがめずらしくなかった時代で、石鹸や化粧料、かんたんな医薬品のたぐいまで家庭で作ろうとする傾向があり、そのための手引書も多かった。しかしこの本の著者の意図は一歩すすめて、職業人を育てようとしているらしい。明治一〇年代、二〇年代といえば起業の戦国時代のような時期で、西洋から入ってくる新奇な物品を模倣し、なんとか似たものを作って一旗揚げようと手探りしている人間で溢れていた。この時代の商工名鑑を見ると、「舶来物品及模造品商」と堂々と謳って宣伝しており、また博覧会まで開催されている（「舶来品に模造せる博覧会場の雑貨」郵便報知新聞 1877/12/3: 1-2）。よくできた真似はそれも創意のうちだったようだ。

　近代の銀引法による硝子鏡はヨーロッパでは一八世紀初めの発明だったが、製造工程は国、地域によっても工房によってもヴァラエティがあり、日本人にとっては、紋織物におけるように、ジャガード一台を学習すればそれがすべて、というのとはまったくちがっていた。素材の板ガラスの品質について、まえにあげた『男女自宅職業独案内』には、「鏡の主材は良質の厚板硝子である。しかし和製の板硝子は未だ先進国の製品に遠く及ばないので、是等材料の九割迄は之を輸入に仰がねばならぬ」とある。鏡はかなり後々まで、舶来品に支配されていた。大阪朝日新聞が刊行した一九二六年（大正一五年）の『商売うらおもて』でもこう言っている。

　鏡の産地としては第一に英国を推す。その次は米国のピッツバーグ品、ベルジューム（ベルギー）の磨品《みがきひん》であるが、内地品としては旭ガラスの赤菱印、日本ガラス物等が先ず試験合格というところ。

　鏡の製作は多分に職人的なため、閉鎖的な家内工業が中心で、その傾向は第二次世界大戦後までつづく。一九六九年（昭和四四年）の調査では鏡の出荷額で全国の五九％を占める大阪府の場合、輸出鏡協同組合の組合企業四三社の従業員数は二九人以下が七四％、資本金五〇〇万円未満、および個人経営の企業が五六％を占めており、小規模零細の多い業界であることを示している（大阪府商工経済研究所『小零細工業と構造改善』1972/4）。

　鏡の製造が小規模経営にとどまる理由のひとつは、製造品目が多様で、そのそれぞれのなかで互換性の少ない技術が重んじられるためもあろう。上にあげた大阪府の企業の輸出品目をみると、懐中鏡、手鏡、吊り鏡、卓上鏡、後写鏡（自転車用）、鏡材、そのほかとなっているが、たとえば卓上鏡ひとつをとってみても、鏡のサイズやかたち、枠、足も各種金属、陶磁器、木工などと組み合わさったデザインが工夫され、きわめて種類が多く、そのそれぞれが同じく零細な他企業との密接な連携のうえになりたっていた。個々の製品の生産量はさほど大きくないのがふつうで、販路もたいていは狭い地域にかぎられている。戦前の鏡台鏡のデザインひとつをとってみても、その推移を鳥瞰する、などということがむずかしい理由はここにある。

＊　＊　＊

江戸時代の、銅を磨いた金属鏡に代わったガラス鏡は、一八八〇年代（ほぼ明治一〇年代）にはかなり普及していたと思われる。もっともめだつのは理髪店の大型の鏡で、すべてが舶来品だったから安くはなかったろう。鏡の価格ははっきりしないが、板硝子自体の輸入価格が一八九〇年代（ほぼ明治二〇年代）の初めで、厚さ四分の一インチ、三尺に二尺の大きさで八円九〇銭という記録が残っている。米一石の値段が七円の時代だ。

男性の髪が丁髷《ちょんまげ》から散髪に変わった時期、散髪屋の店の内部は開化のひとつのシンボルだったともいえ、その中心は椅子にすわった客の、眼の前の大鏡だったかもしれない。それ以前の髪結床では、客は上がり框に腰掛けて手に毛受けの盥などを持たされるので、前に鏡の置きようもなかった。

一方、床に正座した客の髪を結う女髪結いの店では、大型の長四角の鏡をとりつけた鏡台を使ったと考えられる。ただし明治時代の女髪結いは、店よりも客の家を回る外結いがふつうだったので、その場合は客の家の、古風な丸鏡を懸けた姫鏡台の前にでもすわってもらっただろう。江戸時代の女が使っていた鏡台の丸鏡は、二面の円形の手鏡が向かい合わせに重ねられ、鏡台に斜めに懸けられてあるものもあった。二面の鏡は合わせ鏡の必要からだ。この時代の女性は、後髪――髱《たぼ》（あるいはつと）のかたちをひどく気にした。

江戸時代にも姿見はあったが、尺五寸（約四五センチ）の長さがふつうで、それ以上の大型のものは裕福な旗本屋敷や、豪商の奥の間ででもなければ見られなかった。金属鏡は高価であるだけでなく、曇りやすく、それを磨く費用もばかにならなかったのだ。

明治の半ば以後になると、一般家庭でも鉄製の丸鏡は廃れて長四角のガラス製鏡台鏡がふつうになってゆく。なによりも、丸鏡に比べて姿見としての有用性からだろう。明治の末頃のすこし贅沢な嫁入り道具の広告を見ると、化粧用の鏡台鏡のほかに、より大型の姿見鏡台がセットになっている。

大型の鏡で全身を映すことが家庭でもできるようになったのには、ひとつには扉に大型の鏡がはめこまれた、洋服箪笥の普及があったかもしれない。鏡の表を赤い友禅のきれで覆う色っぽい姫鏡台が、モダンな白塗りの化粧台の鏡に代わるのは、椅子、立ち机の住まい方が普及しはじめる一九一〇年代以降（ほぼ大正前半～）になる。ドレッサーといういい方も、もう一部では使われはじめていた。

顔、もしくは胸から上を映す家庭の鏡としては、ご主人の髭剃り用の洗面所の鏡も必要だ。木造の中流日本住宅にもひと間だけ、洋風の応接間や書斎が現れた時代、だいたい一九一〇年代（ほぼ大正前半期）に入るころから、もっと生活臭のつよい部分にもすこしずつの変化が生じはじめる。そのひとつが便所や浴室に付属して、たいていは小さな鏡のある洗面部分ができたことだ。それによって大根を刻んでいるそばでうがいをしたり、用を足したあとの指先を、植えこみに面した手水鉢《ちょうずばち》の水で浄める――といった習慣も消えた。

一九三三年（昭和八年）にライオン歯磨本舗は洗面所の設計コンクールを催した。洗面所は浴室と便所と不可分の機能をもつものだから、かならずしも独立した部屋ではないが、顔や手を洗い、歯を磨いたりうがいをしたりし、そして化粧をする、という目的のために、一四項の募集条件のなかに、「九　鏡の位置と種類形式」という項がふくまれている。

そのデザインから現代のわれわれが気づくのは、この時期にはまだ三面鏡が周知されていなかったこと、全身が映るような姿見が備えられていないことだ。三面鏡はちょうどこの時代フランスでは、ポール・モーランの短編『La Glace à Trois Faces（三面鏡）』によった、ジャン・エプシュタインの同名のサイレント映画が制作されているが、わが国で三面鏡が流行しはじめるのはもうすこしおくれ、一九三〇年代後半より以後（昭和一〇年代）のことになる。

＊　＊　＊

鏡を考えるとき、公共の場所の鏡についてもとりあげる必要があるだろう。都会の大通りの店構えが、昔風の暖簾から明るいガラス戸に変わるころから、商品陳列に鏡を応用する工夫もぽつぽつ始まったようだ。しかしそれ以上に、磨きあげられたショーウインドウのガラス自体が、道往くひとびとには鏡の役割をしたにちがいない。

開化後まもないころから、一種の〝外圧〟によって大都会には公衆便所がつくられた。その手洗い部分といえば申し訳ばかりの水が出るくらいで、とても鏡のあるような施設ではなかった。鉄道の駅の便所はそれよりはいくぶんましだったろうが。

高級飲食店やホテルをべつにすれば、一九三〇年代（昭和五年〜）とそれ以後の商業施設のなかで、女性たちの化粧直しにも、安らぎの場としても役だったのは、デパートや映画館のモダンな婦人用お手洗いだったろう。とりわけデパートの婦人手洗所の壁面には、たいてい大きな壁面鏡が貼られ、化粧のみならず身繕いにも役だった。デパートの鏡は色を白く見せる自惚れ鏡ヨ、と囁かれながら。

大きな鏡のある空間として日本独特のものといえば、それは銭湯だ。共同浴場はわが国には温泉をふくめて古くからあるが、壁面を鏡で埋めるのは近代になってのアイディアで、外国では例がないだろう。一九三〇年（昭和五年）の婦人雑誌に、美容体操の講座中である医師が、「ズロースひとつの裸体姿を鏡に映してみますと、自分の身体の何処が悪いかがよく分かります」（『婦人画報』1930/8）といって、裸の鏡前体操を勧めている。しかし当時の家屋構造では、裸になっての体操がだれにも許されるというわけにはいかなかったろう。そんな日本人が、浴場ではなにげない顔をしながら、裸の全身をひとの眼にもじぶんの眼にも曝しているのはおもしろい。

指輪

開化後、欧米に見習ったアクセサリーのうちで、さいしょに日本人の装いにとりいれられたのは指輪だったかもしれない。指輪は服装とは無関係に利用できるために、受けいれやすかったということだ。すでに一八七〇年代の末（明治一〇年代初め）には、「時計と指輪で開化ぶり」（「何々ブリ」読売新聞 1877/12/13: 3）といった投書とか、「指切り髪切りゃ昔のことよ、今は指輪の取りかわせ」（「指輪の流行」読売新聞 1878/6/18: 3）などといわれていた。

しかも一八七八年（明治一一年）の記事の方は、早くもエンゲージリングとして通用していたことを示している。それどころか、この二年前の読売新聞（1876/10/19: 2）は、府下渋谷村の植木屋安五郎なるものが、じぶんの許しもなく娘と夫婦約束をした若者と悶着になっていることを報じた記事中で、若者は、指輪まで取り換えた仲ゆえ、ぜひともふたりの仲を認めてくださいと言い、安五郎は、私の娘にかぎってそんなことはしない、指輪はとりかわしたのではなく、娘の指輪を若者が盗んだのだと、親バカで言い張っている、という他愛のない話を報じている。〝指輪まで取り換えた仲〟というい方が、東京府下とはいえ、さほど文明の風に染まっているとも思われない階層のひとびとにまで使われていた事実は注目してよい。

このように一八七〇年代（ほぼ明

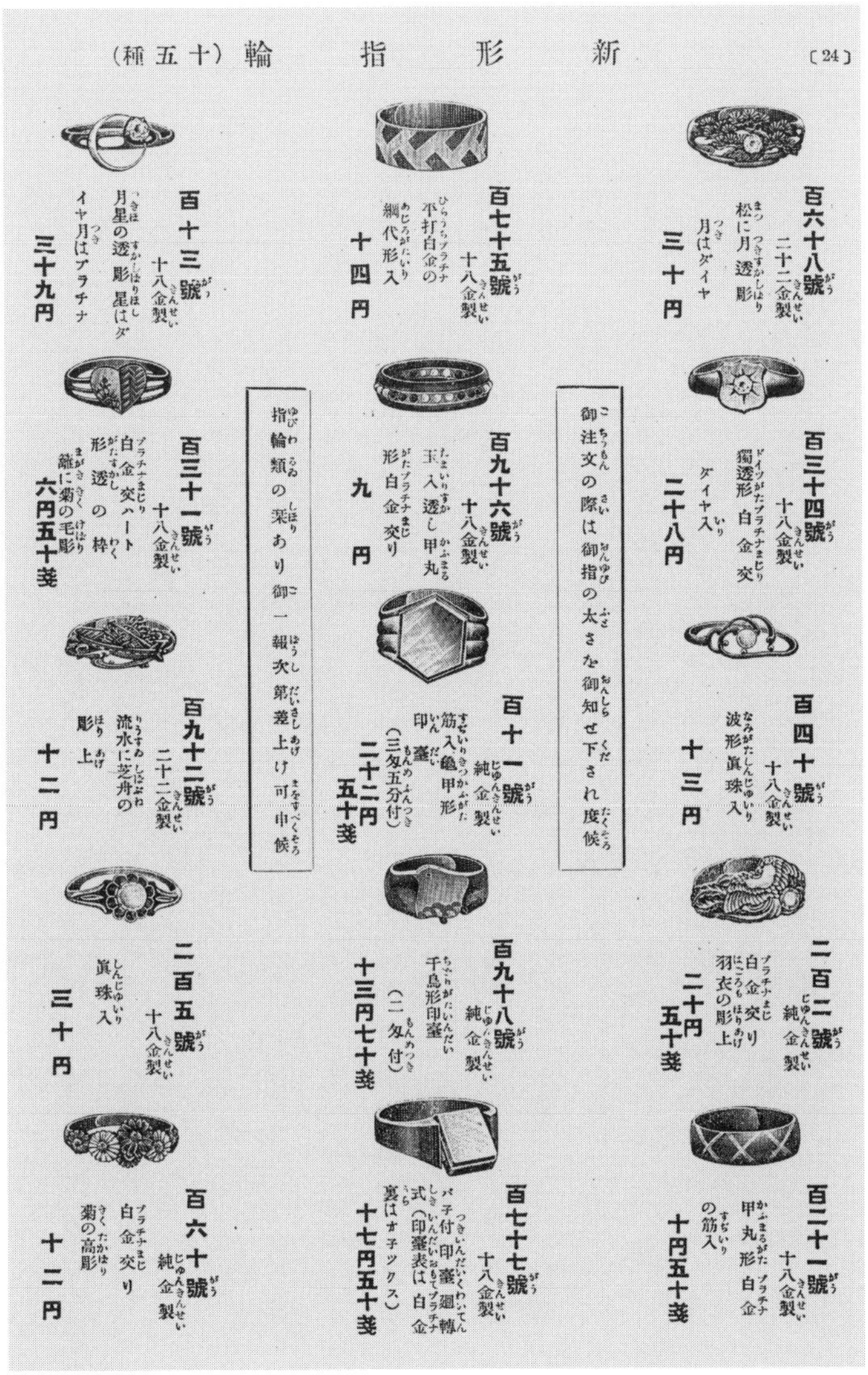

「新形指輪」
『大阪の三越』、1908（明治41）年3月

治一〇年以前）の指輪は、装飾というより、記号性が優っていたらしい。流行子はつぎのように回顧している。

明治一〇年の頃までは青金若しくは銀、金鍍金に家の紋などを彫刻したるを、矢取女や麦湯の姐さんがはめ居たるにとどまり、（……）明治一〇年の第一回博覧会ありしより、粧飾界に大変革を起し、西洋風の崇拝となり、此の時より指輪も初めて流行を兆し来たり、西洋風の安物の模造となり、贋宝石入りの指輪盛んに行われて、明治二〇年の頃まで続きしが、今日に至りては、金剛石入りにあらざれば、美術的彫刻を施せるもの、左らずば純金の無地指輪に限れる（……）。（「指環の話」『都の華』1898/8）

　またことばをつづけて、明治三一年の現時点の傾向として、中以上の暮らしの男女で、金の指輪の一、二箇をはめていない者は稀で、男性の多くは純金の指輪、宝石入りは女性に多いと言っている。

　同時代の大阪でも、「指輪に身分をひけらかす世とて、猫も杓子も純金と洒落込み、芸妓にして指輪を嵌めねば、中等の賃銭払いながら、下等汽車にでも乗らねばならぬかのように思う（……）」（「指輪の合使い」大阪毎日新聞 1898/2/17: 6）という有様と報じている。

　男に石を使わない金の無地指輪が多いのは、ひとつには当時実務家に、印形指輪を用いるひとが多かったためだろう。印形指輪はやや大型になることもあって、それだけで威圧的に感じられたろう。高利貸しの印形指輪など特にそうだったはずだ。もちろん男がみんな無地指輪というわけではない。紅葉の「金色夜叉」（1897〜）の冒頭は、歌留多会の夜に富豪の富山唯継が、三〇〇円のダイヤの嵌った指輪をひけらかすシーンで有名だ。

　ところが一九〇〇年（明治三三年）一一月二三日の国民新聞は、流行の美術装飾品として、「指輪　金無垢の幅広無地又は彫刻物などは、野卑なるものとして捨てられ、宝石入りならでは用いるものなし（……）」としている。流行の変転の早いのにはおどろかされるが、記者の観察の差、ということもあるかもしれない。

若い女性のなかには、せっかくきれいな指をもっているのに、友だちがはめている指輪を見て、なにかひとつぐらいははめないとさびしい、と感じるひとがあるらしい。小さな女の子が、夜店で売っているキラキラするものを指にはめて幸せになったりする。

それと似たことともいえるが、一九〇三年（明治三六年）一二月二五日の読売新聞にこんな記事があった。いま、文銭指輪というものが流行っている。「上は奥様御新造お嬢さまより、下は女房娘左右衛門お三子守に至るまで（……）」がはめていて、聞けば中気のおまじないだそうだ。江戸時代の銅銭はこのころはまだいくらも残っていたが、それをどうやって指にはめるのか。ただし、輪状の金属を指や腕にはめると、その金属から一種のパワーが出て、病気が治癒したり、邪気を払って幸福になる、という説は古来ずいぶん多く、指輪やブレスレットをはめるひとつの根拠にはなってきた。

明治時代の日本人は、金歯を光らせて自慢していたように、金に対して現代のわれわれよりも愛情が深かったらしい。金の指輪も一本だけでなく、二本三本とはめていたのもこの時代だ。それが一九〇〇年代末頃（明治四〇年代初め）から、金は赤磨き、または艶消しに好みが変わりはじめ、やがて台の金属より石に、とくにダイヤモンドに嗜好が集中してゆく。

目下流行の指環は何と申しましても、宝石入りが全盛で御座います。殊に、十八金の細枠にダイヤ・真珠・ルビーなどを嵌め、極瀟洒な風趣を存して居るようなものが喜ばれて居ります。近来、白金《プラチナ》の枠にダイヤを入れたものが非常な勢いで流行り出して参りました。宝石の中でもこのダイヤが一番歓迎を受け、之に次ぐものは真珠であります。（『三越』1915/7）

色のない、ある意味では目立たないダイヤモンドの嗜好は、近代人らしい、また都会人らしい好みともいえ、現代にいたるまで安定しつづけている。ただし周辺の小さな流行としては、一九一〇年代半ば（ほぼ大正前半）から、引用した三越の宣伝のように、従来の金一点張りから白金――プラチナに人気が移りはじめ、またやや古風な感覚で、翡翠に人気のでた時期もあるなどなど、さまざまだ。

一九三〇年（昭和五年）頃からのひとつのテーマは、合成宝石の利用の仕方だろう。技術の向上から天然ものと区別のつかないダイヤモンドやエメラルドが、数パーセントの価格で手に入るようになると、天然ものは装飾目的ではなく、自己満足に奉仕するものに変わる。しかしもともと指輪は宝飾品のなかでも、そういったものだったのだが。

リボン

リボンは幅の狭い織物で、結束用にも用いることができ、その点では実用性をもっている。装飾用のリボンの多くは、実用性をなくしていないで、両方を兼ねているのがふつうだ。紐や細布のむすびめが、飾りとしても用いられるのはどんな文化にもあり、わが国では帯がもっとも代表的だが、羽織の紐や、祝いごとの熨斗飾りなどでは、きわめて技巧的に発達している。ただしわが国の場合は、帯以外のむすび飾りは、組紐、糸、元結など、紐むすびばかりが目について、数センチ幅のテープを使ったむすび飾りの経験が、開化以前にあるだろうか。

そういう意味でリボン飾りは、当時の日本人の眼にはきわめて新鮮で、またエキゾチックな印象になるはずだったが、資料の上ではその点がはっきりしない。さいしょのリボン飾りは、いわゆる鹿鳴館時代、束髪が紹介され、狭い範囲ではあってもひとつのブームになった一八八五年（明治一八年）頃にはじまる。

　その時期、洋風束髪についてのガイドブック的な小冊子が何種類も刊行されている。洋風束髪のうち、まがれいと、とよんでいる髪は、後頭部で束ねた髪の根を、小さなリボンで結んでいる。ガイドブックのイラストで見るかぎり、元結で縛ったのとあまり変わらない大きさの、地味なもので、かざりの気分はほとんど感じられない。束髪のブームはみじかい期間だけで、一八九〇年代（ほぼ明治二〇年代）に入ると、女学生も多くは桃割れや唐人髷で通学していた。

　リボンの流行はようやく世紀が改まったころかららしく、つぎのようなさいしょのデータが見出される。

　鉋屑の頭掛は値段の安いところから、目下中以下の娘たちの間に流行しつつあるが、最近はリボンの頭掛も、おなじ社会の小娘に人気がある。（「安い頭飾り」朝日新聞 1901/3/1: 5）

　小林一三はその翌々年一九〇三年（明治三六年）五月一七日の日記のなかで、リボンが流行していると言っている。

　よいリボンは舶来品だったが、すでに一八九四年（明治二七年）に、東京谷中に岩橋謹次郎なる者がリボン製織所をつくり、それが一三年後（明治四〇年）には他社も買収してリボン製織会社にまで成長しているから、記録には残りにくいところで、〝中以下の娘や小娘〟のあいだでは、鉋屑の髪飾りと違わないレベルの国産リボンが、かなりひろまっていたにちがいない。

　一九〇五、〇六年（明治三八、三九年）以後、いわゆる庇髪と海老茶袴の明治の女学生スタイルが定着し、それとともにこののち一〇年あまりのあいだは、リボン全盛期といってよかった。

　リボンはもちろん髪飾りとして使われるのがふつうだったが、半襟に縫いつけたり、またつぎのような使い方もあった。

　山の手風と称え、本郷小石川牛込辺の女学生には、羽織の紐、時計の紐等にリボンを用いることありしが、其の後帯留肩掛等にも用うることとなり、目下は改良襦袢の袖口にまでリボン、若しくはレースの派手なるものを使うようになりたり。（日本新聞 1904/12/4: 5）

　リボンはとりわけ女学生に好まれたのではあったが、この流行の時期にはその範囲はずいぶんひろがった。一九〇九年（明治四二年）に、鉄道の駅の出札係にはじめて女性が採用されたとき、そのすがたは、被布仕立て、筒袖のきものに下は袴、「流石に文明の職業とて、頭は申し合わした様に庇髪、リボンも多くは派手なのを避けて、総体に地味な扮装《こしらえ》」（朝日新聞 1909/9/16: 5）とある。

　また女学校では、生徒ばかりではなしに、女の教師もリボンをつけ、「リボンの汚れたるにまでもかれこれ批評し合うもの（……）」（「女教師の利害」日本新聞 1904/12/19: 5）などと言われている。リボンは前述のように国内でも生産されていたが、少なくとも明治期には、「リボンが盛大に流行しているが、国内には完全な工場がなく、輸入税五割の高価な舶来品に依存」（「リボンは高価な舶来品に依存」時事新聞 1907/1/19: 8）という状態だった。

　またこのころのパリを眼で見てきた川上貞奴が、彼の地でのリボン、ヘッドバンドの流行を伝えているから（「川上貞奴の巴黎流行談（上）」東京日日新聞 1908/5/24: 7）、日本のリボン流行も、多分に欧米のファッションの追随であるらしいことがわかる。

　フランスはリボン織機の発明以降、高級な紋織リボンの生産においては欧米をリードしてきた。そればかりでなく、ちょうど江戸時代の縞や小紋の趣味に対比されるようなリボン趣味や、その広範囲な利用についても、それが男性の服飾にも及んでいたため、イギリス人などからは嘲笑されるほどだった。日本の若い女性のリボン好きは、せいぜい色と幅の変化、それとむすび様の工夫くらいだった。貞奴のように本場のリボンを見たひとは、そのちがいの大きさに眼を見張ったに相違ない。一九一二年（大正元年）に大いに縞柄のリボンが輸入され、またおなじ年にイギリスから最新のリボン織機を一二台輸入したと当時の新聞は報じている（「斬新なリボン」時事新報 1912/3/11:8）。

一九二〇年代（大正末〜昭和初め）に入ると、リボンには冬の時代が来た。さいしょに、それまで女学生たちが頭を覆うようにつけていた大きなリボンは、すがたを消した。二〇年代、三〇年代の大部分の時期は、リボンといえば、男女の帽子の飾りリボンくらいになっていた。このあとリボンが復活したのは一九三〇年代末（昭和一〇年代半ば）、このときも火元は欧米での流行の後追いだったが、太平洋戦争を目前に控えた時期だっただけに、ごく短期間のファッド（fad）に終わった。明治の女学生のリバイバル、という見方をしたひともあり、「年輩の方々も昔の自分達の娘当時を思いだし、懐かしく思われる（……）」（「街を歩けばリボン髪」都新聞 1940/1/22:5）と、書かれている。

靴

明治大正昭和の履き物は、欧米とはちがう風土と居住スタイルの特性から、単なるスタイルのファッションにとどまらない面倒な問題をかかえていた。

幕末から明治初頭、坂本龍馬の一八八五年（明治一八年）撮影とされる肖像のように、紋附に袴すがたの武士たちが、足もとだけは開化風に靴をはいている写真が数多く残されている。いつ暗殺者に切りかけられるか知れないような時代、ぬげやすい下駄や草履とくらべれば、足をしっかりつつむ靴は心強かったにちがいない。

和装とくみあわさった〝開化の靴〟は、ごく一部のひとびと——女学生など——を例外にして、だいたい一八八〇年代（ほぼ明治一〇年代）で消えていった。

日本服に靴をはくということは、田舎興行の壮士劇の舞台でもなければ見られなくなりましたが、明治の初年には大層流行ったものだと、故老に聞いております。（「日本服に靴」読売新聞 1918/5/17:4）

＊　＊　＊

長いあいだ解放的な下駄や草履式に慣れていたため、足にフィットする、しかも布にくらべれば堅さと厚みのある革製の靴が、日本人に浸透するには時間がかかった。足に合わない靴は、しかもそれを長時間はけば障害をもたらさずにはおかない。一八七七年（明治一〇年）の西南戦争に、和服姿の西郷方兵士はもちろん、羅紗地の洋服を着た官軍にも草鞋《わらじ》ばきが多かった。陸軍省が大量の草鞋を買い上げて戦地に送るため、大阪あたりでは草鞋の値が二倍に跳ねあがったという（「草鞋や足袋が高値に」東京日日新聞 1877/3/10）。日清戦争でも軍用草鞋が用いられたし、もう二〇世紀に入っている日露戦争でも、従軍新聞記者には草鞋ばきが多かったそうだ。草鞋が靴に劣るのは、消耗が早く、結局高くつく、という点だった。

日清戦争後に、当時大佐だった乃木希典《まれすけ》が、左右同型の靴を提案したはなしはよく知られている。子ども靴はべつとして、成人が左右同型の靴をはくのは極寒の地方に多い。凍った地面や雪を踏んで生活するひとびとは、靴下一枚くらいでは耐えられない。厚い布でまるでギブスのように足をくるんではく靴は、形をそれほど気にしないだろう。こういったものはどれも、あの一枚の皮膚のように足にフィットする、イタリアなど南ヨーロッパの靴とは、おなじ履き物とはいっても、ぜんぜんちがう感覚のものだ。

現代でも、靴はゆるいめのをはいていさえすれば、靴ずれのおそれもないからと、そう神経質にはき試しもせずに、見た目と値段で既製の靴を買っているひともいるだろう。まして第二次世界大戦以前、靴メーカーが外国のファッションを参考につくる、商品の流行はあっても、消費者の好みの流行はほとんどないにひとしかった。男性のビジネスシューズにかぎっていうなら、防水性とか、重さとか、踵の高さとか、耐久性とか、あとは価格に比例した高級感がどうこうというにとどまる。

男がゆるい靴を好んだのは、靴をぬぐのは入浴とベッドに入るときだけという欧米人にくらべて、靴をぬぐ機会が頻繁だったせいもある。ひとの家を訪問すればたいていは玄関で靴をぬがなければならない。歯医者へ行ってもそうだし、勤め帰りに寄る赤提灯もそうだ。オフィスでも靴はぬいで、一日突っかけをはいて仕事をするひとも多かった。椅子を用いる立式生活のひとびとは、ときどき鬱血した足をなにかの上にあげたがる。西部劇ではシェリフなどが、机の上に長い足をのせているシーンがよくある。向かい合わせの座席の乗物で、反対側の座席の上に足をのせる行儀の悪いひとは、日本にも欧米にもいる。その場合、日本人はかならず靴をぬぐが、欧米人はまずぬがない。そのため欧米の地下鉄などでは、座席の前半分だけが、汚れにくいビニール革張りになっていることが多い。また、すわっている自分の横に足をのせられたとき、靴のままの方がいいか、におっても靴下の方がマシか、不愉快さのちがいにも文化の差がありそうだ。

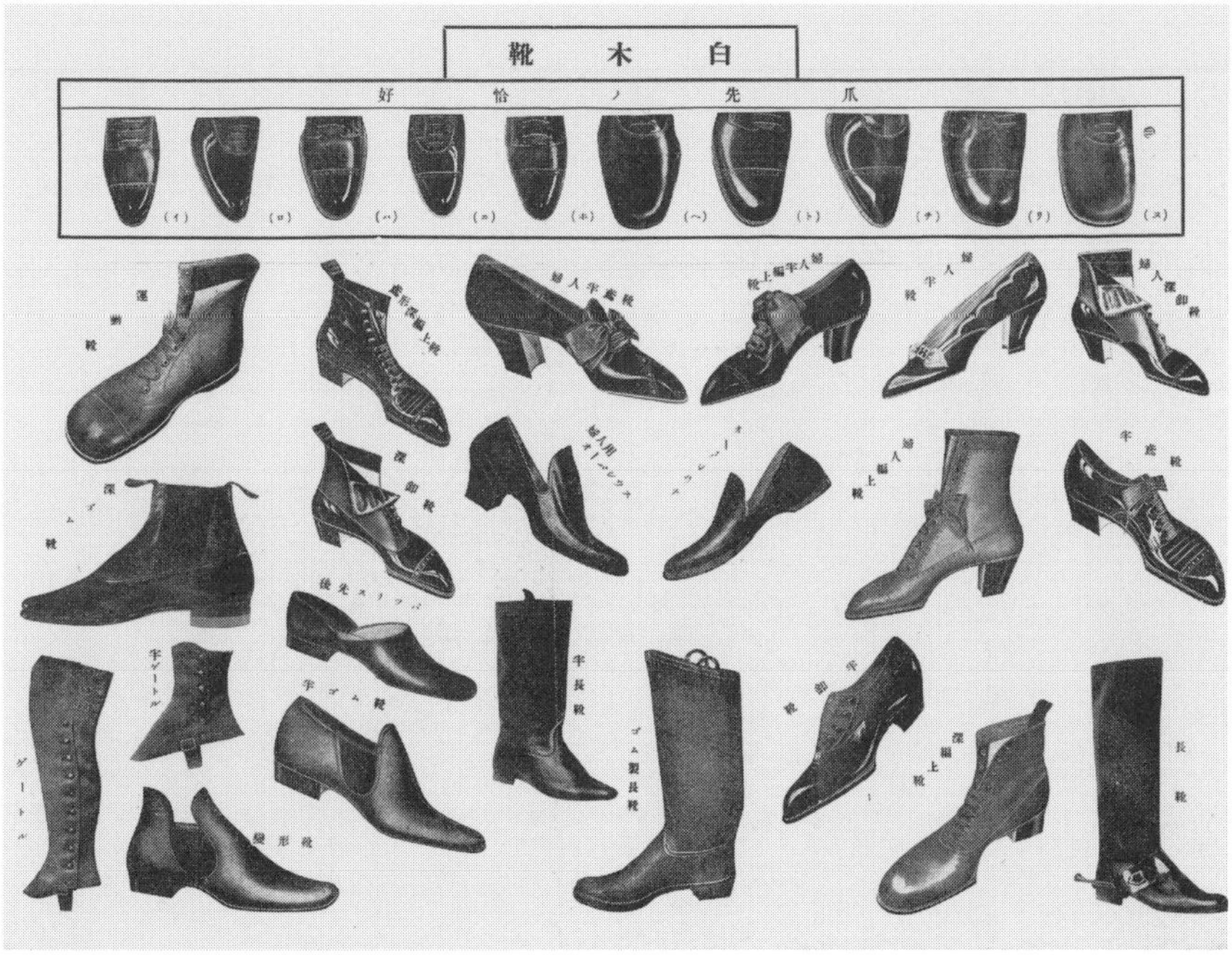

「白木靴」
『流行』白木屋、1909（明治42）年3月

日本人が靴をぬぎたがるのは、もちろん高温多湿な気候のせいもある。とりわけ密閉式の男性靴では、靴をぬいだ気持ちよさはひとしおだ。車内で靴をぬぐひとのため、旧国有鉄道が上草履のサービスをした時期があった。さいしょにはじまったのがいつかはっきりしないが、一九〇五年（明治三八年）八月の日本新聞は、一時中止になって

いたこのサービスが復活し、新橋下関直通列車にかぎり、一等車に草履一〇足、扇一〇本、二等車に草履二五足、扇二五本を備え置くことになった、と報じている（「列車の中での上草履サービス」日本新聞 1905/8/11: 3）。

＊　＊　＊

日本の男性がビジネスシューズのおしゃれに不熱心だった理由のひとつには、戦前の道路事情もあるにちがいない。ある国務大臣が認証式に、最寄りの駅までゴム長靴で来て、それから革靴にはき替えて電車に乗ったという記者レポートがあった。戦前の男性の靴を考えるとき、各種ゴム靴の貢献を見落としてはならないだろう。

泥道に対抗して伸張したのはゴム靴だった。日本靴連盟発行の『靴産業百年史』（1971）によれば、ゴム靴自体は福沢諭吉の『西洋衣食住』（1867）でも紹介され、一八七七年（明治一〇年）の第一回内国勧業博覧会にも出品されたとある。

また、明治初期にゴム靴といわれていたのは、ゴム塗革や、ゴム糸を一部に織込んだ革靴が多かったようだ。防寒耐水性に富む総ゴム靴の長所が認められて、にわかに需要のふえたのは日露戦争（一九〇四～〇五年、明治三七～三八年）以後のこと（『靴産業百年史』1971: 173）。『風俗画報』の一九〇五年（明治三八年）一月号の「流行門」には、「防寒用ゴム靴　戦地行の為品不足なり」とある。とんで一九二二年（大正一一年）にはつぎのような新聞記事がある。

（欧州）大戦後以来、ゴム靴の需要は非常に膨張して、ゴム工業会社は各地いたる所に設立され、何れの会社もゴム靴製造を其の事業の主なるものとしている（……）。近来は小間物店はもちろん、雑貨店でも荒物屋でも、果ては大道商人は戸板の上に並べて安売りをしている有様である（……）。（山形新聞 1922/1/26: 3）

ゴム靴は地方では農作業用に重宝がられた。あるいは労働社会層に、またこれまでは下駄ばきで、足もとに気をつかって歩いていた女学生たちが、通学はほとんどゴム靴に変えていると報じている。この記事の見出しは「護謨《ゴム》靴に征服され市内下駄商困窮」となっている。

一九一〇年代（ほぼ大正前半期）以降になると、ゴム靴の需要は、雨天用のゴム長靴とズックの底ゴム靴に、大きな一般需要は分かれたようだ。丈夫なキャンバス布をつかって、なぜかそれをオランダ語の「zoeg」から、ズックとよび慣れた。ぜんたいが布の靴は本格的なバレーシューズぐらいで、ゴムをどこにどう被せるかに工夫があり、いくつかの特許が生まれた。ズックのゴム底靴は児童の運動靴として、また小学生の上ばきとして大量に生産された。

登山をはじめとするスポーツシューズの本格的発展は第二次世界大戦後を待たねばならないが、とくに寒冷地の労働用としてはひろく普及していた。そのなかの異色といえる日本的労働履きが地下足袋だろう。

一方ゴム長靴についてはこんな記事が一九二七年（昭和二年）にある。

東京郊外の悪路のため通勤通学者の必需品となる。梅雨時はオーバシューズを用いるため、長靴が最も売れるのは降雪季。一冬に東京付近で、約二〇万足、六〇万円の売り上げという。（「ゴム長時代来る」東京日日新聞 1927/12/12: 11）

また、雨の日の下駄屋さんの嘆きとして、つぎのような記事が一九二五年（昭和元年）にあった。

雨の日の東京の道路と履物　下駄屋さんは恨めしげに世界名所の泥道を眺めて曰く「こんな道ですから段々ゴム靴をはくようになって下駄がはやらなくなります。此頃学校では下駄箱をゴム靴用に改築しているからやり切れません。」小学校の校長さん嘆じて曰く「雨が降ると生徒が外から運ぶので学校は泥の海です。これが一度天気になって御覧なさい。学校中を砂埃が吹きまくるのですから衛生上大問題ですよ。いつになったら東京の道路はよくなりますかね?」(「雨の日の東京の道路と履物」時事新報 1925/2/18: 2)

履き物と住居・建物

ズボンを窮屈袋とよび、帰宅すると洋服をきものに着替えてゆったりする、という習慣を持ち続けてきた日本人が、靴の窮屈さを嫌ったのは当然だ。第二次世界大戦後になって住居の洋風化が一気にすすみ、とりわけ鉄筋マンションでは、畳の部屋はあっても一室だけ、という時代になったが、西洋風に靴ばきのままが許される住居は、まだ皆無にちかいだろう。

住居内では靴を脱ぐ習慣は日本にかぎらず、木の床を張って、そのうえで生活してきた文化ではふつうのことだ。その床の上に、泥や犬の糞などを踏んだ履き物のままで歩き回られてはかなわない、という潔癖さもある。加えて、家では靴をぬいでくつろぎたい、という心情も大きい。靴脱ぎスペースが必要なため、日本の住居プランでは玄関の扉を内側に開くようにできない。

＊　＊　＊

履き物をぬいで家のなかに入るという習慣は、玄関という特殊なスペースと、下駄箱あるいは靴入れという収納具を必要とする。さらにこれがひとの出入りの大きな公共施設や商店、興行場などであると下足の必要が生じる。

下足は公共施設や客商売では長いあいだ悩みの種だった。大震災(一九二三年、大正一二年)以前の東京三越は、下足のために三〇〇坪のスペースと、一五〇〜六〇人の下足番が必要だった。この下足番がフルに働いていても、一日三万人以上の客を迎えることはむずかしかった。百貨店や大きな料理店が外からの履き物で入店できるようになったのは、全国的に大震災の前後からだ。下足をやめた三越は、一日一〇万人以上の入店が可能になった。しかしもっと早くから下足をやめていた店は、記録が残っていないだけで随分あるにちがいない。すでに一八七六年(明治九年)に、日本橋四丁目の「ての字」という氷水店は、二階へも靴で上がれるようにした、と東京絵入新聞(1876/6/15: 1)が報じている。

日本橋旅籠町の大丸呉服店は、「弊店陳列場は御はきもののまま御随意御縦覧の御便利に有之(……)」という広告を一九〇一年(明治三四年)一〇月四日の東京日日新聞に出している。これは店内を土間に改築した新装開店の挨拶なので、当然一階の土間だけで、ここでいっている下足廃止とはちがい、従来の勧工場と変わりない。

下足のひとつの変態として、下駄は下足に預けるが、靴は袋状の靴カバーをかぶせて上がらせるという方法も多かった。上草履は貸すが、はいてきた履き物はじぶんで持って上がらせるというやり方もあった。東京では歌舞伎見物の客が、まだ幕が下りないうちにもう腰を浮かして出口へと急ぐのに、大阪の芝居では客がさいごまでゆっくりしている。歌舞伎座の客は、出口の下足の混雑をすこしでも避けようとするのに対し、大阪では履き物はじぶんで持っているため、落ちついて最後まで見ていられるのだ、と指摘したひとがある。しかし狭い桟敷のなかに、泥のついた履き物を持ちこむのがよいことかどうか、とも付け加えている。

学校や病院、公共施設などでも長いあいだ、家からはいてきた履き物では上がらせないところが多かった。日本の住居ではかならず履き物をぬいで上がるのだから、当然といえば当然のことで、大きなところでは半纏姿の下足番がいるし、そうでなければ上がり口に並んでいる草履かスリッパにはきかえる。しかしなかには下駄ばきのみを禁じている場所もあった。これはコンクリートの床で下駄の音がうるさいから、という理由らしかった。靴なら許せるが、下駄ばきで上がりこむのは失礼だ、という感覚があったかどうか。一九一〇年代以後（ほぼ大正前半期〜）になって、都会では女性のよそ行きの履き物がほとんど草履に代わった時代、〝下足禁〟という札のでている病院の上がり框《かまち》で、躊躇している盛装の奥さんなどがいたものだ。なかでは医師や看護婦が靴ばきで歩きまわっている。目の前には紅い鼻緒の薄汚い草履が並んでいる――。

下足の嫌われた理由のひとつは、代わりの貸草履の汚さだった。公共施設、とりわけ図書館の貸草履などはその代表で、上野帝国図書館の麻裏の紅鼻緒には、思い出の深いひとも多いだろう。

＊　＊　＊

学校などでは昇降口に並んでいる下駄箱のまえで、はいてきた下駄や草履、あるいは靴を上ばきにはき替える。上ばきは都会の小学校では早い時期に、運動靴とよぶゴム裏のズック靴になった。上ばきにはき替えさせる理由として、教室や廊下の板敷きを傷つけるから、という説明もあったらしく、これに反発して、生徒の足と板の間とどっちが大事だという投書が、新聞に寄せられたことがある。しかしこの投書は読者からの総攻撃をうけた。上ばきにはき替えるのは板の間を守るためではない、外の泥や黴菌を校舎内にもち込まないためである、投書者の認識不足もはなはだしい、等々（読売新聞 1898/11/23: 4, 25: 4, 30: 4; 12/4: 4）。

じっさい、この時代は大都会も地方も道路はわるかった。革靴をはいてくる子も、踵の前の窪みにすぐ泥が詰まってコチコチに固まり、ときどき竹の物差しでこそげ落とさなければならなかった。

しかしまた外のはきものが床材を傷つけるおそれも、確かにあった。小学校の床などは、安物の比較的やわらかい木が多かったし、大震災後に病院などに流行しはじめた床材のリノリウム（linoleum）も、傷がつきやすく、一旦大きな傷がつくと、そこからまくれてきた。一方革靴の裏には、長持ちさせるためにカネを打つひとが多かった。

一九〇〇年代（ほぼ明治三〇年代）に入って、大都会の郊外に建つようになった洋風の住宅のなかでは、フローリングの部分が多くなり、そういう住まいではスリッパを使うようになった。玄関の上がり框にきれいなスリッパの置いてあるのは、ハイカラで、高級な家庭の印象があった。旅館や和風の料亭ばかりでなく、洋風の構造をもった建築物のなかでも、学校が上ばきにはき替えることを要求するように、病院、アパート、オフィスなどでは、靴を脱がせ、スリッパにはき替えさせるところがあった。第二次世界大戦後にはこういうところは少なくなるが、それは都会では道路がよくなったこと、また、下駄ばきのひとがほとんどいなくなったためもあるだろう。欧米ではかなりの長期滞在をしても、スリッパ（slipper）というものにお目にかかることはめずらしい。

スリッパをはく理由は、木の床にじかに足の裏をつけるのは、たとえ靴下をはいていても冷たいからだろう。和風住居では、原則的にはスリッパをぬぐのは畳の部屋だけになっている。厚い絨毯の敷いてあるフロアで、家族が靴下だけでくつろいでいることもあって、客はスリッパをはいたままでよいかどうか迷うことがある。欧米の家庭では、靴で踏んでいる、つまり〝土足で〟歩き回る絨毯に、あぐらをかいてすわったり、横になったりすることは、ふつうのことだ。

土足、という行為には、日本人の独特の想いがあるらしい。一九一八年（大正七年）という時代、栃木県の山村で、忠君愛国の靴事件ということがあった。発布された戊申詔書を、村民たちの前で奉読するために式壇に登った在郷軍人会の分会長は、靴をはいていた。それを見て小学校長が、それは不敬であると咎めた。これに対して分会長は、靴をはいていることは不敬にあたらない、むしろ靴を脱ぐ方が不敬である、不敬をあえてするのは天皇に対する不忠であると憤った。忙しい農繁期に、不敬なる分会長を放逐すべしと叫ぶ校長側と、不敬不忠なる校長を排斥すべしと叫ぶ分会長側と、村は真っ二つに割れて争った（朝日新聞1918/6/9:3)。校長側の論理は、靴をはいたまま式壇に登ったのは、土足で神聖なものを犯したことになる、というこの時代のひとつの心情が納得できないかぎり、理解しにくいだろう。

下駄

下駄は種類が多く、おなじ名前であっても、時代や地域によって別のものをさしたりすることがよくあるから、注意が必要。その理由は、台なら台の特色につけられた名前が、いつの間にかほかの部分や、組み合わせの特色と紛れてしまうため、と考えられる。

大きく分ければ、下駄の特色はつぎの要素できまる。

（一）台のかたち　（二）刳《く》り歯か差歯か　（三）歯の高さ　（四）表　（五）台の塗　（六）鼻緒

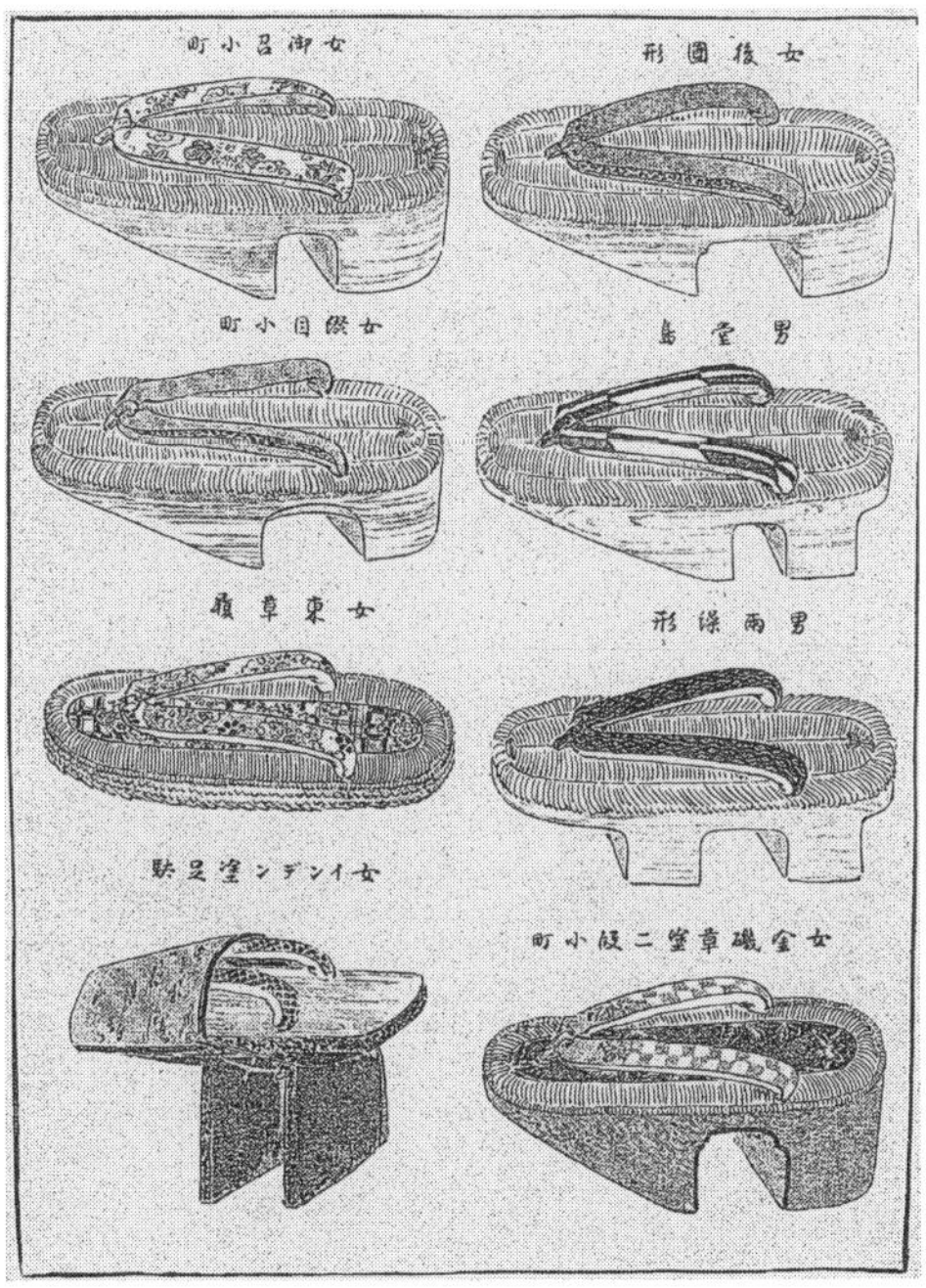

明治のふつうばきの下駄は、たいていは表つきで、差歯は少なかった
『世事画報』、1898（明治31）年8月

（一）台のかたちは歯の部分のかたちもふくんでいる。平面的には、男ものは角形、女ものはやや細長く、かつ丸みのあるものが基準。側面から見て、前後の歯二本を削りだしてあるのが両刳り、前方が斜めになっているのがノメリ。反対にうしろの歯がかかとまであって、靴の踵のようになっているのが後丸《あとまる》。踵が四角い後角というのはないようだ。よく出てくる堂島はノメリの下駄の代表。

（二）台の底を彫り窪めて、そこに薄い板の歯を差し込んだのが差歯。うしろだけを差歯にしたものもある。差歯は減れば歯だけを差し替えればよいのだから経済的。だから学生のはく朴歯《ほおば》の高下駄はみな差歯。朴の木は堅く、水に強く、しかも比較的軽いので下駄の差歯にむいている。

これに対して差歯でないのが駒下駄で、当然やや値段が高い。『当世書生気質』(1883)の第六回のなかに、「博多の帯を締めたり、駒下駄をはいて出かけたりなんかすれば、第一頑固党の眼にもとまるし」というくだりがある。

（三）下駄の分類としては、高下駄は足駄《あしだ》にいれる。だから高足駄というい方もある。料理人など水場の職人のなかには、天狗のような高足駄をはいている者がいた。足駄の差歯の低いのが日和下駄《ひより》。江戸はもちろんだが、東京でもすこし都心を離れると、雨や霜のあとは、草履や低い下駄ではとても歩けなかったので、下駄に晴雨の区別が必要だった。ただし日和下駄というい方は、もとは特定の形をさしたのではなく、道のいい日にはける下駄をみんなそうよんだらしい。差歯ではないが、女性のはく小町型や、女の子の木履（ぽっくり／こっぽり）には、ずいぶん高いものがある。

（四）明治時代の下駄には表つきが多かった。表というのは、下駄の足をのせる表面に貼り付けるもの。代表的な表は竹の皮を編んだものと、畳表。表をつけない下駄は、ジカバキという。一九世紀の後半を通じて、男ものの下駄で堂島というのは、両刳り、表つきの下駄の総称だった。裏店のお上さんのはくようなものを除けば、明治時代いちばん一般的にはかれた小町型というのは、ノメリの後丸で表つきの下駄。差歯でない、という点では、堂島も小町も駒下駄の一種。

また低い差歯の日和下駄に表を貼ったものを、吾妻（東）下駄とよんだ。吾妻下駄というのは幕末の『守貞謾稿』《もりさだまんこう》では日和下駄のべつのい方のようにいっていて、ただ雪駄用の表をつけ鼻緒は天鵞絨《ビロード》を専らとする、などとも書いてあるが、大正九年の流行案内では、「四季用いられる婦人の東下駄も、これから冬にかけては、召物にも依るが塗臺がいいでしょう」と勧めている例があり、下駄のよび名はかなり不統一のようだ。

表のうちもっとも珍重された南部表というのは、竹の皮を手編みしたもので足ざわりも快い。製品は全国で生産されたので、ほんらいの南部藩——岩手県との関係もはっきりしないくらいになった。

（五）塗下駄は近代の後半にはすっかり衰えてしまった。『衣服と流行』（「帽子、履物類」1895: 224）には、「臺は黒塗七分、木地三分の流行、また初冬より初夏までは塗地臺を好み、初夏より立秋までは木地を喜ぶが如し。而して塗臺を好む人は質素にして、木地を好くものは意気なり（……）」とある。下駄の台は桐を尊重したが、その柾目が値打ちだったから、柾目のわからない塗の方に、値段の安いものがある。しかし塗といってもただ黒漆を塗っているというだけではなく、凝った模様を蒔絵したものもあって、華やかな花嫁衣裳の一部にもなった。木地を好くものは粋、とあるが、塗下駄を素足ではくのが好まれた、というデータもある。

（六）鼻緒は下駄や草履ではめだつものなのだが、小さいために写真や挿絵ではあまり問題にされない。一八八〇年代（ほぼ明治一〇年代）の、女ものの繻珍《しゅちん》、男ものの七子の流行、その後のレザー、印伝、羅紗、別珍、なども、下駄の専門家でもないかぎり、あまり関心をもたれていない。

ただ、鼻緒の太さはいくぶんか眼を惹くために、とりあげられることがある。世間の好景気のときには太い鼻緒が好まれ、不況時はその逆、という事例を、業界史の研究家が挙げている（今西卯蔵『はきもの変遷史』1950）。しかし細めの鼻緒の方が粋好みなのは当然。細い鼻緒がはやった大正中期の好みに対しては、「鼻緒もわずか一厘か二厘太めにすると、其処に何ともいえない上品な落ち着きと、暖かみが出てきます。そして見た目ばかりでなく、太い鼻緒は穿きよいこと、保ちのよいことは云うまでもなく、裾や足袋の切れが非常に違うのです。無論程度ですが、単に太いから野暮の細いから粋のということは決してありません」などという意見もあった。

太さはまた、はくひと、すなわち下駄の重さによる、というのも当然のことで、明治時代の書生下駄、第二次世界大戦後までの中学生高校生の朴歯の高下駄の例でもあきらか。下駄でいちばん消耗するのは歯だが、トラブルの起こりやすいのは鼻緒。鼻緒は切れやすく、鼻緒擦れができやすく、足袋やきものの裾を傷めたりもする。朴歯の高下駄をはいて長道をしようなどという学生は、麻のみじかい紐一本ぐらいをポケットに忍ばせておくのが、武士の嗜みだった。

＊　＊　＊

下駄は土の上を歩くのに適したはきもので、砂利道はまだしも、石畳では歩きにくい。たしか津本陽の短編に、示現流の遣い手が京都祇園の石畳道で、新撰組の数人に斬り殺されるはなしがある。彼はたまたま高下駄をはいていたために、相手の打ち込みが早くてそれを脱ぐいとまがなく、不覚をとったのだ。コンクリートの道路では減りやすいくらいでそう問題はないが、デパートや映画館、公共建築物や学校の磨かれた堅いタイルの床では、土足のままが許されていても第一滑りやすいし、立てる音も気になる時代になっていった。女性のよそ行き着がふつうはまだきものだった一九三〇年代（ほぼ昭和一桁）から戦争中にかけて、女性のおしゃれな履き物の関心は、すでに下駄から草履に移っていた。

草履

下駄と草履の厳密なちがいはない。常識的には、歯のあるものが下駄、ということかもしれない。草履には、足の裏が床や地面にぴったりついている履き心地があり、堅い歯によって、ある高さに支えられている感じの下駄とはちがう。高さの点では、重《かさね》草履のなかにはずいぶん高いもの（一〇センチ近くになる）もあったが、そういう例外を除けば、一般には草履は下駄よりかさが低く、安定がよい。

草履は名のとおり、ほんらいは藁製の履き物をいうはず。だから草鞋《わらじ》は当然そのなかに入らなければならないが、ふつうは区別して、〝きょうは山仕事だからぞうりでなく、わらじにしろ〟などという。草鞋の特色は足に括りつけてはく点。だから藁製の台に、紐と、紐を通すための乳《ち》がついている。江戸時代には町住まいのひとでも、道中などというほどでないちょっとした遠道に、草鞋をよくはいていた。遠出の足拵えといえば、草鞋脚絆を着けることで、明治になってもかなり永いあいだこの習慣は残った。一九〇〇年代（ほぼ明治三〇年代）に入ってさえ、上は洋服で草鞋ばき、という山歩きのすがたが多い。だから町外れの茶店の軒先には、時代が大正昭和となっても、草鞋の吊してあることがあったし、その草鞋は近辺の農家の年寄りの、小遣いとりの夜なべ仕事だった。

草鞋は長道中だけでなく、滑りやすいところ、はきもののぬげやすい泥田、荒っぽい仕事にも適している。こういう場合だと平らな道を歩く時とはちがう紐のかけ方になる。

さらに、構造もすこしちがい、べつの名を持つものもある。足半《あしなか》とよばれているのは、草鞋と草履の中間のようなタイプ。

渓流の釣師が草鞋をはくのは、濡れた石で滑らない用心だ。子どもがゴム靴などでついてくると、あり合わせの荒縄で靴を縛ってやるように。一八七七年（明治一〇年）の西南戦争ではもちろんだし、一八九四～九五年（明治二七～二八年）の日清戦争でさえ、革靴より草鞋の方が働きやすいという兵が多かった。

草履のなかではいちばん古く素朴な藁草履は、今日でも広く用いられる。いちばん手軽で安価な履き物だから、冷飯草履とバカにしたりする。麻裏草履は、藁や藺草《いぐさ》で作った草履の裏に麻緒を縫いつけたもの。藁草履には藁のほかにボロ切れを綯《な》って織りこむことがある。使い古した衣服のボロだから、丈夫さはどちらともいえないだろうが、当然水にはつよく、足の裏ざわりはやわらかい。

＊　＊　＊

明治以後の草履の進歩と変化は、台にどんな素材を使い、裏になにを貼りつけるか、という点にほぼつきる。日清戦争の終わったころに現れた千代田履《ばき》は、台の踵にあたる部分に畳んだ革やバネなど弾力のある素材を入れたもので、空気草履ともいわれた。

日露戦争の始まる前に、板裏草履が出た。これは歯のない下駄のようなもので、藁表や竹皮表に短冊形の朴のちいさな薄板を貼りつけてあり、板は四枚とか八枚に分けて屈曲のよいようになっている。しょせん安物だが、草履としては例外的にぬかるみでも平気なため、重宝がられた。

一九一〇年代半ば（ほぼ大正の初年）に、裏にコルクを貼ったキルク草履が現れる。道路が次第によくなり、駅の階段を登り下りして、電車に乗って外出する女性がふえると、下駄より草履、そしてより軽い草履が求められる。おなじ理由で、コルクより軽くて、しかも安いフェルト底の草履が出た。

フェルトやコルクは軽いので、何枚も重ねて貼り、背を高く見せることができるのも人気の理由。また柔らかい材質なので側面を曲面に成形することもできた。

> お草履で上等なのは、フエルトかクローム皮であります。フエルトは主として婦人向きで、上等なものでは表が天鵞絨《ビロード》か、塩瀬の刺繍もので、共鼻緒になります。（……）フエルトは羅紗のように堅牢なものではないのです、ですから水溜まりを歩いたり、湿気たところを歩くと、どうしても早く痛みやすいわけで、この点はやや流行遅れになったキルクの方が数等経済であります。（「婦人向きのフエルト草履」『婦人画報』1918/6）

狭義の実用品としては一九二〇年代末（昭和初め）に、初めてゴム底の草履が出た。ゴム自体の品質の向上、凹凸や表との接合の工夫などで、大きな信頼を得てゆく。のちに、ぜんたいがゴムでできたゴム草履が現れ、ビーチウエアなど、特定の目的に愛用される。

フェルトやコルクの重ね草履を上等な裂地でくるんだのが裂地草履。芯のコルクは踵の方が厚く入っているので、ハイヒール風な履き心地になる。太平洋戦争前の銀座のページを和装の盛装で歩く奥様には、欠かせない履き物だった。冬の裂地草履に対して、春から秋にかけては、パナマ表があたらしい流行になっていた。

＊　＊　＊

草履、とりわけフェルト草履は、女性のモダンで上品な履き物として、一時期、それまでの下駄の役割を奪ったかに見えた。それに対して東京の著名な履き物屋のあるじは、一九三〇年代の終わり頃（昭和一〇年代初め）だがこんなことを言っている。

> フエルトのとてつもない高いものとか、ラシャの重ねなんて、厚ぼったく野暮ったくて見られません。春はできるだけ薄手の草履（……）でなければ一層のこと、直履きの桐の日和下駄などつっかけた方が、どんなにおしゃれかしれませんよ。（今津清一「はきもの」『婦人画報』1937/3）

時代はもどるが、江戸時代からひきつづいて庶民に愛用されていた履き物のひとつに、雪駄《せった》がある。竹の皮草履の裏に革を貼って耐久性をもたせたもの。雪駄の特色は踵に真鍮の尻鉄《しりかね》、あるいは裏金《うらかね》がつけてある点。革を何枚も重ねたり、南部表や、鼻緒に上等の布を使ったり、けっこう金のかかったものもあった。歩くと裏金がチャラチャラいう、ということでも特色のある履き物だったが、ゴム底草履出現のためにすがたを消したといわれる。

足袋

足袋は近代八〇年の末には和服と運命をともにして、生活的にはほとんど消滅する。足袋はしかし和装のなかでも特異な存在感のあるものだ。

足袋が特異な存在であるという理由は、これが和装中ただひとつ立体的な裁断法によっているためだ。だから初期の洋服裁縫業者のなかには、足袋屋からの転身者が多かった。足にピッタリ合うか合わないか——つまりフィットネスが気になるのは足袋だけだから、その技倆をもつ職人がいるかどうかで足袋屋の評価がきまる。おれは何屋の足袋でなければはかない、というようなセリフを吐くひとは多く、もちろんそういう足袋は誂えになる。

谷崎潤一郎さんがいつか、相当の家の人で、相当な着物を着ていながら、どうも大阪の婦人は足袋がだらしがない。ぶくぶくなどしていると書いて居られたが、あれはさすがに間違いのない一体大阪女の欠点だ。（……）いくらきちんとした着物をきていても、全く足袋がぶくぶくしているのじゃ、仕方がない。一寸した事だが、一度誂えておけばもう殆ど、その型は死ぬまであるもので、一時に十足とか十五足とかづつ引取っておくと、値段なんかも決して高くない。それに、ちゃんと合った足袋は、角のいたんだりするのもすくないとのことだ。（佐野繁次郎「足袋の話」『婦人画報』1934/3）

子ども物以外、足袋の色というと白か紺にきまっている。かんたんにいえば女性は白足袋、男性は紺か白で、男性でも紺足袋は半天着の連中か書生にかぎられ、お店《たな》者はまず白足袋だった。徒弟制度のもとでは足が冷たいからといって足袋をはく、というわけにはいかず、店や仕事によってちがいはあるが、丁稚や手代は冬のきまった期間だけに、五足なり六足なりと、店によって決まった数の足袋を下ろしてはくことが許されていた。

森鷗外の『ヰタ・セクスアリス』のなかに、一〇代の鷗外が、硬派の古賀と連れだって吉原を闊歩するくだりがある。三人は小倉の袴に紺足袋、朴歯の下駄。その三人の姿を見てこそこそ横丁に隠れる連中が白足袋だ。硬派の学生の眼から見ると、「土曜日の午後に白足袋をはいて外出するような連中は、人間ではないようにいわれる」と。これは一八八〇年代（ほぼ明治一〇年代）のことだ。

一八九〇年代（ほぼ明治二〇年代）に、白足袋をはいているはずの階層のひとまでが、さらには女性までもが紺足袋をはく、という流行があった。底だけは白だから、一般には裏白と呼んでいたらしい。これは七、八年で終わり、それと、そのすこし前に、絣の足袋がごく少数のひとに好まれた以外、色の変化というものはなかった。一九三六年（昭和一一年）に日独合作映画《新しき土》撮影のため来日したアーノルド・ファンクは、足袋が白だけであるのは、それだけが際立っておかしい。きものの色と調和した色をはくべきだと言っている。しかし使う素材と、細部の工夫は多彩だった。

かたち全体の点でいえば、幕末から明治初めの足袋は、いくぶん足首の部分が長いようにみえる。その時代の絵画を見ての印象であって、はっきりとその点を指摘している資料があるわけではない。その時代の足袋はコハゼ掛けでなく、ふつうは足首で紐じめしていたので、そのことと関係があるかもしれない。コハゼそのものは、すでに享保時代には工夫されたことになっているが、一八七四、七五年（明治七、八年）頃からはじまった、といっているひともある。読売新聞の一八八〇年（明治一三年）一二月九日の「火の用心」という記事のなかに、置炬燵にあたっていて足袋の紐に火のつくおそれがある、という注意があるから、この時代まだ紐つきの足袋があったのだろう。また、足首にゴムを入れた、紐もコハゼも不用な足袋が、自由足袋という名で一九〇七年（明治四〇年）に発売されているが、とくに評判になったという記録はない。

＊＊＊

足袋といっても種類が多く、一八九四年（明治二七年）の大阪毎日新聞の広告には、一般的な座敷足袋のほか、御殿足袋、書生足袋、丹平足袋などという名が見えている。書生足袋が前に述べた薩摩絣、御殿足袋は織模様をもつものとの説明があり、丹平足袋は広告を出した丹平商店の名をとったもので、「大丈夫請合ふだんの御召」とあるので、頑丈仕立の木綿足袋だろう。

実用的な木綿足袋というと、キャラコの足袋、ということになっている。キャラコは平織の薄手の木綿布。よそ行きには羽二重や繻子の足袋もある。上等の衣裳に木綿足袋では、きものの裾が傷むというが、むかしの女性の神経は細かいところまでとどいているもの。また上等の鼻緒を傷める、ともいう。逆に、安物の鼻緒は足袋を傷めるともいった。

安い足袋にはほかにネルやメリヤスがある。紅いネルの足袋などは女の子がよろこんだ。実用足袋として一八九〇年代（ほぼ明治二〇年代）末から、コール天足袋がはやりだした。新聞の広告を見ると、強く、優美で、きものの裾が切れない三徳足袋などと宣伝している。また保ちがよくて温かいので、霜焼けのできやすい男の子には向いている、ともいうが、埃がつきやすいと、また細かい不満もある。

別珍の足袋は一九一九年（大正八年）頃に、にわかにはやりだした。東京日本橋のある足袋屋の創案、ということになっている。

一九一〇年代（大正初年）頃からはじまって、足袋業者を動揺させたのはミシン仕立ての大量生産方式だった。「ミシン縫いのは（……）不格好で、とても座敷では用いられません」（読売新聞 1914/11/28: 5）というように酷評された時期もあったが、一九二〇年代に入る頃（大正末）には、従来の手縫い足袋は、少なくともふだんばきの大衆向け市場では、福助足袋、つちや足袋、日のもと、などというミシン縫いで低価格のブランド品に太刀打ちできなくなる。

足袋のなかでやや特殊なものというと、足袋カバーと、地下足袋だろう。足袋には袷も綿入れもないため、木綿や羽二重の一枚だけでは、寒の内などに足の冷えに耐えられない。しかし足袋カバーは、温かい家にいるときははけても、袋式の不体裁なものだから、外出には脱がなければならない、という矛盾がある。

そのためとくに外出時に、足袋の内側に履く、細毛糸で編んだ一種のソックスが考案された。しかしこれもどの程度普及したかの証拠はない。

防寒用の足袋カバーとちがって、ひとの家を訪問したときに、玄関ではいてきた足袋の上にかぶせる上足袋《うわたび》というものの考案もあった。汚れた足袋でひとの家に上がるのは失礼、という配慮からだが、そういうときには持参したべつの足袋にはき替えるのが、心がけのひとつだった。

すこしちがうことだが、浴衣に足袋をはくのは可笑しい、といわれる。それに対してある女性の文人は、長い道を歩いてきて、砂埃にまみれた足で訪ねたさきの座敷に上がるのは心苦しい、そんなとき道中は足袋をはくのもゆるされる、と言っている。むかしはそういう客のために、濯《ゆす》ぎを用意する、という習慣があったのだが。

足袋をとくに長持ちさせるために、傷みやすい底をいろいろな方法で補強する工夫があった。もっともふつうなのは、足袋底にもう一枚の丈夫な布を貼りつけ、細かく麻糸で刺す刺子足袋だ。その丈夫な布の代わりにゴム底を貼りつけたものを、小学生が遠足などにはいたという。より丈夫なものとしては、底に皮を貼りつけ、これに鋲を打ちつけるものがあって、むしろ靴に近いものとなっている。こうした主に土方仕事などに用いられる足袋を跣足《じか》足袋とよんだ。

肩掛／ショール

肩から上半身にかけてを覆う大形の衣服がショール。

首のまわりをふさいだり、飾ったりするものの種類は多く、日本語の襟巻、くび巻はじめ、ネッカチーフ、ストール、ネクタイなど、形や使い方にそれぞれ特色があるが、ショールはその大きさがなによりの特色で、外国でも日本でも、外套に代わって防寒のために用いられるのがふつうだった。それならばなぜ外套を着ないのか、という点を考えると、その時代の衣文化の一側面をうかがい知ることができる場合もある。

　現代わが国で若い女性の和装にショールが用いられる理由は、機能の点からいえば、ふだん洋服しか着ないひとにとっては、きものの打ち合わせの胸元が寒いためだろう。きものを着なれていた時代の日本の女性は、胸元の寒いことには今のひとより抵抗力があったらしい。だからぬき襟のきつい芸者のなかには、冬は首筋にひびの切れるひとがいたという。打ち合わせの襟であるにもかかわらず、明治までの日本人が、男女とも首のあたりの寒いことを気にしなかったのは、慣れ、としかいいようがない。明治に入ってさいしょにとびついた外国衣料のひとつは、各種のくび巻の類だった。すでに一八七三年（明治六年）の新聞に、狐や兎の毛つき襟巻のはやっていることが報じられている。また若者が襟巻をするようになったため、風邪に対する抵抗力が落ちるのではないか、という心配をするひともあった。

　わが国にはもともと、女性の外出のための、これという防寒衣料がなかった。したがって一八九〇年代後半（明治三〇年前後）に生まれた洋風羅紗製コートが、東コートという名で大流行した、というより、女性の冬の服種として定着したのは当然だった。この東コートが生まれる前の期間をうめた防寒衣料が、一八八〇年代（ほぼ明治一〇年代）から九〇年代にかけての、ショールであり、ケットだった。

　一八八〇年代のショールやケット（blanket＝毛布）の流行は男女に共通だった。この時代の輸入ケットはたいてい裾に太い筋が入っているのが印象的で、また房つきの品が多く、わが国で生産されるようになってからも、デザインは変わっていないようだ。防寒用にケットを用いる習慣は都会地ではまもなく廃れたので、地方からのお上りさんを馬鹿にするための、〝赤ゲット〟ということばが生まれた。

　ショールはやがて女性だけの防寒衣料になり、素材はさまざまで、上等なものにはまるでフランス革命時代のような上質のカシミヤ製ショールもあり、西陣でも毛織物の風合いを真似た低価格の綿織ショールを売り出したりした。女学生などは手編みの毛糸のショールを好んでいる、という記事があるかと思うと、一八九〇年（明治二三年）の『以良都女《いらつめ》』には、毛糸製ショールは今日すでに地を払いました、とある。九〇年代とそれ以後は、新聞や雑誌の流行記事によれば、ショール人気とコート人気の、時をおいての交代や、ないしは綱引きのような様子がうかがえる。なかにはコートの上からショールを纏う、寒がりの山の手の奥様もいたようだ（「天保の老人に見せたいもんだ」読売新聞 1904/1/26: 6）。

　この時期はまた、お高祖《こそ》頭巾がよく用いられていたので、お高祖頭巾にショールというトップファッションを、口の悪い東京ッ子は、〝酸漿《ほおずき》のお化け〟などとからかっていた。第二次世界大戦後に、若い女性で真っ赤なビニール製のレインコートを着ているひとを、〝トンガラシのお化け〟、と笑う老人があったが、五〇年前の、子ども時代の記憶と関係があるのだろうか。

　明治の末、日露戦争（一九〇四〜〇五年、明治三七〜三八年）以後になると、ショールは防寒用ばかりでなく、夏の肩掛として用いられるようになった。もちろんそれは極細毛糸編や、シフォン、あるいはレース製のもので、目的は塵除けとか、きものの襟を髪の毛で汚さないため、と称していた。

　一九〇七年（明治四〇年）九月の新聞記事に、「廂髪の束髪にレース編みの肩掛という時代は気候の変化とともに過去に属してしまった」と、女学生の風俗をいっている（「流行瑣談　虞美人草風」朝日新聞 1907/9/18: 6）。これはもちろん季節による素材のちがいをいっているので、それだけショールの文化は豊かになったといえるだろう。朝日新聞はまた一九一二年（明治四五年）の記事中で、「形や品質にも種別が夥しくなり、また流行り廃りも激しくなる」と、そのヴァリエーションを、竹久夢二のカットを添えて紹介している。

一九一〇年代（ほぼ大正期）に入って以後のショールは、素材の変化が流行の中心で、かたちや大きさに関しては、大震災直前の一九二一、二二年（大正一〇、一一年）頃に、大形ショールが流行したくらいだろうか。ただしこのときの大形ショールは、かつてのようにマント風に身体を覆うのではなく、「一重に肩にかけて、長くだらりと爪先まで垂らす」（読売新聞 1922/1/12: 3）という、この投書者の言っているように〝不経済な〟、ストール風の使い方だった。一九二三年（大正一二年）にパリから帰った画家の川島理一郎も、「肩掛を日本のように長く幅広のものを、マント代わりの様にかけている処は世界中どこにもない」と言い、肩掛はバンドまでの長さ、と規定する女学校も現れている。

昭和に入ってから（一九二七年〜）のショールは、素材にも色柄にもますます多様さが加わった。ジョーゼットやレヨナント（人絹加工品）の愛好のほか、毛皮人気が急上昇している。洋髪の普及によって小さく、また単純化した頭に、ヴォリュームと誘目性をもつ毛皮がマッチしたという理由もあったかもしれない。

「流行風のショールのかけ方」
『主婦之友』、1931（昭和6）年12月

前掛／白衣

ここで前掛、白衣《はくい》といっているのは、衣服やからだの汚れるのを防ぐために、外側にもう一枚覆うものをさしている。前掛、前垂、エプロンというのはふつう前面を覆うだけなのに対して、白衣、割烹着などはからだの大部分を覆うような、もっと大きなもの。また、実験や検査、手術、各種研究用の白衣のなかには、衣服の汚れとともにからだを危険から守るという目的のものもある。そういうものは防護服のなかに入り、構造も複雑だし、材質も金属をふくめたもっと仰々しいものに

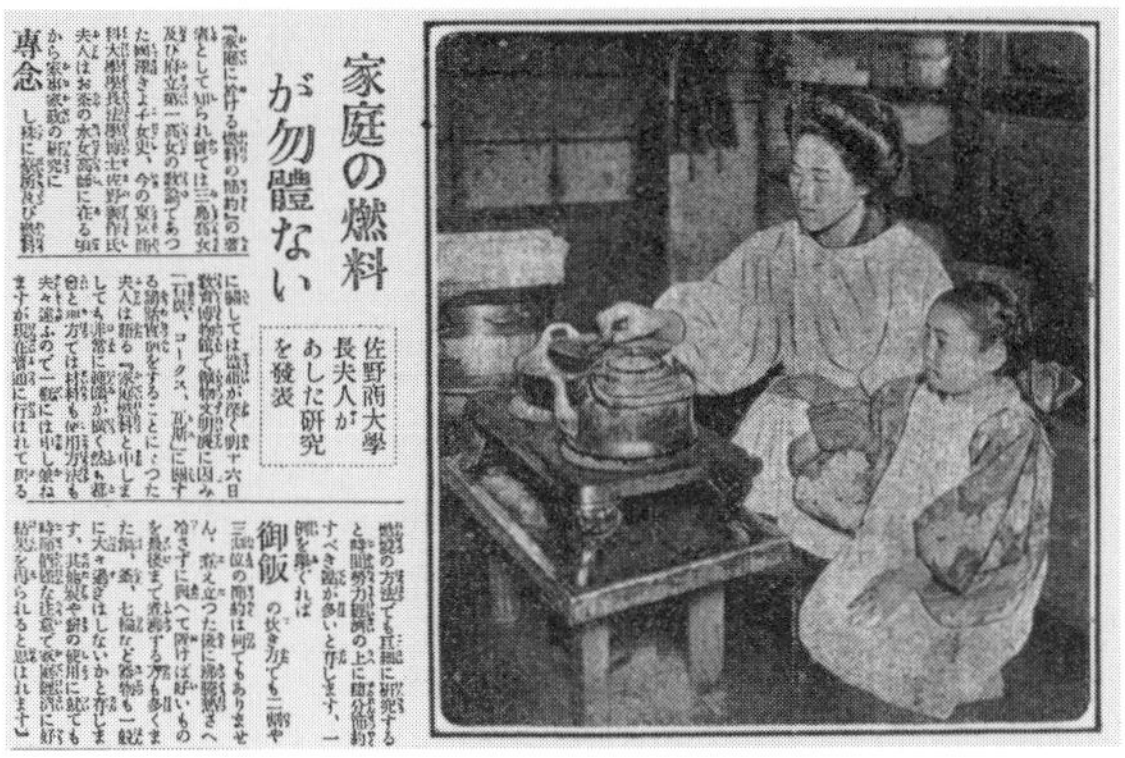

お母さんとおそろいの割烹着（「家庭の燃料が勿体ない　佐野商大学長夫人があした研究を発表」）
『朝日新聞』1921（大正10）年4月15日

なる。

　したがって白衣系の上っ張りは、色が白であってもなくても、その必要さからいって早い時期から存在していたことはまちがいない。割烹着については、『婦人之友』一九一三年（大正二年）九月号の応募当選作品から、と一般にいわれている。ただしそれは袖口のゴムなど細部の工夫であったろう。それ以前から「婦人之友式割烹着」にちかい各種の上っ張りが知られていたし、看護人や、医師、医学生などのあいだでは、明治の中頃にはすでにあたり前のものであったらしいことは、新聞小説挿絵などにも例証がある。たとえば一九〇三年（明治三六年）、報知新聞に連載の村井弦斎作「食道楽」中の上等料理の挿絵では、台所でスープをつくっている西洋人の奥さんが、婦人之友式割烹着とよく似た上っ張りを着ている。じっさい、弦斎はこの割烹服を、料理服という名で既製品として宣伝販売していた。

　一九一〇年代後半から二〇年代にかけて（大正〜昭和初め）は、第一次世界大戦後の好景気にもよるのだろうが、日常生活の質の向上が盛んに論じられ、またその多くがたしかに実現した明るい時期だった。あたまはハイカラな七三の束髪で、襟元をレースで縁取りした真っ白な割烹着を着て台所に立つ奥様のイメージは、いかにもこの時代らしい。昭和の初めにかけては婦人雑誌の広告にも、映画女優をモデルにしたそんな写真が盛んに使われている。

　割烹着との関連として震災の前の年に、すでに女性運動家として有名だった若き日の市川房枝は、アメリカ視察旅行のなかで家庭婦人のハウスドレス、エプロンドレスに着目して、これを日本女性の家庭着に推奨している（市川房枝「先づ各自の家庭で主婦が洋服を着初めたらどうでしょう」読売新聞 1922/5/26: 4）。『婦人之友』の読者の奥様の多くは、割烹着の下には、家でもたぶん銘仙などの絹ものを着てすごしていたことだろう。そんな女性たちにむかって市川は、割烹着などよりももっと先を指し示していたのだ。

　一九三〇年代（昭和五年〜）になると、割烹着は仕事着や外出着の一種に昇格していた。女中さんといえば、改まった外出以外は一日中たいていは割烹着すがただったが、奥さんの近所の市場の買い物も割烹着が多かった。一方、下町の八百屋さんやパン屋さんのおばさんはたいてい割烹着すがたで店に出ていたし、美容院と名前が変わっていても、いなくても、土地によっては髪結いさん、つまり美容師の仕事着も割烹着だった。

　東京横浜あたりの下町のひとはぞんざいないい方では〝カッポ着〟とよんでいて、ただしカッポ着で市内電車に乗るのはいくぶん気がひける、というひともあり、改札を通って電車には乗りにくいように感じるひとが多かったようだ。ただしそれも戦時期への時代の傾斜と、割烹着自体の普及によって変化していったろう。

　一九三五年（昭和一〇年）頃、横

浜のあるキリスト教会の日曜礼拝に、割烹着すがたの主婦が出席した。老主任牧師は、信仰生活が日常化したあらわれ、とよろこんだが、若い副牧師は、なんの必要があって、仕事着を着たまま礼拝しなければならないのかと、いきどおったそうだ。割烹着がその当時、かなり多面性をもっていたことがわかる。

婦人団体にもおなじような迷いがあったらしい。もともと婦人の集りは衣裳くらべのようになりやすい。そのためむしろ学生のように制服をもとうとした団体もあったが、物資不足の時代にかかっていたこともあって、これは成功しなかった。婦人団体の会員が、贅沢品回収や慰問袋造りなどの作業に従事するときは、割烹着ほんらいの目的に添うものだから、着るひとにも見るひとにも自然なすがたととらえられた。しかし都大路の示威行進に割烹着というと、見るひとにはいくぶんか滑稽感があったそうだ。この滑稽感は戦後の主婦連のおしゃもじ行進に通じる。

ときとしてそんな複雑な性格をになわされたとはいえ、割烹着自体が装飾化することは、戦前にかぎってはほとんどなかったようだ。これは女性の服飾としてはむしろめずらしい例になる。多分それは悪い時代のせいだったろう。

＊　＊　＊

それに対して前掛、エプロンは、もっと華やかなプロセスを歩んでいる。一八九八年（明治三一年）六月一八日の流行誌『都の華』は、「是れも実用より修飾に転じて、中流以下にて近来は外出の時も晴れに前掛けを用うる有様となりしこそ可笑しけれ（……）」と前置きして、明治初年頃の、「夏は透綾《すきや》、冬は八丈、（……）芸者などが修飾にする前掛には風通織か御召織など一枚三円五円の物を用うる事となれり（……）」などからはじまり、一頁にわたって詳しく紹介している。もっとも年ごろの女性が前掛をかけるのは、もとはといえば醜業婦が、妊娠しているのを隠すためだったのだ、などと意地のわるいことを言うひともあった（「流行と実用　前だれの締め方」国民新聞 1900/5/11:4）。

前掛の見栄はどちらかというと東京人だったらしく、前掛に御召縮緬を使うなどは大阪人の眼から見ると東京の奇習、ともいうが、しかしエプロンのおしゃれが世界的な民俗であることは今日ならよく知られている。

とくに都会でのことだが、子どもが前掛をさせられていたことは、明治生まれのひとの記憶にいつまでも残っていた。小学校に通うのにも前掛をしていた。東京でも土地によったらしく、おもに下町の風習だったようだ。

より実用的な、割烹着にちかい目的の前垂は男性にもひろく使われていた。重いものを担ぐ米屋や炭屋の使用人、仲仕の前垂は、厚司など丈夫な織物製で、ものを担ぐときはそれをまず肩に懸けて、その上に炭俵や米俵を載せる。

重いものとはあまり縁のない呉服屋の使用人などが前垂をするのは、畳の上での立ちすわり、とくに膝をついてすわるために、きものの裾が痛むのを防ぐのが目的だ。料理屋の女中の赤前垂もおなじこと。一八九二年（明治二五年）一一月二〇日の都新聞に「前垂の思想」なる論説が掲載された。小僧や手代の盲縞の筒袖に前垂すがたこそ、節倹、愛嬌、従順という、徒弟制度の美風の象徴であり、その伝統を今後も守りつづけるように、という勧奨だったが、小僧や手代という身分自体への不満がめだってきた時代だったのだ。もっとも、夏目漱石が自宅で学生時代の中勘助と会ったとき、前垂をしていたそうだから、男の前垂は商人にはかぎらなかったらしい。

エプロンというハイカラないい方がいちばんふさわしかったのが、一九一〇年代、二〇年代（大正〜昭和初め）のカフェの女給たちだったろう。彼女たちのエプロンは胸までを覆っているのがふつうで、幅の広い紐を、背中でリボン風に大きく結んでいるのが印象的だ。

明治の帽子・かぶりもの

かぶりものは造形上の制約が少ないために、かたちがヴァラエティに富んでいる。日本の男性は古代中世には烏帽子《えぼし》をかぶるひとが多かったが、江戸時代に入っては露頭がふつうになっている。そのため寒さしのぎや顔を隠したいときには、かんたんな頭巾や手拭を用いた。頭巾や手拭かぶりは女性もした。この風は男女とも、明治に入ってもしばらくは残っている。引用するのは、明治八年の投書。

嗚呼見苦しい日本第一の都会の往来を、立派なりをした人が寒さ凌ぎか日よけか知らぬが、底のない紙袋をかぶったように鼻の先の所へ手拭をかぶってすまして歩いておいでなさるを年中見かけます、実に見苦しいじゃありませんか何も寒さ凌ぎや日よけにならば夫々に用いるものがあります、手拭などかぶるに及びますまい、なかには醤油で煮染めたような手拭もあり実に見苦しいこと、外国人などは定めし笑いましょう、以来頬被りは止めにしたいものだ。（読売新聞 1875/12/24：2）

頭巾といわれるのは、長方形の布を単に巻きつけるだけのものから、袋状に縫ったものをあたまにかぶるもの、その両方を備えたものなどいろいろある。自分流のものが多かっただろうから、名称とかたちをあまり厳密に結びつけない方がよい。

明治時代の女性の頭巾を代表するのはお高祖《こそ》頭巾だろう。この頭巾はもともと袖頭巾といっているように、長い袂つきの片袖を頭にかぶり、袖つけの部分から顔を出したような構造になっている。ただし明治期のお高祖頭巾のなかにはずいぶん贅沢なものもあるから、構造にも工夫があったろう。一九〇〇年を過ぎる頃（ほぼ明治三〇年代半ば）は、もうお高祖頭巾は古風なものになって、見かけることも少なくなっている。

コートや被布の上からお高祖頭巾をかぶり、蛇の目傘をさした女性のすがたは、明治への郷愁のひとつといってよい。そのころ、ひとりの西洋婦人が、お高祖頭巾をかぶって築地辺を歩いていた、という記事が一八九六年（明治二九年）一月一七日の報知新聞にあった。どんなものを着ていたのだろうか。

東北地方では、防寒用として気軽にあたまや首に巻きつけたものを、いまでもお高祖頭巾とよんでいるようだ。

＊　＊　＊

日射しや雨を避けるための笠は、男女ともに古くから用いられてきた。雨降りにさすさし傘と区別するために、かぶり笠という。乗物の便がほとんどなかった江戸時代には、長旅をするひとには男女とも欠かせなかったので、多くの種類のものが『守貞謾稿《もりさだまんこう》』には紹介されている。旅人や労働するひとが日よけにかぶるのは菅笠《すげがさ》といい、カヤツリ草科の植物の葉を乾燥して用いる。形、種類はさまざまあり、深いものも浅いものもある。

落語の「唐茄子屋」は、道楽して勘当された若者に、叔父が唐茄子を売らせる話。夏の振売り商人は顔を隠したいので深めの菅笠をかぶるが、若者にはわざと浅い笠をかぶらせた。それは道楽息子が心を入れ替えた証拠を、人伝えに父親に伝えようとの、苦労人の叔父の魂胆。

明治に入ってからは、公的な制帽としては郵便の集配人に、一八七一年（明治四年）からは竹の子笠、一八八四年（明治一七年）からは丸笠（饅頭笠ともいう）が用いられている。また、あまり知られていないが、一八六九年（明治二年）四月に新生の東京の治安維持のために設けられた臨時の警察制度では、戊辰戦争風の隊長が陣笠、取締組兵士が三角錐型の丸笠だった。一八七二年（明治五年）八月、東京府に邏卒のほか下級職員として番人が置かれ、支給される衣服中に、笠一、とある。

笠で印象的なのは人力車夫だろう。人力車夫に対する規制は繰り返されているが、かぶりものとしては饅頭笠にきまっているようだ。制服をふくめて、笠は一九世紀末までには都会ではほとんど見られなくなり、農作業用などには現在でも生きている。

＊　＊　＊

烏帽子が一般には使われなくなったあと、帽子ということばは江戸時代かなり特殊なアイテムに使われた。野郎帽子、額帽子、綿帽子など。このうちほんらい防寒用だった綿帽子が、揚げ帽子、角隠しと変化し、婚礼装束にだけ現在までつづいている。帽子ということばは結局、外来のハット（hat）、キャップ（cap）などの洋風かぶりものに奪われてしまった。

礼帽、準礼帽であるシルクハット、山高帽は、一九世紀中は東京市中でならごく頻繁に見かける帽子だった。シルクハットはアメリカでいうトップハット。シルキーな光沢が特色。欧米では観劇や夜会などに盛んに用いられ、日本の〝礼〟装という感覚とはいくぶんズレがある。観劇には畳める装置付きのものを用い、オペラハットとよんでいる。

山高帽はクラウンが丸いので、より日常的に用いられるもの。イギリスではボーラーハット、アメリカではダービーという。堅いフェルト製なので、堅帽といういい方もあった。日本人むきのやや背の低いものを中山高《ちゅうやまたか》というのだが、誤ってチュウザン帽と読むひとがある。堅いのと、明治時代はほとんどが輸入品だったためもあり、日本人の頭になかなか合うものがなく、このことから短頭、長頭の人類学的議論が出てきた。今日出海の直木賞作品『天皇の帽子』の、大正天皇の帽子もこれ。

クラウンがもっと低く、よりやわらかいのが文字どおりソフトハットだが、すべて真ん中がへこませてあるので、日本では中折と呼ぶ。欧米でハンブルグというのは、ソフトハットの一種をさしている。

明治の初年から、ソフトハットに次いでひろく用いられたのが鳥打帽。中折がホワイトカラーを示すのに対して、ハンティングはブルーカラーの帽子だった。これは欧米でもおなじことで、価格もソフトハットの半分以下がふつう。ただし『東京風俗志』（1899-1902）では挿絵のなかで、明治中期のその時代、鳥打といったのは鹿打ち帽のことで、耳

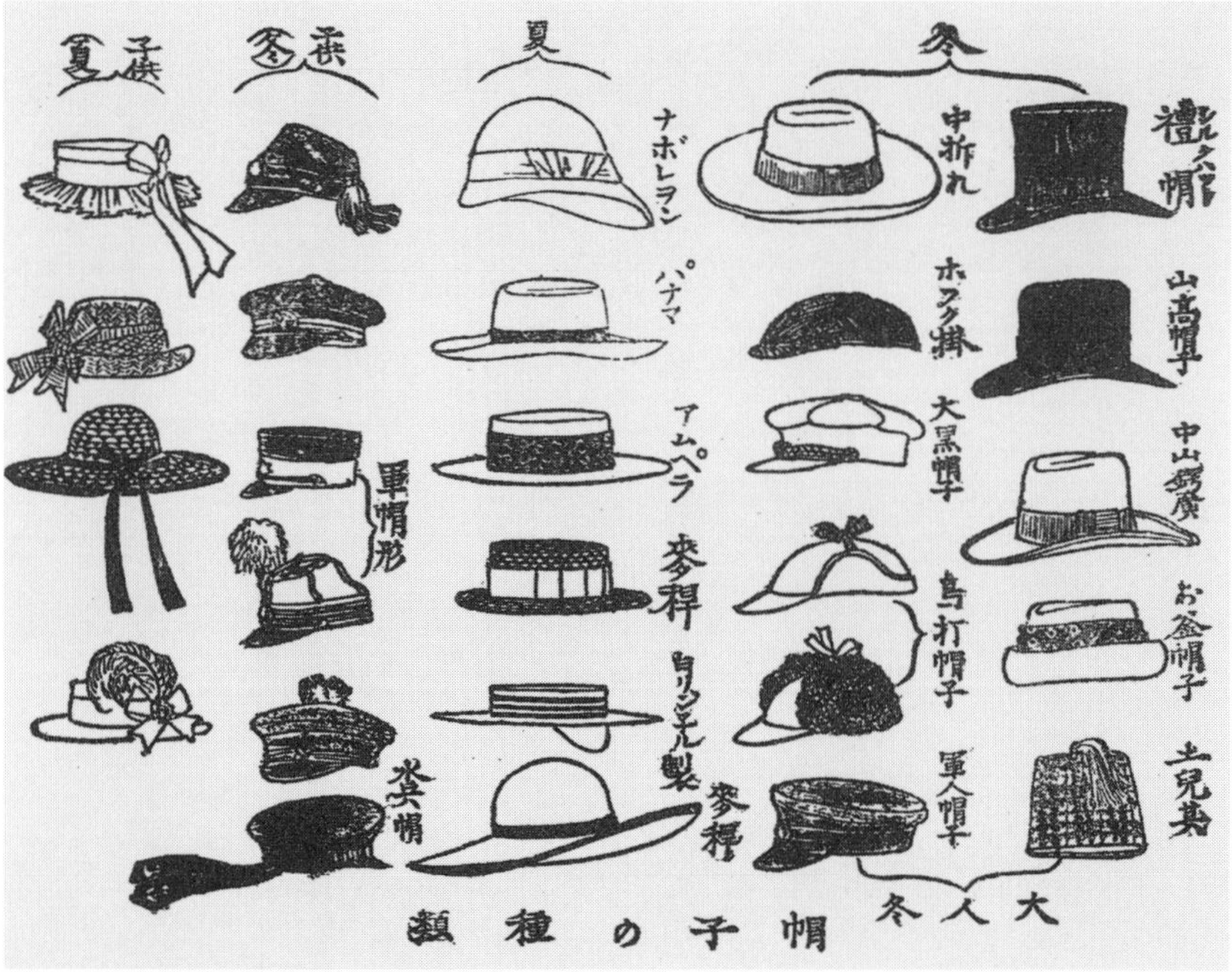

「帽子の種類」

松本洗耳画、平出鏗二郎『東京風俗志』(中巻)、富山房、1899-1902 (明治32-35) 年

覆いつきのもの。耳覆いのないものはホック掛としているのはよくわからない。

帽子というと、学生帽を忘れることはできない。帝国大学は一八八六年（明治一九年）四月二八日に制服制帽を制定したが、制帽は、一八八三年（明治一六年）一〇月に改正された海軍の制帽に倣った。そのため当時、学生帽を海軍帽などとよんでいた。デザインは警察官の制帽とも共通している。

特殊なものともいえるが、一八七〇、八〇年代（ほぼ明治の初め〜一〇年代）の流行にラッコ帽がある。せいろうのようなトーク型の帽子で、金まわりのいい中年以上の紳士のものだった。ラッコが乱獲のため日本沿岸から消えて以後、ラッコ帽嗜好も消滅した。

明治時代のひとは、洋服には帽子をかならずかぶるもの、と堅く思いこんでいた。これは婦人洋服にコルセットや、夏でも手袋を欠かせないもの、と信じていたように、学習者の忠誠心といってよい。だから帽子もかぶらずに洋服で外出するのは、よほどみすぼらしく、また場合によっては非礼と見えたらしい。これは一九二〇年前後（大正後半）のことですでに近代の後期に属するが、「無帽倶楽部」というものがあって、世間から白い眼で見られていたらしいことが、上司小剣の新聞連載小説「東京」に出ている。

女の手にパラソルのないよりも、男の頭に帽子のないのがみすぼらしい（……）「近頃の若い者には、帽子を被らないことが流行しかかっているそうだが、そんな軽薄な真似をするものではないよ」と、父親は訓戒を加えるように言った（……）。「無帽倶楽部（……）不良青年の団体じゃありませんか（……）」。（上司小剣「東京」朝日新聞 1920/5〜）

近代後期の帽子

一九一〇年代（大正前半期）以後の男性の帽子は、中折の時代に入る。礼法書の服装の頁を開けば、どんなときにはシルクハット、または高帽でなければいけないかとのくわしい説明はあったが、大衆にとってはシルクハットは鳩の出てくる奇術師の帽子、山高帽は田舎の村長さんの帽子になっていた。

夏になると、これはまったくカンカン帽とパナマの世界だった。カンカン帽は麦藁製で叩けばそんな音のするほど堅い。色が薄いため一夏でけっこう汚れ、帽子洗い屋が繁昌した。もっとも値段も安かったので夏ごとに買い換えるひとも多かった。ブリム（つば）が横から見ると真ッ平らなのは一文字、という。

パナマは南米産の一種の棕櫚で編まれたもの。やわらかいので丸めたり畳んだりすることもできる。エクアドル原住民のかぶりものだったパナマ帽が、世界的に人気になったのは一九世紀末のこと、すでに漱石の『吾輩は猫である』（1905）のなかで、高価な帽子としてとりあげられている。カンカン帽は若者のかぶるもの、パナマは年輩の紳士のもの、というところ。南米産の本パナマの外に、南洋パナマ、マーシャルパナマ、台湾パナマなどがあって、素人ではなかなか見わけがつきにくかった。南米から繊維を輸入して日本で加工する国産本パナマというのもある。そのほかイタリア産のタスカン帽も人気があった。

帽子は靴以上に、日本ではよいものがなかなかできず、ようやく一九三〇年代の後半（昭和一〇年代前半）になって、舶来に匹敵する国産が作られるようになったというが、もうその時期は無帽時代にさしかかっていた。

中折帽は戦前期はホワイトカラーにとっては必需品だったし、ブルーカラーに属するひとでも、日曜日に家族と外出するときのためにひとつぐらいは持っていた。鳥打帽もひろく使われていたが、好き嫌いがあった。戦前の男性の帽子をかぶることへのこだわりは強く、隣のうちへ電話を借りに行くにも帽子をかぶって行く、というふうだった。中折帽にはあまり流行のないこと、色も灰色か濃い茶色くらいにかぎられ、ひとつかふたつあればなにも気にせずにそれをかぶって出られる気安さがあった。もちろん中折にもイタリア製のボルサリーノのような舶来高級品もあり、形や色、かぶり方の流行も、新聞のファッション欄には出ているが、そんなことを気にする男は、一部の若者だけだったろう。

＊＊＊

一方女性の帽子も、洋装の普及にともなって、関東大震災後あたりから都会の風景のひとつになりはじめる。当時、その発言が大きな影響力をもっていた女医の吉岡弥生は、女性の帽子は衛生上非常に悪いと言い、あたまが蒸れるために毛根を冒し、また頭痛の原因にもなる、と指摘した。吉岡は軍人に禿頭が多いのはいつも帽子をかぶっているせいだと言い、また西洋婦人が帽子をかぶるのは、髪が縮れていて美しくないからかまわないが、日本女性が美しい髪を隠すのは考えものだ、とも言っている。この吉岡の意見、また露頭に賛成するべつの医師の、無帽は日光浴とおなじ効果があるから賛成、という意見（「無帽主義の流行」国民新聞 1932/7/30: 4）も、紫外線をつよく怖れるようになった今日では問題があるだろう。

衛生云々とはべつに、洋装に帽子は必須、という考え方は根づよく、昭和戦前期の女性の、外出着としての洋装には、欧米そのままの流行の帽子が見られるようになった。吉岡の発言に対する、「帽子なしで洋装ができるとお思いですか」（「無帽命令」読売新聞 1922/9/4: 3）という直接の反論、それから三年後の「洋装の一般化とともに、それに付随してなくてはならぬものは帽子」（「秋から冬の婦人帽子の話」読売新聞 1925/10/18: 10）、一〇年後の、「お帽子をお忘れになる御婦人は淑女としての資格に欠ける」（国民新聞 1932/6/13: 5）、さらに三年後の、香港から帰朝した

帽子は誰ものもの（「華府会議の軍備制限に伴ふ二大会合　国民連合大会と官業労働大会」）
『写真通信』、1922（大正11）年2月

ある女性の「洋装で特に注意したいのは、婦人服を着たら必ず帽子をかぶって頂きたいことです」という意見（朝日新聞 1935/6/13: 5）などなど、一九二〇、三〇年代（大正後期〜昭和戦前期）の良識は、男性同様に、都会の洋装女性の帽子を必須のものとしている。

＊＊＊

女性の帽子について、べつの角度からの批判が生じたのは、戦時中に入ってからのことだ。しかしその前に、男性の帽子についても近い問題があった。それは帽子をかぶることが相手に対して敬意を示すことになるのか、あるいはその反対なのか、という疑問だ。

はなしはやや古いが、一八九九年（明治三二年）に、当時の石黒軍医総監が名古屋で講演中、たまたま話が西南戦争のとき、天皇が野戦病院を慰問するくだりにさしかかった。そのとき軍医総監は臨席していた憲兵警官等が着帽のままであるのを咎め、「帽をお脱ぎなされ」と大声で命じ、憲兵らが直ちにこれに応じなかったのを憤って演壇を降りた、という事件があった。

帽子は装飾や衛生上の理由でかぶるだけではなく、もっともめだつところにあるために記号性もつよい。もうひとつ厄介なのは、頭になにかをかぶる、あるいは頭部を覆う、という行為は、気候や住居の構造とも深くかかわっている。開化後に日本人が受けいれた男女の帽子は、もともとヨーロッパ型の風土と、住居様式のなかで展開してきたものだった。

帽子をかぶっているひとは男女にかぎらず家のなかでは躊躇がある。男性がひとの家を訪問したとき、日本座敷であろうと洋風のフローリングであろうと、帽子をかぶったままのひとはいない。それでは区役所や病院ではどうなのか。それに対しては、屋根のあるところでは帽子をぬぐこと、あるいは靴をぬぐときは帽子もぬぐこと、という原則のようなものがあったようだ。これとて問題の余地はあるが、男性の帽子はかたちも用途も単純だからだいたいはこれで通せる。しかし女性があたまに乗せているもの、あるいは髪を覆っているものはそれほど単純ではない。

洋装の女性に帽子をとれという問題は、すでに一九二〇年（大正九年）に、貴族院の傍聴者について起こっている。守衛が、帽子をとらなければ入場を許さないと頑張ったのに対し、この女性は日本髪の女性に櫛簪《かんざし》をとれといいますかと抗議し、結局、警務課長の判断で認められた、という事件。しかしこの問題は戦時期に再燃することになる。

日中戦争下の一九三九年（昭和一四年）一月一日から一週間、朝日新聞は「国民新儀礼」のキャンペーンをくりひろげた。そのなかに婦人の帽子は、しかるべき型であれば神社の社前でもぬがない、という一項がある。

一方でこの前年には、文部省学務部長が室内での婦人脱帽を決議する、ということがあった。この時期欧米では、非常に大きなブリムをもつ女性のハットが流行していて、それを真似た小柄な日本女性に対し、帽子が歩いているようだなどという悪口もあった。たしかに混んだ映画館などでは、非常識な女性のために迷惑するひともあったから、文部省のこんなおせっかいに賛成するひとは少なくなかったろう。

とはいえ女性の帽子のすべてがそんな非常識なものとはいえないし、その前に帽子とはどんなものをさすか、という議論が要りそうだ。画家でエッセイストの森口多里は、バスの車掌さんの制帽や、女性ではないが神主さんの烏帽子を例に引き、あたまにものをかぶる、あるいは覆う意味の多様性を指摘している（「婦人の脱帽に疑問あり」朝日新聞 1938/5/21: 6;「婦人帽子　とるか、とらぬか」朝日新聞 1941/6/5: 3）。

ひとに挨拶するときの男性はふつう帽子をとるが、軍人は挙手の礼で帽子はとらない。戦時中男性がひろく着用していた国民服は準軍服なのだから、やはり帽子はぬがず挙手の礼をすべきだ、という主張があった。

国民服を着ながら一々帽子を取って挨拶しているのをよく見かけるが、制服であり制帽である国民服の場合には挙手の礼以外にはないと思う。（……）なお、国民服を着用しながら中折れ帽をかぶることは断然やめたいものである。（「国民服と敬礼」大阪毎日新聞 1942/4/2: 2）

喫煙

わが国ではすでに一九〇〇年（明治三三年）三月に〈未成年者喫煙禁止法〉（法律第三三号）が公布され、二〇歳未満の青少年の喫煙は禁じられている。しかしその一方で、成人の喫煙志向はきわめてつよかった。

人毎に烟草吸わぬはなく、大晦日の不景気を口にせぬ人はなし。（「新年の流行」日本新聞 1892/1/3: 2）

（……）近来は流行ともいうべきか煙草を喫まざるものは殆んど普通の人間を外れたるものの如く、漸く乳を離れたる子供も菓子よりは煙草という有様にて両親の厳禁の裡にも猶父の煙草をぬすみて密かに烟を薫らす今日（……）。（『如何にして生活すべき乎』1900）

煙草は（……）酒と共に無くてはならないものの一つであります。米国に於きましては酒は有害と認めまして禁酒令を先年発布しました。我が国に於きましても禁酒運動を一部の人々がして居りますけれども煙草に対してはそう云う事はありません。（稲垣正明『婦人商売経営案内』1924）

はっきりした統計はないが、戦前、喫煙者は男子の八、九割、女子の二割とみられていた。煙草に対

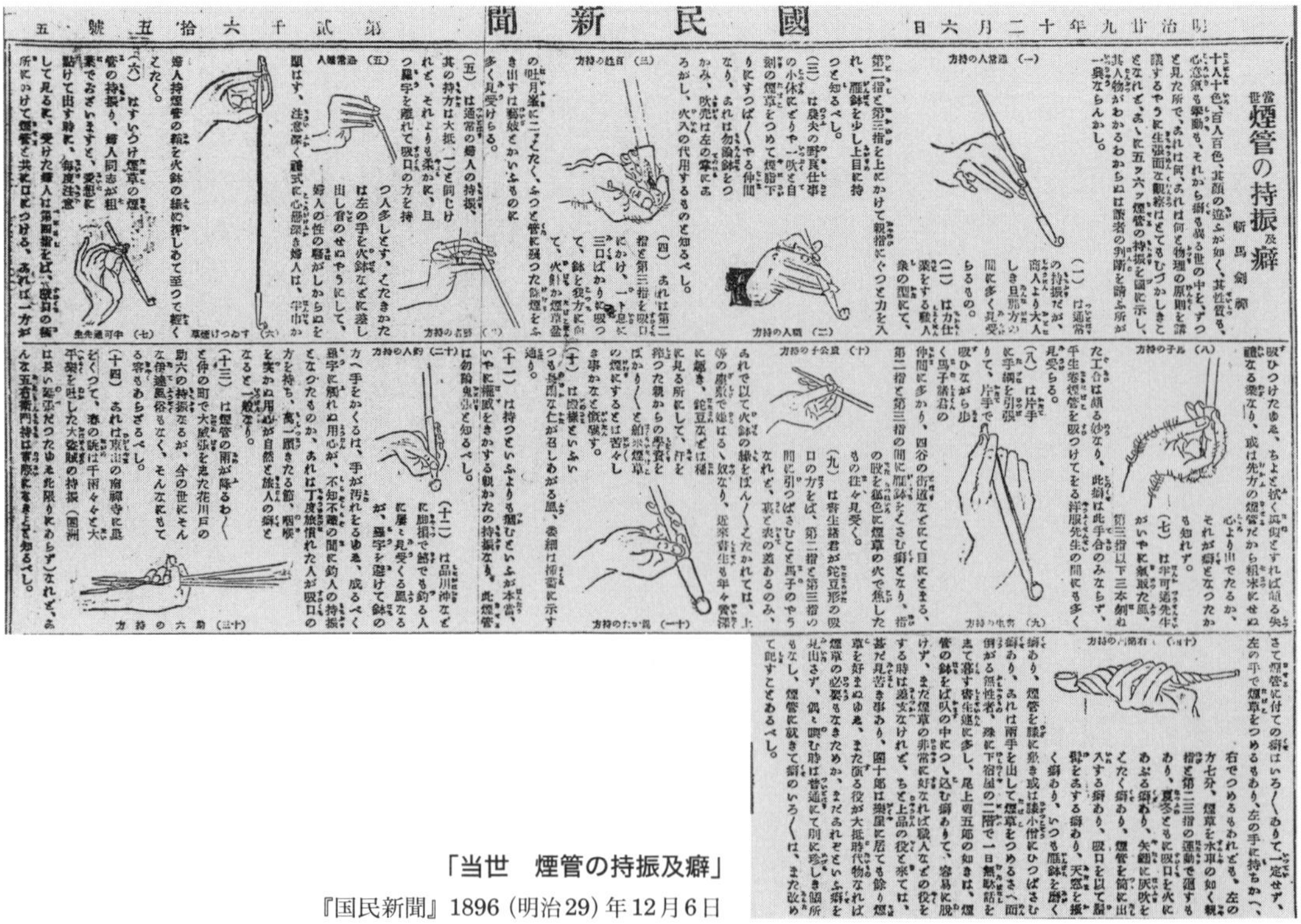

「当世　煙管の持振及癖」
『国民新聞』1896（明治29）年12月6日

する課税は、すでに一八七六年（明治九年）に煙草印紙税のかたちではじまっているが、一八九八年（明治三一年）には葉煙草専売法が施行され、一九〇四年（明治三七年）には製造販売、製品の輸入等、ことごとくが専売となっている。その後一九八五年（昭和六〇年）の日本専売公社廃止にいたるまで、塩、樟脳等とあわせて、国民の大部分に浸みこんでいた喫煙という悪習慣を利用した専売事業は、国の財政に大きく貢献した。

＊　＊　＊

明治大正時代の新聞連載小説には家庭内のありさまを描いた挿絵が多く、そこでは長火鉢を前にして煙管《きせる》を手にしている女、煙草盆をかたわらに、長ぎせるを畳について嫁や娘に小言をいう老女、というのがお約束の情景のひとつになる。

こういった女の小道具の煙管はかなり長いのがふつうで、多くは三〇センチ以上のいわゆる長ぎせるだ。長ぎせるといえばすぐ連想されるのは、廓《くるわ》の娼婦の使っている煙管だろう。女たちは格子のなかからお客にことばをかけ、甘いことばで誘いながら、長い煙管の雁首《がんくび》を器用に男の袖や袂に絡みつけて、相手をそばに引きつけ身動きできなくしたらしい。長火鉢を前に、立膝して長ぎせるを使っている女などには、その素性についてのそんな疑いがよぎる。

煙管を使うのは刻み煙草だ。江戸時代には刻みしかなかったから、煙草吸いはだれもが煙管をもち、だいじにしていた。紙巻き煙草普及の速度はどうだったのだろうか。作家の後藤宙花は、一九〇三年（明治三六年）三月の『新小説』に寄せた「巻煙草嗜好の変遷」でひとつの見方を示しているが、ぜんたいを鳥瞰するのはむずかしいだろう。一八九〇年代後半（明治三〇年前後）と設定されている『半七捕物帳』のなかで老境の半七が、貰った紙巻きをなんだかキナ臭そうに呑む、という描写がある。勤め人たちはもう煙管といっしょの煙草入れなど持っては出なかったので、大正、昭和戦前期には、刻み煙草も、それを入れた煙草入れも、ほとんど女の専用物のようになる。

もっとも男では半天着の職人たちや、いつまでもきものに帯姿を守った芸人さんなども、戦争の前後くらいまではよく後腰に煙草入れを挟んでいた。戦後のことになるが、《銀座カンカン娘》(1949) という新東宝映画のなかでは、落語の六代目志ん生が特別出演していて、腰の煙草入れから鉈豆《なたまめ》煙管をとりだす慣れた手つきをみせてくれた。

一見なにげない煙管のもち様、扱い様も、こまかい観察をすれば、ボディ・ランゲージのひとつのテーマになる。まだ煙管の最盛期だった一八九〇年代（ほぼ明治二〇年代）、「ここに五つ六つ煙管の持ち振りを図に示し、その人物がわかるかわからぬかは読者を請う」とした興味ある分析もある。

煙管は煙草の葉をつめて燃やす雁首と、吸い口だけが金属で、それを竹の管である羅宇《らお》でつないでいるというのが基本で、変形はいろいろ。東京では上等の煙管といえばまず村田屋だった。羅宇をふくめて全体が銀製のものを銀の延べぎせるといって、被布を着てちょっと威厳のあるお婆さんなどが使う。

鉈豆煙管（あるいは刀豆）は、細い筒に入れている携帯用。煙管の筒と四角い煙草入れとはいっしょになっていて、筒の方を帯に挟むと落とすことはない。江戸時代は旅人も、野良仕事のひとも、船頭さんも、また多くの侍も、たいていは右の後腰に煙草道具を挟んでいた。女性の煙草入れはもちろん、袋物に入れるか、帯の間に挟むかした。

煙管の筒の内部はヤニで詰まりやすい。こよりや真綿を細く撚って針金を使って掃除することもある。本格的な掃除には羅宇屋という行商がまわってくる。

＊　＊　＊

戦前の紙巻き煙草でいちばん名前の売れたのは、朝日、敷島、そしてゴールデンバットだろう。一九二四年（大正一三年）の値段は、二〇本入りの敷島が一五銭、朝日が一二銭でどちらも口付、両切りのバットが一〇本入りで五銭、もちろん輸入葉を使ったとんでもない高価な銘柄もあったが、大衆はだいたいこの三銘柄だった。太平洋戦争がはじまったころに、それまでいちばん人気のあったバットが、敵性語を使っているというので、金鵄《きんし》と名称変更し、あわせて鵬翼、光といった新銘柄が発売され、ついでにかなりの値上になった。〝金鵄輝く一五銭、栄えある光二〇銭、鵬翼高い三〇銭〟という替え歌が愛国行進曲のふしで歌われた。値段が上がったのは戦費調達のためということで我慢したが、煙草葉の栽培を食料生産に切り替えたため、ひどい品不足が襲ってきて、煙草吸いはもっと音を上げた。行列の時代の先頭をきったのは、おそらく煙草屋の行列だったろう。

煙管はいってみれば一種のパイプだ。戦前のパイプはわが国では、葉巻同様ひとつのスノッブで、海外生活の経験者など、ごく一部のひとたちだけのものだった。ところが戦中戦後に煙草が不足してくると、唇にはくわえられないくらい短くなった煙草をパイプで吸ったり、紙巻きをほぐした粉煙草はまあいいとして、代用煙草と称する得体の知れない粉を、舶来のブライヤーで吸うひとがあったりした。

鞄／手提げ／袋物

『日本嚢物史』（井戸文人、1919）の書きだしには、「一体、我が国の人は古来手に提げる物を持つということは殆どなかったのであります。然るに漸く明治初年頃から此の風習を見る様になりました（……）」とある。なるほど絵巻物や浮世絵のなかの人物は、たいていは手には杖をもつくらいで、荷物といえるようなものはみな背負っているようだ。小さなものはふところか袂《たもと》に入れ、あるいは帯に結ぶか、ひっかけるかしてさげていた。金財布などはふところに突っこんでいるのがふつうだったから、まさに懐中ものだった。女性は幅のひろい帯のあいだにはさんだ。手にものをさげて歩く、というのは小さなことだが、明治の初めには、これも新時代のスタイルだったことになる。

＊　＊　＊

胴乱と名のつく革製の物入れは『守貞謾稿《もりさだまんこう》』（1867）中にもある。幕末の争乱期には弾薬入れとしての用途からかなりひろまり、胴乱という名称も後々まで忘れられはしなかった。しかし結局、革製の手提げには鞄《かばん》というあたらしい名称が与えられ、胴乱は胴乱でとどまる。そののち用途もひろがり、かなり大型の製品もあるが、胴乱はウエストポーチとしてのさいしょの役割の印象がつよかったせいか、鞄とは区別されている。ただし、『日本嚢物史』によると、手提鞄を「提籃《ていらん》」というよび方が、ごく短期間だが袋物業界などにはあったらしい。乱と籃で字はちがうが、ドーランという音と物とが、あたまのなかでは結びついていた証拠ではないだろうか。一九一二年（大正元年）に刊行された『和洋おさいく物新書』（梶山彬、1912）という本のなかでは、提籃ということばを、手さげの総称のように使っている。

また、旅行にもち歩く小型の柳行李が前代からあったはずだが、手にさげるということはなかったし、振分けにするにしても、たいていは風呂敷でくるんでしまっているようで、挿絵などからの確認はできない。むしろずっとあとになってから、素材に柳を用いた西洋風のトランクや、バスケットという名の、ピクニックにもってゆく手提げが現れる。

大型のトランク類をはじめ各種の旅行鞄は、遠い土地に旅してきた紅毛人によって、幕末からずいぶん入っているにちがいない。しかし一八八〇年代（ほぼ明治一〇年代）、あるいは九〇年代に入ってからも、

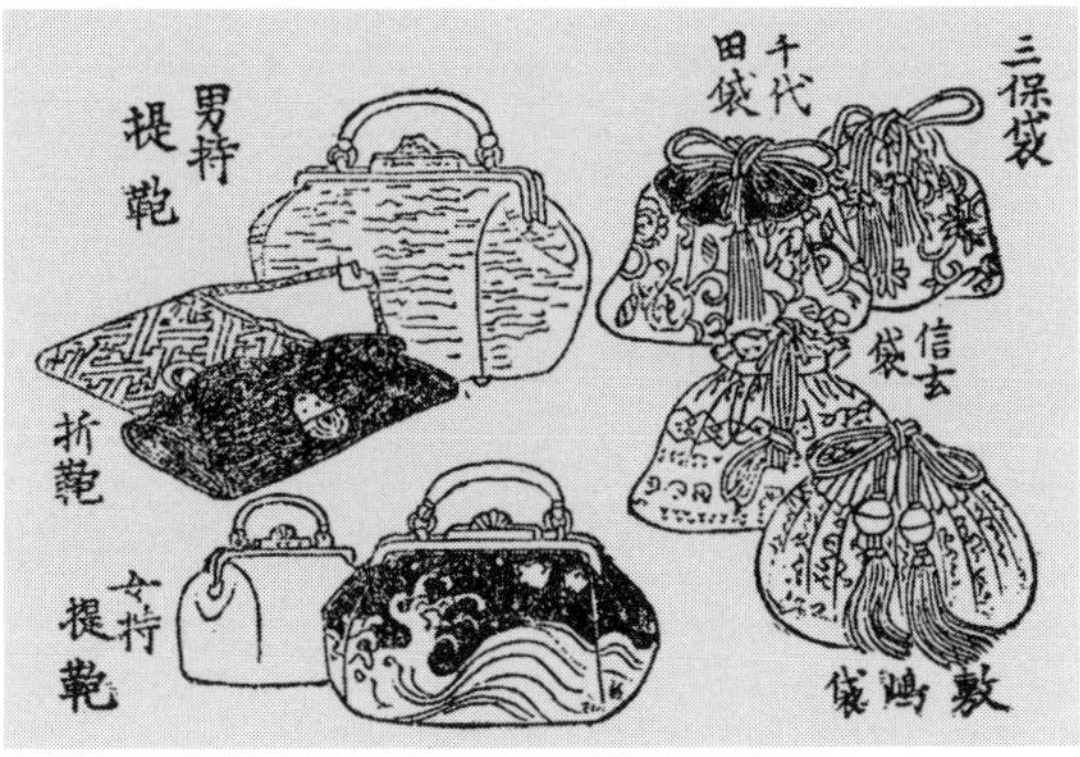

「三保袋／千代田袋／信玄袋／敷嶋袋／男持提鞄／折鞄／女持提鞄」
松本洗耳画、平出鏗二郎『東京風俗志』（中巻）、富山房、1899-1902（明治32-35）年

新来の〝手提袋〟類に関しては、まだよび方の混乱時代だったといえそうだ。

だいたい、カバンということば自体、その来歴がはっきりしない。カバンというい方の早い例では、大坂日報の明治一〇年につぎのような記事がある。

明治四年の頃、唐物町一丁目皮物職森田某が始めて西洋カバンを製出せしが、昨今は府下にカバンを製する家、一三〇軒余の多きに至りしと。（大坂日報 1877/12/12）

またそれにあてはめた「鞄」という漢字も、革と包とを合体させたのだろうという推測がつくだけで、それがいつごろのことかわからない。字にうるさかった森鴎外は、一九一〇年（明治四三年）に書いた『青年』という作品のなかでも、鞄ではなく徹底的に「革包」と書いている。

このような場合、ある資料が――たとえば業界の古老の記憶とか、第一回内国勧業博覧会の記録といったものが、ひとつの事実をさし示しているらしく見えても、それをその時代、だれもがそう考えていたと理解することだけは避けなければならない。たとえば一八九〇年（明治二三年）の新聞挿絵で、一人の旅人が革製らしい手提袋を抱えているとしたら、そのよび名は、提げている男の口から出ることだけが事実で、それを教えてくれるのは、本文中の作者の注記以外にはない。

手提袋のよび名が不確定的だったのは、袋物業界と鞄業界の製品に、かなり重複する部分があったためもあるだろう。新興の鞄製造業者はもと馬具製造業から転身したものが多く、当然皮革の扱いに慣れていた。旅行用の大型の総革製鞄などは、鞄業者の独壇場だが、小型の鞄、とりわけ薄手の革を使用する女もち鞄となると、袋物との境界ははっきりしなくなる。

一方、伝統の技法をうけ継ぐ袋物業者であっても、時代に添って需要家の求めには応じないわけにはいかず、たとえば一八八〇年代（ほぼ明治一〇年代）になると盛んに金具を使用するようになる。これは帯留の場合同様、一八七六年（明治九年）の廃刀令以後、刀剣の目貫などに使われていた金属加工の技術を受けいれたもの、と考えられている。一方西洋鞄の方にしても、たとえばある時期以後のボストンバッグのように、革を使うにしても持ち手と補強部分だけ、金具はファスナーのみ、という製品も少なくない。

また先に紹介した『和洋おさいく物新書』でもわかるように、女性の手提げには手作りの、その人その人の工夫の加わったものも多かったはずだ。明治の初年に信玄袋という手提げが流行した。そのあと一八九〇年代（ほぼ明治二〇年代）に千代田袋と名づけられた手提げが流行、つづいて三保袋、四季袋、延命袋、アンテロンバッグ、オペラバッグ、理想袋、乙女袋などの名が、流行誌や新聞には現れる。しかし信玄袋ひとつをみても、細部のつくりは一様でない。明治大正期の、とく

に女性用手提げ、バッグ類を、新聞広告掲載の商品名や、流行案内に紹介されている名称と、あまり窮屈にむすびつけるのは、むだといってよいだろう。

女性用手提げの普及は、当然ながら女性の外出機会の増加、さらに職業進出に比例している。一九一〇年（明治四三年）前後からマスコミが注目するようになり、二〇年代になると、女性の外出にバッグの欠かせない時代に入った。

手提げ袋は今素晴らしい流行で、女という女はみな提げています。（「手提袋御用心」都新聞 1922/10/19: 9）

手提げというもの、この頃では婦人の外出に際して必ずなければならないものになって来ました。（「秋の婦人手提げ」都新聞 1927/11/2: 11）

それにともない次第に大型化し、革製のしっかりしたもの、口金や、肩から掛けるストラップつきの、つまり洋装にむいたハンドバッグの時代に入る。ハンドバッグというい い方がひろがるのは、二〇年代末、昭和に入ってからだろう。ただし革製だからハンドバッグといって布製の袋物と区別したか、洋装だから革製のハンドバッグを用いたか、などはもちろんはっきりしない。

一九三〇年代後半（昭和一〇年代前半）の、輸入制限の時代になるまで、革製ハンドバッグといえば輸入品が多かった。それは女性用バッグ、とりわけショルダーバッグスタイル自体、輸入ファッションだったためもある。

傘

「傘」と「笠」の語源的な関係ははっきりしていないようだ。ともあれ柄の付いた方を「さしがさ」とい い、頭にかぶる方は「かぶりがさ」という。この項で扱うのはさしがさの方で、手傘というい い方もあるが、めったに使わない。

中世の絵巻物を見ると、傘は庶民のものではない。庶民が傘をさすようになったのは江戸時代以降で、江戸時代後半にはいろいろな名前の傘があったようだが、明治以降のひとがだれでも知っている和傘は、番傘と蛇の目の二種類ぐらいで、たまに出てくる大黒傘という名はあるが、これはもともとは大阪の大黒屋製のものを指し、明治時代には安物の番傘の別称になっている。

和傘はみんな竹の太い柄と、おなじく竹の細く剥いだ骨、その骨に糊で貼りつけた油紙とでできている。無骨な番傘は柄も骨も太く、たたむと直径は一〇センチくらいにはなる。重さも重い。色はきまっていないが渋茶色が多い。料理屋などの貸し傘で番号が書いてあったことからそうよぶようになり、やがて安物の傘の総称になった。蛇の目は上等でずっと細身になり、渋蛇の目とよくいわれるように赤っぽい柿渋色のものもあるし、文字どおり蛇の眼のような、同心円に彩色してあるのも多い。和傘は防水のために荏胡麻《えごま》の油を塗るため、開いたときの、その湿り気を帯びた匂いがいい。

＊　＊　＊

開化の時代には、それまでなじみのなかった素材が、あたらしく生活の身近に入りこんできた。石や煉瓦、そして鉄をつかった構造物がつぎつぎに建造された。白い木造の門や橋に代わって、黒い鉄製の門や橋が現れた。煉瓦づくりの街なみが生まれ、鉄の汽車が鉄の軌道の上を走った。そういう新素材の恩恵を蒙ったもののひとつが、木製の骨と紙が、ずっと細くて軽い鉄製の骨と布地に代わった蝙蝠傘だった。蝙蝠傘はもちろん動物の蝙蝠に似ているためにつけられた名で、もっと簡単にいえば洋傘。明治時代のひとはなぜか好んでコウモリと言っているようだ。〝帰りには降るからコウモリをもっていきナ〟などと。たしかに当時は東京大阪のような大都会の町中でも、夕暮れ時にはたくさんの蝙蝠が飛び交っていた。蝙蝠傘は舶来の文明のなかでも、もっとも早く庶民の生活に土着したもののひとつだ。

洋傘はすでに幕末には使用されていたともいわれるが、一八九一年（明治二四年）の国民新聞の記事は、現存する蝙蝠傘店のうちもっとも古いのは、一八六八年（明治元年）に京橋南伝馬町に開業した坂本蝙蝠傘店としている（国民新聞 1891/3/23: 2）。また『都の華』は、わが国で使用しはじめたのは明治三、四年の頃（一八七〇、七一年）、としている。『都の華』の説明はつぎのとおり。

ひさげる（販売する）家は、まず最初は東京の西洋小間物屋、および単に唐物屋と称する商家にして、形はいずれも深張を用い、地質は蝋引の金巾、俗に天竺木綿と称するものにて、色は青、黒が多く用いられたり、又上等には甲斐絹を用いたるが、それも色は黒、茶、青の三種を重とし、骨は八間にて、木綿の方は丸骨に、柄は木を焼きて矯め。（「蝙蝠傘」『都の華』1897/6: 10）

洋傘もさいしょはもちろん輸入品だったから、だれもが持つというわけにはゆかなかったろう。この時代、洋傘のおもな輸出国はフランスだった。そのため一八九〇年当時の前記坂本蝙蝠傘店では、リヨンの大学に留学中の息子から最新の流行情報を得、それにもとづいて同市のルベル商会という取引先から商品を送らせる、という方法をとっていた。

一八八〇年代（ほぼ明治一〇年代）になると、わが国ではそれまで困難だった溝骨丸骨、またそれ以外の付属部分の製作が可能になり、やがてまずアジア諸国への輸出がはじまる。

近頃は何処も彼処も西洋品流行りにて、糸立（半纏）を着た兄いまでが、絹張りの蝙蝠傘をさす（……）。（読売新聞 1883/4/19: 2）

と言われるまでに、値段も手ごろになった。明治一〇年代の洋傘の値段は安い品で七〇〜八〇銭くらい、甲斐絹一二本骨張りの上等品で二円程度。このころは清国がいちばんのよい輸出先で、一本三〇〜四〇銭くらいの品だったらしいので、かなりの粗悪品だったのではないだろうか。

洋傘受けいれについてはいくぶんちがう伝承もある。一九〇〇年（明治三三年）五月三一日の読売新聞の「工芸叢談 第二八　洋傘業の沿革」では、洋傘がはじめて輸入せられたるは明治三年頃にして、横浜のオランダ人、英人、米人が持ちこんだ見本によって、東京日本橋の中惣がまずその輸入販売をはじめた、としている。そして翌年には輸入品の洋傘を分解してその構造を知り、傘骨だけを輸入して洋傘を製造した。けだし本邦に於ける洋傘工業の創始なるべしと謳っている。坂本家も中惣も取材に対して、自家の言い伝え以外のことは一切口を閉ざしたのだろうか。あるいは知らなかったのか。もっともこの種の元祖争いは多くの業界でごくありふれたことだ。

＊　＊　＊

洋傘がそれほど人気だった理由のひとつは、和傘とちがって杖の役もする、という点が大きかったらしい。この時代は紳士も好んでステッキを突いたので、その代わりということもあるだろう。また、女性が蝙蝠を杖にしている絵柄がずいぶんある。ことに旅姿となると、手甲《てこう》脚絆《きゃはん》に裾捲り、そして手に蝙蝠、というのがお約束のようだ。これはひとつには、この時代の女性が比較的早くから、腰が曲がる傾向があったのと関係があるかもしれない。外国人は日本の女性のそういうすがたを海老腰などといっている。

なお紳士のステッキは、鞘に刀身を隠した仕込杖であった時期がある。男子が外へ出るのになんの刃物も身につけないのは心もとないという、廃刀令以後の一部古風な士族の考え方だ。その考え方を受けたのかどうかはわからないが、仕込杖となる護身用蝙蝠傘などという物騒なものの広告が、一八九四年（明治二七年）にもなって掲載されている例がある（読売新聞 1894/4/7:3）。

和服には蛇の目がよく似合う、という想いのひとも多く、和傘はだんだんと需要を減少しながらも第二次世界大戦まで消滅することはなかった。

とはいえ関東大震災頃の雨具の案内に、「蛇の目傘は殆ど今では婦人用という有様ですが、この節は婦人も追々洋傘を用うるようになり、昨年の一〇〇本に対して今年は一〇〇〇本の割合というような盛んな需要であります」（富貴子「雨具の流行と使用法と値段と」『主婦之友』1923/6）とある。その理由として、洋傘は電車の乗り降りも自由、混み合った人中でも破られる怖れがなく、持つにも便利という利点のほか、都会には高い建物が多くなったせいで強い風にあおられることがあり、その場合にも蛇の目より蝙蝠の方が安全、と和傘にまるでいいことはない。

洋傘が和傘と差をつけたのはさらにパラソル、とくに晴雨兼用のパラソルの人気だった。

晴雨兼用の洋傘というものがある。大抵、兼用と名のつくものは、おしゃれの道から遠く離れたものなのだが、どういうものか、あの傘だけは、意匠を凝らした晴天専用のパラソルより美しい。綺麗な和服を着たお嬢さんが紫か緑か紅かのこの傘を持って、曇った街を歩いている姿は、雨を待っている蕾の花のように新鮮だ。きっと、晴雨兼用傘のあの単色が、複雑多彩な和服の感じを、きりっと引き締めてくれるためだろうと思う。緑の色、柄の色、生地の色と、五色六色に染め分けられたパラソルは、「初荷の馬」の類です。（宇野千代『お洒落随筆』1936）

もちろん和傘にも日傘はあった。あの、紙の絵日傘を翳した日本ムスメのイメージも欧米では根づよかった。しかし絵日傘だけではないが、和傘は一〇〇年近くのあいだ、構造も絵柄もほとんど変わることはなかったが、洋傘の方は、深くなったり浅くなったり、パラソルには房がついたり、レースの二重張りが現れたり、柄の握りが円くなったり輪になったり、つねに流行があった。しかし決定的なイノベーション——折畳み傘は、一九二五年（大正一四年）に特許が取られていながら、普及は戦後のことになる。

手拭／タオル

手拭が家庭からすがたを消すようになったのは第二次世界大戦後、一九六〇年代（昭和三五年〜）だろうか。関係はないだろうが、ちょうど洗濯機が急速に普及しはじめた時期であり、多くの庶民の家庭にも内風呂ができた時期よりはすこし前のことだ。

むしろ、第二次世界大戦以前に、なぜ浴用そのほかに、タオルがひろく用いられなかったのかがふしぎだ。タオルそのもの、つまりパイル織物は、開化のごく早い時期に舶来していた。一八八〇年代（ほぼ明治一〇年代）には、大型のタオルは首巻きとして愛用されている。白無地のタオルを、まるで毛皮かなにかのように肩に巻いて胸を張っている、地方地主さんの写真がある。

おなじ時期に、すでに京都では初歩的なパイル織物の製織に成功していた。それは緯糸とともに針金でなく、いかにも日本らしく、細い竹條を打ち込んでワナをつくる、という方法だったので、竹織とよばれている。普及しなかった理由のひとつは生産量が少なく、舶来品なみに高価だったためだろう。

『都の華』第二号（1897/7）の浴衣の項に、「西洋手拭の浴衣　大通が好みにて、通がり連の今頻りに持囃す」と、しごく簡単な言及があって、とにかくタオルの手拭は使用されてはいたようだが、洋品店で販売されている輸入品だろう。その後一九一〇年代（ほぼ大正前半期）には、『都の華』に紹介されたタオルローブが、「さざ波ローブ」の商品名で宣伝される、というようなこともあった。

外国製のタオル製織機が導入されて、稼働しはじめたのがこの時期とされている。しかし結局、第二次世界大戦前のタオル手拭は、商品としては存在していたにもかかわらず、湯上がり用のバスタオルとしてだけの普及にとどまった。

＊　＊　＊

江戸時代、手拭が単に手ふきや浴用だけでなく、ずいぶん広い用途をもっていたことはよく知られている。そのいちばんだいじな役割はかぶりものとしてだ。男も女もあたまに髷をつけていて、外へ出れば、道は都会も田舎もなく砂埃だった。また搗米《つきごめ》屋や炭屋のように、職業柄、粉をあびる仕事もある。髪が汚れても洗髪は容易ではなかったため、ひとはなにかにつけて髪を覆った。都合のよいことに、大きな、凹凸のある髷は、手拭を落ちないように留めておきやすい。手拭ではないが、散髪勝手の法令が発せられたとき、神職など職掌として烏帽子《えぼし》をかぶらなければならないひとだけは、除外すべきだという意見もあった。

「手拭の冠り方」
尾竹国観画、『世事画報』、1898（明治31）年9月

『半七捕物帳』の怪談「春の雪解」の幕開けの部分で、夕暮れの入谷田んぼで降りだした雪に、半七はふところの手拭を出して頬かぶりをして歩いた、という描写がある。雨はともかく、東京あたりに降る「鶴の羽のような」小雪なら、手拭ひとつでもけっこうしのげたし、ひとによってはけっこう粋な姿にも見えたろう。おなじ半七の「熊の死骸」では、火事見舞いに乾分の松吉をつれて高輪辺まで出かけた半七が、思いがけない火に煽られて、濡れ手拭に顔を包んで、尻端折りの足袋はだしというかっこうになった、とある。寄席の高座ではなし家が、手拭ひとつを杖にも天秤棒にも使ってみせるが、これほどコンバーチブルな持ち物が今はあるだろうか。

手拭かぶりのうちでも頬かぶり

となると、顔をかくすという目的があるため、江戸時代には禁止されたことがあるし、江戸城周辺の一部の場所、大手坂下の両御門では、明治五年六月になってようやく禁制が解かれている（「大手坂下の両御門」新聞雑誌 1872/6: 2）。顔を覆うのは身分を隠すとか、体面のため、とかいうのが目的だったろう。もちろんお忍びの将軍様や鞍馬天狗の覆面は、手拭一本では無理だ。

　明治の御代になって見られなくなったもののひとつが、この手拭かぶりだ。散切りや丸坊主ではかっこうよく手拭をかぶれない。その点、日本髪や束髪の女性はながいあいだ、手拭かぶりがしやすかった。塵除けのあねさんかぶりにたすきを掛けた女のすがたは、明治の主婦をしのばせ、それが白い割烹着すがたの昭和の主婦に変わってゆく。

　明治期の新聞の現代小説を見ると、女性が吹流しというかぶり方をしている挿絵によく出あう。手拭を巧みに使ってきたのは歌舞伎の舞台演出だった。絵双紙屋伊勢辰の出した手拭かぶりの一枚絵が有名だが、そのなかのどれだけが実際のもので、どれが舞台の上の虚構であるのかわからない。若衆かぶりとか小姓かぶりとかいうかぶり様を見ると、いかにもそれらしく思えてしまうが。女が男と手に手をとって、人目を忍んでゆく駈落に、まるで宣伝でもするようにお約束の吹流しをする必要があるだろうか。吹流しは女の道行のかぶり方で、ただふわりと髷にのせた手拭の、片方を口にくわえることになっている。なお、この伊勢辰絵の手拭かぶりの名称は、かならずしもじっさいにかぶるひとを示していないことも、知っておく必要がある。たとえば、紙屑買の手拭かぶりは、吉原かぶりにかぎっていたという（幸堂得知「冠物及び手拭の沿革」『流行』白木屋、1911/9）。

　もうひとつ、新聞小説に多く見るのは病鉢巻で、これも時代は明治の世界だ。病鉢巻は手拭を八つ折ぐらいに細く畳んで、頭の鉢にぐるりと回し、右の側頭部で結び垂れる。左で結び垂れるのは侠客で、助六はだから左鉢巻だ。頭痛のするときはこうすると楽になる、という説もあるらしいが、もし舞台の演出からはじまったものとすると、正直な大衆がそれを真似たのだろうか。破れ畳に煎餅布団の貧乏人でも、明治時代の病人は律儀に病鉢巻をし、丸めた座布団のような枕の上に顎を乗せている。

　鳶の者やくざ、とかく威勢のいい稼業の兄いの手にしている手拭も、明治期の小説挿絵では頻繁に眼にする。ひとの家の玄関の上がり框《かまち》に腰をかけ、片裾をまくって凄んでいるときなどは、かならず手拭を肩にひょいと乗せている。役者の芸談などでは、手拭の持ち方掴み方で、人柄を表現するというが、挿絵ではどうだろうか。

＊　＊　＊

　手拭の生産地としてもっとも名高いのは江戸、東京だった。意外のようだが、意匠で勝負の商品だから、製作者と需要家とが離れていないことが必要なのだ。ただし生産量でいえば大阪がはるかに大きく、一九一〇年代（大正初期）で、専業の手拭染業者が東京に二四、五軒、大阪が七〇余軒、といわれた。

　手拭染は中形染の一種で、布は伊勢木綿を一番としたが、多いのは愛知県知多産の木綿。

　手拭の柄でいちばん有名なのは豆絞りだ。豆絞りは「下賎の者、道楽者、物売り、船頭等が多く用い、上品向きではありません」（松本尚山「手拭使いぶり集」1941）とも言うが、もうすこし細かい芥子絞りや、たづな絞りとともに、だれにでも、どんなときにも使われている。東京では、薄藍染めの無地手拭に特色があったのだが、配りもの、貰いものの、けっこう派手な柄物を、義理で使うことも多かったろう。じっさい、手拭を金を出して買う家は少ない。商店、会社からとどく開業披露の印手拭、粋なところでは芸妓、芸人からのお年玉手拭、それで仕立てた浴衣を着るのも乙なもの、と思うひともあったらしい。

時計

わが国では江戸時代にすでに和時計の歴史があるが、一般家庭に時計が入りこんできたのはもちろん開化以後だ。一八七二年（明治五年）の新聞は、奈良県がいかに時勢に遅れているかを説明して、脱剣はもちろん洋服着用のひとはひとりもなく、時計を持っているのは官吏ふたりだけ、と書いている（新聞雑誌 1872/2:6）。われわれはむしろ、それでは東京などではそんなに大勢のひとがもう時計をもっていたのかとおどろく。二年後の一八七三年（明治六年）一月一日に太陽暦が導入されて、現在のような欧米風の定時式二四時間制になるまで、日の出から日没の間を六区分するという不定時法が日常生活では生きていたのだから、時計をもっていても、それほど役にはたたなかったはずなのだ。

一九世紀を通じ掛（柱）時計の普及は順調だったとみられ、一八八〇年代末（明治二〇年前後）には、もうどんな田舎へ行っても、時計のない家はめずらしいくらいだった。それにくらべると携帯用の時計は、まだひとつのステータスをあらわすものだったようだ。八代目桂文楽がよくやっていた「つるつる」という噺のなかに、幇間《ほうかん》が時計と思わせてじつは天保銭を帯にはさんでいて、時間をきかれると「いま八厘（時）」とシャレで答えるというギャグがある。天保期鋳造の一〇〇文銅銭は明治初年まで通用していて、だいたい時価八厘だった。

その時代の携帯時計は、和装の場合だと帯にはさむにしろふところに入れるにしろ、しっかりした紐か、鎖がついていた。たいていのひとはふところに入れたので、懐中時計といういい方が一般的になったのだろうが、和服の場合は袂に入れるひとも多かったらしく、夏目漱石のように袂時計といういい方しかしなかったひともある。そしてこの方が古いいい方と考えられている。洋服であればもちろん内ポケットのなかで、チョッキには時計専用のポケットがある。提げ時計ともいうが、これはたぶん新しいいい方だろう。

＊　＊　＊

時計がステータスをあらわすのだから、時計よりもいつも外に見えている鎖や紐はそのシンボルになる。女性はその鎖——たいていは細い金鎖——を首に掛けるのがふつうだったから、それを知らずにこの時代の女学生などの写真を見るひとは、ネックレスを妙な掛け方をしているナ、と思ったりする。時計の鎖が女性の一種の装身具として重んじられたのは、一八九〇年代から一九一〇年代初めまでで、だいたい明治の後半といってよいだろう。

国民新聞の「流行の懐中時計」という紹介によると、一八九三年（明治二六年）当時の相場が、「実用的なるを好まば、米国製二一形白銅無地無双側竜頭巻（九円五〇銭）に如くはなし」とある一方で、「時計の連鎖の流行は（一）小判型、（二）喜平型、（三）角環繋ぎに止めをさし、銀鎖三円五〇銭より四円、赤銅金張交ぜ六円五〇銭より八円、米国製金着鎖七円」（国民新聞 1893/10/13:3）とあって、鎖の贅沢にかなり比重のかかっていることがわかる。

とんで一九〇〇年（明治三三年）の国民新聞の「現時の時計の流行模様」という記事では、側《がわ》（胴体部分）の高価なものはもちろん金、安いものは銀、一〇に二、三は七宝入りや彫刻つきだが、概して女持ちは変化が乏しい。それは時計の場合、髪飾りなどとちがって女性が自身で買うのではなく、たいていは夫なりなんなりに買ってもらう、つまりお授け次第のため、と分析している。また、鎖を使うひとと紐を使うひととの比率は六対四くらい、この差の生まれるのは、鎖は男女とも和服にも洋服にも使えるが、紐は和服にしか使えないため、とある（国民新聞 1900/5/2:5）。

恩賜の銀時計の制度がいつから

かははっきりしないが、一八九九年（明治三二年）からはじまった東京帝国大学よりさきに、軍関係の学校でおこなわれていたので、おそらく一八九〇年代のいつかだろう。原則として天皇が臨席して首席、次席などの成績優秀卒業者に、銀側の懐中時計が授与された。帝大では一九一八年（大正七年）という早い時期に終わってしまっているので、銀時計組というと陸軍士官学校、海軍兵学校の卒業生で、職業軍人の俊才の雛を意味した。ただし時計の歴史からいえば一九一〇年以後は懐中時計は過去のもので、腕時計の時代になっていた。それでも恩賜の腕時計に変わらなかったのは、褒章制度などというものが芥川龍之介の言い草ではないが、子どもがオモチャをもらうような、実用とは関係ないせいだからだろうか。

＊　＊　＊

一九一〇年代（ほぼ大正前半期）にはようやくわが国でも懐中時計の国産ができかかっていた。懐中時計にかぎらず、時計の国内生産については、なにはどこどこが最初、と断定的に書かれている資料が錯雑している。時計の国内生産こそ遅かったが、時計の修理は開化後のごく早い時期から日本の職人の手でおこなわれていた。精工舎の服部金太郎の伝記を見ると、明治の五、六年（一八七二、七三年）頃には、東京にもうかなりの数の時計職人が、時計商、あるいは時計修繕業の看板をあげていたようだ。こうしたたくさんの職人、半職人たちの手で日本各地で営まれている軽工業の場合、なにがいつ、だれの手で改良され、創案され、あるいは剽窃されたという事実をたしかめることは、ほとんど不可能だし、どうでもよいことだ。

腕時計が懐中時計にとって代わったのは世界的に一九一〇年代以後、欧州大戦（〜一九一九年）の結果といわれている。それと同時にスイス等での技術の発展から、いちじるしく小型化して、いわゆる〝南京虫〟が出現する。女性が、はじめのうち腕巻きといわれた腕時計をするようになったのは、社会進出のひろがりとあわせて、このデザインの変化にもよるだろう。

一九二六年（大正一五年）には、「婦人持ちの時計は、四、五年前は懐中時計と腕巻時計が五分五分の勢いであったが、だんだん腕巻が勢力を占め、此頃では七分通り腕巻に変わり、同時にサイズは次第に小さいものが喜ばれるようになった」（読売新聞 1926/1/23: 7）とあり、一方でまたそれから三年後に、こんな記事もある。「一〇中の六、七人は腕時計ですが、純日本趣味の人々には、在来の下げ時計が喜ばれています。下町の人々の間には、まだ盛んに下げ時計が用いられています」（東京日日新聞 1929/3/25: 6）。

提（下）げ時計とは、懐中時計という名を嫌うひとのいい方。和装で腕時計をしないのは、きものの袖先にブレスレットのたぐいは不調和だという考えからだ。とりわけ浴衣に腕時計は、べつの意味からもナンセンスだと。

また女性は腕時計を腕の内側において、時間を見るとき肘の張らないようにするもの、という注意を母親が娘に与えていた。時計を見るときの袂の扱い方に注文をつけるひともあった。

眼鏡

めがねを日本人がかけるようになったのも、明治維新の文明開化からのように思っているひとがあるかもしれないが、そうではない。戦前に一心太助と大久保彦左衛門の映画があって、盥に乗って登城する古川ロッパの彦左衛門が、紐つきのめがねをかけていた。あれを見てロッパがもう年寄りなので、めがねを掛けさせているのかナ、と思いこむ子どもがいたようだ。じつは彦左衛門の主人の徳川家康が使っていた老眼鏡が、使用者のはっきりしているめがねの遺品としては、わが国ではいちばん古い。もちろん南蛮人のもたらしたものだ。

幕末以後にめがねが大量に入ってきたのは、だから再輸入ということになる。江戸時代もめがねは国内生産されていたが、原料のガラスは輸入に頼らなくてはならなかった。明治になって板ガラスが国内生産されるようになり、それによってめがね職人がにわかに多くなった。ヨーロッパでもめがねの生産はヴェネチアングラスと関係が深いから、めがねの魂はやはりガラスのレンズ、ということになるのだろう。おなじ理由で、その時期めがね職人に転業したひとの多くは、鏡磨き職人や、甲州の水晶細工職人だった。しかし微妙な凹凸をもったレンズの製作は見よう見まねだけではむずかしい。一八七二年（明治五年）という早い時期に、もう技術習得のためにはるばるヨーロッパに赴いた朝倉松五郎のような職人が知られている。またしめがねの縁《ふち》や蔓《つる》は金属製だったから、刀剣の飾りを作っていた職人の転業が多かった。一八七六年（明治九年）の廃刀令以後、飾り職人はほとんど失業していたのだ。

文明開化のめがねのもっとも大きな恩恵は、近眼鏡がひろく使われはじめたことだろう。江戸時代のめがねといえば凸レンズの老眼鏡がふつうだった。

老いぬれば　鏡見るにもいる眼鏡
（一七〇〇年、元禄一三年の雑俳）

そういう点からいえば彦左衛門のめがねには疑問がある。盥に乗って読書でもしていたのだろうか。近眼鏡は欧米では一七世紀以後一般に使われていた。肖像画で見るシューベルトもめがねをかけているが、彼は一八二八年に死んだときわずか三一歳だったから、まさか老眼鏡ではないだろう。明治に入って近眼鏡が普及したことと、書物がそれまでの木版でなく活版になって、一般に字が細かくなったこととは対応するかもしれない。書物だけでなく、すべて毛筆で書かれていた手紙や帳簿類の多くが、だんだんと金属のペン書きになった。頼りない灯心の明かりがランプになり、瓦斯燈や電気燈になって、そのうえ近視用のめがねが使われるようになったので、それまでは半失明者のようだった強度の近眼のひとには福音だったはずだが、結果としては明治大正を通じて、むしろ近眼者がふえていったのは皮肉だ。

近眼のめがねの普及によって、めがねをかけているひと――という、この時代のあたらしい身装イメージが生まれたことになる。また一八七四年（明治七年）に刊行された萩原乙彦の『東京開化繁昌誌』のなかには、

文人墨客は旧弊維新相半ばす、あるいは除塵埃《ちりよけ》の眼鏡を掛けて横丁の出会い頭に眼ばかり来たかと人を脅し、あるいは髯を生やしたるも復古を慕うにあらで異人に紛れんことを欲し（……）。（萩原乙彦『東京開化繁昌誌』二編　下、1874）

等々とあって、視力補正以外のめがねの用途が早くも示されている。

創刊後一週間目の東京朝日新聞に、本所の錺《かざり》職人の某が家を出るときに、女房が気をきかして、塵埃《ほこり》がひどいからこれをお持ちなさいと、ありあわせのめがねを手渡した、という記事が載っている。男は受け取りはしたものの、そのまま袂に入れてすっかり忘れ、家に帰って敷居をまたぐときに思いだしてそれをかけてみた。この男はそれまでめがねというものをかけたことがなく、たまたまそれが青レンズのめがねだったので、家中の人間が真っ青に見え、必定これはコレラの感染に相違ないと、上がり框《かまち》に倒れて気絶した、という（「青眼鏡」朝日新聞 1888/7/29: 2）。素通しの、ありあわせのめがね、が手近にあったということは、普及の程度を推測させる。

一八九〇年代前後（ほぼ明治二〇、三〇年代）、欧米から帰朝したひとが、めがねをかけるひとのふえたのに驚いている。かつ、そのなかのかなりのパーセントが、素通し

の、いわゆるだてめがねであると指摘もしている。だてに素通しめがねをかけるのは、もっぱら女学生など若いひとだった。めがねをかけることによって賢そうに見える、あるいはインテリっぽくなる――というのがその理由らしかった。一九〇七年（明治四〇年）に眼科医の井上通泰博士は『日本』誌に一文を寄せ、だてめがねは無色のものであれば害はないが、二つのレンズの距離が狭すぎると頭痛の原因になることがある、などと言っている。

逆にめがねを嫌うひとも女性に多い。老眼鏡の使いはじめの遅れぎみなのはだれにもあることだが、若い女性には近眼鏡をかけたがらないひとが多く、ド近眼だった樋口一葉は有名な例だ。おかげで五〇〇〇円札では、素顔の彼女を見ることができる。若い女性がめがねを嫌うのは、かわいくなくなるから、というのがおもな理由らしい。映画などで舎監とか嫌われ役には、無愛想な丸枠のめがねをかけさせることがある。しかし小さい女の子がトンボのめがねをかけているのはかわいいものだ。映画《デリカテッセン》(1991)のなかで、ド近眼のヒロインがかけていた大きめのめがねも愛嬌があった。

めがねの枠――したがってレンズの大きさは、ウエリントン型とかフォックス型とかいう型のデザインとはまた別に、十何年か、何十年かのサイクルで大きくなったり小さくなったりするようだ。おそらくはもっとも単純な、〝感覚疲労〟のためだろう。しかし、めがねの大きさも、めがねによるこうしたひとの顔のイメージの愉しみも、いまは実用的にはコンタクトレンズが無くしてしまった。

＊　＊　＊

日本人にとってのめがねの問題のひとつは、鼻梁の高さとの関係だ。鼻めがね以外のめがねは耳朶で支えられているので、ずり落ちやすさ、ということでは鼻の高さは関係ない。しかし鼻梁が低くボタンキョウの眼をもつアジア人は、レンズと睫毛が接近しすぎてトラブルが生じたり、めがねが横にずれたりすることもあったらしい。そのためにいつのころか鼻あてが工夫され、今日では一般化した。

しかし鼻梁で支える鼻眼鏡は、二、三の著名人の例が知られているだけで、ついに土着しなかった。一八九六年（明治二九年）の『風俗画報』の流行欄では、「鼻へ挟むは余りに西洋がり過ぎると、鼻が高くなければ掛けることができぬとの二つにて中々好み手なく、やはり耳へ引っ掛くるが流行す」と言っている。もっとも欧米でも、使うひとの多かったのは二〇世紀はじめまでの短い時期だった。

めがねの魂はレンズのはずだが、消費者も、また扱う業者も、値段の違いの大きい縁のデザインの方に関心がむきやすい。レンズのかたちに関しては第二次世界大戦以前は丸型全盛で、名前の売れているロイドめがねもその例外ではない。消費者の関心はそれよりも縁をなににするかに向いていたようだ。一九〇四年（明治三七年）一月の東京本郷の某専門店の新聞広告を見ると、金、銀、赤銅、銅、鉄、洋銀、ニッケルという品揃えがあるが、なぜか鼈甲が欠けている。それに対して一九三二年（昭和七年）九月の大阪の三越の宣伝では、「金縁から鼈甲縁へ　金の値上がり時代に、鼈甲は一昔前の約四分の一の値段（……）一円五〇銭から御座います。自然流行は懸け心地よく、安価な鼈甲眼鏡へ移り（……）」とある。金と鼈甲とは第二次世界大戦前における、めがねの縁の贅沢の両雄だった。それに対して大衆むきの両雄は古くからの鉄と、新興のセルロイドだった。

くりかえすが、めがねの魂はレンズでなければならない。そのレンズの近代的な研磨技術と、眼科医学的な調整はわが国では意外に遅れていた。もっぱら職人的な伝承の知識と技術に頼っていた業界が、近代的な眼科医学に積極的に近づこうとした努力が、一九二三年（大正一二年）二月、井上通泰博士の指導による第一回眼鏡講習会、次いで一九二六年（大正一五年）二月、アメリカ眼鏡製造会社の技師デスモンドによる大阪での講習会、同年一一月に七日間にわたる石原忍博士による講習会等々で、石原博士は東大医学部長、逓信病院長を歴任、この時代の眼科学のトップの立場だった。

残念ながら、そのレンズは依然ガラス製で、硬質といっても限界があった。平和な時代ならともかく、敵と向かいあって戦う兵隊たちにとっては、めがねはときに生死に関わる道具だったのに、その脆さはコップと大して変わらなかったのだ。応召して家を出る夫や息子に、家族はときには一〇個近くの近眼鏡をもたせたというが、ガラスのなくなった鉄の縁一つが、遺品として帰ってくることもあったという。

素材と装い

和服地一般

　開国当時、衣服の素材にとっての黒船は毛織物だった。築地、そして横浜の外国人商館がもちこむ商品は多彩だったが、なかでも各種の毛織物は重要な輸入品目で、数量も多かった。欧米に則った官制をつくり、行政官や軍人、そして警察官や、鉄道、郵便職員のすべてを欧米風の官服で装わなければならない。それには大量の羅紗が必要だ。かなり後々まで、洋装反対の論拠のひとつは羅紗の輸入によって莫大な金銀が国外に流出する、という怖れだった。そのために日本国内でも千葉県などで牧羊が試みられたりした。

　羅紗以外で、日本人に早い時期に受けいれられた毛織物はフランネルだ。フランネルは主として肌着としてよろこばれた。和歌山県のように、維新直後といってよい時期に殖産事業を起ちあげた県では、このフランネルに眼をつけてその移植に成功している。しかしまもなくセルの方により大きな人気がでてくる一方、フランネル自体も、生産を需要の大きくなってゆく綿フランネルの方に転換してゆく。

　丈夫で、水にもつよいセルは、袴などをふくめた実用着として次第に販路をひろげた。一九〇〇年代以後（ほぼ明治三〇年〜）になると、袷と単衣もののあいだの初夏の素材として、なくてはならないものになった。ただしその時代でも、上等の品は舶来でなければならなかったようだ。

　毛織物のうちでもっとも大衆的な人気をかちえたのはモスリンだったろう。東京方面では一般にはメリンスといわれ、明治時代には安物でケバケバしいものの譬えにされるくらいだった。女の子のふだん着や帯によろこばれたが、毛織物の染着のよさからその染め色の華やかさがだんだん見直され、国内でもしだいに生産が盛んになって、一九〇〇年代には輸入品を必要としないようにまでなる。

　このように各種毛織物の生産が盛んになるなかで、かんじんのスーツ、各種制服、またあたらしい用途としての婦人用コート等のための羅紗については、一九二〇年代後半（昭和初め）になってようやく、外国産に劣らない品質のものが日本でも製織されている、といわれるようになる。とはいうものの、とりわけテーラーたちの、英国の有名ブランドへの信頼は簡単に消えはしなかった。

＊　＊　＊

　時代が変わっても、きもの地の中心はやはり絹ものであることに変わりはない。和服地にかぎらず日本人の絹への執着はつよかった。アメリカ生活から久しぶりに帰朝したある洋裁家がいちばん目についたのが、女の子の洋服が縮緬や高価な絹もの製が多いことだった、と言っている。「晴着になると和服同様、絹布でなくてはならぬように考えられているようです」（高橋美代子『経済で上品な少女ドレス仕立て方』『主婦之友』1923/7）。

　政府が国の輸入超過を補填するために、西陣等の絹織物の輸出をはかったことも当然だ。しかし二次製品としての錦、緞子類も、また白羽二重類も、当初の輸出金額は意外に小さい。その理由は、ひとつには欧米人の嗜好にあうようなデザインの工夫がなかったこと、またひとつには、絹素材の品質自体が欧米の製品に及ばなかったためだろう。

　明治初年の西陣は火の消えたような状態で、木綿織物の製作に転向した機業家も多かった。西陣の再生のためには、そののちリヨンなどからの、すすんだ技術の導入を待たなければならなかった。

　絹織物の種類は多く、そのときそのときの流行もさまざまだが、着尺、つまりきものとしてもっとも好まれたのは御召といってよく、とくに近代後半期はそうだった。縦糸か横糸に、あるいはその両方につよい撚りをかけて織った織物が、ちぢみ、あるいは縮緬だ。撚りのない糸で織った羽二重などとくらべると表面が華やかで、また柔らかくもあるから、縮緬類は衣服素材としてはとりわけ女ものにはよろこばれ、値段も高い。御召は縮緬中の高級品だ。

御召が贅沢品といえるのに対し、絹織物のなかでもっとも実用的だったのが銘仙だろう。銘仙は節糸などやや品質のおちる絹糸を用いて、平組織で織りあげた丈夫な生地。戦前はたいていのデパートには銘仙売場があり、専門の販売員が何人もいるくらい大衆的な人気があった。それだけに種類、たとえばいろいろな交織品も多い。

紬糸を用いた絹織物としては結城紬、大島紬の名が代表的だ。真綿から指の先で糸を揉みとる紬織物は、絹であってもそれほどなめらかな光沢がない。そのため江戸時代には、武士階級の着る黒羽二重の紋附羽織の光りものに対して、富裕な町人階級は好んで紬を着た。そんな記憶が残っているわけではないだろうが、光るきものの仰々しさは、とりわけふだん着には嫌われるから、結城紬も大島紬も、庶民にはチョット手のとどかない値段ではあったが、富裕のひとたちにとっては、やはりふだん着なのだった。

＊　＊　＊

よく知られているように日本の木綿栽培は、値段が安く品質もよい輸入綿花のため、明治の早い時期に壊滅した。それ以後のわが国の綿糸は、外国産の綿糸をどう輸入し、どういう比率でまぜるかということが眼目になった。

大衆の日常着である木綿織物では、明治のごくはじめに大流行した双子織が、その後もひきつづき近代の前半期にはひろく用いられていた。双子織はもともとは埼玉県の川越の特産だったのだが、需要のひろがりに応じて各地で生産されるようになる。お仕着せのきものや職人の半纏といえば双子ときまっていたが、日常的になりすぎたためか、現代では残っているものを見る機会がとぼしい。表面を熱処理してケバを焼いたガス双子は、光沢があるためにやや上等向きに使われた。

新政府は産業振興に力を注ぎ一八八〇年代（ほぼ明治一〇年代）に入ると、そう間隔をおかずに大規模な勧業博覧会をくりかえし開催した。その染織館の全国からの展示品を見ると、どこどこの名産といわれてきたものが、何カ所ものべつの機業地でもつくられているのがわかる。博覧会は、そういう傾向を刺激し、促進することにも役立ったにちがいない。織物の種類は江戸時代からも多様だったが、機業者の競争心を煽るような環境の点からも、意匠や技術の伝播のスピードという点からも、製品の品質が向上し、種類がより多様になったことは、むかしとは比較にならない。

一九一〇年（明治四三年）一〇月の三越呉服店の商品カタログには、丸帯の写真つき解説のなかで、このように何百種類とある帯地では、一旦符牒を取ってしまったら、商売人でもわからなくなってしまうものが多い、という嘆きがでている。その嘆きを倍加させたのは、一九二〇年代以後（昭和初め）急速になった、交織品の増加だったろう。

三遊亭圓生（六代目）の思い出ばなしに、むかしは前座が絹ものを着ることを禁じられていて、あるとき光沢のあるきもので楽屋入りした前座を師匠が見とがめて注意したところ、イエ、これは新御召でございますといいわけする。師匠は、新御召でもなんでも、光るものを着ちゃいけません、と小言をいった。新御召とか新八反とかいうのは、縦が絹、緯が木綿の瓦斯糸。ほかに新大島とか、新を冠したまがいものが震災前にもつぎつぎと現れていたうえ、一九三〇年代（昭和戦前期）になると、さらに紛らわしい人絹の交織品がひろい人気を獲得する。

一九三〇年（昭和五年）一月の『婦女界』では、一六、七のお嬢さんが、和服一揃いを新調するのにどのくらいの費用がかかるかを詳しく紹介している。興味のあるのは、和装のレベルを、モスリン級、銘仙級、縮緬級A、縮緬級B、の四段階にわけていることだ。一〇代の娘ということでの偏りを留保すれば、これはその時代——一九三〇年代（ほぼ昭和戦前期）を中心とした和装素材の、社会通念としての格付けの一例を示していると考えられる。

きものの柄

和服の柄のなかでもっとも特色のあるのは友禅柄かもしれない。ここで特色というのは、美しいとか、誇るにたる、という意味ではない。

博覧会の二号館を子供と一緒にある日見て歩いた。（……）織物の方では色々の贅沢な模様ものが封建時代の花見衣のように掛連ねてあるのを見た。ぼくはこの模様ものの衣裳が大嫌いだ。縮緬などの薄っぺらな織物は模様でもなければ引き立たないのだろうが、それにしても肩まで模様の散らかったものを陳列なら兎も角大道を着て歩くのは低能に近い。現代の衣裳の趣味は、以前の東京人の渋い趣味などから見ると、未開国の方に後戻りしている。（徳田秋声「一日一信」読売新聞 1914/5/8: 4）

銀座に限らず、若い人達の風俗が世界無比に華美であるように言われています。ほんとうに、日本の若い女の人達は、それほどまでに華美でしょうか。（……）それはただ単に、若い人達の着ている和服が、（洋服には不思議にそんなものは見当たりません）和服の色彩が、生で、毒々しくて、大ゲサで、けばけばしい、ただそれだけの理由だと思います。（宇野千代「奢侈品がなければ女は美しくなれないか」『スタイル』1940/9）

幕末にはじめて日本の地を踏んだ欧米人が、ひとびとの着ているものがほとんど紺一色のように暗いのに対して、少女だけは、パッと花の咲いたような赤い花柄のきものを着ていた、と観察している。赤い花柄がべつに友禅にかぎっているわけではないが、複雑な半具象模様にたくさんの色をつめこむのは、西陣や京友禅の伝統だ。たしかに、たいていの女の子はそういう柄を無邪気によろこぶ。その願望が明治後期から大正にかけての、安物のモスリン友禅人気を支えたのだ。そしてまた昭和戦前のあの、鏑木清方《かぶらききよかた》が長襦袢と区別がつかないといったきもの柄にもむすびつく（鏑木清方談「どこまで行くか女の派手好み」東京日日新聞 1936/3/20: 8;「キモノの新しい雰囲気」東京日日新聞 1937/3/19: 14）。宇野千代はくり返しそれを、おもちゃ箱をひっくり返したようなとか、布団柄のようなとか言って軽蔑した。

毒々しく、大ゲサで、けばけばしい、おもちゃ箱をひっくり返したような和服の柄に対する批判は、率直にものを見る眼をもつひとからは、よくきかされる。明治の生活文化に詳しい内田魯庵は、なぜそうなったかの理由として、いままで織物はモチのいいのを第一とし、糸の目方が第二、ガラの如きは三番目四番目の問題としていたため、と断じている。

ガラの如きは極めてパッとしたものや、十篇一律の有り来たりを喜んで、いわゆる変わり柄は温和しくないとか、人を見るとかいって嫌う傾きがあった（……）、そういう自覚心より、ガラに対する鑑賞力が極めて幼稚だったのである。（内田魯庵「最近三四十年の女の風俗」『婦人画報』1922/9）

和装柄のすべてが秋声や千代、あるいは魯庵の嫌うようなものではないし、彼らもそうは思っていないだろう。いわゆる小紋や縞、またそれらを地紋風に置いた御召や絣、あるいは大島や結城の紬類の柄には、上品でしかも粋であるとか、派手でいてしかも大人びた雅のあるもの、地味そうでいて華やかさを秘めているものなど、それを身にまとうひとの面影がしのべるようなきものや帯との出会いも、われわれはしばしば経験する。

＊　＊　＊

子ども物や若い娘の振袖を除い

て、近代のきもの柄のうち、大仰なものは式服の裾模様だろう。かつて、膝を揃えて青畳にすわった女性の返し褄にも、摺足で歩く女性の控え目な蹴出し褄にも、褄模様はじゅうぶん華やかだった。ただし裾模様はもともと、幕府の規制から生まれたものであり、清方が派手なものの例に挙げた長襦袢におきまりの、〝燃えたつような緋縮緬〟と、おなじ素性のものだ。

そんな幕府の統制とは縁のない明治の御代になってまで、いや昭和の戦後になってもまだ、礼装といえば黒の白襟、裾模様と、自縄自縛にこだわりつづけた精神が、染織デザインの自由な発想を枯渇させた。

女性も立ちすがたでひとに接する機会がふえたことから、褄だけだった模様がだんだん上にひろがりはじめ、膝のあたりまでだった江戸褄が帯下までにおよぶ島原模様や、背面ぜんたいにかかるうしろ掛かりの江戸褄が現れる。それを夜会模様とか、園遊会模様といった。模様がひろがっても礼服であるかぎりは、ぜんたいはあいかわらず黒地の定紋つきだ。芸者のお座敷着――出の衣裳も礼装である以上は、おなじだった。華やかな宴席に、ときにはずいぶん猥雑な場面もあるのに、芸者たちがいつもそんな窮屈なかっこうでサービスしていたとは、考えてみればふしぎなはなしだ。

一九〇〇年代（ほぼ明治三〇年代）に訪問着が現れはじめたとき、「縞物では失礼だが、さりとて礼服でもあまり角立つといったような時、小紋代わりの無地ものが流行いたします（……）」といった説明もあった。気のおけない会合や、観劇や、百貨店でのお買いものに――、という宣伝コピーもあった。しばらくするとそれよりもうすこし気楽な、つまり訪問着とふだん着の中間のような第二訪問着などというものの必要が、婦人雑誌などで論じられた。

しかし逆に、訪問着よりもっと大胆で、礼装なみかそれ以上の費用をかけて、しかし白襟黒紋附の枠に縛られない超訪問着、洋装でいうならオフ・ショルダーのイヴニングドレス――そういうものもあってもよかったはずだ。それが生まれれば、江戸時代の幽霊のような白襟黒紋附と、はっきり決別するチャンスだったのだ。しかし有職模様や御所車のほかには、なにも思いつかず、やっぱり伝統柄がいちばんだんナー、をくりかえす業者からも、きまりごとや格式の重みばかりをオウムのようにくりかえす〝専門家〟からも、未来をさし示すようなアイディアはなにひとつ生まれなかった。昭和戦前期に盛り場にあふれていた、〝おもちゃ箱をひっくり返したような〟〝布団柄のような〟衣裳は、そのみじめな失敗作だったのかもしれない。

その時代にいちばん大胆な柄行きがゆるされていた浴衣、羽織、長襦袢には、絵羽や付下げ、切継といった仕立の技巧がほどこされていた。訪問着に絵羽仕立てが現れたのは、一九三五年以後（昭和一〇年代）だった。けれどもかつて三越の日比翁助専務が嘆いたように、この国には、大胆なトップファッションを競いあうような、華やかな社交の晴舞台がないのだ（「服装の意匠」国民新聞 1903/3/6: 3）。だからそんな超訪問着は、何十年かのちに、銀座裏の高級バーの女性たちによって、いくぶん変わった情景のなかで実現されるまでの、長い時間が必要だった。

＊＊＊

徳田秋声も言っているように、かつての東京人の渋い趣味のなかのあるものは死んだかもしれないが、世の中が落ちつくにつれ甦ったものもある。小紋の嗜好もそのひとつだろう。小紋柄を支えていたのは主として武士の服装だったから、維新後の長いこと逼塞してしまっていたのはむりもなかった。それがようやく一八八〇年代半ば（明治一〇年代）になって、こんな新聞記事が現れた。「二、三年前より東京派手社会にては、衣服の流行が昔に戻り、小紋の着物が粋だとか高尚だとかにて流行する様子なりしが、近頃はいよいよ流行の本色を表し、お嬢様もおさんどんも、縮緬と木綿の区別なく、着物はすべて小紋形にかぎるという傾向あり」（時事新報 1885/8/6:1）。その後も人気不人気の波はあったが、やや年のいった女性向きの上品な柄として、ときには裾模様をつけて、略礼装にも用いられた。

縞と絣は、基本的には好き嫌いの少ないものだ。縞はどんな素朴な手織木綿にもあるが、また古渡り唐桟などになると、錦よりも高価な趣味の品になる。近代を通じてもっとも好まれた絹着尺の代表である御召は、がらゆきとしてはほとんどが縞物で、それは大衆着尺の代表、銘仙もかわりない。

一九〇〇年代以後（明治三三年〜）になると、織元の競争も激しくなれば消費者の目も肥え、たとえば銘仙だからといって、一目見れば産地がわかるようなものでなく、ときにはタッグを取ってしまうと呉服屋の番頭さえ迷うような新製品や、いわゆる珍柄が多くなる。

色、柄の多様化、向上をおしすすめたのは、ひとつには大呉服店、一九一〇年代以後（大正時代〜）の大百貨店の販売促進の努力だった。小売店のキャンペーンのなかでも有名なのは、一九〇五年（明治三七年）前後の三越呉服店による元禄模様だ。三越は巖谷小波を座長とした流行会を組織して、宣伝パンフレットの『時好』『三越タイムス』等によって盛んに宣伝したから、明治の末の元禄風好みは、呉服商品の枠を越えた知名度をかちえていた。それとくらべると三越の三彩会、高島屋の新柄流行百選会といった創作染織作品展示会は、巨視的にはそれほど大きな大衆への影響力はもたなかったろう。

木綿地

木綿は古くからあったもののように思われがちだが、栽培が全国にひろがったのは江戸時代も終わりのころで、それでも山間地などでは明治になっても、手にいれるのがむずかしく、非常に貴重なものにされている地域が残っていた。

綿花の栽培は全国的だったが、ほんらい暖地の植物であるため、良質の木綿は西日本で生産されている。薩摩木綿、長崎木綿、河内木綿、松坂木綿、三河木綿など、地名のついた木綿織物がよく知られていて、たいていはそれぞれ特色のある縞織物をもっていた。

幕末に書かれた『守貞謾稿《もりさだまんこう》』には、「今世河州（河内）を第一とし、また産すること甚だ多し、京阪の綿服には河内木綿を専用とす（……）然れども、よりいと細からず染色美ならざる故に江戸にては不用之（……）」とある。京阪では奉公人のお仕着せといえば河内縞にきまっていたが、江戸では松坂縞が多かった。

お仕着せとかぎらず、縞のきものに前垂ごしらえ、といえば、明治に入っても堅気の商人の制服のようなものだった。ただし旦那衆になると、おなじ縞のきものでも紬になる。幕末から明治にかけての、職人たちをふくめて、江戸の庶民が日常着ている半天や股引は、濃い藍染めの非常に細かい縞柄——盲縞とか、微塵縞、弁慶縞とかだった。幕末の外国からの訪問者は、日本人のだれもが黒っぽいものしか着ていないことに、つよい印象を受けている。もちろんこれは開化以前のはなしだが、現代の日本でも似た印象がありそうだ。

幕末から一八八〇年代（ほぼ明治一〇年代）あたりまでの庶民のあいだでは、双子縞が人気だった。双子縞の起源についてはいくつかの説があるようだが、ともあれ江戸か、江戸にあまり遠くない場所で幕末に織りはじめられたらしい。それが紺の盲縞にならんで流行にのしあがったというのは、盲縞の暗さに飽いたひとびとの欲求に合致した、という理由もあったかもしれない。

一口に双子縞といっても色柄はさまざまだったろうし、ずいぶん変化もしているので、ひとつふたつの例をあげてコレと示すことはできない。古くからある唐桟に似ていて、「色沢艶美時好ニ適シタ」（『織物資料』第二）デザインだった、ということだから、男ものとしては派手な部類だった、とはいえそうだ。ひとつこんな事例がある。『半七捕物帳』「人形使い」のなかで、池ノ端の人殺しの容疑者の風体を、目撃者が、「十露盤絞りの手拭いで頬被りして双子の半纏を着た男（……）」と、半七に告げている。それは安政（～一八六〇年）の末のことで、「双子の半纏をきて十露盤しぼりの手拭いをかぶった男は、そのころ江戸じゅうに眼につく程にたくさんあった」とも書いている。その時代、真冬の一〇時を過ぎた池ノ端は暗い。小料理屋の軒灯の明るさぐらいで見てとれたとすると、双子が夜目にもそれとわかる、かなりあざやかな柄ゆきだったということになる。一八七三年（明治六年）生まれの岡本綺堂は、双子をよく知っていたはずだ。

明治時代の小説の衣裳づけには、双子とならんで、紡績なになに、瓦斯なになに、ということばがしきりに出てくる。

紡績絣づくめの粗末な扮装であるが（……）。（内田魯庵「新詩人」『社会百面相』1902）

こうした場合の紡績とは、手紬の木綿に対して、機械紡織の安物の糸で織ったきものをさしている。一般に糸が細くて弱いと考えられていたようだ。

瓦斯糸というのは、ガスの炎のなかを通過させて毛羽立ちを焼きとり、絹糸のような光沢を生じさせた木綿糸。絹織物のもつ美しいツヤへの願望はつよかった。そのため綿織物もやがて絹糸を交織するようになる例が多く、双子織もすでに一八八〇年代半ば（明治一〇年代後半）には、絹綿交織がふつうになったらしい。一九〇〇年（明治三三年）以後になると薬品によるさまざまな表面加工の技術が発達したため、瓦斯糸は忘れられた。

実用繊維としての綿の重要性は薄れることはないが、和装にかぎっていえば、その需要はだんだんと浴衣や襦袢など、洗濯のはげしい衣料にかぎられていった。一九二〇年代後半（昭和初め）に入って、都会の女性の和装がほとんどおしゃれ着、外出着になってくると、木綿きもののでる幕はなくなった。じつは二〇世紀に入ってから（明治末以後）の木綿織物は、柄ゆきのうえでもいちじるしい進歩をみせているのだが、それにふさわしい評価を世間では与えていない。

また、製織・仕上加工技術の進歩によるさまざまな絹綿交織ものの人気も、ほぼ一九一〇年代から一九二〇年代（大正末～昭和初め）にかけての一時的なものに終わった。綿糸にとってのあたらしい、手ごわい敵は、一九三〇年（昭和五年）頃からの安い人絹衣料の出回りだったろう。

ペラペラばやりの御時世なれや木綿の着物はあわれ没落する一方なにしろ店頭の小僧君や番頭さん、それに小中学生までがほとんど全部、洋風の服をふだん着にする様になったり、また女中さんの盆暮れのお仕着せも、この頃では大部分二、三円のメイセンとかレイヨンの安物に移り、農村などでは益々レイヨンも万能時代、昔風のごく堅い家が、紡績の入ったユウキ等でふみ留まっているという有様で、一般の木綿物は、今や服飾として独自の地歩を保つことが出来ないまでに没落した。（朝日新聞 1933/11/16:5）

とはいえ、この時代ひとびとがなだれをうつように進んでいった洋装は、男性の外出着や若い女性のおしゃれ着を除けば、ほとんどが木綿の世界だった。子どものときから洋服生活が身についた男性のほとんどは、一生絹ものを肌につけることなくおわるひとも多い。木綿がなくてはならないものであることは、やがて戦時体制というかたちで立証された。実用繊維としての綿布は毛織物同様不足をつげ、しかたなしのシルクの背広や、御召や銘仙の防空服装が街に現れる。

それ以前の平和な時代にも、もちろん綿布はいつも、御召や銘仙が着られないひとのための安物、という立場にあったわけではない。たとえば湯上がりの素肌に着る、糊のきいた木綿浴衣の味がそれだろう。しかし木綿布が、その独自の価値と魅力を示す領分は、概してその時代のきものの文化の外、せいぜい周辺にあった。

そのひとつはコール天(corduroy)で、これは畝織りの厚地木綿だ。わが国には一八九〇年代初頭(ほぼ明治二〇年代前半)に輸入されているが、数年後には東京で製造され、さいしょはもっぱら鼻緒として利用され、関東大震災(一九二三年、大正一二年)頃から、男の子のズボンとしては理想的なものと推奨される(渡辺滋「児童被服用として理想的なコール天」『婦人画報』1921/3)。男性のズボンとして広く使われるようになるのは戦後のこと。

ビロード(velvet)は近世初期スペイン人のもたらしたもので、その後国内でもわずかだが模織されていたようだ。衣料としてはフォーマル・ドレスのほか、これも鼻緒や足袋として使われていた。足袋地として丈夫なところから、鬼足袋という商品名がある。なお、ビロードと別珍とは剪毛のしかたに違いがあるだけなので、名称には混乱がある。

縮緬/御召/銘仙

この時代、和服の地質中もっとも好まれ、また高価だったのは、女ものでは各種の御召だった。

模様物を除いて最も世に広く用いられているのは御召縮緬である、之は寧ろ流行と言うよりも、廃らぬと言った方が至当である、何故に御召が廃らぬかと言えば之に超す品がないからである。(近藤焦雨「最新流行の織物」『文芸倶楽部』1907/3)

婦人ものの中で、上等品といえば、やはりお召類を推さねばなりません。現今の機業界は全くの所、お召し以上の品を織り出すことが出来ないので、ただそのお召しの織り様を、時機に適して種々に工夫されているばかりなのです。(「夏ごろも」『新小説』1909/6)

御召はもちろん絹織物で、緯《ぬき》(横糸)に御召緯という独特の強撚糸《ねんし》(よりいと)を使っている。撚糸というのは糸をちょうどねじり鉢巻のようによじっていて、そのままでは戻ってしまうから糊づけしている。織りあげたのち糊を落とすと撚りがもどり、布面に細かい縮みの凹凸を生じる。布地ではこのデコボコをシボと呼ぶ。シボは単純な布の表面をやわらかくし、一種、華やかさを生じさせる。男ものに縮緬や御召があまり使われないのは、この華やかさが、男にはなんだかにやけて見えるためだ。男の正装といえばシボのない黒羽二重の紋附、ということになる。

絹糸を使った縮みを一般に縮緬《ちりめん》という。だから御召は縮緬のなかに入り、御召縮緬というのはていねいないい方になる。もっとものの本のなかには、御召縮緬といういい方はまちがいだ、と書いてあるものもある。一般の縮緬と御召とは、染織/精錬と、織りあげとの順序がちがうので、あるいはそうかもしれないが、業者もライターも気にせずにこのいい方をしている。

撚糸はすべて緯、つまり横糸として使うもので、いわば構造体にあたる縦糸には使えない。縮緬のなかでも御召にはどんな緯をいれるかは、御召の解説にはかならずくわしく書いてある。ただし、国史大事典のような堅い資料であると、一九二〇年代以後(大正後半〜)の、たくさんのあたらしい工夫を加えた、多様な御召にはあてはまらなくなる。これは御召にかぎったことではないが。

芥川龍之介が友人の菊池寛の「藤十郎の恋」の初稿を読んで悪作だときめつけ、「やたらに友禅縮緬のようなセリフがある」と言ったという。縮緬地を友禅柄に染め上げた友禅縮緬は、きもののなかではもっともはではでしいものだ。

一九二九年（昭和四年）のある対談のなかで、三越の仕入係長が、絹織物の二五％は縮緬ですから、縮緬は織物界の女王といえるでしょう、と言っている。女王というのは縮緬に対する尊称だが、それと同時に若い女性の、縮緬のきものへのつよい執着をも印象づけるいい方のようだ。しかしその縮緬も、一九〇〇年以前（ほぼ明治時代）には、製錬技術の未発達からか、シボの大きいもっとゴリゴリした手触りのものだった、といわれる（「織物界の女王縮緬の産地と種類」『婦女界』1929/12）。

縮緬の、女もの着尺としての頂点ともいえるのは、一九〇〇年代（ほぼ明治三〇年代）に生まれた錦紗縮緬で、素材にモチ、ということを重んじなくなった時代の産物ともいえよう。細い糸を織りこんで、うっとりするような柔らかい手触りを生みだすのに成功した。錦紗を着て銀座を歩くことが夢、という娘さんが、第二次世界大戦が近づくころの、東京の下町には少なくなかったはずだ。

御召にしても、着尺のうちの最上品と評価されるようになったのは一九〇〇年（明治三三年）頃からのことだから、この間（明治後半期）の、わが国の機業地の技術的向上がいかに大きかったかを、察することができる。

縮みは絹ものだけではなく、麻にも、木綿にもある。ツヤをもたない麻や木綿のシボは、美しいというものではないが、凹凸があるので肌にひっつかず、とくに夏の衣料としてはこのましい。シボをつくって肌にひっつかない効果をもたせた素材としてほかにサッカーのようなものがあるが、シボを作る方法はちが

「何と云つても銘仙は服飾界の花形　夏物優良新柄」
『おふどうタイムス』、1931（昭和6）年5月

う。綿の縮みのシャツは、現代でも夏の肌着としてはなせない、というひとが多い。

　和服地の高級品を代表するのが御召なのに対して、実用絹織物としてもっとも広く用いられたのは銘仙だった。銘仙は江戸時代後期に、規格外の絹の屑糸を利用し、もっぱら自家用として織りだした製品だ。糸の太さも一様でないので、紬のような、ざっくりした感触になる。上州――群馬県の伊勢崎、秩父、足利周辺にはじまって商品化され、さいしょは太織とか太織縞とよばれていた。しかし明治期の裁縫書をみると、太織と銘仙とを区別している場合もあるし、メイセンの表記法もマチマチだ。

　明治時代の銘仙はまだ地機で織りあげた、茶縞や黒っぽい絣にかぎった、命知らずといわれるほど丈夫ではあるが、見栄えのない織物だった。しかしとにかく絹ものではあったから、庶民にとっては外出のときの一張羅だし、余裕のある暮らしのひともふだん着としては愛用していた。それが時代が大正とかわるころ（一九一〇年代）から変化してくる。

　銘仙はそのはじめ縞物だけでありました。俗に銘仙縞といいまして、恐ろしく田舎っぽい、野暮くさい、丈夫一方の大人物、それもむしろ年より向きの絹物でありました。それが近年になりまして伊勢崎が絣をおくことを考え出して絣銘仙というものができだしました。のちさらに足利ですかが、（……）模様銘仙というものを生じ、ここに銘仙は一飛躍をしたのであります。今日では銘仙といいますと、あのきれいな色の、華やかな模様のついている銘仙のことをいうくらい、模様銘仙というものが銘仙界の流行品になっているのであります。（三須裕「流行の尖端をゆく銘仙」『婦人世界』1929/10）

　一九二〇年代（大正末・昭和初期）以後の銘仙は、御召とはべつの領域での着尺の王者だった。どんなデパートにも銘仙売場が設けられ、銘仙専任の番頭さんが、好みがうるさく、計算に細かい奥さんやお上さんを相手に、声をからしていた。

大島紬

　真綿、つまり絹綿から指先で揉んで糸を撚りだし、その糸で織った絹布が紬《つむぎ》だ。この方法は羊毛から糸をつむぐ方法とおなじ。ふつうの絹糸は繭をお湯のなかにいれ、一本の糸を端からひきだす。

　紬糸の生産量が多くないうえ、最終段階まで手作業の部分が多いため高価なものにならざるをえない。奄美大島のようにもともと養蚕地でない土地の場合、ほかから原糸を買いいれる場合もあるが、中間の作業はむかしと変わらない手仕事だから、生産量はやはり多くなく、高価であることに変わりはない。

　大島紬や結城紬が着尺としてすぐれている点は多々あるが、特色の第一は高価、ということだとも言える。

　菊池寛が一九一七年（大正六年）に書いた『大島が出来る話』は、そのきめつけになっている。このものがたりの主人公は貧しくて、学生時代はニコニコ絣などを着ていたという。ニコニコ絣というのは染め絣のことで、一九一〇年代（明治末〜大正初め）という、中学生であれ大学生であれ、学生といえば絣を着ていた時代でも、いちばんの安物だった。そんな男が就職し、結婚して、子どももできて、つぎの目標は大島絣の対《つい》――羽織ときものの揃い――を手に入れることだった。

「男には大島が一番よく似合ってよ。貴方も、是非大島をお買いなさい。それも片々じゃ駄目だわ。どうしても羽織と、着物とを揃えなけりゃ。（……）男は大島にかぎるわ」と、夫の身なりにはひと一倍気づかいをする妻が熱心に主張する。きものと羽織を対にして、つまりおなじ反物で仕立てるには一疋が必要だ。この作品ではそれが六〇円以上としている。「じゃ、大島貯金でもするかな」と、夫は冗談を言う——。

大島紬はやわらかく、着心地よく、丈夫であまりシワにならないうえ、その柄や色調のうえで、ひとの好みがあまりちがわない、という点もひろく好まれた理由だったようだ。作家の村松梢風はこんなことを言っている。

大島紬は織り絣で、色気もほぼ一定している。選択といったところで、品の高下は別として、絣の大小と一寸した形の相違位のものだ。先ず大同小異だ。此の選択の簡易なことが、大島紬の流行を導いた大きな原因であると私は考える。簡易ということは現代人の生活に必須の要件である。(……)大島紬だと柄や色気の見立てに精魂を費やす世話がないから、ついそれに手が出るのだ、是が流行の端になる。そして今日の如く、商人でも官吏でも、請負師でも文士でも、芸人でも会社員でも、或いは奥さんでも令嬢でも芸者でも看護婦でも、猫でも杓子でも、見境も糸瓜もなく、大島紬を着るようになったのだ。せっかく大金を投じて買った物をくさしては気の毒だが、由来選択の簡易なものに碌なものはない。大島紬は丈夫で高尚だからふだん着に着るという人は別だが、一張羅のよそいきにして、帰ってくるが否や皺をのばして箪笥の抽斗へ入れて置く着物としては、余り栄えないものである。（村松梢風『屋上の鴉』1924）

大島紬の人気にも波の高低があったらしく、最近流行しているといっているデータも一八九〇年代から一九二〇年代（明治二〇年代〜昭和初め）にかけてかなり多い。そのなかでもっとも古いもののひとつは、一八九二年（明治二五年）のつぎのような記事だろう。

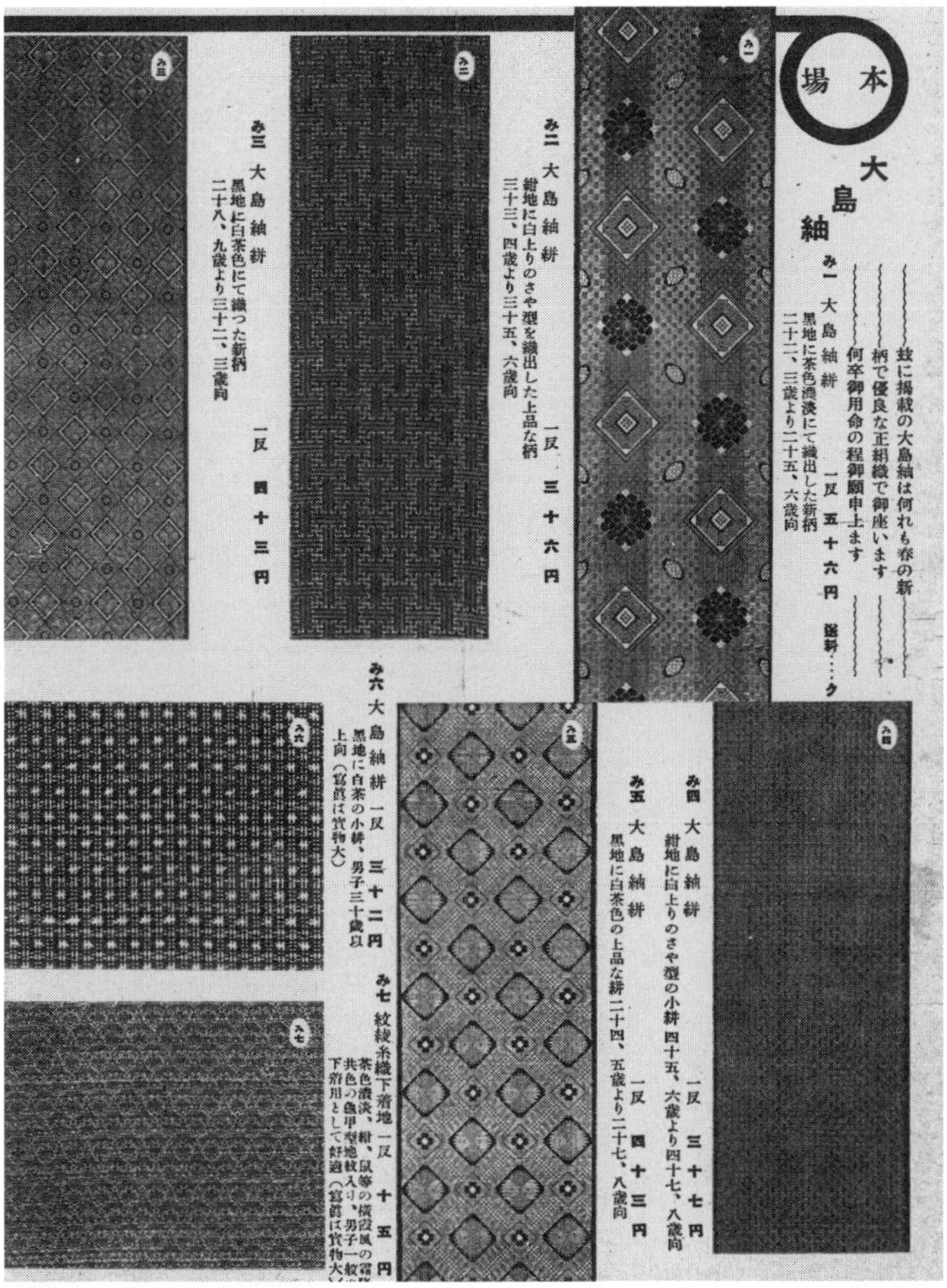

「本場　大島紬」
『三越』、1940（昭和15）年2月

紬の大王は大島紬なり。旧時は東京にて贅沢者流のほかは琉球紬あるを知りて大島紬あるを知らぬ者多かりし。琉球紬は昔より極高の物として人に愛重せられ、やがては米沢にて之に模したる「米沢琉球」通称米琉なる織物之に代用されたりしが、現今にては真の琉球紬と称する織物は其の品少なく、大島紬の名称は紳士社会に甚だしく鳴り渡れり。（「紬の全盛時代」『都の華』1901/3/21）

鹿児島県産の大島紬が、もともとは琉球紬の代替品だったことがうかがえる。またこの記事では、結城紬についてもつぎのように簡単に書き添えている。

結城つむぎ　関東にてはつむぎ界の大王と称せられ、昔より派手々しからぬ衣服通に愛好され、着心地よく実用にも適いたる品と歌われしが、現今のは旧時の如き好き品の希になり行き、多く粗悪の品を出して信用全く地に墜ちたるは惜しむべし。（同前）

そして価格については、大島紬の最上の絣が一反五〇円、結城紬は一二、三円から二四、五円まで、と言っている。この時点での結城紬の評価がまちがってはいなかったとしても、まったく一時的のものだったといえよう。土地土地の機業にも盛衰はあるものだ。大島紬にしてもまた、いつも安泰だったわけではない。

大島紬の流行り始めた事は夥しいものである。（……）大島紬の荒目の安物が比較的自由にできるようになった事がその理由であると想像される。（平山蘆江「流行小言」都新聞 1917/12/3: 4）

村松梢風にくさされたように、大島紬の色も柄も、どれを見てもそう変わり映えのない、くすんだものだ。目の利かないひとが見れば木綿きものとまちがわれる。模様の基本は絣であり、それに亀甲などの変わり柄、変わり色糸入りがわずかにある程度。

大島紬が好ましく、また高価だといっても、基本的にはふだん着だったから、ＴＰＯには注意が必要だった。新聞や雑誌の家庭欄、流行欄には、よくそれに関するQ&Aを見かける。

大島紬は（……）当地（東京）の紳士社会にも、随分流行して居ります。又おなじ地質の書生羽織を着た、いわゆる三揃えと云う風も、能く見受けますが、元来略着のものですから、其の儘で晴れの場所へ出るのは、チト不映りかと思います。（『流行』流行社、1900/4）

縞／小紋

近代和服の文様は、江戸時代から受けついだ大きな遺産へのコンプレックスに支配された。江戸時代のひとびとが、仄暗い座敷での起ち居から育んだのは、微視的で皮肉な小紋と、際限のない変化を愛する趣味ゆたかな縞物だった。

小紋のなかでももっとも小紋的な霰《あられ》小紋は、武士たちの正装の裃《かみしも》に用いられた。縞物はあそび心のある派手やかさも、地味なもの堅さももちうる柄だ。大柄の弁慶縞のどてらや半纏は、男女ともに愛用していた下町趣味。日本各地から地染めの

太物（木綿織物）として織りだされる中くらいの太さの竪縞は、お店《たな》者の仕着せとして定着していた。ただし職人や小商いの階層の江戸っ児の多くは、縞柄のほとんど目立たない藍微塵とか、盲縞のような柄を好んだ。

幕末に日本を訪れた外国人は日本人が男も女も黒っぽいもので身をつつみ、若い女性でもそれは例外でないという印象を書き残している。それに対して幼い子どもたちの着ているものは思いきって派手な色合いだと。

＊　＊　＊

維新のあと急激に衰えたのは小紋柄だった。小紋は明治時代に入ると堅牢な合成染料を用い、技術的には向上するのだが、武士階級という大きな需要家を失ったうえ、高価なわりにあまり見ばえのしないためもあってか、大衆の好みが向かなかったのだろう。小紋は武士たちがそれを式服に用いたことでもわかるように、上品な、また知的な趣味のものでもあるから、無地に次ぐものとして縞ものの上位におかれた。

一八八〇年代（ほぼ明治一〇年代）に入ると小紋にようやく復活のときが廻ってきて、そののち一八九〇年代（ほぼ明治二〇年代）には、礼装の裾模様に、無地ではなく小紋を用いるということもおこなわれるようになった。

しかしなぜかその流行は長続きせず、一九一一年（明治四四年）には三越の担当者がこんなことを言っている。「従来は小紋縮緬というのが非常に流行いたしておりまして、一寸した儀式の場合はみな小紋縮緬をお用いになったのでござりますれば、此の節ではこの小紋縮緬と申すものが全く閑却されてしまいまして、これに代わるものが即ち御召の縫模様なのでございます」（「流行　御召の縫模様」『婦人クラブ』1911/5）。

色柄の流行が二転三転するのはしかたがないとして、もともと小紋は安いものではないし、またその柄のもつ本質的な印象からいっても、どちらかというと年配者むきのもののようだ。近代の後期（大正・昭和前期）になると、新聞挿絵でも年輩の婦人の着るものに小紋柄を見ることが多いが、そうまでいわないでも、趣味的な女羽織としての需要をひろげることになる。

＊　＊　＊

徒弟制度やさまざまな古い商家のしきたりが淘汰されるなかで、縞のきものは商人のお仕着せという、印象的な用途を失ってゆく。関東大震災をすぎるころには、おおきな商家は会社組織になって、番頭さんたちは背広姿で出勤し、また、むかしは仕立て下ろしの縞のお仕着せに千草の股引姿でごった返した藪入りの日の盛り場や、閻魔様にも、そんなかっこうの小僧さんたちはめっきり少なくなる。小僧と見られるのがいや、というのがその理由だった（「藪入りの小僧さん」朝日新聞1930/7/16: 2）。

縞や格子は先染めの文様としてはもっとも自然で、また織り手の工夫とたのしみの余地の大きい柄だ。江戸時代に仕着せとして使われたのは、松坂木綿とか石田縞という土地々々の名のついた、丈夫で素朴な木綿縞だった。近代になって消費者の需要が高級化し、たいていの女性が御召の二、三枚はもち、銘仙をふだん着にする時代になっても、基本的には縞柄が多かった。もっともその縞御召や銘仙縞の縞柄は、かつてのように縞そのものを愛するというのでなく、地紋として目立たない使われ方をすることも多くなる。

一方、外国人が注目したような多色の具象染模様は、一般には友禅柄といわれるものだろう。明治時代に入ってもまだ、そういう染呉服は京都が本場だったし、京都以外の染呉服は地染めといって、一段低くみられていた。織物の場合も同様で、波はあったにしても通観してみれば、桐生など北関東の新興産地の賢明な追いあげにもかかわらず、西陣の声価のゆらぐことはなかった。

＊　＊　＊

近代の染織文様のひとつの特色は、モチーフの古典化といえる。古典化の現象はわが国が近代化する経過のなかで、日常生活での需要や必要から遠ざかってゆくものが、古典化によって自己保存を図ることから生じる。古典化の具体的様相は、もちろんそれぞれの事情によって一様でないが。

一九二〇年代（大正末〜昭和初め）に入る頃から、和装はだんだんと〝学びごと〟あるいは、〝教えごと〟になりはじめる。じぶんの国の貴重な伝統を大事にしましょうという教訓から、たまたまその時代にできあがっていた和装の条件の多くを、古典として尊重する姿勢が擦りこまれた。文様の多くもその枠のなかにとりこまれていた。

染織の場合は、生産地がそれを後押しした、という事情があるかもしれない。近代日本の染織文様には、その生産地と生産組織自体が京都、という、また西陣、堀川、室町という権威がつよすぎ、その動かしがたいものの、自己保存の意志がつよく働いていたといえないだろうか。この土地で繰り返される言葉は、あたらしいものをいくら工夫しても、やっぱり古くからのものにはかないまへんナ、のひとことだ。そして相変わらず御所車と、観世水と、青海波を、宇野千代が「おもちゃ箱をひっくり返したような」と言った色調で生産しながら、大衆がほんとうに求めているものから離れてゆく。

羅紗／モスリン

毛織物はオランダ人の手によって、江戸時代を通じて輸入はされていた。ただしその量はわずかであり、一部のひとが特殊な衣料や持物に使っていただけで、その代表的なものが羅紗とゴロフクレンだった。

羅紗はポルトガル語の「raxa」が語源とされ、厚地で、織目が見えないくらい縮絨、起毛加工がほどこされたもの、という説明が信頼できる辞書類で共通している。

新政府樹立後の日本がまず必要とした繊維素材は、軍人、警察官、そして政府の役人たちの制服として用意しなければならない羅紗だった。じつは日本の気候では、政府がなにかと手本としたドイツ、フランス、イギリスとはちがって、羅紗地の制服が必要な時期はそう長くないのだが、当時の高官たちは、羅紗地の国産こそ緊急の必要と考えたらしい。まず国内各地で綿羊の飼育が計画され、メリノ種などの羊が輸入される一方で、一八七六年（明治九年）には、東京郊外の千住に官営羅紗製絨所が設立されている。

千葉県の牧場からはじまった綿羊の飼育が、羊たちの生まれ故郷とくらべて湿潤な日本の気候では期待したような発展がなかったのに対し、千住製絨所での毛織物生産はそこそこの成果をあげていた。一八八五年（明治一八年）にここで製織した毛布を試みに陸海軍で使用したところ、輸入品と変わりなかった、という記録がある。

この時代、毛布はふつうケットとよばれ、寝具としてではなく、マントとして愛用された。なぜか赤に人気があり、裾に二本の太い筋を織り込んだものが多い。明治の後半には、〝赤ゲット〟といえば田舎ものの蔑称になっていたことはよく知られている。

しかし毛布はしょせん毛布にすぎない。羅紗は軍服をはじめ、各方面の制服、また紳士服に一定の大量需要があるため、業界の規模や生産金額はけっして小さくないが、高級紳士服といえば、そのほとんどは輸入羅紗に頼らざるをえなかった。とりわけ日露戦争など軍需で業界が好況のときは、手のまわらなくなった民需は、すべて舶来羅紗に占められる状態だった。

国産羅紗の品質が舶来とくらべて、それほど遜色ないまでに向上するには、半世紀の年月を要したことになる。

従来、羅紗といえば舶来品と相場が定まり、事実国産羅紗は到底外国製品には及ばなかったが、最近我国の製絨工業が長足の進歩を示して、殆どすべての点で輸入品に遜色なきまでに発達してきた。（「国産羅紗の向上」都新聞 1925/9/27:9）

以前は毛織物といえば殆ど舶来品のように思われていましたが、近来では内地製のものが盛んに市場に現れ、（……）あるものは舶来品に比べて遜色がないまでになって参りました。（「舶来毛織物」『婦人之友』1926/12）

＊　＊　＊

ゴロフクレンは「呉絽服連」などと当て字される。オランダ語の「grofgrein」が語源。北村哲郎は「主として、アンゴラ山羊の毛（モヘア）を原料とした平組織の薄手の起毛しない毛織物」（国史大事典）とし、国語大事典では「舶来のあらい梳毛織物の一種。毛足の長い粗剛な羊毛を用いて織ったもの」としている。しかし現代では、ゴロフクレンはモスリンをさすもの、としているひとが多いようだ。いずれにせよ、織物は商品だから、品質はたえず向上もし、市場に対応して変化もする。名前もあまりアテにならない。名前と品質をあまり固定的にむすびつけるのは考えものだ。ここでは明治以降のモスリンについてふれる。

　モスリンはメリンスともいい、明治時代には唐縮緬とよぶひともあった。明治中期のある辞書では「メリノーと呼ぶ綿羊の軟毛を以て製したる、細口の毛の平織物であります」とある。メリンスという呼び名はメリノからきた、といっているひともある。手っとりばやくは、薄地の梳毛毛織物、というくらいで十分だろう。

友禅モスリン

〔モ五〕友禅モスリン　鯨大巾一尺　三十六銭
茶地に紫紺と濃茶もて疋田の流れ水を現し、楓の葉は檜皮、茶、萌黄などの配色、二十五六歳位迄の長襦袢又は帯側などに至極妙。夜具などに又頗るよろし。

〔モ六〕友禅モスリン　鯨大巾一尺　三十二銭
黒地に松竹梅と菊楓などを茶、鉄、白、納戸、紅もて現したる新御所解模様。十二三歳位まで御令嬢の着物又は被布として極めてお恰好。

〔モ七〕友禅モスリン　鯨大巾一尺　三十四銭
茶地に濃茶の唐草模様、古代裂の更紗形をおきたるは稀らし。茶、紫紺、海老茶、鉄青などの澁き配色。友禅羽二重の如き出来栄えなり。女三十歳位までの帯側、お長襦袢又は女子二三歳位の着物その他用途頗る多し。

〔モ八〕友禅アートモスリン　鯨大巾一尺　六十銭
黒地に紅と青磁の縦縞を現し、紫と高の雪輪形の中は疋田にて花形を出し、菊、牡丹、梅などを鉄、白茶、紫などの配色美しく現したり。女子十歳位までの被布又は着物として至極麗し。

―（7）―

「友禅モスリン」

『三越』、1915（大正4）年12月

　モスリンはさいしょからそのきれいな柄で人気があった。それには、はるばる欧州の織元へ柄の注文をする、という努力までしていたせいもあるだろう。一八八〇年代（ほぼ明治一〇年代）にはわが国でもモスリン友禅という名前で生産されはじめ、一八九四、九五年（明治二七、二八年）には舶来モスリンの輸入が終わり、一九〇〇年代に入る頃には、輸入の金額と比較にはならないが、輸出もはじまっている。

　雑誌新小説のために、小説家の後藤宙花が、東京亀井戸のモスリン友禅染工場の探訪をした。応対にでた責任者は、モスリンの性格についてこんなことを言い放っている。

　モスリンは絹布のように地ツヤのないもの故、薄色の妙味はえられないし、また間色と云うヒネった配合は一向面白くないし、また染色原料はことごとく人造（の）酸性、塩基性の染料のみであるから、むかしの友禅染と云わるる、かの温麗なものを売る事能わず（……）。何でも配色は三原色のハデなものをとって、調和のよろしきを計るのみである。（というのも少女のきものの需要が多く）これはハデな上にもハデにするものであるし、第二に二〇歳前の娘盛りが眼に入りやすい、下着のたぐいか帯であるが、これも多くハデな、（……）モス友禅の模様はこの年頃の女の為に命脈を存じいると云うも過言であるまい。（……）斯ういう次第であるから、モス友禅に対し、錆色配合の縮緬などを比較して、彼これ注文をいうのは愚の極である。どうかすると呉服屋の番公（番頭）などには、この愚な注文をするものがないでもない。（『新小説』1905/4）

　モスリンは当然毛織物の特色をもっているから、シワになりにくく、肌ざわりが柔らかく、からだによくなじむ。染工場の責任者の言うようにモスリンはきれいな色で勝負するのだが、それはウールの発色のよさのせいだ。しかしその色に深みがなく、しばしば安っぽい印象なため、メリンスみたいな柄、といえば安物をくさす悪口になった。

　とはいえ、一九一〇年代（大正前期）以後には、モスリンくらい需要の多い生地はなく、ことに女の子のきものといえばほとんどすべてがモスリンといってよかった。浴衣にもモスリンが使われたが、綿毛交織のモスリンもよろこばれた。

　メリンス友禅の生産地はさいしょのうちはもっぱら大阪だった。やがて東京でも生産がふえるにつれ、色使いも向上し、東京風の色調といったものが見られるようになった（「流行のモスリン」時事新報 1918/4/14: 6）。かつ、上等の製品になると、安物ともいえない価格になっていった。

　現今のモスリンは羊毛の最もよいものを（豪州産羊毛の如き）原料として製織されたものですが（……）、型紙をもちいた手染めのものを本染めと称し（……）本染めはモスリンとして誠に風味があり、（したがって）値段も高い。（……）モスリンの特長は湿気を防ぐこと、肌ざわりのよいこと、シワにならないこと、耐久力のあることなどで、わが国のような湿気の多い国には最も適しているものと云うことが出来ましょう。（都新聞 1933/6/15: 9）

ネル／セル

袷の袖や裾が何となく重くなった、と云って紺飛白の単物は未だ目に立ちすぎると云うような頃には、どうしてもネルかセルの一枚は欲しくなります。（『婦人之友』1912/5）

　フランネル、略してネルは薄地の毛織物。表面を起毛し、毛羽立っているので肌触りの柔らかいのが特色。冬のパジャマや各種のアンダウエア、シーツなどにひろく愛用されている。ただし現代では素材はほとんど木綿の、いわゆる綿ネルになっているので、毛織の本ネルの肌触りを知っているひとは少ないかもしれない。

　男性のアンダウエアとして、ネルよりやや高価な素材としてはラクダがある（「防寒の御用意如何」『みつこしタイムス』1913/12）。ただし、ほんとうのラクダの毛の交織品がどれほどあっただろうか。大衆はむしろ、暖かそうなラクダ色、ということで厚地ベージュ色の、ネル製下着を購入していたのではなかったろうか。

　維新前にもかなりの毛織物が輸入されており、一部の日本人はいわば試着していたことがわかっている。修業時代の福沢諭吉も外国人医師に、なんでも肌につくものはフラネルがよいと勧められて、シャツも股引も足袋もフラネルにしてみたが、かえって風邪をひきやすくなったので、またもとの木綿の襦袢にかえった、と言っている。

もちろん季節にもよるが、明治時代には肌着にネルを用いるひとが多かった。しかしことに本ネルであると、皮膚の敏感な多くの日本人には、福沢のように木綿の肌触りの方が好ましく思われたらしい。

フランネルがきものとして一般に使われるようになったのは、一八八〇年代（ほぼ明治一〇年代）初めからだったという。そのころのネルは、一九〇〇年代以後（ほぼ明治末）のセルのように、袷と単衣のあいだの、初夏の素材として愛用されていたらしい。

明治一四、五年のころより「縞フランネル」輸入し来たり、当初は襯衣《シャツ》等に用いたりしが、物数奇《ものずき》の人ありてこれを単衣ものに用いはじめ、終に大流行となりしも道理、肌付き和《やわ》らかく、湿気を防ぎ、衛生上にも良しという所から、上下押し並べて用いぬ人は無きまでに普及せし。（「毛織物を和服に用ゆる創めは何年頃（……）」『流行』白木屋、1908/3）

二〇年（一八八七年）に至りて玉子色が流行し、これがネル地全盛の時期なり。されば流行の結果がふだん着となり、ねまきとなり、贅沢用には用いられざるようになり、つまり飽きられて、ここにセルが頭を持て上げ大いに持て囃さるることとなりしより、昨今にてはネルの方が野暮という側となりし（……）。（「嗜好の変遷」『新小説』1901/5）

ネルがいつごろセルに取って代わられたのかは、はっきりしないが、時代が大正へとかわった一九一四年の新聞にはまだ、袷から単衣ものへの移り替えに、「すっきりと張りのある袷には、乾いた淡々しい味が伴って、昔の女というような匂いがします。それよりは、手触りがふっくらと、柔らかで豊潤な感じがするネルの方が、現代の人の着物にふさわしく思われます」（読売新聞 1914/5/2: 5）といったネル礼賛が述べられている。こえて一九二三年（大正一二年）八月の『女学世界』に、

ネルを着て　肩あげのあるネルを着て　君あどけなくなりたまふ。

という西條八十の詩がのっている。好みはひとによってさまざま、世の中の大勢が変化するには、かなりの年月がかかるようだ。

フランネルは、わが国でもっとも早く模織に成功した外来素材のうちに入る。紀州ネルといわれるのがそれだ。もっともこれはさいしょから綿ネルだった。すでに一八七一年（明治四年）に大阪の兵部省から、兵服の下着に適当なるものとのお墨付きを得て、それ以後毎年買い上げられている。ただし紀州ネルは、それ以前からわが国で織られていた紋派《もんぱ》（紋羽）という厚地木綿に毛掻き、つまり起毛を施して改良したもの、という説もある。

＊　＊　＊

セルは維新後の外来織物中、和服素材としてもっとも成功したもののひとつだろう。セルは薄手の梳毛織物で、英語オランダ語のサージ（serge）が語源。そのため明治期にはセルジともよび、おなじものが洋服素材としてはサージとよばれる。

前引の白木屋『流行』誌では、ネルの説明につづいてつぎのように述べている。

やや後れて一七、八年のころセル地にて細かき乱立の唐桟縞輸入せしを、又数奇者の見出す所となりて単衣ものに応用されしが初めにて、終には無くて叶わぬ夏着の一つに数えらるる程の流行となりしが（……）。（『流行』白木屋、1908/3）

セル、すなわちサージといえば、素材が何であるかよりも、縦糸と横糸が二アップ一ダウンの構成をとる綾地の代表的織物だ。二アップ一ダウンは布面に四五度の整然とした斜線を生じ、平織りに次ぐ堅い組織。比較的地が薄いためこの堅さがめだって、それがサージの特色であり、また使い様によっては欠点とも

なる。

セルはおしゃれの人達からひどく毛ぎらいされていたようです。それは厚ぼったくて、しなやかさがない上、優美さも持たない無粋な色彩や、柄行きのせいだったのでしょうか。（佐藤春枝「セル姿にみる浮きぼりの美」読売新聞 1931/5/8: 5）

セルはゴワゴワしていて非常に着にくく、恰好の悪いものです。肥った人がセルを着た形と云うものは、余程下に着るものに注意しないと醜いものになります。（千葉益子「セルの着こなし」時事新報 1931/5/1: 6）

セルの一番の欠点は、地質が硬くて融通の利かないことでしょう。ですから着た時には綺麗でも、歩いたり動いたりする内に、非常に恰好がくずれ易いと云う事を、お忘れになってはいけません。（吉田不二「むつかしいですなア　セルの着付」読売新聞 1936/9/25: 9）

黒いサアジの、女教師でも着るようなスウツ（……）。（阿部知二『おぼろ夜』1949）

ここに引用した例だけをみれば、なぜセルを着るのかがわからなくなるが、要は着る場合と着こなしだ。佐藤春枝の指摘も、そのタイトルでわかるように、セルの堅さを生かして、もっとモダンな洋服的感覚で着たら――という提案だ。筆者はつづけてつぎのように言っている。「すべての日本のキモノが持つ絵画的な趣味から、洋服にあらわれた彫刻趣味に近づく意味において、セルは大きな役割を演じだしたのです」。

セルが間着としての市民権を得てきたのは、日露戦争（～一九〇五年、明治三八年）後のことであるらしい。

袷では暑し、単衣では肌寒しという時候に、もっとも着心地よきはネルとセルの単衣なり。ネルの需要は久しき以前よりの事なれども、この一両年セルもまた著しくその需要を激増したり（……）。（「ネルとセル」時事新報文芸週報 1907/5/22: 4）

需要のひろがりは、当然それに応えるための品質の向上を生まずにはおかない。時代は飛んで二〇年後の大阪朝日には、つぎのような記事が見られる。

セルといえばすらりとした縞模様をついこの前頃まで思い出したものだが、一寸見にはメリンスだか銘仙だか、それともお召だか分からないような柄、これがセルですかと手にとって見なければ見紛うような織り方など、技巧も精巧になって来た。（「セルの季節」大阪朝日新聞 1930/4/9: 11）

丈夫さが買われて部屋着として重宝だったセルだが、一九三〇年代（昭和戦前期）に入るとちょっとした外出にも用いられるようになり、セルの着方、着こなしが新聞面を賑わすようになった。

皮革／毛皮

維新後の毛皮使用の歴史はまず海獺《らっこ》（猟虎）からはじまる。一八八六年（明治一九年）までの三年間にわたって発表された坪内逍遙作『当世書生気質』（第一回）中に、つぎのようなくだりがある。

（まず素人の鑑定では、代言人かと思われたり。）ときならぬ白チリの襟巻に、猟虎の帽子、黒七子の紋附羽織は、少々柔弱《にや》けすぎた粧服《こしらえ》なり。（坪内逍遙『当世書生気質』）

らっこは川獺《かわうそ》の一種でかつては北海道周辺の沿岸にたくさん生息していた。らっこという名はアイヌ語系で外来語ではないからカナで書く必要はない。むずかしい漢字名は江戸時代のひとの考えたもの。現在は動物園の愛嬌ものだから、一九世紀の末まで、あんなかわいい動物を何万頭と、絶滅寸前まで捕殺していたとはおどろく。

　一八九五年（明治二八年）になってはじめて、らっこ猟はオットセイとともに免許制となり、一九〇六年（明治三九年）になって禁猟期、禁猟区を設けて保護が図られはじめ、一九一二年（明治四五年）ようやく〈臘虎膃肭獣猟獲取締法〉というむずかしい法律によって、日本国内におけるらっこ・オットセイの捕獲及び毛皮製品の製造・販売を農林水産大臣が制限できること、違反した場合の罰則などをさだめている。

　取締法がでるまでも、らっこの乱獲をしていたのは日本漁船よりアメリカ、ロシアの漁船だった。二〇世紀に入る頃から、らっこにかぎらず、毛皮動物の資源の枯渇が問題になりはじめていた。それは当然、毛皮を常用している欧米諸国において深刻だった。その結果が、ひとつには資源動物の人工養殖であり、もうひとつが狩猟制限だった。一九一一年のわが国の取締法も、すでに調印している同年の「猟虎及膃肭獣保護国際条約」実行に必要な国内法だったのだ。

　明治時代の日本人はまだ、毛皮を装うという習慣を本格的にはもっていなかった。黒鼠色のらっこの毛皮を宗匠頭巾風に、つまりトーク（toque）型にかぶるのと、外套、二重廻しなどの内襟に使うのくらいがせいぜいだった。『当世書生気質』の男は二七、八歳という若者だったが、らっこの帽子とか毛皮襟の外套には、ふつうは裕福な年配者の印象がある。

　衣料としての毛皮の使用はわずかでも、毛をとり、鞣《な》めした皮革の使用はわが国でもひろくおこなわれていた。古い時代から武具や馬具には丈夫な皮革が使われて、その一部は高い工芸的水準に達していたし、嚢物材料としても重用されていた。また衣料としてはその防火、耐水性から火事装束として、また仕事師などの着た革羽織、革足袋もそこにむすびつく。

＊　＊　＊

　皮革産業は江戸時代は被差別民とむすびついていた。明治時代に皮革衣料がほとんど発展しなかったのは、差別感もひとつの理由だったのだろうか。死んだ動物の皮というものへの日本人の嫌悪感、といわないまでも抵抗感が、まだ残っていたのかもしれない。その抵抗感には、鞣皮技術の低さからくる、皮革のにおいの問題もあったろう。一九三四年（昭和九年）に職業紹介事業協会から刊行された『日本職業大系』（商業編「皮革商」）のなかでも、「国内の皮革工業も現今では大いに発達しているが、原皮並びに鞣皮術の点からして、今後も輸入品があとを絶つということは困難と見られる」（『日本職業大系』商業編 1934: 138）と述べられている。臭くて教室で嫌われる本革のランドセル、部屋のなかにおけないくらい匂う皮製のハンドバッグ——そんなものもめずらしくなかった。若者に革ジャンなどが好まれだすのは、第二次世界大戦後を待たなければならない。

　一方毛皮は、一九一〇年代（ほぼ大正前半期）に入ると実用防寒具として利用がすこしずつひろがってゆく。もっとも大きな需要は軍隊だったが、さいしょのうちの材料は奥州産の猫、ムジナが主に使われるほか、穴熊、イタチ、兎も利用された。しかしイタチや兎は弱くてあまり役にたたなかったらしい（「防寒具のいろいろ」日本新聞 1915/12/19: 5）。

　毛皮が流行衣料のなかに入ってきたのは一九一〇年代末（大正中期）以後、欧州大戦景気のあらわれのひとつだった。

> 近頃は廻し（二重回し）の襟などには、獺《かわうそ》がなくては見られぬ位、ご婦人でも日本の御盛装にも、ボアやらマフやらが無ければならぬ時代がまいりました。（「流行の毛皮類」『三越』1917/12）

　いままで和服には毛皮などあまり用いられませんでしたが、近頃コートの裏、羽織下などに用いられ

るようになりました。（「流行防寒具のいろいろ」『婦人画報』1921/2）

それまでの和装では、寒ければ綿入の重ね着、というのが常識だったのだが、厚綿入の不格好さがだんだんと嫌われはじめていたのも、毛皮に関心がもたれたひとつの理由だったろう。

ショールやマントの襟に暖かい毛皮、不景気風もそこのけの需要。（東京日日新聞 1924/11/19: 5）

近年毛皮が防寒具の意味において需要の一般的になって来た事は驚くほどで、嘗ては贅沢品として見られていたのが、此の頃では必需品として迎えられる様になり、殊に婦人や子どもの襟巻としての需要は素晴らしく（……）。（「著しく殖えた毛皮の需要」都新聞 1928/11/14: 11）

毛皮が銀座をあるく女性にめだつようになったのは、だいたい昭和初頭、モダンガールやエログロナンセンスの時代、といわれる。そのタイミングが、毛皮にいくぶんか不利なイメージをあたえたかもしれない。そのころはさすがにまだ外套にまでは手がとどかず、夫にねだって買ってもらえるのは襟巻、というところが多かった。また毛皮の種類も、「最近、殊にこの冬になって、毛皮のボアが迎えられてきた事は驚くほどで、御召や小浜縮緬のすんなりとした肩のあたりに、深々と狐や獺のボアをまとって歩いている婦人を、かなり見受けるようになって来た」（都新聞 1929/12/18: 9）とあるように、比較的値の張らない狐が多かった。動物園でしか見られない狐の尖った頭部を胸にブラ下げて歩くすがたは、たしかにこれまでの日本女性のイメージでは考えられない。高座で落語家に、拝見すると襟巻をしている奥さんよりも、狐の方が器量がいい——などとからかわれながら。

毛皮をまとう女性に対しては、「スポーツの興隆に伴う近代的な野蛮性への憧れ」（「キモノを着たときの毛皮襟巻の表情」大阪朝日新聞 1933/12/20: 5）とか、「大形の狐を小造りの日本婦人が、しかも和服にぶら下げるのはどう見ても上品ではない」（「大狐ブラさげに後悔した日本婦人」朝日新聞 1933/10/31: 14）とか、「毛皮は日本服の女をやさしく美しくは見せないが、立派なゆたかな感じには見せる」（「コートとショールの美しい着方、掛け方」都新聞 1928/11/28: 3）などといわれながら、一九三〇年（昭和五年）を過ぎる頃からは、毛皮の種類も多様化しはじめている。

一九三六年製作のハリウッド映画《巨星ジーグフェルド》は大興行師フローレンツ・ジーグフェルドの伝記映画だが、このなかで一九二〇年代に、のちの大スターハニー・プライスを引き抜く手段として、ミンクのコートを贈る場面が出てくる。ミンクはその時代すでに毛皮の女王であり、もちろん日本の奥様たちに手のとどく代物ではなかった。

**「カメラを透したアヱニウの女性
与謝野晶子夫人」**
『婦人クラブ』、1925（大正14）年2月

人絹／スフ

戦前に実用化していた合成繊維は、天然の繊維素（セルロース）をいったん溶液とし、それをふたたび糸としてひきだす、半合成繊維とか、再生繊維といわれるものだった。

一九三〇年代（昭和五年〜）には、絹に代わって長繊再生繊維が市場にひろがりはじめた。レーヨンということばは知られてはいたが、たいていのひとは人絹といった。商売人は人絹ということばの悪いイメージを避けて、レーヨンが二割ほど混じっています、などと言うことが多かった。

短繊維のスフが入ってきたのはそれよりずっとおくれ、もう日中戦争のはじまっていた一九三七年（昭和一二年）だ。スフは木綿の代わり、というのだった。この年の暮れ一二月、〈綿製品ステープルファイバー等混用規則〉が商工省令として公布された。人絹の場合とちがい、スフはいやも応もなく、立ち入ってきたのだ。たまたまこの年の、帝国人造絹糸（現、帝人株式会社）一社の人絹総生産額は二万七〇〇〇トンに達していて、フランス一国の生産量にならんでいる。

そのフランスのシャルドンネがレーヨンの特許を取得したのは一八八四年（明治一七年）だった。だから開化後の日本人のなかには、さいしょから人造絹糸の存在を知っているひとびともいた。その時期のロンドン駐在日本領事による報告では、「未だ本邦営業者の利害に関する程の発達を為したるものに非ざるなり」と、ひたすら絹糸の敵——という観点からの観察、判断が優先している。これはのち一九三〇年代（昭和戦前期）の、デュポン社によるナイロン発明のときと変わらない。

一九一八年（大正七年）に、親会社から独立して帝国人造絹糸社が発足したころには、かなりの量のレーヨンを外国、とくにレーヨン先進国であるフランス、イタリア、ドイツなど欧州諸国と、アメリカから輸入していた。すでに欧米では靴下の九〇〜九五%はレーヨン製、というニュースも入ってきていたのだが、一九二〇年代初め（大正後期）の新聞でも、時代の方向としてこれを積極的に受けいれるというよりも、あいかわらず、「日本人を脅かす人造絹糸　原料はパルプで綿糸より安い　悲観はせぬが相当警戒（農商務省当局）」（報知新聞 1924/11/1:2）といった見方がめだつ。

＊　＊　＊

人絹の魅力はなんといってもその安さだった。その点は外国でも変わりない。一九二八年（昭和三年）のデュポン社の調査では、レーヨン製のアンダウエアを選ぶいちばん大きな理由として、五〇%の女性が値段の安さを、二五%の女性が外観のよさをあげている。実用的な安物、という評価はかなりながいあいだ、レーヨンからはなれなかった。

日本の場合、一九二〇年代末以降の一〇余年（ほぼ昭和一桁期）が、人絹の発展期だったといえよう。昭和初めの大不況時代、金ぐりに窮した各地の中小機業者が、人絹織物への転換に生きる道をきりひらいていた。絹や木綿の機業地のなかでも、高級品を製造し、資産の豊かな八王子、伊勢崎、泉州、三河地方などはその確固たる地盤を保つことができたが、中・下級品を製造し資産のとぼしい機業家は、比較的安値で手に入る人絹原糸を使うことによって、大衆むけの販路を見いだしていた。米沢や、新潟県の一部地域、丹後、加賀、福井などがこの時代、人絹や、人絹交織織物の生産によって、いちじるしい発展をみたという（「不況の小機業家が人絹織物に転換」時事新報 1929/9/28:9）。

値段はべつとして、人絹の長所としてあげられるのはつぎのような点だ。肌ざわりの滑らかさ、光沢がうつくしい、染着性がよい、静電気が起きにくい——。この、なめらかな光沢はたしかに人絹の特色だったが、それを嫌うひともいた。

たまたまこの時代、パリのオートクチュールではマドレーヌ・ヴィオネのバイアス・ドレスが評判になっていて、立体裁断の技術を用いた、女性のからだの微妙な凹凸感の、光沢による表現が流行していた。それはドローピング・ボーンレス・スタイル（drooping boneless style）などといわれていた。人絹のなめらかな光沢はそれにまさにうってつけ——といえば、腹を立てるひとがあったかもしれない。シルクサテンの光沢と、人絹の安っぽいペラペラした質感が、いっしょになるわけがないと。

ともあれ一九三三年（昭和八年）のつぎのふたつの記事は、その時代に人絹が、じぶんの居場所を確実に手に入れていたことを示している。

生まれて二〇年　のさばる人絹時代　いまや大威張りの流行っ児　どこまで伸びるか（……）今日の欠点もあすは解消　絹ずれの音さえ出る（朝日新聞 1933/8/10: 5）

王座を占めた織物界の暴君　どこまで進む？人絹の発達ぶり「安くて見栄えはするがイヤにピカピカ光って弱いので——」と云った非難は昔のこと、いまでは否応なしに一枚、二枚と、人絹お召物の数が、奥さま嬢さん方の箪笥の空間を埋めて行く状態となりました。（……）最近の人絹ものの売れ行き増加は著しいもので、（……）安くて、明るいということが、現在の時代に適している、と云うことも出来ましょう。（読売新聞 1933/11/18: 9）

＊　＊　＊

その人絹と比べれば、スフは拾われた児のように最初から邪険にされた。ス・フ——ステープル・ファイバーは人絹とちがって、木綿の代替の実用品として登場したのが不運だった。メリヤスのシャツはひと夏もたない。すこし肥えたひとがうっかりしゃがむと、パンツは他愛なく裂ける。四月の入学に新調した中学生の制服のひじやお尻が、六月には破れてしまう——といった苦情、というよりこの時代には、嘆きがしきりだった。

もっとも太平洋戦争に入ったころになると、各メーカーもスフの、とくに強度の改良に真剣に取り組んだらしく、一九四二年（昭和一七年）の新聞では、繊維工業試験所での試験結果として、スフの強度が木綿に劣らないまでになった、と報じている（「スフの強度純綿を抜く」朝日新聞 1942/10/23: 3）。

しかしもう、すこしぐらい弱かろうが、手に入りさえすればなんでもありがたい、という時代だった。

レース／ニードルワーク

一八八一年（明治一四年）、東京の新橋日吉町に、東京府立レース製造所が、フランス人の女教師を雇って開設された。開化以前のわが国にはレース編は知られていなかったし、衣服にもそれ以外にも、レースを使う、レースで飾る、という習慣はなかった。それなのになぜ、公立の製造所を起ちあげたのかはわからない。欧米風の社交の習慣が入りこんでくれば、レースはきっと必要になるにちがいないという、おそらくは外国人の助言があったのだろう。

製造所という名をつけられてはいたものの、実際には教習所であり、その生徒の多くは華族や官吏の子弟だった。この時期、官営の羅紗製造所とか硝子製造所とかが必要にせまられてつぎつぎとつくられ、たいていはそれなりの成果をあげていた。レース製造所はそのなかでも、もっとも振るわなかったプロジェクトのひとつだったようだ（「レース製造所」郵便報知新聞 1884/4/3: 2）。

開化期の東京、横浜、神戸には、お雇い外国人に同行してきたおおぜいの外国人女性がいた。そういう女性のなかには裁縫や各種の手芸に練達のひともいて、開化期の新聞には、その技術を日本女性に教えようという広告が頻繁に見られる。そういうお稽古によってわが国の一般家庭にもっとも浸透したのは、おそらく毛糸編物だったろう。それにくらべるとレース編の普及はもうひとつ地味だったようだ。啓蒙的実用書でのつぎのような言及の例はあっても、実際にどれだけ生活に入っていたかの確証がとぼしい。

近来泰西の文物制度輸入してより、諸種の技芸もまた伝来し、毛糸編物、レース糸細工物の如きは、上下のわかちなく之を知らぬものなき有様である、而して此の手芸は婦女子の好んで練習するところのものなれば、その熟練すること早く、少女に至る迄も巧みに之を製作するに至る。（小林鶯里「編物」『日用百科宝典』1906）

その一方で、女学校教育の教科としての欧風手芸も、堅実なステップを踏んでいた。そしてこちらの場合も中心は毛糸編物で、造花、西洋刺繍がこれに次いでいた。

東京府立レース製造所はその後名目どおり製造工場となり、製品をいろいろな機会をとらえて外国に送って国際的評価を仰いでいる。その結果はときによってちがうが、ジャポニズムのブームにのって、応じきれないくらいの大量注文をうけたこともあれば、値段が高すぎるということで取引不成立だったこともある。

一九一〇年（明治四三年）ロンドンで開催された日英博覧会への出品レースについては、「価格は低廉なるに相違なきも、惜しむらくは材料の綿糸太きにすぎ、且つ技術の点に於いて未だ大いに進歩の余地を存するのみならず、意匠に於いても亦大いに考慮を加うべきものあり（……）」（染織時報 1911/2/20）とさんざんだった。

＊　＊　＊

一八八〇年代後半（明治二〇年前後）には、ヨーロッパでは機械レースの製造が盛んになった。機械レースの発展は一部のレース製造業には脅威だったが、全体としてみれば、機械レースは手編みレースの領域を侵すものではない。むしろ安いレースが大量に供給されることによって、衣料品、家具などの広い範囲に、大衆のレース趣味をひろげるのに役だつ。

わが国の場合がまさにそれだったといってよい。一九一〇年代以後（ほぼ大正期〜）の文化住宅は、赤い屋根瓦やピアノ、縁先の籐椅子とともに、白いレースのカーテンによって象徴される。お嬢様の心尽くしの、ボビンレースのテーブルセンターとはちがって、窓々のカーテンのレースは、なんの変哲もない大量生産品だが、これまでの竹簾とはひと味もふた味もちがう、レース愛ともいうべきものを、はぐくんだにちがいない。

一方、一八九〇年代から一九一〇年代にかけて（ほぼ明治二〇年代〜大正前半）は、輸入機械レースによる、女性下着のレースづけがはじまる。そのターゲットがまず和装下着類だったことは、ここにもまた隠れた折衷服のひとつの例があったことになる。

「もう襦袢の襟までレースの縁型になってきたのですから（……）」と『時好』で言っているのは一九〇五年（明治三八年）一〇月のこと。

一九二九年（昭和四年）七月の『三越』には、筒袖と長袖の胴抜、おなじく筒袖と長袖の総レースの既製盛夏用長襦袢の広告がある。胴抜というのは胴以外、総レースはもちろん胴部分をふくめたぜんたいをレースとした長襦袢だ。

下着のトリミングとしてレースを飾るのはもちろん西欧の古い習慣だが、その執念は、最近の一〇〇円ショップのパンティにまで引き継がれている。

下着にレースを使うのはもちろん、昭和の初め、モダンガールが盛夏に絽や明石を着て警察に睨まれたのとおなじように、透けて見える、のが目的だが、レースのトリミングがないとなんだかさびしい、という気持ちもあるのだろう。その、なんとなくさびしいのを補うために、一九一〇年代以後（大正後期〜）、和装にも洋装にもふんだんに利用されたのが、レース、西洋刺繍など、各種のニードルワークだった。

洋装が日本人の生活のなかに入りこんできた時期、それまでのきもの柄、とりわけ友禅モスリンなどの派手な柄ゆきを見なれていた女性たちが、単純といえば単純な洋服の柄、ときには無地の洋服地に違和感をもったとしてもむりはなかった。とりわけ洋装化の先頭をきった——着せられた少女たちが、あるいは少女たち自身よりもその母親たちが、あんまりさびしいからと考えて、お洋服にたくさんの〝可愛い飾り〟——フリル、ボウ、ジャボ、タック、そして襟や、袖口や、裾に、きれいなレースのトリミング、胸元には心のこもったフランス刺繍の小鳥、等々を加えたのはむりもなかった。『婦人之友』などもそういう風潮の牽引車だった。

ただしそんな感覚も、さすがに一九三〇年代を過ぎる頃（昭和一〇年代半ば）には冷めていたようだ。戦争にかかっていたこの時代、男のシャツをブラウスに更生する工夫のなかで、ある洋裁家はこんな皮肉を言っている。

袖だけ、毛糸で編んでもよいし、紺かなにかの無地にしてもよい。ただ、いくら刺繍がお得意でも、ここでは腕を振るわないように。常識になっている、「無地のさみしさを刺繍で補う」、あれは婦人雑誌付録がふりまいた罪である。（河井章子「洋服の手記」『みだしなみどくほん』1941）

ニット／メリヤス

縦糸と横糸を直角に交錯させて織りあげた布が織物なのに対し、一本か、または数本の糸をからめて作りあげた布が編物だ。

糸でなく、太い紐を材料にする組物というものもあって、一応べつにしているが、編物のなかにも、組物に使う紐より太い綱を使う漁網のようなものもある。金網や籠や笊のように、繊維以外の素材を使って編むものもあり、あまり視野をひろげると無意味に理屈っぽくなるから、ここでは服飾素材としての編み布に限定する。

編む、というもっともふつうの英語はニット（knit）で、フランス語ではトリコ（tricot）。毛糸のセーターなどはだからニットウエアだが、すこししゃれてトリコ（ット）とよぶひともいた。

＊　＊　＊

メリヤスは肌着用の薄地でやわらかい、伸び縮みのきく布、というふうに理解されていた。

およそ一九二〇年代（大正末〜昭和初め）までのデパートの商品カタログで、シャツといえば上着のすぐ下に着る今日のワイシャツ、それに対してメリヤスシャツというのは肌着を指すということになっていた。その時代まで男——とくに若い男は、ふつう、きもののすぐ下に、カラーとカフスのついたシャツを着ていた。このワイシャツ風のシャツに対して、より単純な仕立てのアンダウエアがメリヤスシャツだ。

関東大震災（一九二三年、大正一二年）のあとで芥川龍之介が、メリヤスのシャツの裏に蚤が一匹いたら、詩なんか考えていられるもんか、と言った。自然の猛威の前に、人間の文化などいかにひ弱なものかを嘆いたことばとうけとられた。服装研究の立場からいえば、肌着のシャツはメリヤス、という観念が、この時代にもう固まっていたことを教えられる。

メリヤスはニットを意味する日本語で、もとは外来語だが江戸時代から使われているのだから、もはやカタカナで書く必要はないかもしれない。一般にメリヤスといえば、編物のうちでももっとも細い糸を使った薄地の布をさす。念のためにいうと、音が似ているので混乱するひともあるが、メリンスはまったくべつのもので、これは薄地の毛織物モスリンを訛った日本語。

江戸時代にも輸入品のメリヤスはあって、メリヤスの足袋というのが元禄の『俳諧七部集』にものっている。そのメリヤス製品が本格的に生産されるようになったのは、開化以後のことだった。手芸のレースのように目の粗いものでなく、目のつんだシャツなどの実用品をつくるのだから、とても手で編んでなどいられない。開化後のメリヤスの歴史は、とりもなおさずメリヤス編機の輸入、改良、創意の歴史だった。

＊＊＊

その改良、創意だが、基本的には先進の外国製編機を購入して、これを使いこなすことが、まずしなければならないことだった。つぎはその機械をわが国で試作することだった。けれども一八七〇、八〇年代（ほぼ明治の初め～二〇年代初め）のわが国の機械工学のレベルでは、かりに外国の機器を眼にし、手にとれたとしても、おなじ物をつくるなどはたやすいことではなかったはずだ。メリヤス業に志をたてた旧士族らが、官立の印刷局や砲兵工廠にその模作を依頼しているのも、あながち見当ちがいとはいえなかったのだ。しかもそのあいだ、業者間の競争、駆けひき、あしの引っ張りあいもあったはずだ。このあたりのことは、すこし古いが藤本昌義の労作『日本メリヤス史』(1914)に委ねよう。

メリヤス製品は開化の直後から日本人によろこばれ、一八七〇、七一年（明治三、四年）には、東京でメリヤスのシャツ、ズボン下が流行したといわれるが、まだ手編みだったらしいから、ずいぶん高価なものだったろう。

日本でのメリヤス、とりわけ機械編メリヤス製造に拍車をかけたのは、軍人、警察官、そして官員さんたちによる、靴下、そのころのいい方では靴足袋の大量需要だったことはまちがいない。靴下はメリヤス製品のなかでもやや特殊なものだから、靴下編機の改良、工夫は、一般メリヤス製品とおなじレールの上にはのれず、やがて業界もべつのものになってゆく。

しかし靴下にせよシャツ、ズボン下類にせよ、機械を操作し、実際に仕事に従事するのは専門の職工以上に、内職の女性たちが多かった。一八九〇年代（ほぼ明治二〇年代）の例でいうと、国産の五〇円くらいで手に入る編機一台があれば、それで三人ぐらいの口は養えるといわれた。とりわけ改良靴下編機は扱いやすく力もいらないので、東京では下谷本郷あたりだけでも、身分あるひとの家族でこの内職をしている者が一〇〇〇人以上あると、女学雑誌は新聞を引用して報じている（「女子の職業」『女学雑誌』1896/7）。

＊＊＊

一般にメリヤス商といわれるのは、メリヤスの編立てそのものではなく、メリヤスの最終製品の製造販売業者をさす。そして実際にシャツや股引の縫製加工を受けもっているのは、ごく小さな家内作業、あるいは女性たちの内職だった。一九一九年（大正八年）の『有利なる家庭の副業』（高落松男）では、婦人が家庭でできる副業のなかでは、メリヤスの縫製がなんといっても随一、といっている。

この本であげている大阪市の例によると、メリヤスの編立はたぶん蒸気の動力を用いた工場でおこない、すでに裁断も済んだシャツ、ズボン下などの、地縫い、襟周り、ボタンつけなどを家庭でうけもつのだ。ミシン一台もってさえいれば仕事のきれることはなく、大阪市内では天満方面から、福島、西野田にかけてがもっとも多いが、江戸堀界隈ではメリヤスシャツの上等ものを縫製している、という地域の特色もあるらしい。ただ、アイテムとしてもっとも数の多いのは猿股とのこと。

一八九二年（明治二五年）という早い時期でも、大阪市の商工業者ダイレクトリーには、たくさんのメリヤス商の名がひしめき、「舶来模造品洋服下着シャツ類」とか、「シャツ、胴着、パッチ、ズボン下、手袋、猿股、靴下」と製品名をならべたものも多い（中島邦太郎『大阪商工亀鑑』

1892）。
明治末、一九〇九年（明治四二年）のデータでは、メリヤス製品の生産は圧倒的に大阪と東京に占められ、大阪が六二一万円あまり、東京が二六一万円あまりで、ただし大阪の製品のうち四一九万円は輸出向け、となっている（『日本実業新報』1910/7）。

昭和一〇年代の新聞に「世はメリヤス（ジャージー）時代（……）シャツ、肌着といえば、すぐメリヤスを思います」（東京日日新聞 1936/10/16: 5）とあって、ジャージーといういい方が使われはじめていたことを示している。この記事では、そのジャージーが下着ばかりでなく、太めの糸を用いてセーターやジャケットにまで使われだした、と報じている。ニットシャツはスポーツウエアにはじまり、この時代に男女ともに日常的に愛用されはじめた。ただし、カットソー、といういい方は、戦前にはまだみられないようだ。

毛糸編／セーター

毛糸編物も一八八〇年代（ほぼ明治一〇年代）、あるいはそれよりもうすこし早くから、在留外国人の夫人連が、手先が器用で、新奇なものへの意欲の旺盛な日本女性に手ほどきしたのが、さいしょだったろう。すでにそのころの東京日日新聞は、芝の狩野しまなる女性が婦人編物会をつくり、入会者が多く、そこでの製品を売りさばく店もできている、と報じている。

一八八七年（明治二〇年）という年は、いわゆる鹿鳴館時代の終息期にあたり、二、三年前の束髪の流行にもかげりの見えはじめた時期だったが、「すこし蟹文字でも覗く女は、束髪に毛糸の肩掛でもせねば時候遅れの様に心得ている（……）」（「お嬢様の失望」読売新聞 1887/1/9: 2）という観察もあるから、毛糸製品を身

「主婦之友実用毛糸編」
『主婦之友』、1930（昭和5）年12月

につけることも、今風の装いだったらしい。

毛糸編物の流行のはじまりは一八八五年（明治一八年）頃で、「束髪ひろめの会」の運動のいちばん勢いのあった時期に一致している。その後二年たって、時事新報は毛糸編物に対しこんな批判をしている。

近来文明のお嬢さん方が毛糸のお細工物に熱心せられ、学校に通ってはニッチング、女教師を雇うてはニッチング、さてその出来上がりたるものは何々と尋ねるに、肩掛襟巻手袋頭巾より靴下の足袋に過ぎず、毛糸の小売の高きこと之を買うて物を作れば其の物の価は既製の舶来品を買う方がよっぽど安い位にて、お嬢さんの手間は丸損で未だお釣りが出るとは、随分気の引けたお慰みと申すべし。（「漫言」時事新報 1887/7/4:5）

時事新報は創刊（一八八二年）後まだまのない時期で、おそらくこの記事は、社主である実利主義者、福沢諭吉の考えを反映しているのだろう。

女性の手芸は実利という観点からみれば、いつの時代でもその答えは煮えきらない。江戸時代の御殿女中、大商人の家庭の女たちのように、お慰みとわりきって愉しんでいた押し絵、摘み細工、刺繍など、暇潰しのお細工物あそびであるなら、それはそれでよい。事実、毛糸編にもさいしょのうちは、菊や牡丹、あるいは鶴亀などを、毛糸の柔らかさを生かしてこてこて飾りつけた、巾着や涎掛などが喜ばれていた時期があった。

手芸品というものは必要以上の飾りか、さもなければ手箱に秘めて置く弄びものとばかり心得た癖が、毛糸というものの性質を、斯う見違えた取り扱いをしていたのだった。（みち子「毛糸編物の話」『女性日本人』1922/12）

毛糸編物のこうしたお細工物志

向は、一八九〇年代末（明治三〇年代初め）以後になると、絹糸の使用へと関心を方向転換していった。

一方、福沢学派にはからかわれながらも、より実生活的な毛糸編物も、その利用も、順調に発展していた。世紀末になるころには、「西洋より輸入されたる物品にして、日本人の手に渡りたるのち、日本的意匠を加え却って原品に優るものを作ることあり、毛糸編物の如きはまさしく其の一つなり」（報知新聞 1896/7/7: 1, 7/9: 1, 7/11: 1）とまで言われている。報知新聞は、毛糸編物が日本で発展した大きな理由は、一八九〇年（明治二三年）頃にわが国で毛糸の染色法を考案し、それまでの黒、樺色、肉色ぐらいしかなかった輸入毛糸に比べて、どんな色でも染めることができるようになったため、と指摘している。もっともそうはいうものの毛糸衣料の用途はショール、襟巻、手袋、靴下などの防寒用副装品か、シャツ、股引、ズボン下などの下着中心だったようだ。いくぶん理解に苦しむのは、さいしょのうちの毛糸衣料のほとんどが、上に着るものよりも下着、肌着として用いられていたらしいことだ（例　伊東洋二郎『絵入日用家事要法』1889, 第一一章 編物「肌着《シャツ》の編み方」）。

＊　＊　＊

毛糸編物は日露戦争前後からやや人気を失ったらしい。世が大正とかわってまもない時期の新聞はこんなふうに書いている。「毛糸編物は一時は非常な勢いで流行しましたが、この七、八年とんと廃れてしまいました。しかし中流以上の婦人および西洋人達の間には、依然として行われています」（「廃れた毛糸編物」読売新聞 1914/12/12: 5）。

この一九一四年（大正三年）にはじまった欧州大戦によって、毛糸の輸入が乏しくなり、それも毛糸編物にとっては逆風だった。しかし戦争が終わった一九二〇年代（大正後期～昭和初め）、毛糸編物、というより毛糸衣料はいよいよ自分たちの時代を迎えることになった。

震災（一九二三年）後、授産場などでの奨励で、以前にも増して毛糸編物が大流行し、袂から編み棒を見せていない女学生はないようになったが、最近は男にも移り、上野や東京駅で客待ちのタクシー運転手まで編物をしている。（「タクシー運転手まで編物」都新聞 1923/12/11: 9）

『婦人之友』をはじめとする婦人雑誌にも、毛糸編物の特集や付録が多くなった。そのアイテムをみると、赤ん坊や幼児の衣料、せいぜい少女向きのショールやチョッキ、というところが多い。一九二〇年代後半（ほぼ昭和の初め）に入る頃には、成人のセーターやチョッキ、なかには男子用仕事服、と称するカーディガン風の上着のようなものさえ取り上げられている（『主婦之友』1928/1）。家族の着るものは女の手で、という気風のまだつよい時代だったから、裁縫の専門家のなかには、紳士服でさえ家庭で仕立てることを勧めるひとがいた。それにくらべれば毛糸編の衣類はまず無難で、お父さんも安心しただろう。

この時代毛糸衣料がにわかにふえた理由のひとつは、従来の手編だけでなく、各種の編機が考案されて、生産の能率がグンと向上したためもある。機械編物のなかには極細糸を用いて、綿メリヤスと区別がつかないような質感のものさえあり、そのためかえって手編のざっくりした味が愛される、ということにもなった。

毛糸編機は小型で値段も安かったから、家庭でも購入され、地域で講習会が開かれて主婦たちの集いの機会にもなった。しかしそれ以上に毛糸編機は女性たちに大きな内職のチャンスも提供した。その一例として一九二六年（昭和元年）に、横浜市は、家内工業振興の一手段として毛糸編物の普及をはかるため、市勧業課主催で文化編物器使用の講習会をひらいている。五年後の一九三〇年（昭和五年）末の資料によると、市内に一五支部、三五三人の会員を擁し、その製品は市内ばかりか、東京、大阪、北海道の主要都市の百貨店等に大量に卸されている（横浜商工会議所『横浜における中小工業』1931）、と。この時期、毛糸衣料は各地で家内工業ないしは内職的に生産され、横浜市の生産額は東京、大阪の両府に次いでいた。

「いよいよやって来たスウェーター時代」（東京日日新聞 1936/9/9: 8）

という見出しが家庭欄のトップに躍ったのは昭和一〇年代に入ってすぐのことだった。セータースタイルがもたらしたのは、柄で着る、のではなく、色に対するきびしい選択眼と、からだの自然な凹凸を、そのまま女っぽさ、男っぽさとして受けいれる鑑賞眼だったろう。

男性洋服一般

男の洋服は、警察官と官員さんたちによってひろまった。もちろんそれに異人さんたちや軍人もはいるが、こういった連中は街中で、そうそう一般市民たちの眼にふれることはなかったろう。

すでに一八七〇年（明治三年）という早い時期に、法令によって洋服型の〃制服〃が制定された（太政官布第八〇〇、1870/11/5）。まだ官職制度も定まっていない状態だったから、衣冠の代わりをなすとか、無位非役までの士族まで着用を許すとか、かなりうしろむきの文言があり、その実効性も疑わしい。

官吏の洋服登庁が本格化するのは一八八〇年代（ほぼ明治一〇年代）に入ってからで、とりわけ鹿鳴館時代といわれる一八八五年、八六年（明治一八年、一九年）だった。洋服登庁の指示は、制服の規程がある陸海軍省のほかは、各省ごとの口達なので、信用できる記録が少ないが、新聞報道によると、同時期に地方の自治体でもおなじ動きがあったようだ。

石川県では、県庁吏員の判任官以上、裁判所郡役所の月俸一二円以上の者には、洋服での出勤を定める。（時事新報 1885/5/5: 2）

洋服着用規程は、石川県の場合にみるように、身分の重いものによりきびしく課せられる。身分の重いものほど外部への体面が必要だからだが、あわせて、わずかな報酬しか得ていない連中の、洋服調達のための負担を考慮したにちがいない。警視庁では下級の給仕にいたるまで洋服、という規程をいったんつくり、しばらくしてから、「今後は月給一〇円以下の者は日本服を着するも苦しからざるよし」という達しを出したのもこの辺の事情だろう（東京日日新聞 1880/10/27 :2）。

大審院が、訴訟のため出廷するひとの着服制限をしたのは一八八三年（明治一六年）だった。それによると士族は羽織袴、平民は羽織、もしくは袴とし、洋服は勝手次第、となっている。洋服の種類も着方も問うことはせず、洋服でさえあれば礼装なみだった。和服より、洋服を着ているひとの方が格が上、というその時代の通念には、根拠があったのだ。

一八九〇年代までの、つまり明治中期までの上・中級官吏の登庁服は、原則としてフロックコートだった。そのほかに、下級官吏や学校の教職員の多くも時の流れにしたがっているし、大阪砲兵工廠の職工が一八八五年（明治一八年）には小倉織の洋服を給与されているなど、洋服は社会のいろいろな方面に浸透しはじめていた。

こういったひとたちのすべてがまさかフロックコートでもないが、背広型の洋服が一般にひろがるのは一九〇〇年（明治三三年）以後とみられる。一九〇〇年以前の庶民的洋服のかなり大きなパーセントは、当時達磨《だるま》服といわれた、立襟で前がふさがり、胸もとまでボタンがけの服だったろう。胸もとのこの構造は、首巻きなしでも襟元の防寒にも、頸の保護にも役だつので、鉄道員など現業の職員にはひろくゆきわたった。わが国では軍服以上に、それをまねた学生服の詰襟服として定着したが、明治時代にはもうすこしひろい範囲に愛用されていた。

＊　＊　＊

洋服の普及に関して、記憶すべきことがいくつかある。たとえば一八七二年（明治五年）に京都東山のある寺から、仏教法要以外では僧侶も洋服を着ることを許されるかどうかの伺いがあり、京都府は勝手たるべしと回答した。するとその翌月、僧侶一〇名と神職一〇名が教法講究のため教部省に出仕したが、全員洋服だったという。

東京築地の新富座が新装開場した一八七八年（明治一一年）六月七日、招待した政府高官を木戸口にならんで出迎えた劇場関係者は、市川團十郎、尾上菊五郎はじめ、すべて洋服すがただった。

一八八七年（明治二〇年）に地方巡遊の明治天皇が京都駅に着いたとき、出迎えの本派本願寺法主大谷光尊が洋服すがたであったのを、新聞は「古今未曾有」と書いている。

洋服は近代の日本ではビジネス社会の制服であり、入場券だった。明治時代の男性洋服――フロックコートは、社会の上層身分への入場券だったが、一九一〇年代以降（ほぼ大正前半期）、背広が一般化した時代になると、和服ではもはやビジネス社会そのものへの入場がむずかしくなってきた。都新聞で主に花柳演芸欄を担当してきた、小説家でもある平山蘆江が、一九三〇年（昭和五年）に都新聞社を退社せざるを得なくなったのは、彼が洋服出勤を拒否したため、という説がある。たとえ通人の蘆江であっても、着流しで微醺を帯びて出社し、原稿を書きとばすと車を駆って狭斜の巷へ――という時代ではもうなくなっていたのだ。ビジネス社会と洋服との関係は、女性の職業進出についても相関を暗示している。

洋服が一種の制服であり、記号的な入場券の意味がつよいとすると、日本人にとっての洋服は、なによりもその記号性の理解が先行しなけ

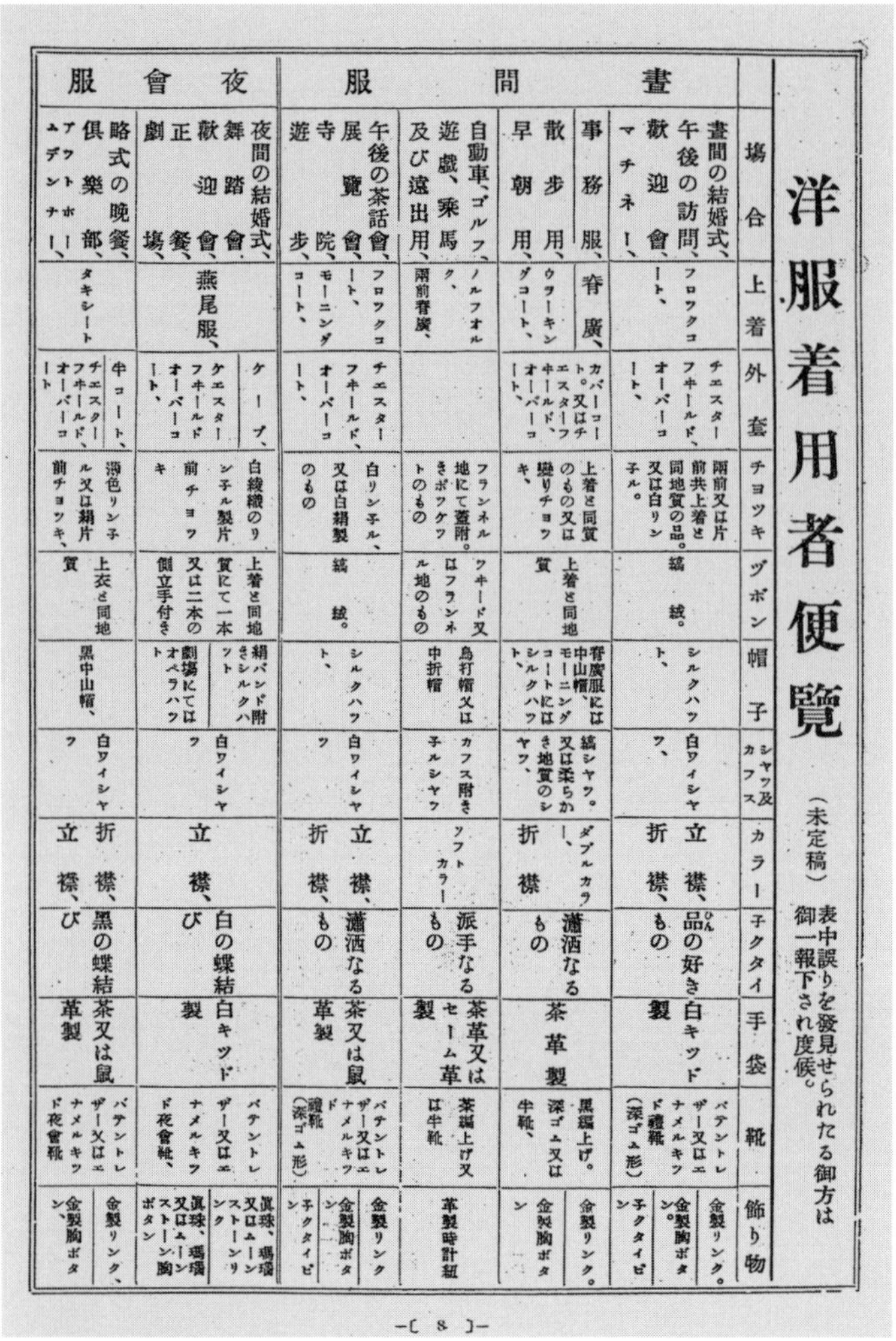

洋服着用者便覧　（未定稿）　表中誤りを發見せられたる御方は御一報下され度候。

	場合	上着	外套	チヨツキ	ヅボン	帽子	シヤツ及カフス	カラー	子クタイ	手袋	靴	飾り物
晝間服	晝間の結婚式、午後の訪問、歡迎會、マチネー、	フロツクコート、	チエスターフキールド、オーバーコート、	兩前又は片前共上着と同地質の品。又は白リンチル。	縞絨。	シルクハツト、	白ワイシヤツ、	立襟、折襟、	品《ひん》の好きもの	白キツド製	パテントレザー又はエナメルキツド禮靴（深ゴム形）	金製リンク。金製胸ボタン。子クタイピン
晝間服	事務服、散歩用、早朝用、	脊廣、ウラーキングコート、	カバーコート。又はチエスターフキールド、オーバーコート、	上着と同質のもの又は縫りチヨツキ、	上着と同地質	脊廣服には中山帽、モーニングコートにはシルクハツト、	縞シヤツ。又は柔らかき地質のシヤツ、	ダブルカラー、折襟	瀟洒なるもの	茶革製	黒編上げ。深ゴム又は牛靴、	金製リンク。金製胸ボタン
晝間服	自動車、ゴルフ、遊戯、乗馬及び遠出用、	ノルフオルク、兩前脊廣、		フランネル地にて蓋附きボフケツトのもの	ツキード又はフランネル地のもの	鳥打帽又は中折帽	カフス附き子ルシヤツ	ソフトカラー	派手なるもの	茶革又はセーム革製	茶編上げ又は牛靴	革製時計紐
晝間服	午後の茶話會、展覽會、寺院、遊歩、	フロツクコート、モーニングコート、	チエスターフキールド、オーバーコート、	白リンチル、又は白絹製のもの	縞絨。	シルクハツト、	白ワイシヤツ	立襟、折襟、	瀟洒なるもの	茶又は鼠革製	パテントレザー又はエナメルキツド禮靴（深ゴム形）	金製リンク 金製胸ボタン 子クタイピン
夜會服	夜間の結婚式、舞踏會、歡迎會、正餐、劇場、	燕尾服、	ケープ、ケエスターフキールド、オーバーコート、	白綾織のリンチル製片前チヨツキ	上着と同地質にて一本又は二本の側立手付き	絹バンド附きシルクハツト 劇場にてはオペラハツト	白ワイシヤツ	立襟、	白の蝶結び	白キツド製	パテントレザー又はエナメルキツド夜會靴、	眞珠、瑪瑙又はムーンストーンリンク 眞珠、瑪瑙又はムーンストーン胸ボタン
夜會服	略式の晩餐、倶樂部、アフトホーム、デンナー、	タキシード	中コート、チエスターフキールド、オーバーコート	淺色リンチル又は絹片前チヨツキ、	上衣と同地質	黒中山帽、	白ワイシヤツ	折襟、立襟、	黒の蝶結び	茶又は鼠革製	パテントレザー又はエナメルキツド夜會靴	金製リンク、金製胸ボタン、

—〔 8 〕—

「洋服着用者便覧」

『みつこしタイムス』、1913（大正2）年2月

ればならない。他の多くの外来文化の領域とおなじように、学んで、覚えて、守る――という努力の対象だった。一九〇八年（明治四一年）のある観察者が指摘する、日本人の洋服すがたの欠点から引用しよう。

◎袖短きこと　◎背広の丈の短き故貧相に見ゆること　◎袖付けと肩の間に斜めに大皺を表すこと　◎出来合服のくせに普通の位置にボタンを附けるようにする故、前や襟の合わぬこと　◎何となく服が借り物の様に見ゆること　◎前に屈して立つこと　◎小足に腰を後につき出し歩むこと　◎カラーの汚れたるを用いること　◎ズボンが短いこと、など（『流行』白木屋、1908/2）。

かつてのあの、友禅の長襦袢のうえに結城紬を襲ね、博多の帯を締めた、日本橋の大店の主人や番頭の心懸けたようなセックスアピールを、洋服すがたのうえで体現しようとする男は、その時代ごく少なかったようだ。

洋服着用者が学んでおくべきだったことのひとつは、テーラリングテクニックのつくる美しさだったろう。明治大正期の〝成功者〟たちの遺影を数多く見ておどろくのは、彼らのほとんどが、いかにシワシワの洋服を着て、反り返っているかということだ。

一九三二年（昭和七年）、東京神田駿河台下に「洋服の化粧院」が開業している。洋服の短時間プレスが営業内容で、「型の崩れたミットモない服着る男を根絶（……）」が目的という（朝日新聞 1932/10/7: 7）。欠落している大切なものに着目して、それを補おうという努力は、けっしてないわけではなかった。

ネクタイとカラー

男性ジャケットの襟もとが、われわれがいま見なれているスタイルにほぼ定着したのは、一九三〇年代（昭和前半期）に入ってからのことらしい。明治時代のカラーは堅い立襟のハイカラーがふつうで、カラーだけとりはずして洗濯できるようになっていた。ハイカラの語源がここにあるだけに、気どった人間はむりをして、外国人にくらべると猪首の日本人には不似合いな、高いカラーをつけたようだ。

一九一〇年代（ほぼ大正前半期）になる頃には、大部分の勤め人がふだんに着るワイシャツは、シンプルな折襟のいわゆるレギュラー・カラーになって、とりはずしはできないのがふつうになる。その襟の合わせ目、一番上のボタンのあたりに結びめのあるネクタイをしめる。ネクタイの生地は厚地で、硬めなので、長短二枚の大きな短冊を胸元にブラさげたように見える。

カラーとタイの歴史からいえば、これはそのさいごの、消滅まぎわの、もっとも単純化、あるいは形式化したすがた。さらに単純化した方法としては、短冊状の織物の代わりに一本の紐で襟もとをしめるループ・タイというのもあるし、ピンでちょっととりつける蝶ネクタイというものもある。ただし堅気の勤め人の日常用としては、このふたつはめったに見られない。

戦前の堅気の勤め人はこれに中折帽をかぶるのがふつうだった。日米戦争に入ると、中折帽が戦闘帽に変わってゆくが、けっこう費用のかかる国民服の普及は緩慢だったから、ほとんどの事務職のサラリーマンの、スーツすがたに変わりはなく、ネクタイはやはり必需品だった。

ネクタイが男性の装いにとって大切なものになったのは、サラリーマン社会での背広型スーツの定着のせいだ。燕尾服はもちろん、フロックコートやモーニングコートには、タイの個人的な好みというものは乏しい。むしろ燕尾服には白の、フロックコートやタキシードには黒の蝶ネクタイという、かたくなな規定をまちがえないようにする常識の方が大事だった。

一九〇〇年代（ほぼ明治三〇年

代）以後の日本はすでに背広社会だったが、ほとんどのサラリーマン男性は、家に帰れば和服に着替えていた。一九二〇、三〇年代（昭和戦前期）にサラリーマン生活を送った男性のすべては明治生まれで、一部の学生以外、青年時代までのほとんどの時間は、ゆったりとした襟もとの和服で身をつつんでいた。開化のころ、西洋人のはくズボンをさして窮屈袋とよんだけれども、一九二〇、三〇年代のサラリーマン男性にとって、半日カラーとネクタイでしめあげている胸もとの窮屈さは、それが宮仕えというものの、身体的感覚だったともいえよう。

　スーツにネクタイのサラリーマンスタイルがほぼ定着した一九三一年（昭和六年）に、すでにこんな記事が現れている。

　この頃日本でも男子服装の単純化が問題にされて、しきりと無帽主義、無ネクタイ、ワイド・シャツ（ゆるやかなシャツ）、ショート（短ずぼん）を着用することの、保健上いかに有効であるかを力説し、既に（……）服装単純化に関する各様のクラブを組織（……）。（「男服にも単純化運動」都新聞 1931/10/2：9）

　もちろんこの主張はその時代、イギリスに起こったラショナル・ドレス・ムーブメント（**rational dress movement**）に追随したものであることは明らかだ。おそらくこの流れをうけて、報知新聞社は一九三一年（昭和六年）に開襟シャツキャンペーンをたちあげ、以後、毎年継続されることとなる（報知新聞 1931/7/1：9）。

　日本人がノー・ネクタイに、より本腰をいれだしたのは、戦争の影がこの国を覆いはじめたころだった。背広に代わる国民服を模索する具体的な理由のなかにも、首に窮屈なネクタイ、洗濯の手間のかかるワイシャツの排除がふくまれていた。

　ノー・ネクタイの弁　われわれが一番気持ちよくて、能率的に働ける条件は、シャツと皮膚のあいだの温度が三二度、湿度が五〇パーセントのときですが、ネクタイを締めますと空気の流通がなくなって、温度は著しく上がって体温以上になり、堪えられなくなります。洋服やネクタイが習慣になっている国は、夏でもネクタイをしめてさして暑くもない国々なのです。わが国の風土気候から言って、ノー・ネクタイは衛生的であり、能率的であり、これを礼を失すると考えるのはどうかと思います。（厚生省保健課　入鹿山博士、朝日新聞 1939/7/3：6）

　大きな短冊をぶらさげ式の、形式化した、末期現象のネクタイだからこそこんなそしりを受ける。ネクタイがまだ生き生きしていた時代だったら、厚生省の医者の見方もすこし変わったろう。

　ネクタイはもともとスカーフの一種ということもでき、女学生がセーラー服の襟元に結ぶタイも同種のもの。女学生の制服のタイは色がきめられているのだか、微妙な好みの色合いをだすために、こっそり高価な紅茶で上染めしたりする少女もあった。タイは顔と着ているものとをつなぐ点では、和装の女性があれほど執着した半襟にちかいポイントになる。一部の若い男性の間で、一九二〇年（大正九年）前後に流行したゆるやかなボヘミアン・タイは、セーラー服のタイにちかいものだ。永井荷風や萩原朔太郎、鈴木三重吉など、洋行帰りの文人、詩人たちのイメージがそれにむすびつく。

　ただし、カラーとタイのくみあわせは、七月でもコートを着ているひとがいるようなヨーロッパの風土が前提になっている、という指摘は正しい。一九世紀半ばのイギリスの、ディッケンズの時代の紳士を見れば、耳にかぶさりそうなハイカラーで襟もとをくるみ、大きな結びめのスカーフをその上に巻きつけている。ひとつには、頸のかなり長いことも、この種のカラーが見てくれのよい条件だろう。世紀末になってハイカラーが流行おくれになったことは、気候の違い以上に日本人にとって幸いだった。

フロックコートから背広へ

男性の服装の近代は、紋附羽織袴から、背広のスーツへのプロセスだった。

近代のほぼ前半、一九〇〇年代頃（ほぼ明治末）までは、背広のスーツとフロックコートがおなじように用いられていた。第二次世界大戦後でいえば、黒っぽい両前（ダブルブレスト）の背広三揃え、という場合には、だいたいフロックコートが着用されていた。もちろんそれは職業、また地位にもよる。銀行員とか、帝大の教官とか、官庁の少なくとも中間管理職以上は、ふだんもフロックコートだったようだ。もっとも漱石の『三四郎』(1908)のなかに、帝大教授である広田先生が、天長節の式からフロックすがたで帰ってくるところがある。わざわざ言うところをみると、この時代はすでに、ふだんはフロックではない大学教授もいたのだろう。

背広の語源については諸説がある。しかし背広がどんな服であるかは問題がないから、語源の詮索はここでは無用とする。ほんらいスーツとは、背広の上着、同色のパンツ（ズボン）、ときにはそれにチョッキを組み合わせたものをいうのだろうが、現在では背広に色変わりのパンツを組みあわせてもスーツとよび、パンツをはかないひとはいないから、結局スーツ、イコール背広のようになっている。またスーツは英語表記では「suit」なのだから、スートとよぶべきだという主張がある。もっともだが、風俗用語というものは世間のマジョリティに従っておかないと、なんのことかわからないから、ここでは日本語のつもりでスーツといっておく。

＊　＊　＊

背広は福沢諭吉の『西洋衣食住』（片山淳之助、1867）に紹介され、その後の初期の裁縫書にも出ているのだが、明治初期——一八七〇、八〇年代の、着用状態についての記録はほとんどない。この時代の洋服は、政府高官たちの礼装と、各種制服がほとんどだったろう。軍人や警察官、鉄道・郵政職員たちの制服は、そのころ達磨《だるま》服とよんでいた立襟が多く、これは学生の制服にひきつがれる。

一般に男性の洋服は、乗り物にのって通勤するひとの数に比例して、ふえていったと想像される。フロックコートを着るような地位のひと以外の勤め人が着た洋服は、背広か、達磨服になる。しかし立襟や折襟で首もとまでボタンがけの上着は、現業のひとむきだから、ほとんどの通勤者は背広ということになる。洋服細民といわれたひとびとをふくめて。

その一方で、背広が普段着以上のものになる道のりは長かった。一八九一年（明治二四年）の、衆議院度量衡審査委員会に、商工局長の斉藤某が、背広で委員席に着こうとして退席を求められる、という小さな事件があった。この局長は結局フロックコートに着替えて、はじめて委員席に着くのを許されたが、この時代では当然だったろう。それから二〇年あまりのちの一九一三年（大正二年）に、国会議員の、背広での委員会及び本会議出席を認めようという動きがあった。衆議院規則第一七二条に、「議員の服装は羽織袴、フロックコート、もしくはモーニング・コートに限る」とあるのを、〝羽織または洋服〟と改正しようというのだった。しかしこのときは院内各派交渉会での討議で終わった。その七年後の一九二〇年（大正九年）に、ようやく背広を黙許するということになる。ただし、無地、襟付き、という条件つきで（「猛暑を機会に議員が背広服に」朝日新聞 1920/6/18: 5）。

一九一〇年代（ほぼ大正前半期）に、紳士として社交生活を送るために必要な洋服として、朝日新聞は、モーニング、タキシード、フロックコート、オーバーコート、それに日常着の背広をあげてはいるが、「フロックは外国では医者か坊主以外はほとんど用いないが、日本ではむしろ濫用されているくらい（……）」（「洋服を一通り揃えると」朝日新聞 1918/1/28: 5）といい添えているのは正しい。学んだ者のこだわりというべきだろう。

関東大震災直後の第四七臨時議会では、お殿様の集まりである貴族院にも〝平民化〟の風が吹きこみ、服装は議員の常識に一任、という申しあわせがうまれている。その常識とは、黒無地であれば背広でも可、と解釈されていた。

ただし、黙許されたとはいえ、背広は神聖な議場ではあくまでも仮のすがただった。一九二八年（昭和三年）の帝国議会開院式に、無産派の議員たち、社民党の西尾末広、大衆党の河上丈太郎、ほか五名が、背広で登院したことが大問題になった。開院式には天皇の行幸があったため、政友会、民政党から「諸君の潜在意識たる、国体に対する異心、並びに皇室に対する儀礼を蔑視せんとする観念（……）」のあらわれである云々という、大仰な詰問状まで出されている（「無産派代議士の背広登院と不敬問題」報知新聞 1928/12/28: 7）。

地方議会の議場では国会ほどの議場神聖論はなく、逆に背広以外の服装を問題視された例があった。一九一八年（大正七年）、東京市議会において、そのときの田尻稲次郎市長が、背広でなく詰襟服を着て出席しているのを、「異様な服装者を退場せしめる、という規定にもとづき退場させよ」（読売新聞 1918/12/13: 5）と、野党議員から咎められている。

すでに諸官庁の職員については一九一九年（大正八年）に、これまでフロックコートを用いてきた場合においても、モーニング、背広あるいは紋附羽織袴の着用を認めている。これは欧米の現状にかんがみてのことだった。しかもなお、新内閣の閣僚勢揃いの写真を見ると、頑固にフロックコートを着ている硬骨漢の大臣が、一九三〇年代、四〇年代（ほぼ昭和前半期）まで、消えてはいない。

ともあれ昭和に入ったころには、背広はとりわけサラリーマン社会では定着していた。その時代の男性は、「私は普段着の背広を二、三着もち、薄汚いきものを一、二枚持ち、あとは夏なら浴衣、冬ならドテラである」（長谷川修二「着物と洋服の二重生活を論ず」『スタイル』1938/7）あたりが、ひとつの標準だったろう。

フィット

一九〇八年（明治四一年）のある流行誌は、日本人の洋服の欠点として、袖が短いこと、カフスを現すこと、ズボンが短いこと、背広が短いため貧相に見えること、等をあげている。（『流行』白木屋、1908/1）要するに、身体にあっていない、ということだ。

明治の末というこの時代は、男子の洋服というと、フロックコート、モーニングが、背広と対等の存在だった。もちろん洋服を着るような立場、ないし職業のひとの場合だが、「今日は僻地寒村の村長も、郡役所の書記も（……）背広の洋服も入用なれば、フロックコートも通常礼服も備え置かざるべからず、（……）」といわれていた。ここで通常礼服というのはモーニングをさしている（「現代人の贅沢さ」朝日新聞 1899/5/13: 3）。

彼らの洋服すがたの写真を見て、だれもが気づくのは、正装しているときであっても、衣服が身体にフィットしていないことから生ずる、ヨレヨレの皺のめだつことだ。

洋服に慣れはじめた時期の日本人は、洋服は窮屈なもの、とうけとっていた。ズボンを窮屈袋とよんでいたのもそのあらわれだ。女性のコルセットの知識もあたまにあったろう。そしてそれはしかたのないものとあきらめ、仕事の重荷と重ねあわせていたのかもしれない。だから家に帰って帽子とスーツと靴下をぬぎ、ネクタイをとると、仕事とスーツからの開放感が、くつろぎ着の和服のよさを、いつまでも実感させつづけた。

洋服を窮屈と感じたのは、単純にいえば身体にあわない洋服を着ていたためだ。一九一〇年代頃（ほぼ大正前半期）までの日本人の多くは、背広はオーダーでつくるか、古着を利用するかだった。大都市であっても、洋服の仕立屋の多くはまだ未熟だった。丹念に採寸して裁断、縫製すればするほど、腕が上がりにくくなったりする。それでも洋服とは、そういうものだと信じられていた。欧米人の体型にもとづく原型が、ほとんど呑みのままの時代だった。

日本人の背広の着方の特色として指摘されるのは、ボタンをかけたがらないことだ。背広をマントのように肩にかけて――フーテンの寅さん式に――着るのもおなじ。ひとつには日本の風土にもよるが、からだに、第二の皮膚のようにぴったり添った、スーツの美しさを理解するのは、まだ遠いさきのことだった。

からだにぴったり、ということに関しては、大きな誤解があった。よくフィットしているスーツは、なんの窮屈さも感じさせない。それはその点でもうすこし単純な、靴のことを考えれば理解できる。よい靴は足にピッタリして、それでいて靴ずれをつくるような摩擦を生じない。よくフィットしているスーツはからだの形ばかりでなく、動きにも添うのだ。そういうフィットをロンドンのテーラーは、ウエストエンド・フィット（westend fit）という。ウエストエンドはロンドンの中心街であり、トップ・テーラーの集まっている通りセヴィル・ロウもそこにある。それに対してからだにいかにも窮屈にぴったりした服を、シティ・フィット（city fit）とよんで、シティの銀行屋のビジネススーツ風という。日本人好みのゆったりめの仕立は、カントリー・フィット（country fit）とよんで、それはカジュアル服になる。むだ皺を許すのは、比較的値段の安いカジュアル服だけだ。

震災前に東京銀座の近くに、アメリカ製の最新プレス機を据えつけて、着ている洋服を三〇分、八〇銭でプレスする店ができた。「型の正しいズボン、筋目のキッチリとした洋服は紳士のおたしなみです」（読売新聞 1921/4/23: 4）という宣伝だったが、残念ながら繁昌したかどうかはわからない。

＊　＊　＊

第一次世界大戦後、アメリカの既製服の影響が日本にも及んでくる。一九二〇年代（大正末～昭和初め）の世界的風潮は、男も女も、スーツやドレスのままで、動きの激しいチャールストンもフォックス・トロットも踊れるような、ウエストのゆるいボックス・スタイルだった。このアメリカンスタイルは、リリアン・ギッシュやクララ・ボウの映画と一緒にわが国に流れ込んだ。第二次世界大戦後もかなり時間が経過してから、ピエール・カルダンの欧州風シルエットが入ってくるまで、日本のスーツが、ウエストのゆるいアメリカンスタイルを基本としていたことは、日本の男性にとって幸せだった。

一九三一年（昭和六年）八月、東京羅紗既製品卸商組合、東京婦人子供服製造卸商組合等の洋服関連業界が結束して、既製洋服の標準寸法を制定した。この時期はまた、日本の毛織物産業の水準が、舶来に負けないような製品を提供できる段階に達したときでもあった。フィットの点でもそう不満のない既製のスーツが、手ごろの値段で、百貨店の売り場に吊るされるようになったのは、サラリーマンにとっての大きな福音だった。この時代をリードしていた評論家はこう言っている。

背広は誂えでなければという、今までの贅沢な観念をまず捨ててください。欧米でも自分の身体に合わせて服をつくるということは、相当の紳士になってからやることで、大部分のひとはレディー・メードです。それに日本の洋服屋さんで、本当に身体にあった洋服を作れる人はごく僅かです。（谷長治、読売新聞

1940/3/1: 4）

今までの贅沢な考え、という句にも窺えるように、背広にとっても暗い時代が、目の前に迫っている。一九三八年（昭和一三年）は、日中戦争がすでに二年目に入り、街には詰襟の軍服がめだつようになっていた。非常時ということばが、なにかにつけて先行した。

背広服はカラー、ネクタイで首を締めつけ保健上面白くなく、また日本の気候にも合わない（朝日新聞 1939/1/20: 6）、ワイシャツの洗濯だけでも大変、ネクタイに使う労力や材料を、ほかに回した方がいい（「揃って戦衣へ　背広も断然禁止せよ、ネクタイより修繕用の糸を」朝日新聞 1943/8/9: 2）などなど、世の中は国民服の方向に眼を注いでいた。

しかしその一方で、女性のスーツがめだちはじめてもいた。これに対しては、生理上の疑問を呈する医師もあったが。

女性洋服一般

一年を通じて、街に洋服すがたの女性がめずらしくなくなったのは、一九三〇年代の後半（ほぼ昭和一〇年代）だったろう。もちろんそれは大都市でのことだが。もう日中戦争のはじまるすこし前ということになる。それ以前でも女のひとの洋服はいくらでも見られたが、それはほとんど職場の服装だった。デパートの店員、バスの車掌さん、女工員、学校の先生――などなど。

昭和の初めに、洋服が着てみたいのでバスの車掌の試験をうける娘のはなしが、新聞で紹介されたことがある。発車オーライという〝英語〟とともに、バスの車掌はこの時代のモダンな職場だった。

デパートの女店員の洋装は松坂屋が先頭をきった。一九三一年（昭和六年）に、東京銀座と名古屋の松坂屋は女店員ぜんぶを洋装にした。銀座店ではまず婦人子供洋服部の従業員からはじめ、ブルーの富士絹のスマートな制服を着せた。もっとも銀座松屋のように、見本までつくったのに着たいという希望者がなかった、というケースもある。

女子工員の洋服の歴史ははるかに古い。ただし工員の制服は作業用だから生地も安物の小倉のようなもので、折衷服的なデザインが多く、またあまり街で見かけるというものではないから、べつに考えた方がいいかもしれない。

女教員の洋服にはいろいろ問題があった。東京府の場合だが、すでに一八八九年（明治二二年）に、府の学務課長から各私立小学校に対し、教師はなるべく洋服であるよう諭達が出された。しかしこれは男性教師のみで、女教師には直接関係ない。その後一九二九年（昭和四年）の東京市女教員会は、小学校の女教員は洋服を着ること、という決議をしている。

言ってみれば一九三〇年以前の女性洋服は、巷に点々と、街灯か広告塔のように存在していたことになる。

＊　＊　＊

開化後の女性洋装史のなかで、鹿鳴館舞踏会の洋装のイメージをあまり大きく考えるのはまちがいだ。せいぜい一〇〇人たらずの人間が、閉ざされた輪のなかで短い時間をすごしていたにすぎない。その後ときおり帝国ホテルの舞踏会などもひらかれ、洋装の貴婦人も少数参加しているが、これもホテルの外の街とは無関係な閉ざされた世界だ。

むしろそういう閉じた世界を背負ってはいても、ひとつの存在感としては、この時代大量に流布した、額絵や写真の方が、民衆にとっては印象的だったろう。キヨッソーネの銅版画の、明治天皇とならんでいる昭憲皇后は、「デコルテーにツレーンを掛けさせ給えるものにて、御冠の宝玉はみな絢爛たる金剛石の御飾りなり。（……）デコルテーは無地或いは模様物を用い、御胸には真珠の御飾りを附けさせ給い、御下袴即ちペテコートは絹物又は織物にて、其の上にスカーツ即ち御袴を穿たせらる（……）」（「服飾門　皇后陛下御服装」『風俗画報』1907/2/10）等々と描写されるように、みごとな純白のロブ・デコルテだ。一九〇〇、一〇年代（ほぼ明治三〇年代〜大正前半）の、つばのひろいかぶりものに、ハイネック、怒り肩、うしろにトレーンを曳いた白いドレスは、赤十字社や愛国婦人会のように皇族がたが総裁の地位にあったり、また主賓として招かれる会合には、かならず正面の一段高い所に居ならんで、それは翌日の新聞の第一面で、読者の眼にとびこんだ。

ともあれそういう街灯なみの洋装の時代が終わり、洋服にひとの眼が見なれてきたさいしょは、女学生のセーラー服や、子ども服だったろう。それは一九二〇年代（ほぼ大正一〇年代）のことだ。欧州大戦後の好景気時代の、子ども洋服のひろがりは急速だったといわれる。それにつづく洋服の普及は、震災後の、とりわけ夏の家庭着だった。

＊＊＊

一九二〇年代から三〇年代初めにかけて（大正後期〜昭和一〇年代半ば）の欧米のファッション――シース・ドレス（鞘型）が、洋服に慣れない日本人にも着やすいことに気づいたひとは少なくなかった。一九二二年（大正一一年）にたまたまアメリカにいた市川房枝も、アメリカ女性が愛用しているエプロンドレス、ハウスドレスを日本女性の家庭着として推奨している。この種のドレス――フロック（frock）のなかには、袖を裁ちだしの構造、いわゆるキモノ・スリーブにして、素人でも簡単に仕立てられるデザインのものもあった。アメリカにくらべて既製服産業のはるかに遅れていた日本人には、このことは大きな恩恵だったろう。

関東大震災をはさんだこの時期に、安物の浴衣地から袖ごとの大きな一枚のパターンを切りぬき、くびのでる孔をあけ、脇縫いだけすればでき上がり――という、カンタン仕立ての簡単服が、日本人に受けいれられたのは自然の勢いだった。いままで洋服など着たこともなかった中年のおばさんや、けっこう年のいった女性までが、夏の縁台の涼みや、近所の買い物だけに着るこんな〝洋服〟で、洋装の初体験をしたのだ。だから洋服は夏以外のものではなかったし、家から五〇メートル以上離れて着るものでもなかったろう。それは注文服についても似たことがいえたらしい。震災の翌年、東京の著名な洋服店主は、洋服を着る女性の増加に関連してこんなことを言っている。

今年はお若い方よりも、四〇前後の方のお求めがずっと多うございました。しかし惜しいことには外にはお使いにはならず、お家でばかりお召しになるので、一般には知れておりませんが（……）。（「こっそり家で着る年増の婦人洋服」国民新聞 1924/8/4:5）

これをきくと、街頭でカウントする、和装洋装の着用者比率などには、慎重な留保が必要だとわかる。

＊＊＊

一九〇〇〜四〇年代（明治三〇年代〜昭和二〇年代前半）の女性洋服をめぐる、大きな変容のひとつは、日本女性のからだが、だんだんと洋服むきになってきたことだ。その点ではむしろ男性を超えた、といえそうだ。

和服が美しいと言い、幾ら好きでも、此の頃の女の子は、体格が承知しなくなっている。肩が張って、胸幅腰回りが発達して、第一動作が全然変わって来ているので、だんだん和服の似合わない女性が多くなってくる。（水木洋子「女性美と洋装」『新装』1937/3; ほかに徳川夢声「女性風俗時評　アッパッパの似合うからだ」東京日日新聞 1936/9/29:8）

統計の数値がしめす明治の女性にくらべて、この時期の女性の身長の伸びは確かだが、男性にくらべればそれほどではないし、短足胴長の体型が変わったというわけでもない。洋服が似合うからだとは、からだの大きさや体型以上に、姿勢や、動作や、敏捷さや、まなざしや、表情であり、それは学業や、スポーツや、職業や、女性の前にひろがった大きな可能性への意欲がはぐくんだものにちがいない。

一方でまた、さいしょはひとの目より必要にせまられて、あるいは家の周りだけでおそるおそる着はじめた洋服に、からだも気持も慣れてゆく、ということも多かったにちがいない。洋服は肩がはる、という女性は多かった。気分の問題もあるが、和装にくらべればいくぶんか、肩で重さを支えていることはたしかだし、袖つけが窮屈かもしれない。襟がないから寒いとか、お腹にしまりがないので頼りないとかいうひともあった。洋装にはかならず帽子をかぶるもの、と考えられていたので、それで頭痛になったり、靴ずれで悩んだひともあった。しかしたいていのひとは、すべて慣れが解決した。

女性の多くは気にもしなかったろうが、さいしょから女の洋装に反感をもつ男、毛嫌いする老人があった。一九三〇年代半ば（昭和一〇年代初め）すぎて物不足がめだってきたころには、洋装は贅沢、という固定観念をもつひとがいたようだ。「婦人の洋装を全廃することによって、どれだけ多くの物資がより有効に役立つことか」（「婦人の洋装を廃せ」報知新聞 1939/3/17: 2）という投書もあった。

アンダウエア

下着という日本語にはあいまいさがある。和装がまだ日常生活に生きていた時代には、このことばは、（一）おなじかたちのきものを重ね着したとき、内側に着るきもの、（二）肌に接していて、外には見せない衣服、というはっきりちがうふたつの意味をもっていた。あいまいさを避けてここで用いたアンダウエアとは、もちろん（二）をさしている。

下着ということばがこのようにふたつの意味をもっているので、古い時代は、また現代でも、あいまいさを避けるためには、肌に接する衣服についてはべつのいい方をした。肌着、襯衣《しんい》、接膚衣《せっぷい》、がそれだ。明治時代の実用書などには、「襯衣《シャツ》」というルビのふってある文章によく出会う。

肌に接していても、それしか着ていないため上着でもある衣服、夏のTシャツとか浴衣とかは、下着ともアンダウエアともいえない。また外には見せないといっても、ジャケットや、詰襟の学生服の内側に着込むワイシャツや、セーター、ベスト類も、下着、アンダウエアには入らない。

アンダウエアの目的はいろいろあるのだが、肌に接していることと、他人の眼にふれないというふたつの特色が、この衣服の個性をきめている。

肌に接しているために、それを着ているかぎり、私たちはこの衣服を皮膚で感じていなければならない。硬さ、柔らかさなど、素材の材質感、また保温力、吸湿性など、素材の繊維としての機能についての議論が、アンダウエア以上に切実なものはない。

開化当時の日本人のアンダウエアは木綿がふつうだったが、麻もひろく用いられ、また素肌に絹の感触を好むひともわずかながらいた。文献資料を信じるかぎり、毛織物が舶来した当時の日本人は、好んで毛織物のモスリンやネルを肌着として用いている。冬季、現代よりはかなり気温の低かった東京などでは、木綿の襦袢より毛織物の方がずっとぬくぬくとしたのだろう。

内側に着こむため、ひとの眼には触れないという特色は、ひとつには汚れをあまり気にしないという結果をうむ。水に不自由のない日本人は清潔な民族ともいわれるが、それにしてはかつての日本人は、アンダウエアの清潔にはわりあい無頓着で、肌につけるものもめったに洗わないひとが多かった。一九一七年(大正六年)、すでに水道も東京市中にいきわたっていた時期でさえ、ある医師は、「入浴して清潔にする事は誰でも知っているが、肌着を清潔にする事には気付かぬ人があるかもしれぬ」(佐々木秀一医博「通俗講話」東京日日新聞 1917/10/28: 5)と、いくぶん遠慮がちに言っている。

開化期には、日本人は入浴好きでからだはきれいだが、着ているものをあまり洗濯しないため、彼らのそばによると異臭がするなどと、不名誉なことを外国人から指摘されているだけでなく、もっと肌着をしばしばあらって清潔にするようにとの投書が、同時代の新聞にもみられる(岸田吟香「養生小言」東京日日新聞 1874/3/6: 1;「肌着の洗濯」1875/5/30: 2)。

この点は現代の日本人とはずいぶん大きなちがいだが、一九二六年(大正一五年)の初夏に、『主婦之友』が「職業に働く若き婦人の身嗜みとお化粧の実験談」という聴きとりをおこなったさい、肌着の交換について、人一倍汚れるという百貨店の女店員、看護婦、小学校教師が週二回平均、店員は冬ならば週一度(『主婦之友』1926/6)、と答えている。

アンダウエアにはかぎらないが、明治の日本人があまり洗濯せず、垢染みたものを平気で身につけていたのは、洗濯しにくいきもののつくりや、水道の不便さのほか、日本人がからだの臭いを放散しやすい衣服の着方をしていることも、理由のひとつにあげられるかもしれない。これはあたかも穴倉式の西洋型住居と、風の吹きさらしの日本の木造住居のちがいに対応しているようだ。

＊＊＊

ひとの眼にはふれない、ふれにくいという特色は、アンダウエアをセックスアピールとむすびつける。これは日本も欧米もちがいはない。もっとも江戸時代の女性の色気は、

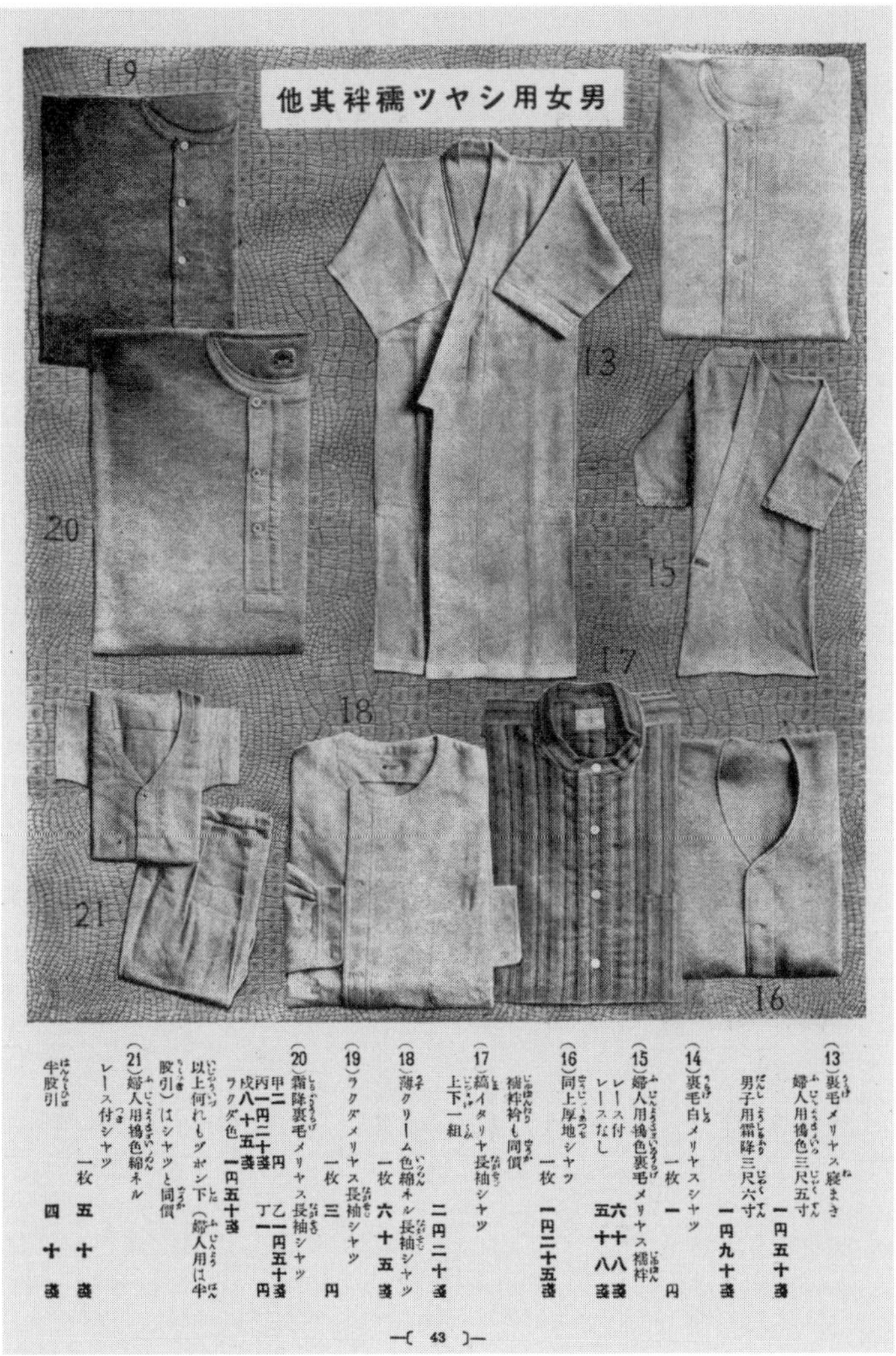

「男女用シヤツ襦袢其他」
『三越』、1915(大正4)年10月

長襦袢と腰巻の赤さに集中していた感がある。草双紙でも落語でも、娘や女房のお床入りといえば、〝燃えたつような緋縮緬の長襦袢〟というきまり文句が百年一日のようにくり返されていた。赤い腰巻は、一九二〇年代以後（大正末〜）に一世を風靡した、毛糸の都腰巻でも変わらなかった。さすがに一九三一年（昭和六年）にもなると、「昔から下に着るものによく赤い色が用いられていますが、これはもう時代遅れです。やはり清潔な白い色にしておきたいと思います」という提案はあるが（芝山みよか「温く軽やかにひきたつ姿（……）」読売新聞 1931/11/24: 5）、まだ少数意見で、戦後の焼け野が原の東京でも、色の褪めた赤い腰巻が物干しにひるがえっていた。

アンダウエアにはできるだけ清潔な白を、という主張は、関東大震災（一九二三年、大正一二年）の頃からみられるようになる。それまで和装の肌襦袢には、男女とも更紗や、薄浅黄などの藍染を用いるひとが多かった。白いアンダウエアのひろがりは、男性からはじまった西洋風シャツの浸透の結果と考えられる。

白いワイシャツと、その下に着込む肌着の白シャツは、明治期の男性にとって、上は薩摩絣のきものに兵児帯であっても、ほぼ例外のないスタイルだった。きものの襟もとにのぞくカラーや袖口のカフスの白さは、まさしく明治和服の特色だ。もっとも書生さんたちのカフスやカラーがいつも真っ白だったという保証はないが。明治末の読売新聞に、「履き違えたハイカラ」という論説が掲載されている。

総じて本場のハイカラといえば冬季にも下襯衣《シャツ》なしに白襯衣を着くるという様な男らしき剛健なる処が身上なるに（……）。（「履き違えたハイカラ」読売新聞 1907/1/28: 3）

ワイシャツの下にアンダシャツを着るか着ないかという問題は、現代のおしゃれ論議にもまだひきつがれている。もし着なければ、ワイシャツ自体がアンダウエアとなる。しかし日本の、とりわけ夏の気候で、それが耐えられるかどうか。ぐしょぐしょのワイシャツを着ていることが、〝男らしく剛健〟ということになるのか。文化の移植は教条主義ではうまくゆかないだろう。

＊　＊　＊

一九二〇年代（大正末〜昭和初め）から婦人雑誌や実用書のなかに、女性洋装下着についてのさまざまな助言が現れはじめる。そのなかで女性たちがもっとも躊躇したのはブラジャーだったようだ。乳房の貧弱さを気にする習慣はわが国にはなかったので、大きすぎる乳房の扱いに悩み、「丈余の包帯で幾重にも幾重にも息の詰まる程乳房の上を巻きしめ（……）」（マリー・ルイズ『婦人倶楽部』1925/6）というひともあった。ブラジャーへの認識がひろまったのは関東大震災後だったようで、震災直後の婦人雑誌のなかに、つぎのようなやりとりがある。

Q　洋服の下に乳おさえというものを用いるという事が八月号に出て居りましたが、何処で売っておりますか。

A　横浜の商館が焼けましたから、今一寸売っているところを知りません。併しこれは胸のところで反ってかさばりますから、日本着物にはガーゼ又は晒し木綿でお乳から下へ巻きつけた方がよろしい。（三須裕「和洋服装問答」『婦女界』1924/11）

ブラジャーに対してだれもが違和感をもたなくなるのは、第二次世界大戦後を待たねばならなかった（マリー・ルイズ「洋装をなさる方へ」『婦人世界』1925/3; 吉田不二子「冬も洋服をつづける工夫」『婦人画報』1932/11; 吉田不二子「夏肥りと着付け」『すがた』1935/6）。

シャツ

シャツは開化期の浜ことばでは「チャツ」というい方もあったらしいが、それは例外として、わりあい早く日本人に受けいれられたカタカナ名前だった。しかしそのわりには、名前と、もの自体とがむすびついていない。

明治のごく初期の、和裁洋裁の区別もなかった裁縫書のなかでも、おしまいの方の頁に、シャツとズボン下の解説の加えられているものがけっこうあって、このふたつはそれまでのきもの同様、その後長いあいだ、家庭の女性の手によって縫われていたものだろう。なかには脇線などが曲線裁ちのデザインもあり、とまどうひともあったにちがいない。

肌に接して着る衣服をふつう肌着といい、むずかしくは襯衣《しんい》と書くこともある。明治前半期ではこの襯衣に、「シャツ」というふりがなのふってあることがあったが、それまでの日本人は肌のすぐ上に襦袢を着ていた。そのため襦袢に「シャツ」というふりがなのついていることも多い。襦袢は長着同様、前がY字の打ち合わせになっていてもふつうは衽《おくみ》もなく、丈の短いごく簡単な構造だ。シャツに襦袢のような襟をつけ、これをシャツ襦袢とか、襦袢兼用婦人シャツとよんで、作り方を紹介している裁縫書もある。折衷服ということになるが一種の改良服ともいえる。Y字の打ち合わせへの日本人の執着はつよく、国民服や婦人標準服のデザインにまでつづく。

この時期の裁縫書で説明されているシャツは、すべて前立つきの前割れボタンがけ、カラーとカフスのある、今日のいわゆるワイシャツ式の構造である。一方、和服の下にさえ、そのタイプのシャツを着るのがあたり前だったらしいことが、この時期の絵画作品からたしかめられる。このことは、きもののすぐ下にはカラー、カフスつき西洋風シャツを着、肌着としては母親か妻の手縫いの昔風の襦袢を着ていたか、または外国人風に、カラーカフスつきのシャツを、肌着も兼ねて着ていたと考えるしかないだろう。

ワイシャツの下に肌着を重ねるのは間違っているとか、ダンディーでないという指摘はときおり現れている。正式には、上着の直ぐ下に着て、ネクタイの台の役割をもつものがシャツなのであり、保温等のためその下にもう一枚なにかを着こむとしても、それは単なるアンダウエアで、シャツとはちがう——ということになる。

> 一体にワイシャツの地が薄手になりましたので、アンダーウエアー(肌着)が必要とされています。これには汗をすいとってワイシャツにしみ出させないようなメリヤスの類、殊にクール等がいちばんよろしいとされています。(石川敬蔵「男の洋服姿　殊にシャツに対する知識」『婦人画報』1924/9)

このようなテーラーの発言も、ワイシャツと肌着のメリヤスシャツの区別をはっきりさせてくれる。

ようやく二〇世紀に入る頃の呉服店などの商品カタログには、肌着のシャツには、メリヤスシャツという名が与えられている。それに対してほんらいのシャツは、だいたいホワイトシャツとよんでいるようだ。一九〇六年(明治三九年)の白木屋の『流行』に掲載された「商品価格一覧」ではつぎのような区分になっている。

◎ホワイトシャツ、カラー
麻前キャラコ製　自一円八〇銭　至二円五〇銭
総麻製　自六円　至九円
縞シャツ　自二円五〇銭　至二円九〇銭
カラー　自三三銭　至四〇銭

◎メリヤス、シャツ類
白鼠綿メリヤスシャツ　自九〇銭　至一円三〇銭

白毛メリヤスシャツ　自一円七〇銭　至三円五〇銭
同ズボン下　同断
縞メリヤスシャツ　自一円二〇銭　至一円五〇銭

この区分の方法は、ホワイトシャツはかならずしも白とはかぎらず、メリヤスシャツはかならずしもメリヤスではなくても、商品区分としては各商店とも共通してゆく。白木屋のカタログとほぼおなじ時期の三越の『時好』(1907/5) では、理想的旅行の必要品として、「ホアイトシャッツ」と、「肌着のシャッツ、およびヅボン下」をあげている。そして一九一〇年代（ほぼ大正前半期）に入ると、より言いやすい「ワイシャツ」といういい方がなされるようになる。その中間期には「ワイトシャツ」などといういい方もあった。また「本シャツ」ともいっている。

一方、肌着のシャツは下着用シャツとか、下シャツと呼んでいる。また夏シャツとよばれるものも、一八八七年（明治二〇年）に、「近来年々需要を増す」と報道されていて、おそらく肌着用シャツに類するものと想像される。そのほか肉襦袢とよんでいる例もある（香蘭女史「肉襦袢の裁ち方」『裁縫之栞』1903）。やがて、単にシャツとさえいえばそれは肌着のシャツを指すのがふつうになっているらしいのが、一九一〇年（明治四三年）のつぎの説明からうかがえる。

襯衣《シャツ》は元来洋服の肌着にして、わが国の襦袢の如きものなれども、近頃は一般に之を用うるの風習となりて、男女の別なく寒暑にかかわらず、広く之を使用することとなりたれども、その人々の嗜好と流行とに由りて、その形一定せざるも、大体に至りては左のみ異ならずして概ね同じく、ただ和服下に用うるものは、之を洋服下に用うるものに比すれば、その袖付け稍や広きのみなり。（梶山彬「第二十三章　シャツ」『裁縫新書　女子技芸』1909）

女学校の講師を勤める娘

「人心写真絵」挿絵、『大阪朝日新聞』1887（明治20）年2月24日

＊　＊　＊

先にいったように明治時代には、書生など若いひとを中心に、和服の下にもワイシャツタイプのシャツを着こむことが多かった。兵児帯をしめた紺絣のきものの袖口にカフスボタンのついたシャツの袖口が、襟もとに窮屈そうな立襟がみえるのはむしろあたり前だった。しかもそれがたいていは垢染みていたらしく、非難の的だった。もともと白い下着というものを着る習慣のなかった日本人は、肌着の汚れにはどちらかといえば無頓着だった。多くのひとは襦袢など、汗になれば棹に吊して、乾けばそれをまた着る、というふうだったのだ。

明治大正期のシャツのいちばん

料金受取人払郵便

本郷局承認

9647

差出有効期限
2018年5月31日
まで
（切手不要）

郵便はがき

113-8790

（受取人）
文京区本郷1―28―36
鳳明ビル1階

株式会社三元社 行

1138790 17

1冊から送料無料 ☺（国内のみ／冊子小包またはメール便でお届け。お支払いは郵便振替で）

お名前（ふりがな）	年齢
ご住所（ふりがな） 〒 （電話 ）	
Email（一字ずつ正確にご記入ください）	
ご職業（勤務先・学校名）	所属学会など
お買上書店 市 区・町 書店	

20160513/10000

愛読者カード

ご購読ありがとうございました。今後、出版の参考にさせていただきますので、各欄にご記入の上、お送り下さい。

書名

▶本書を何でお知りになりましたか

□書店で　□広告で（　　　　　　　）　□書評で（　　　　　　　）

□人からすすめられて　□本に入っていた（広告文・出版案内のチラシ）を見て

□小社から（送られてきた・取り寄せた）出版案内を見て　□教科書・参考書

□その他（　　　　　　　　　　　　　）

▶新刊案内メールをお送りします　□ 要　　□ 不要

▶本書へのご意見および今後の出版希望（テーマ、著者名）など、お聞かせ下さい

●ご注文の書籍がありましたらご記入の上お送り下さい。

（送料無料／国内のみ）

●ゆうメールにて発送し、代金は郵便振替でお支払いいただきます。

書　　名	本体価格	注文冊数
		冊
		冊

http://www.sangensha.co.jp

大きな問題は、シャツはいつも清潔でなければいけません、という心がけと、そのための汚さない工夫だった。もちろんそれはさしあたり、洋服下のシャツ（洋服下のシャツ、というい方は、一九一二年の『流行』（流行社）にある）、つまりワイシャツに関してだったから、カラーとカフス、とくにカラーは原則としてとりはずして洗える構造のものが主流だった。商品カタログで見るワイシャツの襟の構造は、第二次世界大戦の近い時期までほとんどがデタッチャブル式の立襟だ。汚れないように、また汚れをかんたんに拭えるようにと、ゴムでコーティングしたカラーさえあった。

和服の下にカラーやカフスをみせている習慣がなくなるのは、新聞挿絵の事例によると一八九〇年代を通じて（ほぼ明治二〇年代）であるように観察されるが、文献の上からは一八九二年（明治二五年）の『美人の鏡』に、「シャツ　荒き縞流行し、少年は和服の下に用うれども、大人は近年和服の下には多く用いず」とあるのを見る程度だ。しかしもともと、年輩人には少ない風俗だった。

中北部ヨーロッパの気候と、洗濯の容易さとを環境条件にすれば、肌着としてのシャツを着ないこともできなくはないが、そういうダンディズムは日本の七、八月の気候ではまったく無理だ。逆に厳冬の時期でも、西洋では肌着としてのシャツは着ないといった意見もあった。夏にせよ冬にせよ、紳士にアンダウエアなど必要ない、という建前論が、シャツ、ワイシャツということばのあいまいさを生んだ、ひとつの原因だろう。

＊　＊　＊

Tシャツタイプのメリヤス製シャツが、襦袢に代わる肌着として、またおもに子どもの運動着として、早い時期から既製品もあったにもかかわらず、日本人が一般にそれを購入して着るようになるのは、だいたい関東大震災（一九二三年、大正一二年）以後であるらしい。ワイシャツに代えて、台襟をもたないいわゆるオープンカラーの半袖開襟シャツを、という趣旨の、一九三一年（昭和六年）以降の報知新聞のキャンペーンはよく知られている。このころから戦時中にかけて、夏の肌着としてのランニングシャツ、上着代わりのポロシャツが、デパートの商品カタログの常連になってゆく。

女性下ばき

開化以前、女性の下着のうち下半身を覆うのは腰巻だった。小紐のついた巻きスカートなのだが、野卑ないい方では女の褌《ふんどし》といい、小説などに、「腰巻《ふんどし》」とルビのふってあることもあるから、裏長屋の世界などではそんないい方もあったのかもしれない。中以上の家庭では、お腰、というのがふつう。

腰巻のほかに、蹴出し、二布《ふたの》、ゆもじ、湯具、湯巻、というい方がある。湯具、湯巻は古風なことばだが、明治の初めにはまれには腰巻とおなじ意味で使っているようだ。三遊亭圓朝の『名人くらべ（錦の舞衣）』(1893)のなかに、「今日は大めかしでいながら、湯巻《ふんどし》の汚ねえのを締めたのはふしぎですね」という速記の文章がある。

ゆもじはもともと湯具の女房ことばで、明治時代にも腰巻の上品ないい方として用いられていた。二布もまた古風な表現で残っていた。

蹴出しについては時代により、土地により、ひとによって、理解にズレがあるようだ。博文館の『衣服と流行』(1895)にはつぎのように述べられている。

女性は肌に華やかな長襦袢を着るのがほんらいなのだが、ひとには見えないところなので、上は半襦袢、下は蹴出し、の二部式としたもの。表地は友禅、緋縮緬とし、裏は紅絹、甲斐絹などとする。蹴出し一枚で、上の半襦袢はさまざまのものと組みあわせることができると。

この説明によると、蹴出しは腰巻の一種ではあるが、そのなかの上等な品をさし、実用的な腰巻の上に重ねて装飾的に用いたりもしたらしい。なお、湯巻に「ケダシ」とルビをふっている例もある。

＊　＊　＊

古代の高貴の女性の殿上装束では、襲ねのいちばん内側に下袴《したのはかま》を用いていた。それとほぼおなじ形の袴を、身分の低い女官、下部たちは中近世を通じて用いていて、いわゆる緋の袴もそのひとつで、これは下着ではない。だから明治中期になって女学生の袴に異論を唱えるひとのうち、舞台芸人のような卑しいすがたと見るひとと、宮中女官をまねた畏れ多いすがたと見るひとの二様があった。

腰巻、蹴出しのたぐいでは股間を包むことはできない。一八八七年（明治二〇年）、隅田川にかかる厩橋辺に漂着した若い女性の水死体は、

余程覚悟を極めたものか、手拭いにて割ふんどしをなし、白縮緬の湯具を後ろ前より二重に結びたるは、死に恥を曝さぬ死出の嗜みと覚しく（……）。（改新新聞 1887/7/19）

とあって、女性が股引式の下ばきをはかなかった時代の心がけがうかがえる。

女性に襠《まち》つきの下ばきをはかせようというのは、明治時代を通じての社会教育的なキャンペーンだった。すでに明治中期には、一部で既製品も販売されてはいた。一八九〇年（明治二三年）の、東京芝兼房町の梶原男装商店が製造し、南伝馬町の小島屋が一手販売するフランネル製の衛生紀久股引で、防寒用、またなぜかコレラ予防用と記され、値段は女用二三銭とある（都新聞 1890/10/11:4）。

また一八九六年（明治二九年）の、東京日本橋の西洋小間物商、菱屋商店の新聞広告には、「毛織メリヤス和服下御召用　御婦人肌着、股引」（読売新聞 1896/12/21:7）とあり、あるいは輸入品なのかもしれない。

この時代の上流婦人は、帝国ホテルの舞踏会や華族邸での園遊会などに、洋装することもしばしばあった。洋装の多くは外国製のワンセットだったから、ランジェリー類もふくまれていたにちがいない。しかしそういうセットのなかの一点を指示どおりに身につけるのではなく、「和服下御召用　股引」とあることに注目したい。それは下ばきをはくことの理由と必要を、積極的に理解していたと考えられるからだ。その後、女性の和服用下ばき製造販売の流れは、地方にもひろがっている。

下ばきをはく必要のおもなものは、第一に腰から下を冷やさないためと、第二には和装はとくに前が開きやすく、その不安から動作も不活発になる、という点だった。また第二の理由と関連して、女性が貞操を守るため、ともいわれた。一八八一年（明治一四年）という早い時期に、他家の飯炊き奉公を一四歳から二〇歳の今日までつづけてきたひとりの娘が、眠るときはかならずメリヤスの半股引をはいて、夜這いの男どもから身を守ってきた、という

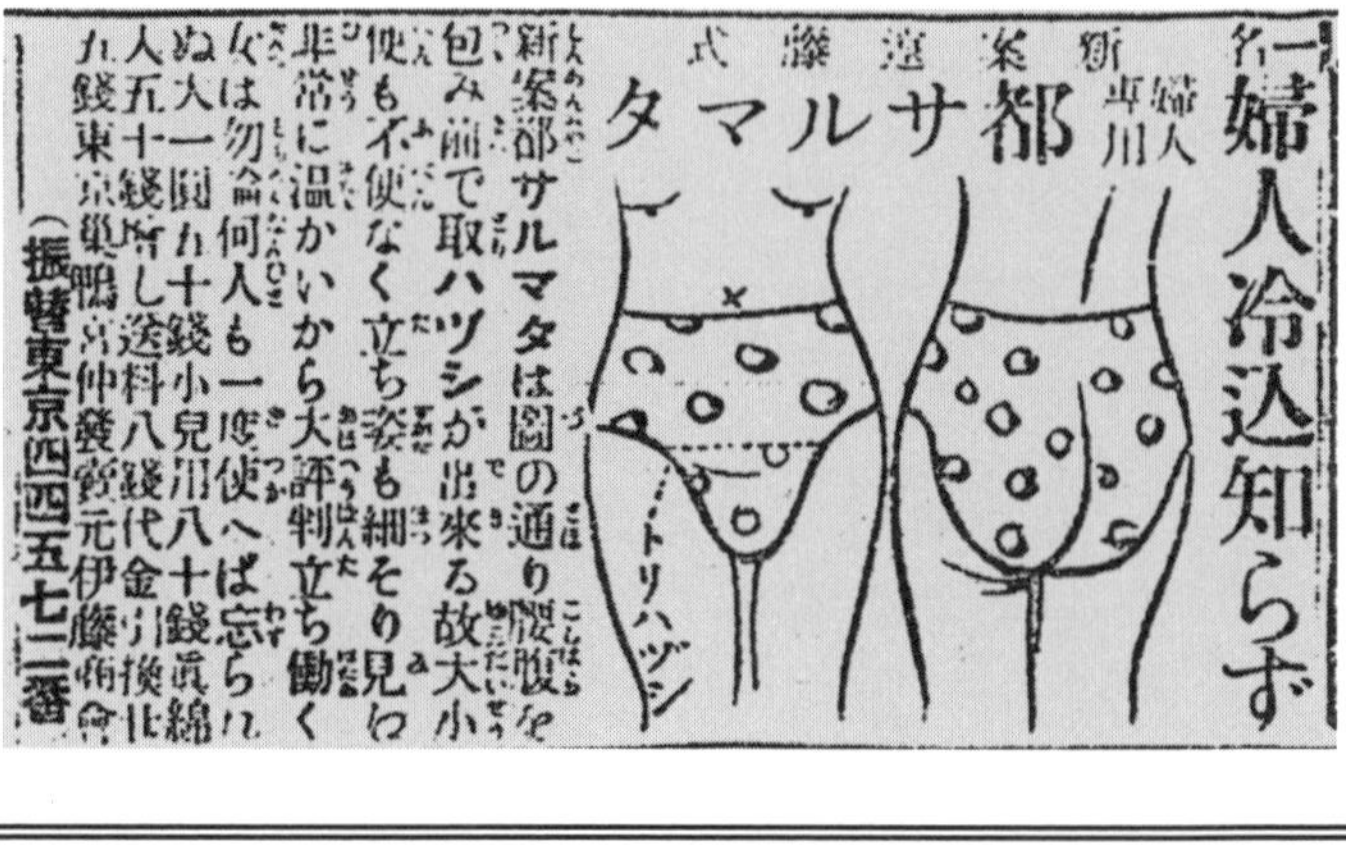

「一名　婦人冷込知らず
婦人専用　都サルマタ」
『報知新聞』
1918（大正7）年12月16日号（夕刊）

新聞記事がある（読売新聞 1881/1/19: 3）。

下半身を冷やさないため、という点に関しては、「折角多年の習慣で、皮膚を強固に鍛えて居るのを、今更何もわざわざ弱くするにも及ぶまいではないか。それとも、健康よりも見栄が大事か」（横手千代之助「通俗講話」東京日日新聞 1917/12/11: 5）といった異論もあった。第二の問題は袴をはくことによってもさしあたり解決できるのだが、娘の寝相が悪くなったのは束髪がはじまってから、行儀の悪くなったのは袴をはくようになってから——という批判もみられる。女らしさが身につくのは羞恥心からという、あの考え方だ。

＊　＊　＊

震災後にもなって、もう四半世紀以上も前から、出来合の下ばきが簡単に手にはいる商品環境であり、女学校のなかには、一九一九年（大正八年）の東京女高師付属女学校のように、生徒のすべてに下ばきをはかせる、ということもおこなわれていた時代だったのだが（「女学校の下穿奨励」読売新聞 1919/5/26: 4）、その一方では、列車から飛降り自殺した女性の報道に、「猿股を穿いた耳隠しの美人」（山形新聞 1926/2/26: 3）——といった書きぶりがなされている。これはあるいは山形県酒田という、地方の事件だったためだろうか。

この間、下ばき自体の改良もすすんでいる。一九一〇年代、二〇年代（ほぼ大正前半期〜昭和初期）の婦人雑誌、新聞の家庭欄には、たくさんの女性用改良股引、改良猿股のアイディアが見いだせる。この時代の低い帯の位置であると、排便の際下ばきをぬぎにくく、ぬげばまた帯をしめ直さなければならないとか、当時の女性の家庭裁縫の技術では、襠つきの下ばきの製作はむずかしい——などの障害があったのだ。

しかしそれらの障害とあわせて、下ばきのようなものをはくということ自体への抵抗、ないし羞恥も大きかったろう。ヨーロッパで下ばきが、さいしょは娼婦たちの用いる下品なもの、という通念のあったことと共通する女性の感情がある。石坂洋次郎は、旧制高校、女学校の時代を背景とした小説『青い山脈』（1947）中で、芸者駒子に、あたしは大和撫子なんだからパンツなんてはきませんヨ、と言わせている。

下ばきをはくことによって腰を冷やさない、という利点は、一九二〇年代（大正末〜昭和初め）に人気の急上昇した新製品、毛糸の都腰巻によって先どりされたかもしれない。下ばきの普及のひとつのステップは、一九二三年（大正一二年）の関東大震災だったことはたしかで、そのあとではキャンペーンも積極的だった（「和服用の婦人下穿の作り方」『婦女界』1926/10;「腰を冷やさぬ真綿入りズロース」読売新聞 1930/11/6: 5;「使用価値満点のホームズロース」『婦女界』1932/6 など）。

簡単服／アッパッパ

一九二〇年代後半（昭和初頭）に、簡単服とか、アッパッパという名で普及していった一種のスタイルは、ハウスドレス、または家庭着というべきものだろう。ほんらいは人前に出るかっこうではないが、縁台の夕涼み、近所の買いもの、それに銭湯くらいなら着てゆける。しかし電車に乗ってゆくような遠出はできない、というのがその着用範囲。

一九二〇年代初め（大正末〜昭和初め）には、着やすくてかんたんに手作りもできる、家庭着への関心が生まれている。一九二〇年代初めから、ということは大正期には、大都会では子どもに洋服を着せる親が多くなり、そのなかのかなりのパーセントが母親の手づくりだったろう。この時代まで、家族の着るものは、主婦が、ときには女中さんといっしょになって、手づくりするのがふつうだった。その一方、『主婦之友』や『婦人倶楽部』には、毎月、かんたんな子ども洋服の作り方の、かゆいところに手のとどくような説明がのっていた。ズロースやかぶりシャツなどの下着からはじまって、ときには折衷服まがいのいくぶん不器用な洋服でも、子どもは文句もいわずに着てくれる。そういう実績が、関東大震災後の、女性の家庭洋装の下敷きだったろう。

＊＊＊

婦人雑誌にはもちろん、魅力的な婦人家庭着の記事も多かった。そのなかには高名な婦人運動家の市川房枝が、アメリカのデパート、マーシャルフィールドの既製服広告を紹介したものもある。ジャシカ・デイヴィス著『アメリカ婦人既製服の奇跡』(1969)にも見るように、アメリカの既製服産業の発展はめざましいものがあった。ワンピースということばも、そのなかから生まれている。しかしそれだけに、商品であるその家庭着は、日本の家庭婦人がそのまま着られるようなものでも、ましてじぶんの手で作れるようなものでもなかった。

アッパッパの直接のヒントになり得るようなアイディアも、一九二〇年代（大正末〜昭和初め）にはいろいろと紹介されるようになった。たとえば一九二六年（昭和元年）の夏に、国民新聞はつぎのような説明をつけて、一種の家庭着を提案している。

> 真夏の間台所で着る簡単な家庭服、和服浴衣の廃物を使って、誰にもやさしくできる。（国民新聞 1926/7/28:5）

試作品の写真を見るとまさにアッパッパだ。

考えなければならないのは、この時代の女性たちが、人前に出ないときに着るものとして必要な条件はどんなことだったか、という点だ。洋服を着た経験のいちどもない女性も多かった。そういう女性は第一に、着物をあたまからかぶって着る、ということに慣れていなかった。すこし年輩のひとになると、身体の形にフィットさせるという洋服の基本には関心がなかったし、むしろいやだったろう。しかしせめて夏の暑いあいだ、できれば帯をしめることからは免れたかった。どんな幅の狭い帯でも、胴にぐるぐるとものを巻くことからは。

こういう条件から自然にうかんでくるのは、たとえば前で浅い打ち合わせをもち、場合によっては衽《おくみ》も襟もつけず、袖は身頃から裁ちだしの三分袖、つまりいわゆるキモノスリーブ。胸と裾の二カ所くらいに紐をつける、和服とも洋服ともいえないような構造だ。

これに近いデザインは、寝間着として提案されている例がある。また海浜着や、病人衣としての提案にも似たものがある。しかし構造も細部も、利用したもとの古着物や、縫っているうちにふと思いついた工夫によって、いろいろにちがってくるだろう。簡単服／アッパッパにはひとつのきまったデザインは存在せず、デザインはいわば不定型で、観念的といういい方もできるかもしれない。

いずれにしても、幼い子ども相手にせまい家のなかで家事をしたり、庭の朝顔に水をやったり、ゴミだしに出たついでに近所の奥さんと立ちばなしをする、といった日常で、人目を気にせずに着られて、かつもっとも手軽に作れる着物が、アッパッパであり、簡単服であり、ホームドレスであり、つまり名前などはもたないのだ。

＊＊＊

アッパッパが話題になったのは、往々その街頭での着こなしに、和服の常識にも洋服の常識にもなかったキッチュさのあったためもある。

> お手軽な腰巻一つの上に寝巻風の長い編みシャツを被って、平気で往来を歩き回る、而も結いたての銀杏返し、念入りのお化粧仇なる雁首をすげた所は、どう見ても不調和だ。（「夏の東京」国民新聞 1918/8/6:4）

> 郊外の若い妻君たちが、腰巻の上へすぐに洋服を一枚引っかけて、素足で下駄をはいて、買物や散歩に出て歩くのを見るとこれもゾッとします。（小口みち子「パアパアの姿」読売新聞 1928/7/23夕:3）

パアヽヽ姿にも
腰帯は欲しい
殊に着流しの日本髷など
餘りいゝ圖ではない

簡單服
安いと
市井に
日本髪
涼しさ

いゝ様子とは申せませんな（これがパアヽヽ）

日本髪にアッパッパ（「いゝ様子とは申せませんな（これがパアパア）」）
『都新聞』1931（昭和6）年7月9日

一九二〇年代後半（昭和初頭）はいわゆるエログロナンセンスの時代といわれる。その芽生えは一九一〇年代後半（大正前半期）の、浅草オペラや軽演劇にみられている。二〇年代の自由奔放さは、大戦後の欧米における、いわゆるローリング・トゥエンティーズ（狂乱の二〇年代）の余波をうけていることにまちがいはないが、わが国はわが国としての事情――風俗における明治的リゴリズム（厳格主義）がようやく疲れて、投げやりな気分さえ見えはじめた時代、とも考えられる。

具体的な現れとしては、いままではひたすら忠実に学ぶものだった洋装を、ほんとうはこうすべきです、などを気にもせず、勝手にじぶんの好きなように利用する、という態度だ。洋装アナーキズムともいえるし、ふてぶてしくて、また素直な感覚だ。日本髪でアッパッパを着ているとか、下にはいている赤い腰巻を見せるとか――。そういうキッチュさが、あたらしい価値観を生みだす例はめずらしくないが、アッパッパの場合は、和の要素の方がもう消えてゆく運命だったため、そういう力はなかった。

アッパッパ式の衣服にあれだけ需要があった理由のひとつは、洋服のアンダウエアの普及がいまひとつだった、という事情もあるだろう。アンダウエアの普及では下ばきやブラジャーの導入がよく話題になるが、それといっしょに一九三〇年代（昭和戦前期）には、シュミーズ、スリップが若い女性を中心に受けいれられていた。本来的には、とにかくアッパッパは上着であり、シュミーズは下着で、シュミーズでゴミ出しはできないはず――しかし、たとえば多くなりはじめた文化アパートの、六畳一間の生活では、暑いあいだスリップ一枚で共用廊下を歩き回る奥さんはめずらしくなかったし、夕涼みの縁台で、シュミーズのおばさんが団扇をつかっている場末の土地はザラにあった。

一九三〇年代半ば（昭和一〇年前後）になると、アッパッパはむかしの夢、といった家庭欄の記事が目につく。既製服の発達は手ごろな値段で、見栄えのよい夏のワンピースを提供するようになった。

女性ズボン／もんぺ

一九三〇年代の初め（昭和初め）、横浜港の荷揚げ人夫のなかに、ひとりだけ若い女がいた。痩せがたで色白だったが肩が怒って骨格たくましく、背も高く、沖仲仕にまじっていて仕事でヒケをとるようなことはなかった。仲仕は作業中たいていは褌《ふんどし》ひとつだが、彼女はいつも汚い長ズボンをはき、髪は耳のあたりで切っていた。冗談を言いあうようなときは彼女も相手になっていたが、それ以上のちょっかいを出すようなまねはだれもしなかった。腹がたてば殴りあいをすることなど、彼女はものとも思わなかったからだ。

港湾で働くひとのなかには、走り使いの雑用をする少数の女性がいて、艀《はしけ》の甲板のせまい縁を歩いたり、また常時海風がつよいということもあって、ズボンをはいている女性は年齢に関係なく何人かいた。この時代横浜のようなハイカラな街でも、女性のズボンすがたはめずらしかった。そのなかでも女仲仕の彼女は、上着を片っ方の肩にかけ、くわえ煙草で海岸通りをのし歩いていた。

三〇年代の女性ズボンはまだ男装のうちだった。濃厚サービスで有名な大阪のタンゴダンス・カフェには、洋装をしたり、セーラーズボンをはいたりした芸者がいたそうだ。「いずれもが髪は日本髪のままで、タンゴにあわせてダンスをするという」（大阪朝日新聞 1929/2/13: 13）。これは男装というより、仮装といった方がいいかもしれない。

女性のパンツ――ズボンが排斥されたのはわが国だけではない。ハリウッドでも、ドイツから来た人気女優のマレーネ・ディートリッヒが、映画のなかでみせたズボンすがたが問題になった。アメリカの国際デザイナー協会は、「男性と身体の構造を異にするかぎり、女性は男性とおなじ服装をするべきではない」という裁定を下している。

ただし欧米では、一九世紀末に近東から入ってきたパジャマが、ナイトウエアとしておもに一〇代の女性にひろく用いられていたし、またその展開としてビーチウエアとしても利用されていた。したがって当然、そのファッションはわが国にも入ってきていた。しかしどちらのパジャマも、それが日常着としてのズボンとむすびつくものとは、だれの意識にもなかったろう。

しかしこの時代は、女性のズボンにとっては追い風だった。ナチスの台頭と並行するように、世の中もファッションも軍国調にむかっていた。三〇年代後半（昭和一〇年頃～）になると、肩の怒ったタイユール仕立て（男仕立）が、オートクチュールでも主流になっていた。

日本の場合、同時代の支那服――チャイナドレスの人気も、女性のズボンへの抵抗を和らげていたかもしれない。

＊　＊　＊

もんぺの存在、またそのことばが、東京のような大都会の、一部のひとに知られはじめたのは一九二〇年代の後半（大正末）だったろう。民俗学者の宮本勢助が『山袴誌』を書いてもんぺを礼賛したのが一九二七年（昭和二年）。この宮本の文章も、またその翌々年の『婦人之友』誌の、「この冬はもんぺを使いましょう、立ち働きの改革ができるでしょう」という記事も、田園回帰の香りのする生活改善の提案であり、戦時体制の匂いはない。

それが一九三七年（昭和一二年）、日中戦争開戦直後の時点ではつぎのような論調に変わる。

もんぺ非常服　通州事件のような経験は、改めて日本女性の服装改善を緊急のものにさせる。その中で山村の野良着であるもんぺが、各方面から推奨されている。たとえば大妻コタカ女史は全国から二〇種ほどのもんぺを収集し、よりよいもんぺの創造につとめている。（朝日新聞 1937/9/27: 10）

通州事件というのは、一九三七年七月の盧溝橋事件の二カ月後に、通州の日本人居留民三〇〇人ほどが、守備兵もろとも中国兵によって虐殺された事件だ。ほとんどすべての日本女性の死体の、暴行のあとの歴然としている現場写真が内地の日本人に衝撃を与えたが、それが和服の構造にどれだけ関係があったか。

もんぺは敗戦の年をはさんだ一九四〇年代の一〇年間、女学生をふくめた成人女性のあいだに浸透した。ほとんどの都会育ちの女性にとっては初体験の衣料だったので、さいしょは隣組などに指導者が招かれ、夕食後の製作講習会が催されたりした。もう物のない時代に入っていたし、あり切れを使って、というのが建前でもあったので、しまいこんであった上等の御召仕立のもんぺ、などというのもよくあったという。

おなじもんぺとはいいながら、はいたかっこうは十人十色だった。それはどんなきものでもおなじこと、という以上に、その差が大きかった。ひとつには、野良着のもんぺには構造のうえで何通りかの種類があり、そのなかから街着としての選択の問題があった。またそのはき方の問題もあったろう。まだ空襲もないころには、ふつうにきものを着て、お太鼓の帯をしめた上からもんぺをはくひとも多かったからだ。しかし洋服を着なれた女性などには、もんぺを嫌うひともあり、そういう女性はあの仲仕のように、人目も気にせずサッサとズボンになった。

日中戦争初期の一九三八年（昭和一三年）三月五日の朝日新聞に、最近の「風俗時評」としてこんな記事がのった。

ズボンの進出　パーマネントにズボン姿で街を歩くとは、相当に気丈な娘さんだ。ドイツでは最近ズボンをはいた女性がいくらでも街頭にいるそうだが、女性のズボンは日本ではまだまだ一般には、作業服としてしか通用しない。第一、腰の線の締まらない日本女性には似合わない、というのが本当のところです。（塩沢沙河子談「風俗時評」朝日新聞 1938/3/5: 6）

この意見は、高名な洋裁家の某女史のものだが、過去に外国のスタイルが日本に入りはじめると、洋髪のときも、耳隠しのときも、パーマネントの場合でも、日本の専門家のうちには判で押したように、日本人には似合わない、ときめつけるひとがあった。

しかし五年後の実情はつぎのように変わっていた。

もんぺの実用化と並行して、洋装のズボンの進出は最近とくに目覚ましいものがあります。銀座あたりにさえ颯爽たるズボン姿を見かけるようになり、如何にも戦時下に相応しい緊張した精神の現れの一つとして、非常によい傾向だと思います。（藤田雪子「婦人のズボン　目覚しい進出」東京新聞 1943/3/2: 6）

一九四三年（昭和一八年）といえば、太平洋戦争も末期、本土空襲

お太鼓の帯をしめた上から
もんぺをはくひとも多かった
志村立美画、「新道」挿絵、
『大阪毎日新聞』1936（昭和11）年5月8日

も間近だった。女性のほとんどがヴァラエティ豊富なもんぺすがたであったのは確かだが、若いひとのなかには、応召した父親や、兄弟のスーツを改造したらしいものをふくめて、けっこうズボンすがたのひとがいた。平和の時代とくらべて、消えたのはスカートだけだった。その時代の裁縫界ではもっとも影響力のあった大家のひとり、東京女高師の成田順教授の女性防空服に関する発言のなかにも、和服にはもんぺ、洋服ならばズボンを原則とし、男子のズボンを女性のものに改造する場合の、細かな注意が述べられていた（「平生着がそのまま防空服」朝日新聞 1943/3/21:8）。

とはいえ空襲下の、爆弾や焼夷弾の炎の下を逃げまどう日々のなかで、もんぺ姿は彼女たちを支えるなにかの力であったのかもしれない。一九四五年の八月に戦争が終結しても、女性たちは彼女たちを支えてきたもんぺを、簡単には捨てようとはしていない。

モンペ離すな　守れ日本女性の美　この戦争の間日本の女性は幾多の美を発揮した、不幸力及ばずして今日の事態にはなったが、戦い終わったとはいえこの間に培われた日本女性の美はあくまでも伸ばして行かねばならぬ、この戦争は日本女性にモンペという簡素な美を生みだした、これはいつまでも日本女性がこの戦争を深く銘記する意味においても、いつまでも残したい姿である、モンペにはまだまだ改善し工夫すべき余地はあるだろう、しかしこれを新しい日本の再建へ起上がる女性の服装として、今後も持ち続けていきたいものだ。（毎日新聞 1945/8/17:2）

和服の構造

和服――近世近代の日本人の衣服は構造物としてはかなり不完全なもので、ひとがそれをからだにまとい、紐や帯で締めつけることによって、はじめて衣服としてのかっこうがつく。そのため仕立てよりも、着方着こなしの善し悪しが重くみられる。とりわけ明治以降の女性のきものには、腰にはしょりという揚げが生じたことと、帯結びが複雑になってゆくため、着ることをよけい厄介なものにしている。

その一方で、和服の構造自体は単純化の方向にむかっているといってよい。ここで和服といっているのは、さしあたり女ものの長着をさしている。じつは構造だけでなく、和服ぜんたいの種類も少なくなり、その意味では和装はぜんたいとして単純化してきた。

明治時代の高等女学校や女専技芸科の裁縫授業では、運針の訓練を兼ねた一つ身、二つ身という子ども物にはじまり、まず単衣もの、つぎに袷、綿入、羽織、帯、男ものと進んで、男女の袴に到達する。余力があれば半纏、股引、被布、襲《かさね》装束から、夜具の製作にまでおよぶことがある。少なくとも一九一〇年代前後の明治末までは、こうした衣類は生活のなかに生きていたのだ。

一九二〇年代（大正末～昭和初め）に、東京のある女専の裁縫科で、宿題として綿入の三ツ襲が課せられたことに対し生徒が抗議している。三ツ襲など、すでによほどの古風な家ででもなければ、婚礼にも廃れていた時代だった。また綿入も都会では嫌われはじめていた。

大正から昭和、そして戦後にかけて消えていった、和服の構造上の特色は多い。なぜそういう構造の特色が失われたかといえば、いちばんの理由は、和服が日常のものではなくなったためだ。いや、一九二〇、三〇年代であれば、かならずしも非日常というほどのことではないにしろ、夫が留守のあいだ、顔をあわせるのは姑と、女中と、ご用聞きだけ、というような閉ざされた日常だけのものではなくなったからだ。

一九〇〇年（明治三三年）以後

の和服のおもな役割は外出着だった。子どもの入学式や親戚の結婚式に着てゆく裾模様のきものはそれはそれ、家族で新宿へ出て映画を見て、そのあとお食事をする、女学校時代の友だちと久しぶりで会う、そんな機会に着てゆくものが、暮れのボーナスに夫にねだって買ってもらう流行の錦紗だ。そんな、めったに着ることのない錦紗の羽織やきものでは、裾が擦り切れるのを心配したり、仕立て直しのための心遣いをする、などという必要はうすれる。

＊　＊　＊

和服の構造の細部には、見ようによればけちくさいとしかいいようのない工夫が多い。

夫と知りあった頃、ネルのじゅばんの袖の袖口にだけメリンスのきれをかぶせてある夫のそれが、私にはどうにも我慢出来難く思われるのであった。（森田たま「六月　襦袢の袖」『きもの歳時記』1936）

森田たまの夫は大阪の旧家の息子で、そういう始末はあたりまえの習慣なのだった。彼女はつづけてこんなことも書いている。

子どものときお稽古に通っていたお琴のお師匠さんが、ある時やはりお弟子のどこかの若奥さんに、ちょっとごらんなさいとじぶんの着ている襦袢の袖を、ひきだして見せていたことがあった。袖と振りにだけあたらしいきれをかぶせて、あとは古びたメリンスだった。（同前）

見えるところにだけ見よいきれをつかうという工夫は、着つけがゆるくて裏がひるがえりやすい和服では、裾回し（八掛）、下着の額仕立てなど、独特の効果を生んだともいえる。また、重ね着を貴しとする感覚の生きていた時代には、襟もとなど見える部分だけを重ねにする、比翼の技法も、安上がりの見栄としておこなわれた。

襦袢の半襟やきものの掛襟も、襟を髪の油や白粉《おしろい》の汚れから守ろうとの工夫だ。おなじ目的の抜襟、抜衣紋とおなじように、半襟や襟つきのきものが、それはそれで女のひとつの魅力を生んだことはだれも知っている。きものに縫いつける襟はたいていは汚れのつきにくい繻子地の黒襟だったが、もっと貧乏くさくなれば、襟首に手拭をつっこんで、その黒襟の上に垂らしているお上さんも少なくなかった。

しかし和服の経済性のもっとも大きな特色は、たくさんの縫こみと、揚げだろう。和服の仕立てでは鋏を入れることにきわめて慎重だ。和服裁縫と洋服裁縫のちがいのひとつは、布地に対する敬意の差、ということができる。和裁ではきものをほどいて、布地を今までの逆さにし、傷んだ部分とまだ傷みのない部分を交換するということが、ごくふつうにおこなわれる。これは用布に曲線に裁たれた部分がない、ということの利点だ。

また必要な寸法でへらづけして、それを洋服のように裁ち切ってしまうのでなく、余分な部分は裏へ折り込んでおく。そのたくさんの縫こみは綿入同様、着るひとのすっきりした容姿を損なうことになる。

明治も初めの頃生まれの老人が、むかしのものは丈夫だった、縫い直し縫い直しして、親子三代で着られる、などと言ったものだ。もっとも森田たまは、そんなものを着せられても、娘は心が華やがない、と正直なことを言っているが。

揚げは大きめのきものを、着るひとの成長を待って、タックをとっておくことだ。だからもちろん子どものきものにほどこされ、ふつうは腰と肩とだった。女学生のスカートに何段かの揚げがフリルのようにつくられて、揚げなのか、装飾目的なのかわからないものもある。

肩揚げは〝まだ子ども〟のしるしだった。娘が一七、八になるまで肩揚げをしていることがあり、それは芸者屋の雛妓《おしゃく》もおなじことで、まだ売物ではないことを示していた。またこんなこだわりの例もある。

「私ねえ、姉さん、御奉公に行ったら肩揚とらなくっちゃいけないかしら」
「そりゃね、まあ分からないけども、先様の御家風もないじゃなかろうと思ってさ」
「私や一八でもちんちくりんだから、まだとるのはいや、肩が妙になるんですもの」（荷葉「半区域」読売新聞 1903/3/1 付録: 2)

和装の変容

明治から昭和初期――一九世紀後半から二〇世紀初めにかけての和服は、当然日本人の日常生活に密着していた。しかしその時代も、きものの着方、着こなしについての教訓や注意、また議論や批判が多かった。その多さは、おなじ時代の欧米のエチケット・ブックとくらべるとよくわかる特色だ。

あたらしい時代になって、なにをどう着るかがそれほど問題になったのは、和服の場合、着るもののスタイルが固定していて、許容範囲がせまいためでもあった。一四世紀以降のヨーロッパ社会では、たがいに異質的な衣文化がつねに交錯しあう一方で、ファッションという観念が服装のスタイルを支配してきた。それに対して私たちの祖先は、和服というスタイルを長い年月かけてほぼ純粋培養し、そのスタイルにどっぷり浸かり、衣服の機能に疑問や批判をもつことにも怠惰だった。だから議論の内容のうちもっとも多いのが、生活の欧米化によって生じる問題で、直接には洋装との関係だ。

この時代の作法書をみると、夜間の正礼装にはじまる西洋服装の、日常の手袋や靴にまでおよぶリストが一、二頁を埋めているのとともに、西洋風の立礼のマナー、女性に対する「courtesy（慇懃さ）」等が示されている。それはあたらしい時代の作法書の「prestige（権威）」の誇示でもあったろう。作法書の多くは女学校の教科書、副読本として使われたはずだ。服装規程のリストなどはほとんどの娘たちにとって、直接にはなんの役にもたちはしなかったろうが、こういった知識の習得は、欧米風の女性のあり方のイメージ、それは彼女たちが夢見る将来のじぶんたち――近代的な日本女性のイメージを考えるうえでの、ひとつの材料にはなったろう。とかく評判のあった〝女学生風〟――のひとつの根拠だ。

女学生、そして学校出の奥様のきものは襟元をきっちりとあわせて襟をぬかず、帯を胸高にしめた。それはもともと屋敷風といわれた上品な着つけに近かったが、洋装のイメージに近かったともいえよう。一九〇〇年（明治三三年）という時点で、女学校にすすむ女性はせいぜい五人に一人にすぎなかったから、その影響力をあまり過大に考えるべきではないが、学校教育はとにかく少女たちの柔らかいあたまに、キチンとした、きまりごとを教えこんだ。裁縫の手ほどきも、母親や横丁のお師匠さんのようなあやしげな自己流ではなく、東京や奈良の女高師の高名な先生の教えが全国にひろまった。それは着方、着こなしにもいえて、明治末から大正期――一九〇〇年代の女学校出のお嬢様、奥様のきっちりした着つけは、すでに戦後和服の小包風着つけに通じている。それにくらべると明治の下町の女たちの、髪の結い様もきものの着方も、どんなに勝手気ままの自己流で、だらしのないことか！

＊　＊　＊

一九二〇年代末頃（昭和初頭）から、きもののよい着方、そのための細部の仕立て方に関する雑誌、新聞の記事がにわかに多くなる。これはその四半世紀後の、第二次世界大戦後のおなじ現象とは内容がすこしちがうようだ。戦後の娘たちは、ほぼ初心者として和服を学んでいる。和装は彼女たちにとって異文化といってよい。一九二〇、三〇年代に『主婦之友』や『婦人倶楽部』、あるいは『婦人之友』を読む女性のほとんどは、和服以外の経験のないひとびとであり、たいていのひとがたとえ女中の手を借りるにしても、家族のきものぐらいを縫いあげる技術はもっていた。つまりこの時代の着方、着こなしの記事の多くは、そんな読者を対象にした高いレベルのものが多かった。

たとえば、「標準寸法に従っているだけでは、いかに着付けに工夫しても身体に沿わず美しく見えない。繰越や袖幅袖付その他の寸法の変化で、身体に沿わせる工夫を」（「容姿美と和服の仕立方」読売新聞 1923/5/7: 4）、あるいは、「姿を生かす着物の着こなし　先ず仕立て方から工夫　着つけは腰帯一本がいのち」（都新聞 1928/10/25: 11）、「現代好みな和服の仕立て　古いやり方に囚われず美しいカラダの線を生かして」（読売新聞 1931/1/19: 5）、「いまの寸法は旧時代の遺物です　時代にふさわしい寸法に改めましょう　からだの線にピッタリと」（読売新聞 1932/1/23: 9）、「着崩れのしないキモノの仕立方　これはお肥りになっていられる方に是非お薦めしたいと存じます。襟元も胸のあたりも何時もきちんとして崩れませんし、着つけも楽です」（読売新聞 1934/6/16: 9）。

ここに紹介したのは婦人雑誌の記事にくらべればかんたんな内容の、新聞家庭欄の記事のごく一部だ。これらの記事からわれわれは、

美しい着こなし↑あたらしい仕立てかた↑からだの線を生かす

という、共通する考え方のパターンを認めることができる。この発想が洋裁技術から得られていることは言うまでもない。

高等女学校、高等師範学校では、洋裁教育と和裁教育とが、いろいろな意味で接近していた。洋装も洋裁も熟知している教師が、和裁の講座をうけもつこともあたりまえのことだった。和洋裁の交流は、とりわけ和服の仕立てに多くのあたらしい工夫をもたらしたが、その工夫の多くは、いままでは気にもしなかった小さなたるみや、ヒダ、つれ、といったものを、神経質な眼で排除しようとする努力のようだった。極端ないい方をすれば、友禅模様のテーラード・スーツが、この時期の和裁技術と和装美をリードしたひとたちの頭のどこかにあったかもしれない。

からだの線に添った、姿のよい仕立ては、じつは高等女学校のお嬢さんたちよりも、着こなしの美しさが商売の花柳界の女たちや、彼女たちを顧客にもつ仕立屋にとっての、より切実な課題だった。繰越も、袖のつけ違いも、胸ぐせのダーツや、アイロンの使用も、大きな呉服屋の仕立部はかなり先行していたらしい。胸の膨らみを生かす襟つけのあたらしい技術を学ぶため、女高専の和裁教師が三越などの仕立部を訪れているのは、一九三〇年代の初め（昭和初め）だ。また、繰越を高等女学校で教えるようになったのも、おなじころだったが、それを見て、女学校で芸者のきものを教えるのかと不審がる母親もいたそうだ。

からだの線を生かす洋服風の仕立て方、着方には、襟元をきっちり合わせた女学生風のイメージと、一九三〇年代後半の『スタイル』誌に代表されるような、上品なお色気の近代芸者のイメージとが相並んでいる。

女性和服

近世から近代への風俗の変容は、なによりもまず大衆の生活水準の向上によって説明されなければならない。都市の中・下層生活者の、多くの点でまだ江戸時代をひきずっていたといってよい生活のすがたは、日露戦争（一九〇四～〇五年、明治三七～三八年）頃まではそう大きな変化はなかったろう。衣類は依然として庶民にとってはいちばんの財産だった。

その日暮らしの庶民は衣食住の

なんにつけても不自由だが、いまのひとといちばんへだたりのあるのは、着るものに金をかけなかったことだろう。ひとりの人間の持っているきものの数は少なく、箪笥のおき場所もない貧乏長屋の住人なら、四、五人家族でみんなの着がえは行李ひとつでたりた。人情話の「双蝶々」に、左官の長兵衛のところに後妻にきた女が、小さな風呂敷包ひとつだけをもって来て「どうぞよろしく」と挨拶した、というくだりがある。一枚のきものを単衣にも、袷にも、綿入にもして着る、というはなしは、それほどの誇張でもなかったろう。

　そんな時代には、もちのよい、ということがいちばん尊重された。日本人がもうじゅうぶん豊かになった昭和に入っても、むかしの品物はいいねエ、あんたのおばあさんが娘時代に着たきものが、まだあんたにも着られるんだから――と、いまはなんの品物も悪くなったと嘆く母親がいた。こういうきもの認識には流行などの入りこむ余地はない。きものをながくもたせるため、傷めない、汚さないようにとのいじましい努力は、和服の裁縫に独特な工夫を生んだ。胴裏、裾回し、掛襟、比翼などなど、モザイクのような構造が、きものはそういうものだと慣れた目で見るひとにはあたり前のことだが、そうでないひとには、色のくみ合わせに無神経な、貧乏くさい継ぎ接ぎに見えるのはしかたがない。

＊　＊　＊

　きものと風土との関係から生まれた和装の特色のひとつは襲《かさね》装束だ。

　日本の伝統住居は南方系の木柱式構造のため開口部が多く、じゅうぶん部屋のなかを暖めることがむずかしい。そのため古代の貴族の日常でも厚く重ね着して、重ねる枚数の多さで暖をとる方法が習慣になった。この習慣は明治時代に三枚襲《かさね》、二枚襲などの晴着にうけつがれ、身分の、あるいは豊かさのシンボルとされていた。やがてアンダウエアやコートの工夫、そして環境暖房の発達は、この鎧じみた襲装束を比翼のかたちに形骸化し、やがて消し去った。

　特色の第二はからだに添わない仕立と、おなじくからだに添わないゆるい着方だ。

　幕末の写真を見ると、働く男たちがいかに裸体に近いすがただったかがわかる。むし暑い日本の盛夏はじっさい、かたちのあるものを身にまとうには適していない。しかしきものを着なれた男なら、そのきもので、あるいは腕まくりし、肩でひきあげ、裾をはしょり、褄を帯にはさみ、胸をくつろげ、あるいは片袖をぬぎ、懐手《ふところで》した。女たちもまた、帯を低く結び、胸もとも襟もずっとゆるくくつろげて着ていた。きゅうくつに襟をつめて着ているのは女学生たちだった。そのくつろげた胸もとをもうすこし開いて、電車のなかでも赤ん坊に乳房をふくませる習慣は、ずっとあとまで残っている。

　しかし結局、モンスーン地帯風のマナーは、ツンドラ地帯風の欧米式のマナーに席をゆずり、明治政府は違式詿違《いしきかいい》条例等を公布して非文明的な裸の露呈を徹底的に微視的にまで、眼のかたきにした。

＊　＊　＊

　もうすっかり過去のものとなった重ねきものや、これも嫌われて消滅した綿入は、かつての和服にとってはかけがえのない防寒対策だった。裸で団扇片手に晩酌を楽しむお父さんや、着くずれをすこしも気にしないような女性のゆるい着つけは、近代人のセンスに受けいれられるものではないらしい。現代の和装は、かつては当然ゆるされていた多くのよさや、魅力を失ったが、それとひきかえに獲得したのは、贅沢さであり、またそれが生みだす華やかさだろう。

　いま私たちが、三井呉服店、白木屋、高島屋などのカタログで見る高価な明治和服は、いったいどんなお客が相手だったのだろう。写真モデルのすべてが芸者であるように、最大の顧客は花柳界だったし、それ以外はひとにぎりの上流階級の女性たちだった。百貨店カタログにのるような衣裳を着る芸妓を、お座敷でまのあたりに見られるひとはそう多くないはずだし、一方上流婦人の方には、三井の大番頭日比翁助が嘆いているように、日本にはそれを着て出る「社交の場」、つまりファッション・ステージが未成熟なのであった（「服装の意匠」国民新聞 1903/3/6:3）。

いわば非現実の世界におかれていたような華やかな和装が、あたり前の女性の現実のものとなってゆく過程が、日露戦争、そして第一次世界大戦（一九一四〜一八年、大正三〜七年）以後の消費文化の発展だ。それは単純にひとびとのふところが豊かになったというだけではない。ふえつづける職業婦人たちがそのもっともあざやかな例だが、交通機関の発達、都会での遊楽や社交の場の増加など、一般に女性の外出の機会がふえたことがあたらしい環境的条件となる。

季節ごとに一枚か二枚のふだん着のほかには、袷と綿入のよそゆきを箪笥のなかにもっている程度の暮らしであると、そのよそゆきとは、冠婚葬祭のための紋附ということになるだろう。しかし二〇年ぶりの女学校の同窓会に、黒羽二重裾模様の紋附きものは仰々しい。それでは夫のもと上司の還暦祝いのお呼ばれにはどうしたらよいだろう。訪問着が訪問服とか社交服という名で現れだすのは一九一〇年代の初め（ほぼ大正前半期）だが、一〇年たつか経たないうちに、もうすこしくだけた第二訪問着、などといういい方が見えるようになる。絵羽仕立て、付下げなど、昔ならごく一部の身分のひとにしか許されなかったような贅沢も、ある程度までは大衆のものになった。

需用者の層と、着用機会のひろがりが、販売の量だけでなく、和服のデザインにもあたらしい展望を生んだようにみえたこの幸福な時期は、ながつづきしなかった。それは和装自体の着用機会が減りはじめたためだ。

すでに関東大震災（一九二三年、大正一二年）前に、街で男性の和服を見ることはめずらしくなっていた。男の和服は家でのくつろぎ着か、一部のひとの趣味のものになりつつあった。震災後、ことに一九三〇年代（昭和五年〜）に入る頃には、都会ではかんたんな洋装で日常生活をする女性がめだつようになった。一方、めっきりふえた職業婦人の多くは、一日洋服ですごした。学校から職業についた若い女性のなかには、きものをうまく着られないようなひとがでてくる。新聞の家庭欄に、上手なきものの着方——などという記事の現れる時代になった。

しかしそういう女性たちも、銀座に買いものにゆくときは、和装だった。外国映画も見なれている彼女たちは、じぶんたちの洋装にうぬぼれはもっていなかった。昭和戦前期の和服は贅沢品として特化した、といってよい。

それと並行して全国の織元の工夫も、技術の向上もいちじるしかった。一般に時代が下るほど織物の品質が落ちたと考えるひとがあるが、それはまちがいだ。祖母の着た嫁入り衣裳を、孫娘がもう喜んでは着なくなったご時世にこたえ、製造家が耐久性を一義的には考えなくなったまでである。ある産地で織上げられた製品はそう日をおかずべつの産地に模倣される。織元は製品の差別化にしのぎをけずり、呉服屋の経験をつんだ番頭でも、御召と見まちがえるような銘仙などが、めずらしくなかったそうだ。

＊　＊　＊

近世後期から一九世紀末（明治中期）にいたる長い——一〇〇年余のあいだ、女性和装の見なれた美は、大きな日本髪、白塗りの厚化粧、下駄、白足袋、厚い裾ぶきをみせた曳裾、女大学風にしつけられた身のこなし、などなどのセットとして構成されていた。

なかで大きな要素だった曳裾は、日常的には明治二〇年代に消え、そのすこし前からは腰のはしょりが定着し、女の胴は太い棒のようになった。おなじころから、帯の柄をみせることが主眼になっているお太鼓結びが、結び様としてはより自然な、ほかの結び様から突出し、女のすがたを立体的には無趣味なものとした。二〇世紀に入ると、二〇年あまりで、混んだ電車には乗りにくい日本髪と、明るい照明の下では化けものじみる白塗り化粧は消滅した。それと時間をおかずに、バタ臭い身のこなしのモダンガールが、丸の内や銀座の街路樹の下でも見られるようになった。

薄もの

ことばどおり地の薄い織物を薄ものといい、当然夏むきの布地になる。加えて、肌が火照って汗ばむような季節には、あまりひっつかず、さらっとした風合のものがいい。盛夏用の薄ものにはそういった条件がのぞまれる。

素材として夏むきなのは、ある程度の強さをもっていて、吸湿、発散にすぐれている麻織物だった。高級品は一般に上布といわれる。ただし素材の名はしょせん商品名だから、麻風の質感をもつように仕上げられたものは、綿製でも絹製でも上布とよんでいた。本麻製で古くから名の通っているのは薩摩上布と越後上布だ。どちらもふつうは男もので柄も絣か縞。一八七七年（明治一〇年）の三越の商品カタログによると、最高級品はひとり分で五五円、これはフロックコート一揃えの価格と等しく、印刷局の女工さんの給与の、七カ月分をこえる。もちろんこれは絵に描いたような贅沢で、三越にも白麻の薩摩絣で三円五〇銭からあるらしいから（「酷暑中の流行」『時好』1907/6）、そんなに心配はいらない。

女ものには麻はこわすぎるので、絹地の明石縮が盛夏を代表する。こちらは白木屋のカタログを引用しよう。

> 薄地物で、他の気候の折のお召しのように、最も持て囃されまする品は、まず何と申しましても、明石でございましょう。それに続いては、透綾《すきや》、縞絽の類でもございましょうか。薄物と申せば、先ず此の三種に止めをさしまする。（「流行の薄地物」『流行』白木屋、1912/7）

明石縮はふつうは単に明石といっていた。両店のカタログには五年のひらきがあるが、白木屋のカタログのなかでも、「尚また男物としては、不相変《あいかわらず》薩摩上布、越後上布は流行を極めて居りまする（……）」としている。上布類がそろそろ飽きられてくるのは、ずっとあとの一九三〇年代（昭和五年〜）に入ってからのことになる。

そのほか夏羽織としては絽や紗が、上等な襦袢としては、とくに男は奈良晒のようなこれも麻製品が好まれた。

また、むかしから夏のきものは帷子《かたびら》、といわれてきた。帷子はほんらい麻の単ものをさし、絹ものの綿入である小袖と対照され、貧乏人の着る安直な衣料を代表した。しかしもちろん帷子は貧乏人だけが着るものではなく、木綿が普及する以前は一般に肌着、あるいは夏の衣料として上下ともに用いられた。

一九一〇年代（ほぼ大正前半期）頃、東京ではもうすっかり廃ってしまったが、上方では夏は帷子を着ているひとがまだ多い、という報告がある。大阪、京都の夏は東京、横浜とくらべると温度が高いためか、麻のきものは長持ちするから、上方人は昔風をだいじにしているのか、その理由はよくわからない。

＊　＊　＊

薄地織物と一口にいうが、その構造にはちがいがある。上布類はもともと天然の細い麻糸を用いているが、平織りの地質はそれほど緻密ではない。

一般論として時代が下がるほど技術は向上し、極細の糸を使ってより緻密な組織が織りあげられるようになる。老人の口癖で、いまのものは弱い、昔のものは親子三代でも着られた、というのは品質が低下したのではなく、織物に対する需要の内容が変わったのだ。太めの糸で丈夫一点張りの織物など織りあげても、そんなものを都会の消費者のだれが相手にするだろう。概していえば近代の織物は、おなじ組織でも全体として繊細で、地薄なものが多めになっているといえるだろう。

　組織が緻密で糸が混んでいれば風を通しにくいので、糸と糸の間隔を、組織のうえであけて風通しをよくしたのが捩《もじり》織物で、搦《からみ》織物ともいう。緯《ぬき》（横糸）一本通すごとに縦糸を一回交錯させる——もじる、捩る、あるいは絡める——のが紗、二回交錯させるのが絽ということになる。機仕掛けがめんどうなので、織物としてはもっとも高級なもののひとつ。ガーゼというのは反対に、組織的にはもっとも単純な平織りを、ただ糸の間隔をあけて粗く織ったもの。

　これらとはちがって、布地の表面に凹凸をつくって肌にひっつかないようにして、サラッとした触感をだす方法がある。そのひとつが縮みだ。組織そのものは単純でしかも堅牢な平織でいいのだから、大量生産も可能だ。木綿の縮みの白いシャツが、夏の男物衣料の王座にのぼったのは当然で、一九一〇年代（大正初期）からのことだ。

　もちろん縮み類はそんな安ものばかりではない。たとえば麻地の越後縮は夏の単衣としてはひろい需要があり、ちょうど秩父銘仙とおなじように大衆的に用いられていた。上方で愛用されていた帷子も、ほとんどは越後縮だったそうだ。

＊　＊　＊

　明治時代の薄ものの話題のひとつは、女の夏羽織だった。そのころは、女が羽織を着て外出する、ということ自体に眉をひそめるひとがあった。

　羽織すがたの女性がめずらしくなくなった一九〇〇年代以降（ほぼ明治三〇年代）になっても、薄い、蝉のハネのような夏羽織は、女のべつの意味での僭上《せんじょう》（おごり）と受けとるひとがあった。

　下に着たきものの柄が透けて見える夏羽織は、結果としては、透けて見えるきものの流行の火付け役のようなはたらきをしたことになる（「女性の夏羽織」読売新聞 1912/7/10: 10）。

　上に薄ものを着て、それが下に着ているものや、からだの一部を透かせることは浮世絵の好画題だったくらいで、いまさらどうということはない。しかし文明開化の警察は江戸時代のお奉行所ほど寛大ではなかった。一九二〇年（大正九年）八月、警視庁は、紗、寒冷紗、ガーゼなどの薄もの衣料中、眼に余るものの取締りを各警察署に令達している。

　警視庁が動いたのにはそれだけの理由があったのだろう。一九一〇年代後半（大正前半期）、たまたま欧州大戦の戦線拡大と並行して、というより思いがけない戦争景気に煽られるごとく、女性のきものに各種の薄ものが跋扈するようになった（「薄物の流行」都新聞 1920/8/12: 5）。景気の上昇、すなわち贅沢の風潮と、薄ものとがどう関係するのかはわかりにくいが、たとえばこんなことも考えられる。暑い盛り、今まで女性は単もの一枚の下に肌襦袢を着ているだけだった。それが肌襦袢の上にもう一枚、はでな長襦袢を着て、そのうえに透けるものを着て、長襦袢の柄をうっすらと見せるという工夫がはじまったと（「初夏の流行しらべ」読売新聞 1929/5/3: 3）。

　ただしこれに対しては、長襦袢はむかしこそ、土用のさなかでも汗をだくだくかきながら着ていたが、いまは改まった場合以外は着なくなった（「夏の長襦袢」『婦人画報』1927/7）、という逆の意見もある。ともあれ、長襦袢を透けて見せるにせよ、より肌つきのものを見せるにせよ、透けるものを着るというおしゃれは、生活のゆとりに支えられた、大胆で刺激好きな、あそび心の生みだすものであることはまちがいない。

　またひとつには、ノースリーブ、ショートスカートの、同時代の洋装の影響、というより競争心がありはしなかったか、という点に関して、当代の商業デザイナー、杉浦非水の意見を紹介する。

近ごろ和服を着る人の多くが、あまりに薄物を着過ぎていはしないでしょうか。むかしは薄物と云えば、絽、紗、明石という風に極限されていたものが、近ごろは、得体の知れない多くの薄物が非常に安直につくられる様になりました。それと、洋装をする人の思いきった露出的なナリに知らず識らず刺激されはするものの、さて和服の場合、腕や足を露出することはとても出来ない相談なので、つい薄物にして、肉体を透けてみせる様にするのではないでしょうか。（杉浦非水「薄ものに対するこれは私の意見です」読売新聞1932/8/5:9）

ここで杉浦も言っているように、一九三〇年代（昭和五年～）に入ると、寒冷紗やジョーゼット、さては人絹明石や人絹ボイルなどという、ほんらい洋服地だった薄地の生地が、大胆に和服にもとりいれられるようになっている。

女性雨合羽

江戸時代には女性が外出するおり、雨や風をしのぐためにきものの外に重ねるものとしては、長合羽《なががっぱ》があった。しかしこれはお姫様が塗の御駕籠で御他行のときに、お供のお女中たちでも着るのに似つかわしく、民衆好みのものとはいえなかったし、身分上の制約もあった。

江戸の下町の女などは、真冬でも足袋をはかず、冷たいからっ風が吹いても、わざわざ胸をあけてああいい気持ちだとうそぶく、深川芸者の気っ風に染まってもいたのだ。あるいは、雨がふれば小気味よく裾をまくり、爪革のついた高下駄をならして小走りに水溜まりを飛びこえてゆくのを、粋だぐらいに考えていたかもしれない。『守貞謾稿《もりさだまんこう》』には、吹き降りの柔らかな京阪にくらべれば、江戸では女合羽が見られるように書いているが、用いるひとは少なく、あまりめだつ風俗ではなかったようだ。

明治に入ってからしばらくのあいだ、木綿の女物長合羽は、雨天用外衣としてわりあいひろく重宝されていたらしい。とりわけすこしずつ外出の機会がふえてきた山の手の奥様たちにとって、洋服系のコートが現れるまでは、着ている絹のお召しものを濡らさないですむような、ほかに適当な衣服はなかったためだろう。

寒さをしのぐためにきものの外に重ねるものならば、もちろん羽織があった。冬の綿入羽織には長い袂にまで綿を入れたから、たいていの寒さならこれでしのげた。厚綿の入った羽織や半天は庶民の必需品だったが、かっこうのいいものではない。あまりかっこうを気にしない老人や子どもが、こんなダルマさんのようなすがたで日向ぼっこしている情景は、一九二〇年代頃（大正末～昭和初め）まで見ることができる。しかし綿入羽織や綿入半天は、冬の氷雨の寒さから身は守れても、浸みこむ雨水には無抵抗だ。

羽織よりももうすこし上等で、一種の雰囲気をもつ外覆いとしては、被布もけっこう広く、江戸時代から用いられていた。被布は和服としてはめずらしく、前がキモノ式のY字の打ち合わせにはなっていない。ごく小さい女の子からお嬢さま、それから年齢がかなり飛んでもう髪に白いものの混じる年輩の男女が着用した。夫をうしなって古風に髷を落とした切髪の老女というと、奥まったひと間の仏壇を背に、被布に身を包んですわっている——というのが、明治時代の新聞小説挿絵によくあるイメージだ。部屋着としても愛用されたということからいっても、被布ももちろん、雨や湿りけに耐えるような素材ではできていない。

女性の長合羽は合羽という名を

もってはいても、ポルトガル語のカパ（capa）をうけついだマント形式は早くから失っていて、構造上は和服長着と変わりない。それに対して男性の合羽は廻《まわし》合羽、道中合羽など、マント形式を江戸時代を通じてほぼもちつたえた。女性合羽の場合は、合羽とはスタイルの特色をさすのではなく、雨着の意味になったのだ。

女合羽は長着のきものに対して裾に紐のついている点だけがめだった特色で、あがり框《かまち》で濡れた蛇の目をかたわらに立てかけ、身をかがめてこの小紐をとくすがたが女っぽい、というひともある。しかしそんな小さいことよりも、華やぎという観点からいえば、裾までくるんでいた外被をぬぎすてて、帯つきすがたをあらわす機会を生んでいることの方が、ずっと大事だろう。考えてみるとそれまでの和服には、冬の洋装のように、グレート・コート（great coat）をサッとぬぎすてて、そのなかに包まれていたドレスと、女性の姿態をあらわすようなシーンは、ほかになかったのだ。

しかし、すっぽりからだを包んでいたものをぬいで、帯つき姿をあらわすこの華やぎを、雨着の長合羽からうけついだ主役は、一八九〇年頃（ほぼ明治二〇年頃）から見かけるようになった洋服系の女性コート類だった。女性コート出現以後の、長合羽の命脈をつたえる情報としては、一九一九年（大正八年）のつぎの新聞記事が、あるいはさいごかもしれない。

鉄色木綿に黒ビロウドの広襟付けた、道中合羽の婦人は、殆ど跡形も無くなって、その代わりに現われたのが道行です。（……）鉄色又は革色木綿はセルと代わって来ました。
（「雨合羽」読売新聞 1919/9/14:4）

ここで道行といっているのはいわゆる東コートなど、女ものコートをさしているのだろう。

また、その東コートなどが、雨合羽からの発展とみる見方もあったようだ。

一般にコートといえば、女物長コートの事で、最初の思いつきは昔の女雨合羽に洋服の糸瓜襟をつけ、地質も羅紗又はセルを用い（……）。
（東京和服裁縫研究会『急所公開委裁縫奥儀』1919）

けれども女の長合羽の魅力も、そうかんたんに忘れ去られることはなかったから、細々とながら第二次世界大戦前後までは、雨の日の盛り場などで、優雅な長合羽姿の女性を見かけることもときおりはあった。ひとつには、着る機会も少なくそう傷むものでもなかったし、着なれたものと、着ているじぶんの身への心やりとから、ときには手を通してみる気になることもあったのだろう。

女性コート

昔は女が鉄色の真岡の長合羽を着たもんで、明治二〇年（一八八七年）までは一般に此の風でしたが、二〇年ぐらいから以来は女が其の羅紗のコートを着るようになって、それが又二五年（一八九二年）以来、御召の地、糸織の地もあり、今日の変革になったのです。（……）私が其の明治一五年（一八八二年）に角袖の外套を始めて拵えた。それが大変いいてんで角袖の外套（長合羽）をだれも着るようになった。（……）それから婦人が着てみたら如何だろう、というので其処でコートというのを拵えましたが、（……）今日のコートは是れから到ったもので（……）。（野口彦平「衣服の新意匠」『唾玉集』1906）

アイディアマンだった東京日本橋の染匠大彦の主人、野口彦平のこの証言を信ずるなら、女性の長合羽が、西洋名前をもった羅紗製のコートに代わられるようになったのは、おそくても一八九〇年代初め（明治二〇年代初め）ということになる。

一方、橘町の大彦とは眼と鼻の呉服店白木屋は、一八九六年（明治二九年）になって、吾妻コートは当店が三年前に創案したものという宣伝をはじめた。もちろん『白木屋三百年史』（1957）はそれを鵜呑みにしている。

東コートについてはそのほか、三越呉服店出入りの仕立職加藤嘉兵衛の発明、という世評もあった。この加藤の弟子の中塚次郎は、一九〇七年（明治四〇年）に、東宮縫手として召し出されている（「裁縫職人の光栄　東宮職奉仕」朝日新聞 1907/3/2: 6）。

また、これはアイディアだけではあるが、一八九〇年（明治二三年）頃に、国民新聞紙上で錦隣子なるライターが、その五年あとぐらいに流行しはじめた婦人外套――つまり東コートに近い意匠のデザインをすでに発表しているといい、その絵を再録している（国民新聞 1895/4/25: 1）。

さてその東コート――吾妻コートという書き方もおこなわれたが、やがて東コートの方に落ちついた――あるいは単にコートだが、従来の女性の被布や道行、男合羽式の雨合羽と、構造のうえでの決定的なちがいはない。また、もともと被布は室内着でもあるから丈はさほど長くはなく、その点コートは丈が長く、素材の点からは外出着として羅紗製であることが出発期の特色だった。

一八九六年（明治二九年）当時、すなわち白木屋の吾妻コート宣伝のはじまったころは、この女性外套を吾妻コートの名ではよばないひともいた。

> 目下の大流行は言うまでもなく道行形婦人外套にして、交際社会に出るものは必ず之を纏う。（……）地は斜綾羅紗一番多く、紺または黒の綾セル地も見受けられる。此の流行の起源は花柳社会なりしが、今は一般に蔓延し（……）。（『家庭雑誌』1896/2/10）

名前が先行する現代の情報社会とはちがい、モノが街にあふれていても、それがなんというものか知っているひとは少ない、という現象だろうが、またひとつの憶測としては、白木屋の勝手なネーミングに対して、『家庭雑誌』の流行欄担当者の金子春夢が、いくぶんか反感をもったかとも考えられる。『家庭雑誌』ではそののちもしばらくの期間、吾妻コートという品名を使わず、道行形婦人外套とよんでいる。またこのことは、初期の東コートが、かたちとしては、道行とよく似たスタイルのものだったことを教えてくれよう。

ただし初期の東コートについて、襟は道行形ではなく洋服風の糸瓜襟だった、という証言もある。コートがその時代のお客には耳遠かったにちがいない外国名を使い、洋服仕立てであることからいえば、洋服風の糸瓜襟から出発したこともうなずける。

> 最初の思いつきは昔の女雨合羽を工夫して、それに洋服の糸瓜襟を附け、羅紗又はセルにて仕立てたもので、おもに雨具塵除けの道中着であったものが、段々と進歩して、糸瓜襟が廃れて被布襟となり、道行襟と代わりて、遂に今日の半コートの隆盛時代となったのであります。（東京和服裁縫研究会『実用裁縫秘訣』1921）

厚地の毛織物を使うという点でも、東コートは一種の洋服、という受けとりかたがあとあとまで残るし、じっさい、男性の二重廻しとともに製作はさいごまで洋服店だった。和裁職人がコートを仕立てる場合は、コート仕立てとして、細部で洋服裁縫の技術が用いられた。こまかいことではコート類の背縫いには、和服のようなきせをかけないとか――。これはコートの素材が薄地の絹ものに代わってもおなじだった。女学校の和裁でもコートは除外されることがふつうだったが、和裁学習のなかでのコートの裁断、縫製は、生徒たちに、また教授者にも、たくさんの考える材料を提供した

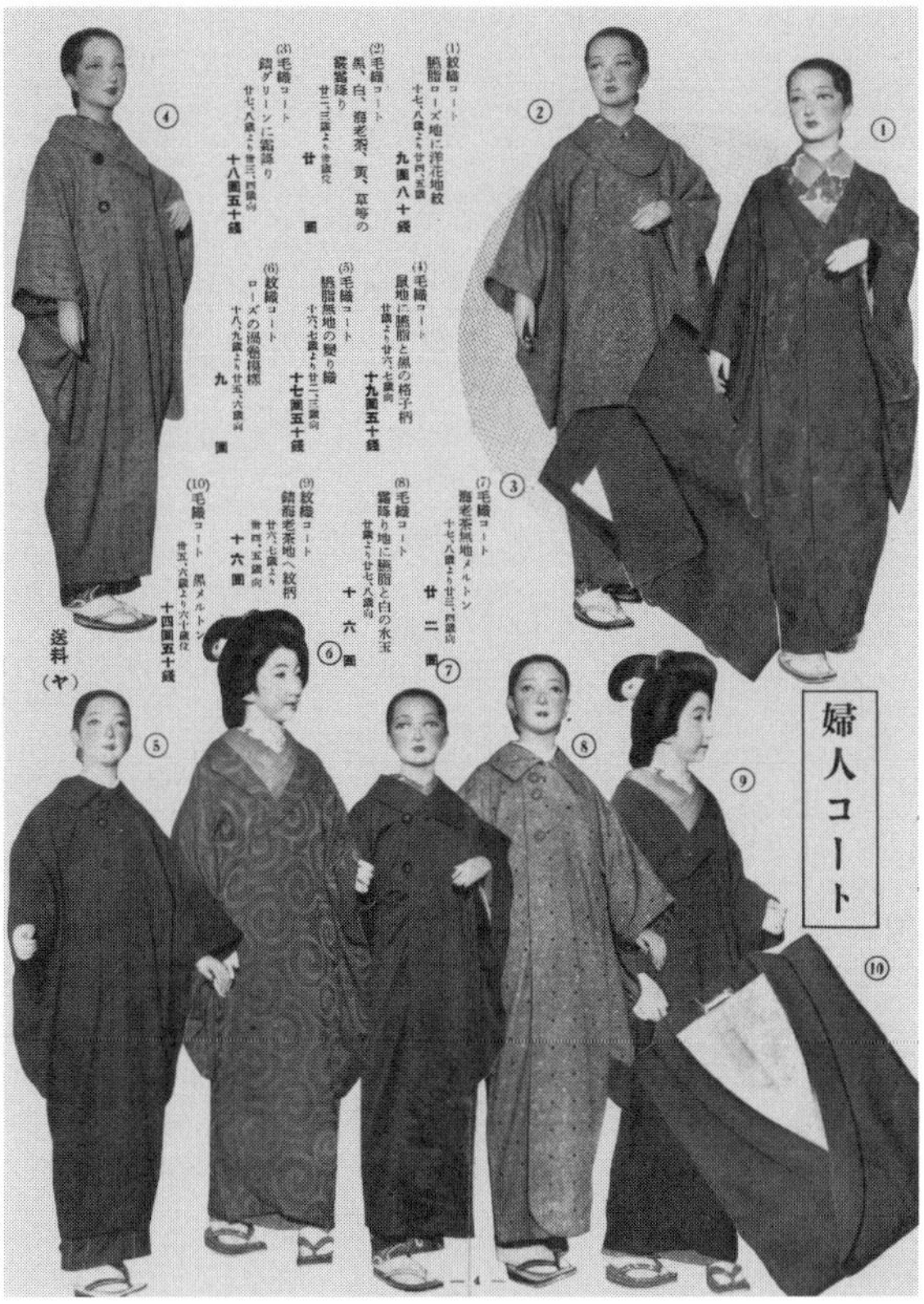

「婦人コート」
『松屋グラフ』、1938（昭和13）年11月

ろう。

　羅紗地から出発した東コートだったが、すでに大彦のことばにもあるように、やがて上等の絹もの地を使うことの方が、むしろふつうになる。在来型の衣服の特色を部分的に取捨しながら、東コート、あるいはコートは、デザインの上ではなんの拘束もない新様式の〝和服〟に成長していった。デパートはシーズンごとに、なんとかコートという名の新商品を宣伝した。そのどれをも女性たちは単にコートと呼んでいたが、それでも東コートの名は細々と残って、ときおりコート類の総称のように使われていた。

＊　＊　＊

　一九〇〇年以後（明治末以後）のコートにひらけたあたらしい用途は、職業婦人のための仕事着だった。家のなかでの主婦の割烹着と、オフィスや売場での女性のコートは、昭和戦前期の女性への、ノスタルジーのなかに生きているのかもしれない。第二次世界大戦後までの女性は家庭でも職場でもたいていは和服だったから、割烹着もコート——ふつうは上っ張りといっていた——もきものの上からきものをくるむように着た。割烹着もそうだったが、出勤してコートを着て店に出ると、娘さんも急に大人びてみえ、おばさんっぽくなったりしたそうだ。それは仕事着のコートがたいていはグリーンなどの無地ものだったせいもあるだろう。若い女性のきものは戦争が厳しくなるまでは長い振りをもっているのがふつうだったから、それを突っこむ袖は風呂敷包みのようになって、あがきが悪い、というので、見た目の甲斐甲斐しいほどには、着ているひとからの仕事着コートの評判はもうひとつだった。

帯——お太鼓の周辺

　女帯は江戸時代に特異な発展をした。末期の浮世絵を見ると、乳から腰にかけてほとんど垂直の円筒にみえるほど、幅広の帯が見られる。開化後、現代和服への過程では、女帯はより軽く、よりやわらかく、また幅もせばまり、しめやすい方向にむかった。色や素材のそのときどきの流行はべつにして、女帯の近代八〇年を要約するなら、お太鼓結びの支配、補助具の工夫、簡易帯の普及、の三つをあげることができよう。

お太鼓結びは明治に入っての創案ではないが、明治期を通じてほかのさまざまな結び様をおしのけて、一九一〇年代以降（ほぼ大正頃〜）には、花街を除けば、街でお太鼓以外の和装の女性を見ることはまれな状態になった。お太鼓がそれほど一辺倒になった理由のひとつは、華やかさはないが、大人しい、上品なかたちが現代人の好みに合致したということかもしれない。また、ひとりでかんたんに結べるためかもしれない。家庭の下女たちや、牛屋の女中さんたちも、だれもがお太鼓結びだった。

それ以前、開化後一八〇〇年代の、とりわけ中以下の女性たちのあいだでは、結び下げや引っ掛け結びのような、より手軽で、やりようによってはかなりだらしのない結び様が多かった。明治末の一九一一年に刊行された実用書『袖珍家庭文庫 第二巻　衣裳の巻』では、現代おこなわれる帯結びとして、お太鼓結び、やの字結び、竪やの字結び、お下げ、だらり結び、引っかけ結びの六種をあげている。その説明の一部を紹介する。一九三一年（昭和六年）の宝来正芳『探偵常識』がほとんどそのまま引用している。

お下げ　下げ帯、結び下げ、猫じゃらしとも。掛と垂れを殆ど同じ長さに二度結びて、両端を垂らすなり。京阪地方における商家の娘、下婢、および舞子等の結び居る形なり。

だらり結　お太鼓結びの輪の端と掛とを折り込まずして、其の儘二尺ばかり垂れ下げしもの、芸妓などの正式なる結び方とす。

引つかけ結　だらり結びの掛を長く下げたるものなり、じれった結び、または間男結び、などの異称もあり。（宝来正芳『探偵常識』1931）

東京と上方では、帯結びのいい方でもちがいがあった。江戸風俗にくわしい大槻如電はつぎのように説明している。

今日西京大阪では娘でも下女でも新造の時は、この水木結びの余波《なごり》を伝えて居ります。ダラリ帯ともダラリ結びとも申します。舞子の帯も同じ事ですが、結びましたところへかい物を致しまして、結び目が庇の

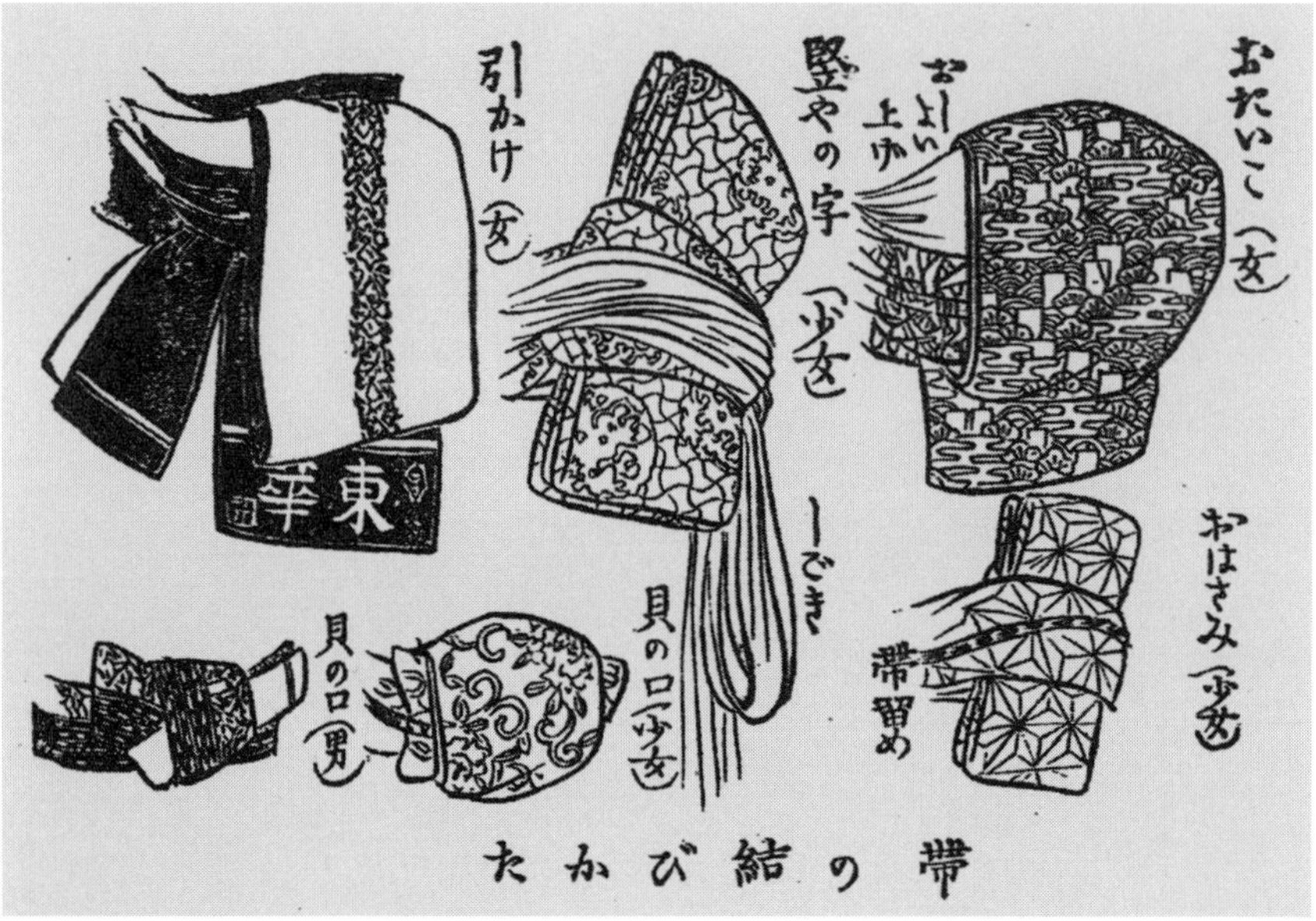

「帯の結びかた」

松本洗耳画、平出鏗二郎『東京風俗志』(中巻)、富山房、1899-1902 (明治32-35) 年

ようになっております。（大槻如電「江戸の風俗 衣服のうつりかわり」『花衣——一名・三井呉服店案内』1899）

水木結びというのは、幕末の名優水木辰之助が、背の高すぎることを隠すためにはじめたもの、と伝えられている。

引っ掛け結びは浮気結びという別名があるように、横に突き出た手の部分を引っぱれば簡単にほどけるようなチョイ結びだった。櫛巻の髪に引っ掛け結びは、かならずしも裏長屋住まいでなくても、明治中期までの庶民の女のもっともあたりまえのかっこうだった。

もっともこの時代地方へ行けば、日常は帯もしていない男女さえめずらしくはなかったらしく、地方改良運動の矯風申合わせのなかに、「男女共に外出する時は可成《なるべく》見苦しからざる衣服を着用し、平素より必ず帯をする事」（帯を締めること、という申合わせ」朝日新聞 1909/12/3: 5）などという項目をもつところも多い。お太鼓結びは結び方の巧い下手よりも、自慢の帯の地質や柄を、これ見よがしにみせつけるのにむいている。だから人前に出ることの多い裕福な奥様方に、またお座敷の芸者たちにも気に入られたにちがいない。芸者が結びあまりを長く垂らしているのもその理由だろう。東京の花柳界ではいまは柳、と呼んでいる。

一〇代の少女の結び様はやの字結びだった。華やかさもあったが、古風な結び様でもあったから、東京のある特別に保守的な女学校では、式日というと生徒にこのかっこうをさせている。一〇歳くらいまでの少女はやの字といっても、傾けないで垂直に背負わせる。これを竪矢《たてや》の字《じ》といっている。四角い荷物でも背負わせているようで、現代のわれわれの目には美しくも可愛くもなく、むしろ奇妙にみえる。

少女たちはふだんはたいていは細帯を無造作に結んでいて、幅の広い帯は結ぶのも面倒なら、しめているのも窮屈なので嫌う子もいた。ことに夏場はそうだった。しかしいつも細帯ばかりしていると、お尻が大きくなってしまうと親からおどかされた。

一四、五までは矢っ張りやの字結びが一番上品で可愛い、昔の腰元姿の宜いのも此の結び方だからである。引懸け結びは浴衣の時などならば悪い事もないが、きちんと極った服装には下司張って見える。然し白地の浴衣に湯上がりの折などは暑苦しく見えないで粋なものだ。ただし此の結び方は妻君達に限るので、娘さん達は真似るものでない。（RY子「女の姿」『婦人界』1904/3）

明治後期以後、だれもがお太鼓の時代にはなったが、おなじお太鼓でも、年齢によって形がちがうし、帝劇の廊下の奥様のお太鼓と、柳橋の姐さんのとは一見して区別がつく、といわれた。芸者たちが見れば、新橋と柳橋と深川ではまたちがう、という。しかし困ったことには、奥様のなかには芸者の真似をしたがる方が少なからずいた。一方芸者の方も、奥様風にしてお客を喜ばせたりした。

牛屋の女のお太鼓はぺしゃんこで、奥様のお太鼓はふっくらとしている、とか、芸者は帯締めを斜めに締める——ぐらいのことは、田舎から出て来たばかりの書生さんでも見わけがつくのだが、それ以上のことがわかるようになるには、もっともっと無駄金をつかっての経験が必要のようだった。

帯締めの工夫と変容

お太鼓結びが、それまでの帯結びに基本的な変革を与えたのは、帯を結ぶという機能を、装身具的な飾り結びにしたことであると、『日本の結び』（1977）のなかで額田巌は言っている。そのために形を保つ必要から、細紐の助けが必要となって、帯締めの誕生となり、帯留めを生み、帯揚げが生まれたと。

第二次世界大戦後に附け帯やいろいろな飾り結びが工夫され、それを気に入らないひともあるようだが、じつはお太鼓結び自体が、飾り結びや附け帯とそうちがわないものなのだ。だからお太鼓の場合、〝結ぶ〟ものではない、という考え方もある。

帯を結ぶ、ということは帯をひどく痛めるものです。伊達巻で形が出来た上は、帯は飾りにつければよいのですから、あまりしめつける必要はありません。（……）成る可《べ》く飾り品、という心持ちでお締めになるがよいと思います。（遠藤波津子「品のよい春の着付」都新聞 1925/4/13:4）

打ち合わせ式衣服の、前がはだけないように保つことはむずかしい。一番よい方法は、打ち合わせの部分にボタンか付紐をつけることで、体裁を気にしない子どものきものや、動きのはげしい舞台衣裳には付紐が使われている。

女帯が、衣服を固定するための役にはたたなくなってしまったのは、男帯とちがい幅が広く、また堅くなりすぎたためだ。布幅だけをいうなら兵児帯の方が大きいが、女帯はふつうシンを入れて板状にしているため、それ自体では結ぶという機能を失った。そのため女帯をしめるということは、帯という大きな飾りものを、たくさんの紐や小道具を使って女性の胴体にくくりつける、という作業になった。お太鼓結びには紐が多すぎて面倒、という女性自身の嘆きは、戦時中には不健康、非衛生、不経済という批判に転じた。

消費節約、生活簡易化は国策の一つとして、銃後の国民の進んで実行すべきことである。この際服装簡素の第一着として、婦人の腰帯の無駄を省きたい。帯は二本、否一本でも足りる。（「婦人と腰帯」朝日新聞 1938/8/8:3）

明治時代の帯幅は江戸時代と比較すればせまくなっているが、一九〇〇年（明治三三年）頃と現代とを較べれば、さらに三センチ程度せばまっている。女性の身長の伸びを考えれば、相対的にはその倍くらい幅がせまくなったといえる。元禄頃の吉原に、とびきり幅の広い帯の好きな遊女がいて、〝帯獄門〟というあだ名をつけられたという。処刑の獄門台の上に首が載せられているようだ、という意味で。特注の帯だったのだろうが、ひとの好みはさまざまだ。

幅のせばまり以上に結びやすさに貢献したのは、各種のやわらかな帯の開発だった。明治以前にあったのは織物を二つ折りにして、中に硬い芯をはさんだいわゆる丸帯と、表裏がべつの柄になった片側帯だけだった。

一九〇〇年代以後（ほぼ明治三〇年代後半）になって、それまでも一部では使われていた袋帯に人気がでると、それを追うようにして名古屋帯が工夫された。袋帯は風通とおなじ両面組織の応用、名古屋帯は胴の部分と太鼓の部分をあらかじめべつの幅に仕立てておく一種の仕掛け帯。一九二〇年（大正九年）以後名古屋帯や、それに類似の各種新装帯、軽装帯、また場合に応じての半幅帯が普及しはじめると、丸帯はいっそう仰々しいものになって、日常的に用いられることはまれになる。

昔は堅苦しく丸帯でなければならなかったのが、今日では片側帯又は単重帯で礼式以外通るようになっているのだから、その着方さえ上品で身ごなしに気をつければ、五円前後の中形で一〇円前後の単重帯に無地の半襟位で立派な涼味たっぷりの夏姿が出来上がるわけである。夏姿は金目でなく涼味と気楽さと曲線を現す所に中心がある。（「夏帯の現在」国民新聞 1925/7/1:5）

帯がさがるのを支えるための帯揚げは、明治大正期には背負《しょ》い揚《あ》げといい、着つけの商売人の多くは戦後もそういっていた。前に回したその両端を帯の胸元に突っこんで固定するが、その部分が半襟に劣らないくらい目立って、装飾的効果もあるため、にぎやかな議論になった。礼装のときは絞りにきまっているとか、いやあまり出すべきではないとか――。着付けの、ほかの些事同様、和装が戦後のように窮屈なものになる前は、正式な場合でも、かなり好みのままだったようだ。

＊＊＊

帯揚げ、帯枕、帯板、帯形、帯締め、伊達巻、伊達締めなどなど、お太鼓を支えるための補助具や小紐のなかには、最初のうちからあったものもあるし、だんだんと加わった工夫もある。こうした便利な小物類の工夫の背景には、もうこの時代の娘たちは、幼いときからきものしかない環境のなかで育った娘たちとはちがうという、いわば女性たちの和服ばなれの現実があった。セルロイド製のお太鼓結び補助具、〝帯形〟の推薦文に、

これまで女学校でお袴ばかりはいていらしたお嬢様方が、いよいよ御卒業になり、いざ衣紋をぬいて帯をお太鼓にしめようとなさるには、（……）どなたも最初のうちは閉口なさるようでございます。（「短い帯で上手にお太鼓が結べる『帯形』」『主婦之友』1926/6）

とある。しかも時代はさらに、袴どころか、スカートしかはいたことのない娘がふえつつあった。

第二次世界大戦後になって目立つのは金属やプラスチック製の固定具だ。打ち合わせタイプの衣服と、帯を用いて着る、ということは、あるていどのゆるみがつねにあることが前提になっている。着崩れを防ぐためにあまりしっかりした固定具を使うのは、和服ほんらいのゆるみの美しさを損なうのではないかという疑問もある。とはいえ、どこを見てもシワもゆるみもない現代和服の着こなしを見ると、仕立てのよいスーツの美しさに眼が慣れている現代人は、ああ美しいきものだと納得する。

近代の女帯についての大きな話題のひとつは、帯の高さだった。帯が高くなったといわれはじめたのがいつかはっきりしないが、女学生の袴との関係も考えられる。

一般に女学生たちは胸高に袴をはいた。袴の低いのは男っぽく、ときにはぞんざいな、野卑な風態になる。この袴の高さが、袴をはかずに帯になったとき――いわゆる帯つきすがた――でも、そのイメージが持続されたと考えられる。

帯は一体に、下よりは上の方が上品《おひとがら》でございます。（「格好よく着物を着るには」『婦人画報』1912/9）

脚のみじかい日本女性が、すこしでも腰から下を長く見せようとする願望から、とみるひともある。下ばきをはくようになったため、という見方もある。また、都新聞の一九二一年（大正一〇年）九月七日の投書欄に、帯を胸高にするのが好きなので乳の上に締めますが、すぐ落ちてしまいます、どうしたらいいでしょうか、という質問があり、これに対して回答者は、実は好きなのではなく、乳の膨らみを気にしているのではありませんか、と言って、乳房を圧迫するのは有害と忠告している。この時代にはそんな理由から帯を胸高に、つまり乳房の上にしめる女性がいたらしい。

また、帯が高すぎると、日本髪の場合であればさほどではないが、頭部の小さい洋髪では、ことに羽織を着た場合など、背中の膨らみが目立っておかしい、という意見があった。

帯の位置の高まりは一九三〇年代後半（昭和一〇年代前半）までつづいた。口の悪い美容家の早見君子は、一九三八年（昭和一三年）に、「去年頃までは、後の襟から一、二寸（三〜六センチ）のところに、提灯箱のように真ツ四角な帯をしめていました」と言っている。提灯箱というのは、古い家では、台所や玄関の鴨居に釣ってあった。一九四〇年（昭和一五年）前後からは、帯の高さは下がり気味の方向に転換している。

羽織

羽織はいちばん外側に必要に応じはおる着物で、はおる、ということばから羽織という衣服の名が生まれた。だから羽織という字は当字で、古くは羽折とも書いている。

はおって着るためにふつうのきものとはややちがう構造になっている。衽《おくみ》がなく前が開いていたり、脇下に襠《まち》が畳んであったり、襟を折り返して着たりなど。

外に重ねるものであっても、羽織はほんらい保温防寒のためのものではなく、儀礼的性格のものだった。まえの時代でいえば裃《かみしも》のようなものだった。その点が半天(纏)との大きなちがいだ。

明治の初めには、それまで裃袴姿で出向いていた場所に、時代が変わったために羽織袴で出るということになった。高村光雲によると、江戸時代の書画会には出席の画家や書家はみんな裃だったが、幕末になると大抵は羽織袴になってしまった。しかしひとりだけ、東条錦台というひとだけは、御一新になってからもやっぱり裃を着て出席していたそうだ。

明治時代の礼法書を見ると、婚礼の三三九度の盃の際、新郎と仲人は裃であるのがふつう。各地の祭礼でも古様を保存している場合は、介添えの男たちは一文字の笠に浅葱色鮫小紋の裃すがたで、それが今風にくだけたのが羽織袴。だから裃に綿入がないように、綿入羽織も正式には用いない。

作家の山田美妙《びみょう》は明治三〇年代はじめに、羽織の約束事についてつぎのように解説している。

> 綿の入った羽織は男子にとっては略式用であるが、習慣上婦人にとっては正式用として差し支えぬ。が、成るべくは袷仕立てなのを尚《とうと》ぶ。しかし正式の正式たる場合に婦人は羽織を着ぬ定めゆえ、茲《ここ》に正式と言うのも準正式ぐらいな所である。(山田美妙「羽織りの式制」『化粧と服装』1900)

羽織が男性にとっては礼装であるのに、女性にとっては略装、というのはわかりにくいようだが、羽織が裃の後継者と理解すれば納得できる。つまり羽織はほんらい男性の礼装なのだから、女性が羽織を着るのは僭越ということになる。家のなかなどで着るのは勝手としても、人前で着るのは遠慮しなければならないのだ。

けれどもすでに明治二〇年代には、女性も略装には、美妙のいい方で準正式なら、羽織が許されるようになっていて、ほんらい紳士のかっこうだった黒紋附の羽織も、女性にふつうに用いられていたらしい。

> 女の黒紋附羽織は四、五年来大分廃れたる体なりしが、今年はまた跡がえりて黒を着る婦人多く、上等は縮緬紋付、無紋のものも多し。此等は染め返しの倹約主義なるべし。(「染め返しの倹約主義」国民新聞 1891/11/26:3)

「黒チリ(黒縮緬)のお羽織に丸髷、という細君仕立て」などという云いかたもあった。(「令嬢の勾印」朝日新聞 1892/11/9:3)

しかし一九〇八年(明治四一年)という年になっても、「羽織は近来婦人の間に用いられていますけれども、これは不作法なことでございます」と言い続ける老婦人教育者はあった(棚橋絢子「私の好む服装」『衣道楽——菊月の巻』松阪屋いとう呉服店、1908/9)。

＊＊＊

明治の前半期に人気のあったのが書生羽織だ。書生羽織は名前のとおり、さいしょはふところの寂しい学生たちに、オーバーやマント代わりに着られたものだったろう。丈が長く、綿入で、木綿、というのが初期の書生羽織の特色だが、着用するひとが書生以外にもひろがり、女性までもが用いるようになると、書生羽織としての特色は失われてゆく。

一八九〇年代（ほぼ明治二〇年代）に刊行された『日本社会事彙』の書生羽織の項目には、市楽、糸織、東華織、銘仙、琉球紬、大島紬、結城紬等々の高級素材が羅列されていて、もう金回りのわるい書生さんに手のとどくような衣料ではなくなっている。また丈もふつうの羽織丈のものが現れてくるため、末期——一九〇〇年（明治三三年）を過ぎるころの書生羽織については、その実態がはっきりしない。

＊　＊　＊

羽織はいちばん外に着てめだつものであるし、人前でぬぐことも多いから、贅沢着のひとつでもあった。一八九五年（明治二八年）七月の『家庭雑誌』（民友社）に、「上流社会に、紹市楽を無双仕立とした贅沢な夏羽織が流行」とある。

無双羽織はふつうの羽織のように胴裏を別布にするのでなく、表を裏に折り返して胴裏をつづけ、裏に染色加工をほどこして、前下がりで縫いあわせる。無双羽織は贅沢なものにちがいないが、個人的な趣味のものにすぎず、羽織の展開のうえからいえば、夏羽織の方がずっと大きな意味をもっている。

女羽織は半天を着るような階級ではないひとが、寒さしのぎにはおったものだ。それが一八九〇年代（ほぼ明治二〇年代）の半ば頃から、暑いさなかに、裏つきの、絽や紗の羽織を着る風習がはじまった。盛夏の重ね着には実用的な意味がなく、当然そのことへの批判があったし、夏羽織嫌い、というひとは後々まであった。

婦人の夏羽織は、近年の流行で、昔は剃髪の女隠居か、針医でなければ用いなかった。（『流行』流行社、1901/5）

というのはおもしろい意見。

暑さ烈しき三伏の候に、若き婦人の、見に添わぬ夏羽織着たる。（井

「絵羽羽織」
『松屋グラフ』、1938（昭和13）年12月

上秀子「近頃眼に余る事・憂わしき事・改めたきこと」『婦人之友』1918/11)

けれどももっとからだを包む東コートにさえ、夏コートがあるのだから、そんな批判は耳にも入らなかったろう。また、下に着ているきものが透けて見えることに対する批判もあったが、むしろその点が、着るひとのねらいかもしれなかった。

夏羽織はその後も捨てられることはなかったが、昭和に入るころからは、やや人気が落ちてきたようだ。

夏羽織くらい着ないでは、貧乏臭くて人なかには出られぬ、といった無理な流行は、大体世の中から廃れてきた、これは進歩だ。（「すたれた婦人の夏羽織」国民新聞 1925/7/1:5）

羽織の贅沢さのもうひとつのものは、絵羽縫いの羽織だ。絵羽仕立ては、身頃と袖を通してきものぜんたいをひとつの大模様として仕立てるには必要な方法で、技術自体はべつにあたらしいものではない。呉服屋の商品として宣伝されたのは、一八九八年（明治三一年）初夏の三井呉服店の「新案夏物　絵羽友禅絽の羽織」などが早い例だろう。その後も呉服屋の目録では、絵羽羽織、絵羽友禅、絵羽浴衣の宣伝はつづくが、絵羽仕立てが世間から注目されるようになるのは、それからかなり時間が経ってからのことだ。

この絵羽模様というのが服飾界に初のお目見えをしたのは、一昨年（一九二七年）の末時分からであるが、去年の末辺りまではほんの一部の人達が、恐る恐る試験的に着たに過ぎなかった。（「流行漫筆」婦女新聞 1929/5/5:14）

また、この筆者は、デパートや呉服店のショーウインドウには、背中を中心に大きく模様の描き表された絵羽模様の夏羽織が、研を競い合っている——と、書いている。

きものの襟

前で打ち合わせて着る衣服は、衽《おくみ》のあるなしにかかわらず、襟が開いているように思われがちだが、胸元が塞がっている衣服も多い。中国服では和服の長着のように前を斜めに打ち合わせたものを大襟《たーちん》、たいていのチャイナドレス（旗袍《チーパオ》）のように丸襟のものを対襟《といちん》とよんでいる。ただし和語の大襟《おおえり》はべつの意味になり、胸もとをゆるめて着ることの古いいい方だ。奈良時代に多くの大陸文化といっしょに隋・唐の衣服制度が入ったとき、日本人が学んだのは主として対襟の袍だった。だから衣冠、束帯はすべてハイネックの対襟で、それは今日宮中の儀礼服や神社の神主さんの服制に、またいくぶん変形し、竪襟というかたちで道服、道行、被布、あるいは和装コートといった、いわば傍流の衣服にも残っている。

日本人が日常の衣服として対襟を捨てたのは、考えるまでもなく湿潤な気候のためだろう。大陸にはTシャツ風のかぶり衣服もあったようで、これは日本ではまったく受けいれられなかった。

日本では衽を斜めに裁ち、前を交錯させる方式が主流となり、着装においてもこの打ち合わせ方に心をつかった。なかでも、ほぼ同型の衣服を何枚か重ねて着る場合の、襟や袖口の合わさりの美しさを重んじた。重ね着に執着した王朝人は、その色の重なりを襲色目《かさねいろめ》とよんで珍重している。

江戸時代から明治にかけては、冬は襲小袖《かさねこそで》を着ることが誇りだった。小袖とよぶのは絹ものの綿入をさす。これを三枚重ねれば礼装として嫁入衣裳にもなる。襟が厚いとか襟つきが厚いといえば裕福なことをいい、襟につくといえば、幇間《たいこもち》などが旦那をとりまくことをいった。すこしずつずらしてきた襲衣裳の襟を、三つ襟とか三つ頚とかいって賞美した。礼装としての三枚襲《さんまいがさね》、二枚襲はそうめったに装うものではないが、春先は二枚袷となり、やがて袷一枚になる。明治時代の末からは袷の代わりにセルを着るひとが多くなった。

どちらにせよ内には肌着の襦袢、長襦袢を着、汚れやすい襦袢には小切れをかぶせ、その小切れを半襟とよんだ。重ねたきものの襟のいちばん内側に半襟がみえ、それがよくみえるように、外のきものの襟をかなりずらして着るのが、明治大正時代には多い着方だった。

また、襦袢にかける半襟だけでなく、きものの襟にも黒い上襟をかけるのを、襟つきといった。ほんらいは貧乏臭い仕方だったにしろ、下町ではけっこう富裕な階層までおこなわれた風習だった。

いま袷時、この袷時の女の形は就中黒朱子の襟をかけている事に於いて尤もよい形になるのである。日本の女の顔色を真っ白に見せて引き立たせるのは黒色に優る色はない。(……)この引き立たせ方を尤も巧みに応用してあるのは朱子襟と半襟とを並べてうつろわせる女の顔である。それほどの良い調和を忘れて、近頃上襟をかける女の少なくなって行く事を私は残念に思う。(平山蘆江「流行私言」都新聞 1918/4/29: 4)

ここで蘆江は自分の古風な好みをいっているのだが、それも下町風の好み、ということになる。

襟もとのチャームポイントは半襟だった。和服が日常のものだった時代には、半襟の専門店も多く、〝えり何々〟といった商号の店は、いまでもけっこう残っている。

襟もとの魅力はまた、そのひらき様、包まれた胸もとや首すじをどう見せるか、にもかかっている。江戸時代のきものは胸もとをゆるく着る傾向があったようだが、末期になると、髱《たぼ》(髪の後部分)が下がってきたため、抜襟が一般化する。

明治時代は、あんまり襟を抜けば芸者のように思われ、下品にもみえ、それに対して山の手風とか、女学生式という、襟もとをつめ気味に着る着方がひろがった。西洋人とのつき合いや教育の普及のせいだろうが、高尚とか、品格とかいうことがうるさかった時代だった。しかし旧大名家や旗本の奥様の、襟を大きくぬいて襟白粉《おしろい》を見せた写真もけっこう残っているから、あまり杓子定規に考えるべきではないだろう。個人の好みもある。風俗とはそういうものだ。

襟もとのひらくのを嫌う女学生などが、金属製の襟留金具を使うようになったのは、一九〇〇年代(ほぼ明治三〇年代)に入ってからだ。襟留は飾りでもあったけれど、若い女の地味な銘仙きものの、きちんとあわせた襟もとに、小さな襟留が見えるのは、爽やかなものだった。しかしこの習慣は明治の末期、一〇年とつづかなかったようだ。

襟をあまり抜かなくなるとともに、当然、それ以前のように、まいあさ大肌脱ぎになって、背中の方まで襟白粉をぬる必要もなくなった。その時代、うるさい老人たちは、いまの娘達の真っ黒な襟もと――、と、なにかにつけて罵った。襟白粉を厚塗りした首を見なれた目からは、素肌のくびすじはよほど黒く――ぶさいくにみえるらしかった。

襟白粉を落としますと、白粉焼けがして見苦しいのでございます。白粉焼けの手当をお教えください。また、白粉は全然やめなければならないのでしょうか、という質問に対して、美容家はこう答えている。

どのくらいの白さにつけていらっしゃるのかわかりませんが、誰でも真っ白につけていて落とすと、そういう感じのするものです。それは白粉焼けでなく、見た目の錯覚だと思います。白粉をつけたときと落としたときと、雪と炭とのちがいがあるほどに化粧しなければならない階級の婦人は余儀ないことですが、普通の方は、襟白粉をあまり白くつけることは避けた方が宜しゅうございます(……)。(小口みち子「美容理装相談」『主婦之友』1927/12)

襟白粉をぬるには、あらかじめ生毛を剃っておかないと白粉のつきがわるい。襟白粉をぬらないひとでも、襟首には剃刀をあてて、白い、冴え冴えした襟もとを見せようとしているひとが多かった。ただし髪結いさんでは襟剃りはしてくれないから、ちょっとめんどうだった。志賀直哉の『速夫の妹』(1910)のなかで、女学生のお鶴さんが、襖の向こうの部屋で、母親に襟を剃ってもらっているところがある。お前のこれは、毛じゃなくて垢だよといわれて、お鶴さんは、毛よ、毛よ、毛よ、と抗議している。

　その一方で、洋装の、わりあい胸を広くあけるファッションの影響もあって、襟のあけようは、ひとさまざまにもなっていた。

　若い極端な人たちは、ふくよかなる乳房が見える位までに前襟をゆるやかに合わせるようになりました。したがって此の前胸を明けるという流行は、半襟というものに贅沢をさせる必要はなくなったのであります。何故なら半襟というものを之までの様にひろく出そうとするならば、折角見せようとする前胸の肉の線を塞いでしまう事になります。(三須裕談「当世女風俗」『都新聞』1924/9/2: 9)

　"若い極端な人たち"とことわっているが、きものの襟をずらして着るのは半襟を見せるためでなく、白い胸もとを見せるため、と資生堂の三須がいう当世女風俗がどれほどの事実だったのだろうか。

　和服の襟もとのたしなみは女性だけではない。細かなことだが、明治時代に正月の年始回りをする男性の三つ襟について、やはり蘆江はこんな指摘をしている。

　以前は和服の礼装ならば、襦袢と長襦袢と胴着と、三つの黒八丈が男の胸にはきちんと重なっていなければならなかったものだが、今は九分通り色がわりの襟を重ねるようになっている(平山蘆江「初春の年賀風俗」都新聞 1918/1/8: 5)。

　下町ではそれでも古風なしきたりを守ろうとするが、山の手のひとは年々礼儀に適わないなりをするようになっていく、これは洋服に慣れたせいだろうと、彼は嘆いている。

襲ね

一八八四年(明治一七年)に蔵前の古い米屋の娘に生まれた小説家の田村俊子は、亡くなる五年ほど前の一九三八年(昭和一三年)に、「三枚襲ね」というエッセイを書いた。明治大正の東京下町の風習を肌で経験した、というだけでなく、彼女が一九一八年(大正七年)から一八年間アメリカに在住し、ひさしぶりに見た昭和一〇年代の日本の変わり様を、おどろきの眼で観察した、という点で、この短文は貴重な記録といえる。以下、この作品にそって、襲ね衣裳の半世紀をたどろう。

　私の娘時代には、元日の年始着は必ず三枚襲ねときまっていた。(……)髪は定まって大晦日に結いあげる。下町生まれの下町育ちであった私は、年ごろになってからは女学校が休暇になるともう島田で、春は高島田に結わせられたものである。

　頭から上だけの装飾が済むと、重い重い三枚襲ねを着せられるのである。フキは一寸か一寸二分の厚さ、上着の紋付には綿は入っていなかったと思う。下着はわざと比翼にしないで、無双の二枚、それには真綿が入っていたのかと思う。これに縮珍とか厚板とか兎に角地厚な重い帯を結んで、それで支度が出来上がる。三枚の褄を揃えて、其のおはしょりをして貰うときの窮屈さ(……)。

　島田が又重くて、おまけに履物は黒塗りの高い木履を穿く。元日一日はそんな服装で年始客の相手である。友だちが来ると羽根を突くので、服装が着崩れて又叱言である。

（佐藤（田村）俊子「三枚襲ね」『新装』松坂屋、1938/1）

きものを何枚も重ね着するのは豊かさのしるしだ。あの十二単を思いだせば納得できるだろう。江戸時代後期に、正装としての三枚襲がかたまったらしい。また三枚小袖ともいう。江戸時代には小袖といえば絹物の綿入を意味した。衣服のなかではいちばん値打ちのあるものだ。婚礼をのぞけば、正月がいちばん華やかで重い行事だったため、こんな重装備の礼装が定着したのだろう。芸者のお座敷着は、正月にかぎらず、三月いっぱい三枚襲だった。田村は、お年始客に会わない二日めからは、軽い二枚着に着がえて、楽しい遊びに夜をふかす、と書いている。しかしからだが弱いからといって、寒いあいだはふだん着でも、真綿の入った三枚襲を着せられている娘もあった。帯にも綿が入り、ちょっとした外出ではおる綿入羽織は、長い袂にまで綿が入っている——。

三枚襲は内側の二枚を、間着、下着、とよぶ。その下に長襦袢等を着るのだから、下着といってもアンダウエアとは意味がちがう。礼装では内側の二枚は白無垢になる。

そんな時代が過ぎて一四、五年の後、私が日本を去る頃（一九一八年）には、いつとなく三枚着と云うような野暮な服装は見られなくなった。それでも二枚は必ず襲ねた。フキも五分と云う程の厚ささえ見られなくなって、余程の年の若い者でなければ大概は三分ぐらいになった。通常服以外は二枚の下着には無論真綿が入っている。（同前）

三枚襲を着なくなったのは、一九〇〇年代（ほぼ明治三〇年代）の長い期間でのことだろう。一九〇八年（明治四一年）の新聞は、「三枚襲を着るひとが減り二枚襲が多くなる。下町風が山の手にも及んだという」（「三枚襲から二枚襲へ」東京日日新聞 1908/5/10: 3）と報じている。もしこの記事が信じられるなら、古風なものはすべて下町に残る、というわけでもなかったらしい。二年前の一九〇六年（明治三九年）、芸者の春着（正月着）はこれまで三枚襲だったのを今年から二枚襲としたため、仕立屋には響くだろう（「春着のいろいろ」『文芸倶楽部』1906/1）と、文芸倶楽部の近藤焦雨が書いていて、花柳界のきまりとしてそうなったような口ぶりなので、これは一種の事件だ。

一九一〇年代に入るまでに、つまり明治末には、三枚襲は婚礼衣裳などに用いられるだけになっていた。

長い外国生活から帰って来て、もっとも私を驚かせたのは、婦人の服飾がすっかり簡易化されていた事で、二枚襲ねと云うのさえも見られなくなり、夏以外の季節は、春秋冬を通して袷の一枚着になっている。何時のころからこうした慣わしになったものであろうか。（……）名古屋帯が喜ばれるのも経済的と云うよりは、結びよいとか、軽いとか云う活動に便宜な点が時代に適応しているのであろう。（同前）

二枚襲というと綿入小袖の重ねだが、一九一〇年代、二〇年代（ほぼ大正〜昭和初め）は、綿入きもの自体が嫌われてきた。そのため綿を入れても袖口や裾だけの綿、つまり口綿にするとか、重ねているように見せかけただけの、比翼仕立てにするとかの技法が、盛んに使われた。

また、襲ねは襟の重なり様が非常にめだつものであって——ほんらいそれが目的の襲ねなのだから——それを生かすための着つけ、またそれ以前の、三枚のきものの大きさの微妙な違いなど、縫製上のこまかい心遣いが必要だ、ということは、仕立代もばかにならない。そんなことをしてまでの効果が、襲ね衣裳にあるとは考えにくくなったのだろう。

第二次世界大戦後の一九六〇年頃に、世の一部に、二枚襲を復活させようという動きがあった。それに対してつぎのような批判があった。

美しさは必要から生まれる。冬が

あたたかくなってきてやっと一枚きりの身軽さになれたのに、なにを好んでもう一度、あの重たさの中に自分を閉じ込めようとするのであろうか。それはようやく身につき始めた民主主義を振り捨てて、封建の世に帰ろうとする気持ちに似ているように思える。一枚だけの襟元が淋しいのであったら、アクセサリーとして襟だけもう一枚かさねるといい。そうして二枚重ねた襟の下に、白い二重の半襟をきちっとあわせて、ブローチで留める。露の雫のエメラルドでも、一粒のブローチが、その下の豊かな胸を守って、清潔な青春の誇りを高らかに奏でるであろう。（森田たま「春の装い」『装苑』(特集　たのしい新春のきもの）1961/1)

女性の袴

女性の袴は王朝時代からのもので、その服制は宮中の女官や、神社の巫女の緋の袴に残っていた。下田歌子が華族女学校の生徒に袴をはかせたときは、学校が赤坂御所の敷地内にあって、御所の女官はみな袴をはいているので、それに倣った、と下田はのちに回想している（東京日日新聞 1902/1/5: 6)。

ただし明治初年の風俗混乱期には、断髪令が女性も対象になるものと早合点して、髪を短く切った女性が少なからずいた、というような状況だったから、男とおなじような襠《まち》の高い袴をはき、腕捲りした脇に書物を抱えて、声高に男とも議論する、というような女性が現れていた。これは女性が袴をはく、というより、あえて男装をしているのに近かった。こんな状況も影響してか、一八八〇年代（ほぼ明治一〇年代）までは、女性の袴に対しては逆風が吹いていたといってよい。

近来笑うべき一事あり、女子にして男子の袴を穿《うが》つ是なり、支那の婦女幼より両足を緊紮《きんさつ》して馬蹄の如くならしむるの陋習《ろうしゅう》を嗤いながら、今日我が邦にても婦女子にして袴を着し昂然として毫も恥ずる意なし、甚だしきかな奇異の風体、実に国辱とも云うべし。（郵便報知新聞 1874/1/15: 2)

一体女子というものは髪形から着物までも美しく総てやさしいのが宜しいとおもいますに、此の節学校へかよう女生徒を見ますに、袴をはいて誠に醜くあらあらしい姿をいたすのはどういうものでありましょう。（読売新聞 1875/10/8: 2)

この投書とほぼおなじとき（一八七五年、明治八年）に、東京府下中学校の教師一五人が、府庁によび出されて昇任の言いわたしがあった際、ひとりの女教師が紋附に袴をはいて出席したのを咎められた。女性の袴は礼ではない、という理由だった。これを伝えた記事は、「これで女の袴も少なくなりましょう」（読売新聞 1875/12/27: 2）と結んでいる。

むしろこの記事によって、この時代、女性の袴がそうめずらしくはなかったことがうかがえる。

一八八〇年代（明治一〇年代）に入っても、女性の袴を制止しようとする力があった。一八八三年（明治一六年）には、全国の布知事県令にあてて、文部省から通牒が出されている。

習風の奇異浮華に走る事を戒むるは教育上忽《ゆるが》せにすべからざる儀に候処、地方に依りては女教員および女生徒の中には袴を着け靴を穿ち、其の他異様の装いをなすもの往々之ある様に見受け候　凡そ服飾等は務めて習慣に従い質素を旨と敷居浮華に流れざる様お取計らい相成り度（……）。

跡見花蹊の跡見女学校の紫の袴、華族女学校の海老茶の袴——袴は明治時代の女学生のシンボルのように考えられているが、少なくともそのさいしょは順風満帆というわけではなかったようだ。女学生の袴がいつからとは、下田も跡見もはっきりとその年まではいっていないが、一般には一八八九年（明治二二年）の憲法発布の年から、といわれている。

女子医専の創始者である吉岡弥生が一八九五年に山口県で開業したとき、女性職員すべてに袴をはかせたところ、あそこは耶蘇だと噂された、ということが彼女の回想のなかにある。ただしこの例は女学生ではない。その数年後の一九〇一年（明治三四年）、明治天皇の東北行幸の際、宮城県内務部は各小学校に対し、車駕奉迎に関する注意を発しているが、そのなかに、「着袴は女子の礼装にあらざるを以て禁止すべし」の一項がふくまれていて、悶着が生じた。じつはこの時期、女学校生徒はなるべく袴を着けるようにという内諭さえあったのだ。結局、着袴は礼装に非ず、としたのは誤りだったことはわかったが、袴の制止はなんらかの理由があったことは事実だった、というふしぎな結論になっている（婦女新聞 1901/11/11:1）。関係があるかどうかはわからないが、明治天皇は個人的には、女の袴を嫌っていた、と伝えられている。

内諭の影響力はおそらく小さくなかったろう。一九〇〇年代（ほぼ明治三〇年代）の女学生の袴、とりわけ海老茶系統の色の袴は、加速度的に全国に普及した。一九〇二年（明治三五年）には、「女生徒の袴を穿くことは、いよいよ一般の流行となりて、益々其の便利と体裁の好きを感ずるにつけ、いまは片山里や遠田舎までも行渡りて、袴は是非必要のものとなりたる有様（……）」（「流行欄　女生徒の袴」『流行』流行社、1902/5）という状況になっている。

たまたま、一九〇四、〇五年（明治三七、三八年）以後、花月巻から発展した束髪の、前髪を突きだすことが流行しはじめた。こうして廂髪と海老茶袴の女学生が、日露戦争後にほぼ全国にゆきわたった。

女の袴はべつに女学生の専用というわけではない。電話交換手であるとか、数は少なかったが官庁や企業の女性雇員も、たいていは海老茶色の袴をはいて通勤していたから、かんたんには区別がつかなかった。

女袴の用途は日増しに多く、只に学生のみならず、諸官署、病院、各工場等より、其の他種々の方面に流行しつつあれば、婦人たるもの宜しく研究して、自身にて裁縫の出来るよう勉められよ。（栗原秀子他「女学生袴の寸法」『和洋裁縫独まなび』1909）

近頃、海老茶袴の流行は驚くべきものだ、ぼくが二、三日前横須賀のある町を通ると、海老茶袴に束髪姿で、眼鏡をかけた女学生風の飴売が来た。（読売新聞 1901/8/4:4）

女学生の袴がひとつのファッションのようになっていても、女性の袴に白い眼を向けているひとはいた。袴が、女性の身のこなしの女らしさを奪う、という古い理由のほかに、帯の美しさが失われるのを惜しむ声もあった。その呟きは女学生自身のなかにもあるという。

ある女子教育家が、近頃女学生が外出の際、海老茶袴を脱いで、帯を締めて行きたがる傾きがあるといった。其の理由は、至って簡単、つまり海老茶なる制服《ユニフォーム》的なるに飽きはてて、日本婦人が美とする帯を締めたいと思う様になったのであろう。（「当世流行雑話」『時好』1906/2）

たしかにそれもいえるだろうが、この資料は三井呉服店の宣伝カタログだから、多少割り引く必要がある。

女学生のはく袴は、最初のうちは襠の高い、腰板もついた男袴と変わりないものだった。しかしやがて襠も低くなり、さいごには襠なしの行燈袴となった。長い紐のついた、一種のスカートといえるかもしれない。袴の丈はそのときそのときで一定しないが、概して関西では丈が短く、口の悪いひとは箸袋などといっている。とりわけ女学生たちはひどく高いところで紐を結ぶ傾向があった。これは帯の位置が高くなったのと関係があるだろう。

素材には舶来のカシミヤがなんといってもいちばんだった。しかし大部分の女学生は、もっと実用的なセルを愛用していたようだ。

ゆかた

ゆかたは湯上がりに着る帷子（かたびら）を短縮したことば。欧米のバスローブとおなじ目的だが、イメージはかなりちがう。バスローブは浴室にとなりあった化粧室以外では着ることはなく、衣服のかたちをしたバスタオルにほかならないから、季節にかかわりなく使う。ゆかたは湯上がりのまだ水気のある肌を、夏の夜の涼しい夜風で乾かすという、特定目的のための衣服、というようにいわれてきた。

しかし貧しい日本の庶民のだれもが、そんなかぎられた目的のためだけの衣服を、持てたかどうか考えるまでもない。ゆかたは単純にいえば、夏の単衣きもの、というだけだ。明治時代から昭和になっても、イヤ戦後になってさえ、ゆかたはほんらい湯上がりに着るものだから、足袋をはいてはいけないとか、こんな柄はおかしい——、といった賢しらげな意見が、あきもせずにくりかえされてきた。なぜ、夏に着る単衣ものだから、湯上がりにも着る、という逆の考え方ができなかったのだろうか。

盛夏に着る単衣きものは、古いことばでは帷子《かたびら》といった。明治の末ごろの新聞に、東京では夏といえばだれもが中形のゆかただが、関西ではいまでも帷子を着ている女性を多く見る、という観察が残っている。帷子は装束のいちばん内側に着る汗取りの小さなきものだった。中世の絵巻物に、袖などあるかなしかのきもの一枚で、洗濯している女が出てくる。多分あんなものも帷子とよんだのだろう。もちろん麻布だった。

麻は丈夫で、洗えば洗うほど白くなるが、ゴワゴワして肌ざわりはよくない。けれどもゴワゴワしているため肌にひっつかず、汗もよく吸いとるため夏の衣料にはわるくない。この肌につかない麻の性質を生かして、なんとかもうすこし肌ざわりの柔らかいものを、という工夫から生まれたのが上布だ。上布というのはそういう上質の布、という意味だ。極細の糸に紡ぎ、また丹念な布晒しをするなどの手間をかけるため、麻でありながら高級織物として取引された。

ゆかたはもちろんふつうは木綿布を用い、たいていは藍染めしたものだ。木綿は麻のような硬さがないから肌にひっつく。そのためゆかたには糊づけするのがふつうだ。戦前、洗濯機のなかった時代、いまのように洗濯は容易でなかったが、汗になったゆかたは丸洗いして、盥のなかにほんの少し姫糊か、飯粒を練って薄めたものを入れてよく絞り、棹に吊しておけば、あすの夕方までには、大丈夫乾くだろう。男のゆかたの糊はすこしつよめにつけるのだが、若い女房などが加減をまちがえて、ゆかたが独りで突っ立つほどゴワゴワになったりする。

和服はそう毎日洗えるものではないので、けっこう汗になったものでも、脱いでそのまま棹に引っかけておくことも多い。日盛りにゆかたがけで外から帰った女が、軒先にそれを吊して、乾くまで腰巻ひとつで団扇を使っている情景などは、久隅守景の描いた夕涼み図にかぎらず、明治時代の下町の民家ではふつうのものだったろう。

肌にひっつかないようにするには、布の表面にシボを作るという手もある。糸に強い撚りをかけて織った織物は縮《ちぢ》みといい、英語ではクレープ（crape）。現代でも夏の肌着は麻混か、縮みにかぎる、というひとは多い。絹の縮みを縮緬という。だから夏の単衣ものは縮緬が、綿縮《めんちぢみ》とともに好まれた。肌ざわりで着るのだから、素肌に着るのがほんとうだ。

また、勾配織（紅梅織）のような畝織りも、肌ざわりの点では夏向きで、よく用いられている。大衆的とはいえないが、ひとによっては、紬のさらっとした肌ざわりを好んで着た。

話は高座の上の事になりますが、他人の事は知りません。自分は左様思うのです。衣服は、素肌に結城紬か、さもなくば真岡《もおか》の単衣でなくっちゃ宜けない。帷子や縮緬では身体にきまりが付かなくって、どうも噺が旨く参りません。（橘家圓喬「着物や扇子も話に微妙の影響あり」『新小説』1910/9）

圓喬のような一流の芸人は、身なりに奢ることでは上流階級なみだったろう。その富裕階層に属するひとびとであれば、湯上がりに着るだけのゆかたと、それ以外の夏の単衣ものとの区別ははっきりついていたはずだ。その上等のゆかたの例として、明治最末の呉服屋の宣伝には、つぎのようなものが勧められている。

まず御召の白地の模様形の絣物、または縮緬地乃至絽縮緬、或いは絽、変わり絽、麻等の友禅染の類（……）尚絵羽物としては、野晒し、明鴉等（……）下っては銘仙の白地の模様絣、或いは絹紅梅の中形、または絞り物の類で御座いましょう。（『流行』白木屋、1912/6）

ゆかたとはいっているが、こんなものを湯上がりの肌に着て、縁端で夕涼みするのはどんな階級のひとびとだろう。

ゆかたとしてもっとも一般的なものが、真岡木綿の中形染めだったことは、よく知られている。一九〇七年（明治四〇年）の三越『時好』四月号では、旧来の中形染めは真岡が八割、綿縮が二割といっている。真岡木綿とは栃木県真岡地方（現真岡市）産の良質の木綿。中形染めが盛んだった江戸に近いという地の利もあって、明治に入っても、ゆかたといえば真岡、という評判は崩れなかった。

中形染めというのは、使用する型紙が小紋染めのように小さいものではないことから。しかし大形染めというものはない。型紙を使っての木綿中形染めは、さいしょは素朴な地染めだったが、明治大正と時代の進むあいだに大きな進歩を遂げた。すでに一九〇七年四月号の『時好』の中形染め紹介のなかでも、「今日に於いては中形木綿ではなくて、友禅中形と云う様な傾きになって居る。否一歩進んで、木綿の両面友禅といっても宜しい位、進歩して来て居ります」と言っている。

型紙の製作も全国的になり、その図案も変化に富んだ、時代の趣味に添ったものが作られるようになった。そういう点からも、ゆかたはもはや、湯上がりに縁台で着ているだけのものではなくなった。

昼間の洋服を脱いで、花柄のゆかた姿で銀座を歩く若い女性。ゆかたの上に紋附の黒羽織を着る紳士。一方では、消えてゆく日本人のきものの最後の砦として、寝巻のゆかたがいのちを保ちつづけていた。

訪問着

訪問着は最初のうちは訪問服とか、社交服とよばれていた。一八九五年（明治二八年）に民友社から出た『社交一斑』中に、

訪問服《はれぎ》　訪問、遊歩、接待等の時に着用する

とある。ただしこれは洋服についての説明で、日本人の洋服は大礼服とこの訪問服の二種だけ用意があれば可、としている。

和服の訪問服については、一九〇四年（明治三七年）の近藤焦雨の流行時評に、

略着（訪問服、散歩服）婦人物として最も売行きの可いのは、やは

り引きつづき縞御召で、此れは晴れ着にこそ用いないが、散歩や又一寸した訪問の衣服としては、此れが大いに流行するのであって、紋御召は稍《やや》嫌われている傾向がある。（「春の袷」『新小説』1904/5）

とあるのなどが、もっとも古い部類に属すだろう。

　あたらしいアイテムや名称が、生まれて即、周知されるとはかぎらない。一九二六年（大正一五年）の東京日日新聞に、「訪問着というものが一般的に現れて約七年になるが（……）」（1926/10/21: 5）という記事があって、これだと訪問着の現れたのが一九二〇年頃ということになる。しかし『新小説』はべつにしても、以下に引用する都新聞、読売新聞、『婦人画報』の記事によっても、訪問服が一九一〇年代初めから市場で人気を獲得していたことはあきらかだ。もっとも一九一〇年代は、訪問服といういい方のほうがふつうだったので、日日新聞の記者は、訪問着といういい方にこだわったのかもしれないが。また、訪問服、社交服といういい方であると、きものだけでなく、羽織もふくめていうことがある。

　その訪問着、もしくは訪問服とはなにかについては、さいしょからはっきりしていた。

三越呉服店の諸新案　奥様のご訪問服　三〇歳ほどの奥様が、ご訪問用のお召物として調えましたるは、上布縞の千歳染の縮緬に、江戸褄といたしまして（……）。（「三越新柄陳列会宣伝文」都新聞 1912/10/9: 6）

三越で訪問服と称する、盛装の次ぎに位する程度の衣服には、小紋縮緬に代わり、無地の御召縮緬が勢力を張ってきた。（「秋の流行品」読売新聞 1912/10/4: 3）

訪問着といたしましては、縞物では失礼だが、さりとて礼服でもあまり角立つといったような時、小紋代

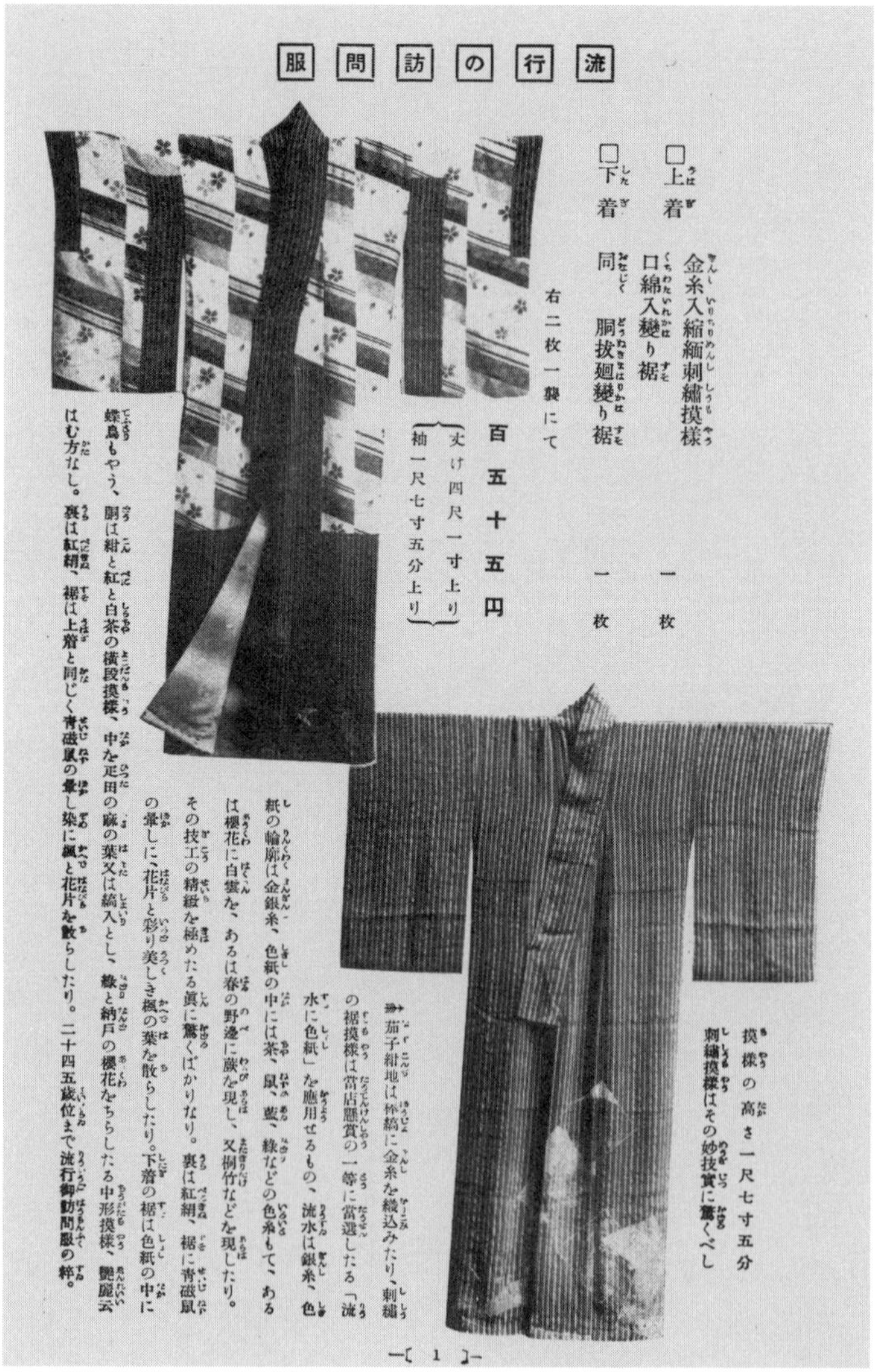

「流行の訪問服」
『三越』、1915（大正4）年11月

わりの無地ものが流行いたします。（「初夏の軽装」『婦人画報』1913/5）

縞物ではあまり軽すぎるし、小紋も古臭く、さればと云って無地物の総模様では重すぎますが、近来漸く流行しはじめたこの訪問服はまことに適当のもの（……）。（「晩春の訪問服」『婦人画報』1921/5）

この時代、女性の盛装、あるいは正装といえば、黒紋附の裾模様、白の半襟に丸帯ときまっていた。裾模様の柄に変化があるとしても、あまりに単調でもあるし、場合によっては仰々しくもある。そのころのひとは、ふだん着としては種類の豊富な縞物を着ているのがふつうだった。逆にいえば縞物は、それが縮緬でも御召でも結城紬でもふだん着だった。贅沢なふだん着、というだけのことだ。

小紋はものによっては準礼装となり、裾模様のつけられることもある。それは無地扱いということだ。明治になってからの小紋はやはりすたりの波が大きかったが、概していえば、上品だが地味で古風な印象のものだった。

一九一二年（大正元年）の都新聞、読売新聞の引用にもあるように、訪問服という名は三越のはじめたもの、という可能性はある。吾妻コートのネーミングを白木屋に奪われた三越は、その後、元禄模様、桃山模様など、商品のネーミングによって付加価値をあげることに熱心だったのはたしかだ。

しかしものとしての訪問着は、三越の商品とは関係なく、べつにいつはじまったというものではないだろう。西洋音楽の演奏会、女学校の同窓会、赤十字・篤志看護婦会の会合などなど、婦人団体の集いや慈善事業の相談――白襟紋附ではちょっと場ちがいだが、かといっていくら贅沢でも縞物では失礼、というような機会ごとに、衣裳もちの上流女性たちは、そのときそのときの智恵をはたらかしたに相違ない。

一九一〇年代後半から一九三〇年代（大正～昭和初め）にかけては、訪問着は和装の人気の中心にいた、といってよい。

従来の紋付式服は今迄と違って、ホンの祝儀不祝儀だけの必要にかぎられて、あとは角張らない訪問服程度に紋付の需要が移って行くらしい。準じてあらゆる意匠と贅とはこの訪問服に集中されよう。（朝日新聞 1917/2/6: 5）

模様物とさえいえば、式服のことのみ思った時代は疾くに過ぎ去って、近頃はこの訪問服に全力を挙げて製作し、それが服装の中心になっております。（「初夏の訪問服」『婦人画報』1921/6）

＊　＊　＊

一九二〇年代（大正末～昭和初め）と、それ以後の訪問着にはふたつのステップが待っていた。

そのひとつは、多くの女性が、むかしとは比較にならないような衣裳もちになったと同時に、女性の出歩く場所もひろがり、一種類の訪問着などでは、まにあわないような状況になったことだ。第二訪問着などというい方が、三越の創案ニュー・トーン模様の訪問着につけられた。これはつけさげ小紋を進化させたもの、といわれる。

一般にこの時代、日常生活への簡単洋服の浸透、という背景もあり、女性にとっての和服は、おでかけ着、おしゃれ着に特化する方向にあった。とりわけ羽織や訪問着はそののよい標的だった。

訪問着とか社交着とか云う呼び名が、今秋はあまり聞かれなくなりました。（……）略装から略装へと云われた標準が、さらに一層略装に移って来て、今秋の訪問着は最早、いわゆる普通着と殆んどその境界線が髣髴たる程度になって来て、特別にその標準を定めなければならぬほど、目立つものでなくなってきたのです。（「今秋の社交服」『婦人画報』1926/11）

第二のステップは第二次世界大

戦後にかけてのことになる。きものの仕立ての贅沢さのひとつは、身頃と袖ぜんたいを、きれめのないひとつの絵柄とした、絵羽仕立てだ。一般に贅沢な風潮がつよくなった一九一〇年代とそれ以後（明治末〜大正）、羽織やきもの、長襦袢、また浴衣に、盛んに絵羽仕立てがなされた。とりわけ絵羽羽織がよろこばれていた。ところが戦後になって、和服が一部のひとびとのきめつけで枠づけ、格づけされるようになったとき、絵羽縫はまるで訪問着に特化したようになる。

しかし世に出たころのかつての訪問服は、おしゃれ着ではあったが、白襟紋附とはちがう自由さのあることが、なによりの特色だった。

純礼装の裾模様ものは左様奇抜な意匠や、左様変わった模様の材料を許さない。そこでどうしても左様鹿爪らしくない、それで実用の傾向から脱した訪問服に、婦人がたの興味をあつめるのは已《や》むを得ぬ事であろう。（……）今日の流行は此の訪問服を主なる材料として其の意匠を働かせて居るのだ。（「三越の二階」『三越』1917/3）

そのことは逆にいえば、訪問着だからといってなにも最上等の生地や、はでやかな柄ものとはかぎらない、ということでもあった。

一九二五年（大正一四年）二月の『婦女界』の「和洋服問答」では、訪問服として東京ではなにが流行しているでしょうという、地方からの質問に答えて、資生堂の三須裕は、御召、縮緬のほか、ふつうのものではなんといっても銘仙でしょう、と言い、御召では矢絣、とも言っている。

また、一九一八年（大正七年）一一月の『婦人之友』の読者からの懸賞投稿に、「訪問服と申せば、御召か大島でなければ肩身が狭いように思われましたけれども（……）それよりは保ちもよく、割合気が利いて見えますのは、本場秩父銘仙の良い柄をえらび、匹で求めて着物と羽織にいたしましょう」とあって、入選している。

とはいえ一般的には訪問着が、はで好みだったその時代の流行のなかでも、とりわけはでな、大柄のものへと、むかっていたことはたしかだろう。

一九三一年（昭和六年）という段階に入ると、「近頃は、柄合い及び縞柄が、大変大きく派手になって参りました（……）」という前提のうえで、「訪問着の仕立方で、普通の着物と、特別に異なって居るのは、紋と模様の合わせ方に注意を要するので（……）」（高木やす子「和服訪問着とその仕立方」『家庭』1931/6）という助言が現れるようになる。訪問着は絵羽仕立て、という方向へのステップは、すでにはじまっていたともいえよう。

襦袢／長襦袢

和装の肌着を襦袢とよんだ。和装のアンダウエアの区別、またよび名についても、土地や時代によってのちがいが大きい。もちろん季節によってもちがう。明治の末のひとつの標準ということで、『衣服と流行』(1895-1901)、『衣服の調整（家庭百科全書　第二七篇）』(1910) によると以下のようになる。『東京風俗志』(1899-1902) はなぜか、「襯衣襦袢に就きては特に述べず」と冷たい。

かりに二枚襲のきものであると、上着、下着と重ねた下に（内側に）まず長襦袢を着る。衣服のうちではこれがもっとも派手なもの。その下に（内側に）半襦袢を着る。単に襦袢ということもある。たいてい裏なしで色は好みによるが、袖だけは袖口から見えるので、若いひとは友禅などの派手な色をつかう。その下に（内側に）、肌に接して着るのが肌着、あるいは肌襦袢とか下襦袢といい、たいていは洗濯のきく綿で、裏も袖もない要するに汗とりだ。だから夏のほかは肌襦袢を用いず、半襦袢が肌着になることもあるだろう。

襦袢は単衣にきまっている、と書いている裁縫書もあるが、じつは袷も綿入もある。肌にじかに接するものに綿を入れたり、けっこう柄物があったりするのは、衣の感覚の前近代性とでもいうことになるのだろうか。

細部にはちょっとした工夫はあるが、襦袢は和服のいちばん単純なかたちで、大人も子どもも、男ものも女ものもかっこうに区別はなかった。丈は腰まで、ただ袖だけは広袖と筒袖があり、裄《ゆき》（肩から袖口までの長さ）もいろいろで、袖無しもあった。女性の襦袢だけは袖口にレースをつけるデザインがおそらく一九一〇年代（ほぼ大正前半期）から始まり、そののち現在に至るまで続いている。

庶民の世界では、アンダウエアが夏季にはそのままでふだん着になるのはめずらしいことではない。そこそこの生活をしているひとたちでも、夏の暑いさかりには、女は家のなかでは上は半袖か袖なしの襦袢一枚、下は白い腰巻ひとつ、というのがむしろふつうだったろう。裏長屋ではその襦袢さえない連中があったらしい。一九三〇年代（昭和五年〜）になって簡易洋装が普及しだしてからは、下がスカートになり、それから上も前割れのブラウスのような、とにかくボタンがけのものがひろがった。これなら電車にものれる。

男性は、褌《ふんどし》ひとつで夕食の膳につくひともめずらしくなかったが、たいていのお父さんは、ステテコに胸ひもつきの襦袢、そして三〇年代以後になると、それがボタンつきのちぢみのシャツに代わる。その時代たいていの主婦は、夫や子どものその程度の下着は手づくりできた。だから下着類のデザインはさまざまだったろう。その能力は戦時中の物不足の時代に入ったとき、どんなに役にたったことか。前だてボタンがけのシャツは商品化すると面二シャツとよび、冬のラクダとともに愛好された。その愛好者には一九三〇、四〇年代（昭和戦前期）の手づくりシャツの体験者が多かったろう。

＊　＊　＊

襦袢の上には長襦袢を着、ふつうきものとよんでいる長着はその上に重ねられる。長襦袢は外からは、襟にかけるべつぎれの半襟が見えるだけだが、きものの種類のなかではもっとも派手な柄物だ。

> 長襦袢は下に着るのであるから派手であり、艶麗なる情趣に富んだものでなくばならぬ。依って今年流行の魁をなさんとして居る浮世絵趣味の模様などは、派手なる意味からしても、花やかなる情趣からしても、長襦袢として最も好適せるものである。（泉俊秀「長襦袢の流行」（1916/4調査）『流行商品変遷の研究』1922）

一九三〇年代の半ば以後、一般に和服の柄が派手になり、大きな模様づけが好まれるようになった。その時分だれの口からも出たのは、きものと長襦袢の区別がつかなくなった、というセリフだった。

> この間、あるデパートの春着の陳列を見ましたが、その派手なことはまるで長襦袢の陳列を見るような気がするほどでした。（鏑木清方「どこまで行くか女の派手好み」東京日日新聞 1936/3/20: 8）

> この頃の若い人の和服は、まったく長襦袢をそのまま着て歩いているのかと思われる位、派手になっているようです（……）。（宇野千代「もしも若いお嬢さんだったら」『スタイル』1937/11）

長襦袢をはでというが、長襦袢のはでさがきものや羽織とちがうのは、腰巻（蹴出しともいう）同様、赤みがつよい、ということだ。だから〝燃えたつような緋縮緬の長襦袢〟というきまり文句があることになる。緋縮緬の無地というのは長襦袢や蹴出しではふつうだが、もしそんなきものを上に着れば気がふれたと思われる。緋縮緬のはでというのは、男の興奮を誘うような刺激が目的だ。

だから花魁《おいらん》や芸者が客と寝るときは、緋縮緬でなくても、客の気持ちを誘うような長襦袢が寝巻になる。寝るときもお座敷でも、芸者が長襦袢の下に、まさかもうひとつ肌襦袢を着ることはない。そのため売れる芸者の長襦袢は、また上のきものにまで、しっかりと汗染みが残ってしまうことがある。お座敷は彼女たちにとってかなりの肉体労働なのだ。

家庭の奥さんが長襦袢を寝巻代わりにすることはふつうはないだろうが、戦後首相になった某政治家は変わった好みのひとで、うそか本当か、奥さんに毎晩ちがう長襦袢を着せたという伝説がある。

また、芸者の着た古い長襦袢を布団かわにする、というけち臭いような花街の習慣があって、それにくるまって寝るくらい気持ちのいいことはなかった、と述懐する、あたまの薄くなった道楽者もあった。

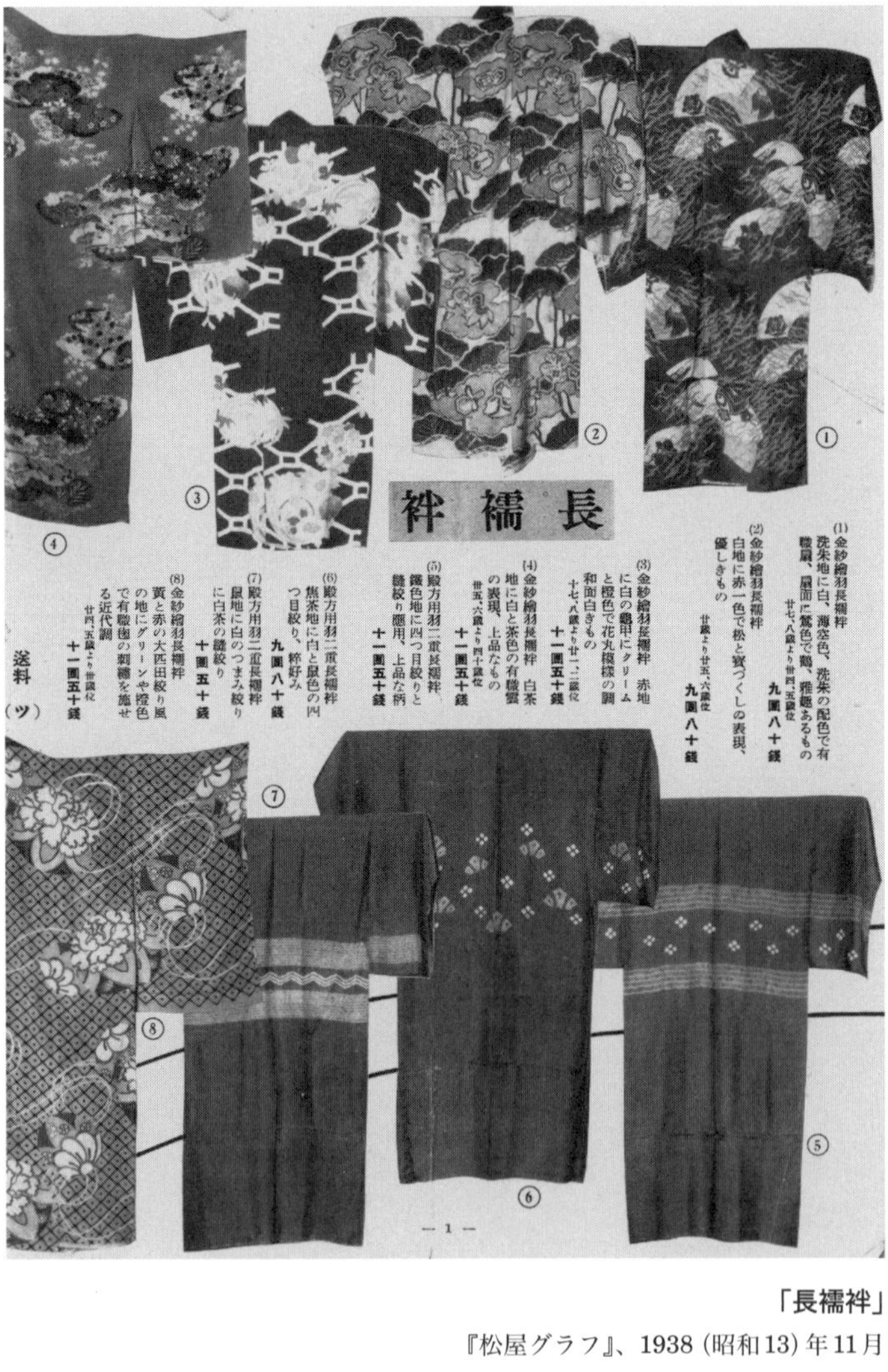

「長襦袢」
『松屋グラフ』、1938（昭和13）年11月

絵羽仕立てという贅沢な技巧があって、大きな連続模様を背中と袖とに切れ目なくあらわすため、仮仕立てしたものにあらかじめ下絵を描いて、それからまた反物に戻して染める、という手数をかけた。一九〇二年（明治三五年）夏の三井呉服店の商品案内に、「長襦袢　伊達向きの部でございますと、エバに染めてございますのがあります、エバと申しますると、仕立てたようにキチンと致しまして、模様をつけたもの（……）」と説明している。なんのことかわからない説明だが、とにかくエバというものが、お得意様にはまだよく知られていなかったことは推測される。そのころ絵羽仕立ては、長襦袢のほかにはゆかたや、羽織にほどこされていた。

おなじころ『文芸倶楽部』で後藤宙花が、大模様、すなわち伊達模様が昨今花柳社会に流行してきたのは、長襦袢を必要とする芸者が多いためか、といい、長襦袢を芸者が営業の道具とするようになったのは、ここ五、六年来（一八九五年〜）のこと、と花街の風儀の低下を嘆いている。

＊　＊　＊

長襦袢はもちろん男も着る。その男の長襦袢についてこんな見方がある。

男の長襦袢、もともと之は、芝居で言うつっころばし（二枚目の優男）の専用品である。私は大正三、四年（一九一四、一五年）まで頑張り通していたが、妻女の懇請もだしがたく、その後着用。同年配の文壇人で私の知る限り、一番さきに着だしたのは、谷崎潤一郎君。特に羽二重の肌ざわりを珍重された由、当時、吉井勇君より伝聞。今日に至るもなお敢えて着ざるは志賀直哉君。武者小路実篤君だって着ているのに。（里見弴「箪笥を語る」『銀語録　昭和一三年版随筆集』1938）。

男の長襦袢がそんなに色っぽいものかどうかは疑問だが、見栄として着る長襦袢のあったのはたしかだ。料亭で芸者遊びをするとき、お客はまずひと風呂浴びるという習慣が戦前にはあった。ぬいだきものはもちろん女中がたたんでおいてくれる。たたみながら着ているものや、財布の重みで客の値踏みをしたという。遊びなれた男が長襦袢に凝るのは、そんなつまらない見栄のためもあったろう。

それとまた、男はなにかというときものの裾を捲りあげたり、片肌をぬいだりする習慣があった。祭礼の山車行列に奉仕する男はみんなそうして、派手な長襦袢をみせている。上野の花見でも宴会のお座敷でも、自慢の長襦袢でひと踊りする機会を待っている男は、けっこういたようだ。ただし落語の「錦の褌」のなかでは、職人が縮緬の長襦袢は、にやけていていけねえ、というせりふがある。

「百年目」では大きな商家の一番番頭が、隠れ遊びの花見に、ふだんのお仕着せきものを、出がけにこっそり着替えている。

目の詰んだけっこうな天竺へ下襟の掛かっている下襦袢、その上へ着る長襦袢、これは京都へ別誂えした、鼠へちょっと藤色がかっております地へ、大津絵が染め出してあろうという自慢のもの、結城縮みの着物と羽織に綴れの帯、香取屋の雪駄、五分も透かない、どこから見ても大家の旦那という拵え（……）。

船から土手に上がって、芸者たちがサア肌をおぬぎなさいよと勧めるのを、いやだいやだとは云うものの、ごじぶんも自慢の長襦袢を着ているから、まんざら見せたくない、ということもない（……）。

といった情景が、六代目圓生や、桂米朝の描写によって手にとるようだ。

男性羽織袴

男性の和服は幕末と、それから半世紀後の一九三〇年代、昭和の初めも、スタイルの基本は変わっていない。維新前後の江戸・東京の、暮らしぶりのいい商人が、モダンガールと交錯して銀座の町を歩いたとしても、ひとの眼に立つのは丁髷《ちょんまげ》だけだったろう。

近代日本のサラリーマン社会を、お城勤めの侍たちとの類似によって、社会心理の面から侍化社会——サムライゼイション社会などというひとがある。身装——身構え・身のこなしと服装——についていえば、近代の男性和服はサムライゼイションの骨組みと、町人風の肉づけの混じりあいだったといえる。

維新によって武士たちの失ったもののなかで、いちばんはっきりしているのは腰の両刀と、裃《かみしも》（上下）だ。裃はすでに維新以前に、万事簡略化の趣意によって廃され、従来は裃であった場合も羽織袴に改められていた。ほんらい裃は武士だけの占有物ではない。町人であっても、婚礼や祭の衣裳では裃の着用を許されていた。明治の高名な女性教育者のなかには、男のいちばん立派なすがたは裃すがたです、と言いきっているひともある。婚礼で新郎が裃を着ることは明治中頃まではめずらしいことではなかったし、祇園祭などの祭礼行粧では、今日でも、一文字の菅笠に麻裃のひとびとが見られる。

幕政の頃には、衣服を着用するに、自ずから規定ありて、通常男子は、礼式に熨斗目《のしめ》麻上下《かみしも》、次に袱紗小袖麻上下、（ただし）身分によりては熨斗目を許されず。次に袴羽織（……）男女とも五所紋は、儀式の席に用いられ、常には三所紋、極略には一所紋にて、最も略儀の時には代紋《かえもん》を用う。（笑昨迂夫「流行についての随感随筆」『流行』流行社、1900/3）

これは幕末の武士の礼装をかんたんに述べたもので、これに対して一八九五年（明治二八年）に刊行され、一九〇三年（明治三六年）に再版になった『衣服と流行』は、明治後期の男子礼装を、つぎのように紹介している。もっとも高尚なのは黒羽二重三つ紋の上着に、鼠羽二重の下着二枚という三枚襲《かさね》、黒五つ紋羽二重の羽織に、縞の練仙台平の袴をはけば、洋服でいえば燕尾服にあたる、小笠原流の大礼服、と。

男の礼服には縮緬のようなシボのあるものは避ける。一般に男子の礼服はその絹物と木綿物とをとわず、無地ものがふつうだが、縞ならば微塵、万筋、刷毛目といった、縞のあまりめだたないものにする。前代は時宜に応じて用いられた熨斗目模様はまったく廃れて、子どもの七五三の祝い着のようになってしまった。

和装では家紋に注意をはらわなければならないが、とくに礼装ではそうだ。その大きさには流行もあり、ときと場合による扱いのちがいもある。相手の家紋を心得ることは礼儀のひとつでもあった。かんたんに羽織袴というが、ほとんどの場合、それは紋附羽織袴を省略したい方であることを、知っておく必要がある。

袴は地質としては仙台平を最上とし、柄は縦縞にきまっている。仙台平はこの地方で産する硬めの精好《せいごう》織物。その硬さが袴むきで、袴といえば仙台平以外にないようだが、なになに平という袴用の生地は各地にあった。平、というのは平袴の意味で袴地を意味する。落語の「夢金」に、娘をかどわかした貧乏浪人のひどい身なりを、「嘉平次平の、ヒダのわからなくなった袴をはいて」と描写している。袴は襞（折り目）がピンとしていることが命。明治時代でも安ものの袴といえば、八王子辺りで織られた嘉平次平が多かった。

かたちは襠高《まちだか》の馬乗袴の系統。江戸時代は平袴というごく襠の低い袴がふつうだった。この平袴は祭禮の行粧者や、舞袴におもかげが残っている。襠高、馬乗袴にも種類がいろいろあり、名称もひとによっていくぶん違うようだ。女学校の裁縫で袴までを縫わせた時代があり、そういう時代は父親のはく袴と、学校で教わった流儀とではヒダのつきかたが違う――といったこともあったらしい。一九二〇年（大正九年）頃の男児の通学用には襠高袴、というきまりがあったようだ（『実用裁縫秘訣』1921）。

＊　＊　＊

もはや裃の時代でないことは、どんなに頭の古いひとにも認識されていたから、五つ紋の羽織袴は士族にとっても平民にとっても、所持しているいちばんの礼装だった。にもかかわらず、羽織袴は、西洋風にランクづけられたあたらしい服制では、ランク外としてしばしば拒否された。

陸海軍に西洋風の軍服が制定された当初、従来どおり羽織袴で出勤する者があるとして、その不都合を指摘されたりした。軍服は官給だったからこれはTPOをまちがえたのだろうが、各省の役人の礼装の方はみな自弁だったから、薄給の下級官吏にはばかにならない負担になった。そのため判任官以下の者は当初、羽織袴の代用も許されている。

紋附羽織袴は『衣服と流行』では燕尾服を着する場合と同様（1895: 141）、といっているが、これは筆者の認識不足だろう。一八八〇年代から一九〇〇年代（ほぼ明治一〇年代～明治末）の常識でいえば、羽織袴はだいたいフロックコートなみ、と考えるべきだ。たとえば一八八一（明治一四年）年一〇月の第一回絵画共進会の開場式に、関係者はフロックコート着用、ただし羽織袴の代用苦しからず（東京日日新聞 1882/9/29: 2）、とある。すこし時代が下がって、一九〇三年（明治三六年）に大阪で催された第五回内国勧業博覧会開会式に、有位有爵者は大礼服、それ以外の者は燕尾服、ただし羽織袴での参列を認めず（『日本洋服沿革史』1930）とされている。

一八八〇年代（ほぼ明治一〇年代）という、世が洋服化の風になびいていたとき、あるかなり辺鄙な地方の小学校教員が、これまでは羽織袴であったものを、これからは洋服にしようという打ち合わせをした（東京日日新聞 1886/5/19: 5）、との新聞記事がある。洋服化の状況はべつとしても、この時代の学校教員の多くが、平生も羽織袴のキチンとしたかっこうでいたことが理解される。しかしまた羽織袴以上の礼装も存在しなかった。

そのため紋附羽織袴を、燕尾服にも代わる日本人の正礼装として認めよという提案が、いろいろな方面からなされている。

たとえば一九〇〇年（明治三三年）に、朝日新聞は正月三日の社説で、通常礼服としての羽織袴の採用を提案している。燕尾服等の西洋礼服は日本人の体格には不むき、というのが、そのおもな理由だった。一九一五年（大正四年）大正天皇即位の地方での饗餞の際、せっかくお招きを受けながら、通常礼服である燕尾服の所持がないため、多くの高官、名士が辞退せざるをえなかった。宮城県の場合は、県会議員中燕尾服をもっていたのは一人だけだったそうだ。このあと首相の大隈重信は、わが国には古来、紋服というりっぱな礼服があるのだから、せめて地方の賜宴には、紋附羽織袴の陪席を認めるべきであると発言した。

これを受けたのかどうか、つぎの昭和天皇即位の地方饗餞出席者の服装は、ほんらい男女とも正式の礼服が必要なのだが、礼服の用意がないため折角の光栄に浴すことができなければ御趣旨にも背く、というので、男子はモーニング、または紋服紋附羽織袴、ただし縫紋は不可、という大礼使からの通牒が発せられた。縫紋には遊びがあるためだ。紋附羽織袴がようやく昇格したことになる。

もっとも、目をもっと下の方にむければ、紋附羽織袴などとは縁のない草の根の庶民も少なくない。裁判所での傍聴人の服装について、当初は、羽織袴でなくては入場を許さないという厳重な規則があった。これについて、それでは人民にとりて不便少なからざるにつき、半天なりと前垂なりと傍聴人の勝手に任す、という改正が、一八八九年（明治二二年）に発せられている（朝日新聞 1889/4/28: 1）。

家紋

和服の正装には家紋がつく。単に紋とだけいうときは家紋をさし、文様の意味ではない。だからわざわざ家紋といえばやや仰々しくきこえる。

紋附だけでなく、和服自体がすでにあまり用いられなくなっていた一九三三年（昭和八年）一〇月九日の都新聞の家庭欄に、紋についてのくわしい解説が掲載された。戦後から現代に通じる内容なので、以下ほぼそれによって、近代後半の家紋を紹介する。

紋の大きさにも多少の流行があり、この時期だと女ものが丸文で六分から六分五厘、男もので一寸（三センチ）、あまり大きいのは古めかしい。

　紋の表現にはつぎのような方法がある。切付紋―張りつける紋、加賀紋―紋だけを彩る、縫紋―刺繍による、鹿の子紋―模様を鹿の子で染めだす、染抜き紋―染めだした紋。

　紋を入れるには染抜きと、縫い、つまり刺繍が多い。石持《こくもち》というのは出来合の羽織などで、紋の部分を白く抜いておき、注文を受けてそこへ家紋を入れるもの。紋を染めるのは紋章上絵師という専門の職人で、そのなかでも手描き職人はまたべつになる。

　紋を入れる場所は一つ紋なら背中（背紋）、三つ紋なら背中と両胸（前紋）、五つ紋ならそれに両袖（袖紋）が加わる。一つ紋は略式だが、正式の場合でももうこの時代、五つ紋は堅すぎる、と考えるひとがいた。背紋胸紋の位置はどこから何寸ということではなく、そのひとの身長を考えてほどよいところに。

　つける紋はもちろん、その家その家できまっている家紋だが、すこし遊び心が許されるときは、替紋というものもある。上記の都新聞では「定紋は大切には違いないが、昔気質を守っていやいやつけるのも時節柄感心したものでないため、是等は別に適当の替紋を設けた方が良いと思います」と書いている。家紋が生まれた鎌倉室町時代は、発生期だから当然ともいえるが、いろいろな替紋を適宜に使っていたらしく、むしろ近代の方が厳格主義になっている。

　江戸時代のことだが家によっては殿様から拝領の御紋附羽織などというものがあって、晴の折には着用が許された。『福翁自伝』をみると、まだ両刀をさしていた時代に、諭吉は拝領の御紋服を江戸で一両三分で売り払って、「その拝領した年月を系図にまでしたためて家の名誉にすると云うくらいのものなれども、私はその御紋服の羽織を着ても着なくても何ともない、それよりか金の方がいい、一両三分あれば昨日見た彼の原書も買われる、原書を買わなければ酒を飲む（……）」（「王政維新」『福翁自伝』1899）と書いている。

　芸人社会では、定紋ではあまり堅苦しいというときには、粋な一つ蔦などをよく使う。また、子どもの祝い着には松竹梅とか福禄寿とかの組紋にしたり、むかしは花魁《おいらん》の紋と自分の紋を左右の胸につける比翼紋などもあった。分家して紋をあたらしくすることは多いが、たいていは本家の紋をいくぶんアレンジしたものにする。五枚笹を四枚笹にするとか。

＊　＊　＊

　一九〇八年（明治四一年）、『風俗画報』七～九月号の誌上で、寺井紫山なる人物と、画報編集長の山下重民との間で、紋附衣服廃止論をめぐる論争があった。寺井紫山というひとのことはこの論争以外なにもわかっていない。寺井は九月号の誌上で、「紋附は封建割拠時代の遺俗に基づき民間の礼服として今尚其余命を保ち居るものなり、而も此奇異無用の遺風あるが為に全国四千万の人衆が年々無益に費消する金額それ幾何ぞや（……）」と言っている。それに対する画報の山下重民はかなり保守的な思想の持ち主であることが、今日ではわかっている。ただしふたりの論争では、寺井が紋附は封建割拠時代の遺風とはいいながら、もっとも問題のある家制度については触れずに、絹ものと木綿ものの経済論で過熱している。

　日本の家紋とよく似ているのはヨーロッパのヘラルドリー（heraldry）だ。ただ、ヨーロッパの紋章はとりわけ戦場での武勲を示そうとしているらしく、きわめて個人的で、また、盾＝クレスト（crest）や、武装＝コート・オブ・アームズ（coat of arms）と密着して発展している。そのため絵柄が複雑で、日本の家紋のような可愛らしいロゴマークのようなものではない。

　現代は日本のどんな小さな市でもロゴマークをもっていて、下水溝の蓋にもついていることがある。家紋はいってみれば、市町村のロゴマークのようなもので、たまたまその市町村に居住するひとは、好き嫌いにかかわらず、もらった住民票にはそのロゴマークが透かし印刷されている。住民同士にはなんの血のつながりもないが。

もっとも家系というものも血縁関係はどうでもいいのだ。たまたま日本の天皇家は、男系の血のつながりを受けついできているめずらしい血系の例だ。しかしふつうの日本人の場合、血のつながりのない養子縁組を盛んにしてきているため、家の祖先といっても、それは家の苗字の祖先にすぎない。とくに近世は、家が社会の存立基盤だったから、武士の場合は家名には家禄という固定収入が付随していた。大町人も家産と暖簾の信用を維持するためには、道楽息子を勘当して、有能な番頭を後継の養子にするようなことは、めずらしくなかった。

区役所の届けにも「氏／名」と有るが、正確に言えば「苗字／名」でなければならない。一八七五年（明治八年）に、それまでは部落の名と名前だけで認知されていた農民にも、屋号と名前しかもたなかった町人にも、苗字と名をもつことが義務づけられた。これが〈苗字必称令〉だ。ご先祖の墓とか、家業だけをだいじに守ってきた一般庶民にも、武士とおなじように家名というものが生じた。年中半天と股引だけの八っつぁん熊さんも、大家さんのつけてくれた苗字には、きまった紋というのがあることを知った。

四民平等になったが、それまでの平民が士族に列せられたわけではない。家名などというものは、町人や職人、農民が、むりにもたされた、付加価値をもたない苗字というものに、士族なみの誇りをもてと強要されたものだ。

一九〇三年（明治三六年）九月一〇日の読売新聞に、さるところで、黒地の洋服の背中に定紋をつけたひとを見かけた、という投書があった。またその二年後、一九〇五年（明治三八年）一一月号の三越の『時好』に、新橋停車場で紋附のフロックコートを見たという記事がある。この筆者は続けて、ネクタイに家紋をつけることを提案している。おなじころ、東京芝公園紅葉館で、第一回の同紋者会というものが開催された。誇りとかこだわりとかは、どんな些細なことにも生じるものらしい。

もっとも世の中には無知というか、無頓着なひともいる。おなじ読売新聞の一八九五年（明治二八年）一〇月はこんな話を伝えている。牛込寺町通りのある呉服屋で、値一〇円の黒魚子の羽織を新調した紳士があり、主人が石持の御紋はと尋ねると、男は臆面もなく、近頃紋は何が流行るかと訊くので、驚いた主人が、紋にはべつに流行とてござりませぬが、旦那様の御定紋はというと、合点のいかぬ顔でそんなものはない、と答えたという。髭を蓄えた、三〇近い軍人風の、立派な身なりの男、ということだが。

男性和服

日本橋の染匠大彦の野口彦平は「昔の若旦那てえ者はすべて役者や芸人の真似をした。（……）昔は三升鼠、梅幸茶なんてえ役者が流行の基なんで、（……）今日は役者や落語家までも、九州訛のまねをするようになった」（「衣服の新意匠」『唾玉集』1906）と言っている。大彦の創業は一九七五年（明治八年）、彦平二八歳のときで、晩年の彼がむかしと言っているのは、大体は維新後のことになるだろう。わるい時代ではあったが、それでも大店の若旦那やその周辺には、根からの江戸育ちの人間のもつ、都会的なシャレや遊びの気分が濃厚だったはずだ。彼らの趣味性は、山の手の侍たちや、そのあとへ入り込んだ地方出の官員さんたちの、黒ずくめの饅頭のように大きな紋附の羽織袴に、江戸風の男の色気を添えるのに役だった。

彦平の言うように、明治初頭の

二〇年ほど、都会的な洗練を踏みにじったのが、西郷さんといっしょに鹿児島から入り込んだ、衣の関係でいえば薩摩下駄、薩摩絣、薩摩上布、兵児帯《へこおび》、書生羽織のたぐいだった。それは概して男ものの若者風俗で、彦平の口ぶりから受けとれるように粗野なものが多かったが、なかには書生羽織のように変化と洗練を経て、明治期の男女の衣裳として定着したものもあった。

薩摩絣は紺地に白い絣柄が多かった。まだ子どもや若者のだれもが日常に和服だったとき、ふだん着として圧倒的なシェアをもっていたのは絣のきものだった。絣は各地から織りだされたが、その先鞭をつけたのが、上野の山の西郷さんも着ている明治期の薩摩絣の流行だった。

かすりの書生羽織は九州男児に限るように思い居りしが、本年は近県其の他、東京人も彼の羽織を着ることが大流行となりしかば（……）。（郵便報知新聞 1891/12/10：3）

一八七六年（明治九年）の廃刀令によって、外観による、武士と武士以外の町人、百姓との区別はなくなった。しかししばらくのあいだは、惰性的に、というべきかもしれないが、着るものの上での身分、あるいは職種の区別はいくらか残っているようだ。一八八三年（明治一六年）にもなって、大審院が出訴人に対して、士族は羽織袴、士族以外は羽織、または袴、という制限をしているのは特別な事例としても、商人の前垂に縞のきものなどは、仕着せの慣習の滅びるまでは昭和に入ってさえ、古い商家には根づよく続いていた。一八八三年（明治一六年）、三菱会社が雇人全員を、地位の上下にかかわらず一定の服装としたときも、河内縞のきものに秩父縞の羽織だった。

＊　＊　＊

男性のほとんどが洋服で勤めに出る時代になって、和服で金をかけられるのは、家庭でのふだん着しかなかった。そのふだん着としていちばん人気のあったのは、第二次世界大戦前の半世紀以上を通じて、おそらく紬だったろう。一九世紀も末の一八九四年（明治二七年）三月二五日号の『家庭雑誌』の流行欄で、金子春夢は「春の袷に（……）男物は大島紬、やや安いもので結城紬か節糸織銘仙（……）平民的には男女を通じて綿秩父縞が第一（……）」と言っている。これは大島好みの推奨の早い例になる。八年後、一九〇二年（明治三五年）一月の『流行』（流行社）では、「目下男女とも略着の流行ものといえば、老若の差なく、上中の別なく、大島紬揃いというに憚《はばか》らざるべし」とある。菊池寛の短編小説「大島の出来る話」は一九一八年（大正七年）の作品だ。この紬のきものを素肌に着る快感を、名人圓喬が言い残している（橘家圓喬「着物や扇子も話に微妙の影響あり」『新小説』1910/9）。

一九二〇年代以後（昭和初め）になると男物和服はますます着る機会がなくなり、それにつれて当然のこと、趣味もわるくなったという。

通人の宮川曼魚はこう言って歎く。

希に着られる和服の好みは大変悪くなってしまいました。外出着、訪問着などとしてよく着られる無地のキンシャに縫紋をした羽織、あれは凡そ悪趣味なものだと思います。（……）家庭着として今はどなたも大島のお揃いをお召しになりますが、もちろん柔らかくて丈夫な点、なかなかいいものですけれど、好みの上から云ったら、薩摩絣のお揃いがさらにいいものだと思います。（宮川曼魚「殿方の和服姿！好みが悪くなりましたね」読売新聞 1934/2/14：9）

もちろんこれには曼魚の個人的な好みも入っているだろうが、この時代までになると大島も少々飽きられた、ということもあるかもしれない。

男性の和服が家庭の寛ぎ着だけとなり、夏のゆかたと冬の丹前——どてらが一枚ずつ、という家庭さえめずらしくなくなってきた一九一〇年代、はき方がわからないひとがふえてきた男袴が、それほど減ってはいない、というレポートもある。

宴会などでは洋服では窮屈、着流しでは膝が崩れるというので、男子で袴を穿く人が多くなった。これまで流行っていたセルが廃れて、艶消しのシャッキリした宝生織、錦平織、千代平の細い棒縞などが好まれている。（読売新聞 1917/4/1: 4）

心身の落ちつきが出来て来るに従い、矢張り着なれた和服を用いる向きがだんだん殖えてきたことは、宴会や婚礼の席へいって見てすぐ夫れと頷かれるが、特に面白い現象として目だつのは、袴の着用者が近来増加したことである。夫れに就いて袴屋さんの話を聞くと「敢て儀式の場合ばかりでなく平常《ふだん》用として袴を着用することが各階級を通じて漸次増加して居ることは男子の服飾上面白い事だと思います（……）」。（「段々殖える袴の人」東京日日新聞 1926/4/17: 7）

時間を隔てた現代からみれば、この時期袴が好まれているという観察は、報告者のごくせまい視野からか、もしくは一時的現象にすぎなかったことになる。おなじ時期、こんな記事もある。「近頃の東京の大百貨店での売行きをみると、（……）学生以外、男の袴も売れなくなった。木綿問屋の番頭さんが洋服の世の中だから（……）」（都新聞 1926/2/7: 9）。

袴の復活（？）とともに、おなじ時期に角帯も、それまでの兵児帯本位に代わって復活してきたという（「男の和服」都新聞 1919/6/22: 3）。もっともふしぎなことに、兵児帯が廃れて角帯が好まれてきた、という報道は、明治の中頃からくり返されている。

男性外套

明治以前の男性には女性同様、とくに外套らしいものはなかった。寒ければ綿入羽織、あるいは厚綿の入った長半天の重ね着をするかだ。合羽は防寒のものではないし、これはおもに道中着だから、持っているひとは少なかった。

衣服のなかでも、とりわけ外套のたぐいに関しては、あるかたちの、正しい名称をいえるひとはどこにもいないだろう。なぜなら、正しい名称などというものはないからだ。一〇〇年、それ以上も経った今日、われわれにできるのは、ある衣服を、それを着たり扱ったりしていたひとたちが、なんとよんでいたかの証拠をさがしだすことだけだ。

一九二九年（昭和四年）の四月九日、前鉄道大臣の小川平吉が鉄道疑獄に連座して警視庁に任意出頭し、早朝自宅を出るすがたが新聞各紙に掲載された。小川の着ている外套を、大阪朝日新聞、東京朝日新聞の朝刊、報知新聞、やまと新聞、国民新聞はインバネス、東京朝日新聞夕刊は二重廻し、東京日日新聞はトンビ、都新聞は夏外套と書いている。

また、一九二七年（昭和二年）一二月、あたらしく朝鮮総督となった山梨大将の外出すがたを、東京日日新聞は「ラッコ襟に二重廻し、和服姿の大将」とし、時事新報は「トンビに中折片手」と書いている。

同時代の知識人にとっても、トンビ、二重廻し、インバネスなどの、名称とモノとの関係は不確かだったらしいことがわかる。二重廻しは和服用でインバネスは洋装用とか、インバネスは丈の短いものをいう、などとの主張もあるが、そうは思えない証拠もある。

防寒用のこの種の衣服は、外套とよぶのがいちばんまちがいがない。ただし外套ということばは、西洋風のオーバーコートをさす方がふつうだったろう。西洋式のオーバーコートは、何型であっても、ふつうは単にオーバーという。われわれは分類のうえで羽根つきの外套を、当時はあまり使われなかったいい方で、二重外套とよぶことにしているが、これがさしあたり無難だろう。

明治中期のひとつの標準となる博文館の『衣服と流行』(1895)では、日本的外套としては、「鳶型外套」と「角袖の外套」というふたつだけが紹介されている。

また『東京風俗志』ではつぎのような説明になっている。

外套は明治初年に行われし「トンビ」廃れて、風車起こり、既にして二重廻しあり、其の形に変遷あれども、近頃にいたりて背に襞あるもの(独逸形)行われたれども、二、三年前より襞なきもの(英吉利形)最も流行するに至れり、また角袖(一に道行)というものありて、商人などの好んで着る所とす。(『東京風俗志』1899-1902)

『東京風俗志』には、わかりやすい図も添付されている。

一九〇九年(明治四二年)に俳人の岡野知十は、「合羽と外套　今製の外套」(『流行』白木屋、1909/3)と題してかなりくわしい回顧談を書いた。要約すると、明治初年に、モヘルという毛長の羅紗を用いた羽根つきのトンビが流行した。西南戦争(一八七七年)すぎごろから、むかしの合羽とおなじ形の、黒羅紗赤裏のマワシが流行した。いまのマントだ。その後しばらくして、下に裳がついて二重廻しができた。やがて襟がふかくなったり、腰帯がついたりつかなかったりし、裾の短くなったのがインバネスだ。そののちまた長めになって、むかしのトンビとおなじ形になったのが、いまの外套だ。維新後四〇年間、外套のかたちはいろいろ変わったが、大きくみれば、このトンビ式とマント式以外にはない。

岡野とおなじ一九〇九年(明治四二年)の新聞記事に、「流行の外套」としてつぎのような紹介があった。「男物の外套はトンビ、インバネス、オーバーの三種類である(……)インバネスと二重トンビとの違いは、只其の丈が短いのと長いだけである」(「流行の外套」東京日日新聞1909/11/17:6)。

『東京風俗志』で、トンビが廃れた、と言っているのは正しくない。トンビ(鳶)という名は開国早々に現れて、一九二〇年代(大正末〜昭和初め)までは衣服名として生きていた。

＊＊＊

岡野の言うように、一八八〇年代(ほぼ明治一〇年代)には鐘、あるいは釣鐘、また蝙蝠とよばれる外套があったらしい。名称からいっても、マントの一種だろう。この期間にかぎらず、近代の前半には単純なマント形、つまり釣鐘型の外套が広く用いられている。わが国従来型の合羽はマントによく似ている。けれども引き回し合羽そのものは、もともと雨衣だったということもあり、名前を借用される以外、明治期の展開はなかったようだ。マントの利用は主に学生や軍人だったが、田舎のひとの〝赤ゲット〟も見かけはこれに類するものだった。

田舎よりの上京したる者府下を徘徊するときは赤の毛布(ケット)を身に纏わざるはなし、すでに芝居にても田舎者を演ずる場合にては赤毛布を用うる程なりしが、此の程中より赤毛布次第に減少し(……)。(服部喜太郎『社会有益秘法　実用宝鑑』1898)

ただし赤ゲットはマント風というだけで、構造的にはマントではなく大形のショールになる。

マントは関東大震災後は、高専の学生にすこし残るだけで、街で見かけることはほとんどなくなる。たまに出逢う将校マントを、子どもたちは畏敬の眼で見たりした。

後半に入って一九二〇年代(大正末〜昭和初め)以後、スプリングコートが現れると、それを追いかけてレインコートの人気がひろがり、とくに東京ではレインコートがスプリングコートの役までつとめ、その現象は戦後もつづいてゆく。

お天気の日にレーンコートを着て歩くのは日本人ばかりだ——な

外套に身をつつんだ「上野動物園見学のおのぼりさん」
『東京朝日新聞』1930（昭和5）年2月16日（夕刊）

どと、知ったかぶりの〝通〟をいうのは誰だ！日本人には日本人流の服の着方が出来ている。浅い春の、むしろ肌寒さを覚える頃、あの鈍重な冬のオーバーからひと思いに明るいレーンコートを無造作に肩にしたダンディーな姿は、知ったかぶりの通の抗弁くらいでは消えはしない。スプリング兼用のレーンコート（……）のご案内、梅雨にはまだ二ヶ月もあるよ——とおっしゃるのは野暮と申すもの。（「スプリング兼用のレーンコート」東京日日新聞 1934/4/19: 8）

二重外套、すなわち羽根のついた外套は、和服にも洋服にも用いられた。構造的には、和服は袖が大きいので洋服用にくらべて和服の上に着るものは袖ぐりが大きい。しかし小さいといっても、洋服用の袖ぐりからきものの袖を引っぱりだすことはじゅうぶんできたから、共用は可能だった。また脇下のひろさを変えられる工夫もあった。洋服を着る機会のあるひとでも、和服を着ていることの方がはるかに多かった時代に、洋服専用、和服専用と二着の外套をもつのは、不経済だったにちがいない。

洋服の上に着る二重廻しを日本服の上にも羽織るもの多くなれり。袂も露われ裾も出でたる様、お坊さん御成人という風にて、あまり見よきものにあらず。（『都の花』1899/1）

脇下は、和服用なれば袖を通すために広くし、洋服用なれば狭くするのでありますが、近来の流行は広くして、脇下の下の方を釦かけになし、和服の時は釦を外して着、洋服のときは釦をかけて着るのであります。（『洋服裁縫之栞』1907）

洋服で二重外套を着るひとは、近代後半になってごく少なくなった。紳士が馬車で舞踏会場に乗り入れる時代とちがい、みかけの大仰さが嫌われたこともあるだろう。

一方和服の上に着る二重外套は、男性の和服の減少とテンポをあわせて、第二次世界大戦までゆっくりした下降線を辿った。和服用の二重外套は、関東では二重廻しとよぶのがふつうだった。一九二〇年代以後（大正後半〜）になると二重外套はたいてい襟に毛皮がつき、旦那衆などの着るものになっていた。インバネスというカタカナ名前や、トンビなどという安っぽいよび方より、二重廻しの方が、旦那衆の耳にはひびきがいい。

和装の外套には二重外套以外に、角袖の外套とか捩《もじ》り袖の外套があった。二重外套が構造的にも外観でもいくぶんか重い感じなのにくらべると、角袖ももじりもずっと軽快で、したがって活動的だった。だから着るのも旦那衆というより、番頭さんや小商人、職人などに似合う。角袖の外套は道行という別名があるように、在来風の道行に毛織物を使ったものかもしれない。だとすればそれは女性の東コートとおなじ発想のものだ。東コートも最初のうち『家庭雑誌』では道行形とよんでいた。

外套は日本人にとってのあたらしい折衷式衣料品目であったために、創意や、小さな工夫、ちょっとした改変がたえずおこなわれ、それに勝手な名前がつけられた。一八八〇年代から一九一〇年代にかけて（明治一〇年代〜大正前半期）はとくにそんな時代だった。つぎにあげるのは、裁縫書、実用書、雑誌の流行案内、新聞広告等から拾った関係のありそうな名称だ。

角袖長合羽（一八八二）、鐘、釣鐘、蝙蝠、廻し鳶（一八八八）、二重マント（一八八九）、二重マント道行、鳶形外套（一八九二）、二重鳶形、被布仕立角袖オーバアコート（一八九五）、道行合羽、西洋トンビ（一八九七）、都コート（男物、一八九八）、独逸鳶、英吉利鳶、長インバネス、半トンビ（一九〇一）、二重合羽（一九〇三）、ヤマトコート（男物、一九一一）、軍人廻し（一九一一）、二重トンビ、ムジリ外套（一九一九）、男吾妻コート（一八九九）などなど。

半天

江戸時代、商人に対して職人たちを半天着の連中といった。半天は用途としては羽織とだいたいおなじだが、商人は番頭になれば羽織を着ることができ、職人は親方になっても半天か、革羽織だった。明治になってそんな差別はなくなったはずだが、半天着というい方と、そういう意識もいくぶんか残っていたようだ。昭和四年という時期にもなって、新聞の相談欄につぎのような質問がみえている。

半纏一枚着の労働者ですが、職業上是非傷害保険をつけたいと思います。資格がありましょうか。（都新聞 1929/1/26: 5）

おなじ都新聞の相談欄に、会社を不本意なかたちでやめた青年が、父親のブリキ職を継ごうとしたところ、父親は反対した。「父の意は、私が是まで洋服を着ての働きであったのに、急に半纏を着るのは世間への恥だ、というにあるのです」という訴えもほぼおなじ時期にみられた。

半天は広袖で、長半天といっても丈は腰から膝のあたりまで、羽織とおなじように衽《おくみ》をもたず、ふつうは木綿のはおり着だ。ただし細部の形にはさまざまなちがいがある。

半天の語源は正確にはわからないが、半は半分のこと、天は四天《よてん》を意味する、という説がある。四天は芝居で山賊の頭などが着ている、ドテラ風のはおり着で、捕り方の花四天などで知っているひともあるだろう。うえの投書者のように「半纏」と書くことも多いが、これは明治時代に出てきたあて字。「袢天」もおなじ。

半天は袖が筒袖になることもあり、衽のあるものもあるが、丈はふつうのきものなみに長くはならない。それでこうした形のものを一括して、短着《みじかぎ》とよぶ。それに対してふつうのきものは長着という。こうしたいい方は学校教育や、民俗研究のなかから生まれたので、日常語にそんないい方はなかった。短着といえば、だいたい農漁民のものをふくめた労働衣を意味する。

　半天は胸に紐のつくものもあるが、ふつうは三尺のような実用的な帯をしめる。職人や鳶の若い衆が紺の股引腹掛、それに印半天をひっかけて、豆絞りの手拭を肩にかけたいなせなかっこうは、深川の姐さんを泣かしたことだろう。

　職人や鳶職が着る半天はすべて印半天で、印もの、といういい方もある。出入りの商家、すなわちお店《たな》からの仕着せものがほとんどだ。職人も鳶も出入りのお店は一軒や二軒ではないから、年始回りなどには、何枚もの印ものの重ね着をするのが見栄だった。なにか不始末でもあって出入りをさし止められると、その家の印半纏はもう着ることを許されない。

　上方役者の嵐璃寛が、一八八一年（明治一四年）に東京乗込みのとき、贔屓連に土産として持参した品々のなかに、大丸であつらえた印半天が三〇〇枚あったという。その五年後、浅草公園の祝祭の日、吉原芸者の手古舞が出るについて、土地の鳶衆に警備を頼んだところ、それには揃いの半天がいるという返事で、発起人は大慌てで染物屋に、六〇枚の半天を注文したそうだ。

　他方、各地の農民の野良着は、すべてがこうした半天の古着だったから、畑を掘りおこしている百姓おやじが、思いがけない粋な印のついた、古半天を着ていることもあったろう。明治の末、足利あたりの反物の偽物を売って歩く人間が、田舎から出てきたことを装うために、「夫婦者が盲縞の長半天を着て高荷を背負い、わざと田舎訛りを使ってやって来る」（「贋物屋」朝日新聞 1907/12/27: 7）というような例もあった。印半天の印というのは、背中に背紋、裾に腰回り、襟に襟先の文字の三カ所だ。背紋は大紋といって、明治大正期はだいたい菱形にきまっていた。この菱形のなかに縦横の筋があるだけの単純なもの。腰回りの模様は源氏香のような田字崩しがほとんど。袖先は出入りのお店の屋号が入るのがふつう。

＊　＊　＊

　半天は東京でもそんな威勢のいい連中だけのものではない。羽織を着ておめかしをして銀座へ買いものにゆく奥さんでも、家ではしぶい唐桟の半天すがたで過ごすこともあったろう。とりわけ冬の綿入半天は家庭着として重宝だったから、たいていの家にはあったはずだ。洟垂れ小僧の半天の袖口が、こすりつけた鼻汁が固まってカチカチになっているのとか、お婆さんが陽あたりのいい縁側で、半天に丸まって針仕事をしているのとか、半天は庶民の日常生活にからむ、昭和戦前期まで

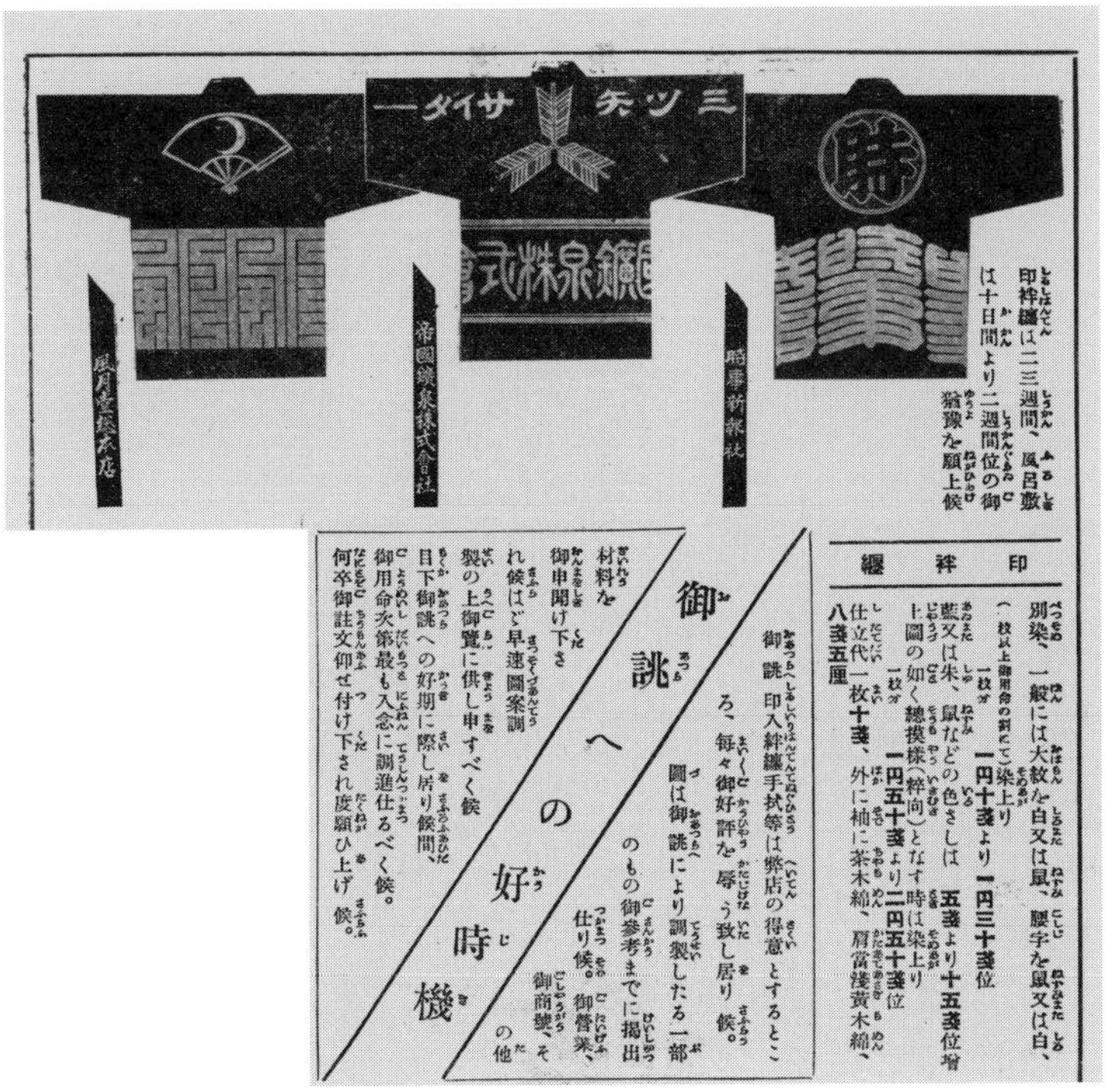

「印半纏　御誂への好時機」
『三越』、1916（大正5）年8月

のなつかしい情景とむすびつく。家庭着の半天は、男ものと女ものとでは襟などの構造がすこしちがい、また俗にねんねこよぶ背負半天は、当然たっぷりめにできている。

やや特殊な例としては、たとえば救貧院である養育院の収容者は、「年頃五〇位より三〇位までの五、六〇人の男、窓際に居並び、いずれも養育院の三字を染め抜きし襟をかけたる浅黄色の股引半天を着け、頭は毬栗なり」(郵便報知新聞 1896/4/21: 5) といったかっこうをさせられていた。

明治前期、東京でどの程度の人間が半天着だったのかという、ひとつの参考にすぎないが、一八九五年(明治二八年)の池上本門寺のお会式に、男の着衣のうち、縞の袷に袷羽織が四分、単衣に袷羽織が三分、印半天が二分、紋附羽織と洋服で一分、という観察記録が残っている。この印半天のひとたちは、縞の袷羽織を肩にかけていた、ということだ(「本門寺お会式」国民新聞 1895/10/15: 3)。

その数年あとの一九〇一年(明治三四年)、初夏の街を行くひとを観察した太田宙花が、半天を着るひとが非常に減ったことを指摘し、「たまたま半天を着て居るひとは米沢位の上等品で、羽織がないから半纏を着て来たというのではない、ホンの近所歩きにチョイと飛び出したとでもいう風(……)」と言っている(「途上雑観」『新小説』1901/5)。半天は畢竟、江戸風俗、ということだろうか。

＊＊＊

半天はしばしば法被《はっぴ》ともよばれている。このかたちの衣服が外国でハッピーコートとよばれたというのも、英国皇太子が来日のおり、土産として半天を、法被の名称で持ち帰ったためだ。

半天はほんらい、法被とよばれる武家装束の系統から派生したものだ。幕末以後は武家の衰退にともなって法被の使用が衰えたため、ふたつの名称の関係が非常にまぎらわしくなった。一九三〇年代(昭和戦前期)に、江馬務、新村出、宮本勢助といった碩学が、そのふたつのものの来歴、区分について詳しい考証を残しているなかから、江馬の結論をつぎに紹介するが、江馬の比較では、幕末の法被と半天が念頭にあるようだ。

明治時代では、ふたつはだいたいは同じもの、法被は古い呼び名、というくらいの、漠然とした通念があったのではないだろうか。

この両者の差異はつぎの如し。

一、法被は丈長く、脇あき、広袖も長い。半天は丈短く、袖は法被より短く、袖口は手口が小さい(今は広袖)

二、法被には襟紐あり、襟を返して着る。半天には紐なし、返して着ず。

三、色目も法被は縹《はなだ》、茶。半天は紺や、鼠地に紺紋。

四、背の記号、法被は文様を古しとし後文字入りあり、半天は文字入り記号。裾周り、法被は画か筋、半天は文字。襟文字は法被は古くはなく、半天は姓などを記す。襟を法被は折り返すから裏に文字がある。

五、着用者は法被は半天より上格で、武家下僕、鳶の者、町家雑用人等。半天は町人、鳶の者、労働者、諸工、小商人も用いる。

六、場合は法被は火事のときに用い、半天は平日も用いられる。ただし京阪では平常用いるものは稀であった。

七、着用には半天は上に帯をすることがあり、幾枚も重ねることがある。(江馬務「法被と印半天の相違について」『風俗研究』1934/6)

股引

幕末明治のはじめに西洋服が入ってきたとき、上着は種類が多かったのに対し、下半身のズボン、トラウザーズ(trousers)系は形がどれもほぼきまっていて、それが日本の職人や農夫のはく股引とそうちがわなかった。その時代の欧米のトラウザーズはピンとした折り筋をつくらなかったから、よけい股引っぽくみえただろう。だからこのズボン——西洋股引と股引とのちがいによって、洋服の特色を理解しようというような口ぶりが、明治初頭の裁縫書にはみられることがある。

一八八〇年代（ほぼ明治一〇年代）の裁縫書には、股引と書いてづぼんと振り仮名をつけているものをよく見る。そのなかで丸山万五郎の『裁縫独稽古』(1886)では、八五頁以下が「股引《ももひき》裁方」の章、九五頁以下が「股引《づぼん》裁方」の章になっていて、「股引《づぼん》裁方」の書き出しはつぎのようだ。

股引《づぼん》を裁たんにはまず其の寸度(寸法)を測らざるべからず、第一脇丈にして(……)、第二総丈にして(……)、第三脛縫(股下)にして(……)、股引の躰に合うと合わざるとは、此の丈の正と不正とに依るものなれば、最も注意に注意を加えて測らざるべからず。(丸山万五郎『裁縫独稽古』1886)

股引と較べて西洋ズボンの特色が、より正確な採寸を必要とする、と考えている点は正しい理解だ。

一方で日本の股引は、明治時代についていえば新職業である人力車夫の股引が、他のものをおしのけて目についていたにちがいない。しかし車夫の股引は、在来風股引と較べるといくぶん短めだったと考えられる。それでは幕末以降の在来風股引とはどんなものだったか。それに関しては大槻如電のくわしい考証がある。

(寛政の改革後)パッチの股引が一般の用いるものとなりました。中等以上の人は秩父絹などで多く拵えます。五寸ダルミと唱えまして、足の太さより巾《きれ》を五寸広に裁って縫うのです。それですから風に吹かれますと、ブリブリいたします。尤も後には段々細くなりまして、三寸ダルミ、二寸ダルミとなります。此のパッチには膝の下へ紐を通せる乳《ち》を付けまして、遠路でも致します(……)。中以下は千草色の木綿、これは昔からです。職方の者(職人)は目盲縞です。江戸では絹布(製をパッチと申し、木綿を股引と申しますが、上方では総てパッチと申しまして、股引とは今いう半股引です。(大槻如電「衣服のうつりかわり」第六談の項、『花衣——一名・三井呉服店案内』1899)

如電の言うように、たとえば一八九五年(明治二八年)に大阪で刊行された中村寿女『女子裁縫新書』(股引裁縫法の項)には、「股引はぱっちの脚部のなきものを云う」とある。

職人の股引は盲縞にきまっていた。細密な縞なので一見、濃紺にしか見えない。「向こう見ずはく股引も盲縞」という古川柳があるように、威勢のいい鳶のお兄さんも同様。

居職の職人の多くは一日中あぐらをかいているから、あまり細い股引は都合がわるい。そうはいっても、立って歩くとき脛に袋を下げたような股引はいかにも不格好だ。脚にピッタリしたパッチは、木場の材木人足川並《かわなみ》の自慢だった。二寸ダルミどころか、五分ダルミといって、はくときには靴べらのような竹の皮が必要だった。深川芸者はその細い脚に惚れたという。そんなパッチのことも川並とよんでいる。けれどもすわったら立てなくなるようなパッチのいなせ風は、川並だけのものではない。

粋か無粋かしらねども、髪は結いたてから刷毛いがめ、
博多帯貝の口を横丁にちょいと結んで、
坐りも出来ないような江戸仕立のパッチを穿いて、
鬢の毛にちょっと挿す爪楊枝

というしゃれ唄も嘉永年間に流行した。

それとくらべて人力車夫のはいていた股引は、そんないなせとは縁のないものだった。初期の人力車夫

には、維新前の駕籠舁《かごかき》あがりや、喰いつめた近在の百姓、苦学生、貧窮士族、と身分もさまざまなら、かっこうも勝手次第で、客が怖れて避けようとするような薄汚い手合いも多かったようだ。なかでも官憲がきびしく取り締まったのは、もと駕籠舁に多い褌《ふんどし》一本という連中だ。人力車夫に対する取締りは早くも一八七二年（明治五年）四月の東京府令にはじまり、くり返される法令、口達のなかで、とくに彼らの下半身衣についてはやかましかった。一八八三年（明治一六年）四月にも、車夫の多くが半天のみで股引をはかず、尻や股ぐらを露出しているのを取り締まるようにとの、警視庁より人力車夫組合への口達があった。その後人力車夫といえば、紺の半天腹掛に同色のパッチという、江戸の職人スタイルが再現されたようなかっこうが定着するが、一八九〇年（明治二三年）になって、夏の間だけは半股引を認めてほしい、という請願は受理されている。

股引がふつう足首までの丈であるのに対して、膝のあたりまでのものは半股引という。どの程度の長さを半股引というかについては、一九〇四年（明治三七年）に警視庁は、人力車夫、一般労働者ともに、股引が膝下に達しないときは、不合格、もしくは処罰の対象とするとした。なおこの法令によって、明治末のこの時代、股引すがたの労働者がけっこういて、そのひとたちの労働衣も規制の対象だったことがわかる。

一八九〇年代（ほぼ明治二〇年代）の新聞小説挿絵を見ると、男性が膝上一〇センチくらいのパンツを和服の下にもはいている例が多い。たいていは太い横縞の柄をもつ。これが中間衣なのか下ばきなのかはっきりしない。この時代の男はたいていは褌をしていたはずだが、そうと決めてしまうことはできない。また事例は少ないが、下股引ということばもあり、これは下ばきのパンツであることはほぼたしかだ。

商家の奉公人のはく股引は職人のような紺色でなく、萌葱色であるのがふつうだ。子どもなら草色という。股引の場合、とくに千草の股引といった。

すこし暑い時期になると、股引でなくステテコをはく男性がふえる。男性はあぐらをかくことがあるため、和服の場合不作法になりやすい、というのもステテコをはくひとつの理由だし、ズボンをはいている場合は汗とりが目的だろう。

ステテコが初代三遊亭、鼻の圓遊が高座で踊ったステテコ踊りから名づけられたのは周知のこと。この踊りはきものの裾をやたらにまくったそうだから、圓遊が車夫のはくものよりもうすこし長めで、もっとたっぷりした一種の半股引をはき、それが見物の目に残ったのだろう。客が男の毛ずねなどを見せつけられてはかなわないことが、わからない芸人はいない。『明治世相百話』(1936)で山本笑月は、はっきりこれを半股引といっている。

男性が防寒のための股引をはくことは、和装洋装を問わず、むかしもいまもめずらしくない。年配者はラクダの股引を愛用した。

股引風の衣服は西洋では、基本的なアイテムとして古くから存在してきた。ただし肌着と外衣のズボンとの区別はあいまいなこともあり、この点は日本の股引も同様だ。はっきりとズボン下としてはく場合は、若者や、ダンディーさをめざすひとは当然きらう。これはワイシャツ下のアンダシャツとおなじ根拠だ。第二次世界大戦後には加えて、ステテコということばが嫌われた、ということもあるだろう。

男性下ばき

男性が股間を覆うために下半身に用いる衣服は、維新後約一〇〇年のあいだに、褌《ふんどし》から短いパンツ形にかわった。太平洋戦争（一九四一

～四五年）前後の時点では、軍隊など特定の環境以外では、若いひとはほぼパンツ形、中年以上のひとではパンツと褌が、半々ぐらいではなかったかと推測される。

それまで男性が用いていた褌は、六尺褌か、越中褌《えっちゅうふんどし》かのどちらかだった。古くからあった六尺褌は、一口に六尺というように細長い、ふつうは一幅の木綿の白布を股間から腰に帯のように巻きつけ、うしろで結ぶ。かんたんには緩まないようにしっかり結ぶので、緊褌一番、ということばもあり、股間の締まった感じが、パンツでは得られない褌の良さという。

たんに股間だけを覆うのに、パンツの数倍のきれを使うのはいかにも不経済だ。それにくらべると越中褌は、手拭の一方の端に紐を通したかたちで、江戸時代寛政の改革に、老中の松平越中守が倹約のため推奨したという俗説がある。子どもはそんな故事は知らないから、一丁褌といったりした。

六尺褌は浜松屋の場面で弁天小僧が言っているように、呉服屋で真あたらしい晒しのきれを六尺切ってもらって締める、というのが見栄だったらしい。褌の見栄というのはふしぎのようだが、江戸時代の男はなにかにつけて、これ見よがしに褌を露呈することがあった。というのも袴をはかない着流しで、裾をまくってすこしふんばれば、いやでも褌はちらつく。鳶の衆や職人はいわゆる七五三仕立てできものの身幅がせまく、前がはだけやすかった。そのうえ彼らはよく片方の裾をまくった。

『当世百道楽』(1916) という戯著のなかには、褌道楽という一章がある。それは東京のある小料理屋の七〇になる親仁で、褌にかける金は惜しまない。「裸一貫に褌一本で倶利伽羅紋々の派手を競った徳川時代には、褌道楽はけっして少なくなかったということである。尤も江戸市中でさえ、裸同様な風態で往来が出来た時代で、褌も人目につきやすいから、自然こういう道楽も多かったのであろう」と著者は言う。この親仁は木綿の褌などしめたことはなく、着ているきものは木綿でも、いつでも白羽二重の上等なきれを褌にし、それもかならず毎日洗いたてのものに替える。でかけるときは必ず白縮緬の褌をしめる。男は敷居をまたげば七人の敵がある。どこでどんなことになるかもしれない。汚れた褌などをしめていたら、男の面汚しだ、というのがその言い分だという。

落語の「錦の袈裟」は、女郎屋での裸踊りでの見栄だ。明治になっても、下等な宴席のお開きには半裸で総踊り、というのがめずらしくなかったようだから、錦はともかくとして、変わった褌の趣向はあったかもしれない。またそれ以上に、夏祭りなどの供奉者の行粧で、裾短かな祭浴衣を高くはしょれば、褌の見え隠れすることもあったろう。

開化の御時世になってからは、とくに一八七二年（明治五年）の違式《いしき》詿違《かいい》条例施行後、その第二二条でこの種の露呈行為はきびしく取り締まられた。したがってそれ以後は、おおっぴらに褌を見ることのできるのは、海水浴場だけになった。

六尺褌はきれが不経済ということは、かさばるということでもあり、洋服の男性が褌をするなら、越中褌にするのがふつうだろう。また、六尺褌は股間の膨らみは丸見えなのに対して、越中褌は手拭一枚分の大きさしかないが、紐のついていない方の端を前に幕のように垂らすので、より上品といえるかもしれない。

小さいきれの両端に輪になった紐のついている、もっこう（畚）褌というものもあるが、ごくかぎられたデルタ部分だけを覆うものだ。特別な目的用で、女形が使うそうだが、現代ではポルノで見かける。しかしもちろんもっと生活的な用途もある。

江戸時代、肉体労働者の多くは夏のあいだ褌ひとつで働いたが、駕籠舁《かごかき》もまちがいなく褌商売だった。駕籠舁をひきついだ人力車夫もさいしょのうちはひどいかっこうで、夏は裸にちかい連中もいたようだ。やがて彼らに対する規制がはじまり、一八八〇年代（ほぼ明治一〇年代）には菅笠、半天、長股引が義務づけられた。その後酷暑の季節にかぎり、半股引がみとめられている。しかし車夫の多くがその半股引もはかずに尻や股を露出している、という警視庁から人力車夫組合に対する警告が、一八八三年（明治一六年）四月に出ている。翌月一四日の取締りでは、一日で二二三人が説諭を加えられたという（読売新聞 1883/5/16: 1）。まだそれほど暑いという時期ではないのに、車夫たちが相変わらずふんどし商売であったことになる。

　明治の新聞挿絵では、よほど大股びらきの乱闘ででもなければ、褌の描かれることはまずない。挿絵中の人物は年齢も身分も多種多様だが、下ばきの見えるようなポーズであると、ふしぎなくらいだれもが、ピッタリした猿股風のものをはいていて、明治期であるとほとんどが太い横縞をもっている。おそらくこれが車夫たちに義務づけられた、褌の上にはく半股引の部類だろう。

＊　＊　＊

　パンツ式下ばきが褌に代わって使われはじめたとき、この半股引をそのまま下ばきとしたのか、べつのあたらしいものをはいたか、の詮議はむずかしい。名称としては猿股が下ばきのさいしょの名前らしいが、女性に下ばきの使用を勧めるさいには、猿股といういい方はまれで、ほとんどは股引、半股引の名を使っている。もっともこれは、女性に猿股、のイメージが悪いためかもしれない。

　また、猿股引というものがあった。これこそパンツの最初のよび方ではないかと考えたくなるのだが、出現例が少なすぎる。

　大阪府女子手芸学校校則の教授科目中に、次のようにある。

　明治一一年　第四級生　縫裁
◎大津脚半　◎猿股引　◎巾着
（大坂日報 1878/10/5）

　男性の下ばきのパンツ——猿股は、ふつうメリヤス製で、紐を前で結んだ。その紐を横で結ぶ猿股の現れたことがある。横っちょで紐を結ぶ方がかっこうがいい、という理由から生まれたアイディア商品だったが、洋服にも和服にも横には明きがないから、外で小用の際、紐を解くにも結ぶにも不便、ということで早々にすがたを消した。

　紐を上手に結べない子どものために、子どもの猿股にはゴムが使われた。ゴムを使うことや、下ばきをパンツと呼ぶことは、子ども物からはじまったらしい。ミシンを買った家庭で、『主婦之友』や『婦人倶楽部』などを見ながら、まず作ってみるのが、子どもの下着類だった。洋装化はここでも子ども服が先頭を走っていた。

着方着こなし

　マント式衣服や、打ち合わせ式で固定的な留め具をもたない衣服は、からだへの添い方はゆるやかだ。うちかけるだけか、ゆるい帯をしめるだけだった近世までの日本女性は、着くずれということばを知らなかったろう。着くずれを気にしだしたのは、おそらく明治も後半、何本もの紐をつかった、小包でもこしらえるような、堅い着方がひろがってからのことだ。

　明治時代のきものの着方では、帯を低く腰骨のあたりでしめるのがふつうで、一九〇〇年代（ほぼ明治三〇年代）以後になると、若い女性の帯の高さがいつも話題になった。帯はその後やや低めになった時期もあり、それは一九二〇年代（ほぼ大正末以後）、洋服のウエストラインが世界的に低くなったことの影響と考えられるように、ある程度は流行に左右されたが、むかしのように腰骨のあたりにしめるようにはならなかった。

＊＊＊

和服の欠点としていつも第一に指摘されたのは、腰から下の頼りないこと、つまり裾がひらきやすいことだった。けれども裾の打ち合わせと、それがひるがえることは、きもの美のだいじなポイントといってよい。裾模様や裾回し（八掛）の色柄に心をつかうこと、さらにはその下の蹴出しや長襦袢の、思いきった華やかさは、計算された〝思いがけぬ美〟ではあった。室町時代の身分ある女性に見られる、返し棲、蹴出し棲のような美も、そこから生まれたもの。

袷の裏は、胴は紅絹か白絹であるが、裾回しと袖口のきれは、表によって色を選び、取り合わせる。表の色や（地）質に似た色と質というのが無難、とされているようであるが、質はともかくとして、裏の色は、着物を生かすてだての場でもあるから、無難というばかりでなく、大いに色のはたらき、心の言葉も使いたい。（……）ふとしたみじろぎ、動作、しぐさにつれて、こぼれる裏の色に心をこめたい。（篠田桃紅「うら、おもて」『装』1983）

「あらツ！」と仰山な声を出して、若衆の手に抱きすがったが、ぱっと捲り揚がった着物の下から、燃えるような緋縮緬の腰巻《けだし》の露われたのを隠そうともせずに、はたはたと木戸口に駆込んだ。（小杉天外「初すがた」1900）

前をきっちり合わせなければ胸もゆるく、裾もひらきやすくなるが、動くのにはらくだ。着方はしょせんそのひとの生活のあり方とのかかわりだから、牛鍋屋の女中に女学生のような着つけをさせるのもむりで、その逆も無意味だ。おひきずりの女といえば、からだの動かない、怠け者をさした。

だから労働者や職人の多くは、横幅も丈も短めに仕立てたきものを好んだ。「伝法肌の兄さんが引っ張り居る七五三（後ろ身頃七寸、前身頃五寸、衽《おくみ》三寸）の如きは、一種毛色の変わりし、下等社会の着物にして、膝小僧を容赦もなく露わせる風俗、決して正人君子の学ぶべきものならぬを、意気を衒う婦人などは、こんな真似をして赤い蹴出しをチラチラと見する風あるが、これは悪い当込みなり」（『衣服と流行』1895：165）。

きものをみじかく仕立てないでも、彼らはなにかというと袖をまくり、裾をまくった。おそらく、職人たちの多くは、仕事中は身体にひっつくような股引腹掛のかっこうに慣れているので、からだにひらつく袖や裾がうるさい、という実感もあったにちがいない。これが遊び人や破落戸《ごろつき》のふうでもあるが、時代を問わずアウトローの下等部分のスタイルは、肉体労働する者のすがたそのままか、そのリファインされたものだ。

＊＊＊

和服の着方のうち、明治期になにかと論議の対象になったのが端折《はしょ》りだった。はしょりは長すぎるきものの裾の処理として、明治前半期を通じて徐々に固定化した風習だ。

江戸時代の女性は、少なくとも農山漁村以外では、「極貧の人を除けば」（『守貞謾稿』第二編）家では裾を曳いていた。そのため外出のときは腰紐をしめてこれにきものの裾の上部をからげる必要があった。だからからげとか、つまみというい方もあった。

おそらく一八八〇年代から九〇年代の期間（ほぼ明治一〇年代〜三〇年代初め）に、東京でも京阪でも、家のなかで裾を曳く習慣がなくなってゆく。京都の装束商井筒雅風は、京都大阪では曳裾は明治二〇年代に消滅した、と語っている。明治生まれのひとのなかには、母親がお正月に裾を曳いていた、という記憶をもっているひとがあった。家のなかでの曳裾をやめたとき、女性たちは長すぎる裾を短く仕立てるのではなく、畳の上でも外とおなじように、腰紐にからげてひき上げる方法を選んだ。こうしておはしょりという、外国人には理解できない奇妙なものが、きものにつけたされることになった。

そもそもから裾を曳く用のないものをわざわざ長く不便に拵えて置いて、而《しこう》してこれをかかげるというのが根底から不必要である。まして中流以下の婦女、就中労働者が、なんの必要があって裾を曳く為の着丈より長いものを作って置いて、一生涯無用の長物を腰の廻りに括りつけているのか訳が解らぬ。せめて是だけでも全廃したら、種々の点から社会に利益を与えるであろうと思われる。（「見聞雑粗」『流行』流行社、1901/11: 38）

明治時代の女性の着こなし

ほんらい一時的な処理のしかたにすぎなかったはしょりは、しばらくのあいだは礼装のときであっても、座布団を無造作に腰に巻いたようなみてくれの写真も残している。しかしやがて学校仕立て、学校着つけが、和服のすべてをリファインしていく。学校の裁断ではミリメートルの扱いはあたりまえだったし、ある女専の教授は、ミクロン先生というあだ名で有名だった。半襟の幅は何センチ、帯揚げは何センチ幅、とおなじように、おはしょり幅は定規を腰に当てたように何センチ、ときめられた。ふしぎなことにその時代になると、はしょりは丈の調節のためにもあった方がよい、という理屈よりも、はしょりのない和服の腰のあたりはなんだかさびしくて、まの抜けたようにさえ見えるという、眼の慣れの方が、説得力をもつようになった。

はしょりにかぎらず和装美は着こなしの面でも、洋服や、欧米のモダンアートにも造詣のふかい専門家の目によって、大胆にリードされていった（「冬着物を形よく着る法」読売新聞 1925/1/20: 7）。

学校仕立てが洋装的美意識を重要な根底としてもっていたのに対して、和服にはもうひとつ、無視できない美意識の世界があった。それは色町の芸者たちの伝えていたものだ。

芸妓社会の着付けは、胸に左右へ襞を取り、つまみを多くして、上前をぐっと引詰め、姿は意気に相違なし、さりながらこれは良家の子女の学ぶべきものにあらず、かくする時は、歩きかたにても、座りかたにても、其の風を学ばねばならぬなり。（「衣服のきつけ」『衣服と流行』1895: 167-168）

「素人と芸者と較べるのは、まるで鷺と鴉を較べるようなもの」（「素人と黒人との身嗜み」『婦人画報』1912/2）と言った通人、平山蘆江の見方は、おそらくまちがっていないだろう。

改良服／服装改良

男性の洋服の受けいれは、すでに幕末に、洋風の武器武装、兵士の調練方法の一部として、積極的にはじまっていた。維新後も、国の構造や機能を文明国なみにするために、欧米風の官制や儀礼、また都市インフラを受けいれる一部として、鉄と石づくりの橋や、瓦斯燈や、馬車とおなじように、官員たちの洋風の礼服、制服、軍服が制度化され、それは短期間に官員以外のビジネスマン、現業従業者にも波及していった。

男性が洋服を着ることになんの疑問も抵抗もなかったのに対し、文明化の、さしあたっての必要の枠の外に置かれていた女性については、着なれた和服を洋服にしなければならない理由もなかった。鹿鳴館の夜会の高貴な女性たちのドレスは、男性の洋装とかわらない、〝制度〟としての装いだった（宮内省無達無号（婦人の通常礼服）1884/11）。

一方、鹿鳴館時代にスタートをきった女性の束髪は、憲法発布へむかっての欧化ブームの後退から約一〇年のあいだ低迷したあと、日清戦争（一八九四～九五年、明治二七～二八年）あたりで人気を回復してからは、順調な普及の一途をたどり、一九二〇年代（ほぼ大正後期・昭和初期）には、あたらしい洋髪の人気といっしょになって、日本髪を急速に時代おくれのものにしてしまった。

しかしきものの方は、第二次世界大戦が深みにはまってゆく時代でも、女性の衣服の基本になっていた。職業をもつ女性の一部をのぞけば、どんなときにも洋装、というひとはまれで、大部分の大人の女性にとって洋服は、夏の簡単服以上のものではなかった。

日本髪はその大きさも大きさだが、幕末の都会人の一種の趣味から、きわめて技巧的に多様化してしまった。それをきれいにもたせておくのはかなり手がかかる。生活的にはずいぶん厄介なものを、頭にのせていることになっていた。あたらしい時代の生活者が日本髪をすてたのには、じゅうぶんの理由があったのだ。しかし和装のきものの方にはとくにそんな理由がなかった。

明治期の和服改良論者が口をそろえていったきものの欠点は、前が打ち合わせになっているために、風に吹かれたときなど裾が乱れやすい、ということだった。そういう指摘をするご婦人は教育者であるとか、高い身分の教養ある老婦人とかだった。しかし江戸時代の打ち合わせきものの長い経験のなかで、女の裾のひるがえるのは、浮世絵のよい画題になってさえいる。

日常生活上のきものの難点は、裾

美術学校教師の改良服

『読売新聞』1901（明治34）年9月15日

一般女性の改良服案（「夏季新装（1）　夏季女服」）

梶田半古画、『読売新聞』1903（明治36）年8月21日

よりもあの幅広の帯の締めようだろう。しかしこれも帯を締めることに慣れているひとにとっては、とくに苦しいとも、さほど面倒とも意識されていなかったようだ。女たちはそれで働いてきたし、吹き降りの日も、汚れ仕事をするときも、また旅にでたとき、それぞれに対処する智恵と経験をもっていた。生まれたときから、ずっときもので過ごしてきた女たちにとっては、そのきものを捨てて、なにかべつの、新規なものを身につけなければならない理由はなかった。大部分の生活する女性たちは、衣服の改良とか、改良服などということばを耳にする機会もなかったろうが、たとえ耳にしても理解はできなかったろう。

＊＊＊

とはいえ近代化の方向にむかう環境は、日本人の衣生活を変えずにはおかなかった。さいしょの、そして衣生活への最大の影響だったのは、毛織物の使用だった。外套や女性コート、スーツ地として使用された羅紗、ひろくきものや袴地に使われたセル、あたたかい肌着としてのネル、そして大衆的に愛好されたメリンスなど。

おそらく一八九〇年代（ほぼ明治二〇年代）に、家のなかでの日常的な曳裾の習慣が消えた。時代はとぶが、女性が和装の下にも下ばき類を用いるようになるのは、一九二〇年代後半（昭和初頭）からと考えられる。

他方、女性の生活の外へのひろがりは、従来の羽織や被布のほかに、洋服仕立てのコートを誕生させ、定着させた。開化後の和装にあたらしく加わった、洋服系のアイテムとして、男性の二重外套とならぶめだった存在だ。訪問着という服種の生まれたのも、おなじ女性の生活環境の変化による。

晴着として襲《かさ》ねの習慣がだんだんと衰え、日常的にも綿入を着ることが少なくなって、毛織物、毛糸編み衣服で保温をはかるようになった。数えればまだまだあろうが、これらはとくにだれが発明した、というのではなく、都市インフラの変化、ものと情報の流通のひろがり、一般市民の生活向上等々がもたらした、衣生活の改良、ないし改善にあたるもの。

＊＊＊

一九二〇年（大正九年）に発足した生活改善同盟会は、当然、さいしょから服装の改善を活動の主要目標のひとつに据えていた。同会の発表した「服装改善の方針」はつぎのように要約できる。

（一）男子服は衣、袴の二部式にする。過渡期においては、少なくとも職業服は衣袴式にし、在来の和服は自宅用にする。（二）婦人服は漸次衣、袴の二部式に改める。過渡期においては、日常服は袂を短くし、帯幅は狭くし、襟下は綴じ、なるべく袴を用いて、身丈を短くし、かつ洋式下着を用いる。（三）衣服の裁ち方縫い方及び着方等は旧慣に拘泥することなく一層自由ならしめる。（四）綿入及び重ね物を廃し、襦袢及び胴着等にて調節する。（五）反物は大幅長尺の制に改める。

男女とも短い上着と袴、という組み合わせは、明治以来の服装改良の変わらない目標だった。女学生や電話交換手、一部の女工員などのあの海老茶袴の制服もその線上だったし、生まれては消えたたくさんの改良服の案も、ほぼこの線から外れていない。

しかし今日の私たちにとってふしぎなのは、それならなぜ、袴をズボンとして、洋服式にしようとしなかったのか、という点だ。改善同盟が最終的に、洋装を本位にすべきである、という結論に到達したのは、関東大震災やモダンガールの一時期を経験した一九三五年（昭和一〇年）のことだった。

しかしそれよりもはるかに早く、羽仁もと子は一九一八年（大正七年）に『婦人之友』誌上で、「改良服に見切りをつけよ」（「我国中流の服装に対する提議」『婦人之友』1918/12）、と述べている。

一九三九年の『婦人之友』に載った画家石井柏亭の文章も、いわゆる改良服なるものへの、ごく常識的な視線からの意見を代表しているようだ。

私は未だ嘗て美術眼から観て、これはよいと思った改良服を見たことがないばかりか、どれを見ても醜悪なものばかりだと思っています。要するに折衷服は徹底的なものではありません。微温湯《ぬるまゆ》のようなものです。私たちの生活を徹底的にするのには、服装も徹底的なものにしなければなりません。（「画家の観た日本婦人と洋服」『婦人之友』1939/4）

こうして一九三五年（昭和一〇年）以後、戦災で女性たちがなにもかも焼いてしまうまでの約一〇年、成熟したきものと、まだ若い洋装とが、きそいあって銀座の舗道を彩ったのだった。

国民服

国民服令の公布は一九四〇年（昭和一五年）一一月一日。男子のみで、従来の男子礼服、モーニング、フロックコートに代わるものとして甲号を、平服として乙号の二種が定められた。

強制ではなかったし、物資不足の時代にわざわざ新調することへの批判もあったから、普及はゆっくりしていたが、太平洋戦争のはじまったころ（一九四一年暮）には、街中でもけっこう見かけるようになっていた。街で見かけるのは乙号の方で、町会役員とか警防団長、校長先生といった、人前でしゃべる立場のひとが着ていた。防空演習で指揮をとる警防団長とか、分団長とかいう立場のひとが、背広というわけにはいかなかったから。国民服はみんな新調だったし、軍服にも似ていたので、子どもなどの眼には、晴れがましいもののようにうつった。それも空襲がはじまるまでのことだが。

甲号の方は大臣とか、えらいひとの着ているのを新聞の写真で見るだけだった。庶民にとっては、モーニングとかフロックとかいうのとおなじことで、関係はない。

国民服の議論が本格的になってから、制定、公布までは、わずか二年くらいだった。一九三八年（昭和一三年）一一月に、国民精神中央連盟の、非常時生活様式委員会というグループが、服装に関する委員会を開いた（「国民精神中央連盟（……）」朝日新聞 1938/11/21: 5）。

この委員会に集まったひとたちをふくめて、この時代の服装専門家——その多くは女性——のなかでは、男子スーツの評判が悪かったようだ。日本の男性が背広の前ボタンをかけないで着る習慣のあることもあって、イザというときにだらしがないとか、ネクタイにお金がかかるとか、いつも糊のきいた真っ白なワイシャツを着せる主婦の労力が大変——当時はワイシャツの洗濯、アイロンかけはふつう主婦の仕事だった——とか。

国民服乙号は詰襟にちかい襟のかたちで、着た感じは、その時代の鉄道や郵便など官庁の現業部門の制服にも、学生服にも似ていたので、違和感はなかった。毎朝ネクタイをあれこれ選んだりするような人間は、この時代の日本人の〝男〟にはそれほど多くなかった。着なれてしまうと、なにをするにも、子どもづれで遊びに行くにも、寒いときの畑仕事にも、だいぶくたびれてきた国民服は役にたった。

＊＊＊

国民服式の服装を定めようという声は、明治時代からある。たとえば自由民権派の政客野口勝一は、「国民の正服を定めよ」という意見を一八九七年（明治三〇年）二月一〇日発行の『風俗画報』に発表している。野口のいう正服とは、一九四〇年（昭和一五年）制定の国民服でいえば甲号になる。野口の時代、フォーマルウエアにあたるものが、大礼服、燕尾服、フロックコート、モーニングコート、タキシード、和風の羽織袴、それに野口は上下《かみしも》袴まで加えて、こんなものの選択にあたまを悩ますことの愚を説いている。
実際には、フォーマルウエアの規格は、これだけの服種の選択にとどまるものではない。タイの色からシャツの生地、ズボン、ベルト、靴、靴下にいたるまで、細かな注意と心遣いが必要だ。世のなかにはそういう心遣いとこだわりを、華やぎと感じているレディーもいれば、プロトコールの一行一句をそらんじて、ただひたすら人前で恥をかかない努力をすることに、うんざりしている紳士もいる。国民服の甲号は、フォーマルウエアのもっている華やぎの側面にはさしあたり意を用いず、礼にそむくことのない心安らかな標準を定めた、という意味では画期的だったといってよい。

江戸時代の服制にはさまざまな制限や規格はあったが、身分構造が単純で、ながいあいだ大きな変動もなかったために、その制限も規格もわりあい単純だった。

開化の時代になったとき、服装の制度としては、外来の規格を基本として、ある期間、それに従来の日本の風習を融和させる、という原則ができたと考えてよい。日本人のいじらしい学習意欲のおかげもあって、この原則は明治、大正、昭和と着実に守られてきた。それが昭和という時代になったころ——一九三〇年代初め頃から、ひとつの抵抗が生まれてくる。それまでのひたむきな欧米追随を反省して、日本のよさを見直そうという動きだ。

国民服を推進したひとびとのなかには、この点に関してのつよい意欲をもっているひとも少なくなかったろう。宮内技師という肩書きをもっていた推進者のひとりは、「服装の乱れは心の乱れ」という文章の冒頭でこう言っている。

この国民服は少しの加工で軍服ともなるものでありますから、国民服を持って居ると云うことは、軍服を常に用意して居るということになるのであります。又外国其の儘の品々の洋服が一蹴されて、日本独特

「国民服」
『三越』、1940（昭和15）年12月

の国民服を国民一般が着ることは大和魂を呼び起こし、全日本国民が一致団結、一塊と成ってこの非常時局を処理して行くこととなり、国民精神を益々昂めて行く訳となるのであります。（中田虎一「服装の乱れは心の乱れ」『生活』生活館、1941/1）

つづけて、国民服甲号中衣についてこう言っている。

この中衣の形は全く日本独特の服装を基礎として出来たもので、即ち日本精神の最も発揚された鎌倉時代に新型の服装として、武士階級により考え拵えられた直垂を基礎として出来たのでありまして、洵《まこと》に日本服装として申し分のない合理的の服であります。（同前）

はなしが単純でないのは、欧米から学んだとはいえ、あたらしい文明は概して合理的で、日々の生活にとってはかけがえのない、実用性をもつものがほとんどだったためだ。欧米風敵視の矢面に立たされた代表はパーマネントだった。洋服についてはさすがに、羽織袴で通勤しろと主張するひとはいなかったが、洋服とは西洋服に非ずして両洋服の略である、などと苦しいこじつけをいうひともあった。こういう背景のなかで智恵をしぼった男女の国民服には、すこしでも洋服的な特色を薄めて、日本人に着なれた、日本的特色を生かそうという苦心が点綴されている。残念ながら男子国民服の場合、その苦心は、上着ではほとんど実現していない。

婦人標準服

婦人標準服の論議が盛んになったのは、男子の国民服とおなじ一九三八年（昭和一三年）頃だった。婦人標準服が国民服とちがうのは、明治以来ながいこと、いわば不毛の議論をかさねてきた改良服の試みの、さいごの事例といえることだ。ただし婦人標準服運動は、それまでの改良服とちがう観点をふたつもっていた。そのひとつは、近代化のひとつの方向である規格の標準化に添おうとした、という点。もうひとつは、できれば手もちの和服の改造、再利用をはかったことだ。

一般に、標準という表現が用いられるときは、強制力をもったきめごとではない。多くは、対象の実態が多様で、単純なひとつの枠にはめにくい場合に、ややあいまいで、選択の幅をもつ、標準という枠づけができる。

裁縫書には、衣服を仕立てる際の標準寸法ということばがある。しかしじっさいの裁断は、着るひとの身体の大きさに従わなければならない。また流行色というものがある。一九二四年（大正一三年）にはじめて、大阪の老舗呉服店等で組織する大呉会は、関西における今年の流行の標準色を発表している（西村冨紗子「単純で鮮明を喜ぶ大阪の流行界」『婦人画報』1924/2; 時事新報 1924/4/26: 7）。発表された標準色にはある拘束力はあるだろうが、女性がブラウスの色を選ぶときのその拘束力のつよさは、まったく、ひとさまざまだろう。

男子国民服がある程度の普及をみた理由のひとつは、なにかにつけ統制の時代、男たちの日常も意識もかなり画一化され、着るものによってじぶんの美意識を主張する、というような意欲も、平和な時代ほどの力を失っていたためだろう。それにくらべれば女性たちの方は、日々の生活のあり方も、美的な自意識も、まだ柔軟で多様だったにちがいない。男性を対象にしてさえ服装の規格化はむずかしく、むしろむだだという考え方はさいしょからあった。デザイナーの伊東茂平は勇敢に、「果たして国民服は必要か」という一文を、国民服論議のさなかにものしている。まして女性たちの着るものの規制が、標準、という方向づけ以上のものでありえないことは、だれにもわかっていた。

＊＊＊

婦人標準服が推進された理由のひとつは、大量に死蔵されていると考えられる手もちのきものの更生、再利用だったともいう。

男子国民服の制定された翌年の一九四一年（昭和一六年）三月、厚生省社会局は、「婦人服装改善に関する懇談会」を招集して、婦人国民服制定の第一歩をふみだした。その議論の内容をみると、それはまさに半世紀来いいふるされた、改良服の論議そのままだった。ちがう点といえば、「防空演習その他隣組の集団的活動に不便な長い袖」などという時局に添う文言が加わったこと、そしてさいごに、物不足のときらしく、「手持ちの衣服を利用して家庭でも仕立てられるもの」が目標とされたこと（「婦人服改善の懇談会（厚生省社会局）」1941/3/11: 7; 1941/3/20 夕: 2）。

「婦人標準服」

『日本女性』、1942（昭和17）年5月

婦人標準服はある意味での話題性が、男子国民服よりも大きかった。婦人服改善の懇談会が招集された翌四月には、早くも東京都下の洋裁家で組織する日本服飾家連盟が、婦人国民服試作品発表会を、モデルを使って開催した素早やさにはおどろかされる。

朝日新聞もおなじ月に、「婦人国民服に対する要望」、つづけて「婦人国民服私案」を九日にわたって連載した。また直接厚生省に意見や試作品を寄せるひとが、六月までで三〇〇件に達したという。その後もひきつづき発表会、私案の公表などはにぎやかだった（「婦人標準服に対する大阪の女性の声」朝日新聞 1941/6/21: 5）。

あくる一九四二年（昭和一七年）一月に、厚生省の肝煎りで開かれた「衣生活の簡素化に関する懇談会」では、ふたたび、家庭に死蔵されている衣類をどんどん更生させることが必要だ、という意見といっしょに、この際きものを新調しない誓いをたてさせ、あたらしいきものを作ることは恥だという国民運動を起こしてはどうか（朝日新聞; 毎日新聞 1942/1/28: 3）、という主張もあった。

このような経過のあと、二月三

日、厚生省の「婦人標準服に関する官民懇談会」は決戦下日本婦人の日常着として、甲型、乙型、活動衣の三種をきめた。

政府はこの婦人標準服の普及に本腰を入れ、すべてのマスコミにはたらきかけるほか、業者には標準服の作製、展覧方法を指導、官庁、会社、工場、各種団体であたらしく制服を作る場合は標準服にそうように指示、学校の裁縫教授でも教科に加えるよう要望した。

男子国民服の場合もそうだったが、キャンペーンの当初、行政や服飾専門家の熱意ほどには、街中で標準服を見かけることは多くなかったようだ。ひとつには、応用型などを着ていても、男子国民服ほどにはめだたなかった、ということもあったにちがいない。

その年四二年秋の「姿を見せない婦人標準服」という記事は、少し性急すぎるようだが、ある服装専門家によって書かれたもの（小池四郎「巻頭言　姿を見せない婦人標準服」『服装科学』1942/9）。婦人標準服キャンペーンには、東京を中心になん人かの著名な裁縫指導者や、服装学校関係者が参加協力した。学校によっては、制服として標準服を採用するような熱心さを見せているし、マスコミの報道もかつてのモダンガールなみに、各地に標準服の女性たちが溢れてでもいるようだ（「全校揃って婦人標準服」朝日新聞 1943/2/28: 2）。しかしその一方で、普及のための努力が、その特定の個人や学校のラインの外へは、あまりひろがらなかった、ということもいえたかもしれない。

二年後の一九四四年（昭和一九年）一〇月になって東京新聞が、「なぜ普及しない婦人標準服」という分析をしていることは、ひとつの結論ともいえよう。

貧しいひとびと

その日の食べものにもこと欠くひとびとに、ふたつの種類がある。それはとにかく働けばなにがしかの収入が得られるひとと、働くことのできないひととだ。働けば収入のあるひとのうちには、怠け者で、じぶんでは働かないようなひともあるが。

大都会でこういったひとたちが集まるのは、生活費の安い、環境の劣悪な一定の地域――スラムになる。山の急斜面や、その麓の日照の悪い地帯、低湿地など、もともと悪い自然的条件をもつところもあり、またべつの理由から地価がひくく、――それで住居費が安く、貧困者がそこに集まって、おなじような暮らしの人間同士の気やすさと便宜から、スラムを形成することもある。教育もあまり受けていない肉体労働者の荒っぽい気風や、犯罪が多いために、環境は悪くなり、外部の人間からは怖れられ、疎外される。たいていは都心部をいくぶん外れたところにあるが、いわゆる郊外とはちがう。それはスラムの住民が大都市に寄生しているため、ともいえるし、ある点では一般都市生活者と、相互補完のような関係もあるためだ。

東京の場合、一九二〇年代末（昭和初め）までは有名なものだけでも四、五カ所は存在した。一八九九年（明治三二年）に刊行された、ルポライター横山源之助の『日本之下層社会』は、そういう地域に住む住民の衣食住を具体的に叙述している。横山の調査した時代にも、そののちも、貧民や貧民窟への社会的関心は高く、婦人雑誌などの好奇心の先行した文章をふくめて、相当な量のものが残されている。そのなかでとりわけ大きな評判をよんだのは、賀川豊彦の『死線を越えて』（1920）だった。横山はあくまでもルポライターの眼で、身分を隠して観察したのだったが、キリスト教伝道者の賀川は土地の住民のひとりとなり、生涯治癒することのなかったトラホームまでうつされながら、ひとびとと交わった。

＊　＊　＊

極端に窮迫しているひとにとって、もっとも切り捨てやすいものは衣服だ。着るものは、見栄さえなければ、あとは寒さしのぎの一、二片の布きれでことたりる。大阪のある地区で、一軒の八百屋のお客の足が遠のいて、売り上げが急に落ちた。理由はすぐにわかった。八百屋からそう遠くないところに交番所ができたためだった。買いものに来るお上さんたちの多くは、夏のあいだは家で腰巻一枚か、せいぜいその上にチャンチャンを着るくらいで過ごす。開け放しの隣の家にあがりこんだり、近所の買いものも、そのかっこうだった。それが交番所のためにできなくなったのだ。男女とも上半身を出して家ですごしたり、労働したりすることは、〝近代化〟以前の日本ではべつにめずらしいことではなかった。

こういう世界のひとびとが、世間なみのきものを身につけなければならないのは、お体裁の必要な世間のなかに入っていかねばならない場合だった。だから外に働きに行く男や、学校に通う子どもは、とにかく一枚の、あるいは半天と股引に三尺というワンセットの着るものはもっている。前の晩のひと勝負でその半天も股引もすってしまった男が、寝たきりの病人のきものをはがして出てしまう、というようなことがある。救貧活動をしていた救世軍は、煎餅布団にかじりついて裸で震えている老人のために、いつも古着の包みを忘れなかったそうだ。サイズがルーズで、男ものと女ものの区別がつきにくい和服は、その点では便利だった。人情話の「文七元結」には、スッカラカンに取られてしまった左官の男が、女房の着ているものをひっぺがして吉原の出入りのお店に行き、眼の利いたお内儀に、女のきものを着ているじゃないかと見破られるくだりがある。女のきものは男とちがって、脇の下に人形という小さな開きがある。

＊　＊　＊

一九〇〇年（明治三三年）という時点での調査で、東京市内の細民――貧困者の戸数は、一八五五戸、人数は六八七七人、四谷区の如きは二六戸に一戸が貧困者（朝日新聞 1900/8/10: 4; 8/17: 4）ということになる。日本はまだ貧しい国だった。

乞食の存在も行政にとってはあたまの痛い問題だった。一八八五年（明治一八年）に、東京府下の乞食の数を五二九人とした調査があるが、かなり疑わしい。横浜の居留地にはおおぜいの乞食がまぎれこみ、日本人よりも気前のいい異人さんにつきまとった。新政府が極貧のひとびとに手をさしのべざるを得なかった理由のひとつは、先進諸外国の眼を気づかったためだったろう。

貧民、障害者、病身の年寄等への公的救恤は、一八七二年（明治五年）に、本郷旧加賀藩邸跡の養育院の設立、というかたちで着手された。もっともかたちこそちがえ、江戸時代にも救貧の施策はないわけではなかったのだから、それほど自慢にはならない。

養育院は児童養護施設、老人養護施設、貧困者施設、施療病院を兼ねていて、収容人数は需用とはかけはなれていた。一八九六年（明治二九年）の探訪レポートによると、男性は養育院の三字を染め抜いた襟をかけた浅黄色の半天と、股引、あたまは毬栗。女性は長くて一尺、なかには五分刈に髪を短く切っている。そのあたまは、入院したときの彼らが「皆、毛虱の居らぬはなく、不潔言うばかりなし、如何に駆除の方法を凝らすも退治し尽くす方法もあらざれば、斯くは一見坊主頭となすなり（……）」（「養育院の人々」報知新聞 1896/4/21: 5）ということだった。養護施設というよりも、拘置所のような雰囲気が感じられるが、それでもひとりの欠員があると数十人の希望者がひしめく有様だった。

貧困者や障害者、子どもをふくめて支援を必要とする社会的弱者に対する、この時代の行政の態度は、現代では考えられないくらい冷たかった。いわゆる孤児院をふくめた救護施設もいくつかできたが、養育院以外すべて私的な、たいていは宗教団体の運営するものだった。弱者に冷たかったのはなにも行政だけではない。病気のために養育院に収容されていた男が、同室者の隠し持っていた金六四円と、衣類十数点を窃取して、院を抜けだしたところを取り抑えられた。それを報じた新聞の書き出しは、「養育院へ送らるるほどの者に何れ碌なものは無けれども斯ういう太い奴も稀れなるべし」(朝日新聞 1902/7/16:5)となっている。世間から疎外された弱者がさしあたり生きやすいところは、彼らの利用価値をてっとりばやく生かしてくれる場所——法律の外になりたっているような社会だった。

かまわない人

身なりに無頓着、といわれるひとがいる。あまり気をつかわないひと、というのであれば、程度の差こそあれわれわれの身近にいくらもいるだろう。さすがに女性にはそうめったにはいないが。

着るものに気をつかう必要のないのは、おおくの場合、そばでだれかが代わりに気をつかっていてくれているおかげだ。もちろん大抵は奥さんだし、結婚するまではお母さん。娘は中学に進むころにはけっこううるさいようだが、これはたまたま目についたことを言うだけで、妻のように下着から靴下まできちんとそろえてくれるわけではない。

よい奥さんをもった幸せな旦那のなかには、おかげで着るもの音痴になってしまう男がある。こと身なりに関しては妻の案山子《かかし》といってよい。食事についても似たことはあるだろうが、これは外食の経験というものがだれにもあるから、お袋の味や妻の手料理だけが味覚の守備範囲、というひとはまずありえない。

妻の心がけているのぞましい夫の身なりには、ある定型があるにちがいない。夫の年齢やタイプのほかに、職業や地位、要するに社会的ステータスについての配慮が、ときには本人以上に行きとどく。幸いなことにわが国ばかりでなく先進諸国では、一九世紀の末以降、男性の一〇人中九人までは外出には背広のスーツになっている。とりわけわが国では若いひと以外は黒に近い、濃いねずみ色が一般的で、選択の余地はせまい。それが一〇〇年以上変わっていないということは驚くべきことかもしれないし、べつに変わる理由はなかったともいえる。一九三〇年代のアメリカンスタイル、一九五〇年代のカルダン風、ズボンの太さやラペルの形、裾の折り返しの流行といったものは、まったく気にする必要はない。既製服を買っても注文服でも着るひとの好き嫌いに関係なく、商品はちゃんと流行に沿っているからだ。いちばん売れている既製服で、きまりきったかっこうをすることで、アレコレ迷うこともなく、安くついて、しかもけっこうファッショナブルなものを着ることができる。男性の、とりわけ背広社会でのこうした現象は、すでに一九三〇年代後半(昭和一〇年代前半)にははじまっていた。

＊　＊　＊

視野を背広スーツ以外にひろげて、近代の男性の身装を考えるとき、ひとつの際だった傾向のあることに気づく。明治以降のわが国のような複雑社会では、職業や身分が分化し、男性の生き方はその身分や職業に特化するようになった。その結果、ひとはそのひとの職業や職種、ときには経歴や地位に矛盾しないような、そのひとなりの価値観をもつようになり、それは日常の行動にも趣味にもおよぶ。服の選び方や髪型の好みも、彼の体型や年齢のほかに、それぞれの価値観——ものさしに添っていて、そのものさしへのこだわりが、隣の旦那にはもちろん、ときには女房にさえわかりにくいことがある。結果として近現代のとりわけ男性のなかには、顔立ちがどうとか、着るものが垢抜けているなどという、舞台の二枚目のようないい男の基準には、関心が薄れてしまっているひとがある。それは一見かまわないひとでありながら、ひとにはわからない、あるいはいいたくない――つよいこだわりを、じぶん自身のイメージにもっているかもしれないのだ。

大都会の都心にあるような理髪店は、フリの客のヘアスタイルに非常に神経をつかうという。美容院とちがい理髪店の中年以上の客は、流行といったものにはなんの関心もない。うるさくのびてなければいい、という以上の注文をもっていないひとも多い。それでいてじつは、じぶんのスタイルについて本人にさえはっきり自覚しないような、つよいこだわりをもっていることがある。髪の刈り様はしばしば相貌を変えてしまう。理髪店主のちょっとした手加減に、本人は気づかずに帰っても、まず妻が笑いだす。しかし男性の職業や立場によってはそれだけではすまないことがある。髪が伸びきるまで、彼は同僚や知人の無遠慮な視線に耐えなければならない。それは単純に、その髪型がそのひとらしくない、ということのためだ。

明治時代の男たちのもっていたそういうこだわりの代表的なものが、武人としての覚悟だろう。第二次世界大戦前の人気に比べて、戦後の忘れられ方がひどいのは、乃木希典《まれすけ》大将だ。乃木大将は明治天皇の葬儀の当日、妻とともに自殺した。殉死、といわれることもある。この殉死についてはその当時も批判があったが、そんなことよりも、乃木さんといえば我慢強いひととして、戦前の男の子にはなにかにつけてお手本のような存在だった。まだ幼いとき、寒いと言ったため、母親に井戸端に連れて行かれ、冷水を何度も浴びせられたとか、出されたおかずを嫌いと言ったため、そのあと来る日も来る日もそのおかずだった、という逸話などをきかされた。乃木大将は一年中、軍服とその下のシャツだけだったという。旅行には着替えのシャツを一枚持って行くだけだった。大将と地方でおなじ宿屋に泊まったひとの話だと、大将は浴室まで手拭を一本下げて軍服のままで来たそうだ。彼が学習院の院長をしていたとき、通勤途中で落馬して怪我をし、数日間赤坂の病院に入院した。回復期になったので、病院が家からふだんに着るきものを取りよせようとしたところ、大将は一枚も和服をもっていなかった。大将にとっては、軍服が動物の毛皮のようなものだったらしい。大将は日露戦争のとき無遠慮な外国人武官に、彼の眼は偏執狂の眼だと言われたと、芥川龍之介が書いているから、特別の硬骨漢だったとは思うが、しかしこれと似たことが、陸軍軍医総監だったあの文化人の森鴎外にもあるのだからおどろく。武人は戦場で、ものの欠乏に耐えなければならないからという日常の心がけと、男は着ることなどに心を費やすべきでないという信念が、極端とも思える節制と、着ることへの無関心さをうむ。

戦前は政治家や有爵者のなかにさえ、この種のかまわないひとがかなりいたものだ。いつもカーキ色の詰襟服しか着なかったため、〝北雷《きたなり》(着たなり)〟とあだ名され、のちそれをみずから号とした東京市長、会計検査院長、法学博士で子爵の田尻稲次郎、身なりにはまったく無関心で、雨が降っても傘もささなかった国文学の泰斗芳賀矢一博士等々、例には事欠かない。

＊＊＊

身なりへの無関心、あるいは蔑視のような思いの、いわばもっと低級なものがいわゆる蛮カラだ。蛮カラということばはハイカラの対立語として生まれたので、二〇世紀に入ってからのいい方だが、明治大正期の学生の、ひとつのタイプとして広く使われた。朝日新聞は一九一一年（明治四四年）一〇月に「蛮カラ列伝」という続きものを掲載した。三〇回にわたる記事のなかで取りあげられた面々のなかには、田尻稲次郎、芳賀矢一のほか、島田三郎、大隈重信、志賀重昂、後藤新平、頭山満等々に加えて、おどろくのは、下田歌子、嘉悦孝子のようなその時代の才女をふくんでいる。

身なりにかまわないひとのなかにはまた、生活者としての正常な感覚のなにかが欠落しているのではないかと、疑われるようなひとも混じってる。美術史家で画商だった福島繁次郎は、椅子の上になにが置いてあろうが頓着なく、すわろうと思えばどこへでもすわってしまう。袋に入っていた玉子一〇個ばかりが全部つぶされてしまったことがあると、妻の随筆家福島慶子が嘆いている。以下の引用は、作家大倉桃郎の息子による、父親の思い出だ。

なりふりに無頓着な事では私の知る範囲では、父の右に出る者は居ないであろう。(……)ほって置いたらどんな格好で出かけてしまうか判ったものではない。Yシャツのボタンは段違いにとめているし、ネクタイで左右どちらかのカラーを下に締め込んでしまっている。ズボンの前ボタンはとまっていないといった具合なのである。(……)浴衣をばあっと脱いで今度着る時には裏返しで尻当てを丸出しで平気で居るし、その次にはまた表になるといった調子で、全く始末に負えなかった。(……)下着に至っては裏返しに着ているのなどは普通で、(……)着替えのたたんであるのを上と下とを取り違えて、猿股に両手を入れ、「オイ、此のシャツには首が無いよ」と脱衣場でどなっていたという、落語にでもありそうな事もあった。(『明治文学全集　明治家庭小説集』月報 1969/6)

老いの姿

老年期のはじまりは、現代では勤め人の定年(停年)という区切りが大きい。わが国では古くから致仕《ちし》という慣習があり、これは宮仕えをする人間が主君に対して退隠の許しを乞うことだから、近代の定年とはすこしちがう。

明治大正期には、企業では一般的に一定の年齢での退職義務を設定していないようだ。ようやく一九二〇年代以後になって、一九二五年(大正一四年)の住友製鋼の五五歳停年制、一九二八年(昭和三年)の三菱造船の五〇歳停年制が早い例として知られている。ほとんどの企業内では本人に任せられていたか、暗黙の不文律があったか、一種の肩叩きがおこなわれたかの、いずれかだったろうから、老年期の区切りの目安にはなりにくい。

法的な基準のひとつとしては、明治民法で戸主の隠居が許されるのは、特別の事情のない場合は六〇歳以上だった。六一歳の本卦がえりはわりあいポピュラーなお祝いなので、もしかするとこれに添ったのかもしれない。七〇歳の古稀、八〇歳の傘寿、八八歳の米寿、九〇歳の卒寿も、通過儀礼のはなしならべつだが、とくに若い者の眼から見れば、そのまえもあとも、おなじ爺さん婆さんにすぎないだろう。

＊　＊　＊

家督を譲ってしまった御隠居は店にはもう出ないから、大店であれば中庭をへだてた奥の小座敷の縁端で居眠りをしているか、ブラブラと出歩くことになる。落語の「百年目」では医者の竹庵さんが一日中連れだっている。ずいぶんひまな医者のようだが、じつは医者四分、幇間《ほうかん》六分、といった医者がけっこういたのだ。大家の旦那の腰巾着をして生活の助けにしているような哀れな存在としては、この時代は俳諧の宗匠などもそうだった。「身には被布をまとい、行いは幇間を真似、ブラリ、シャラリ、風流を売物にする人を宗匠という。一句の代作料金五銭、初伝の目録金壱円五〇銭、金を取ることには中々抜け目なし」(中川愛水『貧禅独語』1900)。

隠居には若隠居というものもあるが、ふつうは若くても初老というような年になってから、こんな気楽な境涯に入る。俳諧や茶の湯に趣味があれば、その道のひとに似たかっこうをすることもある。愛水が描いている宗匠の被布は、前の打ち合わせがふつうのきもののように斜めでなく、胸を塞ぐような構造の一種のはおり着物だ。よく似た構造の衣服に道行があって、被布とおなじように用いられていた。被布や道行は胸元がふさがれていて、風が胸元に入るのを妨げるため、老人に好まれたのかもしれない。しかしけっして外套というわけではなく、屋外でも部屋のなかでも隔てなく用いられた。外出には頭にトーク（toque）型の宗匠頭巾をかぶり、寒ければ首に襟巻をするが、当時の写真を見ると、大きな――たぶん舶来のバスタオルをぐるぐる巻いている姿なども見ることができる。もっと冷えれば、今日の懐炉にあたる温石をふところに入れた。「年寄りの温石もあまり温めすぎると、包んだ切れなどに火の移ることがありますから、ご用心なさいまし」という、背中から煙の出たお爺さんの事故を報じた新聞記事がある。

　こういった老人が、老人とはいうもののまだ五〇代、六〇代であったことに、われわれはいぶかしさを感じる。これはその時代の新聞小説の挿絵に描かれた、多くの老人の姿を見ることで倍加する。じつはこの点に関しては、単に平均寿命のちがいというばかりでなく、べつの理由も考えられる。外国人をはじめその時代のひとも、日本人の老化の早さに着目しているからだ。目につきやすいのは、腰の曲がった年寄りの多さだった。

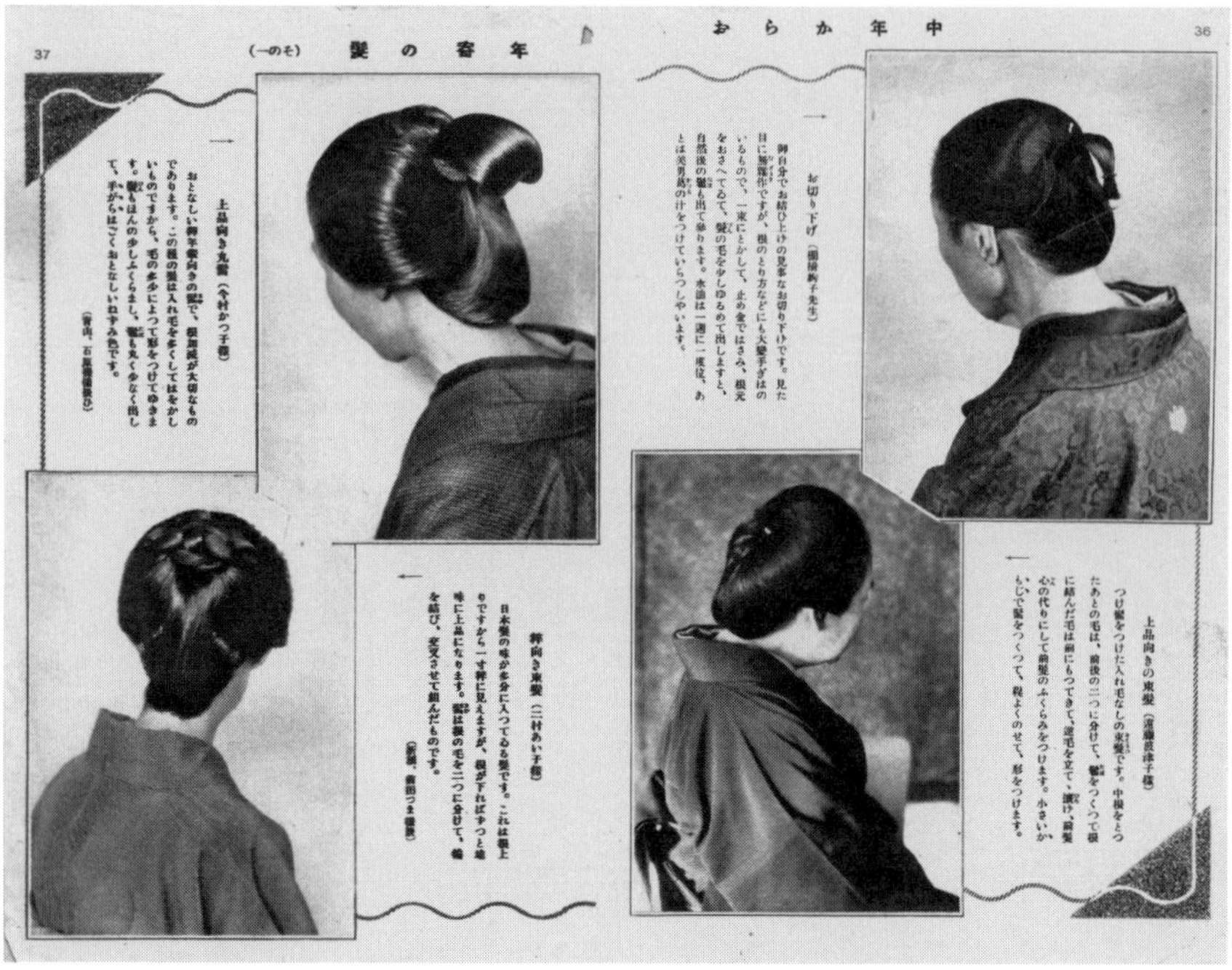

「中年からお年寄の髪」

『婦人倶楽部』、1930（昭和5）年12月

　日本人は四〇の坂を越えると腰の曲がるひとが多いが、西洋人は腰が曲がらぬ。その訳は、西洋人は若いうちから杖を持つせいだと思います。其の証拠に、按摩にあまり腰曲がりは見受けませぬから。（読売新聞1875/10/30:2）

　この投書は一種の珍説に入るだろうが、明治七、八年という早い時点でも、こういう認識のあったことは知っておいてよい。

　腰の曲がるいちばんの理由は、日本女性の〝海老腰〟と指摘された、一日中の畳の上での前傾姿勢だろう。とりわけ東京地方は、台所仕事も坐り流しでなされていた。もちろん、もっと根本的な視点からの問いかけもあった。

　日本人は何が故に速やかに老衰するや（……）彼の西洋人の如きは身に学芸を修めて絶えず其の精神に食物を与うるのみならず又常

に少年活発の士と交際して其の元気に感染するが故其の精神の活発なる事日本老人の比にあらず精神活発なるが故其の身体も亦活発を保ち（……）。（「社説」郵便報知新聞 1885/11/20: 1）

また一八八九年（明治二二年）、衆議院議員の被選挙資格を三〇歳以上としたおり、西洋と日本の年齢観の差についてのつぎのような国会演説がなされている。

泰西の人民は概ね発達に遅きが故に老衰するも亦遅く、日本の人民は発達に速やかなれば老衰にも亦速やかなり。左ればこそ英仏諸国の国会議員は、多くは四〇以上の人物にして、グラッドストーン、ビスマークの如きは、東洋の所謂古稀を超ゆるも猶お矍鑠《かくしゃく》として煩雑なる政務に当たり、毫も壮者に譲らずと雖《いえど》も、日本人に至ってはやがて五〇にして隠居となり、清茶好香静に幽趣を愛し、殆ど人生の事を忘るる。（時事新報 1889/4/3: 2）

これらの資料はどれもまだ明治も早い時期のものだが、日本人の老けやすさへの指摘は、時代が昭和に近づいても変わらない。日本在住のフランス人美容家マリー・ルイズは、美容家としての経験の上から、フランス女性とくらべると日本女性は一〇年は老けている、若くあるためにはもっと快活な気分と、栄養の必要を感じる、と述べた（「日本の婦人は年をとりすぎる」時事新報 1922/11/15: 7）。またおなじ時期に医師の立場から、五〇歳にもならぬ日本女性が、ややもすれば皮膚が枯れたように皺を生じ、非常に年とって見える原因を分析した意見（「五十歳にもならぬ日本婦人の早老は」国民新聞 1923/8/23: 5）もあった。

ところで、女性が年齢を重ねるしるしのひとつは、結っている髪が小さくなってゆくことだ。これは髪の毛が少なくなってゆくために自然そうなるのだろうが、挿絵などに描かれている明治時代の女性の髪は、五〇歳代にでもなると、おなじ丸髷がまるでひとつかみ、といってもいいほど小さくなっているのがふつうだ。白髪はともかく、髪の毛の量自体は、五〇、六〇歳くらいでそれほど変わるものではないから、婆さんの髪の表現にはかなりの誇張があると理解しておく必要がある。おそらく、若い女性とおなじような大きさの丸髷を描いていては、新聞挿絵のような粗画では、老人らしさが表現しづらいためだったろう。

夫を喪った女性が髪を切ることがある。「後家の切髪　貞操ブリ」という戯れ歌もあったが、総髪のようにうしろに撫でつけて、肩のあたりで切り揃える。切髪の女隠居、などというと一種の威のあるもので、長屋のお上さんなどのすることではない。

こういった女隠居の身につけているものも被布が多かった。というより、被布は来歴はともかく、明治時代にはふつう女の着るものと考えられていた。道行とちがって被布には胸の両側に飾り紐があり、女ものによりふさわしいといえよう。

着るひととＴＰＯ

神社と神主さん

戦前戦中とくらべて、敗戦後に権威の落ちたもののひとつは八百万の神様たちだろう。むかしは神棚のない家というのはめずらしかった。戦時中のことだが、あるクリスチャンホームでは神棚をもたなかった。小学校で先生から、神棚のない家はひとの住む家ではなく、ただの箱にすぎないと教えられた子どもが、父親に泣いてせがみ、仕方なく父親は夜店で小さな神棚を買ってきて、長押《なげし》の上に飾った、というはなしもある。

仏間があるというような家はべつとしても、仏壇はわりあい低いところにあるのに対し、なぜか神棚は高いところにある家が多い。それは神様という存在に対する心情のようでもある。『神まつりと其の作法』（宮崎県神職会、1936）という本では、「神棚の奉安所は、従来、高い所高い所と考えてきたようだが、あまり高すぎると、御供えするにも不便であり、之がため最も大事な御供えがおろそかになるという欠点がある」と注意している。

神棚といっても、棚はお供物をのせるだけが目的の、一枚の白木の板にすぎないこともある。そのうしろの壁にお札《ふだ》、つまりいろいろな神札《しんさつ》が貼られている。もっと簡略になると、お札を長押や柱に貼り付けるだけ、というのもある。台所の荒神様のお札などはそうしている家が多かった。落語の「富久」では、幇間《ほうかん》が義理で買わされた富札を、家の大神宮様のなかに入れておく、というより隠しておく、ということになっているから、小さくてもお宮を持っていたのだろう。芸人はこういうことには金を惜しまないものだ。この幇間が留守のあいだに家が丸焼けになったが、知りあいの鳶の者が気を利かしてお宮を持ちだしてくれていて、千両の当たりくじが焼けずにすんだ。家財に眼をくれず神棚だけを持ちだす、というところに、この時代のひとの考え方がある。

神棚には洗米を供える家もあるが、毎朝炊いたご飯の初穂を小さな皿に盛って供えるのがふつうだった。そしてそれは主婦や子どもではなく、一家の主人の役割、としている家も多く、神棚が高い場所でもそう困らなかったのはこのためもあるかもしれない。毎月一日《ついたち》には赤のご飯を炊いて御供えする家もあった。おいしいものや、めずらしい頂きものを御供えすることもある。ただし獣の肉はけっして御供えしない。それどころか、家族ですき焼きを囲む夜などは、神棚に白い紙や布を張りめぐらせた時代もあった。日本の神様は血の穢れを不浄として忌むためだ。だからメンスの女性は鳥居をくぐれなかった。家族や親戚どうしでなにかのお参りのとき、母親ひとりが鳥居の外で待っているのを、子どもがふしぎがったりした。

＊　＊　＊

神棚に祀るお札――むずかしくいえば奉斎する神札――の並べ方は、天照皇大神《あまてらすすめおおかみ》を中央にして、その土地の産土神《うぶすなのかみ》などのお札を左右におく。御札は土地の産土神社で毎年新しいものを受けるべきことになっているが、そんな律儀なひとばかりいないので、神社の方から御札を売ってまわることが多かった。〝御札くばりのようなかっこうだ〟といわれるのがそれで、五つ紋の黒羽織に袴をはき、白か濃い紫のきものを着て、どことはなしに威厳もあったが、腰のひくいひとが多かった。そのお愛想に社紋の入った打菓子を置いていくので、子どもなどはそれが楽しみだった。その打菓子のことをお供物とよんでいたのは、神饌のお下がり、ということだったのだろう。

御札くばりをしてまわるような社人は、大きな神社ではごく下の階級の、お寺でいえば寺男のような立場のひとかもしれない。世間では神社に奉仕するひとを神主とよんでいるが、神社に仕えるひとたちの身分はすこしわかりにくい。神主の職制や身分がわかりにくいのは、神社に祀られている神様自体のわかりにくさとも、多少は関係していそうだ。

日本の神様のわかりにくさは、仏教の渡来などよりはるかに古い時代からの、土着の信仰から発しているためだろう。自然そのもの、そして遠い先祖や、語り草にのこる偉人、英雄たちを主とした死者たちの霊、そういった奥深くて、おそろしく、また慕わしくもあるこの国土の過去の記憶、その堆積の断片が、日本の社の原型なのだ。水木しげるの世界に近い、といえるのかもしれない。

かつて新来の仏教教団は、この不可解な存在をとりこむために、本地《ほんじ》垂迹《すいじゃく》というようなロジックをつくりだした。明治政府は天皇政権の精神的支柱としてこれを利用するため、国家神道という宗教に格上げし、全国一〇万の社を教団的体制に構築した。神社は格付けされて、官幣国幣の社に仕えるひとは勅任官奏任官以下のお役人になった。

一九〇二年（明治三五年）には「官国幣社職制」についての勅令が出され、宮司、権宮司、禰宜《ねぎ》、主典の序列が定められた。ただし遠くから参拝者が訪れるような名の通った神社でないお社については、府県や市町村にゆだねられ、一八九四年（明治二七年）に、社司一人、社掌若干人と定められていた。神前結婚や地鎮祭で斎服を着、お祓いをしてくれる神主さんの多くは、正式には社司、という身分のひとだろう。神主さんに神前結婚の司式などを頼めばお礼はするが、神主さんは府県や町村から俸給を貰っているサラリーマンだった。

斎服を古風に着た社人
水野年方画、「阿魔廼邪鬼」挿絵、『やまと新聞』1888（明治21）年9月1日

けれども神社としての大きな収入源はお賽銭で、それはいろいろな名目のお祭りにはうんとふえる。神社の正式な例祭はふつう年一、二回だ。その日は屋台店がならび、神楽殿をもつ社ではお神楽が演じられ、都会の神社では御輿や山車が出て、お正月とはまたちがった活気のある、年いちばんの賑わいとなった。明治になって神社が国家と結びつくようになってからは、国の祝祭日にはみんなが神社にお参りをする習慣がつくられ、それは小中学校の教育のなかでもおしすすめられた。

例大祭以外にもお宮さんには小さな祭日や行事があって、やはり夜店が出る。それは縁日といって、新聞の芸能欄の下の方に今夜の縁日として予告される。テレビはもちろんなく、ラジオさえまだなかった時代、夏の夕食後の一、二時間を、ゆかたすがたでアセチレン灯の匂いが漂う縁日歩きは、子どもたちだけでなく、大人にも楽しいひとときだった。一九二三年（大正一二年）の統計では、大阪市（当時四区）の、夜店の出る縁日の回数は、七九カ所で一カ月平均二七、八回、ひとつの縁日の屋台が平均六一・三軒、となっている（大阪市社会部「余暇生活の研究」1923）。

神社の神主さんは、お寺の坊さんとちがって、参拝のひとびととはいくぶんへだたったところにいるように感じられた。神主さんは世襲ではなく、試験の合格者が任用され、よそから来たひとが多かったせいだろうか。神社には説法というものがないためだったろうか。それともあの古代風の斎服が、神々しすぎて近寄りにくかったのだろうか。神主さんの斎服は、一九一二年（明治四五年）の勅令、翌一三年（大正二年）三月に公布された内務省訓令第四号〈神官神職服装規則〉で最終的に規定されていて、お祓いをしてくれるときには狩衣がふつう。しかしふだん社務所では白小袖に紫の袴すがたでいることが多い。

お社では神主さんよりも緋の袴のお巫女《みこ》さんの印象がつよい。お巫女さんは神職の職階外だから身分は不安定、大きな行事などでの臨時雇いがふつう。白小袖に緋の袴は、もとになった古代服飾では殿上の下着すがただが、いまのひとの眼には清らかに映るのか、アルバイトの募集をすると志望者はけっこういるという。

お寺と坊さん

維新後に権威の落ちたものはいろいろあるが、仏教寺院もまちがいなくそのひとつ。しかしこれは考えるまでもなく、江戸時代の仏教が切支丹禁制を目的とした寺請制度に利用され、庇護されすぎていたことの裏返しだ。

一種の人別――戸籍法ともいえる寺請制度は、民衆の側からは檀家《だんか》制度という。檀家というのはそれぞれの寺の信者のことなのだが、檀家は寺をえらぶ権利をもっていなかった。ひとが死ねば、法要は所属する寺の指示のもとにおこない、死者の亡くなった日――命日のほか、初七日、四十九日とか、何回忌などという年忌法要がつくられ、たくさんの法要の施行が昔からきまったことであるかのように、また檀家の義務のように教えこまれた。

明治初年は天皇政権の思想的基盤である神道のテコ入れのため、政府による神仏分離のキャンペーンが興こされた（太政官布告1868/3/28 通称「神仏分離令」「神仏判然令」ほか）。廃仏毀釈は法令の文脈の誤解といってよいのだが、各地で重要文化財級の仏像が二束三文で売りに出されたり、仏教建築が破壊されたりする被害がひろがった。

島崎藤村の『夜明け前』には、主人公青山半蔵が父親の葬儀を神葬で執りおこなうことを寺の住職に告げ、住職がそれを納得するくだりがある。神葬――つまり神道方式の葬儀は、その時代のニュースタイルだったので、それは中山道の馬籠のような田舎でも例外ではなかった。

そんな廃仏毀釈の嵐があっても、「法事」という慣習はさして弱まったようにはみえない。これは先祖崇拝という習慣、ないし心情が、仏教の地位や教義などよりももっと、日本人に古くから根づいていたためだろう。事実、制度的に檀家を失い、それまで三〇〇年安定していた経済的基盤をなくしたようにみえる寺だったが、葬式と法事の執行は任されつづけたおかげで、生きのびることができた。

もっとも、僧侶や、法要のあり方への明治人の視線はきびしくなっていた。東京深川の豪商某は祖先の仏事に際し、まったく理解できない漢語の三部経の延々たる音読によって、聴衆が睡眠とあくびの無用の時間を浪費することを憂い、そのなかの阿弥陀経のみの訓読をもとめたところ、ひとびとも初めてその教えを会得し、ある有名な導師もこの改良に賛成した、という例がある（中外商業新報 1889/3/27:2）。

＊　＊　＊

一九〇〇年（明治三三年）に開拓社が刊行した『如何にして生活すべき乎』は、産婆からはじまって八〇あまりの同時代の職種について、その具体的な標準的収支を調査したものだ。末端寺院の事例として開拓社のあげたのは農村の一寺院で、そのために収入はすべて米の石斗になっていてややわかりづらい。ここで編者は「一部落一寺なれば其の部落中を皆檀家として一五〇戸」としている。各檀家の田地のうち、三段くらいが寺家督という名目で収穫分が寺の収入になる。それが米にして三石九斗、檀家一戸より一升ずつ集める盆の施餓鬼料が手取り一石二斗、春の彼岸と夏のお盆に、檀家中三分の一の五〇軒くらいに棚経を読みに行けば、一戸一〇銭のお布施として一〇円。葬礼は良家は一〇円くらいの収入になるが、中以下の家であると、葬式から四十九日までの布施、香奠その他併せて三円くらいなので、一五〇戸の家で一年に平均四人の死亡者として一二円。仏事の収入は、一周忌、三年、七年、十三年等の仏事のある家が年に三〇戸として、一回のお布施の平均が五〇銭として一五円。正月に檀家よりのお年玉が計二円。麦の収穫時に紙札一枚ずつを配ると麦一升ずつの特別収入。上の総収入を米、麦ともお金に換算すると、一三六円二〇銭になる。

一方支出は、本山への上納金、組合費、紙・線香代併せて年およそ一二円。法衣等を新調のときは檀家より寄付を集めるから差しひき一二四円二〇銭がのこる。家賃は不要、薪類は所有の林からひろえる。食料は麦飯を常食にし、副食は大根、豆腐、コンニャクくらいなら一カ月ひとり三円五〇銭でたりる。もし妻帯していれば倍の七円。小遣い二円として、一年合計で一〇八円、のこりが一六円二〇銭、これが夫婦の衣服料などに回る。「もとより豊かなる経済にはあらざるも神職に比しては優等といわざるべからず」と。しかしともあれこれが一五〇軒の檀家の存在が前提なのだから、村を去るひとの多かった明治時代、地方のお寺の坊さんは、どんなに不安な日々だったことか。

文中に、もし妻帯していれば――、とあるが、一八七二年（明治五年）四月二五日、僧侶の肉食、妻帯、蓄髪、法要以外の平服着用勝手、という太政官布告が出て以後、時代が下がるにつれ、むしろ独身の僧侶はめずらしくなってゆく。人民監視の道具として仏教を利用する必要のなくなった行政は、仏事や僧尼のあり方について干渉する理由も失ったのだ。

布告中で平服といっているのは僧侶の法服以外の、ふつうひとの着ている服、との意味で、それまではふだんでも坊主が浴衣を着て団扇を使う、などということはたてまえとしては許されなかった。一八八七年（明治二〇年）、明治天皇を京都駅に出迎えたときの本願寺法主大谷光尊は、洋服を着用していて、古今未曾有のことと新聞に書かれた（「本願寺法主大谷光尊、天皇の出迎えに洋服を着用」東京日日新聞 1887/2/6:4）。

＊　＊　＊

法服《ほうふく》は宗派によるちがいが大きい。標準としては、正装の基本は内に腰継ぎのある大衣を着、外に袈裟をかける。袈裟に五条、七条など、細長い布を綴《は》（接）いでつくった、そのハギの数による区別がある。いちばん下級の五条から、もっとも多いのは二十五条まであるそうだ。錦の袈裟などは、ハギの多い、つまりかなり巾の広い袈裟になるのだろう。久馬慧忠の『袈裟のはなし――仏のこころとかたち』(1989)という本まであるように、袈裟ひとつとっても漢字漢語の多い蘊蓄はなみたいていではない。法服のなかでも袈裟だけは、ほんらいはインドのサリーであり、釈尊みずからが一種の規定を設けたことになっている。そのため明治初年以来の法服改正の動きのなかでは、袈裟以外の法服はしょせん土地土地の、そのときの風俗を踏襲しているに過ぎないのだから、あまりこだわる必要はない、という意見もあり論争がひろがった（川口高風「近代の僧服改正・改良・改造論をめぐって」『禅研究所紀要』1997）。大谷光尊の洋服すがたはあくまでも平服であり、法服ではない。

坊さんの着衣を衣体《いたい》というようだが、その規定のもっとも簡略とおもわれる日蓮宗の、ごく最近の規定をひとつの例に挙げればつぎのようになる。

僧侶の法服とは、袈裟、袍衣、附装の三種である。法服のうち儀式に着用するものが礼装、平常着用するものを常服という。礼装は階級によって、柄も色も細かく分かれているので、ここでは日常目にするお坊さんの着ている常服についてだけいう。

袈裟　折五條、法衣　道服または布教服、附装　略袴、それに服具として、勤行数珠、ただし洋服の場合は、布教服または道服に折五條を着用し、ワイシャツは白、ネクタイは無地のものを着用するものとする。（「第二二号法服規定」『日蓮宗宗制』1984/6-）

坊さんの格好にもいろいろ（「当世百馬鹿」）
『読売新聞』1897（明治30）年8月2日

『仏教事物問答五百題』（安藤正純、1898）という本を見ると、三衣とは何々なりや、という問に対し、一に大衣、説法、受戒のときの衣。二に七条、衆僧行事、講経、齋会のときの衣。三に五条小衣、道行衣とも雑作衣ともいい、外出、掃除などするときの衣、とあって、これはTPOの区別ということになる。しかし、一般人にとっては関係のないことだが、僧侶の身分階級による、身につける法衣、法具の区別はたいていの宗派でおそろしく煩雑、晦渋をきわめる。これはもともと僧侶の職階制度が、大学の助教・准教授・教授などとは比較にならないくらい複雑なせいもあるだろう。一般人から見ると、帽子（立帽子）をかぶっていたり、頭にかぶさるような三角の襟（僧綱襟《そうごうえり》）を立てていたり、白いマフラーのようなもの（帽子《もうす》）を頸に巻いていたり、紫や緋の衣を着ていたりすると、きっとえらい坊さんなのか、と想像するだけだが。もうひとつ、坊さんの締める帯は、ふつう丸絎《まるぐけ》といってなかに綿の入った、太い水道のホースのような形だ。もとはといえば荒縄かなにかを帯代わりに用いたものが、リファインされたものだろう。

妻帯することも平服も蓄髪も、親鸞の末裔として真宗の僧侶が先頭を切っていた。明治末期のことだが、ある真宗の名刹で僧侶の何人かが五分刈りよりすこし長いくらいに、髪の毛を伸ばしている。その理由を聞かれると、寺のなかにだけいるならいいのだが、じぶんたちは市内の某大学に週何回か講義に行っているので、丸坊主だと目立って——と苦笑したという。江戸時代には坊主が平気で吉原に出入りしていたのだから——もちろん身分を偽って——坊さんも気が小さくなったらしい。

芸者

芸者とは、宴席等によばれ客の相手をして座をとりもち、遊芸を演じるなどして、興を添えることを職業とする女性。別称は芸妓。関西では芸子とよぶ。歌妓という堅いよび名もあり、明治時代の文献には、東京で拍子、またふざけて猫などといっている。大人の芸者を一本といい、まだ一人前でないときは玉代（料金）が半分なので半玉、あるいはおしゃくとよんで、雛妓という字をつかう。京都では一本になることを襟かえといい、それ以前は舞妓とよぶことはだれでも知っている。

芸者の身装はその土地、その時代の、未婚の女性のかっこうと別段ちがうことはない。明治後期以後になると、年ごろの娘の結う髪はほぼ島田にきまっていたから、芸者の髪は島田のヴァリエーションだった。お婆さん芸者でも小さく島田に結った。芸者の島田は高島田でなく、なるべく低く、髱《たぼ》（後髪）は下がっている。この方が粋にみえるから。明治の小説のなかに、ある料理屋の女中の、「マア、嫌な髪結いさん、こんなにタボを出してさ、芸者衆じゃあるまいし」というセリフがある（「同い年」都新聞 1914/7/23:3）。

お座敷によばれるときは礼装になるので黒紋附の裾模様を着た。出の衣裳とよぶ。明治時代には一般には曳裾の習慣がすたれ、端折《はしょ》りになった。曳裾は正月や婚礼などの晴装束に、それも古風な家にだけ残った。それが芸者の出の衣裳だけは、曳裾の前褄を左手の指先三本で引きあげて歩いた。これが芸者の左褄。

もちろん芸者がいつでも黒い出の衣裳を着ているわけではない。縞のきもので、お客と一対一のお座敷もあるし、お泊まりもある。吉原の花魁《おいらん》とちがって、芸者は勝手に出歩くことはできるし、お客といっしょにお線香付（つまり有料）で遠出することもある。そんなときはお客の好みで丸髷の、一見素人の奥さん風に装うこともあり、芸者自身がそれをおもしろがったりもしたらしい。

商売と関係ないふだんのかっこうでも――お稽古の往き帰りやお湯に行くとき、そのほかちょっとした用たしで出歩くおりでも、見るひとが見れば、芸者はだいたいそれとわかったという。第二次世界大戦前の時期に、銀座がファッションステージだった理由は、電車やバスに乗って遊びにくる山の手のハイカラなお嬢さんや、金に飽かしたものを身につけている奥様たちのせいばかりではない。近所の日本橋、芳町、新橋あたりの姐さんたちの往き帰りが、丸善やヤマハ楽器へ行くために道を急いでいるひとを、思わず振りむかせるようなことがあったのだ。

洋髪や耳隠しのはやる時代になると、横浜根岸の競馬場や、またダンスホールに出入りするために、日本髪ではうっとうしいといって、髪を切ってふだんはモダンな洋髪にしてしまう芸者が多くなった。そのため一九三〇年代（昭和五年〜）に入ると、お座敷用の鬘《かつら》の需要が急激に大きくなっている。芸者は洋装でも見ばえのするひとが多かった。

明治の芸者と半玉

「宇治の河霧」挿絵、『絵入朝野新聞』1884（明治17）年10月26日

それは彼女たちの姿勢がよく、その点で、日本女性が洋装するうえでもっていた欠点が、少なかったためもあろう。

　ただし、花柳界は芸者たちのこうしたモダン志向を喜ばなかった。明治期には外来の楽器をお座敷で演奏する芸者がいたし、洋装の芸者もいたし、外国人の芸者さえいた。けれどもそういうさまざまなあたらしさは、芸者の制度全体を危うくするような可能性をふくんでいると、花柳界は判断した。

　東京では一九二五年（大正一四年）に、芸者はお座敷では、当時ハイカラ髪とよんでいた束髪を結わないようにと、市内花柳界の検番から注意を発している（「芸妓は九月からハイカラ髪禁止」読売新聞 1925/8/19: 3）。開化の時代に変わっても、しばらくのあいだ芸者の世界に変わりはなかったのだが、大正と年号がかわるあたりから浅草辺を中心に大正芸者という私娼が現れ、それにつづいてカフェの女給が、つづいてダンサーが出現した。彼女たちは料亭のお座敷もなく、豪華な衣裳もなく、三味線の芸もなかったが、確実にそれぞれにお客をつかんでいった。その危機感から、古い体質をもちつづけていた花柳界は、むしろその古さ、彼らが日本的なよさと考えるものを強調し、それを守ることによって、それに護られようとした。

　一九三六年（昭和一一年）四月に創刊した『スタイル』誌は、東京の一流芸者を紹介するグラビア頁を毎号掲載している。それは芸者すがたの、戦前さいごの頂点を示すものとして貴重だ。一言でいえるのは、芸者たちの和服の着こなしがみごとにきまっていて、きまりすぎている、とさえいえることだ。幕末から明治期にかけての町芸者が、あんな堅い着方をしていたはずがない。『スタイル』の芸者の多くは、三越の専属カメラマンだった名越辰雄の注文にもよるのだろうが、整いすぎて、舞台衣裳のようになっている。

　この時代にはまだ正月というと、じぶんの毛で桃割や結綿、あるいは島田を結う娘さんがわずかながらいた。もっとわずかだが、思いきって久しぶりに丸髷を結ってみる五〇過ぎの女性もいた。この時代のひとたちの日本髪に共通した特色は——髪結いの責任でもあるが——だいたいにおいて全体が大きかった。それとおなじことが、芸者の髷の日本髪にもいえたようだ。とりわけ戦後になるとそれがひどくなった。お座敷のときだけガマンしてそっと載せておく髷は、非生活的で、超流行的だ。座敷の客たちはしずしずと入ってくる温泉芸者の、軍艦のような島田髷をみて、一瞬からだを硬くしたろう。

花柳界

　一八九七年（明治三〇年）に刊行された金子佐平の『東京新繁昌記』があげている、東京の主な芸者町はつぎのとおり。新橋、日本橋、芳町、柳橋、茅場町、吉原、浅草公園、洲崎、烏森、神明、赤坂、神楽坂、講武所、湯島天神。芸者の総数は、たとえば一八八九年（明治二二年）の『大日本統計表』（岡田常三郎）によると、五万五三五〇人ということになっているが、もとよりたしかな人数はつかめない。

　芸者がいるだけでは芸者遊びはなりたたない。日本座敷をもつ料亭、和装、邦楽、この三つの存在が欠かせない条件となっている。明治時代にはこの三つは、ひとびとの日常生活のなかに、ごくあたり前に存在していた。近代八〇年のあいだに、この三つともが、程度の差こそあれ大衆から縁が遠くなっている。

　芸者をあげてのお座敷遊びは、ふつう花街（華街）といわれる場所でする。芸者町ともよんでいる。花街の中心には有名な料亭、もちろん会席料亭があり、明治の東京では新橋竹川町の花月、下谷同朋町の伊豫紋、山谷吉野町の八百善などはよく知られていた。

芸者の寝起きしている家が芸者屋で、東京では置屋ともいい、そこに客をよぶわけではないから、わりあい小ぢんまりした家が多い。それでもさすがに小ぎれいにしていて、格子や小さな植え込みの具合などでなんとなくそれとわかる。

また、料理は料理屋からとりよせて遊ばせ、宿泊もさせる待合というものがある。料理屋と待合の区別ははっきりしていて、料理屋で客を宿泊させることは禁じられているのが建前。だから飲み過ぎたお客がごろ寝するにも枕はなく、座布団を丸めて使うか、女性なら床の間でも枕の代わりにするしかない。この辺のことを、八代目春風亭柳枝が「王子の狐」のなかで巧みに演じていた。

加えて、芸者たちの商売を斡旋する検番がある。そういうしくみになっている花街が、大戦までの日本の大都市には、かならず何カ所かあった。料亭、待合、置屋を合わせて三業とよぶ。

＊　＊　＊

芸者遊びは、客が会席料理屋にあがり、料理屋を通して検番に、呼びたい芸者の人数や、お名指しの場合は名前をつげ、検番から芸者屋に連絡が入る、という手順だ。検番にはその土地の芸者のリストがあって、いまあいているかどうかがすぐわかるし、先のお約束のあるなしも一目瞭然にわかる。だから検番は芸者の動静にはくわしく、芸者町の監視のような役割ももっていた。

芸者のお座敷は文字どおり畳敷きの日本座敷で、お客ひとりひとりの前に黒塗りの独り膳がすえられ、お客と向かいあって芸者がすわる。芸者がお客の横にきてお酌をすることもあるが、芸者には膳はすえない。お客の人数にくらべて芸者の方がずっと少ないのがふつうで、芸者は客のあいだを回らなければならないから、お膳のすえようがない。また独り膳のならんだ前の畳は、芸者とお客の遊びの舞台にもなるのだから、大きなテーブル席になると、芸者は動きようがなくなる。

芸者が日本料亭以外の——天麩羅屋や洋食屋へ行くときは「出の衣裳」は着ない。黒紋附裾模様の出の衣裳を着て出るお座敷では、襖をあけて、「今晩は」と入るときから、きまったスタイルがあり、三味線をとりあげて長唄を一段、それから軽い端唄を三つ四つで、一区切り。これを〝お座敷をつける〟ということもある。お客のお好みで長唄でなく清元のこともあるし、端唄づくしのこともあるし、とくにお名ざしで義太夫のうまい妓が呼ばれることもある。昭和に入ったころから、長唄だの清元だのに興味をもたないお客がふえだした。一九三〇年代後半（昭和一〇年代初め）の軍需ブームのころになると、東海林太郎や渡辺はま子の注文ばかりになった。芸者はもちろんお客のお好み次第に、なんでも弾きも歌いもするが、長唄のお師匠さんのところへ通って段物の修業などするのが、バカバカしく思えてくるのだった。

明治大正期までは、東京や大阪などの大きな都市なら、いくぶん誇張していえば、芸者はどんな巷にもいる身近な存在だった。三、四人の仲間が寄って酒をくみかわそうというときに、思いつきでちょっと近所の妓を呼びにやれば、三味線を抱えて走ってくるような、気がるにつきあえる相手でもあった。

一九一三年（大正二年）九月の『婦人画報』の記事によると、昨今新橋辺では、酒席に侍る芸者へ、客と同様の膳部を据えるのが流行している（飛耳張目生「婦人界見聞録」）、とある。大戦間近になるころには、芸者をつかまえて〝お前〟というような客は少なくなる。芸者の格があがったのだ。

芸者の芸は古典邦楽を主なものとし、料亭の料理も伝統的な日本料理、芸を披露するのは柱に染みひとつない日本座敷、彼女たちの衣裳はもっとも洗練された伝統衣裳。衣裳についても、和装の洗練の、ある頂点をきわめたのが昭和戦前期の芸者の衣裳だった。その事実を、鏑木《かぶらき》清方《きよかた》は伊東深水《しんすい》との会話で認めている（『鏑木清方文集　第六巻　時粧風俗』1935）。

海外からの賓客は、たいていは一流料亭での芸者遊びに招待され、彼女らが披露する日本の伝統芸術を鑑賞した。チャップリンも、アインシュタインも、ヘレン・ケラーも――。芸者の〝芸〟とは芸術家の芸、という誇りさえもたされているようだった。

その一方で、たとえば永井荷風の書いたものにでてくる芸者たちは、彼の眼からみればおしなべて、無教養で迷信深い売春婦以上のものでない。

芸者と花街をなりたたせている条件――料亭の日本料理、和装、邦楽――に対しては、べつの見方もある。そのひとつは人身売買についての認識だ。芸者のほとんどは子どものときに芸者屋にもらわれてくる。いわゆる仕込みっ子となる。そのときに親と芸者屋のあいだに受け渡しされる金が、女の子の一生を縛ることになる。娘が半玉になり、一本の芸者になれば、娘に金をねだりに来たり、むすめの貢ぎで怠け者の父親はじめ一家が喰っているような例は、ごくふつうのことだった。その娘を縛っているのは生みの親の恩、じぶんを養って一人前にしてくれた芸者屋の主人の恩と義理だった。恩や義理を知らなければ、それは人間とはいえなかった。

京都祇園の舞妓は東京の雛妓《おしゃく》（半玉）にあたるが、すくなくとも明治時代が遺って、土地柄古い慣習は独特の情趣をもっていたという。一九二九年（昭和四年）に書かれた「祇園舞妓の今昔」と題する回顧談があり、せいいっぱいに失われた舞妓の面影を賛美している。「髪の結いよう、だらり帯の締め方、縫い上げ付けの振袖、襟つきのあんばい、おこぼ下駄の足音、姿勢の優美、かまととの言葉つき、実に祇甲（祇園甲部）の特徴である。（……）そして彼女らが舞妓としての店出しをするためには、まず六歳から舞踊をはじめ、鳴り物はもとより生花茶の湯を覚え、一一、二歳で姉芸者をきめてお座敷の見習い稽古をはじめる。（……）そのころは髪の結い方も今のような半東京式でなく、髱《たぼ》の出し方もふうわり、前髪も細く、顔の作り方も初々しく、高尚で（……）不行儀者は一人もいなかった」。しかしそれが変わってしまったのは、偏にいまの学校制度のせいとして歎いている。

必要な舞妓の修業時代は学校就学時代で、たとえば体操の如きも髪は大半はお下げで、履物は靴、その歩行は自然外輪となり、埃まぶれ汗たらたらの状態、屋外から帰れば一種異様の臭気を帯び、言語動作すべてが男女生の区別なく、それが六学年を一三、四歳となる故、典型的舞妓を望まんとするは全く無理な注文である。（露香「祇園舞妓の今昔」『技芸倶楽部』1929/4）

女優

女優ということばが盛んにひとの口の端にのぼりだしたのは、明治も終わりにちかい一九〇八、〇九年（明治四一、四二年）頃、川上貞奴による女優養成所の発足、それが帝劇女優となっていった時期だろう。一九一一年（明治四四年）に、東京日比谷に帝国劇場が開場した。ヨーロッパのまア二、三等の劇場と、フランスの新聞記者に言われたこの劇場のさいしょの出勤俳優は歌舞伎役者で、それに座付きの女優たちが参加する、というしくみになっていた。みんな素人だった女優の指導には歌舞伎役者たちがあたり、なにかと話題になった帝劇女優劇には、たいていは歌舞伎役者が賛助出演していた。

帝劇女優以前にも女優がいなかったわけではない。女性が舞台にあがることを規制されていた江戸時代でも、小芝居や地方まわりの芝居にはけっこう目こぼしがあったようだが、明治に入ると、團十郎の指導を受けた市川久米八、伊井蓉峰一座の千歳米坡などの名が残っている。一九〇五年（明治三八年）には、大阪で日本女優大会という催しが開かれた。帝劇とはべつに、白井松次郎による松竹女優養成所が、一九一二年（明治四五年）に大阪で設立され、また早稲田大学系の文芸協会による近代劇研究でも、女優の養成を企てていて、そのなかに松井須磨子がいた。松井は帝劇での《人形の家》におけるノラを演じて話題を提供した。舞台上で女の役は女がすべきだという風潮が、すでにゆきわたりつつあった。

　しかしとりわけいつも話題の中心になったのは帝劇女優だった。一期、二期、三期と募集を重ね人数がふえるのと比例して、なにかと新聞種にされるようなこともふえた。第一期の女優のなかに、跡見女学校出身で、代議士の娘の森律子のいたことがめずらしがられ、また非難の対象にもなった。

　女優たちはなにかにつけて芸者と比較された。作家の戸川残花はある評論中で、「芸者を衰微せしむべき一大敵手が生まれて来ている。何であるか。女優――これである。今日の状態から推移して行くと、女優は漸次公会の席上へ招聘せらるるに至るに違いない」（「美の絶頂」『新小説』1913/1）と言っている。公会の席、とはなにを意味しているのかはっきりしないが、女優の〝お座敷〟が盛んにとりざたされた。内田魯庵は「西洋には芸妓というものがない。女優は丁度芸妓の地位を占めている。西洋では社会制裁が厳しいから、贔屓の紳士が女優を連れ込みで瓢屋に泊まるというような寸法はないが、贔屓にする心もちは似たり寄ったりである」と、なぜか日本橋の待合の名まであげている（「女優論」『太陽』1908/10）。永井荷風は銀座のカフェで出会ったある女優について、「本所小村井村活動写真撮影所の女優居合わせたり。ひそかにきくに二〇円にて寝る由なり」と日記に書いている。直接本人に尋ねたのだろうか（『断腸亭日乗（1926/7/20）』）。

「日活俳優」
『写真時報』、1925（大正14）年3月

　集まって写真に撮られているこの時代の女優たちの顔には、ある共通した表情がある。それは愛嬌、といってもよいし、羞じらいといってもよい。それは昭和に入ってからの女優たちとはあきらかにちがう、むしろ芸者や女給によく見るコケットリーのようだ。

　女優を芸者なみに見る見方のあらわれが、一九二一年（大正一〇年）の暮、翌年四月に来朝のイギリス皇太子の帝劇台覧の折、女優の出演を禁じる旨の達しが、宮内庁からあった事件だろう（「英国皇太子台覧」読売新聞 1921/12/22: 9）。

一九一一年（明治四四年）の報知新聞夕刊に、帝劇女優を品評して「掛け値なしに踏めば交換手位が関の山だ」という記事があったのに対して、それは交換手を侮辱すること甚だしいとし、か弱き女の身で夜の目もろくろく睡らず働く交換手諸氏と、「己のあらゆる罪悪を包み醜劣なる性質を偽り粧うて臆面もなく淑女顔致し居りし者とを、同一視せらるべきや」という投書が、同年の一〇月二日の都新聞に寄せられた。この投書に対して都新聞社の記者は、「誠実に働く健気な女性を捉えて、これを表面華美にして内面いかがわしき女性と比較を試み」たことは不穏当と同意している。

女優蔑視の根には、江戸時代からひきずってきた、芸能人蔑視のなごりも感じられる。女優好み、という流行に対し、女性雑誌のある筆者はこんないい方をしている。「彼等元来素養あるにあらず、鑑識に富むにもあらず、たかが芸人なんでしょう。真面目に問題に上ぼすに足らぬ側に属する者なんです」（日野夫人「女の姿と新しい流行の源」『生活』1915/7）。

女優好みのほかに、この時代、女優風とか、女優のようだ、といういい方が、新聞記事や小説に多く見られる。女優髷というのは、束髪の七三に分けた七の方に、たくさんの梳き毛を入れて大きくもりあげた髪型。見方によれば娼婦の結うシャグマに似ている。庇髪の髷のまわりに、たくさんの飾りものをティアラのように巻き付けた髪型も、女優髷の一種、あるいは女優巻、といったかもしれない。髪型にしろ身につけるものにしろ、女優風ということは、どんな方法によれ人目を惹くような、思いきって派手なかっこうを指したものらしい。

帝劇女優の時代――一九一〇年（明治四三年）前後――は、話題は豊富だったが、実際に舞台の上で、女優というものを見ることのできたひとは少なかったろう。《恋はやさし》の歌は知っていても、舞台の松井須磨子を見たひとはほんの一握りのはずだ。その点はつぎの、帝劇と浅草の歌劇、オペラ女優も同様だ。女優の存在、そして女優の価値を、日本の大衆がほんとうに実感できるようになったのは、活動写真のおかげだった。一九一〇年代の初め（明治末～大正初め）に、映画に女優が登場しはじめる。その後、一九二二年（大正一一年）の《京屋襟店》で、映画での女形の出演は終止符をうたれた。

その二年前、一九二〇年（大正九年）に封切られた大正活映の《アマチュア倶楽部》では、葉山三千子がさいしょの〝水着美人〟として記憶されている。おなじ年の国際活映作品《幻影の女》では、さいしょのヌードシーンが現れる。どんな名女形であっても女形の出る幕ではなくなった。肉体それ自体が、あるいは女そのものが、その存在によって価値を主張する現代に足を踏み入れたことになる。

歌舞伎役者

落語家がはなしの枕に、御婦人のお好きなものは、芝居、唐茄子、芋、こんにゃくと言って笑わせる。好きといったところで、ふところ具合も暇もかぎられている庶民が、どれほど芝居を見られたのだろう、という疑問がある。それに対して、いやむかしは、子守女でも立ち見にチョイチョイ木戸をくぐれるくらいの、安直な小屋がけ芝居がいくらもあったのだと説明するひともある。

明治の初めには新富座、歌舞伎座のような外国の賓客も訪れるような劇場と、庶民相手の小芝居という区別があり、小芝居のすこし格の上のものを中芝居ということもある。

岡本綺堂は、彼がまだ一四、五歳で、芝居というものを見はじめた一八八五年（明治一八年）頃について、大劇場は新富、千歳、中村、市村、春木の四座、中芝居は寿、桐、中島座、小芝居は赤城、浄瑠璃、盛元高砂、開盛座の名をあげている。その四年前の一八八一年（明治一四年）、児玉永成の『改正東京案内』をみると、芝居案内として、新富、久松、猿若、市村、春木、中島、桐、寿座をあげ、小芝居として戸山、倭、浄瑠璃、栄富、喜升座をあげている。その前後のいろいろな記録をみても、歌舞伎座、新富座のような大劇場とちがって、小芝居の盛衰ははげしいらしく、実態がつかみにくい。東京案内には一幕見の代金が新富座で二銭、寿座で一銭五厘とあり、小芝居の値段は出ていないが、せいぜい一銭までだろうから、なるほどそれなら芋やこんにゃくと並べられる。因みに、一八八八年（明治二一年）、年末の役者揃いだった新富座は、一番高い上等桟敷が一間三円五〇銭、大入り場が一五銭と一〇銭（「新富座入場料金」都新聞 1888/12/2: 2）。

＊　＊　＊

明治時代の歌舞伎役者には等級があり、それによって納税額に格差があった。二等は三等の二倍、市川團十郎、尾上菊五郎など一等俳優は二等の二倍になる。この等級は役者の世界での地位にしたがっているが、その地位なるものはかならずしも役者としての技倆には一致しないし、まして人気とは関係ない。役者の地位には名題、名題下というもっとも基本的なものがあるが、じっさいはもっと複雑のようだ。中芝居小芝居というものは、映画館の隆盛によってほぼ消滅する。第二次世界大戦後まで残った小芝居といえば、旅回りを専門にするものか、歌舞伎とはまったく系統のちがうジャンルの新演劇だけだ。関東大震災ころまでは細々と存続していた小芝居はそれとはちがい、演目も演出も大劇場のそれとちがわず、多少は俳優の交流ももちながら、しかし別格のもの、ときめつけられていた存在だった。

交流といっても、多くは人気や技倆の落ちた俳優が格下の小屋にまわってゆくので、師匠から勘当されたり、またなにか不始末をしてとび出す、といったこともよくある。不始末というと女がらみのことの多いのは、職業柄しかたがない。二世尾上菊之助の悲恋は映画《残菊物語》で有名だが、師匠のもとにいられない事情があって上方へ行く、という例はわりあい多い。菊之助の場合は本気だったらしいので悲恋、ということになるが、贔屓の女客と茶屋で色事をするのは、女客にとっては遊び、役者にとっては商売のうちだ。それだけに相手がだいじな贔屓筋であれば、それなりの気遣い、心遣いが必要だ。

小芝居の役者が大劇場に出られた例はごく少ない。その場合は改めて、たとえば團十郎に弟子入りする、という例が多い。大幹部俳優でも、劇場の格、ということにはかなり神経質だったらしい。團十郎張りの芝居をして二銭団州の異名があった小芝居出の役者板東又三郎が歌舞伎座に出演した。だが、それに腹をたてた九代目が、舞台を削り直せといったのは有名なはなし。

東京の、とりわけ下町人種にとって、歌舞伎じたいも歌舞伎役者も、現代よりはずっと身近な存在だったのかもしれない。それは芸者についてもいえることだが。しかしそれだけに遠慮のない悪口や渾名もとびかっていた。明治時代の役者にはよく、本人の嫌がるような意地の悪い渾名がつけられている。三世秀調はその顔つきから逆さ瓢箪といわれた。板東喜知六がちりれんげ、実川延二郎の顎なし、といわれたのもおなじ。大谷馬十はすぐ上気するので茹蛸、五代目菊五郎の弟の家橘は口調から鳩ぽっぽ、四代目中村芝翫はセリフを忘れるのでパアパア、などなど。しかし役者の方も負けてはいない。じぶんの演技にブーイングを発した向こう正面の客にむかって、熊になにがわかるもんか、と怒鳴った役者もあったそうだ。向こう正面桟敷には鉄柵があるので、俗にここを熊といっている。じつは一番見巧者のいるのがこの桟敷なのだが。

名題の役者は、そのほとんどがじ

ぶんの子どもや、そうでなくても身内から後継をつくったから、芸者のように、となりのミイちゃんが今じゃア柳橋の売れっ子よ、というような例は少なかったろうが、それはなんのだれというような名跡の役者の場合で、小芝居の役者などは、芸者あがりの女房でももって、その辺の横丁に遊芸の稽古所などを開いていることが多かった。

一目見てだれにでも役者稼業とわかるのは女形、とりわけ女形役しかしない真女形だろう。現代では六代目中村歌右衛門が、生涯を真女形で通した。

明治三〇年の読売新聞にこんな記事があった。

黒縮緬三つ紋の羽織に南部の単衣、裾長に踵を打たせて、眉毛を剃りたる優男《やさおとこ》、一八、九の美形を引き連れて、塔ノ沢より小田原辺に遊び回り、その名を問えば市川いろはとて、以前柳盛座へ出たる俳優と答えしよし（……）。（「贋俳優《にせやくしゃ》」読売新聞 1897/7/14: 4）

じつはこの若者、役者を装った窃盗七犯のお尋ね者だったのだ。黒チリの羽織はふつう女のもので男が着るとニヤケル。この時代の好みではあったが、南部縮緬の単衣も同様。役者は化粧の必要上眉毛を剃っているのがふつうで、女形は描き眉毛もせず、江戸時代はあたまを鬘《かつら》下地という独特の髷に結って、きものも襟を抜いて着、ほとんど女性のかっこう、居ずまいで生活するひともいて、女房をもって子どものできるのが、ふしぎにさえ思えたそうだ。

女給

流行のアイドルは、大正末から昭和一〇年（一九三五年）頃まではカフェの女給だった、と回顧するひともある。

ビクターレコード発売の《女給の唄》がヒットしたのは一九三一年（昭和六年）、これは帝国キネマの映画《女給》の主題歌で、映画の原作は広津和郎、前年に『婦人公論』に連載した問題作。『銀座細見』(1931)を書いた安藤更生が、「流石に広津氏は長年カフェへ通っているだけに、女給というものを知っている。あれが本当の銀座女給だ」と保証している。

そのころまでの銀座は、新聞社や出版社、大きな書店が集まっていたせいもあって、もの書きや文化人はよく通い、喫茶店やカフェはその溜まり場だった。広津の『女給』を問題作というのも、そのなかに菊池寛をモデルにしたらしい人物が登場しているため。そういう種類の客を相手にしているという点からも、銀座の女給のレベルは高かったといえるのだろう。そのなかには後日、作家として世に出た女性がいるし、高名な小説家と口がききたい、作家志望の文学少女もチラホラいたそうだ。

女給ということばは一九一〇年代前半、大正になったばかりのころから出てくるが、さいしょのうちは、《女給の唄》の時代の女給よりは内容が広かった。一九一四年（大正三年）一月一日の都新聞に出た「女給評判記」では、劇場や映画館の女案内人をさしている。それによると、帝劇の女給は二四人いて、「（某、某）などという美人が居る。あの通り白いエプロンで靴を穿いて可愛い姿をして客案内をする」、新富座の女給は、「（某、某）などという美人が皆日本髪の前垂れがけという下町風」、活動の女給については、活動を見たいより女給を見たいためにくるほどの常連ができていて、「女手品師みたいな上っ張りを着ている」とある。

劇場の女給といえば、東京のいわゆる緞帳芝居のひとつである、本郷の春木座、鳥熊の芝居の女給にふれなければならない。鳥熊の芝居をくわしく書きのこしているのは岡本綺堂で、東京の劇場でいわゆる女給なるものを採用した最初、と彼は断じているが、上方式によったものであろう、とも言っている。鳥熊ではこの女給のよび名をぜんぶ「お梅さん」にしていて、冬は黒木綿、夏は中形の浴衣の揃いを着せていたそうだ。お梅さんは女客の連れてきた赤ん坊の子守までしてくれたし、この劇場で雨の日に観客の汚れた下駄を洗ってくれたのも、男衆といっしょにお梅さんの仕事だったかもしれない（岡本綺堂「鳥熊の芝居」『ランプの下にて　明治劇談』1935）。

関東大震災前の浅草では、活動写真館の女給、つまり女案内人は公演の名物のひとつになっていて、各館とも揃いの洋装で、競争のように美しくみせようとしていた。その各館のなかで一番ていねいで親切なのは、根岸興行部に属する活動館の女給たちで、「黒（東京倶楽部は紫紺）の落ちついた洋装の上に、純白のエプロン楚々として、いずれも美麗な、上品な娘たちばかりである」（「女給物語」読売新聞 1916/2/20: 6）。

時代はすこしあとのことになるが、これとは反対の意見もあるから、すべての客の好みに合わせるのはむずかしい。「女給の衣裳は本当に何とかならないものか。浅草興行組合の一考を煩わしたい。カフェの女給式、看護婦式、掃除婦式、西洋寝衣《ねまき》式、市街自動車車掌式で、智恵のないこと夥しい」（「映画界」朝日新聞 1921/6/24: 6）。

女給という呼び名は、そのほかにも明治大正期の記録類には散見する。もちろんそれは女給仕人の略のはずだから、明治初年の西洋料理店、ホテルあたりでは早くから使われていた。ただし女給仕人では長すぎるし女給ではなんだかわからない、という期間は、女ボーイといういい方がふつうだった。そしてやがて一九二〇年代（大正末～昭和初め）のカフェの女給の時代がくる。この時代でも、女案内人とのまぎらわしさを避けてか、カフェのいわゆる女給は、ウエートレスとよんでいる新聞記事などがある。

ところが、時代を昭和初期に限定しても、「女給にもカフェの女給、バーの女給、喫茶店の女給と、それぞれ異なった情緒と味をもっております」（婦人職業指導会『最新婦人職業案内』1933）とあって、一様でない。

夢二式美人のウエイトレス（女給）
竹久夢二画、「秘薬紫雪」挿絵、『都新聞』1924（大正13）年9月17日

『婦女界』が一九三一年（昭和六年）一〇月号で職業婦人特集をしたとき、「女給生活のうらおもて」を書いた女性は、銀座資生堂裏の高級レストラン「春」の女給。この店はその数年前、菊池寛が女給を主人公とした婦女界誌連載の「壊けゆく珠」の舞台に使った店で、作品のヒロインもこのレストランの女給、ということになっている。

＊　＊　＊

広津のえがいた銀座あたりの女給とは、だいたいカフェの女給をさすのだが、そのカフェとはどんなものだったか。この時代の警視庁保安部の定義では、「カフェ、バーとは、洋式の設備を有し、酒類を販売し、且つ婦女を使用する飲食店」なのだが、一九三一年（昭和六年）の二月には、「西洋料理店、日本料理店、蕎麦屋、鮨屋、おでん屋、天麩羅屋（……）はカフェ、バーの取締範囲外とす」（「カフェーの定義」都新聞 1931/10/26: 2）と限定されていた。なぜこんなに細かい規定をしたかというと、カフェ、バーは飲食が目的の営業ではないとして、遊興税、飲食税を科するため。

簡単にいえば、カフェは女給にサービスしてもらうための店であり、カフェにくらべればバーはまだ、酒を飲ませる店、という目的がつよい。そのためどのカフェでも女給の身装には気をつかい、衣服は自前だから、汚れるからといって銘仙まがいのものなど着ないよう、おなじきものを何日も着てこないよう、開店前に、店主が点検するような店も少なくなかったのは当然。初期のカフェの女給が、きものの上に白いエプロンをして、背中で大きなリボンのように結んでいたのはよく知られている。しかし広津の時代には、そんな子どもっぽいかっこうは、過去の思い出になっていたようだ。

ところが、先に紹介した高級レストラン「春」の場合も、筆者はこんなことを言っている。

なんにしても私達は、身なりに相当かかります。きもの一枚新調するにしても、安ものは褪色したり生地が傷むので結局駄目です。夏物は汗になりますし、冬物は裾が切れたり、汚されたりしますので手入れが大変です。ひと冬に二度も洗張りすることもありますので、その洗張代、仕立代などで、一カ月平均四〇円くらいはかかります。（「女給生活のうらおもて」『婦女界』1931/10）

記者の紹介では、この女性は「あでやかな銀杏返しに白いうなじ――銀の平打ち簪が紅い帯揚げに映えて」云々とあって、現代のレストランのウエイトレスとは、かなりちがうサービスを提供していたらしい。彼女自身、「女給といえば、誰もみなエロサービスをするもののように宣伝されることは、真面目に働く者にとって、本当に迷惑」と言ってはいるものの、それはいわば語るに落ちるということで、この時代、舞台がかならずしもカフェでなくても、女給という名に負わされていたイメージは、そうちがわなかったようだ。

ダンサー

職業的フロアーダンサーがいつごろ現れたのかははっきりしない。一九〇〇、一〇年代（明治三〇年代〜大正前半）には、富裕階層のひとびとや外国人をあいてにした帝国ホテルの土曜舞踏会以外、定期的なダンスパーティーや、ダンスホールがあったという記録があるだろうか。一九二一年（大正一〇年）の読売新聞の投書につぎのようなものがある。

この頃はダンス大流行である。彼方でも此方でも男と女が腕を組み合わし、お尻を抱えて踊り狂っている。不思議なのは風紀係の役人が是れにだけは知らぬ顔の半兵衛を極めこんでいることだ。（「ダンス流行」読売新聞 1921/11/24: 4）

つぎの年の一九二二年（大正一一年）四月『婦人世界』の「舞踏の流行と踊る人々の群」では、この読売の投書の時期が、流行のはじまりだったとしている。

昨年の秋頃から流行しだしたダンスは、年が変わってますます盛んになりました。日本橋京橋のような目貫の通りを歩いていても、巣鴨や大塚池袋などの、いわゆる場末の町を歩いていても、蓄音機に合わせてダンスを踊っているらしい音をよく耳にします。（「舞踏の流行と踊る人々の群」『婦人世界』1922/4）

おなじ年の年末の都新聞は、今回のダンス流行をやはり昨秋からといい、有楽橋の有楽会、赤坂のミドリ会など、大小のダンスホールの存在と、そのなかで帝国ホテルで週四回開かれるティー・ダンス、サパー・ダンスがもっとも上品だ、と伝えている（「復活した社交ダンス」都新聞 1922/12/20: 9）。しかしここにも、職業的ダンサーについての言及はない。

関東大震災後の一九二五年（大正一四年）六月六日の読売新聞に、「不景気のお蔭でダンスが又はやる　カッフェーへ行くより余程安い三〇銭でお抱え令嬢と遊べる」という長い見だしの記事が掲載された。このお抱え令嬢とは、本文中では「専属の淑女諸嬢」、「レーディー」ともよんでいて、月三〇円、ないし五〇円ぐらい貰ってひかえている、と説明しているが、ダンサーといういい方はまだしていない。

一九二八年（昭和三年）一一月、警視令第四六号として〈舞踏場取締規則〉が公布、施行された。その一一条三項に、「一八歳未満ノモノヲ入場セシメサルコト」とあるが、とくにダンサーについての規定はない。

＊　＊　＊

一九三〇年代には、すでにダンサーといういい方はふつうになっていた。一九三一年（昭和六年）五月八日の都新聞はそのダンサーについて、「今では立派な職業婦人」という見出しで、つぎのような紹介をしている。

ダンサーになるには戸籍謄本、履歴書のほかに、トラホーム、結核など伝染性疾患なしという医師の診断書を提出する。未成年者は親の、既婚者は夫の承諾書が必要。芸娼妓の前歴があったり、妾をしていたということがわかったら駄目。採用が決まればダンスはホールで仕込む。警視庁の認可が二、三週間かかるので、そのあいだ練習し、だいたい一カ月で素人でも踊れるようになる。勤務は午後三時出と五時出とが一日おき、昼はよく踊る人で五〇回くらい、夜は九〇回から一〇〇回。チケットは昼は一回四銭、夜は倍の八銭。閉場は一一時だが、チケットの勘定などが三〇分くらいかかる。収入はさいしょは月に三〇円程度、半年も経てば一五〇円くらいにはなる。出費は化粧や衣服やらで月に二、三〇円というところ。「踊りの際の肉感的ショックもほとんどなく、はじめ二、三カ月は踊りの稽古に夢中だし、そのあとは踊りの趣味を覚えてきて踊りそのものに心惹かれ、かつ労働が激しいから（……）後むきに毎日二里歩くほど（……）相当疲れるので決して一般には一部の人が想像する如きものではない」（ホール責任者談）。妾をしていたことがわかったら駄目、というのは、いかにもこの時代らしい。

一九三〇年（昭和五年）三月に、東京赤坂のダンスホール、フロリダで、一二〇人の所属ダンサーが待遇改善の労働争議を起こした。この争議は三年後の松竹少女歌劇団の争議と並んで、桃色争議などといわれたが、おなじ女性のイット（it）を売物にするサービス業者ではあっても、芸者はもちろんのこと、同時代のライバル的立場にあった女給とくらべても、職業人としての自覚が高かったことを示すものといえよう。

おなじころ、脚に保険をかけるダンサーが関西に現れて話題になった。一種の傷害保険だが、やがて東京、横浜のダンサーにもひろがった（「容姿保険」朝日新聞 1931/2/4: 2）。

おなじサービス業に従事する女性でも、ダンサーは女優とならんで、つねに時勢に敏感な、話題の提供者でもあったようだ。

その、時勢への敏感さのひとつといえようが、日中戦争の戦雲が感じられていた一九三七年（昭和一二年）四月に、おなじフロリダのダンサー七九名は、東京市内ダンサーのトップをきって、こんどは愛国婦人会に集団加入している。彼女たちのアンテナの高さには感心のほかない。結団式のあと、「真紅の旗を先頭に、二重橋まで街頭行進。新会員はひとりの例外もなく断髪にパーマネント、それに厚いドーラン化粧しているので、愛国婦人会の既成概念を破る効果はあったとか」（読売新聞 1937/4/29 夕: 3）

ダンサーに断髪の多かったのは、仕事の性質上、洗髪を頻繁にする必要があったためもあるだろう。また職業と洋装との関係で、一九二八年（昭和三年）にすでに、一番洋装の多いのは近頃ふえたダンサーで、彼女たちはほとんどが洋装、という指摘もある（都新聞 1928/11/28:9）。ダンサーというよび名がひろがったのは、おそらくこの時期、大正末から昭和初頭にかけてだったろう。

一九三〇年代（昭和五年〜）には女給の数が減少し、ダンサーの方がふえる傾向を示している。一九三四年の警視庁の統計では、これまで増加の一途を辿ってきたカフェ、バーが激減、これに対してダンサーが一四二人ふえている（「娯楽場盛衰記」朝日新聞 1934/3/13夕:2）。

花魁／娼婦／遊廓

一九五六年（昭和三一年）に公布された〈売春防止法〉は、売春行為そのものにとどめを刺しはしなかったが、大きな転機となったことはたしか。日本の売春制度の歴史のうえで、これに先だつもうひとつの大きな転機は、一八七二年（明治五年）一〇月の人身売買禁止の布令、いわゆる〈娼妓解放令〉。この法令、また翌年一二月の東京府における〈貸座敷渡世規則〉、〈娼妓規則〉等がおもなねらいとしたのは、文明諸外国の手前都合のわるかった娼妓の拘束をゆるめること、および性病の防止だった。〈娼妓黴毒検査規則〉が警察令として公布されたのは一八八九年（明治二二年）。政府には売春そのものを防止しようという意志はなかった。むしろ、貸座敷規則、娼妓規則等の制定によって公娼を制度化し、その監視をつよめることで性病の蔓延をふせぎ、いわゆる〝良家の子女〟を護ることを一義的に考えた。議論はあったが、この時代の世論もおおむね、その考えを受けいれていた。

その結果、江戸時代ほどとはいえないまでも、各地の古い廓《くるわ》は、明治時代を通じてほぼむかしの面影をたもちつづけた。為政者の、都市住民にとって安全な売春施設は必需品なのだという信念と、しかし文明諸国の手前、それはやはり都市の恥部と考えなければならないという配慮とのゆれうごきが、一八六八年（明治元年）に造って、一八八一年（明治一四年）七月に取りつぶしになった築地新富町の新島原遊廓、また帝国大学間近の根津遊廓の、一八八八年（明治二一年）の深川洲崎への移転などに示されている。

＊　＊　＊

さびれたとはいえ吉原は、まるで世話狂言のような廓遊びのスタイルを、そう急には失わなかった。吉原がかなり大きな変貌を余儀なくされたのは、一九一一年（明治四四年）の吉原大火、そして一九二三年（大正一二年）の関東大震災のためだった。そのたびに廓の古いしきたりのいくつかが消えた。しかしなかには時間をおいて復活するものもあった。たとえば花魁《おいらん》道中がそうだった。また京都では島原遊廓の「かしの式」がそうだ。ただしその実質はまったくちがったもの――単なるショーになっているものもある。

そうした古いしきたりのなかでわりあい長くつづけられたのが、花魁による張見世だ。遊客を誘うために娼婦が店頭にいならんでいるというだけなら、それは吉原だけではない。北欧諸国の「飾り窓」のような有名な施設もある。けれどもわが国の廓、とりわけ新吉原の張見世ほどの華やかさはほかにはないだろう。一八九九年（明治三二年）正月の『都の華』はそれをこんなふうに描写している。

五丁町に軒を列べし各楼にて春の店張の有様は相変わらず花井楼一派が友禅の花模様に頭には花簪をかざし厚化粧のコッテリしたる能く言えばお姫さま、悪く言えば公園の見世物なる都踊りか玉乗の女らしけれど、赤ゲットの客にはこの方が受けるとは浮世はさまざま、昔風の櫛笄、金ピカの仕掛に立兵庫も混じりて、七面鳥の羽拡げたるようなるは竜ヶ崎さては成八幡に止めをさし、其の他はアッサリしたる芸子風とむかしの女郎風を折衷したる拵え、金糸銀糸の繍（……）（吉原雀『都の華』1899/1）

　張見世の花魁は格子の内側に、美しく装っていならび、じぶんをえらんで買ってくれる客をまつ。まるで等身大の雛人形のようだったから、それを見に行くだけの冷やかし客も多かったし、近所の女こどもも、「お女郎さんを見に行こう」などと言って見物に行く。

　張見世の花魁は、髪は大きなシャグマか、古風には役髪といわれる立兵庫、紫天神などに結い、芸者でいえば出の衣裳にあたるしかけ姿で客をまち、遊客の指名があると二階のひきつけで対面の挨拶がある。ひきつけの花魁は張り肘をして胸をそらし、婚礼の三三九度にならった堅めの杯事をしなければならない。すこし散財をする気であれば、芸者や幇間《たいこもち》をよんで一騒ぎすることもある。廓の芸者は花魁の手前色事はないから、芸の優れた妓が多く、吉原の芸者、幇間は修業のきびしいことで知られていた。

　さて花魁の本部屋に通されて、ここではじめて女はしかけを脱いで長襦袢姿になる。しかけはもともと女房装束の褂にあたる放ちきもので、わが国の伝統では、正装の外着は帯をせずに曳く。婚礼の打掛とおなじもの。しかけというい方は廓でだけ使うことばで、しかけも打掛も漢字では「裲襠」と書くことがある。ただし婚礼の打掛がたいていは白無垢であるのに対し、花魁のしかけは華やかな色を使い、とくに幅広い繻子地の掛襟のついているのが特色。裁縫書のなかには、なんのつもりかこのしかけの構造を、くわしく説明しているものがある。

　昔の花魁の仕かけは大吹きと云って、二寸より二寸七、八分位まで吹かし、二枚重ねあるいは比翼付けに仕立てました。表は刺繍など施したる通しのものと、胴抜のとあります。（……）通しにても胴抜きにても、心をすっかり一枚通り入れて口綿入れ仕立にいたしましたが、只今は吹きも細くなって四分か五分位、普通の着物と変わりませぬ。ただ襟にのみ鹿の子をかけて昔の様にしたのもあります。（東京和服研究会『実用裁縫秘訣』1921）

　しかけの出袘《でふき》が大きく、重々しい衣裳だったことがわかるが、震災前までに、それがふつうのきものとあまり変わらないものになっていたらしい。

　しかけの下は下着の長襦袢だから、寒いときは花魁はしかけを二枚重ねて着た。花魁は長襦袢の下に湯文字、つまり腰巻をするが、道中のさなかに腰巻をずり落としてしまったという、腰巻高尾のはなしにあるように、この腰巻には紐がついていず、端を挟んでおくだけ。廓では用心のため女に紐を使わせない習慣があった。

　一二時頃まで待ってもお客のつかなかった女は、お茶を挽いたので、お内緒、つまり主人のところへ詫びに行ってひきとる。張見世はいわば人権蹂躙の上塗りだったから、放任されていたわけではなかった。売春関係は一般に地方行政の管轄で、張見世や客引きを禁じ、代わりに写真を貼りだす場合もあった。

　芸者とちがって花魁の衣裳は、新聞や三越のパンフレットで宣伝されることはない。それは彼女たちの衣裳が、世の中の女性たちの着るものと、あまりにかけ離れているから、というばかりではない。あたらしい時代にあっては、もはや彼女たちの存在自体が否定されるべきものと、だれもが知っていたからだろう。

　じつをいえば、花魁とよばれている吉原など廓の飼い鳥よりも、ある点ではもっとみじめかもしれない女性たちがいた。それは行政や、とりわけ警察が、銀蠅かなにかみたいに憎んで、追い散らすことに腐心していた私娼たちのむれだ。兵庫髷も華やかなしかけもなく、眼にはつかないが、都会のいたるところで、からだを売って生きていた女性たちだ。救世軍を中心とした廃娼運動のもりあがった一八九〇年（明治二三年）頃、全国の遊廓総数が七六〇余カ所、そこで営業する娼妓は一〇万人に近い、という調査がある（「娼況視察者の帰阪」大阪朝日新聞 1890/12/24: 4）。

明治の学生

学生ということばは古くからあったが、明治時代には学校に通って学問をしている若者をさして、一般には書生といっていた。明治の後半頃から、書生というのは、学校に通いながら他家に寄宿して、玄関番や力仕事、用心棒をかねた雑用をする若者のことをいうようになる。この時代には苦学生ということばがあって、書生さんは大体苦学生だった。

尾崎紅葉の家の玄関脇の三畳に、若き日の泉鏡花が置いてもらっていた。鏡花はべつに学校へは行っていなかったけれど、やはりひとは書生といっていたろう。この場合の鏡花は内弟子の身分。第二次世界大戦のころまで、書生さんというと真面目で、頼りになるひと、という語感と、漱石の猫の冒頭にあるように、猫を煮て喰ってしまうような、獰猛な種族、というイメージもあった。

「学士さんなら嫁にやろか」といわれたのはおそらく明治前半期のこと。学士、つまり唯一の大学だった東京帝国大学在学生は、一八九一年（明治二四年）一二月の調査では一三〇四人しかいなかった。入学生は五九九人。卒業生は四二〇人である（日本帝国統計年鑑―明治二四年）。一九二〇年（大正九年）の大学令公布まで、正式には大学は官立の帝国大学だけ。また官立大学も、早くから全国を七つの大学区に分けてはいたものの、東京帝国大学につづく二番目の京都帝国大学が正式に創立したのは、一八九七年（明治三〇年）だった。ただし、一九二〇年以前にも、準大学とでもいってよいたくさんの専門学校が存在して、各方面に有為の、資格をもった人材を供給していた。文部省学事報告の一八九六年（明治二九年）末「全国学校及教員生徒数」によると、大学は一校だが、高等学校、高等師範学校、専門及技芸学校は合計して二四六校、学生数は男子だけで三万四〇九六名となっている。その三万余人は、まわりのひとからみればみんな同じ学生さんになる。以下に、一九〇〇年（明治三三年）前後の東京における、二、三の高等教育校学生の、夏の制服のイメージを追ってみよう。

第一高等学校　帽子は麦藁海老茶のリボン、徽章は金色槲《かしわ》の葉、服は霜降セル立襟の背広

慶應義塾大学　帽子はケンブリッジ形、徽章は交差せる金色のペン、服は金熏しの釦付、霜降りセルの立襟背広

「今様書生の風俗」

『国民新聞』1893（明治26）年7月30日

高等師範学校　帽子は麦藁薄鼠のリボン、徽章は金色の菊花、服は霜降りセルの立襟の背広（「東京に於ける重なる学校の徽章と夏期の正服」『流行』流行社、1900/8）

といったちがいがあった。

　そんなにたくさんいる学生さんのなかで、だから大学生、とりわけ官立大学の学生のエリート意識はつよかった。帝国大学の制服制帽がきめられたのは一八八六年（明治一九年）一一月、学生は登校時以外でも制服制帽を着用するよう指示された。当時の学生の多くは通学にも和服だったから、学生のこだわりはとくに制帽だったらしい。どんな弊衣破帽であろうと、とにかく帝大の徽章のついた制帽ははなさなかった。一九一〇年代（ほぼ大正時代）に入ると、帝大の制帽よりも、白い一本線の入った第一高等学校の制帽があこがれの的になった。天下の秀才の集まるところとしての一高の声価は、久米正雄の『受験生の手記』などによくえがかれている。はるか時代の下がった第二次世界大戦後に、東大教養学部と名の変わった駒場で、廊下でつぎの授業を待って騒がしくしていた学生たちに向かい、私立大学の学生のような真似をするな、と怒鳴った教授がいたそうだ。誇りはひとによってはけっこう長持ちするものらしい。

　明治末、二〇世紀に入りかかるころの、東京の標準的な学生のかっこうを、『風俗画報』はつぎのように伝えている。和装のときは、きものは小柄の絣もの。一般に流行なのは薩摩絣。羽織もきものとおなじ。袴は鼠と白の千筋――それほど細かくないもので、瓦斯織の木綿。靴のとき以外は長めにはく。帯は一〇人が一〇人黒のメリンスの兵児帯。履き物は薩摩下駄。記者は、生徒、とだけいっているので、中学生なのか高等専門学校生なのかわからない。もっとも中学生も大学生も、この時代は基本的にはそう変わらないはず。

　森鴎外は島根県津和野の出身だが、『ヰタ・セクスアリス』(1909)のなかで、明治一〇年代（ほぼ一八八〇年代）の寄宿住まいの学生をつぎのように説明している。「生徒は一六、七ぐらいなのがごく若いので、多くは二〇代である。服装はほとんど皆小倉の袴に紺足袋である。袖は肩の辺までたくし上げていないと、惰弱だといわれる」。

　鴎外の書いている、惰弱だといわれたくないという気持は、一般に時代とところを問わず若者に共通する見栄だが、とりわけ明治時代の学生には特徴的だ。その背景には、東京で苦学している学生には地方出身のひとが多く、貧しい没落士族の子弟も少なくなかった。勉学のため上京する、というからには皆それなりに故郷ではエリートであり、そこそこの自信ももっているはず。それが井のなかの蛙から東京へ出てみれば、さまざまなかたちでの挫折を体験することになる。鴎外も前の文章につづけて、じぶんが〝醜男子〟たることを知ってあきらめ、以後この自覚がつねに意識の底にあったと書いている。あやうく年長者のお稚児さんにされかかった経験のある鴎外とちがい、そのもっとも極端な反対の例は菊池寛だろう。

　挫折はなにもじぶんの容貌だけのはなしではない。貧しい、無力な学生であるじぶんと、奢る世間や、既成権力との大きなへだたり、つまり〝嗚呼玉杯に花うけて…〟という嘯《うそぶ》きがまさにそれ。もちろんさまざまな挫折が、ひとを奮い立たせて、成功の道に駆り立てる例は多い。しかしそのまえに、世間の価値観を嘲笑して、あえてそれに楯突くという青春の一季節のあることは、かならずしもむだではないかもしれない。

　身なりに無頓着なこと、むしろしゃれ者や流行などはバカにするか、毛嫌いすること、周囲を無視し、ひとを脅かすような自己表現をしながら、それでいて結構人目を気にしていること――もちろんあらわれ方はひとさまざまだが、それが逍遙の『当世書生気質』(1886)の時代からずっとあとも、そう簡単には消えなかった学生／書生のイメージだった。

学生服の出発を考えるうえで忘れられないのは、軍人、警察官等の制服との関係だ。一八八〇年代（ほぼ明治一〇年代）、これらの制服がだんだんと固まってゆくのと並行する時期に、帝大の制服が選定されている。最初から軍隊式教育を謳っていた高等師範学校は特別としても、わが国の学生服と教育への、軍装と軍国思想の関わりかたは、なお考えてよいテーマになる。

昭和の学生

時代が昭和を迎えるころ、明治時代の荒っぽい書生さんのイメージが変わった理由は、ひとつには学生スポーツの人気だった。スポーツ人気は学生だけのものではなかったが、はじめのうちは白い眼で見られていたらしい西洋人の遊びに、積極的にとびついたのは学生たちだった。明治初めのお雇い外国人教師のなかには、ときおりアマチュアのアスリートがいて、彼らに指導されてフットボールや野球、テニス、登山、スキー、アイススケートのおもしろさを知るようになったのだ。一八八〇、九〇年代（ほぼ明治一〇年代〜二〇年代）に、学生野球における第一高等学校の黄金時代があった。それはべつに、一高に運動神経のすぐれた若者が集まった、というのではなく、外来文化の受けいれについてのアンテナが高かった、というにすぎなかったろう。

学生スポーツのなかでも大衆の人気がもっとも高かったのは、関東大震災以後の東京六大学野球だった。六大学野球への熱狂は、毎シーズンさいごの早慶戦においてピークに達する。一九二九年（昭和四年）春、秋には、慶應の宮武三郎、早稲田の小川正太郎というスター選手が神宮球場で対峙し、いやが上にも熱気を煽った。その背景のひとつにはラジオの普及があったにちがいない。関西のエンタツアチャコのしゃべくり漫才「早慶戦」が、野球人気に便乗するかたちでヒットした。

香川県出身の宮武三郎は、甲子園で全国優勝の経験ももち、慶應に進んでからは打っても投げてもよいスタープレーヤーとして、早稲田の必死の挑戦も受けつけなかった。豪快で、明るく、にくめない人柄だった彼は、たしかに、当時の銀座裏で大モテだったという、慶應ボーイらしさを代表するひとりだ。

明治の書生のみんながみんな苦学生ではなかったように、昭和初期の学生がみな、天下の遊民ではなかったはず、なのだが、新聞の三面記事や、通俗小説の筋書き中では、スポーツのみならず、社交ダンスにも、自家用車のドライブにも、伊豆や信州高原の避暑にも、入り交じっているか、グループをリードしているのが、かならずしも慶應ボーイではなくても、ハイソサエティの親をもつ、金まわりのいいハイカラ学生なのだった。

そういうハイカラ学生は一九二〇年代（大正末〜昭和初め）になると、もうだれもが、金ボタンの学生服になっているようだ。学生服の前合わせのボタンは五個、袖口は二個ずつがふつう。ボタンが多いのでよくとれる。学習院だけは、ボタンがけでなくホック掛けで、縁が蛇腹になっているのは、海軍士官式で異色だった。

蛇腹ホックでも詰襟であることは変わりなく、学生服といえば詰襟とほぼ決まっているが、要するにこれは軍隊、警察、鉄道員等に共通する、官公吏現業職員のスタイルだった。だから、というわけか、立襟のホックを外したり、そこから下に着ているシャツやとっくりセーターを覗かせたりすることは、反抗的な、不良っぽいかっこうとされた。もっとも襟を開けないのは、下に着ているシャツの襟の汚れているのが隠せて都合がいい。

学生服を夏冬二着揃えてもっている学生は少なく、たいていの学生は一着きりだったから、ところどころ変に光っていて、異臭のするものがある。もっともそれは女学生のセーラー服でもおなじことだった。冬でもオーバーを着ない学生が多く、だれもがスプリングコートを着るようになるのは第二次世界大戦後のことだ。

　学生服はほとんどが黒だった。黒い上着に、薄い色の替えズボンをはくのは、これも戦後になって、銀座あたりで遊んでいる慶應ボーイの特色とされた。

＊　＊　＊

　着ているものにそんなヴァラエティはあっても、学生である以上制帽ははなさない。それは和服の場合もおなじだ。学生帽にはクラウンと台の部分がはっきりと分かれたケピ帽、あるいはカスケット型のキャップで、固いツバがつき、あご紐がある。このかたちのキャップはそのいろいろなヴァリエーションが、おもに軍帽として、ヨーロッパではひろく用いられた。わが国でもすでに幕末にフランス式軍装の一部として模倣されて以来、軍帽、あるいは官公吏現業職員の帽子として定着した。そのため学生帽には、その先祖や親戚たちとのイメージ結合がどうしても避けられない。

　その意味でシンボリックだったのは、一九四三年（昭和一八年）一〇月二一日の、東京の明治神宮陸上競技場における、出陣学徒壮行会の光景だった。氷雨のなかを銃を肩にした学生たちのすがたは、学生服の色さえカーキ色かなにかにすれば、そのまま軍装になるのだ。

「京都駅前で相会した一高の橋本（左）三高の古海（右）両主将」
『大阪毎日新聞』1921（大正10）年1月4日

　召集免除の制度を撤廃し、ごく一部の専門課程以外の学生を戦地に送ろうという考えそのものは、戦況が緊迫化してきたこの時期のものだが、大学専門学校中学校の学生生徒を、万一の時の予備軍的にとらえようという意図は、あたらしいものではない。そのもっともゆるやかな構想は、学校体育に兵式体操をくみこもうという試みで、すでに一八八九年（明治二二年）、東京ではじまっている。この年の一月、東京府の公立小学校では、高等科の生徒に兵式体操を教授することになり、体操科教員の検定試験科目にも兵式体操を追加することがきまった（「東京府下の公市立小学校で兵式体操教授」時事新報 1889/1/4: 3）。

　小学生の体育に銃器まで使用させようというこのときの試みが、どこまで成功したかは不明だ。しかし軍が、よりはっきりしたかたちで、普通教育の体操授業への介入をはじめるのは一九〇九年（明治四二年）以降のことになる（「文部省、中学における体操の調査に着手」朝日新聞 1909/10/16: 3）。

　そして一九二五年（大正一四年）になると、その四月一三日の〈陸軍現役将校学校配属令〉（勅令第一三五号）によって、いわゆる配属将校の制度がはじまる。対象は小学校を除くすべての教育機関だった。第一次世界大戦後のワシントン条約によって軍備の縮小を迫られたため、それを補うために、極端にいえば「学校教育を軍事教育化し、学校を兵営化する」といういい方もあった。もっとも、軍縮余剰士官の就職先、という悪口もあったが。

彼女をマイカーに乗せてのドライブにあけくれている学生、教室ではなく、グラウンドやテニスコートに通学している学生、そして政府にとっていちばんあたまの痛い左傾学生――そういった連中に徳育を施し、配属将校の痛めつけによって服従心、義務心を徹底的に養う、という政府の意図がどこまで成功しただろうか。

女学生

第二次世界大戦前の女学校は、一八九九年（明治三二年）二月七日に公布された勅令第三一号〈高等女学校令〉によって、ほぼその法的枠組がつくられている。入学年齢は一二歳以上、就学期間は四年、ないし五年。

『風俗画報』一九〇五年（明治三八年）九月号の巻頭の論説「学生の風紀」のなかで、筆者の野口勝一は学生を堕落せしめる三つの原因のひとつに、女学生の跋扈跳梁《ばっこちょうりょう》を恣《ほしいまま》にする事、をあげている。野口は板垣などに近い政治家で、このころは地方新聞の社長だった。彼が実見するところによると、三、四人の女学生が下宿屋の二階でお喋りしていれば、話題は始めから終わりまで男学生の噂で、少しでも見よい学生とみると、いわゆる交際を名としてその家に出入りしてそれを友人に誇り、男学生もまた〝自ら粧飾して〟その愛を迎えようとすること、「藤原時代の殿上人淫蕩俗を為したる時の如し（……）」。

女学生の素行に対する世間の目は、きびしいというより、少々えげつないとさえいえた。この三年前、一九〇二年（明治三五年）三月の『都の華』が募集した川柳の、「女学生」という題の秀逸は「小夜衣海老茶式部は重ねて着」だったが、入選作四〇余点のほとんども、女学生の妊娠を揶揄したもので、そのうちのかなりのものは相手を教師としている。「先生の親切女学生の腹で知れ」。

一九二〇年（大正九年）になってさえ、同世代の娘のなかで女学校へ行けるのは五人に一人だった。まして明治時代であれば中学出の男性さえわずかだった。江戸時代以来の、女性を性の対象物としてしかみない風習に加えて、大衆のある種の嫉妬心も、女学生、あるいは「女学校あがりの女」に対する、根強い偏見の背景になるだろう。

＊　＊　＊

もちろん一方で、女学生の海老茶の袴に廂髪、のイメージは、その時代の若い男性のあこがれの対象ではあった。廂髪の流行は日露戦争（一九〇四～〇五年、明治三七～三八年）以後のことで、そのすこし前の女学生の標準的スタイルは、ほぼつぎのよう。

髪は額一杯に大きく前髪をとった銀杏返しに、一二、三歳以下はリボンにて結んだ下げ髪。袴はほとんどが海老茶。履物は多数が黒革の半靴。冬は着物に羽織または被布を重ねる。（「男女学生の風俗」『流行』流行社、1901/6）

もうすこし時代を遡った日清戦争以前、一八七六年（明治九年）生まれの小説家、山岸荷葉の記憶によると、女学生にかぎらず、明治二〇年前後のその年ごろの少女の髪は、つぎのようになる。「親戚知己の子女が、やはり時の流行で、メチャクチャに束髪に結ったものである。（……）上げ巻、下げ巻、マーガレット、イギリス巻、通人結。その内少女は前髪を切って、眉の上まで下げる。一寸可愛いかったものである」（山岸荷葉「洋髪の先祖」『新装　きもの随筆』1938）。

荷葉が下町の生家から山の手の漢学塾に移ったのがたまたま明治一〇年代末の縦型束髪の最盛期で

あり、束髪はとりわけ山の手が中心だったから、少年の眼はつよい印象を受けたにちがいない。

日露戦争後、髪は束髪が多いが、いい家庭の令嬢には日本髪の桃割がだいぶあり、またほかにマーガレットやお下げ。通学のとき着るきものはせいぜい銘仙か紬だが、なかには縮緬だの御召だのを着ているひともある。柄でいちばん多いのは紫がかった矢絣で、ほかは縞物が多い。

袴は海老茶のカシミヤがふつうだが、跡見女学校の紫の袴のように、海老茶だけだったわけではない。〝海老茶式部〟というあだ名の命名者と自認している荷葉は、華族女学校のさいしょは紫の袴だった、という記憶をもっている（山岸荷葉「洋髪の先祖」『新装 きもの随筆』1938）。時代はかなり下がるが、宝塚音楽学校がオリーブグリーンを採用すると、その色を真似る女学校もあった。履き物は上品むきには靴か三枚草履。下駄もけっこうある（「東京女学生間の流行」『衣裳界』1907/7）。

梅花女学校の授業風景

右田年英画、「写真」挿絵、『東京朝日新聞』1889（明治22）年2月7日

明治時代には、女学校に制服というものはないのがふつうだったが、このようなかっこうで本包みらしいものを抱えている少女をみれば、それで女学生ということはわかった。しかし東京にかぎってみても女学校は数多くあり、当然それぞれに性格のちがいはある。そのなかでお嬢さま学校といえば、やや別格ながら華族女学校／女子学習院（一九一八年以降）をあげなければならない。華族女学校は華族以外の入学も認めていたから、上流家庭の姫君たちの、この学校での教育内容や規律、あるいは日常生活の影響は小さくなかったろう。

華族女学校に次ぐお姫様学校は虎ノ門の東京女学館といわれた。その対極には、職業学校的性格のつよい共立女子職業学校などもある。明治大正期の女学校には、一般に年齢の高い生徒が多かったが、共立のとくに専門部は、女性の自立を目的とした技術教育を重視していたため、二〇歳代の独身女性、夫を喪った子持ちの女性などもめずらしくなかった。生徒に前垂を掛けさせたのもこの学校らしい。

＊　＊　＊

明治の終わり頃から、各女学校では制服をきめようとする動きがみられる。これは先行した男子校同様、その学校の生徒である自覚と誇りをもたらしめる、という建前と、学校側からは生徒統制の方策でもあった。他の女学校の生徒と街でも区別しやすいため、という理由から、襟に徽章をつけさせる、というようなことにとどまらず、袴に白線を入れたり、めだつような揚げをしたりなど、地方の女学校にはずいぶん変わった制服もあった。だから生徒統制というような考えに同調しない学校は、制服への積極的な反対の意思表示をしている（「非制服主義の女学校」大阪朝日新聞 1915/4/14 神戸版附録：1）。

　またひとつには、日露戦争から第一次世界大戦にかけて、日本人の各層とも生活が向上し、着るものも贅沢に、まためだってはでになり、娘の身の飾りの出費に苦労する家庭からの要望、という面もあったろう。

　その制服に、いわゆる改良服を採用する学校の多かったのが、一九二〇年代前半（ほぼ大正後期）だった。学校長などがみずからデザインした奇妙な服が、学校長の抱負と顔写真といっしょに地方新聞によく載っていた。

　これとほぼ同時期か、やや遅れて、洋服の制服採用の時代がはじまる。一九一〇年代（ほぼ大正前期）は、子ども服に洋服が積極的にとりいれられはじめた時代だった。関東大震災以後の東京横浜などでは、街角で遊んでいる子どもに、きものすがたはめずらしいくらいになっていた。女学生のセーラー服すがたはそういう流れの延長線上だろう。

　昭和の女学生のイメージは、セーラー服とオカッパ頭に代表される。水兵服は欧米では前世紀末からの流行で、かならずしも若いひとばかりのものではなく、もちろん少女服でもなかった。わが国へも大戦のはじまるころには紹介されているが、おもに海浜着としてだった。その後少女服として盛んに推奨されるようになったときも、運動服として、あるいはその運動性を重くみて、勧められている。

　一九二八年（昭和三年）の時点では、女学校の制服の五〇%がセーラー服であり、残りの半分がチューニック、と報告されている（「女学校校服を統一する運動」都新聞 1928/9/24: 11）。

　おなじセーラー服ならば、もっと統一した方が経済的、という主張のある一方で、一九三四年（昭和九年）に訪日したベーブ・ルースの娘のミス・ジュリアが、アメリカの女学校で制服のあるのは、尼僧院付属の学校くらい、日本の女学生は「ほんとにお気の毒」という発言をのこしている（「日本の女学生さんはお気の毒ね」読売新聞 1934/11/12: 9）。

モダンガール

　英語のモダンガール（modern girl）は当然、モダンシティ（modern city）、モダンイングリッシュ（modern English）などとおなじように、現代の若い女性、という意味でふつうに使われるが、一九二〇年代半ば頃（昭和初め）から、「Modern Girls」と大文字を使ったりイタリック体にしたりして、特殊なニュアンスをもたせるようになった。それは欧州大戦後の、いわゆるローリング・トゥエンティーズ（狂乱の二〇年代）に生まれたあたらしいタイプの女性、自由奔放で古い権威に無関心な若い女性たちをさした。フランスのヴィクトール・マルグリットが一九二二年（大正一一年）に発表したベストセラー小説『ラ・ギャルソンヌ（*La Garçonne*）』のヒロインに代表され、ギャルソンヌ（garçonne）とか、アプレゲール（après la guerre）とか、英語でフラッパー（flapper）などともいわれた。このうち、アプレゲールは第二次世界大戦後も、とくに日本で、アプレゲール、アプレ、として流行している。

　スタイルの点ではもちろん一九二〇年代（大正末〜昭和初め）のトップファッションで、凹凸の少ない筒型のシルエットと、膝丈の短いスカート、短く切った髪、が

モダンガールのひとつのタイプ
須藤しげる画、「新三稜鏡」挿絵、『国民新聞』1930(昭和5)年2月11日

特色。全体として一見ボーイッシュであることから、ギャルソンヌ、つまり、女のような少年、といわれたのだが、当時としては思いきって露出的で、化粧は一般に濃厚、それによって倒錯的魅力をねらったことはあきらか。その点では第二次世界大戦前後のマニッシュスタイル(mannish style)とはまったくちがう、退廃性を匂わせている。

パリの一流デザイナー、シャネルの代表作ジャージー・スーツも、このギャルソンヌ・スタイルの潮流のなかにあったが、「ひざというのは美しいものではないから、出さないほうがよい」という彼女自身の意見でもわかるように、オートクチュールにはオートクチュールとしての、誇りと抑制があった。ローリング・トゥエンティーズの本当のそれらしさは、ジャズと、チャールストンと、ギャングと、密造酒酒場の国、アメリカに生まれていたのだ。一九二〇年代から三〇年代初めにかけて(ほぼ大正末〜昭和初期)の日本のモダンガールも、はるかに幼稚で臆病ではあったけれど、先生は太平洋の彼方のアメリカだった。

＊ ＊ ＊

モダンガールとは一体どんな女性なのか、という疑問に対して、帝劇の女優森律子はつぎのようにまとめている。これは彼女が近く上演の劇中でモダンガールに扮するため、銀座、丸の内方面で、そうと見られる女性たちを生態観察した結果によるとのこと。

◎自由で解放的で、若さを享受する態度 ◎男のように足を外股にむけ、大股で歩く ◎行く人の目を惹くようなあたらしい着物や、芸術的なもちものを持つ ◎むずかしいのは歩き方や身のこなしで、とくに和服のモダンガールの場合は、酌婦のように見えないよう気をつける。(「私の見たモダンガール」読売新聞1927/6/30: 3)

やや畑違いの宗教学者陶山務は、モダンガールのイメージとしてつぎの点を挙げた。

◎断髪、あるいは耳隠しの髪
◎洋装 ◎脂粉の香の漂うこと
◎その月の『文藝春秋』を持ち、フランス語の小説と、フランス語の独修書を持つ(陶山務「マドンナとモダンガール」婦女新聞1927/1/9: 18)

また、モダンガールとはどんな女性か、に答える調査結果として、つぎの事例は興味ぶかい。東京四谷の職業婦人相談所は、「結婚に於いて職業婦人の嫌われる理由」という聴きとりを、当の職業婦人と、その結婚後の家庭においておこなった。ところがその結果を伝えた読売新聞は、コラムの見出しを「モダンガールの特徴・欠点を調査」とすり替えている。思うにこの時代、職業婦人とモダンガールとは、重なるイメージをもっていたこと、またコラムの見出しとしては、職業婦人よりモダンガールとした方が、読者へのアピールがあると判断したのだろう。その結果は以下の通り。

◎だらしがなく、かつ、礼儀を知らぬ。◎なんとなく情味に乏しく、すべての点において理屈っぽい。◎日本固有の女性らしさがない。◎なにかといえば直ぐじぶんから別れ話を持ち出す。◎割合に贅沢で、買い食いが好き。◎経済観念に乏しく、金を使うことを何とも思わぬ。◎夫や舅に仕える気持が稀薄。◎出歩くことが好きで、出ればなかなか帰ってこぬ。◎羞恥心に乏しい。◎掃除や勝手仕事が嫌い。◎来客があれば夫を差し置いて、主人顔をして喋ることが好き。◎男を何とも思っていない。（読売新聞 1926/7/5: 11）

一九二〇年代の末（昭和初頭）になると、モダンガールに対するこうした反感は、ややエスカレートしてきた感がある。一九二七年（昭和二年）五月に東京府下の婦人相談所、婦人宿泊所の責任者が集まって、モダンガールについての研究懇談会を開いた。そこではつぎのような意見が出されている。

◎今のモダンガールなるものは、物質欲の旺んな、かつ肉に飢えた、むしろ淫蕩的な面も毛唐かぶれした者である。◎銀座や東京駅付近をうろつくモダンガールには、むしろ急激に東京かぶれした、地方での不良少女が多い。◎欧風かぶれのモダーンスタイルは、悉く映画から来ている。そうして心の堕落は、劣等な婦人雑誌から来ている。（国民新聞 1927/5/25: 6）

モダンガールの跳梁した一九二〇年代後半（昭和初め）も、東京の流行の舞台――ファッション・ステージは銀座と考えられていたから、モダンガールのイメージには、断髪、洋装、銀座――という三点セットが結びつくように考えられやすい。

しかし事実はうえに見るように、その時代のひとびとは、洋装をモダンガールの欠かせない要素とは考えていないらしい。断髪は、新聞雑誌での話題性の方がにぎやかで、東京都心の美容院でも、断髪の客は日に一人か二人、という程度だった。またモダンガールはしばしば職業婦人とまぎらわしく見られていた、ということからすれば、それらしい女性たちの多かったのは、銀座通りよりも、丸の内のオフィス街だった、という点も理解しておく必要がある。

東京駅前に丸ビルの竣工したのは大震災直前だったが、それ以前に七階建ての海上ビルディングができていたし、このふたつに匹敵する郵船ビルなどがつぎつぎと建設されていた。丸ビルひとつでも、毎日そのなかのオフィスに勤めるひとの数は四五〇〇人、その二割が女性で、「すなわち職業婦人約七五〇人が、毎日丸ビルに勤めていると云うわけだ」と、今和次郎は『新旧大東京案内』（1929）のなかで強調している。

職場の制服

制服にはいろいろな機能なり目的なりがあり、その軽重は職種ごとにちがっている。もっとも単純には、制服がその業務なり身分なりをだれにもはっきりわからせ、かつ、その業務にとって、機能的に適切なものでなければならないことだ。

ある制服はこの前半分、認知性、ということがほとんどすべてであり、そうなるとバッジ（徽章）でじゅうぶん役にたつ。鉄道やバスの乗務員には最初から制服があったが、タクシー運転手にはそういうものがなかった。戦前のタクシーは個人経営のものがほとんどで、タクシー免許の有無などお客にはわからない。かといって会社に所属もしていないぜんぶの運転手に制服を着せるわけにもいかない。そこで一九一五年（大正四年）、警視庁は免許ナンバーを記入した徽章を、運転手の胸につけさせることとした（「運転免許所有者に徽章」時事新報 1915/10/15: 7）。

わが国で背広服の普及をおしすすめたのがサラリーマンだったから、背広はホワイトカラーの制服、というい方もある。しかしこの場合のサラリーマンという身分、ではあいまいすぎ、所属する企業なり、職種へのアイデンティティ、という点では役にたたない。そのため彼らのあるものは襟に自社のバッジをつけている。バッジは学生がよく用いるが、ある時代、袴姿の女学生もきものの襟元に小さなバッジをつけていた。女学校ではそれが校則である場合もあった。

業務にとって適切な服装、に大きな比重のかかったものに、各種の現場作業衣がある。わが国では一八八三年（明治一六年）の、三菱会社の雇人の常服は身分にかかわらず河内縞のきものに秩父縞の羽織、という規定が早い例として知られている（「三菱会社の雇人の常服」大阪朝日新聞 1883/1/9: 8）。実験や手術のための白衣などには認知性ももとめられるだろうが、板前さんや鳶職などは仕事がしやすければそれでよい。

服装の機能分化——TPOに応じた——が乏しかった第二次世界大戦前は、職種による服装の区別といってもおおまかなものだった。ただそのなかでいくぶんふしぎなのは、明治末に事務系の仕事に従事するひとのあいだに、一時的ではあったようだがハーフコート風の事務服なるものが用いられたらしいことだ。読売新聞はその代理部まで設けて宣伝につとめ、「事務服の流行　いまや天下に普し」と書いている。おなじ時期に「執務カバー」という実用新案が生まれ、カバーとはいっても一種の上っ張りだから、事務服とそれほどかわらない。想像するに、この種の事務服は一九二〇、三〇年代（大正末〜昭和戦前期）に流行した女性の上っ張りコートとちがって、デスクワーク従事者の、インク等からの袖口の保護が大きな目的ではなかったろうか。デスクワークをするひとのこうした事務服は、もちろんきめられた制服ではなかったろう。

オフィスの事務職はよいとして、電話交換手や紡績、機織女工など現場作業従事者にも、長いあいだ制服はなかったし、ましてその支給はなかった。交換嬢の有名な海老茶の袴、監督の紫の袴も、〝きまり〟にすぎなかった。一九一八年（大正七年）に、東京の中央電話局が交換嬢の袴の色による身分を撤廃し、袴は持ちあわせのもの何でもよい、ということにした。局ではさらに袴に代わるものがないかと検討する一方で、衣服の官費支給を本省に希望したが、その四〇〇〇人の交換手の制服およそ四万円が、さしあたり今年はむずかしいとの回答だったという（時事新報 1919/8/11: 6）。

＊　＊　＊

制服、あるいはユニフォームといわれるものの強制力や、強制のしかたにも差があり、政府機関や大企業の場合、遵守義務が明文化されているのがふつうで、その場合は官給、あるいは会社から支給のかたちがふつう。ただし例外はあり、ある地位以上の官吏の服装は自己負担だったから、「現時の服制は多分の費用を要するため薄給の警部はよほど困難なる折から（……）その筋においては更に簡易なる服制に改正せんとて（……）」（朝日新聞 1893/3/9: 1）。警察官の服制改正の議が起こったこともある。警察官の制服はその後、官給でなく貸与、というかたちになり、どんなボロボロになっても構わないから、さいごは返納しなければならない。

制服のうちでも大衆にいちばんよく知られているのは、いわゆる現業に属する官公吏の制服だ。軍服、警察官の制服もそれに入る。郵便配達員、鉄道職員の制服はだれにも親しいが、裁判官、判事検事、弁護士の法廷服などは、じっさいに見る機会のあるひとは少ないだろう。この種の職服は職場以外で着用することがないため、貸与のかたちがふつうだが、軍服は除隊の際一着支給される。そのため在郷軍人のなかには、町内会の集まりや孫の学芸会にも軍服を着てくるひとがあった。

官公吏の制服は、もともとおおやけの権威を示そうとする意図もあったのだろう。一九一九年（大正八年）六月の改正までは、鉄道職員でさえ金モールの肩章を飾り、帯剣までしていた（朝日新聞 1919/4/30: 5）。

その点では法廷服はもっとも典型的だ。権威なるものの、裏返しの滑稽さを表現したのが、黒澤明の映画《野良犬》のなかに登場する老弁護士で、ひとり聖徳太子のような時代錯誤の法服を着て法廷にあらわれ、とまどうさまを、志村喬がたくみに演じていた。東京美術学校が、教官に奈良朝風の制服を制定したり（「美術学校の制服」『風俗画報』1889/5/10）、また学習院が一九二〇年代（大正末～昭和初め）、教授に学校の内外を問わずきまった制服を身につけさせたりしたのはこの種の権威主義によるのだろう。

機能や標識性もさることながら、ある集団を統制しようとする意図から、服装や髪型を一定のものにしようとする場合も多い。それは多くの高等女学校経営者が抱いていた気持ちだった。学生生徒にとどまらず、教員にも、教員にふさわしい服を着せろ、という声は間歇的に存在していた。ただし女教員の服装を、「学校内にありては筒袖及び袴を着用すべし」といった訓令で縛った例（一九〇五年五月、広島県）があるが、これはもちろん仕事上の機能面を考慮してのことだ。

統制下で物不足が深刻になっていた一九四二年（昭和一七年）、愛国婦人会と国防婦人会が合流して大日本婦人会を発足させ、あたらしい会服を制定した。ただしこういう時局だから、なるべく古着を家庭で更生するようにという但し書きつきで。ところが末端の各町会にゆくと、新調を勧誘したり、はなはだしくは、新調しなければ会員でないとまで強請するケースが続出した。上からの指示には概して従順で、また、ひととおなじでないと不安な、女性の特性が裏目に出たともいえよう。

軍人

ミリタリー・コスチュームのマニアは、外国にはずいぶんいるらしい。それには理由がある。ヨーロッパではルネサンスにかかるころに、プレート・アーマー（plate armour）の時代が終わって、一六世紀から一九世紀半ばにかけては、ミリタリー・コスチュームのとりわけ華やかな時期だった。軍服の彩りもさまざまだが、比較的には赤が多い。すでに銃器が主役の時代なのだから、めだつ色は損のようだが、真紅は着る人の士気を高める、という考え方もある。そのうえあとの時代なら儀礼服にしか用いられないエポレット（epaulette）など、華やかなブレイド（braid）類や、大きなかぶりもの、絵本に出てくるオモチャの兵隊そのままのすがたが、ナポレオン時代までの軍人や軍隊のイメージだった。芥川龍之介が、子どもに似ていると笑ったのは、この種の軍装だろう。

一九世紀後半、わが国がフランスやプロシャに倣って近代的な軍隊を作りあげようとしたときは、軍装はもはや見ばえを追う時代ではなくなって、近衛兵等の儀装用をのぞけば、実戦のための道具になっていた。それでも長いあいだ愛されたブレイドの多用は、日清日露戦争時の肋骨服にその名残を見ることができる。それから先、第二次世界大戦にいたる時期までの軍装は、実戦のための効率本位に工夫がなされ、改正がくりかえされていった。

とくに全体主義国家において、広場に整列した何千何万という兵士が、同一の装備をし、一斉に腕を高くふり、脚を高くあげて行進する、パレード美の壮観というものはたしかに認めるが、兵士の着ているもので胸をおどらす女性はいないだろう。

その改正の変遷を追っての近代日本軍装史に関しては、私たちは幸いよい研究書にめぐまれている――太田臨一郎の『日本の軍服』（国書刊行会、一九八〇年）や、柳生悦子の『日本海軍軍装図鑑』（並木書房、二〇〇三年）。ここではその理解に役だちそうな、いくつかのエピソードをつけ加えよう。

　軍装は国の制度だから、変遷の事実そのものを追うこと自体は、国の制度全体が不備だった明治初年以外は問題がない。しかし官報や法令全書で見ることのできる服制の条文以外のところにも、近代日本の軍隊や、兵士たちのすがたは見え隠れしている。

　戦前多くの若者がはじめて身につける軍服は、召集をうけて入営したときだろう。徴兵検査でよい成績だった者のうち何パーセントかの若者は、その土地の連隊に教育召集され、一年あまり軍人としての基礎訓練をうける。農家出身者など、生まれて初めて洋服を着る者もいて、軍袴《ぐんこ》（ずぼん）を後ろ前にはくなど、まごつくひともあったので、兵用図書『被服手入保存法』（1917）という小冊子を読まされる。この本の巻頭はつぎのような文章ではじまる。

一　軍服ハ尊重セサルヘカラス
　軍服ハ軍人ニシテ始メテ之ヲ着用シ得ル勅定ノ制服ニシテ　陛下ノ股肱日本臣民ノ精華タル軍人ノ名誉ヲ国ノ内外ニ表彰スルモノナリ　軍隊ニ於テハ之ニ依テ秩序ノ維持、服従ノ施行ヲ整然タラシメ軍人ハ之ニ依テ其ノ名誉ヲ表彰スルト共ニ一般社会ニ対シ軍人ノ精神ト言行トニ自制的監視ヲ与ウルモノナリ　殊ニ畏クモ陛下ノ御服ヲ陸海軍両式ニ制定アラセラレタル一事ニ至リテハ軍人ガ陛下ノ股肱タル事実ヲ表証スルモノニシテ軍人ノ名誉タル事ハ勿論軍服ニ至大ノ尊厳ヲ加エタルモノト謂ハサルヘカラス

　つづいて第二は、「端正ナル着装法ニ習熟スルコト必要ナリ」、第三は、「手入保存ニ注意スルヲ要ス」、となっている。

　戦前の兵営内のはなしを聞くと、訓練や武器の手入れというのならわかるが、兵隊たちが受けもっている営内の掃除、とりわけ便所掃除、炊事、配膳、そして身につけるものの手入れには、きわめてきびしい監督の眼があったようだ。便器がじゅうぶんきれいに磨けてなければ舌で舐めさせられたりした。

　『被服手入保存法』のなかにはボタンつけはもちろん、破れや綻びの修繕の仕方が具体的に述べられている。「第三節　修理　一　縫方ノ種類及針足数」として、「一、グシ縫　二、マツリ縫　三、返シ縫　四、巻縫　五、掬ヒ縫　六、一針貫縫　七、針足数」の説明があり、縫い方の種類は女学校の裁縫教科書ほど数は多くないが、より実際的だともいえる。

　戦場に行けば、なにからなにまで自分でしなければならないのだから、当然のこととはいえ、きのうまでは鍬やハンマーをもっていた無骨な指で、意地の悪い班長の眼を気にしながら、おそるおそる運針をしている若者たちを想像するとほほえましい。しかし新兵にしたらほほえましいどころではない、日本の軍隊では有名なリンチ――往復ビンタの雨は、こうした被服の手入れの善し悪し、着方の細部、ボタンなどの欠損、洗濯のしかたなどについて、教育という名のもとに、きわめて日常的におこなわれたのだ。

　肉親や親しい友人が入隊して、軍服姿の彼にしばらくぶりであうと、日焼けして逞しくなったというだけでなく、あのだらしなかった男の動作が見ちがえるほどきびきびし、あぐらをかいてすわっていてさえどこかキチンとして、威があるとさえいえそうだった。「一般社会ニ対シ軍人ノ精神ト言行トニ自制的監視ヲ与ウル」とは、こういったことをさすのだろうか。

　それにつづく文中にもあるように、明治天皇、大正天皇、敗戦以前の昭和天皇ともに、宮城内の日常でも、一般的な外出のさいも、軍服がほとんどだった。戦後の、スーツに

中折帽すがたで、日本各地の民衆に「アッソウ」といって接した猫背の天皇とくらべて、馬上の颯爽たる軍服すがたの戦前の天皇は、いかにも軍国日本の象徴だった。

日常も軍服、というのはなにも天皇だけのことではない。乃木希典《まれすけ》は学習院院長の職にあるときも、軍服以外のものを着ていない。その点は文人ではあるが森鴎外も似ている。軍医総監の彼は乃木のような生え抜きの職業軍人ではないが、帝室博物館長時代も軍服で通勤した。彼らにとって軍服は、生きる精神を支える鎧でもあったかと思われる。

一般市民で日常軍服を着るひとはまさかいなかったろうが、一九一九年（大正八年）以後には、除隊兵には着用していた軍服一揃えが下付された（「除隊兵への軍服下付」東京日日新聞 1919/6/22: 7）。軍隊に関係ない行事等に参加の場合でも、軍服で出席すれば羽織袴の代用となるとされた。しかし平時に、とくに都会ではそういうひとは少なく、軍隊関係の行事には——出征兵士の見送りや在郷軍人会出席など、それを着て出てくるひとがあり、また農家では、労働衣にしているひともあった。いずれにしろ、乃木大将や森鴎外にとっての軍服とは縁がない。

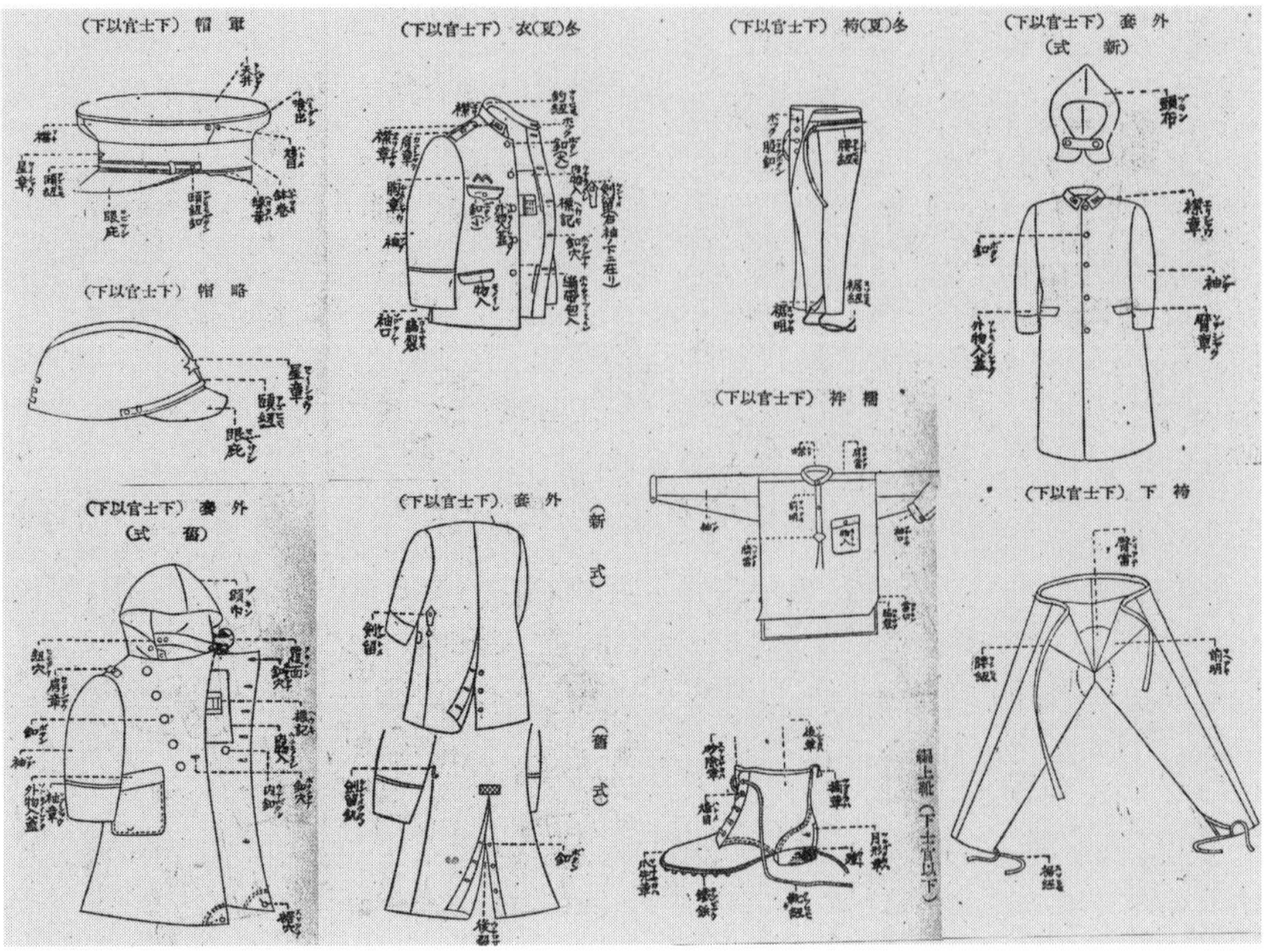

「主要被服各部ノ名称」
教育総監部編『被服手入保存法』、1941（昭和16）年4月1日

警察官

同時代の新聞によると、維新当初の東京の治安の悪さは今では考えられないくらいで、押込み強盗のたぐいが毎晩のようにどこかにあった。その一方で、それに対する警察力がどうなっていたかがはっきりしない。記録としては、一八六八年（明治元年）の鎮台府設置と市中取締兵隊の編制、翌年の弾正台の設置など、法令公布のあとはたどれるが、それらがどう機能していたのか、実効性のほどはよくわからない。

一八七一年（明治四年）になって、東京府下に邏卒三〇〇〇人が採用された。翌一八七二年、邏卒のほかに番人が置かれ、ともに「区内ノ安静ヲ警保スル」というあたりから、組織、身分待遇、武器、服装等をあわせて、ようやく警察制度と、警察官の具体的なすがたがみえはじめる。

近現代の警察官の服制を知るためには、太田臨一郎『日本服制史』（1989）の第九章「警察官」を参考とすればほぼ十分だろう。ただし、この本では詳細にすぎるというひとのために以下の項目をピックアップしよう（国立民族学博物館のウェブサイトから公開されている「近代日本の身装電子年表」も参照されたい）。

なお警察官の服制の基本は、一八九〇年（明治二三年）以後は勅令によっているが、細部については地方の実情にしたがう場合もある。ここにあげているのは、主として東京府において施行のもの。

◎一八七一年一〇月二三日　東京府で邏卒三〇〇〇人の任命

◎一八七二年八月二三日　東京府、邏卒のほかに番人を置く。その服制。

一〇月九日　警保寮職制ならびに東京番人規則公布。

◎一八七四年二月七日　東京府、警視庁に、警視、警部、巡査を置く。番人を廃止。

二月五日　巡査の正服制帽制定。

二月八日　巡査巡行時、新規調整の手棒を携帯。

二月一四日　巡査、手傘、襟巻き、下駄の着用禁止。

三月九日　巡査服装に繰り返しの注意。

三月一八日　巡査に賜給される金品が定まる。

七月二二日、八月五日　一等巡査は帯剣許される。

一〇月一五日　巡査入院時の服装規則。

◎一八七五年一〇月二四日　邏卒を巡査と改称。

一一月二日　警部、巡査の制服がきまる。

◎一八七九年六月二七日　巡査の服制改正。

◎一八八〇年二月六日　巡査の制服制帽改正。

五月三一日　警視局巡査の夏の制服規定。

六月二八日　警視局警部の夏の制服色を白地許される。

七月一一日　違式詿違《いしきかいい》条例に代わり、刑法違警罪施行。

一〇月二九日　警視局巡査の従前の礼服を廃し、この冬より制服を改定して礼服にも兼用させる。

◎一八八一年一月一四日　東京府に警視庁が置かれ、警視総監が統括。巡査の等級廃止。

一二月一七日　警視総監以下、警部警部補巡査部長までの正服正帽が制定される。巡査は前年規定の通りだが、釦のみ夏冬服とも真鍮日章に改正。

◎一八八二年一二月　巡査の帯剣がきめられた。剣は日本刀だが、各警察署に備え置かれている洋刀を当分は取り混ぜて帯用することも苦しからずと。

◎一八八三年六月一五日　東京府の巡査の帯剣。

◎一八八四年一月二一日「巡査帯剣心得」公布。抜剣を要する緊急の場合等について。

◎一八八五年一〇月二〇日　警部長、警部、警部補の略服が制定される。外套と、日覆雨覆いが用意された。

◎一八八六年九月二七日〈警察官吏礼式心得〉公布。

◎一八八九年一二月一七日　警察官、および消防官の帯剣が改正され洋刀型となる。

◎一八九〇年七月一一日　警部補以上の警察官、および消防官の服制改定。

七月二九日　着用についての詳細な規定。

◎一八九六年一一月二七日　巡査服制の改正。

◎一九〇八年二月四日　警察官、および消防官の服制改正。このとき制定された巡査の服装が、第二次世界大戦以前を通じてほぼそのままつづく。

明治時代における警察官の服装改正はめまぐるしい。もし改正が法令どおり施行されていれば、それによって時代判定のよい手がかりになるはずだが、新政府の財政事情のため、あたらしい制服、容装への移行はつねに遅れぎみだった。一八八三年（明治一六年）の巡査の帯剣にしても、かなりの期間、洋刀（サーベル）がまにあわず、日本刀とサーベルが入り交じって佩用《はいよう》されていたらしい。

ひとつには、これは警察官にかぎったことではないが、外来の衣服、道具への不慣れ、ということもあったろう。大阪では夜警の警官に、靴では音がするという理由で草履をはかせたことがあり（「夜警巡査の靴」朝野新聞 1880/2/7: 2）、角燈は使いにくいというので、丸提灯にしたこともあった。東京でも、巡査の武器がまだ警棒だったとき、それでは思うような働きができないということで、十手が復活したことがあった（「巡査に十手」郵便報知新聞 1881/4/4: 2）。

刑事にあたる職務は明治時代は探偵とよぶのがふつうで、密偵巡査といういい方もあった。私服警官とおなじ意味で和服警官、ともいう。新聞小説の挿絵などではたいていは鳥打帽に袴、靴ばきというこしらえ。これでは一見して刑事風、とわかってしまいそうだが、袴はかならず着用と義務づけられていて、犯人と格闘の場面でもこのかっこう。袴をはくように義務づけられたのは、刑事巡査の風体があんまり悪かったためとも考えられる。

探偵の下に、江戸時代の下ッ引きか手先にあたる人間がいたらしく、密偵といわれたのは、あるいはそれかもしれない。

制服巡査と探偵（刑事）による現場の捜査

「片おもひ」挿絵、『改進新聞』1889（明治22）年4月16日

たぶんこの密偵をさしているのだろうが、維新後しばらくのあいだは、彼らには江戸時代の岡っ引きめいた風儀のわるさがぬけなかったのか、一八九一年（明治二四年）の郵便報知新聞につぎのような指摘がある。

日本の探偵は大工となり職工となり馬丁となり博徒となるに於いては敢えて西洋の探偵に譲らざるも、紳士となり代言人となり学者となる点に於いて遥に彼に劣る処あり其は誠に故あることなり日本の探偵は旧幕時代のヲカッピキより変化し来たりたるもの多ければ目に一丁字なきものすらあり（……）

（郵便報知新聞 1892/9/16: 2）

第二次世界大戦後の警官の姿と比較して、戦前の警官のめだった特色は、肩章とサーベルだろう。ことにサーベルをガチャツかせ、というのが警官のイメージにあった。また髭を生やしたお巡りさん、というイメージもあった。戦後、警官が八字髭のような髭をはやすことは禁じられている。

ヴィジュアルなものではないが、警察官の〝オイ、コラ！〟もきまり文句のように考えられていた。維新後に生まれた巡査のイメージには、当時比較的多かった鹿児島出身者の国訛りの影響があるといわれる。暴力犯罪の多かった当時の東京で、安月給で危険な職務につこうという東京人は少なかった。官軍といっしょに江戸に入ってきた西南日本出身者の多くが、そのまま東京の治安を護る役にまわったのはしかたのないことだった。一八八六年（明治一九年）公布の〈警察官礼式心得〉のなかでは、人民に正常に礼をうけたときには、これに答礼するはもちろんなり、とし、一八九九年（明治三二年）の、ときの大浦警視総監は訓示のなかで、警察官が人民に対し粗暴な態度をとることなく丁寧であるようにと戒め、相手に呼びかけるにはモシモシ、と言うように、と注意している。ただし、土方立ちん坊のような連中には、従来どおり、オイオイでかまわない、と言っているのはこの時代らしい（「オイオイとモシモシ」時事新報 1899/4/21:5）。

＊　＊　＊

近代の警官のあり方を考えるとき、わが国の場合、交番の存在を忘れることはできない。交番という独特の施設が生まれたのは、江戸時代の自身番、辻番の経験からともいわれる。一八七四年（明治七年）にはじめて巡査が任命されたとき、これを各屯所（警察署）から町の要所要所の交番所に配置した。当時の交番所はひと一人が入れるだけの大きさで、おそらく陸軍の歩哨所をまねたものだったろう。そのひとつが、現在犬山の明治村に保存されている。巡査は傘（手傘とよんだ）をさすことはできないため、雨天の立番にはこのなかに入れたが、寒いからといって入っていることは許されなかった。

一八八一年（明治一四年）には交番所は正式には派出所と改称。交番はだんだん大きな建物になり、なかで執務も休息もできる現在の形式になった。交番は戦前の東京市街では、電話ボックス、公衆便所と並んで、大都市の機能に欠かせないものとして親しまれた。

囚人

刑事罰も刑務所もたいていのひとには一生縁のないことだが、事件や犯罪ものを扱うことの多い新聞小説などにはよく出てくる。だから手錠をかけられた悪人がうなだれて歩くうしろから、眼をいからせた警官が、腰縄の端をつかんでいるとか、高い壇上の裁判官の前に、被告人や代言人が、丸太のような柵にさえぎられて並んでいる有様などは、探偵ものの愛読者ならばおなじみの場面だ。

第二次世界大戦前の刑務所——一九二二年（大正一一年）の名称改正以前は監獄——についての法規は、一九〇八年（明治四一年）公布の〈監獄法〉に集約されている。その約一〇〇年後、二〇〇六年に「刑事施設および受刑者の処遇等に関する法律」が施行される以前は、わが国の近代的行刑制度の実態は、この明治末の監獄法の条文によって、おおよそはうかがい知れる。

衣服等に関しては第八九条でつぎのように規定されている。

在監者ノ使用ニ供スル衣服臥具食器及ビ雑具ノ品目ハ左ノ如シ

衣服　常衣　作業衣　襯衣
　　帯　褌　足袋
臥具　布団又は毛布　敷布
　　枕　蚊帳
食器　膳　飯櫃　椀　箸　皿
雑具　手巾　履物　雨具　冠
　　物

また第九一条に、「受刑者ニ着用セシムル衣服ハ赭色トス」、とあって、これがなにかにつけて、またものの譬えにもいわれた赤い獄衣だ。赭色とだけではっきりしないが、柿色というい方もされていた。柿色の獄衣は、すでに一八七二年（明治五年）に太政官から公布された監獄則で、またより具体的には一八七五年（明治八年）の〈囚人給与規則〉できめられている。ただしだれでもが、またなにもかもが赤いわけではなく、刑事被告人とか、一八歳以下の受刑者は浅葱色だった。布団も同様浅葱、つまり薄青だった。衣服には単衣、袷、綿入があり、すべて筒袖で、これは女囚もかわりなかった。

明治初年の牢獄はそれほど整備されたものではなく、牢名主こそいなくなったとはいえ、江戸時代の小伝馬町の牢を彷彿させるような部分もあったようだ。もっとも新聞挿絵などの場合は、挿絵画家があたらしい情報の不足から、だれもがおおよそは聞かされてきた恐ろしげな古い牢屋の有様を、そのままに描いたものがなかったとはいえないだろう。

わが国にかぎったことではないが、古い時代の入獄の目的は、身体拘束のための監禁と、懲戒につきていた。破牢——脱獄を防ぐためのひとつの方法である戒具（拘束具）——鎖とか、手枷足枷のたぐいは、さいしょはとくに外役（監獄外での作業）には用いられていた。一八七二年（明治五年）の監獄則によると、重鎖、軽鎖、両鉄、片鉄の区別があったが、早い時期に廃された。一八七八年（明治一一年）に内務省は、無期徒刑囚が身につける鎖類のスケッチを公表している。とくに規律が厳しかった陸軍監獄では徒刑人に鉄の首輪をつけさせていたが、これも一八八一年（明治一四年）九月に公布された太政官達第八一号「これまでの諸規定を集大成した監獄則」によって廃された。

柿色というような変わった色の獄衣を着せるひとつの目的は、仮に脱獄したとしてもすぐそれとわからせるためだろう。太いだんだら縞のアメリカの囚人服はおなじみだ。一八七九年（明治一二年）に陸軍同様廃されたが、それまで海軍の徒刑人の着る法被には、縄の模様や、大きな戒の字が染め抜かれていたのは、むしろ滑稽みがある。

一八八五年（明治一八年）に、軽罪で鍛冶橋の未決監に入獄した人物の手記によると、コハゼ付きの足袋は取り上げられたという。コハゼほどの大きさのものでも金属は許さない、という方針に従ったのだそうだが、明治一〇年代には、紐付きの足袋がまだ使われていたことのひとつの証拠にもなる（「入獄記」『東

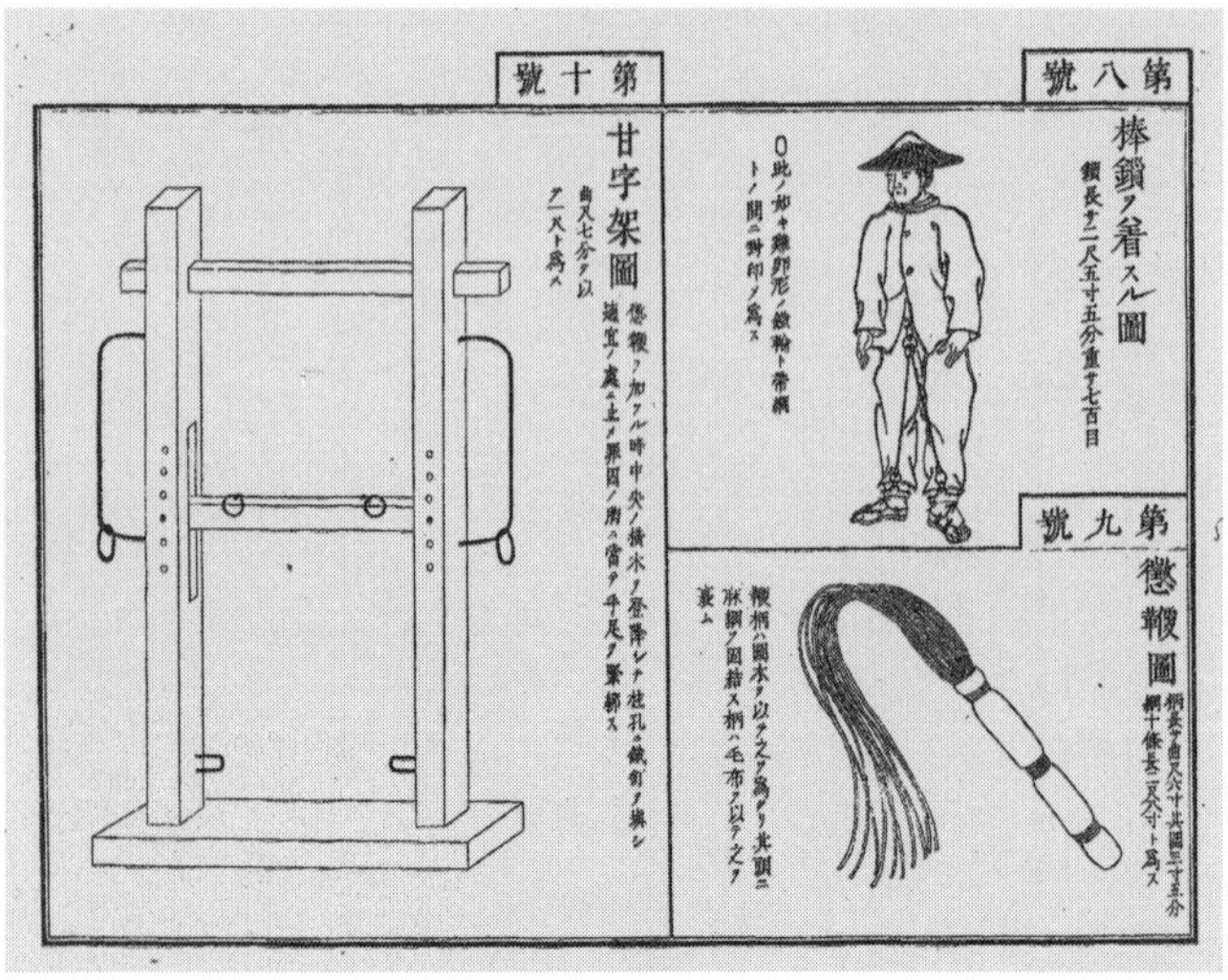

「外役連鎖ヲ着スル図／第五等役囚重鎖ヲ着スル図／第四等役囚軽鎖ヲ着スル図」「棒鎖ヲ着スル図／懲鞭図／甘字架図」

『監獄則図式』、1875（明治8）年

京経済雑誌』1884/9/20)。

開化当初の日本人は男女とも髪を結っていたため、獄屋暮らしには厄介だった。獄屋ではないが、貧困者の収容施設である養育院の一八九六年（明治二九年）のレポートに、女性は例外なく髪を短く切り、短いひとは五寸（一五センチ）ぐらいにしているとある。これは毛ジラミが多いための処置であると。監獄が養育院より衛生的だったとは考えられないから、とりわけ男性は断髪が早く進行してよい環境だった。しかしたとえば東京佃島監獄の場合、三年以上の収監者が断髪になったのは一八八〇年（明治一三年）で、その理由は結髪では理髪係の者の手が回りかねるため、ということだった。明治一三年といえば、娑婆の世間では丁髷《ちょんまげ》を結っている男などよほどの変わり者だったのだが。

一九〇八年（明治四一年）の監獄法における入浴回数は作業によってちがうが、原則は六、七、八、九の四カ月は五日に一回以上、それ以外の月は七日に一回以上、となっている。男性の理髪は少なくとも月に一回、髭剃りは五日に一回、また、理由なく女性の髪を短く切ってはならないし、女性には髪を整えるための膏油の使用もみとめられている。

明治中期、たぶん一八九〇年代に埼玉監獄の女看守を経験した女性の回顧によると、

> 就寝までは二時間ばかり暇がありますから、その間に髪を結いなどいたします。元結いは一人に一本の規則で、本来ならば一人で銀杏返しに結うのでございますが、お互いに結い合ってもよいことになっております。（浅野蔦子「監獄内にて女囚の取締を勤めし実歴」『婦人世界』1909/11)

装いや衛生の問題ではないが、生後一年未満の乳児をもつ女囚は、満一歳になるまでは獄内に〝携帯〟することを許す、との条目もあって、西欧近代国家なみへの文明志向が、鹿鳴館のダンスだけではないことを示している。

ただし、一九〇八年（明治四一年）という明治末年のこの監獄法の内容で、明治の監獄の様子全体を考えるのはおそらくまちがいだろう。その時代の監獄は監獄ごとの差が大きく、それは典獄個人の考え方によっていたともいわれる。監獄法規はそれほど細部にまで及ばないから、たとえば差し入れになにを許すか、などという点など、典獄、つまり刑務所長や、個々の刑吏の裁量次第、という部分も大きかったらしい。刑吏には出世の機会というものがほとんどなく、終身どころか、親子二代というひとも多くて、狭量で、なかにはやや問題のある性格の人物もあったようだ。

明治時代の新聞には監獄の探訪記事が数件残されている。一八九六年（明治二九年）の読売新聞のレポーターは、訪問が二月の厳冬の時期だったにもかかわらず、とにかく異臭に耐えられなかった、と書いている。

東京には一八九五年（明治二八年）に巣鴨監獄が設置されたが、（さいしょの名称は警視庁監獄巣鴨支署）一九二二年（大正一一年）に巣鴨刑務所と改称後、一九三七年（昭和一二年）になって刑務所の機能は府中刑務所に移管した。その後は巣鴨拘置所となり、死刑囚と未決囚だけになった。刑務所時代には、門前は差し入れ屋などでけっこうにぎわったようだ。障害者施設をつくるというと反対運動が起こるが、刑務所の方には誘致運動もあるという。

やくざ／遊び人

とりわけ明治時代の新聞小説には、定職のあいまいな遊び人風の人間がよく登場する。凄みをきかせて相手の小さな弱みを言いたてておどし、なにがしかの金品をまきあげるのを商売にしている、《与話

情浮名横櫛》の蝙蝠安のような手合いだ。なにかといえば尻をまくり、あるいは片裾をまくりあげ、きものはわざと身幅の狭い仕立——七五三五分廻し——にして、肩に手拭をのせて芝居がかった見得を切る。はだけた胸には彫物がのぞく。それがやや古めかしい明治のやくざの舞台すがただ。

江戸時代は窮屈な管理社会でもあったから、いちどまちがいを犯して人別帳から外れたりすると、そのままアウトローとして生きるよりしかたがなかったようだ。蝙蝠安のモデルになった男も逃散《ちょうさん》農民のひとりで、無宿者として日のあたらない生涯をおくった人間だったらしい。こういう無宿者の多くが各地の博徒の群れに入った。

明治になると江戸時代のような無宿者——宗門人別帳を外れた人間——こそなくなったが、生まれ育った土地や、それまで生活の手だてをもっていた土地に、いられなくなった人間は、いつでもいる。またそういう人間をへだてなく受けいれてくれるところもあった。その多くはきつい労働の作業現場だ。名目は近代的な会社名になっていても、肉体労働者たちは何々組という組織に属して、世話人、あるいは親分の統率の下にあった。うしろぐらい前歴をもってこのグループに身を投じた男もいて、そういう男は命がけの危険作業も進んでやったという。だいたいにおいてやくざ者のかっこうは、肉体労働者の作業衣のスタイルが基本になっている。

清水次郎長や会津の小鉄といった博徒は、明治時代になってもなくなっていなかった。ちがうのは、博徒のほとんどが、たとえ隠れ蓑ではあっても〝副業〟をもつようになったことだろう。一八九三年（明治二六年）まで長命した清水次郎長は、晩年ではあったが郵船会社をつくったり、富士山麓の開墾に手をつけたりしている。

一九二六年（大正一五年）四月に、「暴力行為等処罰に関する法律」が公布される。暴力団ということばが使われだしたのはこの前後からで、一九二九年（昭和四年）に東京市内の暴力団に対する取締りが強化されたときも、「所謂暴力団」といういい方をしている新聞もあった。かれらは政党との関係がふかく、その首領は政界の某有力者の庇護のもとにあり、市内に五〇〇人の子分をもつ大親分、と報道されている（「市内居住の一味　実に五百余人」都新聞 1929/9/25: 13）。

この時代暴力団がにわかにとりざたされるようになった理由のひとつは、不景気による社会不安から、保守政治家や財界人が、社会主義者の行動につよい怖れをもって、彼らの実力——暴力を利用しようとしたためともいわれる。思想としての国粋主義者のグループに混じって、きのうまでの博徒たちも、右翼の政治団体として認知されたのだ。

その一方で、新聞の三面には、いつもこんな記事の絶えることがない。

> 下谷数寄谷町の博徒親分八兵衛事杉村宇八は、表面空缶商を営みながら賭博を常業とし、一昨夜も浅草永久町の直柄やす方にて（……）両人と共に弄花（花札賭博）中（……）一三名の巡査が一同を取り押さえ、引致の途中大力無双の宇八は電車通りにて縄を振り切り逃走せんとしたるも格闘の末、四人の巡査に取り押さえられ昨日検事局送り。（都新聞 1912/3/11: 7）。

小商人や居職の職人のなかには、店や仕事場を小僧まかせにして碁会所に入り浸ったり、手慰み（小博打）で気ばらしをするようなひとがいるのはふしぎではない。表通りのけっこう大店の旦那にも、勝負ごとに眼のないひとはいる。そういう旦那衆を上客にして小さな賭場を仕切っているのがその土地の親分だ。子分の二〇人もいればいい顔で、たいていはそのまた上の親分の盃をもらって、島を預けられている。

こういう親分については歌舞伎の《髪結新三《しんざ》》（河竹黙阿弥作「梅雨小袖昔八丈」）のなかの弥太五郎源七親分などがいい例になる。六代目三遊亭圓生は、この〝親分〟という存在についてこんなことを言っている。賭場を開いて旦那衆に遊んでもらう、そのコミッション――寺銭が親分の収入だが、それだけではやっていけないから、ときどき花会《はながい》というものもやって、土地の商人からご祝儀の包み金を集める。まあ町内の鼻ッつまみなんだが、これが役にたつこともある。それは蝙蝠安のような手合いがゆすりにきたときなど、親分に頼めば若い者をよこして追っ払ってもらえる――。

土地の親分というような博徒やその幹部たちは、堅気の暮らしをしているひとより生活は派手で、リューとしたかっこうをしているのがふつうだ。ちょっと凄みはあっても金回りのいい、そんな男たちに熱を上げる女性は少なくない。

戦後のことになるが、額から顎にかけての大きな切り傷をもつある暴力団の親分は、自分がからだを張って生きてきたのは、贅沢がしたいからだと、心易いひとに語った。車も、身につけるものも、口に入れるものも、超一流のものばかりで、身の廻りのことはすべて子分がしてくれる。じぶんでするのは尻を拭くことだけです、とわらっている。親分の、その金に飽かした、ダンヒルと、グッチと、カルダンづくめの装いは、なぜか向きあっているあいてに、鎧でも着ているような圧迫感をあたえる。

親分格の博徒にしばしば侠客という肩書きのつくのは、清水次郎長が新政府の意向に逆らって、駿河湾に放置された幕軍水兵の遺体を収容したとか、国定忠治が天保の飢饉に遭遇して縄張りの村々に施しをしたり、農業用水池の整備に金を出したり、といったことのためだ。国定忠治の場合、一〇代で博徒の群に入ってから、四〇近くになって中風で倒れるまで、徹底的に縄張りの争奪にあけくれした生涯で、凶暴としかいいようのない人間に思える。賭場のあがりの内のどれだけを救恤に回したかしれないが、縄張りの土地のひとたちに恩を売っておくことが、それほどの犠牲的行為だったかどうか。

しかしその一方で忠治の生きていた時代の代官、関東取締出役に対する、農民ら民衆の怨みも深かった。どうしようもない権力への、怨念のような憎しみが、義賊だの侠客だのの伝説を生み、育てる。大隈重信はこんなことを言っている。

近頃は所謂侠客の徒が大歓迎で、左る筋の肝煎りにより、国粋会とやらいう様なものが組織され、大いに諸方に勢力を振るうに至ったと云う。博徒の親分が国粋であっては堪らぬ。我が武士道は、遂に降って浪花節芸人に落ち込み、更に下って博徒の群れなる侠客にまで落ち込んだのである。（大隈重信「武士道と浪花節と侠客」『大勢を達観せよ』1922）

もちろん、遊び人といわれる連中のなかには、文字どおりの遊び人で、辛抱のいる仕事が嫌い、つまりは怠け者で、いつも人生の大穴を夢見て、結局は親や女房や子どもや、まわりのひとに頼ってのらくらしている連中も、この世の中にはたしかにいるようだ。

火消し／鳶

鳶職と町火消しの関係はいまの人間にはわかりにくい。わかりやすく説明されるのは多く江戸時代の制度だ。明治にはいっても、現在でも江戸火消し連中による正月の出初め式が残っているように、旧時代の制度しきたりが急になくなりはしなかったが、時を追ってくずれてゆき、いっぽう官制の消防組織は制度がめまぐるしく変わったため、旧来の火消しと官営消防との関係など、正確にあたまに入れるのはむずかしい。

鳶職と火消しとはもともとべつのものだ。鳶職は普請場の人足で、足場を組むなどの高い所での作業が多く、いまは足場鳶、鉄骨鳶、配電鳶などに分かれている。足場を組む手際も熟練を要するから、現場では鳶さんといわれて重んじられている。

江戸時代には整地から足場組み、建物の解体まで、普請・土木作業の全般的な仕切りをする人間だったようだ。江戸の下町には町で抱えている鳶職がいて、そのいわゆる町鳶がいまなら区役所など行政の仕事になるインフラ関係や、町内や個々の商店の雑用までをうけもっていた。仕事師というよび方もされていた。住民に危害や迷惑を与えるような人間を追いはらったり、火事がおこれば消火作業をするのは、彼らが交番や消防署の代わりでもあったためだ。建築職人である鳶職と、消防団と、地域の警護と雑用係が、町鳶という名前の威勢のいい人足連中に任され、それをとりしきっている人間を頭《かしら》とよぶ。頭はだいたい町内に一人ずついた。江戸をはじめ当時の都市には、きまった住民税というものがなかったから、町鳶を抱えるために大店が負担する費用がそれにあたる、と考えればよい。

享保時代以後、江戸に町火消しができたことはよく知られている。火消し――消防の仕事は、町鳶たちが負担しているたくさんの業務のひとつで、いろは四十八組の組織を大岡越前守らがつくった、ということになっているが、行政からはなんの手当もない。

＊　＊　＊

新政府では、上下水道や道路の整備、防犯、消防といった住民サービスのほとんどが行政の責任となり、その結果鳶職の居場所はなくなった。近代の前半分、明治期は、その過渡段階とみていいだろう。

一八八〇年（明治一三年）に内務省ははじめて公募の消火卒三〇〇名を任命し、おなじ時代の巡査に近い制服制帽を制定した。乗物をはじめ消火器具も外国製のあたらしいものになり、纏や鳶口しか知らないそれまでの火消し人足では、用がたりなくなったのだ。しかし一方で鳶頭、小頭、纏持ち、梯子持ち以下の消防組も存続させたから、彼らは相変わらず半天に股引のかっこうで火事現場にとびだしていって、あたらしい消防隊と張りあった。一九三〇年（昭和五年）に勤続四〇年で表彰された老組頭はこう振り返っている。

面白かったのは消防隊ができた翌る年だったか俺たちはなにをこの田舎のサーベル上がりめと軽蔑しているところへ、消防隊の野郎は又いやにお役人風を吹かし、にらみ合ったのが出初めの当日、足を踏んだとか踏まねえとかくだらねえことがもとで大喧嘩がおッぱじまり、人殺しがあったりして（……）。（朝日新聞 1930/1/5: 7）

鳶とか火消しとかいうと、江戸っ児の勇みの見本のように思われていたから、宵越しの銭はもたず、喧嘩っ早くて、むこうッ気のつよいお兄イさんが揃っていた。またそれでなくては、火のなかにとびこんではいけないだろう。

江戸時代は鳶の者で、彫物《ほりもの》のない男はなかった。入れ墨というのは手首などに入れられる刑罰のしるしで、入れ墨者といえば肩身が狭いが、倶利伽羅もんもんなど見栄で彫るのは彫物、刺青、文身といって区別している。開化後は堅気の鳶に彫物のあるひとはめっきり減って、むしろ博徒が脅しに彫る方が多くなったかもしれない。

＊　＊　＊

町鳶が看板とよんでいるのが仕着せの半天だ。もっとも年中半天を着ているのは鳶だけではない。縞のきものに前垂れ姿というのがお店《たな》者、商店員のかっこうとすると、居職出職を問わず職人はみんな半天に股引、紺の腹掛というのがおきまりで、少なくとも明治時代を通じてはほとんど変わっていないようだ。

半天は出入りの商家から、襟にその家の名の入ったものを盆暮れに与える。これは鳶職にかぎらず、大工、左官などの職人衆はみなたくさんの出入りの旦那場をもっているから、名入りの半天を何枚も重ねて着るのが見栄だった。なにか不始末をしでかすと、その家の半天を着るのを差し止めるようなこともあったようだ。東京の下町にはそういう義理や習慣がかなり後々まで残っていて、故老の思い出ばなしのなかには、まるで江戸の風俗がまだそのまま生きていたような事例をたどることができる。

半天の上等なものは革製だった。年始の挨拶などには、頭は訪れる家のしるしの入った革半天を一番上に着る。半天でなく革羽織であることもある。

　明治末年の三越の『時好』の回顧談のなかに、筆者春塘の幼いころ、明治初年の、鳶の頭の正月の晴着が紹介されていて、そこでは頭は革羽織を着ている。

> 　新年には大紋つきの皮羽織を着し（……）、衣類は紬織へ鼠と紺で当番、則ち組合の纏の頭を染抜き、黒八丈の広袖で裏は孰れも花色絹、上着の下へは友禅縮緬の胴着を、四、五枚重ねて黒八丈の襟を揃え、帯は茶献上の博多を神田結びに締め、喉のくれるような腹掛、素足でなければ皮並と云う青縞《めくらじま》の股引、（……）皮並みとは足の皮とおなじように仕立て、弛みのないのを誇ったものだ、之を脱ぐには踵へ竹の皮を宛てて、二人掛かりで引っ張らねば脱げないと云う。（「鳶の者当番繋」『時好』1908/1）

「一月四日消防出初式消防夫梯子乗演技之図」
『風俗画報』、1889（明治22）年8月10日

　しかしもちろん半天をもらうだけでは食べていけない。商店の新築や、増築、蔵を建てるときには鳶職の力が必要だ。明治時代でも、蔵ひとつ建てると頭の手に五〇円から一〇〇円はわたったという。町内のドブさらいや、正月の注連縄張りなど町全体にかかわる用もある。火事となれば彼らの晴れ舞台で、江戸時代には、焼けなくてもジャンと鳴った半鐘の数で、戸一枚につきいくら、という割りの小遣いがわたったそうだ。ともあれ鳶たちの収入は不安定ではある。そのために圓生（六代目）の落語「質屋蔵」にあるような、旦那の家から沢庵漬けの樽でも上等の履き物でも勝手にもちだし

てしまうような、遠慮のない出入りの頭がでてくるのかもしれない。

＊　＊　＊

開化期以後の消防制度をもっともよく説明しているのは、明治期については、おそらく『風俗画報』の第一八六号（1899/4/5）「火災消防に関する制度の沿革」だろう。また太田臨一郎の『日本服制史』（1989）の消防夫・消防官の項は、昭和戦前期にまでわたって制度の改正に委しい。

とくに明治期については、法令集等の資料で示されている制度と、現実の消防夫の姿とのあいだには、かなりのズレのあったろうことは、あたまに入れる必要がある。その時代、軍服や警察官の制服さえ、制度はできても、供給のまにあわなかったことは常態といってよかった。

労働するひとびと

ここでは労働を狭く、筋肉労働の意味にとる。

第二次世界大戦以前のわが国で、もっとも人数の多い労働者は農業労働者であり、農民が労働人口の過半数を占めていた。農林業の有業人口は一八七二年（明治五年）、総人口（三三一一万人）の八一・四％、一九〇〇年（明治三三年）ではやや減少し、総人口（四四八二万人）の六六・六％となっている。だから労働衣といえば農夫の野良着を欠かすことはできない。

野良着は見ようによれば単純ともいえるが、統制はもちろん、伝播の機会は小さいから、地域ごとのちがいは大きく多種多様だ。農民衣裳、とくに野良着に関心が深まったのは第二次世界大戦後のことで、民俗学畑の研究者によって大きな成果がえられた。研究はおもに現地での聴きとり、撮影、資料の採寸等の分析が中心だった。農山村対象の民俗研究では文字資料がとぼしく、まったく存在しない場合も多いため、老人の心細い記憶を聴きとるほかは、半世紀以上の過去にさかのぼることはむずかしい。だからもし明治期の野良着のありさまを知ろうとしても、さいわいに写真でもあれば格別――それもほとんどは年月の不確かな――、たいていは稀に残っていたボロボロの半天、股引を眺めて、まあそんなにちがいはないだろうと推測するしかない。

一方文献の方からの手がかりとしては、一九二〇年代末から一九三〇年代にかけて（大正末～昭和初め）内務省の指示によって制作、提出された町村史誌がある。政府の意図としては、関東大震災で失われてしまった明治期の皇国地誌に代わるもの、という想いがあったと考えられる。これを仮に一九三〇年町村史誌とよぼう。この時期は一九二三年（大正一二年）の郡制廃止のあとの、地方組織改革のさなかだった。行政区画としては廃止されたが、古くからの地域名としての郡の名は残されたので、郡史誌を作ろうという動きも各地にあった。こういう動きも追い風になり、全国の市町村から県庁を経て内務省に提出されたのが一九三〇年町村史誌だ。不幸にして内務省に提出された文書は、今日その存在が確認されていない。大部分は未提出だったのではないかという説もある。また県側に残されていたはずの写しも、空襲による罹災のためほとんどが失われた。戦後各県、各町村で制作された町村史誌は、たまたま発見された一九三〇年町村史誌の一部を貴重な根本資料としているものが多く、衣生活に関連する項目も同様だ。

＊　＊　＊

農、漁民をふくめて江戸時代以降の労働衣が、原則としては尻切れの、つまり裾の短い筒袖きものに、半天、股引に三尺帯、手拭の頬かぶり、というスタイルだったことはたしかだ。荷揚げ人夫や米屋など重いものを肩に担ぐ仕事では、長い前垂がぜひ必要だ。布地には命しらずというほど丈夫な厚司がよく使われた。暑いときは下帯（六尺褌《ふんどし》）ひとつ、というのがふつうだった。初期の鉱山労働者は、坑内作業では男女ともにこのかっこうだった。

　ひと口に筋肉労働といっても種類は多い。労働衣の近代は、下帯一本か、半天、腹掛、股引の定番的服装から、仕事の内容に応じた、とくに危険度を重視した、目的的配慮へのプロセス、といえる。

　たとえば地下足袋の導入は一九二〇年代初め（大正後期）で、炭鉱作業で受けいれられたのが手はじめだったという。一九二三年（大正一二年）のこの特許がブリヂストンタイヤの石橋家のいしづえとなる。革靴はすでに幕府の兵士にも採用されたように、外来風俗中もっとも早く受けいれられはしたものの、とりわけ被覆性の大きい男子靴は、日本の高温多湿の風土には不向きといえる。そのため農漁民だけでなく、旅行、登山、釣りなどにはいつまでも草鞋《わらじ》への執着がつづいている。日清戦争（一八九四〜九五年、明治二七〜二八年）の戦場においてさえ、草鞋の利点が説かれた。しかしもちろん、鉄鉱所の危険作業などでは、早くから厚革の安全靴が使われた。

　一般にはたらき着としての和服は、袖と裾についての配慮が必要だ。袖については江戸時代でも、都会のごく一部の女性を除けば、ひろい袖や振りのある袂のきものなど着る者はいなかったのだが、裾の開きに関しては、日本人はかなり無頓着だったといってよい。野良着の多くも、丈が短いだけのあたりまえのきものだった。

＊　＊　＊

　もっとも早い職場のユニフォームのひとつ、一八七八年（明治一一年）の紙幣局の職工の夏服として、男工は白の河内木綿の筒袖きものにズボン、女工は白の筒袖きものに、「袴の形をしたもの」（「紙幣局の男女職工の夏服」読売新聞 1878/6/9: 1）と報じられている。「袴の形をしたもの」と書いているのは微妙なところだが、明治一一年というこの時代は、女学生の海老茶袴より前だ。

　おかしいといえるのは、はるか時代はとぶが、一九〇三年（明治三六年）鉄道の駅の出札係にはじめて女性が採用された。その職服を新聞はのちにこう伝えている。「彼女たちは黒木綿の職服を着ている。襟から胸までが被布仕立、下は袴風、筒袖で先端にひだをとっている」（松崎天民「東京の女」朝日新聞 1909/9/16: 5）。ここでは〝袴風〟などといういい方をしている。女性のはくものについては、かなりの屈折があるようだ。

　一九一〇年（明治四三年）の新聞には、古着屋の店頭での職工の女房の話として、「当年の春は職工一人で二四、五銭の股引を一カ月に平均三本買って、汚れた場合には洗濯せずに捨てた程だが、八月以来不景気が酷くなって月一本の割合に減じた」（「大晦日の職工」朝日新聞 1910/1/6: 4）とある。不経済ともいえるが、油汚れのひどいものを、当時の洗濯石鹸での手洗いはむりだったのだろう。鉄工場などの職工では、作業衣は現場での支給品として、通勤衣から着替えるのがふつうになってゆく。その場合も、さいしょのうち

「水仙花」挿絵、
『絵入自由新聞』1887（明治20）年1月19日

「海の幸『浜は大漁だネ』　朝の地曳き網きのふ房州御宿にて」
『読売新聞』1929（昭和4）年6月10日（夕刊）

は着替えのための場所さえ用意されていなかったらしい。

砲兵工廠の職工は洋服の作業服を着るが、作業服で通勤するのは体裁が悪いというので、途中の飲食店などで着替える人が多い。昨今の職工の増加のため朝夕の飲食店は市場のように賑わっている。（「職工の通勤姿」都新聞 1915/9/2: 2）

この時代から工場作業者は、いわゆる菜っ葉服とよばれる薄青色の、折襟、ボタンがけの上下服を着せられることが多くなった。鉄道機関士のこの姿をよく見るが、前庇のある帽子とともに、もとは軍服からのものだろう。

筋肉労働に属しても軽労働の場合であれば、上っ張り式のものを着ることですむ。医師の着る白衣などがその代表的なものだ。一九二〇年代以後、とくに女性労働者は、コートの流行にもいくぶんか影響されて、各種の上っ張りを着せられることが多かった。

現在の工場作業服は、大体において着物の上に着るように作られ、上着は襦袢式、下は袴式になっています。地質は小倉、または天竺木綿が多く用いられています。ある製糸工場では、繭から糸をとる水仕事に、袂の着物に襷がけで僅かにエプロンを掛けた程度で働いています。比較的に改良されたものでも、夏は水色ギンガム冬は紺サージのワンピースまたはツウピースですが、如何にも不格好で働きにくそうです。（「女工服」『婦人之友』1931/7）

＊　＊　＊

産業の重工業化が進むにつれ危険作業も多くなる。労働災害についての研究もおこなわれるようになり、一九三四年（昭和九年）三月に警視庁工場課は、安全委員会を作って、めだって多くなってきた工場での災害事故をなくすことにのりだした。そのなかでは、作業衣の欠陥に原因する事故の多いことが指摘されているが、丸髷や島田を結っている女工が、髪を機械に巻き込まれる事故があるため、日本髪を厳禁する（「女工さんの日本まげは（……）一切厳禁」朝日新聞 1934/3/14: 2）、としているのはこの時代らしい。

とくに建設、土木現場での作業員が、ニッカーズをはくようになったのもこの時代——一九三〇年代（昭和戦前期）だった。膝のゆったりしたニッカーボッカーズ（knickerbockers）はほんらいゴルフや乗馬用ズボンだったから、さいしょのうちは一般の作業員が気安くはけるようなものではなかった。

股引でも筏師のはく脚にピッタリしたものは特別で、ふつうの労働者は三分ダルミとか五分ダルミとかいって緩いものだが、それでもニッカーズの楽さにはかなわない。土木業界で土方服とか土方仕立てとかいわれたものは、詰襟の上着に折返しがあり、下はゆるい半ズボンで裾がボタン留めになっているものらしい。これなら機能の上ではニッカーズに近いといえる。

第二次世界大戦後は建設現場労働者のなかではニッカーズとタンクズボンに分かれて、不必要にゆるみのあるもの、ゆるみが足首の方に下がっているものなどもある。しかし戦後はストレッチャブル・ファブリックスが非常に発達しているので、形の上で大きなゆるみをつける必要は、実効的にはあまりない。

職人／人夫

江戸時代に、武士や町人と区別されて職人といわれたのは、もっぱら物づくりを仕事としていたひとたちだ。物づくりにあたらしい、たいていは外国からの機械が導入され、ものを作っているのは機械で、人間は機械の世話をするような状態になると、たしかにひとつひとつの製品と仕事をするひととの関係はうすれる。ただし、製品と仕事をする

舞台の建築職人（大工）

「朝浅墻金露玉振」挿絵、
『絵入朝野新聞』1887（明治20）年5月26日

ひととの関係が本当にうすれるのは、分業というシステムが入るためだろう。

職人と職工を区別するのに、職人はひとつのものを作るのに、じぶんで全体の責任をもった、という考えもある。しかし徒弟制度で支えられていた江戸時代の職人仕事にも、分業システムはあった。じぶんでデザインから仕上げまで手がけられるのは、比較的小さいものや、工程が単純なもののはなしだ。京都の染織品のように工程がはっきりと分業化しているものは、いまはじまったわけではない。大工でも木挽きだけの者、板削りだけやっている者もいた。橋や寺院などの大きな建造物は、もちろん何人もの棟梁の総掛かりの仕事だろうし、大きい調理場で働く料理人も、包丁をにぎる板前だけで料理はできず、焼き方、煮方、などの分業になっていた。

＊　＊　＊

開化以後も当分のあいだは、職人のかっこうといえば昔のままの、紺の股引、腹掛、ときまっていた。股引には膝あたりまでの半股引もあり、季節や仕事で使いわけていた。股引に腹掛け、上に半天をはおるかっこうは職人にかぎらず、土方、人足とよばれた筋肉労働者や普請現場などの雑用労働者、鳶の連中、人力車夫、多くの農民もおなじだった。外出のときはかならず手拭をふところに入れている。手拭は汗も拭けば、俄雨のときには頬被りにもなる。高座の噺家は手拭と扇子で器用になんでも表現するが、それほどでなくても、腰の提煙草入をとりだして、煙草を飲むわけにもいかない相手と向きあう場合など、揃えた膝の上で手拭をつかんでいるだけで、手もちぶさたが防げる。親方、棟梁となると、出入り先への訪問等には、股引腹掛けの上へ羽織を着て、鞄を提げたりする。

＊　＊　＊

おなじ〝半天着〟とはいっても、もっぱら物づくりをしている職人は、荒っぽい力仕事で稼いでいる人足を、じぶんたちの仲間とは考えていなかったろう。はっきりしたちがいは、職人たちは年季の入った技能をもっていたが、人足にあるのは二本の腕だけだ。

開化の時代になってからというもの、電信や鉄道の敷設、大規模な道路工事や橋梁の鉄橋への掛替え、石や煉瓦を積む西洋式建築といった建設関係、外国船相手の荷役作業、あるいは鉱山の掘削などに、たくさんのあたらしい労働力を必要とした。

鉄道の敷設や保守管理は鉄道工夫、荷役作業は仲仕、鉱山の採掘は鉱夫と、それぞれの仕事にはそれなりに必要な知識と熟練の度合いはあったが、概していえば単純な力仕事だった。彼らのほとんどは工事を請け負った親方の設けた飯場に寝起きして、そこの飯を食う。もとより家族などもってはいず、流れ者が多く、なにかうしろ暗いとことのありそうな人間もいる。前の日には腹掛に股引というかっこうだったはずが、つぎの日には六尺褌《ふんどし》一本になっている。夜のあいだの盆茣蓙《ござ》で、その日の稼ぎから身ぐるみまで取られてしまったのだ。じっさい、港湾での夏のあいだの荷役作業では、褌か半股引ひとつで、輸入穀物入りの大きな袋を担ぐのがふつうだった。褌一本でも、彼らは仲仕前垂とよばれる地厚の紺の前掛をかならずしていた。

　仲仕前垂は四尺（約一二〇センチ）程の長さの厚司の布を横中央で二つ折りし、折った内側に細帯を通して腰に巻きつける。荷役のときはその外側に垂れた方を肩にかけて、荷の当たりを和らげる。仲仕は単純労働にはちがいないが、本船から艀《はしけ》へ、艀から岸壁の倉庫へ、無造作に渡された三〇センチ幅くらいのぐらぐらする渡り板の上を、人間ひとり分の重さほどもある袋をかついで渡るのは、危険で、事故も多かった。そのためもあってか仲仕、あるいは沖仲仕というと、開港場の横浜でも気の荒いので知られていて、仕事を終わった沖仲仕たちが、前垂れを片っぽうの肩にひっかけて、海岸通りあたりをつらなって来るのにであうと、たいていの男は道を空けた。

　股引腹掛けが労働衣を代表してはいたが、膝のあたりの窮屈な細身の股引は、とくに高所で小まわりのきく動きを要求される鳶職には、ほんらい向いていなかったのだ。鳶職をふくめて建設・土木の労働者たちは、太平洋戦争までには膝のあたりの極端にゆるい、作業用ニッカーズ（knickers）への転換をほぼ終えていた。このニッカーズを現場ではふつうタンクズボンとよんでいる。この形のズボンは足さばきがよいだけでなく、高い足場で万一足を滑らせても、出ている釘などに引っかかりやすいため、命が助かるという利点もあると信じられている。

　ニッカーズ自体の普及は一九一〇年（明治四三年）以後のことだ。戦前、ニッカーズはもっぱらゴルフズボンとして愛用された。日本人のゴルフクラブである駒沢の東京ゴルフクラブの発足が一九一三年（大正二年）、関東大震災（一九二三年、大正一二年）頃にはかなりの普及をみていた。有閑階級の遊びであるゴルフと、建設労働者の作業衣を結びつけるのはむずかしいようだが、一九一〇年代後半（大正前半）の成金景気のなかに、たくさんの、ふつう請負師とよばれた建設業者のふくまれていたことは事実だろう。世間は彼らのかっこうを、あまりいい意味ではなく土方仕立てとよんだ。「うちの親方洋服パッチ、胸に金鎖がピンと光る」という俗謡があったそうだが、上が半天、下がズボンというようなキッチュをあえてしていた請負師連中の現場スタイルが、やがて末端の作業員にまで及んだ、という推測が妥当なところだろう。

　股引にせよ腹掛、半天にせよ、丈夫専一にと考えられたそれまでの生地はみな硬くて肌になじみにくい。慣れていればそれもよいのだろうが、とりわけ若い労務者は、やわらかい素材のタンクズボンの上は、メリヤスのシャツにジャージーのセーター、それでひとシーズンも着られればじゅうぶんだ。半天法被はお祭りのとき山車の上で着るもの、という通念が、第二次世界大戦後にはほぼ定着していた。

人力車夫

　人力車のはじまり、発明については諸説があるようだが、一八七一年（明治四年）一一月の、東京府下町々の風俗取締十二箇条中に、「群衆中人力車ヲ走スヘカラス候事」、という一条があるところをみても、開化後の早い時期に普及がすすんでいたことがわかる。

　一八七二年（明治五年）の四月に人力車を対象とするさいしょの規制〈人力車渡世ノ者心得規則〉が、東京府令として公布され、すぐつづいて〈宿駅人馬並人力車等取締規則〉が内務省令として公布された。

　交通に関する法規は原則として地方の所管だった。その後のいくつかの例をひろってみると、一八七四年（明治七年）の、人力車、馬車内で頭巾や手拭の頬冠で顔を隠す者とか、幌を下げている者は、巡査の尋問を受けることがある、という東京府達は、その時代の治安の悪さをうかがわせる。一八八六年（明治一九年）、和歌山県は男女相乗りの人力車を禁じている（読売新聞1876/11/13: 2)。おなじころの東京では、二人乗り人力車は一人乗りと同じくらいの台数があった。二人乗りが一人乗りの倍額ということはなかったが、乗るひとにも、また車夫にも割得だったためだろう。

一八八一年（明治一四年）一二月に、東京府は最初のまとまった〈人力車取締規則〉を公布した。あわせて人力車夫組合規則が定められ、営業者内部での相互規制もはかられている。取締規則は見直しがくりかえされるが、輓子《ひきこ》とよばれる車夫の服装については、要するに半纏股引を着るべし、というきまりをどう守るかが中心の課題だった。

一八八一年の規則には輓子の服装についての言及はなく、はじめのうちの車夫の服装は、まったくまちまちだった。人力車の出現によって消滅したのが駕籠《かご》屋だったから、駕籠舁《かき》から転業した車夫も多かったろう。駕籠舁といえば、江戸時代でも裸商売の代表といってよいくらい。だからすこし暑くなれば褌《ふんどし》ひとつに近い車夫もさいしょはいたに違いない。明治初年の人力車夫は、手足の満足な男であればいちばん取っつきやすい商売だった。青雲の志を抱いて上京してきた書生の車夫はめずらしくなかった。黒澤明のデビュー作品《姿三四郎》（富田常雄原作）で、恩師の矢野正五郎に出逢ったときの三四郎は、今でいうアルバイトの書生車夫で、絣のきものを尻ばしょりしている。近隣の百姓の、農閑期の日銭稼ぎでは、ねじり鉢巻の野良姿もある。木賃宿でごろごろしている素性の知れない流れ者が、飲み代稼ぎに商売することもある。

規制のゆるかった時期には、車宿でわずかな歯代（借賃）さえだせば、だれだろうがその日の車夫商売ができた。そのためさいしょのうちの人力車は、車夫の風儀の悪いのと、車夫の着衣、車のケットなどの不潔なのとが問題だった。客の膝にかけるケットは、客待ちのあいだ車夫がくるまっていることがある。女客のなかには、それを気持ち悪がるひとも少なくない。一八八六年（明治一九年）六月の内務省訓令「第三章　輓子就業制限」では「頬冠リ鉢巻其他不体裁ノ形装ヲ為スヘカラス」とあるほか、伝染病、疥癬、癩病患者、及び乞食体の者を乗せてはいけないとか、車を汚染するものや、悪臭を留める物品を乗せてはならないことを規定している。

一八八九年（明治二二年）の東京府警察令では、輓子の服装は紺色の法被、股引に限る、とされた。六年後に、白い服装は清潔なものであれば黙許、との内示があり、ただし白の法被に、異色の襟をつけることは許さないと、けっこう細かな規定がある。

翌一八九〇年（明治二三年）には、六月一日から一〇月三一日までのあいだは、長股引でなく半股引で営業させてほしいという、組合の申し出が認められた。明治三〇年代半ばのこのころになると、人力車夫の決まったスタイルができあがったようだ。雨天には桐油合羽、ゴム曳き合羽を着、あたまには晴雨にかかわらず饅頭笠か帽子をかぶり、足は紺足袋の足袋はだし、または素足に草履ばき。ただし一九〇一年（明治三四年）、ペスト予防のため、東京市内では屋外でのはだし歩行を禁じられたとき、人力車夫が馬丁、車力等とともにとくに注意を与えられているのは、そんな威勢のいい車夫がいたということだろう。

車夫はかならず組合に所属して鑑札を受けなければならなかったが、鑑札さえもっていれば自分の車で自前の商売ができる。一八九七年（明治三〇年）のデータでは、東京府下の車夫四万四四三〇人中、自前の車夫は一万八〇六四人。また、二万八四五五人が借り車の車夫、残りの二〇〇〇人あまりが抱え、という数字がある。

　抱えの車はお手車という。お手車に乗って嘯《うそぶ》いているのが、この時代の紳士の見栄だったらしい。営業車の車夫の着る半天には番号がついているので、車が黒塗りのお手車然としていても、輓子の半天を見れば営業車だということがすぐわかる。それで気のきいた営業車の車夫は、番号のついた半天の下にべつの半天を着ていて、客が乗ると下に着ていた半天をうえに着替えて走りだし、それでお客を得意がらせてやる、というサービスもあったそうだ（「人力車の番号」朝日新聞 1903/1/7:7）。

　華族さんなどのお抱えになると、お嬢さまの学習院通いのお供をするくらいが主な仕事で、月々のお手当てのほか一軒の家を与えられることもある。一九〇〇年（明治三三年）頃の東京の抱え車夫のみなりについて、つぎのような内容の説明がある。

　供部屋にいるときは、主人の換紋、または径一寸ほどの苗字の頭字を縫紋にした紺法被を着て、萌黄フランネルの三尺を緩く締めているが、いざお出かけのときは、剳襟の紺腹掛、筒袖襦袢（前襟を紐で括った、車夫仲間でづんどという）、紺の長股引、底三枚のはだし足袋、という恰好になる。（「問答欄」『流行』流行社、1900/3）

　人力車夫は威勢のよさが売物の商売で、けっこうあこがれるひともあったらしく、華族のなかで印半天に盲縞の股引をはき、人力車夫の真似をしたため、華族籍を剥奪された変わり者もいた。まるで落語の、火消しが好きで家をとびだし、勘当された「火事息子」のようなはなしだ。

　その車夫の客待ちが東京駅前から消えたのが、一九三八年（昭和一三年）のことだった。そのころは車夫の多くはもう若くはなかったが、それでも黒鴨などといわれた、濃紺の腹掛股引で、けっこうすがたのいいじいさんもいた。

丁稚／手代／番頭

　親方のもとで寝食を共にしながら仕事をしこまれ、やがて一人前の技倆が身につくと、独立してこんどはじぶんが親方となる、という徒弟制度は、ドイツのマイスタージンガーでおなじみのように、ヨーロッパで中世以来維持されてきた職人育成のシステムだ。しかし考えてみるまでもなく、これは職業教育のもっとも単純な、基本的な方法だ。だから時代と文化のちがいはあっても、世界のどんな地域にも、技能者を育てるための、似たようなかたちはあるはずだ。

　ただし、江戸から明治にかけての時代に典型を求めるにしても、職人と商人とではちがうし、職人でも職種によってずいぶんちがい、商人の場合にしても扱う商品と店の規模のちがいがあり、その土地独特の風習もある。

　江戸末期――東京のすこし大きな呉服商などを例にしてみると、小学校を出たくらいの年で小僧に、関西でいう丁稚に入るのがふつうだった。たいていは知りあいの口利きだが、父親がむかし奉公した店のような場合は、譜代の奉公人ということでとくに目をかけられる。勤めることは奉公といい、年限をきめるので年季奉公といって、その年季証文をつくった。もしじぶんの都合で途中でやめるようなことがおきれば、それまでの食い扶持を日にいくらで返却するのだ。それでわかるように、これは労働契約ではなく、子どもに喰わせて、着せて、仕事を教えてやるという恩義の約束なので、だから主人とは文字どおり主従の関係であり、その意志には絶対服従になる。

　年季の期間は一〇年までがふつうだった。職人の場合はもっと短く、職種によっては三、四年で終わるものもある。商家の奉公人は小僧が一〇年、それに一年の礼奉公、だいたい二〇歳くらいで元服といって一人前として認められ、手代となってそれからは給金が出る。稀にはそれからべつの店に移るひともあったらしい。まったくべつの職種に変わることはむりだから、習い覚えた仕事のなかでも、なにか特別なことにたけているとかで、店どうしの納得の上で職場が変わる。その場合はあたらしい店の方では中年(者)などとよんだらしい。

手代になると給料を頂戴し、羽織を許される。ただしこの辺は店によっていろいろのようだ。それから七、八年経って番頭になって、はじめて羽織を着られる店もあるし、しかし店から羽織を着て出ることは遠慮する、という心がけも必要だった。

番頭には住込みと、妻帯して自分の家から通うものとがいた。どちらにせよ番頭はやがて主人から資金を出してもらって別家《べっけ》する、いわゆる暖簾わけしてもらうことになる。それは主人の恩義のようだが、結局は給料の一部を積みたてているので、その積みたてが不足なのかどうかわからないが、主家の二階で飼いごろしの生涯を終わる老番頭も、めずらしくはない。

京都、飯田高島屋の地方発送係
『新衣裳』、1913（大正2）年2月28日

こういう絵に描いたような慣習は、落語の「百年目」の枕でも説明されているが、明治から大正、昭和と時代が変わるにつれてすこしずつくずれ、そして消滅した。一九二〇年代の末頃（昭和初期）、このようなシステムの現状についての社会学的な調査が各地でおこなわれ、そのデータが残っている。そのうちもっとも大規模だった、大阪市の呉服業界についての一九三〇年（昭和五年）のデータ『大阪市社会部調査報告書 九 昭和三年五 本市に於ける呉服店員の生活と労働』をおもな資料として、徒弟制度の近代をかいまみよう。

先にのべた〝絵に描いたような〟慣習を、この調査では仕着《しきせ》別家制とよんでいる。仕着というのは、主家にいるあいだの衣食を、ぜんぶ主人から給与されるため。江戸時代には商人といえば縞のきものに角帯、前垂れがけと、判でおしたようにきまっていて、縞といっても唐桟のような高価なものや、盲縞のような職人じみたものは避けて、たいていは松阪木綿とか、河内木綿とかだったが、大きな店では番頭はなに、それも一番番頭は結城紬、二番番頭は伊勢崎、というふうにきまっていた（「奉公人百話」報知新聞 1897/11/5:2)。また別家というのは、しかるべきときには主人の費用で暖簾わけをして、別家をたてる約束があるため。その仕着別家制のもとにいる店員が、この調査の時点ではぜんたいの八〇%をこえていた。残りの大部分は住みこみ給料制の店員で、通勤給料制という、現代のもっともふつうの勤務形態をとっている店員は、百貨店だけ、という状態だった。徒弟制度は第二次世界大戦以後にはまったく崩壊しているのだから、そのわずか十数年前までは、大部分の店舗が江戸時代とそう違ってはいなかったということは、古い習慣の根づよさと、それを上回る、戦争の社会構造への打撃の大きさを痛感する。

もっとも、変わらなかったといっても昭和になってからの丁稚が、まさか河内縞の半天に千草（薄草色）の股引、というわけにはいかない。明治大正になっても、正月とお盆の藪入りは小僧さんで盛り場がにぎわったが、当時の写真を見るとめだつのは、丁髷《ちょんまげ》の代わりに、申しあわせたように鳥打帽をかぶっていることだ。

商店員にくらべると、物づくりに従事する職人は、徒弟制度風の就業形態がさらに崩れにくかった。徒弟制度は、封建時代のたいていのシステムがそうであるように、すべてつよい側の利益になるように、ものごとが決められている。徒弟があまり早く仕事を覚えないように、仕事以外のこと——子守や家事にこき使い、肝心の仕事はできるだけ教えないで、見て盗め、と言い放つ。そうしてわずかのことにケチをつけて追いだした。その結果は五人に三人、一〇人に七、八人は脱落する。またそうしなければ、一人前の親方がふえすぎて困るのだ。

徒弟制度は、とりわけ技術の習得にとっては不合理、非能率だった。親方は口を開くと、一人前になるには三〇年かかる、だからお前も三〇年辛抱しろ、と鼻をうごめかした。もしその三〇年が二五年にでもできたら、その親方は有能とまでいわなくても、まだましなのだが。

工業高校や、専門学校のあたらしい、理に適った教育方法が、徒弟制度にとって代わったのだが、むかしかたぎの職人は学校出を嫌い、わるく言い続けた。

職業婦人

一九二〇年代（大正末～昭和初め）を中心に職業婦人の服装が話題となり、問題となったのは、いうまでもなく、職業婦人の存在自体が、注目をあつめたためだ。欧州大戦後の、解き放たれた女性の職業進出は世界的現象だった。女性が職業人として生きてゆくことの周辺には、いろいろなレベルの偏見や困難のあったのは、わが国だけのことではない。

職業婦人という枠で、ある特定のタイプの服装をさすことはできないが、わが国の場合、一般に彼女たちの服装は、女性の洋装化のひとつの突破口となった。一九二六年（昭和元年）に今和次郎は、銀座の店舗での観察に基づき「現代職業婦人服装考」という小文を新聞に寄稿して、つぎのように結んでいる。

洋装は仕事によって和服に比較すると遥かに仕事に対する適応性があり、働くのに便利なように、幾らにも工夫が出来る。ゆえに、少しでも働こうという労働観念があれば、その服装も洋服を基調として変化されてゆくのは当然の傾向であろう。（今和次郎「現代職業婦人服装考」東京日日新聞 1926/10/11:9)

このころから婦人雑誌に、「職業婦人用の洋装」「優美で働きよい新案婦人仕事服の仕立て方」「新型の職業婦人服二種の仕立て方」といった記事がめだつようになる。

こうした流れをうけて一九二九年（昭和四年）、東京の松屋百貨店で「職業婦人洋装陳列会」が開催され、翌月には『アサヒグラフ』にも見開き二頁で紹介されたから、反響はあったのだろう。『アサヒグラフ』は追ってつぎの年、「流行の混線」というタイトルの流行紹介組写真のなかで、職業婦人のスタイルを概括して〝スマートな感じ〟と評し、その理由をつぎのように説明している。

何故に彼女らはこのスマートの姿を狙うようになって来たのか。それは職業婦人の時代となって来たからで有る。スマートは能率を連想せしめ、能率は経済的優越を暗示している。（「流行の混線」『アサヒグラフ』1930/11/26）

「職業婦人洋装陳列会」を主催したのは、東京市小学校女教員修養会という組織だった。女教員は、職場の服装問題ではその中心にいたグループのひとつだった。看護婦をのぞけば、職業婦人として社会的にもっとも安定した地位を確保していたのは、女教員であった。看護婦の場合は、赤十字社の看護婦を中心に、肩の膨らんだ、なじみの看護服が国際的にもほぼ固定していて、論議の余地がなかった。それにくらべると女の先生たちのかっこうについては、批判、提案が多く、紆余曲折を経なければならなかった。

すでに一九二三年（大正一二年）の全国小学校女教員大会で、女生徒は洋服または洋服式、女教員は家庭事情その他の理由から、職服として洋服をもっとも適当とす、ときめられていた。しかしその実行は一向すすまなかった。すすまなかった理由は、とくに中年以上の教員が、はずかしがって洋服を着ようとしなかったこと、一方で彼女たちの慣れない洋服の不格好さは、児童の情操に悪い影響をおよぼす、という、かなりきつい意見もあり、またなによりも、不経済であるという批判があった（都新聞 1925/10/27: 9, 12/23: 9）。結局、一九三五年（昭和一〇年）になって、東京市だけは、上記小学校教員会女子修養部（改称）の考案による、黒サージのスーツとブラウス、ということで決着している（朝日新聞 1935/3/31 夕: 2）。

この東京市の女教員服は、いわゆる標準服というかたちできめられたので、制服のような拘束力をもつものではなかった。また世間からはやや閉ざされた場所――学校内の教壇で、特定のひとだけが着るものだから、影響力は少ないだろうが、児童の情操云々の意見があるように、生徒たちに与える効果、その心に刻まれるイメージは、たしかに大きなものがあったにちがいない。

それに対して、ひらかれた場所で着用され、社会的にはよりつよいインパクトをもっていた職業婦人の服装は、バスの女車掌だった。東京市は一九二〇年（大正九年）という早い時期に、三七名の女車掌を採用した。「大正の婦人界に新しい職業婦人として名乗りを揚げた市街自動車乗込の女車掌（……）」といった紹介もあった（「女車掌三七名の勢揃い」読売新聞 1920/2/2: 4）。

制服のデザインから、俗に赤襟という愛称をもらった彼女たちは、三年後には二〇〇人にふえ、「皆一八、九より二四、五までで、なかなか美人が多い（……）」などと書かれたりしたが、その存在が、「どんなにか我々都会人の殺伐にさえなった、角張った感情をやわらげ、潤わしてくれるか」と投書してくるひともあった。また、約一〇年後のマスコミは、「三一年の美はまさに、働く女の姿にこそ（……）勇ましい赤襟女　キッとふんばった姿こそ（……）正に・正に動的の美（……）」と賛美している（読売新聞 1931/1/15: 5）。洋服を着られる、という理由で、バスの車掌を志望する娘さんもいた。

＊＊＊

女性の職業進出が話題になりはじめたのは、一八九〇年代末（ほぼ明治三〇年代初め）だろう。「日本では女のする商売（仕事）は労力を売る商売でなければ淫を売る商売である。淑女としての仕事は先ず産婆くらいとは驚き入った」というエッセイが書かれているのはそのころで、そのなかには、日本でも近

結いたての日本髪が並ぶ
（「暑い忙しい交換手　昨日京橋交換局にて」）
『東京朝日新聞』1917（大正6）年8月3日

年は日本銀行、電話交換局、為替貯金管理所、鉄道局で女性の雇員を採用しはじめたが、商店の店番に女性がすくないのを西洋人がおどろいている、とも書かれている（朝日新聞 1900/9/27: 7）。

三年後の一九〇三年（明治三六年）一二月一三日と一四日の二六新報は「女子の職業」というつづき記事を掲載し、「女子の職業といえば昔は産婆か女髪結にかぎられ、今も尚教師か医者か看護婦か、然らずば電話交換局か紡績会社等の工場に雇わるる工女ぐらいにて、其外に女子の職業は無きものの如く思いなされ居る」としたうえで、三井呉服店は昨年（一九〇二年、明治三五年）女子職業学校より六人採用し、成績すこぶる良好なるため昨今は一般より募集して現在二六人、白木屋その他の呉服店、企業でもすこしずつ採用がはじまっている、と女性の職場のひろがりを報じている。

そのときからすれば、職業婦人の服装が話題になったのは二〇年もあとのことで、女性の職業進出のひろがりは明治の半ばとは比較にならないが、にもかかわらず職業をもつ女性への偏見は、なくなっているわけではない。女が家庭を出て勤めをもてばからだが穢れる、といった考え方さえ生きていた。つぎの警察官の文章は大震災の四年前のもの。

近来は主に下層階級の未亡人でありますが、工業の発達につれて職工を多く使用するところから工場に入る者があります。そうすれば相当の収入が得られて生活の困難はありませんが、其処まで身を落とさずに生活してゆくには、他の補助を俟たずしてはほとんど不可能であります。（警視庁保安課長「未亡人と品行問題」『婦人画報』1919/7）

偏見の中身は時代によって変化していて、たとえば一九二〇年代末（昭和初め）になると、時節柄、「世間では職業婦人とモダンガールをゴチャゴチャにしています」（「誤解されている職業婦人の服装」国民新聞 1927/6/1: 6）といったようなこともあった。

こうした発展のなかでふしぎともいえるのは、もっとも重要な職業婦人であるはずの家事従事者——女中さんのすがたが浮かびあがってこないことだ。新聞挿絵のなかの女中といえば十年一日のように、丸顔で獅子鼻、不格好なずんぐりした身体に、たすきがけ前垂れの奉公人以上には出世していない。結局は割烹着と、軽快で働きやすい各種のホームドレスの時代を待つしかなかった。

職業婦人とそのスタイルのイメージは、ひとつひとつを見れば各種各様ではあるが、少なくとも一九一〇年代（大正後半）以後は、ぜんたいとしてはプラス・イメージとしてひろがり、そのなかにはある世代、あるひとびとのアイドルであるようなイメージも、あったと考えてよい。

女中

ここでいう女中は、一般家庭や商家の家事使用人、いまいうお手伝いさんのこと。料理屋、待合、旅館、下宿の女中、とりわけ料理屋の女中はべつの専門職なので、ここにはふくめない。

下女という古いいい方もときおり使われていた。文章のなかでは下婢ということが多い。〝お三〟とか、〝おさんどん〟、というのは悪口。江戸、東京では近県の農村出身者が多かったため、おさんどんイコール山だし、という考え方があり、すがたや身なりについても、その点からバカにする風があった。新聞挿絵でも女中といえば、丸顔でペチャンコの鼻、ドングリまなこ、背が低くて大道臼のような尻、というきまった描き様から、なかなかぬけだせなかった。

その一方で大きな商家では、吉原などへはとても行けない身分の、性に飢えた丁稚手代などの、手近な相手にもなっていたようだ。落語の「梯子」にはそんな様子が描写されている。はなしは逆なのだろうが、江戸の川柳で房州女、相模女というと、そういう点ではずいぶんひどい侮辱をこうむっている。しかしひとつ家に若い女性が寝食を共にしているのだから、そういう関係がまったく起こらないとしたら、むしろ不自然かもしれない。また、主人や若様の〝お手つき〟のはなしは多い。志賀直哉のある短編のなかでは、暗い廊下でゆきずりに手を握ったとき、愛する女の手が意外に固かった、と書いている。女は日夜労働している身分なのだ。彼はこの女性との結婚を希望して父親と衝突している。

＊　＊　＊

何人もの女中を置いている大きな家では、台所仕事をおもにする下女中と、家族の身のまわりの世話をする上女中、もしくは奥仕えを区別し、それに女中頭が怖い眼を光らせる、という情景になる。もちろんこんなかたちは華族家などのごくわずかだが、主人や奥様、あるいはお嬢さまに仕える小間使という身分は、明治の小説には頻繁にでてくる。お嬢さまの小間使のなかには、乳母がそのまま長年《ちょうねん》した、お母様より頼りになる老女中もよく出てくる。落語でいえば「雪とん」とか、「なめる」などの重要な脇役。

お嬢さまと老女中とのこんな関係は、親子以上の親愛の情で結ばれているのだろうが、少なくとも明治時代までの日本人は、それを主従の絆《きずな》、といっていた。徒弟制度が仕事の内容についての契約関係ではないように、女中奉公ということばがまだ生きていた。

一九一三年（大正二年）刊行の『婦女の栞』中の「下女の心得教訓」は、つぎのように教えている。

一　御主人様方の事は親よりも大事に候まま　少しも粗末の心なく奉公を大切に務め可申事

徒弟制度では、小僧（丁稚）時代の一〇年ほどは無給金だった。仕事をおぼえさせてもらうのだから、というのがその理由。だから女中奉公にも似たような考え方がある。江戸時代の、町人の娘が上がる屋敷勤めは、お手当があっても雀の涙。着るもの、身の廻りのほとんどは家からの持ち出しだった。時代が変わって、給料こそひとなみに出るようになったが、御屋敷勤めを誇る気持ちはかなり後までつづいた。口のきき方や、お辞儀の仕方に、アアあのひとは若いときなになに様の御屋敷にいたからね、とうなずかれる。

主従の差別を重んずる気分は、古い慣習が根づよい土地では消えにくかった。一八九一年（明治二四年）の国民新聞に寄せられた大阪風俗のレポートに、どこの土地でも外出には、主婦とくらべて小間使、乳母、下女など、すべて雇われのひとが劣った身なりなのはいいとして、大阪では、下婢にはかならず一種独特の髪を結ばせ、帯の両端を重ねて垂らしている（国民新聞 1891/5/7: 1）、とある。

また一九一四年（大正三年）の京都のレポートは、つぎのように伝えている。

京都は古い都だけに、階級制度がキチンと極まっております、たとえば、女中がお嬢さまのお供をして外を歩く時は、必ず後から慎ましやかについて歩かせます、東京あたりのように、お嬢さまと女中が並んで話をしながら歩くというようなことはありません。それに女中には冬でも羽織を着せませんし、主人のお供をする時は必ず草履を穿かせます、服装も必ず主人より粗末なものを着せて、どこまでも女中らしくさせてあります。（「昔を守る京都の婦人」『婦人世界』1914/6）

女中には仕着せを与えるのがふつうなので、〝女中さん向きの安くてみばのよい物〟の紹介が新聞の家庭欄にもよくある。なにもそう差別する必要はないようなものだが、そうしないと来客に、奥様と女中さんの区別がつかないから、という説明もあった。

また主婦やお嬢さんの着古したもの、傷んだもの、気に入らなくなったものを与えるという習慣もあり、いくぶん流行遅れでもけっこう上等な銘仙などを、外出着として女中さんがよろこんで着ている、といったこともよくあった。着道楽で、しかも気前のいい奥様のいる家に長いこと奉公した女中が暇をとるときに、行李いっぱいのそうしたきものが、国もとの素朴な母親をおどろかす、などということもあったそうだ。

奥様から下がった少々傷みのあるきものをほどいて、縫い直すにしろ、あたらしく買ってもらった木綿きものを自分用に仕立てるにしろ、女中が自分のための針仕事をするのは寝る時間を節約するしかないのがふつうだったが、だんだんと、家族のための裁縫の時間のなかの一日二日を、女中さん自身のもの用にしてくれる、という家がふえてきた。女中さんをだいじにする時代になっていた。

昭和に入ってまもない一九二九年（昭和四年）には、「着物の柄まで差別撤廃となる」という見出しで、つぎのような記事が現れている。

面白いことに最近は従来の如く同じ二〇歳前後のものでも、花柳界向き、一般向き、または女中さんと、それぞれ柄の上にも差別があったものが、こうした階級的差別が無くなり、いわゆる大衆的の柄が好かれるようになってきた（……）。（東京日日新聞 1929/4/10: 8）

女中の待遇を引き上げたのは、一九〇〇年代に入ってからめだってきた女中不足だった。一九〇〇年（明治三三年）一二月の朝日新聞に、女中の志望者がいないため一段と給料が上がった、と報じているのが古い方の記録で、大きくいえば次第に社会問題化してゆく。

その一方で、水道が各家庭に引けたため女中を解雇する家がふえたとか、女中を雇わないでも済む家事のやり方を考えようという提案も現れている。

女教師

女性が職業をもつことに批判的で、冷酷でさえあった明治大正期の日本人が、ほとんど唯一みとめていた職業は、学校の教師だった。開化後の日本では、いろいろな分野に、女性の職業の道はすこしずつ開けていった。早い段階の看護婦、電話交換手、製糸や織布の女工、一八九〇年代（ほぼ明治二〇年代）後半になると、商店員や事務員のような、ある程度教育を必要とする職種もこれに加わる。しかしそのどれもこれもが、執拗とさえいえるほどのからかいや、侮蔑の対象になる。

そのなかで学校の先生というと、これは別扱いだった。

新政府は当然ながら一般教育をおもくみたから、また同時に教育する者のあり方に対しても注意をはらった。一八八〇年代（ほぼ明治一〇年代）は、不平等条約改正を見すえての西欧化の推進と、それに反発する守旧思想とのせめぎ合いのときだったが、それは教員のあり方にも反映している。一八八三年（明治一六年）五月一五日、ときの文部大書記官は各府県知事への通達のなかで、女教員また女生徒の袴、靴着用を、異風であり、浮華である、として非難した（「辻文部大書記官より通牒」読売新聞 1883/5/25: 3）。

女教員の袴すがたを異風とみたのは、明治初年からこの時代まで、一般に女の袴は男装とみなされ、キザな風と受けとられていたためだ。明治一一年に大阪堀江のある娼妓が、黒縮緬の羽織に仙台平の袴、靴をはきステッキを突いて座敷に出、教師手とよばれたという（「大阪堀江廓の女教師そっくりな娼妓」朝野新聞 1878/4/11: 2）。女教員の袴すがたが、世間でおもしろがられていたことがこれでわかる。

この時期は東京のみならず各地方でも、学校教員が次第に洋服に代わっていた時期だった。官立東京女学校では西洋風の家事教室を建て、外国人教師と一〇名ほどの寄宿生とをそこに住まわせて、割烹裁縫接客の実地教育をおこなった。一八八九年（明治二二年）には、東京府学務課長から各私立小学校に対し、教師はなるべく洋服で執務するようにとの諭達が出されている。

これらの流れをたどると、さえぎることのできない洋装化のなかで、女性教員はとり残されているらしくみえる。女性教員は洋装の前に、女が袴をはくことへの好奇や非難の眼を、まずのりこえなければならなかったのだ。

そののち長いあいだ、男性教員の洋服が定着する一方で、女教師の多くは和服に袴という、女学生時代の姿を、そのまま教壇にももちこんだものと考えられる。

時代は飛んで一九二八年（昭和三年）、東京市内の女教員会は、女教員の服装に関する審議会を設置、「小学校女教員は原則として洋服を着ること」との決議をしている。それを受ける意味も兼ねて、三年後の一九三一年（昭和六年）一〇月、雑誌『婦人之友』は女教員の服装を特集した。羽仁もと子の司会する女性教員たちの座談会は、明治大正期における女性教師の洋装化のプロセスをかいま見せて興味深い。以下、その座談会での発言の一部を紹介する。

◎七、八年前（一九二三、二四年）に全国女教員会で、「女教員の服装を如何にすべきか」という諮問を全国の会員に送った。そのときは洋服反対論が多く、結局、「なるべく洋式のものを用いること」という決議にまとめられた。

◎現在の東京市内の小学校で、洋装の女教員の割合は、一、二、三〇%くらい、八〇%くらい、全員——と、学校によってさまざま。洋装できない理由は、校長が不賛成、年寄りの先生が着ない、生意気と感じるひとがいる、女教員と見られるのがいや。

◎公衆の前での非難がある。「お前のような女がいるから国防が危うくなる」「お前は日本人か、アイノコか」「親兄弟がないのか」

◎女教員は流行の先端を走るために洋服を着るのではなく、働くために便利な服装をするという立場で着るべきで、そうすればご老人方の心配するような結果にはならないと信じます。

◎私たちの主張しているのは、外国のものをそのまま真似したような洋服ではありません。洋服式のきものなのです。現に着ているのは、着られなくなった黄八丈のよいところをとって仕立てた、簡単なものですが、長袖に袴とは比べられないような働きよさです。

◎和服に洋服の長所をとりいれていくと、かえって両方の長所を消し合って見にくいものになってしまいます。これまで改良服がひとつも成功しないのはそのせいだと思います。洋服の方が時代的な服装だと思ったら、洋服を着るべきです。洋服はこれまで長いあいだ研究されてきているのですから、自然にそこに洗練された調子があります。

　もちろん洋服をとりいれるといっても、不必要な習慣までとりいれることはいけませんが。（羽仁もと子）
　◎AさんやBさんがお着になった時分はいわば洋服の建設時代で、かっこうはともかく、率先して洋服を着る、という点に意味がありました。ところが今は、洋服を着ることはむしろ当然のことになりましたから、せっかく着るなら自分に似合うものを着たい、チャンとしたかたちをしたいと思うものですから、なかなか着られなくなります。

　ひとりの女教員の発言につぎのようなものがあった。洋装をして青山一丁目から電車に乗ったとき、乗客の大部分がいわゆるルンペン風の自由労働者だった。彼等は私の姿を見ると、しきりにからかいだした。口惜しいと思ったが降りるに降りられずじっと我慢していた。電車が霞町までくると、どやどやと生徒が乗ってきて、口々に先生おはようと挨拶した。すると今まであれほど悪口雑言していたひとたちが、なりを静めてしまったのです。彼等は私がなんで洋装しているかわかったようです。ひとりの男が生徒に、あれはお前の先生かいと訊いていました。その子は「そうよ、とてもいい先生よ」と無邪気に答えています。そのうち広尾に着くと労働者の一団はみんな下車しましたが、わざわざ私の前を通って、ひとりひとり会釈して降りていきました。済まなかったというような表情をして。私は思わず涙がこぼれました。そして教師という職業の貴いことを、思わずにはいられませんでした。

　先生はべつあつかい、という考え方がここにもみられる。

　それから三年後の一九三四年（昭和九年）、『婦人之友』とはちがう観点をもつ『婦人画報』には、つぎのような指摘があった。


　職業婦人の中で、もっとも洋装が普及し、また普及する勢いを見せながら、その姿の洗練されないことで代表的とも云えるのは女教員でしょう。（……）彼女達が、甘んじて野暮な風をしなければならないのは、いろいろな外的な理由もありましょうが、ひとつには　洋装に対してはっきりした知識をもとうとしないことも挙げられると思います。（「堅実・スマート・活動的」『婦人画報』1934/2）

　筆者はそういって、アメリカの映画女優が着たファッション・フォトを紹介し、「これをそのまま着てもモダンに過ぎるとか、奇抜であるとかの非難は受けまいと思います」と結んでいる。

　ちょうどこの時期は、少女時代から洋服で育ち、すでに和服の着方があやしくなった世代が、大都会のペーブメントにはふえはじめたときだった。とはいえ教壇で日々生徒たちの前に立っている、とりわけ中年をすぎた女教師の多くは、洋服の知識のあるなしの問題ではなく、いやむしろ洋服がわかっているからこそ、じぶんたちのどうしようもないなにかが、もう洋装の時代からとりのこされていることを、はっきり感じていたのかもしれない。

看護婦

　看護婦は開化後に生まれた女性職業のなかでも、教員とならんで、早くからそれ相当の社会的認知をうけた職種だった。

　さいしょの看護婦の養成は、いくつかの医療機関のなかで、たがいに交渉は保ちながらも、別個に発展してゆく。そのスタートがほぼ同時期であるのは、社会的要請の高まりに応じてのこととして、当然といえるだろう。その時期が、ほぼあの鹿鳴館時代といわれた五、六年間（一八八五〜九〇年）に合致しているのは、偶然といえない理由があるのだろうか。

看護婦養成の中心だったのは日赤東京病院で、一八八六年（明治一九年）一一月に博愛社病院として東京広尾に開院し、翌年日本赤十字社病院と改称した。これから一〇年後の日清戦争終結までが日本赤十字社の、ということは日赤看護婦にとってもくるしい時期だった。日赤はいうまでもなくジャン・アンリ・デュナンによって一八六三年に創設された、人道的救護を目的とする国際組織だが、もちろん当時のわが国にそんな理解はなかった。障害になったのは耶蘇のしるしの十字だった。この十字はデュナンの生国スイスの旗の、色を反対にしただけのことだったが、耶蘇禁制の高札が廃されて、まだそれほど時間の経っていなかったわが国では、疑いの目で見られたのはむりもない。

赤十字社は一般の誤解を解くために、おなじ時期に篤志看護婦人会の成立をはたらきかけ、これを赤十字活動の強力なバックアップとした。篤志看護婦人会には、皇族の女性をふくめた上流社会の女性方が多くいた。日清日露の戦役には看護婦の従軍はなかったが、戦場が比較的近かったために、多くの傷病兵たちが西日本の病院にはこびこまれた。そうした傷病者の看護に寝食を忘れた看護婦たちのすがたは、はじめて、看護婦というものがどういうものかを、一般に知らせる機会になった。同時に、看護婦たちにたちまじって、おなじ白衣を身につけて、高貴な女性たちの立ちはたらくすがたを目にして、看護婦たちへの敬意もましたにちがいない。『近代日本看護史　一　日本赤十字と看護婦』(1983) のなかで、著者は「日清戦争後、看護婦は一躍女性の人気職業となった」と書いている。

＊　＊　＊

看護婦という存在は、直接治療にあたる医者とおなじように、弱い立場の患者にとっていわば強者の立場ともいえる。患者の意識のなかにあるいくらかのインフェリオリティー・コンプレックスと、ときにはいくらかの甘えとが、ほかの職業婦人とはちがう、看護婦独特のムードをつくる。

加えて、一八九〇年代（ほぼ明治二〇年代）はもちろん、その後のかなりのあいだ、女性の洋装はきわめてめずらしかった。地方の農村から出てきた若い傷病兵などは、白い洋装の看護婦に近寄られるだけで、かなりの興奮をしいられたにちがいないが、それは平時の病院の、患者と看護婦の関係にもある程度はいえよう。そもそも、洋館建てといい、窓のカーテンといい、ベッドといい、白いシーツといい、病院自体が、その時代の標準的な日本人の日常とくらべれば、異世界といえた。とりわけ男の患者にとっては、看護婦はその異世界のなかの、文字どおり白衣の天使に見えたかもしれない。

日赤看護婦の看護服は、ほぼ同時代の欧米の看護服に追随していたから、一八九〇年代の欧米のトッ

誕生期の看護師たち

「朧の花隈」挿絵、
『やまと新聞』1893 (明治26) 年6月8日

プ・ファッションに近いスタイルを基準にしていた。この時代は看護服にかぎらず、特定の目的のための実用衣服でも、子ども服でも、そのための機能を即物的に追うという考え方は、まだとぼしかった。

と同時に、制服というものは、一旦きめられるとなかなか変えられない、という宿命ももっているために、看護服は一八九〇年代のトップ・ファッションのなごり——怒り肩や高いキャップなど——を、半世紀ちかくもひきずっていった。

明治から昭和戦前までを通じて、小学校の女生徒にむかって、将来何になりたいかをたずねると、トップになるのはきまって、先生か、看護婦さんだった。そういう一種の人気に対して、逆に、かつて女としては高い収入の女髪結いに浴びせられたような、意地の悪い陰口も、なかったわけではない。理屈っぽくて、陰気で、とても嫁のもらい手のないような女、そういう悪口は、一九一〇年代（ほぼ大正前半期）に盛んになった、派出看護婦の時代に、とくに聞かれたのではないだろうか。

一九二〇年代あたりまでは、看護婦の多くは養成所を出たあと、その養成所を運営する看護婦会に属し、看護婦会の周旋によって病院なり、医院なりの専属となるか、あるいはそのときそのときの依頼で病家に派出されるかの、ふたつの行き方があった。この時代でも病院勤めが看護婦としての正当な働き方だったろうが、収入の方は、病家次第でかなり水ものといえたから、派出専門を選ぶ看護婦も多かった。とくに未熟な三等看護婦は、病院から採用されにくいためほとんどが派出に回ったらしい。

看護婦によろこばれたのは外科か性病——その時代のいい方で花柳病、そして結核の患者だったという。派出看護婦は、和服の上に白い上っ張りを着て病人の世話をするひとが多かった（『婦人画報』1920/7）。

その時代に派出看護婦が多かったのは、慢性的な女中の不足がひとつの原因だったかもしれない。第一次世界大戦による好景気はそれに拍車をかけた。家事で手のふさがった主婦に代わって、専門的訓練の身についた者に看護をまかせられ、また派出看護婦を雇っているといえばひと聞きもよい。

その派出看護婦について、早くも一九〇九年（明治四二年）に、看護婦の風紀について冷評悪罵のある現状から、有力な看護婦会の会長、経営者が会合し、「堕落女学生の混入し易き看護婦会の掃討を期し、モグリ看護婦会の退治をも図り、斯界の革新に努めることになった」（「看護婦界の活動」中外商業新報 1909/11/26: 4）などという記事が現れている。かなりいい加減な派出看護婦会もあったようだが、それにしてもある職業案内の看護婦の項の、つぎの説明にはおどろく。

看護婦と申しますと直ぐ淫靡な女性であるかの如く思うは半面の観察であります。（鴨田担『現代女子の職業と其活要』1913）

出産／授乳

お産についての実用的な文章は、一九一〇年代（ほぼ大正前半期）頃からは、ほとんど医家の書いたものになる。専門的な産科学やお産婆さんむけの本の内容はわからないが、通俗医学書でいっていることは、現代とほとんどちがいはない。気づくことといえば、戦前は産後の静養を非常に長期間とらせたこと、また産婦のからだを温めることにずっと気をつかっていることくらいだ。そして一九一〇年代というと、まだ例のまくりというような、前時代の慣習に固執するひとがすこしは残っていたのだろう、そういうことへの言及のある書物もある。

明治時代、その半ばくらい（ほぼ一九〇〇年くらい）までは、お産に

出産習俗の一例（「（問）陣痛きました時は産婦ハ産床に臥ます方が宜しふ御ざりますか又は腰を掛ますか屈方が宜しふ御ざりますか」）
加島福子『産婦心得草』、中田きね刊、1894（明治27）年

ついての教えごとは、むかしながらの女訓書や、礼法書のだいじな内容でもあった。その一例をあげてみよう。

婦人が妊娠して五カ月を経たときは、里方の父母はじめ親類の者たちを招いて帯祝いをする。里の父母は紅白の絹八尺ずつを、法に適った折様の紙に包んで水引をかけ、樽肴とともに贈る。この紅白の絹は、男の左の袂より女の右の袂に入れて渡す、という作法もある。この絹は、その日産婆を招いて妊婦の腹に巻くもので、いわゆる岩田帯がこれ。この日はお産が軽いようにと戌の日をえらぶ。またこの帯は、子どもが生まれる前に小紋に染め、祇園守りの紋をつけ、紅絹を裏にして衣服にするのが習わしである、と。

さて分娩の日となると、白い上敷を室内に敷き、白い寝具、白い三枕、屏風を用意する。産児の産着そのほかの必要な品々は、白木の台に乗せて産室の隅に置き、また薫きものをほどよく燻らせておく。出産ののち、産室で用いた火鉢その他の調度はほかの部屋で用いてはならない。これは産の穢れを憚《はばか》るためだ。産児もおなじく穢れがあるから、七日間産室から出してはならない。

産後七日目をお七夜という。生まれた子に名前を与える名披露目の祝いだ。名を与えるのは祖父か叔父のうち、年長で幸いあるひと。奉書か杉原紙二枚を重ねて折り、その中央に名を書き、三つに折って上包みをし、白木の台に据え、樽肴を添えて贈る。また産婦へは夫より、時服一重ねを与える。産児の産着は里方の父母が贈るのが法だ。昔は産着に、男の子には短刀、女の子には守り刀を添えたものだが、いまは随意になった、と。このような産後の儀礼は二一日目、三五日目、食い初めの一二〇日目とつづいてゆく（以上、主として田辺和気子『新撰女礼鑑』1898より）。

女訓書などに示されるこうした〝法〟のなかには、どこかの土地の習俗なのか、著者の頼りない聞き覚えにすぎないのかと迷うような、奇妙なことも多い。

また古来より言い伝えにて、うのめがえし、無紋のもの、紫色、紅しぼり、しじらなど着て、産室に入るはよろしからず、（……）また七夜のうちは妄《みだ》りに生児の顔を人に見せず、産着を着するに、男の子は左の手より袖を通し、女の子は、右の手より袖を通させ、紐は結ばず打ちかけおくとし、（……）誕生日来るまでは新しき衣を着するを忌む、と言い伝えたり。（篠田正作『女子修身美談』1894）

『東京風俗志』（1899-1902）の平出鏗二郎は、「出産および老幼の祝儀」の項で、出産に関してはごく簡単な記述にとどめたが、妊娠五カ月目の岩田帯には、やや詳しい説明をしている。岩田帯の功罪については、その時代医家のあいだでも意見が分かれていた。小さく産んで大きく育てる、という点については一般に否定的だったが、腹部をある程度締めておくことは、妊婦の生理にとってべつの利益がある、という見解の医師も多かった。

また一八八八年（明治二一年）という早い時期に、ある著者は、日本家屋も日本のきものも保温には不適当であり、とりわけ妊婦はお腹が大きくなるにつれ、着ているものがからだに密着しにくくなるから、もっと積極的にからだを冷やさない工夫を提案している。たとえば岩田帯は絹でなくフランネル製にし、またずり落ちないようにズボン吊りのような紐をつけること、さらに毛織物の半股引をはくことも勧めている。当時の女性は腰から上こそ襦袢、胴着を重ね、また幅の広い帯を巻いているが、下肢部分は腰巻一枚にすぎず、「殊に僻地の農婦などに至りては帯を纏わず、細き紐一筋を締め足れりとする者あるが故に」腹帯は保温のために必要である。しかしそれをつよく結んで、からだを締めつけるようなことがあればかえって害になると（小倉規矩『妊婦心得草』1888）。

＊　＊　＊

マタニティ・ウエアということばは、第二次世界大戦前にはまだ一般的ではなかった。それは洋装の普及状況からいって当然だろう。洋服でマタニティ・ウエアが必要なのは、打ち合わせの和服にくらべてからだのサイズへの許容性がないためだ、というひとがあるが、逆の意見もあった。

洋服は、ふわりと柔らかく着ますから、割りに目立ちませんが、和服は前をきちんと合わせ、帯を締めなければなりませんので、どうしても前に出たお腹の大きさが眼に立つようになります。いままで洋服を召していた方ならば、そのまま和服に代えずに洋服を着ていらっしゃった方が、目立たなくてよろしゅうございますが、和服の方ならば、どうしても着方で工夫するよりほかございません。（小口みち子「妊娠の目立たぬ着附と作り方」『主婦之友』1927/6）

また、女教員の服装についての座談会で、ひとりの中年の教員がこんな発言をしている。

衛生方面のことを考えても、妊娠のときなども洋服はよいですね。私は殊にぶくぶくの服を着ているものですから、九カ月までだれにも気づかれませんでした。（『婦人之友』1931/10）

ただしこのふたりの発言の時代が、たまたま一九二〇年代の鞘型のシース・ドレス（sheath dress）の流行期で、一般には、身体の線があまり目立たないという背景は、考えにいれる必要がありそうだ。

打ち合わせ方でなんとでもなるような和服の場合も、「だんだん月が重なるにつれて、きものの前幅が足りなくなって、着心地も悪しく、またとかく着崩れがしたりいたしますので、側目《はため》にも不体裁なことはだれしも経験することで御座います」という不都合はあった。そのためにふだん着では、妊娠中のための特殊な仕立て方があったようだ。それは後幅はそのままだが、前幅と衽《おくみ》のつけ方にちょっとした工夫をするので、じぶんのきものはすべてじぶんで仕立てていた主婦にとっては、雑作もないことだったのだろう。下に着る襦袢にも、襟のつけ方の工夫でゆとりのあるものができた。これらはいわば和装のマタニティ・ドレスといってよい。

授乳のときにも和服は都合がよい、というひとのある一方で、そのために胸をかなりはだけなければならないと、ためらう意見とがある。筒状のチュニック・タイプを基本とする西洋の衣服ではたしかに授乳はしにくく、そのうえ乳房をひとに見せない習慣があったため、なおさらだった。中世ヨーロッパには、女性のドレスの胸にスリットをいれるようなデザインも工夫されている。

その点に関して、洋装初期時代のわが国で意外に問題だったのは割烹着だった。一九二〇年～三〇年代（大正末～昭和戦前期）にかけては、日本の主婦たちにとっては割烹着の時代といってもよいくらいで、一日中家ではもちろん、ちょっとした外出は割烹着のまま、というひとも少なくなかった。そんな若い母が、赤ん坊が急に泣き出したときに、急いで割烹着をぬぐ手間がもどかしい、というのだ。そのために胸もとにスリットのある割烹着の工夫が、婦人雑誌に発表されているが、はたしてどれだけ使われたものか（「便利で恰好よい割烹着の仕立方」『主婦之友』1927/2）。

子どものふだん着

一〇〇年前の日本はまだ自然も豊かで、子どもたちにはトンボや小魚を追って一日すごすことのできる黄金時代だった、というバラ色の想像は、それほど一般化はできないだろう。

一九〇七年（明治四〇年）のデータでは、妊娠した一〇〇人中、無事出産したのは八八・八人、その後の乳児死亡率は、一九二〇年（大正九年）頃までは一五％を上回っていた。目のあかないうちに、まだ見ぬこの世を去ってしまうあわれな子も、そうめずらしいことではなかったのだ。お七夜、お宮参り、初節句、喰初め、袴着等々、幼子の成長を祝う行事のつづくのには、それだけの理由があったといえる。もっと以前には、誕生当夜につづいて三夜、五夜、七夜といい、一日おきに祝う習慣もあったという。

だからその時代、子どもにはなにかというとお守りが与えられた。ずいぶん後になっても、ランドセルにどこかの神社のお守りらしいものをぶら下げている子がよくいた。さいしょのお守りは、産着《うぶぎ》（初着とも）に縫いつけられる背守りだ。これは紅白の糸で背の中央に鈎型に縫われるしるし。昭和に入ってからの裁縫書にも説明があるので、戦後もおこなわれていたかもしれない。

＊　＊　＊

赤ん坊は一般に厚着させられていた。「我国の習慣として多くの衣服を着重ねて、夏のごく暑中などでも、時には五枚位も襟足を揃えさせて飾りをする母親があるが、これ手足及び肺の運動を不自由にし、皮膚から出る蒸発気を妨げ、遂には健康の児童とても害を惹き起こす（…）」（東京衛生協会『育児衛生顧問 一名・母親の心得』衣服の項、1903）という傾向があった。それは赤ん坊にかぎらず、明治時代の写真を見ると、外で遊んでいるどの子どももずいぶん着ぶくれして、重そうなかっこうでいることがわかる。その時分の小さな子は、たいてい青っぱなを垂らしていて、唇のうえまで垂れさがってくると、それをきものの袖で横なでした。一九二〇年代以降（大正末～）になって、都会の子どもが家でもだいたい洋服を着ているようになると、毛糸のセーターの袖口で横なでする。だからセーターの袖口がカチカチになっている腕白坊主がよくいた。その時代はセーターなど、ひと冬にそう何回も洗濯はしなかったのだ。

子どもの着ぶくれは、子どもの着物の構造のせいにもよるだろう。子どもは成長が早いものだから揚げや縫いこみがどうしても多くなった。子どもの着るきものは、明治に入るまでに、大人のきものを年齢なみに小形に仕立て、布地を経済的に利用できるよう、生まれたばかりの子に着せる一つ身から、二つ身、三つ身、四つ身、そして大人用の本身と、きまった裁ちかた、仕立て方ができていた。

しかし実際にはこのなかの二段階か、せいぜい三段階ぐらいしか経ないで、子どもはそんなことを気にしないから、大きすぎる分は肩揚げや、大きな裾上げなどでまにあわせたものだ。それはいいとしても、なにを着せられてもわからないような小さな子でもなく、けっこうもうお色気のある一〇代半ばすぎの雛妓《おしゃく》たちや、女学校の高学年の娘などが肩揚げをしているのは、現代の人間にはちょっと理解しにくい。女学校では、肩揚げだけでなく袴に揚げをしている例もあって、これは考えようでは、装飾的なタックスカートを真似たものともいえる。

＊＊＊

厚着とは反対のことだが、夏になれば、都会でも貧乏人の子どもなどは、たいていは脛きりのきものに細帯ひとつであそびまわった。はだしの子も多かった。一九一〇年代（ほぼ大正前半期）頃まで、都会でも田舎でも、男の子はたいていは紺絣を着せられた。やすい捺染絣もあったが、ともあれ絣というのはほんとに男の子っぽかった。女の子はたいてい赤い色のまじったメリンス友禅にあこがれていた。男の子も一四、五歳までは褌《ふんどし》などしていなかったから、きものの前を分ければそのまま立しょんべんができた。少女たちはただしゃがむだけで用をたした。なかにはきものの裾がよごれないように、ちょっとまくってしゃがむ女の子もいる。そうすると股の部分がさらけだされた。こんな光景を外国人が見たら、何と思うであろうかという、新聞への投書もあった（「婦人の猿股」『婦人倶楽部』1910/7）。森鷗外の『キタ・セクスアリス』（1909）のなかには、少年時代に、女の子の下腹はどうなっているのか知りたくて、小さい子をだましてきものをまくらせたはなしがある。「目を丸くして覗いたが、（……）なんにもなかった」。都会でも、子どもにパンツやズロースが普及しだすのは一九一〇年代以後（大正後期）のことだ。

＊＊＊

乳幼児はだいたい、人の背中に負ぶわれて育った。背中に負ぶってゆすっていなかったら赤ん坊は泣くものだ、と信じられていた。そのために小学生の少女が子守に雇われたりした。西洋では赤ん坊が柵のなかに入れられている、ということを聞くと、西洋人は鬼のようだと思った。子守にはだいたいきまったスタイルがあり、負ぶい紐でまず赤ん坊を子守の背中にくくりつけ、その上から綿の入ったねんねこばんてんを着る。負った子に髪の毛をいじられないように、子守は手拭を子守っ子被りする。子守の背中で赤ん坊は大きく股を拡げているので、弱い子のなかには股関節に障害が生じることもある、という説があって、医師たちのあいだの議論が新聞をにぎわした。

負ぶわれている者だけでなく、負ぶっている者もまだ幼い子どものことがある。貧しくて子だくさんの家が多い時代だった。そういう家では、小学校の四、五年にもなれば、学校から帰ってくると近所の手伝い仕事などに追いやられる。下町には、ハンカチかがりとか真田紐編みとかいう、単純で人出の欲しい下請け仕事をしている家がいくらもあった。子どもたちの持って帰るわずかな金は、家計のだいじな一部になる。器用な女の子のなかには、小学校をでるじぶんにはもう、ミシンがけでは大人顔負け、という者もあった。そんな少女はまた、五年生ぐらいでも、大人の目をぬすんで紙巻煙草を吸っていたりしていた。

子どもの晴着

一九〇〇年代、明治の後半から末頃の東京の男の子といえば、筒袖の紺絣に黒っぽい兵児帯を締め、あたまは坊主刈りが多く、たいていは草履ばきで、家の近所で遊ぶときにははだしの子も多かった。夏の暑いさなかにはそれが白絣になる。

女の子はたいていは髪を伸ばして編みさげていたが、稚児髷にしている子もまだあった。また、前髪を額に下げて切りそろえる、目ざし髪という風もつづいていた。この時代小学生の女の子に、どんなきものが着たいかと尋ねると、口を揃えて、袂の長い友禅のきもの、と答えるのがふつうだった。

＊　＊　＊

長いあいだ低迷していた小学校への入学率、とりわけ女子のそれが、授業料がいらなくなった一九〇〇年（明治三三年）をすぎるころから上昇し、一九一〇年代末には九五%をこえる。そうなるともう、子どもの日常は学校生活が中心になる。

明治の初めは、小学校に入学することは晴れがましいことだった。学校に〝上がる〟という、いまに残っているいい方がそれを示している。郵便切手を売り下げるというようないい方のされていた時代だった。学校には上げたいけれども、着せてやるものが……、とためらう親も少なくなかった。とりわけ試験の日となると、旗日とおなじように着かざらせる親がいた。小さい女の子が地にひきそうな袂の晴着を着、学生帽をかぶった男の子が袴すがたで、つれだって学校へ行くすがたは、可愛いらしかったにちがいない。

しかし東京市中の小学校でも、通学に袴をはくことについては曲折があった。一八九〇年代末（明治三〇年代初め）の富士見町小学校の規定は、つぎのようになっている。

> 生徒は男女とも、必ず袴を着用すべし。但し洋服を着するもの及び尋常科女生徒は此限に非ず。

この当時、小学校は尋常四年、高等四年の八年制だった。しかしそれよりすこし前の時代に、下町で小学校生活をした谷崎潤一郎は、つぎのように回顧している。

> 生徒たちはぜんぶ和服で、男の子は皆筒袖であったが、羽織を着ることは許されていた。山の手方面のことは知らないが、下町の小学校では袴を穿かず、女の子は着流しのまま、男の子は前掛けを締めていた。（谷崎潤一郎「阪本小学校」『幼少時代』1956）

谷崎より三歳年上の志賀直哉は、少年時代から番町あたりの山の手住まいだったが、小学校ではそのころ袴をはかなかったと、『速夫の妹』（1918）のなかで言っている。それがだいたい一八九〇年代末（明治三〇年前後）のことになる。一方一八九九年（明治三二年）にこんな投書がある。

> 麻布の某小学校では、女生徒に袴を着して登校せよとのことで、父兄はにわかに袴の注文をするやら、寸法をとるやら大騒ぎだ。儀式の時は兎に角、平生袴の必要があるや、教育家にお伺い申す。（『葉がき集』読売新聞 1899/12/3: 13）

また、横浜育ちの吉川英治は、九歳のとき中退した小学校の、一九〇一年（明治三四年）前後の時期の思い出をこう書いている。

> ぼくら男の子は、紺ガスリに黒の兵児帯と極っていた。紺ガスリ以外ほかの着物は着せられたことはない。学校通いには必ず小倉の袴をはき、袴のはき方は父からじかに教わった。（吉川英治『忘れ残りの記』喧嘩の項、1955）

子どもの袴といえば、一九〇〇年（明治三三年）前後は、女学生の海老茶袴が全国的に普及した時期だった。それにならって、小学校の女生徒にも袴をはかせようという方針がある一方で、それに対する抵抗も根づよかったらしい。

熊本県玉名郡のある高等小学校では、女生徒に袴をはかせようとしたところ、郡長がその着用を禁じたため、学校長と郡長が衝突、文部省の視学官が視察に出張するという騒ぎになった。結局は、県の内務部長が各郡長につぎのような通牒を送った。小学校女生徒の袴は、教育上、管理上、衛生上、適当のことであるが、保護者からの苦情のため、かえって教育の阻害になる懼れもあるので、土地の状況を考慮し、実施に当たっては調製上便宜の方法を講じる必要がある、と（大阪朝日新聞 1901/5/21: 3, 6/10: 3）。

一九一〇年代、大正期に入った時期も、小学生の通学の袴が定着したとはいえなかった。袴に対する批判、疑問はつづき、一九一三年（大正二年）には、東京日本橋の某小学校で、袴の紐が腹部をつよく緊縛して児童の健康に害があるとし、一種の改良服を制定して論議を生んだ（「袴は果して廃止すべきか？　全国学生の衛生と風紀問題」国民新聞 1913/6/1: 4）。

また、袴は洗濯することが稀であるため、いつも手拭代わりになっている子どもの袴は、不潔この上ない、という意見も出ていた（「児童の袴の洗濯」都新聞 1917/3/10: 1）。大都会のなかでさえ、袴どころではない、はだしで通学する子のいる地域もあったのだ。しかしすでに、小学生が袴をはいて学校へ通う時代でもなくなっていた。

＊　＊　＊

子どもの服装の目玉というべき舞台は七五三だったろう。七五三は七歳の女の子、五歳の男の子、それと三歳になったとき、東京であると日枝神社や山王神社などに詣でる通過儀礼のひとつで、一〇月一五日のその日には精一杯の晴着を着せられて、親の手に曳かれてお参りする。とりわけ五歳の男の子は、日露戦争の戦捷後あたりから、水兵服を着せられたり、東郷海軍元帥のかっこうをさせられたりといった、ファンシー・ドレスが人目をひくようになった。

じぶん自身は人目が気になってできないようなかっこうを、なにも気にしない子どもにはさせてみる。現れては消えた改良服も、ハイカラな洋服も、その実験台や、尖兵や、気まぐれの犠牲者は、いつも無邪気な子どもたちだった。

子どもの洋服

子どもの服装が和服から洋服へ大きく転換したのは、東京では大震災を挟んだ一九二〇年代（大正末〜昭和初め）だった。一九二八年（昭和三年）の東京の新入生を、新聞はつぎのように報じている。

和服をつけて学校へやるのは恥ずかしいくらいに、完全に洋服時代が参りました。（……）山の手の麹町番町小学校では、女児入学生一〇〇名中和服四名、男児入学生一二〇名中和服は一名で、女の子の約半数は断髪でした。（……）下町方面の代表として、日本橋常磐小学校の新入学生を調べますと、男児八〇名中和服は一人もなく、女児七〇名中和服は三名でした。（国民新聞 1928/4/4: 6）

すでに一九二〇年代（大正末〜）に入ったころには、子ども洋服におされて友禅の需要が激減、という報道もあった。子どもの洋服を推進したのは、とりわけ通学服の洋服化だった。一九二一年（大正一〇年）という時点で、東京市内公立一九〇校、私立二三〇校の過半は洋服通学を奨励し、なかには全生徒の八割が洋服、という学校もあった。奨励の理由は体操の際の便不便によるものだが、学校が強制できる筋のものではないので、家庭の側の覚醒によるものだろう、というのが当局の判断（「小学児童や女学生に洋服流行の趨勢」

「実用向新型子供服」
『三越』、1936（昭和11）年10月

読売新聞 1921/9/12:4）。

洋服は運動しやすい、活動的だ、という見方からいえば、たしかにこの時期の欧米の流行スタイルは、よいタイミングだったといえるだろう。もっとも外国のファッション雑誌の頁そのままの、あるいは銀座のショーウインドウからもってきたような子ども服には、飾りだくさんの、高価なことを見栄にして学校に着てくるような服があったらしい。ある記者は、通学服は運動に便利というばかりでなく、質素で丈夫でなければならないから、布地に改良を加える必要がある、といっている。そしてそれを改良服と呼んでいて、この時代のひとの改良服という概念がよくわかる（「益々流行る子供服」都新聞 1921/4/18:4）。

それまで子ども服売場をもたなかった三越呉服店が、子ども洋服の陳列をはじめたのが一九二二年（大正一一年）の五月。また、『黒髪』を書いた近松秋江のようなひとまで、「婦人、殊に少年に洋服を着る者の多くなったことは、なによりもこの一〇年、もっと押し詰めていえば、極々二、三年（一九二二〜二四年）の間の顕著な事実であるように思われます」と言っているのはおかしい（近松秋江「婦人服装の洋化」『婦人公論』1924/3）。

しかしこの時代の洋装はもっぱら夏だけで、秋風が吹いてくると女性も子どもも和装にもどるのが毎年のくりかえしだった。洋服は夏のもので、寒い時期にはきものの方が温かい、という評価はうごかなかった。医家の指摘する「極寒のお正月の晴着に、今迄の和服を脱ぎ捨てて、膝頭位までのスカートに変わり、あるいは短い靴下で脚を出すのでは、冷えざるを得ないと思います」という危惧は事実だったろう。

加えて、夏服と冬服の値段の差があった。小学校で夏に女の子が洋服を着るようになったのも、「夏季の体操の時間、男の子は裸の猿股ひとつでやらせていたのですが、女の子はそんなわけにいかず、その結果思い付いたのです」という某小学校訓導の話がある。そういう「洋服」

は浴衣地を使って一、二円でできた。それはすぐあとのアッパッパにも通じる。しかし冬服はそうはいかなかった。子ども服だけの問題ではないが、冬物にふつう使われる羅紗の値段ははるかに高かった。

そのために冬の子ども服には綿を入れよ、という意見もあった。資生堂美容部長だった三須裕はこの提案をしたが、彼の先見性ゆたかな意見のなかでも、これはやや時代を先どりしすぎたようだ。ダウンジャケットやキルティングのコート類が普及するのは、ようやく戦後のことになる。

洋装の寒い冬の解消には、下着の工夫や、マント、オーバー類の利用もはかられたが、なんといっても毛糸編ものの愛好が大きく役だった。昭和の子どもの、明治大正の洟垂れ小僧たちからは一皮むけたようなモダンさは、銀座のウインドウでもとりわけ目をひく、彩りの華やかな、毛糸のセーターやチョッキ類、そしてふかふかしたマフラーや、これも毛糸編みの手袋の印象によるところが大きかったに違いない。

一九二〇年代初め（ほぼ大正後半）はまだ子ども既製服の種類は少なく、よいものは銀座などの洋品店で手に入れる舶来品か、オーダーになった。それが一九二〇年代後半、時代が昭和とかわるころには、既製品の種類も量もふえ、それはちょうど都会のデパートの発展と歩調をそろえるかのようだった。子どものよそ行き着をつくろうとする母親には、盛り場の商店街のウインドウや、とりわけデパートの広くて華やかな店内をみて歩くという、ショッピングの愉しみが生活のなかにひとつ加わったともいえる。

婦人雑誌にも、見て、選ぶことへの誘いがふえてくる。

一寸した買い方の呼吸ひとつで、始終子供に気の利いた服装をさせることが出来ます。長女K子の着ている洋服を見て、どこでお誂えになったの、などと訊かれることが屢々あります。本当のお値段を公開すると、まあ!その倍くらいかと思いました。随分買い方がお上手ですね、といわれることが珍しくありません。ご家庭の都合上、ご自分でお仕立てにならず、既製品をお買いなさる方のために、買い方の一端を書いてみましょう。（『婦女界』1928/8）

小学校に入学するとなると、女の子ならセーラー服で二〇円前後、羅紗地のオーバーがおなじくらい、セーターが六、七円から、それに各種下着類をふくめて（朝日新聞 1929/3/2: 5）、洋服代だけで一〇〇円近くかかる。それに耐えられたのは、家庭がかつての時代とくらべればはるかに、子どもに金をかける余裕ができたためであることはあきらかだ。

しかしその一方で、家族の着るものはぜんぶ手縫いしてきた女性たちは、まだ健在だった。ある家庭は工面してミシンを手に入れ、あるひとは手縫いで、娘のジャンパースカートから、息子の詰襟の制服まで縫い上げてしまうひとは、めずらしくなかった。この時代の婦人雑誌の、とくに付録類の型紙が、それにどんなに役だったろう。

一九四〇年（昭和一五年）の、京都市内の小学生千数百名あまりを対象にした京都帝大の調査によると、通学に和服を着ている子どもにくらべ、洋服の子どもの方が身長体重とも優っている。これは和服の方が平均重量が大きく、かつ、緊縛部分の多いため、と結論づけている（読売新聞 1940/2/15: 4）。

スポーツウエア

明治大正昭和のスポーツウエアの歴史は、そのまま近代日本服装史の雛形といっていいような内容をもっている。

スポーツウエアをややひろく運動用服装と解釈してみると、運動をするための服装、というものが、それまでのわが国にはほとんど存在しなかった。もっともわが国には欧米のスポーツにあたる遊びが、相撲以外に見当たらなかったのだから、それも当然だ。しいていえば蹴鞠や追羽根はスポーツに入れることができるだろうが、それをやるひとがあまりにかぎられているとか、特定のみじかい行事——正月——に付随しすぎている。

あたらしい教育制度が浸透しだした時に起こったさいしょの問題のひとつは、女生徒の運動、あるいは体育についてだった。それはなにを着るか以前に、幼いときから三つ指をついて挨拶するような躾をしている少女に——しとやかであるべき女の子に、手足をふりまわすような体操をさせる、ということ自体への反発だった。東京の公立小学校に体操の科目が加わったのは一八八〇年（明治一三年）七月だったが、娘に体操させるのを嫌って、学校を下げさせる親が少なくなかった。家庭のそうした態度は女学校においては一層つよかったようだ。これはひとつには学校体育の内容が、さいしょのうちはかなりキメの粗いものだったせいもあるだろう。

その一方で男の子については、かなり早い時期から体操は兵隊式だったようだ。一八八九年（明治二二年）には、東京府では小学校での兵式体操がはじまっている（「東京府下の公市立小学校で兵式体操教授」時事新報 1889/1/14: 3）。

日清戦争のはじまった一八九四年（明治二七年）八月に文部省は、小学教育が智育に偏り、体育衛生の指導が不完全であることを憂慮し、「高等小学校生徒ニ兵式体操ヲ課スルノ際軍歌ヲ用イ体操ノ気勢ヲ壮ニスルコトアルヘシ」などという訓令を発している。この訓令のなかでは、「小学校生徒ハ活発ナル運動ニ便スル為ニ止ムヲ得ザル場合ノ外学校内ニ於テハ洋服又ハ和服ヲ問ハズスベテ筒袖ヲ用イシムヘシ」とも指示している。

もちろん兵式体操はあくまでも男子生徒に対してのことで、女生徒は小学校でも高等女学校でもむしろ体育からは疎外されていた。これには前述のような生徒の家庭の思いも、ある程度は影響しているだろう。体育というよりもむしろ遊戯にちかい、長い袂もそれほど邪魔にならない、体操と舞踊の中間のようなものが、多くの女学校での体育の時間だったようだ。そんな優美で緩慢な身体動作でも、袴だけははかないわけにはいかなかった。明治の女学生の海老茶袴は、朝夕の通学のときに人目をひいたが、さいしょの運動服でもあったのだ。

＊　＊　＊

一方、開化以後欧米から入ってきたスポーツは、順調に日本人に受けいれられてゆく。スポーツはすべて、時間のゆとりのあるところに発展する。時間のゆとりに恵まれているのはつねにハイソサエティの有閑人種と、そして学生だ。あまり道具も設備も特別の服装も必要としない球技の多くは、まず学生たちに受けいれられた。

野球が、横浜港を訪れるアメリカ軍艦の水兵や商船の乗組員と、一高など東京の学生との〝国際試合〟によって鍛えられ、評判をひろげていったことはよく知られている。明治期についていえば、学生たちにはグローブさえ満足にそろってはいなかったようだから、ましてユニフォームなどは問題外だった。

一方、女学生のなかにひろがっていったのは庭球だ。横浜在留の英国人のなかには、来日早々自宅近くにテニスコートを建設するような熱心家がいた。野球のように新聞にスコアまで紹介されるような人気とはちがうが、日本の庭球の歴史は、おそらく横浜のフェリス女学院あたりの英語教師たちの、手をとっての指導にはじまるのだろう。

スポーツは最早一般人の生活のプログラムになくてはならぬものになって来た。中にももっとも盛んで、しかも普及しているのは、なんと云ってもテニスである。（朝日新聞 1925/7/5: 6）

この時代、一九二〇年代（大正末〜昭和初頭）の、東京の女学校の残された写真では、あいかわらず、庇髪に袴でラケットを振っている学生がふつうだ。それが三〇年代（昭和五年〜）になると、みじかく切った髪にキャップをかぶり、半袖のシャツにショートスカート、というスタイルがふつうになり、その急激な変化にはおどろく。この時代には女子テニス選手のスタイルについて、ウィンブルドンでの素足のプレイヤーの出現など、世界的な話題が多かった。しかし日本の場合はそんなことより、一九二〇年代の子ども洋服の一般化、それに追われるような女学校の制服の洋服化の急速な進行が、その背景だろう。

またべつの背景としては、スポーツの各分野において、本家の欧米に追随したそれぞれ独自のウエアが着用されるようになり、それが日々の新聞やグラフ雑誌の写真で、だれもが見て知っている時代になった、ということもあげなければならない。野球はもっとも早く、一九〇八年（明治四一年）以降、アメリカの大学チームやプロリーグの選抜が十数回訪日し、見てのかっこうという点では、六大学の選手と、メジャーリーグの選手となんのちがいもない。相撲以外プロの存在しなかった一九三〇年代前半（昭和一五年頃）までは、野球やラグビー、テニス、また陸上競技、水泳など、とにかくスポーツ選手といえば、それは学生とイメージが重なっていた。

しかし学生には手のとどきにくいスポーツの世界――乗馬とか、ゴルフとか、ヨットとかは、華族を主人公とした新聞小説の舞台にはなる。震災直前の一九二二年（大正一一年）に日本を訪れたイギリスのプロゴルファーが、日本でゴルフが流行しだしてからまだ三、四年と聞いているのに、各地の設備のよさと進歩の早さにおどろいたと言っている。

ゴルフズボンといわれたニッカーズ（knickers）は、膝のあたりにたるみがあり、バーなどではいていると、さいしょは金回りのいい華族さんに見られたかもしれない。それがやがて土建屋の親分になり、いまはずっと薄地になって建設現場の労働者がはいている。戦後はストレッチャブル・ファブリックスの発展によって、構造的に膝にたるみをつくる必要がなくなった。

おなじことは乗馬服のたるみにもいえる。厚地の乗馬ズボンに、からだにフィットした真紅のジャケット、カスケット帽をかぶって手に鞭でももっていれば、これから狐狩りというきまったスタイルなのだけれど、日本で見たら仮装になる。もっとも銃猟そのものは第二次世界大戦前のわが国ではけっこう盛んで、西洋人と変わりのない狩猟服も写真や絵にずいぶん残っている。拳銃の広告が新聞に載っている時代だったから銃規制は戦後に比べれば緩かったにしても、銃猟といえばもちろん多くは金と暇のある階級の贅沢な遊びだった。都会から銃猟にきた華族の若様が〝山家育ちの美少女を見いだして連れ帰る〟といった筋書きが新聞小説にもいくつかある。

スポーツウエアは機能を一義的に考慮したうえで、レジャーの気分をだいじにする。それはスポーツということばのほんらいの意味に添ったものだ。その点からいうと、剣道、柔道、弓道といった日本の武道の装束は、かなりちがう方向をむいている。もとはひとを殺傷するための技術だったこれらのわざには、いまでもつよい自己抑制の、重苦しさがつきまとっている。弓を引くのになんであんな袴をはく必要があるのかは、部外者にはわからない。

車中のひとびと

一八七二年（明治五年）の、鉄道創業当時の木製車両はぜんぶイギリス製で、定員は上等が一八人、中等が二二人、下等が三六人だったから、車体はずいぶん小さく、現在首都圏を走っているJRの標準的客車のほぼ三分の一の長さ、というところ。そのみじかい車体の両側三カ所に出入口があり、そのために座席は少ない。ただし車体はその後アメリカからも輸入され、またまもなく、ごくわずかだが日本でも製造されるようになったため、スタイルはさまざまになる。

　この小さな車体にはもちろん手洗い設備はなかったから、用便は停車中に駅の設備に走りこむよりしかたがなかった。一八七三年（明治六年）三月に車窓から放尿して一〇円の罰金を科せられた乗客がある。一八八九年（明治二二年）の五月に、鉄道局は、上、中等の客車に〝便器〟を設備と、東京日日新聞（五月九日付）が報じているのに対して、トイレ付き車両が標準となったのはその年の東海道本線の下等車から、といっている資料もある。

　創業時に布告された鉄道略則の第七条は、つぎのようになっている。

何人ニ限ラズ「ステーション」構内別段吸煙ノ為ニ設ケシ場所ノ外又ハ吸煙ノ為設シ車ヨリ他ノ車内ニテ吸煙スルヲ許サス且婦人ノ為ニ設ケアル車及部屋等ニ男子妄《みだ》リニ立入ルヲ許サス

夜汽車のなか

二代目歌川芳宗（新井芳宗）画、「博覧会画報」挿絵、『都新聞』1903（明治36）年5月14日

こういった鉄道規則は、おそらくイギリス、あるいはアメリカのそれの直訳だろう。婦人専用車ができるのは三〇年も後のことだし、禁煙については、第二次世界大戦前はまったく配慮がされず、もしとなりの女性に、煙草を吸ってもよろしいでしょうかなどと訊いたら、気持ち悪がられたにちがいない。外国ではごく一般的だったコンパートメントも、わが国では戦前はほとんど受けいれられなかった。

＊　＊　＊

　明治時代、新聞小説の挿絵に描かれた、冬の長距離列車内のひとびとのかっこうは、外の街を行くひととなんの変わりもない。男は二重外套に身を包み、女は大きなショールに深くくるまれてからだを硬くしている。開業後三年目になって、神奈川県の渡井某に対し、車内の貸座布団屋の営業が許可されたという記録があるので、それまでは木のベンチに腰を掛けていたことになり、冬はさぞかし冷えたことだろう。

　一八九二年（明治二五年）の新聞記事に、上中等客車に備え付けられた湯たんぽ、および唾壺が〝紛乱毀損〟することが頻りなので、自今みだりにこれを移動させるものがあれば、鉄道規則により処罰することになった（朝日新聞 1892/1/20: 1）、とある。ここでいう湯たんぽがどんなものかはわからない。その七、八年前に東京で携帯湯たんぽというものが発明されて、すぐ模造品ができたほどよく売れたという記録があるが、それとはちがうようだ。むしろ大阪にあったという、人力車の車体に行火《あんか》を仕掛けたという工夫に近かったかもしれない。スチームによる車内の暖房がはじまるのがようやく、一九〇〇年（明治三三年）一二月一日、東京神戸間の六時一〇分発急行列車からのことだ。ただし当分は一日おき、というのはなぜだかわからない（報知新聞 1900/12/2: 2）。

　一八七二年（明治五年）の創業から一七年目の一八八九年（明治二二年）の七月一日に、新橋神戸間の東海道線全線が開通した。この時代はすべてマイル制だったので三七六・二四マイル、つまり六〇五・五キロの距離を、急行列車の所要時間、下りが二〇時間五分、上りはなぜかそれより一五分余計かかる。木のベンチに座布団でも、冬は厚着で我慢しても、片道五円足らずで汽車は勝手に走ってくれる。東海道の旅は男の脚でも一四、五日は必要だった。因みに明治一〇年前後の上海までの船賃が二等で五〇円、サンフランシスコまでが二一〇円だった。

　汽車の便が行きわたるまでは、ほんのすこしの距離でも基本的には脚だけがたよりだから、例の手甲《てこう》脚絆《きゃはん》に菅笠、草鞋《わらじ》ばき、という旅すがたが長くつづいた。人力車や馬車の便があるのは大都会からそう遠くなく、日光だとか成田山だとかいう名所の近辺にかぎられていたのだ。手甲脚絆草鞋ばきの甲斐甲斐しい旅装束が、ふだんとちがわないかっこうと汽車の切符一枚に変わったとき、旅はある意味で、かなり自堕落なものになった、とみることができるかもしれない。

　一九〇〇年頃（ほぼ明治三〇年代半ば）以降の新聞、雑誌によせられた文章のなかには、汽車の乗客のマナーについての指摘がふえてくる。その代表的な内容は、車中人目もはばからず、裸をさらす日本人の習性だ。その時代は車内に、人前で股を出してはいけないという注意書きさえあったらしい。これは明治初期の、あの違式詿違《いしきかいい》条例をおもいださせて、こんな時期になってまで今さら、と思わせるのだが、にもかかわらず、「この頃の電車には、尻を捲って股を出している人がずいぶん、少なくないようだ」（都新聞 1914/8/2: 2）といった種類の指摘はなくなっていない。

　男たると女たるとを問わず、誰が居ようと座席でスルリと浴衣を素っ裸に脱いで、男なんかは六尺《ふんどし》一本で悠々とやっている。「太股を出すこと云々」と禁止の御規則はあっても、裸はご法度ではないとでも解しているのだろうか（「裸道中」朝日新聞 1920/8/21: 2）。

　母親が車中で胸を広げて乳を与えることはきわめてふつうの行為だったし、座席に幼児を横たえておしめを替えることも、見なれた光景だった。

　一九二〇年（大正九年）には鉄道省は列車旅行のマナーについてのパンフレットを作成し、「列車内を自分の座敷か寝室のように心得えて、肌脱ぎや、あぐらをかいて人の迷惑を顧みぬ不作法な人がまだ少なくない。又ズボンを脱いで棚にぶら下げたり、浴衣がけに着替えたりするなども慎んで欲しいものである。（……）」という注意を発している。

フォーマルウエア

　フォーマルウエア（formal wear）とは、儀礼服、もっとかんたんには礼服、礼装と訳されるが、正装といういい方の方が当たっているだろう。しかしこれは盛装とまぎらわしいためあまり使われない。式服といういい方が適切な場合もあるが、意味はやや限定的になる。ハレの場に着て出る服装、ではあるが、晴着という表現はあいまいすぎて全く不適当だ。いまでは若い女性の振袖でさえあれば晴着すがたとよぶ、一部のマスコミがある。

　フォーマルということは、ある社会のきまったパターン、規格ということであり、欧米ではあいさつのしかたから手紙の宛名の書き様にまで、国際的なパターン、プロトコール（protocole）がなりたっていた。二〇世紀に入ると、王朝時代の宮廷儀礼に由来する厳格なプロトコールは、主にアメリカニズムによってくずれてゆくのだが、わが国が開国して欧米文化に接触しはじめた一九世紀後期、イギリスでいうならヴィクトリア時代は、儀礼がもっともたいせつに遵守され、きまりにしたがうことの優雅な美しさが最大に発揮された、古きよき時代だったかもしれない。

　華やかな晩餐会や舞踏会、オペラ座の豪華なシャンデリアのもとの絨毯をふむとき、その晴舞台に参加する資格を保証するのが、招待状や入場券とともに、舞台衣裳としてのフォーマルウエアなのだ。フォーマルウエアを礼装とか式服、という窮屈な訳語で理解していた日本人は、肩も露わなイヴニングの淑女たちと、その女性たちをエスコートする、華やかでエレガントな〝礼装〟の紳士たちに当惑した。

　わが国の伝統では、礼装の基本はもちろん礼の心なのだから、目に見えないものをべつにすれば、なによりも高い地位、貴い身分に対する畏敬の念、謙譲の精神がその装いに表現されるべきなのだ。欧米風のフォーマルウエアと東洋的な礼装との、考え方のこうした齟齬が、明治大正期における上流社会のひとびとのいでたちを、いくぶんか不体裁で、かつ面倒なものにしていた。

　見方を変えれば、目的と場合によってははっきりときめられたフォーマルウエアは、服装を学ぶ者にとってはおぼえやすいともいえる。日本人が洋服を受けいれたとき、まず規範として欧米のその時代のフォーマルウエアを学び、それを忠実に守ろうと心がけたのは、当然のことだった。むしろその時期の日本人にとっての洋服は、個人的な趣味も流行もなく、なにもかもがフォーマルウエアのようだったかもしれないし、またほんとうにそうだったら楽だったろう。

　なにをどう着るかという習慣は、どんな社会でもそれほどきまりきったものではない。とりわけ欧米のような複雑な社会構成であると、衣の習慣にも個人のチョイスの幅がひろいものだし、またつねに流動的だ。流動的ならざるをえない最大の要因は、ファッションだろう。

　ある社会にフォーマルウエアが存在するのは、衣習慣の多様性と流動性に対する敵意のような意志が、社会には存在するためだ。困ったことは、変化に敵意をもつひとびとのごく近くに、つねにファッションの達人たちがひしめいていることだ。この矛盾をみごとに調和させているのは、欧米社交界のうつくしい女性たちだろう。

　第二次世界大戦前のわが国では、フォーマルウエアへの忠誠は、行政の部門部門できびしく要求されていた。その代表的といえるのは、議場に入る国会議員に求められたフロックコート、モーニングの着用だ。それは衆議院規則に明文化されている。「苟《いやしく》も国政を議する議場に於いて、しかも国民の代表たる議員が、礼に適わざる服装をなすが如きは、議院の神聖を傷つけるもの」という考え方が一般的だった。

　日本人は〝神聖なもの〟(holiness)という観念を欠いている、とキリスト教の牧師が言うことがある。じつはわが国にはたくさんの、神聖なものや場所があるのだ。教室は神聖です、舞台は神聖です、道場は神聖だ、そして議院・議場は神聖だ――。このような神聖な場所では、ほとんどのしきたりは変化を拒絶する。ひとのすがたも例外ではない。剣道や弓道の選手が、いまでも江戸時代のさむらいのかっこうや、むかし風のおじぎに固執したり、柔道着は白でなければならないと頑張ったりする、それが礼装というものであり、礼はすべての基本、という信念がそこにある。

民間のフォーマルウエアの場合には宮内庁の式部官が関与するわけではないから、大正、昭和と時代がうつりかわるにつれ、自然に変化していった。その変化を悲しみ、本当はこれまでのやり方であった方がいいのだ、という小さな抵抗、あるいは感傷が、作法の専門家の口ぶりからうかがえる。

婚礼　昔は花嫁は下へ二枚白を重ねて、紅の無地の振袖に模様の帯で、総模様の袿《うちかけ》衣を着たもので御座いました。地は縮緬か綸子に限った様で、よく錦の袿衣などを着ると、あれは町人だと申したもので御座います。髪は下げ髪にも致しましたし、また半元服と申して髪を勝山と申すのに結い、歯を染めたもので御座いました。(……)それに花嫁は一切金気を使いません。即ち時計指環等一切金属類をつけませんで、髪飾も鼈甲を用い、帯留めも金具のつかぬ物を用います。(相良好子「礼式と習慣」『婦人之友』1913/2)

礼装、という観点からいえば、天皇の関与する国家行事において、規範への締めつけは一段ときびしい。大正天皇即位の御大典(一九一四年)後の地方饗餞では、日本全国の地方名士数万人がその栄誉にあずかった。そのひとびとすべてに、宮内庁は燕尾服の着用を要求した。宮内庁は「陛下御一代一度の大礼に平服(フロックコートまたは羽織袴)にて参列する等の野人的行為は断じて許すべからず」という主張をゆずろうとしなかった。

なぜ議場では背広ではいけないか。背広を着るとどうして〝議場の神聖〟を傷つけることになるのか、また各県平均すると一〇〇〇人くらいの立食の饗餞者が、フロックコートを着ているとどうして〝野人的〟なのか、もちろんそれらは議論のほかだ。

背広がサラリーマン社会に十分定着した一九一〇年代以降(大正後半〜)、礼装、あるいは式服という名で重宝がられたのは、フロックコートとモーニングコートだった。

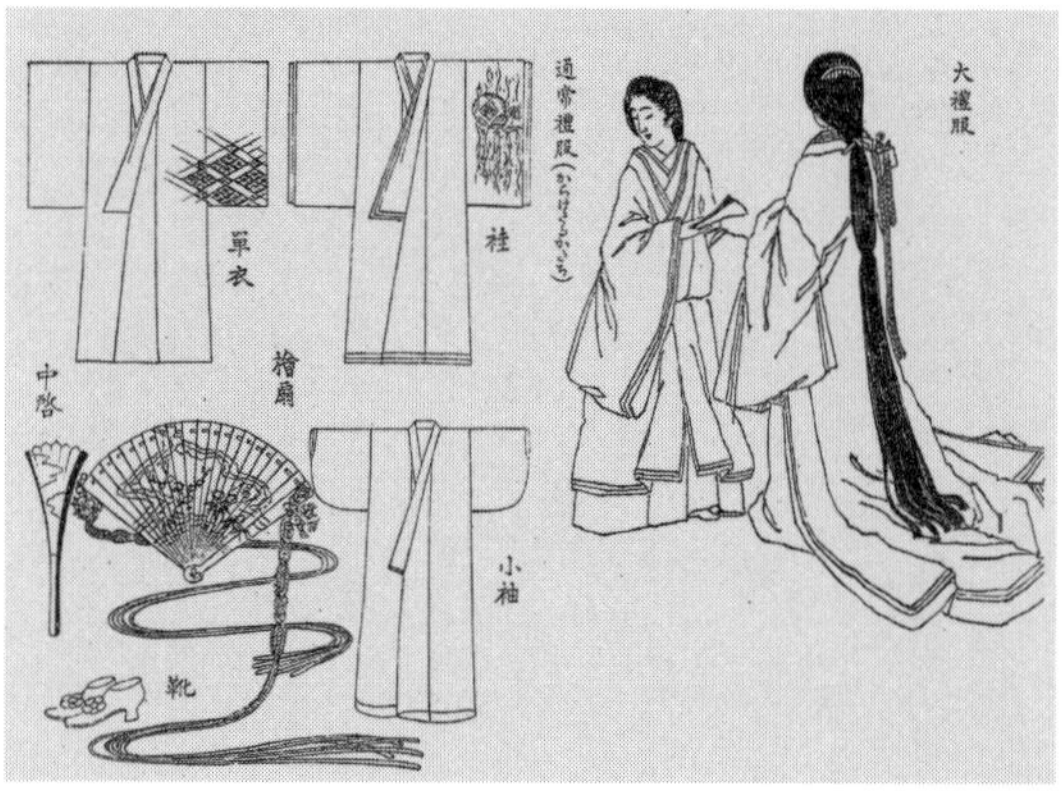

上「礼装　大礼装／晩餐夜会の服／小礼服」
下「礼装　大礼服／通常礼服」
下田歌子『家政学』博文館、1893(明治26)年

もっともフロックコートはやや古めかしい印象を与えるものになっていて、欧米ではとうに交際場裡からは消えていたし、日本でも田舎の村長さん、などといわれたりした。それだけに、というのかもしれないが、政治家などには頑固にこれを着続けているひとがいて、大戦間近まで、新内閣の認証式の写真にはたいてい何人かの、フロックコート大臣がならんでいる。前がカッタウエイされているモーニングと比べると、もともと外套系のフロックは前が塞がれて二列の釦があるので、いくぶんか重々しく見える。おそらくその記憶が、第二次世界大戦後の背広時代に、最後の式服ともいえそうな、ダブルの背広——釦が二列、ダブル・ブレスト（double breasted）——の下敷きになったのだろう。

　わが国のフォーマルウエアをもうひとつ面倒にしたのは、洋装の規範と、伝統的な男性の式服である羽織袴との関係だった。洋装学習初期の明治時代にはあたまから拒否されていた羽織袴は、そののち政府高官や元老からの批判もつみかさねられ、一九一〇年代（ほぼ大正前半期）以降になると、たいていの場合には、フロックコート、又は羽織袴、という文言で許容されるようになった。洋装の第二礼装という順位になるが、民間の礼装、あるいは式服としては、祝儀にも不祝儀にも共通して用いられる便利さがあり（高島米峯「現代女性展望　女性の礼服」朝日新聞 1929/9/23: 5）、第二次世界大戦前を通じて愛用された。

　女性については、裾模様をもつ黒縮緬の五つ紋に三枚襲《がさね》、帯は丸帯にかぎる、とされた。女性の場合は年齢と季節、またＴＰＯによるヴァリエーションが多い。三枚襲は一九〇〇年代（ほぼ明治三〇年代）に入る頃には廃れ、二枚襲がふつうになった。そのころから、女性が正式の装いを求められるときは、白襟紋附、という表現の指示がふつうになる。

婚礼

衣裳をふくめて婚礼のスタイルは、時代による変化はもちろんあるが、地方的特色が大きく、また社会的経済的身分の差によって大きくちがう。明治中期（一八九〇年代）の婚礼式の標準的なかたちは、『日本社会事彙』(1890-1891) と『風俗画報』(75, 107, 113 / 1894-1896) によってかなりくわしく知ることができる。とくに『風俗画報』には、日本各地の習俗が紹介されていて有益。

　身分の差異をいちばんはっきりと示すのが、嫁入り荷物、すなわち当日婚家に担ぎ入れる、定紋を染抜いた油単掛けの釣臺の数だろう。明治後半の大阪での嫁入荷物を紹介している大阪毎日新聞は、「いちばんすそが風呂敷包」と書いている。大家さんが仲人をする落語の「たらちね」のような裏長屋の嫁入りは、まったく着替え二、三枚の入った風呂敷包みひとつを、花嫁さんが大事そうに抱いてくる。大毎の書きぶりでは、あり合わせの箪笥一棹くらいだと、風呂敷包みというい方の内に入るらしい。

　それから三荷、五荷、七荷と奇数であがってゆき、ふつうは一一荷まででで、この記事では、中流社会のお嫁入りとして頃合いなのは本五荷のお荷物です、と言っている。本五荷というのは、近所の手前、古着を入れたり空長持を持ちこんだりすることもあるため。釣臺のなかは新調した晴着にかぎるのがほんとうで、衣類のほか重ね布団、箪笥、鏡台、裁縫道具などの手回り品も入る。そのほか普段着や着古しはべつに運びこむことになる。運び込んだものは何日か奥座敷に飾って、お祝いに訪れた客に見てもらう。

　釣臺の行列と荷飾りの風習は、大阪の豪家では明治時代もけっこうおこなわれたが東京では早くに廃れている。一九一三年（大正二年）になると、東京で中流家庭の嫁入荷物の標準は、箪笥四棹と長持二棹という意見もある（「今日のお嫁入り」『婦人画報』1913/11）。

＊　＊　＊

明治期と、一九二〇年代後半（昭和初期）以後――仮に現代という――とを比較すると、衣裳をふくめたスタイルにいくつかのちがいがある。まずそのひとつは、明治期の婚礼の中心は杯事だった。男女が向かいあって、三三九度の固めの杯を交わすことが、夫婦関係の成立を意味した。神前結婚のような、神様の前で誓うというようなスタイルは、キリスト教会の結婚式の影響で普及したのかもしれない。だから杯事は重んじられて、裏店の婚礼でも小さな子どもが、凝った場合には稚児輪のあたまに熨斗《のし》模様すがたで、献杯の雄蝶雌蝶の役をさせられたりした。

明治期には婚礼、つまり杯事は夜、嫁ぎ先の家の奥座敷でおこなうのがふつうだった。古い時代には婚儀は密事といっているくらいで、杯事に大勢のひとをよぶことはない。双方の両親に仲人夫妻、せいぜい一〇人くらいのひとが、燈火を囲んだ。そのあと別間で、仕出し屋の用意した料理で招待した祝い客をもてなす。料理にはかならず蛤の吸い物が添えられる。はで好みならば、近所の料理屋の二階で披露をするようなことはもちろんあった。しかし現代のように、挙式のスペースと宴会場をもった結婚式場というものはなかった。

明治期の花嫁は綿帽子をかぶるひとが多かったらしいのに対し、現代はすべて角隠しに変わった。綿帽子は頭巾のように顔をすっぽりと覆う。綿帽子は江戸時代防寒用の帽子として用いられ、じっさい真綿でできていた。しかしすっぽりかぶると前が見にくいのですそを折上げてかぶることが多く、その場合は揚帽子とよぶ。この綿帽子、揚帽子は現代ではほとんど消滅している。

角隠しというのは、髪の周囲をめぐらす一五～二〇センチくらいの幅の白い布で、外出の折に髪の汚れを防ぐのが目的だったから、江戸錦

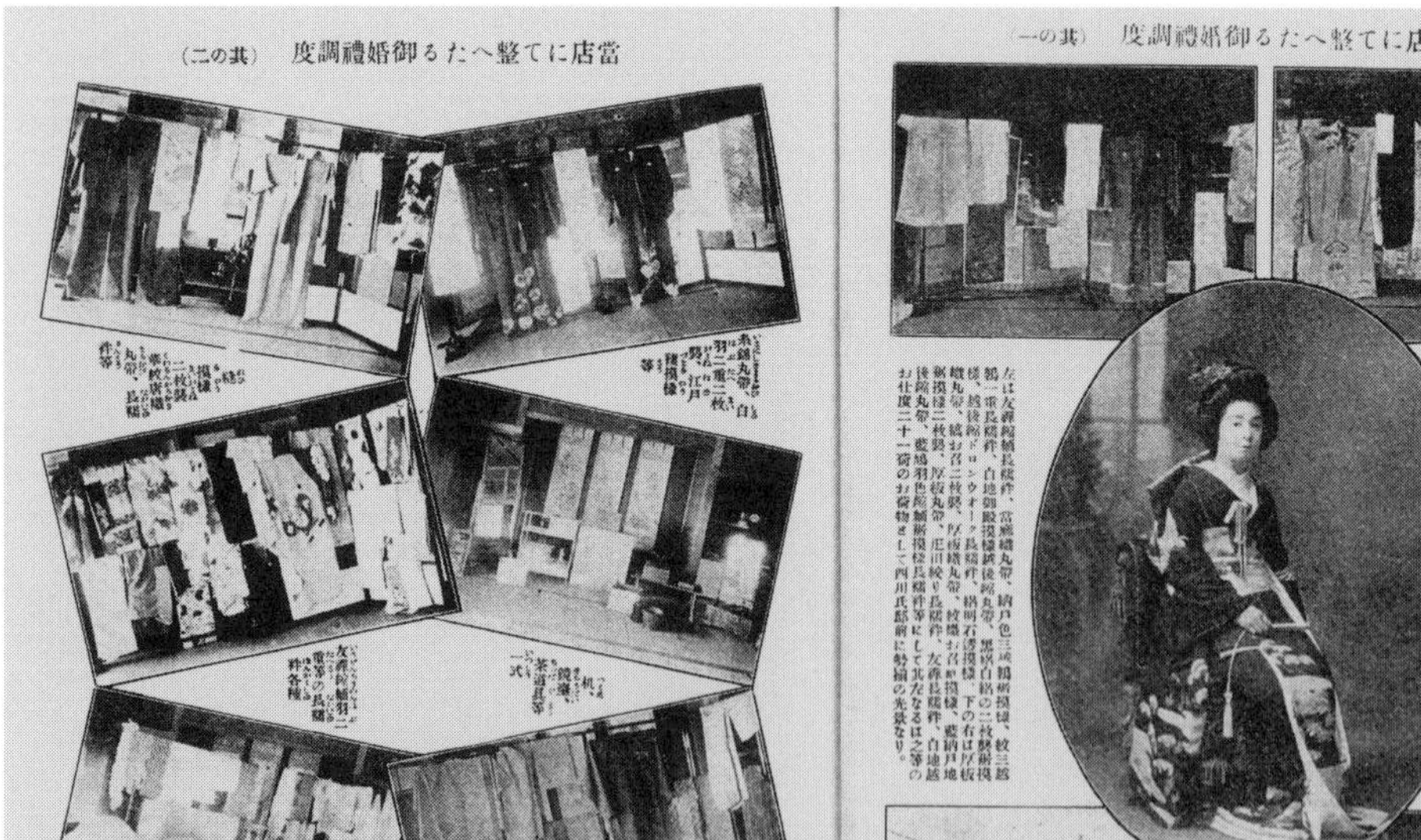

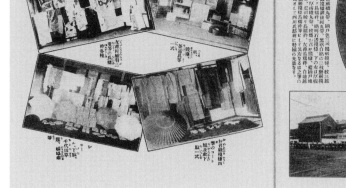

「当店にて整へたる御婚礼調度」
『三越』、1912（明治45）年12月

絵の美人立姿でおなじみのもの。明治期には仲人がこの角隠しをしている例もあるし、髪のごく一部分にだけかぶせているひともいる。現代ではこの角隠しが、花嫁さんのすがたでいちばん眼にたつ、シンボリックな飾りになっている。太平洋戦争末期の物資不足のおり、あんな無用なかざりは廃止すべきだという意見に対して、ときの商工大臣岸信介が、それほどたくさんの布を使うわけじゃなし、一生一度のことだから、といって配給を続けさせた、というはなしが残っている。

花嫁は婚家の色に染まらなければならないとか、また身の清浄のシンボルとして、白無垢の衣裳を着せるという考え方と、すこしでも華やかな色合いを着せたい、という考え方がつねに矛盾した。それを解決する工夫は、黒地総模様もしくは高裾模様のきものに、地白紋綸子の裲襠《うちかけ》を着る、という方法もあれば、式には白無垢でのぞみ、披露の場で挨拶、現代ならばケーキカットのあとはお色直しとして、華やかな色振袖に着替える方法もある。

明治期でもさいしょのうちは、前代の習慣をうけていたから、大名の姫君でもないかぎり、裲襠《うちかけ》や振袖のきものは婚礼には着なかった（山脇房子「総て不釣合いにならぬやう」『婦人画報』1913/11）。やがてすべてがそうであるように、婚礼衣裳も年を追って贅沢なものになってきた。ただしその贅沢さは、一生かかっても着られもしない二十五荷の釣臺を見栄にする、というような不合理さには背をむけている。一日晴の愉しさとあそび心、そのあそび心のなかには、古い時代の風習を、じぶんが風俗人形のモデルになったつもりで再現してみようといった、披露宴に来てくれた知人友人達を観客にした、舞台にでも立つような気分、あるいはサービス精神が見られるようになった。

そんな冒険心をふくめて、だれもが華やかな婚礼衣裳を着られるようになったのは、貸衣裳屋のおかげでもあった。貸衣裳は以前から古着屋の商売のひとつではあったが、専業の貸衣裳屋は一九二〇年代（大正末〜昭和初め）に生まれた新商売といわれる（「貸衣装屋の繁昌」時事新報 1935/12/10: 6）。そのころから大都会に現れた結婚式場や、これも新興の美容院とむすびついて成長した。

もっとも、「簡単にでも式服の作られる人が、それをしないで、綺羅びやかな借衣裳を着るなどは不快の極みです」（茅野雅子「借衣裳是非」読売新聞 1935/11/26: 9）という意見もあった。

日本人ぜんたいの富の向上が、結婚式と婚礼衣裳を贅沢にする風潮の一方で、そんな一時のことに大金をかけるのはむだではないかという、覚めた合理主義が、一九一〇年代以後（ほぼ大正前半期）の結婚式にはめだつようになる。貸衣裳の利用もそのひとつだし、式服の新調もわざわざあたらしく注文するのではなく、既製品ですますとか、とくに東京では関東大震災（一九二三年、大正一二年）後は、束髪や、洋装の花嫁がめずらしくなくなった（「束髪の花嫁さん」都新聞 1924/12/2: 9;「簡単になった結婚仕度　洋装の方が安上り」朝日新聞 1928/10/2: 5;「段々簡略になる御恩婚礼式服　振袖から止め袖へ　いくら位のところが受けるか」都新聞 1928/10/22: 11）。

式にかける費用の一部で新婚旅行、というのも一九一〇年代以降（ほぼ明治四〇年代〜）のひとつの傾向だった。もっとも新婚旅行については、さいしょは異論もあったようだ（「新婚旅行は全廃せよ」『婦女界』1919/4）。

通過儀礼

通過儀礼というのはかたくるしいことばだが、人の一生のくぎりくぎりにおこなう祝いごとをいう。一月一五日が成人の日、一一月一五日が七五三の日といったりしても、それは七月七日が七夕、一〇月一〇日を体育の日というのとは意味がちがう。一月一五日はその年二〇歳の成人になったひとを祝うことに行政がきめた日、一一月一五日も三歳、五歳、七歳になった子どものお祝いを、気候もいいころだからその時期にする、としただけで、いずれも祝われるのは日ではなく人、それが通過儀礼で、日付そのものに記念的な意味があるわけではない。

人の一生の祝いごとの多くは、わが国では神事になっている。仏事であるのは葬式とそのあとの法事だけで、祝いごとではむしろお線香臭さを避けている。これはわが国では仏教が、葬式や死とかたく結びついてしまったためだろう。近親者の死からあまり日時が経っていないときは、鳥居をくぐるのを遠慮するものだった。

その神事はすべて産土《うぶすな》社か、近くの有名神社で、あるいはその神職の手で執りおこなう。しかしその神社というのが一体なんなのかについて、天神さんのようなよくわかっているものは少なく、庶民はほとんどなんにも知ってはいなかった。神社の祭神が何々の尊《みこと》、などということが拝殿のそばの立て札などに書いてあっても、それがどんなひとか、神様かは、ほとんどだれも関心がない。

もともと神道には、ごく素朴なアニミズム以上の、宗教としての教義らしいものがない。それは戦前の教育者などもよく知っていて、とくに産土社の参拝は宗教ではない、じぶんたちの祖先と国土を敬い、重んじるための行為、と主張するひとは多かった。

余は曾てから我国在来の神社を西洋各国に於ける偉人の記念碑と同様に見做し、我国民たるものは信仰の何たるかに係わらず、祖先の祈念碑を十分に尊敬し、是を大切に保存せねばならぬ事を熱心に主張して居るものである。（高島平三郎『家庭及家庭教育』1912）

その点からいえば、楠木正成を祀った湊川神社、それから乃木神社、明治神宮などはわかりやすい。乃木さんは短期間だが学習院の院長をしていたから、学習院大学を受験するひとには便宜をはかってくれるかもしれない。

お社の祭神がなんであれ、子どもの成長の節目ごとの神詣では、乳幼児死亡率の高かった時代、親にとっ

「産土神詣」
松本洗耳画、平出鏗二郎『東京風俗志』（下巻）、富山房、1899-1902（明治32-35）年

てはうれしいことだったろう。興味あることに、神社への参拝をともなう通過儀礼は子どものときだけで、成人してからの誕生祝いなどは神様と関係なくなる。それに、ふた親の死んだあとは誕生祝いはしないという風習もあったようだ。

さいしょの儀礼はお宮参りだった。生後ほぼ一カ月後の赤ちゃんに宮詣着というものを着せて、何人かの付添人に伴われてお宮に詣でる。明治時代までは、家によっては出入りの鳶の頭なども真新しい半天姿で供をし、赤ちゃんの着ているのとは別に、もうひと重ねの新調の産着を肩にかけ、千歳飴などの配りものを提げさせる。奈良女子高等師範学校裁縫研究会が戦前に刊行し、戦後まで広く使われていた裁縫書には、つぎのような説明がある。

男児は生後三二日目、女児は三三日目に宮詣と云って、乳母又は親戚の婦人に抱かれて将来を祝福される為に、産土神に参詣する習わしがあります。此の際抱かれた上から被せる晴着を宮詣り着と云います。普通は一つ身の重ねを着せますが、後々の為を思って四つ身にする事もあります。（奈良女子高等師範学校裁縫研究会『裁縫精義　特殊物編』第六章　宮詣り着、1949）

文中にもあるように、お宮参りに抱いてゆくのはお姑さんとか産婦以外のひとがふつう。宮詣着には一メートルくらいの紐が二本ついていて、赤ちゃんを抱くひとはこれを結んで首に懸けていた。

一九〇二年（明治三五年）一二月一四日の読売新聞に、「宮参りの弊害」という文章を書いた医師がある。それは生後わずか一カ月ぐらいの乳児を冷たい外の風にさらす危険を言っている。また産婦もまだ抵抗力がとぼしいために、気管支カタル、肋膜炎、肺炎などをおこすことがままあると。概してこの時代、現代にくらべて産婦も新生児も弱かった、といえるようだ。

子どもの成長を祝う神詣では、男女児の三歳、男児の五歳、女児の七歳とつづく。七五三の社前風景は、戦前の新聞では毎年の取材対象だった。しかしに親たちにとって、もっと大きな節目であり、よろこびだったのは、小学校への入学だったろう。それが桜の開花の時期と重なっていることは、将来も日本で、九月新学期に変えられないひとつの理由になるかもしれない。

七五三が毎年の新聞種になったのは、その日の子どもの晴着が、流行の現在と将来を見せてくれる、と考えられたためだ。デパートの売場係が観察にもきた。またひとつには、日露戦争のあとぐらいから、とくに男の子に、海軍大将のかっこうをさせるといった、ファンシー・ドレスがよく見られていい写真ネタになったためだ。その日一日だけしか着られないにちがいないが、五歳の子どもは改良服とおなじで、なにも気にしないから、親にとっては、少々金のかかる遊びだった。

子どもの成長を祝う行事の盛んなのに対して、子どもが大人になったことを祝う家の行事は、明治以後廃れた。男の子の元服、女の子の裳着《もぎ》はいずれも成人の式で、江戸時代、武家の男子は若衆髷の前髪を剃り落として月代《さかやき》になって、これで家督を継ぐ資格ができた。しかしだれもが散髪の文明開化の時代、前髪も月代もない。女の子にはじめて大人の裳を穿かせる裳着、あるいは着裳《ちゃくも》は、これで結婚ができるというしるしで、鬢削ぎ、髪上げとともに、堂上家では江戸時代もつづけられていたようだが、一般にはほぼ忘れられていた。一部の地方では少女にはじめて幅の広い帯を締めさせる、帯祝いというものがあった。女の子には初潮を赤のご飯で祝う風習もあるので、このふたつをいっしょにする場合もあったようだ。

いずれにせよ通過儀礼は年中行事同様、地方地方での特色がつよく、古いかたちが残る残らないも、その地域や、また家によってのこだわりのちがいが大きい。

第二次世界大戦の前は、六一歳の本卦還り以上の賀寿を祝うひとも、祝えるひとも少なかった。八〇の賀以上はほんとうにまれで、多くは高い地位にあるひとの、組織をバックにした宴だったようだ。この時代のひとにはむしろ、祝いごとではないが、男の二五、四二、六一歳、女の一九、三三、三七歳の厄年の、厄払いの方を気にするひとの方が多かったかもしれない。

正月

日本のお正月は、歳の暮れのあわただしさとの対比で考えなければ理解しにくい。だから正月行事というより、年末年始行事というべきだろう。

江戸時代の暮れの行事は、まず師走一三日の煤払いからはじまった。夏の井戸替え、暮れの煤払い、こんな気持ちのいいものはないと、岡本綺堂は『半七捕物帳』のなかで半七に言わせている。家内を浄めて歳神を迎えるという意味もあり、それと関係する風習もさまざまあったが明治になってから多くは廃れている。明治以降は煤を払うより畳をあげて外に持ち出し、竹の棒などで叩く家庭が多く、周囲に迷惑というので、大掃除の日を一定の日にきめる条例をつくった地方がかなりある。近代の大掃除は、大晦日に近い二八日ということが多かった。

商店は景品つきの売出しで景気を煽り、初春のお飾り類をならべた歳の市や、羽子板市、大掃除やら餅搗きと、街はせわしないなかでも、溜まった支払いをどう工面するかの算段と、帳面を腰にさげてお得意さんの家を一軒一軒まわる掛取りの攻防は、落語などでもおなじみだ。明治時代にはご用聞きと掛売りの風習がまだかなり残っていた。上方では決算を年六回くらいに分けていたが、江戸では盆と大晦日の二回だけだったし、大晦日はとくにだいじな決算日だったので、支払いの額は大きかった。

その苦労も一夜明ければ、きのうの債鬼も笑顔で年始の挨拶に来るという新玉の初春になり、商店もしばらくは大戸を閉め、町には年始のひとの往き来がはじまる。

岡本綺堂は、明治の中頃までは、年賀郵便などで義理をすますひとなどなかったから、新年の街は着飾った回礼者でいまよりずっとにぎわっていたと、つぎのように書いている。

新年の東京を見わたして、著しく寂しいように感じられるのは、回礼者の減少である。もちろん今でも多少の回礼者を見ないことはないが、それは平日よりも幾分か人通りが多いぐらいの程度で、明治時代の一〇分の一、ないし二〇分の一にも過ぎない。（岡本綺堂「年賀郵便」『思い出草』1937）

東京に住むほどの者は、一軒で多ければ四人五人の者が、連れだって、あるいは手分けして回礼に出る。往来の混雑は想像されるであろう。平生は人通りの少ない屋敷町のようなところでも、春の初めには回礼者が、袖を連ねてぞろぞろと通る。それが一種の奇観でもあり、また春らしい景色でもあった。（同前）

一八八〇年代、九〇年代（ほぼ明治二〇、三〇年代）の新聞の、正月三日、四日の紙面には、恒例として、日本各地の新年風景のレポートが掲載されている。首都東京ではとくに丸の内麹町辺の、皇居参賀者の往き来が中心になる。

皇族大臣参議勅任奏任文武の諸有司、麝香間伺候《じゃこうのましこう》華族朝拝の盛儀を見るに（……）大礼服の金繡と胸間の勲章と相映じて燦々たり、殊に本年は勅任官以上及び麝香間伺候華族の、夫人をも参賀を仰せ出されしより、何れも垂鬟緋袴の盛装に妍を競い美を争い、其の良人と同車にて、陸続赤坂皇居及び青山御所へ参賀ありしを以て、此の新儀を拝せんと、赤坂近傍は見物人の山さえ笑う

昇平の気象綽々《しゃくしゃく》たる（……）（「元旦の東京市中」郵便報知新聞 1881/1/4:2）

文武官とも改正の新服を着し、夫人方の九分通りは皆洋服を着し、下げ髪にて緋の袴を着用せし向きは僅か数名にとどまれり、殊に今年は武官方の乗馬の太く逞しきと夫人方の洋服の綺羅びやかなりしは頗る見事にして、之を見物せん為群集したる老若男女の実に夥しく、サシも広き皇居正門の近傍も殆ど立錐の余地なき程なりし。（郵便報知新聞 1887/1/2:6）

かなりの貧乏人でも、お正月ばかりは仕立て下ろしを着ようとする。親は子どもにだけでも着せようとする。それをねらって呉服屋は一一月あたりから、来年の春向きの新柄などを宣伝する。春着、というと、新春と、季節の春とのどちらをも意味するので、まぎらわしいが。

「新年の盛装　是では迚《とて》も羽根は遊ばれまい（応募漫画）」
安原正次画、『時事新報』1907（明治40）年1月7日

三井、白木屋などの大呉服店が、お得意むけの宣伝パンフレットを刊行しはじめるのは、一八九〇年代末（明治三〇年代初め）だ。そんなものに令嬢向き、若奥様向きなどと写真入りで紹介された衣裳は、もちろんひとにぎりの富裕層相手のお見立てだ。明治中期の一八九〇年代（ほぼ明治二〇年代）頃であると、すこし暮らしむきのいい家の女性は、お正月といえば三枚襲《がさね》にきまっていた（「迎新の服装」『風俗画報』1900/12/25）。また、ふだんはもう曳かなくなったきものの裾を、お正月ばかりは古風に曳く家庭も多かった。

とりわけ春着に念を入れるのは芸者たちだった。暮れの二〇日前後になると、新聞には花街ごとに、くわしい〝春着の噂〟が連載される。その見栄のためには、ずいぶん苦しい算段をしいられる芸者もあった。花街にとっては三が日、また七草あたりまではかきいれだ。三が日がお約束で一杯でない妓は恥だった。売れっ子の芸者はひとつの座敷に三〇分も腰をすえていられず、駆けつけるお座敷で踊ったり、酒をこぼされたり、袖を引っ張られたり、裾を踏まれたりで、芸者のきものは傷み、汚れや、汗染みが早かった。

『東京風俗志』（1899-1902）では、年末年始の行事のうち、すでに廃れたもの、衰えているものとして、一二月八日の御事始め、歳の市の翌日の蓑売り、家の前で搗く賃餅、いわゆる引摺り餅や、年賀の回礼、三味線を習う下町の少女の弾きぞめや、枕の下に入れて寝る宝船、などをあげている。その一方で、維新以後忘れられていながら、近年になって復興した、愛宕神社毘沙門天のお使いのようなものもあると。

しかし江戸以来の伝統行事が急激に衰えたのは『東京風俗志』以後のことだったろう。三河萬歳、鳥追い、獅子舞、太神楽、厄払いなど、近代的な商店街の構えが、こうした

乞食まがいの門付け芸にそぐわなくなったのだろうか。路は広くなったものの、空中に張り巡らされた電線は、凧揚げを街中から消し去った。一九一〇年代以後（大正後半）になると、広い路には自動車がめだちはじめて、追羽根の少女たちを路地裏に追いやるようになる。それでも家庭では、振袖の娘たちが青畳に白い手をついて勝負を争う、百人一首やカルタ遊びは、彼女たちがまだ畳生活に十分なじんでいた昭和戦前期までは健在だった。

弔い

ひとが死んで近親の者たちが死骸を葬る、その実際的な手順や儀礼はその土地によってのだいたいのきまりがある。そのきまりごとに逆らったり疑問をもったりするわけではないが、細かいことで、どうしたらよいのか、どっちを選んだらよいのか、判断できないことが、葬式のような日常的でない出来事には出てくる。とりわけ大都会での生活者にはそういうことが多い。

死骸を葬る作法のようなものの、その土地土地でのやり方は、非常に古い習俗をもっているはずだ。あとから入ってきた仏教などは、ただその習俗に融和しただけだろう。江戸というところは諸国からのよせ集めの人間の町だったから、江戸独自のものなどもともとはなかった。要するに各地の習俗のよせ集めだ。それが三〇〇年かけてようよう江戸風のかっこうがついたときに、東京と名前が変わって日本中の人間が入りこんできて、またもとに戻った。しかし大都市というものはどこであれ、そんなものだ。

明治時代の作法書等を見ると、葬礼の作法はほぼ、幕末の江戸の町人社会にできあがっていた標準に添って説明されていることがわかる。そのうえである著者は、それとは部分的なちがいのある身分ある武家の風や、地方のしきたりを紹介し、またべつのある著者は、一部分に西洋風のやり方をつけ加える、というパターンになっている。

葬礼の上下《かみしも》姿　今は帯刀の禁令と供に廃れて、僅かに田舎の葬式にのみ用ゆる事となりたれど、それすら次第に廃れ行くなり（山下胤次郎「第一二章　衣服」『和洋男女礼式』1901）

今日では一般に特製の喪服を着けることはありませんが、相当の身分ある人が、喪主として葬送に列するには、薄黒色の麻を以て製したる喪服を着けます。（……）又西洋の例に倣いて、帽子又は洋服の左腕に、黒布を巻くこともあります。（『衣服と流行』1895）

一体喪服というものは黒色を以て本義とするのですが、武家にては昔から白色を用いましたものですから、今に猶《なお》其の遺風を守って、白色を用いるものもありますけれども、朝廷では専ら黒色をお用いになりますから、それに従って宜しいです。（「問答くさぐさ」国民新聞 1901/2/16: 3）

喪服の着方　衣裳は宮中をはじめ神葬式では黒衣を用いますが、仏式には女は白き重ね衣裳に白の帯を結びます。これはいつの世からいかなる風俗から起こったかは知りません。又地方により白地に墨絵の被衣《かつぎ》を被った風俗もあります。（古田むめ『衣裳と着附』1925）

しきたりに違うことをすればひとの物笑いになる、ということは嫁取りでもお産でもおなじことだが、葬礼ではそこに怖さが加わる。まちがったことをすれば死んだ者が行くところへ行けないとか、家にまた死人が出るとか。

ある礼法書では、たとえば香奠の表書きのきまりとして、三回忌までは金額を上に書いてその下に香奠と書くが、そのあとは上に香奠と記して、その下に金額を書くとか、会葬者の記名帳はふつうの帳面のようにはじめの頁から記さず、さいごの頁から記す、といった作法が述べられている。さいごの頁から書きはじめるというのは、おそらく例の逆さ屏風に類した発想だろう。

直接礼法やお宗旨とは関係ない実用書である『祝祭送迎婚礼葬儀準備案内』といういわば実用書に、たとえば「出棺を避くべき日」として、つぎのような記述がある。

友引、丑、寅に当たる日は決して葬式を行う訳に行かぬ、それはどういう理由かと申せば、友引とは文字の示す如く友を引くと云うて、(……)縁起悪いものと致して居り、丑と寅の日も同様跡を呼ぶという意味で、何処までも此の日を避けて、繰り上げるか繰り延ばすか、何れにか当たらぬ日を葬式の日と定める。若し其の家の都合で丑寅の日に出棺せねばならぬ事情がありとすれば、(……)行者などを頼んで丑寅除けの祈祷を行う、さすれば葬式が無事に出来るとの俗諺になって居る。

(『祝祭送迎婚礼葬儀準備案内』1905)

友引など九星術は、現代の暦でも印刷されているものがある。丑寅については今日ではまったく忘れられた。一九〇五年(明治三八年)という時点ではしかし、それを気にする老人がいたのだろう。気にするひとがいるのだったら、ひとのいやがることをするには及ぶまいとか、損得にかかわらないことだったら、うるさいひとに逆らうのは避けようという思いやりは、根拠のわからない俗習が死に絶えないひとつの理由だろう。

もちろん平出鏗二郎のような知識人は『東京風俗志』(1899-1902)のなかで、この種の御幣担ぎ的風習を、紹介はしながらも、嗤うべし、という態度だ。仏教者もまた、この種の根拠のない俗信には眉をひそめることがある。たとえば正統の浄土宗の立場から、死者を送る門火について、これはもともと死者の陰気を散ずるために爆竹を焚くというシナの旧慣の変化したもので、仏典にはないとし、「僧は務めて俗礼を避くべし、但しもと俗礼にして因習の久しきにより或いは遂に仏式の如くなれるものあれば、能くこれを弁ずべし」(吉永融我『浄土宗便覧』1893)と注意している。

仏教はその教義からすれば、葬式や墓に深く関わるいわれはとくにない。葬式や墓、追悼の法事などに熱心なのは、祖先崇拝というべつの信仰だ。近代日本の国家主義がそれを大いに鼓吹したことはいままでは常識になっている。維新後の廃仏毀釈で死にかけていたお寺さんが、巧くそれに便乗して息を吹き返したということだ。

年中行事

江戸時代、庶民がたのしみにしている年中行事のうちでも、正月と祭りとは突出していた。明治に入ると、正月の方は変わりもなかったが、いろいろな祭りの方は、前の時代にくらべればかなり元気がなくなったといえるだろう。江戸東京でいえば祭りの中心は下町で、職人や、商家の若い連中に支えられていたのだが、どこかよそへ勤めをもつひとや、よそから通ってくる人間が多くなり、また他国から東京に入ってきた者がふえ、だんだんと土地の人間同士の連帯感がなくなった。湯へ行っても挨拶をかわすひとの方が少なくなってくると、揃いの浴衣で御旅所へ出かけてゆく、心のはずみもうすれる。

平出鏗二郎は『東京風俗志』(1899-1902)中巻の七〇頁あまりを使って、その時代の年中行事をくわしく説明している。その平出は、「四月諸社の大祭」の項で、こんなことを言っている。

元来諸社の大祭も、其の意を失

い、神の為にするよりは、氏子の為にするが如きことなれば、二、三月の余寒未だ去らざる頃までは、いと稀なれども、やがて四月に入りて、弥生の空の長閑に、人の心浮き立つ頃となれば、そろそろ執行するも少なからず、昔は二月三月中に行いしもあれど、陽暦の今日となりては、いずれも暖かき頃に引き下ろしぬ。

お祭りが神様のためよりも、氏子の都合に合わせているという現実について、平出は祭りほんらいの意味を失ったといっているだけで、それを歎いたり、非難したりする口調は感じられない。

たしかに寒中の祭りで揃いの浴衣、というわけにはいかない。御輿を担ぐ連中に水をかけるような威勢のいい祭りは、暑いさなかにかぎる。しかしその、祭りのシーズンオフというべき時期にも、平出がべつの章で述べているさまざまな催し、イベントがあったのだ。

＊　＊　＊

七草をすぎ、一四日正月を終えたころ、東京でも上方でも初芝居、つまり歌舞伎の初春興行がはじまる。それとほとんど同時に大相撲の春場所が、一九〇九年（明治四二年）までは江戸時代以来の本所回向院で、それ以後は初代の両国国技館ではじまる。明治時代の新聞を見ると、一月の春場所、五月の夏場所の人気がいかに大きかったか、場所中連日の、新聞のその報道ぶりで想像される。第二次世界大戦以前は一年にこの二場所だけで、しかも一九三〇年代（昭和戦前期）までは各場所が一〇日きりだったから、熱気が凝縮したのだろう。

正月の一六日は盆の一六日とならんで藪入り。この日は徒弟、小僧さんたちの年に二日だけの休日で、宿下がりともいった。仕立て下ろしの、肩揚げのあるお仕着せに、角帯をキチンと締め、明治一〇年代以後は鳥打帽をかぶるのが小僧の晴着スタイル。活動写真が大衆の心を奪いはじめた一九一〇年代（ほぼ大正前半期）頃には、東京では浅草六区の映画街がこのすがたの少年たちでごった返したが、その時分からこのかっこうを、小僧と思われていやだと嫌う者が出るようになる。関東での、小僧というよび方も嫌われた理由のひとつかもしれない。震災以後になると従来式の徒弟制度はいろいろな面で崩れはじめ、中学生なみに洋服姿の少年店員がふえる。

職業野球のはじまったのは日本では一九三六年（昭和一一年）だった。しかしそのころは職業野球には、ひとびとが春先のキャンプインを待つほどの人気はなく、人気の点では六大学野球の方が上だったろう。だから春と秋の東京六大学リーグ戦、とりわけ早慶戦はファンを熱狂させた。このことは大阪系の漫才コンビ、エンタツアチャコのあたりネタが、「早慶戦」だったことでも想像できる。またその熱狂が、ラジオの普及に連動するものだったことも想像される。

スポーツの部類に入れるとすれば、帝国大学や学習院など有名校の運動会、一高などの墨田川レガッタが新聞で報道された時代もあったが、人気の枠は小さかった。学校がらみの行事としては、大学の学園祭、とりわけ一高の五月祭は、女学生たちがまちうけている行事だったらしい。

三月の雛祭り、四月の各地のお花見、五月の菖蒲の節句は変わることはなかった。平出は、いまもおこなわれている行事、失われつつある行事を解説しながらも、たとえば彼岸の六阿弥陀詣の折、石鳥居を七度潜ると長患いすることなく死ぬことができるという伝えがあるとして、「齢老いたる人には、いと真面目に行うものあるも笑うべし」（中巻）と一筆加える。こういう態度はこの本の各所に見られるが、とりわけ印象的なのは、遊覧の章のなかで、新橋、柳橋等の花街、また吉原、洲崎等の廓《くるわ》や、その行事にはまったくふれていないことだ。いやしくも東京風俗誌と称する以上、これは大きな手落ちのようだが、この点について著者ははっきりと弁明している。「余の如き、多く世と背く、豈《あに》これを写すの識あらんや、余は特におもう所ありて、既に料理屋をさえ略述せり、況《いわ》んやその他をや」（下巻「第一一章　遊嬉賞翫」）。

＊　＊　＊

平出鏗二郎に倣ってやや批判的に年中行事をみると、それが生き残るかどうかは、〃ほんらいの意〃などではなく、たまたま商業主義とうまく結びついたかどうかによることが大きいように思える。またとりわけ一九二〇年代以後（ほぼ昭和時代）になると、ラジオなどによるマスコミの関心、宣伝の影響が、学校教育などよりも、伝統行事を支える有力な力になったようだ。

初夏から秋にかけては東京も大阪も大きな祭りのシーズンに入る。東京では浅草の三社祭が五月。六月は祭月といわれるくらい祭りが多いが、なかでも日枝神社の大祭のほか、各所の天王祭でにぎわった。つづく七月は盂蘭盆会のあと両国の川開き、とんで九月一五日には神田明神の大祭がある。

こうした神祭のほか、当時すでに廃れた、としている行事のうちには、七月の七夕祭、一一月の鞴祭《ふいごまつり》、報恩講に詣でる女の角隠し、電線のために廃された神田祭の大榊等々をあげている。七夕は現代になって復活したようだ。鍛冶職などのした鞴祭はすっかり跡を絶ったが、これは『半七捕物帳』の「半鐘の怪」でおなじみ。しかし多くの行事がすがたを消したのは、むしろ『東京風俗志』以後のことだった。

『東京風俗志』では触れていないが、秋に上野の山で開催される文展――文部省美術展覧会は人気の年中行事だった。はじまったのは一九〇七年（明治四〇年）、年々おおぜいの見物人をひきよせ、一九一六年（大正五年）の第一〇回のときなどは「場内は人で満たされて、肩肩相摩し、場所によっては身動きも出来ない有様である」（藤懸静也『婦人画報』1917/1）という状況。第三回文展では作品のモデルになった某富豪夫人が、顔は私だが容姿は祇園の芸者だと抗議、そのすぐあと当の夫人の不貞が発覚など、そのレベルはともかく話題豊富で、人気を煽った。いつも見物人の興味の的は裸体画、裸体彫刻だったが、悪戯をする不心得者もあり、当時の警視庁の神経質さを一概に責めることはできない。

夏を過ごす

過去一五〇年のあいだ、気温に関するニュースでは、冬の寒さより夏の暑さを報道する記事の方がはるかに多い。一九三二年（昭和七年）八月一日の都新聞への投書に、いまの東京は明治時代より暑くなったとして、その原因を樹木の繁茂した土地が切り開かれてコンクリートの建物やアスファルトの道路に変わったためではないか、と指摘している読者（老人）がある。

ヒートアイランド現象については、すでにその前に、たとえば一九三〇年（昭和五年）の七月一六日の朝日新聞に、「近代都市となったおかげで　酷熱化した東京市街」という解説記事がある。

暑さをしのぐための工夫としては、戸、障子を開けはなして風を入れるというのが、ふつうの方法だ。柱構造の日本家屋はその点では便利で、いわば建物そのものがもともと夏座敷風だ。加えて気化熱を奪わせるために、家のまわりにうち水をする、という習慣も定着している。桂米朝の思い出によると、戦前の大阪の寄席では、休憩時間中に屋根から瀧のように水を落としたという。

夏の風情は、掃き清められた前栽、すがすがしく打ち水したるに、風ひとわたり深緑の梢をかすめて、縁の端の簾《すだれ》を訪いながら、風鈴の音を誘う夕暮れに如くものはありますまい。こんな夏座敷の風趣は、全くわが国独特のもので、欧米式の住まいでは到底味わうことはできませぬ。（「夏座敷を飾る簾と簾戸」『婦人

画報』1916/7)

庶民の家庭でほかにできることといえば、襖を外して、代わりに簾を掛けるくらいのことだったが――。簾の上等品は伊予簾といい、極細の竹を使って編んだ、工芸品のように繊細なもの。

夏の夕暮れなどに、下町のちょっと人通りのすくない裏道などを歩くと、ほのかに漂ってくる蚊取り線香の匂いと、どこもかも開け放しの家のなかで、うすべりに横になって団扇を使っているひとや、生垣の蔭のちょっと見えにくいところで、行水をしているひとの白い背中が、ちらりと見えることなどがあった。こういう情景は明治も昭和も変わりなかったし、地域によっては第二次世界大戦後も、家庭に空調器が普及する以前は、そのままつづいていた。

あたらしく加わった夏の道具といえば、家庭でもオフィスでも大戦前は扇風機ぐらいのものだった。一八九七年（明治三〇年）には電気扇の名で国産扇風機が現れ、かなり早いピッチで普及したようだ。商品名としては「涼風機」とか、「自動清涼機」というい方もあり、また「煽風機」というむずかしい字を使うこともあって、これでは却って暑そうだ。もっともこの時期には、家庭に電気はひけていても、夕方以後だけの定額契約がふつうだったことがネックになってはいたが。そのためか一九〇四年（明治三七年）に発売された自動清涼機は、七月二二日の朝日新聞紙上の広告で、「巧妙なるゼンマイ仕掛けにて従来の電気扇のように電気いらず実に便利です」と宣伝している。オルゴールではあるまいし、ゼンマイでどの程度の風がでたのだろう。

室内冷房装置に関しては、一九二四年（大正一三年）六月二五日から文部省東京博物館で開催された衛生工業展に、「室内の空気を冷たくする装置」として試作品が出品された。この詳細はわからない。七月二三日の東京日日新聞によると、夏季でも機器保守の必要上部屋を開放するわけにいかない電話交換局で、アドソール冷房を設置することになったと報じている。これは先ごろの特別議会の議場で試験して、非常に好成績だったというから、あるいは衛生工業展の出展物とおなじものかもしれない。いずれにせよこの冷房装置は、戦前にはそれほどの発展はなかったようだが、この翌々年の一九二六年（大正一五年）に、永井荷風が日記のなかにつぎのようなことを書き残している。

帝国劇場観覧席床下より化学作用にて冷風を吹上げ、場内の空気を転替せしむる仕掛けをなす。初めは涼味を覚えて心地よけれど、長く席にある時は肌身ひやひやして気味悪しくなるなり。この装置目下市中この芝居よりほかにはなき由なり。

（『断腸亭日乗（1926/7/17）』

十分な空調がむずかしかった大戦以前の大衆は、半日だけの涼味ではあったが、海水浴にはマメに出かけている。東京横浜大阪神戸が臨海都市であるうえ、その海岸線が、まだそれほどには工業化されていなかったことも幸いした。首都圏の場合であると、大磯、三浦半島など湘南地域の、海水浴のための開発も一方にはあったが、もともとこのあたりは春の潮干狩りが盛んだった。隅田川河口から大森、蒲田の浜、横浜でいえば本牧、磯子の浜、そのあたりの水はきれいで、アサリやハマグリがいくらでも採れた。大潮のときなどの浜辺は、『半七捕物帳』の「海坊主」にもあるような賑わいだった。けっこう身分の高いひとまでが――後の昭和天皇との婚儀をまえにした東久邇宮良子一家のような――その日だけはだれもがきものの裾を高く捲り上げ、恥ずかしげもなく腰巻をみせて、喜々として砂を掘った。春の潮干狩りで親しんだ浜辺に、三カ月後は海水浴客のための海の家が並んだ。

＊　＊　＊

盛夏の和装というと、大戦後の現在では、すぐ浴衣ということになる。すこし趣味のあるひとは中形染めということばを知っているかもしれない。いまから一〇〇年前、男の通勤着を除けば日本人のほとんどだれもが和服であった時代——一九一〇年頃（明治末）の標準といえば、夏のすこし贅沢なきものは、麻にかぎっていた。

　夏の単衣ものは帷子《かたびら》ともいう。帷子とは古めかしいいい方で、単衣と帷子はべつのもの、という意見もある。男性用には越後上布、薩摩上布などがもっとも上等で、庶民の羨望の的だった。上布というのはほんらい上質の薄い麻織物をさしたが、綿や絹で夏向きに織り出した上布もある。夏の麻織物は肌触りが快いのだから、下に襦袢などを着るのはまちがい——というひともあるが、一反が若いサラリーマンの月給一カ月分くらいもしたから、ふつうは襦袢は着たようだ。夏の衣料として女性に好まれるのは絹縮《きぬちぢみ》だった。縮みは質感がさらっとしているので、これも素肌に着たらこんな贅沢はない。

　木綿縮の襦袢は夏の肌着としてひろく利用された。暑いさかり、お父さんがお勤めから帰って晩酌のとき、下はすててこ、上はこの縮みの襦袢、というのは上品な方かもしれない。縮みの襦袢は襟ぐりを円形にしたり、ボタンがけにしたりして、いつの間にか縮みのシャツに変身した。

　一九〇五年（明治三八年）八月の『文芸倶楽部』に「夏の身嗜」という記事があって、つぎのような注意が列挙してある。まず、女性は髪の悪臭で周りのひとに迷惑をかけないこと。月に二回は洗うこと。歩き方に気をつけること。そうしないと汗ばんだきものの裾と足袋とが、埃染めになる。足袋と下駄とは、夏は特別きれいにしておきたい。色が白くても黒くても、暑中はなるべく白粉《おしろい》をつけない方がいい。肌襦袢は、メリンスが汗を弾いてよい。それがいやなら縮みか麻。対丈の浴衣は、外に着て出るべきものではない、云々。

　ほんらい住居も衣服も解放的で、いわば夏向きのわが国で、なぜか冬の寒さよりも、夏の暑さが耐えがたいという地域が多い。この雑誌記事の指摘する第一の点、女性の厚化粧——厚塗りの白粉の上に、汗の玉がたくさん浮いているような化粧法は、戦争がきびしさをましてきた一九四〇年代近くまでは、一向変わることがなかった。

　夏は夏らしい清楚な趣があって欲しいのだか、どうもこの点が著しく欠けているようだ（……）就中若い細君などは、面をかぶったように塗り立てたのが沢山ある。（都新聞 1917/8/20: 4）

　また、夏の和服の下着は難物だった。むしろこれは、夏の暑い日盛りでも、出歩いたり、仕事をしなければならない、しかも身嗜みに気遣いをする女性がふえたためだろう。一九二九年（昭和四年）八月の『婦女界』の座談会では、そういう立場にある女性たちの、和服下の汗除け衣料や、晒し木綿やガーゼを用いての、さまざまな工夫——苦しい工夫の意見が交換されている。

冬を過ごす

江戸時代末から明治初年にかけての日本の気温は、正確な比較をするデータはないが、現在より一度以上低かったようだ（「ヘボン博士による横浜の気象計測記録（一八六二年〜一八六九年）」東京日日新聞 1874/7/27: 1）。とりわけ雪が多く、豪雪のため東京市内の交通が途絶したことも何回かあった。

　そんな寒さに対する備えはというと、今日の常識からみればはなしにならないほど、貧しかった。木造の建物はすきま風が入りやすく、また、火事の心配から十分な暖房ができなかった。火鉢があっても、たいていは手先を温めるだけの役にしかたたない。裕福なひとびとは、厚く綿の入った衣服を重ね着することで寒さをしのいだ。そうでないひとは、寒さを辛抱した。外国人医師は、火鉢や炬燵は炭酸ガスが出るので健康に害がある、と警告しているが、すくなくとも開化期には、健康に害のあるほど火鉢で室内の温度をあげることは、まずできなかったろうし、しようともしなかったろう。寒さを我慢することも、貧乏人にとっては一種の防寒法だった。ひび、霜焼け、あかぎれは、たいていの子どもや、水仕事をする女性たちがもっていた。

寒さに耐えることは、人間形成の役にたつと、信じられていたようだ。たしかに、皮膚は慣れによって、ある程度までは寒さに耐えられるようになる。力士が寒中でも裸でいられるように。しかし乃木大将が二人の息子に、寒中でも足袋をはかせず、素肌に袷のきものだけで、襦袢を着せなかった、という躾は、風邪をひきにくくする、というような次元のひくい意図からではないらしい。年中一汁一菜で押し通させたのとおなじく、もっと高邁な理念があったにちがいない。そういう理念は乃木大将だけではなかった。明治大正期の多くの学校でも、似たような人間形成の手段が信じられていたようだ。女子教育でさえ、たとえば東京目白の成蹊女学校では毎日始業前に、全生徒が、たとえ雪の日でも単衣もの一枚にはだしというかっこうで、長刀の稽古をしたという（「雪の日にも単衣一枚」読売新聞1918/12/12婦人附録:4）。

家のなかが寒いため、雪の降っている外へ出てもそれほどの気温差がなく、それで防寒用の外衣が発達しなかった、という考え方がある。江戸時代のひとは防寒外衣といっても、綿入羽織か雨用の合羽ぐらいしか知らなかった。トンビのたぐいが入ってきたとき、とびついたのもむりはない。

三つ襲《がさね》や二つ襲というと礼装のようになってしまったが、ほんらいは裕福なひとびとの、あるいは身分あるひとびとにのみ許された贅沢きものだった。火の気のとぼしい日本座敷は、東京あたりでも厳冬には一〇度をいくらも超えなかっただろう。しかし襦袢の上に綿入小袖を三枚重ね、さらにそれに綿入羽織を着ることができる。綿入羽織は袂にまで綿が入っているから、膝をあわせてすわり、その膝のうえに袖を重ねあわせれば、まるで布団でも着ているようになる。この時代のひとがめったに膝を崩さなかったのも、行儀のせいばかりではなさそうだ。

綿の入るのはもちろんきものや羽織、どてらのたぐいばかりではない。外に着るきものと襦袢のあいだの厚綿の胴着類は、とりわけ貧乏人には欠かせなかった。綿入の胴着と、おなじく綿の入った股引がつなぎになっている狐胴着のようなものは、女学校で教わる裁縫書にはあまり登場しないが、それぞれの家庭で、女たちのさまざまな工夫のヴァラエティがあったにちがいない。この時代のひとが洋服は寒い、と感じるのもむりはない。

ただし、この布団でも着ているようなすがたが美しいとは、明治の女性でも思わなかったろう。時代が下がるにしたがい、たとえ三枚襲であっても、「若き女の小袖はなるべく綿を薄くして、下着は裾と袖口、脇あけの袖の方とにのみ綿を含めて、胴は袷に仕立てるをよしとす」（『太陽』1897/10/20）という方向にむかう。

綿のたっぷり入った襲小袖が廃れてゆく一方で、医師たちの忠告をまじえて、いろいろな防寒対策が提案されるようになった。防寒具ということばが盛んに用いられだしたのが、一九一〇年代（明治末〜大正初め）のことらしい。毛糸の襟巻とか、毛皮とか、また下着として毛織物やフランネルを利用すること、とくに女性にたいし、股引をはくことが推奨されるのがこの時期だった。

一九一九年（大正八年）という年に、「今から一〇年ほど前には、よそ行きにも綿を入れる習慣がありました（……）」という回想が語られている。綿入の襲ね、というのではなく、綿入自体がどんなきものからも廃れてゆく。それと交代に流行しはじめたのが毛糸編の服だった。それはだいたい関東大震災（一九二三年、大正一二年）のすこし前、と考えられる。

今秋の流行界の、著しい、誰の眼にもつくのは、恐らく毛糸製品の流行でありましょう。全く驚くほどの売れ行きを極めているのがこの毛糸製品で、敢えてこの現象は、流行の魁をなすと云われる銀座街頭に限ったことではないのです。（「風靡する毛糸製品」時事新報 1922/11/22:7）

この頃家庭であれ学校であれ女手芸の一つとして毛糸編物が盛んに流行する（……）この流行で毛糸屋さんはどこも大繁昌（……）。（「新流行の毛糸編み」朝日新聞 1922/11/28夕:2）

とくに毛糸編の赤い腰巻が、中年以上の女性には圧倒的好評だった。

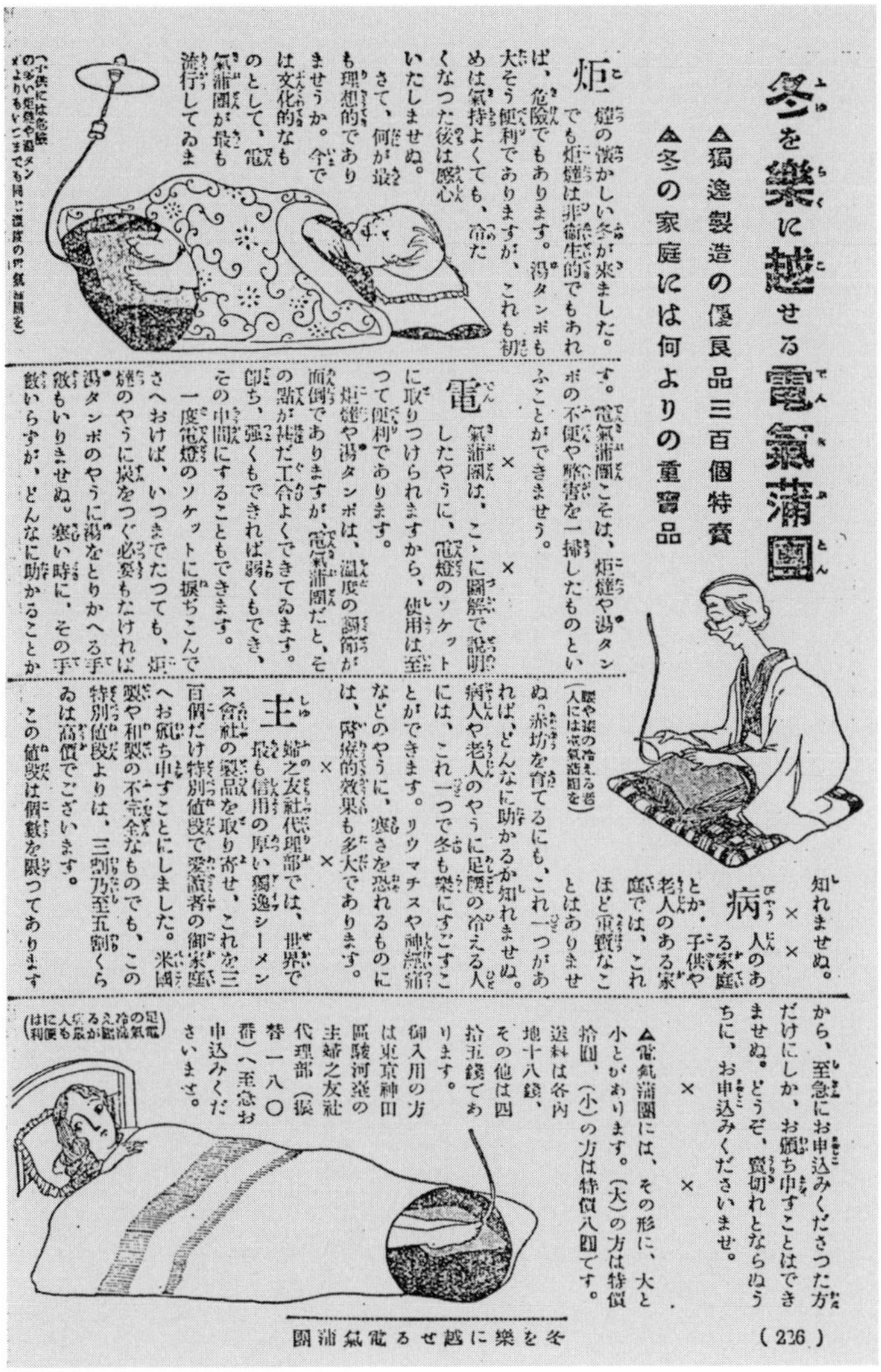

「冬を楽に越せる電気蒲団」
『主婦之友』、1927（昭和2）年2月

そしてまたこの都腰巻くらい、男たちを辟易させた衣料も少なかったろう。

寒さを防ぐというだけでなく、冷えによる内臓疾患、とくに婦人科系の——をひきおこさないため、という観点からの、腹巻とか、女性の股引の普及に対し、それはかえって身体の抵抗力をなくすので考えもの、という反対があった。

女性の洋装化にとって、洋装は寒い、洋装はしょせん夏のもの、という思いこみが長くつづいているのは、今日からみればふしぎだ。大衆の洋装化の時期がたまたま一九二〇年代の、欧米のショートスカートの時期にぶつかったのも、そのひとつの理由だったろうが。

＊　＊　＊

時代はとんで一九三〇年代末（昭和一四年以後）、日本人は物不足というはじめての経験に出逢った。配給の炭も練炭ももちろんじゅうぶんな量はなく、器用なひとは四〇燭の白熱電球の熱を利用した炬燵を工夫して、わずかの暖をとるような始末だった。寒さに抵抗力をつけるため、乾布摩擦が奨励された。そんなとき、明治生まれの老人が、意外に寒さに辛抱づよいことを発見したりした。「寒さを凌ぐ着物の着方」という新聞の家庭欄記事はこんなことを言っている。

スフの下着は冷たく保温性に乏しいといわれますが、これも仕立てにヒダを多く入れるとか、又重ねて使用し、その間に暖かい空気を込める様にすると保温性は著しく増すものです、(……)その意味からはシャツや下着の間に日本紙の揉んだものか、無ければ新聞紙でも入れるとずっと違うものです。(「寒さを凌ぐ着物の着方」朝日新聞 1939/12/27・6)

衣更え

寒暖の変化に応じて着るものを変えるのを衣更えという。たいていの文明国には多少とも季節変化があるから、衣更えという行為自体がまったくない衣文化は少ないが、日本のように、暦の上できっちりときめられていた国が、ほかにあるだろうか。

住まいの夏の装いを冬の装いに変える、という必要がある場合、宮廷のような大きな世帯では大仕事になるから、毎年一定の日にきめておいた方が都合がいいだろう。日本の古い時代には、衣服も調度も区別せず装束といい、室町時代ぐらいまでの故実書をみると、装束記載の多くは調度、つまり室内装飾に関することだ。

今日でも学校や職場の制服類は更衣の日が一定している。ひとによってちがうものを着ている期間があるのでは、ユニフォームの意味がないし、期日をきめておいた方が都合のよいことがある。故実書にある更衣は、宮中、あるいは殿中における、制服についての規定だったのだ。

風俗には貴人の習慣を、平民が倣うというパターンも多い。季節的更衣そのものには貴族も平民もないが、期日を遵守する、という習慣は貴族の、後世には武家社会の、つまり支配階級の殿中での制度を、その必要もなかった一般大衆がまねて、みずからを拘束した習慣、ということになる。

江戸の風習をうけついで、明治の初めに守られていた衣更えは、四月一日になると綿入を袷に変え、五月五日からは単衣となる。秋は九月一日から袷になり、九月九日、または一〇月一日から綿入、というのがふつうだった。やがて舶来の毛織物がそのなかに割り込んできて、五月はセルやフランネルを用いる習慣が、一八九〇年代(ほぼ明治二〇年代半ば)には定着する。

「四月一日」という変わった姓があり、ワタヌキと読むのは有名だが、いまではふつう綿貫と書いている。正確には綿抜と書くべきだろう。むかしのひとはきものの持ち数がそうなかったので、暖かくなると、冬のあいだ着ていた綿入きものの中綿を抜いて袷きものにし、暑くなってくるとこんどは裏をはがして、単衣にして着る、という手間をかけている貧乏人もあったというから、衣更えも手がかかる。貧乏人の衣更えのべつのパターンは、春先に冬物をまげて——つまり質入れして、そのかわりに袷か単衣を受けだし、その差額をふところに入れる、という手だったという。

綿入とか袷、単衣ものといっても、綿入きものを何枚重ねるとか、一〇月頃の二枚袷とか、単衣の地質をなんにするかといった、細かいきまりのようなものまでいつの間にかつくりあげ、もちろんそんなものは身分や地域、あるいは家によってもちがうだろうし、だいたいが呉服屋のつくりあげた趣味やきまりごとなのだが、とにかく覚えこんでいるものに頑固に固執するひとが多かった。

日付やスタイルへの忠誠心はべつとして、日本のような風土では、洋服であっても季節の衣更えはある。冬のコートを出した日、しまった日ぐらいをカレンダーに書きこんでおくのは、衣裳もちのひとにはむだではないかもしれない。

＊　＊　＊

衣更えに関しては世の中にひとつの誤解があった。それは旧暦が新暦に変わったため、衣更えの習慣が崩れた、と言うひとがある。明治五年（一八七二年）一二月三日が、明治六年一月一日となることが、太政官布告によってきめられた。このあたらしい暦は外国の暦を採用したものだ、だからこれは日本の風俗習慣には合っていない、という思いこみが、一部にはあったらしい。

いわゆる旧暦は、月の満ち欠けによって一カ月――二九日か三〇日かがきまる。一年はそれを一二倍する。だから一年は三六〇日弱にしかならない。じっさいの一年に五日以上不足するので、何年かたつと、暦の月日と、季節とがずれてくる。暦の上では四月なのに、ほんとうの季節はもう五月になっている、というふうに。これを何年かに一カ月、閏月というものを挟んで調整した。旧暦時代に、まだ三月だというのに日ざしがつよく、しかし四月一日になるまでは綿入で我慢した、などというはなしがよくある。新暦だったら、もう四月に入っていたかもしれない。旧暦時代はこの矛盾を二十四節気で多少補っていた。二十四節気は太陽の運航にしたがって一年を二四分割しているから、大寒といえばいちばん寒いころ、処暑といえば暑さがちょっとやわらぐころ――というふうに。しかし衣更えは二十四節気とはなんの関係ももたなかった。

更衣も昔時は其の時々の衣服の掟がございましたから、まだ肌寒くて風邪を引く端午の節にも、単衣を着なくてはならず、重陽の節句には汗をだらだら流して、綿の入った衣を着ることと極まって居ましたから、商売が楽でしたが、太陽暦に改まると同時に、衣服の制度がなくなって各自の勝手になりましたせいか、世間はいろいろで、九月に入っても白地の浴衣を着て居る人もあれば、一〇月の半ばに単衣に袷羽織を引掛けたり、袷、セル、フランネル、綿入れを着る等千差万別で、唯見ないのは帷子ばかりで、単衣から直ぐ一足飛びに綿入れになる者もあって、呉服店は商売がしにくくなりました。（「冬の支度」『文芸倶楽部』1904/10）

この松坂屋呉服店員の談話も、いまいった誤解だ。太陽暦は名前のとおり太陽の運航にしたがっているのだから、今年の四月一日は、去年の四月一日と、お日様は天のおなじところにいる。年によっての暑さ寒さのちがいはしかたがない。暦が変わったから、衣更えの日も滅茶滅茶になった、という誤った思いこみがなぜそんなにひろがったのだろう。あたらしい暦にしたがって生活しながら、古い暦日をわすれることなく、衣更えについては旧暦の日付を守っているひともけっこういたという。透綾とか明石のような透き通るものは、七月一日から八月末まで。九月一日になると、透いたものを着ていては笑われた。一〇月一日は、袷の衣更えの日。この習慣は厳しく守られていて、一日もゆるがせにはできないと考えられていた。このような忠誠心は、これはもう服装へのこだわりというより、現代人にとって理解しにくい時代精神の問題のようだ。

雨の日

地球上には日本以上に雨の多い地域ももちろんあるが、生活文化の多くを学んだ中国もヨーロッパも、概していえば雨の量はわが国よりかなり少ない。因みに東京の年間総雨量は近年の平均値で一四六六・七ミリであり、これに対してパリは六四七・六、ロンドンは七五〇・六、北京は五七五・二。もっとも中国は広いので、沿海部の上海では一一五五・一ミリの雨量がある（『理科年表』2009）。

ヨーロッパで生活していると、彼らが雨にぬれることを日本人ほど気にしていないのに気づく。それは雨の降りかたにもより、着ている衣服の素材のちがいにもよるだろう。地厚な毛織物は内部まで水分を浸透させにくい。またひとつには大きな石造建築は雨の日でも部屋のなかは比較的乾燥していて、ぬれたコートなどがすぐ乾いてしまう、ということもある。それに対して絹ものはぬれることを嫌う。着つづけたきものの襟や袖口がよごれても、日本人はできるだけ洗わないようにして、その垢を刃物などでこそげ落としたり、揮発油でこすりとったりしていた。一度でも水をくぐった絹きものは値うちが半減する。そのために日本の洗い張り屋、悉皆屋のしみぬき技術はきわめて高度なものになっている。

新国劇の看板演目《月形半平太》のなかで芸者の雛菊が、「月様、雨が……」というのに対し、半平太は「春雨じゃ、ぬれて参ろう」と言いすてて出る。戦前生まれのひとだったらたいていは何回か使った覚えのあるはずのこのセリフだが、幕末の勤王家の、あすの命の知れない気分を、汲みとることもできそうだ。

＊　＊　＊

雨の多いわが国には、雨を愉しむ文化もあった。現代の鉄筋マンションのなかでは、外に出てみるまで雨が降っているかどうかわからない。しかしこれはかつての藁葺屋根でも同様だった。平安時代の公家たちが住んでいた寝殿造りでも、屋根は厚い檜皮葺きだったため、やわらかに降る雨音は、母屋に垂れこめていては聞こえない。そのため外にむけて薄い板廂をふかく張りだし、その下を廂の間とよんで、軒端を叩くしずかな雨音に耳を傾けたという。

子どもたちにとって雨の日は楽しいものではないが、例外は北原白秋、中山晋平による童謡〝あめあめふれふれ〞のような情景だろう。この歌が発表された一九二五年（大正一四年）頃であると、母親のさしているのは〝大きな蛇の目〞で、その時代のたいていの絵本の挿絵では、母親はコートを上に着たきものすがただった。その蛇の目傘からも防水をしたコートからも、温かい湿気をふくんだよい匂いがしたはずだ。

愉しむというのとはちがうが、軒廂の下の雨宿りものがたりの発端となりやすい。呉服屋の若旦那が用足しに行った向島で俄雨にあい、知らずに飛びこんだ軒先がお得意の、おそらくお妾さんの小ぎれいな住まいで、気づいた女中に呼びこまれる、というのは六代目桂文楽のよくやっていた「夢の酒」だ。余計なことだが、ここで文楽は大黒屋の若旦那と言っていた。大黒屋などという屋号はめずらしくないが、日本橋橘町一丁目の大黒屋といえば、明治大正時代の寄席の客なら、越後屋、白木屋と名声をきそった大黒屋野口彦平、俗にいう大彦をすぐ思いうかべただろう。

＊　＊　＊

雨の日の外出にはもちろん差し傘が要る。江戸時代も前半期には差し傘はまだ贅沢品で、農夫はいうまでもないし、町住まいのひとでも蓑に竹の皮製の被《かぶ》り笠、というすがたがふつうだったようだ。

よく知られているように江戸の山の手辺、下級士族の居住地域は、日本最大の傘の生産地だった。そんなこともあって明治時代にはすでに、どんな貧乏人でも安物の番傘の一本がない家はなかったろうし、そう不自由のない暮らしをしている町人層では、男も女も雨天用の合羽を持っていたと思われる。

合羽というといまのひとはすぐ、木枯らし紋次郎が着ているような引回し合羽を考えるかもしれない。旅人などの用いる引回し合羽の形は、近世初期にポルトガルの宣教師たちがもたらした「カパ（capa）」の正統な後継だが、幕末から明治にかけては、桐油びきした雨衣をかたちにかかわらず合羽といっていた。とりわけ女ものの合羽はきもの風の構造で、ただし丈が長く、打ち合わせを小紐で結ぶという点が特色だった。

一八九〇年代（ほぼ明治二〇年代）以後、被布風の襟をつけた羅紗製のいわゆる東（吾妻）コートが大流行し、これ自体も羽織にくらべれば雨にはずっとつよかったが、さらに防水を施した雨天用コートが生まれた。もっともその一方で、きものを着るひと自体の数が減りはじめたため、戦争に近づいた一九三〇年代（昭和五〜一五年）でも、あめあめ降れ降れのお母さんのように、雨の日専用コートを持っていた女性は、それほど多くはなかっただろう。

それに対して一九三〇、四〇年代（ほぼ昭和五年以後）に、サラリーマン男性のあいだに定着したのがレインコートだった。すでに一九一三年（大正二年）に、「両三年来レーンコートの需要が著しく多くなって、英国の本場物が大分輸入されるようになった」という記事がみられる（読売新聞 1913/6/3: 5）。それが二〇年後、一九三四年（昭和九年）四月一九日の東京日日新聞は「晴雨どちらへも向くスプリング兼用のレインコート」という大見出しの特集を組み、「お天気の日にレインコートを着て歩くのは日本人ばかりだ——などと、知ったかぶりの『通』をいうのは誰だ! 日本人には日本人流の服の着方が出来ている」と居直っている。たしかに、この時期以後のレインコートは雨衣としてではなく、合《あい》コートとして定着して太平洋戦争後も変わらず、その傾向は洋装する女性にもおよんでいる。

あめあめ降れ降れのお母さんは、蝙蝠傘のほかに、もうひとつだいじなものを手にさげてきていた。それは長靴だ。戦争まぢかな時期になっても、東京大阪の道路の悪さはほとんど改善されていなかった。とりわけ郊外から通うサラリーマンや学生は、雨や霜解けの日は駅やバス停までは高下駄や長靴でゆき、それから短靴に履きかえるひとも少なくなかった。ゴム長靴の普及は一九二〇年代の後半（ほぼ昭和初期）からで、とりわけ学校に通う子どもにとっては必需品になった（「雨の日の東京の道路と履物」時事新報 1925/2/18: 2;「雪の郊外の救世主『ゴム長』時代来る」東京日日新聞 1927/12/12: 11)。

組織と女性たち

家から外に出ての女性の社会的活動のはじまりは、職業に関するものをべつにすれば、上流婦人たちによる慈善活動だったかもしれない。いわゆる鹿鳴館時代、仮装舞踏会などの馬鹿騒ぎのまえに、舞踏会にも加わる夫人令嬢たちのなかの、有志のひとびとによって、手製の工芸品などの慈善バザーがひらかれた。その売りあげを恵まれないひとに寄付するのが目的だった。しかしこれは三、四回で終わってしまったし、組織といえるほどのものはなかったろう。

もっとも単純なかたちとしては、女子交際会というものが生まれている。女性にも男性とおなじように、ひろく交際する便宜をはかろうというのが目的で、一八八六年（明治一九年）という早い時期に発足、ある男性が発起人だった。その後どうなったかはわからない。たいていは同好会的な性格をもつものだが、小さな交際グループというものは、とくにそんな看板をあげなくても、現代にいたるまで無数にあるはずだ。欧米、とくにイギリスには、会員を限定したかなり閉鎖的なクラブが発達している。会員同士がほとんど口をきかないのが規則、というクラブのことは、シャーロック・ホームズの「ブルース・パーティントン設計書」に紹介されている。

暇と金に不自由のない上流階級の女性たちにとって、なにかの会合のための外出は貴重な気ばらしだったろう。上流階級にかぎらず、会、というものがたくさん生まれたことは、身内の婚礼や法事ぐらいしか、大ぴらに外に出る機会のなかった多くの家庭婦人にとっては幸いだった。さらにそれがいくぶんか、社会的意義とはいわないまでも目的をもったものであれば、胸を張って家を出やすいし、着るものにも念を入れる甲斐がある。

一八九〇年（明治二三年）に、日本赤十字の看護婦会と同時に設立された篤志看護婦会は、だれにも理解されやすい社会的意義をもった、初期の婦人組織だった。会員の上流婦人が、じっさいに手を血に染めて傷病兵の看護に当たるようなことはなかったが、おもに包帯捲きのような作業を担当した。むしろそれより、あれが毛利伯爵夫人とささやかれるような知名の夫人たちが、赤十字の腕章をつけて、本職の看護婦に立ち混じっているすがたが、当初、あまり理解されていなかった看護婦のイメージアップに貢献したといわれる。

さいしょの全国的規模をもった婦人団体のひとつは、基督教婦人矯風会だろう。岡山ではさいしょ婦人禁酒同盟として発足したように、かなり限定的な目標を掲げてできた、各地の基督教主義に基づく集会が、矢島楫子《かじこ》のもとに結集して、一八八六年（明治一九年）に発足した。基本的にはプロテスタンティズムの思想的背景をもっていたため、禁欲的で、陰気な、眼を三角にしてひとのアラ拾いをする、老婦人の集まりのように誤解もされた。キリスト教の教義には、ごく素朴な理屈のうえで日本の天皇観と融和しにくい点がある。そのため矢島楫子たち会のリーダーたちは、ことあるごとに日本の国体を讃え、皇室への忠誠を誓っている。第二次世界大戦中には日本基督教団さえ、軍部と戦争に迎合的ともいわれかねない姿勢があったのだから、この時代の婦人団体としてはやむをえない限界だったのだろう。

国家の方針に忠実に添い、ときには行政のお抱えのようになりがちだったのは、わが国近代の婦人団体の特色だったともいえる。その代表的な例が、一九〇一年（明治三四年）、傷痍軍人の慰問・救護を目的として設立された、愛国婦人会だった。庶民の印象からいえば、愛国婦人会というと、東京で年一回開催される全国大会の盛大さが際だった。愛国婦人会は婦人会のなかでももっとも多い会員を抱えていた。会員証をもっているひとは辺鄙な町や村にも何人かはいた。全国大会にはるばる出かけるのは役員だけだったが、それでも会場外の日比谷公園や宮城前広場は、その時代の女性民間礼装である白襟黒紋附のオンパレード、という印象があった。そして会場の一段高いところには、かならず白い宮中服すがたで、大きなブリムの帽子をかぶった、皇族方のすがたがあった。愛国婦人会は創始者の初代会長奥村五百子《いおこ》のあと内紛が多く、そのせいもあってか箔づけの総裁やトップメンバーに、皇族の女性を推戴するのが常だった。

一九一三年（大正二年）一月の『婦人画報』「現今交際社会の中心婦人」で紹介されている婦人団体は、愛国婦人会のほか、大日本婦人教育会、陸海軍将校婦人会、大日本婦人衛生会、日本赤十字篤志看護婦会だ。それぞれに組織名にふさわしい設立趣旨をもってはいるが、たとえば大日本婦人教育会が、「上流の婦人がお互いに親睦をはかり、知識を交換すると云うのが目的（……）」といっているように、平時にはべつに具体的な活動があるわけではなく、日本のハイソサエティの社交の場だった。

五年後の一九一八年（大正七年）、『婦人画報』は再び「帝都に於る婦人の社交団体」という調査を掲載した。記事の冒頭につぎのような前説がある。

> 奥様又は家内という語が、その真体を現し、婦人が閨門の内にばかり蟄居していたのは既に過去のこと、この聖代の今日では、婦人といえど社交場裡に現われ、社会の表面にも出ている。（坂本紅蓮洞「帝都に於る婦人の社交団体」『婦人画報』1918/12）

二回目の調査結果による婦人団体の性格の特色は、「分類してみると、宗教や修養に関するものが最も多い。（……）宗教修養、及び博愛慈善のものとを合すれば、婦人団体全体の三分の二に該当する」という点にあるらしい。この事実は、社交の場として発展している欧米の婦人組織に比べてみると、きまじめで優等生的、むしろ陰気にさえ感じられ、そういう意味では、わが国の社交の場は、欧米のそれとはかなりちがう様相をもっていた。

かつて三越のある重役が言った。わが国では、ファッションリーダーの資格をもつ富裕層の女性が、せっかく高額の衣裳を手に入れても、それを見せ合う場がない。せいぜい帝劇の廊下ぐらいしか、わが国にはファッションステージがない、と。これらの婦人団体の会合は、その欠落を埋めそうなものだが、結局その役目を果たすことはできなかった。ある外国の外交官が言っているように、日本のこうした社交的な会合には、それが舞踏会であっても、若い女性の姿が少なく、ちんまりと椅子にすわって立とうともしない、年輩の婦人方で占められていることがふつうだったらしい。

そのことはなにも舞踏会の場だけのことではない。婦人団体の〝顔〟になっているのは華族か、古手の学校経営者、あるいは社会教育家である老婦人がほとんどだったから、ファッションステージなどと縁がなかったのは当然だ。そのなかで、西本願寺仏教婦人会の顔だった九条武子などは例外といってよい。

家族と家庭の変容

娘や息子が外に出てゆくときのかっこうを、母親や、ときには父親が気にする正当な基準は、今どきの流行でもじぶんの趣味でもなく、うちの子ども、もしくはじぶんの家族のひとりとして適当かどうか、という点にあるのがふつうだ。何々家のお嬢さんとか、魚屋の娘、といったアイデンティティは、かつてはきわめてつよかった。また、子どもにそれを強要する、父親の権威もつよかったのだ。

明治大正期の婦人雑誌を見ると、教育者とか名流夫人とかいう婦人たちの、ひとびとの衣生活についての助言は、なにかにつけて身分にふさわしいものを、身分をわきまえて、であった。もちろんその身分とは、厳密にいえばじぶん一個人の身分をさしているのではなく、父親なり夫なりがあるじである家族をさすのだ。

そんな、この時代のひとたちの、家族の意識を支えていたのが明治民法だった。フランスの法学者ボアソナードの指導のもとに、わが国でさいしょにつくられた一八九〇年（明治二三年）施行の民法を旧民法と称する。その内容が日本の国情に合わないという批判をうけ、一八九八年（明治三一年）に、とくにその「第四編　親族」、「第五編　相続」に関して、わが国の家族制度に合致するように大幅改正をほどこした。一般にはこれをさして明治民法と称し、第二次世界大戦後の一九四八年（昭和二三年）、新憲法にもとづいての全面改正以前、日本人の家族関係を支配し、ひとびとの思想の基盤になっていた成文法がこれである。

明治民法によれば、家督、および財産はひとりの家長（戸主）によって相続され、それは嫡出の長男が優先する。法定家督相続人は相続を放棄して家名を絶やすことは許されず、相続人である戸主は祖先の祭祀の責任を負うことになる。この条項の拘束のため長男と長女の単純な結婚は不可能であり、どうしてもという場合は、一方がべつの相続者をたてて隠居するというような、面倒な便法を用いるしかなかった。家という概念はじつはかなりあいまいなのだが、ともあれ家の維持や名誉は個人に優先したから、家名を傷つけないためには、場合によっては実の父親でも排除する（徳田秋声「心と心」大阪朝日新聞 1915/2/20～)、といったこともありえた。

家督、財産が家長ひとりのものというばかりでなく、家族の行為はなにかにつけて家長に制約され、その意志のもとにあった。婚姻の有効となるのは男子満一七歳、女子一五歳だったが、男子三〇歳、女子二五歳までは父母の同意を必要とした。明治民法制定当時の法律学者のなかには、この年齢規定自体が戸主の権威をそこなうものとして、反対したひともあった。家長――現実には多くは父親であった――の権威は家族のなかでは絶対だった。明治大正期の家庭小説にとりあげられた悲劇では、その権威を笠に着た横暴な父親であるとか、無理解な両親のもとにおかれた、若い男女の悩みが中心になっている例が多い。その親の世代は、大きく社会の変化するときの、旧思想の持ち主であり、代弁者なのだが、その古めかしい親の言い分は、法律的にはたいていの場合正当で、息子や娘の側に勝ち目はなかった。

父親の権利がもっとも露骨なかたちで示されるのは、家庭のなかでの妻妾の同居だった。この実質的なポリガミー(一夫多妻)の習俗は、家系の維持、とくに男子相続の要請がその背景をなしていた。嫁して三年子なきは去る、といった女訓が死んではいなかった。五年経って妊娠の兆候がなければ、妾を容れること、それを妻が奨めることさえも、べつにふしぎなことではなかったらしい(小杉天外「二つの太陽」国民新聞 1922/1/1～)。そうしたポリガミーの寛容さの結果としての、腹ちがいの兄弟や姉妹の存在が、しばしば家の相続時の、悶着の火種になった。

＊　＊　＊

ところで、じぶんの娘や妹を、娼妓や芸者に売る――、というもっともありふれたすじがきの場合、その行為を是認する民法の家長権の条文が、父親や娘のあたまのなかにあったわけではあるまい。親がなにかにつけて口にし、子どもを縛った呪文は、養育の大恩、なのであった。親の恩という文言は民法のどんな条項にも見いだされないが、民法などというものがあることも知らない民衆でも、恩を返すためには父母に孝養をつくし、父母のことばにはけっして逆らってはならない、という〝人の道〟は教えこまれていた。民衆の心のなかを日常的に拘束していたこのような信念は、ひとびとの心情にすりこまれた体制、というべきかもしれない。したがって小説作品のなかでの現実としては、名目上の戸主の権威以上に、親の立場の方が圧倒的につよかった。

結婚は家のため、という考え方に対しては、すでにこの時期のさいしょから批判はあったが、家のためというやや漠然とした根拠よりも、子女の配偶者選びには、親の考えが先行するのは当然のことだった。現実には、親の眼鏡にかなった相手を、息子や娘が拒否するようなケースは、そう多くはなかったのかもしれない。親たちもまたおなじ時代の空気を吸っているのであり、子どもの希望をむげに無視する親ばかりではないだろう。

東京の三輪田女学校の教務主任が「両親の命に背いて、自分の望みに任してまで結婚したような者は一人もありません。皆温順に両親の命に従って、その選定にも自分の意志が三分に両親の意志が七分と云うような傾向です」(「両親の命の儘」読売新聞 1915/3/12 婦人附録:5)と、取材に応えているのが一九一五年(大正四年)のこと。

親たちの世代の抱いている標準的な親子、また家観念も、この期間の前半と後半とでは同一ではない。ハリウッド映画や、通俗恋愛小説の洗礼を、親も子もさんざん浴びたあとの一九三〇年代(昭和戦前期)でも、いやそれだからなおのこと、娘の恋愛沙汰に不快感や危険意識をもつ親がいることはふしぎではないが、それはかつての、家族制度の権威を鎧にしていた反感とは、ニュアンスのちがうものだ。

若者たちの多くも、いじらしいまでに、アメリカ映画のまねは避けようとしているようにみえる。婚約者、恋人同士の交際に関して、新聞小説にも、投書や、身の上相談にも、しきりに〝清い交際〟という表現が好んで使われているのは、ほほえましい。

軍国化から戦時体制へ

いまは戦争中だという実感が国民のあいだにつよまったのは、物不足と配給の時代に入ってからだ。しかし明治以来、日本がつよい軍隊をもち、それによって外国に対し胸を張っているのだという意識は、敗戦以前の国民は、なんとなくでも、だれもがもっていた。男はだれでも二〇歳になると、褌《ふんどし》ひとつで徴兵検査をうけ、二年間の軍務に服さなければならない。その期待は、男としての自覚を強めるのに役だったにちがいない。女の子は縄跳びかおままごと、男の子はチャンバラか戦争ごっこ、という遊び方のちがいも、その期待と無関係ではないだろう。

日清戦争（一八九四〜九五年、明治二七〜二八年）と日露戦争（一九〇四〜〇五年、明治三七〜三八年）の勝利は、つよい軍隊をもつじぶんたち日本国民という意識の、根源になった。日清戦争当時一〇歳くらいだった中勘助は、「戦争がはじまって以来仲間の話は朝から晩まで大和魂とちゃんちゃん坊主でもちきっている。（……）唱歌といえば殺風景な戦争ものばかり歌わせて、面白くもない体操みたいな踊りをやらせる」（『銀の匙』1912）といった、小学校の雰囲気を回顧している。

こういった気持の昂ぶりは日露戦争で底入れされた。日常の着るものの手入れや、漬け物のハウツー書にすぎない小さな本の序文にさえ、こんな章句がみいだされる。

過去二回の外戦に、我軍の大勝を博した原因は多々ありましょうが、そのおもなるものは、上将軍より下一兵卒に至るまで、国家の前には何者をも見ないという、大和魂が然らしめたといって差し支えありますまい。（……）家庭は如何に之を培養すべきかと申しますと、軍国主義を執ることであります。（……）いつも軍国主義に処している心持ちで居りますなれば、この貴き民族的思潮は、ますます発達を遂げるに相違ありませぬ。（宇野長次『家庭の宝』1909）

幼いあたまに擦り込まれた、大和魂をもつもののふの国、軍国日本というトラウマは、大正モダニズムの洗礼をうけても、エログロナンセンスに酔っても、明治大正生まれのひとびとの精神を支える一本の柱ではあったにちがいない。

一九二〇年代後半から一九三〇年代（ほぼ昭和戦前期）にかけては、エログロナンセンスと東京音頭の時代でもあったことはたしかだ。その一方一九三三年（昭和八年）の満州事変では、捕虜になった陸軍少佐が、釈放後それを恥じて拳銃自殺したとき、友人の少佐はそれを当然として、敵に捕まったと聞いたときは、腹でも切れと言ってやりたかったと語った。おなじような例は他にもいくつか数えることができる。また寝過ごして朝の点呼に遅れた週番士官が、責任感から割腹自殺した事件、軍人ではないが、学校火災の折、天皇の御真影（肖像写真）を守るため犠牲になった小学校長、その時代の日本人のなかに存在した、思いつめたような精神状況は、それから八〇年を経たいまの日本人には理解しにくいだろう。

身近に軍隊も軍人も存在していたし、軍国日本という意識は濃い薄いのちがいはあってもだれもが共有していた時代なので、一九三七年（昭和一二年）七月の盧溝橋事件にはじまる支那事変も、数年前の満州事変のつづきぐらいに考えて、多くの日本人はそれほど深刻には受けとめていなかったのではないだろうか。

一九三〇年代後半（昭和一〇年代初め）はむしろ、大戦前の消費文化の高揚期だった。盛り場とデパートはいつも人波でごった返し、キャバレーや花街も有卦に入っていた。芸者のすがたは着付けのみごとさでも、贅沢な装飾品でも頂点に達し、それは雑誌『スタイル』などでも跡づけることができる。消費文化を支えたのは、ひとつには軍需景気だった。この時代の銀座のネオンの色やタンゴの調べは、五、六年後に、ジャングルで死を目の前にした学徒兵士の脳裏に、あざやかに残っていたことだろう。大衆娯楽の中心の映画はようやく成熟の段階に入り、邦画にも洋画にも秀作が目白押しだった。

ひとびとが、これはいままでとはちがうと感じはじめたのは、一九三八年（昭和一三年）四月公布の国家総動員法以降、統制と配給の時代がはじまり、店頭から日一日と商品のすがたが消えていくようになったときだろう。とはいえ、戦後の物不足や物価高騰のときのような不平や狂乱状態にはなりえなかった。お国のため、ということばが元気に言い交わされていた。ひとびとは素朴で、一生懸命だった。太平洋戦争がはじまってからは、欲しがりません勝つまでは、という標語が、苦笑まじりの合いことばだった。とぼしい物資——煙草でも、お汁粉でも、ひとつの店で販売する量がかぎられているので、長い行列ができる。ひとびとは黙って行列にならんだ。もっとも、いろいろなズルをする人間はいたが。

大日本帝国のとなえた大東亜共栄圏という理念は、もっとも単純な受けとめ方をするなら小学生でも理解でき、狭い日本より、果てしもなくひろがる満州の沃土が、また太平洋戦争に入ると南の島々が、多くの日本人の未来をふくらませ、あこがれを誘っていた。

ひとびとは軍歌をよく歌った。軍歌ではないが、一九三七年（昭和一二年）一二月に発表された愛国行進曲は、軍歌調の二拍子で、小中学生も、大人も、この歌で歩調をとって歩き、気持ちをたかぶらせた。もし日中戦争当時（一九三七〜四一年）歌謡ベストテンがあったとしたら、軍艦マーチと愛国行進曲は、並んで五位以内に入っていたにちがいない。この時代、渡辺はま子の歌った《愛国の花》や、灰田勝彦の《鈴懸の径》、《新雪》に耳をかたむけると、そこに戦後の歌謡曲ではあまり出会わない、さわやかさを感じるのはなぜだろうか。そのさわやかさとは、初冬の朝の空気のようにはりつめた、無垢な単純さをもっているように思える。車も少なくなった街の空は澄んでいたし、ネオンサインの消えた夜の空には、大都会でも銀河がはっきり見えた。

＊　＊　＊

そんな時代の、きまじめなひとの気分に、パーマのもじゃもじゃ髪はそぐわなかった。ほんらいパーマネントウエーブは毛髪をセットしやすいように変質させる処置で、ヘアスタイルとは直接関係ない。実用的には髪の毛の処理がかんたんになるので、忙しい生活や、働く女性には適している。そのことを理解していた行政は、さいごまで、パーマネント自体を禁止するような愚を犯していない。電力が逼迫してきたときは、代わりに木炭をつかったパーマが工夫されている。問題は、かけっぱなしの状態のソバージュなヘアスタイルだった。雀の巣といわれた。このスタイルを好むごく一部の女性のために、パーマ全体が、いわれのない非難の的となったのだ。もっとも一般的だった内巻などとくらべて、ソバージュの雀の巣は、その時代のひとの気持ちを、いわば逆撫でするように受けとられた。

統制の時代

日中戦争がはじまったのは一九三七年（昭和一二年）の七月、それから敗戦の四五年八月まではほぼ八年。戦後、国民の生活水準が戦前の昭和一〇年前後程度に回復するのに、約一〇年を要したといわれている。生活の窮乏という点では、本土空襲のはじまった一九四四年頃から、戦後四、五年にかけてがもっとも深刻だった。それ以前、とりわけ日中戦争の初期などは、平和な時代のたくわえがまだまだあったし、軍需景気というものもあって、どこで戦争をやっているのかというような街のにぎわいさえあった（「軍需景気と毛皮の需要」朝日新聞 1939/12/31: 2）。武漢三鎮陥落とか南京陥落とかのたびに、市民は旗行列や提灯行列をしてよろこんだ。銀座の人出や、映画館の繁昌などもかつてないほどといわれた。

日中戦争はこの時代には、満州事変につづいて支那事変といわれていた。近衛文麿内閣は事変勃発後九カ月目の一九三八年（昭和一三年）三月に、国家総動員法を公布した。総力戦遂行のため、国家のすべての人的・物的資源を政府が統制、運用できることを規定したものだった。ひとびとはなにかにつけて、非常時ということばを口にした。店頭の商品がすこしずつ消えはじめた。食堂のランチに添えてあるソーセージが、二枚だったのが一枚になり、そして半分だけになる。

衣料品関係での大きなできごとは、まず一九三七年（昭和一二年）一〇月一一日の〈ステープルファイバー等混用規則〉（商工省令二五号）において、毛織物には二割ないし三割のスフの混用が義務づけられた。つづく一二月二七日の〈綿製品ステープルファイバー等混用規則〉（商工省令第三五号）によって、輸出品以外の綿製品に、三割以上のスフ混用が義務づけられた。（商工省令第二四号「綿糸販売価格取締規則」1938/5; 商工省令第三六号「繊維製品販売価格取締規則」1938/6/29;「ス・フを迎える用意」朝日新聞 1938/7/5: 6; 商工省令第一〇一号「毛織物製造制限規則」1938/11）。

ふつうスフとよばれたステープルファイバーは、北海道、樺太産の針葉樹パルプを原料とするヴィスコースから紡糸した半合成繊維だ。出はじめのスフはとりわけ弱くて、子どもがおもしろがってちょっと引っぱっても、スフ入りの手拭は二つに裂けた。

スフ混用規則でとりわけ影響の大きかったのは洋服業界だった。日中戦争のはじまった一九三七年（昭和一二年）当時、わが国は年々七億円の綿花と、二億円の羊毛とを輸入していた。二つを合わせると輸入総額の三分の一に上り、これをなんとか減らすことも緊急の目標になっていた。一方で羊毛の輸入制限は実施するものの、軍服等の軍需をけずることはできない。スフ入りの背広の時代は目の前に迫っている。一九三八年（昭和一三年）の四月、東京羅紗卸商商業組合が中心になって、「急げ新調　名残の純毛」キャンペーンが展開された。「純毛品は本年の春夏だけであって、この秋から市場に出る新品は総て混織品である。今こそ洋服を新調されるのが需要者として得用であり、今こそ新調を奨めるのが客に対する真の親切である」というのがキャンペーンの趣旨だった。

＊　＊　＊

国家総動員法の第六条によると、労働者の雇用、解雇、賃金、労働時間の統制が規定されているが、一九三八年（昭和一三年）七月の警視庁による娯楽統制とか、三九年（昭和一四年）一〇月の価格等統制令とか、統制は生活の全般に及んでいた。一九三九年（昭和一四年）制定の国民徴用令も、総動員法第四条の規定に基く国民の労働の統制のかたちだ。

ある評論家は、現下の状態では統制は弾圧の同義語のようになっているが、「ほんらい統制は欠乏に備えるためだけではなく、生産の合理化、目的化の手段である。だから文学にも統制という考えはあってよく、それは徒に日常性の凡俗に淫することなく、積極的、建設的な生活に添った文学をつくることである」（河上徹太郎「統制の真義」朝日新聞 1938/3/15: 7）といって前向きに受けいれている。その時分、統制、というのは流行語のようでもあった。

統制ずくめの戦時生活のなかで

も、民衆にいちばん身近だったもののひとつは、衣料品分野でいうなら一九四〇年（昭和一五年）二月以降何回か改正された繊維製品配給統制規則、一九四二年（昭和一七年）二月に施行された衣料切符制度、それに公定価格だろう。

戦時中の主要消費物資は、原則として配給だった。その代表的なものは米だ。大食でも小食でも、大男でも小女でも、大人であれば一人一日三合五勺《しゃく》の白米ときまっていた。それを受けとるための米穀配給通帳は身分証明書代わりに使われ、戦後も一九九五年に食糧管理法が廃止になるまでは、もうなんの役にもたたずにのこっていた。肉や魚、野菜も地区ごとの配給だった。〝練馬の三班、本日はスケソウダラ〟というラジオの放送があった。衣料品は個人の需要のちがいが大きいから、一律に配給というわけにはいかず、学校や町内単位で配給される運動靴や長靴のようなものもあったが、基本は点数制だった。

一九四二年（昭和一七年）の衣料切符制度では、一人一年二〇〇点の衣料切符が配布され、一方で、衣料、繊維製品のそれぞれの点数がこまかく規定された。洋品屋で、シャツ一枚買うにも、お金を支払うのといっしょに、切符をちぎってきまった点数だけわたす。衣料切符の金銭売買はもちろん禁じられていたし、切符など無視した闇の商品流通も横行していたから、衣料切符を使い残すひともかなりいたらしい。とりわけ農村部などでは、たくさんの切符を余すひとが大勢いて、それによって表彰されたりした。さらにこれもおもに農村だったが、衣料切符返納運動というよびかけさえあった。

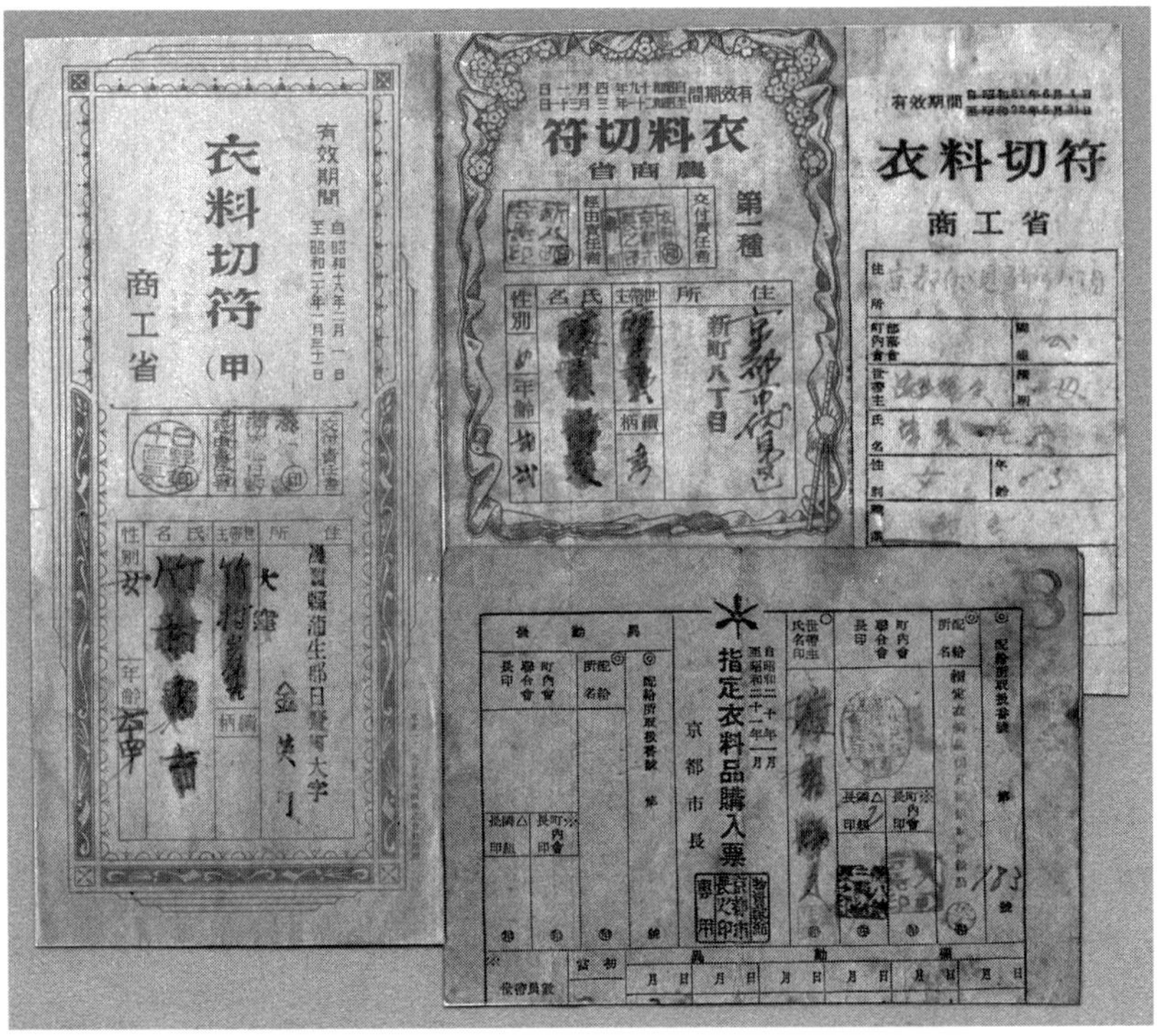

「衣料切符」
1942（昭和17）年～

多種多様な繊維製品に、すべてきまった点数をつけるのは、どこでどんなひとがやったのか、容易ではなかったろうが、それ以上に大変だったのは公定価格の設定だ。一九四一年（昭和一六年）に服種ごとに次々と告示された公定価格――当時は〝マル公〟といわれた――をみると、ネクタイ、肩掛及頸巻、テーブル掛及カーテン、中等学校生徒の制服など、一〇〇に近い大分け服種のなかで、また何十という小分けをし、いちいちの服の大きさや素材、飾りの有無などによって細かく値段をきめている。結果的にはその実行期間が三年もなかったことを考えると、むだな労力とはいえないまでも、もっとほかに方法がなかったのかと、首をかしげる。

戦時下の女性たち

市街地に対する絨毯爆撃によって、大都市居住者の日常生活がまったく荒廃したのは戦争さいごの半年だった。それでも三月一〇日の東京大空襲で焼けだされ、横浜に逃げてきたひとが、ここでは女のひとがまだ口紅をつけている、と腹をたてたという話があった。その横浜も五月末には八〇％の地域が焦土になるのだが――。じっさいわが身になってみるまでは、配給が乏しくなっても、戦況が切迫してきても、空襲なんて本当にあるのかしら、というような呑気さが、日本が負けるはずがないと、信じこまされてきた民衆の心のなかにはあったようだ。

まして太平洋戦争初期の、南方での戦果にわいていた時期は、軍需景気で金ばなれのいいひとも多かったし、盛り場は娯楽を求めるひとでかってないくらいにぎわっていた。

近頃の銀座の人出はまことに物凄い（……）。ここ二年ほど前からの、実に事変以来の流れである。（……）お嬢様達のあの着物の色を見てください。強烈なほどの原色のあの近代模様？それから草履の色調にもお目とめあれ。あれはネオン調というのだそうです。（館真「今月の街　カメラハンティング」『スタイル』1940/4）

「銀ブラ党から交通税を取れ」という意見もあったというが、大阪でも一九四一年（昭和一六年）の物品税統計で化粧品の売れ行きが突出し、近畿の二府一〇県の女性が一カ月に支払う化粧品の代金が三〇〇万円をこえ、「チトべらぼうすぎないか」と税務監督局がおどろいている（「化粧品が売れ過ぎます」大阪毎日新聞 1941/6/22: 2）。白粉《おしろい》の白壁のような厚塗りは、外国人には気味悪がられるほどの、過去の日本女性に浸みこんだ習慣だったから、うすれたとはいえそう簡単に消えてはいなかった。この時期のある女性からの投書では、化粧する女性が五人に一人あるとして、一千万人がひとり五銭の化粧代を使うとし、その女性が一カ月二日化粧をやめると、年に一二〇〇万円の節約は易易たるもの。飛行機を献納して、これを「全女性号」と名付けたら――と（「一日無化粧」朝日新聞 1941/7/20 夕: 1）。その後、婦人団体は、毎月八日の興亜奉公日を「白粉なしデー」としている。

＊　＊　＊

戦前から戦中にかけて、〝難しいことはわからない〟女性たちに非常時の意味を教えこみ、行動へと駆りたててきたのは、各種の婦人団体だった。一九〇一年（明治三四年）に創立された愛国婦人会が上流階級の女性たちの社交の場のようだったのに対して、もっと積極的に軍国主義的な国策に添った活動を、という趣旨で、一九三二年（昭和七年）に生まれたのが国防婦人会だった。それは満州事変のおこった年だ。昭和七、八年といえば、エログロナンセンスから東京音頭フィーバーの交錯する、まだ平和で呑気な時代でもあったのだが、それでも、応召した夫に後顧の憂いがないようにと、自殺した若妻が何人かあったというニュースが、ひとびとの心に冷たい影を落とした。

暗い時代に突きすすんでゆく国の方向に、より素朴に忠実だった婦人団体は、地方の処女会だったろう。愛国婦人会が既婚婦人を対象としていたのに対して、処女会はその名の通り未婚女性が対象だった。一九二七年（昭和二年）に、処女会が大日本女子青年団という名称で全国組織化されたときも、処女、ということばは若い女性にとってはかけがえのない誇りであるからと、名称変更を惜しむ声が行政のなかにもあった。

処女会の目標は、貧しい、たち遅れた農山漁村の生活を、もっと合理的なものにしようという、生活改善が中心だった。だからそのさいしょの具体的活動は、とりわけ冠婚葬祭での無駄な出費の節約――花嫁のきものの袂を短くするとか、宴会を一晩だけにするとか、また男たちのふだんの飲酒の抑制とかになる。若者小屋の延長のような場合もあった男子青年団にくらべると、よりマジメで、優等生的だったといえるだろう。処女会にかぎらず婦人団体の活動の特色として、実生活に具体的にたち入る視点をもつのはいうまでもないが、それにときには、怖いようなキマジメさがあるものだ。

各種婦人会は日米開戦後まのない一九四二年（昭和一七年）二月に、大日本婦人会に統合された。コート形式の会服が制定され、なにかの行事というと、大日本婦人会という字の入った白襷をかけた。ところが地方の会員から、常会などには会服を着てくるようにと、半強制的にいいきかされて、もののない時期だけに困るという苦情がでた。もちろん中央がそんな指令をだすわけはないのだが、末端の役員の、ある種のキマジメさが、そういう結果を生んだのにちがいない（「古着を活かして婦人標準服を基礎に　大日本婦人会々服の裁ち方」朝日新聞 1942/5/20: 4;「日婦の会服新調強要に非難」大阪毎日新聞 1942/7/18: 7）。

＊　＊　＊

その時期になると女性のほとんどは手製のもんぺすがたになった。それはたいてい箪笥の奥に眠っていた紺絣などの黒っぽい生地を、上下に切って更生したものだった。また、ズボンをはく女性もけっこうふえていた（藤田雪子「幅をゆったりとる〝女らしさ〟を失はぬ作り方」東京新聞 1943/3/2: 6）。わずか四、五年前、日中事変のはじまったころにもズボンの女性は見かけたが、数は少なく、相当気丈な娘さんだ、などといわれたものだが、見てくれもふくめて、みんなの気持ちがマジメで、ひとつになっている、というのはさわやかのようで、怖いことだ。とはいえ、町が灰になるまでは、映画館にもお汁粉屋にも、国民服にまじって、もんぺすがたでの長い行列があった。

簡易性と防空性を考へやう

勤勞女性の通勤着

私達が本當に働くためには、先づ私達の生活環境から、働き易い樣に姿勢を變へなければ駄目です。衣服の方で云へば、簡易性の實行といふことで、本當に役に立つ衣服のみ極く小量を確保して、これを上手に繰り廻してゆく技術を實行するのでなければなりません。かうすることによつて、修理する時間も、洗濯する時間も、整理する時間も從つて勞力も節約されるのです。勤勞女性が職場で敢闘する時間、往復の通勤に消費される時間や勞力は仲々大變な負擔だと思はれますが、このやうに生活全般を簡易化することによつて、その均衡は充分とれてゆくのです。その勤勞婦人の服裝の中で、最も多くの時間着られる通勤着として、長袖のシヤツとスカートの一組をおすゝめします。通勤着は簡易なこと、輕快なこと、そして働き易いことなどが條件ですが、同時に空襲必至を豫想した用意迄されておらねばなりません。この長袖のシヤツは、暑い日中はたぐし上げておき、いざとなれば、忽ち手首迄おろして釦止めするのです。次に、肩から下げたカバンの中から、用意の頭布・ズボンなど取り出せば、不意の空襲にも一應の防空態勢が整ふわけです。スカートのポケツトは、ハンカチその他小さなものをいれるのに仲々實用的です。そして出來たら、シヤツはゆつたりと樂に仕立てたいものです。

通勤着は、決して、いはゆる外出着ではありません。どこ迄も勤勞女性の日常着として、眞面目な働き易さといふことを追求したものでなければなりません。

1

「勤労女性の通勤着　簡易性と防空性を考へやう」

『服飾生活』(簡易服装特輯号)、1944 (昭和19) 年3月31日

美容院も、悪口をいわれながら、統制された電気の代わりに、炭を使うパーマネントで、繁昌していた。

男性が戦場に去った職場には、代わって女性が進出した。一九三九年（昭和一四年）七月の国民徴用令施行ののち、散髪のような仕事に男のすがたはなくなったが、軽労働だけでなく、中労働といえるような職場にも、男性とたちまじって汗と油にまみれる女性の数がふえた。一九四三年（昭和一八年）九月には、二五歳以下の未婚女性を対象にした女子勤労挺身隊が編成され、高等女学校の三年生以上は、軍需工場へ通うことになった。たいていの工場はもともと、男子工員だけを相手の設備だったため、娘たちにとって辛かったのは、仕事の内容より、婦人トイレも、着替えのための場所もなかったことだったという（「欲しい更衣室と便所」朝日新聞 1944/9/30: 2）。

敗戦の日を目前にした一九四五年（昭和二〇年）の七月、つぎのような投書が新聞に出ている。

豚娘がまだいる。呆れたことである。私は学徒動員で浅草の戦時農園作業で働いているが、朝の九時前頃から浅草の実演館の楽屋口に、この豚娘どもが人垣をつくっている。スカートがモンペやズボンに代わっただけで、口紅も白粉も髪も戦争前のものだ。女子工員らしいのが弁当持参で早くから行列しているのを見ても苦々しく思う自分達だ。楽屋口の豚娘の浮ついた態度を眺めると、鋤鍬をもつのがいやになる。（読売新聞 1945/7/2: 2）

大都市のほとんどの地域は焼野原だった。女子工員らしい、というのは徴用された高女生かもしれない。映画の上映は資材や電力不足の関係から困難になっていたが、その代わり東京では、名の売れた映画俳優が、焼け残った場末の小屋にナマ出演するようなことがよくあった。あすは米艦からの艦砲射撃で命を落とすかもしれない、追いつめられた日々、若い娘たちの乏しい休日の息ぬきを、あまり責めるのは酷だろう。

戦時下の子どもたち

年号が大正から昭和へとかわるころには、都会ではきものを着て学校へ通う小学生は、ほとんどなくなった。ほんのすこしまえの一九二五年（大正一四年）にはまだ、東京では女の子も男の子も、外出のおりにはかならず前掛をかけているのが、帰朝早々いちばん目についたと、ある帰朝者が新聞に投書している（「子供の前掛」読売新聞 1925/10/2: 2）。この前掛も、紆余曲折のあった袴の問題も、だれもが洋服で学校へ通う時代になって解消した。

この時期には良質の羅紗が国産されるようになっていて、男子小学生のサージの通学服が五円そこそこで手に入るようになっていた。成長期の小学生はだから結構ダブダブの服を着せられたりしていたものだ。男の子の通学服の多くは中学生風の詰襟だった。それに対して一九二七年（昭和二年）頃から、窮屈な詰襟金ボタンは発育上おもしろくないということで、子ども服らしいかわいらしさを出した背広型や〝折立カラー〟などの工夫が現れはじめる。人気のあったのは慶應幼稚舎で採用した慶應型だった。舌のよく回らない子は〝ぼくのはケイオン型だヨ〟などとじまんした。学齢前の幼児期には、男の子も水兵服を着せられるが、学校にあがるようになると、なぜか水兵服で通学する子はいなくなる。

女の子のセーラー服は昭和に入ってからの大都会ではほぼ定着していた。関東大震災（一九二三年、大正一二年）直前に、東京市小学校裁縫研究会が、学校に通う女児に適当な洋服として、セーラー服を選んで推薦したことが大きかったにちがいない。また体操の時間には、黒いブルーマーをはくこともあたりまえになった。女の子のブルーマーは、男の子の目には非常に奇妙に見えるらしく、体操の時間には女の子の方によそ見ばかりして、叱られる腕白坊主もいた。

　ともあれ、昭和一桁の時代は、子どもたちにとっては幸せな時期だった。講談社の発行する『少年倶楽部』、『少女倶楽部』、『幼年倶楽部』は戦後の少年ジャンプよりもぶ厚かった。美しい彩色の「講談社の絵本」は、幼い日の夢をはぐくんだ。郷愁をさそう良質の童謡や叙情歌が数多く生まれた。それらは十数年後、男たちが戦場であすの命もしれないとき、渇いた心のなかをよぎることがあったにちがいない。

　それに対して昭和一〇年代、とりわけその後半に小学生時代を送った子どもたちには、世の中はちがう様相をもっていた。一九三八年（昭和一三年）からは、生活物資のさまざまな統制の時代に入り、繊維製品の製造に関しても規制がはじまり、一九四〇年（昭和一五年）の商工省令、繊維製品配給統制規則あたりから、ウインドウを飾っていた子ども服のマネキンもすがたを消しはじめる。慶應型を着た新入生もそのころあたりが最後だった。革でも牛皮は軍需用であるため、ランドセルは豚革になった。それでも革の真新しい、しかしなんだかひどく匂うランドセルを背負っている子は、ひとクラスに二、三人だった。ずいぶん大きめに作った慶應型が小さくなったころには、着られるものならなんでも着る、という時代になっていた。

　一九三〇年代（昭和五年〜）に入ると、小学校へ通う女の子は、それまでの編み下げをやめて、ほとんどがオカッパに変わってゆく。これもまた大都市にはじまり、地方へ波及していった。一九三五年（昭和一〇年）九月二二日の『婦女新聞』の「女学校と断髪禁止」では、そんな世の中の趨勢を知らないで、いまだに断髪を禁じている地方の女学校がある、とあざわらっている。

　男の子の方は、都会でも田舎でも圧倒的に坊主刈りだった。坊さんのようにつるつるに剃るわけではなく、バリカンで二、三ミリくらいに

凛々し國防頭巾で登校
〝ボクもアタシもけふから一年生〟
國防頭巾をかぶつて、仲よくお手々をつないで、さあけふから僕らは國民學校一年生です、決戦下のヨイコたちが指折り数へて待ちに待つた入校日の一日、どこの國民學校も晴れやかな歓びでふくれあがりました、國民服乙号の制服姿もキビキビした新入生もみられました、お母さんの着古しの着物の布地でつくつた座布團兼用の頭巾の破片よけ國防頭巾をかぶつた元氣な新入生もたくさんみられました『いつ空襲があつても』との決意を入校第一日から示したのは大變たのもしいと先生方も喜んでをられました【寫眞は國防頭巾に武裝して登校する新入學のヨイコドモら=けさ本村國民學校にて】

「凛々し国防頭巾で登校　ボクもアタシもけふから一年生」

『朝日新聞』1943（昭和18）年4月2日

刈りあげる。この時代、兵隊はみんなこの刈りかただった。きのうまでは、長い髪を七三に分けて油をつけていた先生が、招集されてお別れにみんなの前に立った朝は、背広姿で頭だけはこのかっこうに変わっていて、子どもたちは身が引き締まりながらも、なんだかおかしかった。都会にはクラスで一人くらいは、髪を伸ばして〝坊ちゃん刈り〟にしている子がいた。日中事変中なら、毎日女中さんが付き添ってくるような家の子がそうだった、という偏見めいた記憶をもっているひともいる。

男の子がかぶる学生帽は、日米戦争がはじまるころには戦闘帽に変わった。目上の人に挨拶するにはもちろん帽子をとるが、戦闘帽のときは指先を帽子の横にあてて敬礼する。この手つきにいろいろなヴァリエーションがあって、海軍士官風とか予科練風とか、もの知り顔にみんなに教えている子もいた。

敬礼のいちばんていねいなのはもちろん最敬礼で、遠くにいる天皇陛下に対する宮城遙拝とか、神社に参拝のときがおもだった。天皇陛下に対しては、ニュース映画のなかでも脱帽することになっていて、画面に大きく「脱帽」と出た。

＊　＊　＊

時代は昭和初期叙情歌から軍歌に変わっていた。校庭でみんな揃ってやる体操は、ラジオ体操でなく、天突き体操に変わった。コブシを握って、エイ、エイとかけ声かけて四方八方を突きまくるのだ。明治以来の学校体育はもともと軍事教練に密着していたが、小学校でも男の子たちは、なにかというと歩調をとって、軍隊風に行進させられた。そういうときに気勢をあげるために軍歌を歌うこともあった。戦争は結局男の仕事らしい。男の子が軍歌を歌って分列行進したり、突撃したり、騎馬戦や棒倒しなどの〝戦時スポーツ〟に歓声をあげているとき、女の子はなにをしていたのだろう。

一九四一年（昭和一六年）末、日米開戦の年あたりからは、真冬を除けば学校にいるあいだ、靴などはいている子はいなかった。小学生用の運動靴は学校単位で特配があったが、それは一年にひとクラス一〇足もなく、多くは子どもの手に入るまでに、そのころ流行の横流しにされたのかもしれない。その時代の冬は寒く、一、二月は都市でも道路一面に霜の朝が多かった。下駄の鼻緒を切って、素足で氷を踏んで学校にたどりつく子もあった。

復員兵と進駐軍

一九四五年（昭和二〇年）八月一五日に日本はポツダム宣言を受諾してそれから〝終戦後〟という特異な時代がはじまる。

経済企画庁が、もはや戦後ではない、とその年の経済白書のなかでいったのは一九五六年（昭和三一年）七月だった。しかしその時代に生きたひとにとっては、昭和三一年などというのは、世の中がすっかりおちついて、あたらしい昭和戦後期という平和な時代が、もうかなり進行していた時期のように感じられるのではないだろうか。

都市に住んでいた多くの日本人には、敗戦と戦災とはせいぜい半年程度のへだたりしかなかったから、あの夏といえば、終戦の天皇の放送などよりも、住みかを焼かれて行きどころも、その日食べるものもなく追いつめられた時期、としての記憶の方がはるかにつよいだろう。大都市の住居地域への空襲が本格的にはじまったのはその一九四五年の三月で、六月にかけて中都市までが徹底的に焼かれ、運の悪いひとは何カ所もの住みかを転々と逃げまどった。山の横穴へ避難するひとを追って艦砲射撃まであった。全身焼夷弾で焼かれて身動きもできないひとが、仇を討ってくれと叫んでいた。子どもたちは焼け跡に立って〝米英撃滅〟と、お経のようになった文句をつぶやいていた。

　そういう経験をして生きのびたひとびとは、大人も子どもも、絶対に負けることはないと信じこまされていた日本が負けたという屈辱感と、これからどうなるのだろうという不安とをかかえて、どこもかしこもの焼け野が原にたたずんでいた。そしてあらゆるところでの無秩序と混乱がはじまった。そのなかへGIキャップをかぶったアメリカ兵がジープに乗ってわりこんでくる。ずっと後になって、ひとびとが悪夢のような戦後として思い出すのは、そういう情景の、せいぜい二、三年のことだろう。

　そんななかでも細々とながら食糧の配給もあり、警察も、市役所や区役所も一応機能していたのはおどろくべきことだ。しかしもちろん配給の米は一日二・九合で、それも遅配欠配つづき、副食物の配給はほとんどアテにできなかった。一九四五年の米は未曾有の凶作だったが、海産物は比較的豊富だった。烏賊、鯵、鯛、鱈などが闇市で売られ、復員帰りの男が烏賊のつけ焼きとトウモロコシの立食いの夕食をしていた。

　復員兵のなかにはどうして隠してきたのか銃器をもっているものがいて、荒仕事に手をだす人間もあったらしい。予科練崩れの強盗、というはなしをよくきいた。復員兵はもちろんみなまだ官給の服を着ていたが、終戦が夏だったため、開襟の上衣か、丸首の襦袢、軍袴《ぐんこ》という恰好で、それも終戦時にいた地域によってちがいがある。第一、太平洋戦争期の日本軍は、それまでの勅令で制定した統一された軍服から、広範囲にひろがった駐屯地の状況に応じて融通のある服装になっており、ことに戦争末期には着衣を補給する余裕などなかったから、復員軍人といっても着ているものはマチマチだった。にもかかわらず、どことなく復員兵がそれとわかったのは、官給の衣袴には、素材や縫製に、ある特色があったためだろう。一般には戦闘帽といわれた前庇の帽子——正式には略帽——は、これは戦時中小学生までかぶっていたので、めじるしにはならない。

　また復員軍人の多くはなぜか雑嚢を肩からさげていた。戦地での兵隊は背中に背嚢を背負ったうえ、武器弾薬や工作用具などたくさんのものを身につけるのでめだたないが、雑嚢にはふつう数日分の食料を入れてかならず腰につけている。復員兵はどこへ行くにもこの雑嚢をさげている、というので、敗戦袋などとよばれていた。

　敗戦の年の寒さは例年なみだったが、空腹のひとにはよけいこたえたろう。しかし終戦が夏だったため復員兵で外套をもっているひとはほとんどなく、厳冬でも上着だけ、ポケットに手を入れ、大きなマスクで寒さをしのいで、駅のホームに電車を待っているすがたがよくみかけられた。ただし復員兵でも内地勤務だったひとのうちには、終戦時に基地の倉庫からもてるだけのものを、なかにはリヤカーごともち出せたひとがけっこうあったそうだ。

　もと兵士のなかでそれを逆手にとって生きる方法を見つけたのは、白衣の傷痍軍人の車内募金だった。陸海軍の旧療養所では原則として、入所者には所内で一律に対丈のきもの式白衣をきせた。戦時中は集団で神社へ参拝、といったときのほかは、歩き回れるような傷病者が、白衣のまま町を歩くことがあっただろうか。前打ち合わせ構造は傷病者にむいているので、現在でも病院などでは患者用に使われているが、そのまま街なかまで出歩けるというのはきものの利点だ。傷病兵たちはそれをうまく利用したのだった。

＊　＊　＊

　見るひとの側の気持だろうが、なんとなく元気のない復員兵とくらべ、進駐軍の兵士は元気そうに見えた。八月二八日に占領軍の日本進駐がはじまり、その当座は完全武装のアメリカ兵が東京、横浜などの街頭に、武器を身につけて配備されていた。彼らは昼食も銃を抱えこんだまま携帯食ですます場合があり、その携帯食の中身を、子どもが遠くから物欲しそうにながめていたりした。

　そんな警備も、一カ月もたたない

うちに、特定の箇所以外はやめになった。日本人は米兵を襲ったりするより、彼らからもっとべつのものを得ようとしていることが、すぐわかったためだ。それが子どもたちのギブミー・チョコレートであり、大人のギブミー・シガレットだった。アメリカ兵士は大体において、けっこう勘定高かったが、愛想がよく、長いこと欧米映画を見ていなかった日本人には、人間ばなれして見えるくらいきれいにも見えた。あのみすぼらしい同胞の復員兵にくらべて、勝利者の側とはいえ、彼らのパリッとした制服——サービス・コート（service coat）も、GIキャップも粋にみえた。

まもなく婦人兵の姿も街頭に現れた。彼女たちの身につけていたサービス・スーツは色は男性と同色だが、一九四〇年代ファッションのスクエアショルダーで、彼女らのてきぱきした態度と、アングロサクソン風のあごの張った顔によくにあった。

クリスチャン・ディオールのニュー・ルックが日本にも知られたのは一九四八年（昭和二三年）以後だったが、婦人兵たちで見なれたこのミリタリー・ルックと対比すると、ディオールの生みだした女らしい優雅さは、ひとしお際だったのだ。

産業と流通

商品環境と流行

私はファッションなどとは縁がないよ、と卑下しているような、馬鹿にしているような口ぶりで言う老紳士が、けっこう今風にきまったかっこうをしている例はめずらしくない。それには奥さんや娘さんの内助の功もあるだろうが、ひとつにはデパートの紳士服紳士用品売場の陳列商品から、そうけちくさいことを言わずに選べば、だいたいそれほど時代遅れではない紳士ができあがるためでもある。流行というものは商品がつくりだしている環境なのだから、並んでいる品揃えに素直に身を任せさえすれば、趣味のよしあしはともかく、立派な今風のおねえちゃんにも、おじさんにもなれる。趣味の点はそれほど気をつかう必要はない。聞くところによると、ファッションで喰っている有名人のなかにも、周りのひとからは悪趣味の折り紙をつけられている先生はあるそうだから。

流行は呉服屋の作るものだという意見を、明治時代の文人、知識人もよく口にした。江戸時代は衣類のほとんどが家庭で仕立てられ、商品として流通する仕立てたものは古着ばかりだったから、着るものの好みといえば素材中心、その素材の生産、流通を事実上支配していたのは三都の大呉服店だった。その構造は明治時代もほとんど変わっていない。たくさんの雑誌、とりわけ婦人雑誌が流行をとりあげ、新聞にも流行記事が載ったものの、その情報ソースの九九％までは、そう断っているいないにかかわらず、三越、白木屋などの有名呉服店の店員のはなしか、店頭の品揃えだった。

明治時代の小説家には衣裳に詳しいひとが多い。それはその時代の小説では登場人物のくわしい衣裳づけが求められたためもある。『新小説』、『文芸倶楽部』、『文芸界』等の文芸雑誌、『家庭雑誌』などの流行欄を担当していたのは、たいていは若手の小説作家だった。そういう〝素人〟の書いた流行レポートを、知識の乏しさからくる見当違いがあると、三越の高橋専務が嗤っている文章もある。作家のなかには、だいじな作品の主要登場人物の衣裳づけを、大呉服店の番頭に相談したと正直に書いている菊池幽芳のような謙虚なひともあったが、実際はほかにもそういうひとはあったろう。

だからまたつぎのシーズンに流行するものの予想、またいま流行しているものの判断が呉服店ごとに違う、という事態が生じるのもやむをえない。呉服屋にとって流行商品は収益確保の目玉なのだから、他店を凌ぐためには自店の売り出す流行商品の差別化も必要になる（「店それぞれの流行」『婦人画報』1917/2; 黒田鵬心「大正八年の新流行　三大呉服店主張の色について」『婦人画報』1919/10）。日露戦争前後の有名な元禄風衣裳の流行も、もともと三井呉服店のキャンペーンだったから、白木屋の商品カタログでは冷たい見方をしている、というふうに。また東コートは白木屋が自店の創案と謳って宣伝していたから、ほかの呉服店がこの商品名を使うようになるのはかなり遅れた、というふうに。

流行をつくることが商品販売のための方法であるにしても、カンジンなことはどうやってその流行商品を天下に周知させるかだ。その点について明治の文人水谷不倒は、流行は昔は役者がつくり、いまは新聞紙がつくる、といっている。正確にいえば、昔は役者のアイディアを、芝居の見物衆が模倣と噂というメディアでひろめたのに対し、いまは呉服店の企画したアイディアを、マスコミがひろめる、ということになる。呉服店ということばを、アパレルメーカーにでも置き換えれば、それは現代もおなじことだ。

それに対して一九二七年（昭和二年）に、その時代としてはぬきんでた見識を持っていた美容家の早見君子は、流行も昨日までは、呉服屋の命ずるままの流行だったが、今日では、流行の支配権は購買者側にうつされ、近頃流行のさきがけをしているのは、購買力の多い奥様たちになった、と言っている（早見君子「今年のショールの流行とそのかけ方」『婦人之友』1927/12）。

この見方も間違いではないが、その場合の奥様とは、マッスとしての意味だ。私は奥様だからといって、特定の個人の趣味がそのまま流行商品に現れるのではない。結局、百貨店なり、アパレルメーカーなりによって、すこしでも大勢の奥様たちに気に入られるように最大公約数的に要約されたデザインが、売場に品揃いする。それが私たちの消費生活に対応する商品環境だ。

女性の洋装化のさいしょのステップにいた早見君子にとって、予想の外だった点があるとすれば、一九三〇年代以後（昭和前期〜）の既製洋服の発展だろう。和装の女性はもし経済が許すなら、かなりの程度までじぶんでじぶんの気に入った姿を実現することができる。しかし既製洋服という商品環境のなかでは、どんな趣味性の高い女性であっても、与えられた品揃えのなかから選ばされるだけで、受け身の立場で妥協するしかない。そしてその時点で、統計数字上私は流行の支え手になる、あるいはならされる。

じぶんの身装についてのじゅうぶんな心遣いがあり、また良いセンスをもっていて、しかし流行には興味がない、というひとは多い。素材のよい質感、眼に快い色調——そういうものに対する愛に欠けているのでは決してないが、彼、あるいは彼女の耳には、例の、〝これがよく売れています〟という店員のきまり文句はなんの意味もない。ここではなしはこの文章の冒頭に戻る。

私たちは現代の商品生産と流通のかたちのなかに生きていて、流行商品から遁れることはできないし、遁れる必要もない。テレビのスイッチをひねれば人気タレントたちの歌声が流れてくるのを、テレビをつけているかぎりはやめさせることはできない。けれども、そんなふうに中島みゆきや加藤登紀子に耳を傾けているのと、彼女たちの追っかけになるのとは大変な違いがあるはずだ。流行、——あるいはファッションについての誤解のひとつはまずこの辺にある。

今和次郎はこんなことを言った。「流行とは生活力の旺盛な人々のあいだに自ずから生ずるものである。いま仮に三年間もおなじネクタイで電車の座席にうずくまって通勤するサラリーマンがあったとしたら、その姿から私たちは彼の仕事ぶりを想像し、彼の生活に賛意を示すことができるかどうか。とても我慢のできない沈滞感を彼から受けとるにちがいない」（「近代和装美」『みつこし』1938/2）と。今はここで流行と変化とを混同している。サラリーマンが、その日その日の気分に合わせてネクタイを選ぶのは楽しいことだろう。けれどもその選択が、いつも流行を念頭においている必要もないし、おけるものでもない。気分を高揚させるのは変化であり、ヴァラエティなのだ。流行はそのなかのひとつの——多くのひとにはどうでもよい要素にすぎない。それは毎日の夕食の献立を考えれば理解できるだろう。

＊　＊　＊

一九九二年（平成四年）に農作業ウエアデザインコンペがあった。審査員のなかの石津謙介とカナダ人の日本農村研究者とが対談し、雑誌編集者はそのタイトルを「農作業着の実用性とファッション性をめぐって」（『農業富民』1993/5）とした。もちろんユニフォームのデザインにも流行はないわけではないが、それは冷蔵庫の外観の流行程度のものだろう。人気デザイナーだった石津が、作業しているお百姓が、そんなに人目を気にするものかと言い放っているのは笑える。この場合は〝農作業着の働きやすさとスタイルのよさ〟とでもすべきだったろう。ある時期から、服装の感覚的魅力を、すべてファッションということばで表そうとする誤った傾向が生じた、これもその一例になる。

夕食の献立ばかりでなく、ひとはおなじ感覚的刺激に飽きるという一面をもつ。感覚疲労ということばを使うひともある。そのとき私たちには今までとは違った刺激が魅力的に見える。新鮮に見える——ということばをよく使うが、じつはそれはなにもあたらしいものである必要はない。ジェームズ・レーヴァーの流行循環説はその点を指摘したものだ。モダンガールの断髪のときも、ミニスカートのときも、流行を毛嫌いするひとは、口をきわめてそれがツタンカーメンの時代にも存在したスタイルの焼き直しにすぎないと罵った。しかしそんな攻撃は見当違いだ。なにが刺激的で、新鮮に感じられるかは、そんな物知りぶった歴史の問題ではなく、そのときそのときの大衆の好みとのマッチの問題なのだ。その状況把握の敏感な者がすぐれたファッションリーダーになる。

　一方でひとはまた、やっぱり米の飯、という執着の対象もたくさんもっている。お祖母さんの着た結城紬が、孫娘にも着られるのが和服のよさだとよく聞く。いま女子大に行っている孫娘が、本当に喜んでいるかどうかはたしかではないが、しかしそんな大げさなことでなくても、われわれの箪笥のなかに、傷まないかぎり一〇年、二〇年着つづけているジャケットやセーターは結構あるものだ。感覚疲労もあるだろうけれど、ひとは身についたものへのつよい愛着の気持ちももっている。変化の相をばかり追っていると、着るひとと、着られるものとの、あたたかい感情の対応は見失われる。

　機能上のイノベーションは変化のひとつだが流行とはちがう。下着類の多くは、あたらしいものを買い換え買い換えしても、スタイルは五〇年前の品と区別がつかないものも多い。しかしじつは素材や縫製上のイノベーションは大きかった。けれどもそんなことに気づいてもいず、関心もないお父さんも多い。ファッションなどというものは、衣生活の流れの水面のさざ波のようなもの、と言ったひともある。しかしどんな深い流れも、目に見えるのは水面のすがたばかりなのだ。

衣料関連産業

　近代以前、衣服に関連する商業取引は、布地と古着がほとんどすべてだった。

　布地——呉服、つまり絹織物と、太物、つまり木綿ものと、わずかの麻織物とは、多くが生産地で最終製品のかたちまで加工された。京友禅などの染め呉服、江戸そのほかでの藍染めなども著名だったが、ものの流通の構造には長いあいだ大きな変化はなかった。

　開化以後、衣服に関する品目と、その流通のかたちを大きく変えた原因の第一は、海外からの多様な輸入商品であり、第二は日本人の衣生活の変容、端的には洋装化だった。

　関連する輸入品のなかでもいちばん大きなものは毛織物だった。洋装化に反対する意見のなかには、洋装にぜひ必要な羅紗はすべて輸入に仰がざるをえないから、国の財政上大きな負担になる、という危惧もあった。実際には、日本人の衣生活のなかに急速に浸透した羊毛素材は羅紗だけではなかった。セルも、モスリンも、明治の末には、もう外国生まれの生地とはいえないくらい、日本人の衣生活に同化してしまっている。そのためにわが国では、原毛の生産には失敗したが、紡糸以後の加工を国内でおこなおうという努力が、官、民によって続けられた。たとえば一九一五年（大正四年）をもって海外からのモスリンの輸入が終わり、以後は国産モスリンの時代に入っている。

　木綿の場合はいくぶん事情がちがい、もともと江戸時代にはひろく木綿栽培がおこなわれ、各地で特色のある綿織物が製織されていた。しかし維新後に安い綿織物が海外から入ってくると、みじかい期間に日本国内での綿花栽培はほとんどあとを絶ち、それ以後はインド、オーストラリア、アメリカから輸入した原綿による綿紡績が発展しはじめる。一八九〇年代（ほぼ明治二〇年代）以後、紡績業者が織布業にものりだすようになると、それらは日本の産業を代表するような巨大企業に成長する。一九二〇年代後半（昭和初期）にはマンチェスターを圧倒して、日本の綿布輸出が世界最大のシェアを占めるにいたっている。

衣服に関していえば、第二次世界大戦前のわが国の流通構造は、川上の原綿原毛の輸入にあたる商社と、布帛メーカーが大資本の上に聳え、二次加工を担う縫製業者（戦後のアパレルメーカー）と小売業者は規模が小さい、という頭でっかちの姿だった。もっとも一九三〇年代（昭和戦前期）になると都市部ではデパートの集客力がいちじるしく大きくなったため、縫製業者の弱小さだけが眼についた。既製洋服の場合であると、最終的に着るひとのためのデザインを考え、手を通せるかたちのあるものに縫いあげていたのは、デパートや洋品店、洋服屋の下請けをする小規模な町工場だった。だれもが名前を知っているような有名アパレルメーカーは、ほとんどすべてが戦後の創立で、一九九〇年代（平成二年〜）に上場五〇位までに入っているメーカーのうちでは、レナウン一社のみが一九二三年（大正一二年）に「レナウン」の商標を採用しての戦前創立だ。そんな零細な縫製業者たちの、海外の情報を確実に手に入れる能力も疑わしいし、そのコピーを〝ファッション化〟するほどの量産の力にもほど遠かった。

＊　＊　＊

戦前の既製衣服の生産で見落とせない企業にいわゆる被服業がある。明治新政府はあたらしい国家建設のためにまず近代的な軍隊と警察を整備し、鉄道を敷設し、郵便制度を全国にいきわたらせた。そしてその軍人、警官、職員にはすべて洋風の、夏冬の制服を支給した。政府高官たちの衣服は大礼服をふくめ、たいていは名の知れたテーラーたちの手で調整されたようだが、下級役人や、こうした軍人、職員の着衣まではとても手が回らない。軍服だけでも、西南戦争（一八七七年、明治一〇年）当時で一〇万着以上を必要としたのだ。

客の注文を受けて寸法をとるようなテーラーを一つ物屋というのに対し、制服類の大量生産を引き受ける業者を数物師とよんだ。数物師のうち、柳原の古着街あたりとむすびついて、既製衣服、当時のいい方で仕入物の縫製をもっぱらとする業者とはちがって、軍服、制服類の入札に参加し、大口注文の請負をする業者を、のちに被服業とよぶようになる。これは軍部や当時の鉄道省、逓信省が制服類を被服とよんだためだ。ただし軍服については、やがて一八九〇年（明治二三年）三月に陸軍被服廠条例が公布され、調整は軍が自主的におこなうことになった。

被服業界はその扱う分量が巨大であるため、縫製業のなかではかならずしも零細とはいえないスケールになっていたので、入札によるやや不安定な公的受注にだけ頼るのではなく、やがて民間企業の制服、学生服、医療用または作業用ユニフォーム類、炭鉱、漁業、農業、危険作業用の特殊労働衣、あるいはレインコートなどの分野にまで手をひろげる。

＊　＊　＊

装いに関する商品は衣服だけにかぎらない。靴、時計、宝石貴金属、化粧品、洋傘、鞄類などは、それぞれの世界の先覚的企業家たちによって、順調な発展を遂げていた。また、下駄や櫛、簪《かんざし》などのように、旧来の業者がほとんどそのまま、時代の横波を被りつつも商売を続けていた分野もある。

一般に服飾付属品とされる品目のほとんどは、いわゆる雑貨の部類に入る。こうした物品の製造は機械化が遅れがちで、労働集約的作業に依存するため、人口の多い大都市部にその生産拠点ができる。たとえば『新修　大阪市史』（1990）によると、すでに一八八〇年（明治一三年）頃の大阪西成郡（現在の大阪市西成区あたり）の製造品目中に、以下のようなものが見いだせる。

　花簪、櫛、鼻緒、鏡、髢《かもじ》、日傘、下駄、（西洋）靴、合羽、鬢付油、巻脚半

大阪での帽子製造、とくに麦藁帽子はよく知られている。また一八八三年（明治一六年）頃からのボタン、明治後期以後のメリヤス製品、石鹸、ブラシなども、たいていは家族的な作業によって発展した。

既製服

既製服の販売は日本では輸入洋品類のひとつとしてはじまっている。しかし江戸時代にも、出来合のきものというものがないわけではなかった。記録としてはあたらしいことになるが、柳原や芝日蔭町あたりの古着屋が、安く仕入れた反物を大量に内職の仕立て人に出し、それを古着といっしょに売る、という商売があることを、一九一〇年代後半（大正初め頃）の資料が報告している。こういう商売を子供屋といったらしい。それは製品がたいてい一つ身、三つ身、子どもの襦袢、チャンチャンなどだったから。

この種の流通のなかには、大人の絹もののきもの、羽織などを扱う店もあった。これは古着屋ではなく、日本橋の立花町、長谷川町、人形町辺に多くあった店で、こういう品は仕立物とよばれていた。このあたりには大きな呉服店の仕立てをひきうけている職人が集まっていたから、そういう仕立屋が手隙のときを利用したり、そのじぶんはたくさんあった裁縫教授所の、割のいい副収入を提供したりしていたのだ（『家庭雑誌』博文館、1916/3）。こういう流通のかたちが、明治になってから生じたものとは考えにくい。

一方、近代的な既製服の生産も、維新後まもない時期からはじまったことは疑いない。それは各種の官服――軍服、警察官の制服、鉄道院、郵便配達などの逓信職員、等々の大量の需要があったからだ。さいしょは輸入に頼っていたこうした官吏制服類の大量供給は、それほど長い猶予をおかずに国内でも可能になる。ずっとあとになっての一九二〇年代（大正末～昭和初め）の数字だが、軍隊、警察、鉄道、郵便従業者をふくめると、一カ年五〇〇万着を超えたといわれるから、その納入が有利で安定的な商売だということを、利を見るのに聡い業者が見逃すわけがない。このような大量生産の既製服を数物といい、数物に対して誂えの洋服は一つ物、ということになる。官庁への数物の請負は入札によるのがふつうだったから、この入札にあたる人間は、原料価格の推移、製造工場の能力、競争業者の業態等を正しく把握していることが必要とされ、多くは製造業者から独立した被服請負業という立場だったようだ。洋服業界中でももっとも男らしい営業（辻清「被服請負業」『洋服店の経営虎の巻』1926）、などといっている資料もある。その後、大量の制服をすべて民間業者に任せることには問題も生じ、陸軍被服廠のように、官服については直営の施設を設ける方向にすすんでいった。

　しかし数物は官服だけではないから、業界はそののちもとりわけ関西を中心に展開し、その一部が今日の被服業界に発展した。各種ユニフォーム、作業服、レインコート、白衣のたぐいを被服とよんでいるのは、官服請負時代の軍隊でのよび方を業界が受けついだためだ。

　わが国では家族の着るものは家の女たちがうけもつもの、ときまっていた。嫁入衣裳のようなごく上等のもの以外は、仕立屋に出すことは恥のように思われていた。まして既製のものを買うなど問題外だった。一九〇一年（明治三四年）刊行の家訓書につぎのような記述がある。

裁縫を仕立屋などに托するもの

あるが故に、中には寸尺を誤りて（……）誠に見ぐるしくして、借り着をせしか、但しは出来合を買いしかと疑わるるも多し。（的場鉎之助「衣服裁縫」『家政一班』1901）

上述したようなものをふくめて、いろいろなタイプの出来合服が、一九世紀末（明治中期）には流通していた。たとえば柳原あたりにかぎらず、日本橋の大丸呉服店でも、主に子ども物の被布やチャンチャンの出来合を置いていたが、おとな物では流行の吾妻コートや、男子のトンビもあり、注文品の半額程度の値段だったという（「新模様の春衣」『新小説』1901/12）。

既製品は品質の一段落ちるもの、という認識はつよかった。「靴でも洋服でも、出来合の品は下手な織工が見習いに造る」（「流行の洋服（上）」日日新聞 1909/10/23: 6）とか、素人にはわからないような傷物の反物を使うとか、生地をケチって縫い込みが少ないからすぐにほころびるとか、たしかに子ども物などは、慣れたひとなら一日に六、七枚の襦袢を縫い上げたそうだから、仕事はザツだったろう。

出来合服はサイズにあまり気を使う必要のない服種中心だったが、身体に合わないことへの不満も当然ながらあった（秦利舞子「ミシンの応用」『新小説』1909/7）。

また、だれともわからないひとの手で縫われるもの、とりわけその多くがスラムのような不健康な環境で縫製される事実が知られていて、とりわけ結核感染の恐れをもつひともあったそうだ。出来合衣服が一般に、間に合わせの安物以上の品でなかった時代は、たしかにあったはずだ。

一方、一九世紀後半は、欧米、とりわけアメリカでは、既製服産業の華々しい発展の時代だった。そのアメリカの情報が、いろいろなかたちでわが国の業界に刺激とならなかったはずはない。一九〇六年（明治三九年）六月の三越の宣伝雑誌である『時好』の「出来合服を陳列せよ」では、横浜の有名な貿易業者からとして、出来合服、英語のいわゆる「レデーメード」を製作、販売せよとの、勧奨の私信を掲載している。

目の前に柳原の如き怪しげなるものあるが故、貴店、三越呉服店の出来合服も亦之と同一視せらるる恐れなきにしもあらねど、こは無用の心配に候わずや、三越は三越特有の上等なる出来合を拵うれば足れり。（「出来合服を陳列せよ」『時好』1906/6）

こういう認識はだんだんとひろがっていった。その三越に一歩先んじて「仕立洋服」の発売に踏み切ったのは、白木屋だった。宣伝文のなかに、急に旅行せねばならないという場合、ぜひ洋服が必要で、しかも仕立て下ろしの服を着てゆきたいという場合――といった文言が見える（『流行』白木屋、1908/4）。

＊　＊　＊

一九一〇年代になると、三越、白木屋のような大呉服店では、揃って既製服の販売をはじめる。しかしおそらく〝出来合〟の悪いイメージを避けるため、特別仕立服、といった名前をつけている。松屋呉服店では仕立上《したてあげ》新衣裳というい方のほか、「レデーメード」というハイカラないい方もしている。さいしょのうちは子ども物以外は、洋服か、吾妻コートのような準洋服が多かった。価格は注文ものの七割から、半額といったところ。

既製服の大衆への普及は舶来の洋品下着類が先行し、やがて国内の零細な縫製業者が、洋品といわれたブラウス、セーター、スカートなど婦人の日常着、子ども服や、シュミーズ、ズロース、アンダシャツ、パンツなど男女の下着類を盛んに生産しはじめ、それは和服の下着にも及んだ。関東大震災前の婦人雑誌の流行案内はその様子を示してくれる。

時代の要求というのは妙なもので、近来は和服用肌着類の既製品が非常に目立って売れ行くそうです。肌着類といっても、単に下襦袢というだけでなく、パッチ、腰あて、お背当て、長胴着兼筒袖、ガーゼ肌着、都腰巻等その他いろいろあります。（「防寒着のいろいろ」『婦人画報』1920/2）

この種の下着類は、これまでは女性たちがちょっとした時間の合間に、半端のあり切れなどをうまく利用して作っていたものだ。それにたいして商品として店頭に飾られた婦人用パッチは、「輸出羽二重の表に、裏はガーゼを二枚重ねて、色合いは赤、白、水色、桃色等でありますが、何れもミシンで巧みに着心地よく恰好が取れています」などとあって、ただより高いものではあっても、古浴衣や夫の股引の再利用とはちがう価値のあることを、女性たちは理解したろう。

第二次世界大戦以後と比べると、この時代の既製服の発展にとっての大きなネックは、大量生産のための機械的システムの未発達と、共通標準サイズの欠けていることだった。その点、下着類や子ども服、そして一部の婦人服は、サイズについては許容度が大きいし、縫製については、今日では考えられないような低賃金が大量生産を支えていた。ミシン縫製の熟練工のなかには、小学校高学年の少女が少なくなかったといわれている。

関東大震災（一九二三年、大正一二年）前後になると、とくに男性や子どもでは洋装化が一段と進んだ。東京などでは電車のなかで、和服姿の男性はもう眼を惹くようになっていた。手ごろな値段のスーツや、オーバーは、大きな社会的需要になっていた。毛織物の国産化と、既製服の発展は、安サラリーマンにとっては大きな福音だった。また一方で、女性の洋装化を推し進める力にもなってゆく。

そんななかでさえ、吊し、に対する軽蔑はなくなっていたわけではない。「日本人が一般に出来合服を好まないのは、単に身体にシックリ合わないという理由からではなく、実につまらぬ虚栄心から之を買い入れることを好まぬ為（……）」（家庭経済研究会『買い物上手』1926）。

見栄、という一面もたしかにあったろうが、標準体型の研究が未だしだったこの時代、じぶんのからだに合う吊しに当たるには運も必要だった。高名なテーラーたちはその点を突いて巻き返しを図った。また既製服といってもすべてが手作業である点は注文服と変わりないのだから、値段の開きもそれほど大きくはなく、たとえば三越マーケットの高級既製服となると、一流テーラーによる注文服のほぼ半額（「合着洋服の値段」読売新聞 1923/3/31: 4）、というのが常識だった。

既製服の人気で手ひどい痛手を被ったのは古着屋だった。

御覧なさい、事実、柳原にはもう古衣屋は数えるばかりで、大部分が洋服の既製品屋に変わってしまいました。洋服既製品の時代は四、五年前から見えていたので、ただ因習的に古衣をあつかっていたのですが、今度は（震災によって）その古着を綺麗さっぱり焼きつくして、柳原は洋服既製品の時代がいよいよ出現しました。（「古着を脱いだ柳原」時事新聞 1923/12/18: 6）

古着から既製服——出来合物へ、という変化は和服もおなじだった。これまで大都会の古着和服の大きな受け入れ先だった農村地帯にも変化が生じていた。一九一九年（大正八年）には、「農村の好景気のために古着が東京では品不足。その代わりに一見古着のように仕立てている〝仕入物〟（既製）を買うのが、古着を買い慣れている人のいまの傾向。ただしこの種のものは桐生紬が多く、之を銘仙と称して八、九円位で売っている」（「経済的な秋着の仕入れ」朝日新聞 1919/9/26: 5）とのこと。

＊　＊　＊

既製服の普及は、女学校での裁縫授業にもあたらしい考え方を吹きこんでいる。これまでのメイキング中心の勉強から、見る眼を肥やし、選択する力を養う訓練だ。

今後仕入服（既製服）が漸次に発展して任意に低廉に衣服を購入す

ることが出来る様になったらば、簡単にして便利で愉快な衣類が国民の多数によって使用せられ（……）学校における裁縫生活の内容にも影響し、調製と相並んで選択の能力が必要となるであろう。（木下武次『裁縫教授法』1929）

既製服の発展に欠かすことのできない日本人の標準体型の研究を率先したのは陸軍だった。陸軍省が一五万の金を投じ、三年間に八万五〇〇〇人を対象に国民の標準体型を調査、それによって既製服をふくめてのさいしょの寸法表が発表されたのは、一九二五年（大正一四年）（読売新聞 1925/9/14: 7）のことだった。

古着／古着屋／質屋

江戸時代から明治にかけての日本人の衣類は、そのほとんどが家庭で女の手によって製作された。それ以外は仕立屋に出すか、古着屋から手に入れた。だから古着屋が今でいえば既製服にあたる、というひともある。いま私たちの着るもののほとんどが既製服なので、この見方はシェアの点ではあたっていないが、いまではほとんど忘れられている、むかしの衣生活での古着の比重を、もうすこし再認識する必要はありそうだ。

江戸で古着屋といえば神田柳原が有名だが、古着屋はいたるところにあった。古着屋が軒を連ねているのが、柳原、浅草仲町、日本橋東仲通、牛込改代町など。一八八一年（明治一四年）に神田岩本町に官許古着市場が開設された。七二〇坪の敷地に東西二カ所の仮屋を設け、元日、盆の二日以外、照っても降っても朝七時から（冬季は八時から）正午までの市が開かれる。鑑札を所有する市内の業者大体三五〇名から、四〇〇名くらいがここで取引をする。因みに、一八八七年（明治二〇年）の東京府の、古着商組合所属の組合員は、三九五一人。

古着は犯罪に関係するためにお上の眼が厳しい。はやくも一八七三年（明治六年）七月には〈古着古金《ふるがね》等渡世ノ者取締規則〉が公布された。もちろん盗品や、遺失品調査の便宜のためだ。この時代の泥棒はかならず衣類を狙った。家に帰り遅れた子どもが追い剥ぎにあうこともある。庶民にとっては欠かせない日常の金融機関だった質屋の質草も、多くは衣類だった。衣類はその日暮らしのひとたちだけでなく、そこそこの暮らしをしている家庭にとっても、不時の入り用のためのだいじな金融商品だった。だから質屋の番頭手代は、衣類反物についてはよほどの目利きでなければつとまらない。というのも、新品ばかり扱っている呉服屋とちがって、質屋にもちこまれる古着物にはずいぶんまがい物——糊貼りのきものとか——があるためだ。かつては、柳原もの、といえば粗悪な贋物の別名だったそうだ。

古着に官憲の眼が厳しいのは、犯罪に関係のあるためだけではない。一八八五年（明治一八年）には、コレラ流行地からの古着、ボロの移動が禁止された。幕末から明治中期までの間、わが国はくりかえしコレラの大流行、小流行を経験した。その間にはペストの小流行があった。さらに結核は、国民病とまでいわれるくらいに日本人のなかに浸透してしまった。明治期以後、古着が嫌われるようになった大きな理由のひとつは、衛生観念の向上だろうが、直接的には結核感染への恐怖だったろう。

病気の感染ということをべつにしても、貧困階層の居住する地域の古着の不潔さは想像のほかだったようだ。貧乏人は春先はわりあい豊かという。それは冬物を質屋（七つ屋とか一六銀行とかいう）にまげて（質入れして）、その金がふところに入るから、といった連中が、書生たちをふくめて少なくなかったのだ。こういう連中は恥も外聞もなく、垢づいた、虱《しらみ》の這っている綿入でも、大きな顔をしてもちこんだ。しかしいかになんでも質屋ではひきとらないようなもの——汚れた褌《ふんどし》や女の腰巻のようなものまで、一応値段をつけてひきとってゆくのは、長屋の裏裏まで廻って歩く、これも鑑札をもたされている屑屋だった。大きな笊《ざる》を背負い、天秤を手にさげたそのすがたは、落語の「らくだ」にあざやか。

屑屋がタダ同然で買いとったものをもちこむ先には襤褸《ぼろ》屋と称する業者もいた。一八九〇年代末（明治三〇年代初め頃）、東京府下に四、五〇〇軒のボロ屋があった時期もあるという。油で煮染めたような古着を洗張りして、それに縞を上手に染め上げて帯やらきものやら夜具やらにすると、『ヘエ是が褌ですか』と呆れます位で、夜具などになっては田舎の婚礼に花嫁さんの持参物となります（……）」（「襤褸物語（上）」読売新聞 1899/5/22 付録：2）とのこと。

古着屋の店頭で吊しんぼうからなにかを嗅ぎだそうという男女

「遠山桜」挿絵、『やまと新聞』1889（明治22）年5月1日

急に金の入り用ができて、箪笥のなかのさしあたり不要の衣類を質屋にもちこむようなことは、太平洋戦争前までは多くのひとが経験している。質屋の通い（帳）は家計簿よりもゆきわたっていたかもしれない。とはいえ客が大いばりで暖簾をくぐるような商売ではないので、質屋さんといえば大通りにはなく、横丁にあまり眼につかない看板がでていて、お客の多い日暮れどきになると、それに便所の電気のように薄暗い灯がはいる。

質屋にもちこまれる衣類でも、月給日までのほんの数日とか、かならず請けだすことを前提にしての品物は、売払ってしまうよりも高い金が手に入る。だから質屋の店先では、かならず請けだすからと押し問答して、一銭でもよけい借りようとする風景はいつものこと。期限までに、借りた金に利子を添えてもってゆけなければ、預けた品物は流される。利子だけでも入れれば救われる。

古着の供給源のほとんどはこの質流れ品だった。古着の流通には問屋というものがなく、質屋はいわば問屋のような立場だった。いまの質屋さんのなかには店頭にウインドウを設けて質流れ品を売っている店もあるが、これは戦前にはなかったこと。しかし市に出す前の品を素人に売って悪いという理由もなかったから、むかしも、これこれの品が出たら取っておいてくれと、なじみの質屋さんに頼むひとがいたそうだ。

古着市で値がつけられると、そのなかの大量の品物は地方の仲買人にひき渡された。江戸時代には関東から東北まで、江戸発の古着類が、野良で働く娘たちのあこがれのまとだったことはよく知られている。ただし維新後は、周辺農村が相対的に豊かになったために、この流通のかたちはだんだんと廃れた。

＊　＊　＊

古着屋では商品を店頭の軒先に吊す。これは呉服反物とはちがうディスプレイの仕方で、それで古着を少々ばかにして吊しものとよんだが、それがいつのまにか既製服をさすように変わってゆく。これは柳原などの古着店が、だんだんと既製服を多く扱うようになり、やがては既製服店になってしまう店が多かったためだ。しだいに豊かになった客が古着から離れてゆくにつれ、古着屋にとってはむずかしい時代に入っていったのが、関東大震災（一九二三年、大正一二年）のころ。

もっともそれ以前にも、質流れの反物をひきとった古着屋が、それをきものや羽織に仕立てて店頭にだす、俗に仕立物とよぶ、今でいえば既製のきものも存在した。この種のものは古着屋としては片手間の商売だったが、いい収入にはなった。

呉服屋

江戸人の衣料の入手は呉服屋と古着屋によっていた。呉服屋で買うのは反物で、その時代は、家族の着るものはたいていは家の女たちが仕立てた。もちろん仕立屋に出すこともあり、買った呉服屋にそれを頼むこともできる。呉服屋でも大店以外には、仕立物と称する一種の出来合きものを扱う店が多かった。また小さな店ではたいていは古着も扱っていたようだ。

一〇〇万を超える住民の衣料の大部分を扱っていた呉服屋の数は、したがってずいぶん多かった。一八九七年（明治三〇年）に書かれた『東京新繁昌記（下巻）』の「呉服」には、「問屋を除き現今市中に兎に角に呉服屋と称して価値ある」のが、日本橋区の六〇余軒以下、一五区内に約二八〇軒、としているが、ほぼおなじ時代の『東京姓名録』(1900)では、三七〇名の呉服太物商の名が上がっている。店舗の総数がはっきりしないのは、ひとつには扱う商品の範囲がきまっていないためもあるだろう。呉服は絹織物、太物は木綿、麻織物として、このそれぞれを専門に扱う店もあったが、明治に入ると毛織物などの洋反物が入ってきて、洋反物を扱う店では同時に舶来雑貨も商品に加えるようになる。

またひとつには東京には江戸以来の、絹布、帯地、双子、生木綿、金巾等数種に分かれた問屋があって、日本橋区にほぼ集中して土蔵造りの店舗を構えていた。末端の消費者には関係のない存在だが、明治時代は税務上、納税額の大きな小売商を問屋と区別しなかったため、数字がはっきりしなくなっている。一九〇三年（明治三六年）当時、呉服問屋の名簿には四五〇名ほどの名があって、そのうち一〇〇名ほどは大型の小売商だという（「渡世いろいろ　呉服問屋同小売商」読売新聞 1903/4/24: 4）。ともあれ、呉服問屋、小売商とも、大変な数だったことはたしかのようだ。

＊　＊　＊

呉服屋が前時代からの営業の仕方を守っていたのは、一九〇〇年代（明治三〇年代初め）までの四〇年足らずのあいだだった、とみてよいだろう。前時代からの営業の仕方、というのは、商品の内容には羅紗、ネル、セル、モスリンなどの洋反物が加わったとはいえ、どの店も土蔵造りの重厚な店構えで、屋号を染め抜いた暖簾を低く下ろし、店内は広い畳敷きで、客の多くは履き物を脱いで上がり、番頭と対座して品選びする。番頭の指示によって奥の蔵から商品を運んでくるのは小僧の役だ。番頭が小僧に命令するのは符牒の混じった独特の言い回しがあって、店のなかに活気を添えたらしい。売出しの日には、得意客は奥に招じてお膳を出すのも大店の習慣だった。

しかし世紀がかわるころから、こうした商売の仕方が捨て去られだんだんと陳列式が選ばれるようになった。それはおそらく大衆に人気のあった博覧会や、百貨店の前駆となる営業形態をとった勧工場の、露店風の買いものの習慣も影響したにちがいない。陳列式の営業には客にとって、つぎのような利点があると考えられた。一、番頭たちに気兼ねなく、商品を自由に撰ぶことができる。二、買わなければ出られない、という負担を感じないで済む。三、たくさんの商品に接することができ、思いがけないあたらしいものを見つける可能性がある、など。

一方、店の側からいうと、買いものもせず、見て回るだけで出て行ってしまう客が多かったら商売にならない、というような次元の言い分ばかりではなかった。なじみの得意客との昵懇《じっこん》の関係、ということを重く見る時代には、客の家の身分やふところ具合、奥様の気性やお嬢様の学校まで知っている番頭がいて、いつどこへなにを着てゆくかは、老練な彼に任せておけば間違いない、ということがあるのも事実だった。与謝野晶子の『女子のふみ』(1910)に掲載の書簡文例集で、呉服屋を家に呼ぶ手紙のなかに、「お願いしたいことが出来ましたから、いつものお手代に来て頂きたいのです」との文言がある(「呉服屋を呼びに」)。気心の知れた番頭手代であれば、無駄なことを説明しないで済む。パリのブティックのヴァンドゥーズ(vendeuse＝セールス担当の女性)のようなプロフェッショナルがいることは、お客のためでもあるのだと。

「三井呉服店店先之図」
三井呉服店折込広告、1896(明治29)年

座売りということ自体は、反物を長くひろげてみたり、肩にかけたりという呉服商売の特別な必要もあって、部分的には現代もひきつがれている。けれども陳列方式、土足での入店、暖簾を撤去して街路沿いのショーウインドウの設置など、呉服屋の商売の仕方が現代風になる一方だったなかで、中小の呉服屋にとってもっとも致命的だったのは、大呉服店のデパートメントストアへの転身だったろう。

日本の百貨店のほとんどは、古い暖簾の、大きな資本力をもっている大呉服店が看板を塗り替えたものだ。そのトップを切った三井呉服店の「デパートメントストア宣言」は一九〇四年(明治三七年)のこと。しかし白木屋も大丸も高島屋も、まだいずれも呉服店の看板は掲げているものの、たとえば大阪心斎橋の高島屋飯田呉服店の一九一九年(大正八年)の営業品目は、「呉服太物、洋反物、洋傘、シャツ、ショール、袋物、小間物、化粧品、新画幅類、室内装飾品」(『大阪指導』1917)となっていて、都心部のワンストップショッピングのための、総合小売店への方向を目指していることがわかる。しかしその時代の百貨店の目玉は、なんといっても扱い慣れた呉服売場だった。ひとつの階ぜんたいを呉服売場とし、眼のぱっちりしたマネキン人形を何体も立て、足を踏み入れる女性たちを陶酔させるような、華やかな売場を誇った。

呉服屋はなにも三越白木屋のような大店ばかりではなく、二間間口で主人と小僧がひとり、というような小店でも、きまった客筋と、それにあった品揃えを誤らなければ、それなりの商いはあったものだ。しかし一九二〇年代後半（昭和初め頃）のそういった呉服屋について、こんな記事がある。「商品の数も少ないので、それこそ店に入ってみて手ぶらで出てくるのはきまりが悪く、気の小さい婦人などは少々遠路でも百貨店に行くという有様で、近頃大都会における呉服小売屋の姿はだんだんと寂しくなるばかり（…）特別の便宜がないかぎり、じぶんで品物を選ばるるのなれば、こうした店を避けらるるのがふつうのようです」（「呉服物を買う心得」『婦人宝鑑　家庭百科全書』1926）。

与謝野晶子が書いているように大きな呉服店の番頭や手代を家に呼ぶことは、自分で買いもののために外出する習慣などなかった身分の女性たちには、ふつうのことだった。商品は小さな行李に入れて担ぐか、手押し車を使うか、のちには自転車の荷台に積んでお得意様のお邸を訪問する。彼らはお邸の家族ひとりひとりの生活ぶりやお好みもよく心得ていたから、そんなに山のような商品をもちこむ必要はない。

それとはちがうが、担ぎ呉服屋というのもあり、多くは呉服屋の年季奉公をなにかワケがあって途中でやめたような人間だったろう。お馴染みももってけっこうな商売になっていたらしい。このなかには産地の織元から仕入れてはるばる上京してくるものもあり、ときにはその田舎訛りに欺されて、ひどいまがいものを掴まされることがあった。

洋品店

洋品店といういい方が市民権を得たのは一九一〇年代以後、大正に入ってからのことだろう。それまでは唐物屋とよぶのがふつうだった。それまた堅いいい方をするなら、舶来雑貨商とか西洋小間物商といういい方もあった。もっとも、多くの小売店は舶来の品だけを扱っていたのではなく、和洋小間物とか萬小間物とかいう名目で、あるいはこれまでどおり単に小間物店、雑貨店という看板で、帽子や鞄やメリヤスのシャツも品揃えしていた。

小売店が品目を限定しないで、輸入雑貨衣料品全般の販売をしていたように、卸商もまた同様だった。地方の都市の例をあげると、日清戦争当時岡山市の、舶来物品卸商原田商店の扱い品目は、つぎのようになっている。

各種帽子、カバン、靴、洋傘、フランネル、メリヤス、ケット類（『帝国実業名鑑』第三部岡山県之部、1896）

メリヤスのほとんどはシャツ、下着類であると思われ、ここに上がっている品目は、開化以来もっとも輸入量の多い生活雑貨だった。この原田商店は広告文中で、

洋燈芯製造販売　兵庫清燧社茶獅子印マッチ一手販売（同前）

とも宣伝している。雑貨類のなかのあるものが、わが国でも生産されるようになり、卸商自身が製造に手をつけている状況も、ここからうかがえる。

唐物商がもっとも発展したのはいうまでもなく開港地だった。横浜居留地近くの日本人商店は、一八八三年（明治一六年）で一三〇〇人を超えていた欧米人もだいじな客だったから、さいしょのうちは〝教わって売る〟という商売で、ずいぶ

ん苦労があったにちがいない。

横浜の場合、唐物屋や、その店に品物を供給する外国人商館などの多かった本町通、弁天通、太田町の、一方の端の一丁目は居留地に接し、もう一方の端の六丁目は桜木町駅――その当時の横浜駅を目の前にしている。仕入れた大荷物を背中に背負ったにしても、四〇分で新橋駅に着く。駅を出ればもうそこは銀座の煉瓦街がひろがる。一八六九年（明治二年）には、日本橋辺の唐物商富国屋が、横浜のフランス五三番館の西洋人商社から既製洋服を仕入れていたが、まるで日本人の身体に合わなかった、という昔語りも残っている。しかしともあれ煉瓦街に、唐物屋が軒をならべ、あるいは往き来のひとがハマ風の身なりに染まるのに、大して時間はかからなかった。

店先へ暖簾を下げるのではなく、ガラス戸を立てたのも、さいしょはたしか神田の唐物屋だったと、光太郎の父高村光雲は語っている。ものめずらしい品物が並べられている、というだけでなく、唐物屋――しばらく後の洋品屋には、その店構えにも、また店員のかっこうにさえ、どこかバタ臭い目新しさや、異国への夢があったようだ。

唐物商が洋品屋に変わったころ、一九一〇年代（大正初期）の洋品店の扱い品目は、つぎのようなものだった。

膝掛、毛布、メリヤス、肌着、靴下、手袋、ズボン吊、胴〆、ハンケチ、ネクタイ、釦、ホワイトシャツ、各種カラ、カフス、空気枕、尻敷、湯たんぽ、氷枕、香水、香油、コスメチック、石鹸、歯磨、化粧水、手風琴、ハーモニカ、鏡、襟巻、子供マント、帽子、ナイフ、剃刀、革砥、ブラシ、櫛、石鹸箱、猿股、タオル、ステッキ、洋傘（……）。（『大正営業便覧』1914；石井研堂『独立自営営業開始案内』1914）

一九一〇年代というと、こういった品目のほとんどは国内でも生産されてはいたが、その多くは舶来品に比べれば品質に差があり、なかにはとても比較にならないようなものもあった。洋品店を訪れる女客の多くは、横文字のブランドのついた舶来のハンドバッグを、壊れものにでも触るようにおそるおそる手にとっては、値段の書いてあるタッグを見て溜息をついたろう。

それでも欧州大戦景気で余裕の生じた階級のひとびとは、増築した洋風の応接間をベルギー・レースのカーテンや、アンピール風の壁鏡で飾ったり、娘たちに、むこうで流行っているという、セーラー・カラーの洋服を買ってやったりした。

大都会でも地方都市でも、洋品店の販売品目にかならずふくまれているもののひとつは、ホワイトシャツやメリヤス下着だった。家族の着るものは原則として家の女たちが整える習慣は、夫や子どもたちが洋服を着る時代になっても、急にはなくならなかった。第二次世界大戦頃までは、立襟のあたりがなんとなく不格好な、手作りのワイシャツを、職場でもかなり見かけたものだ。子どもが中学や女学校の年頃ではもちろん、就職して嫁をもらうようになっても、下着はぜんぶ母親の自慢のミシン掛けの、手作りがめずらしくなかった。

大震災の年（一九二三年、大正一二年）の春ごろから、東京にも地方にも、洋服生地を売る店が急にふえだしたといわれる（「婦人子供洋服店で必ず成功する秘訣」『主婦の友』1925/1）。それ以前は東京市内では三軒――八木屋、大河内、草刈ボタン店――ぐらいにすぎなかったのが、大震災はこの勢いに拍車をかけたことになる。一九三〇年代以後（昭和一〇年代半ば〜）になると大都会では、洋品屋から洋装の生地屋が独立して看板を上げるようになった。

太平洋戦争末期、横浜市で洋品雑貨商の営業調査をしたことがある。対象となった小売商店中で完全記入は二三四店だけだったが、そのうち小売専業は九九店で、九〇店が製造加工を兼ね、「それは主として洋裁業を営んでいるのであって、従来の慣行的業態である」（「洋品雑貨商」『呉服・洋品雑貨・洋服小売商の実態』1943）とされている。この時代はまだ、メリヤス製品をふくめて、戦後のような大きなアパレルメーカーが少なかった。既製下着類の大部分は、輸入品のとだえたその時代、洋品店自身か、周辺の零細な縫製業者によって生産されていた。

一九三〇年代以後の洋品店は、ここでもまたデパートに客を奪われて先細りの方向を辿っている。海外情報をいち早く手に入れ、外国のブランドと直接取引するような少数の有名洋品店を除くと、洋品店はすでに過去のものとなったといえるだろう。

小間物屋

小間物とは唐物に対して高麗物である、とむずかしいことをいっている本もあるが、庶民のことばの感覚からいえば、こまごましている物を売っているのが小間物屋さん、という方が実感がある。荒物屋という商売もあり、これは笊《ざる》やまな板、たわしやしゃもじ、箒といった、勝手道具や生活実用品を扱っている。小間物屋はそれとくらべると、身の飾りを主にした小物をそろえていて、客のほとんどは女だった。商品がこまごましたものなので江戸時代には背負い小間物屋が繁盛した。小間物屋の若い衆といえばかならず小粋な男にきまっていたものだ。

小間物はとりわけ日本髪と密接な関係をもっていた。日本髪が洋髪にとって代わられる前夜の時代、一九一三年（大正二年）刊行の『東京小間物化粧品名鑑』には、小間物の部としてつぎのような項目があげられている。

櫛、笄《こうがい》、元結止、束髪ピン、各種髪止め、毛筋立て、髪掛（手柄、根掛、丈長など）、リボン、髷形、附髷、かもじ、入れ毛類、ブローチ、指環、玉類、楊枝（歯ブラシ）、房楊枝、元結、化粧具（白粉《おしろい》刷毛、紅筆、鏡、元結通しなど）。（『東京小間物化粧品名鑑』1913）

小間物屋は化粧品も扱うのがふつうなので、化粧品の部として以下の品目が加わる。

石鹸、歯磨、紅、白粉（煉、水、粉、打白粉、打粉）、洗粉（化粧洗粉、髪洗粉、シャンプー、洗料）、化粧水、化粧下、クリーム（美顔用、毛髪用）、香水、香油、煉香油（梳油、鬢付、コスメティック、ポマード、ブリアンチン、パンドリン等）、涅歯料、白髪染、香料。（同前）

さらに雑の部として、多くの小間物屋がとりあつかっていた商品に、つぎのようなものがあった。

装身具、匂袋、各種容器、掛針、レース毛糸針、造花および造花材料、染料、癖毛縮れ毛直し、口中香錠、うがい水、香気紙、脂取紙、衣紋掛、エプロン、三味線付属品など。（同前）

雑の項目に三味線付属品が入っているのは、小間物屋の上得意が花柳界だったことを示している。事実、京橋の大西白牡丹のような名題の店ばかりでなく、花街の近くにはコンビニエンスストアのような小さな小間物屋があって、芸者さんたちにとっては遠出しないでもたいていの用が足りる、ワンストップショッピングの店にもなり、姐さんの耳打ちひとつで小女が走っていって、不意の旦那の訪問に間に合わせるような役目もしていたようだ。

ただし、一八九〇年（明治二三年）の文部省刊行『小学読本』では、「第十課　小間物屋」として、

小間物屋は、専ら人の手道具類を商うものにて、其品々の大略をいわば、紙入、煙草入、巾着、煙管《きせる》、打紐、ぼたん、櫛、簪《かんざし》、笄、玉類、小金物類、根付、楊枝、歯

磨、紅、白粉、筆、墨、針、鋏、小刀、尺（物差）、扇、団扇、帽子、靴下、手袋等なり。其中、舶来の物品のみを商う店を、西洋小間物店、又は舶来小間物店といえり。（『小学読本』1890）

とあって、大正期の小間物屋に比べると、むしろ雑貨店といった方がよさそうな手広い品揃えをしていたらしい。この教科書ではつぎの課が荒物屋になっていて、荒物屋は家財のうち、多くは勝手道具につくべき品を売るものなり、としている。

　要するに立地条件や店の広さ次第で、販売品目はきまりきったものではなかったろう。一八九二年（明治二五年）の『大阪商工亀鑑』には小間物商、小間物卸商、小間物翫物《がんぶつ》商として、市内有名店舗三〇店ほどの広告が掲載されている。それを見ると、店によってその宣伝する品目もさまざまであり、いわゆる小間物類のほか、衛生用品、事務用品、モスリン鹿の子、点灯具、時計、三府錦絵、各国カルタ、猫洗い粉、簿記用コンニャク版用インキと、まことに多彩だ。

　江戸ファンのひとなら小間物屋というと、両国米沢町の四つ目屋を思いうかべるかもしれない。四つ目屋を薬屋のように説明するひともあるが、もっぱらコンドームのたぐいを扱っていたこの店もまた、小間物屋の仲間とみるべきだろう。

　『小学読本』では西洋小間物屋を区別している。西洋小間物店というのは、輸入品の各種毛織物、帽子、靴、手袋、シャツ、靴下などの服飾品をあつかう店で、さいしょは唐物屋とよんだ。従来の小間物商もそのなかのいくつかは店に置いたから、明治時代には和洋小間物商という看板もかなりあったようだ。しかし一九一〇年代（明治末～大正初め）以後、洋装関係の需要が多くなってくると、小間物商は扱う品目を日本髪関係に、客筋を花柳界にと特化していった。小間物商いを守り続けているひとのなかには、次第に数少なくなっている鼈甲職人などもいた。

　日本髪や束髪の時代の結髪業者は、商売用の櫛道具も油も、なじみの小間物屋から手に入れていた。しかし一九二〇年代以後（大正末～昭和にかけて）、世の中が洋髪へと移り変わり、髪結いさんが熱アイロンを使い出すころから、小間物屋との親しい関係がうすれだし、一九三〇年代（昭和戦前期）、パーマネントの時代になると、美容師たちはもう小間物屋の敷居をめったにまたがなくなる。あたらしい器具も薬品も、材料屋とよぶ外交員が出入りして供給した。若い元気な外交員は、あたらしいヘアスタイルの噂も、外国の技術の情報ももっていた。

　小間物屋のなかには、粋で古風な

「西洋小間物類」の店頭

「雨後の残月」挿絵、『読売新聞』1897（明治30）年9月10日

店構えをそのままに、時代から置き忘れられたような存在になっている店もあったが、多くは化粧品店、あるいは化粧品主体の兼業への転身を図ったようだ。もっとも一九二七年（昭和二年）に「小資本で出来る女の商売十種」という特集雑誌記事のなかの小間物化粧品店の項を見ると、小間物の方はまだいいとして、化粧品の販売は容易ではないという（『主婦之友』1927/10）。その大きな理由はおそらく、化粧品を買おうとする女性は、小さな店で乏しい商品のなかから買うよりも、華やかなデパート売場の、目移りするような豊富な品揃えと、雑誌から抜けだしたような販売員のいならぶ店の方を、選ぶためだろう。

百貨店

特定の商品だけを販売する専門店でなく、品目を限定しないで扱う大型店舗は、わが国の場合一八八〇年代以後（ほぼ明治一〇年代）の勧工場、一九〇〇年代以後の百貨店、一九五〇年代以後のスーパーマーケットの順で発展しているが、スーパーマーケットの前駆的な営業形態はすでに一九三〇年代（昭和戦前期）に、百貨店に付帯する売場として現れている、という見方もある。さらに第四の多品目大型店舗として、一九九〇年代以後の一〇〇円ショップをあげる大胆な見方もある。

勧工場は一八七八年（明治一一年）一月、前年に上野公園で開催された、第一回内国勧業博覧会の出品物を売りさばくことを目的のひとつとして、麹町区永楽町（龍の口）に東京府が設置した公的施設。それが人気になり、設置の要望もつよかったのか市内の各地につぎつぎとつくられ、一九〇二年（明治三五年）には二七カ所に達した。

勧工場には少なくても一〇店舗以上、多いところは一〇〇店舗以上の店があって、ひとつひとつの店舗に与えられた面積は狭く、置ける品数もかぎられている。だから特定の品目を選んで買うひとのためではなく、売る方も、衝動買いに近いショッピングへの期待が大きかったにちがいない。こういう商売の仕方は、その時代の感覚からいえば縁日の露店と似ている。〝勧工場もの〟といわれるような安物がならべられていたり、縁日の金魚すくいや射的とおなじような娯楽施設が付属していたらしいことも。

明治という時代は、みんながなにかを見物することが好きな時代だった。各種の演説会にも大ぜいの聴衆が集まり、博覧会がつづけて開催され、上野の森の院展とか帝展とかいう堅い展覧会も、たいていは押すな押すなだった。勧工場の多くは都心にあったから、毎日のように変わってゆく銀座や日本橋あたりの街並みを見がてら、めずしい舶来品、小ぎれいな細工物などで、眼の正月を楽しむためのひとも多かったにちがいない。

東京の三井呉服店がいわゆる「デパートメントストア宣言」を公表したのは、一九〇四年（明治三七年）の年末（「三越、百貨店に転換の『デパートメントストア宣言』」中外商業 1904/12/14: 1; 都新聞 1905/1/3: 6）。駿河町の呉服商越後屋は明治になって、三井呉服店とか三越呉服店とか、名前と組織の変更をくりかえした末、最終的には三越としてわが国さいしょの百貨店となった。ただし宣言の時点では、世間的には百貨店というい方はまだできていなかったため、アメリカのデパートメントストアをそのまま使ったのだろう。一九〇〇年（明治三三年）二月二六日の時事新報は、ニューヨークのレーマン氏のデパートを、「米国の勧工場」と紹介している。逆に神田小川町のある洋品店は一九一〇年（明治四三年）に、「日本一の廉価販売所は天下堂デパートメントストア」などという宣伝で、新橋際に出店している。デパートメントストアがなんであるかを知らずに、流行語のようにつかったものか（朝日新聞 1910/10/28: 1）。

＊　＊　＊

三越はわが国を代表する百貨店として、組織、店舗、販売方法、宣伝等々のなにかにつけてトップをきっているようだが、実はかならずしもそうではない。従来の座売りをやめて陳列販売方式にしたのは、大呉服店としてはたしかに三井が最初らしく、一九〇〇年（明治三三年）のこと。しかし店頭のショーウインドウ設置は一九〇四年（明治三七年）の今川橋松屋が先行した。客用エレベーターの設置は一九一一年（明治四四年）の白木屋が最初。ただしエスカレーターの方は一九一四年の三越の方がはやい。入店客の下足廃止は、一九一〇年（明治四三年）に三越の浜田重役が提案はしているけれど、白木屋神戸店が一九二三年（大正一二年）開設時に先行した。

しかしともあれ、三越の威光は大きかった。一九二〇年（大正九年）二月七日の都新聞によせられた相談につぎのようなものがある。「私は職人ですが再々三越の切手を贈答品として用い、その度に小僧を使いにやりますが、何分仕事着のまま出す訳にもいかず、いちいち着換えさせる為、急ぎの折などは誠に面倒です、何とか方法はないでしょうか」と。担当記者は、仕事着で構わない、金額によっては、電話でも届けてくれるそうです、という三越側の答えをつたえている。「今日は帝劇　明日は三越」というのは単に宣伝のコピーではなく、さまざまな三越伝説をうみだした。一階のネクタイ売場の女性は、戦後の一時期の日航スチュワーデスのように日本の代表的美女ぞろいだとか、売場の女性はご指名で、日本橋の某待合が斡旋してお座敷によぶことができるとか――。

三越にかぎらず、第二次世界大戦前の大百貨店には、流行をある程度左右する力があったに違いない。三越の三彩会、高島屋の百選会、関西では大丸の研彩会など、対象は一応富裕客だったとはいえ、染織を中心とした各種展示会の話題性は大きかった。一九〇五年（明治三八年）前後の三越の元禄模様、そのあとのヴェール、またさまざまなプライベートブランド商品の発売など、流行記事の担当記者のきいてまわるのは、顔見知りの百貨店店員だから、新聞雑誌の紙面をうめる売れ筋品名の多くは、百貨店の企画商品ということになり、その知名度はいやでも高くなる。

一方、大阪梅田の阪急百貨店に代表されるターミナルデパートというものがある。関西に呉服屋系のデパートがないわけではなく、東京にもターミナルデパートはあるが、阪急は電鉄の創始者小林一三の理念が支配的で、かつユニークだった。電鉄の沿線開発、宝塚温泉と少女歌劇、そして阪急食堂――それは少々味気ないくらい実利的で、プチブル的健全さをもつ大阪の大衆に受けいれられた。ただしその大衆の、百貨店のプレステージを求める欲求にも、同時に応えなければならないという課題はもちこされる。

三越

資料の不完全な幕末から明治初めにかけては、売上高や資本金額等を示して東京の大呉服店の順位をきめることはできない。しかし駿河町の越後屋が抜きんでた位置にあった事実は、同時代の江戸／東京案内のたぐいや錦絵、巷の評判等々から納得される。

〝駿河町畳の上の人通り〟というよく知られた川柳。そしてまたお江戸で日に千両の金が落ちるのは魚河岸と、吉原と、越後屋という評判に、疑いをもつひともなかった。

あたらしい時代を前にしてそれについてゆけず、没落した布袋屋のような老舗もあったが、一八八〇年代から九〇年代（ほぼ明治一〇、二〇年代）にかけての内国勧業博覧会に、東京の呉服店を代表して出品する店といえば、越後屋、白木屋、大丸の三店にきまっていた。

　商売の仕方で、あたらしい時代になにかとのり遅れ気味だった大丸は、一九一〇年（明治四三年）秋には東京、名古屋から撤退し、そのあとは越後屋から変わった三井呉服店と白木屋の雁行といいたいところだが、すべての点で白木屋は三井の敵ではなかった。

　明治前半期の白木屋にはときおり悪い評判があったのも、三越との競争には不利に働いたかもしれない。娘連れの山の手の奥様が、前垂れを万引きしたと疑われて素裸にされた。なくなったと思った前垂れはべつの場所からすぐ見つかり、小僧の粗忽とわかった。奥様の家では謝罪を求めたが、白木屋側では、よくあること、と言ってとりあわなかった、という事件（東京日日新聞1881/11/14: 4）。また、白木屋の若い手代が店の品物を横領したというので、それを白状させるために蔵の中で拷問した、という事件など、白木屋にはなにかと古い体質が残っていた。

　この時代、呉服店の抱えていたもっとも大きな課題といえば、従来の呉服太物商から欧米式のデパートメントストアへの転換だったろう。そのほか座売りから商品陳列式へ、それにともなう土足入店の問題、暖簾からショーウインドウへの店がまえの変容、西洋風建築による高層化と、エレベーター、エスカレーターの採用、自転車、馬車、自動車を利用した市内への迅速な配達網、天下の遊民を誘いこむための休憩、食事、娯楽施設の充実――などなど。三井呉服店――三越百貨店がこれらのすべてについて先鞭をつけた、というわけではない。けれども三越は営業活動の重要なある一点において、白木屋はじめほかの呉服店をはるかにひきはなしていた。それは〝三越〟というイメージを売る点においてだ。

「三越呉服店第十回新柄陳列会初日の光景（十月十五日午前七時）」
『時好』、1905（明治38）年11月

＊＊＊

　その現れのひとつは宣伝刊行物の充実だった。大呉服店・百貨店でカタログ誌をもたないところはないが、早くも一八九九年（明治三二年）の九月に『流行』誌の刊行に着手した三井呉服店は、その後『時好』、『三越タイムス』、『三越』、『三越週報』と誌名を変更しながら、あるいは重複して、一九三〇年代（昭和戦前期）まで継続刊行している、という熱心さはほかの百貨店では例を見ない。

単に刊行が継続した、というのではなく、三井呉服店／三越のカタログ誌は、流行づくりのツールとして積極的に機能させられていた。それが文字どおり値段つきカタログに多少色をつけたという程度の、他店のカタログ誌との違いだった。三井呉服店／三越は『三越』誌発刊とほぼ時をおなじくして、『こがね丸』の児童読物作家巖谷小波を中心にした「流行会」をたちあげた。そのメンバーあるいは顧問には、幸田露伴、森鴎外、藤村作、高島平三郎、新渡戸稲造、黒田清輝などの錚々たるひとたちの名前がならぶ。多忙なはずの鴎外が加わっていて、「流行」と題する短文を寄稿したり（『三越』1911/7）、裾模様の図案の審査に加わったり（「三月の流行会」『三越』1912/4）しているのは、ほほえましい。

この時代の三井／三越には、役員に福沢門下で三井銀行出身の高橋義雄、日比翁助などの論客もいて、『時好』以下の内容は、もともと他のカタログ誌とくらべてハイブロウだったといえよう。さいしょのうちはあるいは政治的コネを利用したかもしれないが、外国からの皇族、貴賓のお買いもの、といえば、それは三井／三越と決まったようになる。一九〇四年（明治三七年）にデパートメントストア宣言したあとの三越は、白木屋以下の呉服店とははっきりとみずからを差別化していた。その年、東京呉服太物商同業組合が設立されたときも、当然のこととして三越は参加しなかった。設立時の組合長は白木屋店主の大村彦太郎。

「今日は帝劇　明日は三越」といわれていた三越は、すでに〝三越〟という名前で商売ができた。これは『時好』以降、カタログ誌のタイトルに、店名をそのまま使っているのが、三越以外にないことからも理解できる。

『新衣裳』高島屋
『衣裳』大丸
『今様』松屋
『衣裳界』十合
『流行』白木屋
『衣道楽』松坂屋

一九二〇年代後半以降（ほぼ昭和〜）になると、白木屋の、新聞一面ぜんたいをうめる、価格表広告が眼をひく。白木屋は場所柄日本橋花街のなじみ客を多くもっていたから、粋筋向きの商品に特色はあったが、三越に対抗するためには値段で勝負、というかまえが、この時代にはひとつの路線になっていた。

三越の売ろうとしたものはなにか。それは〝流行〟だった、といえるかもしれない。かつて流行の源は花街と、役者と、大名と、廓《くるわ》、といわれた。大名と廓が滅び、役者にかつての力がなく、明治も末になってくると花街もそれまでのような影響力を失ってくる。いまは芸者が貴婦人のかっこうをまねる時代、といわれ、ハイソサエティの女性たちにとっての神殿は三越だった。そのもっとも華やかな例が日露戦争（一九〇四〜〇五年、明治三七〜三八年）後の元禄模様の流行といわれる。三越の意匠部の創意だったろうが、それがあれだけ一世を風靡したのは、見方を変えれば、売場の番頭と上流階級の奥様方の力だったといえよう。それにつづいた桃山模様、女性のヴェールもまた、三越の生んだ流行だった。

第二次世界大戦前の和装中心の日本では、戦後のような、あるいは欧米のようなデザイナーの役割も地位もなかった。シーズンごとに新柄模様の宣伝はあり、各百貨店の百選会などは華々しくひらかれたが、染匠や織匠の名がとりざたされることはなく、デザイナーということばも知るひとぞ知る、程度だった。流行は百貨店の創作であり、百貨店の役割は流行をつくり、それを宣伝し、それにしたがわなければ趣味が悪いような錯覚を万人に与えることで、その巨魁が三越だったといえそうだ。

仕立屋／洋服屋

洋服の製造と小売店のよび名は、維新後の業界の発展、推移の過程でいろいろと変わってきた。そのため世代によって、ときには地域によって、多少よび方にちがいがある。

明治のはじめ、軍人や警察官を中心に洋式の制服が一斉に採用された時期は、とにかく間にあわせなければならないのだから、大量の既製服を海外から輸入しなければならなかったのは当然だ。既製服はいつはじまったかという議論もあるようだが、現実は洋服に関しては、既製服の方が先行していたのだ。

一八七二年（明治五年）一一月一二日に公布された太政官布告第三三九号と第三七三号によって、一八七三年（明治六年）一月一日以後、官吏の礼装は洋服と定められた。大礼服を着るのは新年宴会と天長節のほか、外国公使等参朝の節、とあるから、主として対外国人むけといってよかった。高級官吏の服装は費用も自前なので、すべて東京か横浜のテーラーに注文することになる。もっぱらその需要に応じるために洋服仕立て業界は発展した。

一八九〇年前後（明治二〇年代）になると、高官貴族の夫人たちも洋装で晴れの場に出るようになる。一八八〇年（明治一三年）一一月三日に開かれた天長節の夜会は稀にみる盛会で、陸海軍楽隊の奏楽で舞踏――ダンスがあった。しかし出席したわずかの日本婦人がそれに加わることができなかったのは残念だと、東京日日新聞（1880/11/5: 2）は報じている。このころまでは天長節のような盛儀といえば、日本人女性は袿袴《けいこ》がふつうだったのだ。裾模様の和装ならともかく、花嫁の打掛風の袿《うちき》でのダンスはむりだったろう。

一八八四年（明治一七年）一一月になってはじめて、婦人の通常礼服に洋服を用いることが認められた。折しもときはいわゆる鹿鳴館時代にかかっていた。一八八六年（明治一九年）六月には、宮内省から内達として、皇后も今後は場合によって洋服を着用されるので、皇族大臣以下の婦人も随意に洋服を用いるようにとの指示があった。

その女性の礼装を受注したのはやはり男子服の仕立屋だった。専業のドレスメーカーはまだなかったのだ。そのためかなり多くの貴族女性が、フランスのオートクチュールにオーダーして製作させていた。当時の花形のひとりだった大山元帥夫人捨松はのちに回顧して、そのため今よりはあちらに近いものが多くはなかったかと、また大抵のものがじきに取りよせられた、とも言っている（大山捨松子「鹿鳴館時代の思出」『婦人画報』1918/12）。明治の末に、ある著者は、「新しき商業中、洋服店ほど長足の進歩をなしたるものはなく」と言っている（安藤直方「洋服裁縫店」『実業の栞』1904）。たしかに一八七〇、八〇年代（ほぼ明治二〇年頃まで）の洋服店、洋服職人の増え方はめざましいものがあり、一八八七年（明治二〇年）には東京府下に六八〇余名の洋服業者がいたという（「洋服商工組合」時事新報 1887/1/19: 1）。ただし細かくみれば年毎の景気不景気の波は極端で（「洋服職人の不景気」読売新聞 1886/1/21: 2;「新年の概況　新年会」『風俗画報』1889/2;「洋服の注文少なし」郵便報知新聞 1890/1/1: 6）、この商売からの脱落者、あるいは見限って去ったひとも少なくなかった。

＊　＊　＊

一八八〇年代、九〇年代の間歇的な洋服の人気不人気は、かなり大きく、政府の洋服化の熱意にも左右されていたようだ。その時代に常時洋服を着る人間といえば、だいたいは政府の意志に添う方向をむいている立場の人間が多く、いわば開化の標識としての洋服だった。女性の洋装については長いあいだ、日本人の体型に洋服はむりだ、イヤそうでもないという議論が、多種多様の折衷服の提案をまじえてたたかわされた。日本女性の体型が洋装を受けいれられるように変わってくるのには、半世紀の時間が必要だった。しかし男性の洋服については、そんな議論が一度でもあったろうか。男性のための折衷服も改良服も、考えるひとなどいなかった。男性の職業生活では洋服は必要品で、毎日勤め先まで利用する電車とおなじだった。ときには洋服業者を当惑させ、またスポイルしたのは、日本の多くの男性の、こうした洋服＝通勤電車観だった。

洋服屋での仮縫いでも入社試験の身体検査同様、たいていの男は不機嫌でないまでも無表情で、ろくに鏡のなかの己の姿など見ようともしなかったろう。洋服屋のあたまのなかには、ロンドンから送られてくるスタイルブックのなかの、ダンディのイメージがあるのだが、日々相手とする金払いのいい客は、五等身の、スタイルやファッションなどにはなんの関心も知識もない、せいぜい生地についての感想くらいしか言えない旦那衆なのだ。

明治時代に生きたひとびととのフロックコートの晴れ姿や、よそ行きの両前の背広で反り返っている古いアルバムを見て気になるのは、着ている服のむだ皺の多さだ。なかにはドテラと間違えているのではないかと疑われるようなフロックさえある。

明治時代の日本人が洋装について心懸けたのは、この場合にはこの服、この服にはこの色のタイとこの手袋、といったリチュアル（儀典定式）だった。タイの色がまちがっていれば奏任官であっても公式儀礼のドアを入ることを、正装したドアマンに拒否される。しかしリチュアルの権化のような宮中儀典官やドアマンは、ファッションや、ジャケットが身体にフィットしているいないなどには、口をはさまない。

ファッションのことはさておき、美しさを損なう無駄なシワがないかどうかは、洋服、とりわけ男子洋服最大の眼目で、そのための技術――テーラリング・テクニック（tailoring technic）が男子服仕立の中心だ。ヨーロッパにおいて、とくにロンドンを中心にして一九世紀の後半に、テーラリング・テクニックは頂点に達したといわれる。その技術の一端が東アジアではまず清朝末期の中国に伝わり、かなりの時間をおいて日本にも伝わった。神戸横浜などの初期の裁縫業者に中国人の多かったのはそのためだ。

テーラリング・テクニックがわが国に入ってきたとき、ふたつの問題に出会ったと考えられる。第一には欧米人と日本人の体型のちがいだ。裁縫家の頭のなかには当然、あの、日本女性の身体に洋装は似合わない、というのとおなじ思いがあったにちがいない。しかし幸か不幸か男子服については、似合う似合わないをそれほど問題にする余裕がなかった。多くの裁縫家もお客さん同様、半ば眼をつぶって仮縫いにあたったのだろう。

第二の問題は、ゆるい和服を着つけた日本の男に、和服と比べればからだに添った構造の洋服がきゅうくつに感じられる、ということだ。洋服は肩が凝る、というのがさいしょからの定評だった。ズボンは窮屈袋といわれた。また素材自体、羅紗などの毛織物地は、それまでの和服地と比べて重く感じられたかもしれない。

フィットネスについては誤解もある。ほんとうの意味でのフィットならば、きゅうくつではありえない。ロンドンのテーラーはフィットネスを、シティ・フィット（city fit）、ウエストエンド・フィット（westend fit）、カントリー・フィット（country fit）の三つに分ける。きゅうくつなくらいピッタリした服を好むのはシティのビジネスマンだ。一方、郊外でゴルフでもしようというときにはゆったりと羽折るようなカントリー風がいい。しかしダンディの集うウエストエンドでは、身体に快く添った服がいい。紳士服のメッカ、サヴィル・ロウ（Savile Row）のあるのもウエストエンドのメイフェア地区だ。

近代前期の日本のテーラーたちがどのくらいの知識と、また技術をもっていたか、それは千差万別だろう。本場のロンドンでも、テーラリング・テクニックにはいくつもの流派があってしのぎを削っていたのだが、わが国でもかなり高い技倆や見識をもつ裁縫家が育っていた。舶来品商売、とりわけ洋服屋は、教えて売る商売ともいわれている。しかしそうはいっても営業者にはちがいない。ロンドンのモデルとはあまり似ていない体躯をもち、きものと畳の生活に慣れている旦那方に、ある程度までは迎合せざるをえないだろう。近代の洋服裁縫業者を育てたのも、またスポイルしたのも、そういうお客たちだ。

＊　＊　＊

一方ドレスメーカー、婦人服専門の仕立て業者の成長は大幅に遅れている。それはなによりも明治期を通じて、婦人洋装の需要自体がほとんどなかった、という状態のためだ。初期のドレスメーカーは横浜在留の外国人の妻たちのいわば内職か、男子服テーラーの片手間仕事で足りたようだ。そういう外国人女性の仕立ての広告が、横浜の新聞には数多く見られる。

外人による洋服の仕立代（……）黒羅紗上着一四〜二四ドル、同短衣四ドル、同股引七〜八ドル、白短カキ上着一〜二ドル半、同麻股引三ドル、同短衣　金縁の義ハ好ミ次第　横浜五三番　ラダーシ（万国新聞1868/10）

洋装の機会をもっていた少数のハイソサエティの女性のなかには、わざわざパリまで注文するひともあり、文化財のようなオートクチュールの作品が、かなりの数、遺されている。この間の日本人業者、あるいは職人、また大きな役割を担った中国人業者の実情については、中山千代『日本婦人洋装史』(1987)に詳しい。

わが国の大きな都市の街角に「婦人子供服お仕立て」あるいは「洋裁店」の看板が見られるようになったのは一九一〇年代（ほぼ大正前半期）に入ってからのことで、とりわけ関東大震災以後が発展期といえそうだ。雑誌『主婦之友』は一九二五年（大正一四年）新年号に「素人に出来る新商売」という特集を組み、そのトップに婦人子ども洋服店をとりあげた。そのなかで、男子洋服店はどこでも婦人洋服の仕立てを持ち込まれて閉口しているから、まず近所の男子洋服店と特約すべきだと教えている。

女性が出入りする昭和時代の洋裁店は、こぢんまりした、明るく、ハイカラな店が多かった。小さなウインドウに、店主の手による春らしいワンピースが飾られていることもあり、流行スタイルの既製品が並んでいることもある。既製洋服は大戦後のような大企業によるものはまだ少なく、デパートの洋服売り場の商品でさえ、多くはほそぼそした家内工業的にか、個人の内職に近いかたちで製作されていた。

洋裁店の主人は戦後のように、ファッションだのデザインなどということを口にはしなかったろう。デザイナーということばはまだたいていのひとは知らなかった。外国や日本のスタイルブックのなかから気に入ったスタイルを選んだ客は、その多くは自信なげに、店主に相談したにちがいない。

洋裁／洋裁店

洋裁ということばがふつうに使われるようになったのも、一九〇〇年（明治三三年）以後のことらしい。それ以前は和洋裁縫とか洋服裁縫といういい方はあったが、たとえば洋裁ということばを冠した裁縫書はみあたらず、一九〇八年（明治四一年）刊行の『洋裁宝典』（大見文太郎）あたりが早い例になる。

明治時代には洋裁だけでなく、和裁ということばも一般的ではなかった。すべて裁縫書であり、そのなかでは開化後のごく早い時期から、洋服の一部――シャツやズボン下、帽子などの作り方が解説される、というのがふつうだ。

男性の洋服は特定の職業や身分の人間にだけだが、わりあい早い段階でスムーズに定着したのに対し、女性の洋服はひとにぎりの上流婦人の着飾るお祭りの仮装のようなもので、その状態がそのまま半世紀続いた。洋服で通勤する夫をもつ妻にしてみると、日常手入れはしても、夫の洋服は外出のための乗り物とかわりなかったろう。したがって明治期の大衆にとっての洋服は、誂えるにしろ古着を買うにしろ、完成品をだいじに使うだけ、という点では、第二次世界大戦後の電化製品のような存在だった。

＊　＊　＊

洋服がきものと同様に、材料を買ってきて、家で加工して利用する食料品のようになってきたのは、一般的には下着類からだった。明治期の男性の多くは日本風の褌《ふんどし》を締めていたが、新聞小説の挿絵をみると、その時代半股引といわれたやや長めの猿股をはいているひともけっこういたようだ。また洋服の下は、打ち合わせの襦袢でなく、いわゆるワイシャツをふくめて西洋風のシャツがふつうだった。メリヤスや毛織物のこうした下着類は、早くから出来合品が出回っていたが、針の達者だったそのころの女たちには、それほど苦労もせずにおなじものを、じぶんの手で縫上げられたにちがいない。

見よう見まねのシャツや股引のレベルにとどまっているのでなく、女学校でも洋裁を教えるべきだという声が、明治の末にはおこってくる。東京では市内六〇あまりの高等女学校が、大正に入る頃には和服裁縫とともに洋服裁縫も正課に加えていたようだ。

わが国での洋裁教育の歴史は開化直後にはじまり、それは当然のことながら在留欧米人女性の手で、おそらく小さな私塾のようなかたちでおこなわれている。それにくらべれば女学校での洋裁教育はややたちおくれた感がある。そののち規模の大きな洋服裁縫学校の発足や、存在が記録に残っている。たとえば一八八七年（明治二〇年）に創立した女子洋服裁縫学校。これは白木屋呉服洋服店が、さしあたりは同店の裁縫師を養成するために作った、プロ養成機関だった。おなじ年に東京高等女子師範が、生徒の洋服採用のため、平島女子洋服裁縫学校に八〇組を注文した（時事新報 1887/7/2: 2）、という記録がある。翌々年の一八八九年（明治二二年）四月一九日の郵便報知新聞には、東京芝愛宕町の東京男女洋服裁縫専門学校が、生徒の卒業式と祝宴を催す、という記事がみえる。ただしこれらの学校は、白木屋女子洋服裁縫学校同様、まだ不足していた洋服職人の能率的養成、ということが目的だったかもしれない。ややとんで一九二〇年代後半（昭和初頭）になると、新聞はあたらしい洋裁学校を雨後の筍のよう、と言い、「多くは学校とは名のみの、生徒、実は女工からあべこべに月謝を徴して下請け工場を経営するといった、営利的な所謂学校屋が多い」と書いている（都新聞 1927/2/19: 11）。

その点、一九二三年（大正一二年）の文化裁縫女学校、一九二六年（昭和元年）創立のドレスメーカー女学院は、時代にふさわしいあたらしい展望をもっていたといえそうだ。寄宿舎を充実させて人材を全国から集め、産業としての衣服製作に早くから着目して、一九三六年（昭和一一年）には『装苑』を創刊している文化が、服装教育界をリードする地位に昇ってゆくのは当然だった。一方ドレスメーカー女学院は、アメリカで学んだ杉野芳子の包容力がカリスマになっていたようだ。〝目黒のドレメ出のお嬢さん〟というイメージは、戦前の暗い時代にも、上品でしかもハイカラな、新時代の若い女性のアイドルのひとつだった。

一九〇〇年（明治三三年）以後の「洋裁」にはやや特定のニュアンスがあるかもしれない。第二次世界大戦以前、洋裁店とか洋裁屋さんといえば、もっぱら婦人子ども服を仕立ててくれる街の裁縫店をさした。紳士服の方は洋服屋といった。この区別は欧米のドレスメーカーとテーラーの区別とおなじだ。女性が洋裁を習うといえば、子どもや、自分のふだん着を作るくらいがさしあたりの目的だった。戦後の洋裁学校ブームのときでさえ、テーラリングまでチャンと教えているのに、習った技術でプロとしてやってゆこうというひとはほんとに少ないと、学校経営者は嘆いていた。けれども業界に、そんなにプロデザイナーを受けいれる余地があるかどうか疑問だし、とりわけ戦後は既製服がめざましく発展したから、手作りは子どもの物程度にしておこうというのは、賢明な判断だろう。

そうはいうものの、戦後であれば洋裁学校の専門コースまで学んで一流のアパレルメーカーに勤める、戦前であれば人通りの多い街の一郭にモダンな洋裁店を開く、というのは若い娘さんのひとつの夢にはなった。昭和の初めから、そういう颯爽とした女性をヒロインにした映画や、新聞小説が現れている。

洗濯屋

洗濯屋は、都会では第二次世界大戦以前から、クリーニング屋といういい方でもよばれていた。しかし戦後になっても、ラーメンでなく支那そばというひとが多い地方もあったくらいだから、クリーニングといういい方にはなじめないひとが、全国的には少なくなかったろう。問題は洗濯屋とクリーニング屋とを、区別している時代があったことだ。一九一〇年代頃、つまり大正初め頃までの一般通念では、洗濯業、あるいは西洋洗濯業というのは、石鹸や各種の薬品を使用して衣服を水洗いする商売、それに対してクリーニング業とは原則として水を使わずに衣服等の汚れを除去する商売で、もちろんドライクリーニングといういい方もしているが、単にクリーニングといっていることが多い。

洗濯業とクリーニング業の区別は、じつは欧米のその時代の習慣をそのまま受けいれたものだった。欧米の洗濯というと、日本人には例のパリの洗濯女がよく知られているし、そのほかにも川の流れを利用した洗濯の情景は、ゴッホなどの絵画、小説、《会議は踊る》などの映画にも登場する。英語圏では古くからの水を使っての洗濯はウォッシュ（wash）か、フランス語系のロンダー（launder）といういい方をし、洗濯屋はランドリー（laundry）といわれた。水を使わないで衣類の汚れを除去する方法が工夫されたとき、従来の水洗いとは区別してドライクリーニング（dry cleaning）と名づけ、ここにはじめてクリーニングといういい方が登場したのだ。したがってわが国でクリーニング屋と洗濯屋を区別していたのは、まちがいではなかった。ただし一九一〇年頃のわが国では、ドライクリーニングの営業者はごく少なかった。明治の初めには、日本や中国に滞在する欧米人の多くは、ドライクリーニングの衣類をわざわざロンドンまで送っていたらしく、わが国での営業は二〇世紀に入ってからのことになる。

またその時代までは、西洋洗濯ということばがよく使われていた。西洋洗濯屋に対してそれでは日本洗濯屋というものがあったのかといえば、それはそれまでの洗い張り業がそれにあたるものだったかもしれない。

＊　＊　＊

明治時代までの日本人がけっして不潔というわけではなかったが、入浴にはひどく執着するわりには、着ているものの清潔については現代に比べればいくぶんか無頓着だった。夏に外から帰ってきものが汗びっしょりになっていても、軒先などに吊して風を通し、乾かすだけで、あすはまたそれを着て出るのがふつうだった。かなり上等のきものの襟が垢で光っているなどは、小説の人物描写でもお馴染みだ。それはいうまでもなく江戸大阪などの大都会でさえ、むしろ大都会ほど水が不自由だったこともあるし、それ以上にきものの構造のせいでもあった。

大部分の和服は原則、縫ってある糸をぜんぶ抜いて解体し、もとの布地の形に戻して洗わなければならない。森鷗外の小説のなかに、学生寮には綿入の丸洗いという豪傑もいたとあるが、黒羽二重の冬の綿入きものや七子の黒羽織などの洗濯は、じぶんの手におえるものではない。こういうものの洗い張りや仕立直しまで引き受けた商売が洗い張り屋で、なんでもかでもやってくれるから関西では悉皆屋とよんでいた。

洗い張り屋に出すようなきものはもちろん上等の絹もので、絹ものといったらよそ行きに銘仙の一、二枚ぐらいしかもっていない大衆にとっては、そうしげしげ出入りするような店ではない。ふつうの洗い張りはたいていは家庭でしていた。せまい露地に張り板が立て掛けてあったり、空き地に伸子張りの友禅柄がハンモックのように風に揺れている風景は、第二次世界大戦前ならだれもが見なれていた。

こうした洗い張りをふくめての洗濯は、都会では貧しい女たちの大事な収入源になっていた。綿入を井戸端で丸洗いするほどの豪傑でない書生さんは、郷里へ送りでもしないかぎりは、近所か知り合いのおばさんや娘さんに頼むしかない。一方では夫を亡くして女手で子どもを育てているような儚い暮らしの女性にとっては、仕立てぐるみで引き受けられるたしかな収入源になっていた。内職にはちがいなかったが、路地裏の塀に〝洗い張りお仕立ても致します〟と小さな貼り紙を出しての商売は、すでに定職といってもよかったろう。相当高収入だった女髪結いでも、明治時代にはたいていは看板は出さず、内職とみなされていた（「東京下等社会婦人の内職」朝野新聞 1891/2/24:3）。

それに対して本業の洗い張り屋の多くは染物屋を兼業し、むしろしみ抜きや染め変えものの信用でお客をつかんでいた。だから洗い張り業を洗濯屋と考えるのは、ちょっと無理がある。大戦後の産業分類でも、染織加工業のグループに入れられている。かんたんにいえば、西洋洗濯渡来までのわが国には、衣類の洗い濯ぎを専業とする洗濯屋というものは、内職以外になかったといってよい。

＊　＊　＊

クリーニング、正確にはドライクリーニング以前の西洋洗濯とは、欧米伝来の石鹸・薬品類を使用しての水洗い業者だった。昭和二〇年代にアメリカの占領軍が日本各地にキャンプすると、カマボコ兵舎といわれたそのキャンプの周辺に、にわかに夥しい洗濯業者が生まれた。兵舎の敷地内部に洗濯施設がなかったわけではないのだが、GIたちはオリーブ色の布袋に洗濯物を詰めてそういう業者の家を訪れた。業者といってもほとんどはズブの素人だったが、若いGIたちにも饑えた日本人にも、たがいになにかいいことがあったのだろう。このとき石鹸類は、さいしょにお客のGIが袋にほうり込んで持参するのがふつうだった。当時の日本には満足に泡の出るような石鹸など、手に入らなかったのだ。このかたちは開化期の横浜居留地の洗濯業者を彷彿させる。洋服業や理髪業の誕生にも似たようなプロセスがあったが、洗濯業の場合、石鹸をふくめた各種薬品の使用とその知識が、とくに大きな意味をもっていた。

石鹸は洗濯に使う以外の洗顔、手洗いでも、日本人がもっとも素直に、また積極的に受けいれた舶来品のひとつだった。わりあい知られていないが明治の初めの一〇年間は洗濯石鹸の輸入金額が化粧石鹸のそれを上回っていた（「石鹸の輸入額」『大日本外国貿易四十六年対照表』1877）。

一八八〇年代（ほぼ明治二〇年代）にかかるころ洗濯石鹸の輸入が相対的に減少した理由は、わが国でも素朴ながら、各種の化学工業の起業が相次ぐようになったためもあろう。石鹸製造における国産のヤシ油利用もそのひとつだ（「初期の石鹸製造業」『花王石鹸七十年史』1883）。もっとも、この事例も例外でないように、明治期の洗剤の質に関してはそう満足できる水準ではなかったようだ。

＊　＊　＊

わが国のクリーニング業界をリードしてきた白洋舎がドライクリーニングに手を染めたのは、洗濯業としての創業後まもない一九〇七年（明治四〇年）のことになっている（『白洋舎五十年史』1955）。

創業者の五十嵐健治に対し、この技術の先進国ドイツの事情を調査してきた当時の農商務省の技官は、ドライクリーニング、すなわち乾式洗濯とは水で洗う代わりに揮発性の溶剤で洗うので、それには相当の機械設備が必要、と注意した。洗濯業はこれ以後、ひとつの方向としては、大きな投資を必要とする設備産業の性格をとることになる。そのためかえってアイロン仕上げなどの手技的部分に関しては、アンチ白洋舎とでもいうような職人気質が生きている業界のようだ。

メディアと環境

情報環境

　着たい衣服、好みの柄に、ひとはどこでどうやって出逢い、知ることができるのだろうか。知識だけでなく、感性の底辺に属する部分をはぐくむのも、生まれて育った環境だ。食べるものや着るものに好き嫌いがでるようなころには、都会の子どもであれば同町内か、すこし離れていてもにぎやかな店屋のつづきや、行き交うひとからたくさんのことを学習して、父母やそのほかの肉親から得てきた知恵の、根っこの部分をふくらませてゆく。

　とはいえ明治の初め頃までの中・下層の日本人の多く、とりわけ女性の場合、一生を通じてもそれ以上の、広い知識を吸収する手段も機会もほとんどなかったろう。江戸／東京の下町なら下町風の、身分の違いこそあれ三度の食卓のうえも、ものの言い様も、きものの着方も、スタイルが大きく変わるようなきっかけは乏しかった。

　そういう民衆にとって、情報環境のさいしょの大きな変化が学制の発足だったことは疑いない。性急にすぎた一八七二年（明治五年）の学制は一八七九年（明治一二年）には廃され、代わって教育令が公布された。男女を問わず、六歳から一四歳までの八年間、父母の責任において就学させること。授業料の徴収は便宜に任すとあって、子どもを学校にやることにあまり熱心でない貧しい家庭への配慮がうかがわれる。一八八〇年（明治一三年）頃の女子就学率は男子の二分の一弱だったが、一八九七年（明治三〇年）頃の就学率はようやく五〇％にまであがっている。

　学校に通うことによって身につくものは教師と教科書から得る知識だけではない。子どもたちは生活水準のちがう家の子どもとも接触し、じぶんと友だちとを比較することも学ぶのだ。とりわけ女の子にとっては、友だちの好きなこと、話しぶり、着ているものへの親和力はつよい。流行が模倣と追随という現象であるとすると、流行のもっとも素朴な根は、競争心よりも、仲のいい子と違ったものを着るのはいやという、この無邪気な怖れにあるのだろう。情報環境はここではつよい強制力をもつ。

　小学校に通う子どもの着るものが贅沢で、とりわけ試験のときには付き添いの親ともども着飾る傾向があることに対しては、新聞にも苦情が寄せられている。東京など都会の小学校では男女とも袴での通学を義務づけたため、これを負担に感ずる家庭もあったらしい。明治の女生徒の袴は高等女学校ばかりではなかった。

　この頃は贅沢になりいろいろな生地が使われる。毛織物でもっとも普通なのはメリンスで、小学校の女生徒が主に用いる。生地だけで一円八〇銭（三越調べ）（「女の袴（上）」東京朝日新聞 1908/3/6:6;「女の袴（下）」東京朝日新聞 1908/3/8:6）

＊　＊　＊

　小学校からうえの学校に進む者がふえるにつれ、とりわけ女性の視野はひろがった。それまでも教育を受けた女性はいたのだが、その内容は和歌や詩文の古典、茶道や立花などのいわゆるお稽古ごとが中心だった。女学生たちの視野のひろがりにとって重要だったのは、家庭や隣近所の顔見知りからはなれて、多くは乗り物を利用して遠くの学校までの道を通ったことだ。それによって彼女たちは、単に見るだけであっても〝ひろい世間〟を知ることができたと同時に、じぶんがうら若い処女として、ひとからときには熱い眼で見られている、という自覚ももつことになる。

　明治時代、著名な女学校の周辺やおもな通学路が新聞雑誌に紹介されているのをよく眼にする。何時頃のお堀端線の電車にはどこどこの生徒が多い、などという記事もある。用事もないのにそんな電車に乗ろうとする閑な若者もいたかもしれないが、子どもから女になりかかったばかりの女生徒たちにとって、そんな電車のなかがさいしょのファッションステージだったのだ。

身装の情報環境のひろがりは、遠出の足の便利さにも比例する。大都市の民衆が生活の近代化を実感したことのひとつは、市内交通網の急速な発展だった。東海道線の整備などに多くの民衆はなんの関係も関心もなかったろうが、人力車の客引き競争につづいて、一九〇三年（明治三六年）、それまでの馬車鉄道をひきついだ東京電車鉄道の営業開始にはじまる市電路線の急速な拡張は、ひとびとの足を都心へ都心へとひきよせた。

冠婚葬祭のきまりごとに縛られた装いはべつとして、庶民がいちばんおしゃれをする日といえば、乗りものにのって都心の盛り場に出、並んだ商店の飾り窓を見て歩き、一九二〇年代（大正末〜昭和初め）以後ならデパートで買い物をし、劇場か映画館で二、三時間を過ごし、多少の決心が要る程度のレストランで食事をするという、一カ月に一日あるかないかの日がそれだった。

そんな日の女性はひとの装いを見る努力と、ゆきずりのひとに見られる緊張とをあわせて強いられる。過去には、大きな芝居小屋の桟敷や平土間に女の装いの花が開いた。しかし大衆娯楽である映画館の客席は、みじかい休憩時間以外は暗すぎてそんな華やかさはないし、大劇場や音楽ホールにあるようなフォワイエももっていない。結局、庶民の主要なファッションステージは、銀座や心斎橋筋のペーブメントのうえ以外にはなかったのかもしれない。

それゆえにこそ都心の商店街は、一八八〇年代（ほぼ明治一〇年代）までの、軒の深い土蔵造りで、長暖簾を下ろした構えから、一八九〇年代以後は、舞台の背景にふさわしいようにペーブに面した店構えを一変した。銀座の呉服商中、ファサード全体をガラス戸にして店内が見えるようにしたのは一八九八年（明治三一年）の市田といわれるが、一九〇八年（明治四一年）にはなにかにつけて古風さを守っていた通旅籠町の大丸も、道路面をショーウインドウとした（「東京の呉服太物商」東京報知新聞 1908/3/14: 7）。一〇年ほど後の新聞には、ショーウインドウの陳列からシーズンの流行だけでなく、店の個性までを読みとらせるウインドウ評が現れている。

> 市内各商店の窓飾りは三月に入って追々陳列替えし、最近は全く春らしい品物と置き換えられた。客の心々を一緒に見ることのできるのは矢張り銀座通りである。最もゴツゴツした野暮ったいものを並べたがる美濃常は海軍軍人の好みを見せ、（……）只仰々しく大大しく出来上がったものを並べている田屋は華族や豪商の好みを見せ、華奢なものばかりを集めた森安は役者や芸人（……）まんべんなく品揃えしている信盛堂は客の好みではなく会社の好み。（「客の心を見せる陳列」都新聞 1919/3/13: 5）

一九〇七年（明治四〇年）の日本橋三越は、春の新柄陳列会にあわせて、店内にはじめて食堂、写真室を設け、一階ホールの中央では音楽学校の北村季晴による優美な洋楽を奏して、さながら小博覧会のよう、と新聞は報じている（「東京日本橋三越」都新聞 1907/4/2: 3; 1907/4/5）。のちに三越は、ひとの一生に必要な物は、墓石以外すべてありますと豪語したという。しかし三越にかぎらず、呉服商から百貨店となった大都会の一流デパートには、大人も子どもも、貧乏人も、半日をゆっくりと遊び暮らすだけの眼の法楽が用意されるようになった。とりわけ一九三一年（昭和六年）の白木屋の六〇〇〇坪の増築が口火を切った、東京の百貨店の売り場拡張競争以後はそういえたろう。それはまさに大都会に暮らす者すべての特権だった。その日暮らしの安月給取りの女房も、情報環境という点では運転手つきの自家用車で乗りつける華族の奥様となんのちがいもなく、眼だけは肥やすことが可能になったのだ。

＊　＊　＊

一九〇六年（明治三九年）に水谷不倒は、流行はむかしは役者や芸者がつくり、また呉服店がつくったが、いま流行を押しひろめているのは新聞紙だと言った。男に比べるとはるかに新聞や雑誌に接する時間の少なかった女性たちが、じぶんや家族のための、衣に関する情報を文字や写真から手に入れるようになったのは、一九一〇年代以後（大正前半～）の婦人雑誌の人気、とりわけ『主婦之友』、『婦人倶楽部』のしつこいほどの実用記事、それに「よみうり婦人欄」にはじまる、新聞の家庭欄の充実だったろう。とくに関東大震災（一九二三年、大正一二年）以後は、明治期に比べれば倍以上にふえた紙面を埋めるためと、新聞を取る取らないに財布のひもを握っている女性の意見が馬鹿にならないことを知った新聞社は、名の通った美容家や外国からの帰朝者をスターのように仕立てて、写真入りの流行記事を充実させるようになる。ただしこうした、新聞雑誌のとりわけ流行記事が、話題提供以上にじっさいに家庭婦人に、どのくらい取り入れられたかは疑問だろう。

おなじことが外国のファッション雑誌の人気についてもいえるだろう。すでに震災前にも、「近頃米国から来る子供洋服の雑誌が、専門家ばかりでなく、家庭用にどしどし売れ始めた」という丸善からのレポートがあった（「子供洋服の研究　流行におくれぬ外国雑誌」国民新聞 1922/4/17: 5）。それが一九三六年（昭和一一年）にもなると、大阪でもとりわけ英語のファッション雑誌を買うひとがふえた、という報道がある。これまでは定期購読者が多かったのだが、近ごろでは頁をめくってみての一冊買いが多くなったと（「外国雑誌を利用する家庭婦人」大阪毎日新聞 1936/11/21: 7）。

しかし果たしてこの時代の日本女性のどの程度のひとに、『ヴォーグ（VOGUE）』の写真情報が、着装や製作の実際的な参考になっただろうか。店頭で気に入った美しい外国雑誌を買えるようになったのは、女性の購買力のたしかな向上のおかげだ。それはソファに身を埋めて眺めるだけで十分に愉しく、そして時には、おしゃれをするときのちょっとしたヒントに出会う可能性だってある。ニューヨークやパリから届いたファッション雑誌は、そんなファッション・ドリームを味わうための、緩やかな情報環境といえただろう。

新聞／雑誌（一九世紀末）

開化以後それほど時をおかずにつぎつぎと創刊された新聞が、大衆の知見を、それまでとは比べものにならないくらいひろげたことは疑いない。新聞の刊行は幕末からはじまっていたが、それらは特定のせまい範囲の読者を対象にしていたもので、一八七一年（明治四年）創刊の『横浜毎日新聞』、『新聞雑誌』、一八七二年（明治五年）の『郵便報知新聞』、『日新真事誌』、『東京日日新聞』、一八七四年（明治七年）の『朝野新聞』『読売新聞』、一八七五年（明治八年）の『仮名読新聞』、『平仮名東京絵入新聞』等々は、より幅広い読者に受けいれられて、ほとんどは順調に発展した。

新聞それ自体がものめずらしく、人気をもっていた。一八七五年（明治八年）には大阪の中座で、《東京日日新聞》が上演されて評判になった（「大阪中の芝居」東京日日新聞 1875/3/20: 2）。若い手代などが店先で新聞を読みふけって、番頭に叱られる。とりわけ外国人を驚ろかしたのは、下女のような身分の者が新聞を読んでいることだった。江戸時代から日本人の識字率が高く、知識欲の旺盛だったことは、外国人の旅行記でもよく指摘されている。当時の東南アジアから比べると、とりわけ女性たちに教育がゆきわたっていたことを、世界旅行の途中日本にたちよったシュリーマンも書き残している。

たしかにたいていの男女が文字を読むことはできたが、日本人のそれ以上の知的向上を阻んだのは、漢字と、ほとんど漢字漢文で書かれた古典の壁だった。第二次世界大戦後のアメリカ占領軍が、日本の教育改革の一環として、日本語のローマ字表記を推し進めようとしたが、実現はしなかった。今日ではそれを幸いだったとする意見がふつうだし、またローマ字表記した日本語はきわめて読みづらい。ともあれ大幅な漢字制限と、四書五経など中国古典の学習の半義務づけから解放されたことは、よろこぶべきだろう。その点では明治の文化人の多くは不幸なことにまだ、漢字漢籍の八幡の深い藪のなかにいた。

大衆の多くは平仮名こそ読めたが漢字となるとべつだった。そのために郵便報知などのやや硬い文体、内容の新聞を追いかけて、前の時代の草双紙同様、ほとんどが仮名書き、そして絵入りの新聞が刊行される。この種の新聞は小新聞といわれた。のちの時代になっても、連載小説に挿絵をつけることを嫌う作家の心情に、その記憶が残っている。

一八八〇年代（ほぼ明治一〇年代）のたいていの新聞は続きものの読物を掲載し、その多くには挿絵がついた。挿絵もさいしょは記者の手すさびの稚拙なものだったが、やがて絵双紙や一枚絵を描いている本職の絵描きの余技になる。明治前半の新聞挿絵の多くは署名はもちろん落款もなく、担当画家の名はわかっていても、その時代の習慣からいえば名のある画家本人の筆であるかどうかは疑わしい。ただしだれが描いたにせよ、ともあれ職業画家のリアルタイムの衣裳づけとして、われわれにとっては貴重な資料であるし、同時代のひとにとってもけっこう参考になる風俗情報だったろう。

＊　＊　＊

一八八〇年代以降はまた雑誌の時代でもあった。ただし装いの専門雑誌の出現はかなり出遅れた。一八九〇年代の風俗情報は一八八九年（明治二二年）の『風俗画報』、一八九二年（明治二五年）創刊の民友社版『家庭雑誌』、一八九七年（明治三〇年）にはじまった都新聞社『都の華』に代表される。若い女性向けの雑誌も何種類かあるが、『女学雑誌』（一八八五年、明治一八年〜）の見識にときたま耳を傾けられる程度で、生活関連記事は低調だ。

一九〇〇年（明治三三年）を過ぎるころからは女性雑誌花盛りの時代に入る。以後の身装情報は、『婦人画報』『婦人世界』等の女性雑誌、三越の『時装』、高島屋の『新衣裳』等の呉服店百貨店カタログが中心になるが、一九〇〇年代（ほぼ明治三〇年代）についていえば、春陽堂の『新小説』、あるいは『文芸倶楽部』などの文芸雑誌の流行欄に注目しなければならない。文芸誌が流行欄をもつのは奇妙のようだが、巻頭の口絵写真はたいてい芸者の艶姿だし、流行欄の執筆者もある程度は知られた文人ぞろいということだから、この時代の文芸界の雰囲気が察せられる。

＊　＊　＊

流行はそれとして、日常の衣生活についてのより実用的な情報については、またべつの入手方法が必要だ。着るもののすべてが、家の女たちの手で裁ち縫いされていた前の時代から、なにかのときに参考にするような手ごろの裁縫書が、大量に刊行されてきた。その多くは小形本で、〝袖珍〟なになにと名づけられているように、針箱の隅にでもむりなく入れておけるような大きさだった。裁ち方や縫い様などの細部には、ときおりユニークな工夫の見られるものもあったが、一八九〇年代（ほぼ明治二〇年代）以降になるとそれらは学校裁縫に包含され、集約されて、そのなかから主として高等女学校や高等師範で講座を担当する、高名な裁縫教育者の著した教科書が、権威として全国的に通用し、版を重ねた。

裁ち縫いとはべつの視点からの衣へのアプローチ——素材や、洗染、管理、衛生、経済等は、高等女学校の教科の整備されてゆく過程で、家政、という大きな概念のなかに組み入れられる。ただし前代の女訓書では比較的重んじられた「容儀」という概念は、少なくともことばとしては、家政科目の服装教育のなかからほとんど消えている。

「容儀」をふくめて、近代前半期の、衣に関するより日常的情報の提供者には、古い女訓書の流れも伝えている作法書のほか、日用便覧、（掌中）百科事典、といったたぐいの実用書がある。ものを気にしなければならない稼業なら一冊は置いていた三世相や大雑書類とおなじように、布を裁つ日の吉凶とかまでをふくんでいるこの種の本を、その時代の庶民の最下辺の知識と関心事を知るうえでは、無視することはできない。

新聞／雑誌（二〇世紀初め）

一九一〇年（明治四三年）までに創刊され、たくさんの若い女性読者を獲得した『婦人画報』『婦人世界』『婦女界』は、当然豊富な身装記事をのせていたが、それよりやや遅れて出発した『主婦之友』（一九一七年、大正六年～）、『婦人倶楽部』（一九二〇年、大正九年～）のふたつは、かゆいところへ手のとどくような実用記事を提供して、主婦を中心とする女性読者を奪いあった。いくぶんハイブロウな視点をもっていた『婦人之友』（家庭之友の改題）（一九〇三年、明治三六年～）も、実用性という点ではその側に入るだろう。

裁縫技術に関しても、一つ身から入って、袷、綿入とすすみ、羽織、被布、帯、袴から夜具のたぐいにまで到達する王道の修業にたいして、足踏ミシン一台あれば、裁縫になんの経験もない若い母親が、雑誌の綴じこみの型紙を使って、赤ん坊のハイカラなおくるみから、夏に家で着るキモノスリーブのワンピースまで簡単につくることができた。女高師の教授たちの編纂した権威ある裁縫書の価値を否定はしないが、教科書参考書風記述のもつ、ある種の不親切さへのあきたらなさはどうしようもない。

一九三〇年代以降（昭和五年～）は婦人雑誌が付録のかたちで、あるいは独立した刊行物として、カラー写真など、人気女優さんがモデルの図版を豊富に使った、それでいてハイレベルの裁縫書が世に送りだされるようになる。主婦之友社の「花嫁講座」として一九三九年（昭和一四年）に刊行された『和服裁縫』『洋服裁縫』もそのひとつ。

より広範囲な日常の衣生活に関しては、一九一〇年代以降（大正後半～）、頁数をふやした大新聞が、女性読者の獲得を狙って設けた家庭婦人欄が大きな意味をもった。なかでも読売新聞が一九一四年（大正三年）四月からはじめた「よみうり婦人付録」（のち「よみうり婦人欄」に改称）は、正力松太郎新社長による購読者大増加運動の中核アイディアとまでいわれた。それまでの新聞の流行記事といえば、そういう分野にはほとんど経験のない取材記者が、百貨店の宣伝のお先棒を担ぐような聞き書きをもち帰ることがふつうだった。あたらしい家庭欄の執筆者や取材対象者は当然その世界の専門家だったから、ときには新聞とのコネが気になることはあっても、それなりに手応えのある内容が多かったものだ。

＊＊＊

とりわけ大都会で、女性の洋装が日常めだつようになったのは、一九三〇年代以降（昭和五年～）のことだ。一九三七年（昭和一二年）に、洋装嫌いの作家水木洋子はこんなことを言っている。「和服が美しいと云い、幾ら好きでも、この頃の女の子は、体格が承知しなくなっている。（……）だんだん和服の似合わない女性が多くなってくる」（「女性美と洋装」『新装』1937/3）。改まったときこそ着なれた和服に着替えたが、いちど簡単服の味を覚えた日本の女性は、かなり年輩のひとまで、日常は洋装で過ごすひとの方が多くなっていた。ひとつの大きな理由は、眼が洋装に慣れて、夏のワンピースや、冬のセーターにスカートといったかっこうを、とくに洋装と意識することもなくなったためだろう。眼が慣れた理由はいうまでもない、日々眼にする新聞、雑誌の写真や、映画の情報量の多さにちがいない。

一九三〇年代後半（昭和一〇年代前半）に入ると、しばらくやや停滞気味だった流行雑誌が復活した。しかしそれはあの三越の『時好』や文芸雑誌の流行記事とはちがって、見てまなぶ、あるいは見て愉しむ雑誌に変貌していた。ほとんどがイラストレーションで埋められた『ファッションクォータリー』のような古いタイプもあったが、一九三三年（昭和八年）創刊の『洋装』、三六年（昭和一一年）の『洋裁春秋』『洋装クラブ』『ル・パニエ』『装苑』『スタイル』など、大きな読者をつかんでいた大衆グラフ雑誌『アサヒグラフ』同様に、写真本位の記事が多かった。ただし洋装に眼が慣れるためには、なにもそれがファッションフォトであったり、流行雑誌である必要はない。むしろ〝ふつうのひと〟のすがたであったほうがよいのかもしれない。なんでもないふつうの洋装に見なれることによって、ある朝、自分や、隣の奥さんが簡単服に変わっても、周囲のだれもがあやしまない時代になっていた。

その意味からいえば、動きをもった映画のなかでの洋装イメージは、よりつよいすり込みだったはずだ。一九三〇年代、四〇年代（昭和戦前期〜戦後にかけて）の日本映画、そのなかに登場した、どちらかといえばモダンなタイプの女優たち——桑野通子、霧立のぼる、轟夕起子、原節子らの洋装は、女性たちの日常の着こなしや、気持ちのうえでの洋装なれに、どんなに役だったことだろうか。外国映画といえども、ストーリー次第ではそれほどの距離感はなかったろう。《巴里祭》のアナベラなどは、そんな意味での日本人好みのアイドルだった。

＊　＊　＊

第二次世界大戦以前でも、外国のファッション雑誌はかなりの量が入っていたらしい。洋裁学校にかぎらず、女専でも洋裁コースをもつところには、たいていは『ヴォーグ（VOGUE）』や『ハーパーズバザー（Harper's BAZAAR）』は入っていた。関東大震災前の一九二二年（大正一一年）にこんな記事がある。

> 「丸善」に行ってみて更に「子供洋服の流行は深く真面目になりつつある」ということを的確に知ることができた。それは近頃米国から来る子供洋服の雑誌が、専門家ばかりでなく、家庭用にどしどし売れ始めた事である。（「子供洋服の研究　流行におくれぬ（……）外国雑誌」国民新聞 1922/4/17: 5）

学校や企業以外のファッション誌の購読者には、洋裁店経営者が多かったにちがいない。ランバンもバレンシアガも知らない奥さんが雑誌の写真をゆびさして、コレ、といえば、フォブール・サントノレ製と、それほど見た目のちがわないブラウスを縫い上げる技術を、もっている店主もいただろう。ヨーロッパまでは六週間の船旅をしなければならない時代だったが、地方の女専の洋裁の先生や、小さな洋裁店の後継娘などに、短期間であっても、パリのオートクチュールで学んだ女性はけっこういたという。

プレゼンテーション

プレゼンテーション（presentation）は欧米のファッション辞典のたぐいには出ていないことがある。おそらく意味が広すぎる、また多義的なためだろう。プレゼント（present）は提供するとか、展示する、発表する、という意味になる。日本では展示会とか発表会、ファッションショー、あるいは広告宣伝ということばがすでに使いなれていて、とくに必要がないためか、プレゼンテーションなどといっても、ちがう意味にとられそうだ。ここでは（一）商品の宣伝広告、（二）陳列／ディスプレイ、（三）発表／展示会にかぎろう。

＊　＊　＊

（一）江戸時代の商品宣伝の主役は看板だった。主役とはいえなくなっても、開化以後、現代の企業も看板に熱心なことはそう変わっていない。変わったことといえば、江戸時代の看板は商家の軒先看板だけだったが、開化以後はじぶんの家と関係のない場所に、電柱やビルの屋上、また田んぼのなかに大きな立看板をつくったりしていることだ。看板に熱心なのは香港や台湾の諸都市にも共通するから、アジア的特性なのだろうか。ヨーロッパ諸国になると、車窓の風景でも、街の景観としても看板はあまりめだたない。ただし繊維・衣料品・化粧品関係は看板による商品名の宣伝にはむかないらしく、もっぱら企業名の知名度向上に力がいれられている。

古い話だが染織品の知名度向上で舞台俳優の手を、いや口を借りたのが、有名な伊勢藤堂家の亀甲縞の売りひろめだ。役者が舞台上で用いた衣裳の色柄や髪飾が人気になって流行ることはめずらしいことではない。岸恵子の真知子巻きのように。亀甲縞の場合は藩の財政を救うために、売れ先のなかった在庫の木綿糸三〇万反でめずらしい縞柄を織り出し、たまたま大阪に乗り込んでいた二代目市川團十郎に、舞台上での宣伝を懇願したのだ。侠気《おとこぎ》のある團十郎は、亀甲縞を七五調のセリフに載せて宣伝の一役を買った。

＊　＊　＊

（二）商品の陳列法はもちろん、商店建築の構造変化と密接に関係する。明治初めの日本の店舗はすべて、間口何軒という広さがほぼそのまま開けはなされていた。夜だけ閉める雨戸は昼間はどこかにしまわれている。日除け埃除けは地厚の暖簾だけ。こういう店構えは現代でも別にめずらしくはない。八百屋、果物屋、魚屋、菓子屋など、店頭に商品を数多くひろげ、その豊富さで客を呼びこむ業種にはこのスタイルがむいているのだろう。

陳列方法のイノベーションの中心は、たくさんのガラスの利用だった。正面入口をあけっ放しではなくガラス戸をたてる。このガラス戸には気のきいた模様とか商店名が入れられる。商店にかぎらず、オフィスでも曇りガラスを入れて内部の採光をこころみた。

飾窓、すなわちショーウインドウの採用は、かならずしも高額でなくとも、購買意欲をそそる必要のあるような商品にむいている。一九〇二年（明治三五年）という段階では、ある流行雑誌はこんな観察をしている。

　市中の商店に飾窓を附けて、新柄物、新着品などを、具合よく陳列して、通行人の眼を惹く工夫をするのが、大分流行となった。日本の商家も追々進歩はして来る。西洋では此の陳列方で飯を喰っている専門家があって、各商店の依頼に応じて、一週間目とか、一〇日目とかに得意先を廻る。そして呉服店、小間物店等それぞれ映りの好き様目先を変えて、人目を惹くことに勤めるのであるが、日本の商家には未だ夫れ程の奮発力はない。『流行』流行社、1902/8)

時代はとんで一九一〇年代、二〇年代（大正〜昭和初年）になると、中心商店街のショーウインドウは、まるで大都会そのもののショーウインドウであるかのように、ペーブを歩くひとにとって欠かせないものに成長した。とりわけ夢といっしょに買うものだった洋品洋服類は、子ども服もふくめて、ショーウインドウむきだった。デザイン担当者の才能ひとつでは、商店街の冷たいペーブとガラス一枚を隔てた空間のなかに、ときには等身大の生き人形による、別世界を生みだすことができた。

ガラスの利用のもうひとつは店内のショーケースだ。ショーケースの工夫によっては、きわめて高額の商品でも安全に陳列することが可能になった。その晩の飯代も危ないルンペンでも、横目で一〇〇万円のエメラルドを鑑賞することが許される。宝石や貴金属に対する女学生たちの眼が、どれほどうるさくなったことか。

ショーウインドウをふくめてこのようなディスプレイの発展は、大都会でのデパート発展史として叙述されることが多い。しかしなにかにつけて話題にされる三越白木屋とちがって、ところは銀座でも一小売店の場合であると、ニュースとしてどれほどとりあげられるだろう。たとえば、店の前面全体をガラス引戸として評判になったのは、一八九八年（明治三一年）の東京日本橋の京呉服問屋市田だったという記録があるのだが。

＊＊＊

（三）一九三二年（昭和七年）の四月二四日、東京日比谷公会堂で日本初の「洋装レヴュー」が開催される、と新聞は伝えている（時事新報 1932/4/24: 6）。主催は時事新報とジャパンアドバタイザー社。この催しの目的はつぎのように説明され、はなはだ教育的、高踏的といえる。

一、洋装についての理解を深め、正しい着方を教える。二、日本人向きの洋装を創造する機運をつくる。三、わが国がいかに勝れた洋装用品をつくれるかを外国人に紹介し、且つ外国人の誤った東洋趣味を匡正する。

百貨店としては三越白木屋松坂屋、そのほか有名洋裁店、洋装店、洋裁学校、美容院等が参加しての華々しいショーで、満員の盛況だったそうだ。

ただし、ファッションショーと銘うったものなら、すでにこの五年前、一九二七年（昭和二年）九月二一日より三日間開催された、三越のファッションショーもよく知られている。宣伝によると、「水谷八重子嬢、東日出子嬢、小林延子嬢の三女優が、当店特製にして今秋流行の魁たる『染織逸品会』の新衣裳を着け、艶麗花の如き姿で、ホールの舞台に現れ、優美な舞踊を演出致します」とある。三越の染織逸品会は例年の行事なので、ショーはその添えものであるようだ。女優の舞踊お目当ての客も多かったことだろう。また、ファッションショーというからには、洋装もあったことと思うが、逸品会の関連である以上和装中心ではなかったか。

前述の「洋装レヴュー」の当日、時事新報の見出しは、「日本一流の美容家　モデル嬢の競演」だった。この時代、世間の耳目は耳なれないファッションショーなどよりも、出演するマネキンたちへの興味が大きかったはずだ。

百貨店、洋品店などのディスプレイがあたらしくなって以後、売場やショーウインドウに飾られる等身大の人形はすでになじみ深かったが、生身の人間を使うようになったのは一九二八年（昭和三年）頃であるらしい。その年の一二月三日の読売新聞の夕刊は「時代のトップを切る　動く人形『マニキン』」という解説記事をのせ、今春上野の大礼博に出たのが最初、と説明している。大礼博とは昭和天皇の即位を祝っての御大礼記念国産振興東京博覧会（三、四、五月）。

一九二八、二九年（昭和三、四年）当時のマネキンは、美容全般のアドバイザー的役割も期待されていたらしく、そのことがやがて紛争のもととなる、美容家山野千枝子主宰の「日本マネキン倶楽部」への結びつきの理由だったと想像される。

映画

映画――活動写真が舶来の見世物としてわが国に入ってきたのは、日清戦争（一八九四～九五、明治二七～二八年）が終わってまもないころ。東京の浅草に映画常設館の「電気館」が開業したのが、日露戦争前年の一九〇三年（明治三六年）。大阪では少し遅れて、千日前に「電気館」が開業している。

日露戦争の実写映画は、本物の迫力によってひとびとの魂を奪った。映画の最大の魅力はこの、本物、あるいは本物らしさの迫力だ。それはもちろん戦場や災害報道、ナイアガラ瀑布の紹介のようなドキュメンタリーだけではない。ポルノ映画も、映画の歴史のごくはじめから人気があった。日本でもすでに一九一七年（大正六年）には、東京の某有名料理店での、「西洋ものの裸体婦人」の秘密活動写真会が検挙されている（「秘密活動写真会の検挙」朝日新聞 1917/1/16: 5）。

映画の人気を支えた大きな、案外気づかれない要素は、それまでの芝居や寄席に比べると値段が安く、アクセスが容易だという点だろう。映画はその第一歩から、大衆のものだった。一九〇九年（明治四二年）にはすでに東京市内に七四館あまりの活動写真館があった。この時代の芝居や寄席は、木戸銭のほかにいろいろな名目でよけいな出費が必要だった。また館内が暗いから、だれがどんなかっこうをしていようと勝手だ。こういったことはとりわけ子どもにとっては好都合だ。映画館の初期の発展を支えたのは小中学生だったかもしれない。だから映画に対する最初の規制は、児童生徒への悪影響をおそれてのものだった。

たまたま、フランス映画の《ジゴマ》が輸入され、大ヒットした。これはル・マタン（Le Matin）紙に連載された犯罪小説「Zigomar」の映画化で、翌々年に映画化され、その年一九一一年（明治四四年）には日本にも入ってきている。子どもたちは映画館をでると、興奮の冷めないまま、怪盗ジゴマごっこに夢中になった。このことを警視庁や、東京市小学校児童校外取締連合協議会、というところなどが問題にした。実際に犯罪の手口をまねる素朴なファンがいたそうだから、警視庁が目を光らせるのはしかたがないかもしれない。しかし協議会の決定事項のなかには、「西洋風俗の映画は我が国の風習に反するもの多くして、教育上往々有害のものあり（……）」、「映画説明者は興味を助くること大なれども、其の言語態度往々宜しからざるものあり（……）」といった老婆心もみられる。

＊　＊　＊

芝居は作りものだが、映画では本物が見られる、という特質は、映画の世界から女形を放逐した。すでに一九〇八年（明治四一年）には、東京の吉沢商会が目黒で劇映画の制作に手をそめていたが、出演俳優はみな歌舞伎や小芝居の、あまり名のない役者たちで、女性は男優の女形がつとめた。やがて映画人気が芝居をこえるような事態になってくると、狼狽した劇場側は、一九一一年（明治四四年）、今後映画に出演した俳優は一切舞台に出演させないこととする。このため吉沢商会は自前の映画俳優の育成をはじめることになり、そのなかには女優もふくまれた。一九二〇年（大正九年）に創立した松竹キネマは、最初から女優の採用と育成をはじめ、しばらくのあいだ日本映画は、女優と男性の女形とが、ひとつの映画のなかで共演するかたちになる。舞台でも、女優といっしょに演技することは女形には辛い。しかし舞台はしょせん遠見だ。映画の女形にとって致命的なのはクローズアップだった。女形の出演した最後の映画は一九二二年（大正一一年）の日活映画《京屋襟店》。このあと女形俳優は全員退社した。いれかわりに同社には、岡田嘉子、夏川静江という、のちの大スターたちが入社したことはシンボリック。翌一九二三年（大正一二年）には、栗島すみ子が松竹映画《自活する女》のヒットにより、アメリカの恋人メアリー・ピックフォードのむこうをはって、〝日本の恋人〟とさわがれる。

　クローズアップはもちろん顔ばかりではない。しなやかな手足をむき出しにしたセーラー服の女学生や、流行の支那服、また水着の娘など、肢体の美しさ、セックスアピールを前面におしだすことは、映画が大衆の熱い関心をひきつけるための欠かせない要素になっていた。それはもちろん、つねにアメリカ映画への追随、あるいは模倣というかたちで。

　一九二七年（昭和二年）にハリウッド映画《It》が公開される。主役のクララ・ボウも一連のグラマー女優のひとりである。美人女優ルイズ・ブルックスの演じた《人生の乞食》の公開は翌一九二八年（昭和三年）。彼女は日本の断髪男装のモダンガールたちの、しょせんかなわぬお手本になる。

　ハリウッド映画のこういう性格については、眉をしかめる日本人も多かった。すでに一九二四年（大正一三年）、東京帝国ホテルで催された土曜日恒例のダンスパーティーに、右翼の暴漢が乱入するという事件があった。彼らのふりかざした檄文には、米人宣教師の国外退去、亡国淫風の舞踏の絶滅などとともに、米国映画の上映禁止、があった（朝日新聞 1924/6/8: 7）。右翼の暴漢ばかりではない、一九二八年（昭和三年）には、ときの文部大臣が映画館経営者たちを官邸に招いて、近来モガモボなるものが流行しているのは、主として外国映画の影響とみられるので、今後は外国映画に対して厳重な検閲をおこない、ドンドン上映禁止をしてほしい、という意見を述べている（「勝田文部大臣」読売新聞 1928/8/17: 2）。

　映画が小説よりも、歌舞伎よりも、そのほかのどんな芸術、娯楽よりも、広い範囲の大衆に受けいれられているという事実は、身装にかかわるさまざまの情報の、かけがえのないメディアである、ということだ。一般に写真に対しては、写っているものが事実、という眼の信頼感はねづよい。しかもわれわれとおなじように、動いて、生活するのだ。それが入江たか子や、田中絹代が演じている、ということは頭ではよくわかっていながら、しかもひとびとはそれを、ある種の事実として、からだに染みこませる。

チャンバラと男のイメージ

　異能作家の橋本治は『完本チャンバラ時代劇講座』（1986）という本のなかでこう言っている。「かつて日本の子どもの大多数はこの遊びをしたのです。日本人の人格形成とチャンバラごっこというのは、どこかでかたく結びついている筈なのです（……）」。

　昭和一〇年代生まれくらいまでの男の子は、ちょうどテレビ時代初期の少年が、変身！と叫んで仮面ライダーのかっこうをしたように、空き地で棒きれをふりまわし、《鞍馬天狗》や《まぼろし城》のものがたりの一部を演じていた。チャンバラごっこの特色は、映画のすじをあたまに置いて、その主人公や敵役になってそれをなぞる、という前提があったことだろう。相手を切るときは、おたがいに〝そーっと〟切るように注意する。力一杯バットをふってボールをかっ飛ばす野球などとはちがう、これは映画のなかの世界を演じているのだ。チャンバラごっこに夢中になっている男の子には、ふだん歩いているときにも一種の身がまえが、少なくとも心のなかにはあったようだ。

　つよい武士のイメージをもっともリアルにうえつけたのは、阪妻や嵐寛、千恵蔵の出る、主として日活の時代劇だったが、彼らの愛読書のなかには、講談社の『少年講談全集』というシリーズがあった。少年講談はひと昔まえの隠れたベストセラーだった、「立川文庫」のリバイバルといってよい。立川文庫は大阪の立川文明堂という小さな出版社の刊行物で、一九一〇年代（ほぼ大正前半期）の講談ブームの波に乗って少年向きの、いわゆる書き講談をつぎつぎと出版した。猿飛佐助とか、霧隠才蔵とかいう真田十勇士の話など、ほとんどは書き手の勝手な想像の筆先からでた、荒唐無稽としかいいようのない架空談だったが、少年たちのおさない心に与えた影響は大きかった。一九三〇年代（昭和戦前期）の講談社はこれに追随し、少年講談全集はやはりかなりのヒット商品となった。

『雄弁』という小さな雑誌の編集者だった野間清司が、『講談倶楽部』を創刊したのは一九一一年（明治四四年）のこと。彼は自伝のなかでこう述べている。

一般民衆に、忠孝仁義の大道を打ち込み、理想的日本国民たらしむべき適当な機関として何があるか、（……）あの沢山ある講談のある種のものを読物にしたら、民衆教育の絶好の資料となるのではなかろうか。それは、概して、武勇仁義の物語である。侠客とか仇討ちとか、武勇伝とか出世物語とか、（……）たとえ石川五右衛門や鼠小僧の如きものを取扱った講談にしても、その中には善を勧め悪を懲らし、俗を移し風を易うるに役立つものが少なくない。ただに講談とのみいわず、義太夫にしても、浪花節にしても、義理人情を教える上に、日本精神の涵養の上に、どれほど役立っているか分からない。（『私の半生　講談倶楽部創刊の決意』1944）

＊　＊　＊

一八八八年（明治二一年）の統計では、東京府下の芸人中、落語が男女で六八九人、講談が男のみで三九九人となっている（「芸人の数」都新聞 1888/1/6: 2）。この時代は名人三遊亭圓朝の全盛期だったが、それでも講釈師の数は落語家の半分よりは上回っている。すでに一八八四年（明治一七年）には圓朝の『牡丹灯籠』の速記本が刊行されているが、一八九〇年代に入って新聞の頁数が増え、また夕刊が加わり、連載小説が二本立てとなると、その一本に講談の速記がのるようになった。小説作家のえがく歴史小説と講談速記とでは、その語り口がまったく違うのだが、やがて講釈師が筆をとって、いわゆる書き講談をのせるようになると、作家の側も、おそらく読者や編集者の要望にそって、通俗味の濃い、いわば講談調の、小説作品を書くひとが現れだす。谷崎潤一郎の『お艶殺し』も発表当時、講談風だと批判されている。

一九〇二年（明治三五年）の『文芸倶楽部』編集部の観察では、講談の定席には職人や魚河岸の兄いが多いとのことだ。講談の聴かせどころは修羅場だ。講釈師は張り扇で見台を叩いて戦や喧嘩の場面を熱演する。勇みの兄い連は、肩に力こぶをいれて聴いていたことだろう。野間が講談を、侠客とか仇討ちとか、武勇仁義の物語、といっているのはまちがっていない。

しかしこの講釈場をこの時代に、落語など色物席と同様に、おびやかしはじめたのは浪花節だった。『文芸倶楽部』は続けてこう言っている。「浪花節の常連と来たらば更に下等で、これは例の熊公八公以上には歓迎されず、職人車夫馬丁のような客種に限られていた（……）」のが、この頃では相応の商人も、御新造も、お嬢さまも行くという有様で、「東京人の趣味の堕落もここまで来れば申し分あるまい」（『文芸倶楽部』1902/2）と嘆いている。翌年春四月、新聞に出た寄席案内を見ると、東京市内に五四軒ある寄席のうち、すでに一八カ所が新興の浪花節を上演している（「寄席案内」朝日新聞 1903/4/15: 5）。

野卑、下品と顰蹙されながら、一九二〇年代、三〇年代と、浪花節の人気はひろがっていった。その頂点は二代目広沢虎造であり、いちばんのヒット演目は「清水次郎長伝」だったろう。その虎造の終生のライバルといわれていたのは玉川勝太郎、得意とした演目は「天保水滸伝」で上州の博徒笹川の繁蔵をめぐる抗争をあつかっている。

浪花節の人気演目の多くが博徒の抗争と結びついていたように、浪曲師の発声法は、やくざ者が相手を脅すためにもちいる、いわゆるドスを利かせた、つぶれた声が基本になっている。自然な声ではなし、美しい声でうたうという、あたりまえの要求をもつひとにとっては、なぜむりをして、そんないやな声をおしだそうとするのかが理解できない。

＊　＊　＊

戦争の靴音が重く響いていた暗い時期、一九四〇年代（昭和一五年〜）の少年たちの日常の身がまえを支えたもうひとつのアイドルは、吉川英治のえがいた宮本武蔵だった。いつもしかめ面をして、口をへの字に結んでいるような武蔵のすがたは、鞍馬天狗や清水の七人衆よりはやや高級だったろうが、昭和戦前生まれの日本の男のイメージを特色づける、隠れた骨格の一部分だったといってよい。

帝国劇場

新政府が比較的早い時期から手をつけた文化政策のひとつに、日本演劇の品格を高めることがあった。すでに一八七二年（明治五年）には、猿若町の三座および作者三名に対して、追々貴人あるいは外国人の見物がふえるであろうから、として、これまでのような、「淫奔ノ媒トナリ親子相対シテ観ルニシノビザル」等のことを禁じた（新聞雑誌 1872/3）。

すこし遅れて寄席に対しても、「第三条　猥褻ノ講談及ビ演劇類似ノ所作ヲナスベカラズ」（寄席取締規則）との布達を発している。

一八九〇年（明治二三年）八月には、警察令第一四号として〈劇場取締規則〉を公布した。その第一九条に、「演劇の所作にして猥褻に渉《わた》り、又は風俗に害ありと認むるときは、臨検官吏に於いて之を停止することあるべし」とあり、その後じっさいにそういう停止の事件があったかどうかははっきりしないが、小芝居や田舎まわりの舞台には、相当ひどいものもあったらしいことは、坪内逍遙も指摘している。

この警察令のなかでは見物客に対しても、「濫《みだ》りに舞台に上り又は花道を徘徊すべからざる事、帽子を冠り妨げを為すべからざる事、袒裼《はだぬぎ》裸体頬冠り其他之に類する不体裁の所為あるべからざる事」、との警告を発している。

一八九七年（明治三〇年）には、五代目菊五郎の出演した歌舞伎座の《小猿七之助》の舞台が、あまりに卑猥、残忍だとの非難から、警視庁によって中絶させられた、ということは明治演劇年表に出ている（岡本綺堂「明治演劇年表」『ランプの下にて——明治劇談』1935）。

幕末の文化世相のなかには、かなりえげつない、また今日の日常的な感覚からは不愉快な出しものや造形表現の多かったことを、当時の浮世絵、絵本のたぐいから、また見世物興行の記録によって、われわれは知っている。もっとも、じぶんの国のそうしたアラの部分は簡単に眼につく。その一方で、同時代のロンドンやパリの、世紀末の状況がどんなだったかなどは、お雇い技術者、教師、宣教師などにばかり接している大部分の日本人には、まったくブラインドだったのだが。

＊　＊　＊

その一方、煉瓦造りの重層の建物、舗装された道路をゆく馬車、眩いばかりのガス燈や電気燈、絨毯をふんで、手に手をたずさえて歩く洋装の紳士淑女、そうした華やかで高尚な、西洋風文明の舞台が鹿鳴館や帝国ホテルの舞踏会であり、帝国劇場だった。

一九一一年（明治四四年）三月に開場した東京日比谷の帝国劇場について、招待されたフランス人記者は称讃しながらも、ヨーロッパでなら二、三流の劇場といったところ、と率直な批評を下している。けれども当時の演劇関係者にすれば、日本の演劇の伝統と、欧米の文明とを融和させようとした、ぎりぎりの工夫の結果だった。その最大のものは芝居茶屋の廃止だろう。わが国では芝居にかぎらず、回向院の相撲でも、吉原の廓《くるわ》遊びでも、すこし余裕のある遊びとなると、かならずそこに茶屋というものが介在し、客は無用の出費を強いられた。芝居の世界と茶屋との結びつきはきわめてつよかったのだから、これは劇界にとっての大きな英断だった。また平土間をぜんぶ椅子席にしたこと、靴履きのままの入場を認めたことは、洋風の劇場としては当然のこととはいえ、大きな前進だった。その一方で、じっさいにはほとんどの客が和装であることへの配慮として、地下に下足場を用意し、また三、四階の桟敷席は畳敷きとしている。

さらに女優の養成も、欧米の劇場に倣ったものだ。ただし女優に関しては、政府にかなりの迷いがあった。もともとわが国では男女入り交じって舞台に登ることを、風紀のうえから嫌い、これが女形を生んだ理由だ。一八九〇年（明治二三年）になって、男女俳優が混合しての興行は欧州各国にその例があるので不問に付すべし、という警視庁訓令が出た。政府にとっては、切支丹禁令廃止とかわらないくらいの、苦汁の選択だったのかもしれない。それかあらぬか、女優に対する政府の態度には、そののちも頑なさが残った。一九二一年（大正一〇年）、英国皇太子が帝国劇場訪問の折、宮内庁は当日の演目から女優の出演をとりやめることを要求した。もっとも、宮内庁がマスコミから〝非文明的〟といわれたそのような要求を出した背景には、その時代の世間の女優蔑視の風潮も気にしたのかもしれない。

＊　＊　＊

帝国劇場がわが国のコメディ・フランセーズになりえなかった理由のひとつは、女優のみならず、所属の劇団、俳優が育たず、貸劇場であり続けたためだろう。当初、帝劇はパリのオペラ座やロンドンのロイヤル・オペラ・ハウスでもあることを目指して、イタリアからミラノ・スカラ座在籍の経験もあるジョヴァンニ・V・ロッシを呼んで、歌劇部を併設した。けれども西洋のオペラは、結局、この時代の日本には根づかなかった。

「今日は帝劇　明日は三越」、とはいうものの、帝劇の主な出しものは歌舞伎しかなかったから、主要俳優を集めている歌舞伎座の下風に立たざるをえず、女優劇の珍しさで客寄せをしたり、やがては映画の上映でなんとか維持してゆくという状態だった。

オペラ座の正面大階段を、フルドレスの女性が豊かなトレーンを曳いてゆっくりと登ってゆく、そこまでは期待しないまでも、幕間や閉幕後の廊下やフォワイエで、盛装した紳士淑女が礼儀正しく、ときにはやや興奮のさめやらぬ面持ちで語りあう、外国映画で見なれたそんな情景は、結局帝劇ではあまり実現しなかったようだ。

オペラにかぎらず、大規模の音楽会もあまり催されなかったのは、音響効果に難点があったためという指摘もある。そののち海外の名演奏家が来日のおりも、ほとんどすべては公園をへだてた日比谷公会堂が舞台となった。けれども、その日比谷公会堂のフォワイエも〝絵〟にはなりにくかったようだ。その時代、海外から入ってくる音楽も、新しい演劇も、その支え手の大部分は、貧乏学生や、あまり豊かとはいえないインテリたちだったのだ。

浅草オペラ

日本人が女性のからだを、それもむき出しの肩や素足を舞台で鑑賞することは、帝劇の女優劇や、赤坂ローヤル館のオペラの時代を経たのち、一九一〇年代後半（大正後半〜）の浅草オペラ、関東大震災

（一九二三年、大正一二年）後のおなじ浅草の軽演劇、レビューで実現した。

一九一六年（大正五年）の帝劇洋劇部の解散が、結果的には日本のオペラ運動にきっかけをあたえたことになる。当時帝劇にはイタリアから招いた演出家ジョヴァンニ・V・ロッシがいた。ミラノのスカラ座付属バレエ学校を卒業し、スカラ座に在籍の経歴もあるロッシは、帝劇で、また帝劇との契約の終わったのちは赤坂のローヤル館で、かなり本格的にイタリア歌劇を日本に移植しようと努力したらしい。しかしこの時点では彼の努力は報われなかった。

失意のロッシがアメリカに旅立ったあと、浅草の常磐座、金龍館、日本館といった小さな小屋で、野心を抱いた何人もの若い才能が、離合集散をくり返しつつ、こちらもまた未熟な若い観客――ペラゴロなどと馬鹿にされた――を相手に、日本的なオペラの試行錯誤を重ねていった。そのなかに、高木徳子、原信子、田谷力三、清水金太郎・静子、石井漠、藤原義江（戸山英次郎）などの顔もあった。

増井敬二『浅草オペラ物語』(1990) によると、震災の前年一九二二年（大正一一年）、東京にあった二七の実演劇場の観客動員数の一〇・五％が浅草金龍館一館の入場者だったという。この時期は浅草オペラが金龍館に合同して以後のことで、一九一八、一九年（大正七、八年）は上にあげたようないくつもの小屋にオペラがかかっていて、増井はその最盛期の観客動員数を、少なくとも一九二二年の金龍館の三、四倍はあったにちがいないと推測している。

＊　＊　＊

浅草オペラのこの異常ともいえる人気の理由は、イタリアオペラが帝劇的なものから、浅草的なものへと変容したため、としか考えようがない。一九一〇年代（ほぼ大正前半期）の浅草はじつは映画人気で沸きたつお祭り広場だった。一九〇九年（明治四二年）七月三一日の万朝報は「近来活動写真の流行はほとんど極点に達している、東京市内の常設館は七〇軒以上、第一の流行地は浅草公園六区である」と報じている。もともと浅草の娯楽には、子ども相手、お上りさん相手、という気分が色濃い。覗きからくり、ジオラマにパノラマ、生人形、少女の玉乗りに安来節。

しかしあながち子ども相手ともいえないのは、浅草の見世物にはかなりいかがわしいものも混じっていたことだ。庶民の町であるからには、この時代、しかたのないことだったろう。

たとえば凌雲閣十二階下といえば、私娼の巣だったし、千束町辺の少女売春もしばしば話題になっている。一九一二年（明治四五年）の新聞は、その辺りに出没する一四歳から一六歳くらいまでの少女淫売婦の数は一〇〇人以上に達するとして、ご丁寧にその実名と年齢を列挙している（「不気味な町」朝日新聞 1912/6/22: 5）。

江川一座の少女玉乗りにしても、せいぜい一三、四歳まで、という彼女たちは、成熟にはまだすこし間があるとはいえ、脚にピッタリしたタイツ風の股引は、ものの喩えに「江川の玉乗りみたい」といわれる紅の濃い厚化粧とあいまって、なにかに飢えている若者たちの、〝劣情〟を刺激するにはじゅうぶんだったろう。この玉乗り風の化粧とかっこうは、つぎの時代に産声をあげるサーカスに引き継がれてゆく。

タイツといえば、ロッシ夫人のタイツ姿に演劇評論家までが正気を失ったと、増井が書いている。来日したときロッシは五〇歳近かったから、夫人もそのくらいの年齢だったろう。この時代の日本の男性がいかに、女性の生の姿態に無抵抗だったかは、いじらしいとしか言いようがない。古いことで、いくぶんレベルの違うはなしだが、一八八三年（明治一六年）に浅草に大女の見世物というのが現れ、なんの芸もなく、ただ足を見せるだけ、というので差し止めになったことがある（読売新聞 1883/4/29: 3; 5/2: 2）。

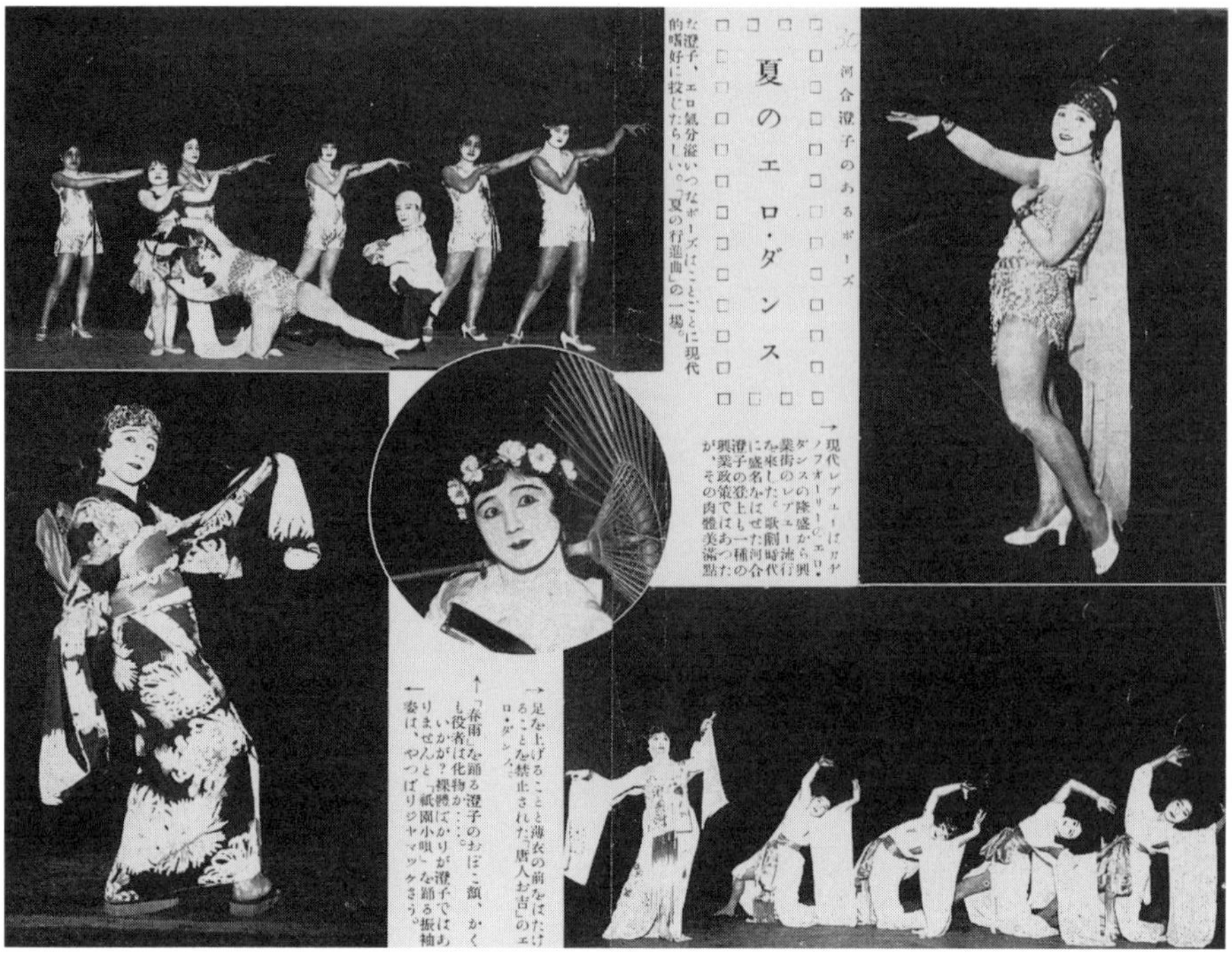

浅草オペラのスター（「河合澄子のあるポーズ　夏のエロ・ダンス」）
『風俗雑誌』、1930（昭和5）年8月

浅草オペラと雁行するように、アイドル的な人気を博していたのが、奇術の松旭齋天勝《しょうきょくさいてんかつ》だった。ほぼおなじ時期に舞台のアイドルだった、松井須磨子や三浦環とは異質の魅力をもって、天勝は観客を悩殺したらしい。その理由は、彼女が松井や三浦とちがって美貌に恵まれていた、ということもあるけれど、その大胆にからだの線を露わす舞台衣裳も、若い男性には抵抗しがたかったようだ。劇とちがって、奇術にはコスチュームの制約というものがないのだ。

　一九一九年（大正八年）の都新聞は、「俗悪なる歌劇の流行」のとりわけいちじるしい悪影響のひとつは、歌劇女優を写した絵葉書だとして、つぎのように書いている。

> 半裸体の或いは脇の下を中心に撮影したるいかがわしきもの非常に増加し、その売れ口も頗るよく、その挑発的絵葉書を俗に彼等仲間にて「脇の下」と称し居る程にて（……）絵葉書屋は曰く、「一番人気のあるのは日本館の明石須磨子で脇の下にはもってこいの女です、それから今井静子の足上げダンス、河合澄子の肉体ダンスの舞台面などがよく売れますが、その筋の干渉が厳しくて弱っています」。（「歌劇の絵葉書」都新聞 1919/6/5: 3）

　永井荷風はすこしあとの一九二六年（昭和元年）に、つぎのような感想を日記に書きのこした。

> 一〇年前は翻訳劇流行を極め、俳優はただ西洋人の身振りをなすことを喜ぶに過ざりしが、今日は流行変じて舞踊となり、女優らはその裸体を公衆の面前に曝して得意満面たり（……）。（『断腸亭日乗（1926/10/10）』）

　つづけて、赤坂築地辺の芸者で、待合に呼ぶと携えてきた蓄音機に合わせて裸体でサロメのダンスを踊る女のことを書き、祝儀は一席一〇円より二〇円、また枕代は二〇円より三〇円とまで記している。

　一九二〇年代初頭までの浅草オ

ペラがこういう魅力だけで観客を誘引していた、というのはもちろん言いすぎだ。しかし日本の若者がはじめて経験した舞台のエロチシズムの、ひとつのメッカが浅草オペラだったこと、やがてそれが大震災後の、レビュー、軽演劇の、いわゆるエログロナンセンスの時代にひきつがれていった、ということはいえるのではないか。

宝塚レビュー

兵庫県宝塚温泉の催し物の余興としての、少女歌劇のさいしょの公演は、一九一四年（大正三年）四月のことだった。東京の帝劇歌劇部がまだ西洋オペラの翻案公演をつづけていた時期で、いわゆる浅草オペラが産声をあげる以前のことだ。まえの月には芸術座による《復活》が大当たりをとり、街には劇中で松井須磨子の歌った、《カチューシャの唄》が流れていた。

宝塚少女歌劇団は四年後の一九一八年（大正七年）にはさいしょの東京公演を実現し、そのあと毎年の東京公演は定例となった。一九二四年（大正一三年）七月には四〇〇〇人以上を収容する大劇場が落成、その秋に中国から来日中の梅蘭芳一座を、翌年春には六代目尾上菊五郎一座をあたらしい大劇場に迎えている。

このような順調な発展の一方では、いくつかの問題も生まれている。宝塚をからかって、「男かと思えば女、少女かと思えば老女」という。男性を舞台にのせないというコンセプトはたしかにわかりにくい。この点については小林一三にも迷いがあったらしく、一時的だったが、専科をつくって男子を募集したこともある。〝少女〟に関しては、一九二二年（大正一一年）五月に、坪内士行作《噂》のなかで、人妻役の春日花子に丸髷を結わせたこ

「宝塚少女歌劇団」
『娯楽画報』、1918（大正7）年7月

とで問題が生じた。それまでの宝塚の舞台では、役柄がなんであれ、登場人物は髪はお下げであるのが約束になっていたのだ。それに対して人妻の丸髷ほど色っぽいものはない、というのがこの時代のひとの感覚だった。

こうした矛盾や迷いを包み込んだままで、一九二七年（昭和二年）九月、岸田辰弥によるさいしょのレビュー《モン・パリ（吾が巴里よ！）》が上演され、大ヒットした。フランスから帰国したばかりだった岸田の、まのあたりにしてきたフォリー・ベルジェールやムーラン・ルージュの華やかな舞台を、可能のぎりぎりまで宝塚の舞台で再現したい、という願望の所産といってよい。

その願望が、実現にさらに一歩近づいたのが、一九三〇年（昭和五年）五月の公演《パリゼット》であり、これまたフランスから帰朝したばかりの白井鐵造の作品だ。

この二つの作品が宝塚に、いや日本の舞台にはじめて導入したものは、レビューだった。唄とダンスによってストーリーが、あるいはストーリーらしいものが進行する。はなやかで、露出度の大きい衣裳も、腕や脚の、リズムにのった闊達な動きの生みだす高揚感も、それまで日本の観衆には未体験のものだった。なるほど群舞そのものは阿国《おくに》歌舞伎にもあったかもしれないが、そこにはなまの肉体の動きがもつ迫力がなかった。

それだけにまた、踊り子――〝少女〟たちの抵抗はつよかったらしい。いやがる少女たちに、岸田はパリから持ち帰った舞台写真や雑誌などを見せて、納得させるのに手を焼いたと、後年おなじ苦労を経験している丸尾長顕が、「レビューの裏表」（大阪朝日新聞 1931/9/13: 7）のなかに書いている。考えるまでもなく一九二七年（昭和二年）、一九三〇年（昭和五年）というこの時期は、いわゆるエログロナンセンス真っ盛りのときだった。したがって舞台一杯に素足のラインダンスを展開する少女歌劇のレビューもまた、そういう見方で受けとられるのもやむをえない。

＊　＊　＊

その、エログロナンセンスを代表するのが、東京浅草の軽演劇だった。浅草公園六区あたりはオペラブームの去ったあと、その残党たちを中心に模索がつづいていた。その手探りのひとつとして生まれたのが一九二九年（昭和四年）の七月、水族館の二階に「日本最初のレビュー劇場」と銘打って幕開けした、カジノ・フォーリーだった。レビューということばはすでに二年前の「モン・パリ」が使っているので、その人気にあやかろうとしたものかもしれない。演劇史や大衆文化史では有名なこのカジノ・フォーリーだが、第一次はたった二カ月で潰れ、つづいて結成された第二次も、川端康成の新聞小説「浅草紅団」の評判に、少なくとも最初のうちは支えられていたらしい。

カジノ・フォーリーがようやく浅草らしい娯楽の目玉のひとつになった理由が、なによりもエロを売物にするその大胆さと、巧妙さにあったことはたしかだ。たとえばズロース事件というものがよく知られていて、これは毎週金曜の舞台で、踊り子がズロースを脱ぎ落とす、という噂だった。小さな事実はあったのだが、それを劇場がうまく利用したらしい。ともあれ、浅草の客のかなりのパーセントは、あの少女玉乗りのタイツによだれを流していた連中だったのだ。

のちに映画女優に〝出世〟した若き日の望月優子がカジノを志願したとき、座長格だったエノケン――榎本健一に、即座に「脚を出してみな」と言われ、スカートを捲ったところ、「きれいな脚だ、明日から来てごらん」と言われたという。そのエノケンは、ときにはエロケンといわれていた。

きれいな脚、だったろうが、それは宝塚の舞台でラインダンスを踊る脚とはちがうかもしれない。軽演劇の舞台で見せる脚は、男のいやらしい眼で見る脚であったほうがいいのだ。

どんな脚にせよ、それまでのわが国には素足を見せるという踊りはなかったし、女性の脚の美を評価する習慣もなかった。

資生堂の三須裕は、美容家の視点からこう言っている。

> 今に、いい足だな!と、通る人を驚嘆させるほどの美しい足が、銀座をうんと歩くに違いありません。(……)歩くということは、長いあいだ日本婦人の知らなかったことであります。日本の婦人は長いあいだ、足はお尻の坐布団とばかり思っていたのであります。(「脚はどうしたら美しくなるか」『婦人世界』1927/12)

一方宝塚は、清く正しく、というモスグリーンの制服の袴にふさわしい方向を守るとともに、《モン・パリ》、《パリゼット》がそうであったように、花のパリ志向の姿勢は一貫しつづけた。宝塚にあこがれる少女の夢は、パリへの憧憬と重ねあわされていた。ライバルのSKDに水ノ江滝子のような大スターは現れたが、宝塚のこの路線は昭和戦前期の日本の若い女性の心をたしかにとらえた。というのも幸いなことに、一九三一年(昭和六年)の《巴里の屋根の下》、二年後の《巴里祭》からはじまって、クレール、フェデ、デュビビエ、カルネらによるフランス名画の封切り、その主題歌の流行がつづいていたからだ。

ステージ・ダンスはその後、一九三六年(昭和一一年)の日劇ダンシングチームの誕生によって、一段とレベルアップする。重山規子の脚は、ジジ・ジャンメールの脚に近かったかもしれない。それは美しい脚だが、ショーウインドウのなかの高価な商品のようだ。

舞踏会／夜会

公的な夜会、または舞踏会についての新聞報道は、一八八〇年代(ほぼ明治一〇年代)にきわめて多く、一八九〇年以後(ほぼ明治二〇年代半ば)になると、開催の事実はともかく、新聞のニュースとしてはごくわずかだ。ひとつの例として、一八八三年(明治一六年)の一月から六月のあいだに、時事新報紙上では一月八日、一〇日、一二日、二一日、二三日、二月七日、三月四日、七日、二四日、二六日、四月八日、一七日、二三日、五月七日の各日の夜会が報道された。この日時には夜会以外の宴会、たとえば新年会などは除外している。会場は大臣官邸、各国公使館のほか、芝公園の紅葉館、延遼館、星ヶ丘茶寮、築地あるいは上野の精養軒だった。鹿鳴館はまだ建設されていない。

新聞で報道されるような大きな夜会は、天長節、憲法発布記念といった国家的祝日のほか、皇族家の婚礼披露、閣僚の新任披露などが主な名目だが、例年もっとも盛大だったのは、外務大臣主催の天長節祝賀夜会のようだ。

明治時代にひらかれた夜会の、具体的内容を記録した資料は新聞記事以外には乏しい。筆まめな文人たちのほとんどが、公的な夜会や園遊会に招かれるような身分ではなかったためだろう。むしろ文飾と想像を交えてはいるだろうが、芥川龍之介の「舞踏会」(1922)が、じっさいに作中のヒロイン明子からではないにしても、まだかなりの具体的情報は得られた時代だから、信憑性がたかいと考えてよい。明子の眼にうつった鹿鳴館の、瓦斯燈の光に明々と輝く内部は、さながら異世界であるように描写されている。それは一八八六年(明治一九年)の日本、あるいは東京との対比、というだけでなく、ピエル・ロティとの出会いをふくめ、明子の人生にとっての異世界であった、とさえいえる。

夜会の時間の流れのなかでも舞踏の時間は、ほとんど外国人の男女に支配されていたようだ。不平等条約改正をゴールと睨んだ伊藤博文たち開明派の、いわば鹿鳴館作戦は、一八八〇年代初めから始動した。一八八五年（明治一八年）九月に荏原郡大井村にダンス演習所というものができる。九日の東京日日新聞はそれを、「近来わが国の女風追々欧風に傾きて、すでに束髪の会は興りたれども是は唯其の形容のみに止まりて、未だ女俗改進の神髄をうつすに足らず、若し夫れ将来黄白の人種相交わりて夜宴晩会を開くに当たり」日本の女性が西洋の女性に伍して舞踏場の華となるように、というのが設立の趣旨だが、何人の発起なるかはわからない、と報じている。もちろんダンス教習所はここだけではなかった。身分ある女性たちのなかには明子のように、西洋のダンスと作法とをみごとに身につけた女性もいたが、それはごく少数だったろう。

　加えて、明子のように若い美しい女性が、舞踏場でめだちにくい雰囲気も、あったように想像される。あるイギリス人が東京での舞踏会を評して、その盛んなこと、上達ぶりをみれば、やがては欧州の舞踏社会に加わることも不可能ではない、ただし違和感のあるのは、欧州では舞踏場は若い女性に占有されるのに対して、日本では老婦人がはなはだ多いことだ、と（「英人、日本の舞踏会を評す」郵便報知新聞 1885/7/12: 2）。

　老婦人とはいえないまでも、大臣夫人など身分ある婦人たちのなかに、一〇年二〇年後のような華族女学校出身者などはまだひとりもいなかった。多くは風にも当たらない深閨のなかに日々を送っている奥方が、「御主人様の御職務上や御身分柄で、どうしても交際社会にお出ましにならねばならぬこととして、随分お内気な方でもその洋装で押し切って、そうした場所にもお出でになりました」（大山捨松子「鹿鳴館時代の思出」『婦人画報』1918/12）。

　先のイギリス人はつづけて、舞踏会はいまの日本全体とは不釣りあいのものだと言い、この不釣りあいをなくすことが、文明社会に仲間入りする条件だと、伊藤博文が聞けば耳の痛いことまで、遠慮なく言っている。

　一八九三年（明治二六年）三月一二日、天皇皇后の銀婚を祝う豊明殿での夜会では、天皇が皇后の手をとって出御するという、前例のないことがあった。そもそも正式に臣下の拝をうける場合の天皇皇后は、ともに南面して立つが、並ぶことはなく、皇后は一歩下がった位置に立ち、ふたりの間にはかなりの間隔が置かれる。これが奈良朝以来のしきたりだ。もともと銀婚式ということ自体、日本の故実にはない西洋の習慣であり、まして公衆の面前で皇后の手をとることは、西洋風に、妻としての皇后をエスコートすることを意味するのだから、天皇としてはこの夜、かなりの覚悟があったにちがいない。個人としてはどちらかといえば保守的な好みでありながら、国家の開化についてはつよい覚悟をもっていた明治帝らしい情景だった。またそれは、西洋風の夜会という形式のもとだからこそ、できたことだろう。

＊　＊　＊

　舞踏会をともなう夜会の盛んだった時期は短く、一八九〇年代（ほぼ明治二〇年代）に入るころには園遊会の方が好まれるようになった。舞踏会が敬遠された理由のひとつには、女性たちの洋装への、抵抗感といわないまでも、違和感があったかもしれない。鹿鳴館の盛んな時代でも、ボールルーム（ballroom）に、古様な十二単風スタイルで現れる女性はあった。これは当時の錦絵そのほかにも描かれている。一八七四年（明治七年）一月一三日公布の宮内省達無号によれば、勅任官および麝香の間詰の輩の妻女は、髪はトキサゲ、それに白袿《しろうちき》、赤袴となっている。また、一八八四年（明治一七年）一一月一五日に公布された宮内省達無号でも、袿、袴、垂髪で、と同様にきめられ、条文の末尾に「西洋服装ノ儀ハ其ノ時々達スヘシ」と加えられている。

　夜会の多くは、男性の大礼服はべつにして、男女とも宮中礼装に準じるものとされているので、貴婦人たち、それも多くのけっこう年輩の婦人たちは、コルセットで締めあげた不慣れなバッスル・ドレスで、自己嫌悪を耐えるか、洋風のシャンデリアの下でおすべらかしに緋の袴という、キッチュに耐えるかの選択をせまられる。ピエル・ロティの胸にいだかれた明子のような甘美な思い出が、だれにも期待できたとは考えにくい。

盛り場／行楽地

都会に住む者の幸せのひとつは、人出でにぎわう場所をもっていることだ。そこには眼を愉しませるものや、欲望を刺激するものがある。ひとと連れだってゆけば、あたらしい話題のタネが見いだされるかもしれないし、ひとりで歩いても、ゆきずりの、大勢のひとに見られるじぶんになれる。それでいて、その人目を気にしないで済むところも、じぶんたちだけになれるところもある。

東京も大阪も、開化以前から物見遊山の場所は豊富にもっていた。落語のまくらでは殿方のおたのしみは吉原、御婦人方のおたのしみは芝居（コンニャク、芋、唐茄子とつづく）という。しかし場末のけちな緞帳芝居まで入れても、一日一回だけ興行の芝居小屋のわずかな数では、江戸の女がそれほど芝居を見ていたとは考えられない。女性たちが家の外にもっていた愉しみはなんだったのだろうか。

『東京風俗志』（1899-1902）は、「第一一章　遊嬉賞翫」のなかに第四節「四季の遊賞」をもうけて、季節ごとの遊覧の場所を示している。二月の梅見からはじまって、一七種類が列記されているなかで、一般的なのは四月の桜狩（花見）、潮干狩、七月の両国の花火、八月の海水浴、秋の菊人形だろう。しかし女性たちにより身近だったのは、御利益が多いという神社の祭礼や縁日、寺のご開帳だったはずだ。縁日は、湯上が

代表的な避暑地のひとつ（「上高地、土屋写真館前」）
1913（大正2）年

りの浴衣すがたでぶらりと出かける距離に、毎晩一、二カ所はあった。それに対して、大勢の参詣者を集めた成田のお不動さん新勝寺、川崎大師といわれる平間寺、高尾山薬王院などは、いずれもあたらしく開通した私鉄電車を利用して都心からは一日がかり、よい保養になったろう。

　東京市民に与えられたあたらしい外出の慰安は、市内数カ所の公園と、各種の展示会、博覧会だった。すでに一八七三年（明治六年）正月に、名勝区旧跡など、大衆遊覧の場所に公園を設ける、という公園法が公布され、東京ではその三月、浅草、上野、芝、深川八幡、飛鳥山の五カ所に公園が生まれた。もっとも公園が設置される場所は、もともとお参りやお花見に人出の多い場所だったから、あたらしくできた、なにかと小うるさい規制には違反者が絶えなかった。

　一、荷車其他総テ遊歩ヲ妨グヘキモノ且葬式等ハ屏風坂通リ及ビ弁天前通ノ外通行スヘカラス　四、諸芸ヲ演ズル者又ハ乞食ニ類似ノ者立入ルヘカラス　七、木拾イノ者立入ルヘカラス　一三、草原並腰掛等ニテ睡眠スヘカラス（横浜市中区山下公園に掲示された告示文）（宮内省達番外1882/1）

　そんな規制のない遊園地も、江戸時代以来の場所もふくめて少なくなかった。向島の百花園、菖蒲で有名な堀切、盆栽栽培業者の集まっている染井、その多くは寺や、なにかの社に関わりをもち、遊んだついでといってはもったいないが、お参りも兼ねる、という場所が多かった。鷽《うそ》替えの亀戸天神様、洲崎の弁天様、雑司ヶ谷の鬼子母神様、あたらしいところでは九段の招魂社、などなど。

＊　＊　＊

　不特定多数のひとを対象にした展示会、ないし展覧会風の催しは、江戸時代にもなかったわけではないが、直接には、一八六七年のパリ万博、一八七三年のウィーン万博への出品がきっかけ、あるいは参考となって、西南戦争の年一八七七年（明治一〇年）に上野で、第一回の内国勧業博覧会が開催された。勧業博覧会は一九〇三年（明治三六年）の第五回までつづき、産業や商業に大きな影響を残しただけでなく、大衆のあたらしい知見に役だったといわれる。つまりそれだけの大きな見物客動員があったのだ。

　その貪欲な見物人は、第一回勧業博とおなじ上野の山で、一八八二年（明治一五年）に開催された第一回内国絵画共進会も見逃していない。狭い会場だったが、さいしょの一〇日間で一万六八三五人の入場者があり、二〇代の天皇は会期中二度訪れている。上野の絵画展の大衆人気は、一九〇七年（明治四〇年）にはじまる文展の時代までつづき、そのいわば天下の遊民をかきあつめた観客層の幅を知らなければ、出品された裸体画、裸体像に対する、その時代の警視庁の神経質さは理解できない。

＊　＊　＊

身内の冠婚葬祭と、めったにない日本橋あたりの店での買い物以外、遠出の機会のなかった女性たちが、あたらしい交通手段を利用して、日々変わってゆく街の空気を吸う、その行く先がひろがり、またあたらしくできたのだ。もちろんそれは、乗りものを利用して女学校に通う、何年かの経験をもっている女性が先にたったろう。その女学校の卒業者たちには、学校時代の友人たちという、あたらしい交際の対象ができていた。生まれ育った町内かその近辺でのつきあいよりも、交際圏ははるかに広かったろうし、さらにひろがってゆく可能性ももっていた。

　東京、大阪の場合であると、一九二〇年代（ほぼ大正中期）までには、市の周辺域に住んでいるひとであっても、路面電車の発展によって、乗換え切符をつかえば、一枚の乗車賃で銀座辺に、また心斎橋あたりに出てくることができるようになった。一九三〇年代（昭和一〇年前後）になると、市内だけでなく郊外まで延びたバス路線や、私鉄網のほか、市内均一料金のタクシーができて、一円銀貨をだす余裕さえあれば、大きな買いものも重い思いをせずに、都心からはなれた家の玄関まで車を横づけできるようになった。

　こうした交通手段の変化が買い物客をすべて都心にあつめ、寂れる周辺地域の商店街とはうらはらに、心斎橋筋、銀座通りは、つねに人波にうめられ、ショーウインドウを見て歩くだけで都会を満喫できる、新時代の行楽の場、ひとのなりふりを見、じぶんがひとに見られる舞台となった。

　その行楽の空間を凝縮したのがデパートの売場だ。東京でもほかの大都市でも、呉服屋から転身した百貨店は一九三〇年代（昭和戦前期）になると、単なる商業施設ではなく、博覧会や展覧会、さらには屋上には小公園の機能まで備えた、大都市そのもののミニチュアになっていた。ひとは売場いっぱいに飾られた商品と、食べたいものがなんでもある大食堂の喧噪のなかで、みちたりた暮らしの、こころよい錯覚を愉しんでいたのかもしれない。

芝居見物

　近代八〇年の演劇界は、九代目市川團十郎（～一九〇三）、五代目尾上菊五郎（～一九〇三）、初代市川左團次（～一九〇四）らによる歌舞伎芝居の隆盛によって明けた。「團菊左三優の顔合わせあれば、天下無二の大演劇として、満都を振動せしむ」とは、『東京風俗志』(1899-1902)の著者のことばだが、ほぼ同時期に三名優が没し、時代が大正とかわっても昭和と改まっても、九代目、五代目の舞台を偲ぶひとの想いは熱く、なにかというと故人との比較論がでて、〝団菊じじい〟と笑われた。

　その時代、あたらしい演劇への模索や冒険がなかったわけではない。すでに一八八〇年代末（明治二〇年代初め）には壮士劇とよばれた書生芝居がはじまり、やがて川上音二郎、伊井蓉峰によってようやく商業演劇らしいレベルに達してから、一八九〇年代後半（明治二〇年代～三〇年代初め）には河合武雄、喜多村緑郎らを加えて、新派の古典時代に入っている。

　ただし演劇史の上ではそうであっても、その時代に生きている大衆の耳にも眼にも、芝居といえば、それは歌舞伎座や新富座で演じられる、あるいは土地のひとだけが知って入るような貧弱な小屋がけの舞台の、切られお富や弁天小僧だったにちがいない。

　新派の芝居は河合、喜多村の時代から、評判になった新聞小説を脚色、上演することで、いくつかの当たり狂言をもつようになった。旧劇、ともいわれるようになった歌舞伎のファンが新派を見なかった、というわけではないし、芝居ならなんでもというひとも多かったろう。しかし歌舞伎座や新富座の芝居見物の愉しみは、なにも舞台の上の筋書きを追い所作を見るだけではなかったのだ。

　一八七八年（明治一一年）の八月に新築の新富座が、はじめて夜五時開演の夜芝居をはじめるまで、芝居というのは昼間だけのものだった（岡本綺堂「明治演劇年表」『ランプの下にて——明治劇談』1935）。開場の一番太鼓は夜明け前にうつ。一番目狂言のはじまるのは朝のうちだ。この辺のことは落語の「芝居風呂」によく説明されている。芝居見物は一日がかりの遊山だった。一八八六年（明治一九年）になって警視庁は、劇場の興行時間を八時間に制限している。

　遊山気分ということは、芝居茶屋のあり方にも現れている。江戸の三座の時代から、明治になって築地の新富座、木挽町の歌舞伎座まで、芝居小屋の周辺にはかならず、なん軒もの芝居茶屋がはでな幟《のぼり》をたてて、客を呼びこんでいた。目的とするお愉しみのまえに、つまり奥の院に詣でるまえに拝殿を設けるしかけは、相撲見物にも、吉原での遊興にも共通する。女のひとのなかには、ここで湯に入って着替えをするひともあり、昼どきにはいったん茶屋へひきあげて食事をとるひとが多い。見たくない幕があれば、そのあいだ茶屋で遊んでいてもいい。そんなときにはからだのあいている役者が、お客様のお相手をすることもあるだろう。

女の客と役者のとりもちは、茶屋のだいじな仕事だったらしい。茶屋と役者たちとは密接な結びつきがあった、というより、血縁関係をふくめて、むしろ一体といってもよいくらいだった。役者の屋号のいくつかが、もともと茶屋の名前だったという事実も、それを示している。

＊　＊　＊

芝居の見物席はだんだんと、平らな床《ゆか》から椅子席に変わっていった。一八八九年（明治二二年）、木挽町にはじめて歌舞伎座が建設されたときは、真ん中の土間も両側の桟敷もすべて床だった。ただ、桟敷の床は上げ蓋式になっていて、掘炬燵のように腰掛けることもできた。これは洋服の男性のため、といっているが、外国人見物客への配慮もあっただろう。桟敷席でお見合い、というのがはやった時期があった。二階には洋風の休憩室が二つあったので、文字どおりのお見合いができた。休憩室は欧米の劇場、ホールのフォワイエをまねたのだろう。

歌舞伎座は一九二一年（大正一〇年）に漏電で焼失、関東大震災後の一九二五年（大正一四年）に再建されたときは、全席椅子席となった。それまでの平土間は升席といって、幅ひろい渡り板で縦横にしきられ、ひとつの区画に四、五人ずつ客を入れる。渡り板は、茶屋の出方《でかた》と称する男衆が、注文された食べものや土瓶をもって、ここを器用に渡るところから名づけられた。

平土間はまったく勾配がないために、うしろのひとは見にくい。両花道の外側に高土間ができて、そこだけは桟敷のように見やすくなったが、中央の平土間の見にくさは変わらない。役者の一挙手一投足に細かな注文をつける見巧者の連中は、多くは正面奥の大向こうに陣取っていた。新築の歌舞伎座の入場料は、桟敷一間が四円七〇銭なのに対し、平土間の升席はひと升が二円八〇銭、高土間は中間の三円五〇銭だった。

平土間の升席の客は、出方の運んでくる弁当をとる者も、持参の者もある。映画《無法松の一生》（稲垣浩監督、1943）では、車夫の松五郎がここに七輪を持ちこんでいる。歌舞伎座や新富座ではまさかそんなことはできないだろうが、東京でも場末の小芝居になると、舞台に背を向けて酒を酌み交わしている連中や、子どものおしめを替えている女までいたそうだ。関西では下足をとらなかったので、外の履き物をここまでもちこみ、けっこう泥だらけの床もあったらしい。

一九三〇年代（昭和一〇年前後）になるころには、茶屋制度も、劇場や芝居小屋の土間、桟敷も消滅した。けれども明治生まれの女性のなかには、椅子が苦手なひとも多かった。そのため一部の劇場、映画館では、こんどは逆に、二階に追いこみの床席――安ものの絨毯などを敷いた――を残したところもある。客は履き物を入れた袋を提げてそこにすわり、《愛染かつら》などを鑑賞した。

東京の路

女性の外出のしやすさの点から見るなら、都市としての首都東京のいちばん困った問題は、近代八〇年の前半でいえば公衆便所の不備であり、後半ではいたるところのぬかるみ道だったろう。

開化以前の江戸の町がそれらの点でもっとマシだった、ということではない。裾の汚れを気にするような娘や女房は、めったに遠出をすることなどなかったのだ。

外国人の見る眼の不体裁ということでは共通する、男性のところかまわぬ放尿と、不潔な共同便所とは、開化当初から行政にとっては頭の痛い課題だった。

一九〇〇年（ほぼ明治三〇年）を過ぎるころから、共同便所についての苦情が、新聞の投書などにもあまり見られなくなったのは、手洗所をもった鉄道の駅の増加、都心に多くなった喫茶店、また休憩室を完備した百貨店の出現にもよるだろう。

東京の道路が近代的な装いを備えるようになる第一歩は、一八七三年（明治六年）に完工した銀座煉瓦街だ。総道幅二七メートル、車道の部が一四・四メートル、歩道幅が各六・三メートルという広さは、模範としたといわれるパリのグラン・ブルヴァール（Grands Boulevards）にくらべれば狭いものの、それまでの江戸の表通りが、広小路などをのぞけばほぼ一二〜一四メートルだったのにくらべて、だいたい二倍の幅をもつ。また、これもグラン・ブルヴァールにならって、街路樹が植えられた。一八九〇年代（ほぼ明治二〇年代）になると新政府にも、道路整備への多額の費用捻出の余裕がうまれ、市区改正街路といわれる日比谷通り、桜田通り、外堀通り、馬場先門通り、青山通り等の、皇居をめぐって、帝都としての体裁を整えるにたる街路が、つぎつぎに誕生した。これらのなかには総道幅三六メートルというものもふくまれる。

いわば江戸時代の道は、所要をもつひとがある場所からある場所までたどりつく区間、でしかなかったが、左右の歩道に影をおとす街路樹、ときには二重の植樹帯と中央の遊歩道など、歩くこと自体を楽しむための、都会の道路への変容がはじまる。これまた銀座からはじまったガス灯による街路照明も、東京の夜を変えてゆく。

道路整備は、都心の幹線道路の道幅の拡張、舗装、人車線分離という原則にそって進んだ。けれどもさいしょのうちは市民の側にも、こうした整備についての理解や、協力の姿勢がとぼしかったようだ。左右の店舗からは商品や大きな看板が歩道にあふれ出し、露店が勝手に建ちならび、たくさんの人力車が客待ちをしているという状態。一方、車道の真ん中を歩行者が悠然と漫歩している（郵便報知新聞 1874/4/15: 2; 東京日日新聞 1875/3/14: 1）。

ぬかるみ道の悩みは、東京全体でいえば第二次世界大戦後までつづいたといえる。もちろん都心とあたらしくひらけた土地との較差は大

「銀座の鉄道馬車」
1880年代後半撮影、大田区立郷土博物館編『写された明治の東京』（図録）

きかった。関東大震災で、永年すんでいた麹町辺から麻布にひきうつった岡本綺堂は、そのあたりの道路の悪さに悩まされた。

十番の大通りはひどく路の悪い所である。震災以後、道普請なども何分手廻り兼ねるのであろうが、雨が降ったが最後、そこらは見渡す限り一面のぬかるみで、ほとんど足の踏みどころもないといってよい。(……)私のような気の弱いものはその泥濘におびやかされて、途中から空しく引返してくることがしばしばある。(岡本綺堂『十番雑記』1937)

はなしはいくぶん古いことになるが、一八七八年(明治一一年)初期の地方官会議で、女性にも参政権を与えようという要求に対する反対理由のひとつに、女性が外出することの困難さをあげる意見もあった。

女子を選挙人とするは非なり。何となれば選挙人は残らず投票を其の郡区庁に持ち出さざるを得ず、婦女子は男子と違い、遠路往復するは難儀なるべし、且つかく労せしむるの利益なかるべし。(藤井甚太郎「婦人参政権と普選論の端緒」『新旧時代』1925/2)

東京の路の悪さはひとつには土質のせいともいわれる。東京にくらべて大阪は土質もよかったが、川が市内を縦横に通じているため、貨物は舟を利用して運搬が可能だった。大阪市は長いこと、牛馬車荷車の市内に入るのを禁じていた。

＊　＊　＊

関東大震災(一九二三年、大正一二年)後の東京は焼野が原を不幸中のさいわいと、近代都市化への復興計画をたてたのはいうまでもない。しかしその段階で道路のあたらしい敵となったのは急激な自動車の増加だった。未舗装の道路はいうまでもなく、簡易舗装の道路も車のタイヤで遠慮なく穴をあけられた。そのうえ、「道の真ん中を歩行者が悠然と漫歩」などという時代は昔語りになった。車道はいつも満員の都電と、バスと、タクシーと、自転車と、馬のひく馬力とが交錯し、それが大都会のおもな景観をつくった。

景観論のうえからいうと、銀座が模範としたパリのグラン・ブルヴァールは、ヴィスタ型といわれる街路設計であり、それには景観の焦点となるモニュメントが必要になる。一九世紀末から東京にはすこしずつ銅像が建造されたが、それらは街路の焦点になるような巨大なものではない。単純にいえば日本の街路は、銀座の柳、はあるが、それを包み、みあげる視線の焦点となりうるような建造物が欠けていた。強いていうなら、一九三二年(昭和七年)に建造された服部時計店ビルが、それに近いといえるかもしれない。

一九二三年(大正一二年)東京駅の皇居側に、丸の内ビルディングが建設された。地下一階地上九階というのは戦前最大のビルだった。丸ビルは低層階がショッピングモールになっていて、東京の有名店舗が入居し、天井は低いが、雨風の気遣いのないあたらしいスタイルの街路が誕生した。完成後七カ月目の震災のため補修を施し、中央郵便局、東京海上ビル、郵船ビルなどの建設と相まって丸の内のビル街が東京新名所となったのは、一九二〇年代後半(昭和初期)とみてよいだろう。一九二五年(大正一四年)には、丸ビルだけで八〇〇人近い女性が働いていた。それは着飾って遊びにくる、銀座の歩道の女性たちとはべつの顔をした、現代女性だった。

コンクリートの垂直の壁面と、堅い灰色のペーブ、冷たいガラスの光と、直線で区切られた空、それがモボモガたちをふくめて、一九二〇、三〇年代(大正末〜昭和戦前期)の都会人を包んでいる環境だった。

自転車

自転車も明治のかなり早い時期にわが国に入ってきて、さいしょは貸自転車が、もっぱら遊戯用として流行していた。総合誌『東京新誌』の一八七九年（明治一二年）第一四七号には、詳細かつ具体的にその乗り方の説明があり、「宛《あたか》も馬に騎《の》るに似たり」とあって、遊園地などにあった貸し馬とおなじように考えられていたようだ。

やがて一〇年も経たないうちに、おそらく自転車の小回りのきく性能が評価されて、届け物の配達には欠かせないものになってゆく。買い手が商店に足をはこぶのではなく、ご用聞きが注文をとって、それをあとから配達する、という商習慣がまだ根づよい時代だった。

大阪府下は昨年一〇月頃より自転車流行し、商家の番頭手代小僧丁稚職人社会に至るまで、自転車に乗るもの頗る多く、中には市中の得意回りの小僧丁稚をして、自転車に乗じて奔走せしむる商家さえ少なからざる由。（「大阪で自転車大流行」時事新報 1889/1/1 付録：1）

もうすこし後の時代になると、子ども用の自転車も売りだされるが、この時代の自転車はほとんどがアメリカ製で高価だったから、子どもを小僧にだすような家では、自転車など買ってやれはしない。あたらしく奉公に出た少年は、まず自転車に乗る練習からはじめなければならない、といわれた（「自転車の価格」『流行』流行社、1899/9）。しかしいったん乗りこなせるようになると、通りを肩で風をきって走るのは、彼等にとってはいささか得意だった。おとくいさんの子どもに、〝金どん、乗せて〟、とせがまれたりもした。そういう子どもに誇りたいためもあって、片手をふところに突っこんで乗ったり、両手ばなしをして見せたりする。

大阪府にかなり遅れて、一八九八年（明治三一年）に、東京府はさいしょの〈自転車取締規則〉を公布する。そのなかには、第三条に「道路ニオイテ競争ヲ為スベカラズ」、第五条に「道路ニ於テ乗車ノ練習ヲ為スベカラズ」、第六条に「一二年未満ノ者ヲシテ、道路ニ於テ自転車ニ乗ラシムベカラズ」等の項がある。べつにそうとばかりいうのではないが、縞のお仕着せを着た少年店員のすがたが、この条項には二重写しになって見える。

その一八九八年（明治三一年）の記録でみると、東京市一五区内の自転車による事故は、死亡二名、重傷一三名、軽傷一九〇名、衣服物品の損傷三二九件、突き倒されたひと一〇二九人、とある。自転車による事故で命に関わるようなことは少ないが、物品の損傷や転んだような事故はじっさいはこの数倍、起こっていたにちがいない。

自転車の転倒事故といえば連想されるのは、小杉天外の読売新聞連載小説「魔風恋風」（1903/2/25～）だ。自転車の危険視からその存廃論が加熱したが、「魔風恋風」のスタートしたのはそれがかなり静まった時期だった。その間の一九〇一年（明治三四年）には、一八九八年の自転車取締規則は全面改正され、きわめて具体的、微視的なものになっていた。たとえば両手放しを禁じたり、危険として自転車の乗車を禁じる急坂を、具体的に、九段坂、富坂、団子坂など一三カ所の名をあげて指定している。またその第六条で、「道路又ハ道路ニ面シタル場所ニ於テ乗車スルトキハ、袴、若ハ股引ノ類ヲ着用スベシ」とあるのは、主として和服着流しの男女の乗車を禁じるのが目的だろう。一八九八年（明治三一年）九月二一日の読売新聞横浜便りに、文金高島田の美人が居留地狭しと自転車を乗り回す、とある。こんな例はめずらしいにしても、男性の和服での自転車漕ぎも見よいものではない。

＊　＊　＊

「魔風恋風」のヒロイン初野の場

合は女学生だから袴をはいている。けれども女学生のはく袴はいわゆる行燈袴で襠《まち》をもっていない。つまり着流しの着物に比べて前が開かないというだけで、左右に分かれてはいないのだ。中央部分を低く造った女性用の自転車は早くから存在した。初野の乗っていたのが女性用だったかどうかについては、天外はなにも書いていないが、鏑木清方《かぶらききよかた》の挿絵では女性用らしく描かれている。

女性の自転車は「魔風恋風」とは関係なく、この時期盛んだった。東京では女性の自転車サークルである「女子嗜輪会」や、「女子自転車倶楽部」ができていた。また天外は初野のイメージを、一九〇〇年（明治三三年）頃に上野の音楽学校に芝の自宅から自転車通学していた、一七、八歳当時の三浦環（当時は柴田姓）から得たのではないか、と想像するひともある。初野の自転車の人気から、連載の翌々年の一九〇五年（明治三八年）七月一六日の都新聞が調べたところによると、「女学生にて自転車に乗るものは案外に少なく、女子大学生の一二、三人を頭にして、音楽学校の七、八人、さては虎ノ門女学館はさすがその元祖だけありて、音楽学校と匹敵するほどなるが（……）」とある。少ないか多いか判断の基準はないが、「魔風恋風」が転倒事故による主人公のかなりの負傷からはじまっている以上、自転車通学はむしろ減少したという可能性もある。虎ノ門女学館が元祖、と言っているのは、この学校が一応モデルと考えられているため。

女性の自転車乗りが疎まれる理由は、着るものの構造だけではない。乗馬の場合、女性のためには古くから女鞍というものが存在した。脚を開いてものをまたぐという行為を、女性は避けようとしてきた。自転車のサドルは馬の背中ほど大きいものではなく、またぐというほどのポーズにはならない代わりに、股の内側がサドルに密着することになる。そのために自転車に乗る女性に対しては、卑猥なことを言って笑う男がいた。

時代ははるかのち、戦争の影響が色濃くなった一九四〇年（昭和一五年）前後、ほとんどの女性はもんぺか、男性同様ズボンすがたになった。自転車って、こんなに乗りやすいものだったのね、彼女たちはそう言って笑っていた。東宝の轟夕起子の歌う、「お使いは自転車に乗って」が街に流れていた。

「当世女百姿　女流ハイカラ」
浜田如洗画、『風俗画報』、1904（明治37）年1月1日

自動車

東京では関東大震災後の一九二四年（大正一三年）、復旧のおくれている都電の代替として発足した乗合バス事業によって、大戦以前の都市交通網はほぼできあがった。ただし青バスとよばれた民営バ

スは、すでに五年前から運行をはじめ、好成績をあげていた。都営バスはさいしょは一時的な運行の予定だったせいか、車体も粗末だったし、小柄な女性にとってはステップの高すぎるのに悩まされたらしい。都電の場合は、線路沿いにきづかれた一〇センチほどの高さの安全地帯に助けられたが、バスはたいていの場合、地面から約九〇センチもある最終ステップまで脚をあげなければならない。そのため和服で赤ん坊でも片手に抱いている女性は、もう一方の手は握り棒を掴んでいなければならなかったから、あられもないすがたになった。高さ三五センチという、ステップの低いバスが導入されたのは、それから半世紀以上経った一九八五年（昭和六〇年）のことで、もうその時代には街に和服の女性などほとんどいなかった。

＊　＊　＊

乗合バスが実現した一九二四年より、わずか一六年前の一九〇八年（明治四一年）、東京の京橋橋上を一時間に通過する車馬の数を調査した記録がある。京橋を選んだのは「東京の中央道路でもっとも交通頻繁な銀座の北端と日本橋の中間」という理由から（読売新聞 1908/5/5: 3）。

電車二二一台、自転車五六台、人力車五〇台、荷車二〇九台、荷馬車二七台　計五六三台

運転の腕前は？（「自動車でかるた会へ」）
戸田常治郎（婦人世界写真部）撮影、
『婦人世界』、1913（大正2）年1月

三日間の調査のうち、ここに示したのは最初の日。この翌々日は自転車が一〇三台と倍近くになっていて、これはその日が月末の勘定日の三〇日だったため、と推測している。この数字で印象的なのは自動車が一台も通っていないことだ。

自動車は前年の一九〇七年（明治四〇年）二月には、さいしょの〈自動車取締規則〉が公布された。この規則では「鉄道マタハ軌道ニ依ラズシテ原動力機ヲ用ウルノ自動車ニ適用ス」とある。その二年後の一九〇九年（明治四二年）一月に、「現在東京で実際に運行している自動車の数は三九台」というレポートがある（国民新聞 1909/1/3: 5）。一時間に一台も自動車が通過しなかったというのも、当然といえるだろう。

日本に自動車が入ってきたこと自体は、すでに一九〇二年（明治三五年）一〇月に三井呉服店で、商品の配送を従来の馬車から自動車に切替える予定（朝日新聞 1902/5/15: 5）とあるが、これは全く例外的といっ

てよい。

　一九一八年（大正七年）、東京市の土木課長の「最近自動車の発達が著しく、現在府内に一二五〇台の自動車があるが、主に砂利敷きの市内の道路は、自動車が疾走すると、五、六寸から一尺くらいの穴を無数に明けてしまう。もはや自動車時代に入った以上、政府が補助を出して道路の改良をする必要がある」（朝日新聞 1918/1/4: 3）という談話が報道された。一官吏の発言だが、〝もはや自動車時代に入った〟という認識は大きい。一九二〇年代（大正末〜昭和初め）に入ると自動車の台数は加速度的に増加する。

＊　＊　＊

　この間、一九一二年（大正元年）には東京に、料金メーターを搭載したタクシー自動車株式会社が発足し、さいしょは上野、新橋、東京各駅での営業で、フォードのT型六台だけだったが、一〇年後には五〇〇台を超える車両を使うまでになる。料金は最初の一マイルが六〇銭、以後一マイルごとに一〇銭増し。やがて流しも現れた。メーターをつけていない個人営業も多く、市内は定額の一円と称して一般には円タクとよばれていたが、実際の値段は相対ずくできまった。

　タクシー、ハイヤーが生まれたことは、盛装した女性にとっては福音だった。もちろんその日稼ぎの階級には縁のないはなしではあっても。この時代のタクシーはたいてい運転手のほかに、エンジン起動のための助手をのせていたので、雨のときなどは降りる客に傘をさしかけたり、ぬかるみにシートを置いたりのサービスをする車もあった。降りしなに、車の乗り降りにまだ慣れない女性は、きものの裾や高価な履物を汚してしまうことがあった。この時代になると都心のメインストリートには、たいていペーブの敷かれた歩道ができていたから、女性は外出に、下駄よりも流行の草履をはく機会がふえていた。その草履を守るために、雨にあえばタクシー代を惜しまないひともあったろう。

　車の発展がおしゃれの様相を変化させたのは、もちろん日本だけのことではない。


　三人に一人が自動車をもつアメリカで、自動車に乗って心持ちのよい服飾の案出されるのは無理のないことです。快速力の自動車にツバの広い帽子は禁物、婦人帽に次第にツバのなくなっていったのも、自動車の増加による点が多いのです。婦人服のスカートが短くなったのも、その一般は自動車に負うと見ることができます。自動車の速力は、すべての軽快な服装と調和する結果、スポーツ服を標準として作られるものが、もっとも近代女性に迎えられるわけです。（「自動車の普及」読売新聞 1930/7/9: 5）

　読売新聞のこの解説記事はまた、郊外に住むひとたちにも都心での買いものが便利になったため、郊外や周辺小都市の商店が閉業に追い込まれている、とも報じている。

　この時代の自家用車には無蓋車――オープンカーが多かった。スピード感をよりはっきりと頬に感じるためだったかもしれない。そのためかドライブを愛する女性は、ヴェールをかぶったり、あるいはスカーフを巻くスタイルが多くみられる。オープンカーでないにしても、和服で車の運転席にすわるのは、どう見てもキッチュだった。

　一九二〇年代後半（昭和初め）以後、戦争の暗い影が翳しはじめるまでの短いあいだだったが、新聞小説には、自家用車を駆って湘南や箱根の別荘地、あるいは横浜の海岸通りのホテルに遊ぶ若者や、有閑マダムの生態がよくえがかれている（「お洒落な町々　ニューイングランドあたり」『スタイル』1937/12）。明るい陽の光のもとでありながら、オープンカーの運転席のふたりには、まるで密室のなかにいるような、強いられた親密さが生じる。ハンドルを握るとひとが変わる、とはよく聞くが、となりの助手席の娘にも、日頃とはちがう身がまえがあったかもしれない。

交通

明治となってから、女性の生活に生じた変化のひとつに、外出の機会がふえたということがある。主婦が日課のように日々の小買いものに出かけるようになるのは、ご用聞きや振売の商人が少なくなり、また女中をおく習慣の減ってきた関東大震災（一九二三年、大正一二年）以後のことだが、それよりかなり前に、化粧や着るものに気をつけて家を出なければならない、少しばかり遠出の機会や場所がふえたのだった。職場への通勤もそのなかに入る。そしてそれを助けたのが大都市の、市内交通手段の整備だ。

市内交通整備の第一段階は、人力車の急速な発展だった。人力車にあたる交通手段は江戸時代にも駕籠《かご》があった。明治初年、ごく短期間で、発明されたばかりの人力車が駕籠にいれ代わったのをみると、よほど大きな利点があったのだろう。運賃の点では、一八八四年（明治一七年）の東京案内には「一里五銭が定則なれども乗客車夫相対あり多く定めがたし」とある。一里といえば、市内に住んでいるひとならたいていの場所には行ける距離。

＊　＊　＊

一八七二年（明治五年）には、東京横浜間、じっさいには汐留新橋駅と桜木町駅とのあいだに、官設の蒸気鉄道が開通した。途中に品川、川崎、鶴見、神奈川の四駅が設けられ、新橋横浜間は五三分、午前八時が始発で、午後六時の最終列車まで一日九本、四両連結が基本だった。四年後には七時始発、一一時一五分終発までの一三本にふえている。運賃は新橋横浜間が上等で一円一二銭五厘、中等が七五銭、下等が三七銭五厘、上等は下等の三倍という大きな開きがあった。明治時代は東京人にとって、横浜見物はけっこう楽しみだったようだ。横浜駅を降りるとまっすぐの広い路、本町《ほんちょう》通りが居留地までのび、右側に並行する弁天通りにはめずらしい舶来商品がならんでいる。ある意味で銀座通りと横浜の本町通りは一直線に設計されていた。銀座にさきがけて、日本さいしょの街灯がともされたのはこの本町通りだった。

名古屋神戸間の、関西方面の鉄道敷設の進捗にくらべ、なぜか遅れぎみだった横浜以西の延伸は、一八八七年（明治二〇年）になって国府津までが開通、途中の大磯駅開業は、人気の海水浴の客にはよろこばれたろう。そして翌年には御殿場廻りで浜松まで延伸され、箱根伊豆方面の湯治客のためには大いに役だった。こうして新橋神戸間の全通は、一八八九年（明治二二年）七月。所要時間は新橋大阪間が一八九八年（明治三一年）で約一三時間、新橋京都間の運賃は、下等で三円二九銭、大阪までがおなじく三円五六銭。

＊　＊　＊

東京の都心部には、人力車と並行して乗合馬車が営業をはじめた。一八八二年（明治一五年）には鉄道

二頭立ての鉄道馬車

「のぼり鯉」挿絵、『大阪朝日新聞』1888（明治21）年7月1日

馬車の運行もはじまった。しかしどちらも路線は銀座通りと、その南北への延長が中心だったから、市の周辺部に住むひとにはあまり関係はなかった。公共の交通網が横方向——東西にもひろがりはじめたのは、鉄道馬車の後をうけた市内電車と、官営山手線の発展のおかげだった。

市内電車はさいしょいずれも民営の、東京電車鉄道（電鉄一九〇三年、明治三六年〜）、東京市街鉄道（街鉄一九〇三年、明治三六年〜）、東京電気鉄道（外濠線一九〇四年、明治三七年〜）の三社が競争した。やがて三社が合併し、そのあと一九一一年（明治四四年）に東京市が買収して東京市電となる。漱石の『三四郎』(1908)のなかで、野々宮さんが、この二、三年路線が無暗にふえたので、車掌にいちいち聞かなければ乗り換えができない、と言っているが、路線の発展はそのあと、大正期に入ってからがいちじるしかった。電車の台数が不十分だったため、市電はたいてい満員で、冬など吹きさらしの安全地帯で、男性は外套の襟をたて、女性はショールを口のあたりまで巻きつけて、なかなか来ない電車を待ちつづけている、それはたしかに、この時代のひとつの情景だった。

山手線が今日のような環状運転を開始したのは、大震災後の一九二五年（大正一四年）だった。東海道重視の官設鉄道を補うかたちで、民営の東京鉄道がはやくも一八八三年（明治一六年）から、上野以北と、東京周辺部に路線を開設した。東京鉄道と、中央線の前身である甲武鉄道がともに国に買収され、日本国有鉄道の一部となった一九〇六年（明治三九年）の時点では、環のほぼ七〇%ができあがった状態だった。武蔵野の広がりにむかって、郊外の生活を求めていった東京人にとって、山手線とそれに連結した中央線は、彼らをしっかりと都心に結びつける役割をもっていた。

東京での乗合自動車——バスの営業は、関東大震災で市営電車が壊滅的打撃をうけ、早急な回復がのぞまれなかった、その代替としての登場だった。市電が回復してもそのまま市バス事業が続けられただけでなく、民営のバス会社も現れているのは、線路を敷設することも架線を張ることも必要ないという、建設費の問題もあったろう。それに一九二〇年代半ば（大正末）という時代は、自動車はまだ数少なく、きれいなバスは街のモダンな点景でもあった。角ばった大きな車体の市電には、男性の車掌が乗務しているのに対し、スマートな丸っこいバスには、赤襟といわれた洋装の、若い女性の車掌さんが乗って、オーライなどという〝英語〟を使うのだ。洋服が着られるというので、バスの車掌を志望する娘さんもいた。

とはいうものの、バスの乗り降りは、錦紗のきものの裾を気にする和服の奥さんがたには辛かった。その点は市電もそう変わりなかったが。この時代は、設備や機械の側の、ということは事業者の側の、そういう配慮がごく乏しかった。かつて盛んに指摘され、すでに忘れられかけていた和服の改良問題が思いだされた。しかしもうこの時代、毎日駅の長い階段を登り下りし、電車やバスのステップを踏まなければならない職業婦人が、袴などをはくわけもなかった。職業婦人の洋装化は、朝夕の通勤もまた職業生活の一部、という事実にもとづいている。

東京市内でいえば、大川（墨田川）の数カ所の渡し船もだいじな交通手段だった。しかし渡しを描いた絵や写真を見ても、なぜか女性のすがたはあまり見られない。たくさんの渡しのなかで、築地明石町から佃島へ通う佃の渡しは、第二次世界大戦後の一九六四年（昭和三九年）まででつづいていたとはおどろく。もちろんそのときは、桂文楽が竹屋の渡しで巧みに描写したような櫓をつかっていたのではなく、ポンポン蒸気だったのだが、それでも明治といわないまでも、〝戦前〟がまだこの時代までのこっていたような印象だ。

その一方で、一九二〇年代後半

（昭和初期）には空の旅が営業を開始した。〝戦後〟もまた、昭和の初めにはじまっていたのだ。欧米同様、わが国でも航空機の利用はまず郵便輸送から着手され、本格的な旅客輸送の開始されたのは一九二九年（昭和四年）、東京―大阪―福岡（大刀洗）間だった。例によって新聞小説作家はさっそく、三年後の朝日新聞連載「暴風帯」（下村千秋作、1932/5/12～）に、颯爽たる（?）飛行服の女性を登場させている。

民族と民俗

朝鮮人／朝鮮服

　古代中世の日本が中国から受けいれた文物のほとんどは、朝鮮半島経由だった。しかしそれにしては、日本人のもっている朝鮮や朝鮮人についてのイメージは稀薄だ。古代から近世まで、どれほどの日本の知識人が、朝鮮の文化に関心をもったろう。天正少年使節や長崎出島のオランダ人のことは、どんな歴史教科書にも出ているが、朝鮮通信使がとりあげられるようになったのは、ごく最近のことだ。いくぶんか知られていた朝鮮の文化といえば、李氏朝鮮の陶磁くらいのものだった。

　日本の明治以降の一般大衆にとって、大陸に眼をむければ、底のしれない大きさをもった中国があった。またすこし北の方角に眼をやれば、さらに広大なロシアの大地がひろがっている。どちらにしても、日本人にとっては夢、あこがれの対象であると同時に、大きな威圧感をもって迫ってくる存在だった。朝鮮半島はその場合、レンズの視野の範囲外というより、焦点を合わすことのない足もとのように、意識の外にあった。

＊　＊　＊

　韓国の併合は日露戦争直後の一九〇五年（明治三八年）頃から具体化していって、一九一〇年（明治四三年）八月二九日、「日韓併合に関する条約」の公布によって実現する。日本の大衆にとっては、日露戦争戦捷後の陶酔の時期だったこともあり、どういうことかよくわからない、というのが本当のところだったろう。新聞を読むくらいの日本人には、日清日露の両戦役によって、日本が朝鮮から清国とロシアの勢力を追い払ってやったのであり、そうしなければ朝鮮は、どちらかの国の属国になってしまうよりしかたがなかった――弱い、かわいそうな朝鮮、といった理解があったようだ。〝朝鮮人はかわいそう〟という感情は日本人のなかに根づよく残り、子どもの遊び唄にまでなっている。

　じっさいのところ、併合後も、朝鮮は日本の何なのかということは、たいていの日本人にはよくわからなかった。しかし日本に統治されている国、ということはたしかだったから、そういう意味での気の毒さがあり、朝鮮のひととのつきあいには多少遠慮があった。もちろん無教育な人間のなかには、侮蔑的な態度をとる者もいただろう。朝鮮人は一般に身長が日本人よりもやや大きく、体力が優っていたから（帝国学士院『東亜民族要誌』1944）、朝鮮人が多かった肉体労働の現場などでは、だいじにされたろう。

＊　＊　＊

　改良服のアイディアのなかには、日本人はもうきものをやめて、いっそ朝鮮服にしてしまおう、という提案もあった。和服の大きな欠点が、前のはだけやすさだったから、たっぷりしたヴォリュームをもつチマを推奨する、という理由もあった。

　しかしその、チマをはいた朝鮮女性のすわり方が、日本人にはなじめなかった。脚をひらいてすわったりうずくまったりするすがたを、日本人は不作法とみるのだ。せまい対馬海峡ひとつをへだてただけながら、朝鮮と日本の文化のへだたりは案外に大きい。日常のつきあいのなかで両者をへだてるもっとも大きな原因は、食文化のちがいだったろう。朝鮮人宅の隣に住んだりすると、ニンニク料理の匂いに辟易する日本人が多かったらしい。朝鮮人は日本人よりずっと肉食を多くし、値段が安いから、ということもあって、豚などの内蔵をよく食べる。きれいに切りそろえた、但馬牛のロースばかりがお肉だと考えている奥さん方には、ブツ切りされた内臓を食べるようなひとたちは、やや敬遠気味になる。

＊　＊　＊

　朝鮮人が男女とも白色を貴ぶことは、早くから知られていた。純白のチマ、チョゴリを家族に着せるために、朝鮮女性は非常に多くの時間を洗濯のために奪われる、といった記述は、どの民族誌からも読みとれる。それにくらべて水にはずっと恵まれていながら、日本人は風呂に入ることばかりに執着して、衣類の洗濯はめったにしない、だから日本人は臭い、という指摘もある。日本統治時代、洗濯に使う時間をもうすこし減らして、もっとじぶんの時間をもつように、という総督府令まであった。

明治初年には、留学生をふくめて日本在留の韓国人がかなりいた。一八八三年（明治一六年）には一二名の韓国人が東京の陸軍士官学校に入学している。彼らはさいしょ、洋服の制服を着ることも、「栄螺《さざえ》あたま」といわれた朝鮮風丁髷《ちょんまげ》を切ることも拒んだ。しかし卒業までには、洋服と散髪に同化した。

またそのころ日本から帰国した韓人は、白衣でなく、好んで日本風の黒っぽい衣服（資料では黒衣となっている）を着ているため、黒い衣服は日本派の色として、守旧党はきらっている。とりわけ黒の洋服などにいたっては、夷狄《いてき》の服として憎しみの対象になっている（東京日日新聞 1885/1/10：午後 10）、と報じられている。これを考えると、日本が朝鮮経由で中国文化を摂取したように、日本経由で欧米の文物に馴染んだ時期が、朝鮮史にもあったことになる。

中国・中国人観

日本人の心の底には、漢字文化の宗主国としての中国を畏れ、敬う念が、時代が明治とかわっても根づよく存在していたはずだ。教養人の口をついて出るのは漢詩文の古典や、中国の故事だったし、すこし堅い書物の序文や、故人の顕彰などのため石に彫られる碑文には、なんの理由でか、だれでもすらすら読み下せるわけではない、無点の漢文が用いられていることが多かった。

その一方で現実の清国は、阿片戦争（一八四〇～四二年）以後、欧米列国の餌のような状態をさらしていた。その状況は幕末の日本人にも伝わっていて、攘夷のひとつの根拠ともなっていたから、危機感とともに、敬愛してきた老大国に対しては、歯がゆさも感じていたにちがいない。

開国後のわが国には、欧米人以上に多くの数の清国人が訪れた。これまでは孔孟の国であり、関羽や張飛の国であり、また唐人飴屋ぐらいでしか理解していなかった隣国のひとびとと、じっさいに接する機会が生じたのだった。その結果は日本人がそれまで抱いていた中国人観を、いくぶんかイメージダウンさせる方向だったかもしれない。

一八九一年（明治二四年）の郵便報知新聞は、居留支那人の生活というタイトルのレポートでつぎのように言っている。

> 其の筋の調査によれば（居留支那人は）一千有余名に上り爾来日に月に増加するも減少することなし（……）我日本に来る支那人は大概香港上海等に於ける流浪もの多く　其の他マニラ、米州、豪州等の追い出され者にて世界各国支那人出稼ぎ中の下等人物なり　長崎神戸大阪に居留する者は又下等中の最下等にして　横浜は幾分か上等仲間と知らるべし　併し其の生活の賤悪にして例のケチ一点張りを以て押し通すに至っては同一なり　彼等の大半は何を為すか　居留英米独仏人の従僕を務め　又偽金銀の細工物飴玉の珊瑚珠売なり　其の上等の部分は洋服裁縫、両替商、薬店なれども其の数甚だ少なし（郵便報知新聞 1891/7/23：3）

じっさいには欧米人のなかにも、素性の怪しい流れ者が少なくなかったのだが、それでも彼らの多くはお雇い外国人として、またミッションの教師として、あるいはヘボンのような医師として、日本の近代化への貢献はだれの眼にもあきらかだった。それに対して清国人は、すべてが日本へ稼ぎに来ているのであり、その多くはこの記事にもあるように、欧米人の召使いになっているのだ。洋服裁縫など、西洋文明の手ほどきをしてくれた分野があるにしても、せいぜいが、日本人と対等のつきあい相手なのだった。

中国古典に通暁した当時の文化人たち——若き日の幸田露伴や大槻如電のようなひとたちが、眼前の清国と清国人とを見て、どんな中国観を抱いていたかはわからない。しかしおそらく、いまや崩れかかった清国と、漢、唐、宋、明の古典的伝統とを、はっきりと区別していたことだろう。

清国人のイメージダウンの底が、日清戦争（一八九四〜九五年、明治二七〜二八年）だったことはいうまでもない。清国人を嘲るたわいのない戯れ歌や、子どもの遊び歌がはやったのは、その時代の日本人の教育レベルからいえばやむをえまい。とりわけ、清国人男性がもっていた頭上の弁髪が、日本人には滑稽に感じられたらしい。清国人は庶民のあいだでは「南京さん」とよばれた。

＊　＊　＊

戦争によって帰国した清国人は多かったが、しかし戦後は戦前にもまして多くの清国人が来日した。一八九七年（明治三〇年）から翌年にかけての調査では、在住中国人の総数は四五三三人。欧米人は全体で四六六五人。外国人の半数近くは清国人、ということになる。清国人のほぼ半分は横浜に住んでいた（「横浜雑話（一六）」国民新聞 1899/5/14: 5）。

中国人の多くは、なすべきことが終われば帰国する欧米人とちがって、華僑として日本に土着した。横浜、神戸、長崎には、自然と彼らの居住区——南京町が形成されてゆく。南京町は上海などにあった租界とはちがい、日本人を排除するものではなく、住んでいる中国人になんの特権もなかったが、とくに横浜では、日本人には近づきにくい街の雰囲気をもっていた。横浜の日本人は、南京町の迷路のように入り組んだ路地の奥には、阿片窟があるものと信じていた。じっさい、阿片吸引者はかなりいたといわれている。また一九〇〇年代（ほぼ明治三〇年代）にはほとんどの子どもが種痘を受けていた日本とちがい、在留清国人のなかには、見た目のおそろしいあばたづらのひとがいた。こういったことも、横浜の日本人と中国人との間をいくぶんへだてる理由になっていた。

一九一一年（明治四四年）の中国における辛亥革命は、日本人の中国観に多少の変化を生むきっかけになっている。東京の山の手辺の下宿に多くいた中国人留学生には、学費切れで帰国するひとが多くなった。その代わりに志士といわれるような人物、孫文のようなひとが来日して、日本の政治家や文化人と交流をもった。

それとはまったくちがうレベルのはなしだが、あの不自由な纏足《てんそく》で、家のなかにこもりきりだった、なよなよした中国女性が、とくに若い女学生たちの多くが、思いきって髪を短く切り、勇敢に街のなかに、そして社会にとびだした。彼女たちのあり方は、日露戦争後の好景気にものって、ますます身を飾ることに贅沢になっていた日本女性に、遠いシグナルの役目を果したかもしれない。

中国服

酒館タイガの女給数人支那服を着て芝居に来るに逢う。婦人支那服本年春ごろより追い追い流行。夏物上下にて価四、五〇円より一〇〇円くらい、銀座松屋呉服店にて仕立てる由。女給のはなしなり。（永井荷風『断腸亭日乗（1926/9/9）』）

中国服が日本で流行したのは一九二〇年代後半、とりわけ一九二七年（昭和二年）前後。流行は短期間で、その後の日本人の衣生活に具体的影響はのこらなかった、とみてよい。

＊　＊　＊

幕末に欧米人とともに来日した清国人のすがたは、当時の錦絵にも描かれてる。日本人にとってはこれがさいしょの、近代中国服との出会いだった。

『半七捕物帳』の「唐人飴」のなかには唐人のかっこうをした飴屋が登場する。「更紗でこしらえた唐人服を着て、鳥毛の付いた唐人笠をかぶって、沓をはいて、鐘を叩いて来るのもある。チャルメラを吹いて来るのもある」。これは嘉永四年（一八五一年）のはなしで、すでに外国船の来航しきりの時期だったが、直接にはそれとは関係なく、当時人気のあった唐人踊りの衣裳を、いいかげんにまねたものだろう。唐人踊りの流行は、明治時代にかけてもかなりのものだったようで、落語の「らくだ」でも、らくだの友達も屑屋も、唐人踊りの〝かんかんのう〟は、おたがいによく知っているものときめこんでいる。

江戸時代を通じて、長崎には明、清人がつねに出入していた。乏しくかつ不正確な情報とはいえ、中国の文物、風俗は日本人の知識の一部ではあった。〝かんかんのう〟にしても、九連環という清楽に一応はもとづいている。ただし、中国の文物にもっとも通じているはずの漢学者、具体的には朱子学、陽明学を信奉する儒者たちの眼がむけられていたのは、もっぱら宋代、明代、あるいはそれ以前の中国だったろうから、目前の清朝の、それも風俗などについては、どれほどの関心があったろうか。唐人飴屋のかっこうにしても、朝鮮通信使との混同もあるようにもみられる。

開化後は、居留地に在住するたくさんの清国人によって、中国人の生活風俗を目の当たりにする機会が得られるようになった。そしてそれにもまず情報がえられたのは、日清戦争（一八九四〜九五年、明治二七〜二八年）、北清事変（一九〇〇年、明治三三年）、日露戦争（一九〇四〜〇五年、明治三七〜三八年）を機会にしての、日本人の大陸進出による。ただし出兵という状況からの観察であるため、その理解には多くのバイアスがあるにちがいない。

そのひとつは大陸人の不潔さの印象だ。これは水に不自由のない海浜型文化のなかで育った日本人が、内陸地帯の、めったに衣服を洗うこともない中国人の風習に出逢えば、当然のことだった。この時代の日本人が、中国人の日常着を持ち帰ったなどという記録はほとんどない。またつい昨日まで丁髷《ちょんまげ》を結っていた日本人の眼に、清人男性の弁髪は滑稽にうつった。

中国服に対する日本人の関心は、和服への不満を根にもった、改良服の模索とも結びついていた。おなじ外国の衣服を参考にするなら、文化も体型も西洋人より身近な、アジア人の衣服にもっと眼をむけるべきだ、という理由による。だから朝鮮服を賛美する意見もあった。とはいえほかの改良服同様、そのときかぎりの提案にとどまった。

＊　＊　＊

しかし一九二〇年代後半（昭和初め）の中国服人気は、中国服の側に、海を越えて日本人の関心をひきつけるだけのあたらしい魅力が生まれていたためだろう。外国人の前に展開されたのは、一九一一年の辛亥革命から一〇年以上を経過し、社会的にも風俗的にも清代末期とはさま変わりした中国だった。それは彼らの衣服についても同様なことがいえた。

明治期に日本の開港地で見かける中国人には、あるいは使役され、働くすがたが多く、上下二部式の服を着、男女とももんぺのように先のすぼまったズボンをはき、女性はたいていびっくりするほど小さな沓《くつ》をはいていた。正月や祝いの日などには、うつくしい光沢のある長衫《ちょうさん》を着た、堂々たる大人を眼にすることができたとしても、それは神戸の一部の地区に住む日本人だけだった。

関東大震災（一九二三年、大正一二年）をすぎたころに、日本人の

「支那服」の短い流行
（「散歩しながらラジオのきける機械」）
『歴史写真』、1926（大正15）年9月

女優やダンサーなどのなかに、中国服——当時のいい方でいえば支那服を、まねて着るひとが現れだし、それがグラフ雑誌でも紹介される。それが一九二六年（昭和元年）に入ると急カーブで話題になる。その話題になった支那服は、かつての清国人や、華僑の働く女性の着ていたものとはずいぶん違っていた。ある程度中国人に接していた日本人の眼から見ると、十何年か前の政治的変革とおなじくらいに、さま変わりしたスタイルだった。

　あたらしい中国服は、清朝期の旗袍《チーパオ》のかたちを受けついではいた。旗袍は清人、つまり満州族が用いていた胡服のひとつだ。胡服とは中央アジアまでひろがっていた騎馬民族の衣服型をさす漢民族のいい方だ。漢民族の復権をひとつの目標とした新中国だったが、旗袍のデザインは受けいれて、これにモダンな美的価値観と、欧米風縫製技術を導入した。共産革命後の中国人が一九二〇、三〇年代の中国服を、中西服とよぶのはそのためだ。

　あたらしい旗袍のスタイルを育てた温床は、魔都といわれた上海租界や、香港、マカオだったかもしれない。しかしそのめばえとして、革命後の社会をよかれあしかれリードした、革新的な女学生たちの役割はみのがせない。彼女たちは纏足《てんそく》を拒否し、髪を短く切り、家から外に出た。おりしも欧米はボブ・カット、シースドレス、ショートスカートの、ギャルソンヌ・スタイルが全盛だった。彼女たちはその、世界の時流にも巧みに乗ったのだ。彼女たちは、摩登女子（modern girl）とよばれた。そして彼女たちの大胆さに、おずおずとつき従ったのが、海のこちらの銀座のモダンガールだった、という図式になるだろうか。

ジャポニズム

　ジャポニズムということばは、一九世紀後半のフランス印象派の画家たちによる、浮世絵愛好についていわれたのが最初。おなじ時期の、イギリス、フランスの家具デザインやインテリアに、日本趣味があったように書かれている本もあるが、シノワズリーつまり中国趣味とごちゃごちゃになっているようだ。シノワズリーははるかに古く、一八世紀フランスの画家フランソワ・ブーシェの一連の作品もよく知られている。

　開国前後の日本が欧米、とりわけアメリカ人の好奇心の対象になっていたことはたしかで、クックはじめ旅行社が日本旅行を盛んに宣伝し、それに釣られて大勢のアメリカ人観光客が日本を訪れた。きびしい行動制限があったとはいえ、観光客は維新前後の日本を目の当たりに見ているのだが、しかし欧米人がもつ日本の印象は、その後の〝輸出用日本〟によって形づくられたものの方が比重が大きいだろう。

　一九世紀後半は、一八五一年の第一回ロンドン万国博覧会の大成功のあとを追って、欧米では博覧会ブームとでもいうべき時期だった。そのため開国したばかりのわが国にも、つぎつぎに博覧会への招聘状が届けられた。すでに一八七一年（明治四年）にはサンフランシスコ博覧会への出品勧誘があり、一八七八年（明治一一年）には第三回パリ万国博覧会、翌年はシドニー博覧会、一八八四年（明治一七年）にはロンドンの衛生博覧会、一八八八年（明治二一年）にはベルギーのスパーでの万国美人博覧会、そして一九〇三年（明治三六年）にはロシアのサンクトペテルブルクでの万国服装博覧会と、そのたびにわが国では手ぐすねひいて出品物をえりすぐった。一八八四年（明治一七年）には博覧会の目的にそって銭湯の石榴口《ざくろぐち》を送っている。銭湯の石榴口は、明治一七年というこの時期、わが国ではすでにめずらしくなっていた。外国むけの出品物といえば、一般庶民の日常からはかけはなれた美術工芸品か、時代ものの骨董品かがどうしても多くなる。

　日本のイメージをつくるのに少なからぬ働きをしたと見られるのは、この時期欧米を巡回した〝日本ショー〟だったろう。一八八四年（明治一七年）七月二六日の郵便報知新聞は、しばらく日本に在住し日本の女性を妻としたオランダ人タナルカなる者が、人力車夫、瞽女《ごぜ》、按摩、願人坊主などを雇って欧州を巡業、わけのわからない芸を見せたり、日本風俗博覧会を開いたりしている、と報じ、「苦々しき次第なり」と結んでいる。この種の興行物はほかにもあったらしく、喰いつめた力士一行が、化粧廻しをして踊りをおどってみせた、などという醜態もあった。

　一八八五年（明治一八年）四月、ロンドンで歌劇《ミカド》が上演され、七年後にはニューヨークで再演されている。ミカドで用いられた日本風コスチュームの奇妙さもさることながら、ことが皇室にかかわるというので、在米日本人のなかには憤激し、領事に公演差止めをせまるひともあったようだ。しかしこの当たり狂言の印象はつよく、その後の歌劇《マダム・バタフライ》のコスチュームや、その後の、日本をあつかった舞台、ミュージカル、映画にもながく影響がのこる。

　怒るひとのある一方で、パリではミカド商会という看板をあげている日本人の店もあり、この店では「貞奴キモノ」を、写真入りで雑誌広告している。

　海外で「ミカド式」に受けいれられた日本風、あるいはキモノとは、厚綿の入った、すべすべした繻子地に刺繍沢山の、それもドラゴンなど清朝末期風装飾過多のものが多く、それは日本では後々まで外国人むけスーベニア専門に製作された。しかしその一方で、前割れのガウン式スタイルは、一九〇〇年以後、欧米の日常生活のなかに入っていった。前で打ち合わせのガウンが、それまで欧米になかったわけではない。だからそういったデザインのすべてがジャポニズムとはいえないが、あきらかにニホン・キモノそのままを部屋着として用いている例もたくさん認められる。日本を訪れた欧米人が、ホテルで貸す浴衣の快さに味をしめたため、というひともある。しかし前割れの衣服は、裾がまくれてしまったりして、じつは横になって寝るのには向いていない。欧米人はベッドウエアとしてキモノ式のデザインを着ることはなく、ふつうはベッドウエアの上にはおるか、部屋着のキモノガウンとしてだ。

明治時代に日本を訪れて、日本人の生活を観察した欧米人は、ほぼ口を揃えてきものの美しさを讃える一方、日本人が洋装することの無意味さ、あるいは不利を説いた。なにかにつけて教師か、少なくとも賢い助言者の立場だった欧米人のことばは、日本人の衣服改良の意欲に水をさしたが、しばらくすると、外国人のお世辞にのってはならない、という反省が生まれる。

欧米人がきもののいちばんの欠点として指摘するのは、帯結びだった。コルセットに慣れていた一九世紀後半の欧米女性は、帯が胴体をしめつける窮屈さはべつだん気にならなかったらしいのだが、大きなこぶのようなものを背負うのは奇妙だという。ことに羽織を着ていると帯が見えないため、日本の女性はみんなせむしのようだ、と。

これは単に見なれの問題にすぎないともいえるが、欧米人のキモノは決定的に、どんな場合でも帯結びを排除した。三〇センチの幅の帯をいちばんの見栄えとしている日本人の和装に対して、欧米人のキモノはからだを拘束しない、優雅なシルエットを愛している。

日本人の和装が現代になって、ほぼ細帯の浴衣に絞られてきたのは、キモノガウンへの接近の第一歩なのかどうかは、まだわからない。

東京人の見た関西

明治大正期の東京人の、京大阪人の趣味に対する眼はかなりきびしい。江戸の人間にはながいこと、上方文化へのコンプレックスがあった。もうひとつ、とりわけ下町の江戸っ児といわれるような町人職人階級には、もの知らずと、ひがみ根性の裏がえしによる、よその土地の人間に対する江戸っ児ぶりの傲慢さがあった。それは開化の時代になってもすっかりなくなったとはいえないようだ。箱根山の東には化け物はいないとか、「上方贅六」といったセリフは、けっこう生きのこっていた。

江戸とちがう上方趣味としてむかしからいわれたのが、京都の人間が身なりに金をつかい、身なりでひとを見る、俗に京の着倒れ、ということ。それにくらべて江戸ではめだったところに金をつかうことをきらう。ふつうには気づかれないようなきものの裏地とか、下着、それから履き物に金を使うのを惜しまない。

また上方女の厚化粧にも定評があった。時代にもよるが江戸の女が、素顔、水髪、素足を誇ったのに対して、上方の女の白粉《おしろい》は濃く、髪には念入りに油をつけた。よく上方の女性は髪をだいじにするためにめったに髪を洗わず、そのため髪の毛が臭い――などといわれる。この点について東京名題の髪結い、下谷の佐藤あきはこう言っている。

京阪では油や鬢つけを沢山用いますが、これはあちらの人は何かにつけてつましいので、髪なども一〇日ぐらいは保たしておきます。それにはどうしても固油を沢山用いなくてはならぬので、自然の要求から油類を多量に使うのでございます。

（佐藤あき「髪結師からお客様への注意」『主婦之友』1922/10）

髪型については一九一八年（大正七年）に、全国各地の一流髪結いが招かれて、大阪の中座で大競技会を催したさい、東京を代表して出場した佐藤秋子は、大阪風の髪は大人も子どももみな似かよっていて、結うひとの個性や、それぞれの髪型の特色がとぼしい、という感想をもらした（「大阪中座の髪結大競技会から」都新聞1918/5/13: 4）。

そののち、一九二四年（大正一三年）九月四日の大阪朝日新聞には、関東大震災（一九二三年、大正一二年）のために京大阪に移り住むことになったひとびとの、大阪人の装いについての印象も、多数のこされている。いくつかの例をあげてみよう。

一体に厚化粧で風がハデね、私なんぞ生まれて初めて勤めの身となって、ハデだと思って着たこの着物が、大阪の方にはまだ地味なくらいですってね、そしてお風呂から上がってもあんなにベタベタ厚化粧するなんか（……）。（西区信濃橋詰の某組合に勤めている二二歳のIさんは、もと東京下谷西黒門町に住んでいた）（大阪朝日新聞 1924/9/4: 2）

大阪の人は、絹物を着ないと外出できないように思っているようですね、生徒までが木綿ものを学校に持ってくるのを恥のように心得て、裁縫の時間は、着物の競争会のようです。（南区大国小学校の裁縫の先生で二二歳のEさんは、小田原で地震にあった）（同前）

専門家の見方としては、その二年後の一九二六年（大正一五年）に大阪を訪れた銀座資生堂の三須裕が、大阪の女性をつぎのように観察している。大阪では錦紗ずくめの女性が多い。タイピストなど職業婦人でも、きものは銘仙でも羽織は錦紗で、それも柄物が多いため、見た目には東京の女性より綺麗。それなのに履き物は粗末で、足袋と下駄は綺麗なものをはいているひとが少ない。その粗末な下駄をはいているひとが、指にはりっぱな宝石入りの指輪を、一つならず二つも嵌めているひとがいる（「正札を下げてる大阪婦人の服装」都新聞 1926/5/8: 11）。

錦紗は縮緬の一種で、より細い糸を用いた地薄の織物、一九二〇年代（大正末〜昭和初め）から昭和戦前期には、キンシャのきものといえば派手やかで、もっとも女っぽい地質として若い女に喜ばれた。三須の観察はしょせん旅行者のものだが、おなじような一過性の観察者がほぼ口を揃えているのは、関西、とりわけ大阪の女性の装いの濃厚さと、アンバランスな贅沢さ、といえるだろう。

＊　＊　＊

関西人へのこの種の批判がいつまでもつづいたのは、マスコミが東京中心だったせいもあるだろう。下町新聞といわれた都新聞などには、とりわけその傾向があったようだ。

けれども東京と大阪の間が、汽車で一晩で結ばれた今日、昔のような風俗のちがいはなくなった、という見方もぽつぽつ現れてくる。しかしそれは結局、上方らしさが消えて、もしくはうすれて、ひたすら東京風に、東京の亜流になるだけなのかもしれなかった。

一八七五年（明治八年）という早い時期にも、大阪では近頃東京風が流行し、髪型も江戸風、帯も両方へブラブラ下げることをやめ、重ね裏の草履も東京風の吾妻下駄になってしまい、そのため浪花娘のたおやかな優しい姿は大いに減じた、という嘆きの声があった（東京日日新聞 1875/3/30）。

それがとくにつよくいわれるようになったのは、震災後だったが、一九一〇年代（ほぼ大正前半期）から、三須の観察した一九二六年（大正一五年）にいたる間も、関西の女性が概して流行に、それも東京からの流行に盲従する傾向にあるとは、多くの観察者が口をそろえて指摘している。流行については、首都であり、情報の発信地である東京に、関西が追随する姿勢をもっているのは、むかしも今もしかたがないかもしれない。

近代大阪の生活文化を回顧して書かれた数多くの著書に目を通して、とりわけ東京のそれとの比較で気づくのは、装いに関するエピソードのとぼしさだ。

東京中心の生活文化史であると、明治初年の断髪令、廃刀令にはじまり、明治一〇年代の束髪、明治二〇年代の復古調、明治三〇年代の廂髪と海老茶袴の女学生たち、明治末の〝新しい女〟の風俗、女優髷と七三《しちさん》髪、大震災前後の耳隠しとそれにつづくモガモボ、断髪、洋髪、洋装と、昭和一〇年代のパーマネント騒動——街の情景の時間的推移を、このような具体的で、華やかなイメージでたどることが可能だ。大阪でもこうした現象が、東京に追随してまちがいなく存在したはずなのに、大阪生活文化史の著者には、その時代その時代の欠かせない情景として、ほとんど認識もされていない。

ただしそれだからといって大阪を責めるべきではない。パリも、ロンドンも、ニューヨークも、それぞれの国内の他の都市に対しては、ファッションに関するかぎり同様にガリバーなのだ。ファッションにかぎらず、情報発信源の大都市は、ひとつの国内では対等になろうとする者を嫌うらしい。

欧米文化に対するわが国の基本的な姿勢同様、地方都市にとっての東京風俗は、学んで従うべきものなのだ。東京にとっての京都風や大阪趣味は、ひとつの素材にすぎないが、地方都市にとっての東京は教科書だった。そしてまた学ぶ立場のひとびとは、じぶんで生みだすひとよりも頑固なものだ。三須も大阪風を批判はしたものの、しかし全体としては、東西の流行はそう違いがみられないとも言っている（「正札を下げてる大阪婦人の服装」都新聞 1926/5/8: 11）。

もちろん関西がすべて東京化することなどありえない。震災後、多くの生粋の東京人が関西に住むようになり、谷崎潤一郎の阪神間、志賀直哉の奈良など、関西の、それまではそれほど知られなかったよさが認識された。

そんなレベルのはなしではないが、逆に関西風の東京浸潤としては、一九二〇年代（大正末〜昭和初め）の、関西カフェの銀座進出もあった。もっともこれは、大阪風の例の濃厚さを売物にしたサービスとして、悪い印象のひとつだったかもしれない。

大阪

東京の大きな特色は、わかりきったことながら、政治経済の中枢都市だということだ。政治、行政、司法等の中央官庁が多いのは当然だが、それに付随する機関——教育、研究、情報の組織、大企業の本社等、トップ官僚やエリートビジネスマンが、この都市に集中している。かつての江戸は江戸城を囲んで武家屋敷が形成され、武士の町であった。お城勤めの武士の正装が裃《かみしも》だったのに対し、フロックコート、モーニング、もしくは背広の三揃えという、近代の裃の普及のトップを切ったのが東京だったのは自然なこと。

一九〇〇年代（ほぼ明治三〇年代）になったばかりの時期に、つぎのような観察がある。

大阪は和服の都会で洋服の都会ではない。（……）神戸の町を通ると洋服先生は随所に散見して、一見港場たる感を起こすが、大阪となると、洋服姿の通行人を見受けること頗る寥々である。（「流行　洋服」『新小説』1901/5）

開化のあと、東京に権力と富の集中がはかられ、東京市中に居住することを義務づけられた華族たちと、富裕層を中心とした上流社会が形成された。上流社会の範囲をいくぶん拡大すれば、そのなかや、その周辺にいるひとびとの多くは知的エリートたちでもあり、よい趣味や、視野のひろい感性の持ち主となる可能性があった。このような知的エリートたちの交流、おたがいの刺激から生まれるあたらしい美的価値観、ニューヨークがもち、ロンドンがもち、パリがもっている可能性、それは日本の場合、東京以外の場所では期待しにくい、とさえいえただろう。

その知的エリートの裾野を形成していたのは学生たちだ。東京には高等教育機関が集中し、一九〇〇年代（ほぼ明治三〇年代）には高専、大学の在学者が約二万といわれた。やや誇張していえば、武士の街が、学生の街に代わったといえる。麹町、牛込辺は学生下宿が集中し、神田はよく知られているように〝肩で風切る学生さん〟の街になった。

一方大阪はどうかといえば、高等教育機関の少ないことの象徴は、大阪に国立大学の設立されたのが京都にも、仙台にも遅れて、全国八番目、一九三一年（昭和六年）だったことだ。阪大の沿革史作成者は、緒方洪庵の適塾をこれに結びつけようとしているようだが、少々むりのようだ。

また大阪に公立図書館のできたのが住友家の寄付による府立図書館の一九〇四年（明治三七年）で、それまでは日本第二の都市に一軒の図書館もなかった。市立図書館に関しては一九二一年（大正一〇年）以後、各区の分館がまず建てられたあと、天王寺本館の開館したのは第二次世界大戦後の一九五二年（昭和二七年）。

一八九五年（明治二八年）四月に刊行されたある資料では、東京にあって大阪にないものを一八件列挙していて、「華族　大臣　博士　瓦斯燈　眼鏡橋」のほか、こんなものもあげられている。

◎図書館（読みに行く者がないから拵えないというならそれ迄なれど、せめて一カ所位を）◎洋装婦人（赤十字社の看護婦はこりゃ仕方がないお仕着せなれど、だての洋服は一人もない）◎洋食宴会　◎鉄道馬車　◎車上読書（汽車のなかで新聞読むのが関の山、人力車のなかで読書など思いもよらない）◎馬車令嬢（紳士でさえ馬車に乗るものは数えるほどしかいない。大阪レディーには無理な注文）◎新聞号外

この時期の、この観察をみると、要は関西が文明開化のスピードにおいて、東京とはかなりのひらきがあった、ということに尽きる。大阪の風習といわれるものの多くは、東京人にとってはすでに過去のものになった、前時代の習慣にすぎないものが多い。

たとえばそのひとつ、一九〇五年（明治三八年）八月の『風俗画報』には、大阪府西成郡伝法村の風習が紹介されている。それは夏のあいだは、男も女も褌《ふんどし》ひとつで過ごすという、賎民たちについての嘆きだった。この三年前に第五回勧業博覧会が大阪で催されたとき、日本各地からの見物客、とりわけ外国人を迎える大阪人の風俗に、鶴原大阪市長が同様の懸念を表明する、ということもあった。

大阪の風俗如何と云うに我々日本人すら眉を顰むること少なからず（……）第一は婦人の立小便なり、（……）つぎに婦人の裸体なり、こは往来にては見受けざれども夏日舟に乗りて川堀を下れば両岸の人家、婦人の大肌を脱ぎ甚だしきは湯巻き一枚にて或いは眠り或いは横たわり或いは立ちて働く者を認むべし、殊に博覧会場付近の貧民窟に至りてはその醜態いよいよ甚だしく、盛夏の日には湯巻き一枚にて茶褐色の乳房を子供に含ます者、年若き婦人の湯巻の上を前垂れにて覆い、或いは肌に手拭いを当て働くなどは普通の事にして怪しむものなし。斯かる情態を外人に見せしめば彼等は「日本野蛮あります」と叫びつつ逃げ帰らむ。（報知新聞 1902/6/8: 5）

東京と比較して大阪の夏はたしかに暑いのだが、しかし夏のあいだ男も女も半裸で過ごすのは、幕末の東京でも貧困地域ではふつうのことだった。ただし東京では、一八七二年（明治五年）公布の違式《いしき》詿違《かいい》条例以後、きわめて厳格、かつ神経質な裸体の取締りがおこなわれた。取締当局がもっとも気にしたのは、上の文中にもある〝外国人の眼〟だった。その点からいえば東京は開国当初から、つねに博覧会なみの用心をしていたのだ。大阪府もまた四年後に独自の違式詿違条例を公布するが、東京における取締りの執拗さとは比較にならなかった。

京都以上に、近い時期の震災や、大きな火災を経験しなかった大阪の中心部は、古いしきたりを大事にする、というより、かえってそのために旧来の制度習慣から容易に抜け出せなかったのかもしれない。船

場あたりの黒ずんだ軒の深い大店中店の店先では、時代が昭和に入っても、縞の仕着せものに前垂すがたの丁稚や手代が、店先で客の応対や荷造りをするすがたが見られた。

その大店の奥には、まさか近松や並木五瓶の世界が生きているわけではないにしろ、〝いとはん、とうさん、こいとさん〟などとよばれる娘が、古いしきたりを守り続けることに身を削っているご寮人《りょん》さんの庇護のもとで、厚化粧に髪はお稚児、帯はお下げとか猫じゃらしとかよぶ両端を垂らした舞子風のしめ方をし、新しい女などとは縁のない夢を見ている時期が長かったようだ。大震災後の谷崎潤一郎が関西で出会い、『細雪』に昇華させたのはそんな女性像だった。むしろ谷崎の追っていたのは、いってみれば初代中村鴈治郎や三世中村梅玉が演じた、和事の世界のなかの古い女のすがたなのかもしれない。

そんな古い空気を変えていく上で力があったのは、明治末から大正期以後の大阪の富裕層には、東京生まれで、東京であたらしい教育を受けた女性が多かった事実、という指摘をするひとがある。

大ざっぱに大阪婦人といっても、現今社交界に立ち、大阪を代表していらっしゃる婦人の八、九分までは、東京で育ち、東京で教育を受けられた方々なのでございます。（ひさの子「大阪の御寮人生活」『婦人画報』1918/11）

大阪は、政治や経済の中枢は東京に、学問や文化のエリートを育てることについては、おなじ関西圏でもとりあえず京都に任せ、古い商売の道と、あたらしい産業の育成に生きる道を見出した。その意味では大阪に造幣局が設けられたのはシンボリックで、桜の通り抜けでにぎわうだけのことはあるといえる。いい意味でも、あまりそうでない意味でも大阪は実利の街であり、学生っぽい理念やモダニズムには背をむける。

一四〇〇頁を越える『三都比較大阪研究』（1916）を書いた伊賀駒吉郎は、結局大阪の男の求めるのは金と女だけ、という、だれもがいうことばを結論にしている。

＊　＊　＊

さしあたりべつに得にもならない洋服の普及は、男性も女性も東京に較べてはるかに遅れた。東京横浜では、街でもう洋服すがたの女性が和服を上回るようになった大戦初期の一九三九年（昭和一四年）に、「大阪では働いている婦人の洋服は三分の一でしょうか。洋服を制限している所もありますし、まだ多少洋服が変な目で見られていることは事実です」（「戦時下働く婦人の服装」『婦人之友』1939/10）と、神戸在住の田中千代は言っている。

しかしその一方で、その前々年に、「一体関西の紳士達は、夏になるとあまり帽子をかぶらないで、みんな繭紬に青い裏地を張った、大型の日傘をさして歩いています。大概そうした人は、開襟シャツを着ています。もっと実行的な人になると、麻のショーツを穿いて、上衣なしで傘をさし、一方に鞄をかかえて、仕事に出掛けるのもあります。これは例年のことで、別段時局からの影響とは思いません。しかし、暑さに対する工夫は、理屈なしに実行的だと思います。東京でも開襟シャツは、この頃ちょいちょい見受けるようですが、それも関西の比ではないようです」という、大阪人の賢明な実利性についての、伊東茂平のするどい観察もある（伊東茂平「非常時の日本婦人の服装について」『婦人画報』1937/10）。

阪神間モダニズム

阪神間モダニズムということばがひろく認知されたのは、一九九七年、兵庫県立近代美術館、西宮市大谷記念美術館、芦屋市立美術博物館、芦屋市谷崎潤一郎記念館の共同開催で、《阪神間モダニズム展》が開かれたころからだろう。

明治の末ごろから、神戸市の東部

から西宮市にかけ、とくに大阪の実業家たちによる豪華な別荘がつぎつぎと建てられた。それと同時に彼らによる、当時の日本ではめずらしい地域コミュニティがなりたってゆく。阪神間モダニズムというときは、だいたいはその豪壮な建築物や、女性たちの華やかなライフスタイルがとりあげられるのだが、生協活動や学校、病院の設立など、地域コミュニティに関してもっと眼をむけるべきだ、という主張もある（竹村民郎「阪神間モダニズムの社会的基調」『関西モダニズム再考』2008）。

＊　＊　＊

一九一〇年代（明治末〜大正初め）の東京、大阪では、適当なすみかを都市部に見いだしにくくなったひとびとが、周辺地域にあふれはじめていた。水道もガスもままならない、悪路と交通不便は当然のようだった、赤いスレート屋根の文化住宅村の時代だ。

それとはかなりちがう理由だったが、都会生活に疲れた実業界の成功者たちや富裕層が、まだ水と緑に恵まれていた地域に、第二の生活の拠点を見いだそうとしはじめてもいた。この種のひとびとを迎えて、大都市郊外の新興高級住宅地が形成されていった。東京でいえば東急電鉄沿線の田園調布、小田急沿線の成城学園付近、大阪でいえば南部に帝塚山、東部に生駒西大寺間、そして西部に西ノ宮、芦屋など六甲山麓地帯。

レースのカーテンのある洋間が、飾りのようにひとつだけついた安普請の文化住宅も、この高級住宅によりそうように、その周辺に密集しはじめた。当然のことながらそういう地域には先住者がいた。その多くは大都市に野菜などを出荷している近郊農家だったが、都市周辺部にはかならず付随する貧困者の集落もあった。またその一部として同和部落のあることもめずらしくなかった。

高い塀にかこまれた数千坪という別邸の奥に住むひとと、二〇円かそこらの家賃の家に住んでいるひとに、共通するところはなにもないようだが、ひとつあるとすれば、どちらの生活者にも、日々の生活意識のうえでの拘束感が、比較的弱かった、ということではないだろうか。

軒を接した下町ぐらしでは古い習慣が律儀に守られる。それは親の世代からの顔見知りのあいだでの相互干渉と、相互監視が――ときには親切と人情という名で――いつもおこなわれているためだ。よそ者のあつまりの新興住宅地では、貧乏人どうしのあいだにも、そういう気づかいが少なかった。

多くの日本人にとってのこのようなはじめての体験は、いまマンション暮らしの特色といわれる〝隣はなにをするひとぞ〟ふうの疎外感と共通する。世間の眼、もっと直接的にはご近所の眼をあまり意識しないですむことは、日々の行動でも、装いにおいても、生活するひとに解放感をあたえたにちがいない。

高い塀のなかに住む奥様たちの手にした自由さも、基本的にはそれと違うことではなかった。芦屋の別荘に住んでいた大正三美人のひとり高安やす子は、明星派に属する歌人で、芦屋の女流短歌会紫弦社を主宰、わが国さいしょの女性洋画団体朱葉会のメンバーでもあった。彼女が長女の結婚に、それまでの長持ち十何荷の数をほこるような披露の形式をまったくとりやめたことはよく知られている。しかし娘時代から結婚当初の彼女は、どちらかといえば船場風の華やかな好みだったそうだ。合理的簡素生活への転機は、芦屋の別荘での日々のくらしのなかで見いだされている。それを可能にした理由のひとつは、道修町の高安病院の、院長夫人の立場からきりはなされたことだったろう。

＊　＊　＊

高級住宅地として発展したという点だけをみれば、阪神地域は東京の田園調布、成城、大阪の帝塚山等と変わりはないようだが、ひとつだけほかの地域との大きなちがいは、神戸という、明治大正期には特異な性格をもっていた大都市に、隣接していることだろう。芦屋マダムといったことばもあって、近年は阪神間の高級住宅地の中心は芦屋市のように思っているひとも多いようだが、大阪の富豪たちの別邸建設の中心地域は、じつは住吉、御影地域であり、現在の神戸市の一部なのだった。

もともとこの地域は灘五郷といわれ、名の知られた酒造地だった。明治中期以降の灘五郷は西ノ宮郷、今津郷、魚崎郷、御影郷、西郷の五カ所で、このうち魚崎以下が、現在の神戸市東灘区に入る。御影、灘には山邑、辰馬、嘉納、若林といった、酒造を代々の家業とする旧家が多く、明治大正期の神戸市の経済には無視できない力をもっていた。白鶴酒造の嘉納治兵衛、菊正宗の嘉納治郎右衛門、桜正宗の山邑太左衛門らが出資して一九二七年（昭和二年）に設立した灘中・高等学校の顧問には、その時代のわが国の代表的教育者である講道館の嘉納治五郎が、一族として迎えられている。この地域に生活の一部を移した紳士とその家族——朝日新聞社の村山龍平、野村財閥の野村徳兵衛、鐘紡の武藤山治、安宅商会の安宅弥吉、伊藤忠・丸紅の二代目伊藤忠兵衛、岩井商店の岩井勝次郎、東京海上火災保険の平生釟三郎等々には、彼らを迎えるにふさわしい、豊かで育ちのよい、しかも神戸人らしいモダンさも身につけた、土地の旦那衆が存在したのだった。新参の居住者が主導した、地域コミュニティ活動のほとんどが軌道にのって、今日まで発展しているのも——神戸生協、甲南大学、灘中・高校、甲南病院など——地元のつよい協力があればこそだったろう。制服を学校も生徒も誇りとした時代に、あえて非制服主義を標榜した神戸女学院の発展も、西ノ宮のこのような土壌をひとつの力としたにちがいない（「非制服主義の女学校」大阪毎日新聞神戸版 1915/4/14 付録:1）。

彼らの交際場所は日本最初のコースが作られた六甲山や、宝塚のゴルフリンクであり、シティホテルとして古い歴史をもつオリエンタルホテル、またリゾートホテルとしては六甲山オリエンタルホテル、六甲山ホテル、甲子園ホテルなどだった。神戸と阪神間のホテルが栄えたのは、ひとつには一九三五年（昭和一〇年）の新大阪ホテル開業まで、大阪には顔となるような本格的ホテルがなかったためといわれる。そのため味にうるさい大阪人のためにも、オリエンタルホテルは料理のおいしさにおいて、とくに定評があったそうだ。

東京の学校

新政府になってまもない一八七一年（明治四年）公布の戸籍法によって、東京も大区小区の区割りになったが、やがて一八七八年（明治一一年）の郡区町村編制法が施行され、東京の一五区が生まれる。東京市の市制はその後の一八八九年（明治二二年）に施行された。

麹町、神田、日本橋、京橋、麻布、赤坂、芝、牛込、四谷、本郷、小石川、下谷、浅草、本所、深川

このほか周辺の八つの郡部をあわせたのが東京府だ。東京府の警察署は警視庁が管轄する。しかし警視庁は内務省の監督下にあったので、府知事の権威は弱く、東京市長はよく話題になったが、東京府知事を知っているひとは少ないくらいだった。

一九三二年（昭和七年）に、主として郊外、農村部だった地域の二〇区があたらしく加わり、それまでの一五区を旧市内とよぶようになる。一八七八年（明治一一年）以降、明治、大正、昭和初期のほぼ六〇年の東京は、江戸時代以来なじみの一五の区名のもとに発展し、ひとびとは生きてきたのだから、下谷とか浅草とかの名称への、東京人の愛着は深いはずだ。一九四三年（昭和一八年）に都政がしかれ、その後一九四七年（昭和二二年）に、都心

部の狭すぎる区を統合して、中央区、台東区などというあたらしい区が誕生したときも、旧来の区名を愛するひとびとからはかなりの抵抗があった。

＊　＊　＊

首府としての東京に中央官庁が多いことは当然だ。この点が官庁といえば府・市庁と府警本部ぐらいしかない大阪とは大きくちがっている。明治の中央官庁は現在ほど集中はしていなかったが、それでも霞ヶ関周辺に多かった。それにくらべて民間の建造物は、築地の三菱三号館とか、一石橋の三井本館とかがめだつくらいだった。大企業の本社機能が東京に集中し、日比谷公園をはさんで、官庁ビル群や国会議事堂にたちむかう丸の内のオフィスビル群がそそりたちはじめるのは、一九二〇年代以後（昭和〜）のことになる。

夏目漱石が朝日新聞に連載した『三四郎』(1908)は、朴訥な地方人の心象に映った明治末の東京が舞台になっている。三四郎は学生の身分だし、まじめな青年らしいから興行物や遊興の巷の話はでてこない。おもな背景となっているのは大学と、あとは病院だが、その病院も大学内の付属病院だ。

学校の多いのも東京の特色だ。官尊重の時代だったから大学とだけいえば帝国大学をさし、一九〇二年（明治三五年）以降に早稲田大学、慶應大学等が仮認可されても、その学生をいうときはわざわざ私立大学生といった。そのころまでには専門学校令によるたくさんの高等専門学校が存在し、その学生たちは帝大生とおなじようなかっこうで区別はつきにくかったが、大学は帝大だけで、三四郎は相当なエリートだったことになる。時代がさかのぼるほど、学生さんの値打ちは高かった。漱石がまだ帝大文科（文科大学）の学生だった一八九一年（明治二四年）という年を例にすると、帝大創立以来の全卒業者が一五八八人、うち文科は七五人、一八九一年の新卒業生、つまりその年に誕生した学士さんは八人だけだった（松本徳太郎『明治宝鑑』1892)。学士さんなら嫁にやろか、といわれたのも当然か。ちなみに文学博士の学位を持つのは一〇人だった。

紫や海老茶袴の女学生がなにかと話題になり、ときには問題になったのも、結局は彼女たちがエリートであったための嫉妬も、その根柢にあったはずだ。一九〇〇年代、つまり明治の末頃で、高等女学校の卒業者は同年齢の女性の一割程度だった。それより年のいった女性たちをふくめれば、いわゆる〝女学校上がり〟の女性は本当にわずかだった。男女が机を並べたりいっしょに体操したりするのは小学校まで、の時代、異性に対する飢え、のようなあこがれの気持は、大人になりかかった年頃の、少年にも少女にもあったはずだ。とりわけ、ある地域、ある停留所の辺りはどこどこの女学生がたくさん通る、というと、そこは一種の舞台のようにさえなる。

この姫君たちが朝登校の行列は、旧青山練兵場に赴けば何人も見るに造作なく、参々伍々時間を違えず繰り込む光景は、東京中美しきもののひとつに数えて差し支えなからむ、（……）あれが某公爵の姫君よ、彼が何某侯爵の姫君様と分かる方法があったなら（……）眼の正月之に過ぎるはなかろう（池田政吉「東京十景　姫君達の行列」『欺されぬ東京案内』1922)

青山の旧陸軍練兵場跡に女子学習院の新築されたのは一九一八年（大正七年）だった。学習院の場合はとりわけプレステージが高いといえるだろうが、虎ノ門のどことか、九段のどの辺りがどう、とかいうとり沙汰は、若者のあいだでは知れわたっていた。

しかしもちろん、若者が眼をつけるのはなにも女学生ばかりではない。

東京で女の通行のもっとも多いのは神田橋外だろうが、そのなりでどういう種類の女性だかがすぐわかる。袴をはいているのが高等女学校の生徒、電話交換手は（……）

ちょっと小ぎれいである。しかし日本銀行の女員の服装のりっぱなことは非常なものである。印刷局の女工は朝早く出勤し、出入りのたびに裸体検査を受けるために、髪も解きやすく結び髪にしていたが、これはこの頃そうでなくてもよくなったらしい。（弥生山人「随感随筆」朝日新聞 1900/1/7: 7）

と、大新聞もつまらない観察を掲載している。

　朝日新聞はまた、やはり明治の末に、東京で女性の多い地域というのを市勢調査にもとづいて分析している。

　警察管轄区域についてみると、紀尾井署、高輪署、赤坂署、青山署、四谷署、大塚署、象潟《きさかた》署、日本堤署、向島署および洲崎署管内である。日本堤洲崎に女性の多いのは吉原と洲崎の娼妓、象潟は公園の白首、大塚は女子大学の影響、と見ることができる。その他の地区は紳士富豪町であり、東京の紳士富豪が女の買い占めをやりつつあることは今や覆うべからざる事実である。（朝日新聞 1911/8/14: 5, 8/21: 4）

　大塚辺が、日本女子大学一校のために女性人口がそれほどふえているかどうかには疑問がある。またさいごの、「富豪による女の買い占め」とはなにをいうのだろうか。

　この記事はつづけて、東京は市内より郡部の方が女性の数が多い。それは人口の差だ。ところが理髪業者と結髪業者（女性を客とする女髪結い）の数をくらべると、郡部は理髪業者の方がやや多いのに、市内の理髪業者三〇四三人に対し、結髪業者は六三三九人と二倍以上であると、当然のことながら都市部では、髪結いに髪を任せる女性の数が圧倒的に多いことを指摘している。

　ほぼおなじ時代、その女性の結う髪について、つぎのような地域差をいっている記事がある。

　神田・四谷・牛込――束髪七分
島田三分
　芝・京橋・日本橋――束髪三分
島田七分
　下谷・浅草・本所・深川――束髪
島田　銀杏返し各三分
　本郷小石川等には島田髷至って少なし（時事新報 1906/2/23: 11）

かなり長いあいだ、束髪は山の手のインテリや女学生の一部に局限されていた。それが日露戦役（一九〇四～〇五年、明治三七～三八年）のすこし前から、いわゆる廂髪のはじまりで、次第に勢力をひろげるようになっていた。銀杏返しは島田よりももっと下町風のものだ。

東京の楽しみ

近世の日本の大都市は、中近東や東アジア諸国にくらべると、一般市民の生活水準が比較的高く、そのため近世ヨーロッパ型に共通する市民文化が育っている。そのなかで開化後の東京がたしかに受けついだのは、各種の興行物であり、その中心にあるのが歌舞伎芝居だった。中小の地方都市でもいかがわしい旅役者のものもふくめて、小屋がけ芝居がないわけではないが、東京にくらべたら量も質も問題にならない。東京と地方都市との差をなによりもまず証拠だてるのは、数多い興行場のにぎわいだったにちがいない。

　金子春夢が一八九七年（明治三〇年）に著した『東京新繁昌記』によると、東京の劇場を代表するのは木挽町の歌舞伎座で、一幕見をふくめて総計一九八二人を収容した。歌舞伎座のほか、明治座、市村座、東京座、春木座をもって五大劇場とする。大劇場は絵看板以外、幟《のぼり》のたぐいを場前に一切かかげない。「これ各地方の劇場とことなり品格の高きを証するものにして、東京にても右の修飾を用いて景気を添ゆるは小劇場なり」と言っている。その小芝居をふくめて、明治三〇年のこの時点で市内には一七の劇場があった。有名な新富座はまだ残っていたがすでに老朽化して、大劇場の数には加えられていない。わずか二〇年前の新装開場時にはその近代的設備が人目をおどろかせた、というのだから、「以て如何に現今の劇場の進歩したるかを見るべく、また如何に旧劇場の不完全なりしかを知るべし」。

漱石の『三四郎』(1908)の主人公のような地方から来たばかりのひとに、東京の檜舞台の芸の機微がわかるかどうかは疑わしい。江戸っ児の谷崎潤一郎は『羹』のなかで、地方出の青年が、東京人たちのしている劇評に、ひとり仲間はずれになっているさまをえがいている。しかしお上りさんは、御殿のような歌舞伎座の建築や回り舞台や、田舎まわりの団八郎でなく、ほんものの團十郎を見たということで、じゅうぶん満足が得られたろう。

＊　＊　＊

〝東京節〟のなかでも紹介されているる活動写真は、一九一〇年代(明治末〜大正初め)といえば、まさにすごい勢いの勃興期だった。活動写真――映画がうち負かしたものが、緞帳芝居といわれた小芝居であり、あの〝ドウスル連〟で名高い娘義太夫であり、また多くの寄席だったろう。

映画人気以前の東京にはじつにたくさんの寄席講釈場があった。それにともなって寄席芸人の数も多かった。三遊亭圓朝の弟子、孫弟子が五〇〇人余もいて、そのどんなひとりをも食いっぱぐれのないように、圓朝はしてやっていたといわれるが、それは少なくとも彼の生きているあいだは(〜一九〇〇)それだけの席があった、ということだ。岡田常三郎の『大日本統計表』(1889)によると、東京市内に住む落語家は三四六一人、軍談師つまり講釈師が一四六二人あった。色物席ではこのほか各種音曲、義太夫、浪花節、曲芸なども加わる。それに対する席の数は、『東京新繁昌記』はその主なものとして七二軒をあげているが、同時代の新聞の寄席案内を見ると一〇〇軒はあるようだ。

一九一〇年代から三〇年代(大正〜昭和前期)にかけては寄席の数の減少と、活動写真館の急激な増加との交錯する期間だった。もっともこの傾向は地方から出てきたひとたちにはありがたいことだったろう。

第二次世界大戦前のわが国の方言のつよさはいまでは想像もできない。東京人にしか通じないしゃれやくすぐり、などという以前に、寄席芸人の流ちょうな江戸弁はわかりにくかった。その時代の寄席の話芸は、東京的な、あるいは東京人のための東京の芸であって、日本人全部に開かれた東京の文化ではなかった。

その点で地方から来たひとにももっとも開かれた都会文化は、浅草の活動写真や軽演劇、そして見世物のたぐいだったろう。

灯火の街、不夜城の光景に酔わされる浅草六区の毎夜の賑わいは、天に轟き地に鳴るどよめきに知らる、浅草一日の群衆は、平均すれば二〇〇万人と称す、仲店の花時の如き、人間といわんより芋を揉むというが適語である。(池田政吉「東京十景　浅草六区の夜況」『欺されぬ東京案内』1922)

同書によると、関東大震災前年のこの年、興行物として劇場六軒、観物場(みせもの)三軒、演芸場一一軒、活動写真館一三軒が、いずれも大入満員ならざるはなく、「一度脚をこの歓楽境に踏入れなば、大東京人の低級娯楽の本性に触れられ、慄然として怖ろしき心地もすれど」云々と。

＊　＊　＊

浅草に代表されるような賑わいは、いわばお祭りの興奮と喧噪といってよい。じぶんの住んでいる村ならば年に一度あるかなしかの、そのときだけは何でも大目に見て許される非日常のとき、それがここでは毎日つづいている。永遠の祝祭という陶酔的情景は、大都市だけがつくりだせるまぼろしだ。

それとくらべると銀座に代表されるファッションステージの様相は、かなりちがっている。ここもまた大都会だけが生みだすことのできる舞台なのだが、そのひろい石畳のプロムナードは、だれにも開かれていながら、あるひとびとにはよそよそしさをもっている。

モダン生活とは（……）つまりは新しい生活の営まれている都会の中のある特定の場所にのみ、局限された生活表現であるらしい。即ちそれは銀座とか、丸ビル十字街とか、日比谷とか、（……）極く狭い地域にのみ限られたものであり、何々ビルの一室のダンスホールや、カフェや、ソーダファウンテンや、千疋屋の二階にのみ発見される存在であり、映画館の椅子席に、音楽会場の廊下に、そしてレストランのサロンにばかり営まれる生活である。（権田保之助『民衆娯楽論』1921）

たくさんの顔をもっている大都会は、そのひとそのひとの棲むべきところを極めつけるような、冷酷さももっているのかもしれない。

「愈《いよいよ》おしつまった　暮の日本橋」
『東京朝日新聞』1918（大正7）年2月29日

やがて、大都会の機能と、にぎわいと、訪れるひとに与える幸福感の凝縮として成長したのは、新興のデパート売場だったろう。郷里からもってくるはずだった手織紬とおなじ品物に、三四郎は三越や高島屋の売場で出逢う（?）。しかも田舎の呉服屋で手代と膝詰談判のように買わされるのではなく、もっと勝手なチョイスのうえで。日本中のものがなんでも集まっているのが、大都会――東京の特質であり、その利点をもっともわかりやすくしてくれたのが一九二〇年以後（大正九年～）の百貨店だった。残念ながら小説『三四郎』の時代は、それよりかなり早かったが。

山の手と下町

海に面した集落が、海岸沿いの平坦な低湿地帯と、背後の丘陵・台地地帯に分かれるとき、生業のちがいからも、住民の気風に差異の出てくるのは当然のこと。海に近い地域ダウンタウン（downtown）が人口の密集した商業地域になり、都市機能の中心となっていることが多く、歓楽地帯もこの地域に多い。さらに大きな川の河口があるときは、都市機能も人口もそれにひきよせられるのがふつう。高台のアップタウン（uptown）は発展がおくれ、都市の性格、規模、交通の発達段階によって一様ではないが、林・牧・農地と、支配・富裕層の居住地域としても使われることが多い。

江戸の場合は、開発当初の一七世紀はじめには、日比谷あたりまで海が接していたので、麹町から赤坂、四谷、小石川、本郷という城周辺のやや高台に、徳川家直参の将士――譜代大名、旗本、御家人たちの居宅を配し、背後の守りを固めた。現在でも戦災等での大きな被害を免れた各地の古い城下町には、なかに家があるのかどうかもわからないような、堅固な土壁をめぐらした武家屋敷がのこっている。壁と壁とにはさまれた道は谷間のようで、相当な距離をおいて造られている邸の門も、ふだんは閉まっているから、無愛想なことこのうえなく、夜の気味わるさが察せられる。

江戸時代、府内の土地の約八〇%は武家屋敷と寺社の土地だった。江戸名物として〝武士鰹大名小路広小路云々〟といわれるのもむりはない。その武士のほとんどは山の手に住み、少数は、本所の吉良上野介のように、下町のところどころに、長い塀をめぐらした屋敷に住んでいた。

山の手風といえば武士風、ということになり、屋敷風といういい方もあった。武士としての共通した生活基盤と意識はあったが、ぜんぶが幕府直参の旗本御家人というわけではない。地方から出府して大名屋敷のお長屋に住んでいる田舎侍も多い。いわゆる〝浅黄裏〟だ。また、直参とはいえ、身分、生活程度のへだたりは大きかった。五千石以上の旗本になれば大名格だが、最下層は何俵何人扶持の御家人階級で、いただく扶持米だけではとてもやっていけず、日々内職にはげんでいた。麹町から青山にかけての傘産業は有名で、明治になってもつづいている。

四民平等の時代になってからは、神田三河町にいた半七が赤坂で余生を送っているように、下町と山の手のひとの混交もはげしくなったが、それでも下町の人間と山の手の人間とでは、趣味や生活観にいくぶんのちがいが残ったといわれている。谷崎潤一郎は、「舟橋（聖一）君は山の手育ちなので、同じ東京生まれでも、下町で育った私とは和服の好みがいくらか違う。いったいに舟橋君の好みは派手で花やかすぎるように見える。私は若い時分からもっと渋いものを着た」（『雪後庵夜話』1963）と書いている。

谷崎の見たこの〝派手で花やか〟な山の手趣味は、あの御屋敷風だ。それは明治になって、華族や高級官僚、政財界の要人の家庭にひきつがれた。一八七〇年（明治三年）には、それまで京都に住まっていた堂上公郷家をふくめ、華族はすべて東京に住むよう命ぜられた。追って一八八五年（明治一八年）、その華族や政府高官の姫君を訓育するための、華族女学校が創立され、開校式には昭憲皇后も出席している。華族女学校は民間の虎ノ門女学校とならんで、そんな山の手風の令嬢のメッカだった。

＊＊＊

華族女学校が創立された明治一八年は、あの束髪ブームの始まりの時期だった。令嬢たちは率先して束髪に結いかえたが、それまでは高島田だった。現代では花嫁さんの髪型になっている高島田をだれもがほこらしげに結って、校門をくぐった。

それに対して下町の娘はたいていは桃割だった。唐人髷や、すこしあとの時代になると結綿も好まれた。下町の人間の目には、島田はやや大仰なものに映ったにちがいない。それにくらべると、桃割や結綿はかわいらしい髪だった。

束髪の時代になっても、下町では束髪を結う娘などいなかった。あんな異人臭い、趣味のないかっこうには反感をもっていたろう。下町娘は一八九〇年代（ほぼ明治二〇年代）あたりまでは、襟元を大きくあけて半襟をみせ、きものにはかならず黒襟をかけていた。彼女たちの女学校への進学率は低く、たいていは家業の手伝いや、稽古所へ通っての針仕事の修練、すこし余裕のある家の娘は遊芸を習ったりして、嫁入りの日を待っていた。

粋は山の手にはない、といわれる。山の手の野暮に対して、下町の洗練された趣味を生んだのが、下町の華だった芸者たちの、職業的な錬磨だったことはたしかだ。また、生き馬の目を抜くような土地で生活する人間の才覚と、江戸町人の、抑圧への抵抗もあったにちがいない。それはさらに〝渋味〟とか、〝至り〟、とかいう美学にも通じる。

ただし、それとあわせて、下町の人間の古いしきたりやきまりごとを大事にする、あるいはそれに縛られて、あたらしいものには臆病、という見方もできなくはない一面を、下町新聞といわれる都新聞は、つぎのようにえがいている。

著しく目立つのは、山の手風俗と下町風俗との相違が、年々にかけ離れて行く事である。（……）下町はいざ正月となると立派に古風な固い礼装を整えるが、山の手の人は益々礼儀に叶わぬ姿をしたがる。云うまでもなく山の手には洋服でまわる礼者が多いからなのであろう。（……）変わったものは白足袋の廃った事である。相当に几帳面な服装を揃えていながら足袋だけは平気で紺足袋を穿いている人が、今年に至って八分を占めるほどになった。（……）下町の人はちゃんと表付き白鼻緒の下駄を穿いているが（……）。（「初春の年賀風俗」都新聞 1918/1/8: 5）

一口に下町風とはいっても、子細にみればそのなかにもうすこし小さな地域性があるともいう。土蔵造りの大店がひさしを並べる日本橋あたりのお嬢さまと、芝や神田辺の裏店のお上さんや娘が、おなじ襟付きの下町風であっても、どこかはちがう。それはとりわけ芸者の風俗でよく指摘される。時代が昭和になるころでも、新橋芸者と柳橋芸者とは帯の結びようがちがうとか、日本橋、葭町になるとまた一目見てわかる、という通人がいた。それは贔屓の呉服店にもあらわれているという。

新橋芸妓は七分三越呉服店にて調整し、柳橋は過半太田（日本橋東仲通りの道明太田）、津田（本町一丁目の津田屋）両家に依頼する者多きも、中には京阪地方の有名なる呉服店へ特に注文するもありとぞ。（「春着のいろいろ」『文芸倶楽部』1906/1）

＊＊＊

東京の膨張につれ、地方からの流入者は、区域のかぎられている下町よりも、山の手とその周辺部に多く住むことになった。世田谷、杉並、目黒から、その外辺までが漠然と山の手と意識されるようになる。神田、日本橋辺の旧下町っ子にとってみれば、かつての屋敷風とは違いながら、どこかに共通点のある、一種の新山の手風が感じられるのだ。

　その一方で、下町と意識される地域も拡大して、それは単に商工業地域、庶民の町、ということであり、かつての、江戸っ児の住むところ、とは別のものになっている。

銀座

　ファッションステージとしての銀座は「銀座通り」なのだが、正式にはそういう地名はない。パリのシャンゼリゼとかロンドンのオックスフォード・ストリート、京都の丸太町通りのような道路名に沿って街区の番号がついているのとちがい、江戸／東京は街区のブロックに町名がつき、ブロックとブロックのあいだがべつに名前もない道になる。上野広小路、といった例外もあるが。

　しかしふつう、銀座、といえば、北は京橋、南は新橋という、あまりめだたない二つの橋でくぎられた俗称銀座通りをさす。道幅は約二七メートル、そのうち歩道が左右、ということは東西それぞれに六・三メートルずつ。ちなみにシャンゼリゼ通りの道幅は七〇メートル。

　現在は北の京橋を起点として銀座一丁目、二丁目と、新橋際の八丁目までわかりやすい町名になっている。東側も西側もおなじ銀座一丁目、二丁目なので、東銀座西銀座と区別したりするが、これは行政上の名称ではない。一九三三年（昭和八年）までは、銀座五、六丁目は尾張町一、二丁目、銀座七丁目は竹川町、新橋際の八丁目は出雲町だった。

＊　＊　＊

　鉄道が発達してからの都市は、鉄道敷設以前にすでに堅固な石造りの街並みができていたヨーロッパの古い都市はべつにして、幹線鉄道の中央駅が玄関口のようになることが多い。一八七二年（明治五年）九月、新橋横浜間にはじめて鉄道が開業すると、東京の玄関である新橋、すなわち東京駅の前から、北にまっすぐ都心にむかってのびる銀座通りは、都市機能の上からも、東京のもっとも重要な道路となった。一八八二年（明治一五年）の鉄道馬車のさいしょのルートは銀座通り。一九〇三年（明治三六年）、馬車鉄道が動力を馬から電気に換えた東京電車鉄道、つまり東京市電もおなじ、一九三四年（昭和九年）の地下鉄道も銀座通りの下を通った。

　銀座通りのこうした位置は、都市景観としても誇るにたるような整備を求められた。一八七二年（明治五年）の大火による銀座とその周辺の焼失後、欧米の都市を見てきた識者の助言により、煉瓦造りの街並みの建設に着手、五年後には完成。一八七四年（明治七年）一月には、一直線で平坦な馬車道が整備され、都市街路樹としては日本ではじめて、松、桜、樅等が植樹された。おなじ年の年末には、京橋金杉橋間に、八五基の瓦斯燈が点灯された。

　街路樹は一八七七年（明治一〇年）に、もともと埋め立て地で、多湿な銀座に適した柳に植えかえられた。柳はその後半世紀近く銀座のイメージをつくったが、一九二一年（大正一〇年）に自動車の増加にともなう車道の拡幅のため、銀杏に植えかえられた。その後一九三二年（昭和七年）になって、銀座の柳を懐かしむひとびとの要望をいれ、ふたたび柳が登場する。

　銀座はこのように、東京の玄関につづく広い廊下——ギャラリーとして発展した。機能としてはむしろ、ヨーロッパの都市における広場、プラザ（plaza）に通じるものがあるともいえる。プラザは威圧的なカテドラルと市庁舎にはさまれているが、定期的に市がひらかれ、遠いところから訪れた商人や旅芸人がここで商売をし、市のないときも、広場を囲むテラスはのどを潤すものと、すわる場所を提供してくれるから、市民はここへ来れば知人のだれかれと出会うことができ、憩いや、また情報交換の場でもあった。

銀座通りが、都市機能のだいじなひとつである交通手段をまず整備させたことは、銀座に集まるひとの足を容易にしただけでなく、周辺から反対側の周辺に行くひとも、銀座を通ってゆく方が便利と思わせるようになった。

明治時代の銀座通りには、わざわざ訪れるような商業施設はまだ少なかった、という見方もある。とりわけ食べ物屋は少なかった、と鏑木《かぶらき》清方《きよかた》も回顧している。そのころの銀座は新聞社や、出版、印刷関連の中小の企業の多いところだった。《江戸名所絵図》などを見ると、江戸時代には、尾張町あたりに大きな呉服店のあったことがわかる。しかしそういった店は幕末の動乱から、煉瓦街の建設までのごたごたで、大かたは廃絶してしまった。一八九〇年代から一九〇〇年代にかけて（ほぼ明治二〇年代〜三〇年代）の、大きな集客力をもつ呉服店といえば、三井、白木屋、大丸、そして大彦など、ほとんどが日本橋方面に集中している。三越、松屋、松坂屋などのデパートが銀座に進出してくるのは、一九二三年（大正一二年）の関東大震災以後のこと。

一方歌舞伎座、新富座は銀座からは三十間堀を越えた築地だった。時代が下がって、新橋演舞場も東劇も、やはり川向こうだった。帝劇はじめ、一九三〇年代（昭和戦前期）以後の日比谷映画街も、銀座からはわずかながら距離がある。

東京ではめずらしく、銀座そのものには花柳界らしいものはなかった。けれども一歩あしをのばせば、古い伝統をもつ葭町や、日本橋の花街がひかえている。日本橋芸者には、新橋とも、柳橋ともちがう感覚があったという。もちろんそれは銀座が近い、というためだったろうが、逆に銀座は、ウインドウを覗いている姐さんたちの、アメリカかぶれのモガモボたちとは段ちがいの洗練されたお色気に、大きな影響をうけていた。

霞ヶ関周辺の官庁、丸の内周辺のビジネス街、そこで働くひとたちにとっても、銀座へ出れば、そこから電車のふた停留場かそぞろ歩きで、どんな楽しみも手に入れられる。それは山の手に住む奥様方にとってもおなじことだった。パウリスタのブラジルコーヒーや資生堂パーラーのアイスクリームは、そんな想いをめぐらすのに役だったろう。

かつて三越の日比翁助専務が、日本には高価な衣裳をつくる上流階級の奥様方が、それを着て出る場所がない、と語った（「服装の意匠」国民新聞 1903/3/6: 3）。日比専務の考えているような空間とはちがうかもし

ファッションステージの銀座を歩く
小野佐世男画、『スタイル』、1938（昭和13）年5月

れないが、すくなくとも関東大震災後の銀座は、東京の、というより日本の貴重なファッションステージに成長した。

もっともファッションステージといってもそれは、パリのフォブール・サントノレや、ニューヨークのメトロポリタン劇場のフォワイエとはちがう。郊外の木賃アパート住まいの女房も、栄養不良の若い職業婦人もが、いちばんいい錦紗のきもので、気どって歩くステージだ。思いきってはじめて髪にアイロンをあてた奥さんも、女学校を卒業して髪を伸ばして、はじめて高島田を結ってみた娘も、ひとの眼を気にしながら銀座の人波に加わる。

されど、されどあたしの云いたいのは、この煩雑乱劇の銀座が、一面において東京人士の漫歩の地であると云うことだった。所謂銀座をぶらつくと云うことが、「銀ぶら」という新熟語を造ったほど、新東京の人びとは、この雑踏の地を、好んで漫歩するのである。(……)朝となく昼となく夜となく、彼らはぞろぞろと漫歩するのである。

じろじろと行きずりの人に視線を投げかける人の多いのも、確かに銀座漫歩の人の特長である。だからもし、容色、着物、子供なぞを誇ろうと思う人は、何よりもまず銀座を歩くがいいと思われる。(山科京子「銀座街頭」『婦人画報』1920/9)

いま銀座を歩いている女性はこんなかっこうをしている――というだけの一枚のスナップ写真が、流行ニュースとして、あるいは高名な美容家の解説付きで、全国の家庭の茶の間にとどけられる。ときには話題の断髪女性を、銀座街頭で撮影してくるよう命ぜられたカメラマンが、新橋から京橋のあいだを半日さ迷って、一枚も写せなかった――という〝流行〟もある。

一九一〇年代以後(ほぼ大正〜)になると、色消しな存在だった新聞社やその関連企業が順次すがたを消し、代わってパウリスタなどの喫茶店や、資生堂パーラー、千疋屋などの個性的な飲食店が街並みの顔となる。銀座を愛するひとのなかには、たくさんの文人、芸術家、芸能人たちの名前が記憶されている。そんなふうで、どちらかといえばインテリ好みの一面もあった。そのひとたちにとっては丸善、山野楽器、伊東屋等の存在も小さくなかったろう。浅草はべつとしても、周辺部の盛り場――新宿、池袋、渋谷などにくらべて、銀座がどこかよそよそしいといわれ、ひとによると、銀座はもう過去の街、とまでいわれるのは、銀座のもつ、そのややハイブロウな表情のせいかもしれない。

横浜

『半七捕物帳』にはよく横浜に関係する話が出てくる。文久元年(一八六一年)のできごとだという「異人の首」には、「この頃では横浜見物も一つの流行りものになって、江戸から一夜泊まりで見物に出かける者もなかなか多かった」とある。作者が半七老人に思い出ばなしを聞いたという日清戦争のあと(一八九五年、明治二八年〜)でも、〝ハマ〟から来たというひとを、道理でハイカラななりをしている、というような見方があった。

しかし横浜のもつ外国の香りの、つよい牽引力は、明治大正を通じてうすれてゆく。もともと、横浜在住の外国人のなかで、圧倒的に多かったのは清国人だった。一八八三年(明治一六年)の神奈川県外事課の調査では、三五一二人の在留外国人中、清国人が二一五四人で六一%を超えた。一八九四、九五年(明治二七、二八年)の日清戦争前後に清国人の多くは日本を去る。もちろん戦後にもどってきたひとたちはあったが。維新前後の日本人は西洋の知識や技術の多くを、直接欧米人からだけではなく、清国人からも学んでいる。洋服仕立の技術もそのひとつだった。おなじ開港地の神戸では、後々まで中国人テーラーがのこって、高い評価を受けつづけた。ほぼ同時期に東京府居留の外国人は、清国人もふくめて七八三人にすぎなかった。

一八九四年（明治二七年）の不平等条約改正と、それにともなう内地雑居とは、在留外国人の居心地をいくぶんは悪くしているにちがいない。この機会に日本を去った外国人も少なくなかったろう。内地雑居以後は、旧居留地外でも外国人による営業活動が認められたが、その数は予想よりかなり少なかった。とりわけ清国人による料理・飲食店はわずかに五軒で、いわゆる南京町はまだなりたっていなかった。

不平等条約時代の居留地は治安も風儀も悪かった。一八九一年（明治二四年）の新聞には「近来横浜に無籍無頼の外国人夥しく殖え来たりて外船の入港する毎にこの種の外人搭じ居らざる事なしという」（「外国人の無宿者、横浜に跋扈す」郵便報知新聞 1891/8/13: 3）という記事がみえる。記事によると、もともと彼らは香港上海あたりの喰いつめ者が多く、本牧山の手あたりに徘徊して婦女をとらえて路上で公然接吻したり、泥酔してけしからぬ振る舞いをする云々とある。

こういう手合いの内には日本の醜業婦を外国に斡旋したり、銘酒屋で女性に裸踊りをさせ、その写真を撮るなどの行為をする者もいて、居留地外の花咲町で密行巡査に逮捕される、という事件も報道されているが、氷山の一角だろう。

不平等条約時代の居留地に出入りする日本人には、もちろん公用、商用の紳士もいたろうが、多いときには四〇〇〇人に近かった外国人の、日常の用をたす人間の数は多かった。独身で来航した外国人の多くは日本人の妾を抱えた。ゆとりのある男が妾をもつことはあたり前と考えていた当時の日本人は、概して金離れのいい、西洋人や清国人の妾になることは、いっときのいい商売ぐらいにしか考えていなかったらしい。こういう〝商売〟の女性たちをふくめて、商館や山手あたりの住居に住みこんだ日本人が学びとった、異国風文化の量は小さくはなかったはずだ。

居留地内にはもちろん、その外郭の弁天通、元町、馬車道あたりにも、在留の、また一時的な旅行者の用をたす店が数多く生まれた。横浜で発行されていた金港新聞や、ひろく読まれていた新聞雑誌には、これらの店のものめずらしい販売品目が広告されている。パリのプランタンも居留地に出店したと、横浜毎日新聞で報じられていた。こうした店のなかには、さいしょの外国人経営者が日本を去ったあとも、あとを任された日本人が、その信用を長いあいだ保ちつづけた例が多い。

異国文化の窓口としての役割を、その後も細々とになってきた横浜は、関東大震災によってその役割を終えた、と考えてよい。そのさいごの輝きが、一九二三年（大正一二年）のフランス宣伝艦隊の日本来訪だった。大震災を半年後にした三月、パリの流行界の粋を紹介するために艦内を粧った旗艦ジュール・ミシュレー号が横浜港に投錨、艦内を公開した。いちばん喜んだのは在留西洋婦人だったそうだが、大桟橋に横づけした巨艦を訪れた日本人は、宮殿のなかをでも案内されるようだったという（「フランス流行界の粋を紹介する仏艦隊」都新聞 1923/3/12: 4）。

関東大震災後は、港を望む山下町あたりや、外人墓地ののこる山手——ザ・ブラフ（the Bluff）と、大文字で書かれる丘陵地あたりに、淡いエキゾチシズムの手がかりがのこるだけの観光地と化した。横浜は結局マンモス化した東京にすべてを奪われた。一九四一年（昭和一六年）に大型船の受けいれも可能になった東京港の埠頭整備は、それを決定づけた。

その山下町にたつホテルニューグランドは、横浜の後ろむきのレゾンデートルを象徴している。外国人の宿泊を目的にグランドホテルが創設されたのは開化まもなくの時期だったが、大震災で壊滅、廃業した。ホテルニューグランドはその名を一部借用して一九二七年（昭和二年）に創業した。新生のホテルニューグランドが名声を高めたのは、パリから招聘したシェフ、サリー・ワイルの功績だ。彼に育てられたシェフたちは、第二次世界大戦後、東京の大ホテルの厨房を支配することになる。

サリー・ワイルの時代、ホテルニューグランドや、近くのバンドホテルの、スイングジャズのあふれるダンスルームは、まぢかに迫っている暗い時代をよそに、東京から京浜国道を車でとばしてくる女性たちと、外国人たちとでいつもにぎわっていたという。

装いから人へ

年齢観

第二次世界大戦に至る近代八〇年のあいだに、日本人の平均寿命はそれほど大きく変わっていない。明治時代の数字は不確かだが、一八九〇年代（ほぼ明治二〇年代）で男性四二・八歳、女性四四・三歳と概算されている。

　敗戦後の一九四七年（昭和二二年）の国勢調査では男性が五〇歳強、女性が五二歳弱。その間、一九二〇年代前半には、明治期の数値をわずかだが下まわっていた。日本人の平均寿命がのびたのは戦後一九五〇年代（ほぼ昭和二〇年代）の高度成長期以後のこと。

＊　＊　＊

　年齢観はその時代の、およその寿命が背景にあるだろう。織田信長が言ったという〝人生五〇年〟という認識は、その後三五〇年間、太平洋戦争時まではほぼ正確だった。だから五〇歳を超えれば老人とみなされるのはしかたがない。五〇歳で死んだ松尾芭蕉は翁と呼ばれている。もっとも芭蕉の場合は中国風の尊称だが、それにしても、四〇代の男を翁と称するのは現代人にとってはかなり違和感がある。そんな古い例でなくても、芥川龍之介は書斎の夏目漱石を「獅子のような老人」と書いているが、漱石も五〇歳をまたずに死んでいる。

　からだの老化はひとによってちがい、ことに年をとるほど個人差が大きくなるから、何歳からが老人で、何歳くらいからが中年か、といった基準をたてるのはむずかしい。しかし法律や行政の世界ではどうしてもそれが必要な場合がある。

　わが国では民法第四条によって満二〇歳を成年、つまり大人になる年としている。国が成年を法律で規定するのは選挙権や徴兵との関係が大きい。また家督相続や婚姻の資格ともからむ。明治民法やそれ以前のわが国の習慣では元服によって一人前の男とみなされ、家督相続の資格を得た。しかし元服の年齢は当人や家の都合次第でマチマチだったうえ、早い例では五、六歳などというのもあるから、まったく形式的な通過儀礼になっている。

　一方女性の元服とは、江戸時代になると結婚して眉をおとし、歯を染め、髪を丸髷にすることを意味するようになっている。若妻のなかには夫や姑の好みで、歯は染めても眉はそのままにし、髷も当分は高髷のままにしているひともあったらしく、その「半元服」ということばはよく目にする。江戸時代、女性の結婚年齢はだいたいは一五、六歳から二〇歳までだったから、女性の方は元服と成人、そして結婚年齢がほぼ一致していたことになる。

　このことと関連して思いだされるのは娼妓の年齢制限だ。吉原の花魁《おいらん》など、娼妓は一八七三年（明治六年）以降の娼妓規則等によって、一八歳以上と定められた。けれども貸座敷組合は、民法で婚姻適齢を男一八歳、女一六歳以上としているのだからといって、娼妓免許の年齢を一六歳にひきさげることを要求しつづけた。これは遊客の需要に応えるためでもあった。概して年配者は若い子を好んだという。

　明治民法では、成年ではなく丁年といい、丁年はやはり二〇歳だった。しかし、二〇歳以下であっても結婚していれば大人とみなされる。また、この時代には選挙権との関係もない。明治時代には一般庶民には選挙権はなく、一九二八年（昭和三年）の普通選挙実施以後でも選挙権は二五歳以上の成人男子だけだった。また家督相続に年齢は関係せず、極端にいえば胎児でも相続権があったから、丁年は単に、相続にあたって後見人を必要としない、ということだった。また高専、大学生も丁年以上とみなされ、喫煙が黙認されたようだ。

　未丁年者の喫煙は一九〇〇年（明治三三年）四月より法律で禁止された。それに対して、この年の娼妓三〇二〇余名中六八〇余名が未丁年だった新吉原の楼主たちは、吸いつけ煙草の風習を楯に、当局に例外措置を請願したが、かえって浅草警察署から説諭された。ただし煙草盆等は稼業上必要な装飾品とみて、従前どおり置くことを認められている（読売新聞 1900/4/2: 3）。

江戸時代には、男は梅毒の症状のひとつである横根の痛みを経験するのと、伊勢参りをするのとで一人前、といったそうだが、第二次世界大戦前、男性が大人になったことをつよく意識させられたのは徴兵検査だった。徴兵検査は男子国民の義務で、体力について甲、乙、丙、丁の格づけがおこなわれた。そして丙種以外は入営して、一年ほどの軍事教練をうけた。短期でもこの入営生活をした者としない者とでは、姿勢も顔つきもちがう、などといわれた。徴兵検査の検査場では越中褌《ふんどし》だけを身につけ、パンツ、猿股のたぐいは認められなかった。性病検査ではそれも脱がされた。

明治時代はたいていの男の子も女の子も短いきものを着ているだけで、その下はすっぽんぽんだから、年ごろになると初めて褌やお腰をしめ、大人になったしるしとする。帯祝いとか褌祝いとかいって、祝う地方もあったようだ。明治以降は褌の経験のない男性も多くなって、徴兵検査やその後の軍隊生活ではじめて褌の味を知ったひともあった。もっとも海水浴では、六尺褌を愛用する男の子はけっこういて、それは幼い男の自覚に役だったろう。

＊　＊　＊

肉体的な大人のしるしとしては女性の場合は初潮がある。初潮に赤のご飯を炊く習慣はわりあい広くあった。はじめて男性と交わりをもつことを破瓜《はか》といった。破瓜が単に、女が嫁にゆく標準の年の一六歳を意味することもある。明治の小説作家の〝齢《よわい》も破瓜に近づきぬれば〟などという文章で気をまわしてはならない。瓜という字を二つに割ると八と八になる、というだけのことだ。

男性がはじめて女性と交わりをもつことを筆下ろしという。破瓜も筆下ろしもべつにお祝いはしないだろうが、黒澤明の《七人の侍》のなかでは、若侍の勝四郎がはじめて村娘のお志乃と寝たつぎの朝、志村喬の勘兵衛が、「勝四郎、存分に働けよ。お前も夕べから大人だ」、とからかっている。

＊　＊　＊

江戸時代はとりわけ女性に対する、身分をからめての呼び方が厄介だった。つまり人妻がすべて奥様でも、おかみさんでもないのだ。その面倒さは開化後のみじかい期間でほぼ消えたようだが、新造、年増、といういい方は東京下町では大正期あたりまで残っている。年増という女の年齢は『大日本国語辞典』（小学館）では、娘盛りを過ぎて、やや年をとった女性、としている。三〇をすこし過ぎたくらいが大年増、そのあいだが中年増。

年増向き　年増向きといえば、余程年老いたる様聞こゆれど、女は盛りの三〇前後、酸いも甘いも噛み分けたる、当世奥様方の着附は、ざっと左の如きものなるべし。（「流行二枚袷」読売新聞 1902/4/30: 5）

一方新造にははっきりとちがうふたつの意味があって、ひとつは若い人妻を意味し、もうひとつは未婚の女性をさすから、こちらは娘と同義語だ。これは江戸方言らしいが、なんでこんな矛盾が生じたのだろう。

大年増を過ぎて四〇がらみになると中婆さんといわれ、五〇になれば立派なお婆さんとされる。一九一三年（大正二年）一月二九日の朝日新聞に、「婆芸者の自殺未遂」という雑報記事が載った。東京芝佐久間町の家の二階で、白鞘の短刀で喉を突き、自殺を企てたのは、元日本橋の芸者お玉（三六歳）。この世界ではとりわけ早く婆扱いされるのだが、そうとばかりはいえず、こんな記事もある。

本所三笠町の金田某の妻おはまは早四〇近き中婆にて、八年になる竹次郎という子も有り乍ら余程

の浮気者にて（……）。（東京曙新聞 1880/3/13: 3)

また戦前には、厄年を気にするひとが少なくなかった。ことしは年回りがわるいから、といったセリフもよく聞かれた。厄年は男が二五歳、四二歳、六一歳、女が一九歳、三三歳、三七歳で、男の四二、女の三三を大厄といった。その前後の年をふくめた三年は厄除けをしなければいけないというので、各地の厄神さんが繁昌した。

身だしなみの周辺

嗜《たしな》む、ということばはやや死語になりかかっている。仲人さんに、お嬢様なにかお稽古ごとは、と尋ねられた母親が、お茶とお琴を少々嗜んでおります、と答えると今日ではいくぶん仰々しい。お茶とお琴をやっております、とでも言うのがふつうの答え方だろう。この場合の嗜むは、身につけるというほどの意味になる。

八代目桂文楽の出しものに、「夢の酒」というのがあった。はなしの冒頭、日本橋あたりの商家の奥の間で、若夫婦が痴話げんかをしている。店にいてそれを聞きつけた父親がふたりに小言をいう。「夜でもあろうか昼日中、伜も伜だがお花もそうだ、あきんどの家にあるまじき、すこしたしなんだらいいだろう！」、この場合の〝たしなむ〟はやや意味がちがい、節制の意味になる。

『大日本国語辞典』（小学館）では、たしなむ、を（一）芸事などに親しむ、（二）日頃の心がけ、（三）節制、（四）身を飾ること――としている。だから、身、という接頭語をつけて身だしなみとした場合、語感としては、日常の心がけとして、だれもが知っていなければならない、節度のある装い、と理解してよいだろう。

節度のある装い、は、前の時代以降明治期を通じて、教訓書のなかでくりかえされた基本的な教えだった。英米の多くのエチケット・ブックのなかでいわれているモデスト（modest）、あるいはモデスティック（modestic）という美徳も、ほぼ共通する理念のものだろう。そしてその節度ということの内容は、わが国でも欧米においても社会的身分の観念とふかくかかわっていた。

明治時代、ひとびとの身分の自覚がしだいに薄れてゆく、そんな世間の傾向をしきりに嘆いているのは、礼法書の著者ばかりではない。節度ある装いの、その節度の基準は、つねにそのひとの身分にほかならない。四民平等の建前の世の中を知らないひとはないのだから、多くの著作者のいう身分とは、経済的に分不相応な贅沢を戒めることが中心だったが、それとあわせて芸者が芸者の身分を忘れて素人の奥様めいたかっこうをしたり、逆によくあることだが奥様が芸者を真似たり、奥様と女中の区別がつきにくくなった、といった慨嘆もしきりだった。

さて身だしなみについても、昔は劃然《ちゃん》と決まった所がありまして、武士の妻は斯う、娘は斯う、商人の家内は斯うと云う様になって居ました。それで一寸見ても、そのひとの身柄が解ったもので御座いますが、今日にては最早その様な階級的なことは破れたとともに、婦人の装飾の仕方も思い思いになりました。したがって一寸見ただけでは、女学生やら、女工やら、娘だか妻だか分からぬ様になって仕舞いました。勿論昔のように士農工商などという階級に分かつなどは、あまりに極端でいけますまいが、現今ほど混雑している風俗は、殆どわが国が一番甚だしいと云われて居ります。此の様な訳で、今日の婦人が身だしなみする標準は、全く思い思いの有様で御座います。（下田歌子「第一四章　婦人と装飾」『婦人常識の養成』1910）

宮仕えの経験もある下田歌子は、明治時代後半期としてもやや保守的な立場の教育者だった。彼女はあたらしい時代の身だしなみの基準、彼女のことばでいえば標準を理解するためにも、婦人は男子に劣らずまず常識を身につけることが必要である、という。

＊　＊　＊

常識ということばは、江戸時代にもややちがった意味では使われていたらしいが、英語のコモン・センス（common sense）の翻訳語として盛んに用いられだしたのは、一八八〇年代（ほぼ明治一〇年代）からだった。ひとがいつ、なにを、どのように身につけて装うか――、服装のもっとも基準となるノウハウも、新時代の人間の常識のひとつとして、いろいろな刊行物中でとりあげられている。

そのほとんどすべては、通俗礼法書、作法書、女訓書、あるいは現代のいわゆる実用書といわれる刊行物のなかの数章でだった。百科事典の袖珍版の役目をもち、日常生活万般にわたるハウツー書でもある刊行物としては、日用百科、家庭百科、実用百科という名称をつけたものがもっとも多く、なになに宝典、なになに宝鑑、あるいは重宝、便利、必携、節用、などということばをどこかにつけた本も多い。

「常識」について明治時代のひとのなかには、常識を一般人のごくあたりまえの常識と、より専門的な学問的常識とに区別するとか、あるいは職業や専門ごとにそれぞれの世界の常識がある、といった理解の仕方もあったが、しかしもっともふつうの解釈は、一般のひとがだれでも知っているごくあたりまえの知識だろう。

男子は男子らしき縞柄を着し、大人は大人らしき縞柄を着し、小児は小児らしき縞柄を着し、婦人は婦人らしき縞柄を着するは何人も知る所なり。此のらしきということは此れ亦漠然たることの様なれども、而も各人皆相一致するを見る、此の一致のある所は、即ち常識の存在を表徴するに足る。（遠藤隆吉「常識の修養の必要」第二節　常識の意味、『新説処世大鑑』1913）

もっとも、明治期の日用百科宝典のたぐいには、男が縞物を着て外出する場合、人妻が小紋の裾模様を着る場合の説明などはごく簡略で、ましてそれが礼装の場合であっても、きものの着方や帯締めについての解説などにはまずお目にかかれない。ふだんのきものの着方やお太鼓の結び方を〝学ぶ〟女性がでてくるのは、一九二〇年代（大正後半期）に入ってからのことだ。

明治の女性にとってのきものや帯は本を読んで学ぶ常識ではなく、箸のもち方のように、見よう見真似で身につける習性の部類だった。ひとはものごころのつかない年頃にも、親から箸のもち方、ボタンのかけ方などなどを教えられ、あるいはひとのするのを見て覚える。子どもが子どもらしい縞柄を愛し、女性が女性らしい縞柄を選ぶのは、そんな擦りこみの結果であり、社会的動物としての人間の、本能的同化作用のあらわれだ。重要なことは、その同化作用は幼児期で終わるものではなく、感受性と環境の個人的なちがいはあっても、生涯を通じて、おそらく老年期に入っても終わらないことだ。

＊　＊　＊

身だしなみ――節度のある装いの基が、社会的経済的な身分の観念と切りはなせなかった明治大正期に対して、昭和に入ると、華美すぎる装い批判のスタンスが違ってくる。

一九二九年（昭和四年）のジャーナリストは、「風俗の進化か頽廃か街上の風景を見よ」としてつぎのように言っている。

一般子女の服装について観察するとき（……）そこに俗悪の甚だしきを見るのみで、たとい、優美とか閑雅とかいうことは望み得られないにしても、今少しく穏健着実の風もがなと思われるのに、（……）むやみにけばけばしく、いたずらに紅粉の匂いをさえ街上にただよわせるのを見れば、これが果たして、進化とか進歩とかいい得るであろうかを疑わざるを得ない。（……）それが多くは、良家の子女であるという事実を見ては、（……）ただ眉をひそめるの外はないのである。（中外商業新報 1929/5/15.3）

この時代の化粧は、前代風の白粉《おしろい》の厚塗りがまだ支配的だった。むしろ良家の子女の身だしなみには、そういう厚化粧が従順で、女らしい娘とほめられさえした。身につけるものについていえば、舶来品ばかりでなく、国産商品の品質向上と多様化が、女性たちの目をうばい、消費意欲を刺激していた。それを支えていたのは、欧州大戦以後のぜんたいとしての国富の増大であり、その延長としての大都市居住者の物的生活と、生活意識に生じたゆとりであったろう。

批判者は、「けばけばしき衣服の好みや、紛々たる紅粉の匂いをただよわすところは、良家の子女も、売笑婦と殆ど撰ぶところを見ないのである」といい、このことだけが批判の論点になっている。批判者のくりかえしていう「売笑婦」とは、具体的には芸者をさすのだろうが、一九三〇年代（昭和戦前期）の芸者が和装美の頂点に近づいたとは、その道に通じたひとの断定するところだった（鏑木清方「時粧風俗 歌妓三態」『鏑木清方文集（第六巻）』1935）。

あこがれのアイドルが、それが芸者であれ、映画女優であれ、芸術家であれ、さまざまなかたちで身近であるとしたら、それが装いの、ときには生き方の、具体的な基準にならないのはむしろ不自然だろう。批判者は売笑婦という古風な蔑称をくりかえすことで、論点を不明確で、力のないものにしている。

高尚な世界

ひとの好みやふるまいの評価基準として、「高尚」といういい方がよく使われたのは明治時代だった。御婦人方の高尚なご趣味に――、といった化粧品の宣伝は毎日の新聞でもごく当たり前に見ることができた。高尚は上品とほぼおなじ意味に使われて、実際、高尚の文字に「じょうひん」、とルビを振っている例もある。高等ということばをおなじ意味に使うこともあったが、これは例の、〝粋でこうと（高等）で人柄で――〟以外にはそれほどお目にかからないようだ。

一九一〇年（明治四三年）をすぎるころから、新聞広告のコピーでも、高尚の文字はだんだんと少なくなる。使われすぎて、いくぶん冗談めいた語感が出てきたせいもあるだろう。上品の方は揶揄的に使うときには、お上品、と〝お〟の字をつけて区別したが、お高尚といういい方はあまりきかない。

ほんらい高尚ということばは、単に上品な趣味や外見という以上に、より人間性そのものを云々することばとして用いられていた。

人の心を高尚に進めて兎に角に肉体以上の点に在らしむるは、文明社会の為に至極大切なることなり、子弟の教育も其の目的は此の辺に在ることにして、（……）学校を離れて広く天下の男女を導き之を文明の門に案内して気品を高くせしめんとするには、単に教場の法に依るべからず、近く日常身辺の物に就いて諄々懇々人の聞かんと欲する所を語り、其の疑う所を解き、近きより遠きに及び浅きより深きに入るときは、匹夫匹婦をして自然に高尚の思想を懐かしむるの機会あるべし（……）（福沢諭吉「高尚の理は卑近の所に在り」『福翁百話』1907）

福沢はここで、ひとが単に着ることと喰うことの日常の慾にあくせくするのでなく、より広い知識と視野によって可能となる、教育の豊かな可能性を説いている。とりわけ彼がここで使った「心を肉体以上の点に在らしむる」という表現は、唯物主義者という評価もある福沢だけにおもしろい。

高尚という精神は、もののあり方に無関係ではないが、もの自体に囚われすぎるものではない。そういう意味では外見の美醜も、ひとの品格の決め手にはならない。福沢とほぼおなじ時期に、より古いタイプの教育者であった大庭青楓はつぎのように言っている。

外形の美なる者にして、行いの下賤なるものあり、野卑なる者あり、なんぞ外形の美のみを見て、直ちに高尚なる品格を有せると云うを得んや。故に高尚なる品格は、まず吾人の内心をして高尚にせざるべからず。（……）高尚なる品格をつくるためには、行為と儀容と言語との高尚なるを勉めざるべからず。（大庭青楓『修養訓　精神立志』1910）

概していうなら、明治から大正昭和にかけては、世の中のひと一般の趣味は、下賤、野卑なものから、高尚の方向へとむかっていた、とされている。

近年は一般に流行の嗜好が向上して、高尚という方に進んで参りまして、色合いにしろ、模様にしろ、縞柄にしろ、一体に地味に地味にとなって、派手なものは排斥されて居るという有様でございます。（白木屋店員談『婦人界』1904/3）

フランス人画家ジョルジュ・ビゴーの描いた明治時代の日本人は、われわれにあまり愉快な印象をあたえない。政府の要職にあるひとを描いても例外ではないが、とりわけ一般の人民は人間というより猿のように描かれていて、しかも猿にはない下品さが露呈されている。われわれはそれを、この不遇な画家の偏見によるものと考えたいのだが、しかしその時代の同朋に対しておなじような見方をしている日本人がいる。

彼らの描いた日本人、ことに日本の女の挿絵が、容貌から姿態風俗まで蛮人を見るようで、我々同朋は一見侮辱を感ずるが、明治一〇年前後の女の写真を見ると、外国人の描いた絵ほど醜悪でなくとも、ドコか似通っている。写真だからウソではないので、日本人の我々が見てさえそう感じるのだから、開国当時渡来した外国人の眼に台湾の生蛮人と同様に映ったのは決して無理ではない（……）。

当時の顕官の夫人、後に何爵婦人と仰がれた貴婦人たちでも、当時の写真を見ると風俗が如何にも下司である。尤も当時の顕官の夫人の多くはいかがわしい出身であるかも知れぬが、それよりは女の一般の教養が卑くて気品に欠けていたのだ。一言すれば、明治一〇年前後の女の写真は文化史の材料というよりは人類学の挿図である。どう贔屓目に見ても暹羅《しゃむろ》や安南《あんなん》以下の未開国の風俗である。（内田魯庵「最近三四十年の女の風俗」『婦人画報』1922/9）

＊　＊　＊

世の中の趣味が、上品なものを求めるようになった理由のひとつが、教育の向上であることは明らかだ。がっくりと根の下がった髷に襟をぐっと抜いて、襟白粉《おしろい》を背中までべっとりと塗るような趣味は、下賤とか野卑とかいわれがちな下町風で、若い娘が長唄や清元のお稽古屋でなく、袴をはいて女学校に通うようになると、自然に廃れていったのだ。

一九一〇年代（ほぼ大正前半期）に東京女子高等師範の校長だった中川謙二郎は、「女の袴というものは、元来が貴族的のものであって、百姓の娘などが、学校へ行くからと云って、特に袴を買い求めて穿くなどは、チト不似合いの観がなかろうか」（報知新聞 1916/12/14: 1）と、女高師の校長の立場としてはやや差別的発言をしている。しかしこの中川にかぎらず、この時代の一部の老人のあたまには、女の袴といえば、堂上の官女たちの、臈長けた、高貴な袴姿の印象があったかもしれない。

上品ということばとそう区別なく使われたとしても、明治時代に高尚ということばのニュアンスには、より精神的な意味が込められていた。一九一一年（明治四四年）に連隊入営者の心得として編集された『入営者宝典』には、入営前の心得としては先ず第一に「高尚なる精神」をもつことが必要であるとし、そのためには品行を慎み、天晴れ、天皇陛下の股肱たるに背かぬように心懸けなければならぬ、としている。

またこの時代の代表的な女子教育者であった棚橋絢子は、『現代婦人訓』(1912) のなかで、「高尚なる趣味の生活」として、趣味はまったくそのひとの品性の働きであるから、品性を高めることがなにより肝要であり、これは修養によらねばなりませぬ、といい、また自分の生活する周囲の空気の清潔高尚であること、見るもの聞くもの、交わる所のひとびとなどすべてが、上品高雅でなければなりません、と断じている。

棚橋は夫が漢学者であったし、一九三九年（昭和一四年）に一〇一歳で亡くなるまでの長い生涯に多くの華族の子弟を個人的に指導して、この時代の女子教育界に隠れた、しかし大きな影響力をもっていた女性だった。この棚橋の考え方の基底には、高尚とは結局その人柄の問題であり、その人柄は生活している環境から生みだされるもの、という確信があるようだ。

＊　＊　＊

高尚なひと、はもちろん数多いが、そのひとたちの住んでいる高尚な世界、というものがこの世の中にはあって、第二次世界大戦前には、私たち庶民がたまにその断片的な消息を洩れ知ることのできる、皇族方や、華族さんを中心とした上流婦人たちの住んでいる世界が、それらしかった。

それだけに、〝堕ちた天使〟の話題は大きかった。そのなかでもっとも世間を騒がせたのが一九二一年（大正一〇年）におきた、白蓮柳原燁子の事件だったろう。しかしその非難と同情の喧しいなかで、庶民の女性たちは燁子の臈長けた美貌を新聞で見て、やっぱり華族さんのお姫様はちがう、と溜息をついていた。

美しいひと

美しい顔とはどんな条件が必要か、美しい人体とはどんな数字的バランスをもっていなければならないか、といった意見、研究が、古代ギリシャの時代から現代まで数多く存在していることはよく知られているし、この時代の新聞からも関連記事はいくつか拾うことができる（「美人くらべ」読売新聞 1913/4/24: 5;「世界的女性美の標準」『婦女界』1922/1;「理想の美女」読売新聞 1934/7/25: 9;「美人鑑定の採点法」朝日新聞 1934/12/28 5;「理想型の女のからだ」読売新聞 1935/12/20: 9;「斯くあれ興亜の美人」都新聞 1941/1/21: 9)。

これらのうち一九四一年（昭和一六年）の大政翼賛会国民生活指導部の提案は、それ以前の一般的で、やや抽象的ともいえる欧米の美女像とはこと変わり、「人口増強」、「高度国防国家建設」というその時代の日本の国策に沿った、独自の美人観であり、〝顔色つやつや日焼けを自慢〟〝大きな腰骨こそ頼もし〟〝食べよ、肥れよ、伸びよ〟などという、旧石器時代のヴィーナスを連想しそうなスローガンもふくんでいた。産めよ殖やせよの時代だったから、若い女性へのそういう国家的期待、という前提の上に、女性美がイメージされていたのだ。

このような国策型美女観が、特定のバイアスにもとづくものとして、純粋に美しいひとを考えるうえでは不適切、と言いきってしまうことはできない。なぜなら、とりわけ身装の観点から美しいひとを考えるとき、なんのバイアスももたないということはおそらくありえないためだ。

美しいひとを考えるうえで、私たちはじぶんが女性であり、男性であるという決定的なバイアスから自由にはなれない。空の星を見ても、野の花を見ても、その美しさの基準は男と女とではおなじではないだろう。しかし異性の美を感じるときの男女の差はそれとは本質的にちがう。性に関係する魅力のあり方は、性的衝動という具体的な要求ときりはなせないからだ。

　スカート丈が短くて、若い女性が太ももむき出しのスタイルのことがある。男が女の脚に目を惹かれるのは、それが女の脚だからであり、かっこうよくほっそりしている――などというのはそれはべつの価値で、おまけのようなものだ。どんなにかっこうがよくても、健全な男は同性の毛ずねには関心をもたない。だから女性が、私は脚のかっこうがわるいからミニスカートははけない、と悲観する必要もない。もっとも、女の脚だからといって、すべて同等のフェロモンをもっているというわけではないが。

　女の美しさが、言い換えればセックスアピールがとりわけ言い立てられてきたのは、人類社会においてこれまで、女の存在理由がもっぱらそのセックスアピールにあったためだ。

　一方、暴力的な時代には、男の存在理由はもっぱら筋肉力だった。現代でも暴力的世界ではシュワルツェネッガーや、派手な向こう傷をもった〝男〟が立役者だ。しかし社会が複雑になると、筋肉力だけでは生きてゆけなくなる。筋肉もだいじだが、高性能のサイレンサーの方がよりものをいい、上にのっている頭――知能の方が生きてゆくうえでの力になる。野人コナン・ザ・グレートではなくジェームズ・ボンドの時代だ。

「全国代表美人選定」
『婦人倶楽部』、1929（昭和4）年2月

＊＊＊

　むかしに比べると、現代は丸顔が受けいれられるようになった、というような次元よりもうすこし高い視野から観察したとき、時代が二〇世紀に入るころから、知性と、才能に棹さした生き方とが、女性の魅力に加わるようになったことがわかる。一九世紀――明治時代の評判美人といえば、萬龍とか、洗い髪のお妻とか、芸者以外の名前のあがったためしがない。それに比べて大正三美人といわれたうちのふたり、九条武子と柳原白蓮とは歌人であり、もう一人を林（日向）きむ子とすれば、これまた歌人だった。また大阪の社交界を代表した美女高安やす子も、歌をよみ、油絵もしろうと離れした

才人であった。

柳原白蓮は菊池寛の新聞小説「真珠夫人」瑠璃子のモデルといわれる。

この女性の顔かたちは、美しいといっても、昔からある日本婦人の美しさではなかった。それは日本の近代文明が初めて生み出したような美しさと、表情を持っていた。明治時代の美人のように、個性のない、人形のような美しさではなかった。その眸は、飽くまでも、理知に輝いていた。顔全体には、爛熟した文明の婦人に特有な、智的な輝きがあった。（「真珠夫人」1920）

菊池寛はとりわけ作品のなかで、〝気高い美しさ〟に執着し、そういう精神的な高さを感じさせる女性美を模索していたようにみえる。もっとも菊池寛のあこがれとはうらはらに、現代においてさえ多くの女性の、自己実現の価値観は男に比べると単純で、セックスアピールの目盛しか刻んでいないようなひともいなくはない。しかし男が暴力で評価された時代が人類史の九〇％を占めてきたのだから、女が男を刺激し、誘惑する能力で評価されている時代がもう一、二％くらい余計つづいても、べつに恥じるには及ばないだろう。

一方、いい男とはどんな男だろう。一九一〇年代（ほぼ明治末から大正の初頭）に『遊楽画報』という雑誌があった。吉原、洲崎など、廓《くるわ》の遊客を主な読者としていためずらしい雑誌だった。巻頭のグラビアには毎号、評判の花魁《おいらん》の上半身の写真が掲載されていて、細見「江戸時代の廓案内」の明治版の役割もしていたのじゃないかと疑われるが、かつての吉原細見とちがうのは、名の聞こえた遊客の半身像も掲載していたことだ。

ここに写真を出されるような客は、もちろん金離れのいい廓の上客だろうが、それ以上に花魁誰それとのはでな浮き名を流していることが必須の条件だ。しかしいま同性の観察者たちが彼らのすがたを見ると、それが男を見る目の肥えた廓の女の〝いい人〟であることの理由がわからない。現代人はその時代にはまだのこされていた、きものすがたの男の色気には盲目になったのだろうか。

明治のひとつ前の時代は、時代劇映画などで見ると侍や渡世人がやたらに刀を振り回しているようだが、じっさいはもっと平穏な時代だった。だからこそ和服には、いい男——男の色気、というものがさまざま伝えられている。

「建仁寺垣の向こうに、水浅黄の手拭いで頬被りをし、藍微塵のきものに茶献上の帯、尻を高くはしょり、雨上がりで羽織を小さく畳んで懐に入れ、腰のところに薄い雪駄を挟んで、腕組みをして立つ（……）むかしの錦絵にあるような姿」。これは落語の「お若伊之助」のなかで、横山町の大店の一人娘、お若とのあいだを裂かれた一中節の師匠伊之助が、人目を忍んで恋するひとのもとを訪ねる場面、六代目圓生の描写。伊之助は二六歳、〝よすぎるほどのいい男〟という。

顔だちのいい、色気のある、女をよろこばせることに長けた男は歌舞伎では二枚目といい、つっころばし、などといういい方もあった。明治以後になると美貌の二枚目俳優は、歌舞伎でも映画でも、前の時代ほどの熱狂的人気をもたなくなる。顔のきれいさがかえって、顔か——、などと、不当に貶められることさえある時代になった。

好色／猥褻

日本人は性については寛容な文化をもってきた。アナーキーとさえいえるかもしれない。古事記、源氏物語、西鶴——日本文学のめぼしいものに、男と女の色情の哀れさと、笑い以外になにがあるだろうか。近代にとなりあった江戸時代後期の文学も、坪内逍遥によれば、ポルノグラフィに傾くか、バッフンネリー（道化）に流れるか、少なくともこの二つのものに幾分かずつ感染しないわけにはいかない宿命をもっていた（「新旧過渡期の回想」『早稲田文学』1925/3）、という。逍遙もいうように、とりわけ下町で人気の音曲類――長唄、清元、一中、新内など、少女のがんぜない喉で唄われる詞章の多くは、情を知るような年頃になれば、顔を赤らめなければ聞けないような内容だった。

明治政府の元老、高官たちが、揃いも揃って狭斜出身の細君をもち、また権妻（妾）を抱えていることを隠そうともしていない。だからこそ万朝報の黒岩涙香が紙面でそれをあからさまにした「弊風一斑蓄妾の実例」（1898）を連載したときも、まむしの周六と嫌われはしたが、その時分頻繁だった発行禁止の処分も受けなかった。近年の復刻版には「これを見ると、小間使いが手ごめにされて妾となるパターンが非常に多い。しかも一〇代の。今なら淫行・セクハラで即失脚だ。僧侶の蓄妾も数多い。政治家の女性スキャンダルは今では致命的だが、当時は妾を囲うのは当たり前だった」という解説があった。

キリスト教団などを中心に蓄妾を規制しようといううごきはあった。法案提出の一歩手前までいったこともあるが、障害になったのは王朝以来の天皇家の伝統だった。今日まで無事皇統が持続したのは、あまたの女御更衣が天皇の周辺に侍っていたお蔭ではないか、という理屈だ。

そんなたいそうな理屈をもちださないでも、女にとって、〝旦那をもつ〟ことは、この時代そんなに恥ずかしいことではなかった。若い女が勤めにも出ず、身ぎれいにして親と暮らしていれば、旦那もちとみなされた。それも親孝行のうちだった。遊びの経験のない男などめずらしかったから、嫁をとるのに処女性などを気にするような、やぼな人間は少なかったのだ。東京では吉原でもどこでも、娼婦が何人もの客の部屋をまわってあるく〝廻し〟の制度が、江戸時代と変わらず続いていた。性についての潔癖感はないに等しかった。

それよりなにより、その明治の女性の大胆さと、むしろ野放図さにはおどろくよりほかはない。サクラの下で絵日傘をかざす愛らしいニホンムスメ、のイメージに嘘はない。愛らしく、素直なニホンムスメは、外国人の頼みを素直によくきいたようだ。幕末から明治初年にかけて大量に撮影された日本の風俗写真のなかには、非常に多くの演出写真が存在して、後世のひとに誤解を与えているし、歴史研究者を悩ましている。そしてそのなかにはまた大量の、ポルノ写真といってもよいものがふくまれている。

横浜の銘酒屋では、女性が外人の前で裸踊りを踊ったり、裸体写真を撮らせているという風聞があったが、三日前の夕方、花咲町四丁目の銘酒屋で、（……）その現場を抑えられ、三人が勾引された。（朝日新聞1891/12/22: 3）

おなじ年の神戸の福原遊廓では、娼妓が外国人客の前で裸踊りを踊って説諭されている（大阪朝日新聞1891/12/19: 4）が、横浜の場合は素人女性であるらしい。もちろんこれは氷山の一角だろう。

明治女性の大胆さでわれわれをもっとおどろかせるのは、海外出稼ぎの日本人娼婦の大群だ。戦後、山崎朋子の『サンダカン八番娼館』がベストセラーになって以後、その実態がかなりくわしく紹介されたが、斡旋人の手によって、貧しい農村の子女が遠国に送られたといっても、誘拐されて、積み荷のように船に乗せられた女性ばかりとはかぎるまい。たとえ捨て鉢であったにしても、知らない土地で荒稼ぎ、という意欲もなかったとはいえないだろう。そんな〝意欲〟は、時代が大正、昭和とかわっても、それほど衰えてはいないようだ。

＊　＊　＊

その一方で、男と女の間を隔てようとする東洋的な神経過敏さは、いまのひとにはとても理解できそうもない。たとえば海軍病院では一八七九年（明治一二年）の規則改正まで、入院患者への女性の面会は、たとえ肉親、家族であっても、一切禁止していた（東京日日新聞 1879/2/28）。また小学校であっても、男女生徒がひとつ教室での授業はもちろん、昇降口もべつにしようという動きがあった（東京日日新聞 1885/9/8: 6）。

小学校だけではない。医学校で、ひとつの教室で男女が授業をうけるのは風紀上よろしくない、ということで、つぎの学期から禁止すると報道されている（読売新聞 1905/8/12: 5）。博覧会の看守に男と女が採用になると、新聞は待っていたように〝怪しげな噂が〟とはやしたてた（万朝報 1907/3/29: 3）。

一九一七年（大正六年）に公布された〈活動写真興行取締規則〉では、甲種フィルムを上映する興行場は、男女の席を区別しなければならない、とした。甲種フィルムには劇映画の大部分がふくまれる。

落語の枕ではないが、若い男女が暗いところで立ち話でもしていようものなら、兄妹で引っ越しの相談をしていても水をぶっかけられたかもしれない。暗いところでなくても、若い男女が連れ立って歩くにはよほどの勇気が必要だった。

警視庁の風俗監視のきびしい視線も、このような神経質さの延長線上にあるだろう。なかでも世論を湧かしたのが、美術展覧会における裸体画、裸体彫刻の問題だったことはよく知られている。

一八八九年（明治二二年）一月発行の『国民の友』三七号に渡辺省亭が描いた《蝴蝶》の裸体の官女は、ひとつの話題で終わったが、一八九五年（明治二八年）四月、京都で開催された第四回内国勧業博覧会に出品された黒田清輝の《朝妝》はそれではすまなかった。裸体画の展示を禁止したり、下半身を白い布で覆った〝いわゆる腰巻事件〟、別室に展示し、身分の確かなものにだけ入室を許可したり、といった処置が、一九〇〇年代（ほぼ明治三〇年代）、一九一〇年代（ほぼ大正前半期）には頻繁にあって、識者の憤慨を買っていた。しかし会場管理者側から見ると、その種の作品への下品ないたずらには、手を焼いていたのだ。

エロ取締りの時代

大正の初め、警視庁保安課長の、美術展覧会出品物取締に関する見解のなかに、つぎのようなことばがある。「芸術家やその道の専門家の意見などは参考にする必要はない。要するに立場のちがった我々が、純粋に我々の立場で取締規則を作ってゆくのであるから（……）」（「裸体画に対する警視庁の見解」読売新聞 1917/6/6: 5）。保安課長のことばのなかには「国体」という表現もあるが、要するに日本の現状では、民衆が裸体美術に古くから接している欧州諸国と同列に考えるべきではない、というのだ。

たしかに、美術品であるとか、芸術的価値などということは、多くの見物人にとってはどうでもよいことだったかもしれない。博覧会に展示された蝋製の医学用人体模型の、女性の腰部にも、いたずらをするものが絶えないという（「愚劣の行為にやむなき処置」朝日新聞 1907/4/26: 6）。

一八八八年（明治二一年）にフェノロサらの協力によって東京美術学校が開設されても、当初は狩野派系統の日本画教育中心で、裸体モデルを使っての人物画の実習がはじまったのは、かなりあとだった。在野の団体による裸体画の制作は一八八〇年代末（ほぼ明治二〇年代初め）からすこしずつおこなわれていたが、大衆がそういうものを見なれるには、まだ長い道のりが必要だったろう。

民衆の不慣れ、という点をいうなら、アメリカの民衆にも似たことがいえた。イギリスやフランスでは問題がなかったか、問題視されてもなんとかパスした裸体作品が、アメリカの税関で拒絶される事件はよく聞く。しかしその背景のなかに、アメリカの場合、ピューリタニズムの伝統による頑なさがあるのに対し、わが国では前代の非常識な興行物やポルノグラフィの記憶が、だれの頭のなかにもあったに相違ない。日本人が知っている女の裸の造形作品といえば、絵双紙に描かれている濡れ場や、手籠めの場面、そしてあの大量の笑い絵以外になかった。

一九〇七年（明治四〇年）創設の上野の山の文展（文部省美術展覧会）は、たいていは博覧会なみの人気があった。見物人のすべてが裸体美人画、裸体彫刻目当てでもなかったろうが、その人気をねらって絵葉書業者が、とくに裸体画の絵葉書を刷りだし、これが全国的に飛ぶように売れた。内務省は文部省と協議して、この種の絵葉書の発売頒布を禁止している。理由は、博覧会場で裸体画を見るときの観衆の気持ちはまじめであるが、世間一般に曝しだして、各階級のひとに勝手に見られれば風紀を乱すこと甚だしい、というのだった（「裸体美人画絵葉書の禁止」都新聞 1916/10/12:3）。

一九一〇年代後半、大正期を通じては、文展など美術展覧会の人気は以前ほどではなくなり、それと歩調を合わせるように裸体画の話題も消滅する。ひとつには世間に、活動写真をはじめ、はるかに刺激のつよい興行物が現れ、大衆の関心も、したがって官憲の眼もそちらの方に奪われたためだ。

＊　＊　＊

官憲の標的のひとつは、浅草などの盛り場で人気を集めている軽演劇やオペラのたぐいだった。一九一〇年代から一九三〇年代初め（昭和初め）にかけての、とくに浅草オペラ、軽演劇からは、肉体の魅力と猥褻との、スレスレともいえるし、また交錯ともいえるあたらしい刺激が誕生していた。そのひとつはたとえば脇の下であり、脇毛だ。この時代まで舞台の女優は、袖なしで腕をさし上げなければならない演技のとき、脇毛の見えるのを恥じて布製のパッチを貼るのがふつうだった。一九一〇年代半ばにはアメリカで脱毛クリームが発売されたが、浅草の女優やダンサーたちは剃刀を使っていたようだ。毛の色の薄い西洋人とちがい、日本女性にとっては厄介なものだった。婦人雑誌に脇毛の始末の方法などが現れるのは一九三〇年代に入ってから（昭和初め）で、そこではもう脱毛クリームが勧められている（「脇毛の始末」『婦人世界』1932/6）。しかし浅草の女優たちは脇の下を、セックスポイントのひとつとして売っていたらしい。

舞台のうえでの挑発に対しては、一九三〇年（昭和五年）一一月に、警視庁は〈エロ取締規則〉を出している。各警察署に通達された内容を要約すると、一、股下二寸未満、あるいは肉色のズロースを使用すべからず。二、背部は上体の二分の一以下は露出すべからず。三、胸部は乳房以下を露出すべからず。四、片方の脚といえども、股下近くまで肉体を露出すべからず。五、照明にて腰部の着衣を肉色に反射すべからず。六、腰部を前後左右に振る所作は厳禁す。七、客席に向かい脚を上げ、股が継続的に観客に見ゆる所作をなすべからず。八、「静物」と称し、全身に肉襦袢を着し、肉体の曲線を連想させる演出をなすべからず、と、はなはだ具体的だ。

ただし、第一次世界大戦捷後の日本社会では、女性の思いきった贅沢さやそのひとつとしての大胆な粧いが、警視庁の眼を、もはや舞台の上や、ダンサー、女給など、プロフェッショナルの女性にばかり向けさせない状況をつくっていた（「緋縮緬の湯捲き　此頃流行する絽や紗」都新聞 1917/7/20:5）。

一九二〇年（大正九年）に警視庁は、紗、寒冷紗、ガーゼなど薄物衣料で眼に余るものは、風俗上放置できないとして、その取締りを各警察署に令達した。ただし、どの程度が取締り対象になるかは、現場の巡査の常識に任せられている。

しかし盛夏のころになれば女性は薄物を着るという常識には、歯止めはかからず、取締りがくりかえされた。「震災後から外国かぶれの蓮っ葉娘やカフェの女給等で肌も露わな薄物を纏って異性を誘惑する者が急激に増加したので、警視庁では昨年薄物取締令をだして、いやしくも肉体が素通しに外部に見えるような衣類は絶対に許可しないことにはなったが（……）此際取締を徹底させようというのである」（読売新聞 1927/5/10:7）。

＊　＊　＊

うえに重ねた薄物から派手な長襦袢や素肌を透かせるのは、わが国の習俗からもべつにあたらしいことではない。〝外国かぶれ〟の風俗のうちで、老人の心胆を冷やしたのは接吻だったろう。

接吻は愛情表現としては自然のことなので、もちろんわが国でも親子や男女のあいだでは自然におこなわれていた。それを「口吸い」と呼んでいたことも知られている。むしろ儀礼的な接吻や、人前での親愛表現としてのキッスは異国から入ってきた習慣だ。明治の初めには「淫舌」、などというすごいいい方もあったようだ。「日本の女と淫舌していたのがフランス水兵だった」（横浜毎日新聞 1872/6/21:2）、というのはおもしろい。

一歩街頭に出れば、夜の公園や静かな郊外等に、さてはエロ化したカフェやバーに、我々はどの位、相擁し唇をかわしている幸福そうな若人達の姿を見る事であろう。誠、一九三一年。接吻は若人達に、一ツの常識と化した。（小倉浩一郎『世界映画風俗史』1931）

小倉は、最近の外国映画では、観衆の淫情を興奮させ、刺激するものの他は、無暗に（検閲の）鋏をくわえられなくなった、と書いている。

それから一〇年ほどのち一九三九年（昭和一四年）、日中戦争がすでに三年目を迎えていた年、内務省映画検閲課は、最近の日本映画のなかに接吻シーンが一六件あったこと、「日本物の接吻は大概男女が寄り添って口と口を軽くあてる程度のものだが、わが国風俗上及び衛生上全然面白くない」（報知新聞 1939/3/17:3）と言っている。映画のなかでのキッスが戦後のもの、という通説には疑問がある。

流行とファッション

第二次世界大戦以前はまだ、〝ファッション〟は多くの日本人にはそれほど耳なれたことばではなかったようだ。一九二〇年代、三〇年代（ほぼ昭和戦前期）の現代語辞典、新語、新聞語辞典のたぐいにも、見出しにファッションの項のあるものは半分にもならない。ましてモードという見出しをもつものはごくわずかで、ア・ラ・モードといういい方で紹介しているものが二、三あるだけだ。しかし、モード（mode）は英語と言っていて、その説明は実に奇妙である。

ア・ラ・モード　英語の**mode**（流行）と、フランス語の**a la**（に於ける）とを組み合わせた日本製の言葉。最新流行の意味である。（『モダン用語辞典』1930）

もちろん戦前にもファッション雑誌と自称するものはあったし、一九三二年（昭和七年）にはさいしょのファッションショーも催された（「はじめてのファッションショウ」時事新報日曜版 1932/5/8 付録:7）。しかしファッションということばは、洋服が女性たちの外出の装いとしても定着した戦後になってはじめて、ニュールックやディオールの名とともに、日本人にとって身近で、親しみのあるものになった。もともと、元禄模様のファッションなどといういい方には違和感があったのだ。

戦前から戦後にかけて、ファッションということばのうえでの誤解が生じたのは、日本人にファッションへのあこがれをさいしょに教えてくれたのが、パリのオートクチュールのデザイナーたちの名前だったためもある。その誤解とは、ファッションとモードとのつぎのような区別だ。パリの少数のデザイナーたちの、芸術作品ともいうべき創作物がモードであるのに対し、そのパテントが主としてニューヨーク七番街のアパレルメーカーに売りわたされ、アレンジされて、大衆化したかたちと価格で普及したものがファッションである、という説明だ。

一見わかりやすいこういう説明によってよく読まれた本は、アメリカの社会教育家マーガレット・ストーリの『Individuality and Clothes』(1930) だろう。女性の自己実現のためにも役だつ創作品としてのモードと、商品として大衆に受けいれられたファッションとを、彼女はフランス語のモード (mode) と、英米語のファッション (fashion) ということばを比喩的に使い分けて説明したが、この本から学んだ日本人洋裁家のなかに、モードとファッションとを、べつの意味のことばでもあるように誤解したひとがいたのは、やむをえなかったかもしれない。マッジ・ガーランドの有名なオートクチュールの紹介書『La Mode』も、英米語に翻訳されたときは当然『The Fashion』となっている。ファッションとモードのちがいとは、猫とネズミのちがいではなく、おなじネズミでも、日本のネズミとアメリカのネズミとでは食性が異なる、というのとおなじだ。念のためにつけ加えれば、フランス語にファッション (fashion) という語はなく、英語のモード (mode) はべつの意味になる。

＊　＊　＊

明治から昭和前期に衣類や装身具、髪型などのモデルチェンジをさしていわれた「流行」ということばは、さしあたりは英語のファッション、フランス語のモードとおなじ意味のものと理解すればよい。もちろんそこにはモード (mode) とファッション (fashion) との食性の差程度のニュアンスのちがいはあるはずだ。日本語の「流行」はもともとあまりプラスイメージをもってはいない。これは中国の古典にもでてくる古いことばだが、明治の知識人のあたまには、芭蕉の、「万代不易と一時流行」という文章が下敷のようにあったろう。そのため流行に代えて時装ということばを使っている例もある。はやり廃りのあるものといえば、短い時間だけ眼を喜ばすにすぎないもの、ほんとうの価値をもたないもの、とされ、教育家のなかなどには感情的な流行嫌いがよくいたものだ。ひとがあたらしいスタイルに刺激され、新鮮さを感じるのは、見なれたものへの感覚疲労によるといわれるが、逆に見なれたスタイルから感じられる安らぎもあり、とりわけそういう欲求のつよいひともあって、ときとしてそれには一種の思想的な裏打ちが存在する。

流行は変化が前提になるが、明治の前の時代は、基本的になにごとにも変化を求めない、むしろ変化を嫌う傾向をもつ社会だった。それはとくに政治体制の維持者である武士階級の思想だったから、風俗においても武士は身分の高下、収入の多寡のあるがままに、一生涯、身につけるものも三度三度口にするものも、その時々の時宜に従うだけで、変化には無関心だった。

武家はもとより町人でも堅気の家庭は流行からは全く超越して、流行を追う如きは家庭の堕落と見做されていた。尤も漠然と今年は鼠がハヤるとか茶がスタレたとかいう咄は家庭の話題になったが、(……) 自分達と関係のない向川岸の噂であった。流行を追うのが栄えでもなく流行に背くのが恥でもなかった。(内田魯庵「最近三四十年の女の風俗」『婦人画報』1922/9)

魯庵のこの回顧にもあるように、その時代にも武家社会以外の世の中では流行はあったのだ。しかしじつは、ひとの装いにはやり廃りがあるという文化は、近代以前では世界史的にいって、そう例の多いことではない。

近世以降のヨーロッパの知識人は、ファッションこそ西欧文明の証として誇ってきた。古代のエジプトやローマの栄華を思いだすまでもなく、ルネサンス以後のイスラムのカリフたちのハレムや、遠いキタイ（中国）の宮廷には、この世のものとも思えない豪華はあるが、しかしファッションはない。だから暗黒時代ともいわれる中世のヨーロッパにもファッションはなかった。文明の証であるという〝ファッション現象〟の、ヨーロッパにおける起点をいつごろとするかは、欧米の服装史家のあいだでも諸説があって、一四世紀後半から末、という意見がもっとも多いようだ。その場合、それではファッションとはどんなことを指すかといえば、身の装いを主とした、スタイルの恒常的な変化と、模倣、追随によるそのひろがり、という現象だ。

ファッションをこのように定義づければ、単に時系列的なスタイルの変化はファッションとはいえないことになる。一九一〇年（明治四三年）に刊行されたある本のなかで、「洋服は簡便で実用的であるから、仕事をなし、また歩行するときなどは誠に具合がよい、それでずいぶん流行をしている」（石崎篁園「第十四章　洋服」『衣服の調整』1910）というい方をしているのは正しくないだろう。和服から洋服への変容は、短いスパンの恒常的変化のひとつなどではありえない。

おなじような事例で第二次世界大戦後ファッションと区別されたのは、一九五〇年代以後のジーンズの普及だ。だれもがジーンズを身につけるようになり、しかもそれが定着したかのように感じられたとき、もはやそれはファッションないし流行とはいえず、あたらしい風俗であるといわれた。

また機能上の利便性をもたらしてくれたイノベーションも、それがかりにスタイリングに関連するものであっても、流行ともファッションともいいにくい。一八九〇年代（ほぼ明治二〇年代）の吾妻コートや一九二〇年代（大正末〜昭和初め）の洋髪、三〇年代後半（昭和一〇年代前半）のパーマネントも、その時代のひとはたんに流行と思っていただろうが、文明史的にみればスタイルのつぎのステップにあがったのだった。おなじころ、初夏に女性が好んで着るようになったセルや、女の子のよろこんだモスリン友禅もそうだろう。

それとくらべれば明治以後の小紋の盛衰や、縞柄の好み、またイギリス巻きから夜会、二百三高地、庇髪と推移した束髪の変遷などは、まさに浮き草のようなはやりものだった。

あとがき――近代日本の身装をイメージでも追ってみたい方々へ

本書は、国立民族学博物館MCDプロジェクト作成の〈服装・身装文化資料デジタルアーカイブ〉に新しく追加された身装画像データベース〈近代日本の身装文化〉に含まれる「参考ノート」が基盤となっています（二〇一六年五月公開。国立民族学博物館ウェブサイト http://www.minpaku.ac.jp）。

この「参考ノート」は、現在公開している約五〇〇〇件の画像の背景をよりよく理解できるようにと意図されたもので、明治維新から、およそ八〇年間の身装に関連する小テーマ約二四〇項目について解説しています。

本書ではかぎられた図版しか掲載することができませんでしたので、さらにイメージでも当時の身装を確認したいとお考えの場合は、この画像データベースをご利用ください。新聞連載小説挿絵を中心として、写真、ポスター、絵画、図書・雑誌・新聞等の関連画像を見ることができます。各画像には詳細な属性情報、ならびに新聞連載小説挿絵にはその状況説明を含めたコメントを付しています。自由なことばによる検索も可能ですが、検索語が思い当たらないという場合には、年代などのメニューも設けられています。

また、近代日本の身装に関するもうひとつのデータベース〈近代日本の身装電子年表〉は、時間軸から当時の身装を知ることができます。この電子年表は画像データベースと補完の関係にあり、必要に応じてリンクもはられていますので、あわせてご利用いただければ幸いです。

謝　辞

本書を刊行するにあたり、多くの方々のお力添えがありました。まずは、データベース作成のためのプロジェクトを組んで、すでに四〇年近くになる国立民族学博物館ＭＣＤプロジェクトのメンバーの方々、ならびにデータ入力を受け持ってくださったスタッフの方々にお礼申し上げます。今回、データベースの副産物として生まれた本書についても、暖かい声援をいただきました。

つぎに、本書の出版をお引き受けくださいました三元社の石田俊二社長、編集者の山野麻里子氏に心よりお礼申し上げます。

最後に、本書を作成するにあたり、多くの図書館——国立民族学博物館図書室、大阪樟蔭女子大学図書館、神戸市立図書館、国立国会図書館にて、資料提供ならびに情報を提供していただきました。ありがとうございました。

二〇一六年一二月

著者・大丸弘　高橋晴子

著者紹介

大丸　弘［だいまる・ひろし］

1933年、横浜生まれ。国立民族学博物館・総合研究大学院大学名誉教授。

東京大学文学部美学・美術史学科卒。関西女子美術短期大学、大阪樟蔭女子大学を経て、1979年より国立民族学博物館に勤務し助教授、教授を経て、現職。1979年～1995年まで国立民族学博物館大丸研究室にて、現〈服装・身装文化資料デジタルアーカイブ〉をMCDプロジェクト代表として構築、公開。

主著に、「西欧人のキモノ認識」(『国立民族学博物館研究報告』8巻4号、1983年)、『国立民族学博物館研究報告 別冊4号　西欧型服装の形成――和服論の観点から』(1987年)、『服飾関連図書目録　明治元年～昭和23年』(共編、日外アソシエーツ株式会社、1995年) など多数。

高橋晴子［たかはし・はるこ］

1948年、神戸生まれ。国立民族学博物館外来研究員およびMCDプロジェクト代表。

神戸親和女子大学文学部英文学科卒。大阪大学大学院文学研究科博士後期課程文化表現論修了。大阪樟蔭女子大学衣料情報室にて服装・ファッション情報サービス活動に従事し、国立民族学博物館大丸弘研究室(1996年～久保正敏研究室が引き継ぐ) とともに〈服装・身装文化資料デジタルアーカイブ〉を構築・公開し現在に至る。2001年より大阪樟蔭女子大学学芸学部講師、助教授、教授、国立民族学博物館文化資源研究センター客員研究員、大阪大学コミュニケーションデザイン・センター招聘教授を経て、現職。

主著に『近代日本の身装文化――身体と装いの文化変容』(三元社、2005年)、『年表　近代日本の身装文化』(三元社、2007年)、『服飾関連図書目録　明治元年～昭和23年』(共編、日外アソシエーツ株式会社、1995年) など多数。

日本人のすがたと暮らし
明治・大正・昭和前期の身装

発行日　二〇一六年一二月二〇日　初版第一刷
著　者　大丸弘　高橋晴子
発行所　株式会社 三元社
〒一一三－〇〇三三
東京都文京区本郷一－二八－三六鳳明ビル
電話　〇三－五八〇三－四一五五
ファックス　〇三－五八〇三－四一五六
印　刷　モリモト印刷 株式会社
製　本　株式会社 越後堂製本

ISBN978-4-88303-416-1
http://www.sangensha.co.jp